TURISMO COM RESPONSABILIDADE SOCIAL

TURISMO COM RESPONSABILIDADE SOCIAL

(Coletânea do XXIII CBTUR – Congresso Brasileiro de Turismo 2003)

Recife – Pernambuco

Organizador

MIGUEL BAHL

Doutor e Mestre em Ciências (Turismo) pela Universidade de São Paulo – ECA/USP, Bacharel em Turismo e licenciado em Geografia e em Estudos Sociais pela Universidade Federal do Paraná – UFPR, Chefe do departamento e docente do curso de Turismo da UFPR, Consultor para assuntos técnicos-científicos da Associação Brasileira de Bacharéis em Turismo - ABBTUR NACIONAL e membro da Comissão de Especialistas de Ensino de Turismo (2000-02) e do Comitê Assessor da Secretaria de Ensino Superior do Ministério da Educação – SESu/ MEC (2002-03).

ROCA

ISBN: 85-7241-542-4

CIP-BRASIL. CATALOGAÇÃO NA FONTE
SINDICATO NACIONAL DOS EDITORES DE LIVROS, RJ

C759t

Congresso Brasileiro de Turismo (23. : 2003 : Recife, PE)
Turismo com responsabilidade social : (coletânea do XXIII CBTUR, Congresso Brasileiro de Turismo 2003)
/ Organizador Miguel Bahl. – São Paulo : Roca, 2004

Artigos e textos apresentados no XXIII CBTUR – Congresso Brasileiro de Turismo 2003 da cidade do Recife, PE .
Inclui bibliografia
ISBN 85-7241-542-4

1. Turismo – Brasil – Congressos. 2. Responsabilidade social da empresa.
I. Bahl, Miguel, 1956-. II. Título.

04-1058. CDD 380.1459104
CDU 338.48

2004

EDITORA ROCA LTDA.
Rua Dr. Cesário Mota Jr., 73
CEP 01221-020 – São Paulo – SP
Tel.: (11) 3331-4478 – Fax: (11) 3331-8653
E-mail: vendas@editoraroca.com.br – www.editoraroca.com.br

Impresso no Brasil
Printed in Brazil

Comissão Organizadora

Presidente do XXIII CBTUR
Alexandre José Lemos de Aquino Lopes

Presidente de Honra
Sérgio Fernandes Martins

Coordenação Geral
Alexandre José Lemos de Aquino Lopes
Carlos Eduardo Pimentel
Hermano Coutinho
Maria Beatriz Correa
Marilia Paes
Ricardo Vieira

Transportes e Hospedagem
Henrique Pinto
Ricardo Vieira

Feira
Hermano Coutinho
Marilia Paes

Coordenação dos Trabalhos Técnicos Científicos
Miguel Bahl

Seminário dos Professores
Carlos Eduardo Pimentel
Rosilei Montenegro

Minicursos
Deise Maria Fernandes Bezerra

Apresentação dos Trabalhos
Miguel Bahl
Noslin de Paula Almeida

Fórum dos Estudantes
Eduardo Nunes

Fórum dos Turismólogos
Carlos Alberto Tomelin
Maria José Giaretta
Miguel Bahl

Plenária 1
Carlos Eduardo
Maria Beatriz Correa

Plenária 2
Eduardo Nunes

Administrativo Financeiro
Alexandre José Lemos de Aquino Lopes
Patricia Fonteles

Cerimonial de Abertura e Encerramento
Carlos Eduardo Pimentel
Hermano Coutinho
Maria Beatriz Corrêa
Silvia Regina Cabral

Mensagem do Presidente da ABBTUR de Pernambuco

Sediar o XXIII CBTUR – Congresso Brasileiro de Turismo 2003 na cidade do Recife foi uma grande honra para nós todos da diretoria da Associação Brasileira de Bacharéis em Turismo – Secção Pernambuco e de todos os que labutaram em prol do evento.

A responsabilidade foi dobrada, pois o tema geral estabelecido, "Turismo com Responsabilidade Social", foi amplamente discutido e debatido durante o evento, em todas as suas atividades.

O congresso atraiu participantes oriundos de todas as regiões brasileiras, confirmando-o como o maior congresso de caráter técnico-científico do Brasil.

Neste momento, sentimo-nos amplamente satisfeitos em contar com o lançamento desta publicação que, além de ser um documento histórico, traz à luz uma série de artigos e textos que foram apresentados na sessão de apresentação de trabalhos do congresso.

Assim sendo, apresento as minhas saudações a todos os que tiveram oportunidade de atuar na organização e participar do evento, aos que enviaram e apresentaram trabalhos e, principalmente, à ABBTUR Nacional e à Editora Roca em resgatar a memória do evento.

Creio também que esta obra é de grande significado para os que se empenham pelo desenvolvimento do turismo de forma embasada e comprometida.

Alexandre José Lemos de Aquino Lopes
Presidente do ABBTUR – PE e do XXIII CBTUR
Turismo com Responsabilidade Social (Coletânea do XVIII CBTUR – Congresso Brasileiro de Turismo 2003)

Apresentação Geral

A inserção do ideal de desenvolvimento turístico alicerçado em responsabilidade social se acentuou no Brasil. Aspirando também ao desenvolvimento social, busca-se abranger os interesses dos diversos agentes envolvidos na atividade turística e sua incorporação no planejamento de suas atividades, sejam eles empresários, visitantes, funcionários, comunidade, governo e o meio ambiente. Ao mesmo tempo, procura-se atender às demandas de todos, por meio de ações de conduta ética e responsável. Neste ínterim, delinear o papel da iniciativa pública e privada perante a sociedade civil, o exercício de gestões responsáveis e a análise do custos e benefícios sociais é primordial para alicerçar estas interações.

Neste aspecto, a temática do XXIII Congresso Brasileiro de Turismo, realizado na cidade de Recife no período de 27 a 30 de maio de 2003, assim esteve posicionada, delineada por discussões acentuadas sobre o tema geral intitulado "Turismo com Responsabilidade Social".

Ao mesmo tempo, dando continuidade às ações de incremento e incentivo para investigadores tradicionais e a novos pesquisadores, tem-se esta nova versão de publicação, que reúne 69 textos e artigos apresentados no evento basicamente divididos em três partes.

Cabe, portanto, ressaltar esta nova iniciativa da ABBTUR Nacional e da Editora Roca em tornar pública e em forma de documento toda uma gama de pesquisas que em muito podem contribuir para o desenvolvimento do turismo de forma responsável.

Na primeira parte, Turismo, Educação e Responsabilidade Social, buscou-se reunir os artigos com temáticas relacionadas ao desenvolvimento do turismo alinhadas ao meio ambiente e ações do terceiro setor; formação, educação, atividades acadêmicas e práticas didático-pedagógicas de envolvimento comunitário.

No prosseguimento, tem-se na segunda parte – Responsabilidade Social no Planejamento, Organização e Gestão do Turismo – vários trabalhos vinculados às práticas profissionais e estudos de caso relacionados a municípios, empreendimentos, recepção turística e outros identificados ao segmento de alimentos e bebidas e à hospitalidade.

Já na terceira parte – Meio Ambiente, Desenvolvimento do Turismo e Responsabilidade Social, incluíram-se os textos que tratam sobre questões ligadas ao turismo cultural, percepção de visitantes e visitados, envolvimento comunitário, turismo em áreas naturais, inclusão social e turismo em áreas urbanas.

Diante de um quadro tão amplo e diversificado de estudos e pesquisas apresentados nesta coletânea, evidencia-se a sua importância como fonte de consulta para estudiosos, pesquisadores, professores, estudantes e demais agentes interessados no aprimoramento das atividades turísticas alicerçadas em compromissos de inserções sociais, econômicas, culturais e ambientais.

Prof. Dr. Miguel Bahl (Organizador)

Apresentação da Parte I

Compondo a primeira parte desta coletânea, denominada Turismo, Educação e Responsabilidade Social, estão posicionados 20 artigos, agrupados em 5 blocos: conscientização e capacitação; formação acadêmica e profissional; propostas pedagógicas e práticas reflexivas; projetos e extensão universitária, bem como, ensino aplicado.

No primeiro bloco, tem-se inicialmente o artigo "Desenvolvimento do Turismo com Responsabilidade Social", de Rosangela Harue Sakurai Uenoyama, que traz um relato de experiência em um projeto do Banco do Nordeste que visa à transformação do turismo em potencializador do desenvolvimento econômico fundamentado no desenvolvimento sustentável com responsabilidade social. Menciona que o desenvolvimento do turismo pode contribuir para a diminuição da pobreza e para o estabelecimento de uma consciência sobre a responsabilidade social dos agentes do turismo.

Na seqüência, aparece o artigo "Responsabilidade Social: Turismo e Meio Ambiente. Estudo de Caso – Guias Philips do Brasil", de Claudia Corrêa de Almeida Moraes, em que se discute a atuação da Philips do Brasil em seu programa de responsabilidade social intitulado Philips Brasilis. Afirma-se que tal projeto contribui para a divulgação da técnica de educação ambiental a fim de sensibilizar para a ética ambiental e cidadania nos parques nacionais brasileiros.

O próximo artigo, "Retrato da Comunidade Praia do Rosa-Projeto Baleia-Franca: a Importância da Educação Ambiental e o Papel do Turismo na Conscientização", de André Guidio de Almeida e Marco Aurélio Sobrinho, busca demostrar que o turismo pode ser considerado uma ferramenta no processo de conscientização por meio da criação de programas e métodos diversos para o melhor desenvolvimento da educação ambiental. Menciona-se que a coleta de dados foi realizada na praia do Rosa, no estado de Santa Catarina, junto ao projeto Baleia-Franca.

Discorrendo sobre "Papel do Terceiro Setor na Capacitação Profissional e Desenvolvimento do Turismo Sustentável no Município de São Lourenço da Serra", Ana Paula de Jesus, Luiz Fidelis Barreira Júnior e Maria Teresa Isoldi Ramos consideram que o turismo tende a priorizar o empreendimento turístico sem atentar-se ao trabalho de planejamento do produto turístico como um todo e de capacitação da população local para o trabalho de turismo receptivo e preservação do seu patrimônio turístico. Comentam que trabalhos que levam em consideração a comunidade como fator estratégico para o sucesso do produto turístico apresentam resultados mais efetivos graças ao envolvimento de organizações do terceiro setor como mediadoras entre poder público, entidades privadas e membros da comunidade. Consideram que Iporanga, no Vale do Ribeira, é um exemplo a ser levado em conta e, a partir disso, propõem um trabalho de planejamento e capacitação para o turismo no município de São Lourenço da Serra, a ser executado sob coordenação de uma ONG liderada por profissionais e estudantes de turismo que possam planejar e desenvolver projetos junto a todos os setores sociais da comunidade, potencializando sua capacidade de atendimento e capacitando a população, tornando-a principal beneficiária da atividade turística.

Também compondo este primeiro bloco, consta ainda o artigo "Educação para o Turismo e Atuação do Terceiro Setor em Projetos Turísticos com Base Comunitária – Projeto Aprendiz de Ecoturismo, Ilha Grande", de Regina Araújo de Almeida e Renata Cristina Liu, que aborda questões teóricas sobre o desenvolvimento de projetos turísticos resultantes de ações do Terceiro Setor e a capacitação turística, descrevendo ainda como será implantado o Programa da AVT na Ilha Grande. Toma-se como base o Projeto Aprendiz de Ecoturismo – Ilha Grande, que visa aplicar a metodologia do Programa Aprendiz da Academia de Viagens e Turismo – AVT na Vila do Abraão – Ilha Grande – Angra dos Reis/RJ. Menciona-se que o Projeto tem como objetivos contribuir para a melhoria da qualidade da educação de adolescentes e jovens da Ilha Grande e incentivar o desenvolvimento de projetos de Turismo Sustentável com Base Comunitária. As autoras discorrem que este é um dos 5 projetos-piloto a serem desenvolvidos com a intenção de aplicar a metodologia do Programa Aprendiz de Ecoturismo e que os seus resultados nortearão o desenvolvimento do programa no Brasil. Consideram como ponto de partida o pouco aproveitamento da população local nos efeitos positivos do turismo e supõem que a falta de capacitação seja o motivo deste problema.

Na seqüência, no bloco concernente à formação acadêmica e profissional aparecem mais quatro trabalhos. Quanto ao artigo "Incorporação da Dimensão Social na Formação Profissional do Turismo", de Herbe Xavier, pode-se mencionar que esse estudo tem como proposta a definição de estratégias para a incorporação da dimensão social na formação profissional do turismo. Utiliza-se como referência uma linha humanística, por meio da qual procura-se conhecer o mundo-vivido das comunidades que recebem os turistas. Adota-se a abordagem da percepção geográfica para um melhor conhecimento das relações que se processam entre os grupos humanos nos espaços onde ocorrem as atividades de turismo. Destaca-se o conhecimento da conduta e das atitudes dos diferentes grupos de pessoas ligados à atividade turística, enfatizando que a percepção varia entre as pessoas, já que ela é individual e seletiva. Por fim, coloca-se que a incorporação da dimensão social na formação do turismo leva em consideração que essa atividade se revela como um fenômeno social.

Discorrendo sobre "Responsabilidade Social e Ética nos Cursos de Graduação em Turismo das Instituições de Ensino Superior de Belo Horizonte", Sarah de Andrade Luz trata das posturas e perspectivas da abordagem dos conceitos de Ética e Responsabilidade Social dentro dos currículos dos cursos de Turismo. A amostra pesquisada dentro deste universo foi composta pelos cursos localizados em Belo Horizonte, Minas Gerais. Buscou-se definir fatores relevantes para uma melhor inserção destes conteúdos dentro das grades curriculares, assim como discutir a relação existente entre essas abordagens e a formação do corpo docente. A partir dessa análise, faz-se uma reflexão sobre os efeitos das abordagens e discursos na formação oferecida aos alunos dos cursos superiores de Turismo. No entanto, trata-se de uma pesquisa preliminar e estudos mais aprofundados serão necessários para consolidar os conhecimentos sobre o tema.

Outro estudo de caso tece considerações sobre "Responsabilidade Social no Curso de Turismo da UFOP", escrito por Diego Luiz Teixeira Boava e Fernanda Maria Felício Macêdo. O trabalho procura analisar e discutir uma ação pela qual a Universidade Federal de Ouro Preto – UFOP, por meio de seu curso de graduação em Turismo, desenvolve "Responsabilidade Social" perante a sociedade de Ouro Preto e Minas Gerais. Para isso, os termos Responsabilidade Social – Corporativa e da Universidade são utilizados na análise, demonstrando que o conceito Responsabilidade Social está em construção, por envolver questões éticas, morais e religiosas. Além disso, cita-se que a Responsabilidade Social da Universidade não se resume à prestação de serviços para a comunidade, englobando desde o currículo até a autonomia proporcionada aos estudantes no desenvolvimento de suas ações.

Em outro artigo, Gislene Duarte Garcia e Rodrigo Burkowski trazem uma abordagem sobre "Responsabilidade Social: a Percepção dos Estudantes da Zona da Mata Mineira e Lavras", estudo sobre Responsabilidade Social realizado entre os estudantes de Turismo da Zona da Mata Mineira e Lavras, com o objetivo de identificar a percepção dos mesmos sobre essa temática e verificar como se comportam perante ações propostas pelas empresas, entre outros questionamentos. Os autores comentam que a responsabilidade social é um dos principais assuntos discutidos nos meios acadêmicos e na sociedade brasileira, exercendo um papel vital na busca não apenas por um turismo sustentável, mas também por uma melhor qualidade de vida da população local. A análise dos dados coletados permitiu traçar um perfil dos estudantes no tocante ao conhecimento sobre "responsabilidade social".

No bloco referente a propostas pedagógicas e práticas reflexivas, trazendo uma abordagem sobre "Turismo Pedagógico: uma Atividade Socialmente Responsável", Bety Jakeliny Mendes Álvares, Iluska Larissa Leite Linhares e Marcelo da Silva Taveira comentam que o trabalho objetiva explicar, de forma sucinta, o que vem a ser responsabilidade social e de que maneira as empresas privadas podem contribuir para a disseminação dessa cultura investindo na educação da comunidade na qual estão inseridas, de forma a diminuir as lacunas deixadas pelo poder público. Além disso, apresentam o Turismo Pedagógico como proposta de investimento da empresa na comunidade e, portanto, ação de responsabilidade social, ou seja, atividade fundamentada que tem como principal objetivo facilitar o aprendizado a partir de experiências turísticas sem perder seu caráter pedagógico. Considera-se que o Turismo Pedagógico possibilita o contato real dos alunos-turistas com os conhecimentos científicos por meio de aulas-passeio, tendo em vista a exploração de conteúdos sistematizados relacionados à Geografia, Química, Biologia, História, Matemática, Física, Educação

Ambiental e do próprio Turismo. Assim ocorrendo, as empresas estarão assumindo um papel primordial para o desenvolvimento sustentável das comunidades envolvidas no processo pedagógico, também colaborando para os preceitos da responsabilidade social.

Trazendo uma abordagem de caráter educativo, as autoras Danielle Cunha de Souza da Rocha, Karina Palácio de Morais e Samira Honelly da Costa Sousa apresentam o artigo "Papel Social do Projeto Turismo Educativo em São Luís do Maranhão". Elas comentam o papel social do projeto e descrevem as atividades pedagógicas desenvolvidas, analisando os resultados atingidos e seus benefícios sociais.

Em outro artigo, "Atividade Prática do Acadêmico como Reflexo Econômico e Social em um Empreendimento Turístico – Gentis Orientadores: uma Experiência de Sucesso", as autoras Ana Tereza Tessari Vicente, Rose Anemarie Lucas Leite e Silvia Regina Cabral apresentam a evolução histórica do Projeto "Gentis Orientadores" no período de 1996 a 2003, realizado na ilha João da Cunha, município de Porto Belo/SC. Comentam que o projeto teve início pela parceria firmada entre a Universidade do Vale do Itajaí – UNIVALI, por meio do Curso de Turismo e Hotelaria de Balneário Camboriú/SC e o Empreendimento Ilha de Porto Belo. Aponta-se a necessidade de maior relacionamento, compreensão e interação entre escolas e as empresas, visando à qualificação da atividade profissional, desfavorecida pela falta de políticas claras e coerentes que prejudicam a atividade turística. É necessário contar com profissionais preparados, eficientes e arrojados, melhorando o nível empresarial e os benefícios para os consumidores. A universidade, nesse cenário, tem como compromisso a formação cultural e humana do acadêmico, bem como ministrar ensinamentos teóricos e práticos de ordem profissional. A escola não será a empresa nem terá a sua praticidade; tampouco, a empresa terá a responsabilidade da universidade. O projeto Gentis Orientadores justifica-se pela integração do estudante ao ambiente empresarial do futuro, pela possibilidade de um trabalho entre empresas e universidades, dentro do papel daquela de antevisora do futuro, aperfeiçoando e aproveitando esses novos profissionais, especialmente pelos benefícios auferidos por todos os seus participantes. O estudo contemplou o levantamento do início do processo de parceria entre a universidade e a empresa, um registro histórico do empreendimento e a evolução cronológica do Projeto Gentis Orientadores.

Baseando-se em práticas associadas ao turismo social, consta o artigo "Projeto Ver o Mar: o Turismo Social Aplicado a um Grupo de Jovens do Bairro

Palmital, Município de Santa Luzia/MG", apresentado por Lucas de Castro Sena. O trabalho apresenta a definição do conceito de Turismo Social, mencionando o turismo voltado para as classes que não o praticam. Identificou-se um grupo de jovens da periferia de Belo Horizonte cuja maioria nunca havia se deslocado para fora de Minas Gerais e cuja totalidade não conhecia nem ao menos o mar. A análise do discurso destes jovens identificou expectativas em contraponto à realidade vivenciada no seu cotidiano. Iniciou-se assim a tentativa de incluí-los na atividade turística, ou seja, praticar turismo e ver, pela primeira vez em suas vidas, o mar. Formatou-se então um projeto social, voluntário, com características de um legítimo Turismo Social (que não visa ao lucro), visando estender o turismo para esse grupo de jovens carentes da periferia de Belo Horizonte.

No bloco referente aos trabalhos vinculados a projetos e extensão universitária, trazendo um estudo fundamentado em atividades acadêmicas, tem-se o artigo "Rosa dos Ventos: Turismo Socioeducativo como Experiência de Extensão do Curso de Turismo da ECA-USP", de Rafaela Câmara Malerba, Silvia Hirao e Thiago Allis, em que se apresenta o Rosa dos Ventos, um projeto de extensão universitária desenvolvido por alunos do curso de turismo da Universidade de São Paulo (ECA-USP), cujo objetivo principal é organizar viagens e excursões de cunho educativo para as comunidades economicamente desfavorecidas da periferia de São Paulo. Discute-se a definição de turismo social e as possibilidades educativas do lazer e do turismo. Os autores descrevem a atuação do Rosa dos Ventos, enfatizando a importância de iniciativas desse tipo para a integração entre ensino, pesquisa e extensão universitária. Destacam, também, a responsabilidade social inerente ao conceito de Universidade.

Roberto Palhares apresenta o artigo "Projeto Catas Altas Comunidade Participativa", desenvolvido pela Equipe Técnica do CEDITUR - Centro de Documentação e Informação Turística do Unicentro Newton Paiva, que inclui Karla Passos de Morais e Ariane Prado da Cruz. Intencionou-se apresentar as atividades desenvolvidas pelo Projeto Catas Altas Comunidade Participativa, desenvolvido na pequena cidade de Catas Altas, localizada no Estado de Minas Gerais, a 118km da capital, Belo Horizonte, que visa sensibilizar e integrar a comunidade no processo de desenvolvimento da atividade turística no município.

Seguindo esta linha de abordagem, surge o artigo que relata o "Projeto Universitário Parque das Mangabeiras", de Carolina Rodrigues de Moro. A autora menciona que, nos dias atuais, a relação entre educação e preservação ambiental tem-se tornado de extrema importância para a sociedade e que conservar a natureza é uma questão crucial para a sobrevivência da vida no Planeta. Em atenção a essas questões, a Prefeitura de Belo Horizonte, em parceria com o Centro Universitário Newton Paiva, desenvolveu o Projeto Universitário Parque das Mangabeiras, que é executado no Parque Municipal das Mangabeiras por estagiários dos cursos de Turismo e Geografia e Meio Ambiente. O Projeto Universitário consiste em estudar, planejar e executar, em parceria com a administração do parque, os serviços prestados ao visitante, buscando destacar a importância deste espaço para a comunidade. Outro ponto relatado é o de que se busca, por meio da educação ambiental, sensibilizar os visitantes para a importância do papel de cada um na manutenção dos recursos naturais para assegurá-los às gerações futuras. Para tanto, são oferecidos aos visitantes (alunos de escolas da capital e região e usuários em geral) passeios monitorados, gincanas ambientais e teatro de fantoches, além do *Park Tour*, um passeio monitorado em um microônibus com parada nos principais atrativos do local. O projeto almeja, preliminarmente, desenvolver a consciência ambiental da população, resgatando valores e sentimentos para a preservação do meio ambiente, procurando torná-la uma atitude comum e constante no cotidiano dos cidadãos.

Quanto ao último bloco, ensino aplicado, tem-se o artigo denominado "Projeto Escola Patrimônio – um Trabalho de Responsabilidade Social", escrito por Cristiane Buhamra Abreu, Francisco Djacyr Silva Souza e Tacila Bezerra, que consiste em apresentar o Projeto Escola Patrimônio, desenvolvido pelos alunos e professores do curso de Turismo da Faculdade Integrada do Ceará – FIC. Coloca-se como objetivo do projeto mostrar o papel da academia no desenvolvimento do turismo com responsabilidade social, por meio da conscientização da população local, a partir das informações trabalhadas e repassadas pelos alunos do curso de Turismo, futuros agentes de planejamento do turismo nacional.

Incluindo um relato de experiência, tem-se o artigo "Desafio de Ensinar Turismo com Responsabilidade Social", de Daniella Tebar Avena e Fabrizia Rossetti, cujo objetivo é provocar uma discussão sobre o planejamento turístico e as questões relativas ao impacto do turismo realizado sem responsabilidade social nas comunidades do litoral do Paraná. Para tanto, as autoras efetuaram um estudo de caso sobre o projeto de conscientização turística, relatando a experiência desenvolvida no âmbito de uma faculdade particular sobre o tema responsabilidade social. Mencionam como objetivo inicial aproximar os alunos do curso de turismo das comunidades e do poder público dos municípios do litoral do Paraná de modo que, em conjunto, eles pudessem identificar as dificuldades do turismo naquela região e quais soluções poderiam ser pensadas e desenvolvidas. Esclarecem que o desenvolvimento do projeto de conscientização turística tem por base a teoria de planejamento turístico adotada pela Embratur, mais especificamente o referencial dado, na época, ao PNMT - Programa Nacional de Municipalização do Turismo. No decorrer do estudo, apresentam as dificuldades e os desafios de ensinar turismo com responsabilidade social e de desenvolver um projeto de conscientização turística. Os alunos participantes tiveram contato com a comunidade e perceberam que as soluções e discussões dos projetos precisam ser feitas de modo integrado. A responsabilidade social esteve presente em todas as ações do projeto e a comunidade do litoral foi ouvida em todos os momentos pelos próprios alunos, de modo que estes puderam estar conscientes dos problemas sem intermediários, tomando conhecimento da realidade do mercado de trabalho não por meio de pressupostos teóricos, mas de seu próprio contato com a prática.

Ainda abordando práticas de ensino, esta primeira parte finaliza-se com dois artigos. O primeiro, de Claudia Valeria Sousa Negreiros e Rildo Dias da Silva, intitulado “Implementação de Estágio Supervisionado sob a Ótica da Autonomia e da Responsabilidade Social”, visa explicitar um processo de implementação da disciplina de estágio supervisionado no curso de turismo, relacionando-a aos aspectos da estrutura organizacional da instituição de ensino superior. O segundo, denominado “Trabalho de Conclusão de Curso como Instrumento de Responsabilidade Social nas Instituições de Ensino: o Caso do TCC dos Alunos do Curso Técnico em Turismo e Hotelaria da Escola Agrotécnica Federal de Barreiros”, de Priscilla Carla Leite Marques, coloca que atualmente nem mesmo escolas e universidades desconhecem a responsabilidade social como uma prática que, apesar de essencialmente empresarial, é importante para integrá-las à sociedade. As instituições de ensino cada vez mais adotam essa postura e têm como instrumento o TCC que, embora tenha outra finalidade, se encaixa perfeitamente como forma eficaz de desenvolver programas sociais. O TCC dos alunos do Curso Técnico em Turismo e Hotelaria da Escola Agrotécnica Federal de Barreiros é um bom exemplo. Os alunos organizarão a atividade turística dos assentamentos rurais do litoral sul de Pernambuco, área de atuação da escola; em contrapartida, estarão realizando na prática atividades vistas em sala de aula, ajudando no desenvolvimento sustentável dos assentamentos escolhidos e gerando uma intensa troca entre a instituição e a sociedade, perante a importância da formação e dos trabalhos realizados com este intuito.

Apresentação da Parte II

A segunda parte desta obra, denominada Responsabilidade Social no Planejamento, Organização e Gestão do Turismo, contém uma série de 24 artigos que dizem respeito à aplicação dos princípios de responsabilidade social nos destinos, empresas e práticas turísticas vinculadas. Por sua vez, foi subdividida em 6 blocos que abrigam os textos com temáticas comuns. O primeiro bloco, alinhado a procedimentos, estratégias e ações, inicia-se com o artigo de Cássio Garkalns de Souza Oliveira e Doris van de Meene Ruschmann, denominado "Modelo de Otimização Gerencial – MOG® como Ferramenta para o Desenvolvimento do Turismo". No trabalho, descreve-se a metodologia MOG – Modelo de Otimização Gerencial, desenvolvida para contribuir na melhoria da qualidade dos serviços turísticos prestados pelas mais diferentes empresas neste ramo de atividade, interessadas em maximizar receitas e racionalizar as despesas de maneira responsável e coerente. Também apresentam-se sinteticamente os resultados da experiência-piloto realizada no Estado do Pará.

Tratando sobre a pretensão de demonstrar uma alternativa de contenção das diversas agressões sofridas pelas localidades turísticas causadas pela falta de planejamento e, principalmente, pelo comportamento inadequado dos turistas, Carlos Frederico Gomes Martins e Ciro Pereira Pedrosa trazem o artigo "*Marketing* Social: uma Oportunidade para Empresas e Destinos Turísticos", apresentando o *marketing* social como uma oportunidade para minimizar os efeitos negativos advindos da atividade turística. O *marketing* social pode promover a adoção de um comportamento socialmente aceitável, colaborando com outras ações que procuram preservar o meio ambiente e a sociedade como um todo. O estudo demonstra que a correta aplicação do composto de *marketing* para a adoção de comportamentos considerados socialmente corretos nas empresas e localidades receptoras pode trazer benefícios para a comunidade local e para a preservação e sustentabilidade dos recursos turísticos existentes.

No artigo "Planejamento Integrado e Responsabilidade Social – Novas Perspectivas para o Turismo em Santa Catarina", Carlos Eduardo Silveira e Paula Wabner Binfaré comentam que o processo de planejamento turístico no Estado de Santa Catarina passou por quatro abordagens distintas: a abordagem do fomento, a abordagem econômica do turismo como indústria, a abordagem físico-espacial e a abordagem comunitária. Tais abordagens, apesar de trabalhadas isoladamente e com enfoques únicos, contribuíram a seu tempo e dentro de suas limitações para que o Estado iniciasse a construção de sua própria cultura turística. Com a identificação e posterior análise das diferentes fases do seu processo de planejamento turístico, evidencia-se a necessidade de uma nova abordagem: o planejamento turístico com ênfase na regionalização, por meio da integração de destinos afins, capazes de fortalecer e até mesmo criar suas próprias identidades. No entanto, isto só será possível se as comunidades envolvidas participarem das tomadas de decisão e não apenas participarem do processo como atores contemplativos das mesmas. O planejamento turístico com responsabilidade social desponta como uma nova fase no desenvolvimento do turismo em Santa Catarina.

Concluindo este bloco, o próximo trabalho, denominado "Processo de Mobilização do Plano Estratégico Setorial de Turismo em Juiz de Fora", de Ana Maria Siems Forte, discorre que o planejamento turístico em Juiz de Fora partiu da premissa de que a atividade, além de ser planejada de acordo com as políticas de desenvolvimento local, deveria envolver toda a sociedade, uma vez que o planejamento é elaborado em seu próprio benefício, estabelecendo-se assim um consenso entre os interesses públicos e privados. A elaboração do plano estratégico setorial de turismo mobilizou a sociedade no sentido de buscar opiniões e parcerias, determinando que tipo de desenvolvimento a comunidade esperava obter. A mobilização atingida propicia maior participação na etapa de impulsão do plano estratégico, por meio dos comitês criados durante o processo, possibilitando maior participação social.

No segundo bloco, mais vinculado aos enfoques sociológicos e de inserções sociais, tem-se o artigo "Análise Sociológica, Planejamento e Turismo com Responsabilidade Social – Estudo de Caso de Lavras Novas, Ouro Preto/MG", de Alessandro Dias de Castro, Cristiano Araujo Borges e Marcelo Henrique Amorim Abreu. Procurou-se demonstrar, pelo estudo de caso do povoado rural de Lavras Novas, no município mineiro de Ouro Preto, a importância de um planejamento da atividade turística visando atingir a sustentabilidade. Para isso, foi realizada uma análise sociológica dos grupos envolvidos no turismo daquela localidade, além de terem sido abordados temas fundamentais como planejamento, impactos da atividade turística e patrimônio. Com este trabalho, busca-se a construção de novas formas de gestão para o turismo em Lavras Novas, com base em práticas de planejamento sustentável que atendam às necessidades do presente sem comprometer a possibilidade das gerações futuras atenderem às suas próprias necessidades, preservando costumes, natureza, arquitetura e organização espacial daquele povoado.

Em "Tecnologia da Informação como Ferramenta para o Desenvolvimento da Responsabilidade Social no Turismo", os autores Helenice Rodrigues Reis, Maria Augusta Silveira Netto Nunes e Silvano Mareck Malfatti relatam uma pesquisa sobre a questão da responsabilidade social e do turismo na região missioneira do Rio Grande do Sul, que acompanha a tendência de investir na área social, melhorando a qualidade de vida da população e promovendo o resgate da cidadania, pela busca de alternativas para o desenvolvimento sustentável. A pesquisa baseia-se no turismo, pois a região possui o único Patrimônio Histórico da Humanidade, no Estado do Rio Grande do Sul, tombado pela Unesco. Neste contexto, justifica-se a escolha do setor de turismo como foco da pesquisa pela importância crescente dessa atividade para a economia dos países, bem como para as economias regional e local, buscando a diversificação econômica através das potencialidades turísticas. O tema justifica-se pela dispersão de dados, informações e conhecimentos sobre a responsabilidade social e o turismo. Verificou-se a necessidade de resgatar os aspectos histórico-culturais da região pela tecnologia de informação, visando ao desenvolvimento sustentável, melhorando a acessibilidade da informação aos interessados, que podem ser tanto turistas como a própria comunidade.

O artigo "Contribuição das Estratégias de Desenvolvimento Turístico para o Papel Social das Organizações", de Alexandre Abreu Fonseca e Patrícia Abreu Fonseca, menciona que a responsabilidade social é, na atualidade, um fator de crescimento e desenvolvimento para as organizações. Nas organizações turísticas, o objetivo social está vinculado à forma com que a empresa se inter-relaciona com o meio ambiente e com a comunidade do seu entorno. As empresas de turismo são consumidoras de recursos naturais e o artigo se propõe a esclarecer como as estratégias de desenvolvimento turístico podem contribuir para o papel social das empresas dentro do ambiente em que atuam.

Por sua vez, Marialva Tomio Dreher e Rachel Aparecida de Oliveira escreveram o artigo "O Empreendedor Turístico como Agente de Transformação Social", em que tecem considerações de que as discussões acerca do empreendedorismo no turismo vêm ganhando uma abordagem com maior ênfase aos aspectos relacionados a novas empresas, mas que é importante salientar que o ato empreendedor abrange muitas outras perspectivas de atuação. Em outra vertente, pode-se relacionar o empreendedorismo entre diferentes domínios do conhecimento, num contexto mais amplo – o empreendedor como sujeito histórico de transformação social. Neste sentido, a história contribui com diversos exemplos de inovações provocadas por empreendedores em distintas áreas e situações. Novas descobertas na ciência, ecologia, arte, cultura, desenvolvimento humano, etc., são continuamente acrescentadas aos conhecimentos existentes. Muitos agentes envolvidos com mudanças históricas que contribuíram para o desenvolvimento da sociedade podem ser considerados empreendedores, pois se interessaram, inovaram e se valeram das mais variadas inteligências cooperando por meio de seus empreendimentos em termos sócio-históricos e econômicos. Resolver problemas sociais e transformá-los em oportunidades não é específico de empresas, sendo também atribuição de outras organizações. Portanto, por trás das novas idéias que revolucionam a sociedade, existe, além de visão de futuro e talento individual, um perfil próprio que define o empreendedor, ou seja, muitos podem ser criativos e contribuir para uma transformação social mais adequada.

Trazendo abordagens mais identificadas à responsabilidade empresarial, aparecem outros quatro textos. O primeiro deles, "Turismo e Responsabilidade Social", de Simone Eloísa Villanueva de Castro Ramos, considera que o turismo, apesar de ser uma das atividades de maior crescimento mundial, é invasivo e produz impactos sociais, culturais, ambientais e políticos no destino. As empresas que atuam nessa atividade devem ser conscientes desse fato e agir com responsabilidade social. O artigo pretende alertar empresários e profissionais do setor para as mudanças de paradigmas.

Em seguida, Ana Flávia Leite e Aguiar e Andreone Fidalgo Paiva, com o artigo "Multidisciplinaridade/Interdisciplinaridade do Turismo Trabalhada em Torno da Visão Sistêmica em Prol de Práticas de Responsabilidade Social", dizem que o turismo assumiu importância perante os setores produtivos da economia e, dentro desta realidade, não poderia ficar de fora em se tratando de Responsabilidade Social. A busca de novas alternativas para sanar os problemas sociais deve ser constante e a maneira de ser socialmente responsável das empresas surgiu como uma alternativa para resgatar uma dívida social com o país, bem como uma maneira de sobrevivência no atual cenário em que se encontra a economia. A multidisciplinaridade e as interdisciplinaridade, características inerentes ao setor turístico, são fatores determinantes para que o mesmo se engaje em prol de ações sociais internas e externas, já que só assim conseguirá desenvolver suas atividades econômicas plenamente. A visão sistêmica é essencial para determinar a prática real da Responsabilidade Social pelas empresas turísticas.

Em outro texto, de Flávio Paim Falcetta, "Responsabilidade Social nas Empresas Turísticas: os Registros da Imprensa", o autor apresenta o propósito de avaliar o comportamento das empresas turísticas em relação às práticas de responsabilidade social identificadas pelas notícias veiculadas pela imprensa nacional e internacional. Os conceitos de desenvolvimento sustentável e responsabilidade social são apresentados como suporte teórico. A pesquisa teve como fonte o banco de notícias do Instituto Ethos no período de setembro de 1999 a fevereiro de 2003. As categorias de análise utilizadas foram baseadas no meio ambiente e nas relações com a comunidade e público interno, com menor ênfase ao turismo ético, ao turismo de eventos ligado ao terceiro setor e à discriminação racial. Os resultados obtidos apontam aspectos positivos, como o envolvimento das empresas turísticas com as comunidades, e negativos, como os problemas de preservação ambiental.

Ainda, tem-se o artigo "Integração do Transporte Aéreo com o Turismo: Também uma Questão Social", de Flávio José Valente e Maria José Barbosa de Souza. Os autores comentam que o desenvolvimento do meio de transporte aéreo tem beneficiado diversas atividades humanas, notadamente o turismo. O estudo procura analisar as implicações da relação entre transporte aéreo e turismo dentro da visão sistêmica da administração ao identificar, no ambiente externo, os fornecedores e consumidores do turismo, denominados *stakeholders*. Para tanto, buscou-se ampliar os conceitos de empresa aérea e do turismo nos pontos de convergência das definições teóricas. Propõe-se que, no planejamento das linhas aéreas, especialmente em destinos turísticos, leve-se em consideração algumas premissas, como a atratividade turística dos mesmos e a integração de toda cadeia produtiva do turismo, na qual se encontram as empresas aéreas. Por fim, trata-se da importância social da implantação e manutenção do serviço aéreo regular.

Enfocando recepção ao turista internacional, valores éticos nas relações de consumo e processo decisório de compra, tem-se, na seqüência, três artigos.

De Alice Fátima Fonseca do Vale e Simone Aparecida de Lacerda Chaves, tem-se o artigo "Programa *Welcome to Brazil* – Responsabilidade Social no Âmbito da Recepção ao Turista Internacional", referente a um projeto de pesquisa que consiste em discutir os benefícios proporcionados pelo programa de recepção ao turista estrangeiro realizado no Aeroporto Internacional de São Paulo – Guarulhos, pela parceria entre Embratur – Instituto Brasileiro de Turismo, Polícia Federal, Receita Federal e ABBTUR – Associação Brasileira dos Bacharéis em Turismo. Pretende-se levantar os aspectos concernentes à utilização da diversidade ambiental e cultural brasileira na atividade turística e, a partir dela, o retorno que tal iniciativa pode trazer para a sociedade como um todo, uma vez pautada sobre o viés da Responsabilidade Social.

O outro artigo, de Cíntia Rejane Möller Araújo, intitulado "Incorporação Progressiva de Valores Éticos às Relações de Consumo no Turismo Brasileiro: Desenvolvimentos Recentes", analisa o atual estágio das relações de consumo no turismo brasileiro do ponto de vista ético. Para tanto, examina aspectos da evolução sociopolítica brasileira, buscando resgatar determinadas peculiaridades da trajetória da ética e da cidadania no Brasil, com a intenção de melhor compreender as eventuais dificuldades e obstáculos para o estabelecimento de relações de consumo mais harmoniosas no segmento turístico. Elege-se como objeto de estudo a Câmara Técnica de Consumo de Serviços Turísticos do Procon do Estado de São Paulo, mostrando-se os resultados positivos dos projetos realizados por este fórum. Adicionalmente, reflete-se sobre o comportamento de algumas lideranças empresariais do turismo paulista em face de consumidores turistas, diante de dois eventos críticos: os atentados terroristas ocorridos em Nova York em 11 de setembro de 2001 e a falência da Soletur. Ao final, conclui-se que está em curso um processo de alteração do patamar ético no plano da sociedade brasileira e prevê-se que estas modificações no macroambiente devem, de alguma maneira, ter desdobramentos no plano das relações de consumo, no setor turístico.

Tendo como título "Turismo com Responsabilidade Social: Fator Motivador no Processo Decisório de Compra do Turista?", as autoras Cláudia Regina Santana de Albuquerque e Marília Ferreira Paes Cesário comentam o aumento do nível de exigência do turista quanto aos seus direitos de consumidor, assim como com relação aos produtos ou serviços comprados. Discorre-se sobre o comportamento humano e suas interferências no modo de interagir do indivíduo com o meio, sobre o turista consumidor e a complexidade gerada na tomada de decisão diante da compra de um produto de turismo e a decisão de compra dos consumidores influenciada por sua percepção da prática de responsabilidade social adotada pelas empresas e nas atividades turísticas.

Compondo um bloco de artigos vinculados ao segmento de alimentos e bebidas, aparecem quatro artigos.

O primeiro, "Alimentos e Bebidas e Responsabilidade Social: Experiências e Possibilidades", de Maria Henriqueta Sperandio Garcia Gimenes, leva em conta a importância dos serviços de alimentação no desenvolvimento da atividade turística. O artigo tem como objetivo discutir o exercício da responsabilidade social no turismo por meio do segmento de alimentos e bebidas, considerando o exemplo de duas grandes redes de *fast food* em funcionamento no Brasil e comentando a possibilidade de desenvolvimento de outras iniciativas de caráter social vinculadas a este segmento.

Em seguida, o artigo "Procedimentos Técnicos na Gestão de Alimentos e Bebidas e a Responsabilidade Social", de Lucianne Cardoso, Lucilene Bentes e Wilma Maria Coelho Araújo, comenta que o conceito de gerenciamento dos serviços de restaurantes é novo quanto às operações de A&B. Em A&B, a responsabilidade social transcende a obrigação legal quando as empresas selecionam fornecedores de produtos e serviços, considerando princípios éticos, trabalhistas, técnicos, que propiciam a credibilidade da organização com respeito à segurança alimentar e ao desperdício de produtos alimentícios. Este trabalho analisa os procedimentos operacionais de A&B nos setores hoteleiros norte e sul da cidade de Brasília, comparando-os aos procedimentos legais e avaliando se perpassam o conceito da Responsabilidade Social. O instrumento utilizado foi a Lista de Verificação das Boas Práticas de Fabricação em Estabelecimentos da Área de Alimentos da Agência Nacional de Vigilância Sanitária (ANVISA, 2002); os resultados indicam que a gestão de A&B nas cozinhas dos hotéis visitados não atende aos requisitos legais. Tais condições propiciam aos clientes riscos quanto à segurança alimentar; aos empresários, perdas econômicas geradas pelo desperdício dos alimentos; à sociedade, riscos decorrentes do mau uso das instalações físicas de cada unidade, que favorecem a infestação por insetos e roedores e poluição ambiental na eliminação do lixo. Uma vez que a Responsabilidade Social compreende aspectos de natureza econômica e social, observa-se que os empreendimentos hoteleiros avaliados neste trabalho não agregam à rotina uma postura socialmente responsável.

Na seqüência, consta o artigo "Restaurante como Empresa Socialmente Responsável", de Daniela Narciso Pacheco e Daniele Volcov Martins. Ainda é muito incipiente a participação de empresas de restaurantes em ações de cunho social no Brasil; todavia, as poucas que participam tem programas bastante consistentes e devem servir como exemplo. Porém, é necessário mostrar aos empresários de restaurantes as possibilidades de contribuir com o desenvolvimento social nesse setor, ressaltando as vantagens desse tipo de investimento. É viável e vantajoso, para restaurantes, investir em ações de cidadania com medidas específicas de proteção ao meio ambiente, inclusão social, otimização de desperdícios, segurança alimentar e ética.

Fechando este bloco, o artigo "A Certificação de Empreendimentos Gastronômicos como Instrumento de Responsabilidade Social", de Ana Paula de Rezende Peretti, Domingos Sávio Spezia e Wilma Maria Coelho Araújo, comenta a crescente importância da gastronomia no turismo, instigando a investigação sobre os parâmetros de qualidade associados à atividade. O senso comum sobre qualidade na gastronomia valoriza os aspectos relacionados ao sensorial (visual, aroma, sabor e textura); no entanto, a qualidade vai além deste parâmetro, incluindo também o aspecto higiênico-sanitário, por sua relação com a saúde pública e com o desperdício de alimentos. Apesar da existência da responsabilidade civil sobre a produção de alimentos, a adoção de programas de segurança alimentar ainda não é uma realidade para o setor. No trabalho, propõe-se a certificação como instrumento de conscientização para o empresariado e de credibilidade para o consumidor, entendendo que uma postura proativa é, sobretudo, responsabilidade social.

Identificadas a hospitalidade, a hotelaria e as proposições vinculadas, tem-se outros cinco artigos que finalizam esta segunda parte.

Neste aspecto, Marcelo Schenk de Azambuja traz o artigo "Atividade de Hospitalidade e a Responsabilidade Social", em que salienta que a indústria da hospitalidade tem crescido consideravelmente num ambiente competitivo e, entretanto, a necessidade de crescer não isenta as organizações de um crescimento responsável e sustentado. O artigo apresenta alguns conceitos sobre gestão ambiental, turismo e atividade de hospitalidade, abordando os Sistemas de Gestão Ambiental como a ISO 14001 e os processos de certificação ambiental. Como referência, apresenta parte de um projeto efetuado por alunos da Disciplina de Projeto Experimental em *Marketing* – Hotel e Restaurante, do Curso Superior de Turismo da PUCRS, que discute a criação de um meio de hospedagem que atenda as normas de proteção ambiental e sistema de gestão ambiental e utilize mão-de-obra cooperativada.

Em "Gestão do Turismo e Responsabilidade Social: Algumas Indagações", Elizabeth Kyoko Wada comenta que há sempre expectativas no desenvolvimento de atividades turísticas, tanto em resultados financeiros quanto em benefícios para a comunidade local. Em várias situações, entretanto, os "tomadores de decisão" acabam atropelando objetivos maiores e se transformam em meros executores de tarefas experimentadas em outras realidades. O trabalho, longe de ser conclusivo, propõe-se a levantar alguns questionamentos dos meandros da gestão, contribuindo para pesquisas futuras, além de reflexão de jovens profissionais que tanto buscam sua primeira posição gerencial, nem sempre estando preparados para tal situação.

Como terceiro artigo deste bloco, tem-se o texto "Responsabilidade Social como Princípio de Gestão nas Empresas Hoteleiras", de Raquel Barbosa Pazos. O trabalho tem por objetivo apresentar uma discussão teórica sobre a responsabilidade social empresarial, diferenciando-a da filantropia, visto que estas práticas estão sendo altamente confundidas, ressaltando as vantagens de uma gestão baseada na responsabilidade social. Ressalta-se que, procurando direcionar as ações das organizações, evidenciam-se as dimensões que possibilitam sustentar uma atuação socialmente responsável, enfocando o setor hoteleiro. Foram indicados alguns cuidados para que as empresas que se propõem a praticar a responsabilidade social não enfraqueçam sua imagem e percam credibilidade.

Como estudo de caso, apresenta-se o artigo de Léia Barros e Rafael Fachini Moratelli, denominado "Coleta Seletiva de Lixo nos Meios de Hospedagem de Turismo como Colaboradora para o Desenvolvimento Social e Conservação do Meio Ambiente: Estudo de Caso Plaza Itapema Resort & Spa". Acompanhando a evolução da humanidade, os rejeitos também se transformaram com as mudanças de hábitos, aumentando a quantidade de produtos industrializados que demandam longos períodos de decomposição. A hotelaria, espinha dorsal do turismo, deve preocupar-se com a questão do destino do lixo, tornando este procedimento um diferencial dos seus serviços, sendo reconhecida como uma empresa com responsabilidade social, econômica e ecológica. Antes de uma questão ambiental, a separação e reciclagem de resíduos é uma questão social, pois requer uma mudança de valores sociais com a conscientização e transformação da rotina tanto laboral quanto pessoal dos indivíduos. Uma metodologia de implantação de um programa de coleta seletiva para meios de hospedagem de turismo é apresentada tendo como estudo de caso o Resort & SPA Plaza Itapema, localizado no município de Itapema/SC. Todos os aspectos positivos e limitantes, desde o planejamento, operacionalização e manutenção da realidade local e generalizada, são relatados e analisados.

Como último trabalho, tem-se "Criação de Parcerias entre Poder Público e Setor Hoteleiro para Dinamizar o Legado Cultural Regional", de Francisca Montenegro do Nascimento, Leilianne Michelle Trindade da Silva e Wayne Thomas Enders. O trabalho tem por objetivo geral apreender as formas de parcerias entre os setores público e hoteleiro em relação ao legado cultural como produto turístico, de forma a identificar as variáveis-chave que podem ser objeto de intervenção para criar ou fortalecer tais parcerias, a fim de valorizar, preservar e desenvolver o legado cultural regional como produto turístico. Em termos metodológicos, foi realizada pesquisa bibliográfica e aplicado questionário com os donos/gestores do setor hoteleiro do Pólo Costa dos Arrecifes em Pernambuco, bem como com os gestores do setor público vinculado ao turismo e à cultura. Os dados foram tratados, principalmente, por técnicas quantitativas descritivas e análise de *clusters*. Os principais resultados demonstraram que a utilização do legado cultural ainda é incipiente. Conclui-se que a responsabilidade pelo estabelecimento de parcerias entre os setores público e hoteleiro recai principalmente sobre o poder público, embora haja um grupo restrito de hoteleiros disposto a assumir responsabilidades maiores sobre o legado cultural.

Apresentação da Parte III

Compondo a terceira parte desta publicação, posicionam-se outros 25 artigos que tratam sobre várias temáticas associadas ao meio ambiente, desenvolvimento do turismo e responsabilidade social, distribuídos em 5 blocos: envolvimento social e interações culturais; comunidades e participação; áreas naturais e uso responsável; inclusão social e áreas urbanas e patrimônio social.

Compondo com a temática vinculada ao envolvimento social e interações culturais, o primeiro artigo, "Turismo e Responsabilidade Social: Valorização Cultural", de Patrícia Litwinski e Paula Beatriz Carneiro, trata sobre sustentabilidade de comunidades mais carentes e trabalhando com o conceito de sustentabilidade turística. O trabalho mostra a importância de se exercer a responsabilidade social, mas uma responsabilidade de cidadania e não somente empresarial. A valorização cultural pode ser um excelente meio de garantir a sobrevivência de pequenas comunidades e a prosperidade do turismo responsável. Para tanto, é necessário planejamento, estudos e incentivo à conscientização para as pequenas comunidades e aos demais envolvidos (turistas, empresas e órgãos públicos). Cabe aí o dever do planejador turístico em dar atenção especial à relação entre o homem local e a terra, dar alternativas mais ecológicas à exploração dos recursos e ser mais flexível em relação às necessidades da população. O desenvolvimento da atividade turística de forma sustentável é, por si, socialmente responsável, já que os princípios de sustentabilidade econômica, social e ambiental visam à boa relação do turismo com todos esses aspectos. Além disso, enfatiza-se o respeito à comunidade, trabalhadores e meio ambiente, de forma a valorizá-los e contribuir para a qualidade de vida e do meio ambiente, enfim, para o desenvolvimento geral da comunidade e seus valores.

No próximo artigo, "Educação Patrimonial, Turismo Sustentável e Responsabilidade Social", de Paulo Moreira Pinto e Raul Ivan Raiol de Campos, os autores salientam que o turismo não deve ser visto somente pelo seu viés econômico, mas também como instrumento importante de transformação da cidadania. Neste sentido, o turismo sustentável deve ter um papel importante na afirmação cultural, envolvendo a comunidade ou sociedade com seu Patrimônio Cultural. Isto pode ser efetivado por meio da educação patrimonial, que permitirá ao indivíduo entender, conhecer, respeitar e valorizar seu patrimônio. É preciso que as empresas de turismo e o poder público contribuam com programas que incentivem a educação patrimonial; dessa forma, o turismo sustentável assumirá o comprometimento com a prática da responsabilidade social.

O artigo de Bruna Galindo Moury Fernandes, "A Lei Federal de Incentivo à Cultura como Ferramenta para o Desenvolvimento do Turismo Cultural: o Caso do Projeto Olinda: Arte em Toda Parte" comenta que as leis de incentivo à cultura são alternativas à preservação e ao fortalecimento da cultura, uma vez que estimulam diferentes e importantes participações. Na gestão cultural, via legislação de incentivo, ocorre simultaneamente a participação do Estado, da iniciativa privada e da sociedade de forma mais efetiva. O papel do poder público não é intervir na produção cultural, mas servi-la, criando oportunidades para a sua difusão e distribuição. Sua tarefa é, ainda, a formação e diversificação do público, refinando sua sensibilidade e apurando seu senso crítico. Torna-se pertinente registrar que a escolha do tema e a justificativa da análise de sua repercussão para o turismo surgiu a partir das discussões no curso de Planejamento e Gestão do Turismo da Universidade de Pernambuco (FCAP/UPE) e da perspectiva de direcionar o enfoque da especialização no âmbito do Turismo Cultural. Situa, como principal objetivo, analisar e demonstrar as relações e conseqüências existentes entre a Lei Federal de Incentivo à Cultura e o turismo. Utilizou-se o caso do Projeto "Olinda:

Arte em Toda Parte", realizado nos meses de dezembro de 2001 e 2002 no município de Olinda. A metodologia utilizada configurou-se em uma análise histórico-comparativa, na qual realizou-se revisão e levantamento bibliográfico para a formação do embasamento teórico; análise e levantamento dos dados referentes ao projeto cultural específico – por meio de entrevistas, pesquisa de campo e da própria participação permanente da autora nas diversas fases de implantação do Projeto.

Em outro artigo, "Potencialidade do Turismo e do Folclore para o Desenvolvimento Social: Esclarecimentos e Inter-relações de Aspectos Fundamentais", David Leonardo Bouças da Silva comenta que o Folclore vem se confirmando como uma grande alternativa para as cidades que procuram investir no Turismo a fim de obter rendimentos para a otimização de suas receitas, bem como alcançar melhorias sociais. Com isso, faz-se necessário definir bem os limites e conceitos de ambos os fenômenos para que não haja supervalorização de um em detrimento ao outro. Neste trabalho, por meio de breves comentários e sutis explicações acerca dos elementos concernentes ao tema, aspira-se a uma função de conscientização e alerta, pois se focaliza uma questão bastante pertinente e oportuna para o atual contexto mundial.

Concluindo este bloco, o artigo de Maria Veralúcia Costa Moraes, "Impactos da Apropriação do Festival Folclórico de Parintins pelo Turismo", tece considerações acerca de um evento que ocorre todos os anos, no mês de junho, na cidade de Parintins. O espetáculo, que começou como uma pequena brincadeira entre amigos, transformou-se em mega-espetáculo que atrai milhares de visitantes do Brasil e do exterior para a cidade, a qual vem sofrendo inúmeras transformações, principalmente no aspecto social. Com a apropriação da festa para o turismo, a pureza e o encanto inicial cederam espaço para a visão comercial e o apelo econômico, muitas vezes relegando os parintinenses a meros espectadores de uma festa que não é mais totalmente sua. No trabalho, são apresentados alguns aspectos sobre o festival de Parintins e analisadas algumas destas transformações por que passam a festa e a cidade.

Mais identificados a abordagens que envolvem comunidades e enfoques participativos, aparecem outros 6 artigos. Jorge Alex de Almeida Souza e Silvia Helena Ribeiro Cruz avaliam "Percepção dos Residentes do Município de São Domingos do Capim/PA sobre o Turismo", em função dos aspectos econômicos, sociais e ambientais. A avaliação realizou-se em duas etapas: a primeira durante a realização do Festival da Pororoca; a segunda, no período pós-festival. Os resultados demonstram a aceitação do turismo pelos residentes, porém com restrições à forma de seu desenvolvimento.

Ainda compondo este conjunto, o artigo "Ubatuba: um Estudo de Caso sobre a Visão das Comunidades de Camburi, Almada e Bonete, em Relação ao Projeto Tamar, sua Influência na Economia Local e seu Papel como Interlocutor entre o Turismo e Estas Populações", de Deyse Fabiana Brumatti, Jéssica Fabbrini e Luis Zapatta, procurou refletir sobre as atividades do Projeto Tamar – Núcleo Ubatuba e suas influências sobre a população de algumas comunidades locais. Analisando, em um primeiro momento, o suporte dado ao projeto por diversos setores da sociedade, procurou-se demonstrar como a preservação ambiental pode polarizar atenção e esforços de pessoas com pensamentos distintos. Apresentam-se aspectos importantes: o município de Ubatuba, as espécies de tartarugas preservadas, além da infra-estrutura e ações do Tamar. Estes elementos se tornam fundamentais para a principal análise do trabalho: como os recursos reunidos por diferentes setores da sociedade são utilizados na preservação da fauna marinha, como esta ação influi na comunidade local e quais os resultados efetivos do Projeto.

O artigo "Projeto Turístico de Base Comunitária: Reflexão Inicial sobre Participação na Prainha do Canto Verde", de Teresa Cristina de Miranda Mendonça e Marta de Azevedo Irving, esclarece que a limitada participação dos atores sociais em projetos de turismo é uma realidade incontestável. Justifica-se, por este motivo, a realização da pesquisa, tendo como ponto de partida a comunidade receptora ou o "nativo mudo", conforme designação de Kripendorf (1989), buscando discutir e avaliar as razões que viabilizaram e/ou viabilizam a participação dos atores sociais no desenvolvimento e execução de projetos turísticos, considerados bem-sucedidos, em implementação no país. O trabalho relata, preliminarmente, a experiência vivida na pesquisa de campo na Prainha do Canto Verde – Beberibe (CE). O estudo de caso foi selecionado em função do diferencial desse projeto, com forte componente de participação comunitária no Brasil, foco de um crescente interesse para o desenvolvimento do turismo com responsabilidade social, no Brasil e no mundo.

Outro artigo, "Desenvolvimento de Estratégias para a Inclusão da Comunidade do Distrito de Piraputanga na Atividade Turística", de Clarissa Banducci Rahe, Mônica Maria Amorim Leite e Milton Augusto Pasquotto Mariani, analisa o envolvimento da comunidade do distrito de Piraputanga verificando se ela, por si só, tem condições de promover seu desenvolvimento por meio da atividade turística, agindo como sujeito e beneficiário em todo o processo de automobilização, auto-organização e endogeneização de capacidades, competências e habilidades, participação no diagnóstico, programação, execução, avaliação e reimplementação de soluções aos seus problemas. Piraputanga, pertencente ao município de Aquidauana, tem um vasto potencial turístico por possuir grande parte de seu território localizado na planície pantaneira, vegetação típica de cerrado, circundada pela Serra de Maracaju, além de ser banhada pelo rio Aquidauana. Assim, a promoção consciente de seu turismo poderá servir como forma de resgate da cidadania, solidariedade e integração da comunidade, valorização da cultura local, preservação e conservação ambiental, além de promover uma distribuição mais eqüitativa dos benefícios gerados pela atividade turística capaz de garantir bem-estar e qualidade de vida a todos os envolvidos.

Sobre um estudo de caso, o artigo "Turismo e Responsabilidade Social: Estudo de Caso em Icapuí", de Melissa Gonçalves Viana, Myrtis Arrais de Souza e Roberta Freire Maia, oferece uma exposição teórica do termo responsabilidade social e sua relação com a atividade turística. Mostra também um estudo de caso, com pesquisa de campo, relativo à responsabilidade social no município de Icapuí, localizado no estado do Ceará, a 195km de Fortaleza. Os aspectos relacionados foram principalmente quanto à infra-estrutura de apoio ao turismo, limpeza urbana e sinalização. Icapuí possui cerca de 16.050 habitantes, concentrados em sua maior parte na área rural; observa-se, entretanto, um crescimento de 6,37% da população urbana do município. Uma das grandes potencialidades econômicas do município é o turismo. As praias, a história, a personalidade hospitaleira de seu povo, a boa produção de labirinto e renda, de artesanato em palha, miniaturas de embarcações e de manzuás, além de 40km^2 de área verde, coqueirais, manguezais, dunas, falésias e lagoas são atrativos naturais básicos para o desenvolvimento e investimento em turismo. A partir dos resultados da pesquisa, conclui-se que o município de Icapuí, em termos administrativo, empresarial, populacional e turístico, se preocupa e sabe o que é responsabilidade social, visando, em especial, a uma melhor estadia para o turista.

O artigo que finaliza este bloco, "Turismo em Fortalezinha: Trilhando Caminhos para a Responsabilidade Social", escrito por Graça Santana e Helena Doris de Almeida Barbosa Quaresma, é fruto de observações e atividades de pesquisa que as autoras vêm desenvolvendo em comunidades de pescadores artesanais no litoral do nordeste paraense, no âmbito do Projeto RENAS. O trabalho demonstra de que forma o turismo pode ser um dos caminhos impulsionadores de organização e inclusão social, na medida em que pode congregar pessoas das mais diversas áreas e formações, na busca do desenvolvimento da prática de um turismo sustentável.

Neste sentido, surgiu na Vila de Fortalezinha o Grupo Ambiental de Fortalezinha - GAF que, ao longo de seus seis anos de existência, traça novas trilhas a fim de oportunizar aos pescadores locais o acesso e a participação nas discussões acerca da forma como sua história pode ser conduzida a partir do exercício pleno de sua cidadania e cumprimento de seu real papel social.

Compondo um conjunto de artigos que tratam sobre áreas naturais e uso responsável, tem-se 6 artigos. O primeiro deles, de Luiz Carlos de Menezes, "Ecoturismo em Unidades de Conservação: da Exclusão à Inclusão Social", traz o modelo de unidades de conservação da natureza (UC) criado pelos Estados Unidos na segunda metade do século XIX, em que as populações autóctones eram retiradas dessas áreas, proliferando-se pelo mundo durante o século seguinte, gerando cenários de conflitos e de exclusão social. Menciona-se que, nas três últimas décadas, intensificaram-se os questionamentos sobre esse modelo de UC e a busca de alternativas de desenvolvimento que internalizassem a dimensão social e ambiental considerando as especificidades, as necessidades e a realidade socioeconômica e cultural das populações atingidas. O ecoturismo constitui uma das alternativas socioeconômicas mais adequadas para essas áreas, pela possibilidade de conciliar desenvolvimento, conservação da natureza e envolvimento das populações locais e do entorno, podendo assim minimizar os efeitos negativos decorrentes da implantação das UC.

Com o título "Um Olhar sobre a Espacialização do Ecoturismo no Semi-árido Nordestino e sua Contribuição para o Desenvolvimento Local", Solange Fernandes Soares Coutinho e Vanice Santiago Fragoso Selva escrevem que, no semi-árido nordestino, as políticas associadas às estratégias de desenvolvimento não criaram oportunidades sociais, conduzindo a maior parte da sua população a precárias condições de vida. Trata-se de uma área que se caracteriza por um clima semi-árido, com temperaturas elevadas e baixos índices de precipitações mal distribuídos dos pontos de vista espacial e temporal, que condicionam a quase totalidade da população na limitação ao uso dos recursos edáficos. Também possui estruturas geológicas e geomorfológicas que, conjugadas à cobertura vegetal e fauna associada, propiciam a formação de paisagens diversificadas e únicas, de extrema beleza e interesse científico, com formações exóticas, sítios arqueológicos e comunidades tradicionais, oferecendo um vasto potencial para a expansão do ecoturismo, viabilizando a criação dos Pólos de Desenvolvimento do Ecoturismo, pelo Governo Federal, os quais podem desempenhar uma importante contribuição para a melhoria da qualidade de vida das populações envolvidas. O trabalho procura trazer à discussão a função social que o ecoturismo pode desempenhar no semi-árido nordestino. Foi desenvolvido e contextualizado numa visão integrada, considerando o ambiente como um todo, o que permitiu concluir sobre a significativa contribuição das atividades ecoturísticas para o desenvolvimento local, desde que estejam baseadas em co-responsabilidades e distribuição eqüitativa dos seus benefícios.

Ainda compondo este bloco, o artigo "Turismo e Empregabilidade no Meio Rural", de Ana Paula Zago Udenal, Chiara Ferracini Campos e Fabiana Faxina, procura analisar o turismo no meio rural como vetor para geração de empregos e expansão do mercado local de trabalho, principalmente jovem. Discute-se a questão do desenvolvimento do Turismo rural como gerador de empregos e renda, otimizando assim a mão-de-obra existente no meio. O aumento da demanda por mão-de-obra rural por meio da criação de novas oportunidades faz com que o jovem permaneça no campo, evitando o êxodo rural. Acredita-se que o turismo apresenta-se como alternativa para incrementar a atividade e agregar valor à produção dos empreendimentos rurais. Ressalta-se também a importância da responsabilidade social para viabilizar o desenvolvimento sustentável do meio rural.

Vinculado a esta temática, "Empresas Agroturísticas, Mercadologia e Responsabilidade Social: o Caso Fazenda Sambaiba/PE", de Sandro Virgílio Prado Ribeiro, traz uma abordagem de que o turismo rural tem tido grande crescimento no Brasil desde a sua gênese, no ano de 1984. Em Pernambuco, as atividades começaram no ano de 1993, na fazenda Sambaiba; a propriedade é uma das poucas que praticam o agroturismo na região. A proprietária, Maria América Regehs, tem sido socialmente responsável, contribuindo para o bem-estar da comunidade que reside no entorno e também de toda a sociedade por meio da preservação ambiental. Este comportamento tem gerado um bom relacionamento com a comunidade, além de uma imagem positiva por parte dos visitantes em relação à empresa rural.

Sob o título "Turismo Cultural e Ecológico nas Várzeas e Engenhos do Brejo Paraibano: Possibilidades e Estratégias", Luíra Freire Monteiro, Giovanni Neiva e Thiago Guerra apresentam um artigo em que comentam que a decadência dos engenhos de açúcar nordestinos tem sua origem nas transformações da sociedade capitalista e das novas tecnologias surgidas nesse contexto, lançando fora do mercado internacional os produtos centenários oriundos daqueles espaços. No sentido de se manter a propriedade da terra, estratégias de diversificação da produção foram desenvolvidas por alguns proprietários. Deixou-se de lado a produção de açúcar, voltada ao mercado internacional e dinamizou-se a produção de rapadura e aguardente de cana, voltadas ao mercado regional. Centros da cultura, técnica e patrimônio histórico do período colonial brasileiro, os engenhos remanescentes no brejo paraibano configuram-se como excelentes atrativos para a atividade turística, notadamente a de cunho ecológico e cultural. O trabalho investiga essa possibilidade e traça estratégias de revitalização desses locais, de forma a serem explorados turisticamente.

Em outro artigo, "Turismo em Unidades de Conservação: o Exemplo da Reserva Particular do Patrimônio Natural Salto Morato, Guaraqueçaba/PR", Adilson Nalin Luiz e André Louis Montanha de Oliveira, comentam que o Turismo se apresenta hoje como um fator econômico de grande importância, que traz benefícios como geração de empregos diretos e indiretos, aumento de infra-estrutura e, conseqüentemente, melhoria na qualidade de benefícios já existentes no turismo. A diferença fundamental entre as Unidades de Conservação e outras áreas turísticas está no fato de que as primeiras, além de poderem possuir objetivos recreativos, possuem também ações preservacionistas, científicas e educacionais. Em um país com problemas sociais, como o Brasil, é altamente recomendável o uso dessas áreas para fins turísticos. Entre os diversos tipos de Unidades de Conservação existentes, podem se encontrar algumas experiências positivas ligando harmonicamente turismo e preservação ambiental; baseando-se nisso, relata-se o de caso concernente à Reserva Particular do Patrimônio Natural Salto Morato, no Paraná.

Já mais relacionados aos aspectos de inclusão social, surgem mais 4 artigos. O primeiro, "Responsabilidade Social do Turismo na Inclusão da Pessoa Portadora de Deficiência ou com Mobilidade Reduzida", de Humberto de Lima Henriques e Iane Sampaio Moreira Lima, menciona que, sendo o lazer fator revitalizador das tensões do cotidiano do ser humano, alguns desejos são naturais como viajar, conhecer pessoas, lugares, novas tecnologias e outras culturas. O turismo tem se convertido em um notável fenômeno de transformação das sociedades modernas, principalmente no que se refere à responsabilidade social. A cada dia, novos segmentos específicos lutam pela sua inclusão, entre eles as pessoas portadoras de deficiência ou com mobilidade reduzida. No entanto, alguns entraves ainda são uma realidade no cotidiano desse segmento de mercado. A eqüidade de oportunidades passa, necessariamente, pela informação sobre os direitos e necessidades de cada cidadão, bem como de cada cooperação que cada um é capaz de oferecer.

Sobre esta temática, no artigo "Integração Social: Surdos, Profissionais de Turismo e o Aprendizado da Língua de Sinais", Graziela Romani e Jasmine Cardozo Moreira discorrem que incorporar ao turismo e à prestação de serviços a plena integração das pessoas deficientes permite começar a eliminar uma das principais barreiras, a do desconhecimento, e iniciar a construção de um processo, o do turismo para todos. As pessoas portadoras de deficiências devem ser estimuladas a participar cada vez mais de atividades turísticas, apesar dos ainda freqüentes obstáculos. A supressão ou atenuação dessas dificuldades que limitam a participação de deficientes na prática do turismo representa a busca pela igualdade de direitos e oportunidades, sendo uma medida eficaz que contribui para o crescimento econômico do setor. Desta forma, o trabalho propõe o conhecimento da cultura surda para que se saiba de suas limitações e anseios e, então, consiga-se compreendê-los melhor. Para reverter essa situação, um curso específico de linguagem de sinais (LIBRAS) é proposto aos bacharéis em turismo, estudantes e profissionais do *trade* turístico.

Mantendo esta linha de abordagem, segue-se o artigo "Turismo e Portadores de Necessidades Especiais: Relatos de Experiência 'Colônia de Férias Especiais Tempo Feliz' – Balneário Camboriú/SC", de Bruno Belli Zermiani, Marcos Barbosa da Cruz e Marina Wöhlke. Turismo, lazer e deficiência mental são temas abordados neste relato de experiências da colônia de férias especiais "Tempo Feliz", projeto que operacionaliza uma colônia de férias no mês de janeiro, composta por turistas portadores de necessidades especiais. O projeto, realizado pela APAE do município de Balneário Camboriú, com o apoio do instituto Guga Küerten, prefeitura municipal e da Universidade do Vale do Itajaí - Univali, tem como propósito oferecer uma colônia de férias como alternativa de lazer, turismo e inclusão social para as pessoas portadoras de necessidades especiais (deficiência mental) – turistas e/ou residentes. A partir desta experiência, registram-se reflexões acerca do turismo como fator de inclusão social; a colônia de "férias especiais" como um incremento da oferta de um município turístico como Balneário Camboriú; o papel do acadêmico de turismo e hotelaria no desenvolvimento de outras habilidades em sua formação profissional, incrementada pela vivência de trabalhos de inclusão social e quebra de paradigmas para este segmento da sociedade; e a importância das empresas (públicas e privadas) no compromisso e apoio dado a iniciativas como essa, podendo desenvolver a responsabilidade social como uma causa ética de sua existência.

O próximo artigo denomina-se "Expectativas de Indivíduos da Terceira Idade em Viagens de Curta Duração", de Heloisa Maria Rodrigues de Souza e Romeu Rodrigues de Souza. Os autores discorrem que a terceira idade compreende os indivíduos com 60 anos ou mais. Dados demográficos da Organização das Nações Unidas demonstram que o número de pessoas nesta faixa etária vem aumentando progressivamente, sendo este grupo considerado cada vez mais importante para a atividade turística. Por outro lado, os indivíduos da terceira idade apresentam características biológicas, psíquicas e sociais específicas que devem ser consideradas quando realizam viagens. Cita-se como exemplo que o conhecimento das preferências e gostos destas pessoas pode auxiliar a melhorar os serviços em viagens. Apesar da importância deste grupo para o Turismo, poucos trabalhos têm sido realizados sobre o tema. O objetivo do trabalho consistiu em investigar, por meio da aplicação de questionários e observação, as expectativas das pessoas de terceira idade de classes média e média alta da cidade de São Paulo, ao efetuar viagens turísticas rodoviárias.

Finalmente, compondo o último bloco, relacionado a áreas urbanas e patrimônio social, tem-se mais 4 textos. "Patrimônio Cultural e Turismo com Responsabilidade Social" é o artigo apresentado por José Clerton de Oliveira Martins. As reflexões expostas partem da observação sistemática do trabalho de interiorização do turismo no nordeste brasileiro, especificamente no Ceará, originário do projeto "Turismo da Gente", fruto de um convênio em que figuram, dentre outros, a Universidade de Fortaleza e a Embratur. Neste processo, os professores estimulavam as comunidades inseridas no projeto para reflexões sobre pontos fortes e fracos para o turismo em seu ambiente. Dentre os objetivos, estava o de abrir os caminhos para a implantação de atividades dentro do que se considera turismo sustentável, como primeiro item do processo do desenvolvimento para o turismo, porém partindo das percepções advindas da própria comunidade. A metodologia utilizada seguiu um modelo qualitativo do tipo etnográfico para recolhida de significados e percepções dos contextos investigados. No entanto, para a composição dos dados sobre potencial turístico, problemas e soluções apontados e resultados de cada seminário, utilizaram-se técnicas quantitativas. Neste trabalho, apresenta-se a relação da importância de se conhecer o que é e como se experiencia o patrimônio cultural e sua importância para a prática do turismo com responsabilidade social. Em geral, observou-se nos seminários que as comunidades o desconhecem, apesar de vivenciá-lo, porém não visualizam seu poder como atrativo turístico, valorizando em maior escala as estruturas exteriores que os fenômenos advindos do patrimônio cultural local.

De Márcia Cristina Pinto Bandeira de Mello, o artigo "Turismo com Responsabilidade Social: Cidadania, Patrimônio e Rio de Janeiro" busca trazer à tona algumas questões que perpassam a temática "turismo como responsabilidade social". Apresenta uma primeira parte introdutória e outra que discute a responsabilidade social buscando delimitar uma definição para o tema. Em seguida, aborda a questão da relação direta existente entre o Turismo e a linha de responsabilidade social. Observando características do mercado de trabalho no setor turístico, discute-se o seu potencial enquanto um setor que possibilita a inclusão social à cidadania. Com a mesma preocupação, apresenta a relação entre o turismo e a sua responsabilidade social no campo da preservação, conservação e delimitação do patrimônio histórico, cultural e natural da sociedade, levando em conta responsabilidade ética, legal e filantrópica. Por último, apresenta a cidade do Rio de Janeiro, sua crise e a idéia de ser o turismo responsável um caminho possível para recuperação da "cidade maravilhosa".

O artigo "Intervenções Arquitetônicas, Paisagem, Turismo e Contribuições Sociais: Caso Projeto Feliz Lusitânia – Belém/PA", de Pedro Tarcio Pereira Mergulhão, pretende fazer uma breve reflexão sobre as relações e contribuições sociais que se desencadeiam após a restauração de monumentos arquitetônicos e a reutilização dos espaços físicos na implantação de um empreendimento turístico. O objeto analisado é o Projeto Feliz Lusitânia, localizado na cidade de Belém do Pará. O trabalho limitou-se à análise de duas situações isoladas de relações sociais que se estabeleceram com o projeto, consideradas relevantes para o desenvolvimento social. Cita-se o Projeto e o compromisso social com a população da cidade de Belém e com o turista. Ainda, o Projeto e as relações de trabalho formais e informais e suas contribuições para o desenvolvimento social.

Concluindo esta terceira parte e a coletânea, tem-se outro trabalho que segue a linha do anterior, denominado "Princesinha do Oeste, suas Praças e Turismo", de Alberto Jorge Paiva Ledo, Antonio Carlos Covolan e Luiz Carlos Spiller Pena. Nele discute-se a importância das praças públicas para a atividade turística no município de Lins (São Paulo), partindo da premissa de que a dimensão do lazer e recreação propiciados para os turistas deve ser uma extensão natural de um lazer e recreação existente para a comunidade local. O lazer em uma praça envolve atividades coletivas ou individuais, podendo-se observar a utilização desses logradouros como lugar de descanso, meditação, leitura, informação, caminhadas, passeios de bicicletas, etc. Por sua dimensão pública, cumprem um importante e pouco explorado papel como espaços de socialização, em oposição aos espaços privados de lazer especializado. Como bens públicos, devem ser (re) valorizadas a ponto de contribuir não só com o embelezamento das cidades, mas também revelando-se com funções de uso, ações ou efeitos que desenvolvam nos indivíduos da comunidade o sentimento coletivo, o espírito de solidariedade social e de cooperação que contribuem para o seu bem-estar.

Prefácio

Turismo e Responsabilidade Social devem estar em sintonia, pois muitos dos efeitos das atividades turísticas possuem desdobramentos sociais, culturais, econômicos e ambientais.

Turismo com Responsabilidade Social significa atuar de forma planejada e organizada, seja a partir de ações públicas ou de iniciativas privadas. Respeito ao uso dos recursos do meio ambiente, às culturas e sociedades, na implantação de empreendimentos, nos serviços prestados, na inclusão social e na garantia da qualidade de vida são questões que não podem ser negligenciadas.

Diante desse quadro, salienta-se a importância desta nova obra, que evidencia os esforços da ABBTUR Nacional e da Editora Roca em dar continuidade à publicação dos trabalhos apresentados nos congressos da categoria e, ao mesmo tempo, respaldar os esforços dos seus diversos autores e aos assuntos que são discutidos anualmente.

Como referência, o Congresso Brasileiro de Turismo 2003, realizado na cidade de Recife (Pernambuco), sob incumbência de Alexandre José Lemos de Aquino Lopes – Presidente da ABBTUR-PE, teve como tema geral "Turismo com Responsabilidade Social", o qual foi abordado nas diversas palestras, painéis e plenárias que ocorreram no período de 27 a 30 de maio de 2003.

Nesta publicação, constam 69 artigos que abordam, direta e indiretamente, a questão da responsabilidade social no contexto do turismo, distribuídos em três partes, nas quais foram incluídos os textos que tivessem temáticas comuns em suas abordagens.

Na realidade, teve-se a oportunidade de agregar diversos escritores e pesquisadores que em muito contribuem para a abertura de novas discussões e abordagens sobre o assunto.

Este livro pode, seguramente, ser considerado uma expressiva fonte de consulta para empresários, professores, pesquisadores, estudantes e demais interessados em se aprimorar e ampliar conhecimentos sobre a área.

Noslin de Paula Almeida
Presidente da Associação Brasileira de Bacharéis em Turismo

Índice

Parte I

Turismo, Educação e Responsabilidade Social

Capítulo 1

Desenvolvimento do Turismo com Responsabilidade Social

ROSANGELA HARUE SAKURAI UENOYAMA

INTRODUÇÃO

O Turismo é reconhecido hoje como uma das atividades de grande destaque no desenvolvimento econômico do Brasil. Segundo a Embratur, o Brasil recebeu, em 1994, 1,7 milhões de turistas estrangeiros e passou a receber em 2000, 5,3 milhões e 38,2 milhões de turistas domésticos. Embora a atividade turística tenha movimentado em 2000 US$ 25,8 bilhões no Brasil e tenha grandes perspectivas de crescimento, atualmente a atividade depara-se com uma série de problemas, que se solucionados poderiam impulsionar ainda mais o seu desenvolvimento.

A globalização tem produzido acentuadas desigualdades sociais e, conseqüentemente o nível da qualidade de vida da população tem se reduzido de maneira bastante significativa, em paralelo à crescente degradação dos recursos naturais. Tem-se assim, um quadro preocupante que exclui uma grande parcela da sociedade menos favorecida dos seus direitos básicos como cidadãos.

Isto nos remete a pensar no futuro, e de que forma encarar a dignidade da vida e o bem estar da comunidade com tantas desigualdades sociais, objetivando reverter ou minimizar este quadro. Em decorrência do crescimento do turismo algumas medidas poderiam ser seguidas a fim minimizar este quadro de degradação social e ambiental, fortalecendo o desenvolvimento em bases sustentáveis e justas.

Acredito ser de extrema importância enfocar os segmentos da área empresarial e acadêmica como forças capazes de se unirem no intuito de exercerem seus papéis de agentes sociais, atuando pelo bem estar coletivo.

Existem muitas empresas que adotam em suas estratégias de desempenho empresarial ações relacionadas à vida social e à preservação do meio ambiente. Na área do turismo é imprescindível que este enfoque seja também valorizado, aprofundando estudos que contribuam de maneira consistente no desenvolvimento do "turismo sustentável", evitando com estas ações o desenvolvimento desenfreado e sem planejamento da exploração do turismo, que em muitos casos visam apenas o lucro e satisfação do turista, sem medir as conseqüências.

Diante desse contexto e da relevância que o tema abarca, o principal objetivo do presente artigo é analisar e investigar de que forma o desenvolvimento do turismo atinge a comunidade receptora, os problemas que podem surgir em decorrência deste processo e enfocar a necessidade de incorporar a questão da responsabilidade social nas ações das empresas turísticas, do governo e da sociedade como um todo. Para tanto, apresentamos uma experiência de participação no projeto de capacitação para o turismo promovido pelo Banco do Nordeste como parte de sua estratégia para o desenvolvimento do Estado da Bahia.

Análise do Cenário Turístico

O Turismo por ser considerado como uma das atividades econômicas com maior potencial para geração de emprego e renda na Região Nordeste, teve sua atividade priorizada com a implementação do Prodetur (Programa de Desenvolvimento do Turismo). O Banco do Nordeste firma-se desde 1994 como principal agente do governo federal e um dos coordenadores do Prodetur, visando promover de forma sistêmica o desenvolvimento sustentável da Região Nordeste.

Na primeira fase do Prodetur/NE I os recursos foram aplicados em saneamento básico, administração de resíduos sólidos, melhoria de rodovias, aeroportos, recuperação e preservação do patrimônio histórico ambiental, com o objetivo de melhorar a qualidade do produto turístico oferecido.

Em sua segunda fase de implantação, o Prodetur/NE II será consolidado com o Programa "Pólos de Desenvolvimento Integrado de Turismo" lançado pelo Banco Nordeste em parceria com os governos estaduais, abrangendo 265 municípios e o arquipélago de Fernando de Noronha objetivando beneficiar 18 milhões de pessoas que correspondem ao número de habitantes residentes nestes locais. Estas parcerias envolvem não somente o governo federal, estadual e municipal, como também o setor privado, que compreende entidades de classe, o *trade* turístico, as ONGs, as universidades e associações comunitárias.

Estarão envolvidas também ações voltadas para a melhoria da infra-estrutura e outras melhorias para o melhor aproveitamento de todo o potencial turístico regional. O programa deverá enfocar três ações principais: fortalecimento da capacidade municipal para a gestão do turismo; infra-estrutura e capacitação para o desenvolvimento sustentável e promoção de investimentos privados nos Pólos de Turismo.

Desenvolvimento do Turismo com Responsabilidade Social

Devido ao crescimento do turismo em larga escala, principalmente após a implantação do Prodetur, pode-se observar que surgiu uma grande preocupação dos pesquisadores que atuam na atividade turística com os impactos produzidos nas pessoas e nos ambientes onde se desenvolveram essas atividades, devido aos impactos socioculturais, e a desestruturação que causou em várias sociedades. "*A preocupação dessas instituições tem ampliado os estudo voltados para um desenvolvimento conservacionista e sustentável, que possa congregar os interesses do setor turístico e das populações inseridas nas localidades de desenvolvimento turístico.*"

Para que o turismo seja um meio efetivo para o desenvolvimento sustentável local é necessário que essa atividade respeite e beneficie tanto o turista, que deve ter suas expectativas satisfeitas, quanto às comunidades e o meio ambiente das localidades receptoras. Pode-se afirmar que quando o turismo é bom para a população local, será bom para os visitantes, desde que ambos tenham os seus direitos respeitados.

O Brasil tem potencialidades para se constituir em um grande receptor turístico devido a sua diversidade natural e cultural, porém os altos índices de desigualdade social referente aos níveis de pobreza e miséria impedem este crescimento. É de extrema importância modificar este quadro social, para tanto é preciso que os órgãos competentes do setor turístico, órgãos governamentais, empresas privadas e as comunidade locais tenham consciência da importância do compromisso com a melhoraria da qualidade de vida das pessoas agindo com responsabilidade social para construir uma nação digna onde todos possam exercer com plenitude sua cidadania.

O interesse pela responsabilidade social nos últimos anos, quer como conceito ou prática, vem crescendo à medida que os problemas sociais eclodem. Nesse ambiente de mudanças contínuas visando encontrar soluções para os crescentes problemas de pobreza e exclusão social, aumentam as expectativas de contribuição das organizações como parceiras qualificadas. Segundo Kotler:

> *"responsabilidades sociais são atribuições que a sociedade estipula para as instituições, tendo por objetivos definir algumas obrigações relacionadas à preservação do meio ambiente, dos direitos das minorias e dos direitos das populações estabelecidas (nativas ou não). Muitos empresários do setor turístico, infelizmente, ainda entendem que sua responsabilidade social é exclusivamente para com o turista, restrita unicamente ao cumprimento da obrigação legal de oferecer-lhe o que é prometido nas divulgações para venda de pacotes e ofertas turísticas".*

Desta forma, é vital que além de conscientizar o empresariado turístico, o turismólogo atue de maneira crítica, contribuindo para que a atividade turística seja realizada com base no cumprimento das responsabilidades sociais e do meio ambiente, e não apenas para atender meramente um contrato comercial.

Não são necessários grandes investimentos para poder realizar melhorias na comunidade local, o maior investimento é conscientizar todos os envolvidos neste projeto de desenvolvimento sustentável com responsabilidade social. Partindo desse ponto acredito que se torna mais do que um exercício de cidadania, mas uma obrigação como cidadão e parte integrante da comunidade onde está instalada. Também é válido ressaltar que existem leis de incentivos fiscais que possibilitam as empresas privadas de exercerem parcialmente essa atividade, oportunizando projetos mais abrangentes e em maior escala. É possível utilizar essas leis e esses incentivos à cultura em prol de projetos sociais, envolvendo além dos funcionários, outras parcerias como organizações, entidades já existentes, beneficiando várias pessoas, fazendo com que a responsabilidade social não seja apenas responsabilidade do governo, ou do setor privado, mas de todos.

Segundo Beni, "no cenário nacional, surgiu recentemente um avanço no sistema de parceria em virtude da falência do Estado na solução dos problemas sociais com responsabilidade e justiça. O próprio governo federal vem conferindo ênfase à formação de organizações sociais". Neste sentido o setor turístico pode contribuir com a comunidade e fazer com que o turismo se desenvolva em benefícios de todos.

Na onda da globalização excludente, o turismo tem transformado pessoas e lugares em meras mercadorias, sendo lucrativo apenas para alguns grupos minoritários. Entretanto, diante da importância do turismo no cenário mundial, deveria se desenvolver de maneira positiva, com a participação da comunidade, valorizando a auto-estima da população contribuindo desta forma para o desenvolvimento econômico e social e transformando a representatividade destes locais que ainda são pequenas.

Projeto de Capacitação para o Turismo

A cada dia cresce a consciência coletiva de que o desenvolvimento econômico deve se aproximar mais do desenvolvimento social. Afinal, de nada adianta gerar riquezas de um lado, enquanto do outro a miséria, a violência e as desigualdades sociais aumentam. Vivemos em um mundo de grandes diferenças, no qual só a minoria tem acesso à educação, saúde, trabalho e moradia.

Desta forma, existem algumas instituições financeiras que estão considerando como um dos pontos de avaliação de risco para a liberação de empréstimos e investimentos o comprometimento das empresas e do governo local no âmbito social e ambiental, e sua prática de responsabilidade social como parte de seu programa estratégico de desenvolvimento.

O Banco do Nordeste se enquadra neste perfil e busca otimizar os recursos financeiros através da mobilização e participação de todos os agentes interessados em unir esforços para esse fim. Por meio do Programa do Fundo Constitucional de Financiamento do Nordeste – FNE, procura ampliar a criação de novos empregos e a consolidação da cadeia produtiva. Os requisitos de competitividade e responsabilidade social são contemplados como fator determinante para o sucesso dos projetos apresentados para financiamento. Vários mecanismos foram desenvolvidos como o fórum de clientes, farol de desenvolvimento, capacitação e parcerias empreendedoras, visando concretizar as estratégias de apoio ao desenvolvimento local.

Como parte integrante do projeto de desenvolvimento, uma das ações estratégicas em 2002, foi a realização do programa de capacitação para o turismo realizado mediante transmissões da rádio AM tendo como tema central "Turismo e desenvolvimento sustentável". O curso foi radiofonizado semanalmente, baseado em apostilas confeccionadas pelo

Banco. Nessas apostilas foram abordados temas como noções de turismo, importância do artesanato, hospedagem, transporte, alimentação, planejamento e diversas profissões relacionadas ao setor de negócios voltadas para o desenvolvimento do turismo.

Para dar continuidade ao projeto foram empreendidos esforços em busca de parcerias para a implantação da capacitação nos momentos presenciais. Momento presencial refere-se aos encontros realizados entre a comunidade e o agente de desenvolvimento do Banco com o objetivo de discutir o conteúdo das apostilas transmitidas pela Rádio Nordeste visando conscientizar os ouvintes sobre a importância do turismo.

Este Programa de Capacitação para o turismo do Banco do Nordeste foi apresentado aos alunos das Faculdades Jorge Amado em setembro de 2002, ocasião da comemoração da Semana do Turismo, quando foi firmada a parceria do Banco com a faculdade. Esta parceria consiste na participação dos alunos e professores do Curso de Turismo, junto com o agente de desenvolvimento do Banco, nas aulas realizadas nas localidades que solicitem o Programa de Capacitação.

Este projeto é realizado pelos agentes de desenvolvimento que atuam em regiões pré-determinadas pelo banco e estas regiões dividem-se de acordo com as áreas de atuação de cada agência bancária.

Os agentes de desenvolvimento são os responsáveis pela execução dos planos estratégicos elaborados pela instituição, articulando com atores locais as transformações que devem ocorrer, buscando parcerias com entidades e empresas para uma atuação conjunta com responsabilidade social, e interferindo diretamente com a comunidade local promovendo a mudança de mentalidade dos agentes produtivos, visando o crescimento e desenvolvimento sustentável da região possibilitando aos participantes uma alternativa de emprego e renda, através da profissionalização ou do empreendedorismo.

Utilizar o turismo como um mecanismo de inclusão social e fazer com os benefícios do setor atinjam todos os segmentos da sociedade desde os investidores, os proprietários, os guias, os artesão, os funcionários de hotéis, entre outros é fator de extrema preocupação do Banco.

Outro ponto importante a destacar refere-se àqueles que ainda não estão inseridos no mercado de trabalho, mas que podem buscar uma profissionalização a partir dos conhecimentos adquiridos no curso e serem beneficiados em atividades diretamente ligado ao turismo como cozinheiros, garçons, recepcionistas, etc ou ligadas indiretamente como – marceneiro, eletricista, serralheiro, pedreiro, etc.

Desde janeiro de 2003, venho tendo a oportunidade de participar deste projeto como voluntária juntamente com outras alunas do curso de turismo das Faculdades Jorge Amado. Esta tem sido uma experiência muito importante e ao mesmo tempo gratificante do ponto de vista profissional e pessoal. Neste projeto pudemos constatar pessoalmente como é importante despertar na comunidade a consciência do desenvolvimento do Turismo Sustentável, e conscientizá-los que isso reflete no desenvolvimento individual e no crescimento local.

Meu interesse em participar deste projeto nasceu da necessidade de me identificar mais com o propósito do Curso de Turismo e possibilitar um aprendizado dentro de uma realidade que ultrapasse os limites do conhecimento teórico. Pelo fato de estar morando na cidade de Salvador há apenas um ano, esta seria uma oportunidade de conhecer melhor a cidade e os impactos do turismo em uma região considerada como um grande pólo receptor do turismo.

Não tínhamos noção do local onde aconteceria as aulas, nem o perfil dos interessados. Sabíamos que seriam em torno de 25 pessoas, e que o transporte seria por conta do banco. A nossa preocupação era preparar o conteúdo das aulas para que fossem realizadas de maneira participativa dos alunos despertando o interesse sobre o tema: "Turismo Sustentável", não somente no sentido de adquirir o conhecimento mas para saber como usufruí-lo em seu benefício.

As primeiras aulas aconteceram no Bairro Castelo Branco e Cajazeiras, na cidade de Salvador - Bahia. No trajeto da faculdade até os locais onde seriam realizadas as aulas pude conhecer uma Salvador diferente, pobre, com vários problemas que se apresentavam visivelmente em seu aspecto externo.

As desigualdades sociais se apresentam de maneira brusca e a realidade da Região Metropolitana de Salvador é trágica e longe do que é mostrado nas propagandas das televisões e no *marketing* mascarado. Muitos vivem em uma cidade sem luzes, sem o brilho e o *glamour* dos holofotes, como Castelo Branco, onde encaram no seu cotidiano a violência urbana, as discriminações sociais. Isso coloca em pauta alguns pontos para reflexão. Mostra claramente um desenvolvimento fora da realidade que beneficia somente àqueles que dispõem de maior poder aquisitivo, e os outros que não fazem parte deste grupo continuam marginalizadas em meio às suas dificuldades, morando em periferias, em favelas ou até mesmo nas ruas.

Antes de morar em Salvador, vendo-a como uma cidade turística imaginava que o desenvolvimento do turismo contribuiu em grande parte para o crescimento da cidade, e este atingiu um grande número de pessoas, mas o que encontrei foi a pobreza e miséria fora do centro urbano e das regiões litorâneas mais conhecidas. Reflete a vida de muitas pessoas, em locais periféricos da cidade sem infra-estrutura adequada ao número de habitantes desses bairros. São pessoas que desconhecem a outra realidade de desenvolvimento e benefícios advindos do turismo, citando como exemplo os bairros Cajazeiras e Castelo Branco.

São os operários, os ambulantes, as empregadas domésticas, pessoas trabalhadoras,cujos filhos ainda não tem nenhum objetivo definido na vida e buscam grandes sonhos, como fazer uma faculdade, ter uma vida melhor com mais conforto. Foi nestes bairros que começamos a realizar o trabalho de capacitação para o turismo.

Chegando no local era nítido o interesse de muitos em participar das aulas na expectativa de poder desenvolver algum empreendimento próprio, através de um financiamento do banco, ou buscar alguma profissionalização. Em sua maioria era um público jovem onde poucos exerciam alguma atividade remunerada.

O curso é ministrado em 7 aulas, sete encontros semanais, e cada grupo é formado de aproximadamente 25 pessoas. No primeiro encontro, embora tivéssemos o cuidado de preparar aula, devido à falta de condições locais de utilizar o recurso áudio visual, e o grande número de pessoas, em torno de 80, tivemos que improvisar algumas atividades e mudar a metodologia da aula.

Para as próximas aulas continuamos nos preparando já conhecendo a realidade com a qual teríamos que trabalhar. A cada aula, procurávamos utilizar métodos diferentes como: divisão da turma, em grupos menores para o estudo das apostilas, diálogos, exposição dos trabalhos realizados, realização de dinâmicas com o objetivo de interagir com todos e despertar uma maior motivação.

Ao longo deste período outras turmas se formaram em outros locais. Dentre elas, três turmas já concluíram o curso e achei muito interessante os depoimentos dos alunos, nos quais enfatizam que os cursos possibilitaram visualizar o turismo de forma ampla, e começaram a ver com outros olhos o próprio bairro onde moram. Embora no inicio a maioria não valorizasse a história de seu bairro e simplesmente afirmassem que "*no meu bairro não existe nenhuma possibilidade de desenvolver o turismo*", por meio dos trabalhos de levantamento, inventário do bairro, realizados por eles próprios, foi possível despertar o interesse em identificar as melhorias necessárias para favorecer a própria comunidade, e talvez no futuro desenvolver algum projeto empresarial.

Começaram a refletir sobre a importância da atuação de cada um no processo de desenvolvimento social da comunidade, identificar os problemas existentes, e pensar em como atuar para que isso aconteça. Isto é, exercer sua própria cidadania. Um dos exemplos que podemos citar é a falta de segurança, falta de colégios estaduais, falta de banco, clínica de saúde. Estes dados são interessantes visto que se trata de um dos bairros mais populosos de Salvador.

Conversando com a primeira turma do curso, descobri que muitos entre eles não conheciam os pontos turísticos de Salvador, a não ser pela televisão, jornais, constatando que, se por um lado, os turistas conhecem uma Salvador, rica em atrativos como praias, monumentos históricos como o Pelourinho, a diversidade da cultura, o exotismo da culinária e a tradição dos baianos que encantam os turistas, por outro lado muitos da própria população local, ignoram a existência desses atrativos, e não tem consciência do que representa o turismo em sua própria cidade.

A participação neste projeto me deu maior conscientização da responsabilidade do papel que temos a desenvolver como profissionais do turismo e diante de alguns depoimentos dos alunos pude sentir uma imensa alegria de fazer parte deste trabalho.

Auciléia, em suas palavras, disse "*Gostaria de agradecer a oportunidade de ter trazido o curso de turismo para todos nós que não temos condições de pagar. Importante para os nossos conhecimentos globais, pessoais e do próprio bairro. Que todos vocês conhecedores do turismo possam alcançar seus objetivos e levar mais e mais conhecimentos para as pessoas carentes*".

Para Marieva da Silva, outra aluna do curso, este ampliou os seus conhecimentos e fez o seguinte depoimento: "*Quero agradecer em poucas palavras ao Banco do Nordeste e os professores em especial por ter trazido este curso para entendermos e conhecermos o que é e para o que serve o turismo. Eu, em especial, amei este pequeno curso para o meu desenvolvimento profissional, até mesmo porque eu já tinha um bom conhecimento com hotelaria e turismo...*"

Alguns rapazes ainda muito jovens despertaram o interesse sobre guia turístico e procuraram informações onde poderiam fazer um curso de guia. O único problema é o alto custo destes cursos, que dificulta a realização dos mesmos.

O curso de capacitação aos agentes produtivos possibilitou o aumento da auto-estima dessas pessoas, que de certa forma vivem na parte feia de uma cidade considerada um grande pólo receptor do turismo, gerador de renda e riquezas. Sabe-se que a falta de recursos financeiros impede o desenvolvimento local em alguns aspectos, mas não pode bloquear o interesse das pessoas, a vontade delas em conseguir algo melhor para sua vida, para o seu bairro.

Foi interessante observar que à medida que se formavam novos grupos, e os cursos se tornavam mais intensos (atualmente 5 grupos estão em andamento, distribuídos em 3 dias da semana), aumentava a minha disposição em melhorar a qualidade das aulas e proporcionar ferramentas para que o aprendizado fosse mais fácil, e me desdobrava em fazer com que cada aula fosse significativa e diferente, através da aplicação de dinâmicas de grupo da participação efetiva dos alunos no decorrer das aulas, através de pesquisas e trabalhos realizados e apresentados por eles.

A aplicação desta metodologia foi muito positiva, porque algumas pessoas já deixaram de estudar a algum tempo e o fato de se envolver nesta atividade proporcionou um novo ânimo, despertando o interesse e a vontade de mostrar as suas pesquisas, e em alguns casos houve uma premiação para os melhores trabalhos.

Por exemplo, na apostila nº 6 que aborda basicamente os estados do Nordeste e seus atrativos turísticos e culturais, um dos grupos que realizaram as pesquisas sobre este tema, apresentaram-se de forma surpreendente, trazendo amostras de artesanatos, para relacionar com os estados. Outro grupo chegou a demonstrar capoeira e roda de samba, criando um ambiente alegre e contagiante durante a aula. Ficou claro que vivenciar cultura, história, tradição de um lugar, envolve a todos e faz com que sintam orgulho e valorizem suas raízes muito mais dando vida e ânimo aos participantes. Esta apresentação foi muito melhor do que simplesmente realizar as aulas discutindo sobre o assunto.

O turismo por ser um vetor econômico que movimenta vários segmentos do comércio, indústria e principalmente prestação de serviços, pode ser considerado como uma alternativa para minimizar este problema social, oportunizando empregos de garçom, camareira, cozinheira, guia, taxista, intérprete, secretária, entre outras a diversas pessoas de diferentes níveis de conhecimento.

Para que uma nação ou empreendimento seja próspero se faz necessário que a comunidade local seja participante ativa neste processo e possa se beneficiar com o desenvolvimento da atividade turística. E nós como profissionais da área podemos contribuir transmitindo o conhecimento à população, ou incentivando a buscarem a profissionalização.

Não pode existir o desenvolvimento do turismo sem integração efetiva da população local. O trabalho conjunto de todas as entidades ligadas com o *trade* turístico, as empresas privadas, o governo e a própria comunidade, podem gerar um produto turístico de altíssima qualidade, basta que todos estejam engajados no mesmo objetivo e que o resultado disso não seja apenas da minoria mais rica e sim da população carente.

Acompanhando todo esse cenário, as universidades podem desenvolver um papel muito importante direcionando os universitários, que se preparam para assumir seu lugar neste mundo competitivo, para o desempenho de seu papel como cidadão antes do seu papel de profissional. A participação das faculdades e universidades nestes projetos dá oportunidade aos alunos de ampliar o currículo universitário com a participação em trabalhos de caráter social, e ter a grande oportunidade de poder influir sobre o sentido e o resultado das mudanças que acontecem ao seu redor, desenvolvendo ações a partir de discussões e decisões em conjunto com a população local.

Formando universitários conscientes, podemos ter uma expectativa maior com relação às futuras empresas onde irão atuar. Indicadores apontam que os consumidores cada vez passam mais a preferir produtos de empresas consideradas como "éticas", "cidadãs" ou "solidárias", assim como valorizar o profissional mais engajado nestes projetos sociais.

Formar essa consciência nos bacharéis de turismo é de suma importância para que os impactos sociais e econômicos do turismo, tragam maiores benefícios à comunidade. Atuando de forma ética e preocupada com seu entorno, a empresa pode desenvolver valores e práticas com efeitos positivos sobre sua cadeia produtiva e seus colaboradores, gerando melhores resultados.

Com certeza uma das alternativas para combater a exclusão e promover avanços sociais junto ao desenvolvimento econômico dessas localidades, é o desenvolvimento sustentável e integrado pelos diversos agentes responsáveis por essas mudanças.

Considerações Finais

O desenvolvimento do turismo só poderá ocorrer com a conscientização da responsabilidade de todos em promover ações sociais e englobar a comunidade para que possa desfrutar dos benefícios do turismo de forma mais igualitária, não comprometendo a destinação turística com a estagnação econômica e social.

Conforme apresentado neste artigo, ressalto a importância da conscientização dos empresários do turismo em contribuir com melhorias na comunidade receptora e destaco o grande papel que as universidades e faculdades podem desempenhar desenvolvendo trabalhos sociais em parcerias com outras instituições.

Embora o projeto de capacitação para o turismo promovido pelo Banco do Nordeste não tenha retorno financeiro a curto prazo, somente a participação e o interesse dos alunos em adquirir conhecimentos básicos sobre o turismo fizeram com que aumentasse a auto-estima dos alunos. Isso é muito gratificante, visto que todo esse projeto pode ser o primeiro passo para que muitos pensem em melhorar suas vidas dando continuidade aos estudos e se profissionalizando. Acredito que essas ações nos possibilitam contribuir e cumprir com o nosso papel de atuar com responsabilidade social.

Referências Bibliográficas

1. BANCO DO NORDESTE (on-line). Disponível em: http://www.banconordeste.gov.br. Acesso em: 20/mar/2003.
2. PRODETUR (on-line). Disponível em: http://www.embratur.gov.br/economia/PRODETUR. Prodetur. Acesso em: 23/mar/2003.
3. SILVA, Y. F. Pobreza, violência e crime: conflitos e impactos sociais do turismo sem responsabilidade social. In: BANDUCCI JR., A.; BARRETTO, M. (orgs.). *Turismo e Identidade Local*. Campinas: Papirus, 2001. (Coleção Turismo).
4. KOTLER, P. *Administração de Marketing*: *análise, planejamento, implementação e controle*. São Paulo: Atlas, 1996.
5. BENI, M. C. *Análise Estrutural do Turismo*. São Paulo: Senac, 2001.
6. BARRETO, M. *Turismo e Legado Cultural*: *as possibilidades do planejamento*. Campinas: Papirus, 2000. (Coleção Turismo).
7. LAGE, B. H. G.; MILONE, P. C. Impactos socioeconômicos globais do turismo. In: *Turismo: teoria e prática*. São Paulo: Atlas, 2000.
8. RUSCHMANN, D. V. M. *Turismo e Planejamento Sustentável: a proteção do meio ambiente*. Campinas: Papirus, 1997. (Coleção Turismo).
9. TRIGO, L. G. G. *Turismo: como aprender, como ensinar*. São Paulo: Senac, 2001.

Capítulo 2

Responsabilidade Social: Turismo e Meio Ambiente Estudo de Caso – Guias Philips do Brasil

Claudia Corrêa de Almeida Moraes

Introdução

As transformações de ordem econômica, política, social e cultural que ocorreram e ainda estão ocorrendo no cenário mundial, na passagem do século XX para o século XXI, ambientam o aparecimento de novos modelos de relações entre instituições e mercados, e também entre organizações e sociedade. Percebe-se uma aproximação dos interesses das organizações e os da sociedade, resultando em esforços múltiplos para o atendimento dos objetivos conjuntos.

Novos modelos de organizações com preocupações com as questões sociais e a sua inserção nos problemas da comunidade apareceram. Estas organizações – cidadãs desenvolvem o processo denominado responsabilidade social. Este movimento trouxe novos conceitos e tendências profissionais, alterando muito o próprio conceito de gestão de empresas e a sua relação com o consumidor e com a comunidade.

"Responsabilidade Social é uma forma de conduzir os negócios da empresa de tal maneira que a torna parceira e co-responsável pelo desenvolvimento social. A empresa socialmente responsável é aquela que possui a capacidade de ouvir os interesses das diferentes partes (acionistas, funcionários, prestadores de serviço, fornecedores, consumidores, comunidade, governo e meio-ambiente) e conseguir incorporá-los no planejamento de suas atividades, buscando atender às demandas de todos e não apenas dos acionistas ou proprietários."

A questão da responsabilidade social insere-se em um universo mais amplo que é o da ética e da cidadania. A palavra responsabilidade vem do latim *respondere*, que significa, segundo o dicionário Aurélio, "a qualidade ou condição de ser responsável", que nos remete à idéia de dever, obrigação legal ou moral.

A responsabilidade social é composta de valores morais e de princípios ideais de conduta humana. Assim sendo, é processo resultante do desenvolvimento de posturas éticas inerentes aos estágios de evolução de determinados grupos ou organismos sociais.

A questão da cidadania organizacional é fundamental para o afloramento da responsabilidade social nas empresas e esta aconteceu no cenário brasileiro no período de 1940 a 1950, com a chegada das empresas multinacionais que promoveram mudanças no trabalho, nos costumes e na melhoria do nível de vida dos trabalhadores. É também o período em que aumentamos as nossas comunicações permitindo o acesso à informação para um grupo maior de pessoas.

Das décadas de 1960 a 1980, práticas anticidadania nos foram impostas por um regime político ditatorial vigente, que impedia a liberdade de expressão no país.

Em 1984, com o fim do regime militar iniciamos um reaprender sobre cidadania e sobre o direito do consumidor. Os meios de comunicação voltados para a massa e as novas tecnologias atingiram cada vez mais pessoas disseminando informações. Os meios de comunicação foram muito importantes como mediadores entre os eventos circundantes ao espaço público e ao espaço privado.

Fernandes, em 2001, identifica nesse processo um dos pilares da construção da cidadania empresarial brasileira na medida em que, ao integrar o contexto no qual estão inseridas, as instituições precisam conjugar o seu aspecto privado com a preocupação voltada ao público. Ou seja, embora uma organização possa pertencer ao poder privado ela deve responsabilidade e satisfação pública.

Ainda deve-se levar em consideração a questão da existência de um órgão de proteção ao consumidor – Procon e também o Código do Consumidor.

Além da abertura para o mercado externo que proporcionou uma concorrência maior entre as empresas, a globalização trouxe a exigência da fidelização de clientes e também o *marketing* de relacionamentos. Para ouvir o consumidor e conhecer mais a própria empresa aparece a figura do *ombudsman* como canal de comunicação com os clientes.

A questão da responsabilidade social também é resultado da percepção, por parte de boa parcela do empresariado, sobre a necessidade de um desenvolvimento sustentado gerador de uma postura que se contrapõe à cultura centrada na maximização do lucro dos acionistas.

A responsabilidade social corporativa significa entender e agir em resposta a essa nova demanda da sociedade, quando o valor gerado por uma empresa se reflita em benefícios não somente para seus acionistas, mas que tenha também um impacto positivo para o conjunto dos afetados por suas operações, em particular o meio ambiente e a comunidade (seus próprios funcionários e o restante da sociedade), respeitando sua cultura e agindo de forma ética e transparente.

Novas relações passam a existir entre os funcionários das empresas, comunidades e clientes. Esses segmentos compartilham objetivos e resultados em prol da otimização e manutenção dos recursos necessários à perenidade dos negócios.

Este trabalho tem o objetivo de apresentar um estudo de caso de educação ambiental com o intuito de preservação do patrimônio turístico. O nosso patrimônio turístico composto de atrativos naturais e culturais necessita de preservação e conservação constante, que sabemos não tem ocorrido com muita freqüência em nosso país[1] . Algumas leis de incentivos e também a participação do primeiro setor (organizações públicas), segundo setor (organizações privadas) e terceiro setor (organizações da sociedade civil de interesse público) tem auxiliado nesta tarefa, mas ainda temos muito que fazer para atender ao grande patrimônio que possuímos.

As propostas de terceirização das unidades de conservação, o uso diversificado comercialmente de arquiteturas tombadas entre outras ações tem sugerido o envolvimento cada vez maior do segundo setor na preservação e conservação do nosso patrimônio turístico.

Outras ações que auxiliam a administração sustentável de unidades de conservação e do patrimônio cultural têm se desenvolvido a partir de iniciativas de muitas empresas, como o Guia Ford Adventure pela Revista Néz Adventure PETAR que divulga o parque ou ainda o projeto FIAT Guia do Brasil que também divulga o Brasil com seu guia.

Escolhemos como estudo de caso para a nossa reflexão sobre empresas cidadãs que se envolvem com o patrimônio turístico o da Philips do Brasil[2] porque agiu de uma maneira diferente das outras empresas. Ao perceber que o papel social das empresas não é mais gerar emprego e pagar impostos corretamente, mas agregar novos valores e novas dimensões em relação a sua responsabilidade perante a comunidade que atua, iniciou um programa de responsabilidade social.

A Philips segue, desde 1970, uma política interna de preservação ambiental que, no processo de revisão e ampliação, tornou-se o programa mundial denominado EcoVision. Como parte deste programa, todas as fábricas da Philips no Brasil foram certificadas segundo as normas internacionais ISO 14001. Uma de suas unidades, na cidade de Mauá, SP, foi a primeira fábrica a receber tal certificação na América Latina. O EcoVision é um programa com a intenção de contribuir para a melhoria da qualidade de vida das pessoas e das comunidades, estimulando seus funcionários e familiares a se envolverem em ações sociais e contribuindo para a diminuição do impacto das injustiças sociais.

Em 2000 criou o Comitê de Responsabilidade Social e este optou por apoiar programas em educação, saúde e em meio ambiente porque vislumbrou aí uma oportunidade de participar e contribuir para o bem coletivo, já que a educação é um componente essencial para o desenvolvimento de um país, e para uma melhor distribuição de renda.

Tomando por base o projeto Philips Brasilis – que tem por objetivo incentivar a cultura, a arte, os patrimônios históricos e ambientais brasileiros – e a política ambiental desenvolvida, foi criada a série de Guias Philips.

Esses guias possibilitam ao leitor conhecer as belezas naturais de nosso país e ainda oferece informações úteis e detalhadas, desde como chegar ao local, às principais atrações, até a identificação de animais e plantas, na parte final.

Justamente por relacionar responsabilidade social, preservação do patrimônio turístico, educação ambiental e prática do turismo, escolhemos este estudo de caso para analisar.

---

[1] No Brasil, 1,85% de seu território é protegido por unidades de conservação e este percentual está abaixo da média mundial (6%) segundo a WWF e 75% das reservas nacionais são vulneráreis e estão ameaçadas em decorrência das falhas de implantação. (Folha de S. Paulo, 9/mar/1999, p. 3).

[2] Philips do Brasil é uma subsidiária da Royal Philips Electronics da Holanda e atua no País há 78 anos. Produz eletroeletrônicos, equipamentos para recepção de TV por assinatura via satélite, eletrodomésticos portáteis, produtos para cuidados pessoais, iluminação e componentes eletrônicos. A Philips do Brasil atua ainda nos setores de telecomunicações, informática, telefones celulares e equipamentos médico-hospitalares.

Nossa análise recai sobre como o projeto de responsabilidade social "Philips Brasilis" colabora para a ampliação das práticas de mínimo impacto nos parques nacionais brasileiros.

Os dados aqui apresentados foram obtidos com a empresa através de uma palestra proferida na Faculdade Editora Nacional pela Gerente de Propaganda e *Marketing* Corporativo Sra. Flávia Carlota Varela Moraes sobre o tema: Responsabilidade Social no Turismo, em setembro de 2002, como preparação para o Congresso Brasileiro de Turismo – CBTUR 2003. Dados que não constaram na palestra foram posteriormente oferecidos pela empresa estudada. Os conceitos técnicos usados como responsabilidade social foi o do Instituto Ethos e o de atividade de mínimo impactos da National Outdoor Leadership School.

O artigo realiza uma discussão preliminar sobre a questão da responsabilidade social por parte das empresas, depois aborda o projeto Philips Brasilis apresentando a ação de educação de mínimo impacto, discorre sobre a importância de preservar as unidades de conservação – UC frente ao aumento da demanda e como este tipo de educação ambiental pode auxiliar. Finaliza com uma reflexão sobre a importância do engajamento de empresas que aparentemente não estariam envolvidas no turismo na preservação do patrimônio turístico.

Projeto Brasilis

No Brasil, segundo o IBAMA, os Parques Nacionais destinam-se à preservação integral de áreas naturais com características de grande relevância sob os aspectos ecológico, beleza cênica, científico, cultural, educativo e recreativo, vedadas as modificações ambientais e a interferência humana direta. Exceto medidas de recuperação de seus sistemas alterados e as ações de manejo necessárias para recuperar e preservar o equilíbrio natural, a diversidade biológica e os processos naturais. Os Parques Nacionais (PARNA ou PN) comportam a visitação pública com fins recreativos e educacionais, regulamentada pelo plano de manejo da unidade. As pesquisas científicas, quando autorizadas pelo órgão responsável pela sua administração, estão sujeitas às condições e restrições determinadas por este, bem como ao que for definido em seu plano de manejo.

O Instituto Brasileiro de Turismo – IEB (2002) estima que 2 milhões de pessoas participam anualmente do turismo ecológico no país. O setor vem crescendo cerca de 10% a 15% ao ano. A realidade das grandes cidades e o estresse da vida moderna têm gerado uma demanda cada vez mais crescente por atividades em ambientes naturais e as UC, tem representado cada vez mais os espaços visitados. Embora o turismo em áreas protegidas possa trazer benefícios econômicos a nível regional e nacional, há outros benefícios que podem ocorrer a partir destas visitações como:

- Possibilidade de uma maior integração das UC com as comunidades locais e com a sociedade mais ampla.
- Circulação de informação ambiental por meio de programas educativos e da própria visitação.
- Aumento da oferta regional de espaços para recreação e lazer.
- Adesão de visitantes às tarefas de fiscalização.
- Facilidade do controle sobre grupos organizados.
- Divulgação da própria unidade e o estabelecimento de "redes" de interessados em sua manutenção.

Nas áreas específicas dos Parques Nacionais, o Ibama desenvolve projetos para programar a visitação. São os chamados planos de manejo que definem como pode ser utilizado o parque através da orientação técnica minimizando os impactos. Mesmo com esses critérios do zoneamento, há ainda muitos parques que não possuem um plano de manejo atualizado ou não tem capital humano para orientar e vistoriar os visitantes, ocorrendo impactos negativos como:

- Necessidade de "sacrifício" de áreas para descanso, abertura de trilhas e acessos, construções de infra-estrutura etc.
- Pisoteamento, na compactação, na erosão e na abertura de atalho em trilhas.
- Depredação da infra-estrutura, das árvores e das rochas por pichações ou coleta de suvenires.
- Deposição inadequado de lixo, que interfere na alimentação da fauna e polui solo e cursos d'água.
- Distúrbio do ambiente sonoro, visual e olfativo da fauna, por barulho, excesso de cores e odores estranhos ao meio.
- Incêndios.

Várias podem ser as estratégias para minimizar esses impactos, como determinar a capacidade de carga das áreas abertas à visitação e a educação ambiental:

- Ampla divulgação em campanhas permanentes de informação sobre a ética e as práticas de mínimo impacto.
- Adoção de instrumentos e ações de manejo que contribuem para a minimização dos impactos.

As diretrizes para uma política nacional de ecoturismo (Brasil, 1994), orienta para a possibilidade de educação ambiental, advindas do incentivo à visitação das áreas protegidas como forma de garantir a sustentabilidade.

"Uma das estratégias de manejo é a adoção de um programa de educação para as práticas de mínimo impacto em áreas naturais, partindo do pressuposto de que a grande maioria dos visitantes não tem uma compreensão clara dos impactos que está causando na sua área natural preferida. É uma estratégia que parte do princípio de que, recebendo informações pertinentes, de modo adequado, o visitante estará disposto a mudar suas práticas e hábitos em suas visitas a natureza".

Desde a década de 1970 que nos Estados Unidos *a NOLS – National Outdoor Leadership School vem* divulgando um programa internacional denominado "*Leave No Trace (LTN)*" ou "*No Dejes Rastros (NDR)*" que se popularizou no Brasil como não "Não Deixe Marcas", visando à reeducação das pessoas para uma prática de conservação de áreas naturais e cujas técnicas vêm sendo adotadas e divulgadas por todas as entidades que atuam na linha de frente quanto à proteção à ecologia e à natureza.

Podemos citar algumas ações como os folhetos feitos pela Secretaria do Meio Ambiente de São Paulo para o Parque Estadual de Campos do Jordão, que traz essas mensagens juntamente com informações sobre o parque:

O Parque pede ao visitante que:

- Não colha flores.
- Não perturbe os animais.
- Não retire pedras nem outros bens naturais.
- Siga a sinalização.
- Deposite o lixo nos recipientes próprios.
- Mantenha-se nos caminhos, trilhas e locais permitidos.
- Respeite as interdições de passagem.
- Ouça apenas a Natureza.
- Não faça inscrições em árvores.
- Deixe animais domésticos em casa.
- Acate a orientação dos funcionários!

Ou ainda outro folheto também feito pelo mesmo órgão para o Parque Estadual da Ilha Bela com informações sobre o parque e as seguintes recomendações:

- Não retirar ou danificar a vegetação.
- Não maltratar ou alimentar os animais.
- Não deixar lixo espalhado.
- Não poluir as águas.
- Não fumar.

O folheto do Parque Estadual do Caracol – Canela/RS onde fica a Sede do Projeto Loboguará informa:

"O que não fazer: Jogar lixo fora das lixeiras, arrancar e levar plantas, mascar vegetais desconhecidos, capturar animais, depredar placas e infraestruturas do parque, barulho nas trilhas, tomar banho no arroio, tomar água do arroio e jogar pontas de cigarros nas trilhas ou fora delas."

O modelo de mínimo impacto das atividades realizadas na natureza, além de imbuído de uma forte conscientização ecológica e social, leva o indivíduo a pensar naquele que o sucederá praticando as mesmas atividades lúdicas, estimulando-o a agir com segurança e preservar o meio-ambiente incólume para que outras pessoas possam usufruí-lo na mesma proporção, estabelecendo como valor principal toda uma ética comportamental objetivando evitar que sejam deixadas marcas muitas vezes irreparáveis como registros da presença humana no ambiente silvestre.

Basicamente as técnicas podem ser reduzidas a alguns enunciados fundamentais, simples, didáticos e de fácil memorização:

- Planejar e preparar antes de sair.
- Viaje e acampe em superfícies duráveis e resistentes.
- Lixo: tudo o que levar, traga de volta.
- Dejetos: disponha adequadamente tudo aquilo que não puder trazer de volta.
- Natureza: deixe no local tudo o que encontrar.
- Fogueiras: minimize seu uso e impacto.

Cada um destes princípios pode ser desdobrado em uma série de pequenas regras, as quais não são absolutas mas resumem, em sua essência, a ética e as técnicas de mínimo impacto recomendadas para cada situação e que devem ser atendidas sempre que possível.

Com adoção destas técnicas espera-se que o usuário assuma sua parcela e responsabilidade pela manutenção do bem-estar da UCs e do seu próprio ao visitar uma área natural. É uma forma de pensar no uso deste espaço, da relação com ele e também perceber que sua ação isolada pode não fazer a diferença, mas a ação de milhares de pessoas fará. É uma nova ética ambiental que o visitante terá de incorporar em prol da cidadania e da sustentabilidade.

Informações sistematizadas sobre a preservação ambiental podem facilitar a tarefa de lembrar e incorporar a ética e as práticas de mínimo impacto.

Tendo como um dos seus princípios de responsabilidade social o meio ambiente (natural e cultural) a Philips lançou o Projeto Philips Brasilis, um selo que identifica os projetos que têm por objetivo incentivar a cultura, a arte, os patrimônios históricos e naturais brasileiros. Alguns exemplos Guias Philips Parques Nacionais, Guia Philips Amazônia, Guia Philips Pantanal e Bonito, Guias Philips Nordeste, Folhetos Philips Parques Nacionais, IQE – Instituto Qualidade de Ensino, 500 Anos da Moda de Pernambuco, Antônio Nóbrega, Nova Jerusalém e Patrimônio Histórico.

O Guia Philips de Parques Nacionais têm uma dupla função, a primeira é informar e orientar o turista sobre os parques nacionais, preparando-o para as visitas. Conhecer o local a ser visitado e ter a dimensão da sua importância enquanto espaço de conservação dos nossos ecossistemas, poderá melhorar a ações deste turista nos parques de maneira mais ética. A segunda função é a de viabilizar o projeto de orientação nos parques e o estímulo ao uso das técnicas de atividades de mínimo impacto. Toda a renda obtida pela empresa com os Guias Philips é revertida para a produção de folhetos informativos e educativos que são distribuídos gratuitamente nos parques nacionais.

Os folhetos dos parques nacionais tem a finalidade de orientar sobre como se comportar e de que forma conhecer as belezas naturais sem poluir ou danificar a natureza. Contam a história, a fauna, a flora e os principais atrativos de cada parque, com mapas ilustrados das regiões, croquis de trilhas, fotografias, explicam o que é um Parque Nacional e no item *Faça a coisa certa* passam ao usuários algumas técnicas de mínimo impacto como:

"Os Parques são patrimônios da comunidade e têm como objetivo conservar aspectos naturais e culturais de uma área. Assim, existem algumas regras básicas de comportamento a ser seguidas:

- Nada se leva de um Parque. Animais, plantas, rochas, frutos, sementes, conchas encontradas no local fazem parte do ambiente e aí devem permanecer.

- Caçar, pescar e molestar animais silvestres é crime previsto por lei. Os animais precisam buscar seu próprio alimento para manter o ciclo vital natural.
- Entrar no Parque com animais domésticos pode causar problemas com a introdução de doenças e ameaças ao ambiente natural.
- Nada se deixa em um Parque. Todo lixo deve ser coletado e disposto nos locais apropriados.
- As áreas de visitação pública são restritas e, normalmente, possuem horários definidos.

Em toda ultima dobra do folheto na contracapa há um outro item denominado *Cumprindo sua parte* que tem mensagens que mostram ao usuário a sua responsabilidade para com a preservação do Parque:

"Os Parques Nacionais existem para ser conservados, visitados, apreciados e estudados. Observando as normas dos Parques e as regras básicas de conduta, você já vai estar cumprindo o seu papel. As Áreas Naturais Protegidas dependem também do interesse dos visitantes para continuar seu trabalho de conservação dos recursos naturais, culturais e históricos. Apesar de protegida por lei, a maioria dos Parques está cercada por áreas que não são unidades de conservação, sofrendo inúmeras ameaças e pressões. Vocês podem fazer a diferença informando sobre os problemas observados durante a sua visita. Fale com a direção do Parque, com o Ibama, com as autoridades responsáveis e cumpra seu papel de cidadão. Linha Verde Ibama: 0800-618080 ou pela Internet: www.ibama.gov.br".

Estes folhetos foram produzidos pela Horizonte Geográfico, com o apoio do Ibama e em 2001, produziram 240 mil folhetos de educação ambiental para serem distribuídos nos 12 parques de maior visitação pública: Abrolhos (BA), Aparados da Serra (RS), Caparaó (ES/MG), Capivara (PI), Chapada dos Guimarães (MT), Chapada dos Veadeiros (GO), Fernando de Noronha (PE), Jaú (AM), Itatiaia (RJ/MG), Serra da Capivara (PI), Serra dos Órgãos (RJ) e Ubajara (CE). Calcula-se que estes folhetos sejam lidos por 1,5 milhão de turistas por ano. Custaram R$ 1,25 milhão e foram pagos com o dinheiro advindo da venda dos guias e verba da própria Philips.

Podemos ver pela linguagem usada que a mensagem é passada como uma orientação e não de maneira imperativa. Não se inicia uma frase como não pode levar nada de um Parque, mas Nada se leva..., esta forma de comunicação é mais bem aceita pelas pessoas, porque não impõe, mas explica.

A idéia de investir em ações preservação de parques incentivando nos turistas a ética ambiental, traz o sentimento de responsabilidade pelo ambiente que usufruem, ocorrendo uma dupla reação. A primeira é a da própria empresa de se sentir responsável também pelas questões ambientais do país onde está instalada e contribuir de alguma maneira para a melhoria das condições vigentes e a segunda é o processo que ela optou por inserir-se através das técnicas de mínimo impacto, chamar a responsabilidade também os freqüentadores dos parques. A ação cidadão e ética da empresa caminha além do seu universo abrangendo também os turistas.

Considerações Finais

"As atividades com mínimo impacto é passar por uma área sem incomodá-la, e sem deixar evidências de que você esteve lá". (Mountaneering: The Freedom of the Hills).

Uma das maneiras que se tem utilizado para incentivar o comportamento positivo de turistas em UC são os guias, folhetos e outras fontes de informações que sensibilizem o turista em visitação nas áreas naturais, com orientações para atividades com mínimo impacto.

Este conceito deve cada vez mais ser divulgado para que o aumento de turistas em áreas naturais possa permitir sua presença e a conservação do meio ambiente. O aumento de visitantes que já vem ocorrendo e a previsão de que poderá aumentar ainda mais, somente será possível se além de respeitar a capacidade de carga estipulada por cada plano de manejo, o comportamento dos turistas for responsável de maneira que promova apenas o mínimo impacto.

Os programas de responsabilidade social voltados ao turismo podem ser direcionados ao que o turismo tem de mais importante seu patrimônio turístico. Este é também importante por ser um patrimônio natural e cultural do Brasil. Ao se preservar o patrimônio turístico, as empresas que estiverem inseridas nesta função estarão não somente ajudando a preservar o meio ambiente, mas permitindo que o turismo responsável ocorra e que as gerações vindouras também possam usufruir do que hoje usufruirmos.

Conhecer o Patrimônio Turístico Nacional é estimular a cidadania brasileira, somente aquele que conhece pode amar. Se criarmos condições de visitações que permitam a preservação estaremos permitindo o acesso de pessoas ao conhecimento de seu próprio legado que após conhecê-lo passa a sentir-se mais próximo a ele e assim poderá respeitá-lo mais e desejar que ele se mantenha para as próximas gerações.

Um dos problemas mais sérios do nosso país é a educação e é essa que não tem permitido o desenvolvimento de nossa cidadania, pois para ser cidadão antes de mais nada temos conhecer nossas responsabilidades e nossos direitos. A educação ambiental voltada para o Patrimônio Turístico é uma das formas de colaborarmos para uma sociedade mais cidadã.

Embora aparentemente a Philips não tenha uma relação diretamente voltada ao turismo, a sua preocupação com o meio ambiente traz para a comunidade interna e externa um sentido amplo de cidadania e ética, que atinge diretamente o Patrimônio Turístico.

Saber lidar com o patrimônio público é antes de mais nada uma lição de cidadania e lidar de maneira preservacionista é uma lição étnica.

Referências Bibliográficas

1. INSTITUTO ETHOS DE RESPONSABILIDADE SOCIAL. Disponível em: http://www.ethos.org.br. Acesso em: 4/abr/2003.
2. FERREIRA, A. B. H. *Novo Aurélio: o dicionário da língua portuguesa.* Rio de Janeiro: Nova Fronteira, 2000. p. 1754.
3. FERNANDES, A. Comunicação apresentada ao GT de Relações Públicas da Sociedade Brasileira de Estudos Interdisciplinares – INTERCOM. In: XXIII CONGRESSO BRASILEIRO DE CIÊNCIAS DA COMUNICAÇÃO, 2000. Manaus. Anais do XXIII Congresso Brasileiro de Ciências da Comunicação, 2000.
4. SERRANO, C.; BRUNS, H. (org.) *Viagens à Natureza*. Campinas: Papirus, 1997.
5. BARROS, J.; BARROS, M. I. A.; DINES, M. As diretrizes para uma política nacional de ecoturismo. Mínimo impacto em áreas naturais: uma mudança de atitude. In: SERRANO, C. (org). *Educação pelas Pedras.* São Paulo: Chronos, 2000.
6. FICO, C. *Reinventando o Otimismo*. Rio de Janeiro: FGV, 1997.
7. HAMPTON, B.; COLE, D. *Soft Paths: how to enjoy the wilderness without harming it, national outdoor leadership school.* Mechanicsburg: Stackpole Books, 1995.
8. HARMON, W. Leave no Trace: minimum impact outdoor recreation. *The Official Manual of American Hiking Society*. Helena: Falcon Publishing, 1997.
9. SROUR, R. H. *Poder, Cultura e Ética nas Organizações*. Rio de Janeiro: Campus, 1998.
10. INSTITUTO DE ECOTURISMO DO BRASIL. Disponível em: http://www.ecoturismo.org.br. Acesso em: 1/abr/2003.

Capítulo 3

Retrato da Comunidade da Praia do Rosa - Projeto Baleia-Franca: a Importância da Educação Ambiental e o Papel do Turismo na Conscientização

André Guidio de Almeida
Marco Aurélio Sobrinho

Introdução

Este capítulo trata da importância da educação ambiental em áreas de preservação, da conscientização do público-alvo, no caso os turistas adeptos do turismo de observação e como o turismo se apresenta enquanto instrumento estratégico neste processo.

O estudo será realizado tendo por base o Projeto Baleia-Franca, que envolve a preservação dessas baleias na Praia do Rosa, situada no município de Imbituba (litoral sul de Santa Catarina). O projeto mencionado, idealizado por José Truda Palazzo e alguns colaboradores recebe recursos da organização não-governamental IWC-Brazil, que, juntamente com outros participantes, fornece estrutura e condições básicas para que o trabalho se realize (Fig. 3.1).

Este tema será abordado pelo fato da necessidade da conscientização do turista, mostrando a importância da educação ambiental, não só do ponto de vista ecológico mas também social.

Figura 3.1 – Praia do Rosa.
Fonte: http://www.praiadorosa.com.br

O turismo de observação está em ascendência no mercado mundial, conseqüentemente vindo em um futuro próximo a ocupar sua fatia deste mercado no Brasil, como já ocupa principalmente na Europa. Isto faz com que o turismo seja uma forte arma na penetração da educação ambiental na sociedade. No entanto, como qualquer outra "arma" pode ser tanto benéfico quanto maléfico, pois depende de fatores externos como sua adequação ao ambiente local e outros que serão citados no desenvolver do trabalho.

Sendo o turismo a atividade de maior crescimento econômico mundial e o Brasil um grande potencial de turismo ecológico, pesquisas e estudos deverão ser elaborados para que este crescimento tenha um acompanhamento ideal e necessário, não permitindo a degradação do meio ambiente. Isto será conseqüência de um bom planejamento, como assim está sendo desenvolvido no Projeto Baleia-Franca abordado neste capítulo.

Baleia-Franca

Eubalaena Australis

Eubalaena Australis é o nome científico deste cetáceo que recebe a denominação de baleia-franca por algumas de suas características as quais por muito pouco não levaram à extinção da espécie. A Franca é uma baleia dócil e muito lenta, podendo atingir uma velocidade de 9km/h. Seus filhotes, nascendo com 4,5m e dobrando seu peso em apenas 2 semanas, levam mais de um mês para nadar 5.000km ou a distância das águas do sub-Antártico, além de ter o costume de ficar muito perto da costa, cerca de 30m (Figs. 3.2 e 3.3).

Figura 3.2 – *Eubalaena* brincando.
Fonte: http://www.praiadorosa.com.br.

Figura 3.3 – Baleia-franca.
Fonte: http://www.baleiafranca.com.br.

Por estas razões foi muito visada pelos caçadores que usavam sua gordura para fazer óleo, sua carne e seus ossos, com a facilidade de que depois de morta, a baleia boiava (Figs. 3.4 e 3.5).

Em 1860, segundo dados da organização australiana Magna, de proteção às baleias, estimava-se uma população de 100.000 baleias-francas, quais 30.000 foram caçadas apenas nas águas da Nova Zelândia, as Francas são separadas por um cinturão, habitantes do hemisfério norte e sul, os maiores grupos podem ser vistos na Austrália, África do Sul e Argentina. Hoje se estima uma população de 7.000 animais segundo dados do Projeto Baleia-Franca, porém, deve ser ressaltado que a Franca é uma espécie muito pouco estudada, assim os pesquisadores de hoje sentem dificuldades para obter dados exatos sobre o mamífero, muitos entrando em controvérsia (Figs. 3.6 e 3.7).

Acidentes com navios, poluição e redes de pesca ainda acontecem apesar da caça estar proibida por leis desde 1980 e restauradas em 1984. Até

Figura 3.4 – Matança da Baleia-Franca em Imbituba.
Fonte: http://www.baleiafranca.com.br.

Figura 3.5 – Pescador com um arpão.
Fonte: http://www.wcape.school.za.

Figura 3.6 – Caça predatória de Baleia-Franca.

Figura 3.7 – Caça indiscriminada da baleia-franca.
Fonte: http://www.baleiafranca.com.br.

então, os direitos estabelecidos na convenção internacional de 1935 onde se proibia a caça de baleias, era ignorada (Figs. 3.8 e 3.9).

Como Identificar uma *Eubalaena*?

As baleias-francas podem atingir 18m de comprimento, ou 57 pés, mas em média medem 14 ou 15m em fase adulta, pesando entre 40 e 60 toneladas.

Com o corpo todo negro como uma grande plataforma, não possui nadadeiras dorsais; tem uma mancha branca na barriga e, em sua enorme

Figura 3.8 – Navio japonês.
Fonte: http://www.greenpeace.org.

Figura 3.9 – Caça rudimentar da baleia.
Fonte: http://www.magna.com.

cabeça, saliências branco-amareladas diferentes de um animal para outro, as quais permitem aos pesquisadores o "reconhecimento" de cada uma das baleias, permitindo-lhes também estudar sua rota.

Sua expectativa de vida não é conhecida, mas alguns estudiosos dizem que a *Eubalaena Australis* pode chegar a 90 anos.

Alimentação da Eubalaena

Estes mamíferos comem 400kg/dia, principalmente plânctons, pequenos crustáceos e pequenos camarões, alimento qual é filtrado através de suas placas baldeadas, localizadas como uma veneziana em seu maxilar superior. Quanto à sua visão, como a maioria de outros habitantes dos oceanos é falha, pois não é necessária em águas profundas, já a audição é compensadora principalmente em freqüências baixas, ou seja, no mar aberto, onde a visão é menos útil.

Com quatro vezes o tamanho da Europa, o Santuário protegerá espécies como a jororoba, franca austral, aleta, baleia-azul, baleia-sei, cachalote, rorcual tropical, baleia minke do sul e minke comum.

Resumo do Projeto Baleia-Franca

"Durante o ano de 1981, o Vice-Almirante Ibsen de Gusmão Câmara, um dos líderes na luta contra a continuidade da caça à baleia no Brasil (praticada até 1985 por japoneses instalados na Paraíba), por iniciativa própria, principiou a investigar relatos de pescadores e freqüentadores da Costa catarinense atestando que "baleias-pretas" estavam aparecendo esporadicamente no litoral Sul do Brasil, e organizou um grupo de voluntários para, com pouquíssimos recursos obtidos no Exterior, realizar uma busca no literal do Rio Grande do Sul, Santa Catarina e Paraná, realizando não apenas observações diretas da Costa como entrevistas nas comunidades locais que pudessem elucidar melhor a identidade do animal em questão. Já em 1981 tais entrevistas indicavam a presença regular recente de "baleias-pretas" com filhotes. Com a continuidade das buscas, em agosto de 1982 a avistagem de uma fêmea adulta e seu filhote na praia de Ubatuba, Ilha de São Francisco do Sul, SC, e de várias outras observações posteriores de pares de mãe e filhote no mesmo ano vieram a confirmar o status do litoral catarinense com a área ativa de reprodução das baleias-francas no Brasil. Ao longo dos anos seguintes, a partir de 1982, continuaram as atividades do já então denominado Projeto Baleia-Franca, cujo objetivo fundamental, até hoje inalterado, é garantir a sobrevivência e a recuperação populacional da baleia-franca em águas brasileiras."

Hoje a equipe de trabalho do Projeto conta com a participação de biólogos e de estagiários do curso de oceanografia da Universidade da Vale do Itajaí, da IWC-Brazil e está despertando cada vez mais interesse de turistas de todo o mundo, turismo que aliás está sendo utilizado como mais uma ferramenta para a captação de recursos para o Projeto, necessitando bom planejamento para que não atrapalhe o andamento deste e principalmente para que não degrade o ambiente utilizado como berçário pelos cetáceos.

Praia do Rosa: Um Berço da Baleia-Franca

A Praia do Rosa está localizada a 70km da capital Florianópolis no município de Imbituba, litoral sul de Santa Catarina, um dos poucos locais do mundo que recebem a visita da baleia-franca, que adotou de agosto a novembro a região como "berçário". Os esforços das autoridades regionais e principalmente do Projeto Baleia-Franca permitiram a estes animais encontrarem nesta região uma área de preservação na qual ela pode amamentar os seus filhotes sem a presença de caçadores e curiosos sem orientação à sua volta.

O município de Imbituba tem 35.700 habitantes segundo dados do censo 2000 realizado pelo IBGE, tem como principais atividades a pesca, o turismo, comércio e a indústria têxtil. Por ser uma região com vocação turística muito forte e ser considerada pela revista Viagem e Turismo uma das dez mais belas praias do país, a praia do Rosa e a região que a circunda tem tido uma procura cada vez maior por turistas. A grande coqueluche da região é o *whale watching* ou observação de baleias, realizada dentro de um barco especial desenvolvido pelo Projeto Baleia-Franca e por outros interessados para atrair o turismo, e isto vem dando muito resultado. Segundo o Projeto a procura pelo passeio aumenta a cada ano o que é ótimo para o desenvolvimento da região.

Concepção da Palavra Turismo

Turismo, segundo estudiosos provém de "tur" o que significa viagem de descoberta em hebreu ou ainda decorre do latim "tornare" que é traduzido em volta.

Enfim, o Turismo é uma atividade muito antiga, já estando presente com os fenícios em suas viagens comercias e há muito tempo vem impondo indagações sobre sua origem, sua política e ciência sobre todos seus pesquisadores e interessados.

Herman Von Schullard em 1910 conceituou turismo como:

"...a soma das operações, especialmente as de natureza econômica, diretamente relacionadas com a entrada, permanência e o deslocamento de estrangeiros para dentro e para fora de um país, cidade ou região."

Conceitos vão se modificando a cada curto período de tempo, sejam parecidos ou não por razões sociológicas, econômicas, políticas e históricas de seus autores, em conseqüência disso, seus estudiosos possuem uma crescente gama de material didático de pesquisa quais apoiarão bases de estudos para melhoramento e organização desse fenômeno.

Para que esclareça a proporção e a importante da atividade turística atualmente, alguns dados serão citados abaixo:

- Em 1980, o setor turístico empregava 2,62% do PIB global brasileiro.
- Em 1990, o setor turístico empregava 9,10% do PIB global brasileiro.
- Em 1995, o setor turístico empregava 8% do PIB global brasileiro.
- 592 milhões de viajantes deslocaram-se entre os países em 1995.
- U$$ 423 bilhões foram movimentados pelo turismo em 1996.
- O Brasil recebeu 2,3 milhões de turistas em 1996, segundo dados da Embratur.

No turismo, pode-se imaginar, a priori, que tanto a área estatal como a empresarial têm como objetivo real o lucro. O Estado espera da atividade turística o superávit no balanço de pagamentos na conta específica, em razão do ingresso de divisas, e as empresas que atuam no setor igualmente dimensionam a prestação de serviços em razão da lucratividade dos investimentos necessários."

O que esta citação demonstra é a realidade do crescimento que este fenômeno está sofrendo e que continuará a crescer, quando em poder de pessoas qualificadas e estudadas tornar-se-á um forte aliado econômico, social e conscientizador, no entanto, se em mãos de curiosos tal fenômeno, estará seriamente prejudicado pela incompetência e improvisação, causando efeitos graves e desastrosos no meio social, econômico e natural.

Resta à sociedade, aceitar e aprender a trabalhar e pensar com a indústria do Turismo, pois inevitável é seu crescimento como inevitável é a necessidade de seu conhecimento e de uma ciência clara, qual todos entendam e tenham fontes para discuti-lo, pois este querendo ou não cairá sobre as várias camadas da sociedade, como economia, sociedade, como ferramenta de conscientização, e antes torná-lo um aliado que fatal inimigo.

Turismo Sustentável

O conceito de turismo sustentável é novo e vem sendo alvo de inúmeros debates principalmente nos anos noventa. No entanto, este assunto começou a ser levado a sério nos anos oitenta pois o fenômeno turístico se deu conta da importância da preservação de áreas naturais para a sua comercialização em vista do grande aumento de interesse dos turistas no chamado turismo verde ou ecoturismo e para que esta comercialização seja feita sem degradar demasiadamente o meio ambiente começaram as discussões em torno do turismo sustentável. Isto vem ocorrendo pois vários estudos já comprovaram que se cuidados não forem tomados com urgência as próximas gerações não terão o privilégio de desfrutar do meio ambiente e de ter uma qualidade de vida satisfatória.

Em qualquer definição de turismo sustentável são enfatizados os elementos ambientais, sociais e econômicos do sistema de turismo, pois somente havendo um envolvimento destas três variáveis se consegue realizar um empreendimento turístico sustentável. Isto nos levaria à definição seguinte.

Turismo sustentável significa turismo que é economicamente viável, mas não destrói recursos dos quais o turismo no futuro dependerá, principalmente o meio ambiente físico e o tecido social da comunidade local.

Isto nos leva a crer que para que o turismo sustentável venha a ser executado é necessário haver uma mudança de mentalidade em ambas as partes interessadas, pois só desta forma será possível ocorrer um planejamento turístico que não degrade a cultura local no meio ambiente e principalmente traga os benefícios que são almejados por todos.

Ecoturismo e sua Dimensão Social: Conscientização

Ecoturismo, turismo ambiental, turismo em áreas naturais e várias outras definições são usadas para denominar a mesma atividade turística, contando é claro que existe muita controvérsia e discussão sobre este assunto entre seus estudiosos. No entanto este problema não é o objetivo deste capítulo, mas sim esclarecer o que é e como funciona esta atividade nos tempos atuais, e como pode este, ajudar na educação e formação de uma consciência ambiental da população em que se envolve.

É indiscutível o fato de que as pessoas de hoje possuem uma maior consciência ambiental e isso não se deve apenas aos desastres ocorridos no passado, mas também ao ecoturismo qual torna seus adeptos mais sensíveis ao meio ambiente. Isto ilude a pensar que estes ecoturistas são apenas um pequeno amálgama na sociedade, no entanto uma grande massa de turistas têm se interessado neste setor a cada ano que passa, assim turismo de pode tornar-se um forte aliado das áreas naturais se claro bem planejado, conduzido e controlado, angariando recursos para a região, oferecendo emprego para a população local qual é necessário seu comprometimento para que esta área não seja algo inútil e negativo para eles e é claro que quanto mais adeptos, mais a consciência ambiental se alastra, com recursos de um bom trabalho de educação ambiental visando a conscientização da sociedade em relação à natureza, qual é o principal item tratado nesta pesquisa, *está trabalhada sobre a população das Baleias-Francas na Praia do Rosa, litoral sul de Santa Catarina.* Assunto este qual será desenvolvido com o decorrer do trabalho.

A definição de ecoturismo oferecida pela *The Ecotourism Society* é:

Ecoturismo é a viagem responsável a áreas naturais, visando preservar o meio ambiente e promover o bem-estar da população local.

Turismo de Observação de Baleias

Hoje no mundo já são mais de 40 milhões de adeptos do turismo de observação de baleias e este numero tende a crescer ainda mais nos próximos anos, pois todos os pontos de observação de cetáceos espalhados pelo mundo têm uma necessidade financeira muito grande para manter seus estudos e seus projetos de preservação. O turismo de observação vem sendo utilizado pelos realizadores de projetos desta natureza como fonte de renda para a continuação e implementação de seus trabalhos.

Segundo dados do Fundo Mundial para o Bem-Estar dos Animais (Ifaw) cerca de um bilhão de dólares, mais de 25 vezes a caca comercial, foram arrecadados em oitenta e sete paises na pratica desta modalidade de turismo no ano de 1999. A tendência e de que a cada ano a procura seja ainda maior pois o ecoturismo vem ganhando forca ano a ano, por manter as pessoas em contato direto com a natureza sem denegri-la demasiadamente.

Existem dois tipos de observação que podem ser utilizados, observação em terra ou em embarcações desenvolvidas especialmente para a pratica desta atividade. Segundo a bióloga e pesquisadora do Projeto Baleia-Franca Karina Glock, se bem conduzido o turismo de observação pode ser um grande aliado tanto para o projeto como para a conscientização dos praticantes desta modalidade de turismo.

Devem ser tomadas porem varias medidas preventivas para que o crescimento que esta ocorrendo nesta área do turismo não seja feito de forma desordenada, mantendo-se dentro das exigências ambientais, sendo utilizado em caráter educativo, criando oportunidades de trabalho e desta forma gerando renda para a comunidade local.

A comunidade local e peca fundamental para o bom desenvolvimento de projetos desta natureza, pois se eles não forem conscientizados ou não se interessarem pelo Projeto problemas com certeza irão surgir, já que estes são os primeiros que devem encabeçar a causa e a partir disto dar exemplo de consciência ambiental e lutar pela manutenção do bem estar do meio em que vive, e nos benefícios econômicos que o turismo feito com consciência traz.

Consciência Ambiental e Ideologia: Ciência a ser Difundida

Consciência significa: 1. *Filos*. Atributo altamente desenvolvido na espécie humana por qual o homem toma em relação ao mundo aquela distancia em que se cria a possibilidade de níveis mais altos de integração.

Ambiente é tudo o que cerca ou envolve os seres vivos.

Enfim, não se pode escapar à definição de que consciência ambiental ou ideologia ambiental é a consciência dos seres humanos em relação ao meio ambiente físico ou não, que o envolve.

Nesta pesquisa, é desenvolvido o tema em relação aos seres humanos e o meio onde vivem as Baleias Franca, assim, um tema altamente ecológico.

A questão é: como conscientizar a população em favor desses animais e do meio que as cercam?

"Pense globalmente aja localmente" já se tornou quase uma expressão popular, e em relação a este assunto não se faz uma exceção à regra.

Quando grande número da população de consciência social estiver fazendo sua parte para proteger e preservar a natureza, pode-se estar certo de que a conscientização se alastrará até os pontos menos informados, críticos e perigosos da sociedade e se tornará uma ideologia com forca material e simbólica.

As mudanças causadas na cobertura da terra são causadas pelos usos que os humanos lhes destinam (Skole, 1994), ou seja, são as ações humanas as causadoras das mudanças benéficas ou maléficas no meio ambiente, e essas ações são governadas por forcas indutoras humanas assentadas em bases sociais. Justamente por essas razões é que o processo de educação ambiental através da conscientização ambiental deve exercer uma boa atuação, para que essas forças indutoras sejam conscientizadas e assim propagadoras de uma consciência.

> *"O maior desafio, tanto da nossa época quanto do próximo século, é salvar o planeta da destruição. Isso vai exigir uma mudança nos próprios fundamentos da civilização moderna - o relacionamento dos seres humanos com a natureza".*
>
> *Mikhail Gorbachev*

Educação Ambiental

A educação ambiental se caracteriza por incorporar as dimensões socioeconômica, política, cultural e histórica, não podendo uniformizá-la, devendo então considerar as características da região e comunidade. Assim, a educação ambiental deve permitir a compreensão da natureza do meio e interpretar a interdependência entre os diversos elementos que integram este ambiente, procurando utilizar destes recursos para conseguir a satisfação presente e futura na natureza. Para isto a educação ambiental necessita de conhecimento técnico e cultural para transpor as barreiras enfrentadas e então atingir um desenvolvimento sustentável, qual é um dos eixos para se conseguir a base de uma boa consciência ambiental.

O Projeto Baleia-Franca relatado nessa pesquisa é um subsídio muito importante para ações de educação ambiental, sendo este apoiado por uma entidade internacional, a qual é outro subsídio. Tratando esse da baleia-franca, torna-se fonte de informação para pesquisadores e estudiosos do assunto, sofre influencia da legislação e leis quais decorrem a estes animais e seu entorno, e ao mesmo tempo age como conscientizador ou propagador da educação ambiental, seja por programas, reuniões comunitárias, informações aos turistas, enfim, agindo por diversos meios o projeto exerce importante papel na propagação da educação ambiental empregada à preservação das *Eubalaenas*. Como se pode perceber, um agente de educação ambiental sofre ao mesmo tempo várias influências de diversos subsídios, pois esse é seu envolto, assim se necessita de competência, seriedade, universidade ou universalidade e ciência no apoio à esses agentes, na empregabilidade dos subsídios, nas ações relativas ao meio ambiente, na capacitação de seu meio e na captação de mais agentes, propagadores e conscientizadores.

Considerações Finais

Após alguns meses de pesquisa bibliográfica, aplicação de questionários *in loco*, pesquisa de campo e pesquisa participante por meio de entrevista informal, a avaliação de resultados forneceu informações teóricas sobre os fatores que formaram a estrutura do tema desenvolvido.

Diferenciados por capítulos os assuntos de relevância cientifica foram abordados separadamente devido a necessidade de um bom entendimento por parte do leitor, quando através desta leitura preliminar este compreenda a temática dissertada. Assim descrito, os fatores foram dissecados de forma que fornecessem um embasamento teórico de fácil entendimento, já que o objetivo da pesquisa não foi estudar estes pilares em si mas sim foi conseqüência destes pertencerem ao envolto do tema principal o qual é a educação ambiental e o processo de conscientização onde o turismo entra como aliado.

Os números revelados pelos questionários demonstram a relação Projeto Baleia-Franca – população local entre outras informações científicas e de interesse teórico para este relacionamento e futuras ações. Entrando em contradição, dados do questionário e coletados através da pesquisa participante por meio de entrevista informal, revelam os diferentes ângulos de visão existentes entre o Projeto Baleia-Franca e a população local sobre o mesmo tema.

O turismo de observação de baleias, ainda pouco difundido no Brasil, por ser de difícil acesso a âmbito nacional devido a existência de poucos projetos como o realizado na Praia do Rosa-Santa Catarina e Abrolhos Bahia (Baleia-Jubarte), torna-se ainda uma atividade de poucos adeptos no País. Segundo dados obtidos através do Projeto, apesar desta atividade estar em crescimento na Praia do Rosa, não possui um público específico, e elevando seu custo junto ao turista que necessita de considerável poder aquisitivo para usufruir da estrutura oferecida, restringe-se àqueles que se interessam no assunto, conseqüentemente já possuindo uma consciência ambiental, pois sua condição financeira lhe possibilitou veículos quais lhe alcança a educação ambiental.

Números incontestáveis, resultados do questionário aplicado junto ao Projeto Baleia-Franca demonstram que este exerce uma atividade de educação ambiental sobre a comunidade local e suas crianças, ainda por pesquisa participante por meio de entrevista informal, são fornecidas informações de que estas atividades são realizadas durante todo o ano, atividades estas através de reuniões, palestras periódicas e palestra em escolas entre outras. Porém nos números provenientes da população local e de suas crianças com menos de quatorze anos, cria-se uma batalha imaginária, pois os resultados pendem a lados opostos. Demonstra-se que a importância do Projeto e da preservação das baleias não foi discutida com a comunidade em sua maioria, e que nos períodos quais o Projeto não esta instalado na Praia do Rosa, qualquer ou nenhuma atividade de conscientização junto à comunidade se realiza. Já entre as crianças, o fato de se dividirem quase em igualdade na questão da conscientização da importância das baleias, no entanto em sua maioria foi constatado que o assunto não é discutido nas escolas. Ou seja, apresenta-se falha a questão das parcerias do Projeto, já que por pesquisa participante por meio de entrevista informal foi constatada a presença de programas como algumas palestras em sala de aula, no entanto os professores quais são formadores chaves de ideais não discutem a presença do Projeto Baleia-Franca, concluindo uma falta de agilidade por parte da secretaria de educação local, assim como da prefeitura.

Por meio desta pesquisa participante por meio de entrevista informal foi esclarecida a situação de que são as crianças as principais interessadas na preservação e são estas o alvo principal da conscientização, como os adultos não dão muita importância e nem vêem razões para esta preservação, principalmente os idosos, os quais um dia viveram da caça e pesca das baleias vendo a presença do Projeto Baleia-Franca negativamente, porém é demonstrado mais uma vez a falta de um programa de educação ambiental mais rigoroso, para conscientizar e através de parcerias apresentar alternativas econômicas para estas pessoas que vivem exclusivamente da pesca.

Apesar do claro benefício econômico que o Projeto traz para a comunidade, esta ainda não consegue percebê-lo, já que a maior incidência de turistas é de dezembro a fevereiro quando a praia se vê repleta de veranistas, no entanto entrando em controvérsias às próprias palavras dos moradores locais têm o turismo como fonte de renda incontestada. Esta situação se dá ao fato de que no período da atividade do Projeto Baleia-Franca, poucos são os turistas comparando ao verão, no entanto estes existem e levam com eles os benefícios.

A boa receptividade do turismo pela comunidade torna esta uma forte arma para um desenvolvimento sustentável, desde que sejam seguidas as suas bases, é ainda um forte aliado para o programa de educação ambiental, já que os turistas deixam o Projeto com uma conscientização ambiental modificada após a visita, segundo os integrantes do Projeto em resposta aos questionários.

Apesar destas afirmações e de seu crescimento, o turismo não torna o Projeto uma atividade auto-sustentável, no entanto como foi dissertado, o *whale watching*, ou turismo de observação de baleias é uma atividade em crescimento em todo o mundo, movimentando cerca de um bilhão de dólares anualmente segundo dados da Ifaw.

Por esta não ser a atividade prioritária do Projeto e sim a preservação e as pesquisas, como é o objetivo deste, participa com as atividades secundárias seus parceiros, quais responsáveis pelo desenvolvimento do suposto ramo. Este é o ponto onde se questiona a competência e os reais benefícios trazidos pelos terceiros e as atitudes destes, em demonstrar resultado para que cresça o seu setor e colabore substancialmente com o Projeto. Para estas razões de tirar as responsabilidades do Projeto, o parceiro é de fundamental importância para a continuidade de toda a organização.

Através da pesquisa participante por meio de entrevista informal foi concluído que existem falhas de comunicação, programas educacionais em fase de iniciação, existe um Projeto crescendo vagarosamente e sem recursos, uma consciência por parte da população onde o Projeto Baleia-Franca "ameaça" esta comunidade por ainda ser algo praticamente desconhecido e pouco envolvente, existe uma população que necessita de projetos de educação ambiental para criar uma consciência, uma falha percepção do Projeto ou de seus parceiros da necessidade de uma ágil interação política, social, econômica e natural, existe o falho entendimento da atividade turística como meio de captação de recursos tanto para o Projeto como para a comunidade o que traria a integração e como agente conscientizador, e principalmente existem os diferentes focos de visão entre a comunidade e o Projeto Baleia-Franca, o que está tardando a integração por conseqüentes fatalidades onde ambos se desconhecem.

Não foi escolhido por acaso o Projeto Baleia-Franca e a Praia do Rosa para fim desta pesquisa, mas justamente porque esta é uma relação nova de um projeto com sua comunidade local, e a exemplo de outros programas como este, sabia-se que vários problemas seriam encontrados no ambiente social, cultural, econômico e ambiental. Problemas estes demonstrados através da aplicação de questionários e principalmente através das pesquisas participantes por meio de entrevista informal, retratando uma situação comum no entanto apresentando novos dados para as pesquisas empregadas a estudá-los e compreender o desenvolvimento sustentável dentro de um projeto desta natureza.

Com este retrato *Projeto Baleia-Franca – Praia do Rosa*, o objetivo foi transmitir a necessidade da educação ambiental, ressaltando a integração comunitária e os benefícios do turismo, destacando a consciência ambiental como necessária na formação do ser humano, adicionando informações básicas como o ecoturismo, a baleia-franca, ecologia entre outras para o entendimento deste campo sobre o horizonte *Projeto Baleia-Franca – Praia do Rosa.*

Deixando de lado o fundamentalismo ecológico, não seria lido aqui que a baleia-franca é mais importante que a humanidade, muito menos que seriam mais inteligentes. O Homem é capaz de raciocinar, pensar, refletir, idealizar, agir, conscientizar, etc... Roubar, mentir, trair, odiar, agredir, enganar, exceder, satirizar, desmatar, poluir, tiranizar, matar... Infelizmente muitos ainda têm o que aprender com estes animais irracionais, ou com a falta destes.

Referências Bibliográficas

1. OLIVEIRA, A. P. *Turismo e Desenvolvimento: planejamento e organização.* 2 ed. São Paulo: Atlas, 2000. p. 15, 29, 31-37, 40-45, 55, 145.
2. BENI, M. C. *Análise Estrutural do Turismo.* 2. ed. São Paulo: Senac, 1998. p. 36, 37, 38, 41, 65, 78, 157.
3. SWARBROOKE, J. *Turismo Sustentável: conceitos e impacto ambiental.* Trad. Margarete Dias Pulido. São Paulo: Aleph, 2000.
4. LINDBERG, K.; HAWKINS, D. E. *Ecoturismo: um guia para planejamento e gestão.* Trad. Leila Cristina de M. Darin. 2. ed. São Paulo: Senac. São Paulo, 1999. p. 13-31, 225-257.
5. RUSCHMANN, D. V. M. *Turismo e Planejamento Sustentável: a proteção do meio ambiente.* Campinas: Papirus, 1997. (Coleção Turismo).
6. GALEANO, E. 5. ed. Librería América Latina. dec 1996. p. 217-226, 248-255, 431-437.
7. VALLE, D. FERREIRA, G. Para senador, "o neoliberalismo encalhou". *Folha de Londrina*, 15/out/2001, p. 4.
8. ROSISQUE, J. *Ecologia, Preservar Para Viver: introdução à educação ambiental.* Trad. Edílson Barbieri. São Paulo: Cidade Nova, 1991. (Diálogo com a Sociedade Contemporânea).
9. ACOT, P. *História da Ecologia.* Trad. Carlota Gomes. Rio de Janeiro: Campos, 1990.
10. CHAUI. M. *Convite à Filosofia.* 12. ed. São Paulo: Ática. p. 117-119, 165-167.
11. PELEGRINI FILHO, A. *Ecologia, Cultura E Turismo.* Campinas: Papirus, 1933. p. 7-21, 27-31, 133-147.

12. DIAS, G. F. 1949. *Educação Ambiental: princípios e práticas*. 5. ed. São Paulo: Global, 1998. p. 20-28, 128-130, 274, 308-310, 342.
13. HUTCHISON, D. *Educação Ecológica: idéias sobre consciência ambiental*. Trad. Dayse Batista. Porto Alegre: Artes Médicas, 2000. p. 39-45, 21-33, 154.
14. SANDOVAL, F. *Popol Vuh*. 2. ed. Editora Artemis-Edinter, Guatemala.

Sites Consultados

http://www.baleiafranca.com.br
http://www.nre.vic.gov.au
http://www.via-rs.com.br
http://www.ig.com.br
http://www.praiadorosa.com.br
http://www.afsc.noaa.gov
http://www.greenpeace.ogr
http://www.folhameioambiente.com.br
http://www.ourworld.compuserve.com
http://www.magna.com.au

ANEXO

GRÁFICOS REFERENTES À APLICAÇÃO DE QUESTIONÁRIOS AOS MEMBROS DO PROJETO BALEIA-FRANCA

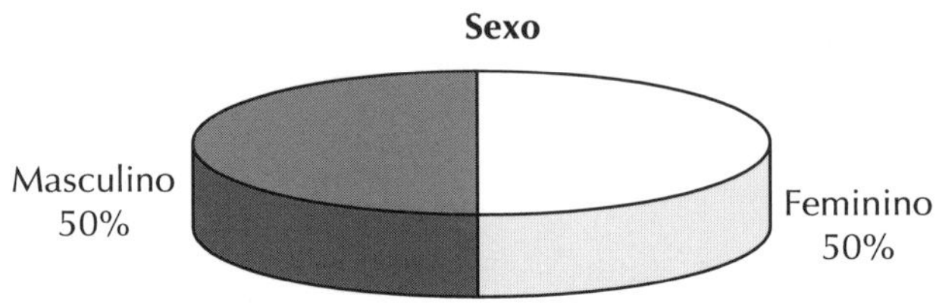

Figura 3.10 – Dentre os entrevistados, 50% eram do sexo feminino e 50% do sexo masculino.

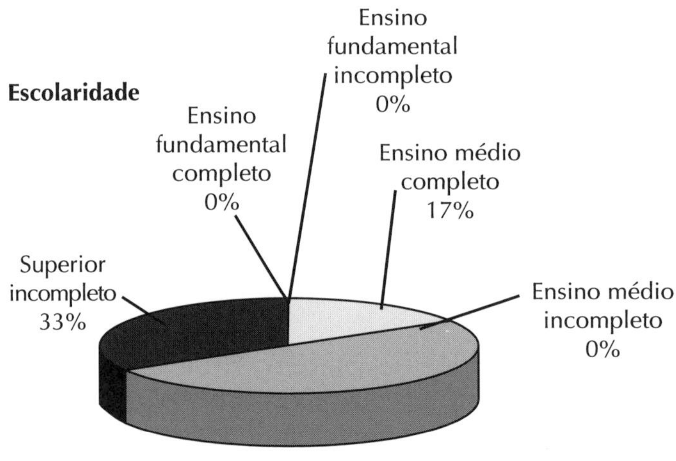

Figura 3.11 – Dentre os participantes da pesquisa, 50% já completaram ensino superior, 33% ainda estão cursando o ensino superior e outros 17% completaram o ensino médio.

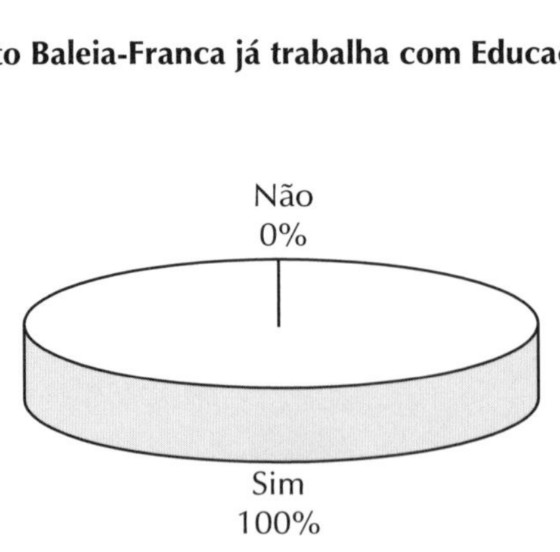

Figura 3.12 – Todos os entrevistados afirmaram que o Projeto já trabalha a educação ambiental.

O turista adepto do turismo de observação tem consciência ambiental?

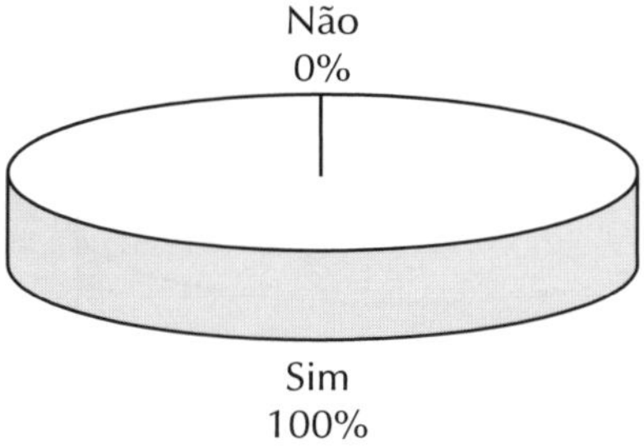

Figura 3.13 – Todos os participantes da pesquisa afirmaram que o turista adepto do turismo de observação já tem consciência ambiental.

O turismo de observação tem um público específico?

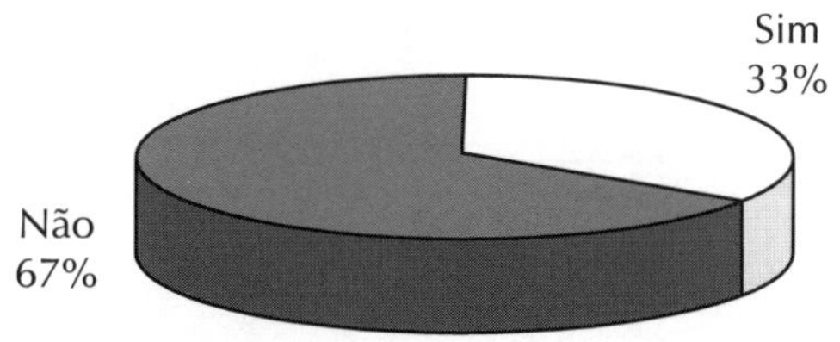

Figura 3.14 – Sessenta e sete por cento dos entrevistados pensam que o turismo de observação não tem um público específico, outros 33% pensam que sim.

O turista sai com maior consciência ambiental?

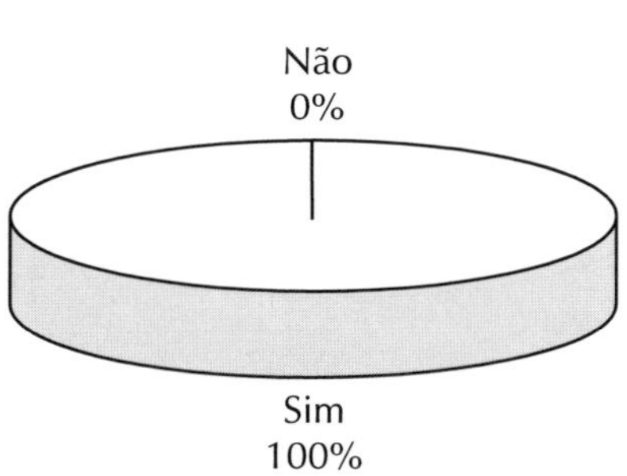

Figura 3.15 – Todos os entrevistados pensam que após a visita ao Projeto o turista sai com maior consciência ambiental.

O Projeto recebe algum tipo de apoio das autoridades locais?

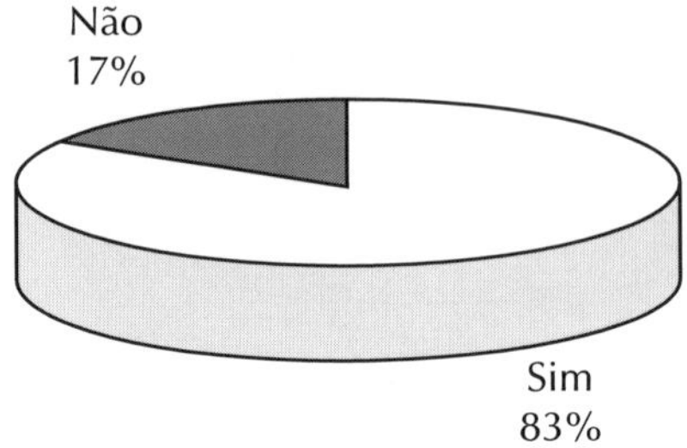

Figura 3.16 – Oitenta e três por cento dos entrevistados disseram que o Projeto recebe ajuda das autoridade locais, outros 17% disseram que o Projeto não recebe nenhum tipo de ajuda.

Na sua opinião, o turismo é um forte aliado da Educação Ambiental?

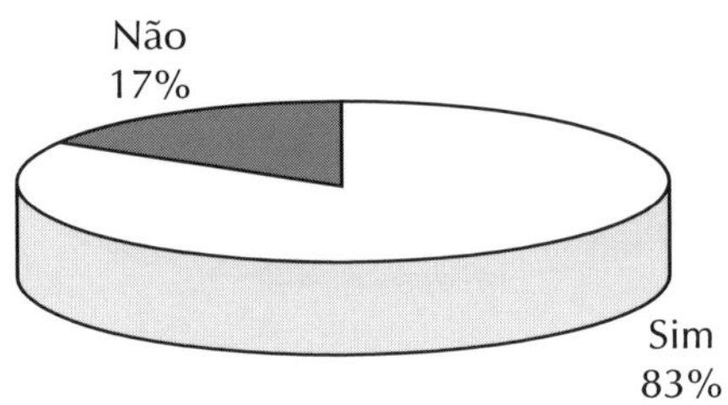

Figura 3.17 – Na opinião de 83% dos entrevistados, o turismo é um forte aliado da educação ambiental, já 17% pensam que não.

Existe procura, por estrangeiros, para conhecer o Projeto?

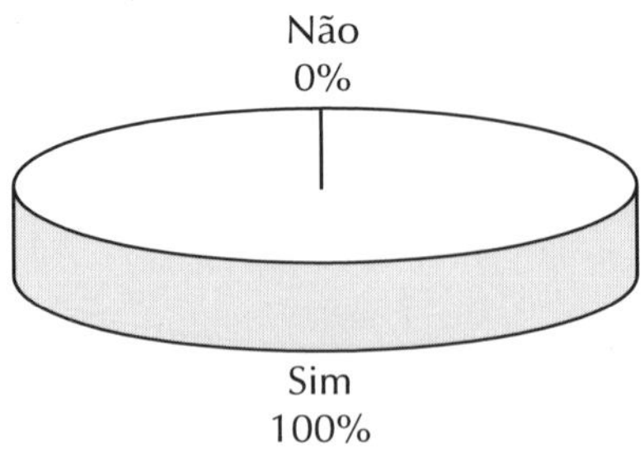

Figura 3.18 – Todos os participantes afirmaram que existe procura, por estrangeiros, para conhecer o Projeto.

Os recursos captados pelo turismo tornam esta atividade auto-sustentável?

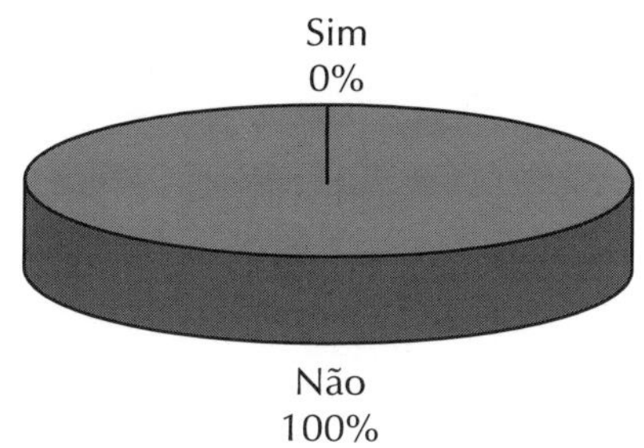

Figura 3.19 – Cem por cento dos participantes afirmaram que o turismo não torna esta atividade auto-sustentável.

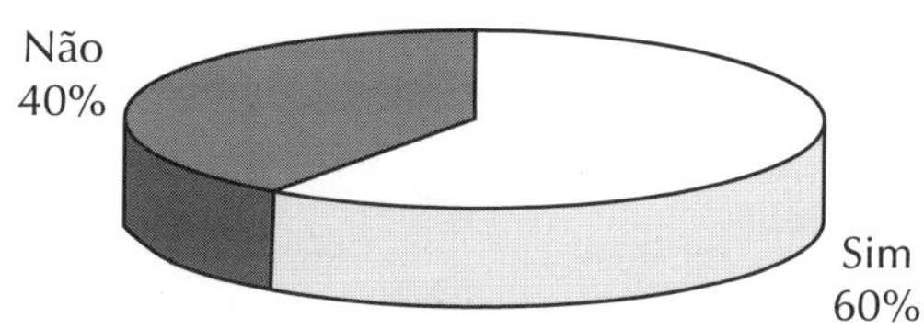

Figura 3.20 – Sessenta por cento dos entrevistados afirmaram que existe maior procura de colaboradores para o Projeto, outros 40% afirmaram que não.

A procura pelo turismo de observação de baleias tem crescido em relação aos anos anteriores?

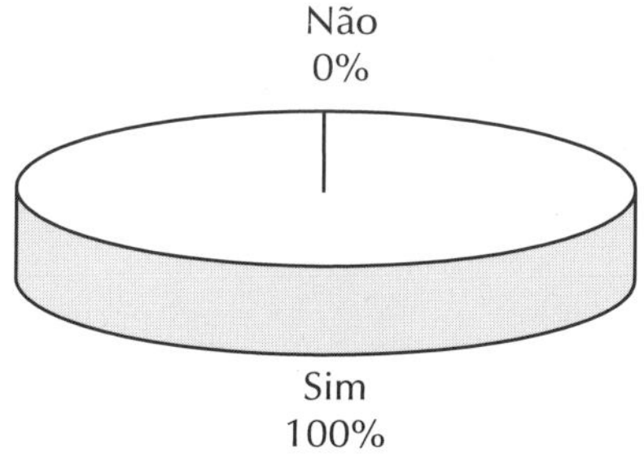

Figura 3.21 – Todos os entrevistados afirmaram que a procura pelo turismo de observação de baleias tem crescido em relação aos anos anteriores.

Figura 3.22 – Todos os integrantes do Projeto afirmaram que existe um trabalho de conscientização da comunidade local.

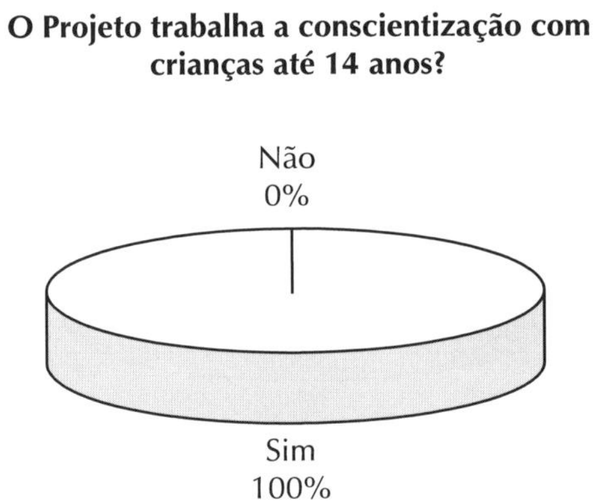

Figura 3.23 – Cem por cento dos participantes afirmaram que o Projeto trabalha a conscientização de crianças até 14 anos.

GRÁFICOS REFERENTES À APLICAÇÃO DE QUESTIONÁRIOS JUNTO À COMUNIDADE DA PRAIA DO ROSA

A média de idade dos participantes da pesquisa foi 36,9 anos.

Sexo

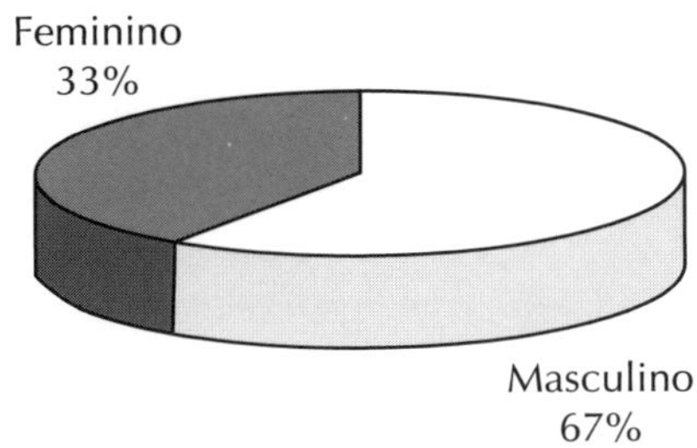

Figura 3.24 – Sessenta e sete por cento dos entrevistados eram do sexo masculino; 33% eram do sexo feminino.

Escolaridade

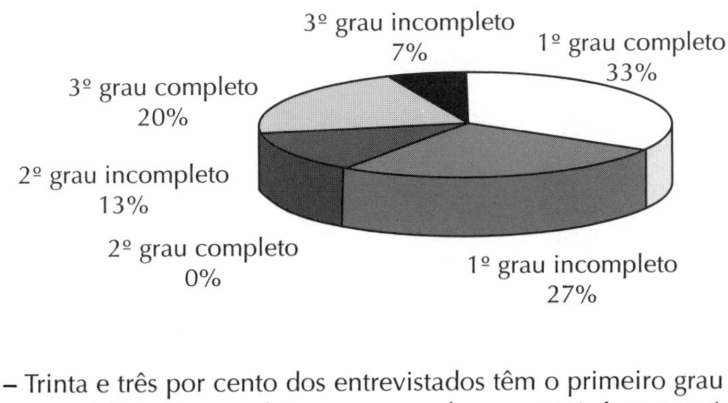

Figura 3.25 – Trinta e três por cento dos entrevistados têm o primeiro grau completo, 27% não o completaram, 13% não completaram o segundo grau, 20% têm o terceiro grau completo e 7% não o completaram.

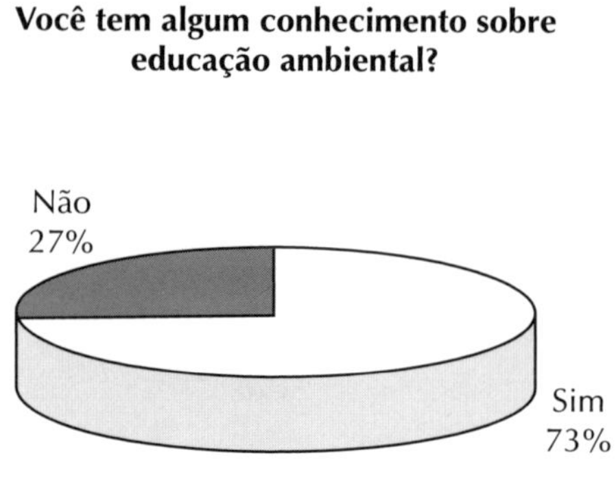

Figura 3.26 – Setenta e três por cento dos entrevistados disseram ter conhecimento sobre educação ambiental; os demais 27% desconhecem o assunto.

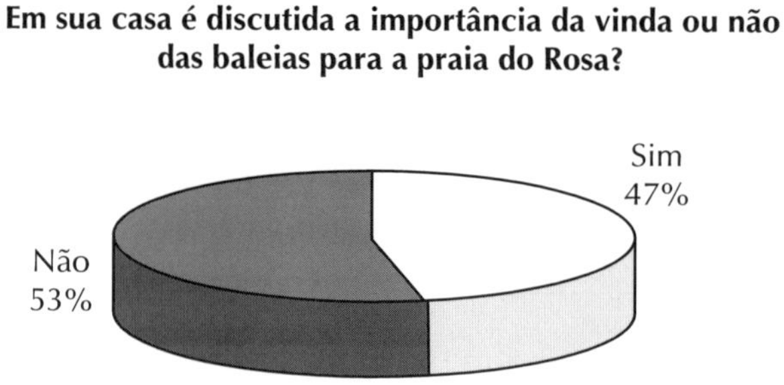

Figura 3.27 – Cinqüenta e três por cento dos entrevistados não discutem o assunto Baleia-Franca em suas casas, já 47% disseram que sim.

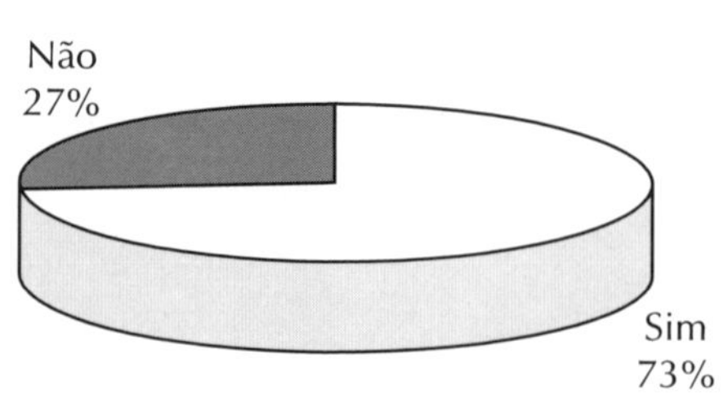

Figura 3.28 – Setenta e três por cento dos entrevistados pensam que é importante a preservação das baleias, 27% pensam que não é importante.

De alguma forma a Prefeitura ou o Projeto Baleia-Franca procuraram mostrar à população a importância do projeto para a população?

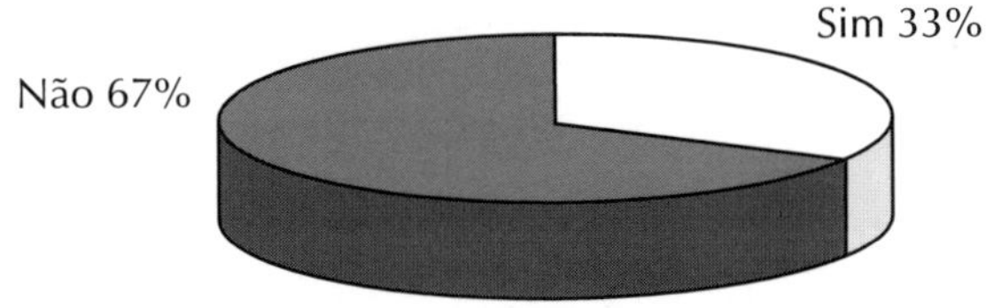

Figura 3.29 – Sessenta e sete por cento dos entrevistados afirmaram que nem o Projeto e nem a Prefeitura procuraram mostrar a importância do Projeto à comunidade; outros 33% disseram que sim, por meio de reuniões, eventos, palestras, etc.

O tema educação ambiental é trabalhado no período em que o projeto não está em andamento?

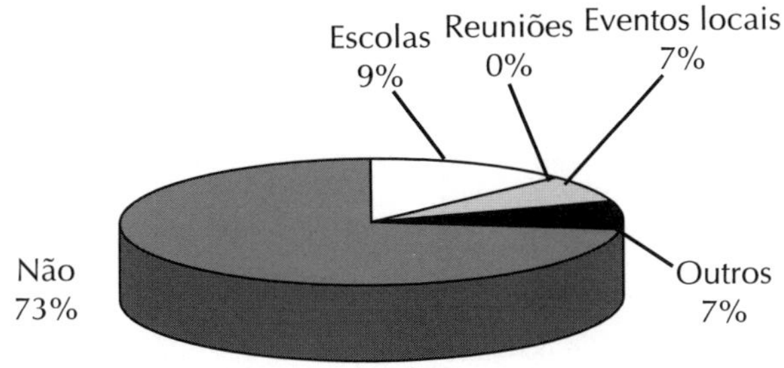

Figura 3.30 – Setenta e três por cento afirmaram que o tema educação ambiental não é abordado no período em que o Projeto não está em funcionamento; 13% dizem que o tema é abordado nas escolas, 7% disseram que em eventos locais; outros 7% disseram que o tema é abordado de outras maneiras.

Quais as épocas do ano em que há maior procura pelo turismo na região? (Pode-se marcar mais de uma alternativa)

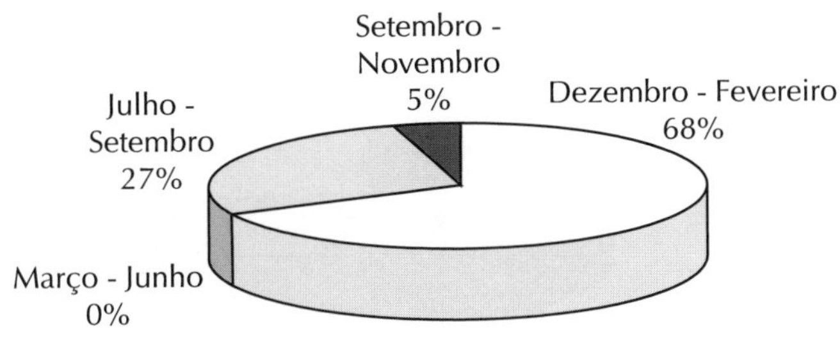

Figura 3.31 – Na opinião de 68% dos entrevistados, a maior procura de turistas pela região é de dezembro a fevereiro; 27% disseram que é de julho a setembro, outros 5% disseram ser de setembro a novembro.

O turismo traz, de alguma forma, benefícios econômicos?

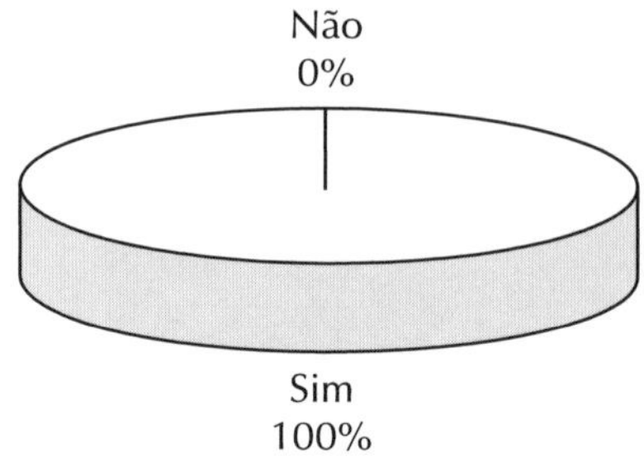

Figura 3.32 – Cem por cento dos entrevistados pensam que o turismo traz benefícios econômicos para a região.

O Projeto Baleia-Franca trouxe algum tipo de benefício para a população?

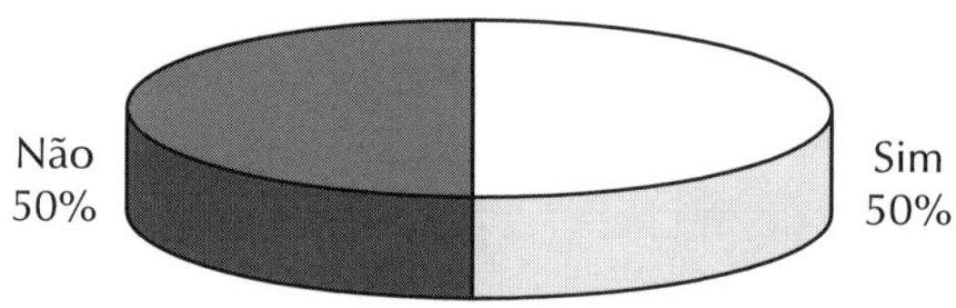

Figura 3.33 – Metade dos entrevistados afirmou que o Projeto de alguma forma beneficiou a população; já a outra metade entendeu que não houve nenhum benefício.

O Projeto Baleia-Franca utiliza mão-de-obra local?

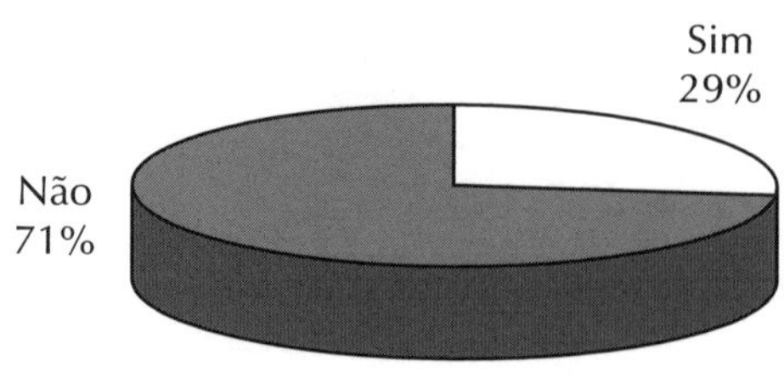

Figura 3.34 – Setenta e um por cento dos entrevistados afirmaram desconhecer a utilização de mão-de-obra local para colaboração com o Projeto; 29% disseram que existe mão-de-obra local trabalhando junto com o Projeto.

Questionário Aplicado a Crianças que Vivem na Praia do Rosa com, no Máximo, 14 Anos de Idade

Média de idade: 10,38 anos

Cálculo feito para se ter uma média de idade dos participantes da pesquisa.

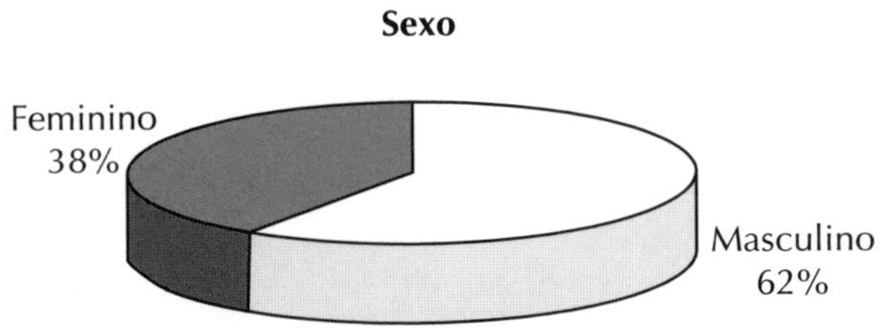

Figura 3.35 – Das crianças entrevistadas, a maioria (62%) era do sexo masculino e 38% eram do sexo feminino.

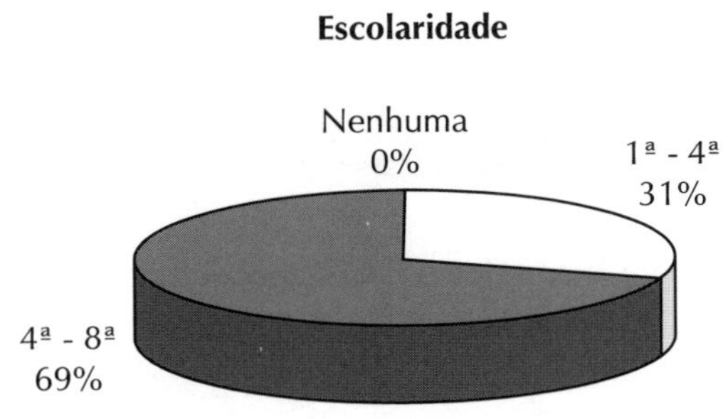

Figura 3.36 – A grande maioria dos entrevistados (69%) está cursando da quarta à oitava séries; 31% da primeira à quarta séries, e nenhum dos entrevistados deixa de estar cursando o ensino fundamental.

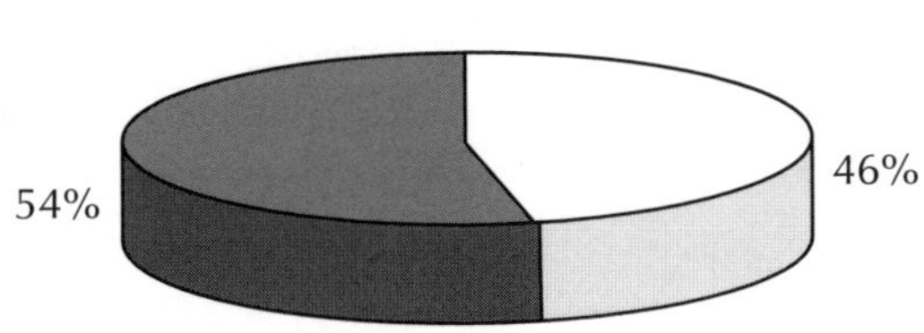

Figura 3.37 – Segundo 54% dos entrevistados não existe nenhum programa para a conscientização da importância das baleias por parte da prefeitura e ou do pessoal do projeto.

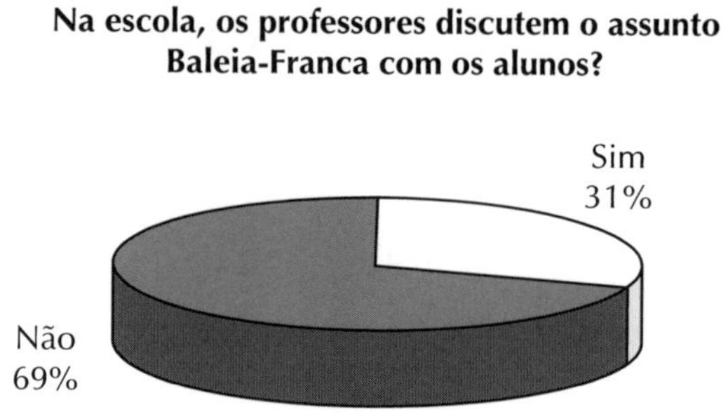

Figura 3.38 – Segundo 69% dos entrevistados, não existe discussão do assunto Baleia-Franca entre os professores e os alunos, na escola.

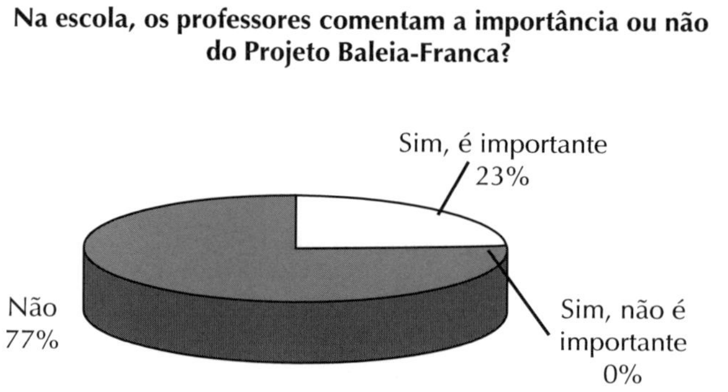

Figura 3.39 – Setenta e sete por cento dos entrevistados disseram que os professores não comentam a importância ou não do Projeto Baleia-Franca; 23% disseram que os professores discutem o assunto e pensam que ele é importante.

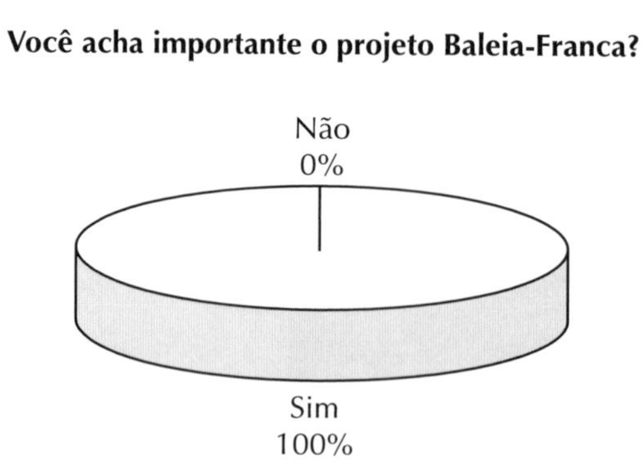

Figura 3.40 – A totalidade dos entrevistados acha importante o projeto Baleia-Franca.

O que você pensa sobre a presença do turista?

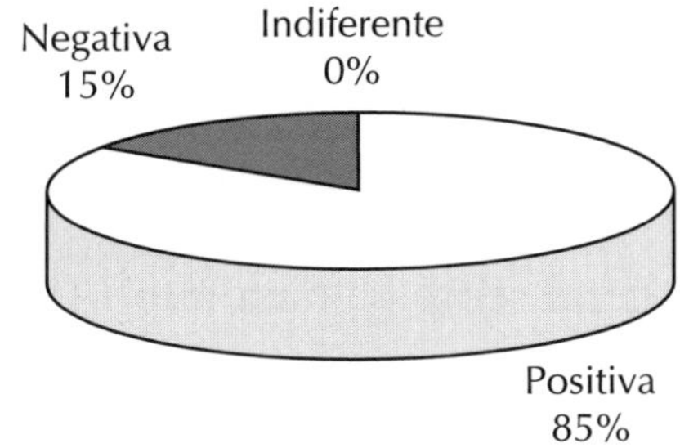

Figura 3.41 – Oitenta e cinco por cento dos entrevistados pensam que a presença do turista na região é positiva, outros 15% pensam que a presença do turista é negativa.

Você preserva a natureza?

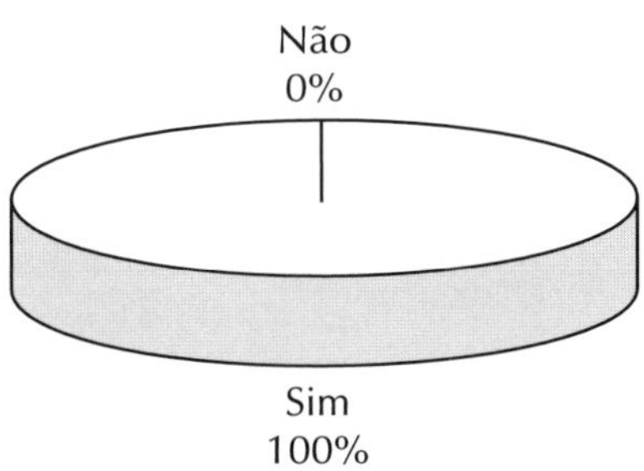

Figura 3.42 – O total de entrevistados disse que preserva a natureza.

Questionário para a População Local

1. Sexo
   Masculino
   Feminino
2. Idade
3. Nível de escolaridade
   1º grau completo
   1º grau incompleto
   2º grau completo
   2º grau incompleto
   3º grau completo
   3º grau incompleto

4. Você tem algum conhecimento sobre Educação Ambiental?
   Sim
   Não
5. Em sua casa é discutida a importância da vinda ou não das baleias para a Praia do Rosa?
   Sim
   Não
6. A população geral sente alguma importância na preservação das baleias?
   Sim
   Não
7. De alguma forma a Prefeitura ou o Projeto Baleia-Franca procurou mostrar a importância do projeto para a população?
   Sim
   Não
8. O tema Educação Ambiental é trabalhado no período em que o projeto não está em andamento, nas (os)?
   Escolas
   Reuniões de lideranças comunitárias
   Eventos locais
   Outros
   Não
9. Quais as épocas do ano em que há maior procura pelo Turismo na região? (Pode-se marcar mais de uma alternativa)
   Dezembro a fevereiro
   Março a junho
   Julho a setembro
   Setembro a novembro
10. O Turismo traz, de alguma forma, benefícios econômicos?
    Sim
    Não
11. O Projeto Baleia-Franca trouxe algum tipo de benefício para a população?
    Sim
    Não
12. O Projeto Baleia-Franca utiliza mão-de-obra local?
    Sim
    Não

Questionário para Crianças Até 14 Anos

1. Sexo
   Masculino
   Feminino
2. Idade
3. Escolaridade
   1ª – 4ª
   4ª – 8ª
   Nenhuma
4. Existe algum programa para a conscientização da importância das baleias por parte da prefeitura e ou do pessoal do projeto?
   Sim
   Não
5. Na escola, os professores discutem o assunto "Baleia-Franca" com os alunos?
   Sim
   Não
6. Na escola, os professores comentam a importância ou não do Projeto Baleia-Franca?
   Sim, é importante
   Sim, não é importante
   Não
7. Você acha importante o Projeto Baleia-Franca? Por que?
   Sim
   Não
8. O que você pensa sobre a presença do turista?
   Positiva
   Negativa
   Indiferente
9. Você preserva a natureza?
   Sim
   Não

Questionário para o Projeto

1. Sexo
   Masculino
   Feminino

2. Idade
3. Grau de escolaridade
   1º grau completo
   1º grau incompleto
   2º grau completo
   2º grau incompleto
   3º grau completo
   3º grau incompleto
4. O Projeto Baleia-Franca já trabalha com Educação Ambiental?
   Sim
   Não
5. O turista adepto do turismo de observação tem consciência ambiental?
   Sim
   Não
6. O turismo de observação tem um público específico?
   Sim
   Não
7. Na sua opinião, após visita ao projeto, o turista sai com uma maior consciência ambiental?
   Sim
   Não
8. O Projeto recebe algum tipo de apoio das autoridades locais?
   Sim
   Não
9. Na sua opinião, o turismo é um forte aliado da Educação Ambiental?
   Sim
   Não
10. Existe procura, por estrangeiros, para conhecer o Projeto?
    Sim
    Não
11. Os recursos captados pelo turismo tornam esta atividade auto-sustentável?
    Sim
    Não
12. O Projeto Baleia-Franca tem tido maior procura de colaboradores?
    Sim
    Não

13. O turismo de observação de baleias tem crescido em relação aos anos anteriores?
    Sim
    Não
14. O Projeto trabalha a conscientização da comunidade local?
    Sim
    Não
15. O Projeto trabalha a conscientização com crianças até 14 anos?
    Sim
    Não

Capítulo 4

Papel do Terceiro Setor na Capacitação Profissional e Desenvolvimento do Turismo Sustentável no Município de São Lourenço da Serra

Ana Paula de Jesus
Luiz Fidelis Barreira Júnior
Maria Teresa Isoldi Ramos

Introdução

Nos últimos anos muito tem se falado sobre a grandeza dos produtos turísticos do Brasil, nenhum outro país no mundo detém tanta capacidade de exploração turística começando pela nossa costa marítima de beleza incomparável, nossas matas e florestas tropicais, a beleza histórica e arquitetônica das cidades coloniais, as cidades cosmopolitas do sudeste como São Paulo, Rio de Janeiro, e Parques Nacionais com variadas paisagens: cavernas, chapadas, áreas de mananciais etc.

Há incentivos dos governos estaduais e também da esfera federal para o desenvolvimento do turismo, já que talvez essa fosse uma das poucas soluções plausíveis para os inúmeros problemas sociais das diferentes regiões do país, entre eles desemprego e a falta de opções socioeconômicas. Existem grandes projetos de empreendimentos hoteleiros e de entretenimento em quase todas as regiões do País, porém não temos assistido a muitas histórias de sucesso no que diz respeito à responsabilidade social das mesma, já que a condição de vida das comunidades envolvidas, raramente sofre mudanças significativas.

O que tem sido comum nos últimos anos, é uma proliferação de escolas técnicas e faculdades de Turismo que visam gerar mão-de-obra para este mercado nascente, mas aparentemente, voltados para atender a carência de profissionais que venham a trabalhar diretamente nos empreendimentos. Há poucos e raros profissionais do turismo dedicados ao desenvolvimento do produto turístico dentro das comunidades, planejando o turismo de forma macro, isto é, levando em consideração o turismo como alternativa de desenvolvimento sustentável e conscientizando a população da importância do patrimônio turístico e capacitando-a para oferecer melhores serviços de atendimento e hospitalidade.

Estes são alguns fatores que fazem com que o potencial turístico do Brasil seja explorado de forma extremamente inadequada, normalmente improvisando soluções que não levam em consideração a capacidade de atendimento em todas as áreas, incluindo o comércio local e os serviços públicos, o que pode levar à destruição parcial ou total do produto turístico, antes mesmo deste ter alcançado sua total capacidade de exploração. O não reconhecimento da vocação turística, e a conseqüente falta de planejamento fazem com que o turista, muitas vezes, seja visto mais como um invasor do que um fomentador da economia local, tornando qualquer esforço do poder publico inócuo.

Vemos ainda que há regiões no Brasil que vivem uma dicotomia entre preservação e desenvolvimento, dentre essas regiões citamos o Vale do Ribeira, composto por 26 municípios do estado de São Paulo, e uma das regiões mais pobres do Brasil, mas que concentra os maiores remanescentes de Mata Atlântica do país e onde a intervenção de entidades preservacionistas como o *Greenpeace* e a SOS Mata Atlântica levou as esferas estadual e federal a criarem uma série de ações que transformaram grande parte dessa região em unidades de conservação que restringem o estabelecimento de populações e de suas atividades econômicas.

Um projeto turístico nestes bolsões de pobreza desenvolvidos por Organizações Não-governamentais, entidades sem fins lucrativos ou interesse político, lideradas por profissionais e estudantes de turismo que possam fazer levantamentos de produtos turísticos, de acordo com a vocação de cada localidade, e desenvolver projetos junto a todos os setores sociais de cada comunidade, potencializando sua capacidade de atendimento e capacitando as populações locais, para que estas sejam as principais beneficiárias da indústria do turismo, pode vir a ser uma solução para essa dicotomia?

Histórias de sucesso como a do Município de Iporanga, a Capital das Grutas, localizada numa região denominada pela UNESCO como Reserva da Biosfera da Mata Atlântica, considerada piloto para projetos de conservação, pesquisa e desenvolvimento sustentado, que transformou sua cooperativa de extração de palmito nativo, numa cooperativa de guias locais para acompanhamento de grupos através de sua trilhas e cavernas no PETAR[1], nos mostra que sim.

Partindo desta premissa, o desafio dos profissionais do turismo nesta região é desenvolver outras comunidades para o mesmo fim, de acordo com sua vocação turística. Destarte, o município de São Lourenço da Serra também no Vale do Ribeira será o objeto razão de nossa pesquisa, no intuito de fazer com que olhos se voltem para esta região, e faça dela o que ela realmente merece, ou seja, ser receptora de turistas conscientes e fonte de recursos financeiros oriundos de sua exuberante beleza natural.

Meio Ambiente e Desenvolvimento Social

Em 1972 durante a I Conferência das Nações Unidas sobre Meio Ambiente, realizada em Estocolmo, na Suécia, representantes de todas as nações reuniram-se e concordaram que a herança industrial estava produzindo um planeta marcado pela poluição, pelo desequilíbrio ecológico e pela injustiça social, miséria e desperdício; e que os recursos mais importantes começam a dar mostras claras e irrefutáveis de serem frágeis e finitos. A partir desse alerta foi instalada, dez anos depois, pela Assembléia Geral das Nações Unidas, a chamada Comissão Brundtland, que em vários encontros de consulta pelo mundo, um dos quais em São Paulo, consolidou um conceito de desenvolvimento. Em 1987, esta comissão lançou o texto "Nosso Futuro Comum", onde se afirmava que as questões ecológicas e econômicas andavam necessariamente juntas e que a miséria e a desigualdade social também eram problemas do meio ambiente.

[1] Parque Estadual Turístico do Alto Ribeira.

Já a II Conferência das Nações Unidas sobre Meio Ambiente e Desenvolvimento, que aconteceu na cidade do Rio de Janeiro em 1992 (ECO 92), redefiniu o conceito como um desenvolvimento ambientalmente saudável, socialmente justo e economicamente viável, numa perspectiva de longo prazo, para as futuras gerações.

A idéia do desenvolvimento social e ambiental é extremamente complexa. Mas de que forma alcançaríamos essa meta se não pelo turismo que, feito de forma correta conserva o meio e desenvolve a sociedade como um todo?

Localização Histórica e Geográfica

Uma das mais antigas povoações do Estado de São Paulo, São Lourenço da Serra surgiu no início do século XVI com a mineração do ouro, pesquisas realizadas em vários sítios arqueológicos locais, no entanto, demonstram que a região já era ocupada por indígenas há mais de 4.000 anos. A História do município remonta a época do Brasil colônia e o movimento das Bandeiras, que desbravavam os sertões em busca de riquezas. Os bandeirantes seguiam sempre os caminhos fluviais que permitiam ligar o norte ao sul e o leste ao oeste. Apesar de sua colonização inicial ser tão antiga, é um dos mais jovens municípios de estado, pois sua emancipação de Itapecerica da Serra deu-se em 12 de março de 1992[2]. Sua população segundo o último censo é de 13.359 habitantes.

São Lourenço da Serra é um município da Região Metropolitana de São Paulo a 52 km de distância da capital, é o portal do Vale do Ribeira e encontra-se no divisor de duas bacias hidrográficas: a do Alto Tietê e a do Ribeira de Iguape, este último sendo o que determina a existência do Complexo Biológico do Vale do Ribeira sendo a totalidade de sua área inserida na área de preservação dos Mananciais[3], representando importante reserva estratégica de recursos hídricos para o abastecimento da Região Metropolitana de São Paulo. Integra a Reserva da Biosfera da Mata Atlântica, com a mata nativa cobrindo 80% do seu território. O município faz limite com Juquitiba, Ibiúna, Cotia, Itapecerica da Serra e Embu-Guaçu.

O serviço e o comercio são o centro da atividade econômica do município, sendo o setor industrial praticamente inexistente. A agropecuária ocupa o segundo lugar em importância comercial e é bastante

---

[2] Lei Estadual 7664/92.

[3] Estabelecida pelas Leis Estaduais 898/75 e 1172/76 revistas pela Lei Estadual 9866/97.

diversificada: produção de hortifrutigranjeiros, floricultura, apicultura, fontes de água mineral, portos de areia, madeira de reflorestamento e olarias. O município encontra grandes dificuldades para adaptar as suas culturas agropecuárias às atuais limitações ambientais e a prefeitura tem oferecido incentivos fiscais para instalações de hotéis e similares, empresas não poluentes como a redução das alíquotas de Imposto Sobre Serviços (ISS).

Segundo pesquisa do Programa SEBRAE de Desenvolvimento Local[4], São Lourenço da Serra apresenta um quadro sócio econômico de alto crescimento populacional, baixo índice de urbanização, trabalho formal insuficiente em relação à população em idade ativa e aponta o turismo como setor estratégico para o desenvolvimento local. Há ainda a possibilidade do desenvolvimento de um balneário de águas termais na cidade, já que a municipalidade vem há alguns anos requerendo junto aos órgãos competentes a analise e classificação de suas águas para que possa se tornar uma Estância Hidromineral, estando este processo bastante adiantado.

Radiografia da Região

O Vale do Ribeira tem características bastante singulares, apresentando os mais baixos índices de desenvolvimento do Estado de São Paulo, tendo sua economia baseada principalmente na agricultura (banana e chá), mineração e extrativismo vegetal (palmito). Os parâmetros sócio-econômicos e demográficos, tais como mortalidade infantil, abastecimento de água, coleta e tratamento de esgotos, condições de habitação e níveis de renda e de escolaridade, apresentam todos uma imagem contrastante com o restante do estado. Alem disso, o Vale é uma região peculiar por ser uma das áreas menos urbanizadas do estado, com grande parcela da população vivendo em áreas rurais e desenvolvendo atividades agrícolas de subsistência e extrativistas.

Razões históricas, dificuldades de acesso e condições naturais adversas às atividades econômicas garantiram até hoje um relativo isolamento do Vale e a preservação dos seus recursos naturais. Isso apesar da capital regional, o município de Registro, estar localizada a menos de 200km da Região Metropolitana de São Paulo. A região do Vale concentra os maiores rema-

---

[4] Diagnóstico Municipal – São Lourenço da Serra – agosto 2001.

nescentes de Mata Atlântica do país, que acabaram por despertar a atenção nacional e internacional, desencadeando uma crescente conscientização sobre a importância da conservação desses recursos, uma vez que a Mata Atlântica está hoje reduzida a menos de 5% da sua extensão original e é um dos biomas mais ameaçados do Planeta.

Como resultado da ação do Estado e do movimento ambientalista nas ultimas décadas, grande parte do território da região do Vale constitui-se de unidades de conservação, entre as quais se incluem Áreas de Proteção Ambiental (APAs), Estações Ecológicas e Parques Estaduais. Esses diversos tipos de unidades de conservação possuem diferentes graus de restrição ao estabelecimento das populações e as atividades econômicas. Nesse sentido, representam obstáculos às populações que vivem da extração de produtos florestais e, de acordo com a visão de alguns, comprometem o desenvolvimento regional, impedindo que se tire este bolsão de pobreza de sua estagnação secular. Desde 1958, e de forma mais intensa nas décadas de 70 e 80, os esforços preservacionistas levaram à criação de sete parques estaduais, duas estações ecológicas e três áreas de proteção ambiental, restringindo o uso econômico a atividades delimitadas.

Iporanga é o município com maior numero de cavernas e grutas do Brasil e, possivelmente, do mundo. Possui 360 cavernas cadastradas, tendo algumas delas estruturas bastante adequadas para receber seus visitantes. Por ser um município, cuja área foi declarada de preservação ambiental, suas atividades agrícolas, pecuárias e extrativistas tornaram-se impraticáveis e Iporanga encontrou como saída econômica o turismo. O exemplo dessa situação é o Parque Estadual Turístico do Alto Ribeira (PETAR), com 35.712 há localizado nos municípios de Apiaí e Iporanga, criado em 1958[5], uma das mais importantes Unidades de Conservação do Estado de São Paulo, nascida do ideal do Engenheiro de Minas José Epitácio Passos Guimarães, funcionário do então Instituto Geográfico e Geológico, profundo conhecedor da região, que desejou ver preservadas suas riquezas naturais. O Parque preserva remanescente da Mata Atlântica, sítios paleontológicos, arqueológicos e históricos, lindos vales, rios, cachoeiras, pequenos lagos transparentes, abismos, alem de uma das províncias espeológicas mais importantes do Brasil. A formação montanhosa e a densa vegetação presente na região servem de barreira aos ventos que vêm do Atlântico Sul, provocando muita chuva. A ação da água acida nas rochas calcárias, ao longo de milhares de anos, propiciou a formação de cavernas com piso, paredes e tetos ornamentados por inúmeros espeleotemas, cavidades naturais de diferentes tipos e dimensões, horizontais (grutas ou cavernas) e verticais (abismos).

A utilização desse parque está voltada para as atividades de lazer, recreação, educação ambiental, pesquisa cientifica e conservação dos recursos naturais. Para isso existem inúmeras entidades e ONGs trabalhando na região para que o turismo seja uma atividade econômica lucrativa para os seus moradores sem a degradação do meio ambiente. Um bom exemplo desse tipo de trabalho foi a criação da AMAIR (Associação dos Monitores Ambientais de Iporanga e Região) formada por antigos agricultores que viviam da extração de palmito e por isso conhecedores da região, que gerou emprego, diminuiu a evasão do município e conscientiza a população da importância da preservação ambiental para o desenvolvimento do turismo e da economia local.

Hospitalidade e Capacitação

O povo brasileiro orgulha-se de ser conhecido por sua boa acolhida e hospitalidade oferecida aos viajantes locais e estrangeiros, fazendo com que o país tenha se tornado a segunda pátria dos milhares de imigrantes, que desde o descobrimento buscam aqui oportunidades de uma nova vida. Há, porém, exceções a esta boa acolhida ao forasteiro. Mario Jorge Pires[6] diz:

"Alguns viajantes notaram que certas cidades portuárias e às margens de estradas movimentadas estavam repletas de pessoas destituídas dos mais elementares princípios de hospitalidade".

Esta observação ainda é real, pois na maioria das cidades brasileiras, não há uma cultura para o Turismo receptivo, a comunidade muitas vezes não consegue compreender que o bom atendimento aos visitantes poderá ser fator de geração de divisas e recursos para o Município, que poderão ser multiplicadas desde que os serviços de atendimento e hospitalidade sejam feitos de forma adequada.

Para que possa haver um turismo receptivo de qualidade, é necessário o desenvolvimento de ferramentas de treinamento e capacitação, idealizados por profissionais da área que possam desenvolver um planejamento macroeconômico em longo prazo, que envolva todos os setores da sociedade, levando em consideração o impacto cultural e social do Turismo dentro daquela comunidade. A mudança de comportamento da comunidade com relação ao turismo só será possível a partir de um trabalho de base bem estruturado. O turismo sustentável só existe onde há um engajamento social real e onde todos os atores sociais sejam beneficiados.

---

[5] Decreto nº 32283.

[6] Raízes do Turismo do Brasil.

Turismo de Desenvolvimento Social em São Lourenço da Serra

Percebemos que, por uma série de dados coincidentes, incluindo a limitação ambiental e a pequena densidade demográfica, São Lourenço da Serra pode ter no Turismo uma alternativa econômica de sucesso como a de Iporanga e propomos como uma das soluções para o aumento de arrecadação do município e a melhoria das condições de vida de sua comunidade, um plano de ação coordenado por uma Organização Não Governamental, voltada para o desenvolvimento do turismo sustentável que possa unir a vontade política aos interesses da população local através de programas de conscientização e capacitação para o Turismo. Esta ONG terá como meta principal unir os interesses públicos e privados dos membros do Município em torno de uma solução economicamente viável e sustentável, organizando os grupos de interesse e buscando parcerias com outras organizações sociais e colaboradores que já estejam desenvolvendo um trabalho local. Para a viabilização deste projeto sugerimos que se estabeleçam parcerias com o Programa Comunidade Ativa, do Governo Federal; com o SEBRAE e com o Consórcio de Desenvolvimento Intermunicipal do Vale do Ribeira (CODIVAR), que desenvolvem ações junto às forças atuantes na região, tendo como uma das prioridades o desenvolvimento do Turismo.

O trabalho de conscientização deve ser iniciado logo após um levantamento de todo o potencial turístico real que a cidade dispões, lembrando-nos das possíveis estruturas hidrominerais e termais já aspiradas pelo município. Será feito um convite a todos os membros da sociedade local para o desenvolvimento de um fórum de discussão sobre os benefícios do turismo para o município e qual o foco que será dado num primeiro momento, de acordo com a vocação local, já pesquisada, e a partir deste fórum deverá ser elaborado um plano de ação junto a todos os setores da sociedade local priorizando a educação e a orientação ambiental, fator importante na conservação do patrimônio natural existente; a capacitação de multiplicadores de informação, pessoas da própria comunidade que estarão aptas a ajudar no desenvolvimento dos projetos orientando e treinando a comunidade para o turismo receptivo.

Conclusão

Como pudemos verificar nos dois casos estudados, o turismo é a alternativa mais viável de desenvolvimento nesta região. Iporanga é um exemplo que pode ser usado, e a cada dia que passa, tem se verificado um aumento de sua receita, oriunda das ações tomadas a partir de estudos e conscientização da população voltada à preservação e coordenadas por ONGs, mas com olhos sempre abertos na questão do desenvolvimento regional, que seria a contra-partida de todo esforço realizado pela própria população. E quando se fala em desenvolvimento regional, ressalta-se principalmente as áreas sociais a saber: educação, saúde, saneamento e demais, que certamente irão colher mais frutos.

Seguindo esse exemplo São Lourenço da Serra é uma questão tão ou mais importante. Além dos atrativos de importância natural já mencionados, esse município é o primeiro do Vale do Ribeira partindo da capital. É importante que o desenvolvimento e conscientização comece de um ponto estratégico para que aconteça de forma progressiva e crescente. Isso facilitará além do acesso, projetos futuros para as demais cidades da região.

Para que todo esse processo aconteça é indispensável o papel das ONG, já que por não ter nenhum vinculo direto com o poder público ou com empresas privadas, circulam entre estes setores e a população como um mediador entre vontade política e ações realmente eficazes em prol da comunidade.

Responsabilidade Social é a matéria-prima principal das organizações do terceiro setor. A preocupação com a coexistência entre homem e meio ambiente sua preservação, seu desenvolvimento e a conscientização ambiental como ferramenta para desenvolvimento de cidadania é a matéria-prima do turismo ecológico. Portanto, o turismo como solução econômica para a maioria das pequenas cidades do Vale do Ribeira acontecerá apenas onde houver envolvimento e comprometimento de todos os setores sociais, coordenados por organizações realmente engajadas com o desenvolvimento social.

Referências Bibliográficas

PIRES, M. J. *Raízes do Turismo no Brasil.* São Paulo: Manole, 2001.

BRASIL. *Programa Sebrae de Desenvolvimento Local – Diagnóstico Municipal.* Região Administrativa de Taboão da Serra. Taboão da Serra: SEBRAE, 2001.

Sites Consultados

http://www.sead.gov.br/cgi-bin

http://www.turismopaulista.sp.gov.br

http://www.planejamento.sp.gov.br/valedoribeira

Capítulo 5

Educação para o Turismo e Atuação do Terceiro Setor em Projetos Turísticos com Base Comunitária – Projeto Aprendiz de Ecoturismo, Ilha Grande

REGINA ARAÚJO DE ALMEIDA
RENATA CRISTINA LIU

INTRODUÇÃO

Este projeto busca uma reflexão sobre um problema específico: como preparar a população da Ilha Grande para atuar profissionalmente no setor de turismo. Isto envolve uma série de novas indagações como, por exemplo, referências históricas do modo de trabalho na ilha, adequação às necessidades do mercado, os costumes e a cultura interferindo no ato de receber e de entreter, além do estabelecimento de uma nova realidade imposta pela transformação do espaço agrícola, pesqueiro e de Colônia Penal em espaço de lazer e turismo. Estes e outros fatores são imperativos na tentativa de estabelecer uma filosofia educacional tendo em vista que o próprio turismo é uma especialidade embasada em várias disciplinas.

Neste projeto não se propõe discutir a problemática da educação em turismo no nível superior ou técnico. A sua grande contribuição é a melhoria do ensino com vistas na atuação profissional em turismo, por meio do Projeto Aprendiz de Ecoturismo em parceria com entidades e instituições locais.

Acreditando que o lazer, a informação e a educação são hoje, definitivamente, mercadorias tanto de uso como de troca e que essa mercadoria ultrapassa fronteiras regionais, culturais ou ideológicas, busca-se, em última análise, o desenvolvimento turístico e a formação e educação da comunidade tendo consciência dos mecanismos de exploração que se desenvolveram em outros espaços turísticos.

Em agosto de 2003, cinco projetos serão implantados pela Academia de Viagens e Turismo – AVT. Serão projetos-piloto com o objetivo de aplicar a metodologia do Programa Aprendiz de Ecoturismo. A implantação e os resultados serão monitorados assim como a adaptabilidade do programa às características particulares de cada local.

Para contextualizar este trabalho faz-se necessário expor algumas características locais, mencionar aspectos do turismo e do ecoturismo, entender o que é Terceiro Setor, Investimento Social Privado, filantropia, considerações sobre educação e governo e capacitação turística, levantar algumas ações do Terceiro Setor no turismo, e, especificamente da Academia de Viagens e Turismo, o Programa Aprendiz de Ecoturismo e assim concluir descrevendo as atividades do projeto a ser implantado na Ilha Grande.

Ilha Grande – Angra dos Reis/RJ

A Ilha Grande foi marcada por contrabando de escravos, pirataria e pelo presídio Cândido Mendes na praia de Dois Rios, desativado em 1994. Com a saída do presídio o turismo parecia a única opção econômica dos moradores da ilha. Pesca controlada devido ao Parque Estadual e extinção dos empregos indiretos nos serviços prestados ao Presídio, restaurantes, pousadas e barcos de aluguel surgiram por toda ilha seguidos de lojas, farmácias, bares noturnos, cafés, floriculturas, sorveterias, agências de receptivo e posto de informações turísticas.

Mesmo antes da extinção do presídio muitos turistas já visitavam a Vila do Abraão, principal porto da Ilha. O perigo que o Presídio poderia representar não afastava os visitantes que entendiam isto como um mistério a mais.

A Ilha Grande tem sido um centro rural desde seu "descobrimento", desenvolvendo-se através de atividades laborais como pesca, agricultura e serviço público (FIDERJ, 1997). Por causa de suas condições favoráveis para a pesca esta se tornou a principal atividade e fonte de sustento da população local (Monkey, 1992).

A Ilha Grande teve dezenove fábricas de beneficiamento de sardinha que sofreram com o declínio da atividade devido às conseqüências da pesca predatória na baía. A última delas fechou suas portas em 1992, deixando uma grande quantidade de mão-de-obra desocupada, fato que se agravou com a extinção do Presídio em 1994 (Mello, 2000).

Estatísticas feitas pelo Projeto Ilha Grande (PMAR, 1992) na Vila do Abraão demonstraram que a população ficou desempregada com o fim de algumas atividades econômicas tradicionais e que o turismo surgiu como alternativa econômica nos anos 80. Essa mudança econômica foi realmente expressiva e seus efeitos foram desastrosos para a população. As raras oportunidades de emprego e os baixos salários deixaram os habitantes da ilha a parte da relação de produção e consumo. Isto demonstrou a necessidade de uma nova e urgente estratégia para o desenvolvimento, o turismo.

Turismo e Ecoturismo

O turismo é um fenômeno social e econômico marcante da atualidade e tem sido considerado um dos líderes mundiais em produtividade. Engaja milhares de pessoas de todas as nações do mundo. Ele passou a ocupar um lugar de destaque nas relações internacionais. Daí o surgimento de inúmeras organizações turísticas nacionais e internacionais, em nível governamental e não-governamental (Castelli, 2001).

Atividade turística, capaz de gerar empregos e renda, pode contribuir para o desenvolvimento socioeconômico e cultural de um país. Este importante fenômeno global é também um dos maiores responsáveis pelos impactos ambientais negativos. Mas é bom ressaltar que o turismo que se deseja não é o turismo desordenado, e sim um turismo planejado e integrado com o meio, que respeite a integridade das áreas de relevante interesse ecológico e o próprio turista, permitindo-lhe aquisição de novos conhecimentos (Rodrigues, 1997).

Por definição o ecoturismo é o segmento da atividade turística que utiliza, de forma sustentável, o patrimônio natural e cultural, incentiva sua conservação e busca a formação de uma consciência ambientalista através da interpretação do ambiente, promovendo o bem-estar das populações envolvidas.

O potencial turístico e ecoturístico Brasil é inquestionável. Apesar de ainda emergentes no país, essas atividades têm apresentado crescimento nos últimos anos. Desde os anos 80 foram propostas estratégias de desenvolvimento turístico baseadas na dinâmica local. O turismo sustentável procura melhorar a qualidade de vida da comunidade visitada, oferecer ao visitante uma elevada qualidade de experiências e manter a qualidade do ambiente de que todos dependem. O turismo sustentável estimula a compreensão dos impactos do turismo sobre os ambientes natural, cultural e humano, assegura uma distribuição equilibrada de benefícios e custos, origina a criação de emprego local, direta e indiretamente no setor turístico e nos diversos setores de apoio, estimula a criação de indústrias domésticas, gera a entrada de divisas e a injeção de capital estrangeiro na economia local, diversifica a economia local, estimula melhorias de infra-estruturas da comunidade (Urdaneta,1995)

A World Tourism Organization (WTO, 1994) aconselha que o desenvolvimento turístico seja bem pensado devido ao fato de seu sucesso depender dos atrativos e atividades relacionadas ao ambiente natural, herança histórica e cultural pertencentes às áreas.

Surge, portanto uma nova concepção de turismo como sendo um conjunto de bens e serviços que promova o desenvolvimento das comunidades locais. O turismo deve gerar benefícios à educação, saúde e segurança destas comunidades e às áreas relevantes para a conservação da biodiversidade. Deve também minimizar a poluição e o desperdício, respeitar as culturas locais e ainda ser informativo e educacional (WWF, 2003).

Por isso é importante trabalhar com turismo onde há ameaças à conservação ambiental, ou onde a sua implementação possa ajudar na busca por melhorias sociais e ambientais. Surge portando a necessidade de analisar as ações de empresas ecológica e socialmente responsáveis, governos, comunidades locais, organizações multinacionais e organizações não-governamentais, como estes têm atuado para que o turismo projete a sua sustentabilidade sob os enfoques da capacitação de empresas e comunidades, educação de clientes e fornecedores, regulamentação governamental e mecanismos de certificação da atividade (WWF, 2003).

Programa Ecoturismo Embratur

Este programa é resultado da ação conjunta da EMBRATUR e do Ministério do Meio Ambiente, Recursos Hídricos e Amazônia Legal, através da Secretaria de Coordenação da Amazônia e do IBAMA, que tem por finalidade implementar as diretrizes traçadas para uma Política Nacional de Ecoturismo.

Tem como principais objetivos compatibilizar as atividades de ecoturismo com a conservação de áreas naturais; Fortalecer a cooperação interinstitucional; Possibilitar a participação efetiva de todos os segmentos atuantes no setor; Promover e estimular a capacitação de recursos humanos para o ecoturismo; Promover, incentivar e estimular a criação e a melhoria da infra-estrutura para atividade de ecoturismo; Promover o aproveitamento do ecoturismo como veículo de educação ambiental.

As ações estratégicas do programa são: Regulamentação do ecoturismo; Fortalecimento e interação institucional; Formação e capacitação de recursos humanos; Controle da qualidade do produto ecoturístico; Gerenciamento de informações; Incentivos ao desenvolvimento do ecoturismo; Implantação e adequação de infra-estrutura; Conscientização e informação ao turista; Participação comunitária.

O Programa Nacional de Ecoturismo, lançado em 1995, iniciou sua atuação pela implantação de um projeto-piloto na Região da Amazônia Legal. Foram definidos 9 pólos de ecoturismo, um em cada estado. Estes pólos serão implementados através de programa de financiamento do BID, o PROECOTUR, em fase inicial. Na área de formação e capacitação de recursos humanos foram realizadas oficinas e workshops em quase todos os estados brasileiros resultando na qualificação de cerca de 2000 pessoas para o planejamento e gestão de empreendimentos ecoturísticos, além de diversos encontros e seminários que debateram e difundiram o programa. Como outro subproduto, foi lançado o "Manual Indígena de Ecoturismo" realizado pelo GTC-Amazônia e Ministério do Meio Ambiente / Secretaria de Coordenação da Amazônia. Este documento resultou de trabalho de índios, antropólogos, indigenistas e especialistas em ecoturismo, propondo princípios e procedimentos para uma visitação ordenada em suas terras. Foram apoiados projetos ecoturísticos específicos em outras regiões do país. Dentre estes destacam-se: Agenda de Ecoturismo do Vale do Ribeira, implementado pela Fundação Florestal do Estado de São Paulo; Pólo Ecoturístico do Sertão Central do Ceará, implementado pela Secretaria do Turismo do Estado do Ceará; Capacitação de técnicos do Parque Nacional da Serra da Capivara, executado pela Fundação Museu do Homem Americano; Pólo Ecoturístico do Lagamar, implementado pela Fundação SOS-Mata Atlântica.

Capacitação em Ecoturismo – WWF

O WWF elaborou uma metodologias para o desenvolvimento de ecoturismo de base comunitária no Brasil. Este projeto objetiva gerar o primeiro instrumento prático para o desenvolvimento do ecoturismo em áreas naturais e/ou protegidas no Brasil. Sua principal meta é propor, testar e aperfeiçoar uma metodologia para capacitar organizações ambientalistas brasileiras para desenvolver o ecoturismo de base comunitária. Ele visa capacitar os profissionais destas instituições a conduzir a atividade em regiões que possuem áreas protegidas. A metodologia proposta foi aprimorada através da sua aplicação,parcial ou integral, em oito projetos de campo. Para assegurar a sua aplicabilidade num contexto nacional, estes projetos localizam-se em diversos biomas – Amazônia, Mata Atlântica, Cerrado, Pantanal e Zona Costeira – e em variados tipos de áreas protegidas – Parque Nacional, Reserva Biológica, Área de Proteção Ambiental, Reserva Extrativista, Reserva de Desenvolvimento Sustentável e Área de Relevante Interesse Ecológico. Após passar por aprimoramentos, o projeto será disseminado nacionalmente e utilizado para auxiliar no desenvolvimento de políticas públicas que incentivem a aplicação dos princípios e enfoques de sua metodologia.

O WWF-Brasil coordena o planejamento e o estabelecimento do projeto, que tem sido implementado por meio de oficinas semestrais com assistência técnica de consultores. Estas oficinas têm contado com a participação de dois técnicos de cada projeto de campo e dos profissionais capacitadores.

Está prevista a publicação e disseminação do "Manual de Ecoturismo de Base Comunitária" e a realização de um programa de treinamento regional para multiplicadores locados em organizações comunitárias e organizações não-governamentais, além de técnicos de prefeituras, governos de estados e agências de fomento ao turismo, professores e pesquisadores universitários, entre outros. Também encontra-se em andamento a elaboração do website www.turismocomunitario.org.br para troca de experiências entre comunidades executantes de projetos de ecoturismo e para divulgação e *marketing* de seus produtos.

Terceiro Setor

As parcerias são um fenômeno recente no Brasil. As corporações têm aderido a elas como resultado de um movimento social relativamente recente chamado "Terceiro Setor", o qual enfatiza a participação pública no desenvolvimento do Brasil e transformação do doador passivo em organizações filantrópicas em ativo desenvolvimento de parcerias com organizações que têm uma missão social específica, como as associações comunitárias e ONG (organizações não-governamentais). O Terceiro Setor no Brasil tem movimentado US$ 8 bilhões com 80% destes recursos destinados aos programas de assistência à criança. Apesar dos incentivos fiscais, apenas 5% dos recursos advém de investimentos privados. Esse percentual insignificante é resultado da cultura corporativa que ainda não tem adotada a responsabilidade social como meta ao lado da falta de confiança na habilidade das organizações do Terceiro Setor em implementar programas sociais (Almeida, 2001).

Entende-se por investimento social privado, o uso planejado, monitorado e voluntário de recursos privados – provenientes de pessoas físicas ou jurídicas – em projetos de interesse público. Incluem-se neste universo as ações sociais protagonizadas por empresas, fundações e institutos, de origem empresarial ou instituídos por famílias ou indivíduos (GIFE, 2001).

Diferentemente do conceito de caridade, que vem carregado da noção de assistencialismo, os investidores sociais privados estão preocupados com os resultados obtidos, as transformações geradas e a cumplicidade da comunidade para o desenvolvimento da ação. A preocupação com o planejamento, monitoramento e avaliação dos projetos e ações é intrínseca ao conceito de investimento social privado e um dos elementos fundamentais na diferenciação entre essa prática e a filantropia tradicional (GIFE, 2001).

De acordo com o estudo *Investimento Social Privado no Brasil*, realizado em 2000 com 48 entidades membros do Gife – Grupo de Institutos Fundações e Empresas – a rede geriu o montante de R$ 1,65 bilhão de investimentos entre 1997 e 2000 na área social através do suo de ferramentas de gestão típicas do setor empresarial. A pesquisa constatou que 72,9% da rede elaboram *planos estratégicos* para nortear sua atuação social; 83,3% trabalharam com *planos de ação* no último exercício; 95,8% fazem *planejamento para projetos/ações*; 87,5% realizam algum tipo de *monitoramento* desses projetos; e 91,7% submetem-nos a *avaliações de resultado*. O índice de 91,7% se repete quanto à determinação de acompanhar a *execução orçamentária* do investimento social (GIFE, 2001).

Nos países de economia estável existe a cultura da filantropia. No Brasil as iniciativas ainda são raras. O líder pacifista Mahatma Gandhi estava certo ao afirmar que é preciso "aprender a compartilhar, a doar, a praticar a generosidade diariamente; fazer destas atividades o nosso estilo de vida." Quando mudamos a nós mesmos, tornamo-nos uma inspiração para outros indivíduos e, só então, podemos pensar em concretizar mudanças. Este é o princípio da filantropia e a base de toda parceria bem sucedida.

O trabalho na área de captação de recursos tem como alicerce a filantropia, aquele impulso nobre no ser humano de doar tempo, atenção e recursos para uma causa que ele julga digna e justa. Em países da Europa, bem como no Canadá e nos Estados Unidos, por exemplo, não há apenas a consciência da importância de apoiar programas de conservação à natureza. Mais do que isto, existe a cultura da filantropia que se reflete, por exemplo, nos incentivos fiscais para as doações aos projetos sociais e ambientais. Ou seja, uma pessoa ou empresa patrocina projetos de meio ambiente e desconta o valor investido do seu imposto de renda no final do ano fiscal. Ele é, portanto, incentivado pelo Governo a patrocinar organizações não-governamentais e filantrópicas que estejam cumprindo um papel social que a máquina estatal não consegue atender por completo.

Educação e Governo

Os governos federal, estadual e municipal são responsáveis pela educação pública no Brasil, mas existem diversos obstáculos na busca da melhor qualidade de ensino: os professores brasileiros são mal treinados e mal pagos, os recursos didáticos para as escolas permanecem com fornecimento escasso e as comunidades geralmente não estão preparadas para aplicarem esforços por melhorias na educação. A cultura dominante é aquela que espera que o governo "arrume" a educação, mas não espera que a comunidade se envolva no suporte da melhoria desta educação (Almeida, 2001).

Além disso, a ênfase na educação pública costuma ser vocacional em vez de acadêmica. O governo do estado é responsável pela escola pública secundária e num país tão vasto como o Brasil, o financiamento e coordenação das melhorias na educação secundária, têm sido difícil de se atingir. Entretanto, a prioridade tem sido a educação primária. Governos municipais têm se focado na educação fundamental e esse nível recebe a maior atenção e fundos (as contribuições filantrópicas são destinadas às crianças mais novas em detrimento dos adolescentes). O orçamento municipal pode até alocar recursos para o ensino fundamental, mas normalmente não para o ensino secundário, pois esses fundos vêm do estado. Se um prefeito é orientado para a melhoria da educação, ele pode influenciar apenas o gasto com a escola primária. Resumindo, o governo local tem sido algo como um parceiro silencioso na reforma do ensino médio em vez de ser um líder na força pelo desenvolvimento. O governo federal participa nos dois níveis destinando recursos financeiros substanciais para programas especiais e custeando ações implementadas pelo Ministério da Educação. O governo federal é responsável pela regulamentação, leis e políticas relativas à educação em todos os níveis (Almeida, 2001).

Academia de Viagens e Turismo

A American Express Foundation criou, em 1985, o Global Travel & Tourism Partnership que tem como missão estimular os estudantes a valorizar o setor das Viagens e Turismo tanto como consumidores como potenciais profissionais. Além disso, procura melhorar o conhecimento dos jovens em relação aos impactos culturais e econômicos do turismo na sua comunidade e no meio ambiente. Os membros da GTTP são organizações não-governamentais que coordenam programas de ensino direcionados para o setor de viagens e turismo em conjunto com experiência de trabalho. Com a colaboração do setor público, privado e outras organizações não governamentais o programa faz a ligação entre a educação e a "indústria" do turismo. O Programa Global GTTP está sendo desenvolvido atualmente em nove países filiados: África do Sul, Brasil, Canadá, Grã-Bretanha, Hong Kong/ China, Hungria, Irlanda, Jamaica e Rússia; e em três países associados: México, Índia e Espanha. O GTTP é coordenado pela Global Initiatives, com sede em Nova Iorque. Somando os matriculados e os já formados, são mais de 230 mil alunos, em 2.764 escolas de 623 cidades, contando com o apoio de 151 parceiros e 1.572 empresas que oferecem estágios.

No Brasil, os objetivos do Programa Global GTTP é realizado por meio do Projeto Academia de Viagens e Turismo – AVT o qual também está sendo desenvolvido nos Estados Unidos sob a administração da *National Academy Foudation* – NAF.

O Projeto AVT foi implantado no Brasil no início de 1993. É um projeto do Instituto de Academias Profissionalizantes – IAP, entidade de utilidade pública federal que tem como missão apoiar as escolas públicas brasileiras, trabalhando em cooperação com a iniciativa privada na construção de projetos educacionais e direcionando o jovem para a vida profissional.

Sediada, desde 1995, no Laboratório de Ensino e Material Didático – LEMADI, do Departamento de Geografia da Faculdade de Filosofia, Letras e Ciências Humanas da Universidade de São Paulo, a Academia de Viagens e Turismo visa contribuir para o aprimoramento da formação do aluno da escola pública, preparando os jovens para os desafios de sua vida profissional, e ao mesmo tempo, para conhecer o setor de viagens e turismo e atuar nesta área.

Os principais programas da AVT são:

- *Aprendiz de Turismo*: Direcionado para jovens do ensino fundamental, este programa introduz o setor de viagens e turismo e prepara alunos e professores para atuarem como agentes de conscientização da atividade turística na sua comunidade.
- *Formação para o Turismo*: Programa voltado para jovens do ensino médio, que apresenta as oportunidades de emprego no setor de viagens e turismo e prepara os jovens para o mercado de trabalho. O curso também pode ser oferecido para profissionais do setor que queiram aperfeiçoar seus conhecimentos.
- *Aprendiz de Ecoturismo*: Este curso aborda conceitos sobre ecoturismo e outros relacionados ao tema. O Aprendiz de Ecoturismo irá incentivar a comunidade a participar e se envolver na criação de atrativos ecoturísticos visando o desenvolvimento sustentável.

Programa Aprendiz de Ecoturismo

Surgiu a partir do projeto *Ecoturismo na Web*. Foi planejado para ser oferecido a distância, mas a idéia inicial ampliou-se para além do curso *on-line*. O programa aborda a atividade ecoturística de forma multi e interdisciplinar, procurando criar uma conscientização sobre a importância socioeconômica dessa atividade e incentivando a participação da comunidade na criação de novas destinações ecoturísticas, que aliem o desenvolvimento econômico à preservação ambiental.

O Programa destina-se a alunos, professores e demais interessados em ecoturismo e em descobrir e desenvolver o potencial ecoturístico da localidade.

O curso utiliza, além de livro didático e atividades práticas, recursos de educação à distância tais como vídeos e Internet.

Projeto Aprendiz de Ecoturismo – Ilha Grande

Seguindo a visão do Programa de Ecoturismo da Embratur, estando de acordo com o programa de Capacitação Turística do WWF e seguindo a metodologia da AVT, o projeto Ilha Grande busca respostas para a questão Educação – Meio Ambiente –Turismo –Trabalho na Ilha Grande. Acredita que o Programa Aprendiz de Ecoturismo poderá melhorar a qualidade do ensino e capacitação turística representando uma iniciativa da sociedade para o desenvolvimento sustentável da localidade. Por isso seu objetivo geral é Aplicar a metodologia do Programa Aprendiz de Ecoturismo na Vila do Abraão – Ilha Grande – RJ, contribuindo para demonstrar cientificamente os resultados de aplicação do Programa os quais poderão dar bases ao aperfeiçoamento do mesmo. Já o objetivo específico é melhorar a capacitação dos habitantes locais para trabalharem com ecoturismo ou para entenderem melhor a atividade, otimizando os benefícios desta para o local.

O Público alvo deste projeto são estudantes da escola pública local e integrantes da Brigada Mirim Ecológica. Os possíveis parceiros institucionais, CODIG, Brigada Mirim Ecológica, Associação dos Hoteleiros e Associação de Moradores, Jornal O ECO e site www.ilhagrande.com.br participaram de uma reunião que está programada na fase 2 do projeto. Já os provedores de recursos estão entre as organizações, empresas e institutos que investem em educação, capacitação e ecoturismo (Tabelas 5.1 e 5.2).

Atividades programadas:

- *Fase 1*: Revisão bibliográfica sobre educação, projetos do Terceiro Setor em turismo, ecoturismo, educação para o turismo e resultados de outros programas.
- *Fase 2*: Reuniões com representantes locais para apresentação do projeto e busca de parceiros institucionais.
- *Fase 3*: Treinamento dos professores.

Tabela 5.1 – Cronograma das Atividades Programadas

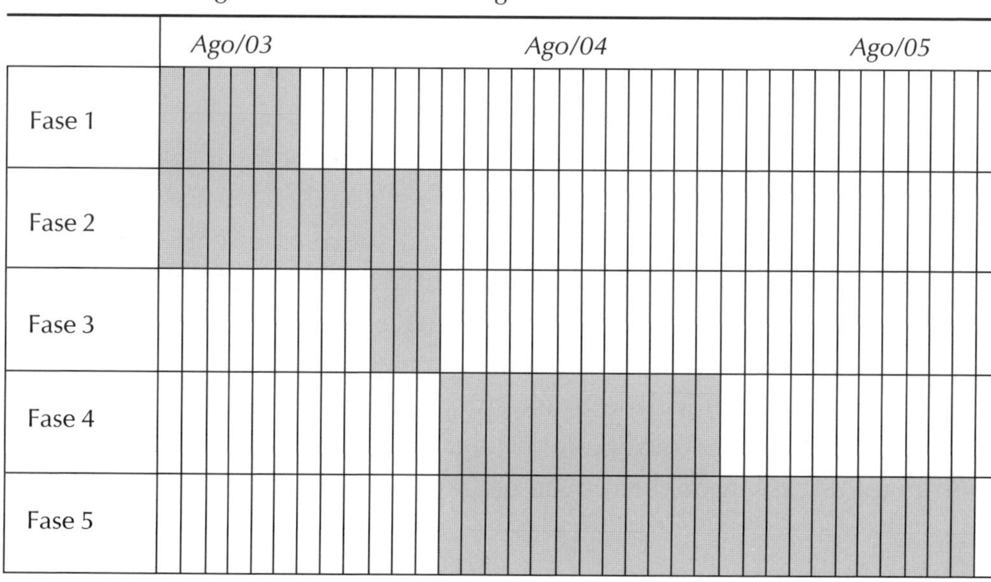

- *Fase 4*: Implantação do curso e atividades práticas.
- *Fase 5*: Avaliação e análise dos resultados.

Considerações Finais

No Brasil, há empresários que se dispõem a compartilhar o que é seu com uma causa maior, mesmo não havendo uma lei de incentivo fiscal para este tipo de doação. De fato, a parceria ideal é aquela situação onde todos se beneficiam e a confiança mútua entre a organização e a empresa cresce. É um processo que exige compromisso e boa intenção, de ambos os lados, sempre procurando enfatizar o desenvolvimento sustentável e a busca de uma melhoria na qualidade de vida para todos.

Entre os casos de projetos beneficiados por entidades filantrópicas ou investimentos sociais privados verifica-se uma predominância do foco na educação. No entanto, quando se fala em turismo, por mais interessante que o projeto possa parecer, muitos investidores não conseguem desvincular a imagem de não-importância social ou da atividade de lazer de classes altas. Os resultados que os projetos turísticos do Terceiro Setor estão tendo devem ser reunidos mostrando como o turismo pode contribuir para a melhoria da qualidade de vida da população local.

Os programas desenvolvidos pela AVT buscam a melhoria da qualidade do ensino e destinam-se a alunos do ensino fundamental e médio das escolas públicas que buscam uma ligação entre seus estudos e as oportunidades profissionais. Estes programas também podem ser aplicados a profissionais interessados em seu aperfeiçoamento, na melhoria de sua qualificação ou em aprofundar conhecimentos.

O Projeto Ilha Grande, ao ser implantado, contribuirá de forma inédita para o desenvolvimento de atitudes da comunidade local para assegurar seu próprio desenvolvimento sustentável. Este artigo não demonstrou resultados do Projeto, mas de uma pesquisa inicial sobre esse tema. Encontrou diversas dificuldades por seu ineditismo entre as publicações e não tinha a pretensão de esgotar o assunto. Muitas outras iniciativas estão crescendo no país mas nem todas foram abordadas nesta oportunidade, o que não dá nenhum caráter de prioridade àquilo que foi citado.

Os resultados deste trabalho no futuro podem abrir caminhos para maior contribuição da atividade turística ao desenvolvimento sustentável.

Tabela 5.2 – Análise dos Provedores de Recursos

Provedor	*Área de Atuação*
Fundação Acesita para o Desenvolvimento Social	– Esportes, educação, cultura e artes, fortalecimento de organizações da sociedade civil, meio ambiente e desenvolvimento sustentável, assistência social, desenvolvimento comunitário
***American Express* do Brasil**	– Educação, saúde, cultura e artes, assistência social – População em geral – Todo o Brasil
Fundação Avina	– Educação, meio ambiente e desenvolvimento sustentável, desenvolvimento comunitário, fortalecimento de organizações da sociedade civil, cidadania, direitos humanos e justiça social – População em geral – Todo o Brasil
Basf S/A	– Esportes, educação, saúde, meio ambiente e desenvolvimento sustentável, desenvolvimento comunitário, assistência social – População em geral, adolescentes e jovens, organizações da sociedade civil
Fundação *Bank Boston*	– Educação, cidadania, assistência social, cultura e artes, direitos humanos e justiça social – Negros, crianças, adolescentes e jovens – Todo o Brasil
Fundação CSN	– Esportes, educação, cultura e artes, saúde, meio ambiente e desenvolvimento sustentável, assistência social – População em geral, crianças, adolescentes e jovens, organizações da sociedade civil, terceira idade e portadores de necessidades especiais – Sudeste e sul
Fundação Educar D'Pascoal	– Educação – Adolescentes e jovens, crianças – Todo o Brasil
Fundação Ford	– Educação, fortalecimento de organizações da sociedade civil, saúde, tecnologia e produção de conhecimentos, outros – Todo o Brasil
Fundação Kellog	– Qualidade de vida, desenvolvimento saudável, liderança – Adolescentes e jovens – Todo o Brasil
Fundação Odebrecht	– Educação – Adolescentes e jovens – Todo o Brasil

Tabela 5.2 – Análise dos Provedores de Recursos *(Cont.)*

Provedor	*Área de Atuação*
Fundação Vale do Rio Doce	– Educação, cultura e artes, outros – População em geral, adolescentes e jovens, crianças – Nordeste, centro-oeste, norte e sudeste
Instituto Alcoa	– Educação, meio ambiente e desenvolvimento sustentável, melhorias habitacionais, saneamento básico, gestão urbana, saúde – População em geral – Nordeste, sudeste, sul
Instituto Ayrton Senna	– Assistência social, desenvolvimento comunitário da sociedade civil, produção de conhecimentos – Adolescentes e jovens, crianças – Todo o Brasil
Instituto Coca Cola para a Educação	– Educação, melhorias habitacionais, saneamento básico e gestão urbana, meio ambiente e desenvolvimento sustentável, cultura e artes, saúde – População em geral, crianças, adolescentes e jovens – Sudeste e norte
Instituto Embraer de Educação e Pesquisa	– Saúde, educação, assistência social – População em geral – Sudeste
Instituto Holcim para o Desenvolvimento Sustentável	– Educação, meio ambiente e desenvolvimento sustentável – População em geral – Sudeste
Instituto Xerox	– Educação, cultura e artes, cidadania, direitos humanos e justiça social, desenvolvimento comunitário – Crianças, jovens e adolescentes – Nordeste, centro-oeste, norte, sudeste
Vitae – Apoio à Cultura, Educação e Promoção Social	– Educação, cultura e artes, tecnologia e produção de conhecimentos – População em geral e outros – Todo o Brasil
Volkswagen do Brasil Ltda.	– Assistência social, cultura e artes, educação, esportes, saúde – População em geral – Todo o Brasil

Fonte: http://www.gife.org.br

Referências Bibliográficas

1. ALMEIDA, R. A. The travel & tourism program– AVT in Brazil: a case study in tri-sector partnerships. In: *The Global Partnership for Youth Development*. International Youth Foundation, 2001.
2. AVT-Br. Consulta de folhetos, *folders* e projetos (diversos)
3. CASTELLI, G. *Turismo, Atividade Marcante*. Caxias do Sul: Educs, 2001.
4. COOPER, C. *Educando os Educadores em Turismo*. In: OMT/Universidade de Surrey (org.). São Paulo: Roca, 2001.
5. EMBRATUR. Política Nacional de Turismo (1996-1999). Brasília, 1996.
6. GIFE – Grupo de Institutos Fundações e Empresas. Investimento Social Privado no Brasil. São Paulo, 2001.
7. MATIAS, M. *Turismo, Formação e Profissionalização*. São Paulo: Manole, 2002.
8. MELLO, E. A. *Tourism Economical and Social Impact of Vila do Abraão: na consumption Struture change*. In: World Ecotour 2000 Annals. Salvador, 2000.
9. MOECH, M. *A Produção do Saber Turístico*. São Paulo: Contexto, 2000.
10. MONKEY, M. *A Situação Atual dos Pescadores. As Potencialidades do Turismo na Ilha Grande: uma análise sócio-territorial de diferentes formas de aproveitamento turístico e de suas conseqüências*. Rio de Janeiro, 1992. Relatório Final de Curso –Universidade Federal do Rio de Janeiro/IPPUR.
11. MCINTYRE, G. *Desenvolvimento de Turismo Sustentável: manual para organizadores locais*. Organização Mundial de Turismo, 1993.
12. PREFEITURA MUNICIPAL DE ANGRA DOS REIS. *Projeto Ilha Grande*. Angra dos Reis, 1992.
13. RODRIGUES, A. M. Desenvolvimento sustentável e atividade turística. In: RODRIGUES, A. B. (org.). *Turismo - Desenvolvimento Local*. São Paulo: Hucitec, 1997.
14. TEIXEIRA, R. M. Ensino superior em turismo e hotelaria no Brasil: um estudo exploratório. *Turismo em Análise*, v. 12, n. 2, p. 7-31, 2001.
15. URDANETA, A. M. Argumentos para la Vinculación del Desarrollo Sostenible com el Patrimônio Natural e Cultural en Turismo. *Turismo em Análise*, v. 6, n. 1, p. 7-15, 1995.
16. WORLD TOURISM ORGANIZATION. *National and Regional Tourism Planning – Methodologies and Case Studies*. Boston: Thomson, 1994.
17. WORLD WILDLIFE FOUND. Disponível em: www.wwf.org.br/projetos/siteturismo_principal.htm. Acesso em: jan/2003.

Capítulo 6

Incorporação da Dimensão Social na Formação Profissional do Turismo

HERBE XAVIER

INTRODUÇÃO

Diante da oportunidade de participarmos de um Congresso de Turismo, no qual se elege o tema Turismo com Responsabilidade Social, esperamos poder explicitar idéias concernentes às questões humanísticas no processo de implementação e de desenvolvimento da atividade.

Bem sabemos que a atividade turística apresenta diversas vertentes, dentre as quais se destacam a econômica, a ecológica, a cultural, a política e a social. Entretanto nossa preocupação se evidencia pelo fato de que os objetivos dos cursos de educação e de formação profissional, ainda hoje, continuam priorizando a atividade econômica, deixando para trás, por exemplo, o aspecto social. Isso traz uma situação que se materializa através do crescente aumento dos impactos conseqüentes das relações que recaem sobre a comunidade que recebe o turista.

A revolução do Turismo tem ensejado uma grande complexidade nas relações entre os homens, exigindo, portanto, uma reavaliação das relações entre os grupos humanos. Ao considerarmos essa situação como um tema relevante, urgente e necessário tomamos como ponto de partida dois postulados de Krippendorf (2001).

Em um desses postulados, diz o autor que: "na teoria, todos são unânimes, como linha de pensamento o turismo social e ecologicamente responsável é evidente e altamente desejável. Na prática, porém, ele se arrisca, por falta de ações abrangentes e conseqüentes, a se degenerar em fórmula vazia, em um acionismo verbal, em um mero argumento de venda". Tal fato, particularmente, nos chama a atenção, talvez, pelo próprio desenvolvimento da atividade turística, ao adotar práticas não compatíveis com a cultura da comunidade receptora, sem falar dos problemas pertinentes à conservação dos recursos.

Em um outro postulado, Krippendorf diz que é da escala de valores dos viajantes e dos promotores das viagens que se prima. O que a comunidade que recebe o turista sente, pensa ou quer, pouco importa". Assim, as perguntas a eles dirigidas correspondem aos estudos de mercado e, portanto, são valorizadas. Pouco se conhece sobre os interesses da comunidade local.

Portanto, é com base nesses postulados que expomos nossas inquietações, mediante definição de estratégias que possam incorporar uma dimensão social na educação e na formação profissional do turismo. Nesse sentido, salientamos o papel da universidade que, através de seus cursos de turismo, poderá desempenhar importante função, seja por suas atividades de ensino, ou pelas atividades de pesquisa e extensão. Necessário se torna a implementação das atividades para mais bem conhecer os valores das comunidades que recebem os turistas e desenvolver estratégias que possam resultar na melhoria da qualidade de vida desses povos.

Ressalte-se que tais postulados de Krippendorf nos mostram a necessidade de melhor conhecer os valores, a conduta e as atitudes que permeiam a comunidade do entorno das áreas que recebem projetos turísticos, procedimento fundamentado, muitas vezes no conhecimento do mundo-vivido da comunidade receptora.

Assim, procurando melhor explicitar nossos objetivos, que é o da incorporação da dimensão social na educação e na formação profissional do turismo, partiremos por analisar o mundo-vivido da comunidade que recebe o turismo e eleger a estratégia da percepção geográfica do turismo, na busca de definir as maneiras pelas quais tal procedimento poderá ser tratado.

Natureza do Problema Diante do Mundo-vivido da Comunidade Receptora

A literatura demonstra que o turismo tem sido estudado por meio de abordagens neopositivistas com apoio nas informações visíveis, ou exatas e mensuráveis por meio de técnicas estatísticas. Tem sido também freqüente defender a apologia do turismo, como atividade que proporciona renda e empregos. O turismo também tem sido tratado por meio de abordagens críticas, considerando a atividade como produto social resultante da divisão do trabalho, da articulação dos meios de produção e, sobretudo, das condições políticas e econômicas. Entretanto, nossa proposta, ao tratarmos da incorporação da dimensão social na formação profissional do turismo, consiste em destacar a importância dos fatores culturais e da percepção na elaboração do meio ambiente e, sobremaneira, referenciar o mundo-vivido daquelas pessoas que, de qualquer forma, estão envolvidas com o fenômeno turístico. Para tanto, leva-se em consideração os sentimentos das pessoas, seus laços afetivos com o meio ambiente e suas atitudes em relação aos lugares.

Os estudos do turismo, assim considerados, procuram apoiar-se em uma linha humanística, a qual encontrando fundamentos na Fenomenologia, valoriza as experiências do homem em seu meio ambiente e nos lugares visitados. De modo especial, busca contribuir para desenvolver nas pessoas o sentimento de pertencer. Nessa abordagem, os estudos focalizam o turismo como um fenômeno social.

Para considerarmos o turismo como um fenômeno social necessariamente tomamos por base a conduta das pessoas no meio ambiente e assim, buscamos esclarecimentos coligidos sobre os fundamentos cognitivos, afetivos e simbólicos dos lugares visitados pelos turistas, que também é o mundo-vivido daquelas pessoas que os recebem. É nesse lugar que a comunidade receptora mora, trabalha, tem seus prazeres, suas tristezas e é aí que as pessoas passam suas vidas, como se fossem ligadas à Terra. Fundamentos a esse respeito são encontrados nos estudos de Relph, (1979) esclarecendo que o mundo-vivido tem a ver com princípios, com os significados e com experiência com os lugares que é concernente à conduta das pessoas e à topofilia.[1]

Para Relph o mundo-vivido, significa um mundo de ambigüidades e comprometimento, comunicando intenções e significados, no qual estamos intrinsecamente envolvidos em nossas vidas diárias e que o tomamos, como muito certo.

---

[1] Termo expresso por Yi-Fu Tuan (1980) para designar os laços afetivos das pessoas com os lugares.

Entretanto, um estudo sobre o mundo-vivido das comunidades que recebem os turistas, nos conduz à percepção geográfica, também, apoiada em uma linha humanista e que surge como uma das alternativas de estudo que pode fornecer importantes subsídios para o conhecimento das relações que se processam entre os grupos humanos, bem como entre o homem e a natureza.

Nesse mesmo sentido, destacamos que a atividade turística tem ensejado grande complexidade nas relações, tanto entre as pessoas e os eventos naturais, quanto entre os grupos humanos. Essa complexidade tende-se a ganhar maior expressão ao considerarmos que a expansão do turismo vem convocando cada vez mais, novas áreas e novos povos para a ampliação de seu cenário, abarcando territorialidades tradicionais e criando novas territorialidades (Xavier, 2002). Contudo, é freqüente destacar as comunidades receptoras como simples referência dos lugares, negligenciando seu envolvimento no processo, faltando medidas que possam levá-las ao conhecimento do turismo. Assim as comunidades receptoras, vêm sendo negligenciadas pelas atividades turísticas e nas tomadas de decisão sobre a implementação do turismo.

O processo turístico se inicia com a procura de recursos, de lugares valorizados, da história ou da cultura dos povos. Pode-se entender, com isso, uma transformação de bens de uso da comunidade em mercadorias. Assim nos referimos a Zimmermann (1951) ao destacar que contínuas permutas se estabelecem entre o mundo interior e o exterior dos homens. O homem vem causando modificações diversificadas para atender suas necessidades do momento, mas, nem sempre previdente, com preocupações quanto ao futuro. O turismo tem também provocado impactos ecológicos e sociais, degradando a natureza e o próprio homem.

> *"... El hombre, gran creador de cultura, de poderoso metomorfoseador de la Tierra de Prometeo que hunde su mano en el cielo para sustraer el fuego divino; que, no satisfecho con lo que la naturaleza le ofrece para obtner más, mucho más, y incluso la imita o que mejora sua obra." (Zimmermann, 1951: 19).*

Além de nos conduzir à noção de recurso, a explicação de Zimmermann também nos leva à compreensão dos impactos do turismo, destacando que tanto os recursos como os impactos, nada mais são, que reflexos da valorização humana (Xavier, 1996).

Na história do turismo verifica-se que a atividade se expandiu pelos países ricos, demonstrando seu interesse em satisfazer as necessidades de uma clientela com aspirações e motivações decorrentes de uma nova realidade contemporânea. Dos países ricos, a prática do turismo expandiu-se pelo planeta, convocando regiões distantes, ainda bem conservadas dos países periféricos de todo o mundo a entrarem em seu cenário. As últimas reservas naturais do planeta são incorporadas ao mundo do turismo (Xavier, 2002). Desta feita, grupos econômicos e outros representantes de países estrangeiros oferecem investimentos, enquanto que, os países periféricos colocam seus recursos à disposição desses investidores.

Da mesma forma grupos humanos são subordinados às decisões do capitalismo corporativo internacional. Por vezes são pessoas empregadas na construção dos projetos e que, em seguida, não têm perspectivas de continuidade dos trabalhos. Suas territorialidades são invadidas pelos grandes projetos que, não consideram os problemas ecológicos ou o sociais.

No Brasil tornou-se patente uma revelação dos interesses externos para a expansão do turismo, colocando-se à disposição das decisões do capitalismo internacional.

No plano de negócios são simulados vários cenários como necessidades essenciais para assegurar a viabilidade financeira dos projetos e a atração de investidores. Portanto tem conduzido os interesses, muito mais para a perspectiva econômica do que para as funções sociais, culturais, ambientais, ecológicas ou psicológicas do turismo.

São freqüentemente divulgadas as oportunidades de emprego e de renda com a chegada do turismo. Por vezes são situações ilusórias, justificadas pelo fato dessas pessoas não constituírem mão-de-obra qualificada.

Entretanto, um novo cenário se desponta no turismo brasileiro e exige estudos urgentes. É o processo de interiorização do turismo, envolvendo modelos ligados ao desenvolvimento local, fazendo uso dos valores locais e tendo na própria comunidade os atores do processo. Isso significa a necessidade urgente de melhor conhecer a relação das pessoas com os lugares a fim de que a chagada da atividade possa acontecer e promover a qualidade de vida da população local.

Verifica-se, portanto, que são complexos os problemas que a educação e a formação profissional de turismo tem para enfrentar. Diante de toda essa complexidade, o turismo vai exigir muitas reflexões por parte da direção dos cursos, envolvendo tanto os programas de ensino como os de pesquisa e de extensão universitária.

A compreensão cognitiva do mundo-vivido é complexa. As relações entre os grupos humanos processam-se através da experiência e da percepção que dele se tem, das atitudes nele tomadas e dos valores e ele atribuídos. Da mesma forma são complexas as relações entre o homem e a natureza, revelando-se na exploração e uso dos recursos. Grupos humanos mais fortes utilizam-se de outros grupos humanos, menos favorecidos para explorar e usar a natureza.

São inconstantes as atitudes das pessoas para com o turismo, já que refletem elas, variações individuais, bioquímicas, psicológicas, antropológicas e, de modo relevante, o estilo de vida.

A percepção geográfica surge como uma alternativa de estudo para a compreensão cognitiva do mundo-vivido das comunidades que recebem os turistas. Pode-se fornecer importantes subsídios para o conhecimento das relações entre o homem e a natureza, bem como entre os grupos humanos, além de ser de fundamental importância para o conhecimento das experiências com os lugares.

Percepção Geográfica

Como um campo de estudo que ganhou vulto somente após o surgimento dos deslocamentos de massa, especialmente em busca do lazer ou do prazer, pouco depois da Segunda Guerra Mundial, o turismo vem constituindo um campo fértil para as pesquisas. No entanto, necessita de um crescente relacionamento com outras áreas de estudo que visam objetivos correlatos e que devem ser colocados em uma óptica espacial. Têm sido importantes as contribuições que o turismo vem recebendo de outras áreas de estudo, em forma de conceitos, de modelos e de teorias, na tentativa de formar seu corpo teórico e metodológico.

Ressalte-se como objeto do estudo a definição de estratégias para a incorporação da dimensão social, na atividade turística, a partir de uma abordagem humanística. Nesse sentido ganha importância a percepção geográfica que pode fornecer importantes subsídios no sentido de discutir a questão do turismo com responsabilidade social, uma vez que procura compreender a relação das pessoas no espaço e, assim, incorpora a dimensão social na formação profissional.

Justifica-se, ainda, a importância da percepção geográfica, porquanto dita abordagem vem sendo amplamente utilizada em diversas partes do mundo, principalmente como subsídio para o planejamento do meio ambiente. (Xavier: 1996). Cabe também considerar que em um nível mais amplo, a abordagem perceptiva geográfica poderá contribuir para a adoção de estratégias a serem empregadas na tomada de consciência da população em relação ao turismo.

É uma situação que implica no deslocamento de pessoas, no uso dos recursos locais, no envolvimento da comunidade receptora, na política de planejamento e, portanto, no conhecimento de que os grupos de pessoas têm valores extremamente diversificados. Nota-se que a percepção é individual, seletiva e é influenciada por diversos fatores como o sexo, a idade, o local de moradia, a atividade profissional e a cultura, dentre outros.

A percepção do turismo é espacial, portanto geográfica. Contudo necessita de fundamentos teóricos para o entendimento das atitudes e condutas das pessoas no espaço, cujas contribuições fundamentais são encontras nos estudos de Vernon e de Tuan.

Os estudos de Vernon sobre a percepção do espaço (1971) oferecem embasamento para os estudos ligados à identificação do meio ambiente, à sua fisionomia e aos conhecimentos que valorizam o homem e lhes permitem utilizar de diversas formas de agir e, quando preciso, de tomar as devidas atitudes em relação aos lugares e às atividades turísticas.

Em relação às contribuições de Tuan (1960), os significados de percepção e de valores se superpõem e se tornam claros dentro do próprio contexto expresso em cada um desses processos. Esse autor considera que a atitude assumida frente ao mundo é formada por uma sucessão de percepções e de experiências. As atitudes adotadas pelas pessoas para com o meio ambiente e para com outros grupos sociais espelham seus interesses, seus valores, e refletem a visão de mundo. Trata-se de uma experiência conceitualizada, parcialmente pessoal e, em grande parte, social.

Sabe-se que fatores culturais e o meio ambiente físico interferem na visão do mundo. Os conceitos cultura e meio ambiente se superpõem, do mesmo modo que os conceitos homem e natureza, constituindo um todo. Para conhecer a preferência ambiental de uma pessoa, mister é considerar sua herança biológica, sua educação, seu trabalho e seus arredores físicos.

Dessa maneira verificam-se aspectos que assinalam a importância da percepção geográfica, no sentido de conhecer a relação entre os grupos de pessoas ligadas ao turismo.

Na busca de uma justificativa no sentido de assinalar a importância da percepção geográfica para os estudos do turismo, considera-se que essa dita estratégia tem sido fértil, demonstrando ser uma das alternativas mais promissoras das últimas décadas.

Percepção Geográfica do Turismo

Uma grande contribuição para a percepção geográfica do turismo é dada por Oliveira (1979). Seus estudos colocam em destaque que o fenômeno perceptivo não pode ser estudado como evento isolado, nem pode ser isolável da vida cotidiana das pessoas. Deve ser encarado como uma fase da ação exercida pelo sujeito sobre os objetos, uma vez que as atividades não se apresentam como simples justaposições, mas como um encadeamento, em que umas estão ligadas às outras. Oliveira acrescenta que percebemos um mundo cujas variáveis fundamentais são espacial e temporal, isto é, um mundo que tem extensão e duração.

A autora nos lembra que o espaço é o problema básico de toda a percepção. Trata-se de um espaço em contínua mudança e que tomamos consciência dessas transformações através dos receptores sensoriais. O conhecimento do mundo físico é tanto perceptivo como representativo, assim como é o espaço turístico, em contínua mudanças, uma vez que a atividade ao ser implementada passa por fases de crescimento, de maturidade e de declínio.

Como seguidora de Piaget, Oliveira sugere que os estudos de percepção dos temas ligados ao espaço geográfico, como é o caso do turismo, envolvem, sempre, uma teoria psicológica. Ao apoiar seus estudos em tais teorias afirma que elas são as únicas que explicam a percepção dentro de um contexto em que os aspectos perceptivos estão ligados aos cognitivos para a construção do espaço. Complementando sua afirmação, a autora destaca que as teorias piagetianas oferecem as bases necessárias para solucionar a problemática da percepção e da representação do espaço, uma vez que oferece explicações sobre as relações entre o homem e seu meio ambiente.

Apesar dos estudos de Oliveira não tratarem, especificamente, do turismo, as idéias por ela apresentadas devem ser refletidas, pois têm importância fundamental em diversos aspectos. Nesse sentido chamamos a atenção para a tomada de consciência de todos os grupos de pessoas que são envolvidas na atividade turística, bem como na tomada de consciência dos profissionais que trabalham o mundo-vivido das comunidades.

Um aspecto a ser destacado refere-se a que a percepção geográfica do turismo é bastante complexa, já que a atividade envolve vários segmentos das atividades humanas atingindo diferentes grupos de pessoas, tais como os planejadores, políticos, profissionais, o turista e, evidentemente, a comunidade local.

Tal fato assume uma grande relevância já que a visão dos técnicos que estudam o turismo, nem sempre tem considerado a conduta e as atitudes dos moradores dos núcleos receptivos, fato que também negligencia a incorporação da dimensão social no turismo. Conseqüentemente as orientações técnicas, nem sempre têm sido aceitas pelos usuários, podendo conduzir a impactos sociais.

Entretanto, nossa preocupação além de recair sobre a percepção de todas as pessoas que são envolvidas com o turismo se acentua sobre a percepção dos moradores locais. A percepção dessas pessoas é influenciada por inúmeros fatores, tais como a possibilidade de trabalho, a renda, o conforto, a perda de privacidade, além do fato de ver seus bens de uso se transformando em verdadeiras mercadorias à disposição dos visitantes.

Sendo a percepção individual e seletiva, as respostas dadas pela comunidade serão alteradas na medida em que a implantação do turismo local vai adquirindo maiores proporções.

Por tudo isso, é importante que se conheçam a conduta e as atitudes das pessoas envolvidas com o turismo. É importante que se conheçam os valores que essas pessoas atribuem ao meio ambiente e que respostas são atribuídas ao uso dos recursos locais. O conhecimento da percepção geográfica dos lugares que recebem o turismo poderá exercer, também, grande contribuição no desenvolvimento de uma conduta ambiental do homem e na melhoria da qualidade de vida da população, bem como no conhecimento das diferentes formas de relacionamento entre os moradores e os valores locais.

Ressalte-se, ainda, a importância da percepção geográfica do turismo, dada a natureza espacial da atividade, ou pelo fato de que o turismo, ao acontecer, envolve o trabalho de diferentes grupos de pessoas.

O conhecimento da percepção geográfica do turismo poderá exercer, também, grande contribuição no desenvolvimento de uma conduta do homem, no sentido de que a atividade possa se estabelecer visando uma melhor qualidade de vida da população. Contudo, o estudo sobre a percepção geográfica do turismo constitui um tema aberto para as pesquisas, uma vez que sobre a indagação "como a comunidade receptora percebe o turismo" pouco ainda se conhece.

Considerações Finais

Diante da proposta de tecermos considerações sobre a incorporação da dimensão social na formação profissional do turismo, passamos a destacar idéias apresentadas por Goeldner, Bitchie e McIntosh (2002). Na introdução da obra, destacam os autores que:

- "O turismo está muito vivo, com um crescimento dinâmico, com novas atividades, novas destinações, novas tecnologias, novos mercados e mudanças rápidas".

- "Um número cada vez maior de turistas está viajando pelo mundo através de uma variedade de pacotes, cruzeiros, aventuras e itinerários independentes".
- "Todos esses visitantes e as atividades que eles geram transformam as comunidades locais".

Desta feita acrescenta-se que o turismo produz impactos sociais que não podem ser ignorados, necessitando portanto, de especial atenção para as questões, ora levantadas. Inclui-se entre elas as formas pelas quais as paisagens são modificadas ou criadas para atrair o turista, às questões econômicas e à conduta dos turistas, e um melhor conhecimento da conduta dos moradores dos lugares que recebem os turistas. Neste sentido relembramos Krippendorf (2000) ao destacar que a grande maioria dos estudos realizados, no mundo, estão voltados para o turista, pois ele representa o mercado. Sobre a comunidade receptora pouco se conhece.

Da mesma forma não são bem conhecidas, até agora, as possíveis formas de conservação dos recursos da natureza e da cultura que são tidos como mercadorias e são vendidas aos turistas: os consumidores.

Os impactos degradantes da natureza, da cultura e do próprio homem pelo turismo têm sido vultosos. As medidas adotadas, têm se orientado para a avaliação dos impactos produzidos pela atividade, para os estudos relacionados à capacidade de carga, ao zoneamento funcional, dentre outros. Têm eles constituído, nada mais que medidas paliativas, pois a mudança deverá ocorrer no próprio homem, em sua tomada de consciência sobre todos os aspectos envolvidos na atividade turística, ou seja, nas relações entre o homem e a natureza ou entre os grupos sociais, (Xavier, 2002).

Diante dos diversos problemas relacionados com a responsabilidade social no turismo e que tem se avolumado nas últimas décadas, sobressaem as questões relacionadas às novas territorialidades e aos impactos sociais que a atividade vem proporcionando. O envolvimento da comunidade vem sendo apontada como alternativa, talvez, correta, em busca de vislumbrar um turismo durável e que possa conduzir à melhoria da qualidade de vida das populações dos núcleos receptores.

A percepção geográfica tem oferecido grandes possibilidades para os estudos sobre os valores e sobre os impactos produzidos, assim como tem oferecido oportunidades para um maior conhecimento da conduta e das atitudes das pessoas em relação ao turismo. Essa abordagem pode ser empregada como uma das estratégias na tomada de consciência das pessoas em todos os aspectos envolvidos na atividade turística, ou seja, das relações homem/natureza e homem/homem.

A percepção geográfica tem oferecido grandes possibilidades para o estudo sobre os valores e os impactos produzidos. Essa abordagem pode ser empregada como uma das estratégias na tomada de consciência dos turistas e das pessoas que os recebem, na decisão de governos que visam a solução de numerosos problemas e nas posturas dos técnicos, planejadores e empresários. De suma importância é sua contribuição no o planejamento e para o manejo integrado do meio ambiente. Além disso a percepção geográfica do turismo é de crucial importância para um melhor entendimento da conduta do homem no espaço, conduzindo, assim, a esclarecimentos sobre suas relações com a natureza e com os outros grupos humanos. Contudo pode fornecer importante contribuição no sentido de incorporar a dimensão social na formação profissional do turismo.

Dadas as características do turismo, que, para se manter, necessariamente necessita que seja considerada a responsabilidade social, consideramos que a proposta de incorporação da dimensão social, na formação profissional do turismo deverá apresentar características abrangentes, conduzindo ao conhecimento do fenômeno turístico para que as pessoas possam alcançar o limiar do conhecimento; o desenvolvimento de atividades, mediante ações efetivas, para que possam alcançar o limiar da ação. Deve ser uma formação abrangente, também, pelo fato de envolver os diversos segmentos sociais relacionados ao turismo.

É de fundamental importância que as propostas de incorporação da dimensão social na formação do turismo tenham incluído em sua pauta o conhecimento da dimensão do turismo com responsabilidade social, levando a todos os grupos de pessoas envolvidas com o turismo, a uma tomada de consciência sobre seu valor.

Concluímos que, para incorporamos a dimensão social no turismo é importante voltarmos os nossos estudos para o conhecimento do mundo-vivido das comunidades que recebem o turista. Acrescentamos que também é de fundamental importância a estratégia da percepção geográfica do turismo, uma vez que a referida estratégia pode fornecer subsídios importantes para o conhecimento dos fatos sociais que incorporam a atividade turística, justificando dizer que o turismo corresponde a um fenômeno social.

Diante de todas essas considerações esperamos que as indicações que se referem ao conhecimento do mundo-vivido das comunidades receptoras e a adoção da estratégia da percepção ambiental possam dar contribuições para um estudo que tenha como proposta a incorporação da dimensão ambiental na formação profissional do turismo.

Referências Bibliográficas

1. GOELDNER, C. R.; RITCHIE, J. R.; MACINTOSH, B. *Turismo, Práticas e Filosofia*. Porto Alegre: Bookman, 2002.
2. KRIPPENDORF, J. *Sociologia do Turismo*. São Paulo: Aleph, 2001.
3. OLIVEIRA, L. *Estudo Metodológico e Cognitivo do Mapa*. São Paulo: Universidade de São Paulo / Instituto de Geografia, 1979.
4. RELPH, E. C. *As Bases Fenomenológicas da Geografia*. Geografia, v. 4, n. 7, 1979, p.1-25.
5. TUAN, Y. F. *Topofilia: um estudo de percepção, valores e atitudes do meio ambiente*. São Paulo: Difel, 1980.
6. VERNON, M. D. *The Psichology of Perception Harmonds Worth*. Pelican Books, 1971.
7. XAVIER, H. *A Observação da Paisagem do Mundo e do Campo Visual Geográfico*. Rio Claro, 1990. Dissertação (Mestrado) – Universidade do Estado de São Paulo.
8. XAVIER, H. *Percepção Geográfica dos Deslizamentos de Encostas em Áreas de Risco no Município de Belo Horizonte, MG*. Rio Claro, 1996. Tese (Doutorado) – Universidade do Estado de São Paulo.
9. XAVIER, H. *Educação Ambiental: caminho para a sustentabilidade ecológica do turismo*. In: BARRETTO, M.; TAMANINI, E. (orgs.). Caxias do Sul: EDUCS. p. 71-92.
10. ZIMMERMANN, E. W. *Recursos e Indústrias no Mundo*. México: Fondo de Cultura, 1981.

Capítulo 7

Responsabilidade Social e Ética nos Cursos de Graduação em Turismo das Instituições de Ensino Superior de Belo Horizonte

Sarah de Andrade Luz

Introdução

O principal objetivo deste capítulo é fazer uma breve reflexão sobre a maneira como está sendo feita a abordagem da Responsabilidade Social e da Ética nos cursos de graduação em Turismo; foi estabelecido que a amostra da pesquisa seria constituída pela análise dos cursos localizados em Belo Horizonte, Minas Gerais.

A metodologia adotada baseia-se na pesquisa e análise de dados secundários obtidos por meio de consultas bibliográficas bem como pesquisa em meios eletrônicos, por dados primários conseguidos através de entrevistas qualitativas realizadas com os coordenadores dos cursos de graduação em Turismo das Instituições de Ensino Superior (IES) de Belo Horizonte e com a coordenadora do curso de Mestrado em Geografia da UECE,

Sra Luzia Neide Coriolano que desenvolve uma linha de pesquisa que relaciona Turismo e Ética de forma clara e interessante.

As entrevistas foram feitas através de e-mails e estes, por sua vez, encontram-se anexos ao final deste trabalho.

Foram enviados e-mails aos coordenadores de oito cursos superiores de Turismo sediados em Belo Horizonte, MG. Do universo pesquisado, três coordenadores se dispuseram a responder as perguntas formuladas.

Os coordenadores entrevistados são os seguintes:

- Sr. Allaoua Saadi – UFMG.
- Sra. Cláudia Magalhães – FUMEC.
- Sra. Rosilene Martins – PUC/MG representada neste estudo pela coordenadora-adjunta Sra. Lúcia Helena Ciccarini Nunes.

Desta forma, buscou-se conhecer como temas tão relevantes para a formação social e profissional dos indivíduos como cidadãos são adotadas nos cursos de graduação superior em Turismo.

O Que É Responsabilidade Social?

De acordo com a jornalista Andréa de Lima, do site http://www.ibd.com.br, Responsabilidade Social é *respeitar o meio ambiente, oferecer boas condições de trabalho, não empregar crianças, oferecer um ambiente de trabalho seguro, adotar uma cadeia produtiva amiga do meio ambiente e apoiar causas sociais.*[1] Esta definição é significativa por traçar linhas de ação claras para aqueles que pretendem desenvolver trabalhos nesta área de atuação. Entretanto, outras percepções da Responsabilidade Social também devem ser consideradas. Para o *Instituto Ethos de Responsabilidade Social*, por exemplo, este conceito está associado a práticas corporativas. Esta instituição, especializada em sensibilizar e ajudar as empresas a gerirem seus negócios de forma socialmente responsável, estabelece a seguinte definição:

> *Responsabilidade Social é uma forma de conduzir os negócios da empresa de tal maneira que a torna parceira e co-responsável pelo desenvolvimento social. A empresa socialmente responsável é aquela que possui a capacidade de ouvir os interesses das diferentes partes (acionistas, funcionários, prestadores de serviço, fornecedores, consumidores, comunidade, governo e meio ambiente)*

---

[1] Fonte: http://www.ibd.com.br/arquivos/artigos/responsa.htm

e conseguir incorporá-los no planejamento de suas atividades, buscando atender às demandas de todos e não apenas dos acionistas ou proprietários.[2]

A questão Ética tem uma importância fundamental na sociedade contemporânea. Quando falamos em Ética, em responsabilidades relacionadas ao turismo estamos nos referindo não somente aos recursos ambientais. É notório que a atividade turística depende de sua base que, a princípio é formada pelos recursos naturais, históricos e culturais mas, em contrapartida depende e gera impactos significativos também na esfera econômica e social. Desenvolver a atividade de maneira ética e socialmente responsável tem duas perspectivas básicas: a primeira refere-se à forma de interferência do profissional em Turismo no meio social enquanto que a segunda referese à postura empreendedora e empresarial do profissional em questão.

Relação entre o Profissional de Turismo e a Ética

A compreensão da sociedade, do mundo e a busca de respostas para as questões e necessidades, ou até mesmo problemas criados pelo próprio homem é facilitada com o estudo da Filosofia que através de uma reflexão crítica, profunda e abrangente cria em seus estudiosos além de um sentimento de liberdade individual, o estreitamento da relação com as responsabilidades e compromissos sociais.

Faz-se necessário para maior compreensão analisar as definições de "Ética" a luz de alguns estudiosos no assunto, uma vez que, é preciso que a Ética esteja presente em todos os assuntos que dizem respeito à sociedade e ao interesse comum. É a partir do estudo da Ética que se estabelecem os fundamentos para práticas socialmente responsáveis e as bases da cidadania.

De acordo com o filósofo inglês G.E. Moore, temos que:

> *"Ética é uma palavra de origem grega, com duas origens possíveis. A primeira é a palavra grega éthos, com e curto, que pode ser traduzida por costume, a segunda também se escreve éthos, porém com e longo, que significa propriedade do caráter. A primeira é a que serviu de base para a tradução latina Moral, enquanto que a segunda é a que, de alguma forma, orienta a utilização atual que damos à palavra Ética"*

Segundo o dicionário Aurélio Buarque de Holanda, ÉTICA é *"o estudo dos juízos de apreciação que se referem à conduta humana susceptível de qualificação do ponto de vista do bem e do mal, seja relativamente à determinada sociedade, seja de modo absoluto"*.

---

[2] Fonte: http://www.ethos.org.br/docs/institucional/perguntas.html

Temos ainda o autor *P. Singer* que define a Ética como um conjunto de regras e princípios, e ainda, maneiras de pensar que guiam, ou chamam a si a autoridade de guiar, as ações de um grupo em particular (moralidade), ou é ainda o estudo sistemático da argumentação sobre como nós devemos agir (Filosofia moral).

Luiz Gonzaga Trigo (2001:27) em seu artigo "*As Possibilidades da Filosofia*" explica que a Ética é uma questão filosófica que está ligada à *Teoria dos Valores*, e ainda, exemplifica a falta de Ética em vários segmentos demonstrando portanto a importância de discutir sobre a sociedade e o mundo dos negócios contemporâneos.

É evidente que essa discussão não deve ser privilégio dos cursos de Turismo mas, certamente precisa estar presente em todos os cursos sejam eles superiores ou não. A Ética precisa ser apresentada como um conteúdo que possibilita ao estudante ter uma maior compreensão da sociedade e do seu papel perante a mesma.

De acordo com Trigo (2001:17), *"As questões fundamentais da Ética referem-se ao bem que deve determinar a atitude e a atuação do homem. Seu objetivo é mostrar de maneira metodologicamente correta os fundamentos para um comportamento, uma vida e convivência justos, racionais e plenos"*.

Percebemos, diante dessas definições, que a maneira mais simplificada de abordar a Ética é entendendo-a como sendo o estudo da moral.

Sendo assim, ao trazer essas definições para a relação entre o profissional e/ou estudante de Turismo e a Ética surgem algumas perguntas, tais como:

- A escola, pós-nova Lei de Diretrizes e Bases da Educação (LDB) e Parâmetros Curriculares Nacionais (PCN) está preparada para realizar um trabalho que incentive a autonomia na constituição de valores de cada aluno, ajudando-o a se posicionar nas relações sociais dentro da escola e da comunidade como um todo?
- A formação acadêmica em Turismo prepara o indivíduo para o respeito mútuo, a justiça, o diálogo e a solidariedade?
- Os currículos desenvolvidos em nossas faculdades de Turismo têm bases humanistas capazes de se sobreporem às exigências do capitalismo que impera e domina o novo século?
- Os profissionais que atuam em nossas faculdades estão preparados para a missão que ora se apresenta?

Podemos formular inúmeras outras questões e podemos ainda afirmar que as respostas que não forem negativas certamente serão respondidas com algumas restrições e porque não dizer, dúvidas.

A situação da educação brasileira com todos os avanços, todos os progressos e reformas, ainda necessita evoluir, uma vez que, tentativas para adaptação de modelos educacionais completamente distantes da nossa realidade nunca deram e nem darão certo.

A profissionalização do Turismo no Brasil é relativamente recente, bem como os estudos e os dados científicos dos componentes desta atividade. Mesmo que recentes, falta-nos ainda a conscientização com relação às potencialidades que temos e porque não dizer, uma ênfase bem mais acentuada na "Ética" para que os profissionais dessa área não sejam apenas "aproveitadores" de momentos de lazer alheio, mas sim administradores e planejadores de recursos que promovam o bem estar de pessoas e o desenvolvimento sustentável de atrativos.

Preparar os profissionais em Turismo para serem criadores, planejadores de oportunidades que levem ao crescimento, ao desenvolvimento e à melhoria na qualidade de vida de pessoas, de lugares e de nós mesmos, certamente, é ter uma educação com bases éticas.

Percebe-se que existe uma ampla consciência dos efeitos que se espera da formação proposta aos profissionais de Turismo e/ou Hotelaria. Os perfis de egressos e as habilidades éticas e políticas desejadas são explicitadas, por orientações do próprio Ministério da Educação (MEC), na formatação dos projetos pedagógicos dos cursos. No entanto, embora explícitos em termos de projeto; a cultura das IES, a forma como são elaborados os currículos, os parâmetros de avaliação adotados e a formação acadêmica e profissional dos professores ainda se constituem em entrave para a difusão dos conceitos de Ética e Responsabilidade Social. Desta forma, capacitar os alunos em termos de cidadania, Ética e Responsabilidade Social continua constituindo-se um desafio para o sistema educacional superior brasileiro.

Responsabilidade Social no Turismo

Para compreendermos a função da responsabilidade Social dentro do Turismo, é necessário verificar como este conceito é abordado nos documentos que direcionam eticamente o "fazer do turismo". Alguns códigos de Ética e/ou Conduta foram criados para balizar as formas de atuação dos profissionais de Turismo e/ou Hotelaria no Brasil. Entre eles podemos destacar: o Código de Ética do Bacharel em Turismo, criado pela ABBTUR[3] (1999); o Código de Ética dos Agentes de Viagem, criado pela ABAV[4] (1992); o Código de Ética da ABIH[5] e o Código de Ética do Guia de Turismo (Bussoli, 2002).

Entre os Códigos de Ética analisados, destacamos o Código Mundial de Ética do Turismo, elaborado pela Organização Mundial do Turismo que é o instrumento norteador de todos os outros códigos. Este código deixa claro que a atividade é instrumento de desenvolvimento individual e coletivo, podendo contribuir para a compreensão e respeito mutuo entre homens e sociedade. Desta forma podemos perceber que a Responsabilidade Social está inserida dentro do contexto maior da atividade. Entretanto, nosso questionamento refere-se a intensidade com que esta inserção está sendo feita no processo de formação dos profissionais de nível superior.

Observamos, por exemplo, que o conceito de sustentabilidade se enquadra perfeitamente na questão da Ética e o Turismo, porém, percebemos que profissionais "capacitados" para o planejamento e desenvolvimento da atividade buscam resultados *em curto prazo* e não colocam em pratica o que supostamente aprenderam em seus cursos universitários.

Trigo (1998) afirma que a educação, o treinamento são de extrema importância tanto para qualificação do profissional daqueles que trabalham em projetos turísticos, como para capacitação daqueles que formarão o recurso humano para trabalhar em projetos futuros.

Para tanto é necessário que os cursos de Turismo encontrem meios de abordar em suas grades curriculares a responsabilidade social com intuito de criar entre os estudantes de um senso crítico, responsável e ético.

Conforme observamos, o número de cursos de Turismo oferecidos em Belo Horizonte aumentou consideravelmente nos últimos anos, hoje, são aproximadamente dez universidades que oferecem o bacharelado em Turismo e/ou Hotelaria na capital mineira. Este crescimento, embora benéfico na expansão desta formação, é muito arriscado em termos de qualidade de ensino e de desenvolvimento de competências político-éticas.

É preciso perceber as grandes mudanças que a todo instante acontecem na sociedade pós-industrial para que possamos trabalhar melhor a preparação dos profissionais de Turismo, ou ainda, reciclar e atualizar os profissionais que já se encontram no mercado de trabalho, fazendo com que estes superem as exigências impostas pelo mesmo em favor de uma postura Éti-

[3] Associação Brasileira dos Bacharéis em Turismo.
[4] Associação Brasileira dos Agentes de Viagem.
[5] Associação Brasileira da Indústria de Hotéis.

ca e Responsável mais adequada às necessidades do desenvolvimento de suas atividades. (Trigo, 1999).

De acordo com o parecer CNE/CES 146/2002, transcrito abaixo, o perfil adequado para o profissional em Turismo seria o seguinte:

> *"Quanto ao perfil desejado, o curso de graduação em Turismo deverá oportunizar a formação de um profissional apto a atuar em mercados altamente competitivos e em constante transformação, cujas opções possuem um impacto profundo na vida social, econômica e no meio ambiente, exigindo uma formação ao mesmo tempo generalista, no sentido tanto do conhecimento geral, das ciências humanas, sociais, políticas e econômicas, como também de uma formação especializada, constituída de conhecimentos específicos, sobretudo nas áreas culturais, históricas, ambientais, antropológicas, de Inventário do Patrimônio Histórico e Cultural, bem como o agenciamento, organização e gerenciamento de eventos e a administração do fluxo turístico".*[6]

Este perfil também se confirma na definição das competências necessárias a formação do multiplicador, professor ou instrutor que atua no meio educacional, definido pelo Projeto de Norma pn-IH 42 versão 03[7] , elaborada pelo Instituto de Hospitalidade dentro do projeto de Certificação Profissional do Setor de Turismo, no âmbito do Sistema Brasileiro de Certificação da Qualidade Profissional para o Setor de Turismo:

> *"disseminar a visão do turismo como vetor para o desenvolvimento sócio-econômico-cultural – o que pode incluir sensibilizar sobre a importância das repercussões e impactos do turismo para o local e comunidade,.... identificar e valorizar a atividade do turismo.... preservar identidades culturais."*

Desta forma, entendemos que a formação do aluno deve estar alicerçada não só no conteúdo do curso mas também na formação do multiplicador do conhecimento turístico. Este multiplicador, seja ele professor, instrutor, coordenador ou dirigente de IES, deve estar ciente de suas responsabilidades no que concerne a difusão de padrões éticos e comportamentos socialmente responsáveis. A aprendizagem e a percepção desses padrões e comportamentos não deverão ser feitos apenas através da elaboração de atividades curriculares e extracurriculares. A inserção dos conteúdos relativos a Filosofia, Ética e Responsabilidade Social nas disciplinas específicas do curso é um passo importante nesta postura mas não o suficiente, se não for acompanhado de atitudes condizentes com o que se propõe a ensinar

---

[6] Despacho do Ministro em 09/5/2002, publicado no Diário Oficial da União nº 90, de 13/5/2002, Seção 1.

[7] Certificação Profissional do Setor de Turismo - Sistema Brasileiro de Certificação da Qualidade Profissional para o Setor de Turismo.

em sala de aula. Nada ensina mais que o exemplo, é através da demonstração de comportamentos positivos que podemos "tecer" caráter e atitudes.

A Opinião dos Coordenadores

Para conhecermos melhor a forma pela qual este processo vem acontecendo nos cursos de Turismo de Belo Horizonte, entrevistamos os coordenadores de algumas IES buscando conhecer suas abordagens e percepções da questão da inserção dos conteúdos relativos a Responsabilidade Social e Ética nos cursos que estes coordenam.

Conforme relata a coordenadora do curso de Turismo da FUMEC, Sra. Cláudia Magalhães a questão da Responsabilidade Social perpassa o conteúdo de todas as disciplinas oferecidas pela faculdade em questão, principalmente as disciplinas de cunho humanitário. O tema é trabalhado de forma direta nas seguintes disciplinas: Filosofia, Ética, Sociologia e Psicologia presentes na grade curricular deste curso. Nas disciplinas de Introdução ao Turismo, Teoria e Técnica o conteúdo é introduzido pelos professores utilizando os princípios do Ecodesenvolvimento, do Desenvolvimento Sustentável e das concepções de Turismo Sustentável.

Em termos de planejamento, os conteúdos programáticos se baseiam no Planejamento Participativo e Planejamento Sistêmico. Desta forma busca-se ressaltar para o estudante a importância do trabalho social, comunitário e sistêmico. Os conceitos vistos em sala são aplicados pelos alunos da FUMEC em visitas técnicas que os levam à reflexão do desenvolvimento das comunidades visitadas.

Já o coordenador do curso da UFMG, Sr Allaoua Saadi, se mostra realista e diz que seria importante abordar o conteúdo de forma transversal[8], mas relata que em sua faculdade o conteúdo *é pano de fundo da maior parte das disciplinas*, ou seja, é tratado de forma secundária[9] fazendo parte da maioria das disciplinas do curso principalmente as de base geográfica e sociológica, uma vez que o curso de Turismo da UFMG tem orientação para o planejamento turístico, com enfoque espacial e territorial.

De acordo com Ângela Denise da Cunha Lemos[10] o bacharel em Turismo, em virtude das exigências de mercado, necessita transitar por todas as funções da administração, quais sejam: Planejar, Organizar, Dirigir/Liderar e Controlar.

Em seu estudo a autora aponta que o real cliente das universidades é a sociedade, portanto, o profissional em Turismo precisa estar capacitado em

---

[8] Temas Transversais: conteúdos que perpassam TODAS as matérias de uma grade curricular.

atender e satisfazer as necessidades dessa sociedade buscando minimizar os impactos causados pelo desenvolvimento de sua atividade.

Sendo assim, as IES devem lapidar seus alunos em busca de um profissional em Turismo que tenha responsabilidades e, tê-la implica em ter comprometimento, que por sua vez requer dedicação, conhecimento técnico, constante reciclagem, ou seja, contínuos estudos para aperfeiçoamento de atualização.

Os estudantes do curso da UFMG, de acordo com o coordenador, recebem a preparação para encarar a realidade vivida por grande parte da sociedade brasileira, uma vez que, informações consubstanciadas sobre a gravidade dos problemas sócio-ambientais e da exclusão social e econômica são apresentadas aos alunos e estes, por sua vez, respondem de maneira a se expressarem quanto a prática do setor turístico, onde enxergam uma falta de visão e de preocupação com os preceitos básicos tão falados no Desenvolvimento Sustentável.

Em entrevista, a coordenadora-adjunta da PUC/MG, Sra. Lúcia Helena explica que a responsabilidade tanto corporativa quanto cidadã está intimamente ligada à missão da PUC, com isso, o curso de Turismo dessa faculdade conscientiza o acadêmico para a importância social da atividade para a qual estão sendo capacitados. De acordo com a coordenadora, os alunos participam ativamente do processo de ensino desse conteúdo, pois esta área atrai grandes discussões conceituais sobre capacidade de carga turística, em relação aos impactos sociais e ambientais provocados pelo avanço do desenvolvimento econômico, sendo assim, os alunos optam por não assumirem projetos que impactam negativamente a sociedade.

Considerações Finais

Mais importante do que formar Bacharéis em Turismo, certamente, é formar cidadãos que se preocupam e estão capacitados para desenvolver a atividade para a qual estão sendo habilitados de forma Ética, Responsável, e ainda, Sustentável.

---

[9] Temas Secundários: conteúdos que são abordados pela MAIORIA das matérias de uma grade curricular, mas não constituem seus temas principais.

[10] Pesquisadora da Universidade de Santa Cruz do Sul (UNISC). Autora do estudo "A sociedade, as teorias educacionais, o ensino do turismo e o papel do bacharel em turismo".

É clara a necessidade de se trabalhar mais intensamente as questões da Ética e da Responsabilidade Social dentro do Turismo. Um passo importante nesse sentido é levar este debate para os Fóruns Acadêmicos que podem encontrar formas e estratégias de inserção mais eficiente destes conteúdos. Entre estas estratégias gostaríamos de destacar que com o aumento acelerado dos cursos de turismo e/ou Hotelaria, criou-se um ambiente competitivo dificultando a relação de cooperação e colaboração tanto entre os alunos como também entre as IES, superar estar barreiras criando um sentido de complementaridade pode ser um passo importante na difusão de uma visão critica, humanista e responsável.

Segundo a Professora Luzia Neide Coriolano a LDB e os PCN querem formar o indivíduo como pessoa, ensinar os alunos "a serem e não somente a terem", querem formar os estudantes como cidadãos, ou seja, querem que estes alunos aprendam a conviver, compartilhar, serem justos e solidários na vida em sociedade e no desenvolvimento do Turismo, almejam em formar profissionais competentes, eficazes e eficientes.

Ela relata que sua experiência na pós-graduação demonstra que, apesar das intenções expressas pelos cursos de graduação, as faculdades de Turismo não estão preparadas para a era pós-nova LDB, assim como não estão os demais cursos.

Entretanto, entende-se que os cursos de Turismo têm avançado de maneira significativa, uma vez que estão abandonando a visão tecnicista e adotando uma postura mais humanista e crítica abrindo espaço para a conscientização ética e socialmente responsável.

A professora Luzia Neide salienta que os currículos, na maioria dos cursos, ainda tratam o Turismo apenas como sistema, e que o sistemismo sendo método positivista não abre espaço para a crítica ao capitalismo, nem mesmo ao Turismo. Interessante seria apresentar uma visão mais realista do mundo e do Turismo.

A busca por esta visão foi comprovada pela maneira pela qual os coordenadores relataram seus entendimentos. Ficou claro, portanto, que há uma evolução da percepção do Turismo como uma atividade meramente técnica e econômica para um entendimento do turismo enquanto fenômeno social extremamente impactante na vida comunitária e que necessita ser trabalhado do ponto de vista da atuação ética e socialmente responsável.

Entendemos também que a alteração de percurso depende de uma mudança na forma de atuação das IES, do modo como são capacitados os professores, mudando de uma formação baseada no método positivista para uma abordagem dialética e critica que busca a permanente análise das contradições de realidade. Não é possível assumir princípios éticos e comportamentos responsáveis se não mudarmos a forma de ver o outro, a sociedade e o Turismo.

Entendemos que este campo de pesquisa é amplo e complexo, e que estudos mais aprofundados se farão necessários para elucidar esta questão, consideramos este trabalho o primeiro passo nesse sentido.

Consideramos também que debater este tema é elemento fundamental neste processo assim como estimular a pesquisa e a troca de experiências em torno do assunto. Finalmente, entendemos como validas todas as contribuições diretas e indiretas que obtivemos.

Inserir os conceitos apresentados de modo eficaz nos currículos e na formação acadêmica é um grande desafio e uma missão um tanto quanto ambiciosa que deve ser abraçada tanto pelas comunidades acadêmicas quanto pela sociedade em geral.

Referências Bibliográficas

1. AZEVEDO, J.; IRVING, M. A. *Turismo: o desafio da sustentabilidade*. São Paulo: Futura, 2002.
2. BISSOLI, M. A. M. A. *Estágio em Turismo e Hotelaria*. São Paulo: Aleph, 2002.
3. MATIAS, M. *Turismo: formação e profissionalização*. São Paulo: Manole, 2002.
4. MOORE. *Princípios Éticos*. São Paulo: Abril Cultural, 1975.
5. NETO, A. S.; MACIEL, L. S. B. (orgs.). *Currículo e Formação Profissional nos Cursos de Turismo*. Campinas: Papirus, 2002. (Coleção Turismo).
6. SINGER, P. *Ethics*. Oxford: OUP, 1994.
7. TRIGO, L. G. G. *A Sociedade Pós-industrial e o Profissional em Turismo*. Campinas: Papirus, 1998. (Coleção Turismo).
8. TRIGO, L. G. G. *Turismo: como aprender, como ensinar*. 2. ed. Campinas: Senac/SP, 2001.
9. ABBTUR. Código de Ética do Bacharel em Turismo, aprovado em 29 de maio de 1999.
10. Despacho do Ministro em 9/5/2002, publicado no Diário Oficial da União n. 90, de 13/5/2002, Seção 1.
11. Parâmetros Curriculares Nacionais (PCN/MEC).
12. Programa de Certificação da Qualidade Profissional para o Setor de Turismo - Sistema Brasileiro de Certificação da Qualidade Profissional para o Setor de Turismo.

Sites Consultados

http://www.abbtur.org.br
http://www.ethos.org.br
http://www.hospitalidade.org.br
http://www.ibd.com.br
http://www.mec.org.br

Anexo 1

E-mail enviado aos coordenadores dos cursos de Turismo das Faculdades de Belo Horizonte.

É importante ressaltar que os seguintes coordenadores foram consultados para o envio do questionário:

- Sr. Allaoua Saadi – UFMG.
- Sra. Beti Motta – Instituto Belo Horizonte de Ensino Superior – IBHES.
- Sra. Cláudia Magalhães – FUMEC.
- Sr. Celso Machado – FEAD.
- Sr. Cristiano Lopes – Centro Universitário Newton Paiva.
- Sra. Margarida Câmara – Estácio de Sá.
- Sra. Rosilene Martins – PUC/MG representada neste estudo pela coordenadora-adjunta Sra. Lúcia Helena Ciccarini Nunes.
- Sra. Wanda Lacerda – UNI/BH.

Anexo 2

Resposta dos seguintes coordenadores:

- Sr. Allaoua Saadi – UFMG.
- Sra. Cláudia Magalhães – FUMEC.
- Sra. Rosilene Martins – PUC/MG representada neste estudo pela coordenadora-adjunta Sra Lúcia Helena Ciccarini Nunes.

Anexo 3

E-mail enviado à Professora Luzia Neide Coriolano e sua resposta.

Anexo 1

Prezado Coordenador,

Chamo-me Sarah Andrade, estou no 9º período do curso de Gestão em Hotelaria, Turismo e Lazer do Centro Universitário de Ciências Gerencias – UNA.

No decorrer do meu curso, desenvolvi alguns trabalhos dentro da minha faculdade tais como, eventos, monitorias e participações em congressos.

Este ano a ABBTUR irá realizar em Recife o 23º Congresso Brasileiro de Turismo e o tema principal para a apresentação de Trabalhos Técnicos e Científicos será: "Turismo com Responsabilidade Social".

Irei enviar meu trabalho e gostaria de poder contar com a sua participação.

Estou enviando um questionário para todos os coordenadores dos cursos de turismo em Belo Horizonte com perguntas relacionadas ao tema e as respostas certamente irão enriquecer o conteúdo do meu trabalho.

Certa de contar com a sua colaboração, coloco-me à disposição caso necessite de maiores esclarecimentos.

Cordialmente,
Sarah Andrade
UNA-BH

Questionário

- A abordagem da Responsabilidade Social nos cursos de Turismo cria entre os estudantes um senso de responsabilidade e ética, gostaria de saber como está sendo aplicado esse conteúdo no curso de sua instituição,
- Na grade curricular, a Responsabilidade Social é um conteúdo Primário, Secundário ou Transversal?
- Aulas práticas são desenvolvidas para enriquecer esse conteúdo?

Anexo 2

Respostas do Coordenador sr. Allaoua Saadi – UFMG

Resposta 1

Conforme a orientação de nosso curso sendo a do Planejamento Turístico, com enfoque espacial, territorial, esta questão perpassa todos os ensinamentos, a partir de uma informação consubstanciada sobre a gravidade dos problemas sócio-ambientais e da exclusão social e econômica sofrida no País. Percebemos o resultado desse alerta quando os alunos vêm expressar credulidade quanto à prática do setor turístico existente, pois enxergam nele uma falta total de visão social e de preocupação com os preceitos básicos do tão falado desenvolvimento sustentável.

Resposta 2

Obviamente, este discurso havia de ser transversal. De alguma maneira, ele compõe um tipo de pano de fundo da maior parte das disciplinas, principalmente as de base geográfica e sociológica.

Resposta 3

As aulas práticas que permitem operacionalizar este conteúdo são os trabalhos de campo curriculares que são muito freqüentes no nosso curso, sendo obrigatórios.

Resposta 4

Isto é um assunto muito denso para ser comentado rapidamente. Mas eu acho que as considerações anteriores permitem explicitar nossa idéia quanto a isto.

Boa sorte

Prof. Allaoua Saadi

Resposta da Coordenadora sra. Claudia Magalhães – FUMEC

Querida Sarah,

Fico feliz em receber seu e-mail. Primeiro, porque já fui sua professora na UNA, e segundo porque você já está apresentando trabalho em congresso e principalmente sobre um tema tão importante.

No Curso de Turismo da FUMEC, a questão da responsabilidade social perpassa o conteúdo de todas as disciplinas, principalmente as de cunho humanitário.

Temos na grade curricular a disciplina ética, filosofia, sociologia e psicologia, onde o tema é trabalhado de forma direta.

Nas disciplinas de Introdução ao Turismo e Teoria e Técnica, os professores introduzem as questões, utilizando os princípios do Ecodensenvolvimento, do Desenvolvimento Sustentável e as concepções de Turismo Sustentável.

Na disciplina de Planejamento, os conteúdos programáticos se baseiam no planejamento participativo e planejamento sistêmico.

Na prática, a faculdade vem aplicando estes conceitos em viagens de campo interdisciplinares, onde os alunos participam desenvolvendo trabalho em cima de temas que levam a reflexão sobre o papel do bacharel de turismo para o desenvolvimento das comunidades visitadas.

Sarah, espero ter respondido suas questões e aguardo até a data do evento, quando poderei assistir à apresentação de seu trabalho.

Um grande abraço,

Claudia Magalhães

Resposta da Coordenação da PUC/MG – Sra. Lúcia Helena Ciccarini Nunes

Prezada Sarah,

Nosso Curso trata o tema Responsabilidade Social de forma transversal. A missão da PUC está intimamente ligada ao tema da inclusão social, da responsabilidade tanto corporativa quanto cidadã, nosso trabalho de extensão tem finalidade exclusiva de atendimento as demandas sociais, etc.

Quanto ao nível de interesse dos alunos e a receptividade, é enorme uma vez que esta área atrai grandes discussões conceituais sobre capacidade de carga turística, em relação aos impactos sociais e ambientais provocados pelo avanço do desenvolvimento econômico. Os alunos já conscientes, adquirem capacidade de escolha e optam por não assumirem projetos que impactam negativamente a sociedade. Acreditamos que o assunto deva continuar a ser tratado de forma transversal, já que conceitualmente é interdisciplinar, horizontal e requer integração.

Atenciosamente,

Lúcia Helena Ciccarini Nunes

Coordenadora-adjunta do Curso Superior de Turismo

Anexo 3

E-mail enviado à Professora Luzia Neide Coriolano

Prezada Profa. Luzia,

Chamo-me Sarah, sou estudante do curso de Gestão em Hotelaria, Turismo e Lazer do Centro Universitário de Ciências Gerenciais / UNA-BH

Participo dentre outros grupos de e-mail do Turismo em Ação e soube da participação da senhora pela professora Patrícia Franco que além de ser coordenadora do meu curso de graduação, me orienta no trabalho para o congresso da ABBTUR em Maio.

Como deve ser de seu conhecimento o tema central do congresso deste ano será "Turismo com Responsabilidade Social".

Sabendo da grande experiência neste segmento vivenciada pela senhora, gostaria de enriquecer o meu trabalho com algumas opiniões da sobre o tema.

– Em sua opinião as faculdades de turismo pós nova LDB e PCN estão preparadas para realizar um trabalho que incentive a autonomia na constituição de valores de cada aluno, ajudando-o a se posicionar nas relações sociais dentro da escola e da comunidade como um todo?

- Os currículos desenvolvidos em nossas faculdades de turismo têm bases humanistas capazes de sobrepor às exigências do capitalismo que impera e domina o novo século?
- Com relação à responsabilidade social, qual seria a melhor maneira de apresentar esse conteúdo aos alunos concientizando-os da importância de sua aplicação?

Na certeza de poder contar com sua colaboração, sabendo que esta irá enriquecer de forma grandiosa meu trabalho, agradeço pela atenção.

Sarah Andrade

Resposta enviada pela Professora Luzia Neide Coriolano

Sarah, trabalho com turismo e tudo que diz respeito a ele faço com muito carinho.

Resposta 1

Não estão preparadas como também não estão muitos outros cursos, como Geografia, Economia etc. No entanto os Cursos de Turismo tem avançado muitos saindo da visão tecnicista para essa visão mais humanista e crítica, e isso vem sendo possível na medida em que se deixa de a postura da competitividade entre os cursos e se passou a trabalhar com a complementaridade. A LDB e os PCN's querem formar o indivíduo como pessoa, ensinar a gente ser e não apenas ter, como cidadão ou seja aprender a conviver, compartilhar, ser justo e solidário na vida na sociedade e no turismo, e como profissional, competente e eficiente. Falta muito não acha?

Resposta 2

Os currículos da maioria dos cursos de turismo e de geografia ainda tratam o turismo apenas como sistema. O sistemismo é um método positivista que não dá espaço para crítica ao capitalismo, nem mesmo ao turismo. Depois a questão do capitalismo é uma realidade posta que nossos cursos não vão mudar, o que eles podem fazer é apresentar uma visão mais realista do mundo e do turismo. As formas dos grupos diferenciados promoverem o turismo com menor exploração dos trabalhadores e nos núcleos receptores. Dai que surge os turismo alternativos, ou o turismo de Inclusão.

Resposta 3

O próprio Programa da OMT Turismo como combate à pobreza, ajuda nesta linha. Só há um caminho, professores capacitados mudando a ciência positivista para uma ciência dialética e crítica, que analise as contradições da realidade. Ninguém assume responsabilidade social se não muda sua forma de ver o outro, a sociedade e o turismo.

Espero ter contribuído para tirar suas dúvidas.

Disponha,

Luzia Neide

Capítulo 8

Estudo de Caso: Responsabilidade Social no Curso de Turismo da UFOP

Diego Luiz Teixeira Boava
Fernanda Maria Felício Macêdo

Introdução

A sociedade civil organizada está ciente de que os governos não têm possibilidade de arcar sozinhos com todas as demandas sociais. Neste sentido, tem-se discutido e debatido a Responsabilidade Social de Empresas, Escolas, Clubes etc.

Este trabalho tem como objetivo demonstrar uma ação através da qual a Universidade Federal de Ouro Preto – UFOP, por meio de seu curso de graduação em Turismo, desenvolve "Responsabilidade Social" perante a sociedade de Ouro Preto e Minas Gerais.

Para isso, os termos Responsabilidade Social – Corporativa e da Universidade, são discutidos e utilizados para a análise. Não serão feitas longas reflexões teóricas, mas sim observações pertinentes ao contexto em que vivemos.

A Responsabilidade Social deve ser praticado desde o início em todos os âmbitos, desde a formação na Universidade. Sem o compromisso da Universidade para com a comunidade em seu entorno, não é possível ser eficaz na formação dos futuros profissionais de Turismo.

RESPONSABILIDADE SOCIAL CORPORATIVA

Responsabilidade Social é um assunto em voga atualmente. Muito se tem estudado e debatido sobre o tema. Porém, ao se fazer uma revisão da bibliografia específica sobre o assunto, constata-se que o conceito Responsabilidade Social está em construção, principalmente por envolver questões éticas e morais.

A primeira referência sobre o assunto é encontrada em Carnegie (1899), *apud* Stoner e Freeman (1999). Carnegie, em seu livro "O Evangelho da Riqueza", estabeleceu a abordagem clássica da Responsabilidade Social das grandes corporações. Sua idéia era baseada nos princípios da caridade e da custódia. O primeiro exigia que os membros mais afortunados da sociedade ajudassem os menos afortunados, e o segundo exigia que as empresas e os ricos se enxergassem como guardiões, mantendo suas propriedades em custódia, guardando dinheiro para a sociedade, podendo usá-lo para aqueles objetivos que a sociedade considerasse legítimo. Era função dos guardiões multiplicar a riqueza da sociedade.

Segundo Lourenço e Schroder (s/d), tais princípios foram amplamente aceitos nos Estados Unidos nas décadas de 1950 e 1960.

Mas foi em 1953, nos Estados Unidos, que surgiu uma definição para o termo Responsabilidade Social, em estudo de Bowen (1957). Em sua obra "Responsabilidades Sociais do Homem de Negócios", Bowen disse que foi em 1949 que se iniciaram os estudos sobre o tema Ética e Vida Econômica Cristã por meio do Conselho Federal das Igrejas de Cristo da América.

Responsabilidade Social, para Bowen é definida como: "as obrigações dos homens de negócios de adotar orientações, tomar decisões e seguir linhas de ação, que sejam compatíveis com os fins e valores de nossa sociedade" (1957:14,15).

Contudo, para Tomei (1984) o conceito de Bowen é filosófico, de cunho ideológico. A definição de Bowen se defronta em áreas-limite da ética e da moral totalmente subjetivas.

Friedman (1975), todavia, argumenta que a Responsabilidade Social da empresa é gerar lucros a seus proprietários. Em uma sociedade capitalista o desempenho econômico é a principal responsabilidade social.

Como visto, o assunto é controverso e subjetivo, que se relaciona com ética, moral e religião. Não há uma definição precisa do termo. Oliveira (1984) analisou a controvérsia sobre Responsabilidade Social:

> *"Para uns, é tomada como responsabilidade legal ou obrigação social; para outros é o comportamento socialmente responsável em que se observa a ética, e*

> *para outros, ainda, não passa de contribuições de caridade que a empresa deve fazer. Há também os que admitem que a Responsabilidade Social é exclusivamente a responsabilidade de pagar bem seus funcionários e dar-lhes um bom tratamento. Logicamente, Responsabilidade Social das empresas é tudo isto, muito embora não o seja isoladamente" (1984:204).*

Não obstante, a melhor definição do que seja Responsabilidade Social atualmente é encontrada em Ashley (2000), *apud* Corrêa e Medeiros (s/d):

> *"Trata-se do compromisso contínuo nos negócios pelo comportamento ético que contribua para o desenvolvimento econômico, social e ambiental, pressupondo a realização de decisões empresariais que sejam resultado da reflexão sobre seus impactos sobre a qualidade de vida atual e futura de todos que sejam afetados pela operação da empresa".*

É esta definição acima que norteará o presente estudo.

Responsabilidade Social das Universidades

Como toda organização, a Universidade também possui Responsabilidade Social. Segundo Mussetti (1999), a Responsabilidade Social da Universidade é produzir um conhecimento interativo com os problemas humanos da realidade moderna, bem como cuidar para que este conhecimento esteja voltado efetivamente para a melhora da qualidade de vida.

Porém, compreender e praticar Responsabilidade Social, segundo Ferez (1997), tem sido uma tarefa complexa para a Universidade brasileira.

Fagundes (1987) diz que o ensino na forma de reprodução do conhecimento foi a base das instituições de nível superior no Brasil. A partir da década de 1930 surgiu a pesquisa que imprimiu uma atitude mais relacional com o meio. Contudo, o ensino e a pesquisa não foram suficientes para a integração da Universidade com a sociedade: neste sentido foi criada a extensão universitária, cujo objetivo é promover um contato efetivo da Universidade com o meio.

Para Silva e Speller (1999), tradicionalmente, a análise a respeito da Responsabilidade Social da Universidade apresenta a extensão universitária como o mecanismo da instituição em relação a temática social; todavia, este ponto de vista é susceptível a críticas. A função social da universidade não se resume à extensão.

Botomé (1996) diz que o compromisso social da universidade precisa ser realizado por todas as atividades da instituição. Saviani (1981), por sua vez, afirma que a responsabilidade da universidade é devolver à sociedade algo daquilo que ela própria recebeu.

Mussetti (1999), afirma que:

> *"A Responsabilidade Social de uma Universidade não implica em transformá-la em Instituição de prestação de serviços assistenciais; porém, implica, necessariamente, num trabalho interativo entre os futuros profissionais que se deseja formar e os imediatos necessitados dos serviços prestados por estes profissionais. Universidade não é asilo, não é creche, não é maternidade, não é fórum, não é hospital etc., mas, inevitavelmente, deve estar compromissada, desde o planejamento de ensino de cada professor, com as causas e soluções dos problemas do asilo, da creche, da maternidade etc".*

Por sua vez, a Lei 9.394, de 20 de dezembro de 1996 (Lei de Diretrizes e Bases das Educação) diz no Artigo 43, Inciso VI, que compete ao Ensino Superior: "estimular o conhecimento dos problemas do mundo presente, em particular os nacionais e regionais, prestar serviços especializados à comunidade e estabelecer com esta uma relação de reciprocidade".

Ferez (1997), elucubrando sobre a questão do compromisso social da universidade, pondera que é necessário romper com os modelos hoje estabelecidos e iniciar a construção de uma Universidade que se reestruture em seus pilares básicos, constatando ainda:

> *"É preciso investir em paradigmas teóricos que alterem substantivamente a visão epistemológica da Universidade. Romper com o conhecimento que, sob a pretensão de científico, acabou por se tornar burocrático e cartorial. Investir no conhecimento vivo e continuado, substituindo a visão limitada da disciplina pela interdisciplinaridade. Reorganizar os currículos, rompendo com a concepção conteudista e imprimindo-lhes a dimensão complexa do trabalho intelectual, enquanto instrumentos flexíveis de constante aprendizagem fundamentada na investigação e na descoberta. Associar ensino e pesquisa é ensinar investigando, investigar ensinando e ensinar a investigar. É preciso tornar o conhecimento um processo de prazer, rompendo com a burocracia acadêmica e transformando a sala de aula no espaço permanente de interação com a sociedade. É nesta interação cotidiana que a responsabilidade social das instituições universitárias se torna concreta, fazendo da teoria e da prática um todo articulado e orgânico".*

A UFOP no Contexto de Ouro Preto

Com aproximadamente 66.000 habitantes, segundo o Censo 2000, e situada a 100 quilômetros de Belo Horizonte, Ouro Preto é uma cidade turística, mas com atividades econômicas que giram em torno das indústrias metalúrgicas e de mineração que atuam no município, como a Alcan – Alumínio do Brasil, primeira fábrica de alumínio do país, a Companhia Vale do Rio Doce e outras. A cidade faz parte do "Circuito do Ouro". Em 12 de julho de 1933, Ouro Preto foi declarada "Monumento Nacional" e, em 21 de abril de 1981, foi a primeira cidade do país a ganhar o título de Patrimônio Cultural da Humanidade, conferido pela UNESCO.

É uma das mais importantes cidades históricas do Brasil. Com seu conjunto urbano barroco conservado como no século XVIII, a cidade exibe entre suas ruas estreitas e ladeiras tortuosas magníficos exemplares da arquitetura religiosa e civil. Muitas de suas igrejas apresentam obras de Antônio Francisco Lisboa, o Aleijadinho, e uma delas – a igreja de São Francisco de Assis – foi inclusive projetada por esse artista, que nasceu e morreu em Ouro Preto. Sede da Inconfidência Mineira, de 1789, a ex-Vila Rica não se restringe, em importância, aos aspectos históricos e artísticos.

A cidade também é privilegiada por sua paisagem local, onde se destacam as cachoeiras, parques naturais, além da proximidade de outras cidades históricas (Boava, Gomes e Cruz, 2001).

Neste cenário encontra-se a UFOP – Universidade Federal de Ouro Preto, que possui aproximadamente 5.000 alunos, 400 professores e 700 funcionários, com uma folha de pagamento mensal de aproximadamente R$ 3 milhões, sendo a maior Organização Social do município de Ouro Preto, com expressiva repercussão no movimento do comércio local.

A UFOP é também a maior proprietária de prédios, museus, artefatos e casarões tombados pelo IPHAN – Instituto do Patrimônio Histórico e Artístico Nacional. Em área construída, a Universidade tem aproximadamente 30.000m^2 de área tombada no centro histórico de Ouro Preto (Jornal Turismo UFOP: 2003).

A Universidade Federal de Ouro Preto, com *campi* nos municípios de Ouro Preto e Mariana, foi instituída como Fundação de Direito Público em 21 de agosto de 1969, incorporando as escolas de Farmácia e de Minas, instituições de ensino superior criadas, respectivamente, em 1839 e 1876.

Com a incorporação das duas escolas, as raízes da UFOP remontam a 4 de abril de 1839, quando o projeto dos inconfidentes começou a virar realidade, a partir da aprovação, pela Assembléia Legislativa de Minas Gerais, da lei que criava duas escolas de Farmácia, uma em Ouro Preto e outra em São João Del-Rei. A lei foi executada em parte, com a criação apenas da Escola de Farmácia de Ouro Preto, tornando-se esta a primeira faculdade de Minas Gerais e a mais antiga do gênero na América Latina.

A Escola de Minas de Ouro Preto, primeira instituição brasileira dedicada ao ensino de mineração, metalurgia e geologia, foi fundada em 12 de outubro de 1876 pelo Imperador D. Pedro II. Assumindo papel preponderante no quadro do ensino superior do Brasil na primeira metade deste século, a Escola teve alunos ilustres, dentre os quais se destacam o cientista Carlos Chagas e o inventor Santos Dumont.

A UFOP vem desenvolvendo diversas ações visando contribuir para multiplicar a força econômica do Turismo na cidade, orientado para a cultura, a ciência e a educação, como a criação do Centro de Artes e Convenções e o Curso de Turismo (Jornal Turismo UFOP, 2003).

Responsabilidade Social no Curso de Turismo da UFOP

O curso de Bacharelado em Turismo da UFOP foi criado em dezembro de 1999, por iniciativa do Departamento de Engenharia de Produção, Administração e Economia – DEPRO.

Porém, foi no final de 1993 que se pensou em se abrir um curso de graduação na área. Mas essa primeira tentativa não foi efetivada, em função do estudo sobre o assunto concluir que o curso de Turismo tinha à época baixa demanda (Furtado, 2003).

Em 1994, a UFOP inicia a construção do Centro de Artes e Convenções, obra de R$ 9,4 milhões, com o objetivo de revitalizar seu antigo Parque Metalúrgico e contribuir com a sociedade da região através da captação do Turismo de negócios, considerando que a mineração, setor econômico preponderante, estará com suas atividades encerradas em um futuro próximo (Boava, Gomes e Cruz, 2001).

A implantação deste Centro de Convenções fez com que a cidade e região vislumbrassem o Turismo como sendo atividade de criação de emprego e geração de renda. Muitos empreendimentos começaram a ser construídos, como pousadas e restaurantes.

Apesar de sua importância histórica, cultural e turística, a cidade de Ouro Preto relegava a atividade turística a um plano secundário, pois sua economia, como dito anteriormente, é baseada em indústrias metalúrgicas e de mineração.

Dotada de duas instituições federais de ensino superior, a UFOP – Universidade Federal de Ouro Preto e o CEFET – Centro Federal de Educação Tecnológica, foi somente em 1998, com a proximidade da conclusão das obras do Centro de Convenções, que o primeiro curso na área de Turismo em Ouro Preto e região foi implantado no CEFET. Trata-se de um curso Técnico em Turismo, cuja primeira turma formou-se em 2000.

A UFOP, por sua vez, iniciou seu curso de graduação em Turismo em agosto de 2000.

Os motivos que justificaram a criação do curso, de acordo com o Anteprojeto de Curso de Graduação em Turismo (1999), foram:

- A UFOP está inserida numa região reconhecidamente importante enquanto pólo de Turismo, constituído especialmente a partir das cidades históricas de Ouro Preto e Mariana.
- Deve ser compromisso das instituições públicas universitárias apoiar o desenvolvimento regional através da qualificação de seus cidadãos.
- O Turismo se constituí numa importante alternativa econômica para as cidades de Ouro Preto, Mariana e demais cidades históricas de Minas Gerais.
- A reconhecida carência de mão-de-obra qualificada no setor de Turismo que impossibilita a competitividade e viabilização desta alternativa econômica.
- O crescimento do Turismo no plano mundial, como decorrência do incremento constante do tempo livre nas sociedades modernas.
- Afirmar Ouro Preto e Mariana como pólos de recepção turística de alta qualidade, contribuindo na sua consolidação.
- Contribuir nas iniciativas regionais e locais que visem a melhoria da gestão hoteleira, mercadológica, cultural, de resgate histórico, de proteção ao patrimônio cultural.
- Fortalecer os compromissos da Universidade com a preservação de Ouro Preto enquanto cidade Patrimônio Cultural da Humanidade.
- Promover o encontro efetivo da Universidade com a comunidade em que está inserida, apoiando-a na difusão do turismo e viabilizando o seu desenvolvimento socioeconômico (UFOP:1999).

Como se pode observar, a idéia inicial ao se elaborar o Anteprojeto, era participar ativamente do processo de afirmação do Turismo como meio de redenção econômica da região.

Esta visão deve ser analisada considerando que o curso foi criado a partir do Departamento de Engenharia de Produção, Administração e Economia.

No entanto, a partir do momento em que a primeira turma iniciou os estudos, observou-se que o Turismo, além da face econômica, apresenta um caráter sociocultural-ecológico deveras intrínseco, o que fez com que ocorressem diversas adaptações.

Num primeiro momento, o curso tinha como áreas de concentração Gestão de Turismo e produção de eventos; Turismo histórico-cultural e ecológico (UFOP, 1999). Com a constatação da amplitude do fenômeno

Turismo e de seus impactos, a grade curricular foi alterada e se criou outra área de concentração: pesquisa e docência.

Esta alteração foi feita levando em consideração a inexistência de linhas de pesquisa e formação de pessoal qualificado na área de educação em Turismo; um problema visível em escolas técnicas e faculdades.

A grade do curso da UFOP foi estruturada de forma a proporcionar a seus estudantes um conhecimento holístico, para que estes sejam capazes de ter uma abordagem participativa na resolução de problemas que aflijam as comunidades receptoras.

Para Barcelos (1999):

> *"Não é suficiente permanecer no nível das críticas que se fazem ao ensino informativo e enciclopédico, preso a grades curriculares sobrecarregadas e inchadas e com a exigência da fragmentação formalizada em, por exemplo, cargas horárias estruturadas sob a fórmula de percentagens obrigatórias. Submetido, este ensino, aos rituais de aulas e mais aulas insípidas e repetitivas. Importa, isto sim, buscar um ensino mais formativo, com maiores participação e empenho de alunos e professores que compartilhem responsabilidades solidárias de investigação de temas que escolham como eixos da reconstrução de seus saberes."*

Além da preocupação com o conteúdo curricular, o curso da UFOP tem praticado a Responsabilidade Social também no âmbito de desenvolvimento de estudos e projetos para a comunidade.

O projeto "Promoção e Desenvolvimento do Turismo Rural e Ecológico na Região da APA das Andorinhas e Abordagem Participativa junto às Comunidades Locais" é que mais se destaca neste sentido. Trata-se de um projeto do programa Universidade Solidária, do MEC, que envolve 30 pessoas de seis cursos diferentes, desenvolvido no curso com o objetivo de proporcionar a aproximadamente 3.000 pessoas do entorno a Área de Proteção Ambiental das Andorinhas a possibilidade de efetivar um plano de ação na área do Turismo, como fonte de renda e emprego.

Existem ainda outros trabalhos voltados para a comunidade; "Roteiros Turísticos para Terceira Idade", "Diagnóstico Turístico da Chapada"; "Desenvolvimento do Turismo na Fazenda Caieiras" etc. Todos os projetos e estudos desenvolvidos pelos estudantes e professores são executados gratuitamente.

O curso de Turismo possui ainda duas Empresas Juniores, com cerca de 50 associados (um terço do total de estudantes) que executam diversos trabalhos, estudos, pesquisas e projetos para as comunidades da região de Ouro Preto, sem custo ou a um preço bem reduzido para os interessados.

Outra característica do curso de Turismo da UFOP é a autonomia com que os estudantes desenvolvem suas atividades. Por se tratar de um curso novo, que depende das deliberações do MEC no que concerne à admissão de docentes, somente em fins do último ano é que foram contratados dois professores efetivos para o Departamento; mas estes professores são formados em outras áreas. Não há Bacharéis no quadro de professores da UFOP como efetivos; somente substitutos.

Isto faz com que os estudantes tenham que recorrer a professores de outras áreas e Bacharéis de outras faculdades, em uma relação dialética incomum (Boava e Gomes, 2002).

O resultado é positivo. Tendo os estudantes que procurarem eles próprios os caminhos, o contato com a comunidade é facilitado.

Conclusão

Por este estudo foi possível verificar que o conceito "Responsabilidade Social" está em construção, por se defrontar nas áreas da religião, moral e ética.

A atividade turística, devido à sua importância socioeconômica e seu efeito nas comunidades receptoras, é estudada e incentivada pela UFOP, por meio de seu curso de graduação na área.

Desde o momento da criação este curso, houve o cuidado em agir para o benefício da comunidade da região, demonstrando Responsabilidade Social.

A Responsabilidade Social do curso de Turismo da UFOP não se resume a prestar serviços a comunidade; engloba desde o currículo até a autonomia que proporciona ao estudantes.

Deste modo, o Turismo com Responsabilidade Social que o curso da UFOP desenvolve significa a formação de profissionais com visão holística, preparados para atuarem em um mercado altamente competitivo, mas dotados de solidariedade e preocupação com o social.

Referências Bibliográficas

1. ALIGLERI, L.; PREVIDELLI, J. J.; ALIGLERI, L. A. *A Responsabilidade Social na Pequena Empresa como Alternativa de Gestão Empresarial*. s/d. Disponível em: http://www.sebraece.com.br/dts/responsabilidade. pdf. Acesso em: 20/fev/2003.
2. BARCELOS, E. B. A LDB e a Responsabilidade Social das Instituições Universitárias. *Revista da Associação Brasileira de Mantenedoras de Ensino Superior*, Brasília, n. 18, 1997. Disponível em: http://www.abmes.org.br/Abmes/Publica/Revista/estud18/est18-01.htm. Acesso em: 20/fev/2003.

3. BICALHO, A. G. et. al. Responsabilidade Social das Empresas e Comunicação. s/d. Disponível em: http://www.ethos.org.br/docs/ comunidade_academica/premio_ethos_valor/trabalhos/92_Daniela_Augusto_Olga_Aline_Magda_Luciana.doc. Acesso em: 20/fev/2003.
4. BOAVA, D. L. T.; GOMES, B. M. A.; CRUZ, C. L. V. Perspectivas turísticas de Ouro Preto em uma época de transformações. In: XXI CONGRESSO BRASILEIRO DE TURISMO, 2001. Fortaleza. *Anais do XXI Congresso Brasileiro de Turismo,* 2001.
5. BOAVA, Diego L.T., GOMES, Bruno M.A. Estudo de caso: Bandeirante empresa júnior de turismo da UFOP. In: XXII CONGRESSO BRASILEIRO DE TURISMO, 2002. Foz do Iguaçu. *Anais do XXI Congresso Brasileiro de Turismo,* 2002.
6. BRASIL. Lei n. 9.394, 20 dez. 1996. Estabelece as diretrizes e bases da educação nacional. *Diário Oficial*, Brasília, 1996.
7. CORRÊA, F. T. B. S.; MEDEIROS, J. R. Responsabilidade social corporativa para quem? s/d. Disponível em: http://www.editos.org.br/docs/comunidade_academica/premio_ethos_valor/trabalhos/339_Filipe_e_Joao_Ricardo.doc. Acesso em: 20/fev/2003.
8. BOTOMÉ, S. P. *Pesquisa Alienada e Ensino Alienante: o equívoco da extensão universitária.* Rio de Janeiro: Vozes, 1996.
9. BOWEN, H. R. *Responsabilidades Sociais do Homem de Negócios.* Rio de Janeiro: Civilização Brasileira, 1957.
10. FAGUNDES, J. A função social da universidade medida pela extensão. *Revista CRUB*, Brasília, v. 7, n. 17, 1987.
11. FÉRES, M. J. V. A LDB e a responsabilidade social das instituições universitárias: pontos para discussão. *Revista da Associação Brasileira de Mantenedoras de Ensino Superior,* Brasília, n. 18, 1997. Disponível em: http://www.abmes.org.br/Abmes/Publica/Revista/estud18/est18-01.htm. Acesso em: 20/fev/2003.
12. FRIEDMAN, M. *Capitalismo e Liberdade.* São Paulo: Artenova, 1975.
13. FURTADO, M. A. T. Entrevista. *Jornal Turismo UFOP*, Ouro Preto, p. 12, abr. 2003.
14. IBGE. Disponível em: http://www.ibge.gov.br. Acesso em: 20/fev/2003.
15. LOURENÇO, A. G.; SCHRODER, D. S. Vale Investir em Responsabilidade Social Empresarial? Stakeholders, Ganhos e Perdas. s/d. Disponível em: http://www.ethos.org.br/docs/comunidadeacademica/premio_ethos_valor/trabalhos/300_Alex_e_Debora.doc. Acesso em: 20/fev/2003.
16. MUSSETTI, R. A. *Responsabilidade Social das Universidades*, 1999. Disponível em: http://www2.estacio.br/graduacao/direito/novos/arquivos/Direito_Educacional_-_Artigo__A_responsabilidade_social_das_Universidades.htm. Acesso em: 20/fev/2003.
17. OLIVEIRA, J. A. Responsabilidade social em pequenas e médias empresas. *Revista de Administração de Empresas*, v. 24, n. 4, p. 203-210, out./dez., 1984.
18. SAVIANI, Demerval. *Extensão Universitária: uma abordagem não-extensionista*, São Paulo: Educação e Sociedade, 1981.
19. SILVA, M. G. M.; SPELLER, P. Extensão universitária: qual o seu lugar no contexto da universidade? *Revista de Educação Pública Online*, v. 7 n. 13, jun/dez, 1999. Disponível em: http://www.ufmt.br/revista/arquivo/rev13/ext_univers.html. Acesso em: 20/fev/2003.
20. STONER, J. A. F.; FREEMAN, R. E. *Administração.* Rio de Janeiro: LTC, 1999.
21. TOMEI, P. A. Responsabilidade social de empresas: análise qualitativa da opinião do empresariado nacional. *Revista de Administração de Empresas*. v. 24, n. 4, p. 189-202, out./dez., 1984.
22. UFOP. *Anteprojeto de Criação de Curso de Graduação em Turismo*. Ouro Preto, 1999.
23. UFOP. Curso de Turismo e Sociedade. *Jornal Turismo UFOP*, Ouro Preto, abr., p. 10, 2003.

Capítulo 9

Responsabilidade Social: a Percepção dos Estudantes da Zona da Mata Mineira e Lavras

Gislene Duarte Garcia
Rodrigo Burkowski

Introdução

"Formiga não corta ao redor do formigueiro". Esse provérbio, provavelmente, já foi ouvido por muitos, pois nossas mães ou avós, para nos alertar sobre a necessidade de manter sadio nosso entorno, utilizavam essa forma de expressão da linguagem – o provérbio – que representa o resumo de uma verdade popular.

Na busca da verdade e preocupados com o uso indiscriminado do termo "Responsabilidade social", hoje com um destaque especial nos setores dirigentes do país, sejam da iniciativa privada ou pública, desenvolvemos o presente trabalho que teve o intuito de pesquisar o conhecimento dos estudantes de Turismo da Zona da Mata mineira (UNIPAC-JF, FACTUR-SD, FACI-ALFOR-AP, Aprendiz-Barbacena) e Lavras (GAMMON) sobre responsabilidade social uma vez que tal temática é de fundamental importância para a formação dos futuros profissionais do turismo, responsáveis pelo planejamento e execução de técnicas que viabilizam a prática do turismo sustentável.

Durante a leitura do referencial teórico desta pesquisa, diante de nossas expectativas, levantamos as hipóteses de que, para os alunos, a preservação do meio ambiente natural seria o objetivo principal das ações sociais e as doações (ação filantrópica) seriam as principais formas de ação praticadas. Outra hipótese foi a de que, ao definirem responsabilidade social, os estudantes não contemplariam as ações das empresas para com seus funcionários e familiares, fato que foi confirmado, como será visto no desenvolvimento do trabalho.

Para a realização deste trabalho procedemos inicialmente a uma pesquisa bibliográfica seguida da elaboração e aplicação dos questionários. Foram aplicados 188 questionários a aproximadamente dez alunos por turma, selecionados aleatoriamente. No caso das faculdades de Lavras e de Barbacena a pesquisa procedeu da mesma forma e contamos com a colaboração dos coordenadores dos cursos, responsáveis pela aplicação dos questionários.

O presente texto foi organizado de forma a ajudar a identificar o nível de conhecimento do aluno, estando dividido em: conhecimento sobre o tema, comportamento, *marketing*, conhecimento das ações e participação.

Apresentamos, nas considerações finais, propostas de ações e algumas sugestões para que os professores de turismo e de outros cursos também possam ajudar a disseminar a semente da Responsabilidade Social, não apenas como um termo da moda, mas como pensamento e ações permanentes que busquem transformar nossa sociedade e sejam capazes de tornar o nosso mundo melhor.

Conhecimento sobre o Tema

Neste item procuramos avaliar o conhecimento dos estudantes de turismo sobre o conceito de responsabilidade social e sua relação com o conceito de filantropia, que significa "amor à humanidade, caridade" segundo o Dicionário Aurélio (1985). Verificamos, também, a abrangência dentro e fora da empresa e ainda o conhecimento sobre instituições e normas relacionadas com o assunto.

A primeira pergunta do questionário foi uma pergunta aberta, sobre o que o estudante de turismo acha que é responsabilidade social. Constatamos que 11% dos estudantes responderam que não sabem o que significa o termo responsabilidade social. Segundo D´Ambrósio (1998), *apud* Froes e Netto, Responsabilidade social é "decisão da empresa de participar mais diretamente das ações comunitárias na região em que está presente e minorar possíveis danos ambientais decorrentes do tipo de atividade que exerce."

Este conceito está se ampliando e vem ganhando novas interpretações. Para Oded Grajew, diretor-presidente do Instituto Ethos[1], deixa de ser apenas uma relação entre empresa e comunidade externa e passa a englobar funcionários, clientes, organizações públicas e estatais, fornecedores, concorrentes, acionistas e meio ambiente.

Para a grande maioria dos estudantes o pensamento vigente está relacionado ao primeiro conceito. Isto pode ser justificado em função da recente mudança de paradigma da responsabilidade social em englobar novos itens, aliado ao fato de não ser assunto de discussão na maioria dos cursos de turismo.

Conforme nossos estudos, podemos constatar que a responsabilidade social é uma evolução da filantropia e ultrapassa a forma exclusiva de doação (concepção paternalista), envolvendo tempo, comprometimento pessoal, planejamento de ações para desenvolvimento da comunidade, etc. Observamos que 49% dos entrevistados acham que a relação entre responsabilidade social e filantropia é muito forte e se somarmos o número de estudantes que percebem uma relação de média intensidade ultrapassaremos a casa dos 75% (Fig. 9.1) o que ratifica nossa idéia sobre a necessidade de maior divulgação de tal tema.

Perguntamos, ainda, se os alunos sabiam o que é responsabilidade social interna e externa que, segundo Froes e Neto (2001), responsabilidade social externa "corresponde ao desenvolvimento de ações sociais empresariais que beneficiem a comunidade" e responsabilidade social interna:

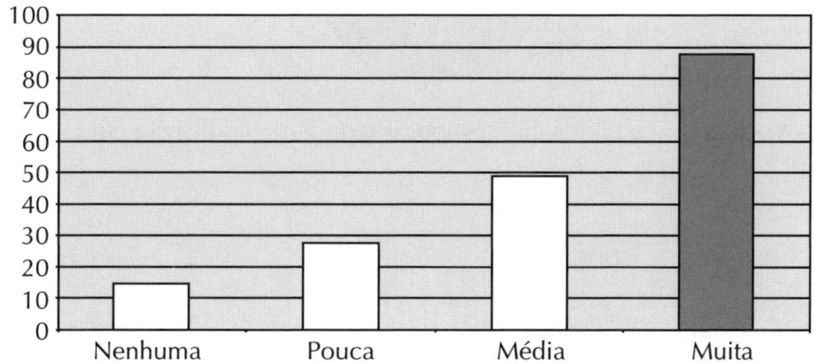

Figura 9.1 – Qual a relação entre filantropia e responsabilidade social?

---

[1] É uma associação sem fins lucrativos que visa mobilizar, sensibilizar e ajudar as empresas a gerirem seus negócios de forma socialmente responsável, tornando-as parceiras na construção de uma sociedade mais próspera e justa.

"... compreende os programas de contratação, seleção, treinamento e manutenção de pessoal realizados pelas empresas em benefício de seus empregados, bem como os demais programas de benefícios voltados para a participação nos resultados e atendimento aos dependentes".

Dos entrevistados, 90% não sabem o que é responsabilidade social interna ou externa (Fig. 9.2), muito embora tenham noção do termo, o que limita a visão do estudante em relação ao real significado de responsabilidade social.

Existem, hoje em dia, algumas instituições que divulgam e incentivam as práticas de responsabilidade social. Para este trabalho escolhemos aleatoriamente algumas e pedimos para que os alunos identificassem as que conheciam. A Figura 9.3 mostra os resultados obtidos.

- ABRINQ (conhecido por 42% dos estudantes) – Instituto que visa combater o trabalho infantil, devendo a empresa associada, além de não explorar mão de obra infantil, não comprar matéria prima de empresas que explorem a mesma. As empresas ganham o direito de usar um selo certificador.

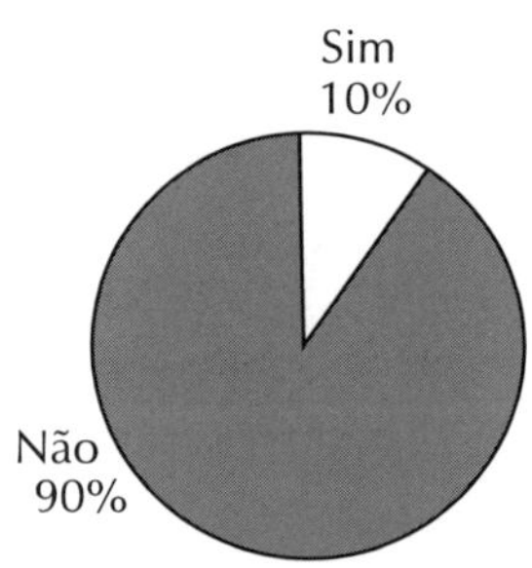

Figura 9.2 – Você já ouviu falar sobre responsabilidade social interna e/ou externa?

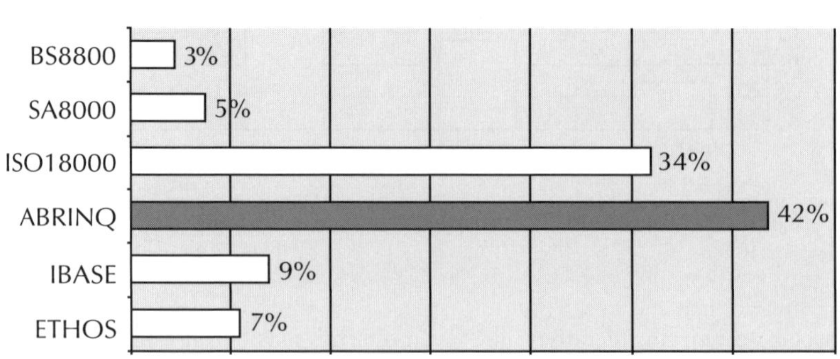

Figura 9.3 – Você conhece estas siglas?

- ISO18000 (norma conhecida por 34% dos estudantes) – O nome ISO tem um peso muito grande como norma certificadora e apesar de não existir na prática por falta de consenso, ela foi a segunda mais citada, por força da associação as normas ISO 9000.
- IBASE (conhecido por 9% dos estudantes) – Instituto mais conhecido pelo seu criador, o sociólogo Betinho.
- ETHOS (conhecida por 7% dos estudantes) – Associação que visa auxiliar as empresas a gerirem seus negócios de forma socialmente responsável.
- SA8000 (conhecida por 5% dos estudantes) – norma sobre o Respeito às regras trabalhistas – concepção americana.
- BS8800 (conhecida por 3% dos estudantes) – norma que propõe Garantir as condições adequadas de segurança e saúde para os empregados – concepção Inglesa.

Após esta análise do conhecimento dos estudantes sobre o tema proposto procuramos entender como eles se comportam e agem perante as práticas das empresas.

Comportamento

Neste item buscamos conhecer o comportamento dos alunos de turismo, como consumidores, procurando descobrir seu grau de consciência sobre a atuação dos vários tipos de empresas e prestadores de serviço.

Dos entrevistados, 78% não procuram saber se a empresa é socialmente responsável antes de consumir seus produtos/serviços (Fig. 9.4), o que demonstra que apesar de crescente o número de consumidores conscientes este número ainda é pequeno fazendo com que existam empresas que não estão preocupadas com o seu papel na sociedade.

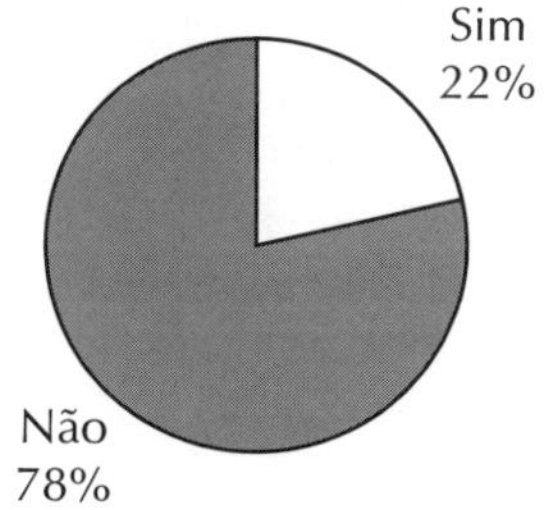

Figura 9.4 – Você procura saber se uma empresa é responsável socialmente antes de consumir seus produtos/serviços?

Importante registrar que, dentre os 22% dos que procuram se informar, 21% já deixaram de consumir produtos/serviços de empresas que apresentam problemas no âmbito da responsabilidade social. Apesar de ser um número pequeno já demonstra que quanto mais o consumidor se informa, maior é a tendência de haver uma mudança de comportamento de posse desse conhecimento. Ações positivas, como consumir produtos de empresas identificadas como socialmente responsáveis ou ações negativas, como deixar de consumir os produtos dessas empresas até que a empresa modifique seu modo de agir, podem ser observadas entre os entrevistados.

Dos entrevistados, 95% declararam que julgariam a qualidade da empresa pela forma como ela trata seus funcionários (Fig. 9.5), tendo sido essa a terceira ação mais importante na questão que trata dos "vetores da responsabilidade social" que veremos mais adiante.

Apesar dos estudantes terem citado a forma de tratamento do pessoal, apenas quatro pessoas demonstraram essa preocupação quando conceituaram responsabilidade social na questão aberta onde não havia sugestão de ações ou idéias sobre o tema.

Foi registrado que 12% dos entrevistados já deixaram de comprar produtos / serviços de empresas por seu desempenho no âmbito da responsabilidade social (Fig. 9.6) e 75% dos que ainda não deixaram de comprar produtos/serviços de empresas suspeitas de cometer atos irregulares, deixariam de comprar, caso tomassem conhecimento dos fatos. Isso que demonstra a importância dos meios de comunicação em divulgar tanto as ações boas, como manutenção de creches para filhos de funcionários, apoio e desenvolvimento de ações sociais importantes (tratamento de câncer, segurança no trânsito, etc.) quanto as ruins, como trabalho escravo, corrupção, etc. Isto permitirá que a população pressione as empresas a se adequarem à legislação e aos princípios éticos da sociedade.

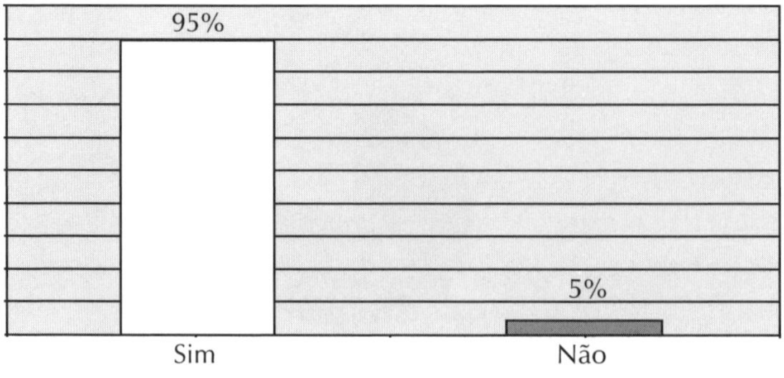

Figura 9.5 – Você julgaria a qualidade de uma empresa pela forma como ela trata seus funcionários?

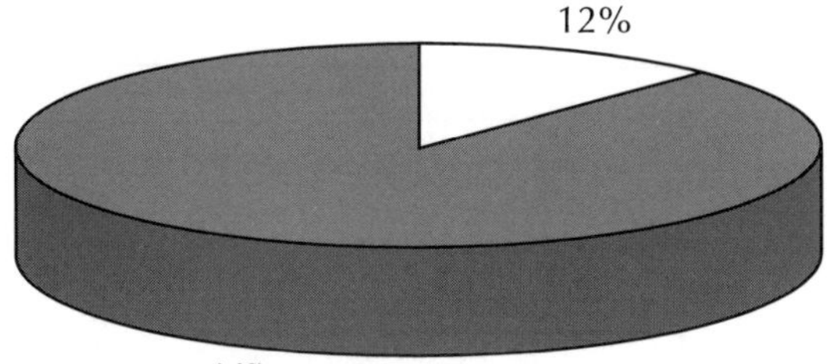

Figura 9.6 – Você já deixou de comprar produtos ou serviços de empresas por seu desempenho no âmbito da responsabilidade social?

Registramos algumas das empresas mais citadas pelos estudantes e suas respectivas ações negativas:

- Nike, denunciada por exploração de trabalho infantil na Ásia;
- Parmalat, pela prática do Dumping;
- Embratel, pela divulgação do balanço falso da matriz worldcom, entre outras.

Com a justificativa de não ser conivente com a prática de ações inadequadas, 75% dos entrevistados deixariam de comprar produtos/serviços de empresas suspeitas de praticar ações irregulares (Fig. 9.7), havendo ainda menção quanto à qualidade do produto/serviço oferecido. Dos entrevistados, 14% talvez deixariam de comprar, alegando que dependendo da necessidade do produto/serviço o fariam, mesmo sabendo das práticas irregulares e 11% continuariam a comprar por que querem o produto.

Uma análise dessa questão indica a importância de existir a possibilidade de opção para o consumidor, pois se houver monopólio, o produto terá que ser adquirido independentemente da vontade ou da consciência, o que, por falta de concorrente, acaba protegendo as empresas que agem irregularmente.

Outro dado interessante desta pergunta é obtido quando comparamos com a pergunta nº 6, pois dos 144 que declararam não procurar saber sobre as práticas das empresas, 104 (72%) declararam que deixariam de comprar se ficassem sabendo, o que confirma a importância do já citado papel dos meios de comunicação em denunciar as ações nocivas das empresas.

O fato de que ainda existam pessoas que não procuram saber ou não se preocupam com as conseqüências das ações irregulares das empresas

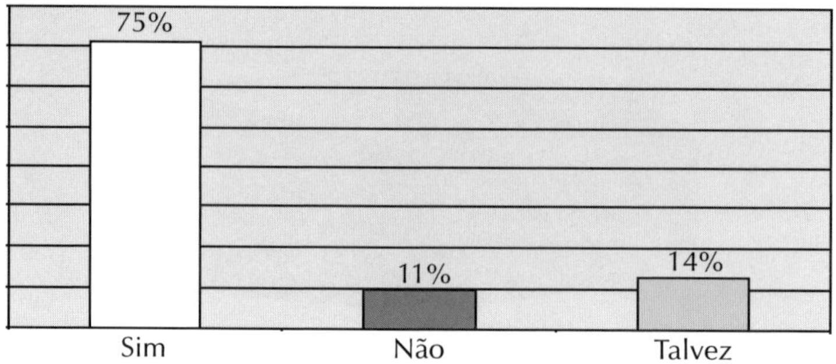

Figura 9.7 – Você deixaria de comprar produtos ou serviços de empresas suspeitas de praticar ações irregulares?

fica aqui registrado e pode-se afirmar que os estudantes entrevistados ainda não desenvolveram a mentalidade de consumidor consciente – aquele que assume uma atitude de não aceitar produtos ou serviços que tragam prejuízo direto ou indireto a si ou à sociedade.

Uma vez identificado o comportamento dos estudantes em relação às empresas, vamos conhecer os que eles pensam sobre *marketing* social.

MARKETING

Segundo Kottler (1996),

"... a tarefa da organização é determinar as necessidades, desejos e interesses de mercados-alvos e atender às satisfações desejadas mais eficaz e eficientemente do que os concorrentes, de maneira a preservar ou ampliar o bem-estar dos consumidores e da sociedade".

Neste item perguntamos aos alunos dentre as mídias citadas qual seria a melhor para a divulgação de trabalhos sociais e ainda se eles concordam ou não que tais trabalhos sejam usados como ferramenta de *marketing*.

Para os entrevistados a melhor forma de ficar sabendo das ações sociais praticadas pelas empresas é a propaganda por TV/rádio (44%), seguido por impresso no rótulo dos produtos (26%) e propaganda em jornal/revista (20%), sendo que apenas 10% acham que tais ações não precisam ser divulgadas (Fig. 9.8).

Dentre as mídias propostas a televisão/rádio tiveram a maior menção, o que demonstra o poder de persuasão e alcance destes. As outras mídias foram mencionadas não existindo uma variação significativa entre elas. Para os profissionais do turismo isto é importante, pois mesmo que a empresa ou projeto em que se trabalhe não contemple grandes verbas para o *marketing*, a divulgação pode ser feita em diferentes mídias com possibilidade de alcançar bons resultados.

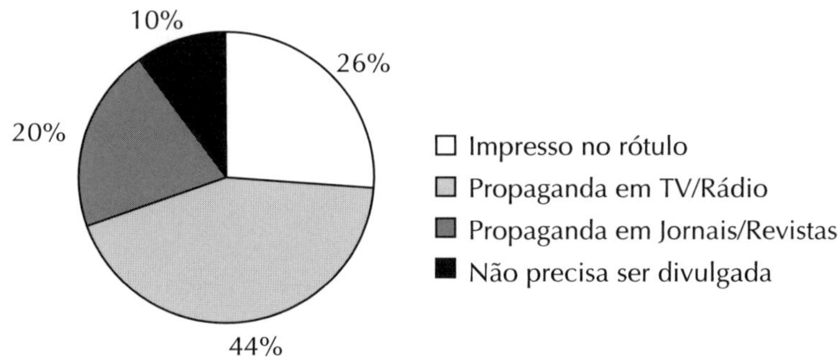

Figura 9.8 – Qual a melhor forma de divulgar projetos/ações sociais?

Na visão de 50% dos entrevistados é possível e viável que se utilizem as ações sociais como estratégia de *marketing*, enquanto que 13% dos estudantes não aceita que as ações sejam utilizadas para fins de promoção da imagem e aumento nas vendas (Fig. 9.9).

Nós compartilhamos do ponto de vista da maioria desde que sejam evitados abusos como o citado por Froes e Neto (2001), em que a Votorantin utilizou as crianças como mini "*outdoors*" para a doação de uniformes, e não se perca o foco da ação social, esquecendo dos outros itens que compõem uma empresa socialmente responsável, que podem não gerar tanto retorno em mídia, mas são fundamentais para desenvolver a empresa.

No próximo momento vamos saber o quanto os alunos de turismo sabem sobre ações de responsabilidade social.

Conhecimento de Ações

Neste item procuramos constatar o conhecimento dos estudantes sobre ações sociais relacionadas ou não com turismo além de sua percepção sobre a importância e agregação de valor das mesmas para a comunidade.

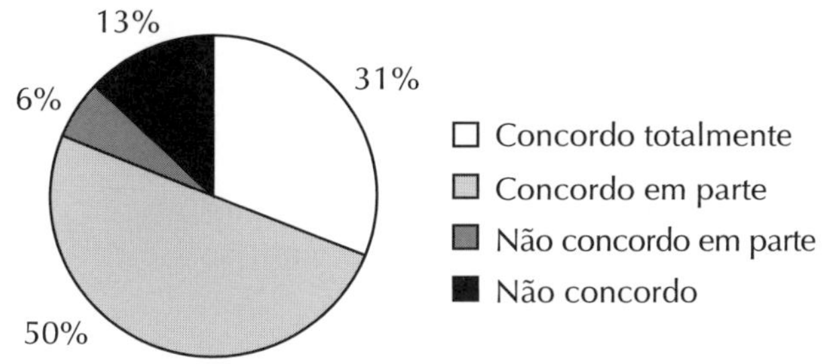

Figura 9.9 – Você concorda que as ações sociais sejam utilizadas como ferramenta de *marketing*?

Apenas 16% dos entrevistados dizem conhecer projetos/ações de responsabilidade social no turismo (Fig. 9.10), o que pode demonstrar:

- Projetos poucos divulgados.
- Número reduzido de projetos.

Dentre os projetos citados, muitos desenvolvem ação local, do conhecimento particular de cada estudantes, não sendo amplamente conhecidos. Além desses, podemos destacar o Projeto Tamar e Reserva de Salto Morato (Boticário), como sendo os mais citados pelos alunos.

O *marketing* social é uma poderosa ferramenta de *marketing* institucional, o que é confirmado pelos 43% dos entrevistados que dizem conhecer empresas socialmente responsáveis (Fig. 9.11) destacando-se: Azaléia, Belgo-Mineira (BMP) e Rede Globo, nesta ordem de citação.

A Azaléia desenvolveu uma campanha na TV divulgando suas obras sociais, com destaque para a creche para filhos de funcionários.

Como os questionários foram aplicados em sua grande maioria na Zona da Mata Mineira, local da sede da BMP, a mesma foi destaque nas citações. A BMP possui certificados ISO 14000, ISO 9002, entre outros, além de manter projetos educacionais, ambientais e sociais na região onde atua.

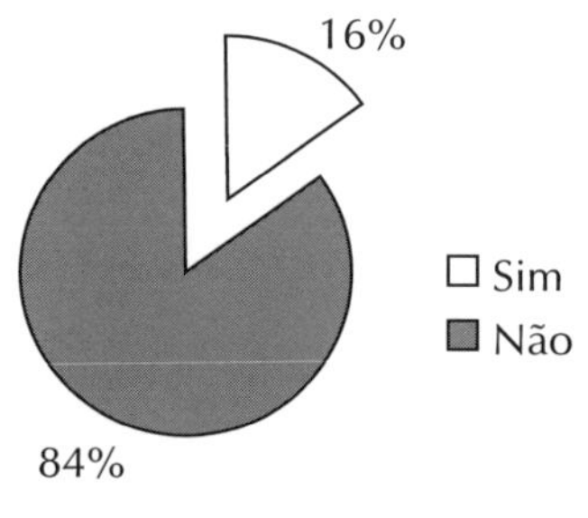

Figura 9.10 – Você conhece algum projeto/ação social de responsabilidade social no turismo?

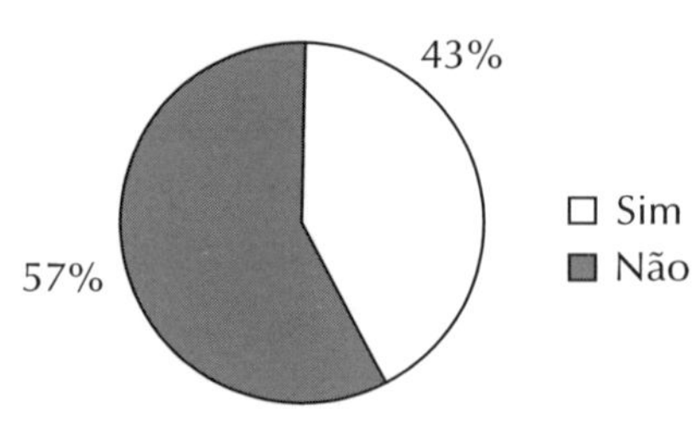

Figura 9.11 – Você conhece empresas socialmente responsáveis?

A Rede Globo, através da Fundação Roberto Marinho, está constantemente divulgando suas ações sociais nos mais diversos campos.

Há ainda outros tipos de ações. Froes e Neto (2001) indicam sete "vetores da responsabilidade social" como sendo ações que "direcionam o processo de gestão empresarial para o fortalecimento da dimensão social da empresa". Ao solicitarmos aos alunos que enumerassem tais vetores de 1 (um) a 7 (sete) em ordem de importância, constatamos que:

O meio ambiente, ligado diretamente à preservação da natureza, é visto como o item mais importante dentre os vetores da responsabilidade social empresarial sendo citado por 46% dos entrevistados. Em situação oposta está o retorno ao acionista com o apontamento de 75% como o item menos importante (Fig. 9.12).

Apesar de não existir erro nesta visão sobre responsabilidade social ela é limitada demonstrando uma preocupação excessiva com o meio ambiente, o que pode fazer com que apenas as ações relacionadas à preservação ambiental sejam preferidas pelas empresas quando buscam realizar ações para a comunidade. Os acionistas, apesar de serem os investidores e esperarem retorno de seus investimentos, representam o vetor menos importante na visão dos estudantes de turismo. Tal fato reflete o pensamento de que ação social é apenas para pobres e carentes. É importante corrigir essa percepção pois, vale destacar que, as ações que mais tem valorizado em bolsas de valores são de empresas que mantêm um bom diálogo com os acionistas, até mesmo os minoritários, pois o retorno a quem investe é indicador de responsabilidade social das empresas e pode significar cada

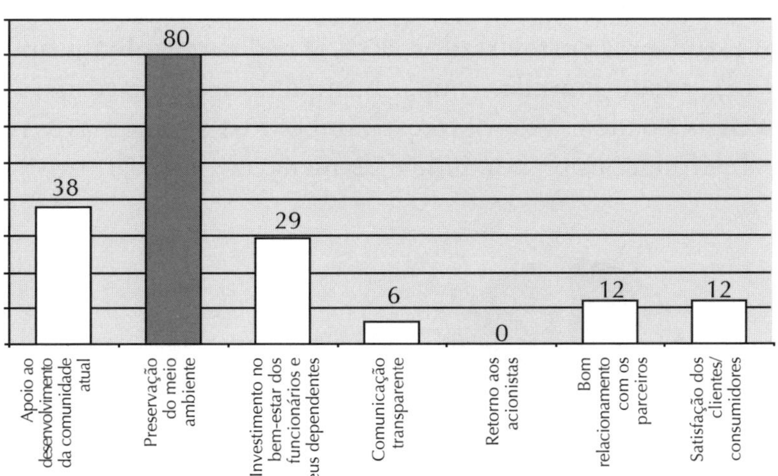

Figura 9.12 – Vetores da responsabilidade social enumerados.

vez mais investimentos. Destacamos ainda, que a cultura de investir em ações praticamente inexiste para a grande maioria dos brasileiros.

Segundo Froes e Netto (2001) as atividades que mais agregam valor a atividades sociais são nesta ordem: geração de emprego e renda; atividades assistenciais; atividades educacionais; atividades sociais e culturais e atividades esportivas e recreativas, sendo a primeira a mais importante, pois: "assegura sustentabilidade para a comunidade, que passa a se desenvolver com base nos seus próprios recursos produtivos". Apesar do questionário não contemplar o item atividades assistenciais a opinião dos alunos de turismo (Fig. 9.13) vem ao encontro da ordem proposta pelos referidos autores.

Uma vez que vimos quais ações de responsabilidade social os estudantes valorizam e conhecem, bem como as empresas que adotam ações socialmente responsáveis, procuramos saber se eles também contribuem para um mundo melhor.

Participação

Neste item procuramos verificar se os estudantes participam ou participaram de trabalhos voluntários e também se já realizaram algum tipo de doação.

Dos entrevistados, 60% ainda não participaram de nenhum programa de voluntariado (Fig. 9.14), enquanto que os 40% que participaram, em sua maioria, foram de projetos curtos e sem continuidade. Importante também destacar que os projetos em sua maioria são assistenciais, não desenvolvendo a capacidade de auto-sustentação, o que de certa forma limita seu alcance, pois sempre existirá a necessidade de repeti-los.

Dos estudantes entrevistados, 90% já realizaram algum tipo de doação (Fig. 9.15), sendo comida, roupa, brinquedo e dinheiro nesta ordem os objetos mais doados. Vale destacar também os programas Criança Esperança e Teleton, com grande índice de menção.

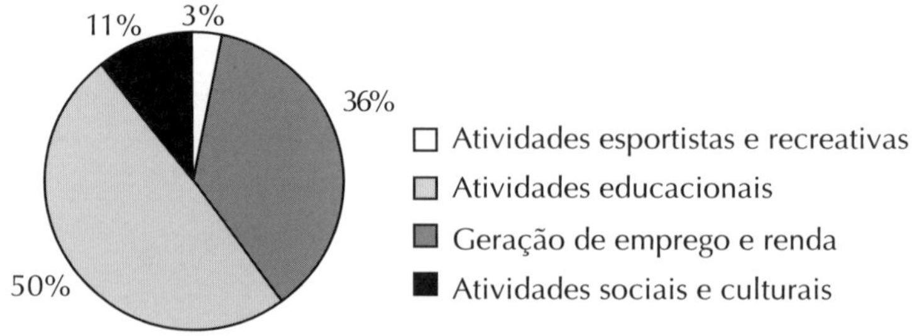

Figura 9.13 – Atividades que mais agregam valor à comunidade.

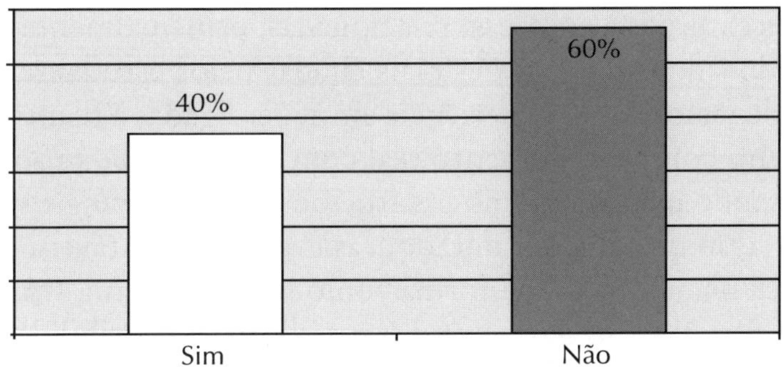

Figura 9.14 – Você já participou de algum trabalho voluntário?

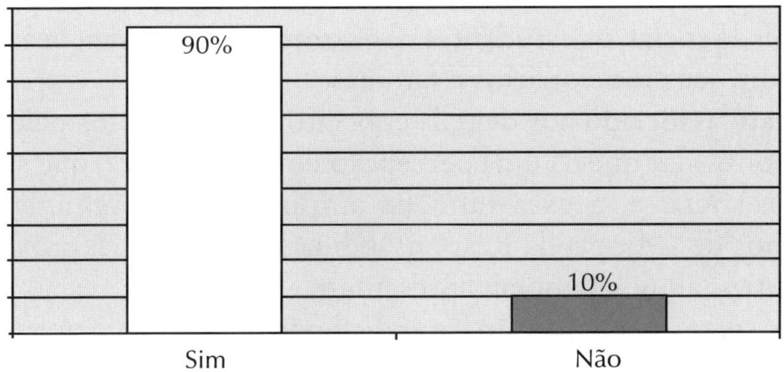

Figura 9.15 – Você já realizou algum tipo de doação?

Dentre as possibilidades para termos tantas doações e tão pouco trabalho voluntário podemos levantar algumas hipóteses tais como:

- Falta de tempo do estudante.
- O estudante quando realiza doação acha que já está cumprindo o seu dever social.
- Falta de consciência da importância do trabalho social contínuo que vise buscar recursos de auto-sustentação da comunidade.
- Falta de interesse.

CONCLUSÃO

O presente estudo, realizado com os estudantes de turismo da Zona da Mata Mineira e Lavras nos permite algumas considerações finais, a título de conclusão.

As hipóteses iniciais desse trabalho se confirmam. Ficou demonstrado que a visão dos alunos sobre responsabilidade social ainda está muito limitada a ações externas à empresa, relacionadas, principalmente ao meio ambiente, tendo sido estas as ações mais citadas pelos estudantes.

A grande maioria tem experiência em ações ligadas à filantropia, na qual não existe um comprometimento real com a solução de problemas da sociedade, visando mais o retorno institucional de *marketing* e/ou financeiro do que a criação de soluções duradouras e auto-sustentáveis.

As ações filantrópicas, na forma como se apresentam, trazem indicativos de que a motivação das empresas está ligada à possibilidade de que os recursos aplicados possam ser abatidos do imposto de renda, o que oculta o objetivo pragmático das empresas, de base econômica, que distancia de uma filosofia humanística e de desenvolvimento social.

A outra hipótese levantada e confirmada foi a de que, ao definirem responsabilidade social, os estudantes não contemplariam as ações das empresas para com seus funcionários e familiares.

Esse fato associado aos demais conceitos apresentados pelos estudantes, vem confirmar que há uma percepção limitada sobre o que seja responsabilidade social e, a essa falta de amplitude/abrangência de visão, chamaremos de "Miopia da Responsabilidade Social" que, provavelmente, muitos outros alunos também apresentam.

Indica-se, pois, a expansão de trabalhos voltados para a verificação da existência (ou não), na cultura brasileira, desse comportamento limitado quando se trata de responsabilidade social.

Outro indicativo é a importância da divulgação das ações das empresas para com a sociedade, que deve ser incentivada, para que a mesma possa se mobilizar motivando ações coerentes com o desenvolvimento social e coibindo as que apresentem resultados negativos para a sociedade.

Sugerimos algumas ações para uma melhor divulgação do tema no meio acadêmico e conscientização dos estudantes:

- Identificar ações de responsabilidade social de empresas de turismo local, nacional e internacional.
- Divulgar tais ações.
- Trabalhar interdisciplinarmente o tema "Responsabilidade Social no Turismo", através da inserção de discussões/painéis, encontro e outras práticas que visem promover a conscientização dos estudantes e da comunidade.
- Incentivar e mostrar a importância da prática do trabalho voluntário, principalmente durante o período em que o aluno estiver na faculdade.

- Organizar ações contínuas de desenvolvimento da comunidade através do turismo.

O presente trabalho é uma amostra limitada do pensamento e do posicionamento de estudantes de turismo diante da temática "Responsabilidade Social", princípio essencial ao desenvolvimento da sociedade brasileira, denotando a urgência de sensibilizar dirigentes, acadêmicos e comunidade para o vasto caminho a percorrer em direção a uma sociedade mais justa e humana.

Referências Bibliográficas

1. BENI, M. C. *Análise Estrutural do Turismo*. 2. ed. São Paulo: Senac, 1998.
2. CASTELLI, G. *Excelência em Hotelaria: uma abordagem prática*. Rio de Janeiro: Qualitymark, 1994.
3. FERREIRA, A. B. H. Minidicionário Aurélio. 11. ed. Rio de Janeiro: Nova Fronteira, 1977.
4. FRANÇA, J. L. *Manual para Normalização de Publicações Técnico-científico*. 5. ed. Belo Horizonte: Editora da UFMG, 2001.
5. KOTLER, P. Satisfação, valor e retenção do cliente. In: *Administração de Marketing*. 10. ed. São Paulo: Prentice Hall, 2000. cap. 2.
6. LEAL, E. J. M. Pesquisa e produção escrita. Itajaí, SC. *Turismo Visão e Ação*. Ano 4, n. 8, p. 99-109, abr/set 2001.
7. MELO NETO, F. P.; FROES, C. *Responsabilidade Social & Cidadania Empresarial: a administração do terceiro setor.* Rio de Janeiro: Editora Qualitymark, 1999.

Sites Consultados

http://www.ethos.org.br
http://www.ibase.org.br
http://www.abong.org.br
http://www.rits.org.br
http://www.abrinq.org.br
http://www.worldbank.org

Capítulo 10

Turismo Pedagógico: uma Atividade Socialmente Responsável

Bety Jakeliny Mendes Álvares
Iluska Larissa Leite Linhares
Marcelo da Silva Taveira

Introdução

Vivemos em tempos incertos, em que a ameaça da extinção da espécie humana por armas nucleares ou algum novo vírus atemorizam a todos e, somando-se a tudo isso ainda temos a globalização, que rearranja os mapas, flexibiliza fronteiras e delineia as novas formas de atuação de governos, empresas e sociedade civil.

Apesar dessa aparente convergência das sociedades em uma única, grande e homogênea sociedade global, detalhes fazem a diferença de empresas que convivem em um mundo cada vez mais competitivo e que, paradoxalmente, tentam fugir do comum.

Assim, a Responsabilidade Social se consolida como modo de diferenciação das empresas. Os consumidores e a sociedade em geral procuram hoje organizações "mais humanas" e demonstrar interesse em questões sociais, através de incentivos e financiamento, é trilhar o caminho certo. As empresas além de contribuírem para o desenvolvimento social, ainda se beneficiam ganhando a simpatia dos consumidores.

É nesse contexto que apresentamos o Turismo Pedagógico como mais uma idéia a por em prática a responsabilidade social. Um projeto que mescla a experiência turística à experiência escolar e pode proporcionar também a inclusão social de jovens que não têm direito a usufruir uma escola de qualidade com pedagogias avançadas que proporcionam o encontro do aluno com a realidade.

Responsabilidade Social

Muito se tem falado sobre responsabilidade social, mas ela é ainda pouco compreendida em sua totalidade, sendo muitos de seus conceitos ainda vagos e difusos.

A responsabilidade social empresarial surge como uma forma do capital dar um retorno à sociedade, assumindo, dessa forma, muitas vezes o papel do próprio Estado, desgastado por décadas de paternalismo desmedido. Frente à indisponibilidade ou mesmo incapacidade do Estado em arcar com todas as responsabilidades sociais, o capital adota a postura de ator transformador.

O termo responsabilidade social surgiu no início do século XX, tendo como marco inicial de estudo e discussão o lançamento do livro "*Responsabilities of the businessman*" de Howard Bower no ano de 1953. A década de 1960, marcada de intensos e transformadores movimentos sociais, apresentou terreno fértil para a disseminação dos ideais de responsabilidade social até a década de 1970, seguindo-se assim até os anos de 1980, quando passa a ser associado com a ética empresarial e a qualidade de vida no trabalho.

Segundo Oliveira (2002) não existe um conceito preciso sobre responsabilidade social, o que possibilita a existência de várias formas de compreensão sobre o assunto. Mesmo diante dessa aparente indefinição, o autor, aglutinando várias concepções sobre o tema, conceitua responsabilidade social como sendo:

"O objetivo social da empresa somado a sua atuação econômica. É a inserção da organização na sociedade como agente social e não somente econômico. Ter responsabilidade social é ser uma empresa que cumpre seus deveres, busca seus direitos e divide com o Estado a função de promover o desenvolvimento da comunidade; enfim, é ser uma empresa cidadã que se preocupa com a qualidade de vida do homem em sua totalidade" (p. 205).

As empresas que adotam uma atitude socialmente responsável não só cumpre as leis ou se preocupam com os impactos causados por sua atividade, mas objetivam construir uma sociedade melhor e sente-se responsável por isso. O que caracteriza uma organização socialmente responsável

> *"É a sua preocupação com o desenvolvimento social sustentável, manifestada por meio de programas consistentes, que tenham continuidade, que apresentem resultados tangíveis, gerando e disseminando conhecimento e promovendo o crescimento mútuo da organização e de seus stakeholders, ou seja, todos os públicos que exercem influencia nela ou são influenciados por ela" (Bueno et al., 2002, p. 286).*

Os *stakeholders* são os grupos de interesses que se relacionam, afetam e são afetados pela organização e suas atividades, ou seja, para quem os projetos socialmente responsáveis devem se voltar. São eles: *público interno*; *comunidade*; *fornecedores*; *acionistas, proprietários e investidores*, *governo*, *concorrentes*, *clientes* e *sociedade*. Cada um possui sua especificidade e sua necessidade de ações socialmente responsáveis, sendo necessário o bem-estar geral de todos para harmonizar o sistema maior que move a organização.

Implantar a responsabilidade social requer mudanças profundas nas empresas. Definir políticas claras, filosofias administrativas, valores culturais e sociais, além de identificar as reais vocações do negócio, bem como encontrar a verdadeira identidade, são alguns dos passos que devem ser seguidos pelas empresas que querem se inserir no seleto grupo das organizações que atuam com responsabilidade social.

RESPONSABILIDADE SOCIAL: DIFERENCIAL COMPETITIVO

É comum ainda hoje o pensamento que investir em ações sociais é um ônus desnecessário à empresa. Porém, a responsabilidade social também traz benefícios, como se fosse uma espécie de "incentivo", para as empresas que a implementam, dentre os quais podemos destacar:

- Maior valorização de sua imagem institucional.
- Maior poder de atração e retenção de talentos.
- Maior comprometimento de seu público interno com o sucesso.
- Maior lealdade de seus consumidores, fornecedores e demais públicos externos.

Hoje, a responsabilidade social é muito mais que um agente transformador da sociedade, é uma ferramenta que impulsiona a produtividade e o *marketing* social das organizações, um verdadeiro diferencial no qual é preciso investir. Cria-se a diferenciação que atrai o olhar do público, destacando a empresa da massa homogeneizada presente no mercado.

> *"A responsabilidade social está se tornando um diferencial competitivo. Com isso, as empresas começam a assumir uma postura voltada para a disseminação de valores éticos e para a busca contínua de melhorias internas e resultados baseados em um código de ética que considera todos os públicos com os quais se relacionam" (ibid, p. 275).*

As empresas perceberam que vale a pena investir no social, em ações que disseminem conceitos de ética, cidadania e conservação ambiental e também se beneficiarem com isso. Não se trata de filantropia, ou seja, doações esporádicas sem que haja um compromisso formal entre as partes, mas sim de uma espécie de "parceria". O *marketing* social provocado por atitudes socialmente responsáveis fortalece a marca da empresa, tanto em relação a seus clientes internos quanto aos demais clientes externos, e agrega valor ao produto.

Turismo Pedagógico: Como Defini-lo?

É certo que se podem identificar muitas modalidades de Turismo, o que é uma das características mais marcantes dessa multifacetada atividade. Não obstante a existência dessa diversidade (ou, talvez, graças a ela) de definições e conceitos que envolvem o Turismo e seus segmentos dentro das mais diversas áreas, o crescimento da atividade tem feito surgir novas modalidades e novos nichos de mercado.

Isso não poderia ser diferente em relação ao ensino e à educação. Se dentro da própria sociedade são desenvolvidas complexas redes privadas com o objetivo de oferecer educação, fazendo-se valer de diversas técnicas de *marketing* e comercialização para atrair seu público, não seria estranho conceber uma modalidade de Turismo cuja principal característica fosse não apenas a satisfação da curiosidade por novos lugares e culturas, mas o ensino formal propriamente dito.

O Turismo Pedagógico é uma modalidade de turismo relativamente nova no Brasil quando comparada à modalidade do "modelo sol e mar". Não existem marcos precisos para datar o início dessa atividade no país, dada a imprecisão dos conceitos Turismo Cultural, Turismo Educacional e Turismo Pedagógico, o que resulta em graves equívocos, no desenvolvimento da atividade. Ainda assim, com o rótulo de Turismo Pedagógico, sabe-se que nos anos oitenta cresceu o número de agências especializadas no trabalho com as escolas, proliferando-se nos anos noventa a conscientização de várias escolas da importância da viagem no aprendizado dos alunos (Andriolo e Faustino, 1997, p. 167).

Apesar de ser uma modalidade relativamente nova dentre tantas outras existentes no mercado, o Turismo Pedagógico já tem sido alvo de alguns estudos, ainda que sem um maior aprofundamento. Andriolo e Faustino (*op cit*; 165) definem o Turismo Pedagógico como sendo: "uma modalidade de Turismo que serve às escolas em suas atividades educativas".

Os autores destacam que o fim maior da atividade não é o Lazer, não é a utilização dos serviços e equipamentos turísticos, e sim o processo educativo. A experiência turística é o meio para melhorar o nível de aprendizagem dos alunos. Embora a atividade pedagógica se utilize da viagem, dos equipamentos e serviços turísticos e ocorra em um ambiente de divertimentos e prazeres, não é realizada com o objetivo do lazer. O Turismo Pedagógico inicia e termina na escola. Apenas o professor e a coordenação pedagógica têm o domínio da finalidade do estudo e dos objetivos a serem alcançados. Seu nome sugere uma atividade turística que esteja ligada de alguma forma com o ensino e/ou a pedagogia.

Definida como sendo a teoria da educação e da instrução, a pedagogia estuda os processos e técnicas para um alcance mais eficiente dos ideais da educação. Nesse sentido pode-se entender o Turismo Pedagógico como uma atividade que mescla Ensino e Turismo, apropriando-se deste último de alguns de seus elementos, essencialmente a viagem.

Para Spínola da Hora (2001, p. 54), a base dessa afirmação reside no cruzamento dos conceitos gerais básicos de Turismo e na pedagogia de Freinet. Para aproximar seus alunos da vida, Freinet os retira da sala de aula realizando aquilo que ele chama de aula passeio, conhecida hoje também como aula das descobertas. Os alunos passam a assumir, então, a condição temporária de turistas, deslocando-se de seu lugar de origem em busca de algo novo. Tem-se, então, numa aula, o elemento dinâmico (a viagem) e o sujeito do turismo (o aluno/turista).

No Turismo Pedagógico o plano de viagem, cuidadosamente elaborado pelo professor, e a presença dele em todo o processo educativo facilita a percepção do meio, o consumo dos atrativos turísticos da localidade, com o olhar crítico, não alienado. Esta forma de percepção cria limites entre o fantástico e o real e possibilita uma postura dialética diante do contexto e do ambiente visitado. E, nesse sentido, o sujeito do turismo é o estudante por consumir produtos e serviços turísticos durante a viagem.

A idéia da viagem como recurso para o ensino, aliás, encontra amparo dentro de algumas correntes pedagógicas, principalmente aquelas que sofrem influência dos princípios de Célestin Freinet. Vale ressaltar que as técnicas de Freinet, em especial a aula passeio, ou aula das descobertas, são identificadas como um elo entre a pedagogia e o Turismo, sobretudo se essa ligação for interpretada sob o prisma da Animação, conferindo ao Turismo Pedagógico o status de "aula com animação".

Desta forma, pode-se definir Turismo Pedagógico como sendo:

Uma atividade educativa sob a forma de experiência turística, na qual os alunos assumem a condição temporária de turistas, segundo um plano pedagógico definido pela escola para melhor exploração de conhecimentos aproveitando-se da riqueza do meio ambiente.

Características do Turismo Pedagógico

A partir da definição acima, pode-se elencar algumas características do Turismo Pedagógico:

- É uma experiência que serve à escola em suas atividades educativas.
- O aluno é colocado temporariamente na condição de turista, num processo que implica a conversão e reconversão do "olhar turístico".
- Os agentes econômicos que atuam na atividade turística atendem ao plano pedagógico da escola.
- A viagem é definida pela escola seguindo um plano preestabelecido, no qual as experiências vivenciadas no deslocamento irão integrar-se na ação educativa.
- A viagem é realizada no período letivo e não nas férias escolares.
- As experiências vivenciadas durante a viagem são acompanhadas pelo professor que, poderá contar ou não com a presença de guias de turismo, em caráter suplementar, jamais substituindo o professor.
- Implica preparação e prolongamento, ou seja, requer um plano contendo planejamento prévio das atividades e intervenções em sala de aula no retorno da experiência turística.

A prática do Turismo Pedagógico proporciona um diálogo com a natureza e a cultura, além de proporcionar a conexão de diversas áreas do conhecimento. Essa perspectiva é uma tentativa de contribuir, significativamente, para estimular o desenvolvimento turístico sob uma nova ótica, tendo em vista a possibilidade de caminhos alternativos de pensar e agir, assumindo novas posturas que acrescentam novos horizontes ao "olhar o mundo".

Uma Atividade de Poucos

O turismo, como toda atividade econômica, necessita de capital para funcionar. O turista empreende sua viagem de acordo com suas condições econômicas, por isso há uma variedade tão grande de opções de roteiros turísticos, de destinos, de hotéis, etc, que se adaptam ao poder de compra do cliente.

E como outra modalidade de turismo, o Pedagógico também acarreta despesas. Para que os alunos assumam realmente a condição de turistas dessa aula de descobertas, usufruindo equipamentos e atrativos turísticos de uma localidade, é necessário que uma estrutura mínima de transporte, alimentação e hospedagem estejam à sua disposição, coisa que não se obtém de graça. Isto posto, somente as escolas particulares é que podem arcar com os custos advindos dessa prática.

A aula-passeio é um instrumento valioso no desenvolvimento em escala humana, que coloca o aluno em contato com a realidade sócio-político cultural de sua região, de seu país. Ela se configura num recurso pedagógico inovador e lúdico para melhorar a qualidade do ensino e da aprendizagem, podendo servir também como ponte do abismo social que caracteriza a nossa sociedade.

Permitir que todos tenham acesso à educação e, principalmente, a uma educação de qualidade, é o primeiro passo na construção de uma sociedade mais justa, mais humana e mais sustentável, pois é sabido por todos que as mazelas sociais têm seu início na falta de educação.

Turismo Pedagógico: uma Atividade Socialmente Responsável

Feita a opção por assumir uma postura socialmente responsável, a empresa automaticamente obriga-se a ter um caráter transformador na comunidade na qual está inserida, ou seja, ela tem que criar condições que viabilizem o desenvolvimento da população local. Esse desenvolvimento pode se dar através de vários projetos de parceria que beneficiem setores carentes e atendam aos interesses da empresa, no que concerne à formação da mão-de-obra e da sociedade do futuro.

Sendo a escola um espaço de construção da cidadania e que viabiliza o acesso à comunidade, torna-se a educação um fértil campo de atuação para as empresas que investem na Responsabilidade Social. É, justamente, nas iniciativas de apoio à comunidade, pelas vias da educação, que o Turismo Pedagógico pode ser adotado por qualquer empresa fundamentada nos preceitos da responsabilidade social, pois este se configura como uma ferramenta em potencial a ser adotada pelas empresas privadas, contribuindo, dessa maneira, para a "formação de cidadãos plenos, conscientes de seus direitos e deveres" (Miranda, 2002, p. 256).

Através do Turismo Pedagógico, empresas possibilitam que alunos de escolas públicas possam ter a vivência turística em prol de sua educação e formação, subsidiando/custeando as aulas-passeio ou oferecendo seus serviços para a concretização da viagem.

Sua implementação por parte de empresas privadas atende às exigências encontradas no conceito de responsabilidade social, tendo em vista que seus *stakeholders* serão diretamente afetados, em especial a comunidade, gerando, através do projeto, parcerias mais fortes em função de um benefício comum.

E no que tange à responsabilidade das empresas com relação à educação, o manual do Instituto Ethos em *O que as empresas podem fazer pela educação* afirma que:

A educação é responsabilidade do Estado e de toda a sociedade civil. A ação de indivíduos ou empresas não exime os governos municipais, estaduais e federal de suas obrigações, mas pode contribuir para a sua efetivação. Além de suprir as necessidades emergenciais, o envolvimento de organizações com o dia-a-dia da escola é um exercício de cidadania e de parceria com o Estado. A ação na escola pública é entendida como participação em causas de interesse social e comunitário. Sem substituir o estado ou contrapor-se ao trabalho remunerado, reflete a disposição para atuar em questões de interesse coletivo. (p. 13)

Na parceria empresa-escola, ambas as instituições lucram, no sentido de aprendizado, com a relação. A empresa possibilita ao seu funcionário uma participação pró-ativa, ou seja, a possibilidade de contribuir com sua experiência e ajudar a equipe da escola na busca de soluções de problemas; e para a escola, principalmente para os alunos, esta parceria pode significar uma via de acesso para que estes sejam beneficiados com a experiência de conhecer ambientes empresariais, vivenciando processos de produção de bens e serviços.

Considerações Finais

O homem está retornando a um estágio mais "humano", menos materialista, preocupando-se não só com seu bem-estar individual, mas também com o de seu próximo. É um movimento que não tem volta, que anda de mãos dadas com ações de melhoria da qualidade de vida.

É ele que cobra das empresas privadas uma atitude face às dificuldades sofridas pela maior parte da população do mundo, excluída de muitos de seus direitos básicos, de modo a solucionar ou minimizar os impactos da desigualdade social impostos pelo próprio capital. "As ações de responsabilidade social vêm tentar superar a distância entre o social e o econômico, com a proposta de resgatar a função social das empresas" (Toldo, 2002, p. 80). Hoje, espera-se tanto do indivíduo comum quanto da grande empresa uma conduta ética que valorize o ser humano, a sociedade e o meio ambiente.

Talvez a melhor coisa de uma sociedade frenética e dinâmica seja a diversidade, a variedade de alternativas que o homem cria para superar as dificuldades que lhe são impostas. É assim que idéias como a da responsabilidade social e a do Turismo Pedagógico surgem.

Não podemos fechar os olhos, nem cruzar os braços frente às mazelas sociais alheias, sentindo-nos indiferentes ao que acontece a nossa volta. Temos de ter uma atitude ativa e transformadora. Temos, como pensadores, de criar soluções, e implementá-las.

O Turismo Pedagógico mostra-se capaz e preparado para acompanhar as novas tendências e ações de caráter social e responsável. Percebe-se, pelo que foi exposto, que ele possui características dinâmicas e transformadoras capazes de contribuir para o desenvolvimento e o progresso da sociedade, tanto em função da comunidade, do indivíduo como da própria atividade turística que será dinamizada por mais essa modalidade de turismo.

Ele proporciona uma oportunidade de conhecimento e reflexão não só relativo ao plano de aula proposto pelo professor, mas sobre toda a sociedade, seu dinamismo, funcionamento e sua complexidade. Possibilita ainda, segundo Krippendorf (2000), uma chance de educar para as viagens, uma espécie de "iniciação", onde os alunos poderiam aprender a conviver com as diferenças sócio-culturais de outros povos, de outras regiões, preparando o aluno para se posicionar perante situações incomuns. Desde crianças somos educados para o trabalho, mas não para o lazer. O resultado é uma massa de turistas despreparados e alienados, sem vontade própria e que se satisfazem com a reprodução de lugares, de pessoas e de culturas.

História, Geografia, Biologia, Química, Física, Educação Ambiental... enfim, são inúmeras as opções que professores podem utilizar para construir seu plano de aula e organizar sua aula-passeio, repassando juntamente com as teorias e conceitos acadêmicos, noções de cidadania, ética e por que não de responsabilidade social. É um trabalho amplo, cujo reflexo poderá ser sentido dentro de dias ou anos, que se propõe a, acima de tudo, formar cidadãos.

Referências Bibliográficas

1. ANDRIOLO, A.; FAUSTINO, E. Educação, turismo e cultura: a experiência de estudantes paulistas em Uruçanga. In: RODRIGUES, A. B. (org.). *Turismo: desenvolvimento local.* São Paulo: Hucitec, 1999.

2. BARRETO, M. *Turismo e Legado Cultural.* Campinas: Papirus, 2000.
3. BENI, M. C. *Análise Estrutural do Turismo.* São Paulo: Senac, 1998.
4. BUENO et al. A responsabilidade social e o papel da comunicação. In: *Responsabilidade Social das Empresas: a contribuição das universidades.* São Paulo: Fundação Peirópolis, 2002, p. 275-302.
5. INSTITUTO ETHOS DE RESPONSABILIDADE SOCIAL. *Responsabilidade social das empresas: percepção do consumidor brasileiro, pesquisa 2002.* São Paulo: Instituto Ethos, 2002.
6. INSTITUTO ETHOS DE RESPONSABILIDADE SOCIAL. *Manual de Primeiros Passos de Responsabilidade Social Empresarial.* Brasil: Instituto Ethos, 1998.
7. INSTITUTO ETHOS DE RESPONSABILIDADE SOCIAL. *Ferramentas de Gestão da Responsabilidade Social.* Brasil: Instituto Ethos, 2002.
8. INSTITUTO ETHOS DE RESPONSABILIDADE SOCIAL. *Como as Empresas Podem (e Devem) Valorizar a Diversidade.* São Paulo: Instituto Ethos, 2000.
9. KRIPPENDORF, J. *Sociologia do Turismo: para uma compreensão do lazer e das viagens.* 2. ed. São Paulo: Aleph, 2000.
10. LIMA, M. C. Responsabilidade social: apoio das empresas privadas brasileiras à comunidade e os desafios da parceria entre elas e o terceiro setor. In: *Responsabilidade Social das Empresas: a contribuição das universidades.* São Paulo: Fundação Peirópolis, 2002, p. 105-142.
11. MARINHO, A.; SCHWARZ, G. M. Caverna do Fazendão: experiências turísticas de sensibilização. In: *Turismo em Análise.* São Paulo: ECA-USP, maio de 2001.
12. MIRANDA, G. P. C. Responsabilidade social corporativa e *marketing* social: reflexão para um novo tempo. In: *Responsabilidade Social das Empresas: a contribuição das universidades.* São Paulo: Fundação Peirópolis, 2002, p. 231-272.
13. OLIVEIRA, F. R. M. Relações públicas e a comunicação na empresa cidadã. In: *Responsabilidade Social das Empresas: a contribuição das Universidades.* São Paulo: Fundação Peirópolis, 2002, p. 197-228.
14. PIRES, M. J. *Lazer e Turismo Cultural.* São Paulo: Manole, 200.
15. RODRIGUES, A. B. (org.). *Turismo, Modernidade, Globalização.* São Paulo: Hucitec, 1997.
16. SERRANO, C. et al. *Olhares Contemporâneos sobre o Turismo.* Campinas: Papirus, 2000.
17. SPÍNOLA DA HORA, A. S. *Turismo Pedagógico: a conversão do olhar.* Natal, 2000. Trabalho de Conclusão de Curso – Universidade Federal do Rio Grande do Norte.
18. TOLDO, M. Responsabilidade social empresarial. In: *Responsabilidade Social das Empresas: a contribuição das universidades.* São Paulo: Fundação Peirópolis, 2002, p. 73-102.
19. UCAR, X. *La Animación Sociocultural.* Barcelona: Pedagogía Social, 1992.
20. URRY, J. *O Olhar do Turista.* São Paulo: Senac, 1996.

Capítulo 11

Papel Social do Projeto Turismo Educativo em São Luís do Maranhão

DANIELLE CUNHA DE SOUZA DA ROCHA
KARINA PALÁCIO DE MORAIS
SAMIRA HONELLY DA COSTA SOUSA

INTRODUÇÃO

As Políticas Municipais de Turismo estão voltadas para a necessidade de ultrapassar a análise dos efeitos da atividade turística imposta pela economia e pelo mercado, passando a produzir conhecimentos mais amplos do turismo, a partir das tomadas de decisões e ações que venham contribuir para o bem-estar, a qualidade de vida e os interesses da sociedade, compreendendo assim o papel social da atividade do contexto das relações e responsabilidades sociais.

Nesse aspecto, o referido trabalho tem como objetivo justificar a importância social do Projeto Turismo Educativo realizado pela Secretaria Municipal de Turismo de São Luís, com base nos resultados obtidos da execução desse projeto em escolas no ano de 2002.

O trabalho foi desenvolvido em três capítulos. Primeiramente, fez-se uma caracterização do Projeto, seus objetivos e atividades desenvolvidas, a partir do órgão que o executa. Em seguida foi analisado, por meio de gráficos, o seu grau de aprovação por parte dos alunos e, no terceiro e último capítulo, abordou-se a importância relevante que o mesmo encerra, enfatizando a sua contribuição para desenvolver um processo educativo que envolva a arte, natureza, cultura, história, valores e costumes locais.

A metodologia aplicada baseou-se em pesquisas bibliográficas e coletas de dados resultantes da aplicação de questionários entre alunos das redes pública municipal e privada de ensino fundamental de São Luís/MA, no ano de 2002. Além disso, acrescentou-se a experiência vivida pelas autoras como estagiárias desse Projeto no ano pesquisado.

Assim, espera-se que o presente trabalho possa demonstrar a responsabilidade social do Projeto Turismo Educativo como difusor de cidadania, capaz de impactar positivamente a vida da comunidade ludovicense.

Projeto Turismo Educativo

A Fundação Municipal de Turismo, criada pela lei n° 3609, de 21 de julho de 1997, da Prefeitura Municipal de São Luís, foi organizada sob a forma de Fundação com personalidade jurídica própria para tomar iniciativas de qualquer natureza, no que diz respeito à execução da Política Municipal de Turismo, sendo extinta a partir de 2003 e transformando-se em Secretaria Municipal de Turismo.

Dessa forma, tem por finalidade promover o planejamento estratégico, a pesquisa e o levantamento, incentivando ações que concorram para o incremento do fluxo turístico em direção a São Luis, primando, sobretudo, por um modelo turístico que seja resultado de um planejamento integrado e participativo desenvolvido à luz da sustentabilidade, com respeito aos valores e identidade locais por meio do aproveitamento adequado dos recursos e potencialidades.

Nesse sentido, a Secretaria Municipal de Turismo definiu alguns eixos prioritários de atuação como o Turismo Cultural, Turismo Ecológico, Turismo de Eventos e o Turismo Social que são desenvolvidos pela implementação de diversas iniciativas e projetos contemplados por sete programas centrais de gestão: qualidade, infra-estrutura, gestão ambiental, integração, *marketing*, apoio administrativo e sensibilização turística.

Segundo Carvalho: "A gestão da política social, [...] está ancorada na parceria entre Estado, Sociedade Civil e iniciativa privada e num valor social, que é o da solidariedade.[...]." (1997, p.14).

Considerando a importância dessa integração anteriormente citada, a Secretaria Municipal de Turismo, para executar os seus projetos, realiza parcerias com várias instituições: Órgãos Municipais como de Educação e de Transportes Urbanos, Comunidades, Universidades e *trade* turístico.

Carvalho (1997, p.15) afirma ainda que:

> *"A gestão social tem, com a sociedade e com os cidadãos, o compromisso de assegurar, por meio das políticas e programas públicos, o acesso efetivo aos bens, serviços e riquezas da sociedade."*

De acordo com esta percepção, observa-se que a Secretaria Municipal de Turismo tem a preocupação de desenvolver programas que ofereçam benefícios sociais ao propiciar o conhecimento do patrimônio histórico, natural e cultural de São Luís.

Assim, destaca-se o Projeto Turismo Educativo que desde 1993 vem colocando em prática ações que visem estabelecer vínculos entre a atividade turística e as escolas.

Esse projeto sofreu várias reformas após a criação da Fundação Municipal de Turismo, onde suas ações, a cada ano, tendem a desenvolvê-lo e aprimorá-lo.

Em 1997, a Fundação Municipal de Turismo observando que, mesmo após São Luís ter sido reconhecida como Patrimônio Cultural da Humanidade, grande parte de sua população era desinformada a respeito dos elementos constituintes do meio ambiente social, cultural e natural da cidade. Para suprir essa carência de informação, o Projeto Turismo Educativo foi criado com o objetivo de sensibilizar alunos, professores e diretores das redes pública municipal e privada, de ensino fundamental, assim como, pais e comunidade do entorno da escola visitada, sobre a importância de se conhecer e preservar os atrativos turísticos, produzindo, com isso, benefícios sociais, culturais, econômicos e ambientais na cidade.

Com esse propósito de criar na população uma cultura social e turística, a FUMTUR (Fundação Municipal de Turismo), firmou parcerias com a SEMED (Secretaria Municipal de Educação) e a UFMA (Universidade Federal do Maranhão), para que esse processo de aprendizado fosse posto em prática, para criar novos padrões de comportamento, formando cidadãos mais conscientes e atuantes.

O projeto Turismo Educativo desenvolve-se em escolas das redes pública municipal e privada, no período de uma semana, com palestras, exposições artísticas da cidade, exibições de vídeos, passeios turísticos e ações socioeducativas, com o objetivo de suscitar nas pessoas atendidas uma sensibilização que desperte para a importância do turismo como um meio de desenvolvimento de sua cidade.

As atividades pedagógicas realizadas são: teatro de bonecos, palestras, mostra, passeio, cartilha e comitê escolar de turismo.

Teatro de Bonecos: "Uma Estória na Fonte"

Direcionado aos alunos de 1ª a 4ª séries do ensino fundamental, o teatro é composto por um cenário – que retrata a Fonte do Ribeirão, muito conhecida em São Luís por suas lendas; "Turisminho" e "Juçara", duas marionetes que revelam personagens do cotidiano da cidade e "Joaquina", uma senhorita do século XIX. A estória representada é da "Joaquina" que, após ter desmaiado ao ver uma serpente na Fonte, acorda no século XXI e encontra-se com "Turisminho" e "Juçara", os quais falam a ela sobre as modificações que a cidade sofreu e conversam com as crianças sobre os atrativos de São Luís. Essa apresentação teatral tem o propósito de desenvolver o imaginário dos contos infantis (Fig. 11.1).

Palestras

Ministradas aos alunos de 5ª a 8ª séries, transmitem noções de turismo, atrativos turísticos de São Luís, Educação Ambiental e a importância da preservação do patrimônio público e privado. São utilizados como recursos didáticos um álbum seriado e uma dinâmica com objetos ilustrativos, para que os alunos compreendam melhor a atividade turística (Fig. 11.2).

Figura 11.1 – Foto do grupo trabalhando o Teatrinho de Bonecos (Fonte: Secretaria Municipal de Turismo).

Figura 11.2 – Foto dos estagiários ministrando a palestra (Fonte: Secretaria Municipal de Turismo).

Mostra "Um Olhar sobre o Patrimônio"

Oportuniza aos alunos observar os atrativos de São Luís, por meio de painéis fotográficos, mapas, textos, cenários, personagens da história da cidade e objetos relacionados à cultura e o cotidiano ludovicense.

A estrutura da Mostra é composta de um monitor que acompanha o grupo durante toda a visita. Primeiramente, os alunos são conduzidos ao módulo "Patrimônio Deteriorado", podendo visualizar o conjunto arquitetônico deteriorado da cidade, retratando o abandono e o vandalismo representado por meio das pichações nos painéis. O personagem nesse momento é o "Pichador" que é sensibilizado pelo Monitor para a importância do patrimônio.

Em seguida, os alunos deslocam-se para a Sala de Cidadania, local onde são expostos cartazes ilustrativos com noções de como ser um cidadão atuante, sobre a questão do lixo nas ruas e na escola, reciclagem, agressões ao meio ambiente e utilização adequada da água e energia elétrica.

Para finalizar a visita, o grupo é levado à Sala São Luís Patrimônio Cultural da Humanidade, onde podem admirar os painéis que retratam os atrativos da cidade e recebem informações sobre cada um deles.O personagem "Europeu" fala sobre a fundação de São Luís e dos casarões coloniais, o personagem "Fofão", típico do Carnaval, fala sobre as manifestações culturais e a gastronomia e, por último, o personagem "Pescador" fala aos presentes sobre os atrativos naturais da cidade (Figs. 11.3 a 11.5).

Figura 11.3 – Foto da Mostra "Um Olhar sobre o Patrimônio" (Fonte: Secretaria Municipal de Turismo).

Figura 11.4 – Foto da Mostra "Um Olhar sobre o Patrimônio" com destaque para o artesanato maranhense (Fonte: Secretaria Municipal de Turismo).

Figura 11.5 – Foto da Mostra "Um Olhar sobre o Patrimônio", com destaque para o personagem "Fofão" (Fonte: Secretaria Municipal de Turismo).

Passeios

A proposta do passeio é mostrar aos estudantes alguns atrativos de São Luís, relatando os principais fatos históricos que ocorreram em alguns pontos percorridos, visitando Museus, Parques Ecológicos e as Praias. Proporcionando, assim, um contato direto com o que foi exposto durante a semana pelo Projeto na escola. (Fig. 11.6).

Cartilha "As Lições de Turisminho"

Essa Cartilha foi lançada com o propósito de deixar uma mensagem escrita, contendo tudo aquilo que é explicado nas atividades do Projeto na escola.

Comitê Escolar de Turismo

Esse grupo é formado por alguns alunos e professores da escola,com o objetivo de estabelecer um elo entre os mesmos e a FUMTUR (Fundação Municipal de Turismo), atual Secretaria Municipal de Turismo. São realizadas reuniões entre esses representantes e a Coordenação do Projeto, nas quais são discutidas formas de promover campanhas de sensibilização ambiental e turística e discutir os problemas da comunidade do entorno para que tentem saná-los junto aos órgãos municipais.

Figura 11.6 – Foto do passeio nas ruas do Centro Histórico de São Luís (Fonte: Secretaria Municipal de Turismo).

Análise dos Resultados Obtidos

Carvalho (p. 62) define que:

> *"[...] avaliação é a atribuição de valor que mede o grau de eficiência, eficácia e efetividade de políticas, programas e projetos sociais.Assim compreendida, identifica processos e resultados, compara dados de desempenho, julga, informa e propõe."*

Com base nesta afirmação, analisaremos os resultados das atividades desenvolvidas pelo Projeto turismo Educativo no ano de 2002, a partir da aplicação de 435 questionários entre alunos de 1ª a 4ª séries e 491 questionários entre alunos da 5ª a 8ª séries, sendo seis escolas da rede pública municipal e 4 escolas da rede privada, de ensino fundamental, de São Luís/ MA (Fig. 11.7).

De acordo com a Figura 11.7, os percentuais atingiram 97% em relação à aprovação do Teatrinho de Bonecos por parte dos alunos, correspondendo, assim, à proposta de despertar no imaginário infantil o encantamento pela estória, que envolve vários aspectos da cultura e dos atrativos da cidade (Fig. 11.8).

De acordo com a Figura 11.8, 64% dos alunos entenderam que o Teatrinho de Bonecos conta a "Estória da menina Joaquina", comprovando que foram claros os diálogos entre os personagens e que os recursos utilizados foram adequados para a faixa etária preestabelecida (Fig. 11.9).

A Figura 11.9 mostra os percentuais de alunos que gostaram da visita atingiram 94%, correspondendo, assim, à proposta de retratar na escola o rico acervo natural e cultural da cidade, através da utilização de painéis, personagens diferentes, de uma linguagem simples a cada módulo visitado e especialmente utilizando o aspecto lúdico de personagens, como fundamento didático de boa compreensão (Fig. 11.10).

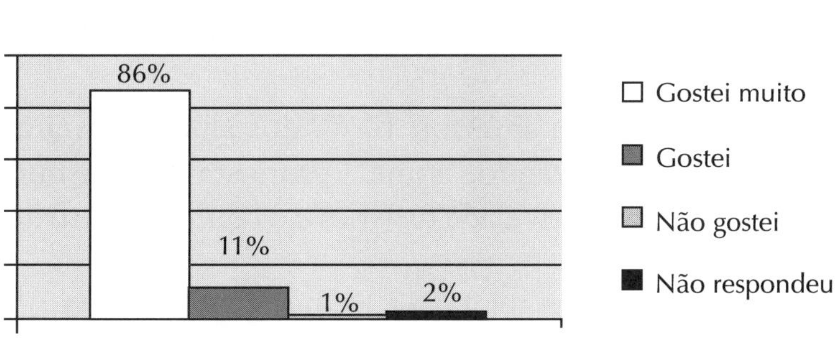

Figura 11.7 – Percentual de aceitação por parte dos alunos de 1ª a 4ª séries do ensino fundamental, em relação ao Teatrinho de Bonecos.

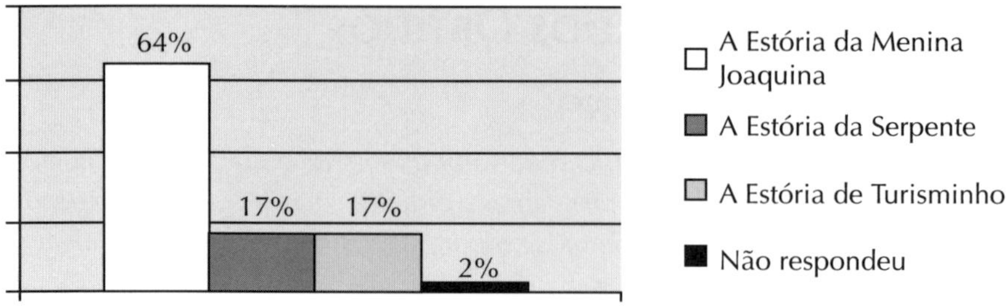

Figura 11.8 – Percentual do nível de compreensão do Teatrinho de Bonecos, intitulado "Uma Estória na Fonte", por parte dos alunos da 1ª a 4ª séries do ensino fundamental.

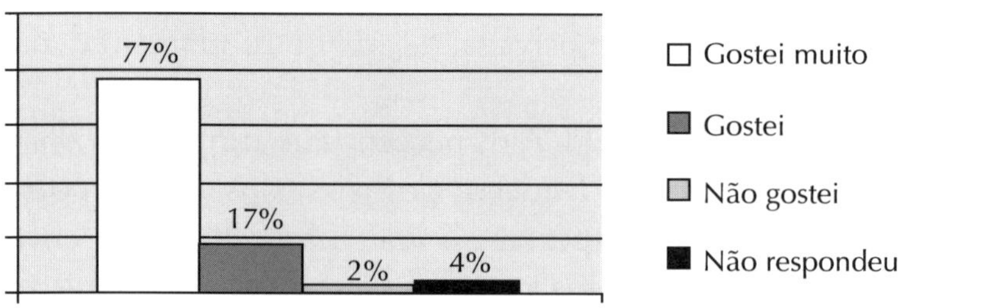

Figura 11.9 – Percentual de aceitação por parte dos alunos da 1ª a 4ª séries do ensino fundamental, em relação à mostra "Um Olhar sobre o Patrimônio".

Figura 11.10 – Percentual de aceitação por parte dos alunos da 5ª a 8ª séries, do ensino fundamental, em relação às palestras ministradas.

De acordo com a figura anterior, 100% dos alunos gostaram do conteúdo das palestras, satisfazendo, assim, a proposta de transmitir uma noção sobre a importância da atividade turística e o conhecimento dos atrativos da cidade (Fig. 11.11).

De acordo com a Figura 11.11, os materiais didáticos utilizados nas palestras atingiram o percentual de 98% de aprovação na opinião dos alunos questionados, satisfazendo a proposta de assimilação do conteúdo, de forma dinâmica com os recursos ilustrativos (Fig. 11.12).

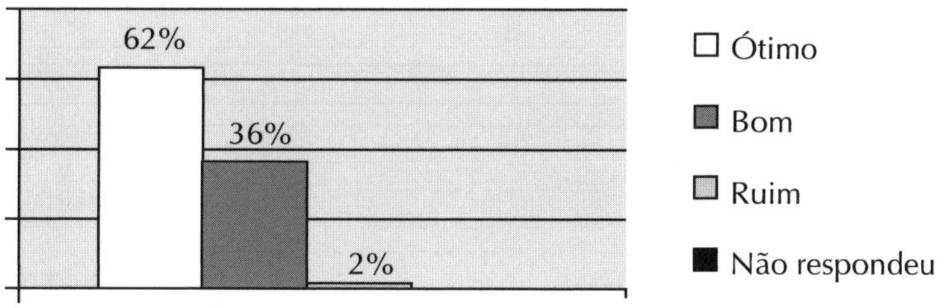

Figura 11.11 – Percentual de aceitação por parte dos alunos da 5ª a 8ª séries em relação aos materiais didáticos utilizados.

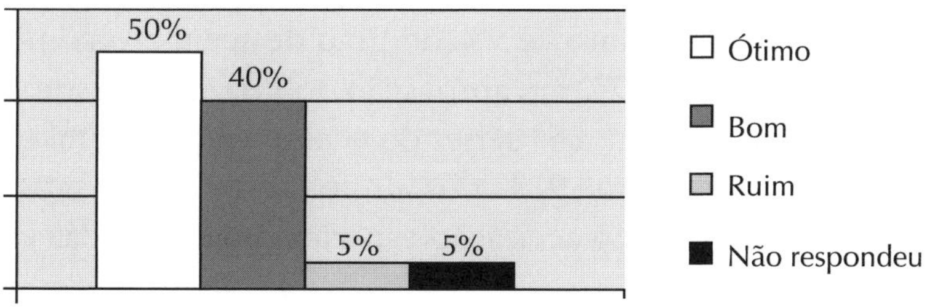

Figura 11.12 – Aceitação pelos alunos da 1ª a 8ª séries em relação ao vídeo exibido.

De acordo com os percentuais atingidos na Figura 11.12, 90% dos alunos apresentaram-se satisfeitos com os vídeos exibidos, atingindo, assim, a proposta de expor imagens audiovisuais com grande riqueza de detalhes da arquitetura e das manifestações culturais ludovicenses mais marcantes, complementando o universo de recursos expostos no Projeto (Fig. 11.13).

De acordo com os percentuais atingidos na Figura anterior 98% dos alunos reconhecem o principal objetivo dessa atividade, que é de provocar uma mudança de atitude em relação ao patrimônio público da cidade e uma conscientização da necessidade de preservá-lo (Fig. 11.14).

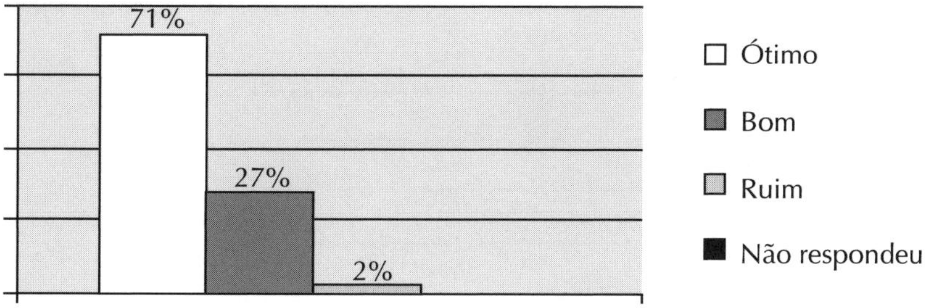

Figura 11.13 – Opinião dos alunos da 5ª a 8ª séries sobre a importância de preservação do patrimônio da cidade.

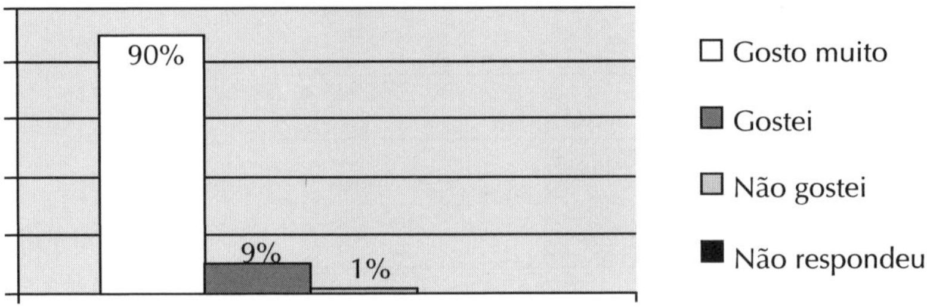

Figura 11.14 – Aprovação do Projeto pelos alunos da 1ª a 4ª séries.

A Figura 11.14 mostra os percentuais atingidos foram de 90% do grau de aceitação como "Gostei Muito" e 9% do grau de aceitação como "Gostei", atingindo o percentual de 99% em aprovação do Projeto Turismo Educativo, por parte dos alunos entre 1ª a 4ª séries do ensino fundamental (Fig. 11.15).

A Figura 11.15 indica que 97% dos alunos sentiram-se satisfeitos com o Projeto, atingindo assim, a aceitação esperada por parte das escolas.

Importância Social do Projeto Turismo Educativo

O Projeto Turismo Educativo usando como meio de acesso às suas informações a escola, proporciona aos alunos a interdisciplinaridade das varias áreas do saber, utilizando-se do turismo como gerador de integração de diversas áreas do conhecimento.

Com a Arte, as ações socioeducativas são desenvolvidas através de encenações teatrais, exposições de réplicas da arquitetura portuguesa e estímulo à produção de desenhos e poesias que venham retratar o aprendizado adquirido com esse Projeto na escola; da Geografia são transmitidos conhecimentos sobre os recursos naturais da cidade.

Já a História é trabalhada a partir de estórias, do uso de vestimentas e visitas ao Centro Histórico que vão proporcionar aos alunos curiosidade, "fuga da realidade" e o levantamento de questões sobre os costumes dos séculos passados.

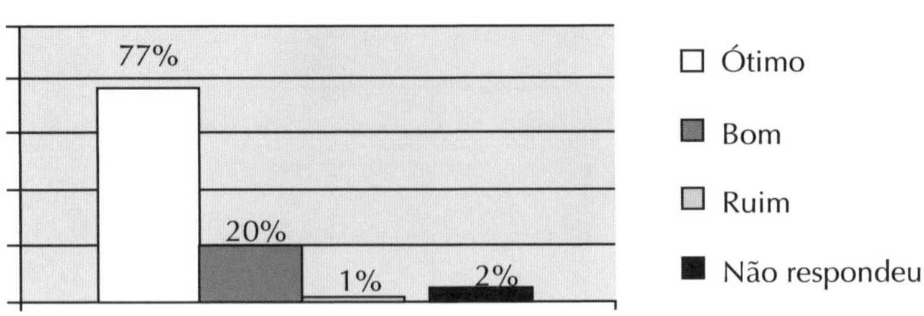

Figura 11.15 – Aprovação do Projeto pelos alunos de 5ª a 8ª séries.

Dessa forma, o aprendizado é dinâmico e torna-se de fácil assimilação, pois foge dos padrões convencionais de ensino.

Essa nova forma de educar é justificada por Silva (p. 41) que diz:

> *"[...] educar para o turismo significa buscar a integração consigo mesmo e com o meio ambiente e social [...]". Pois percebemos a necessidade de educar a sensibilidade [...]. Urge que se faça a sensibilização do valor das relações harmoniosas do ser humano com o patrimônio natural, histórico e cultural da humanidade."*

Nesse sentido, a integração propicia aos alunos de baixa renda das áreas urbanas e rurais o acesso a informações e lugares não antes conhecidos por eles. Possibilita, também, a vivência do aprendizado, pois ao entrarem em contato com o meio ambiente histórico-cultural, prédios do Centro Histórico; com o ambiente natural, praias e parques ecológicos, passam a valorizar seu patrimônio através de atitudes de carinho e zelo com a sua cidade.

Considerações Finais

Com esse estudo podemos concluir a eficácia do Projeto Turismo Educativo ao atingir 28.458 alunos da rede publica municipal e particular no ano de 2002.

Constatou-se, ademais, o esforço em transformar crianças e adolescentes em anfitriões da cidade, bem como multiplicadores das informações discutidas: questões ambientais, de cidadania e de valorização do patrimônio natural, histórico e cultural da cidade de São Luís.

Destaca-se a perspectiva de continuidade das discussões no âmbito escolar, com a instalação do Comitê Escolar de Turismo, composto por estudantes e professores.

Ressalta-se como positivo e estimulador o grau de aceitabilidade do projeto pelo público envolvido. E, por parte das autoras, o enriquecimento pessoal e profissional adquirido.

Referências Bibliográficas

1. CARVALHO, M. C. B. Introdução à temática da gestão social. In: *Gestão de Projetos Sociais.* São Paulo: AAPCS – Associação de Apoio ao Programa Comunidade Solidária, 1999.
2. SILVA, V. C. S. Educação para o turismo: espaço de ser, saber e viver. In: *Sociologia Aplicada ao Turismo: subsídios para estudos*. Blumenal: Asselvi, 2001.

Capítulo 12

Atividade Prática do Acadêmico como Reflexo Econômico e Social em um Empreendimento Turístico – Gentis Orientadores: uma Experiência de Sucesso

TEREZA TESSARI VICENTE
ROSE ANEMARIE LUCAS LEITE
SILVIA REGINA CABRAL

INTRODUÇÃO

O turismo na atualidade apresenta-se acessível e comprometido em atender às necessidades humanas, fenômeno este, surgido oficialmente desde o século XIX, entretanto, a atividade se estende desde os primórdios da civilização. Constatam-se suas raízes pela própria história, pois o início da civilização é marcado pelas características nômades, onde pequenas civilizações trocavam de lugar de convívio de momento em momento, buscando não extrair por completo as riquezas naturais daquele determinado lugar.

Para Lage e Milone o surgimento da atividade turística, ou a prática de viajar desde a idade média até os dias de hoje,

> *"(...) sempre foi uma ação que se origina de um contexto dentro do qual está inserida a sociedade em um determinado momento histórico. Representa um dos elementos componentes da vida econômica e social dos homens no decorrer de cada época e para cada civilização". (Lage e Milone, 1991, p.15).*

Os mesmos autores ainda abordam a respeito das diversas motivações que levam as pessoas a investirem em viagens turísticas relacionadas às suas necessidades, criada pela própria sociedade ou marcada pelo cotidiano, que de acordo com Lage e Milone (1991) estas motivações:

> *"(...) ocupam lugar de destaque nas relações econômicas, sociais e políticas das sociedades. Podem manifestar-se de forma distinta quanto às motivações, aos meios de transportes, aos períodos de duração, aos meios de hospedagem, aos tamanhos do grupo, às categoria da viagem, etc. O turismo, sendo caracterizado por um tipo de serviço à disposição dos homens da sociedade industrial moderna, passou a integrar a vida de todas as nações e a contribuir de maneira significativa em todos os setores, tornando-se imprescindível para as atividades econômicas do século XX" (Lage e Milone, 1991, p.22)*

O cenário nacional da atividade turística vem se caracterizando com inovações necessárias para atender as tendências mundiais. Neste sentido, não só mão-de-obra qualificada faz parte desta mudança, como também, uma nova filosofia de bem estar e comodidade.

Os turistas buscam, além da qualidade de serviços, instrumentos ideais para sua estada. Cresce o poder aquisitivo do brasileiro, aumenta o fluxo da demanda de viajantes e assim, é preciso estar preparado para tais mudanças.

O turismo é uma das atividades econômicas que mais cresce no mundo, atualmente é grande geradora de empregos. Diante deste cenário, se faz necessário investir em treinamento e qualificação de mão-de-obra, buscando a excelência na prestação dos serviços postos à disposição do consumidor turístico.

A falta de um melhor relacionamento, compreensão e interação entre escola/empresa, visando a qualificação da atividade profissional, desfavorecida pela ausência de políticas claras e coerentes prejudica a atividade turística, que precisa de profissionais preparados, eficientes e arrojados, melhorando o nível empresarial e os benefícios para os consumidores.

A universidade tem compromisso com a formação cultural e humana do acadêmico em ministrar ensinamentos teóricos e práticos de ordem profissional. A escola não será a empresa, e nem terá sua praticidade, tampouco, a empresa terá a responsabilidade da universidade.

Preparar, treinar e dar fundamentação as práticas empresariais, é função da universidade, em contrapartida, investir nos recursos humanos para qualificação e melhoria da mão de obra do mercado é responsabilidade das empresas e de seus dirigentes. Flores afirma que:

> *"(...) bons serviços, correto atendimento e educação do quadro funcional constituem-se no trinômio para não deixar cair o padrão de um empreendimento turístico. Muitas empresas ainda não incorporaram qualidade aos seus produtos, por falta de sistematização de seus procedimentos operacionais. Estão errando sempre na mesma coisa e, conseqüentemente, perdendo posições perante o mercado". (Flores, 2002, p 14).*

Neste contexto precisamos estar preparados para concorrer com outros produtos/destinos turísticos. Há necessidade de que antecipemos o pensamento do viajante, quando este planeja sua viagem, estando preparados para atender e satisfazer suas necessidades, não só em nível primário, mas também seus anseios de lazer, negócios, entretenimento e qualidade de vida.

O investimento para qualificação dos recursos humanos é uma via de mão dupla, onde escola e empresa devem caminhar juntas na prestação de serviços com qualidade ao mercado.

Em linhas gerais, este projeto justifica-se pela integração do estudante ao ambiente empresarial do futuro, pela possibilidade de um trabalho entre empresas e universidades, dentro do papel daquela de antevisora do futuro, aperfeiçoando e aproveitando esses novos profissionais, especialmente pelos benefícios auferidos por todos os seus participantes.

Neste sentido, o projeto "Gentis Orientadores – Uma experiência de Sucesso", tem como objetivo registrar a evolução histórica de uma experiência de sucesso realizada entre a universidade e o empreendimento Ilha de Porto Belo – SC, utilizando-se de um estudo exploratório qualitativo, valendo-se de técnicas e instrumento de coletas de dados por meio da pesquisa bibliográfica, da pesquisa documental e entrevistas.

Apresenta-se portanto, o projeto "Gentis Orientadores", que vem ao encontro das necessidades mercadológicas, empresariais e acadêmicas, para que, de forma prática, os estagiários possam vivenciar uma ação multidisciplinar, de maneira formal e informal, oferecendo por sua vez, diferenciais para que todos venham a aprender, conciliando a prática com a teoria.

Gentis Orientadores

Entende-se por *Gentis Orientadores* pessoas, normalmente jovens, que trabalham de forma diferenciada no contato direto com o público/turista, com o objetivo de recepcionar e suprir as necessidades do consumidor, no que diz respeito as suas atividades de lazer e entretenimento, no período em que permanecer em um empreendimento turístico.

Uma das principais características deste profissional é a simpatia e dinamicidade ao desenvolver atividades recreacionais, destacando-se a habilidade em convencer o turista para participar das ações propostas, como por exemplo, estar sempre preparado para atender o público com informações do empreendimento assim como, trabalhar com uma vasta programação esportiva. Outro aspecto importante para o perfil deste profissional é a habilidade de entender e falar outras línguas.

No Brasil, o primeiro hotel a trabalhar com este tipo de serviço foi o *Club Med* Itaparica-Salvador – BA, e o *Club Med* de Rio das Pedras – Rio de Janeiro – RJ, seguindo a filosofia da empresa que já desenvolvia esta atividade desde 1950 nas Ilhas Baleares- Espanha. Também no estado do Rio de Janeiro, o Búzios Mega Resort atua com o sistema de GO (Pernambuco, julho 2002).

Com base nas experiências existentes no país, o Curso de Turismo e Hotelaria – UNIVALI, através do Núcleo de Apoio às Atividades Turísticas – NATUR[1] , desenvolve o projeto Gentis Orientadores – GO, no empreendimento Ilha de Porto Belo, na ilha João da Cunha – Porto Belo – SC, um programa educacional, em forma de estágio extra-curricular, proporcionando aos acadêmicos condições de exercitar os conteúdos absorvidos na teoria, desenvolvendo uma visão gerencial/administrativa em forma de ambientação profissional. Ampliando ainda, além dos serviços de recepção e recreação, atividades de acordo com as necessidades do empreendimento/parceiro.

O Gentil Orientador que participar do programa desenvolve ainda, projeto técnico-científico, enfocando melhorias, ampliações e/ou implantações observadas durante o período de sua estada no empreendimento, nas

[1] **NATUR** - Núcleo de Apoio às Atividades Turísticas, é um programa de extensão do curso de Turismo e Hotelaria, que servirá de elo entre as estratégias previstas nos projetos a serem desenvolvidos, atendendo as linhas de pesquisas propostas, viabilizando a atividade prática e o gerenciamento junto a comunidade. O desenvolvimento do programa NATUR passa pela preocupação da formação e aperfeiçoamento do acadêmico que promovam a aplicação do planejamento do setor turístico.

diversas áreas do setor turístico. Para uma maior caracterização e fortalecimento do projeto, o acadêmico deverá residir na "casa do estudante", especialmente montada pelo empresário, durante o período do estágio, buscando assim, a experiência de convívio em grupo e interação com a comunidade em que está inserida a empresa.

A partir de tais experiências, o acadêmico inicia um processo de transformação na sua formação, que conforme apresentado por Kneller (1964, p.127) é o conceito pragmático de que a transformação é a própria essência da realidade, afirmando que o desenvolvimento é uma conseqüência da educação, onde os responsáveis pela educação devem estar abertos a novos métodos e diretrizes para novos conhecimentos e mudanças de ambientes. O autor ainda afirma: " O âmago da educação não é a adaptação à sociedade, ou ao mundo externo, ou a certos padrões perenes de bondade, beleza e verdade; é a contínua reconstrução da experiência".

O projeto Gentis Orientadores, portanto tornou-se, para o Curso de Turismo e Hotelaria- UNIVALI, uma proposta que, além de dar um diferencial no atendimento das empresas turísticas ao consumidor, desenvolve a integração do acadêmico ao mercado de trabalho, a parceria junto ao *trade* turístico, condições práticas para o desenvolvimento de habilidades profissionais, a prática da pesquisa e condições ao acadêmico de identificar o processo inter e transdisciplinar da atividade turística.

Ainda, resultou num referencial do curso frente ao cenário acadêmico do estado de Santa Catarina. O projeto que teve seu início na temporada de verão de 1996/1997, completa seu sétimo ano de atividade ininterruptamente.

Histórico da Ilha

A Ilha João da Cunha, localiza-se no litoral norte do estado de Santa Catarina. Denominada inicialmente de Ilha Bela, foi propriedade de João da Cunha Bittencourt, desde o século XIX. No início do século XX, foi ocupada com o consentimento do proprietário, para desenvolver o lazer de forma informal, explorada pela agricultura, pesca e utilização de acampamentos, como segunda residência no período de verão, porém sem a preocupação da preservação ambiental.

Em 1953, por escritura pública, a ilha foi adquirida pelo empresário blumenauense Ernesto Stodieck Júnior. Nesta data, toda a forma de agricultura e ocupação foi abandonada e a vegetação começou a se recuperar.

A partir dos anos de 1980, inicia-se a ocupação temporária de "turistas", com acampamentos, caça, fogueiras e outras atividades.

A família Stodieck, interessada em desenvolver a região e incrementar o turismo local, entra com processo junto ao IBAMA e órgãos competentes, em setembro de 1996, solicitando licenciamento ambiental para a implantação do empreendimento "Ilha de Porto Belo". O processo de implantação do empreendimento inicia-se com a retirada dos veranistas/campistas.

Os atuais proprietários da Ilha, decididos em promover o desenvolvimento de um equipamento voltado ao turismo recreativo e cultural, buscam parceria com a família de navegadores Schuermann, que implantam a "*Adventure House*" base operacional destes navegadores.

Preocupados em desenvolver um equipamento de qualidade e baseado nos princípios da sustentabilidade turística, os proprietários buscam interagir com a comunidade local, abrindo parcerias com os pescadores, que com a redução da pesca artesanal, passam a realizar o transporte continente/ilha/continente. Utilizando ainda, preferencialmente, a mão-de-obra local, parceria com Iate Clube de Porto Belo, Prefeitura e firmando acordo com as escolas municipais para visitação gratuita ao equipamento.

Em continuidade ao processo, inicia-se o isolamento da praia pela colocação de bóias de sinalização para proteção dos banhistas, a criação de trilhas ecológicas por biólogos especializados e ainda convênios nas áreas de oceanografia, biologia marítima e implantação do turismo ecológico com acompanhamento de alunos do curso de Turismo e Hotelaria da UNIVALI.

A ilha possui estrutura própria de energia elétrica, água e lixo reciclável. Além disso, um complexo sistema de tratamento de efluentes foi executado.

Durante a temporada de verão 96/97, uma equipe multidisciplinar do Curso de Turismo e Hotelaria da UNIVALI, sob a coordenação da Professora dra. Doris Ruschmann, começou os estudos relacionados a determinação da capacidade de carga turístico-recreativa (*carrying capacity*) dos equipamentos e do meio natural, a sustentabilidade dos equipamentos instalados, a caracterização da demanda e sua postura social e ambiental quando em visita à Ilha.

Os resultados dos estudos realizados demonstraram a importância estratégica de uma gestão ambiental sustentável, que além de proporcionar a satisfação dos visitantes atuais, protege o recurso para o usufruto das gerações futuras constituindo-se um instrumento de "*marketing*" do empreendimento.

Em 20 de dezembro de 1996 o empreendimento iniciou suas atividades, e neste mesmo período em continuidade com a parceria UNIVALI, inicia-se o projeto Gentis Orientadores.

Projeto Gentis Orientadores – Ilha de Porto Belo

O projeto Gentis Orientadores nasce de uma necessidade de integrar o acadêmico ao mercado de trabalho, atendendo ainda a filosofia da Universidade do Vale do Itajaí – UNIVALI, em desenvolver projetos de extensão junto a comunidade catarinense, contribuindo para o desenvolvimento econômico, cultural e social.

O "Gentis Orientadores" é um projeto piloto aplicado no empreendimento Ilha de Porto Belo – Ilha João da Cunha – Porto Belo – SC, contemplando dois momentos: a atividade prática e a produção científica, definidas e acordadas por meio de convênio estabelecido entre a UNIVALI e o empreendimento com recursos subsidiados por este.

Os acadêmicos do curso de Turismo e Hotelaria da UNIVALI, desenvolvem as atividades práticas em forma de estágio remunerado, por meio de bolsa de trabalho. A produção científica é apresentada em forma de projeto, com base nas atividades práticas, propondo à empresa melhorias e/ou ampliações do equipamento, tendo como reconhecimento uma premiação acordada entre as partes, cujo prêmio deve ser pertinente a área turística. Além disso, os estagiários desenvolvem uma pesquisa mercadológica englobando o perfil dos visitantes e índices de satisfação em relação ao empreendimento.

O Projeto tem a duração de acordo com o período considerado temporada de verão, com carga horária diária de 06 horas, com uma folga semanal, pré estabelecida pelo empreendimento, de acordo com as suas necessidades.

O desenvolvimento do projeto é de responsabilidade da Coordenação do Curso de Turismo e Hotelaria, que designa um professor orientador, subsidiado pela instituição, com a função de gerenciamento da equipe de acadêmicos, em consonância com o empreendimento.

Após o período das atividades, é realizada avaliação de dados coletados a partir de relatórios dos acadêmicos durante as atividades desenvolvidas, bem como a avaliação geral do projeto.

Os estagiários são denominados Gentis Orientadores (GO), auxiliando com sua presença, o empreendimento no desenvolvimento das atividades, agregando valores de qualidade nos serviços prestados.

Para a participação no projeto, o candidato deve comprovar a sua matrícula e estar cursando, no mínimo, o segundo semestre do curso de Turismo e Hotelaria – UNIVALI.

Quanto ao seu perfil, deve apresentar características de dinamismo, simpatia e interesse pela área de atuação.

São vários os benefícios que o projeto oferece, tanto para a universidade quanto para o empreendimento e para o acadêmico. Para a universidade se constituem em benefícios: a conquista de espaço e credibilidade junto ao *trade* turístico; fortalecimento de sua imagem como instituição de ensino, junto a comunidade catarinense e iniciativa privada; fortalecimento do processo ensino – aprendizagem, utilizando as atividades de campo no empreendimento, como laboratório; desenvolvimento de uma integração do corpo discente, docente e coordenação; experiências na atuação junto ao *trade* para o desenvolvimento de futuros projetos; agregação de valores à instituição, perante a concorrência; e desenvolvimento na elaboração de projetos técnico-científicos. Para o empreendimento: melhoria na qualidade de mão-de-obra do empreendimento; utilização da qualidade do quadro de recursos humanos; inovações e investimento com eficiência, por meio dos projetos desenvolvidos pelos acadêmicos, credibilidade e fortalecimento de imagem, em função do espaço concedido à instituição de ensino superior; pluralidade de projetos técnico-científicos e disseminação do empreendimento, quando na apresentação de projetos em eventos técnico-científicos. Para o acadêmico: ampliação dos conhecimentos por meio das atividades vivenciadas; viabilidade de inserir os conhecimentos teóricos à prática; experiência de convivência em grupo; desenvolvimento de habilidade de decisão frente às situações problemas; viabilização da inserção do acadêmico no mercado de trabalho; desenvolvimento de habilidades de produção técnico-científica; enriquecimento do seu currículo escolar e realização de intercâmbio cultural.

Linha do Tempo

1996 - 1997

O curso de Turismo e Hotelaria apresenta ao empreendimento Ilha de Porto Belo, proposta de convênio para a realização de um projeto integrado, "Análise e Avaliação da Sustentabilidade Turística dos Equipamentos de Lazer Instalados na Ilha de Porto Belo – SC", em 19 de dezembro de 1995, e projeto/convênio Gentis Orientadores – GO, em 19 de dezembro de 1996, visando o desenvolvimento de atividades conjuntas.

O projeto consiste em realizar, no período do verão de 1996/1997, com os acadêmicos da Faculdade de Turismo e Hotelaria – UNIVALI, coordenado na área técnico-científica pela Profa. dra. Dóris Van de Meene Ruschmann, área administrativa Prof. Carlos Alberto Tomelin e colaboração técnica dos professores Paulo Santos Pires e Francisco dos Anjos, um estudo de capacidade de suporte do empreendimento Ilha de Porto Belo, o grau de preservação do meio ambiente e da paisagem, a identificação de aspectos biosocioeconômicos do visitante e sua consciência ambiental, o desenvolvimento das atividades de orientação e atendimento ao turista.

As atividades desenvolvidas nessa primeira etapa do projeto pelos GO foram: Recreação e Informações Turísticas, Contagem/cobrança, Quiosque de *Souvenir* e Pesquisa de Demanda.

1997 - 1998

O segundo ano de atividade no empreendimento caracterizou-se pela reavaliação da capacidade de suporte, em função de ampliações e instalações de atrativos e novos equipamentos. Avaliando-se os impactos relativos aos equipamentos instalados anteriormente e determinando-se o número ideal de visitantes por dia, ainda, pesquisando o perfil do visitante, detectando mudanças em relação ao período anterior e propondo alternativas de uso com os ajustes que se fizerem necessários.

O projeto Gentis Orientadores, se fortalece com a inclusão de atividades no restaurante, a divisão do grupo em: equipe de pesquisa e equipe administrativa, cuja supervisão administrativa fica a cargo do NATUR, sob a responsabilidade da Profª Sílvia Regina Cabral e coordenação do Prof. Carlos Alberto Tomelin, sendo inserido ao projeto o desenvolvimento de projetos técnico-científicos, de obrigatoriedade por parte dos estagiários.

As atividades desenvolvidas pelos GO na segunda etapa do projeto foram nos seguintes setores: Restaurante, Recreação e Lazer programados assim como, a produção de Projetos técnico-científico.

1998 - 1999

Em continuidade ao projeto, a temporada de verão 98/99, caracteriza-se pela assinatura do convênio específico com a empresa terceirizada responsável pelo restaurante e o Curso de Turismo e Hotelaria / UNIVALI, com ampliação das atividades desenvolvidas no restaurante, por meio de Termo de Compromisso de Bolsa de Trabalho com acadêmico/estagiário.

Dá-se, ainda, a inclusão das atividades esportivas como: *jet ski*, mergulho, pesca submarina.

1999 - 2000

No quarto ano de atividade do projeto Gentis Orientadores, além das atividades já citadas, registra-se o convênio firmado entre o Iate Clube de Porto Belo e a Universidade, principalmente pela necessidade de um serviço de receptivo aos cruzeiros marítimos aportados em Porto Belo – SC, convênio este, solicitado pelo empreendimento Ilha de Porto Belo ao Iate Clube Porto Belo.

Os acadêmicos desenvolvem no Iate Clube, outras atividades como: operação em alimentos e bebidas, atendimento aos associados, eventos e recepção.

2000 - 2001

Tendo em vista o aumento de candidatos/acadêmicos para a participação no projeto e objetivando um maior comprometimento dos estagiários, desenvolve-se o processo de treinamento em duas etapas, sendo a primeira etapa a inscrição e seleção dos candidatos e a segunda a apresentação do empreendimento e dia do turista, para que esse possa vivenciar as atividades no empreendimento como turista.

Mantém-se, ainda, o desenvolvimento das atividades dos anos anteriores.

Registra-se nesta temporada, o encerramento do convênio Iate Cube Porto Belo, por iniciativa da empresa.

2001 - 2002

Reformula-se o processo de treinamento ampliando-o para três etapas, sendo a primeira etapa de inscrição e seleção, a segunda de apresentação do empreendimento e a terceira o dia do turista.

Neste período, constata-se que em função da realização de projetos pelos discentes do programa *latus e stricto sensu*, os projetos técnico-científico desenvolvidos pelos estagiários passam a ter uma menor relevância para o empreendimento, não havendo um aproveitamento dos mesmos.

2002 - 2003

O projeto mantém-se com a supervisão administrativa a cargo do Núcleo de Atividades Turística – NATUR, sob a responsabilidade da Profa. Ana Tereza Tessari Vicente e coordenação da Profa. Sílvia Regina Cabral – Curso de Turismo e Hotelaria.

Em conseqüência da inclusão do programa *latus e stricto sensu*, os projetos técnico-científicos desenvolvidos pelos GO'S, não atendem mais, com tanta relevância, as expectativas do empreendimento. Diante desta realidade, a coordenação do programa, reestrutura o processo de premiação que passa a ter uma avaliação pela somatória de vários critérios, analisados pela empresa e universidade, a saber: pontualidade, assiduidade, atuação profissional, postura profissional, relacionamento estagiários/funcionários, relacionamento estagiário/estagiário e a produção do projeto técnico-científico.

Em função do número expressivo de candidatos à participação no projeto, altera-se o critério de seleção dos acadêmicos, quanto ao item de matrícula, passando de 2º período para o quarto período.

O processo de treinamento sofre nova alteração sendo ampliado para quatro etapas, sendo a primeira etapa a inscrição e seleção, a segunda a apresentação do empreendimento, a terceira o dia do turista e a quarta etapa a prática das atividades a serem desenvolvidas nos setores (simulação).

De acordo com a linha do tempo apresentada, durante os sete anos de existência do projeto, a cada período suas ampliações foram sendo desenvolvidas conforme as experiências vivenciadas e necessidades apresentadas, mantendo-se em sua integra a proposta inicial, dando destaque a maior participação do acadêmico, justificando-se as alterações no processo de treinamento.

Atualmente, instalou-se por parte do acadêmico, uma cultura em buscar nesta experiência o seu amadurecimento prático, em função das oportunidades oferecidas pelo projeto.

Nessa temporada amplia-se ainda, o projeto Gentis Orientadores, direcionando-se também à área da hotelaria, inserindo as atividades afins ao empreendimento conveniado. As denominações dos projetos identificam a área de atuação, a saber: Gentis Orientadores LE (lazer e entretenimento) e Gentis Orientadores H (Hotelaria).

Conclusões

Ao registrar o processo evolutivo do projeto Gentis Orientadores, e suas atividades desenvolvidas no empreendimento Ilha de Porto Belo, pela UNIVALI, nos programas de graduação (*latus e stricto sensu*) em Turismo e Hotelaria, durante o período de 1996 a 2003 confirmou-se a importância do envolvimento da universidade X empresa, que por um lado aprimora o senso crítico e reflexivo do acadêmico, como também o amadurecimento em sua formação, por outro lado a melhoria na qualidade dos serviços prestados pelo empreendimento, destacando-se pelo diferencial de seus recursos humanos e ainda, pelo desenvolvimento da atividade turística com base nos princípios da sustentabilidade.

Para o desenvolvimento deste registro, recorreu-se a pesquisas documentais e depoimentos informais do proprietário, parceiros e envolvidos no processo evolutivo do projeto.

Ressalta-se que num período de sete anos, o projeto desenvolveu-se ininterruptamente, havendo uma evolução quantitativa e qualitativa nas experiências tanto do lado do curso quanto do empreendimento, destacando-se uma forte valorização por parte do empresário como também de seu quadro funcional para com a universidade.

O acompanhamento dos professores e coordenadores do projeto possibilitou a observação do intercâmbio cultural e social com os pescadores e comunidade em geral, onde a troca de experiências foram recíprocas, resultando num crescimento pessoal e profissional dos acadêmicos, pelo convívio em grupo, durante o período de estada, favorecendo ainda a melhoria na qualidade de prestação dos serviços por parte dos pescadores, estimulados pelo convívio com os acadêmicos, mesmo que de forma indireta. E, ainda pelo amadurecimento no relacionamento com os funcionários efetivos do empreendimento, que quase na sua maioria são nativos do município de Porto Belo – SC, onde ao término da temporada percebe-se uma preocupação dos acadêmicos em marcar a sua passagem pela empresa, demonstrando por iniciativa própria um sentimento de amizade e agradecimento, quando presentearam os funcionários com guloseimas, nesta última temporada.

Ainda, ao retornar ao ambiente universitário, o acadêmico se sobressai perante aos demais pela sua experiência e seu amadurecimento frente aos assuntos abordados nas disciplinas, pois passa a discutir sua prática em relação às teorias abordadas em sala de aula, como também aumenta seu senso crítico e analítico perante as situações problemas como gestor de empreendimentos turísticos. Neste cenário, o acadêmico desenvolve a busca pela produção científica em projetos de pesquisa, tendo em vista o compromisso em apresentar trabalho técnico-científico, como resultado de sua experiência como Gentil Orientador, propondo ao empreendimento situação de melhoria e/ou ampliação tanto na infra-estrutura, quanto em recursos humanos, havendo, muitas vezes, a consolidação destes projetos pela empresa.

A continuidade na participação em projetos de pesquisa e extensão torna-se um hábito constante na trajetória deste acadêmico, vindo ao encontro com o projeto pedagógico do curso que: "... ressalta que a valorização da prática não significa que se reproduzam acriticamente os esquemas e rotinas que regem as práticas empíricas. O pensamento prático é uma complexa competência que impõe uma capacidade de intervir de forma competente em situações diversas como uma atitude reflexiva". (UNIVALI, 2002)

A experiência adquirida nestes sete anos, habilitou o curso de turismo e hotelaria e sua equipe em interpretar o fluxo de experiências com maior clareza e mais verdade. Buscando nas experiências presentes e passadas a orientação para atingir futuras experiências mais adequadas, evitando vagar ao ritmo da maré dos acontecimentos, organizando desta forma nossa própria trajetória. A evolução do processo, através da reconstrução da experiência, reflete e alcança os objetivos da educação.

Desta forma, o projeto Gentis Orientadores – Ilha de Porto Belo, contribui para uma formação profissional, apropriando o conhecimento, desenvolvendo habilidades e competências profissionais, resultando na formação de um profissional capaz de atuar de forma crítica e reflexiva.

O projeto Gentis Orientadores, ainda tornou possível a multiplicação de convênios e/ou parceria desta envergadura com outros empreendimentos na região e Estado, que buscam na universidade experiências de igual teor.

Referências Bibliográficas

1. COOPER, C.; FLETCHER, J.; WANHILL, S.; GILBERT, D.; SHEPHERD, R. *Turismo, Princípios e Práticas*. Porto Alegre, Bookman, 2001.
2. FLORES, P. S. O. *Treinamento em Qualidade – Fator de Sucesso para Desenvolvimento de Hotelaria e Turismo*. São Paulo: Roca, 2002.
3. KNELLER, G. F. *Introdução à Filosofia da Educação*. Rio de Janeiro: Zahar Editores, 1972.
4. LAGE, B. H. G.; MILONE, P. C. *Economia do Turismo*. Campinas: Papirus, 1991.
5. RUSCHMANN, D. *Planejamento e Organização Territorial do Turismo – Turismo em Análise*. Campinas: Papirus, 1998.
6. UNIVERSIDADE DO VALE DO ITAJAÍ. Projeto Pedagógico – Curso de Turismo e Hotelaria, 255p, 2000. Balneário Camboriú: Univali, 2002.

Sites Consultados

http://www.pernambuco.com/diário/2002/07/03/viagem20.html
http://www.unicamp.br/prg/forgrad

Capítulo 13

Projeto Ver o Mar – O Turismo Social Aplicado a um Grupo de Jovens do Bairro Palmital, Município de Santa Luzia/MG

Lucas de Castro Sena

Introdução

Passados poucos anos, o profissional de turismo desvincula-se de uma antiga imagem de riso. Afinal, confunde-se estudar e trabalhar com turismo com o fazer turismo. E por ser um trabalho centrado justamente no momento de não-trabalho das pessoas, ou seja, baseado no prazer e diversão, dificilmente as pessoas o levam a sério. A explosão do aumento de números de faculdades em todo o Brasil; o turismo como gerador de emprego e renda obrigatório a todos os programas de candidatos a um cargo político; a imagem de profissão do futuro que se estabeleceu; todos estes elementos contribuem no desenvolver da mudança a que vem passando o significado de turismólogo e turismo.

Apesar da palavra turismólogo legalmente não ser reconhecida, a mesma é comumente utilizada pelo mercado e academias de turismo.[1] A sociedade já sabe de sua existência, na prática, normalmente como a figura do consultor de turismo, uma das várias ocupações do bacharel em turismo. Se a palavra ainda não se afirmou em dicionários e junto ao senso comum, o profissional já o fez. Não pode-se também resumir o profissional turismólogo ao formado em cursos técnico e superior de turismo. Seria injustiça com aqueles que, por deter uma experiência no ramo de turismo, são também considerados turismólogos "de coração".

Mas não basta apenas querer lucrar com essa venda de prazer a que se chama de turismo. Amar a profissão é algo inerente ao profissional: esse desejo de satisfazer o desejo do outro. E o Turismo Social passa por esse dom, de viabilizar o prazer. É afirmar com convicção que o turismo deve ser para todos, principalmente por classes baixas formadas por indivíduos excluídos não somente do sistema capitalista, mas daquilo que se pode chamar de vida. A ética neste tipo de turismo envolve o direito ao lazer, ao prazer, ao conhecimento, ao deslocamento no espaço, a repor energias. É provar dos benefícios gerados pelo desenvolvimento tecnológico da humanidade.

O projeto *Ver o Mar* é uma resposta a desejos associados a todo ser humano: conhecer novos lugares, novas culturas, fazer turismo. Torna-se o legítimo Turismo Social, uma vez que jovens moradores da periferia da Região Metropolitana de Belo Horizonte, no bairro Palmital, possam conhecer o mar pela primeira vez e desfrutar, por poucos dias, de uma verdadeira vida de turista: jogando bola na praia, conhecendo a comida, cultura, gente e história locais. A metodologia consiste numa viagem exploratória ao litoral capixaba. Através de atividades como pintura, desenho, redação e depoimentos gravados objetiva-se trabalhar com a percepção ambiental do turista e analisar o antes, durante e depois de uma viagem turística na visão do mesmo. O lazer será praticado através de esportes e jogos na praia. O turismo sociocultural será feito em visita aos atrativos (igrejas, museus). O meio de transporte escolhido foi uma van por adequar-se às exigências do número de pessoas e por ser apropriado para realizar-se uma contemplação da paisagem.

---

[1] Situação observada na frustrada tentativa de aprovar o projeto de lei nº 1.830 de 1999 da Sra. Deputada Maria Elvira, que regulamenta a profissão turismólogo. A sessão ocorreu no dia 15 de agosto de 2001, em Brasília. Na pauta havia outras profissões a serem regulamentadas, como terapeuta holístico e decoradora. Ouviu-se de um deputado, que participava da sessão interrompida por falta de *quorum*: "Turismólogo? Esse nome está muito feio. Tem que mudar o nome" (Informação verbal). A sugestão é que tentemos então Turismólogo, conforme Fuster denomina "el técnico del turismo". Fuster, 1975, P. 14.

A idéia de realizar uma viagem que mudaria o modo de ver e de pensar desses jovens pelo resto de suas vidas não poderia deixar de ser um sonho, uma quase utopia. Não houve surpresas nesta constatação: faz parte do dom "turismológico"[2] essa mania de estar freqüentemente sonhando com o prazer dos outros. Ao turismólogo cabe a função de trabalhar com o tempo mais precioso que o ser humano possa ter: as férias. E mais: precisa satisfazer um indivíduo que quer descolar-se, ter prazer, ter segurança, consumir paisagens naturais, nadar em águas limpas, comer boas comidas, saber sobre a história e geografia do lugar, estabelecer relações sociais, etc. e ainda por cima, tem pouco tempo para fazer tudo isto e/ou outras atividades. Além disso, tende a enfrentar uma competição globalizada. O desafio não é pequeno. A responsabilidade do profissional de turismo é muito grande. Seriedade, competência e criatividade são imprescindíveis em seu trabalho, ao contrário do que outros possam pensar.

FUNDAMENTAÇÃO TEÓRICA

Viajando na História do Turismo

Entender a gênese da palavra Turismo é um bom ponto de partida para uma viagem rumo ao saber turístico. A palavra Turismo veio do francês *Tourisme* que, por sua vez, derivou-se da palavra *Tour*. *Tornus*, palavra do latim que deu origem a esta última em francês, é o instrumento de uso do torneiro, utilizado para fazer girar uma peça a fim de lavrá-la ou arrendondá-la. A peça de madeira, ferro ou aço dá voltas no torno enquanto o operário a trabalha. O famoso *Tour de France* é nada mais e nada menos que uma volta de bicicleta ao redor da França.

Tornare originou a palavra tornar em português que significa regressar, voltar, vir, retornar. Observa-se que o turismo requer um ato de ir indissociável ao ato de vir. Não poderia-se chamar de eternos turistas a espécie quando nômade, no paleolítico, pois o conceito de turismo envolve outro que é o de casa, no seu sentido mais amplo. Um local de residência, para onde supostamente retorna-se.

O torno é um instrumento que gera movimento. A origem da palavra turismo está intrinsecamente ligada à idéia de algo que se movimenta (e

---

[2] Uma mistura de turismólogo com holístico, pois o turismo é interdisciplinar e possui várias faces (Fuster, 1975, p. 18). Daí a necessidade do profissional de turismo (turismólogo) ser versátil e ter conhecimento em outras áreas.

que realiza um movimento de retorno): *"el vocablo francês tor, alusivo a movimientos que retornan..."*.

O turismo pode ser de aventura, religioso, de compras, de negócios, de eventos, etc. São vários os tipos de turismo, pois são várias as motivações para se viajar. Contudo, a motivação religiosa demonstra poder diante de qualquer que seja o desejo de deslocar-se: não poderia deixar de ser a motivação que mais deu força ao início do funcionamento das engrenagens da indústria a que hoje chamamos de turismo. A palavra em latim *Peregrinus* nos remete ao "que viaja no estrangeiro, que vem do estrangeiro, exótico". O Direito Romano, base do nosso Direito, utilizava a palavra para *"distinguir a los seres de paso por la metrópolis que no disfrutaban del ato privilegio de ser civis Romanus, es decir, los extranjeros..."*.

O verbo *peregrinar* é também definido como "ir em romaria por lugares santos ou de devoção". Com o desenrolar da história, o estrangeiro passou a ser turista, propriamente dito, enquanto que o peregrino tornou-se uma definição de viajante, mas um viajante com motivação religiosa. A ligação entre o estrangeiro (peregrino) e a religião é de certa forma tão forte na história, que com o tempo peregrino tornou-se a palavra, no senso comum, que define o viajante estrangeiro com devoção religiosa.

E religião e turismo relacionam-se até hoje, movendo milhares de pessoas pelo mundo. Thomas Cook (1808-1891), inglês, pastor batista, definido como um homem religioso, já enxergava frutos nesse casamento entre turismo e religião. Considerado o visionário do turismo, organizou viagens para Meca, na atual Arábia Saudita, no século XIX: *"li assure le transport des musulmans qui accomplissent le pèlerinage de La Mecque..."* Cook é considerado o pioneiro no turismo pois organizou, massificou, sistematizou o turismo. Enfim, vendeu turismo, transformou-o em indústria, em produto de compra, de consumo. E por que o turismo surge na Grã-Bretanha? Berço da Revolução Industrial, a primeira viagem organizada por Cook foi o passeio de trem de Leicester para Loughboro, em 1841, com direito à volta, é claro. O surgimento da máquina a vapor foi necessário no processo de massificação das viagens. Era importante levar um grande continente de pessoas juntas num veículo que conquistava territórios numa forma rápida para a época, revolucionando o transporte. Como o turismo faz-se com movimento, era imprescindível que este se tornasse mais fácil e mais barato para que a atividade concretizasse como mundial nos dias de hoje.

O Príncipe Charles, numa reunião com os maiores representantes da indústria turística do mundo, questionou a relação entre o clima e o turismo. Fez um pequeno discurso, dizendo que logo cedo, ao ver de sua janela as pessoas andando no jardim de guarda-chuva em punho, se perguntou: "Como é que isso poderia, afinal, ajudar a promover o turismo?".

O clima, por um lado fomenta o habitante da ilha a tornar-se turista, a partir da ilha em busca de condições geográficas melhores. Por outro lado, coloca os dirigentes do país a pensar no clima como obstáculo na recepção dos turistas.

O aprimoramento das técnicas gerou, inquestionavelmente, desenvolvimento para o turista. Distâncias maiores são cada vez mais percorridas em menor tempo. O globo conecta-se de forma rápida, numa rede propícia à prática do turista.

A revolução industrial vem mudar radicalmente a questão da mobilidade espacial, não somente por números, mas por conceitos, modo de pensar e de agir.

Em matéria de conquistas espaciais, os russos foram pioneiros novamente. Promover a ida de Dennis Tito ao espaço demonstrou aos norte-americanos as possibilidades concretas deste mercado. Vive-se o marco inicial do Turismo Espacial. As possibilidades de viajar rumo ao desconhecido (no âmbito da palavra) são imagináveis e excitantes neste momento. É óbvio que a humanidade não precisará de mais 2000 anos para fazer turismo em Marte ou acampar na Lua.

Analisando a história do turismo, pensa-se numa evolução linear. Não é mentira que ocorre uma evolução, seja nos transportes, conforme demonstrado acima, ou seja no aumento e diversificação de hospedagens, roteiros e paisagens em todo o mundo. O próprio *tour* no espaço é envolto num sentimento de esperança e excitação, como um orgulho de fazer parte da humanidade, sentindo-se parte do progresso, dentro de um projeto vitorioso que se iniciou no século passado. Graças ao avanço da tecnologia, os benefícios e possibilidades da humanidade serão melhores no futuro, transformando o mundo todo e o universo em um campo aberto ao turista, com o estrangeiro a recebê-lo, humano ou não.

O sentimento proporcionado pela idéia do turismo espacial é de satisfação e de evolução infinita (afinal infinito são os planetas que o turista pode visitar no espaço), porém esse sentimento esconde a realidade atual: o número de pessoas com direito ao turismo é pequeno diante da população mundial:

> *"(...) De acordo com as estimativas publicadas pela Organização Mundial de Turismo (WTO-OMT), somente cerca de 3 a 5 por cento da população mundial pode viajar ao exterior, e essas pessoas são oriundas principalmente de ricos países industrializados ou de classes altas de países em desenvolvimento ou transição."*

No Brasil, particularmente, o acesso ao turismo é para poucos, demonstrando uma linha de regressão do desenvolvimento social frente ao progresso do turismo.[3] Cada vez mais uma pequena parcela da população viaja e para locais exóticos e longínquo, enquanto uma grande parcela da população desconhece o Brasil fora de seu estado e se o faz, o faz migrando para trabalhar.

Numa maneira geral, a história do turismo vem regredindo no país, uma vez que é contrário ao movimento mundial de hoje: a democratização do turismo.

Turismo Social

O turista, para ser considerado como tal, necessita de elementos preciosos em sua caracterização. Não fala-se aqui de motivações, estas são inúmeras.[4] Mas o turista é dono, mesmo temporariamente, do conjunto de objetos resultantes na maravilha do mundo moderno: dinheiro, tempo, movimento e prazer, elementos da vida. A imagem do turista é de puro *glamour*: quem não gostaria de ter tempo livre e dinheiro atualmente? O ideal do turismo em si é um dos maiores benefícios (se não o maior) do desenvolvimento da sociedade capitalista, verdadeiro objeto de consumo. O sujeito dotado de todos estes elementos co-relacionados é o turista, papel desejável socialmente por todos. A busca do prazer é intrínseco a todo ser humano. O prazer é fim em nossas vidas.

"Voltar-nos-emos, portanto, para uma questão menos ambiciosa, a que se refere àquilo que os próprios homens, por seu comportamento, mostram ser o propósito e a intenção de suas vidas. O que pedem eles da vida e o que desejam nela realizar? A resposta mal pode provocar dúvidas. Esforçam para obter felicidade; querem ser felizes e assim permanecer."

Praticar turismo é essencial na formação do cidadão. Está intrinsecamente ligado ao despertar da curiosidade, à busca do saber do outro, desbravar o desconhecido.

O turismo não está fora do que se considera o mínimo necessário a um ser humano. É agente de desenvolvimento e bem-estar pessoal. O

---

[3] "Comparadas às legiões de homens em férias que se movimentam atualmente, as migrações dos povos da antigüidade pareceriam apenas excursões escolares melhoradas". Krippendorf, 1989, p. 16.

[4] O que se encontra em livros de *marketing* e pesquisas turísticas são diversas divisões destas motivações, numa tentativa de sistematizá-las, numa síntese necessária ao mundo dos números, o econômico.

conjunto de serviços necessários à vida não deve ser hierarquizado por ordem de urgência. A luta é pelo todo. O lazer já é um direito social nos países desenvolvidos há muito. Não pode ser visto como privilégio. E o turismo, mais nobre lazer de todos, não poderia deixar de ser praticado por todos.

A conquista do direito às férias pagas na França na década de 40 consiste no marco inicial da luta pelo acesso ao turismo. O direito às férias remuneradas foi conquistado depois de muita luta e mobilização política por parte dos assalariados: mais de 2 milhões de operários entraram em greve na França. Em 1936, o título do jornal francês *La Lumière* anunciava, após vitória das negociações do sindicato com o patronato: "Enfim, a França quebra as algemas da rotina!". As férias tornaram-se obrigatórias por lei. Os trabalhadores saíram de férias, de trem e de bicicleta, lotando os albergues da juventude por toda a Europa.

Arthur Haulot, nascido em 1913, na Bélgica (o pai era militante socialista), foi o fundador da Organização Mundial de Turismo Social, o chamado BITS, em 1973, com sede em Bruxelas. Atuou como Secretário Geral da organização até 1988. Em 1967, quando presidia a Organização Mundial do Turismo, as Nações Unidas declararam aquele ano como o Ano Internacional do Turismo. Sua contribuição no desenvolvimento do turismo na Europa e no mundo é de grande valor.

O Turismo Social é definido como o turismo para todos os habitantes da Terra. O conceito de todos relaciona-se ao fato de que o turismo possui vários grupos sociais que não o praticam ou o fazem pouco. Na Europa são os idosos, jovens e deficientes físicos esse exemplo de grupos: "Art. 7.4. O turismo das famílias, dos jovens e estudantes, das pessoas idosas e dos deficientes deverá ser encorajado e facilitado".[5]

No Brasil, além dos grupos citados, uma grande parte da população não possui recursos para deslocar-se e conseqüentemente praticar turismo; quando deslocam-se, o fazem em busca de trabalho e melhores condições de vida, caracterizando a ação como migração. O migrante busca trabalho, o turista foge do mesmo. São sujeitos movidos por motivações opostas.

O turismo social então tem papel fundamental na inserção social de indivíduos excluídos do sistema econômico. A Organização Internacional de Turismo Social (sigla BITS, em francês) é uma organização, com sede

---

[5] Código de Ética da Organização Mundial de Turismo.

em Bruxelas, criada com o objetivo de favorecer o desenvolvimento do Turismo Social no quadro internacional. O artigo n. 1 de seu estatuto denomina o tipo de organização: "a Organização Internacional de Turismo Social, denominada BITS, é uma associação internacional filantrópica de direito privado, criada por um tempo limitado e em vista de promover, sem objetivo lucrativo, o turismo social."

No Brasil, a Sociedade de Serviço Social e o SESC – Serviço Social do Comércio são membros associados do BITS. Segundo Trigo (1995, p.13):

"O objetivo do turismo social é estender essas condições de deslocamento, hospedagem e vivência de atividades em geral (esportivas, culturais, artísticas, comerciais ou simplesmente de ócio) a todas as pessoas da sociedade".

Beni (2001, p. 421) descreve o turismo social como aquele "fomentado com o objetivo de facilitar o turismo interno das classes menos favorecidas economicamente". Trabalhadores que recebem até 5 salários mínimos estão inclusos nesta classe, segundo o autor.

O desenvolvimento do turismo nacional depende do aumento do fluxo turístico doméstico. "Segundo o atual ministro, antes de partir para a conquista do turista europeu, americano ou asiático, o Brasil precisa estimular o mercado interno e contar com a recuperação econômica dos países vizinhos". Ainda Carvalho "explica que os principais clientes do turismo local são os próprios brasileiros, além dos vizinhos na América Latina, como demonstra um estudo da OMT. De acordo com ele, esse mesmo estudo mostra que cerca de 80% das viagens realizadas são de curta distância, com duração de até seis horas e meia de vôo. "Dos 76 milhões de turistas que a França recebe por ano, 93% são europeus".

Para aumentar o fluxo é necessário aumentar o número de turistas: esquece-se de que para isso deve-se aumentar o número de consumidores. Segundo Feldmann, é excessiva a concentração de renda no Brasil, levando o país a 73º no *ranking* do IDH da ONU: "... infelizmente só existem três países africanos que possuem renda mais concentradas do que a do Brasil". E coloca o discurso da conjuntura internacional utilizada pelo governo frente à causa mor da situação econômica brasileira:

> *"(...) muito raramente, alguém aborda uma causa importante que é do nosso país e que somente nós, brasileiros, poderemos resolver: trata-se do diminuto tamanho do nosso mercado interno e da conseqüente falta crônica de consumidores".*

O turista é um consumidor na sua índole e o desenvolvimento do turismo doméstico virá em conseqüência do aumento do número de turistas. A lógica é simples: aumenta-se o número de consumidores e conseqüentemente desenvolve-se o turismo nacional.

Enquanto anuncia-se um turismo sem fronteiras num mundo globalizado, esquece-se de problemas estruturais que continuarão como empecilho na tentativa de modificar o turismo doméstico. Dar condições para que a população possa realizar o turismo doméstico é conseqüência de uma causa já concluída: é preciso distribuir a renda de forma mais justa no Brasil.

Infelizmente, no Brasil, o turismo é praticado por uma pequena parcela da população, provida de melhores condições sócio-econômicas. Como se deslocar, hospedar-se e alimentar-se requer condições financeiras mínimas, o que não vem sendo fornecido à maioria da população mundial, tendo em vista o número de pessoas de classes baixas que vivem em países subdesenvolvidos e seus problemas de carência, afirma-se que o turismo ainda é uma atividade elitista no mundo. Segundo Trigo (1995, p.23):

> *"No Brasil, a prática de turismo ainda está restrita a uma pequena parcela de pessoas que podem pagar os altos preços de uma viagem. As demais têm como opção simplesmente não viajar ou deslocar-se precariamente e por um curtíssimo período de tempo, em geral inferior a vinte e quatro horas".*

A idéia do projeto *Ver o Mar* está no sonho de um país melhor: menos desigual, mais justo socialmente, com maiores possibilidades para todos. Um país para todos os brasileiros e não para alguns.

Estudo de Caso

O bairro Palmital está dividido em 7 setores. O curso pré-vestibular da Associação da Igreja Católica do Palmital está situado no setor 6, próximo ao setor 7, também chamado de "Caldeirão do Diabo" ou "Caldeirão do Inferno" por ser o setor mais violento e por estar situado geograficamente num vale. Existe somente uma rua de acesso ao local. Gangues rivais disputam o controle do tráfego de drogas. Em anos passados a violência tornou-se cinematográfica conforme relatos de antigos moradores. A Tabela 14.1

Tabela 14.1 – Estatística criminal de julho a outubro de 2002.

Ocorrências	*Quantidade*
Ocorrências atendidas	6.726
Tentativas de homicídios	62
Homicídios consumados	28
Assaltos em geral	284
Estupros consumados	3

mostra, com base nos dados do jornal local "O Grito", os números da estatística criminal do bairro.

De maio até outubro de 2002 foram apreendidas 24 armas de fogo. Para se ter uma idéia da violência do local, calcula-se que todo mês aproximadamente 4 armas de fogo são apreendidas, 3 pessoas são assassinadas e ocorrem 30 assaltos pela vizinhança. O Posto de Saúde funciona sem médico porque o último abandonou o cargo após ser assaltado, reagido e ter sofrido ameaça de morte de um integrante de uma *gang* do bairro. O maior problema da região, segundo o jornal, é o tráfico de drogas que acontece em todo lugar na região, inclusive em portas de escolas.

O bairro Palmital localiza-se no município de Santa Luzia, a cidade mais velha de Minas Gerais (Mariana seria a segunda, segundo o fundador do jornal local "Muro de Pedra"). Seu centro histórico apresenta aproximadamente 40 mil pessoas. É uma região de contrastes, composta de todas as classes socioeconômicas. O município inteiro é formado de aproximadamente 300 mil pessoas.

A história da origem do Palmital é triste e dolorosa. Na década de 60, quando o Rio Arrudas não era ainda canalizado, muitas pessoas ocupavam suas margens de maneira ilegal e desordenada. Quando o período das chuvas começava em Belo Horizonte, o rio aumentava seu volume e passava a erodir os barrancos laterais. As pequenas casas construídas pelos próprios moradores desmoronavam com a perda de solo. Mais de cem pessoas morriam por mês com esses deslizamentos. Foi quando o poder público resolveu manifestar-se perante o problema e construir vários conjuntos habitacionais na região onde hoje chama-se Palmital. Os moradores das beiras do Arrudas foram deslocados do centro para a periferia, numa ação questionada na época como paliativa e de claro caráter de segregação.

Os problemas do bairro agravaram-se com o aumento da ocupação desordenada do espaço. Hoje em dia o poder público demonstra-se incapaz política e financeiramente de resolver a situação. Para os jovens, a inserção social torna-se cada vez mais difícil num ambiente onde o tráfico de drogas é atrativo, enquanto que os direitos sociais, a cidadania e as possibilidades na vida são quase ausentes.

Análise de Discurso

Aplicou-se um questionário com 11 perguntas em 27 alunos do curso pré-vestibular do bairro Palmital. 15 alunos nunca visitaram o mar: 9 destes nunca viajaram para fora de Minas Gerais. A faixa etária varia entre 17 a 31 anos. Os alunos que nunca visitaram o mar foram selecionados e definidos como o público alvo deste projeto. Após a identificação destes alunos, iniciou-se a análise de discurso dos mesmos. O questionário e a resposta de algumas questões encontram-se em anexo.

Os alunos não conhecem o mar. As descrições que fazem do mesmo são baseadas em relatos de pessoas que já o visitaram, meios de comunicação e sobretudo, a totalidade dos alunos já viram o mar pela televisão. O mar não é somente imaginado com características físicas de um objeto, mas também é descrito com adjetivos que expressam sentimentos complexos: "um lugar com muita liberdade", "um lugar bonito que nos dá a sensação de liberdade", um lugar onde acredito que possa encontrar a paz e liberdade". A paisagem marítima é homogênea e vasta, sem barreiras geográficas[6]. É uma realidade oposta às dos jovens do Palmital, onde o espaço é rigorosamente segmentado, privatizado e comercializado. A própria paisagem da favela é marcada por uma ocupação desordenada, repleta de construções heterogêneas e muros.

A resposta 4 (anexo) exprime o que já foi dito: conhece-se o mar pela televisão, porém características não visuais (como o mistério) são adicionadas ao conceito de mar, talvez por ser este ainda incompreensível. Na resposta 5, mesmo sem ter dito, observa-se que o mar que o aluno conhece é o da televisão: o Oceano Pacífico, muito visto nos filmes norte-americanos. Como no Brasil o sol só nasce no mar (já que não temos saída para o Oceano pacífico ao oeste, onde o sol se põe), conclui-se que "a imagem de uma linha que se vê ao longe de onde posso ver o sol se pôr" é televisiva.

A aluna Vanessa define turismo como a "oportunidade de vida para todos, onde possamos conhecer novos lugares e preservá-los, atualizar-se." Com 21 anos de idade, mesmo sem ao menos conhecer o mar, Vanessa agrega ao termo turismo vários conceitos: o turismo como direito para todos, o chamado turismo social ("oportunidade de vida para todos"), a idéia de sustentabilidade ("conhecer" e "preservar") e a função de desenvolvimento pessoal do turismo ("atualizar-se").

Considerações Finais

O BITS utiliza vários critérios para identificar o Turismo Social. Entre eles, se as atividades propostas integram objetivos que visam o bem-estar da humanidade.

Segundo o Modelo de Atividade Turismo Social do SESC, o termo social apresenta "conceituação no sentido de expressar o bem-estar social, ou seja, consiste na emancipação para o turismo de grupos cujo poder aquisitivo não lhe permitiria, em condições normais, o acesso ao produto turístico".

Conforme analisado, o projeto Ver o Mar corresponde a todos os critérios de um legítimo Turismo Social. As medidas de projeto implicam predomínio da idéia de serviço e não de lucro. É um projeto social com fins filantrópicos.

A análise do discurso dos alunos revelou elementos subjetivos. Ao imaginar o mar como um símbolo de liberdade, alguns alunos projetaram seus desejos no lugar: esperam encontram uma outra realidade, livre da violência, medo e dor a que estão sujeitos. A manifestação da criatividade e afeto é um processo muitas vezes incluso no lazer e é também o objetivo humanitário do projeto, além do despertar da curiosidade e fomento do desenvolvimento individual pessoal.

A Carta de Montreal, realizada pelo BITS no Canadá, aponta o papel do poder público junto ao turismo social:

"O turismo social, sobretudo o turismo associativo que permite o acesso da maioria dos cidadãos ao lazer, às viagens e às férias, deverá ser desenvolvido com o apoio das autoridades públicas".

Segundo (Trigo, 2000: 207):

> *"1983: A Deliberação Normativa da Embratur nº 115, de 5 de julho, define o Turismo Social. Esse segmento nunca chegou a ser implantado devidamente no Brasil. Tornou-se apenas um tema teórico "politicamente correto" mas com pouca implementação efetiva, com exceção das atividades do SESC, de alguns sindicatos e de algumas prefeituras com visão política madura e sensível às classes populares."*

Mesmo com o esforço de algumas autoridades públicas, o Turismo Social prossegue como quase inexistente no Brasil. Em 11 de julho de 1990, um passo foi dado para trás no processo de democratização do turismo: a Deliberação Normativa nº 115 foi revogada pela Deliberação Normativa nº 280. O Estado, portanto, retirou sua obrigação legal como fomentador do Turismo Social, "como decorrência da necessidade de diminuição da interferência do Estado no exercício das atividades econômicas executadas pela iniciativa privada". Essa justificativa é pouco plausível, porém reflete um período de abertura do país, especialmente na primeira metade da década de 90, quando o neoliberalismo foi recebido de braços abertos. Este último define-se como uma doutrina em que "os governos devem ficar fora do caminho, portanto também a população, se o governo for democrático, embora essa conclusão permaneça implícita" (Chomsky, 2002: 22). Justamente o que o governo brasileiro buscava nos anos de 1990, deixar que a mão invisível do mercado atuasse livremente. Porém, com a chegada da esquerda no poder neste novo milênio, percebe-se tentativas de mudança.

A iniciativa privada participa de um momento fundamental ao Brasil, que é o que chamarei de consenso da miséria: a sociedade conscientizou-se que o problema da fome afeta a todos, portanto cabe a todos resolvê-lo. O poder público e privado colocam-se na posição de tentar mudar um dos países mais desiguais do mundo. Há falta: de lazer, de moradia, de cidadania, de segurança, de afeto, de atividades necessárias ao desenvolvimento do ser humano, de oportunidades na vida.

O Centro Universitário Newton Paiva, como empresa privada, presta serviços junto à sociedade de forma gratuita e humanitária, agindo com responsabilidades social. O projeto Ver o Mar, por ser pioneiro em qualquer faculdade de turismo de Minas Gerais e por demonstrar futuras fortes emoções no seu desenrolar, adquire notoriedade maior num cenário em que o estado e iniciativa privada juntam-se para promover o bem-estar social. Devido a isso, o projeto torna-se primordial no desenvolvimento de um Brasil melhor, mais justo e com igualdades de direitos, inclusive e sobretudo o direito ao turismo.

Referências Bibliográficas

1. CAMARGO, L. O que é Lazer? São Paulo: Brasiliense, 1992. 100p.
2. CHOMSKY, N. *O Lucro ou as Pessoas?* Rio de Janeiro, 2002. 192p.
3. FELDMANN, F. Renda concentrada: faltam consumidores! *Folha de São Paulo*, Caderno Dinheiro, São Paulo, 19 agosto 2002, p. 2.
4. FUSTER, L. *Teoria y Tecnica del Turismo*. Madrid: Nacional, 1975.
5. KRIPPENDORF, J. *Sociologia do Turismo.* Rio de Janeiro: Civilização Brasileira, 1989. 235p.
6. LAVAUR, L. *El Turismo en su Historia.* Barcelona: EDITUR, 1974. 564p.
7. RODRIGUES, A. *Turismo e Espaço:* rumo a um conhecimento transdisciplinar. São Paulo: Hucitec, 1997. 158p.
8. SIGAUX, G. *Histoire du Tourisme.* Paris: Aux Editions Rencontre, 1965.
9. TRIGO, L. *Turismo Básico.* São Paulo: Senac, 1995. 88p.
10. TRIGO, L. *Viagem na Memória:* guia histórico das viagens e do turismo no Brasil. São Paulo: Senac, 2000. 246p.
11. TUAN, Y. *Espaço e Lugar.* São Paulo, 1983. 249p.
12. WERNECK, C. *Lazer, Trabalho e Educação.* Belo Horizonte: UFMG,2000.160p

Site Consultado

http://www.revistafranca-brasil.com.br/apresenta2.php?edicao = 255&pag_id = 87

ANEXO

QUESTIONÁRIO

1. Idade: __________ anos
2. Local de nascimento (cidade/estado):________________________
3. Local de residência (bairro/cidade): ________________________
4. Você já visitou o mar? ( ) Não ( ) Sim
5. Caso sua resposta seja NÃO na pergunta 4, descreva como você imagina que seja o mar:
6. Caso sua resposta seja SIM, na pergunta 4, escreva abaixo para onde você já foi:
7. Você já viajou para fora de Minas Gerais? ( ) Não ( ) Sim
8. Caso sua resposta seja SIM na pergunta anterior, escreva abaixo para onde você já foi:
9. Para você, o que é turismo?
10. Você gosta de viajar? Por quê?
11. Se pudesse viajar para qualquer lugar do mundo, para onde você iria? Por quê?

Respostas das Questões 5 e 11

Questão 5

Descreva como você imagina que seja o mar:

1. Grande, verde, cheio de areia, lixo, animais. Por exemplo: araras, águas-vivas e os corais.
2. Um lugar onde acredito que eu possa encontrar a paz e a liberdade.
3. Um lugar bonito e divertido.
4. Do mesmo jeito que vejo na televisão: uma porção de água e cheio de mistério.
5. Enorme, com uma linha que se vê ao longe de onde posso ver o sol se pôr.
6. Um infinito de água.
7. Não tenho idéia. Talvez seja um lugar imenso, maravilhoso.
8. Grande, muito movimentado e pelo grande número de pessoas: poluído.
9. Que seja uma paisagem muito bonita com água clara e cheio de gente à sua volta.

10. Um lugar bonito que nos dá a sensação de liberdade, onde eu possa sentir o cheiro da natureza, uma dimensão.
11. Muito bonito, com brisas agradáveis.
12. Imagino com águas salgadas, limpas águas que vão e voltam como nós.
13. Um deserto aquático.
14. O mar é um grande oceano de águas salgadas. Praias de areias finas.
15. Eu imagino que seja um lugar com muita liberdade.

Questão 11

Se você pudesse viajar para qualquer lugar do mundo, para onde você iria? Por quê?

1. Eu iria para São Lourenço, porque eu queria visitar a cidade onde mora uma amiga que conheci há pouco tempo.
2. Japão, porque eu acredito que lá tenha vários pontos históricos.
3. Iria para Santa Catarina, para conhecer o parque do Beto Carreiro.
4. Egito, desde pequeno sou fã das pirâmides e por ser um país antigo e cheio de mistério.
5. Para Paris, porque li um livro em que uma família brasileira é exilada para a França e lá eles conhecem os encantos deste país (Meninos sem pátria).
6. Rio Grande do Sul, por causa do frio.
7. Rio de Janeiro, adoraria conhecer Niterói.
8. Paris, por causa da fama dos perfumes.
9. Gostaria de conhecer melhor o Brasil visitando os outros estados e até mesmo as cidades que eu não conheço em Minas Gerais.
10. Egito. Queria ter a sensação de ver de perto suas pirâmides e também pela curiosidade que tenho sobre suas lendas.
11. Para a Índia, porque lá se tem uma cultura muito linda. As pessoas são simples e o país é muito cheio de riquezas espirituais. A religião é muito linda. Lá eles praticam o ioga, meditação cheia de mistérios e descobertas fascinantes.
12. Roma, porque gostaria de ver mais o Estilo Barroco, estudar mais sobre isso.
13. Grécia, sou fascinada pela cultura grega.
14. Viajaria para a Etiópia para poder ajudar os povos daquela região.
15. Paraná, porque lá é um pouco mais frio que o resto do Brasil.

Capítulo 14

Rosa dos Ventos: Turismo Socioeducativo como Experiência de Extensão do Curso de Turismo da ECA-USP

Rafaela Câmara Malerba
Silvia Hirao
Thiago Allis

Introdução

A Universidade tem como sustentáculos de sua atuação três vertentes: a pesquisa, produtora de conhecimento; o ensino, principal meio de sua difusão, e a extensão, veículo de aplicação dos conhecimentos na sociedade.

Podemos dizer, portanto, que a Universidade é em essência uma instituição de responsabilidade social. É inadmissível pensar em uma universidade realmente comprometida com o Brasil que não tenha o "inteiro domínio do saber humano e que o cultive não como um ato de fruição erudita ou de vaidade acadêmica, mas com o objetivo de, montada nesse saber, pensar o Brasil como problema" (Ribeiro, 1995).

No que diz respeito à Universidade Pública, essa responsabilidade é ainda maior, na medida em que a mesma é financiada por recursos advindos da contribuição da sociedade.

Nesse contexto, como universitários graduandos em Turismo pela Universidade de São Paulo, acreditamos serem de fundamental importância para a discussão de responsabilidade social em Turismo as experiências em extensão realizadas por bacharelandos de todo país.

Sabemos que, em 2002, os cursos de Turismo no Brasil somavam 209. Vemos aí a possibilidade de uma gama de ações em extensão que podem contribuir para o estabelecimento de uma atividade turística ética, responsável, visando ao mínimo impacto negativo e o bem-estar das populações envolvidas. Nesse sentido, o presente artigo visa a apresentar o Grupo de Turismo Social Rosa dos Ventos, uma experiência de extensão do curso de Turismo da Escola de Comunicações e Artes da Universidade de São Paulo, acreditando que a mesma possa suscitar debates e reflexões sobre lazer, turismo social e educação e, mais ainda, inspirar atuações semelhantes.

Suas propostas e atividades, voltadas ao público economicamente desfavorecido de comunidades periféricas da cidade de São Paulo, estão em harmonia não somente com os preceitos de uma universidade pública atuante, mas também com as discussões de responsabilidade social em Turismo.

Numa sociedade de consumo, via de regra, o turismo é uma atividade de lazer possível somente com o investimento de renda extra dos indivíduos, o que acaba por restringir o acesso de grande parte da população às viagens e excursões. No contraponto desse cenário, o Rosa dos Ventos atua, de forma consciente e compromissada, como um facilitador do acesso às atividades de lazer e turismo aos grupos atendidos.

Rosa dos Ventos – Uma Pequena Grande História

Em março de 2001, um grupo de alunos do curso de turismo da Escola de Comunicação e Artes da Universidade de São Paulo idealizou um projeto que pudesse aliar a responsabilidade social de cada integrante – estudante de instituição pública e cidadão – à vontade de por em prática e ampliar os conhecimentos adquiridos na Universidade. Assim, com o objetivo de organizar e viabilizar viagens e passeios de cunho educativo para a comunidade economicamente desfavorecida da cidade de São Paulo nasceu o Rosa dos Ventos.

Entendemos que viagens e passeios constituem um poderoso instrumento de sensibilização, educação, integração social e democratização do conhecimento, à medida que promovem um aprendizado não formal, espontâneo e lúdico. Dessa forma, nosso objetivo é:

Organizar e viabilizar viagens e passeios de cunho educativo que englobem, além de atividades ligadas ao lazer, abordagens associadas às questões ecológicas, sociais, culturais e históricas dos locais visitados.

O público-alvo é constituído pela comunidade economicamente desfavorecida da cidade de São Paulo, que tem seu direito ao lazer e à educação reprimidos pela conjuntura social em que se inserem. Para atingir tal público, o Rosa dos Ventos atua em parceria com organizações que já desenvolvem projetos sociais, de forma que as viagens e passeios possam também constituir um complemento aos objetivos do projeto parceiro.

Em junho de 2001, o Rosa dos Ventos organizou duas viagens de três dias ao Núcleo Picinguaba do Parque Estadual da Serra do Mar. Lá, setenta adolescentes e jovens do projeto Avizinhar (CECAE-USP), que trabalha com as comunidades carentes São Remo e Jaguaré, puderam ter um contato íntimo com o meio natural, refletindo sobre as interferências do homem no meio ambiente.

Realizamos ao longo desses dois anos, diversas excursões a atrativos histórico-culturais da cidade de São Paulo, bem como a reservas ecológicas, como o Parque Estadual da Serra da Cantareira.

Desde o princípio, o Rosa dos Ventos tem buscado alternativas para sua sustentabilidade financeira. Em meados de 2002, pensou-se em elaborar um projeto de extensão de forma a reconhecer as ações do Rosa dos Ventos perante a comunidade "uspiana" e conseguir uma verba que propiciasse um maior alcance das ações e o amadurecimento do grupo rumo ao estabelecimento como organização civil sem fins lucrativos.

Em novembro de 2002, a Pró-Reitoria de Cultura e Extensão da USP aprovou o projeto que oficializa o Rosa dos Ventos como um projeto de extensão da Universidade de São Paulo, sob concessão de uma verba com validade de um ano para auxílio a custos operacionais do programa.

Turismo para Todos – Conhecimento em Todas as Direções

As ações do Rosa dos Ventos são, em primeiro lugar, pautadas por dois dos artigos do Código Ético Mundial para o Turismo (OMT, 1997), que colocam o turismo como veículo de desenvolvimento pessoal e coletivo e como um direito de todos.

O artigo 2º do documento supracitado apresenta o turismo como um instrumento de desenvolvimento pessoal e coletivo:

> *"El turismo, que es una actividad generalmente asociada al descanso, a la diversión, al deporte y al acceso a la cultura y a la naturaleza, debe concebirse y practicarse como un medio privilegiado de desarrollo individual y colectivo. Si se lleva a cabo con la apertura de espíritu necesaria, es un factor insustituible de autoeducación, tolerancia mutua y aprendizaje de las legítimas diferencias entre pueblos y culturas y de su diversidad".*

O artigo 7º, por sua vez, defende o direito universal ao turismo:

> *"La posibilidad de acceso directo y personal al descubrimiento de las riquezas de nuestro mundo constituirá un derecho abierto por igual a todos los habitantes de nuestro planeta. (...) El derecho al turismo para todos debe entenderse como consecuencia del derecho al descanso y al ocio. y en particular a la limitación razonable de la duración del trabajo y a las vacaciones pagadas periódicas, que se garantiza en el artículo 24 de la Declaración Universal de los Derechos Humanos y en el artículo 7.d del Pacto Internacional de Derechos Económicos, Sociales y Culturales. (...) Con el apoyo de las autoridades públicas, se desarrollará el turismo social, en particular el turismo asociativo, que permite el acceso de la mayoría de los ciudadanos al ocio, a los viajes y a las vacaciones."*

O Rosa dos Ventos busca promover um turismo social e educativo, estendendo o direito ao turismo e, por meio dele, a possibilidade de desenvolvimento pessoal e coletivo às comunidades economicamente desfavorecidas com que trabalhamos.

Não podemos, entretanto, confundir a proposta socioeducativa que adotamos com a das primeiras iniciativas de turismo social. Elas surgiram nas primeiras décadas do século vinte na Alemanha, Portugal e antiga URSS, por exemplo, e preocupavam-se, principalmente, com o turismo dos trabalhadores – supostamente uma classe com baixo poder aquisitivo. Apesar de alinhada a condutas ideológicas divergentes, a prática do turismo social nesses países buscava um objetivo comum: a manipulação das massas trabalhadoras como forma de assegurar o direito dos Estados. Uma das funções do turismo social, declaradamente defendida pelas autoridades soviéticas, por exemplo, era "assegurar a educação das massas no espírito da ideologia comunista para melhor as mobilizar" (Almeida, 2001:51).

Ao longo do século vinte, os trabalhadores foram conquistando direitos que deveriam ser garantidos pela burguesia, por meio do *Welfare State*, ou seja, o Estado do Bem-Estar (Chauí, apud Almeida, 2001:124). Seguindo essa linha, os governos contemporâneos basearam sua atuação nos direitos dos cidadãos, entre eles o tempo livre e o lazer. Ao mesmo tempo, o tempo livre passou a ser visto como um potencial espaço para gastos dos consumidores e o papel do estado tornou-se o de eliminar o desemprego e produzir consumidores, proporcionando uma redistribuição dos lucros em favor das classes com recursos mais baixos (Alvarez Souza *apud* Almeida, 2001).

O estabelecimento do Turismo Social seguiu a linha desse pensamento, o que acabou gerando discrepâncias no que diz respeito a seu entendimento. Ele se constituiu muito mais como uma estratégia político-econômica do que, como deveria ser, uma ideologia do desenvolvimento humano (ibidem). Não que essa ideologia deva descartar as questões econômicas, mas antes delas, deve estar atrelada e sujeita aos interesses e expectativas do homem.

Por outro lado, o Turismo Social acabou sendo confundido com turismo de massa, uma vez que esse se estabeleceu também do amparo à implantação das férias pagas aos trabalhadores (Ribeiro *apud* Pellegrini, 2000) e por estar atrelado a um turismo de custos reduzidos. No entanto, no nosso entendimento, qualquer forma ou modalidade de turismo deve estar condicionada a uma atividade responsável que vise, direta ou indiretamente, a contribuir para o bem-estar das populações visitante e visitada, visando ao turismo de mínimo impacto negativo.

O Bureau Internacional de Turismo Social – BITS – define Turismo Social como: "o conjunto de relações e fenômenos que resultam da participação de faixas sociais de baixos ingressos, participação que se faz possível ou se facilita por medidas de caráter social bem definido".

No Brasil, a trajetória do turismo social é marcada pela atuação do SESC. Criado em 1946, o Serviço Social do Comércio tinha, inicialmente, os objetivos de promover o bem-estar social, o desenvolvimento cultural e a melhoria da qualidade de vida dos trabalhadores do comércio e serviços e de suas famílias. Dentro dessa proposta, em 1948, foi criada a primeira colônia de férias do SESC no município de Bertioga. Devido ao sucesso das temporadas e do crescente interesse do público, iniciou-se o programa de excursões dando origem ao que se constituiu, em 1979, o Programa de Turismo Social do SESC. A instituição já havia assumido o lazer socioeducativo e a partir de então passou a preocupar-se em desenvolver ações que propiciassem aos participantes a integração social, favorecendo a apreensão de conhecimentos e informações culturais de maneira lúdica e divertida, por meio de serviços acessíveis ao seu poder aquisitivo (SESC, 2001).

Nessa perspectiva, Turismo Social é entendido pelo SESC como:

> *"Um conjunto de 'ações que oportunizam a integração social, favorecendo a apreensão de bens culturais e a educação para e pelo turismo, garantindo o acesso da clientela a estas mesmas ações, através da oferta de serviços acessíveis ao seu poder aquisitivo" (ibidem).*

O Rosa dos Ventos identifica-se com a proposta socioeducativa do SESC, mas prefere adotar a definição de Turismo Social de Almeida (2001) que nos parece mais ampla e condizente com nossa proposta, uma vez que não trabalhamos com cliente, mas com parceiros:

> *"Turismo social é aquele fomentado sociopoliticamente pelo Estado e organizado por entidades da sociedade civil (assistenciais, profissionais ou outras) com objetivos claramente definidos de recuperação psicofísica e de ascensão sociocultural dos indivíduos, de acordo com os preceitos da sustentabilidade, que devem estender-se às localidades visitadas" (Almeida, 2001).*

Entendemos, portanto, que as atividades de Turismo Social podem propiciar aos participantes um exercício de cidadania que reverta a exclusão social a que são submetidos.

Quando falamos em desenvolvimento humano, nos aproximamos do campo da educação. O Rosa dos Ventos acredita que a possibilidade educativa do turismo não está de forma alguma na manipulação do pensamento e na instrução isolada, mas sim no desprendimento de concepções já estabelecidas, numa ação que forneça possibilidades de reflexão autônoma. O viajar é ampliar horizontes, entrar em contato com outras realidades, desmontar preconceitos e construir seus próprios conceitos por meio do contato direto com as realidades visitadas. O papel do guia educador é senão outro o de descortinar os horizontes, e de maneira alguma manipular os viajantes. Ele é o guia, mas cada um deve encontrar seu próprio caminho de pensamento.

Aprendizagem é processo por meio do qual o indivíduo constrói o seu conhecimento. É a "modificação de comportamento resultante de uma prática ou experiência anterior, um processo contínuo no qual interpretamos nosso entorno enquanto adquirimos informações por meio de nossos sentidos, de observações ou daquilo que outras pessoas nos informam" (Costa, 2001).

Acreditamos que uma forma de atingir nossos objetivos educativos é por meio da "interpretação do patrimônio", ou seja: "uma atividade educacional que objetiva revelar significados e relações por meio da utilização de objetos originais, de experiências de primeira mão e media ilustrada, ao invés de simplesmente comunicar informações factuais" (Tilden, 1967); "A arte de revelar in situ o significado do legado natural, cultural ou histórico, ao público que visita esses lugares em seu tempo livre" (Morales *apud* Murta, 2002).

Tilden (1977) nos apresenta os seis princípios fundamentais da interpretação, quais sejam resumidamente:

- Focalizar os sentidos dos viajantes.
- Revelar sentidos em vez de simplesmente informar.
- Interpretação é uma arte e como tal combina muitas outras e apresenta diversos materiais científicos, históricos ou arquitetônicos.
- A principal meta é provocar, não instruir.
- Deve apresentar a informação integral e não fragmentada.
- Interpretação para crianças não é uma mera diluição daquela dirigida aos adultos, mas um trabalho de abordagem dirigida.

Devemos destacar que as atividades de educação pelo turismo não devem atuar como compensação das falhas da educação tradicional, mas como complementaridade necessária, uma vez que o potencial educativo das atividades de lazer favorece não só seus objetivos consumatórios (relaxamento, prazer e contemplação), mas também o "desenvolvimento pessoal e social, à medida que propicia o reconhecimento das responsabilidades sociais, a partir do aguçamento da sensibilidade ao nível pessoal, pelo incentivo ao auto-aperfeiçoamento, pelas oportunidades de contatos primários e de desenvolvimento de sentimentos de solidariedade" (Marcellino, 1987).

Luiz Octávio de Lima Camargo (1999) sinaliza o duplo processo educativo do lazer: lazer que atua não só como veículo, mas também como objeto de educação, ou seja, a educação para o lazer. Esta, também como conseqüência da prática do lazer, consiste no aprendizado para o uso do tempo livre. A educação para o lazer deve – acima de qualquer outro interesse – respeitar as individualidades das comunidades trabalhadas, especialmente em relação a sua pluralidade cultural. A vida, quando associada à cultura, desperta novos interesses, estimula o aprendizado e incentiva a conquista da autonomia. É desta forma, a partir do despertar do próprio interesse dos viajantes e excursionistas, que o Rosa dos Ventos procura exercer a educação pelo e para o lazer; pelo e para o turismo,

Mãos à Obra

Desde sua fundação, cerca de vinte pessoas já colaboraram com o Rosa dos Ventos. Atualmente, ele é formado por onze membros efetivos – incluindo dois bolsistas – e conta com colaboradores esporádicos nas atividades de pesquisa, operação e monitoria.

Suas atividades se realizam graças ao empenho de todos os envolvidos, incluindo não só os integrantes e colaboradores, mas também as instituições parceiras e os participantes.

Parceiros

O primeiro passo para a concretização dos objetivos do grupo é o estabelecimento da parceria. Procuramos projetos ou instituições que atuem em comunidades economicamente desfavorecidas da cidade de São Paulo e que tenham um histórico consistente de atuação. As ações do parceiro não podem ser pontuais ou assistencialistas, mas devem sim visar a um trabalho integrado dentro da comunidade atingida. O parceiro deve contemplar em seus objetivos e ações o desenvolvimento da cidadania e da autonomia dos participantes. É necessário estabelecer entre o Rosa dos Ventos e o parceiro uma relação de cumplicidade e confiança, de modo que os objetivos e metas se complementem.

Ao estabelecer uma parceria, o Rosa dos Ventos se responsabiliza pela operação, condução e monitoria dos roteiros. A instituição parceira, por sua vez, se encarrega da divulgação, das inscrições e coleta de autorizações – no caso de participantes menores de idade. Além disso, durante o passeio ou viagem deve estar presente um responsável da instituição.

Se houver possibilidade, sugerimos que o parceiro participe de alguma forma nos custos do passeio, dessa forma, evitamos que Rosa dos Ventos assuma uma postura "caritativa" em relação à instituição com que estiver trabalhando e maximizamos as possibilidades de atuação de nossos recursos. Em alguns casos, os parceiros contam com verba própria para viagens e excursões ou colaboram com passes de ônibus e lanche; em outros, não há possibilidade alguma de participação nos custos, nesses casos, arcamos com todas as despesas.

O projeto de extensão aprovado pela Pró-Reitoria de Extensão da Universidade de São Paulo prevê o trabalho com três parceiros, quais sejam:

- Projeto Avizinhar (CECAE-USP), cujo público constitui-se nas comunidades carentes São Remo e Jaguaré, próximas ao *campus* da USP capital – parceiro desde junho de 2001.
- Projeto Bibliotecas Comunitárias da Fundação Fé e Alegria, que trabalha com jovens e crianças moradores da periferia de São Paulo, como Jardim Ângela, Parelheiros e Brasilândia – parceiro desde janeiro de 2002.
- Instituição Gotas de Flor com Amor, cujos participantes são moradores da comunidade da Favela do Buraco Quente, na região das Águas Espraiadas (zona sul de São Paulo) – parceiro desde Janeiro de 2003.

Roteiros

A elaboração de um roteiro começa com a seleção do destino. Procuramos unir atrativos que propiciem uma experiência educativa e que cativem o interesse dos participantes. Além disso, levamos em conta a segurança, as condições de acesso e o conforto, considerando sempre a relação custo benefício e a satisfação dos nossos jovens viajantes ou excursionistas.

Temos trabalhado nesses dois anos com diversos roteiros, que enfatizam o turismo cultural e/ou o turismo em ambientes naturais preservados. Um roteiro de fácil realização, ótima aceitação e custos muito baixos é a Excursão pelo Centro de São Paulo. O passeio se inicia, aproximadamente às 9h, no Pátio do Colégio, onde visitamos o Museu Anchieta. Dali, partimos para a visita à Catedral da Sé, passando antes pelo Marco Zero. Em seguida, visitamos a Faculdade do Largo São Francisco. Seguimos pelo Vale do Anhangabaú e fazemos nosso almoço na cobertura do Edifício Martinelli. O dia termina após visitarmos o Mosteiro de São Bento.

Nesse roteiro, temos a oportunidade de discutir a constituição histórica da cidade e os processos de ocupação urbana. Além disso, podemos trabalhar a educação para o lazer, na medida em que eles são desafiados a descobrir meios de locomoção independente para chegar ao centro; horários de funcionamento de museus; calendário de monitorias e visitas cortesias.

Nosso projeto prevê para 2003 a realização dos seguintes roteiros com os diferentes parceiros:

- Parque Estadual da Serra do Mar – Núcleo Picinguaba – 3 dias / 2 noites.
- Parque Estadual do Turístico do Alto Ribeira – PETAR – 3 dias / 2 noites.
- Bertioga – excursão.
- Centro da cidade de São Paulo – excursão.
- Paranapiacaba – excursão.
- Parques de São Paulo – Cantareira – excursão.
- Parques de São Paulo – Ibirapuera – excursão.

Atividades

Ao longo de todas as excursões e viagens, realizamos atividades de interpretação do patrimônio, de modo a focalizar e revelar os sentidos

dos viajantes, não instruindo, mas provocando estimulando a curiosidade do viajante/visitante.

Todos os roteiros são organizados a partir de atividades que contemplem a tríade: antes, durante e depois da viagem. Antes do passeio, os participantes recebem uma carta provocando-os em relação ao destino e estimulando-os a descobrir como se pode chegar lá. Nessa ocasião, é apresentada uma proposta de trabalho para a viagem ou passeio.

Uma atividade que consegue envolver significativamente os participantes é o Projeto Jornal. Divididos em grupos, eles são convidados a elaborar um jornal – impresso ou manual – cujo conteúdo e pauta se basearão no destino a ser visitado. Cada grupo escolhe um tema norteador – seção do jornal – e seus membros terão de atribuir-se as seguintes responsabilidades: repórter, editor, fotógrafo, redator e diagramador. Depois do passeio ou viagem é marcado um novo encontro, quando o jornal já finalizado será apresentado pelos jovens.

Há também atividades específicas para acompanhamento pós-roteiro, como a exposição fotográfica e a carta aberta. Na primeira, os monitores do grupo convidam, durante o passeio, os participantes a registrar suas impressões com máquinas fotográficas e, num momento posterior, os amigos e familiares são convidados a visitar a exposição das fotografias. Já na segunda, cada participante é convidado a escrever um texto sobre sua experiência, em forma de uma carta. Essas cartas são entregues aos monitores que as devolvem respondidas.

Além das atividades de interpretação, buscamos envolver os participantes também na operação e viabilização das viagens e excursões. Antes das viagens, por exemplo, realizamos uma reunião para decidirmos juntos as refeições, fazer a lista de compra e escolher representantes para fazer conosco as compras. Dessa forma, os jovens tornam-se agentes de processo, enfatizando a educação para o lazer e para o turismo.

Efeito Multiplicador

Nos seus dois primeiros anos de existência, o Rosa dos Ventos realizou cinco excursões e duas viagens, atingindo diretamente cerca de 200 adolescentes.

Para 2003, serão três excursões e uma viagem por parceiro, totalizando doze excursões e quatro viagens ao longo de um ano, atingindo diretamente cerca de 25 jovens cada uma – 300 pessoas no total. Isso soma 500 viajantes em três anos. É uma ação pequena se pensarmos no que isso representa proporcionalmente, mas é um feito grande se consideramos o efeito multiplicador que se processa através das famílias desses viajantes, através de todas as pessoas que já integraram ou trabalharam voluntariamente pelo Rosa dos Ventos através daqueles que, tomando conhecimento das ações do projeto, podem sentir-se impelidos a realizar algo semelhante.

CONCLUSÃO

O surgimento do Grupo de Turismo Social Rosa dos Ventos na Escola de Comunicação e Artes da USP em 2001 indicou a carência sentida pelos alunos da discussão sobre turismo como fenômeno social, bem como da ausência de programas voltados para a área. Hoje, completando dois anos de existência, agraciados com uma verba da Universidade de São Paulo, o Rosa dos Ventos honra-se com a escolha do tema do CBTUR2003 e certifica-se de que a necessidade de pesquisas e projetos na área não era sentida isoladamente pelos então alunos, mas era, sobretudo, uma tendência que tem se solidificado a cada dia.

Esperamos que o CBTUR2003 promova maior interesse dos estudantes de turismo do Brasil e que novas iniciativas de programas de responsabilidade social no turismo possam ser conhecidas. Temos certeza que em nosso país existem centenas de comunidades tão ou mais carentes que a periferia de São Paulo, a quem muito contribuiriam projetos como o do Rosa dos Ventos.

O envolvimento dos estudantes em atividades de extensão universitária tem mostrado que os benefícios são mútuos, entretanto, as universidades carecem de lideranças que impulsionem tais iniciativas. A existência de modelos de projetos que obtiveram êxito por meio da crescente adesão do meio é essencial para o surgimento de novas iniciativas e é este mais um dos objetivos do Rosa dos Ventos. Pretendemos ser um dos modelos de extensão para cursos de turismo, pois a possibilidade de prática da responsabilidade social no turismo é tão ampla quanto o próprio conceito de turismo social.

Quando nos propomos a desenvolver um trabalho que complemente a formação dos jovens, não deixamos de contemplar também nossa própria formação. A extensão, como um dos tripés da academia, contribui para o desenvolvimento do aluno tanto quanto da população trabalhada. Na maioria dos casos, ela se coaduna também com a pesquisa e o ensino, daí a fórmula para uma formação exemplar, que rebate a todas as críticas ao "intelectualismo isolado" da universidade. É por meio da prática que as teorias acadêmicas fazem-se válidas, e por sua vez, é delas que depende a fundamentação para qualquer prática.

O Rosa dos Ventos vem se estruturando com o suporte da Universidade de São Paulo, mas caminha para a autonomia em 2004. A dependência financeira do programa não deve durar mais que sua dependência acadêmica, isto é, que sua fase de estruturação.

Por meio das experiências que vêm sendo adquiridas, pretendemos, até o final deste ano, estarmos prontos para a sustentabilidade financeira, através de parcerias e patrocínios, abrindo espaço na Universidade para novos projetos de extensão.

Referências Bibliográficas

1. ALMEIDA, M. V. *Turismo Social: por uma compreensão mais adequada deste fenômeno e sua implicação prática na realidade atual brasileira*. São Paulo. 2001. Dissertação (Mestrado) - Escola de Comunicações e Artes da Universidade de São Paulo.
2. CAMARGO, L. O. L. *Educação para o Lazer.* São Paulo: Moderna, 1999.
3. COSTA, F. R. *Turismo Cultural e Comunicação Interpretativa*: *contribuição para uma proposta brasileira.* São Paulo, 2001. Dissertação (Mestrado) - Escola de Comunicações e Artes da Universidade de São Paulo.
4. KRIPPENDORF, J. *Sociologia do Turismo*: *para uma nova compreensão do lazer e das viagens.* São Paulo: Aleph, 2000.
5. MARCELLINO, N. C. *Lazer e Humanização.* Campinas: Papirus, 1983.
6. MARCELLINO, N. C. *Lazer e Educação.* Campinas: 1987.
7. OMT. Código de ética mundial para o turismo. 1997. Disponível em: www.world-tourism.org/espanol. Acesso em 12/mar/2003.
8. PELEGRINNI, A. *Dicionário de Turismo e Ecologia.* São Paulo: Manole, 2000.
9. SESC – SERVIÇO SOCIAL DO COMÉRCIO. *Programa de Turismo Social do SESC São Paulo.* São Paulo, 2001.
10. RIBEIRO, D. *O Brasil como Problema*. Rio de Janeiro: Francisco Alves, 1995.
11. TILDEN, F. *Interpreting our Heritage.* Chapel Hill: North Caroline University Press, 1977.

Capítulo 15

Projeto Catas Altas Comunidade Participativa

ROBERTO PALHARES*

INTRODUÇÃO

O Centro de Documentação e Informações Turísticas – CEDITUR – "laboratório do Curso de Turismo" do Centro Universitário Newton Paiva foi criado em 1992 com o objetivo principal de incrementar a prática extraclasse, proporcionando uma melhor interação entre a sala de aula e o mercado de trabalho. Desenvolvendo uma nova dinâmica pedagógica que procura reunir o saber e o fazer, oferece às comunidades docente e discente a chance de realizar trabalhos que dão um novo perfil ao curso.

O Projeto Catas Altas Comunidade Participativa é uma parceria entre a Prefeitura Municipal de Catas Altas e o Centro Universitário Newton Paiva. O Projeto iniciou suas atividades em março de 1999 e tem como principal objetivo sensibilizar e integrar a comunidade no processo de desenvolvimento da atividade turística, por meio de atividades informativas, educativas e esportivas.

---

* Equipe Técnica do CEDITUR – Centro de Documentação e Informação Turística do Unicentro Newton Paiva: Karla Passos de Morais e Ariane Prado da Cruz

Depois de quatro anos atuando em Catas Altas, o projeto envolveu vários personagens ligados à comunidade, que é alvo de todas as ações desenvolvidas. Para iniciar os trabalhos, foi feito um levantamento de dados sobre a região e identificadas as características sociais, econômicas e culturais da comunidade local. Este diagnóstico resultou em um conjunto de informações inéditas, com respaldo metodológico, que direcionou o início de nossas ações e que foi disponibilizado para consulta e pesquisa a todo cidadão com interesse na região. Contudo, este projeto tem uma abrangência maior, pois, procura provocar, na população, mudanças comportamentais, por meio de um processo de conscientização sobre a importância da preservação e a correta utilização de seu patrimônio histórico, cultural e natural.

Para a comunidade, o Projeto leva apoio técnico para sua integração no processo de desenvolvimento do turismo sustentável. E para os universitários, proporciona uma vivência que será referência em toda vida profissional.

Apresentação do Município

Catas Altas está localizada na porção oriental do Quadrilátero Ferrífero de Minas Gerais, a 118 km de Belo Horizonte. O acesso pela BR-262 com confluência pela MG-129, ou ainda, pela MG-326 é todo asfaltado.

O município encontra-se estrategicamente localizado entre as cidades de Santa Bárbara e Mariana, faz parte do Circuito do Ouro, programa de fomento à atividade turística, desenvolvido pela Secretaria de Turismo de Minas Gerais, e do Roteiro Ecoturístico da Estrada Real, que é uma iniciativa de desenvolver o turismo no antigo caminho de escoamento e povoamento que ligava Minas Gerais ao Rio de Janeiro.

A cidade tem um conjunto arquitetônico muito rico e harmonioso, sendo um dos mais homogêneos e representativos da arquitetura colonial mineira, e como pano de fundo a Serra do Caraça.

Em 1839, por ocasião da emancipação do município de Santa Bárbara, Catas Altas passou a pertencer à sua jurisdição. A emancipação do Distrito de Catas Altas ocorreu em 21 de dezembro de 1995 e, atualmente, o município conta com uma população de 4.493 habitantes, conforme Censo Demográfico realizado em 1996 pelo Instituto Brasileiro de Geografia e Estatístico – IBGE. Esses dados confirmam a potencialidade turística do município de Catas Altas, que visa a um desenvolvimento sustentável baseado em aspectos sociais, ambientais, culturais, políticos e econômicos de suma importância.

A demanda turística no município manifesta-se de maneira bastante tímida, concentrando-se nos feriados e nos períodos de festas. A cidade apresenta uma infra-estrutura de apoio ao turismo ainda em desenvolvimento. A mão-de-obra é informal e familiar, e os estabelecimentos comerciais do município são de pequeno porte. Tal fato faz com que a comunidade local recorra ao comércio das cidades vizinhas, principalmente ao de Santa Bárbara e Belo Horizonte.

Os meios de hospedagem são aconchegantes e marcados pela simplicidade do ambiente interiorano. Os restaurantes também se enquadram neste perfil: comida simples e caseira.

Catas Altas apresenta um conjunto de fatores que a tornam bastante interessante do ponto de vista turístico: as construções coloniais, as belezas naturais do seu entorno ao longo da extensão da Serra do Espinhaço, a tranqüilidade e a hospitalidade de seu povo, as manifestações artístico-culturais e religiosas, o artesanato, os licores, os vinhos e os doces.

Com todo este potencial torna-se imprescindível o trabalho com a comunidade, a fim de buscar sua sensibilização e participação no desenvolvimento turístico, para usufruir de todas as riquezas geradas por esta atividade.

Objetivos

A proposta de atuação da Comissão do projeto tem como principais objetivos:

- Sensibilizar e integrar a comunidade ao processo de desenvolvimento socioeconômico e cultural sustentável por meio da prática da atividade turística.
- Sensibilizar a comunidade para a melhor utilização dos recursos turísticos.
- Elaborar material educativo sobre temas do turismo, condizente com a realidade local.
- Propiciar aos alunos de curso superior de Turismo a prática do aprendizado em projetos comunitários.

Metodologia

A realização do trabalho foi dificultada devido à quase inexistência de estudos sobre a localidade. Foi realizada uma intensa pesquisa de campo e gabinete, com o objetivo de levantar dados socioeconômicos, político-administrativos, histórico-culturais, naturais e urbanos da cidade de Catas Altas e verificar o grau de conhecimento e interesse da população em relação ao turismo. Para isso, foram aplicados 394 questionários na comunidade.

Para a realização da pesquisa, a metodologia utilizada foi a *Arkin e Colton* que permitiu um grau de confiabilidade de 95,5%, com margem de erro inferior a 5%. A margem de erro foi calculada para uma população tendendo a mais infinito e levando-se em conta o total de questionários aplicados.

Após o levantamento, os dados passaram por um processo de formatação e os resultados, juntamente com os resultados do inventário da oferta turística já existente, identificaram a necessidade de ações voltadas aos moradores, com intuito de mobilizar, sensibilizar e integrá-los na atividade turística.

Com base nesses dados foram traçados os planos de ação, que se constituem de reuniões, palestras e debates com vários segmentos da comunidade e atividades, como gincanas culturais e ambientais; oficinas de teatro, pedra-sabão, mosaico e congado; passeios ecológicos; rua de lazer; oficinas esportivas; cinema na praça e formação de uma equipe de voluntários da própria comunidade.

Fundamentação Teórica

O turismo pode ser definido como o movimento de indivíduos e grupos de uma localização geográfica para outra por prazer e/ou negócios, sempre em caráter temporário; o atendimento das necessidades dos viajantes, seja em trânsito ou no destino, e os impactos econômico, sociocultural e ecológico, que tanto os turistas como o setor turístico provocam nas áreas de destino. (Theobald Bissoli, 2000). Então, o turismo envolve o deslocamento de pessoas, tempo, infra-estrutura, impactos e benefícios econômicos, sociais e culturais nos destinos envolvidos.

Já para Margarida Barreto, 1998, "O turismo é movimento de pessoas, é um fenômeno que envolve, antes de mais nada: gente. É um ramo das ciências sociais e não das ciências econômicas, e transcende a esfera das meras relações da balança comercial".

A atividade turística abrange diversas segmentações como: turismo histórico, social, natural, religioso e outros; dentre estes o turismo social é fundamental para as comunidade envolvidas, pois proporciona a possibilidade de envolvimento com o turista e tem o objetivo de melhorar o nível de vida através do crescimento econômico, social e cultural destas localidades.

> *"O turismo social prega, especialmente o respeito às paisagens locais, à cultura e aos valores, o equilíbrio entre os equipamentos e a demanda turística, o aproveitamento local da mão-de-obra existente e também restitui às regiões o potencial educativo e cultural, mas com custos condizentes com os diferentes níveis econômicos da população" (Antônia Canton, 2002).*

Doris Ruschmann (1997), por sua vez, ressalta que:

> *"no turismo é responsabilidade do Estado zelar pelo planejamento e pela legislação específica da atividade turística, elaborando normas e regras necessárias, com o objetivo de proporcionar o bem estar da população residente e dos turistas, além de proteger e conservar o patrimônio ambiental visando um desenvolvimento harmonioso do turismo. Os governos devem se preocupar ainda em proporcionar à população os equipamentos e espaços recreativos adequados para produzir satisfação individual, em família ou comunidade".*

O Código Mundial de Ética do Turismo, elaborado e aprovado pela Organização Mundial do Turismo em 1999, enfatiza a importância dos aspectos sociais do turismo, como os abaixo relacionados:

- As atividades turísticas devem conduzir-se em harmonia com as especificidades e tradições das regiões e países receptores, observando as suas leis, seus usos e costumes.
- Devem tender a promover os direitos humanos e especialmente, os particulares direitos dos grupos mais vulneráveis, especificamente as crianças, os idosos, os deficientes, as minorias étnicas e os povos autóctones.
- As políticas e atividades turísticas serão desenvolvidas respeitando o patrimônio artístico, arqueológico e cultural, que devem ser preservados e transmitidos às gerações futuras.
- A atividade turística deve ser concebida de forma a permitir a sobrevivência e o desenvolvimento de produções culturais e artesanais tradicionais. Bem como do folclore e que não provoque a sua padronização e empobrecimento.
- As populações e comunidades locais devem estar associadas às atividades turísticas e participar eqüitativamente nos benefícios econômicos, sociais e culturais que geram, e sobretudo na criação de emprego direto ou indireto resultante.
- As políticas turísticas devem ser conduzidas de tal forma que contribuam para a melhoria do nível de vida das populações das regiões visitadas e respondam às suas necessidades.

As definições anteriores dos autores a respeito do turismo, embasados nos conceitos de responsabilidade social, serviram de base para os moldes do Projeto Catas Altas Comunidade Participativa, buscando mobilizar, conscientizar e integrar a população catasaltense para a atividade turística.

Ações Desenvolvidas

O Projeto Catas Altas Comunidade Participativa realizou atividades nesses quatro anos, com objetivo de sensibilizar e mobilizar a comunidade para o turismo, para a necessidade de preservar seu patrimônio histórico, cultural e natural, e promover a integração dos membros da comunidade. Dentre as ações desenvolvidas, podemos destacar:

- *Pesquisa de mobilização para o turismo:* foi realizada na sede do município e no povoado do Morro D'Água Quente, distrito de Catas Altas, com a visita a 394 residências, onde identificamos o perfil socioeconômico e cultural dos moradores e obtivemos informações sobre o interesse e a opinião deles em relação à atividade turística.
- *Primeira gincana ecológica e plantio de mudas:* ações realizadas em novembro de 2000. Esta iniciativa contou com o apoio da AMDA, além da participação voluntária de sete estudantes universitários, dos condutores de turismo de Catas Altas, da diretora, professores e serventes da Escola Municipal João XXIII e de cerca de 150 crianças, de 3 a 16 anos de idade. Foram realizadas oficinas em sala de aula sobre temas como a importância da água, do lixo, do ar, das plantas e de outros itens ambientais. Os alunos participaram apresentando poesias, cartazes ilustrativos, redações, entre outras atividades de suma importância.
- *Gincana cultural:* ocorreu na Escola Estadual Alzira Ayres com alunos da quinta série do ensino fundamental ao terceiro ano do ensino médio. Foram realizadas provas e brincadeiras que incentivavam a preservação do patrimônio histórico e natural de Catas Altas. A gincana teve como uma das provas principais a arrecadação de aproximadamente 800 livros. Além de propiciar entretenimento, estimulou o trabalho em equipe e contribuiu expressivamente para o aumento do acervo da biblioteca da E. E. Alzira Ayres.
- *Ecoverão 2002:* Atividades programadas, realizadas durante o mês de janeiro com objetivo de oferecer à comunidade entretenimento

e conhecimento, que possibilitaram maior contato entre a população e o seu patrimônio histórico, cultural e natural. A intenção, por parte do Projeto é fazer com que o Ecoverão se torne um acontecimento permanente dentro do calendário de eventos da cidade, contribuindo para o desenvolvimento sustentável da atividade turística no município, que é seu objetivo principal. As atividades realizadas no projeto Ecoverão 2002 foram:

- Festa de Abertura
  Número de participantes: 80 pessoas.
- *Aulão de Hidroginástica*
  Número de participantes: 30 pessoas.
- *Oficinas de Educação Ambiental*
  Temas: Caminhos do lixo, Qualidade de vida, Teia da vida e Agenda 21.
  Número de participantes: 45 pessoas.
- *Curso de Primeiros Socorros*
  Número de participantes: 35 pessoas.
- *Gincana Esportiva*
  Número de participantes: 175 pessoas.
- *Feira Cultural*
  Número de expositores: 10 pessoas.
  Número de visitantes (estimado): 60 pessoas.
- *Passeio Ciclístico*
  Roteiro: Igreja Matriz – Morro D' Água Quente – Igreja Matriz
  Número de participantes: 55 pessoas.
- *Festa de Encerramento*
  Número de participantes (estimado): 200 pessoas.

• *Projeto Arte em Cena*: oficina de teatro para 25 jovens da comunidade, durante a qual foi montada a opereta de Catas Altas, dirigida por um professor da Newton Paiva. O espetáculo retratou traços da formação cultural do município e foi apresentado para um público de aproximadamente 100 pessoas. Esta oficina teve a duração de quatro meses, de abril a julho, e propiciou aos participantes não só um aprendizado de expressão corporal e oral e técnicas de representação teatral, mas também os levou a pesquisar e estudar a história da cidade, para a montagem da peça.

• *Ecoinverno 2002*: em resposta ao sucesso que foi o Ecoverão, a equipe do Projeto, atendendo aos anseios da comunidade, tomou a iniciativa de realizar o Ecoinverno no mês de julho. O objetivo de sua programação foi despertar a comunidade para as questões relacionadas à qualidade de vida, preservação e conservação dos patrimônios, importância do resgate histórico-cultural, além, é claro de proporcionar entretenimento e integração das pessoas, divulgação dos produtos locais e o desenvolvimento turístico do município. As atividades realizadas foram:

- *Intervenções Circenses*
  Público estimado: 50 pessoas.
- *Apresentação Teatral*
  Público estimado: 100 pessoas.
- *Show Cultural de Música Popular Brasileira*
  Público estimado: 70 pessoas.
- *Cinema na Praça*
  Público estimado: 40 pessoas.
- *Feira Cultural*
  Público estimado: 50 pessoas.
- *Passeio Ciclístico*
  Roteiro: Igreja Matriz – Morro D' Água Quente – Igreja Matriz.
  Número de participantes (estimado): 30 pessoas.
- *Oficinas de Arte*
  Temas: Escultura em pedra-sabão, Cerâmica, Escultura em madeira
  Número de participantes: 15 pessoas.
- *Oficina de Educação Ambiental*
  Tema: Brinquedos e jogos pedagógicos de materiais recicláveis.
  Número de participantes: 15 pessoas.

• *Projeto Conversando Sobre Turismo:* foram realizados sete encontros com os principais grupos atuantes na comunidade,cujo objetivo foi informar e sensibilizar seus integrantes sobre o que vem a ser a atividade turística, seus impactos positivos e negativos para a comunidade e incentivá-los a trabalhar com o turismo. Os grupos participantes foram: Grupo de jovens da Igreja Católica, Grupo de jovens da Igreja Batista, Vereadores da cidade, Associação comunitária do bairro Vista Alegre, ONG Portal do Caraça, moradores do Morro D'Água Quente, Grupo da terceira Idade.

• *Seminário Turismo e Patrimônio em Catas Altas:* evento que contou com a participação de 120 pessoas, sendo 35 alunos do Centro Universitário Newton Paiva. O seminário foi realizado em parceria com a Prefeitura Municipal e o Projeto Preservar Catas Altas. Os temas abordados foram o patrimônio natural e histórico do município, a importância de preservá-los, a relação entre turismo e patrimônio e uma mesa-redonda que contou com representantes de diversas instituições e empresas que atuam no município. O seminário não só levou muitas informações, mais também abriu espaço para discussão do tema pela comunidade.

- *Pesquisa de Opinião com Comerciantes*: foram pesquisas aplicadas nos estabelecimentos comerciais, por seis pesquisadores voluntários da própria comunidade. O objetivo da pesquisa foi levantar dados referentes à percepção dos comerciantes no que se refere à atividade turística e também o interesse e disponibilidade deles para participarem de cursos de capacitação voltados para o turismo.
- *Projeto Que Negócio é Esse o Turismo:* foram cinco matérias publicadas no Informativo Verde Catas Altas, que é mensal e de circulação no município, nas quais se procurou informar, de maneira clara e objetiva, como se processa a atividade turística e quais impactos pode causar dentro do município.
- *Ecoverão 300 anos:* atividades programadas, realizadas em janeiro de 2003. Constou de treze atividades distribuídas em dez dias com o objetivo de levar, não só entretenimento e integração para comunidade, mas também sensibilizá-la sobre a importância de se criar uma consciência crítica relacionada aos acontecimentos e transformações dos aspectos históricos, culturais e naturais do município. As atividades realizadas foram:
  - *Lual de Abertura*
    Público estimado: 60 pessoas.
  - *Cinema na Praça*
    Público estimado: 50 pessoas.
  - *Gincana Ecológica*
    Número de participantes (estimado): 70 pessoas.
  - *Passeio Ciclístico*
    Roteiro: Adro da Igreja Matriz – Trilha do Bicame – Adro da Igreja Matriz
    Número de participantes (estimado): 40 pessoas.
  - *Rua de Lazer*
    Número de participantes (estimado) 100 crianças.
  - *Oficina de Mosaico*
    Número de participantes: 18 pessoas.
  - *Oficina Esportiva*
    Tipos: Vôlei, Basquete, Peteca, Futsal
    Número de participantes: 30 pessoas, entre crianças e adolescentes.

- *Oficina de Congado*
  Número de participantes: 20 pessoas.
- *Oficina de Teatro*
  Número de participantes: 15 pessoas.
- *Concursos de Talentos*
  Temas: Poemas e poesias, Causos, Piadas, Cantores,
  Número de participantes: 40 pessoas.
- *Festival de Pipoca*
  Público estimado: 150 pessoas.
- *Apresentação do Congado*
  Público estimado: 100 pessoas.
- *Encerramento com a Apresentação Teatral*
  Público estimado: 80 pessoas.

• *Equipe de voluntários:* Tem a finalidade de formar dentro da comunidade uma equipe de voluntários, que irá auxiliar a comissão do projeto a desenvolver suas atividades. É de fundamental importância que pessoas da comunidade acompanhem os trabalhos para que, futuramente, elas mesmas possam dar seqüência aos trabalhos iniciados.

Conclusão

O objetivo principal do projeto é inserir e fazer com que a comunidade participe do processo de desenvolvimento da atividade turística para tal, as atividades empreendidas buscaram sensibilizar, informar e oferecer aos habitantes do município condições de trabalhar e vislumbrar no turismo uma alternativa de geração de riquezas.

Nesses quatro anos de atuação o projeto provocou por meio do trabalho desenvolvido mudanças comportamentais na comunidade. Sabe-se, no entanto, que esse processo é longo e que o trabalho deve ser contínuo, mas a comunidade de Catas Altas tem participado das ações. Hoje são 32 pessoas cadastradas como voluntárias.

A pesquisa de mobilização para o turismo forneceu ao poder público municipal, à iniciativa privada e à comunidade, informações que vêm subsidiando as políticas públicas para o turismo e os investimento da iniciativa privada no município. Hoje a própria comunidade tem demonstrado interesse em investir na área turística e alguns empreendimentos recém inaugurados e outros em construção, são de pessoas da cidade, o que demonstra resultados positivos do trabalho.

A continuação do projeto é de fundamental importância, Por isso a equipe elaborou um plano de trabalho para 2003, a saber: Ecoverão 300 anos que já aconteceu em janeiro; o Projeto Arte em Cena terá seqüência no segundo semestre; o Projeto Conversando Sobre Turismo tem agendado palestras a partir de abril; o Projeto Que Negócio é Esse o Turismo está acontecendo desde janeiro; o Ecoinverno está programado para julho; o Projeto Pesquisa de Opinião com Comerciantes acontecerá a partir de maio; o Seminário de turismo com o tema: Turismo e Responsabilidade Social será em setembro. Novas propostas como o estudo de viabilidade de Turismo Rural, em parceria com a Prefeitura e a Emater, está programado para maio; cursos mensais de capacitação e especialização de mão-de-obra voltados ao turismo acontecerão a partir de maio.

Muitos passos já foram dados. Espera-se que, com a realização dos trabalhos propostos, os resultados continuem aparecendo e, com isso, a comunidade esteja cada vez mais integrada ao processo de desenvolvimento do turismo no município.

Referências Bibliográficas

1. RUSCHMANN, D. V. M. *Turismo e Planejamento Sustentável: a proteção do meio ambiente*. São Paulo: Papirus, 1997.
2. OMT. *Código Mundial de Ética do Turismo*. Santiago-Chile, 1999.
3. CANTON, A. M. *Eventos: ferramenta de sustentação para as organizações do terceiro setor*. São Paulo: Roca, 2002.

Capítulo 16

Projeto Universitário Parque das Mangabeiras

Carolina Rodrigues de Moro

Introdução

Nos dias de hoje, a questão que envolve educação e preservação ambiental tem se tornado de extrema importância para a sociedade. Conservar a natureza tornou-se uma questão crucial para a nossa sobrevivência. Cada vez mais as pessoas, as empresas e o poder público têm suas atenções voltadas para os problemas ambientais, estão mais preocupadas com suas atitudes e com as conseqüências do uso inadequado dos recursos naturais. O reaproveitamento e a reciclagem já estão sendo discutidos como alternativas ao problema do lixo, seja nas grandes, médias ou pequenas cidades.

A educação ambiental, também, vem sendo foco de vários debates. A sua utilização como instrumento de educação e de melhoria da qualidade de vida, como forma de minimizar os impactos ambientais, culturais, sociais ou históricos, e ainda, como um processo que busca desenvolver cidadãos que tenham conhecimentos, habilidades, atitudes e motivações para trabalhar, individual e coletivamente, como agentes multiplicadores dessa mentalidade na busca de soluções para os problemas atuais e futuros.

O Parque das Mangabeiras é um atrativo turístico de peso para o município de Belo Horizonte e uma Unidade de Conservação de expressivo valor natural. Para que o acontecimento da atividade turística no Parque seja assegurado a gerações futuras, são necessárias iniciativas que visem garantir a sustentabilidade da atividade em todos os sentidos: natural, cultural, histórico etc. O aumento da atividade turística sem que haja um planejamento adequado, muitas vezes pode provocar um intenso impacto sobre o local e ainda pode não atender adequadamente à demanda existente.

Tendo em vista a preocupação com os impactos ambientais decorrentes das diversas atividades humanas e também a valorização da prática acadêmica, a Prefeitura de Belo Horizonte, em parceria com o Centro Universitário Newton Paiva, desenvolveu o Projeto Universitário Parque das Mangabeiras no ano de 1997.

CONTEXTUALIZAÇÃO

Centro Universitário

A instituição tem como missão, oferecer, por todos os meios legítimos, condições que favoreçam a transmissão, o desenvolvimento e a aplicação de conhecimentos filosóficos, científicos, técnicos e artísticos, respondendo prontamente às exigências do meio em que se situa, como agente propulsor de mudanças e de crescimento pessoal.

A extensão universitária, como prática acadêmica, é instrumento de articulação do Centro Universitário com os diversos segmentos sociais, de forma programada e sistemática, envolvendo um processo orgânico que não se confunde com assistencialismo. É fator integrador do Ensino da Pesquisa com vistas a responder à demanda social e representa um compromisso da instituição com a comunidade. Por meio de uma política de extensão universitária voltada para o desenvolvimento de projetos com o objetivo de ver formação político-social, técnico-científica e a prática profissional do corpo discente, vem se destacando pelo pioneirismo e pela excelência de suas ações.

O Centro Universitário Newton Paiva, ao desenvolver atividades de extensão, procura estabelecer espaços para parcerias comprometidas com a missão de formar cidadãos capazes de pensar, situar-se diante de suas necessidades e ofertas, construir o seu conhecimento com qualidade e transformar as realidades negativas em oportunidades empreendedoras e de sucesso. Seu direcionamento é para a comunidade, levando-lhe idéias e ações, retro-alimentando-se na sociedade com seus problemas e suas aspirações e voltando-se de novo para a sociedade com sugestões e soluções.

O Centro de Documentação e Informações Turísticas – CEDITUR, "laboratório do Curso de Turismo" do Centro Universitário Newton Paiva foi criado em 1992 com o objetivo principal de incrementar a prática extraclasse proporcionando uma melhor interação entre a sala de aula e o mercado de trabalho. Desenvolvendo uma nova dinâmica pedagógica que procura reunir o saber e o fazer, oferece à comunidade docente e discente a chance de realizar trabalhos que dão um novo perfil ao curso.

Parque das Mangabeiras

Projetado por Roberto Burle Marx e inaugurado em 13 de maio de 1982, abrange uma área de 235ha., sendo um dos maiores parques urbanos do país. Localiza-se na zona sul de Belo Horizonte, na encosta da Serra do Curral (patrimônio ambiental de BH). O Parque das Mangabeiras é um espaço destinado a promover um convívio entre o homem e a natureza, cumprindo seu papel como área de lazer e unidade de conservação. A área destinada ao uso da população possui espaços voltados para o lazer e a prática de atividades esportivas. Também conserva recantos naturais, nascentes, espelhos d'água e outras atrações.

É importante destacar o histórico do Parque das Mangabeiras visto que,antes da sua implantação, a área por ele utilizada pertenceu à Fazenda Capão (na época da fundação de BH), posteriormente foi criada a primeira estação de tratamento de água que abastecia o Bairro Serra, vizinho ao Parque (início da década de 60). Esta estação foi desativada em meados da década de 1960, sendo então instalada na área do Parque a FERROBEL, uma Mineradora Municipal que atuou até 1979 na extração do minério de ferro, mineral abundante na área. A atividade provocou vários impactos ambientais na região.

É um dos poucos remanescentes de mata da região metropolitana de Belo Horizonte. Sua vegetação reúne espécies de campos de altitude, cerrado e mata de galeria. Abriga inúmeras espécies da fauna como o quati, esquilo, tatu, ouriço, mico-estrela (animal símbolo de Belo Horizonte), um grande número de aves que correspondem a quase 20% da avifauna do estado de Minas Gerais, além de serpentes e lagartos. Entre os anfíbios, foram catalogadas duas espécies de rãs endêmicas: a *Eleutherodactylus izeksohni e Hylodes uai.*

Projeto Universitário Parque das Mangabeiras

O Projeto consiste em estudar, planejar e executar, juntamente com o Parque das Mangabeiras, os serviços prestados ao visitante, buscando sempre destacar a importância dele para a comunidade. Procura por meio da educação, sensibilizar os visitantes em relação aos problemas ambientais e da importância do papel de cada um na conservação dos recursos naturais para que sejam assegurados às gerações futuras.

O Parque é um laboratório a céu aberto, portanto, o Projeto proporciona aos alunos possibilidades de práticas extraclasse de caráter multidisciplinares e também o aprimoramento das atividades desenvolvidas internamente. Além disso, procura proporcionar o estudo das questões ambientais para o melhor uso e manutenção da unidade de conservação.

Atualmente, o projeto conta com 12 estagiários: 4 do curso de Geografia e Meio Ambiente, 7 do Turismo e 1 de Relações Públicas, todos sob orientação do Centro Universitário e das gerências do Parque das Mangabeiras.

Os estagiários do curso de Geografia desenvolvem projetos relacionados ao manejo ambiental do Parque. Destacam-se o "Levantamento das Nascentes" e o "Estudo do Assoreamento do Lago dos Sonhos". O principal objetivo desses projetos é caracterizar os processos atuantes no Córrego da Serra, determinando a distribuição e a forma de ocorrência dos processos erosivos e seus principais fatores condicionantes e deflagradores. Com este trabalho pode-se discutir a importância da preservação na gestão ambiental e no manejo do Parque das Mangabeiras. Ainda estão previstos os projetos de Climatologia, Implantação da Coleta Seletiva do Lixo, Estudo da Capacidade de Carga do Parque e Elaboração do Mapa Fitogeográfico.

O estagiário de Relações Públicas trabalha a comunicação interna e a imagem institucional do "Projeto Menino no Parque"[1], buscando resgatar a importância deste projeto para a comunidade do local e sua conseqüente valorização.

Os estagiários do curso de Turismo, com apoio dos estagiários de Geografia, trabalham a educação ambiental e a atividade turística inseridas no Programa de Educação Ambiental do Parque das Mangabeiras, denominado "Ti Ti Ti do Quati". Esse programa, elaborado por funcionários efetivos, propõe organizar e incrementar os serviços oferecidos pelo parque. Teve suas atividades iniciadas em janeiro de 2002 com os seguintes objetivos:

- Desenvolver e implementar um modelo de gestão ambiental para a reserva do Parque das Mangabeiras, que contribua para sua preservação e para o aprofundamento e desenvolvimento pedagógico da Educação Ambiental.

---

[1] Este projeto foi criado em 1993 como uma alternativa de ocupação e educação para as crianças e adolescentes de 7 a 18 anos das comunidades carentes do entorno, funcionando em horário complementar à escola formal, em dois turnos. Nele, as crianças recebem assistência odontológica, têm aulas de informática, práticas de jardinagem, técnicas circenses, entre outras.

- Contribuir para o desenvolvimento de Projetos Político-Pedagógicos comprometidos com as questões ambientais[2].

Os estagiários que trabalham no planejamento dessas atividades têm papel fundamental na sua execução.

O Programa realiza ainda, gratuitamente, cursos e oficinas relacionados à educação ambiental, ministrados por profissionais da área e direcionados a educadores e acadêmicos. Ainda prevê, a partir do segundo ano (2003), a formatação de um balcão de consultoria para acompanhamento e continuidade da mentalidade e do trabalho de educação ambiental nas escolas e instituições.

Para a implantação deste programa, os estagiários passaram por um treinamento durante o qual foram apresentadas as características do parque, o regulamento interno e analisadas as principais dificuldades encontradas nos processos anteriores.

Para que fossem realmente efetivadas as ações do programa, o processo foi trabalhado conforme o planejamento. Foram realizadas reuniões com os funcionários no intuito de identificar as principais necessidades para melhoria dos serviços e a implantação do programa. Da mesma forma, procurou-se fazer um diagnóstico da situação do Parque. A partir daí, foram priorizadas ações e atendidas as necessidades conforme os recursos disponíveis.

Sanados os problemas, iniciou-se o processo de formatação das atividades, que serão detalhadas mais à frente. Paralelamente, nos meses de dezembro/2001, janeiro e fevereiro/2002, foram realizados treinamentos específicos com os estagiários, ministrados por Biólogos e Geógrafos do próprio parque, para cada atividade que seria trabalhada. Da mesma forma, ao longo do ano, foram realizados treinamentos contínuos em busca da atualização e aprimoramento do trabalho realizado.

Com os estagiários capacitados e os processos formatados, teve início o processo de divulgação dos serviços oferecidos aos visitantes. No primeiro momento, direcionou-se às escolas públicas municipais e estaduais, posteriormente foi estendida às demais instituições de ensino fundamental, médio e superior de Belo Horizonte e região metropolitana.

Divulgados os serviços, a demanda seria uma conseqüência. A partir do surgimento dessa demanda, deu-se início a execução das atividades. Tam-

---

[2] À luz da Agenda 21, cap. 36 e do Relatório Jacques Delors para a UNESCO, da Comissão Internacional Sobre Educação Para o Século XXI.

bém foram criados mecanismos de avaliação e monitoramento, por meio de formulários para sugestões e críticas, e reuniões periódicas para avaliação das atividades. A partir dessas análises, são realizadas intervenções nos processos visando à melhoria dos serviços e submetendo a metodologia utilizada a possíveis alterações ao longo do ano.

OBJETIVOS

Gerais

Proporcionar possibilidades de práticas extraclasse de caráter multidisciplinar, desenvolvidas por alunos dos cursos de Turismo, Geografia e Meio Ambiente e Psicologia e, conseqüentemente, otimizar as atividades desenvolvidas no Parque das Mangabeiras.

Específicos

- Promover a valorização do Parque como Unidade de Conservação.
- Buscar uma maior satisfação do visitante dentro do Parque.
- Valorizar e proporcionar o estudo das questões ambientais.
- Sensibilizar os visitantes para os problemas ambientais.
- Incrementar a atividade turística no Parque.
- Proporcionar a prática acadêmica aos alunos envolvidos.

ATIVIDADES

Apresentado todo o processo até a concretização das atividades, serão relacionados, a seguir, os projetos e atividades nos quais estão inseridos os estagiários do curso de turismo e como são realizados. Para cada atividade são utilizadas metodologias específicas sempre orientadas pelos coordenadores.

Recepção e Atendimento ao Público em Geral

Atividades que têm como objetivo tornar o parque mais confortável ao visitante, informando e orientando-o para o turismo e o lazer além de proporcionar uma maior interação entre o Parque e o visitante.

O processo começa na portaria Sul, principal entrada do parque, onde são distribuídos o regulamento e a sacolinha para acondicionamento do lixo. Esse material está disponível também nas outras duas portarias, Norte e Caraça, onde são encontrados painéis informativos com a descrição de todas as atividades, regulamento, horário etc.

Em seguida, o visitante é encaminhado ao *Quiosque de Informações*, onde estão centralizadas todas as informações referentes ao parque e demandadas pelo visitante. Nesse local os estagiários procuram incentivar o visitante a conhecer os atrativos, informá-lo sobre as normas internas, orientá-lo quanto à programação, buscando sensibilizá-lo para a importância do Parque como uma Unidade de Conservação. Próximo ao quiosque ainda existe um painel informativo que também auxilia o visitante.

Na intenção de facilitar as abordagens e a aproximação com o público, o quiosque passou por uma reorganização do seu espaço físico. Nele ainda encontram disponíveis os formulários de avaliação, fôlderes informativos, mapa do parque, entre outros impressos. Uma iniciativa muito importante é o "Fale com o Parque", um instrumento de aproximação do usuário com a coordenação.

Atendimentos Monitorados

O Park Tour também é um serviço oferecido ao público em geral,que consiste em disponibilizar o microônibus interno, para que o visitante possa percorrer todo o circuito turístico do parque, e conhecer os principais atrativos. O usuário deste serviço conta com um monitor, que aborda o histórico do parque, suas principais características, o regulamento interno, além de destacar a boa conduta em unidades de conservação. Para participar, o visitante precisa fazer sua inscrição no quiosque pois as vagas são limitadas à capacidade do microônibus para garantir a qualidade do atendimento. Este serviço é gratuito e realizado em dois horários, pela manhã e à tarde, de terça a sexta-feira, com duração média de 1h.

As caminhadas monitoradas são oferecidas especificamente às escolas e grupos organizados mediante agendamento prévio por telefone ou fax, realizados de terça a sexta-feira. São trabalhados os temas aspectos gerais do parque, mata de transição (reúne espécies de cerrado e mata atlântica), cerrado, água e solo/relevo, por meio de palestras, slides, caminhadas e brincadeiras. Cada tema aborda características gerais e específicas conforme o objetivo da escola/grupo, que poderão ser direcionados de acordo com a solicitação dos professores. A programação para cada tema consiste basicamente de uma palestra inicial, em que são abordados, de forma bem simples, o histórico do parque, suas características gerais, o regulamento e normas de conduta em unidades de conservação. Antes do início da caminhada, realiza-se um exercício de alongamento com os grupos. Na caminhada, são identificadas as características naturais do parque e discutidas com o grupo conforme cada tema. Com essa finalidade, foram estabelecidos alguns pontos de parada ao longo do trajeto. Esses atendimentos duram cerca de duas horas.

Durante o ano de 2002, de março a setembro, foram atendidas 356 escolas (Estaduais, Municipais e Particulares) e um total de 17.487 alunos[3] .

Atividades Complementares

Com objetivo de incrementar e dinamizar os atendimentos monitorados, foram criados o Teatro de Fantoches, a Gincana ambiental e o Colorindo o Parque. Essas atividades são opcionais e podem ser realizadas em todos os temas abordados, conforme a disponibilidade do grupo e a faixa etária.

O Teatro de Fantoches é realizado com crianças menores de sete anos, tem duração média de 20 minutos e aborda questões relacionadas ao parque e ao meio ambiente utiliza uma linguagem simples e de fácil compreensão. A atividade termina com um "jingle" produzido por alunos do curso de Relações Públicas do Centro Universitário Newton Paiva.

O "Colorindo o Parque" é uma atividade realizada com crianças de até 5 anos de idade, com o objetivo de incentivar nelas a prática do desenho e a valorização da natureza e despertar a criatividade. Todos os desenhos são analisados visualmente e devolvidos ao grupo.

A Gincana Ambiental é direcionada a crianças com mais de 8 anos de idade. O grupo é dividido em duas equipes que podem ganhar ou perder pontos conforme sua atuação. Cada equipe é identificada com um crachá colorido e recebe cinco sacolinhas para lixo e um manual com as regras da gincana. São tomados como regras o regulamento do parque, normas de conduta em unidades de conservação, a disciplina e a coleta seletiva do lixo ao longo das trilhas. Ainda são aplicadas dez perguntas predefinidas, sendo cinco relacionadas à palestra inicial e cinco específicas do tema trabalhado, e também contam ponto. As perguntas referentes à palestra são aplicadas nos pontos de parada ao longo do trecho. Já as específicas são aplicadas no retorno da caminhada, quando é feita também a contagem final dos pontos das equipes.

Capacitação e Treinamento

Com objetivo de aprimorar esses atendimentos e também o nível de qualificação dos estagiários, são realizados, periodicamente, cursos de capacita-

[3] Observe em Anexo 1 a tabulação dos atendimentos.

ção (Educação ambiental, Qualidade no atendimento, Expressão corporal e voz, Práticas de recreação, etc.), visitas a outras instituições que trabalham a educação ambiental e o incentivo à participação em eventos afins.

Fanzine Mangabeiras

A partir do diagnóstico feito no início do trabalho, foram identificados os principais problemas, destacando-se a falta de comunicação entre as seções internas. Com objetivo de minimizar esse problema foi criado um informativo interno, com abordagens sempre relacionadas ao parque e à educação ambiental, com linguagem simples, popular, de fácil leitura. O "Fanzine Magabeiras" nome dado ao informativo, é desenvolvido pelos estagiários de Turismo e Relações Públicas. Os temas abordados são indicados pelos estagiários e pela coordenação do Parque das Mangabeiras. As matérias são orientadas e elaboradas por profissionais e estagiários da Central de Produção Jornalística, um departamento do Centro Universitário. O Fanzine tem periodicidade bimestral, com tiragem de 1.000 cópias, e é disponibilizado tanto aos funcionários quanto aos visitantes interessados.

Pesquisa em Eventos

O Parque das Mangabeiras, além de um espaço de contemplação e conservação da natureza, é palco de vários eventos. Para avaliar a qualidade desses eventos sob o ponto de vista dos funcionários e visitantes, foi proposta uma "pesquisa de satisfação". Para tal foram elaborados dois tipos de questionários simplificados, um direcionado aos visitantes e outro aos funcionários do parque, cuja aplicação é feita antes do término e após a realização dos eventos. Pretende-se por meio de uma análise conjunta dos dados coletados e tabulados, identificar as deficiências e propor ações que possam melhorar a qualidade do evento, tanto para os visitantes quanto para os funcionários do Parque das Mangabeiras.

Os estagiários do curso de turismo participam ainda, na elaboração dos processos de atendimento específicos para cada evento e na recepção a escolas e grupos organizados, prestando, da mesma forma, informações gerais a usuários visitantes.

Propostas

No decorrer do desenvolvimento das atividades do Projeto Universitário Mangabeiras, algumas falhas e necessidades foram observadas. Algumas medidas são imprescindíveis para a manutenção da atividade turística no Parque, tais como:

- *Divulgação*: uma maior divulgação do Parque nos meios de comunicação, com o objetivo de aumentar a demanda do local e, conseqüentemente, contribuir para a geração de renda no Parque. A inserção do Parque em guias turísticos municipais e estaduais seria uma das opções que poderiam alcançar êxito, a um custo relativamente baixo. Parcerias com agências de turismo receptivo constituem uma outra opção para atrair um maior número de visitantes. Além dessas estratégias também colocar em prática o projeto elaborado por alunos do curso de Turismo do Centro Universitário Newton Paiva, que propõe a divulgação do Parque em hotéis de Belo Horizonte, estimulando os hóspedes a conhecerem-no.
- *Receptivo*: o Quiosque de Informações, "porta de entrada" do Parque, merece uma atenção especial, encontra-se em mal estado de conservação, apresentando vários problemas como as goteiras, por exemplo. O espaço interno deveria ser mais bem distribuído, com a apresentação de painéis informativos sobre o Parque, sobre a vegetação, educação ambiental etc. O multimídia com informações audiovisuais sobre o Parque deveria ser recolocado, pois atrai muito os turistas para o local. O excesso de material deveria ser retirado, pois causa poluição visual e reduz o espaço para atendimento ao público.

As caminhadas ecológicas (Passeios de Qualidade) deveriam ser estendidas também ao público em geral nos fins de semana, tornando-se mais uma opção de lazer dentro do Parque.

- *Envolvimento da Comunidade Local*: além do "Projeto Meninos no Parque", outros precisam ser desenvolvidos não só com crianças, mas também com as comunidades do entorno, a fim de conscientizá-las da importância do Parque para o local e para a cidade de Belo Horizonte, despertando o sentimento de responsabilidade e proteção sobre esta unidade de conservação.
- *Verbas:* em relação à falta de verbas no Parque das Mangabeiras, os administradores poderiam buscar parcerias em empresas públicas e privadas, mostrando as reais necessidades de empresas parceiras para

o desenvolvimento turístico do local. Também deveriam apresentar propostas à Prefeitura de Belo Horizonte para reduzir o processo burocrático existente, que muitas vezes dificulta o relacionamento com potenciais empresas parceiras.

- *Qualificação dos Funcionários:* cursos de capacitação e aperfeiçoamento profissional deveriam ser aplicados regularmente aos funcionários do Parque, com o objetivo de despertar o interesse deles para aspectos relacionados ao seu ambiente de trabalho, fazendo com que passem a valorizar e a zelar mais pelo local.
- *Infra-estrutura:* a sinalização interna do Parque deverá ser modificada, pois é confusa e de difícil entendimento, o que dificulta a orientação dos turistas. A sinalização educativa e de advertência também deveria ser colocada em todas as vias do Parque.

O número de lixeiras nos percursos precisa ser aumentado.

- *Eventos:* os diversos eventos que ocorrem tradicionalmente no Parque das Mangabeiras deveriam ser mais bem planejados e organizados no que se refere à infra-estrutura de apoio como banheiros, segurança, alimentação, etc.

Avaliação

Os projetos desenvolvidos no Parque das Mangabeiras passam sempre por momentos de adequações, como reavaliação de cada etapa dos projetos, qualificação constante da equipe e conseqüente melhoria na qualidade dos serviços prestados.

A administração do parque tem se colocado sempre disponível para o diálogo e acertos para a melhoria do estágio.

Relatos dos alunos e demais pessoas envolvidas nas atividades, contribuem para o crescimento profissional dos estagiários e permitem um amadurecimento pessoal e profissional, já que a constante avaliação do público em todas as etapas dos projetos serve de termômetro para possíveis melhorias no trabalho diário. Além disso, todo o conhecimento científico dos projetos é difundido a públicos diferenciados, oportunizando maior interação dos alunos com as comunidades.

No caso específico do Projeto Universitário Mangabeiras, o aluno desenvolve práticas relacionadas à Educação Ambiental, promovendo atividades de

Turismo Ecológico com o público participante a fim de despertar a consciência do cidadão a das entidades da sociedade civil para a defesa do meio ambiente e a necessidade da educação ambiental para o desenvolvimento da cidadania.

"O relacionamento do turismo com o meio ambiente está longe de ser simples. Numerosas situações de conflito são registradas e, diante de sua fragilidade, cada medida ou precaução pode gerar um efeito perverso, difícil de controlar. O desafio reside em encontrar o equilíbrio entre o desenvolvimento da atividade e a proteção ambiental" (Ruschmann, 1997, p.82).

COLABORADORES

Coordenador: Marcelo Alcântara Prates – Bacharel em Turismo – Centro Universitário Newton Paiva.
Monitor: Gustavo Henrique S. Bouzas – Graduando em Turismo – Centro Universitário Newton Paiva.
Colaboradores: Daniela Pimenta Lima, Carolina R. De Moro, Lilian C. Renna Alves, Luiz Carlos Lopes Jr., Marcela Braga Siqueira – Graduandos em Turismo // Ana Paula Alves S. Abou Lteif, Tiago Resende Alves – Graduandos em Geografia e Meio Ambiente – Centro Universitário Newton Paiva.
CEDITUR

Referências Bibliográficas

1. RUSCMHANN, D. V. M. *Turismo e Planejamento Sustentável: a proteção do meio ambiente.* São Paulo: Papirus, 1997.
2. ORGANIZAÇÃO MUNDIAL DO TURISMO. Desenvolvimento de Turismo Sustentável: manual para organizadores locais. Brasília: Bárbara Bela, 2001.

Capítulo 17

Projeto Escola Patrimônio – um Trabalho de Responsabilidade Social

CRISTIANE BUHAMRA ABREU
FRANCISCO DJACYR SILVA SOUZA
TACILA BEZERRA

INTRODUÇÃO

A responsabilidade social passa pelo turismo consciente, representado pela sustentabilidade ambiental, natural e cultural. Essa consciência é responsabilidade de todos os envolvidos na atividade do turismo, seja direta ou indiretamente. Órgãos públicos, iniciativa privada, população local e turistas são todos personagens fundamentais no turismo com responsabilidade social.

O processo de conscientização deve ter início nos bancos das faculdades de turismo onde são formados os turismólogos, futuros agentes diretos no desenvolvimento do turismo de uma determinada localidade. A Faculdade Integrada do Ceará – FIC, sentindo a necessidade de contribuir diretamente com esse processo de conscientização dos autóctones, mobilizou professores e alunos na elaboração do Projeto Escola Patrimônio, que consiste em visitas às escolas públicas onde os próprios alunos do curso de Turismo da FIC ministram aulas abordando a importância da preservação do patrimônio, natural e cultural e sua relação com o turismo.

A partir de estudos realizados que salientam a importância da população local no desenvolvimento do turismo de um determinado núcleo receptor confirmou a necessidade de dar início a um projeto dessa natureza. Ao final de cada apresentação é notório o despertar causado em cada aluno treinando. No princípio eles não se imaginam como personagens da atividade do turismo na cidade, ao final, conseguem perceber-se inteiramente atuantes no desenvolvimento do turismo local e o quanto isso traz benefícios para si, mesmo que indiretamente, através da geração de empregos e da movimentação de renda que essa atividade proporciona a todos os moradores locais.

Para os alunos de turismo que desenvolvem o projeto nas escolas a experiência tem representado um engrandecimento para os mesmos e tem gerado o sentimento de que estão cumprindo um importante papel no processo de conscientização junto à população local, além do aperfeiçoamento teórico que passam a ter pois é necessário que estudem para poderem repassar as informações que compõem o conteúdo das aulas.

Reflexões Sobre o Turismo

Uma atividade que se caracteriza pelo deslocamento de pessoas, motivadas por interesses diversos, de um meio familiar para um outro muitas vezes desconhecido, requer muita responsabilidade no momento de ser planejada e desenvolvida, pois está envolvendo aspectos do ser humano que vão desde os perceptíveis, como a infra-estrutura da cidade, até os mais subjetivos, como desejos, sonhos e fantasias que cada turista, real ou potencial, possui em seu universo pessoal.

Barreto (2000:19) diz que, analisando o turismo segundo o critério de motivação, aparece uma quase infinita variedade de possibilidades, que podem ser agrupadas em duas grandes divisões: o turismo motivado pela busca de atrativos naturais e o turismo motivado pela busca de atrativos culturais.

Os atrativos naturais são aqueles encontrados na natureza e que podem ser utilizados para motivar pessoas que desejam ter contato com a paisagem natural. É interessante observar que há lugares que possibilitam esse contato de maneira primitiva e outros que oferecem estrutura turística em seu entorno, para dar suporte ao desenvolvimento da atividade. A escolha por uma forma ou outra dependerá dos objetivos dos turistas.

O Turismo Cultural, por sua vez, pode ser definido como toda viagem em que o principal atrativo não seja a natureza, mas algum aspecto da cultura humana, que pode ser o cotidiano, o artesanato ou qualquer outro dos inúmeros aspectos que o conceito de cultura abrange.

Segundo Vaz (1999:42), o contato com culturas diversas é necessário para a formação das pessoas, e esse tipo de apelo promocional pode ser provocado a partir de uma curiosidade inerente ao ser humano de conhecer outras realidades.

Reconhecer a importância dos atrativos naturais que o país possui é imprescindível; no entanto, conscientizar-se de que aspectos culturais podem ser ressaltados pelos empreendedores turísticos é fundamental para diversificar a oferta turística brasileira.

Uma determinada zona turística deve trabalhar sua imagem sabendo encontrar o equilíbrio entre o real e o imaginário, a partir da sua própria realidade, para não acontecer o que Carlos (1999:28) defende ao afirmar que o espaço produzido pela indústria do turismo perde o sentido, pois não retrata a realidade, apresentando-se como um local sem história e sem identidade.

Na percepção da autora, um local sem história e sem identidade refere-se à criação de um "não-lugar", em que o "não-lugar" não é a simples negação do lugar, mas sua descaracterização para atrair um determinado público.

Dessa forma, vão sendo criadas simulações sobre o real, resultado de um turismo sem preocupação com a responsabilidade social, e isso pode gerar uma certa revolta no turista que viaja com o objetivo de conhecer novas culturas através da convivência no cotidiano de um outro povo, e vê-se impedido pela artificialização que se apresenta diante de seus olhos.

Por outro lado, pode criar um novo problema e tão preocupante quanto, que é a revolta no autóctone, ou seja, nos moradores da cidade visitada, que se vêem descaracterizando-se, perdendo sua própria identidade.

O turismo sem responsabilidade pode acarretar a "aculturação", que segundo Souza e Corrêa (1998:15) representa o efeito negativo do turismo, caracterizado pela perda de traços culturais de uma determinada comunidade ou grupo social e a conseqüente assimilação de elementos culturais da sociedade dominante, podendo ou não causar efeitos bilaterais, ou seja, tanto no nativo, como no turista.

Os sentimentos causados nos nativos, em algumas situações da atividade turística, no momento do contato com o turista, são identificados como os "impactos socioculturais" que Ruschmann (1997:47) divide em cinco estágios (Tabela 17.1).

Observa-se que os estágios emocionais acima descritos, sentidos a partir dos nativos, implicam em uma crescente frustração, não só em si, mas

Tabela 17.1 – Impactos socioculturais

Estágios	*Características*
Euforia	Os nativos estão entusiasmados e vibram com o desenvolvimento do Turismo. Há uma satisfação mútua.
Apatia	O turista passa a ser considerado um "meio" para obtenção de lucro fácil. Os contatos humanos tornam-se mais formais.
Irritação	Acontece quando a atividade turística atinge níveis de saturação, em decorrência do aumento excessivo da demanda e a localidade já não consegue atender suas exigências.
Antagonismo	Os moradores já não disfarçam sua irritação e responsabilizam os turistas pelos problemas sociais e econômicos da localidade. O turista passa a ser hostilizado pela população receptora.
Conscientização	A população conscientiza-se que terá que conviver com a atividade turística e com as mudanças geradas em seu meio ambiente social, natural e cultural.

Fonte: Adaptado de Ruschmann, 1997.

no próprio turista, pois a relação existente entre os dois, no momento da viagem, é intensa, e se não for psico e sociologicamente bem trabalhada gera insatisfação em ambos.

Assim, os empreendedores turísticos devem preocupar-se com as reações negativas causadas na população local, procurando encontrar um equilíbrio entre o desenvolvimento turístico e a proteção da identidade das populações receptoras, pois o desenvolvimento da atividade turística depende desse equilíbrio, que, por sua vez, pode ser conquistado através de um trabalho de conscientização turística realizado junto aos moradores de determinado núcleo receptor.

É necessário, também, que os profissionais do Turismo desenvolvam esse trabalho de conscientização turística no visitante, através da identificação de suas características, que são traçadas a partir do perfil do segmento de mercado que está sendo trabalhado.

Então, o trabalho junto aos moradores da cidade visitada e a percepção do comportamento do consumidor e suas expectativas no momento da viagem podem evitar choques culturais entre os autóctones e os turistas.

Considere-se, então, que os grupos de pessoas que compõem os vários segmentos que demandam uma oferta turística são, como já foi dito, movidos por razões diversas no momento de escolher esse ou aquele destino turístico; no entanto, em qualquer que seja o comportamento do indivíduo deve-se perceber quais aspectos sociais, psicológicos e culturais estão envolvidos no seu processo de decisão de compra, e que a oferta turística deverá atender a essa diversidade de objetivos sem descaracterizar-se.

Urry (1999:16) afirma que "não existe um único olhar do turista enquanto tal. Ele varia de acordo com a sociedade, o grupo social e o período histórico. Tais olhares são construídos por meio da diferença". O autor ainda afirma que não existe uma experiência universal verdadeira para todos os turistas, em todas as épocas. O "olhar do turista" é construído a partir do relacionamento com seu oposto e que isso dependerá da realidade de cada um, do seu universo e quotidiano.

Assim, os profissionais que atuam direta ou indiretamente com o Turismo devem ser capazes de captar o desejo do turista, a partir de uma diversidade de emoções e motivações, para representá-lo de maneira satisfatória, atraindo a demanda já existente e aquela em potencial. No entanto, a consciência sobre a influência que os moradores de destinos turísticos possuem no desenvolvimento do turismo de uma localidade deve ser a base de toda essa análise que é feita sobre a demanda turística.

É necessário, também, que os profissionais do Turismo desenvolvam esse trabalho de conscientização turística no visitante, através da identificação de suas características, que são traçadas a partir do perfil do segmento de mercado que está sendo trabalhado.

O trabalho junto aos moradores da cidade visitada e a percepção do comportamento do consumidor e suas expectativas no momento da viagem podem evitar choques culturais entre os autóctones e os turistas.

Yázigi (1999:28) afirma que cidades inteiras se transformam com o objetivo de atrair turistas, e esse processo provoca de um lado o sentimento de "estranhamento" para os autóctones, ao mesmo tempo em que transforma tudo em "espetáculo" para o turista, que assume o papel de espectador passivo.

Analisar os elementos que compõem o Sistema Turístico, representado pela Figura 17.1, bem como considerar as relações existentes entre esses elementos, principalmente entre a demanda e a comunidade receptora, é fundamental para o desenvolvimento salutar do turismo, o atendimento das expectativas do turista e a compreensão da população local.

A sustentabilidade, não só do meio ambiente, enquanto espaço físico, mas também da relação de aceitação e participação da população nativa com a atividade do Turismo é fundamental para o progresso contínuo dessa atividade em determinado núcleo receptor, contribuindo inclusive com o desenvolvimento do mesmo.

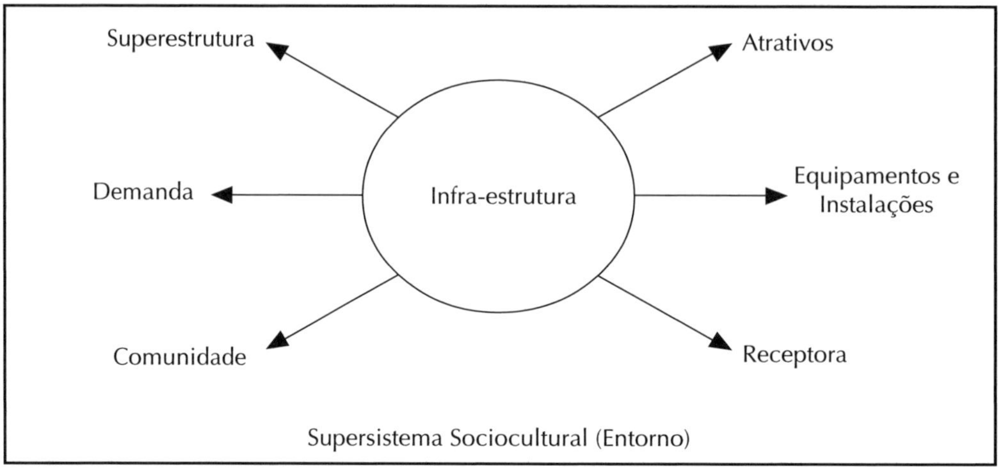

Figura 17.1 – Sistema turístico.

Segundo Ruschmann (1997:46), um aspecto que ainda não foi pesquisado com o rigor necessário e que seria interessante estudar, pois influencia diretamente no desenvolvimento do Turismo em determinada localidade, refere-se ao interesse real dos turistas na integração sociocultural com os moradores dos locais visitados, bem como o interesse por uma aproximação ou não, por parte dos nativos. A experiência tem mostrado que a relação existente é superficial, 'periférica', e que se caracteriza como uma relação meramente comercial.

Analisando os aspectos tanto dos turistas, bem como dos nativos, essa relação superficial gera uma frustração de expectativas em ambos. Do ponto de vista do nativo, há um sentimento de invasão e completa dependência de seu '*habitat natural*', da cidade em que mora, e de si próprio, como meio de sobrevivência, com a atividade do Turismo. Do ponto de vista do turista, essa relação superficial pode resultar em um sentimento de hostilidade em relação a sua presença no núcleo receptor, podendo inclusive influenciar na sua impressão em relação ao local visitado.

Essa é uma preocupação que as cidades turísticas devem ter, ou seja, não se descaracterizar na intenção de atrair turistas; devem, sim, planejar-se para poder atender à demanda, preservando suas características físicas originais que são fatores de atração turística, bem como envolvendo, emocionalmente, através da conscientização turística, a comunidade receptora no desenvolvimento da atividade do Turismo, mantendo, assim, o turista sempre motivado ao deslocamento e o nativo à recepção ao mesmo.

É comum ouvir, informalmente, os planejadores turísticos comentarem que "a cidade só será boa para o turista se for boa para a população local". Essa afirmação prova que a comunidade receptora de uma zona turística tem que estar permanentemente envolvida com a atividade, pois só assim poderá vê-los desenvolvendo, a cidade e o turismo.

Tomando por base essa afirmativa o Projeto Escola Patrimônio desenvolve um trabalho de conscientização, exatamente para trabalhar junto a cada morador da cidade visitada seu papel no desenvolvimento da atividade turística.

A divergência de opiniões que surgem deve levar ao amadurecimento de idéias e a tomada de ações que possam atender a todos os segmentos que Fortaleza, enquanto destino turístico, pretende atingir. Segundo Urry (1999:10), "quanto mais semelhantes nos tornamos, maior é o sentido de urgência assumido pela tarefa de identificação das diferenças".

O turismo é uma atividade humana, e para identificar essas diferenças é preciso que todos os envolvidos com o turismo, setores público e privado, bem como a população local, "leiam nas entrelinhas" para perceber o sentimento do turista.

PROJETO ESCOLA PATRIMÔNIO

Resumo do Projeto

O Projeto consiste na visita a rede pública municipal e estadual do município de Fortaleza (Ceará) levando palestras sobre a conscientização da preservação dos Patrimônios Cearenses. Busca possibilitar aos alunos voluntários a participarem de ações educativas, com foco nas questões da importância do patrimônio histórico cultural e ambiental, em especial o processo de conscientização da preservação. Este projeto propõe-se a instrumentalizar os alunos para que possam oferecer informações específicas sobre o patrimônio cearense, bem com o retorno da preservação deste. O projeto almeja, ainda, mobilizar os alunos para a criação de um grupo de estudo sobre o patrimônio, bem como para produção e disseminação de pesquisas científicas sobre o referido assunto.

Objetivo Geral

A defesa e preservação do Patrimônio Histórico, Cultural e Ambiental é um dos principais objetivos traçados nos propósitos de estruturação do Projeto Escola Patrimônio. Entre as linhas de ação deste núcleo está o trabalho com Escolas, pois se acredita que é uma ação educativa e comprometida que temos a possibilidade de realizar um processo de conscientização da sociedade em relação a preservação do ambiente e do patrimônio que cerca a humanidade. Este projeto surge com o objetivo de fazer com que a Escola seja o ponto de partida para o processo de conscientização da sociedade e construção de um mundo ecologicamente equilibrado e plenamente voltado para a defesa dos Patrimônios.

O principal objetivo é aliar forças entre a comunidade, a escola e a faculdade na proposta de defesa do Patrimônio Cearense. Para 2003 a meta é atingir 3.000 alunos. Para isso sempre mantendo como principal função da equipe ampliar os conhecimentos sobre os patrimônios cearenses para que os alunos monitores possam passar com segurança, todo o conhecimento adquirido.

Objetivos Específicos

- Realizar reflexões acerca da Importância do Patrimônio Histórico, Cultural e Ambiental no desenvolvimento da atividade turística.
- Desenvolver um processo de conscientização no ambiente escolar acerca da defesa do ambiente.
- Unir o conhecimento acadêmico ao conhecimento da comunidade escolar no sentido da construção de uma conscientização sobre a importância da defesa do ambiente ecológico e social.
- Efetivar uma prática cotidiana de defesa do ambiente.
- Mostrar a importância do turismo cultural e da defesa do Patrimônio.

Estratégias

- Treinamento com professores acerca da temática.
- Realização de cursos e seminários com os alunos.
- Produção de material didático – informativo.
- Visitas periódicas as escolas.
- Produção de trabalhos com alunos.

Cronograma de Atividades

- Estabelecimento de um convênio com uma escola de ensino médio.
- Realização de um curso com alunos.
- Manutenção de uma constante relação com as escolas visitadas visando mantê-las atualizadas sobre os assuntos abordados durante o treinamento.
- Participação e apresentação do Projeto Escola Patrimônio nos eventos realizados na Faculdade Integrada do Ceará – FIC.

Temáticas a serem Desenvolvidas

- Patrimônio histórico-cultural e ambiental.
- Educação ambiental e patrimonial.
- Defesa do ambiente e cidadania.
- Ecoturismo e turismo cultural.

Público-alvo das Ações do Projeto

Alunos do ensino médio de escolas estaduais e municipais, da rede pública, no município de Fortaleza/CE.

Resultado Parcial do Projeto – Balanço 2002

- *Escolas atingidas*: 4
- *Alunos atingidos*: 738 alunos de 2º grau (Ensino Médio) documentados e 180 alunos da primeira escola visitada na qual infelizmente não foi documentado o total de alunos treinados. Total: 918 alunos.
- *Número de turmas atingidas*: 28 turmas, sendo:
  - 6 turmas de 1º ano.
  - 8 turmas de 2º ano.
  - 8 turmas de 3º ano.
  - 6 turmas da escola a qual não foi documentada.

Recursos Disponíveis para o Projeto

O planejamento e elaboração do material a ser distribuído nas escolas visitadas foram resultado do trabalho dos próprios alunos sob a coordenação do professor tutor do projeto. Com o sucesso do Projeto Escola Patrimônio foi tendo a necessidade de criar uma logomarca, além de outros recursos que a Faculdade Integrada do Ceará – FIC disponibilizou, como:

- 1 *banner.*
- 50 cartazes para serem fixados nas escolas.
- Vídeo sobre os pontos turísticos de Fortaleza (duração: 10min).
- 2.000 lâminas para serem distribuídas entre os alunos nas escolas visitadas.
- 2.000 formulários para os alunos expressarem suas opiniões e sugestões sobre o Projeto, momento realizado ao final de cada apresentação.

Conclusões

Contribuir com o turismo através da academia consiste prioritariamente em envolver os alunos em projetos que os tornem participantes ativos do desenvolvimento do turismo com responsabilidade social, onde a sustentabilidade e a conscientização são elementos fundamentais desse princípio.

A experiência que é desenvolvida na Faculdade Integrada do Ceará – FIC e que foi apresentada neste trabalho representa um grande avanço na cultura da responsabilidade social aliada ao turismo.

Segundo a OMT – Organização Mundial do Turismo, o principal desafio da sustentabilidade é colocar em equilíbrio três tipos de desenvolvimento: o econômico, o social e o ecológico, de modo a garantir a qualidade básica de vida para todos os povos, proteger os ecossistemas e os sistemas comunitários. Condições que fazem a vida ser possível e digna de ser vivida.

Assim, a partir do trabalho que é desenvolvido junto as comunidades receptoras, através do Projeto Escola Patrimônio, têm-se oportunizado a busca desse equilíbrio, realizando a conscientização em alunos que fazem parte da comunidade receptora, principalmente em se falando de um destino turístico como Fortaleza – CE.

O modelo aqui apresentado mostra que a academia, através de seus cursos de Turismo, tem um importante desafio junto ao desenvolvimento do Turismo de uma localidade. Não somente o de formar turismólogos, mas principalmente de já fazê-los agir enquanto estudantes, e nesse momento conscientizando-os também do seu desafio depois que sair dos bancos da faculdade. Através dessa experiência, tem-se a certeza de que as faculdades não estarão colocando no mercado jovens inexperientes, mas sim, cidadãos compromissados com a ética, com a responsabilidade social e principalmente turismólogos conscientes.

Referências Bibliográficas

1. ABREU, C. B. *Turismo Além do "Sol e Praia": uma análise na cidade de Fortaleza*. Fortaleza: Senac – CE/SEBRAE – CE, 2002 (Coleção Turismo Cearense).
2. BENI, M. C. *Análise Estrutural do Turismo*. São Paulo: Senac, 1998.
3. CORIOLANO, L. N. M. T. *Do Local ao Global: o turismo litorâneo cearense.* Campinas: Papirus, 1998 (Coleção Turismo).
4. GOVERNO DO ESTADO DO CEARÁ/SECRETARIA DO TURISMO. *O Turismo: uma política estratégica para o desenvolvimento sustentável do Ceará* – 1995/2020. Setembro/1998.
5. GOVERNO DO ESTADO DO CEARÁ/SECRETARIA DO TURISMO. Relatório de Pesquisa: Demanda Turística via Fortaleza – 1999. Fevereiro/2000.
6. IGNARRA, L. R. *Fundamentos do Turismo*. São Paulo: Pioneira, 1999.

7. MOTA, K. C. N. *Marketing Turístico: promovendo uma atividade sazonal.* São Paulo: Atlas, 2001.
8. PADILLA, O. T. *El Turismo: fenómeno social.* 2. ed. México: Fondo de Cultura Económica, 1997.
9. PETROCCHI, M. *Turismo: planejamento e gestão.* São Paulo: Futura, 1998.
10. RUSCHMANN, D. V. M. *Turismo e Planejamento Sustentável: a proteção do meio ambiente.* 3. ed. Campinas: Papirus, 1997 (Coleção Turismo).
11. TRIGUEIRO, C. M. *Marketing e Turismo: como planejar e administrar o marketing turístico para uma localidade.* Rio de Janeiro: Qualitymark, 1999.
12. VAZ, G. N. *Marketing Turístico: receptivo e emissivo* - um roteiro estratégico para projetos mercadológicos públicos e privados. São Paulo: Pioneira, 1999.

Capítulo 18

Desafio de Ensinar Turismo com Responsabilidade Social: um Relato de Experiência

DANIELLA TEBAR AVENA
FABRIZIA ROSSETTI

INTRODUÇÃO

O objetivo do presente trabalho é discutir as questões relativas ao impacto do turismo realizado sem responsabilidade social, caminhando para a necessidade de se preparar as novas gerações de turismólogos de modo diferente, como agentes transformadores do processo social que consideram a necessidade da responsabilidade social.

O trabalho preocupou-se com a educação no sentido preconizado por MORIN (2000), no qual novos saberes serão necessários aos seres humanos, no que diz respeito a sua complexidade e responsabilidade ética para com o planeta Terra.

Desse modo no decorrer do trabalho será apresentada a questão do turismo nas regiões litorâneas do Paraná e as ações desenvolvidas no projeto "Conscientização Turística" da Faculdade OPET entre 2001 e 2002, como parte da iniciativa desta instituição de ensino no que diz respeito ao ensinar turismo com responsabilidade social.

Há pouco tempo atrás as preocupações dos pesquisadores bem como dos empreendedores em turismo se voltava, sobretudo, para pensar o bem-estar do turista. A figura do turista parecia ocupar a centralidade das ações voltadas para o turismo, de modo que seu deslocamento alimentação e hospedagem fossem sempre satisfatórios.

A visão que se tinha do próprio turismo era voltada sobretudo para a figura consumidora do turismo e pouca atenção se dava aos processos sociais envolvidos na realização do turismo. Recentemente com a crescente preocupação da antropologia sobre o turismo evidenciou-se uma maior busca da compreensão do fenômeno turístico de modo amplo. Pode-se entender hoje o turismo com um encontro entre "outros" diferentes.

O reconhecimento do turismo como uma experiência antropológica coloca novos problemas frente aos empreendedores turísticos, sobretudo no que se refere à responsabilidade social (Araújo, 2001). O encontro dos turistas com a população local passou a ser tema privilegiado de alguns estudos por parte de turismólogos e antropólogos. Porém estes estudos apontam num sentido ainda não pensado pelos empreendedores turísticos, que concerne a qualidade da relação entre turista e população local.

Evidencia-se uma preocupação, segundo apontada por Ruschmann (1997) no sentido dos agentes da oferta turística pensarem a proteção e a sustentabilidade do meio natural e sociocultural no qual estão investindo. Porém essa preocupação não tem sido suficiente para mobilizar camadas da sociedade em torno de mudanças efetivas no que concerne a prática dos investimentos em turismo.

Pode-se identificar em inúmeros destinos turísticos, sobretudo os que tem como atrativo o sol e praia, o excesso de turistas, interferências na paisagem natural, desconsideração da população local quando da implementação dos empreendimentos turísticos e ainda a difusão da idéia de que os próprios habitantes locais seriam os culpados pela degradação de seu modo de vida.

Desse modo, se insere a questão sobre o papel das universidades e faculdades nesse processo. Aqueles que tem a responsabilidade de ensinar turismo e formar as novas gerações de turismólogos precisam se preocupar com que tipo de profissionais estarão colocando no mercado e tem de assegurar possibilidades de questionamento e aprendizado a seus alunos sobre esses temas. Entretanto, apenas os debates teóricos em sala de aula sobre esses temas não têm sido suficientes para dar conta do desafio de ensinar turismo com responsabilidade social.

Assim se delineia o objetivo do presente trabalho: relatar a experiência desenvolvida no âmbito de uma faculdade particular sobre o tema responsabilidade social. O desafio que se colocava diante dos professores era o de não só discutir responsabilidade social em sala de aula de modo teórico com os alunos, mas também levá-los a vivenciar situações reais onde essa postura responsável fosse requerida.

Seria na prática, em contato com comunidades reais que os alunos teriam a oportunidade de verificar os desafios do turismo responsável e sustentável. Assim, elaborou-se uma proposta que veio a ser chamada de "Projeto de Conscientização Turística". Essa proposta tinha por objetivo aproximar os alunos do curso de turismo das comunidades e do poder público dos municípios do litoral do Paraná, de modo que em conjunto, eles pudessem identificar as dificuldades do turismo naquela região e quais soluções poderiam ser pensadas e desenvolvidas pelos alunos voluntários do projeto.

Desse modo, no próximo item segue um relato das ações desenvolvidas nesse sentido pela Faculdade OPET no decorrer dos anos 2001 e 2002.

Desenvolvimento do Projeto

O momento inicial do projeto veio da iniciativa de uma aluna do quarto período de turismo que manifestou a idéia de criar um projeto voltado para a conscientização turística, focado no turista que vai ao litoral. Assim, foram realizadas reuniões com os alunos interessados em participar do projeto. As referidas reuniões foram realizadas com a professora da disciplina de História do Paraná e os alunos expressaram diversas concepções sobre os problemas do turismo no litoral do Paraná, concluindo que só poderiam ter uma visão mais clara da questão ao conversar com a própria comunidade sobre as necessidades da região. Essa conclusão foi muito positiva, pois evidenciava o posicionamento dos alunos no sentido de não querer levar soluções prontas ao litoral, mas de gerir soluções junto com a própria comunidade na qual se desenvolveriam os projetos.

Outro aspecto que ficou evidente desde o início foi a necessidade de parcerias para se levar o projeto adiante. Assim, através dessa idéia colocou-se em prática o convênio técnico-científico que a faculdade já tinha com o SEBRAE-PR.

Além disso, ficou definido que os alunos voluntários começariam a fazer pesquisa bibliográfica para conhecer melhor o litoral paranaense e o tipo de turismo que estava se desenvolvendo nesse local. Dessas pesquisas iniciais, desenvolvidas pela recolha de material bibliográfico e de visitas feitas individualmente ou em grupos ao litoral por parte dos próprios alunos, constatou-se basicamente o seguinte:

- O litoral paranaense teve um tipo de ocupação de seu território nas últimas décadas caracterizada pelos empreendimentos turísticos, sobretudo de caráter imobiliário, ou seja, as populações locais de pescadores que ocupavam inicialmente a faixa litorânea venderam suas terras para empresas de loteamento que passaram a construir casas e pequenos prédios para os veranistas.
- O turista que se desloca ao litoral paranaense muitas vezes não se considera um turista, mas entende o litoral como sua segunda residência. Desse modo, esse tipo de turista deixa pouco dinheiro no próprio litoral, na medida em que faz suas compras em sua cidade de origem, e consome pouco nos empreendimentos turísticos do litoral.
- A população local do litoral entende a necessidade de investir no turismo, porém tem uma concepção negativa do turista, vendo-o como desrespeitoso e gerador de uma série de problemas que assolam o litoral não só na temporada, mas também durante o ano, tais como falta de água, lixo, perturbações da ordem social por usos de som alto e brigas, dentre outros.

A partir daí redigiu-se o projeto inicial que consistia na idéia de melhorar a qualidade da relação entre o turista e a comunidade do litoral paranaense. Essa idéia estava baseada na percepção empírica de que o turista que se desloca em direção ao litoral com fins de lazer muitas vezes não se percebe como turista, mas entende que o imóvel que irá locar no litoral é sua segunda casa de modo que acredita que seu comportamento deve ser tolerado sem restrições pela comunidade local.

Esse projeto inicial deveria se constituir apenas em uma proposta de trabalho, não definitiva, para ser levada junto às secretarias de turismo dos municípios do litoral. Era evidente que seria apenas um ponto de partida e que mudanças se fariam necessárias a partir das contribuições dos secretários e diretores de turismo.

Nesse momento do projeto a parceria com o SEBRAE-PR se revelou importante, pois foi através deste órgão que os primeiros contatos com o litoral foram possíveis. O SEBRAE-PR já estava desenvolvendo ações no litoral a partir do DLIS – Desenvolvimento Local e Sustentável nos municípios de Matinhos, Morretes, Paranaguá e Pontal do Paraná. Dentro desse programa do SEBRAE estimula-se aos municípios à construção de parcerias com outras instituições para buscar soluções para seus desafios. Desse modo, através do Sebrae a Faculdade OPET, juntamente com os alunos matriculados no projeto foram ao litoral oferecer sua parceria para a solução de problemas ligados ao turismo.

Nesse ponto vale ressaltar que esse foi o modo de atingir as comunidades do litoral juntamente com o poder público. Nas reuniões do projeto já estava explicitado que a faculdade e os alunos deveriam ter uma postura ética no que concerne sua aproximação com o litoral, no sentido de não provocar situações constrangedoras, ou de desenvolver ações isoladas, ou ainda superpostas a outras ações já desenvolvidas no litoral. Era evidente que muito já estava sendo feito no litoral para o desenvolvimento do turismo e a faculdade queria somar contribuições ao que já estava sendo feito, trazendo a proposta de melhoria da qualidade da relação turista-população local, e não invalidar os esforços já realizados.

Através do SEBRAE e do DLIS, já existia nos municípios envolvidos alguma aproximação das comunidades com o poder público, através da criação dos Fóruns de Desenvolvimento Local. A aproximação com esses Fóruns seria frutífera para todo o projeto e ainda permitiria aos alunos vivenciarem na prática o problema de cada comunidade. Desse modo, sete alunos inscritos no projeto, juntamente com a professora orientadora participaram da primeira reunião oficial, realizada na Associação Comercial de Paranaguá, na qual estiveram presentes os representantes dos municípios de Paranaguá, Morretes e Pontal do Paraná.

Nessa reunião os representantes dos municípios se mostraram muito entusiasmados com a proposta, pois segundo suas declarações era a primeira vez que uma faculdade se dispunha a criar ações no sentido de conscientizar o turista e não a população local. De acordo com alguns secretários de turismo, muitas ações relativas à conscientização da população, tais como preconizadas pelo PNMT – Plano nacional de Municipalização do Turismo, no qual muitos estavam engajados, já estavam sendo realizadas com algum sucesso, mas em nenhum momento pensou-se em conscientizar o turista.

Os secretários e diretores de turismo expressaram um certo ressentimento de ações realizadas anteriormente que, segundo eles, buscavam culpabilizar as prefeituras e a população local pelas dificuldades do turismo no litoral, sem nunca pensar nos impactos causados pelo turista em contato com a população local.

Nessa reunião ainda os alunos expressaram a idéia de se fazer uma panfletagem na estrada de acesso ao litoral, com material esclarecedor ao turista, visando sensibilizá-lo. Essa proposta foi imediatamente recusada pelos secretários visto já ter sido realizada várias vezes e seu resultado mais imediato foi o aumento do lixo nas estradas, pois grande parte dos turistas simplesmente jogavam os panfletos pela janela de seus veículos. Assim projetos relativos à conscientização nas escolas do pólo emissor de turistas, no caso Curitiba, passaram a ser considerados como uma alternativa.

Nessa reunião ainda, os secretários de turismo presentes manifestaram a idéia de que a faculdade disponibilizasse alunos para trabalhar especificamente em cada município, visto que cada município tinha características muito diferentes dos demais e não podiam todos ser enquadrados em um único projeto. Essa proposta se revelou ser o primeiro problema encontrado no projeto: os municípios tinham um alto grau de competitividade entre si e passaram a disputar as atenções da faculdade e dos alunos do projeto. Nessa reunião esse problema se insinuou e no decorrer do projeto foi possível identificar como essa postura mercaria todo o desenrolar das ações.

Apesar destas dificuldades iniciais na reunião de avaliação do projeto os alunos se mostraram entusiasmados com a possibilidade de trabalhar com a comunidade e secretários do litoral. A consciência das dificuldades foi partilhada por todos e buscou-se traçar ações de modo a não se deixar levar pelas necessidades e apelos de apenas um dos municípios envolvidos no projeto.

Na segunda visita feita ao litoral os quatro municípios envolvidos inicialmente foram visitados, e cada um dos secretários e diretores de turismo expressou para os alunos suas preocupações com o turismo em seu município e o que esperavam da faculdade. Problemas, tais como o abandono de cocos na areia das praias, falta de informações turísticas, lixo deixado nas festas, baixa permanência do turista em alguns municípios, entre outros, foram citados como espaços para a atuação da faculdade.

Após essa segunda viagem os alunos se revelaram preocupados com o futuro do projeto no sentido de cada secretário e diretor de turismo manifestava uma preocupação diferente e via na faculdade e em seus alunos a possibilidade de solução. Ficou evidente para os alunos e para a professora coordenadora do projeto que a faculdade não teria condições de trabalhar tantas propostas assim ao mesmo tempo e principalmente por que as diversas propostas se distanciavam muito da proposta inicial do projeto que visava atuar na qualidade da relação do turista e comunidade local.

Os municípios pareciam recear ações em conjunto para o litoral, como se essas ações não pudessem atender seus interesses e que cada município precisaria de projetos específicos.

Além dessa dificuldade, ficou claro que os outros municípios do litoral também teriam também que ser contatados, pois não havia motivo para excluí-los das discussões já que a idéia era de trabalhar o turismo de modo integrado. Assim buscou-se marcar reuniões nos municípios de Guaraqueçaba, Guaratuba e Antonina. Nessa altura do projeto evidenciou-se que os diretores e secretários estavam encontrando dificuldade de aceitar uma proposta que integrasse os vários municípios do litoral em uma busca única, a idéia de conscientizar o turista foi inicialmente aceita, porém como essa idéia não privilegiava as diferenças dos municípios ela passou a ser paulatinamente ignorada pelos municípios.

Nesse momento do projeto reuniões foram realizadas com os alunos, no sentido de se buscar um outro caminho para o projeto, pois não seria possível desenvolver ações sem o apoio do próprio litoral. Nesse momento o coordenador do curso de Turismo trouxe luz à idéia de regionalização do turismo e o desenvolvimento de uma consciência regional no litoral como condição prévia para que se realizassem ações no litoral.

Essa proposta encontrou eco nos secretários e diretores de turismo do litoral que admitiram nas reuniões posteriores a dificuldade de se encontrar eixos comuns aos sete municípios e que isso os prejudicava. Foi detectado pelos alunos que entre os secretários e diretores existia a concepção de que se o litoral pensasse a si mesmo como região seria mais fácil para todos conseguir recursos e viabilizar propostas, inclusive as da Faculdade OPET.

Porém, a simples identificação dessa realidade não foi suficiente para se encontrar soluções para a implantação efetiva do projeto. O que se percebe nesse momento do projeto é que as propostas iniciais voltadas para a realização de tarefas foram abandonadas, sendo que agora os envolvidos no projeto participavam de infindáveis reuniões nas quais nenhuma ação prática se delineava.

Numa das visitas ao litoral, a faculdade e os alunos do projeto foram convidados a participar do II Pólo de Turismo realizado em Pontal do Paraná. A faculdade participou deste evento inclusive como patrocinadora e nele ficou evidente a dificuldade de integração e apoio mútuo dos vários municípios do litoral. O evento, que previa a participação e todos os municípios com estandes e participantes, recebeu contribuições de apenas três dos sete municípios do litoral.

Por si só essa situação já era bastante delicada, de modo que nas reuniões realizadas na faculdade os alunos expressaram sua preocupação com os rumos do projeto, por outro lado expressaram também que essa experiência tinha sido muito gratificante e instrutiva até ali, pois ao entrar em contato efetivamente com as comunidades ficou claro para eles os desafios do trabalho prático, tais conclusões não poderiam ter sido tiradas sem esse contato com a prática.

Assim, definiu-se que o projeto se reorganizaria em torno do eixo da regionalização para que os municípios pudessem se beneficiar de ações integradoras dos sete municípios. As experiências em regionalização viabilizadas pela AMCG – Associação dos Municípios dos Campos Gerais, serviram de base para a construção de ações voltadas para o litoral. Desse modo, partiu-se da premissa de que os líderes dos municípios precisavam "comprar" a idéia da regionalização para que ela funcionasse. A exemplo da experiência da AMCG, pensou-se em realizar uma reunião na qual os prefeitos, secretários e diretores de turismo e líderes das comunidades se encontrassem em um espaço neutro, não ligado a nenhum município específico, para discutir as dificuldades do turismo na região.

Para viabilizar essa proposta a Faculdade OPET, em conjunto com os alunos do projeto, os alunos da disciplina de Eventos, a professora orientadora do projeto e a professora da disciplina de Eventos idealizaram um evento no qual os valores do litoral pudessem ser destacados e a participação dos representantes do litoral fosse efetiva.

Esse evento foi denominado EXPEDIÇÃO – Arte e Cultura Popular no Litoral do Paraná. Sua execução foi elaborada e pensada no sentido de valorizar a cultura do litoral, numa participação conjunta na organização com alunos e membros da comunidade do litoral.

A escolha dos palestrantes para o evento originou-se do Litoral, onde percebeu-se a importância da professora Ivone Marques, diretora de Cultura do Instituto Histórico e Geográfico de Paranaguá, sobre o Litoral. Os outros escolhidos foram o Prof. dr. Américo Pellegrini Filho, sobre cultura e folclore e o Prof. dr. Luiz Gonzaga de Godoi Trigo sobre turismo geral e suas perspectivas.

Além dos aspectos relativos a programação do evento que tinha por objetivo a divulgação e valorização da cultura do litoral foi pensada a organização de uma reunião pré-evento com os representantes do litoral, comunidade, membros de associações comerciais e de artesanato, diretores e secretários de turismo dos vários municípios. Essa reunião aconteceu em um local neutro no que diz respeito as questões políticas do litoral: o *campus* da Faculdade OPET.

Nessa reunião estiveram presentes representantes dos municípios de Matinhos, Morretes, Pontal do Paraná e Paranaguá. Os outros municípios agradeceram o convite para a participação no evento, mas não puderam vir nesta data.

Essa reunião foi um momento importante do projeto de modo que a faculdade através de seus alunos pode demonstrar seu interesse em se colocar como parceira do litoral e discutir especificamente o tema da regionalização do turismo no litoral como pressuposto fundamental para mudanças e desenvolvimento de projetos no litoral. As comunidades se expressaram de modo muito favorável nesse sentido, mencionando inclusive a atuação da AMLIPA – Associação dos Municípios do Litoral do Paraná.

Foi abordado ainda nessa reunião a experiência dos municípios do Campos Gerais através da AMCG e seu sucesso no que diz respeito a regionalização do turismo. A conclusão que os alunos participantes do projeto apresentaram ao fim da reunião foi de que ela serviu como um poderoso sensibilizador para as comunidades e poder público no que tange a questão da regionalização do turismo e a visão integrada que os municípios devem ter de sua região. Porém ficou evidente que esse seria apenas um primeiro passo rumo à regionalização efetiva.

Após a reunião todos os participantes foram para o auditório do SEBRAE, para participar do evento que contou ainda com um espetáculo de dança regional do litoral e espaço para exposição do artesanato da região do litoral, trazido pelos próprios representantes do litoral do Paraná.

Os representantes do litoral se manifestaram de modo muito positivo em relação a iniciativa da Faculdade OPET, porém ressalvando a necessidade de continuidade de ações desse tipo por parte dos alunos e faculdade. O evento como um todo se mostrou um momento importante do contato da comunidade com a faculdade e seus alunos e principalmente como uma forma de criar vínculos entre as prefeituras e a instituição de ensino. Os alunos participantes do projeto se mostraram bastante conscientes dos desafios que viriam a seguir e mais envolvidos com as questões do litoral, pois agora conseguiam enxergar alguns dos problemas do litoral sob a ótica de seus próprios habitantes.

Considerações Finais

A experiência descrita aqui representa algumas das dificuldades e desafios de ensinar turismo com responsabilidade social. Foi possível através deste projeto, no decorrer de dois anos aproximar os alunos da realidade prática do planejamento municipal de turismo e colocá-los em contato com a realidade das comunidades receptoras do turismo.

No entanto, o litoral carece de planejamento de suas ações no que diz respeito ao turismo. Como foi enfatizado na introdução o processo de ocupação do litoral pelo turismo aconteceu de forma desordenada e não planejada, de modo que hoje as comunidades são cobradas e responsabilizadas por muitas das dificuldades encontradas no turismo dessa região, porém não foram consultados no início do processo. Esse fato parece ser o originador de muitos dos conflitos e dificuldades no turismo dessa região.

Essa realidade foi percebida pelos alunos na prática, que através do projeto puderam tomar conhecimento das dificuldades do litoral na voz dos próprios atores do processo. Assim os alunos puderam perceber a necessidade de envolvimento com a comunidade para se conhecer efetivamente a realidade de uma região e então propor soluções para o turismo.

Esse certamente foi o aspecto mais importante desses dois anos de desenvolvimento do projeto. Os alunos participantes puderam ter contato com as comunidades e enxergar que soluções e discussões dos projetos precisam ser feitas de modo integrado, por mais longas e difíceis que tais discussões pareçam. O projeto está longe de sua conclusão, mas até agora tem se mostrado como uma boa alternativa para o ensino de turismo com responsabilidade social.

A responsabilidade social esteve presente em todas as ações do projeto apesar das dificuldades representadas por ele. A comunidade do litoral foi ouvida em todos os momentos pelos próprios alunos de modo que estes puderam estar conscientes dos problemas sem intermediários, ou seja os alunos tomaram conhecimento da realidade de mercado de trabalho não só através de pressupostos teóricos, mas também através de seu próprio contato com a prática.

Porém, tal forma de abordagem comportou riscos, na medida em que esses alunos tomaram contato com problemas sem solução teórica evidente. Não há como preconizar um modo de atuação definitivo para o litoral e muito menos pensar em soluções desligadas da visão dos próprios municípios do litoral.

Desse modo o "Projeto de Conscientização Turística" pôde trazer aos alunos a oportunidade de aprender ainda no decorrer de seu curso de graduação o que é possível fazer para contribuir para o planejamento municipal com responsabilidade social: ouvir a comunidade e gerir soluções a partir de sua própria visão dos problemas de modo a conquistar o seu comprometimento com as soluções apresentadas. No decorrer do projeto será possível perceber os frutos colhidos dessa árdua tarefa: ensinar turismo com responsabilidade social.

Referências Bibliográficas

1. BANDUCCI JR. A.; BARRETO, M. *Turismo e Identidade Local: uma visão antropológica*. Campinas: Papirus, 2001.

2. BARROS, R. L. *Cultura: um conceito antropológico*. Rio de Janeiro: Jorge Zahar, 1986.
3. MORIN, E. *Os Sete Saberes Necessários à Educação do Futuro*. São Paulo: Cortez, 2000.
4. PELLEGRINI FILHO, A. *Ecologia, Cultura e Turismo*. Campinas: Papirus, 1993.
5. RUSCHMANN, D. V. M. *Turismo e Planejamento Sustentável: a proteção do meio ambiente*. Campinas: Papirus, 1997.
6. YÁZIGI, E. *A Alma do Lugar: turismo, planejamento e cotidiano*. São Paulo: Contexto, 2001.

Capítulo 19

Implementação de Estágio Supervisionado sob a Ótica da Autonomia e da Responsabilidade Social

CLAUDIA VALERIA SOUSA NEGREIROS
RILDO DIAS DA SILVA

INTRODUÇÃO

O estágio tem como principal finalidade oportunizar *a prática profissional antes da inserção no mercado* de trabalho, seja para cursos superiores, profissionalizantes ou técnicos. É objeto da Lei Federal nº 6.494, de 07 de dezembro de 1977, estando regulamentado pelo Decreto nº 87.497 de 18 de agosto de 1982. Neste contexto, os estágios são considerados como uma forma de complemento ao ensino e à aprendizagem e devem ser "planejados, executados, acompanhados e avaliados em conformidade com os currículos, programas e calendários escolares, a fim de se constituírem em instrumento de integração, em termos de treinamento prático, de aperfeiçoamento técnico-cultural, científico e de relacionamento humano", sendo obrigatórios enquanto etapa a ser cumprida para a finalização dos cursos de graduação em geral.

Esta atividade "não é simplesmente uma experiência prática vivida pelo aluno, mas uma oportunidade para refletir, sistematizar e testar conhecimentos teóricos e instrumentos discutidos durante o curso de graduação, (...) proporciona ao aluno (especialmente aquele que nunca teve uma experiência de trabalho) a oportunidade de testar estes "instrumentos" adquiridos no decorrer do curso, pois, ensina-lhe como se relacionar com colegas e superiores e clientes, e também a interagir com a organização/empresa".

É importante ressaltar que, apesar da obrigatoriedade da atividade de estágio para conclusão do curso, *cabe a cada instituição estabelecer como* (através de seu modelo organizacional e seus instrumentos legais) esta importante atividade da vida acadêmica estará inserida na sua estrutura curricular, na sua proposta pedagógica, no seu próprio perfil institucional, bem como no perfil desejado do egresso.

Obviamente, tendo cada instituição de ensino superior – IES, uma (tentativa de) proposta diferenciada, acredita-se ser de relevância a divulgação do processo de implementação da disciplina de estágio supervisionado, cujo perfil tem como base a ideologia das temáticas "responsabilidade social" e "autonomia".

Considerações Gerais sobre a Natureza das Atividades de Estágio

O estágio consiste em uma experiência prática vivida pelo aluno, na qual é reforçada a oportunidade para reflexão e teste de seus conhecimentos teóricos e dos vários instrumentos e metodologias discutidos durante o curso de graduação. Algumas das características do estágio são:

- Sua obrigatoriedade é regida por legislação específica do MEC.
- Ele não prevê vínculo empregatício, portanto não é um "emprego".
- Exige documentos que representam acordos firmados (ex. convênios, termos de compromisso, acordos de cooperação, carta de aceite, etc.) entre a IES e o espaço que está recebendo o estagiário.
- Cada IES tem autonomia em determinar como o estágio é executado no âmbito de sua competência.
- Quando as atividades de estágio são acompanhadas, supervisionadas e/ou orientadas, este pode ser denominado como "estágio supervisionado" ou "estágio orientado".
- Quando as atividades de estágio estão previstas na grade curricular, como disciplina integrante do curso, este pode ser denominado "estágio curricular".

Pela legislação vigente, não há carga horária mínima ou máxima permitida para o estágio; a exigência é que o horário do estágio não esteja em conflito com o horário escolar.

O *Termo Compromisso de Estágio*, geralmente vinculado ao instrumento jurídico (Acordo de Cooperação ou Convênio), *constitui um dos componentes probatórios da inexistência de vínculo empregatício*. De forma que, deve a empresa concedente sempre verificar a regularidade da situação escolar do estudante, pois *a conclusão, abandono do curso, ou trancamento de matrícula, são eventos que impedem a continuidade das atividades de estágio*, uma vez que estes procedimentos descaracterizam a condição legal de "aluno regular" do estagiário, podendo o serviço prestado gerar (ou ser interpretado como) vínculo empregatício.

Outro ponto relevante é que *para a atividade de estágio ser válida, seria necessário que a mesma tivesse relação intrínseca com o curso e a formação no qual o discente está inserido*; ou seja, as atividades desenvolvidas no processo de estágio devem ser, tanto quanto possível, correlatas ao conteúdo programático ministrado nas várias disciplinas do seu curso, bem como devem fazer parte das competências e perfil esperados do egresso.

Deve-se lembrar também, que é comum que o graduando esteja inserido em ambiente de estágio, (1) antes do período previsto na grade curricular, (2) sem supervisão, ou mesmo (3) sem os vínculos legais necessários, entre outras ocorrências. No presente trabalho, estes casos estão denominados simplesmente como estágio extracurricular, não detalhados na particularidade de cada uma das situações supra-citadas.

Elementos Subjacentes e Não-textuais: Contingências sobre Responsabilidade Social

"Outro saber de que não posso duvidar um momento sequer na minha prática educativo-crítica é o de que, como experiência especificamente humana, a educação é uma forma de intervenção no mundo" (Freire, 1996:110).

A "responsabilidade social" tem sido, a partir da década de 1990, cada vez mais inserida como temática de suma importância de estudos e, e principalmente, ações de empresas, notadamente as do terceiro setor – uma vez que, segundo Franco [ca. 2003], os atores deste setor "tem um grande papel a desempenhar na diminuição das desigualdades".

O conceito de Responsabilidade Social contemporâneo ultrapassa a abordagem antecedente de responsabilidade social como "visão meramente assistencialista na área social (...) o que dificulta a implementação de uma visão de desenvolvimento social" (*ibidem*).

Neste sentido, observa-se no Brasil, um aumento significativo de empresas cuja missão institucional está imbuída destes "novos" valores, a saber: *compromisso ético, responsabilidade social e qualidade ambiental*; conceitos que certamente contribuem efetivamente para um desenvolvimento sustentável. A exemplo, citamos a criação do *Instituto Ethos* em 1998 com o objetivo de "ajudar os empresários a compreender e incorporar o conceito de responsabilidade social no cotidiano de sua gestão" Sobre o Instituto Ethos de Responsabilidade Social, é relevante salientar que esta organização:

> *"[...] reúne atualmente centenas de empresas associadas de todos os setores e ramos de atividade, cujo faturamento somado é de cerca de 28% do PIB brasileiro. Essas empresas empregam hoje aproximadamente 1 milhão de pessoas e estão interessadas em conhecer ferramentas de gestão que possam auxiliá-las na revisão de suas práticas e operações cotidianas, porque sabem que precisam conduzi-las de forma ética. Além disso, querem participar ativamente da discussão sobre a responsabilidade social empresarial no país e no mundo e dar sua contribuição para elevá-la, partilhando experiências, divulgando práticas e projetos e estabelecendo redes".*

Outra organização atuante na temática da responsabilidade social, com foco voltado ao consumo (e não à produção/gestão) é o *Instituto Akatu* (Instituto Akatu pelo consumo consciente), criado no âmbito do Ethos, em 2001. O *Akatu* tem como missão "educar para o consumo consciente, informando, sensibilizando, instrumentando, mobilizando e animando cidadãos para que assimilem, nos seus comportamentos e atitudes, o conceito e a prática do consumo consciente". No texto de apresentação institucional fica evidenciado o vínculo entre Consumo e Responsabilidade social: "[...] quando essa consciência [do consumo consciente] se torna coletiva e mobiliza o conjunto da sociedade, amplia ainda mais o impacto das ações cotidianas, rumo a uma sociedade economicamente próspera, socialmente justa e ambientalmente sustentável".

Talvez o exemplo mais representativo, em termos de incentivo a estas práticas seja a revista Exame (cujo perfil é voltado para empresas, empreendedores, gestão e economia) que criou em 2000, numa parceria com este mesmo instituto, o *Guia Exame de Boa Cidadania Coorporativa*, de publicação anual, que tem por objetivo "disseminar e estimular as melhores práticas na área de responsabilidade social empresarial" no Brasil. *A variada gama de possibilidades de ação nesta temática* estão, neste guia, inseridas em nove eixos (categorias) distintos, sendo: meio ambiente, educação, cultura, saúde, comunidade, voluntariado, apoio à criança e ao adolescente, apoio à terceira idade e apoio a portadores de deficiências. Através de um júri composto por pessoas de renome no terceiro setor – seja no empresariado, na academia ou na mídia – são indicados os projetos mais significativos sob "critérios como abrangência, inovação, auto-sustentabilidade, formação de parcerias, possibilidade de reprodução e resultados do projeto". Para a publicação de 2002, duzentas e setenta e cinco empresas apresentaram cerca de 1.000 (mil) projetos – todos em execução, dos quais 26 (vinte e seis) foram selecionados para as categorias anteriormente enumeradas.

Vale lembrar que, o Guia Exame de Boa Cidadania Corporativa tem como parâmetro a utilização das normas da *Social Accountability* 8000 (SA8000), norma internacional que estabelece padrões de responsabilidade social para as empresas, com objetivo de "demonstrar a qualidade ética das relações humanas da companhia". Para informação geral, em abril de 2002 eram 115 empresas certificadas com a SA8000 em todo o mundo; no Brasil, na mesma data existiam 4 empresas certificadas. Todas as empresas com o selo, passam por auditoria a cada seis meses e certificação válida por três anos, quando são submetidas a um novo processo de certificação.

Para o caso particular da IES em estudo – a Faculdade da Terra de Brasília -, a partir da missão institucional: "promover a educação visando o desenvolvimento sustentável da região centro-oeste", observa-se, textualmente, uma ideologia voltada para o desenvolvimento social e a sustentabilidade ambiental. Em termos comparativos a outras empresas, tal postura era previsível, uma vez que tanto a mantenedora quanto a própria Faculdade foram criadas em 1998 e 1999, respectivamente, num contexto em que estas temáticas (social e ambiental) já se encontravam em discussão aprofundada no Brasil. A discussão temática socioambiental no Brasil, inclusive, apesar de iniciada na década de 1930, toma novo vigor a partir da Conferência da ONU para o Meio Ambiente, a ECO 92.

Outro ponto relevante é a localização espacial da Faculdade da Terra: ela está inserida na Região Administrativa (RA) nº XV do Distrito Federal – o Recanto das Emas – área periférica da capital, Brasília (RA I). E, não diferentemente de qualquer outra área de característica similar, a comunidade é carente dos vários serviços sociais, tendo pouca oportunidade de "mudança do próprio destino".

Em conformidade, além do "ideal institucional" e da escolha da locação de suas instalações, o principal elemento indicador da *atuação segundo a ótica da responsabilidade social* na IES é o engajamento em projetos e ações que contribuem para a efetiva melhora social e ambiental da comunidade na qual está inserida. Estes projetos (alguns já em andamento, outros em fase de planejamento e/ou formatação), apesar de estarem burocraticamente ligados ou ao Centro de Pesquisa e Extensão – CePE, ou às Coordenações de Curso, são tomados como "assunto pertinente a todos", mesmo porque o conceito atualizado de projeto envolve diversas áreas, pela tendência à interdisciplinaridade das ações previstas nestes mesmos projetos (ver Fig. 20.1).

Para o presente trabalho, foram levantados os seguintes projetos:

- *Cultivo de Plantas e Hortas* (em implementação nas escolas da rede pública no Recanto das Emas – RE).
- Parceria na implementação do Parque Vivencial de Uso Público do Recanto das Emas.
- Assessoria ao COREMA – Associação de Costureiras do RE.
- Apoio à criação do CONDEMA – Conselho de Meio Ambiente do RE.
- Apoio gerencial à Cia do Lacre (associação localizada em outra RA).
- *Laboratório de Aprendizagem* (projeto de suporte pedagógico aos alunos da rede pública).
- *Escutando a Comunidade* (projeto que tem por objetivo fazer um diagnóstico das necessidades dos moradores, com a peculiaridade de investigar, a partir da ótica dos beneficiários. Sua finalidade consiste em melhor adequar os projetos da IES às demandas sociais da localidade).

Existem também outras ações, que – por razões alheias – não figuram como projetos "da instituição", permanecendo nos limites das Coordenações de cada curso, a saber: Administração (com ênfase em Agronegócios), Agronomia, Ciências Biológicas, Engenharia de Alimentos, Letras, Pedagogia, Turismo (com ênfase em Ecoturismo) e Zootecnia. Ressaltamos, porém, que, apesar das ações relativas à temática, a IES (ainda) não publica seu balanço social, documento que demonstra as despesas, receitas, investimentos e retornos oriundos dos projetos sociais.

Elementos Funcionais-administrativos Preexistentes à Implantação da Disciplina de Estágio Supervisionado – Dispositivos Legais e Estrutura Organizacional da IES como Elementos Indutores da "Autonomia"

Quando do início do processo de implementação da disciplina estágio, além dos fatores anteriormente elencados, encontramos dois elementos administrativos preexistentes: (1) a *Coordenação de Estágios* e (2) as pontuações do *Regimento Interno* da IES em relação às atividades de estágio.

O primeiro elemento é de cunho mais administrativo, centralizador e burocrático. Entretanto, apesar de denotar certa "rigidez", ele não é menos útil no sentido de estabelecer os vínculos institucionais necessários à abertura (e manutenção) dos chamados "campos de estágio". (Trata-se aqui de "campo de estágio não como sinônimo de "empresa", mas todo e qualquer "espaço de investigação" ou "prestação de serviços" que possa ser percebido como um "lugar de atividade profissional", e por conseguinte, como "espaço que oportuniza a realização de estágios").

Conforme a orientação do MEC (MEC/DAU, *apud* BIANCHI, 2002, p.3), a IES em questão optou por inserir em sua estrutura funcional uma instância denominada *Coordenação de Estágios*, subordinada diretamente à Coordenação Acadêmica (Fig. 20.1); sua existência é anterior à proposta de implementação do Estágio Curricular Supervisionado para o Curso de Turismo. Vale lembrar que a concepção para o estágio em Turismo da FTB data da

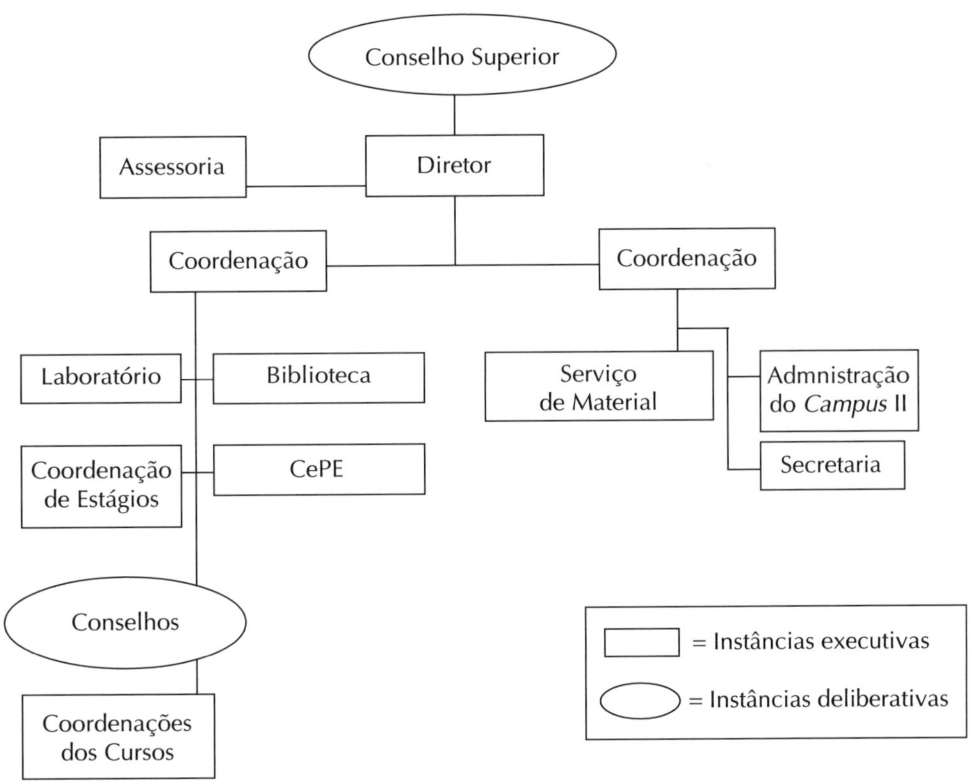

Figura 20.1 – Estrutura organizacional da FTB.

época de construção do Projeto do Curso, na qual a principal responsável foi a Profa. Ariadne B. Pedra, coordenadora do curso desde seu início (Fig. 20.1).

Dentre as competências desta coordenação estão (1) o estabelecimento e manutenção do vínculo (parcerias) com as áreas de estágio – através de temos de compromisso e/ou convênios, e (2) o encaminhamento dos documentos administrativos referentes aos discentes em processo de estágio, notadamente o seguro contra acidentes pessoais.

A Coordenação de Estágios atende a todos os cursos da instituição, o que, de modo, é coerente com sua atribuição de representar a IES junto aos parceiros efetivos e/ou potenciais.

Em relação ao texto do Regimento Interno, apesar da prerrogativa de supervisão e "controle" do processo de estágio, por meio de um professor da IES (art. 58), *percebe-se uma real tentativa de flexibilização da proposta de estágio* (art. 59). Em conjunção, o processo decisório sobre a natureza do estágio é claramente descentralizador (art. 57), uma vez que indica que a competência para aprovação da proposta é do Conselho Pedagógico de cada curso, devendo posteriormente ser apresentadas e referendadas pelo Conselho Superior; as responsabilidades de estruturação, modelagem e normatização da mesma são das Coordenações dos cursos:

- Art. 57. O estágio é organizado do acordo com o currículo de cada curso e as normas específicas elaboradas pela Coordenação de Curso e submetidas à aprovação do Conselho Superior.
- Art. 58. O estágio é realizado com orientação, assistência e avaliação de professor da Faculdade e de profissional competente de instituição conveniada e credenciada.
- Art. 59. A participação em programas de extensão ou atividades profissionais do aluno poderão ser consideradas estágio, mediante parecer da Coordenação de Curso, exigindo-se sempre a orientação e a avaliação, nos termos do artigo anterior do presente Regimento.

É interessante perceber que, tendo como orientação-mor a proposta descentralizadora para formatação e implementação do Estágio, é dada às Coordenações de curso uma relativa autonomia para planejamento e condução do processo. Por esta perspectiva, acredita-se que, por meio do perfil institucional e ideológico, esta descentralização administrativa fomenta posturas semelhantes nos demais fatores envolvidos (coordenadores, professores, alunos, parceiros, etc.), motivando-os para uma postura pró-ativa.

Processo de Implementação do Estágio Supervisionado no Curso de Turismo da IES em Estudo

A implementação do Estágio Supervisionado para o Curso de Turismo com ênfase em Ecoturismo da FTB teve início em julho de 2002, quando a primeira turma (2º/1999) ingressa no sétimo semestre, período no qual está prevista em grade a disciplina de Estágio Supervisionado I. Atualmente, ambos períodos, 7º e 8º semestres estão cumprindo as atividades de estágio curricular supervisionado I e II, respectivamente (ver detalhes na Tabela 20.1). O estágio I prevê o cumprimento de 120h, o Estágio II, 180h.

Tabela 20.1 – Panorama geral dos elementos constituintes do estágio supervisionado para Curso de Turismo com ênfase em Ecoturismo - FTB

1º semestre de 2003

Itens observados		Ocorrência	Observações
Alunos inseridos em algum tipo de atividade profissional que possa ser considerada atividade de estágio *		70	Em decorrência da não-obrigatoriedade de comunicação à IES (Coordenação de Estágios) sobre as atividades de estágio extracurricular, este item é de difícil mensuração.
Alunos inseridos no contexto do estágio supervisionado - estágios I e II		57	
Campos de estágio (parceiros)	Efetivo*	16	
	Potencial*	–	
Tipificação dos processos de estágio supervisionado	Pesquisa de docentes	2	Um dos docentes é vinculado a outra unidade de ensino, promovendo uma postura de parceria e troca.
	Pesquisa (própria) orientada	2	
	Campos "tradicionais" (empresas)	16	
	Validação	9	
	Interrompidos	2	
Docentes (da IES) envolvidos em supervisão		2	
Docentes (da IES) envolvidos em orientação		7	

* Dados estimados, fornecidos pela Coordenação de Estágios da IES.

Dada a ênfase do curso, este dever ser necessariamente cumprido dentro da temática de Meio Ambiente.

Dadas a estrutura organizacional, a ideologia subjacente e os dispositivos legais já existentes quando do processo de implementação do Estágio no Curso de Turismo têm-se algumas observações:

- No art. 57, lê-se que o estágio deve estar inserido no currículo de cada curso. *Entretanto, não dispõe sobre a necessidade de uma disciplina de estágio, ou outro modo pelo qual poderia ser realizada a supervisão*, sendo estas especificações competências da Coordenação de cada curso.
- A partir do art. 58 do Regimento Interno depreende-se que o estágio é objeto de orientação e acompanhamento, portanto, *o estágio curricular para esta IES é, obrigatoriamente, um "estágio supervisionado"*.
- Em termos de diversificação da proposta, o art. 59 *permite o aproveitamento de atividades de extensão e atividades profissionais*. Apesar de, novamente, indicar a obrigatoriedade de orientação, o artigo não especifica a temporalidade destas atividades.
- A existência de uma *Coordenação de Estágios consiste ser um mecanismo "paralelo" de incentivo à inserção em campos de estágio*, mesmo sendo estes "estágios extracurriculares".
- A temática de *inserção social e sustentabilidade ambiental, pilares da ideologia institucional,* têm sido conteúdo de discussão nas várias disciplinas do curso, inclusive as de estágio supervisionado I e II.
- Seja pelo argumento do *marketing* interno, ou pela simples necessidade de tornar público o andamento dos projetos (sociais e ambientais) na IES, o fato é que esta ação "pulveriza" de modo benéfico o conceito da "prática de responsabilidade social".

Ao observarmos a interação entre as instâncias envolvidas no processo decisório tem movimento descentralizador;em complementaridade, *a criação do processo tem movimento ascendente* no que tange a apresentação e modelagem de propostas, representado em seguida pelo esquema:

Direção ⇄ Coordenações ⇄ Docentes supervisores ⇄ Alunos

Entende-se que este(s) movimento(s) ascendente(s) legitima(m) o processo decisório, além de fomentar posturas pró-ativas ou autônomas.

O funcionamento do Estágio Supervisionado no Curso de Turismo da FTB tem, atualmente, as seguintes características:

- Em termos curriculares está inserido como disciplina do curso, dividida em dois momentos, Estágio Supervisionado I e II, previstos para o 7º e 8º semestres.
- Quanto às propostas de trabalho escolhidas/aceitas pelos graduandos, os estágios têm relativa diversificação na tipologia, pois obedecem à subdivisão: "prestação de serviços" (mais ligados às empresas) e "projetos de pesquisa" (ligados ou aos processos de investigação técnica – projetos de objetivo comercial – ou, acadêmica – projetos de cunho científico). Salientamos que os projetos podem ser de docentes ou dos próprios alunos, neste caso, somente sendo orientados por docentes da Instituição.
- A fim de manter a coerência das ações, não criando uma estrutura incompatível com o organograma já existente, para o curso de Turismo optou-se por criar uma instância denominada "núcleo de estágio". Os membros integrantes deste núcleo são (1) o coordenador de curso, (2) o coordenador de estágios e (3) o docente da disciplina de estágio supervisionado.

Além dos itens supracitados, sob o argumento de incentivar o ingresso em ambientes de estágio, foram adotados como critério de validação da proposta outras modalidades além das (duas) previstas no Regimento Interno: os alunos podem executar o estágio "fora do limite dos dias letivos", podendo aproveitar as férias, feriados, recessos ou fins de semana. Tendo em vista a natureza e a demanda da atividade turística, bem como a dificuldade de inserção nos campos de estágio por parte dos alunos já empregados, optou-se também por validar atividades de estágio executadas anteriormente à matrícula na disciplina, desde que estas atividades tenham sido acompanhadas conforme descreve o art. 59 do regimento.

Da mesma forma, os estágios de pesquisa podem ser realizados por grupos de alunos ou individualmente, ressaltando que a elaboração e a entrega dos documentos relativos a cada aluno devem ser encaminhados em separado.

Para melhor aproveitamento do estágio, a disciplina prevê etapas e rotinas semelhantes às citadas por Bianchi (2002:12). Entretanto, diferentemente da proposta da autora, entende-se que a busca do campo de estágio não é uma "[fase] burocrática [que] antecede a realização do estágio [...]" mas é parte intrínseca do estágio. Apesar de não figurar como "conteúdo de investigação", o sucesso na busca e adequação ao espaço em muito contribui para a "experiência de estágio", indicando a autonomia e determinação do aluno em estar inserido num campo de atividade profissional, o que também exercita seu poder de persuasão e "*marketing* pessoal".

Obviamente, quando o aluno demonstra baixo desempenho em encontrar um local propício à execução de estágios, ele é encaminhado para algum dos campos onde houver demanda ou onde já exista um trabalho efetivo de parceria com a IES. Salientamos que a competência para o estabelecimento dos vínculos com os espaços para estágio continua sendo da Coordenação de Estágios, mas a fim de construí-los numa perspectiva mais assertiva, têm-se procurado acompanhar estes contatos.

A partir da matrícula na disciplina, observa-se que as fases do estágio são mais bem demonstradas pelos documentos originados (e anexados nas pastas individuais). Para um aluno em situação de "inserção" temos o exposto na Tabela 20.2.

O Estágio Supervisionado do curso de Turismo da FTB não foi caracterizado pela finalidade de originar um projeto de pesquisa. Entretanto, havendo demanda por parte dos campos de estágio – ou do próprio discente, este é um dos direcionamentos possíveis para a validação de projetos de pesquisa como atividades de estágio. Outro ponto, é que esta proposta para estágio não está, necessariamente, vinculada ao trabalho de conclusão de curso – TCC, mesmo porque, em função da obrigatoriedade de desenvolvimento deste trabalho para conclusão do curso nesta IES, o procedimento e as disciplinas que dão origem ao TCC são outros.

Considerações e Perspectivas

O estágio, além de consistir num momento ápice da atuação prática durante o curso de graduação, *serve como instrumento modelador da postura profissional* a ser adotada/adequada. Neste sentido, entende-se estágio como "simulação de mercado", dando ao aluno a possibilidade de ingressar num campo de seu interesse "utilizando" o respaldo da IES na qual está inserido.

A proposta, o perfil e a estrutura organizacional em muito influenciam neste processo (de implementação do estágio), fornecendo as diretrizes de orientação para a concepção, formatação, implementação e funcionamento dos estágios.

Tabela 20.2 – Aluno em situação de "inserção"

Etapa - Documento	*Fase - Observações*	*Competência*
Solicitação e entrega da "Carta de apresentação"	Finalização do "processo de busca" do estágio; apresentação do estagiário ao campo.	Aluno/Coordenação de estágios.
Recebimento e arquivo da "Carta de aceite"	Documento que referenda o acordo entre os parceiros - a IES e o lugar de estágio.	Aluno / Docente(s) da disciplina.
Entrega e arquivo da "Ficha de indicação de supervisor"	Documento que facilita o contato entre os supervisores da IES e o local de estágio, uma vez que indica quem está em contato direto com o aluno quando da execução das tarefas.	Aluno e docente(s) da disciplina.
Elaboração do "Plano de Trabalho"	Indica as expectativas, objetivos e métodos para um melhor aproveitamento do estágio. Em termos de conteúdo, pode ser construído por um grupo de alunos ou individualmente. Quando da realização de "projetos de pesquisa", o prof. orientador deve colaborar com sua estruturação.	Aluno(s)/Docente(s) da disciplina/Docente(s) orientador(es).
Preenchimento da "Ficha de acompanhamento"	Instrumento que auxilia no controle das atividades, demonstra a freqüência e o desempenho no estágio.	Aluno/Docente orientador/ Supervisor no campo de estágio.
Elaboração do "Relatório final"	Documento sinaliza a conclusão das atividades de estágio. Ressalta-se que este relatório tem formato usual e deve conter assinatura do profissional supervisor ou prof. orientador.	Aluno/Docente supervisor/Docente orientador.

Em geral, observa-se que a postura adotada pelas organizações incentiva um comportamento (similar) dos seus membros, no mesmo sentido, com dinâmica compatível ao "efeito cascata". Quando verificada tal ocorrência, não acontece somente um "reproduzir o comportamento", mas uma potencialização dos resultados das ações tomadas.

A gestão de empresas sob a ótica da Responsabilidade social tem figurado como necessidade crescente; não somente pela questão ética ou "solidária", mas, principalmente, pelo entendimento da impossibilidade de profícua atuação do Estado neste campo. Internaliza-se, portanto, que as organizações, além da função produtivo-econômica, têm uma função social, o que agrega valor "social" ao produto ou serviço comercializado, reforçando o *marketing* institucional de "qualidade em todos os aspectos".

Neste sentido uma instituição de ensino superior, ao adotar: (1) a atitude *autônoma no sentido de propor soluções* aos problemas externos e (2) a proposta (e as ações) de ser socialmente responsável, fomenta comportamentos semelhantes nos membros da comunidade acadêmica – sejam professores, alunos, funcionários, etc, bem como nos seus parceiros, mesmo que em menor grau de influência.

Dada a recente implementação da disciplina de Estágio Supervisionado (2º/2002) e a mudança do corpo diretor da FTB, para a condução dos processos de estágio da IES, estão previstas algumas modificações que, conforme a gestão responsável requer, vêm sendo discutidas no âmbito de alcance da IES.

Referências Bibliográficas

1. BIANCHI, A. C.; ALVARENGA, M.; BIANCHI, R. *Orientação para Estágio Supervisionado: trabalhos, projetos e monografias.* São Paulo: Pioneira Thomson Learnig, 2002.
2. CUNHA, A. G. *Dicionário Etimológico da Língua Portuguesa.* Rio de Janeiro: Nova Fronteira, 1982.
3. ENCIMAS, J.; COSTA, A. F. *O Trabalho Científico.* Brasília: Editora da UnB, 1996.
4. FACULDADE DA TERRA DE BRASÍLIA. *Manual do Estagiário do Curso de Turismo.* Brasília: FTB, 2002 (documento interno – não publicado).
5. FACULDADE DA TERRA DE BRASÍLIA. *Manual de Normas Acadêmicas – 2003.* Brasília: FTB, 2003.
6. FACULDADE DA TERRA DE BRASÍLIA. *Regimento Interno da FTB.* Brasília: FTB, 1999 (não publicado).
7. FERNANDES, E. Responsabilidade social estimula 20% dos consumidores. *Portal Exame.* Disponível em: http://www.exame.com.br. Acesso em: 2/fev/2003.
8. FRANCO, S. De olho no terceiro setor. *Portal Exame.* Disponível em: http://exame.com.br. Acesso em: 2/fev/2003.
9. FREIRE, P. *Pedagogia da Autonomia: buscando os saberes necessários à prática educativa.* São Paulo: Paz e Terra, 1996.
10. PRESTES, M. L. M. *A Pesquisa e a Construção do Conhecimento Científico.* São Paulo: Respel, 2002.
11. SQUARISI, D. *Dicas da Dad: português com humor.* São Paulo: Contexto, 2002.
12. TACHIZAWA, T.; MENDES, G. *Como Fazer Monografia na Prática.* 2. ed. Rio de Janeiro: FGV, 1999.

Site Consultado

Portal Exame: http://www.exame.com.br

Capítulo 20

Trabalho de Conclusão de Curso como Instrumento de Responsabilidade Social nas Instituições de Ensino: o Caso do TCC dos Alunos do Curso Técnico em Turismo e Hotelaria da Escola Agrotécnica Federal de Barreiros

PRISCILLA CARLA LEITE MARQUES

INTRODUÇÃO

Depois de ter passado por ciclos distintos de desenvolvimento, o mundo hoje se volta para a sustentabilidade, ou seja, busca o desenvolvimento sustentável. Este modelo de desenvolvimento necessita que todos trabalhem em comunhão: poder público, iniciativa privada e população, respeitando os anseios da comunidade local, as limitações do meio ambiente e o modo de vida e a cultura da localidade. (Buarque, 2001).

É nesse contexto que o turismo começa a se inserir, não sendo apenas uma atividade meramente econômica, mas um instrumento para o desenvolvimento social, se realizado no esmero dos princípios do desenvolvimento sustentável.

Em tempos nos quais a responsabilidade social desponta com forma de buscar e trabalhar o desenvolvimento social, o turismo aparece sendo um objeto possível de ser realizado pelas empresas que adotam a postura socialmente responsável.

Os Trabalhos de Conclusão de Curso (TCC) dos cursos de turismo podem ser utilizados como ferramenta da adoção da responsabilidade social na política das instituições de ensino que oferecem esse curso.

É justamente nessa temática que o presente trabalho se insere, mostrando como exemplo o TCC dos alunos do Curso Técnico de Turismo e Hotelaria da Escola Agrotécnica Federal de Barreiros nos assentamentos rurais do Litoral Sul de Pernambuco.

Responsabilidade Social

Nos tempos atuais, com o governo federal e a sociedade trabalhando juntos no programa Fome Zero, consolidou-se a tendência das empresas de investirem no social. Esse processo não é de agora, muitas organizações já investem há décadas em programas sociais. Seus objetivos são variados. Podem apenas investir desejando um retorno institucional positivo, ou seja, um fortalecimento de sua marca frente aos seus consumidores e toda a sociedade; ou investir por serem conscientes do seu papel como co-responsáveis do desenvolvimento social. Essa postura é chamada de responsabilidade social.

No entanto, não só essa característica determina a responsabilidade social da empresa. Com a adoção dessa atitude no seu planejamento e na sua política, a empresa passa a respeitar os anseios de todos – acionistas, funcionários, prestadores de serviço, fornecedores, consumidores, comunidade, governo e meio ambiente.

Segundo o Instituto Ethos, associação que orienta as empresas a adotarem essa postura, a prática da responsabilidade social valoriza a imagem institucional e a marca da empresa e, mais que isso, aumenta a fidelidade do cliente, a capacidade de recrutar e manter talentos e dar longevidade à empresa.

Há empresas que se adaptaram tão bem a esses preceitos constituído pela responsabilidade social que criaram ONGs e fundações próprias para trabalharem exclusivamente com programas sociais, ambientais ou culturais.

Nota-se também que esse processo não aconteceu apenas para a iniciativa privada. Associações, sindicatos e entidades de classe perceberam que poderiam aumentar seu raio de atuação se desenvolvessem programas sociais, mostrando que a responsabilidade das mudanças pode ser dividida por toda a sociedade, e dando a possibilidade de seus associados contribuírem para essas mudanças.

Dessa forma, a disseminação da responsabilidade social e sua conseqüente adoção por parte de um grande número de empresas facilitarão a busca do desenvolvimento sustentável e o trabalho do governo em oferecer melhores condições de vida a população brasileira, já que as responsabilidades de fomentar e fiscalizar as atividades serão repartidas por todos os setores produtivos da sociedade.

Trabalho de Conclusão de Curso: Instrumento de Responsabilidade Social nas Instituições de Ensino

As instituições de ensino, principalmente as profissionalizantes, implementaram essa idéia nas suas dinâmicas de trabalho, acompanhando essa tendência política e, essencialmente, empresarial. Indiscutivelmente elas possuem todas as condições para elaboração e execução de projetos e programas de cunho social, pois são as responsáveis pela formação profissional e intelectual da sociedade, além de serem as detentoras do saber, do conhecimento técnico-científico da atualidade.

As universidades, faculdades e escolas técnicas muito têm a contribuir com a disseminação da responsabilidade social como prática institucional, pois o sucesso de seus projetos de comprovada ação social e o retorno que eles trarão para a instituição mostrará como bem sucedida é a proposta da responsabilidade social como mecanismo de integração entre as instituições e a comunidade.

Existem vários caminhos. Há universidades que abrem suas portas e oferecem a comunidade serviços a custo reduzido, ou mesmo de graça. Há escolas que colocam seus alunos trabalhando a serviço de programas sociais, pois dessa forma, estarão oferecendo oportunidades aos alunos de colocarem na prática as habilidades técnicas aprendidas em sala de aula.

Os instrumentos são inúmeros. Todavia, o Trabalho de Conclusão de Curso (TCC) talvez seja um desses instrumentos que age de forma mais eficaz, principalmente em áreas de atuação como turismo e hotelaria.

Os cursos dessa área, tanto os de nível superior, como os técnicos, estão cada vez mais numerosos e isso se dá, justamente, porque a atividade turística é uma das principais atividades do mundo com capacidade de gerar milhares de emprego e postos de trabalho. "O turismo é responsável por uma ocupação de 1,5% da força de trabalho, sendo responsável por 6,5% dos empregos, no país, o que corresponde segundo dados da FIPE/USP a 1,63 milhão de empregos diretos e pelo menos 750 mil indiretos (3,3% da população economicamente ativa)" (Folha de Turismo, 2002:20).

Mesmo assim, não é por esse motivo que os TCC se tornam instrumentos eficazes na adoção da responsabilidade social por parte das instituições de ensino que oferecem cursos de turismo. O motivo maior são os benefícios econômicos, culturais, ambientais, políticos, enfim, sociais gerados pelo desenvolvimento planejado e sustentável do turismo nas localidades onde são implantados os projetos realizados pelos estudantes.

Na verdade, o principal objetivo dos TCC é inserir o aluno no mercado de trabalho do setor turístico, mostrando suas habilidades na elaboração de projetos e pesquisas turísticas, e comprovando na prática a importância de um profissional com essa capacidade. De acordo com Novaes (2001:376) "a importância do TCC está no desenvolvimento das aptidões no campo profissional e de habilidades para discernir questões específicas, estimulando a pesquisa, atualizando conhecimentos, transformando-se numa oportunidade singular de confronto entre a teoria e a prática".

A experiência oferecida pela elaboração do TCC dará ao aluno a possibilidade de discutir, comprovar ou desaprovar os conhecimentos teóricos adquiridos durante o curso.

Apesar disso, os alunos não tem a obrigação de só realizar os TCC se forem de cunho social, isso, dependendo da política adotada pela escola, é uma escolha particular do estudante. No entanto, muitos projetos turísticos têm, essencialmente, o cunho social, por todas as suas características como uma atividade que possibilita – se bem planejada e gerida – o desenvolvimento social de muitas localidades como já foi colocado acima.

O aproveitamento desses trabalhos por partes das instituições de ensino, seu comportamento perante eles é o que vai determinar a prática da responsabilidade social.

É necessário que as instituições de ensino estejam dispostas a adotar, pelo menos, algumas das propostas presentes no trabalho, seja oferecendo assessoria técnica ou, até mesmo, financiando parte das ações previstas.

Como exemplo encontra-se o TCC dos alunos do Curso Técnico em Turismo e Hotelaria da Escola Agrotécnica Federal de Barreiros (EAFB), detalhado a seguir.

Caso do TCC dos Alunos do Curso Técnico em Turismo e Hotelaria da EAFB nos Assentamentos Rurais do Litoral Sul de Pernambuco

O Curso Técnico em Turismo e Hotelaria foi criado em 2000 depois de sucessivos fóruns com a comunidade que identificaram a carência de capacitação nessa área, além da região ter bastante potencial turístico, lindo litoral, patrimônio histórico e também vasta rede hoteleira. A EAFB oferece também cursos de Técnico em Agropecuária e Agroindústria além do Ensino Médio, localiza-se em Barreiros, cidade do litoral sul de Pernambuco, a 113km de Recife, capital do Estado.

O TCC sempre esteve presente nas diretrizes do curso, mas não era norteado por nenhuma disciplina. Este semestre, devido à importância dos TCC nas turmas anteriores como prática e a reformulação curricular do curso, atendendo exigências da LDB, o TCC será trabalhado na disciplina de Técnica de Turismo Aplicada.

Com esse *status* percebeu-se que os trabalhos deveriam seguir normas científicas e, mais que isso, ser a ponte entre a escola e a sociedade. A partir dessa observação, e depois dos TCC realizados pelas turmas já egressas, no primeiro foi realizado um levantamento das potencialidades turísticas do litoral sul de Pernambuco e norte de Alagoas e o segundo foi um plano de viabilização turística para a própria EAFB. Portanto, compreendendo a falta de trabalhos mais voltados para a comunidade, decidiu-se, então, trabalhar com esse pensamento socialmente responsável.

Foi assim que se pensou em trabalhar com os assentamentos rurais da região. Os números exatos são difíceis de se prever, pois há ainda muitos assentamentos que não estão regularizados, mas por fontes não oficiais, só em Barreiros há cerca de 47 assentamentos.

A situação desses assentamentos é bem peculiar. Os assentamentos do Litoral Sul de Pernambuco, em sua grande maioria, surgiram em decorrência da derrocada da cultura da cana-de-açúcar. Os donos de engenho e os usineiros devido as suas imensas dívidas perderam a posse de suas terras. Por sua vez, seus funcionários e trabalhadores, sem pagamento há muito tempo, foram pagos com parcelas dessas terras, que foram confiscada pelo Incra – órgão governamental responsável pela reforma agrária. A realidade da maioria desses assentamentos é diferente dos assentamentos realizados pelo Movimento dos trabalhadores rurais sem terra (MST), onde houve a invasão de terras improdutivas. Os assentados já vivem e produzem nessa terra, o que muda é dinâmica social do lugar. Apesar disso, eles ainda enfrentam muitas dificuldades. Apenas sabem cultivar a cana-de-açúcar e o roçado, proibidos pelo Incra, que só oferece apoio técnico e financiamentos se outras culturas forem desenvolvidas. Sem o conhecimento técnico para diversificar os cultivos, eles ficam perdidos sem saber a quem recorrer. Nesse momento é que se torna importante o papel da EAFB, detentora das habilidades necessárias ao desenvolvimento agrícola e, conseqüentemente, social do assentamento.

A localização desses assentamentos, litoral sul de Pernambuco, é muito privilegiada para desenvolver a atividade turística que pode vim a ser a complementação necessária para que se consiga marchar em busca da sustentabilidade tão comentada e desejada. O turismo que é realizado nessa área do Estado é o mais desenvolvido e o que mais recebe atenção e investimentos do governo, inclusive é alvo do Prodetur 2, rede de investimentos do governo federal com entidades internacionais para o fortalecimento do turismo no Nordeste.

Organizando os assentamentos rurais como possíveis produtos turísticos de vivência do cotidiano rural seria agregado mais valor ao turismo do litoral sul e diversificado os segmentos oferecidos, fazendo com que a permanência do turista seja prolongada.

Muitos turistas já visitam alguns assentamentos, que por falta de orientação não sabem o que fazer para conseguir obter os lucros justos dessa visita, além de não estarem preparados para isso. É nessa afirmação que o TCC dos alunos da EAFB se justifica. O trabalho será uma luz para guiar essas comunidades na trilha do turismo como fator de desenvolvimento sustentável, além de formalizar o interesse da escola em estar em contato com essas comunidades, dando continuidades aos projetos elaborados, mostrando as atitudes necessárias para ter a responsabilidades social como traço da atuação da escola.

Inicialmente os alunos terão que escolher apenas dois assentamentos para serem os alvos desse projeto, dentro da área de influência da EAFB, que são os municípios de Sirinhaém, Rio Formoso, Tamandaré, Barreiros e São José da Coroa Grande.

A turma foi dividida em dois grupos para trabalhar com cada um dos assentamentos escolhidos. Para ser escolhido o assentamento necessita ter algum potencial turístico e ter líderes dispostos a ajudar nesse processo.

Os assentamentos Araçu, em São José da Coroa Grande, e Serra D'água, em Rio Formoso foram os escolhidos justamente por possuir essas características, apesar de terem realidades bem distintas.

O primeiro, apesar de pertencer ao antigo Engenho Araçu, necessitou da intervenção do MST para conseguir a posse da terra, realizada a menos de um ano. Já o Serra D'água, pertencia também a um engenho, de mesmo nome, mas não necessitou do auxílio do MST para conseguir a posse da terra, que aconteceu cerca de cinco anos atrás.

Depois da escolha dos assentamentos, será realizado o inventário e o estudo das características geográficas e históricas da área, além de serem elaboradas propostas para organizar a atividade turística no assentamento, conseqüentemente, melhorando a qualidade de vida dos assentados.

Resultados Esperados

Espera-se que a EAFB, seguindo os preceitos da responsabilidade social adote os assentamentos escolhidos e dê continuidade a algumas das propostas elaboradas pelos alunos, principalmente as que se referem a desenvolvimento agrícola, especialidade da Escola, mostrando a importância do elo entre escola, responsabilidade social e sociedade.

Ao mesmo tempo, o presente TCC espera capacitar os alunos na realização de projetos, tanto pelo aspecto científico da sua elaboração, mas sobretudo, pelo aspecto prático de resolver e melhorar situações, aplicar os conhecimentos adquiridos em sala no exercício do seu trabalho.

Com a implementação do TCC, espera-se melhorar a qualidade de vida da população, através do desenvolvimento das atividades agropastoris, das melhorias na infra-estrutura básica e, conseqüentemente, aumento da renda familiar acarretada pelo turismo e por outras atividades como artesanato e culinária.

O estudo vem mostrar, primordialmente, que é possível desenvolver projetos dessa natureza, envolvendo estudantes, instituições de ensino, sociedade civil, entre outros atores sociais, indicando um caminho a ser seguido para alcançar o desenvolvimento sustentável, tão falado pelos estudiosos da atualidade.

Referências Bibliográficas

1. BARRETO, M. *Manual de Iniciação ao Estudo do Turismo*. 6. ed. Campinas: Papirus, 1999.
2. BISSOLI, M. A. *Planejamento Turístico Municipal com Suporte em Sistemas de Informação*. São Paulo: Futura, 2000.

3. BUARQUE, S. *Desenvolvimento Sustentável e Turismo - Apostila da Especialização Planejamento e Gestão do Turismo da FCAP/UPE*. Recife, 2001.
4. NOVAES, M. H. Trabalho de conclusão de curso (TCC) In: ANSARAH, M. M. G. R (org.). *Turismo: como aprender, como ensinar 2*. 2. ed. São Paulo: Senac, 2001. p. 375-389.

Sites e Publicações Consultados

Revista Veja. Férias com o MST. Edição 1723, out. 2001.
Folha do Turismo. Turismo: mercado em expansão. Edição Nacional, ago. 2002. Capacitação & Tecnologia, p.20.
http://www.ethos.org.br
http://www.academiasocial.org.br
http://www.pangea.com.br

Parte II

Responsabilidade Social no Planejamento, Organização e Gestão do Turismo

Capítulo 21

Modelo de Otimização Gerencial – MOG® como Ferramenta para o Desenvolvimento do Turismo

Cássio Garkalns de Souza Oliveira
Doris van de Meene Ruschmann

Introdução

Muitos empreendimentos turísticos iniciam suas atividades de forma extremamente amadora, sem qualquer suporte técnico ou objetivo predefinido, o que conduz não apenas a problemas empresariais para os envolvidos, mas ao comprometimento da qualidade da prestação dos serviços aos turistas. Outros, mesmo com um algum tipo de planejamento inicial, enfrentam grandes dificuldades gerenciais, o que freqüentemente culmina em impactos negativos (sociais, econômicos e, muitas vezes, ambientais), na falência do negócio ou na sua sobrevivência com baixíssimo percentual de retorno financeiro e caracterizado como um serviço de qualidade inferior.

A forma de gerenciamento sem critérios, baseada em reações intuitivas, infelizmente ainda é muito comum na atividade turística, notadamente nas micro e pequenas empresas e nos inúmeros envolvidos informalmente com a atividade. Porém, é inquietante constatar que em muitos casos, alterações simples de procedimentos e o desenvolvimento da capacidade de vislumbrar o negócio de uma maneira sistêmica já seriam, com baixo custo e relativamente pequena dedicação de tempo, suficientes para grandes alterações e, conseqüentemente, melhoria significativa dos serviços prestados.

As principais causas dessa situação concentram-se na falta de capacitação, conscientização e habilidade dos empreendedores de gerirem seus negócios de forma a minimizar os impactos ambientais, maximizar os lucros, envolver e beneficiar o maior número possível de pessoas da comunidade e, obviamente, oferecer um produto ou serviço bem estruturado.

O engajamento dos empreendedores turísticos do setor de hospedagem, alimentação e outros serviços partindo da proposta de "desenvolver a lucratividade dos seus negócios, protegendo o ambiente" constitui-se, sem dúvida, num fator básico e fundamental para o desencadeamento de um processo contínuo e duradouro voltado à sustentabilidade das áreas onde o turismo acontece.

Entende-se que, tanto para o curto, médio ou longo prazo, a qualificação dos recursos humanos envolvidos na prestação dos serviços turísticos é o meio mais eficaz para implementar ações voltadas ao desenvolvimento sustentável da atividade turística no país.

Objetivando conseguir transmitir esse conceito de qualidade de forma técnica e sistematizada aos empreendedores que já estão com suas atividades em desenvolvimento, é proposta uma nova forma de consultoria, chamada Modelo de Otimização Gerencial – MOG, que se caracteriza principalmente pelo apoio técnico e monitoramento da gestão em empreendimentos turísticos de qualquer natureza (hotéis, restaurantes, pousadas, barcos, táxis, agências de viagem etc) e pela assessoria continuada a proprietários selecionados em determinada região ou *cluster* turístico onde se pretende investir na melhoraria da qualidade da oferta turística.

Neste contexto, o MOG tem como objetivos principais:

- Melhorar a qualidade do produto turístico regional.
- Promover o desenvolvimento sustentável das áreas contempladas.
- Possibilitar a viabilização econômica dos empreendimentos turísticos.
- Contribuir para a geração de empregos e de renda para os profissionais envolvidos.
- Difundir a metodologia para técnicos de instituições idôneas regionais.

Complementares:

- Valorizar os atrativos naturais da região.
- Estimular o engajamento da comunidade local.
- Qualificar a oferta técnica local a partir da profissionalização de funcionários e de gestores dos empreendimentos.
- Avaliar e redirecionar a exploração de equipamentos em áreas intensamente e desordenadamente visitadas nos finais de semana, feriados e nos períodos de alta temporada.
- Incentivar a criação de rede de informação local e o desenvolvimento de roteiros regionais envolvendo os participantes do projeto.

Contribuindo para a melhoria da qualidade dos serviços turísticos o MOG pretende dinamizar a economia e ampliar a geração de empregos e de renda nas suas áreas de abrangência, favorecendo o início ou a consolidação de um ciclo de desenvolvimento sustentável.

Metodologia

As ações do MOG se concentram na realização de intervenções técnicas individualizadas, desenvolvidas durante um prazo determinado por uma equipe preparada, voltadas ao desenvolvimento gerencial responsável dos proprietários dos negócios turísticos em seu próprio ambiente de trabalho.

Para promover a sustentabilidade da proposta e das intervenções técnicas resultantes do projeto, a princípio desenvolvidas em um município ou região por uma consultoria especializada capacitada para atuar com o MOG, a metodologia prevê o acompanhamento das visitas aos empreendimentos por técnicos locais, que estarão adquirindo experiência suficiente para desenvolver a mesma técnica em outras regiões sem a presença dos proponentes da metodologia MOG. Além disso, a escolha adequada dos empreendimentos selecionados para a participação no programa estimula o posterior "efeito espelho", no qual outros proprietários não participantes podem visualizar claramente a melhoria da qualidade dos engajados e, com isto, se tornar mais predispostos a seguir os procedimentos adotados com sucesso pelos eventuais concorrentes. Conseqüentemente o projeto de qualificação da região não se transforma em uma ação pontual, mas sim no começo de um processo mais amplo, conduzido posteriormente pelos próprios atores e comunidades locais.

Assim o MOG é desenvolvido com base na interação de três envolvidos:

- Empresa Especialista na metodologia.
- Instituições Parceiras com forte presença local, a quem caberia a viabilização financeira do projeto, suporte e articulação regional, e continuidade disseminação da metodologia após a participação da Empresa Especialista.
- Comunidade Contemplada.

Seu processo de desenvolvimento baseia-se em:

- *Ações principais*: caracterizadas pela assessoria individualizada a cada empreendedor participante, no seu próprio local de trabalho (pousada, hotel, restaurante, barraca de praia, etc.) onde todas as orientações fornecidas são extremamente práticas, procurando resolver problemas ou deficiências diagnosticadas no início do processo. Mesmo sendo os assuntos abordados das mais diferentes áreas, é interessante que a assessoria seja feita sempre pelo mesmo consultor da Empresa Especialista, amparado por uma equipe multidisciplinar capaz de resolver dificuldades específicas e montarem planos de desenvolvimento para cada caso assessorado. A presença constante da mesma pessoa durante o processo facilita a continuidade das ações e o relacionamento com os empresários assistidos. Apenas casos muito específicos são encaminhados a outras pessoas/instituições, conforme detalhado nas *ações complementares*.

Tais visitas acontecem durante doze meses (o que favorece o acompanhamento de um ciclo completo do empreendimento em relação à demanda, contabilidade, entre outros), com periodicidade quinzenal, sendo que o consultor MOG visita os empreendimentos mensalmente, sempre acompanhado pelo agente da Instituição parceira local e, entre essas visitas, o mesmo agente local volta aos empreendimentos para esclarecer eventuais dúvidas.

- *Ações complementares*: em situações e necessidades específicas, os demais parceiros envolvidos no processo podem ser indicados a desenvolver atividades complementares, como por exemplo: estudantes de turismo colaborarem na identificação da cadeia produtiva de cada empreendimento; Senac desenvolver cursos específicos no âmbito do turismo/ hotelaria/ alimentação para os envolvidos no processo; Sebrae amparar os empreendedores na legalização de sua empresa, ida a campo de consultores da equipe de apoio da Empresa Especialista, etc.

Etapas de Desenvolvimento

O processo de desenvolvimento do Modelo de Otimização Gerencial envolve sete fases, apresentadas a seguir.

Fase I: *Workshops*

Tem como objetivos principais motivar e envolver a comunidade local através de micro e pequenos empresários da área turística, disseminar os fundamentos de sustentabilidade dos destinos, apresentar as normas do projeto (a serem acordadas previamente entre a Instituição Especialista e a Instituição Parceira) e a metodologia MOG, (com enfoque nas suas intenções de assessoria técnica), e sensibilizar os empresários a se engajarem em uma proposta de desenvolvimento sustentável e otimização gerencial.

Também são apresentados os direitos dos participantes, como obtenção de informações confiáveis e orientações específicas a seu caso, entre outras, além de seus deveres, como necessidade de estar presente às visitas técnicas, atender às recomendações do consultor, disponibilizar as informações requisitadas sobre a empresa, comprometimento em participação até o final do processo, etc.

Os *workshops* têm que ser desenvolvidos em número suficiente para que todas as regiões contempladas pelo projeto possam participar. Assim, se dois municípios estão participando do programa, pelo menos dois eventos devem ser organizados na primeira fase, sendo um em cada sede municipal. Porém, a experiência piloto desenvolvida no Estado do Pará sugere que o MOG não contemple, simultaneamente, uma área muito abrangente, para que as atuações da consultoria não percam o foco de trabalho e muito tempo de deslocamento, e para que possa haver aproximação dos participantes.

Nestas mesmas ocasiões, os interessados em participar devem manifestar real interesse por meio do preenchimento de uma Ficha de Intenções.

Fase II: Seleção dos Participantes

Após a realização dos workshops e sensibilização dos empresários deve ser desenvolvido um processo de seleção dos futuros participantes do projeto, considerando:

- As características empreendedoras do proprietário e real necessidade de amparo técnico.
- A atuação pessoal do proprietário na condução e gerência do negócio.
- A tipologia do empreendimento: tentar compor o grupo de participantes com representantes de diferentes setores do turismo.
- A localização do empreendimento: na área de abrangência do projeto.
- O comprometimento do proprietário em enquadra-se às normas do projeto.
- O funcionamento do empreendimento ser contínuo durante todo o ano.

Considera-se um número máximo de 20 participantes por projeto, mas a seleção deve também contemplar outros quatro interessados (20%), que teriam sua real inclusão condicionada à desistência ou exclusão de algum dos anteriores até o 4º mês de desenvolvimento do Projeto.

Nesta ocasião todos os selecionados assinam um Termo de Participação.

Fase III: Estabelecimento de Parcerias

Esta fase, desenvolvida simultaneamente com as anteriores, visa o envolvimento de outras instituições envolvidas direta ou indiretamente com o turismo, e que podem colaborar para o sucesso do projeto em organização. Entre elas:

- Universidades.
- Organizações Não Governamentais.
- Associações de Classe e Entidades Representativas.
- Órgãos Governamentais.

Fase IV: Visitas Técnicas

Na primeira visita é realizado o inventário de cada empreendimento, feita a apresentação detalhada do programa e a identificação dos objetivos dos empresários. Este é um processo de aproximação muito delicado, e que deve ser feito com bastante critério e tranqüilidade. Ao final dos dias referentes às visitas individuais, uma reunião entre todos os participantes deve ser organizada (a primeira de 4 reuniões trimestrais), para iniciar a troca de informações e fortalecimento da comunicação. Também devem ser envolvidos os demais parceiros do projeto, inclusive estagiários, no intuito de colaborarem no levantamento e sistematização de informações relevantes (pesquisa de campo e de gabinete) sobre o desenvolvimento do turismo naquela região e que sejam importantes para o sucesso dos participantes. Na segunda visita já é possível o estabelecimento das metas individuais e início dos trabalhos de assessoria, que seguem até o final do processo.

As visitas técnicas devem ser realizadas mensalmente pelo Consultor da Empresa Especialista no MOG, acompanhado pelo agente representante da Instituição Parceira (ressalta-se que é fortemente recomendável que a pessoa designada para tal função tenha grande envolvimento com a comunidade da área do projeto e que se mantenha presente durante todo o processo, para que possa realmente acompanhar todo o projeto e assimilar a metodologia). Nestas ocasiões, deve ser realizada uma avaliação da evolução ou regressão da situação do empreendimento a partir da última visita e, considerando as metas individuais estabelecidas, as dificuldades enfrentadas e situações circunstanciais, fornecidas novas recomendações.

Entre essas visitas o agente da Instituição Parceira deve realizar outra visita aos empreendimentos, apenas para identificar se existem grandes dificuldades em implantar as recomendações sugeridas e acompanhar o desenvolvimento das atividades pelos participantes.

O histórico do desenvolvimento de cada empresário deve ser rigorosamente registrado por meio de fotos, filmagens, gravações sonoras e preenchimento de uma Ficha de acompanhamento, composta por duas planilhas. Em uma é anotado todo o histórico da assessoria, contendo para cada visita técnica, o diagnóstico da situação encontrada e as recomendações dadas. Em outra é feito o acompanhamento de rendimento de cada empreendimento, por meio de um Índice de Participação (IP), obtido pela análise qualitativa das recomendações efetivamente acatadas e os resultados observados decorrentes da visita técnica anterior, de acordo com o seguinte critério de pontuação: (2) Ótimo; (1) Bom; (0) Razoável; (-1) Aquém das possibilidades; (-2) Insatisfatória. Tais dados devem ser sistematizados em uma matriz, cruzando os empreendimentos e as datas de vistas técnicas.

Aos empreendimentos que obtiverem pontuação (2) ou (1), deve ser entregue um Certificado de Acompanhamento que simbolize e materialize o esforço e os resultados positivos obtidos. Tal Certificado tem validade de um mês, e pode ou não ser renovado dependendo dos próximos desempenhos dos participantes. Obviamente um trabalho de divulgação frente à mídia, com apoio dos parceiros do projeto, é importante para promover o Certificado perante a comunidade regional e potencializar sua importância.

O empreendedor será excluído do programa ao atingir quatro avaliações IP (-1) ou (-2).

O conteúdo técnico desenvolvimento durante o projeto contempla cinco etapas:

- *Etapa 1*: apresentação do projeto; Identificação das características locais; Levantamento de dados sobre o empreendimento (oferta e demanda); Diagnóstico da situação atual; Identificação da cadeia produtiva; Estabelecimento de objetivos e metas para cada empreendimento.
- *Etapa 2*: orientações para melhoria da qualidade da estrutura física dos empreendimentos.
- *Etapa 3*: orientações para melhoria da capacidade gerencial e organizacional dos empreendedores.
- *Etapa 4*: formatação (reconceituação) dos produtos turísticos individuais; Proposição de roteiros regionais envolvendo os participantes do projeto.
- *Etapa 5*: orientações para melhoria da qualidade no atendimento.

Embora teoricamente esse processo seja linear, na prática tais etapas são assimiladas e aceitas de forma diferente entre os participantes do projeto, o que induz ao desenvolvimento de abordagens diferentes para cada empreendimento. Essa flexibilidade e capacidade de adequação é que possibilita ao MOG atender, de forma individualizada e extremamente direcionada, os interesses e necessidades de cada um dos empresários beneficiados e manter o contexto de desenvolvimento turístico regional.

Fase V: Elaboração do Plano de *Marketing*

Deve ser desenvolvido para cada um dos empreendimentos engajados, indicando as ações necessárias para valorização das modificações efetuadas durante o projeto perante a mídia e no desenvolvimento das ferramentas fundamentais para a captação e manutenção de clientes.

Fase VI: Avaliação e Divulgação

Mesmo com o constante monitoramento do projeto durante todas as suas fases de desenvolvimento, ao final do processo deve ser realizado um seminário final com a presença de todos os envolvidos, onde o programa deverá ser avaliado. Nessa etapa também é entregue um Relatório Final de Atividades à Instituição Parceira, para que todo o processo fique registrado e que a metodologia possa ser permanentemente aplicada, caracterizando assim a sustentabilidade das ações propostas pela Consultoria MOG. Aos empreendedores é entregue um Selo de Qualidade MOG.

Fase VII: Monitoramento

O processo de acompanhamento pós-projeto que deve realizado semestralmente pela própria Instituição Parceira, com suporte da Consultoria MOG, quando então os Selos de Qualidade fornecidos aos empreendedores serão revalidados mediante a constatação de manutenção ou melhoria da qualidade dos serviços prestados.

Considerações Finais

O projeto piloto do MOG foi desenvolvido pela Ruschmann Consultores S/C Ltda. (RC) de agosto de 2000 a novembro de 2001 no Estado do Pará, contemplando o entorno do corredor rodoviário entre Belém e Mosqueiro, e o litoral do Estado, abrangendo os municípios de Salinópolis, Bragança, Santa Bárbara, Maracanã, Augusto Corrêa e Marapanim. A Instituição Parceira, com forte presença regional, foi o Serviço de Apoio às Micro e Pequenas Empresas do Estado do Pará – SEBRAE/ PA. Em referência às belas aves existentes na região, este projeto foi intitulado "Projeto Guará: Qualificação da Oferta Turística".

Com a avaliação desta experiência, é possível identificar alguns fatores importantes a serem considerados na metodologia do MOG para seu aprimoramento e eficácia, e que são relatados a seguir.

Dos participantes que concluíram o processo, os melhores resultados obtidos, de acordo com a análise da RC, foram:

- Aumento da motivação para o trabalho.
- Maior capacidade organizacional.
- Melhoria na capacidade de gestão.

- Melhoria na qualidade da infra-estrutura.
- Melhoria na segurança.
- Desenvolvimento de Plano para fidelização de clientes.
- Sensibilização para formalização da atividade.
- Caracterização do mercado de atuação.
- Subsídios para formatação do produto turístico.

A abordagem essencialmente prática do Modelo de Otimização Gerencial permite que a metodologia seja aplicada em empreendimentos já em fase de operação, com dificuldades de gestão e de consolidação de um produto com qualidade.

O projeto piloto desenvolvido no Pará evidenciou que, embora aparentemente simples, o MOG precisa ser desenvolvido por uma equipe capaz de comunicar-se muito bem com os empresários, entendendo seus problemas e propondo soluções exeqüíveis, considerando a realidade financeira e mercadológica do empreendedor.

A presença de uma Instituição Parceira é importante para viabilizar o próprio projeto e para que a metodologia e *know-how* possam ser repassados para agentes locais, visando tornar a proposta um programa contínuo, onde o apoio técnico inicia-se de forma mais intensiva com a presença da Empresa especialista, depois de uma maneira mais suave, com o acompanhamento pela Instituição parceira (já devidamente capacitada) e, finalmente, uma fase posterior onde o empreendedor possa caminhar sozinho e, através de seus exemplo, motivar outros estabelecimentos a seguirem suas ações.

Dessa forma, o investimento em capacitação de alguns empresários de determinada região acaba se transformando em um "caso de sucesso", ampliando os resultados obtidos para outros empreendimentos.

Por ser um Projeto de médio prazo, é necessário que todos os envolvidos estejam certos de seu comprometimento com a proposta, para que os resultados possam realmente aparecer.

Para otimização do processo os empreendimentos não devem estar distribuídos por uma região muito abrangente e o processo de seleção deve beneficiar empresários com espírito empreendedor, dispostos a mudanças para melhorar os serviços oferecidos. Com o mesmo propósito uma contrapartida deve ser exigida dos contemplados pelo Projeto para a valorização das ações desenvolvidas e para motivar um real engajamento.

Finalmente, a análise da experiência piloto desenvolvida evidencia a exeqüibilidade e eficácia da metodologia, a importância de ações com foco na qualificação da oferta técnica em núcleos receptores e a relevância de propostas voltadas ao desenvolvimento sustentável.

Referências Bibliográficas

1. DRUCKER, P. *Introdução à Administração*. São Paulo: Pioneira Thomson, 2002. 714p.
2. GIL, A. C. *Como Elaborar Projetos de Pesquisa*. São Paulo: Atlas, 1989. 158p.
3. JARA, C. J. *A Sustentabilidade do Desenvolvimento Local*. Brasília: IICA, 1998. 316p.
4. MAXIMIANO, A. C A. *Administração de Projetos: como transformar idéias em resultados*. São Paulo: Atlas, 2002. 278p.
5. RUSCHMANN, D. *Turismo e Planejamento Sustentável: a proteção do meio ambiente*. Campinas: Papirus, 1997. 199p.
6. RUSCHMANN, D.; OLIVEIRA, C. G. S. *O Modelo de Otimização Gerencial como Instrumento para Melhoria da Qualidade da Oferta Turística Municipal*. Manaus: Biosfera, 2001. 114-116p.
7. RUSCHMANN, D.; SOLHA, K. *Turismo: uma visão empresarial*. São Paulo: Manole. (No prelo).

Capítulo 22

Marketing Social: uma Oportunidade para Empresas e Destinos Turísticos

CARLOS FREDERICO GOMES MARTINS
CIRO PEREIRA PEDROSA

INTRODUÇÃO

O turismo é indiscutivelmente um dos fenômenos mais abrangentes das últimas décadas, refletindo-se, com variação de intensidade, sobre os mais diversos aspectos da atividade humana, envolvendo essencialmente pessoas, que se deslocam individualmente ou em grupos de um núcleo emissor para o núcleo receptor, envolvendo aspectos geográficos, históricos, culturais, equipamentos e serviços.

Sua influência é reconhecida universalmente como fator de desenvolvimento econômico, educacional, cultural e ambiental, ao mesmo tempo em que contribui para proporcionar o lazer e o revigoramento físico e mental além de prover a integração nacional e aproximação entre os povos.

É uma das áreas que mais emprego e lucro gera no mundo. Segundo pesquisas, este setor representa em torno de 10,7% da força de trabalho global, em empregos diretos e indiretos, e há expectativas que esta atividade cresça ainda mais nos próximos anos, conforme mostra o *site* WTTC.

A atividade do turismo é exercida no mundo inteiro e é um dos fatores contribuintes a fortalecer a economia em diversas localidades. A sua importância vem sendo reconhecida tanto pelos países desenvolvidos como pelos que ainda estão em via de desenvolvimento. "Estes últimos apostam que o incremento da atividade pode alçá-los ao primeiro mundo, em conseqüências das vantagens econômicas que lhes são atribuídas, notadamente quanto à geração de empregos e à captação de divisas" (Pearce *apud* Spinola, 1996).

O desenvolvimento do turismo tem origem em numerosas causas, onde se pode destacar a melhoria do nível de vida, maiores vendas individuais, possibilitando às pessoas dar vazão à potencialidade de viajar, principalmente nos países desenvolvidos; o aperfeiçoamento dos meios de transporte turístico e o fortalecimento de novos métodos de viagens organizadas, minimizando os custos e oferecendo mais segurança aos viajantes. O turismo atualmente deixou de se constituir em privilégio de minorias e passou a ser uma necessidade de toda a sociedade moderna. O fenômeno pode ser visto tanto como uma atividade econômica geradora de empregos e fonte de recursos, como uma atividade cultural que aprimora conhecimentos mútuos, para os turistas e para os núcleos receptores, que recebem influências dos costumes e hábitos dos visitantes, contribuindo para o relacionamento humano.

O turismo é uma atividade de confraternização humana, fator de desenvolvimento econômico e social de maior significado. Contudo produz efeitos positivos e negativos na relação entre o turista e o meio receptor. "Podem-se citar alguns efeitos positivos trazidos pelo desenvolvimento turístico: ligação entre povos de regiões, línguas, hábitos e gastos diferenciados; crescimento contínuo da construção e renovação das instalações turísticas; incremento nas indústrias associadas aos serviços associados ao turismo; aumento da demanda da produção agrícola, devido ao aumento do consumo; aumento de empregos; contribui na redistribuição da renda entre outros" (Lemos, 1996).

São exemplos de efeitos negativos os congestionamentos, aumento da criminalidade e inflação na localidade receptora, aumento do custo de vida para os moradores, aumento da prostituição, disseminação de certos tipos de doenças, descaracterização do artesanato, vulgarização das manifestações tradicionais, destruição do patrimônio histórico, poluição do ar, água e sonora, destruição de fauna e flora desequilibrando os ecossistemas, destruição de áreas naturais que se tornam urbanizadas e poluídas pela presença e pelo tráfego intenso de turistas.

Sendo o turismo uma atividade que causa tantos impactos, deverá a localidade receptora preocupar-se não apenas em estabelecer uma infra-estrutura para receber o turista, mas também traçar uma política interna para a população local de forma que a prepare para receber bem o turista sem autodestruir-se, preservando seus bens naturais e seus valores culturais, para que o turismo não se torne um poluidor e destruidor da cultura e meio ambiente local.

Concomitante, a preocupação da localidade receptora, a conscientização dos visitantes é essencial para a sobrevivência das empresas e destinos turísticos. Desse modo, algumas ações devem ser desenvolvidas para a minimização dos impactos negativos decorrentes da exploração turística. No presente trabalho, o *marketing* social é apresentado como uma ferramenta eficiente para a colaboração dessas ações que procuram minimizar esses impactos. Corroborando com essa idéia, Atucha (1995, p. 27), define que "a expressão *marketing* social é empregada para descrever o uso dos princípios e técnicas para a promoção de uma causa, idéias ou um comportamento social. É uma tecnologia de administração da mudança social associada ao projeto de implementação e controle de programas destinados a aumentar a disposição das pessoas para a aceitação de uma idéia, um comportamento e/ou uma prática social".

O turismo, deve possuir um duplo papel a cumprir: gerar benefícios socioeconômicos para a região receptora e satisfazer as necessidades dos turistas. Porém, sempre primando pelo desenvolvimento sustentável e preservação da localidade receptora.

Turismo, Ambiente e o Homem

Uma maneira de descansar, de desvincular-se da rotina, de conhecer novas culturas e natureza quase intocável. Essas são algumas das vantagens que os destinos turísticos oferecem nos anúncios de revistas e jornais para os potenciais turistas que possam vir comprar essa idéia. Grandes e pequenos países reconheceram na atividade turística uma alternativa para aquecerem as suas economias, gerando emprego, novos negócios e trazendo divisas para eles.

A diminuição da jornada de trabalho, a ampliação dos direitos trabalhistas e o avanço tecnológico dos transportes e da comunicação fortaleceram o turismo, oferecendo assim mais uma alternativa de lazer para a sociedade. Hoje, ricos e humildes, de uma maneira mais extravagante ou de uma maneira mais simples, viajam na tentativa de achar um lugar que possa ser diferente daquele vivido no dia-a-dia de casa e do trabalho. Segundo Krippendorf (2001, p.54), "o turismo funciona como terapia da sociedade, como válvula que faz manter o funcionamento do mundo de todos os dias". A crise dos conglomerados urbanos, "força" o homem a buscar outras localidades, ainda que por alguns dias, para tentar se livrar momentaneamente da violência, do congestionamento das vias urbanas, da poluição sonora e do ar, dentre muitas outras "doenças" que foram criadas pela própria sociedade.

O retrato acima descrito não está muito longe da realidade vivenciada pelos diversos destinos turísticos do mundo. Porto de Galinhas, por exemplo, localizado em Ipojuca-PE, foi uma vila de pescadores e hoje possui uma infra-estrutura que não se encontra em muitas cidades do Brasil, com *resorts*, restaurantes de cozinha internacional, centenas de pousadas e hotéis, boates, etc. Da mesma maneira que possui essa infra-estrutura, também enfrenta problemas, como o aumento da violência, trânsito caótico e barulhento, tráfico, etc.

Considerando a população flutuante, que visita as localidades turísticas, somada à população residente, que já enfrenta problemas no seu cotidiano, podemos vislumbrar possíveis situações desagradáveis para ambas as partes, como impactos socioculturais e no meio ambiente. Segundo Sancho (2001, p.15), "os impactos socioculturais são o resultado das relações sociais mantidas durante a estada dos visitantes, cuja intensidade e duração são afetadas por fatores espaciais e temporais". Não é difícil encontrar situações em que os visitantes, dentro desse espaço de tempo, não respeitam a individualidade e a privacidade dos visitados. Chuck e Fayos-Solá (2003, p. 159) afirmam que "o termo impactos socioculturais é utilizado para referir-se a mudanças nas experiências no dia-a-dia dos residentes, bem como em seus valores, estilo de vida e produtos intelectuais e artísticos".Quando a questão é o ambiente ecológico, Andrade (2000, p. 106) cita que "os atrativos naturais sofrem agressões pela ignorância popular, que não permite às pessoas valorizar corretamente o que possuem de graça". Beni (1998, p. 41) lista algumas situações geradas por esses encontros:

- Degradação dos recursos naturais.
- Perda da autenticidade da cultura local.
- Ausência de perspectivas para aqueles grupos da população local das áreas de destinação turística, que não obtêm benefícios diretos das visitas dos turistas ou do próprio Sistema de Turismo da localidade.
- Aparecimento de fenômenos de disfunção social na família, patologias no processo de socialização, desintegração da comunidade.

A essa lista poderia ainda ser acrescentado:

- Degradação do patrimônio histórico e cultural.
- Excesso de veículos motorizados, gerando congestionamentos das vias públicas e poluição sonora.

Vale ressaltar que, na maioria dos casos, as demandas turísticas de hotéis, pousadas, restaurantes e serviços similares dependem de uma demanda derivada dos atrativos da localidade, sejam eles naturais ou artificiais. Beni (1998, p. 153), definindo oferta em turismo, diz que "em suma, a oferta em turismo pode ser concebida como o conjunto dos recursos naturais e culturais que, em sua essência, constituem a matéria-prima da atividade turística porque, na realidade, são esses recursos que provocam a afluência de turistas. A esse conjunto agregam-se os serviços produzidos para dar consistência ao seu consumo, os quais compõem os elementos que integram a oferta no sentido mais amplo, numa estrutura de mercado" Não é racional, ou pelo menos coerente, setores do turismo trabalharem sem se preocupar com a forma como está sendo utilizada a praia ou como está sendo visitado determinado monumento. Infelizmente, nos países subdesenvolvidos e em desenvolvimento, o raciocínio em curto prazo é colocado à frente de qualquer projeto que garanta o desenvolvimento sustentável da atividade. O lucro rápido acaba deteriorando qualquer forma coletivo-racional de aproveitamento dos recursos, prejudicando assim visitantes, visitados e o empresariado local.

A preservação do patrimônio natural e artificial ultrapassa o conceito de exótico e torna-se uma questão de sobrevivência para quem depende deles, principalmente localidades que sobrevivem apenas da atividade turística. Soma-se a isso a preocupação atual vivida pela sociedade moderna com o meio ambiente, refletindo o medo gerado pelo próprio homem de sua situação futura. A relação entre o homem e seu *habitat* natural, essencial para sua sobrevivência, está cada vez mais sendo questionada pela maneira como o mesmo procura tirar proveito dos recursos limitados ofertados pela natureza. Muitas vezes sem enxergar a maneira como ele vem influenciando esse *habitat*, não só relacionado ao meio físico, mas também o social, ele acaba atingindo o seu meio de vida e bem-estar social. De acordo com Vieira (1995, p. 48), "a crise ambiental exprime o esgotamento de uma determinada representação do fenômeno da mudança social e, em última instância, do próprio sentido da presença humana".

O patrimônio histórico-cultural solidifica as raízes e a história de um povo e devem ser valorizadas para transmitirem para as próximas gerações o seu nascimento e sua identidade. As manifestações típicas, além de exprimirem uma das poucas oportunidades de atitudes autênticas, podem ser enxergadas como grandes atrativos turísticos dentre tantos outros atrativos massificados.

Percebemos pragmaticamente que boa parte dos danos causados ao ambiente (entenda-se ambiente o local físico e suas relações sociais) decorrem de ações agressivas individuais que, somando-se a outras, tornam-se uma verdadeira bola de neve, muitas vezes irremediável.

O uso do espaço público por visitantes e visitados de uma destinação turística, se feito de uma maneira desordenada, sem planejamento, poderá minar a localidade, fazendo com que a mesma perca as suas qualidades de destinação turística. Fatalmente, a demanda pelos atrativos locais declinará gradativamente até que o fluxo de turistas da região não sustente mais a infra-estrutura que ali fora criada.

Barretto (2002, p. 39) tipifica de duas maneiras as relações dos usuários com o espaço público:

- Privatização do espaço público de uso coletivo: o usuário se apropria do espaço público.
- Mau-trato do espaço público de uso coletivo: uso equivocado do espaço público, sujando-o e até depredando-o.

Neste capítulo, será usada a situação denominada mau-trato do espaço público de uso coletivo.

Barretto (2002, p. 41) ainda coloca que "o espaço da rua é tão impessoal, tão de ninguém quanto água de um rio que flui. Este espaço impessoal, temido, podia ser mal tratado, pode-se nele jogar lixo, quebrar coisas." Sancho (2001, p. 227), destaca que "alguns destinos mostram sinais de crise e estresse que exigem uma mudança de atitude dos agentes envolvidos na indústria turística: as empresas, as autoridades, a população moradora e visitantes".

Dessa maneira, percebemos que diferentes formas de intervenção no ambiente de uma localidade turística podem ser identificadas, umas por conta da falta de planejamento e outras por uma interferência individual do homem oriunda de seu comportamento.

3. *Marketing* Social

Muitas pessoas se confundem ao definir *marketing* como propaganda. Quando checadas essas informações, percebe-se que essa definição se restringe apenas à parte a que os consumidores são expostos diretamente de todo o esforço de *marketing*. Segundo Kotler (1995, p. 7) "*marketing* significa administrar mercados para chegar à troca, com o propósito de satisfazer as necessidades e desejos do homem". Para Middleton (2002, p. 21), "*marketing* envolve um processo de decisão de gerenciamento para produtores, voltado para um processo de decisão do cliente, sendo que os dois conjuntos de decisões se unem em transação de troca – dinheiro por produtos no caso de operadores comerciais".

E o que pensar do *marketing* social? Analisando as definições de *marketing* aqui destacadas, parece não haver relação entre *marketing* e o termo social. Parecem distantes, já que se trata de estimular ou administrar esforços para, no final de contas, vender um produto a um determinado mercado-alvo.

Nos dias atuais, a mudança de postura da sociedade com relação ao que vem ocorrendo ao seu redor, mais especificamente ao meio ao qual ela pertence, é perceptível. A ética e a moral nunca foram colocadas tão em evidência em contrapartida a um mundo extremamente competitivo, consumista e individualista. A crise dos conglomerados urbanos, a degradação do meio ambiente, a falta de ética por boa parte do empresariado, criaram uma reação perante a sociedade que começou a repudiar qualquer tipo de ação que pudesse vir a afetar o bem-estar da população. Muito mais do que isso. Fez com que a sociedade se engajasse em também mudar a postura daqueles que ainda não aceitam ou não despertaram para um comportamento mais ético e aceitável socialmente. A preocupação com o meio ambiente, por exemplo, Maximiano (2000, p. 443) argumenta que "até os anos 1960 do século XX, aproximadamente, havia uma certa ilusão de que os recursos naturais eram inesgotáveis e de que a poluição não tinha nenhuma conseqüência séria. A realidade do avanço da urbanização e da industrialização, em todo o mundo, logo se incumbiu de revelar a fragilidade dessas concepções. Dessa época em diante, o ambientalismo, tido como preocupação exótica, transformou-se em política de governo e questões de planejamento estratégico, à medida que se tornavam mais evidentes e concretos os riscos para a própria sobrevivência humana, para não falar da simples qualidade de vida". Somando-se a isso, o enfraquecimento do Estado fez com que a própria população tomasse a frente de suas funções, como o desenvolvimento da saúde pública e da educação. Surge então o chamado terceiro setor ou sociedade civil organizada, que, segundo Sina e de Souza (1999, p. 41), "é constituído por organizações, cujas atividades estão centradas em aspectos sociais, sem fins lucrativos ou de interesse econômico, que geram bens e serviços de caráter público".

Daí o surgimento do que foi definido como *marketing* social. A necessidade de uma mudança de postura e aceitação de idéias socialmente responsáveis, fez com que o ferramental do *marketing* tradicional fosse utilizado nessas ações. Pesquisa de mercado, preço, promoção, produto, praça, terminações freqüentemente utilizadas no *marketing* tradicional, agora se tornaram um aliado das questões sociais. Enquanto o *marketing* tradicional procura detectar as necessidades e desejos do consumidor para a realização de trocas mercadológicas, o *marketing* social, ao invés de vender produtos, "vende" comportamentos ou idéias socialmente responsáveis.

De acordo com Sina e de Souza (1999, p. 27), "*marketing* social é o uso das técnicas e ferramentas do *marketing* tradicional, para promover a adoção de comportamento que desenvolverá a saúde e o bem-estar de um público-alvo específico ou da sociedade como um todo". Reforçando esse conceito, Araújo (2001, p.12), coloca que o "*marketing* social é encarado como estratégia de mudanças comportamentais e atitudinais, podendo ser utilizado em qualquer tipo de organização seja pública ou privada, lucrativa ou não, desde que tenha uma meta final de produção de transformações e impactos sociais".

Na realidade, esse modo de utilização das ferramentas do *marketing*, começou nos EUA há alguns anos na área de saúde pública, da mesma maneira como vemos hoje em campanhas para doação de sangue ou contra o consumo de drogas. Schiavo (1999, *apud* Araújo, 2001, p. 5), faz "um resgate histórico, mostrando que as primeiras discussões sobre *marketing* social originam-se na área da saúde pública, principalmente com os estudos sobre epidemiologia realizados pelo Dr. John Snow". Mas as ações eram limitadas apenas à utilização da comunicação de massa, objetivando assim levar uma mensagem que estimulasse a população a aderir a determinada campanha. Em 1971, Philip Kotler e Gerald Zaltman, no artigo *Social Marketing: Approach to Planej Social Chance* (Araújo, 2001) chegam ao conceito de *marketing* social da maneira como está sendo adotado nesse trabalho.

No Brasil, o termo *marketing* social, na maioria das vezes, é confundido com filantropia ou responsabilidade social, os quais têm definições bem distintas. Segundo Mendonça e Gonçalves (2001, p. 3), "a filantropia esteve associada, historicamente, a atividades beneficentes, com conotação paternalista". Maximiano (2000, p. 440) afirma que o "princípio da responsabilidade social baseia-se na premissa de que as organizações são instituições sociais, que existem com autorização da sociedade, utilizam os recursos da sociedade e afetam a qualidade de vida da sociedade". Sendo assim, elas seriam responsáveis também pelo bem-estar da sociedade. Outro conceito confundido com *marketing* social é o de *marketing* para causas sociais. Esse tipo de *marketing* está sendo bastante utilizado por empresas brasileiras que procuram agregar valor à sua imagem ou marca, associando-se a alguma causa social. Pringle e Thompson (2000, p. 3), afirmam que "*marketing* para causas sociais pode ser definido como uma ferramenta estratégica de *marketing* e de posicionamento que associa uma empresa ou marca a uma questão ou causa social relevante, em benefício mútuo". Dessa maneira, fica claro que o que se fala hoje como sendo *marketing* social, por definição, difere do *marketing* para causas sociais, já que o *marketing* social pode ser praticado não só por empresas privadas, mas também públicas, com ou sem fins lucrativos.

Se considerarmos os quatro tradicionais P de *marketing* – preço, praça, promoção e produto -, teríamos os seguintes objetivos para o *marketing* social segundo Sina e de Souza (1999, p. 32):

- *Produto*: o produto do *marketing* social é o comportamento ou oferta que o programa quer que a audiência adote. O produto pode fazer parte de uma grande gama de perfil: produto físico (detector de fumaça), serviços (exames médicos), práticas (amamentação natural), idéias tangíveis (proteção ambiental).
- *Preço*: preço refere-se ao que a audiência *target*[1] tem que abrir mão para adotar o comportamento esperado. O preço pode ser monetário, porém, com maior freqüência, no *marketing* social estão envolvidos valores intangíveis, como tempo, esforço e velhos hábitos.
- *Praça* (*Local*): devido ao fato de no *marketing* social o produto se tratar de um comportamento mais do que um item físico, a questão passa a ser onde o comportamento está disponível para a audiência *target*. Isto contribui para determinar onde expor o programa para que o público seja impactado, facilitando a adoção deste comportamento.
- *Promoção* (*comunicação*): a comunicação lida com a relação da mensagem do produto e a audiência, sendo o foco a motivação das pessoas, tentando atuar sobre o seu comportamento.

Antes de se definir os quatro P de uma campanha de *marketing* social, vale salientar a indispensável necessidade da identificação do público que se quer atingir e a realização de pesquisas de *marketing* para delinear o perfil desse público.

Assim como as empresas que possuem produtos que são vendidos nas gôndolas de supermercados, o *marketing* social precisa definir o seu público alvo para daí então criar um "produto" de valor para aquele que "compra". Vaz (1999, p. 48), na ótica de mercado, coloca que "este item depende não apenas da disponibilidade financeira, embora seja este o fator principal, mas também de decisões envolvendo questões de custo/benefício". Ou seja, quem compra um produto busca benefícios. Mas para se realizar a compra, existe um custo, não apenas monetário, mas emocional, físico etc. A relação entre benefício e custo gera maior ou menor valor em relação a outros produtos para quem compra. Portanto, como afirma Sina e de Souza (1999, p. 32), "para ter um produto (idéia ou comportamento social) viável, as pessoas precisam primeiro sentir que possuem um problema genuíno e que aquele produto pode oferecer uma boa solução para o mesmo. Se a audiência *target* não se vê como correndo algum tipo de risco ou necessitando algo, é pouco provável que possa tomar alguma medida de precaução ou alterar seu comportamento".

Para saber o que se passa com o público-alvo, as pesquisas podem ajudar a detectar hábitos, costumes e comportamentos. Kotler (2000, p.125), afirma que "pesquisa de *marketing* corresponde à elaboração, à coleta, à análise e à edição de relatórios sistemáticos de dados e descobertas relevantes sobre uma situação específica de *marketing* enfrentada por uma empresa". No nosso caso, não seria uma empresa especificamente, mas uma causa social. Toda pesquisa deve ter sentido, partindo inicialmente de um problema que deverá ser detectado. Kotler (2000, p. 127) define da seguinte maneira o processo de pesquisa de *marketing:*

Fonte: Kotler, 2000 p. 127

Outra consideração que o *marketing* social deverá levar em conta para o seu sucesso, são as parcerias. Parcerias facilitam a disseminação das ações e as financiam. Empresas, governo e comunidade, dependendo da causa, são parceiros importantes para o desenvolvimento e sucesso do *marketing* social.

---

[1] *Target* em inglês significa alvo. No linguajar do *marketing*, seria público-alvo, mercado-alvo ou audiência.

Marketing Social: Oportunidade para Empresas e Destinos Turísticos

Quando explicamos qual a função do *marketing* social, fica fácil saber como ele poderá ser uma oportunidade para empresas e destinos turísticos. Os impactos causados pela atividade turística no ambiente da destinação, muitas vezes, como colocado anteriormente, é causado em boa parte pela falta de planejamento das localidades. Como Sancho (2001, p. 228) exemplifica, "países como a Espanha, cujo desenvolvimento turístico baseia-se nas oportunidades objetivas do mercado (por exemplo, o aparecimento dos vôos fretados e os pacotes turísticos), desenvolveram, durante anos, sua atividade turística de forma espontânea e desordenada, sem atender a conservação e a melhora do entorno[2]". A outra questão trata-se do comportamento dos visitantes nas localidades turísticas. Comportamentos individuais que dificultam a preservação do espaço público.

Como já foi dito, a demanda de todo o equipamento e serviços turísticos que, segundo Beni (1998, p. 299), "compreendem os meios de hospedagem, serviços de alimentação, de entretenimento, de agenciamento, de informações e outros", depende de uma demanda primária, justamente criada pelos atrativos turísticos. A preservação destes não é apenas de interesse do Estado, mas também das empresas que necessitam diretamente dessa demanda. Para as empresas, a preservação é fato que deve ser tratado com muita atenção, pois ultrapassa questões de responsabilidade social e atinge diretamente a sua existência.

O *marketing* social surge com um instrumental eficiente para a ajuda da preservação, não só dos atrativos turísticos, mas também da infra-estrutura pública das localidades. Não se trata de educar os turistas, mas de causar impacto e fazer com que o turista sinta a necessidade de modificar ou solidificar o seu comportamento perante atitudes socialmente responsáveis.

Como toda a ação de *marketing*, a iniciativa deverá vir de um planejamento estratégico. Kotler (2000, p. 86), traz uma definição para planejamento estratégico orientado para o mercado consumidor, afirmando que "é o processo gerencial de desenvolver e manter um ajuste viável entre objetivos, habilidades e recursos de uma organização e as oportunidades de um mercado em contínua mudança. O objetivo do planejamento estratégico é dar

---

[2] Entorno: condições e influências que se inter-relacionam com o homem (Bartelmus, 1986 *apud* Sancho, 2001, p. 227).

forma aos negócios e produtos de uma empresa, de modo que eles possibilitem os lucros e o crescimento". No caso do *marketing* social, o lucro não é o objetivo desse esforço, e sim a adoção de um comportamento socialmente responsável. O processo de planejamento estratégico passa pelas seguintes fases de uma maneira simplificada:

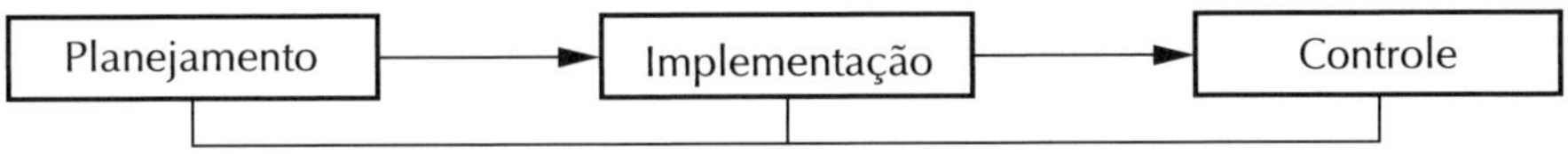

Fonte: Kotler, 2000, p. 86

Como se apresenta na figura, todo o processo parte de um planejamento, seguido de sua implementação e supervisionada pelo controle que retroalimentará todo o processo com informações sobre o desempenho das ações anteriormente planejadas.

Como já foi discutido, o *marketing* social pode ser praticado por empresas públicas e privadas, com ou sem fins lucrativos, por indivíduos ou organizações. Mas no caso de uma destinação turística, é recomendável que as ações de *marketing* social estejam adjacentes com as políticas de turismo, já que elas estabelecem diretrizes, determinando assim estratégias que interferem diretamente no setor turístico de uma localidade (Beni, 1999).

Considerações Finais

Na medida em que grande parte da atividade turística baseia-se na exploração dos recursos naturais e artificiais, a avaliação dos seus impactos, bem como o uso de ferramentas que ajudem a diminuir esses impactos, torna-se importantes não só para a manutenção do ambiente, mas também para a sobrevivência da própria atividade. Podemos afirmar que a atividade turística tem impactos significativos sobre todo o entorno, considerando que o desenvolvimento dessa atividade implica necessariamente no aumento da densidade populacional das áreas de destino. Stankovic (1991), Krippendorf (1987) comentam que "o turismo destrói tudo o que toca", referindo-se justamente aos males trazidos por essa atividade. Dessa forma, concordamos com a idéia de que a atividade turística depende da conscientização da comunidade, formação de mão-de-obra qualificada, criação e melhoria na qualidade dos serviços, da responsabilidade social das empresas, de investimentos na área de educação, do uso da filosofia preservacionista que oriente para a prática ética do turismo e da geração de oportunidades justas para a comunidade local.

Da mesma maneira, identificamos que os impactos são inevitáveis, cabendo aos responsáveis e participantes do gerenciamento do turismo nas localidades desenvolverem ações que venham minimizar esses impactos. Entendemos o *marketing* social como um instrumento eficiente que poderá colaborar para esse processo de mudança de postura por parte dos visitantes das localidades turísticas, somando com outras ações já desenvolvidas e difundidas por várias localidades turísticas que tentam preservar a sua integridade.

Referências Bibliográficas

1. ATUCHA, L. M. A.; CALDERÓN, L. S. *Marketing Social: aproximaciones teóricas desde la práctica*. La Paz: Seamos, 1995.
2. ANDRADE, J. V. Turismo - Fundamentos e Dimensões. 8. ed. São Paulo: Ática, 2000.
3. ARAÚJO, E. T. Estão "assassinando" o *marketing* social? Uma reflexão sobre a aplicabilidade deste conceito no Brasil. *Revista Eletrônica de Administração – UFRGS*, v. 7, n. 5, ed. 23, dez. 2001.
4. BARRETTO, M. Espaço público: usos e abusos. In: YÁZIGI, E.; CARLOS, A. F. A.; CRUZ, R. C. A. *Turismo: espaço paisagem e cultura.* 3. ed. São Paulo: Hucitec, 2002.
5. BENI, M. C. *Análise Estrutural do Turismo*. 2. edição. São Paulo: Senac, 1998.
6. GEE, C. Y.; FAYOS-SOLÁ, E. *Turismo Internacional: uma perspectiva global*. Organização Mundial do Turismo. 2. ed. Porto Alegre: Bookman, 2003.
7. MENDONÇA, J. R.; GONSALVES, J. C. S. *Responsabilidade Social nas Empresas: uma questão de imagem ou substância?* XXV ENANPAD, Campinas, 2001.
8. KOTLER, P. *Administração de Marketing: a edição do novo milênio*. São Paulo: Prentice Hall, 2000.
9. KOTLER, P.; ARMSTRONG, G. *Princípios de Marketing*. 7. ed. Rio de Janeiro: LTC

Capítulo 23

Planejamento Integrado e Responsabilidade Social – Novas Perspectivas para o Turismo em Santa Catarina

Carlos Eduardo Silveira
Paula Wabner Binfaré

Introdução

A atividade turística vem tomando forma nos meios acadêmicos ao longo dos anos e a cada novo passo que se dá, maior o cabedal de teorias oriundas de estudiosos do assunto que substituem as adaptadas de outras áreas do saber que temos visto ao longo de nossa formação.

Áreas como o próprio Planejamento Turístico, considerada uma das mais nobres entre os estudos e a atuação profissional dos turismólogos, vem sendo estudada e revista nos últimos anos à medida que novos conhecimentos na área do turismo vêm sendo incorporados por pesquisadores e estudiosos. As novas tendências do turismo (Ansarah, 2001:31), seguem enfocando a necessidade tanto da qualidade da experiência proporcionada aos turistas como também a relacionada ao destino, exaltando cada vez mais a melhoria da qualidade de vida das comunidades receptoras, sendo este o maior desafio da atividade turística.

O choque entre as comunidades anfitriãs e os visitantes, já foi descrito em textos clássicos, a começar pelos quatro estágios (euforia, apatia, irritação e antagonismo) propostos por Doxey, conhecidos como *irridex factor* (Doxey, 1975 *apud* Ruschmann, 1999: 47). Tendíamos a centrar nossa atenção no turista (cliente) e não nos residentes. Em inúmeras situações a população autóctone sequer fazia parte do processo sendo vista como uma *externalidade*. Em várias outras situações, quando residentes se faziam interessantes como parte diferencial de atratividade, eram incluídos no *produto turístico*, porém como meros atores coadjuvantes do processo.

Somos muito mais conscientes hoje em dia com relação aos impactos do turismo, e sabemos que estes não estão restritos às questões econômicas e ambientais. Aspectos socioculturais deveriam sempre ter encabeçado nossas principais preocupações, uma vez que o sujeito maior de toda a atividade turística é o ser humano.

Ao longo da história do turismo moderno, fomos adaptando teorias de planejamento, que se detinham mais ou menos em determinadas áreas específicas. De acordo com Getz, (1987 *apud* Hall, 2001: 42), existem quatro enfoques ou métodos que podem ser dados ao planejamento turístico. São eles: (1) o enfoque do fomento, (2) uma abordagem econômica do turismo como indústria, (3) abordagem físico-espacial e (4) abordagem comunitária.

O interessante é notar que cada uma dessas abordagens corresponde a uma fase do desenvolvimento turístico do Estado de Santa Catarina, que usaremos como estudo de caso para exemplificar a evolução do planejamento turístico no Brasil, mais especificamente a partir da década de 1980. A seguir analisaremos tais enfoques relacionando aos seus momentos históricos do turismo no Estado e, a partir daí, traremos algumas abordagens mais recentes de planejamento que nos levem a supor os caminhos que o turismo em Santa Catarina tende a trilhar num futuro próximo.

Abordagens do Planejamento Turístico e suas Relações com Santa Catarina

Enfoque no Fomento

Esta abordagem baseia-se na divulgação massiva dos destinos evidenciando as vantagens do turismo e está alicerçada na exploração dos recursos naturais e culturais.

Tal metodologia nos remonta ao que foi desenvolvido em Santa Catarina até meados dos anos 1980, numa tentativa da Santur – Santa Catarina Turismo S.A. (Órgão oficial do turismo no Estado) de diversificar o produto turístico catarinense e assim enfrentar o problema da sazonalidade do turismo litorâneo, carro chefe o turismo no Estado até então. Foram elaborados roteiros temáticos, a maioria ainda hoje sendo divulgada pela Santur por meio de material publicitário. As várias e diversificadas regiões do Estado estão divididas tematicamente, aproveitando todas as potencialidades existentes, visando a inserção de Santa Catarina na rota do turismo nacional como um "Estado Turístico, com opções durante o ano inteiro".

Desse modo a divulgação massiva dos destinos precedeu, em muitos casos, a preparação dos mesmos para receber os turistas como é o caso de algumas cidades em Santa Catarina que despontaram no cenário turístico dos anos 1980, como Balneário Camboriú e a própria capital Florianópolis. Ambas ainda tentam reverter os impactos negativos ocasionados por essa fase. Os altíssimos níveis de especulação imobiliária, danos ambientais como ocupação de áreas de preservação, poluição das praias, problemas ocasionados pela falta de infra-estrutura básica e principalmente a aversão aos turistas por grande parte dos residentes que se sentem agredidos pelas mudanças ocasionadas pela atividade turística são apenas alguns desses impactos, visíveis diretamente e que se revertem diretamente na exploração do turista, este sendo visto apenas como um meio de ganhar dinheiro.

Cabe ressaltar que Santa Catarina não teve um destino distinto do resto do país nessa fase. Ainda tínhamos uma certa tendência a crer que *Governar é Abrir Estradas* e ainda éramos um *país que ia para frente.* A forma de comprovar o progresso da nação era através dos *monumentos* de concreto que ainda ornam nossas orlas. Eram épocas de fartos recursos do Fungetur e outras linhas que permitiam que se ampliasse especialmente a oferta de leitos, mesmo sem saber ao certo que iria ocupá-los.

O fomento tende a massificar os destinos através da divulgação excessiva e da noção que o turismo deve ser sempre estimulado, ocasionando em muitos casos o esgotamento dos recursos. Além disso, os residentes não passam de meros coadjuvantes no processo de desenvolvimento turístico, uma vez que não participam das decisões.

Tal abordagem é totalmente contrária aos preceitos atuais que enfocam a sustentabilidade do turismo, uma vez que prega somente as vantagens da atividade em detrimento das desvantagens que um núcleo receptor pode sofrer se não estiver preparado no mais amplo sentido para o turismo. Além disso, é muito mais complicado para os planejadores reverter ou minimizar as seqüelas do turismo em localidades que tiveram esse tipo de visão do que teria sido tentar evitar tais seqüelas através de um processo racional de planejamento turístico. Hall (2001: 43) discute se o fomento pode ser considerado um método de planejamento, ou seria uma forma de não-planejamento, já que não há sentido em divulgar o que não está preparado. O ideal seria fomentar destinos que já tivessem passado por um processo de planejamento e implementado as ações dos planos, podendo assim divulgar seu produto turístico em consonância com os residentes e em harmonia com seus recursos.

Enfoque na Tradição Econômica

A legislação ambiental dos anos noventa coloca o SEBRAE de Santa Catarina no turismo de forma inusitada.

Uma pesquisa realizada nas favelas da Capital Catarinense revela que a população que as habitava era em grande parte oriunda da região sul do Estado, tendo migrado em decorrência das inúmeras falências das pequenas mineradoras de carvão que não conseguiram acompanhar as novas leis ambientais.

Para buscar solução para o problema o SEBRAE fez um levantamento no sul do Estado para identificar os *vazios econômicos* e descobriu o potencial turístico da região. Para cumprir sua função de apoio às micro e pequenas empresas, agora na área do turismo, o SEBRAE necessitava de uma base de dados setoriais confiável. Como essa base de dados era inexistente, o SEBRAE/SC adapta a metodologia do Programa de Desenvolvimento Regional – PRODER, com base na literatura já existente para o turismo, e cria em 1993 o Programa Regional de Serviços Turísticos Organizados – PRESTO, que depois passa a ser aplicado em outras partes do Brasil com o nome de Programa Sebrae de Turismo.

Nesse método de planejamento turístico o objetivo final é o desenvolvimento econômico do local. Todas as etapas do processo estão voltadas para a geração de emprego e renda, através do surgimento de novos negócios e ampliação dos existentes. O turismo, portanto, é tido como a "alternativa viável" para locais que necessitam de crescimento econômico e o desenvolvimento da atividade é calcado na otimização da economia.

Tais diagnósticos apontavam para o turismo como uma das alternativas mais viáveis para o desenvolvimento econômico de grande parte dos municípios, fazendo com que o desenvolvimento da atividade ganhasse prioridade dentro do Sebrae. O turismo passou a ser visto como a melhor – e algumas vezes a única, saída para boa parte dos municípios.

O SEBRAE aplicou a metodologia Presto 128 vezes no Estado utilizando principalmente consultores terceirizados, e para tanto buscou a colaboração das prefeituras municipais, das associações empresariais, dos clubes de serviços e das diferentes instituições envolvidas com as áreas do turismo, cultura e lazer. O programa é composto de várias ações e projetos que culminam na criação de um documento, o Plano de Desenvolvimento Turístico, que é entregue à Prefeitura (ou ao outro parceiro que o tenha contratado) para ser desenvolvido em conjunto com a comunidade que acompanhou o processo de elaboração através de seus representantes e formadores de opinião.

Apesar do programa enfatizar a participação dos diversos atores sociais que compreendem a atividade turística, apenas uma pequena parcela da comunidade participa efetivamente do processo, uma vez que tais ações, apontavam para o turismo como negócio, sendo dessa forma mais atrativo para a parcela da população que já possuía ou participava de algum empreendimento, ou tenciona abrir seu próprio negócio. Como conseqüência toda a comunidade acabava sendo representado por esta parcela *empresarial*, fato esse que não necessariamente representava os anseios da maioria. Além disso, na maioria dos casos os consultores contratados pelo Sebrae não eram moradores das localidades que planejavam, e quando os projetos terminavam, o apoio disponibilizado pela instituição era considerado insuficiente por muitos municípios. Jenkins (2002) observa que:

> *"Os consultores, ao contrário dos acadêmicos, operam num ambiente de negócios e podem ser identificados como possuindo três características gerais operacionais: (1) o trabalho deles é contratual, dirigido a um projeto específico e tendo como objeto o lucro; (2) a disseminação do conhecimento se faz por relatórios de projetos, planos e estudos específicos, que são comissionados pelo cliente e têm circulação limitada, e (3) eles procuram assegurar contratos de trabalho futuros, por meio do desenvolvimento da perícia e da reputação". (Jenkins, 2002:72).*

O trabalho como um todo fez uma grande diferença para o cenário turístico catarinense e certamente atingiu seus objetivos para o SEBRAE, que hoje conta com um braço de dados excelente sobre os empreendimentos turísticos do Estado. Entretanto, para fins de desenvolvimento turístico poucos municípios continuaram a utilizar o Plano entregue para nortear as atividades turísticas. Grande parte das cidades envolvidas acabou engavetando o Plano, em alguns casos por questões políticas, em outros por não saberem dar continuidade, e outros ainda por pura incompetência.

Abordagem Físico-espacial

Os anos 1990 chegaram com a questão ambiental em alta. As mudanças na lei ambiental anteriormente mencionadas, códigos de obras mais rígidos, proteção ao meio ambiente e as noções de impactos passam a ser subentendidas como *impactos ambientais*. A Rio 92 e o enfoque dado a sustentabilidade teve a mensagem reduzida e a própria palavra (sustentabilidade) foi durante muito tempo relacionada pela grande maioria da população com o meio ambiente. O surgimento dos cursos de Turismo em Santa Catarina e o mercado turístico em expansão, aliados à conscientização da necessidade de *organizar* a atividade abriram caminho para os primeiros planos de desenvolvimento turístico com base acadêmica dos anos 1990.

Esse tipo de enfoque, junto ao apelo ambiental da época, mais a forte influência que a geografia sempre teve sobre o turismo como área de estudo, trouxe como característica a esses planos o ordenamento espacial, propostas de zoneamentos e medições relacionadas à capacidade de carga das localidades planejadas. Influências notadas por parte dos autores internacionais dessa época apontam para nomes como Roberto Boullón e Edward Inskeep. No Brasil, a literatura técnica começava a tomar força e os trabalhos de consultoria muitas vezes se mesclavam com o meio acadêmico. Em termos de autores de Planejamento Turístico, despontam no cenário nacional (e catarinense) autores como Luiz Renato Ignarra, Doris Ruschmann e Margarita Barreto.

Os planos gerados a partir dessa época em Santa Catarina são no geral extremamente bem elaborados, haja vista à profundidade das pesquisas e das equipes universitárias. Entretanto, poucos foram efetivamente adotados pelas comunidades interessadas, já que o método adotado para a elaboração do plano, por ser mais acadêmico, impunha de certa forma uma distância do cidadão comum, e este não entendia o Plano depois de pronto como *seu*.

No âmbito nacional, os anos 1990 foram turbulentos para o turismo no Brasil em termos governamentais. A EMBRATUR toma novas direções nas mãos do Governo Collor de Mello e vai para Brasília tendo por conseqüência uma renovação do quadro técnico. Os recursos do Fungetur não estão mais disponíveis para Santa Catarina devido à inadimplência do setor com relação aos empréstimos anteriores. As mudanças ocorrem depressa e o crescimento do turismo no estado dá-se mais pela mão da demanda do que pelo equacionamento da oferta. A fase é de mudança e o País começa a tomar novos rumos que iriam se manter por quase uma década.

Abordagem Comunitária

Ainda nos anos 1990, quando os conceitos ligados a sustentabilidade começaram a ser mais compreendidos, o envolvimento comunitário passou a ser estimulado, nas mais diversas áreas, inclusive no turismo. O final daquela década é marcado pela criação dos conselhos comunitários de saúde, educação, antidrogas, e em nossa área surgem, através do Programa Nacional de Municipalização do Turismo – PNMT, os conselhos municipais de turismo.

O PNMT dispensa muitas apresentações no meio acadêmico de turismo no Brasil. Porém vale ressaltar que sua aceitação em Santa Catarina foi extraordinária desde o começo. Ao todo 211 municípios catarinenses se engajaram no Programa. Lamentavelmente somente 19 chegaram até o Passo III da 3ª fase, que é a oficina de Planejamento. Desses, a maioria esmagadora não oficializou o Plano.

Na realidade, o Plano de Desenvolvimento turístico elaborado pelo PNMT não se propõe a ser aprofundado. Nas próprias oficinas os monitores municipais são orientados a se aterem a questões que sejam exeqüíveis. O grande diferencial desses Planos é que são elaborados pela comunidade com o comprometimento dos envolvidos. Ritchie (*apud* Dann, 2002: 27) é um dos autores que enfatiza a importância crescente dada ao turismo com a participação dos residentes, e nas cidades onde a população se engajou efetivamente percebe-se como a essência do PNMT colocada em prática pode ser frutífera. No entanto, o número de cidades onde isso ocorre lamentavelmente ainda não é expressivo e mais, os municípios onde o engajamento ocorre são normalmente com poucos habitantes (que se tenha notícia nenhuma capital brasileira implantou com sucesso o PNMT, por exemplo) cujos monitores têm um poder de liderança acima da média.

A metodologia adotada pelo PNMT é extremamente agradável e didática. Se o programa peca, é pela superficialidade com que os assuntos são tratados. Outro fator determinante no planejamento com enfoque comunitário é o engajamento efetivo e não só representativo do poder público. Cabe a este dar respaldo tanto no que compreende ações de controle quanto na participação nas tomadas de decisão. Santa Catarina não obteve o sucesso esperado com esse enfoque comunitário, fator que não será solucionado enquanto tivermos representantes públicos municipais descomprometidos.

Percebeu-se também, que muitas vezes a organização de um município isolado não é suficiente para gerar uma demanda, e num projeto pioneiro no Brasil, Santa Catarina realizou oficinas de Planejamento Regional do PNMT, no intuito de unir para aumentar o grau de atratividade e de cooperação regional.

Novos Rumos do Turismo em Santa Catarina: a Abordagem da Integração Através do Planejamento Turístico Regional

A descontinuidade dos planos verificada na aplicação das metodologias anteriores, que, apesar de inegável contribuição, ficaram aquém dos resultados esperados devido ao seu caráter unicista. Tal fato se justifica pelo número de municípios que desistiram ou simplesmente não implementaram nenhuma ação.

A participação da comunidade vem sendo estimulada mais enfaticamente nos últimos anos, porém o foco do desenvolvimento necessita uma revisão, já que o foco do Planejamento Turístico deve estar nos residentes e não nos turistas (BLANK, 1989 *apud* Hall, 2001:55). Hall (2001:55) acrescenta que "uma abordagem comunitária no planejamento turístico [...] enfatiza o desenvolvimento *na* comunidade e não *da* comunidade", porém enfatiza que:

> *"O planejamento comunitário proporciona a base para o desenvolvimento de uma abordagem ao turismo de mais longo prazo, mas os princípios de um planejamento baseado na comunidade precisam ser ampliados a fim de incorporar seus aspectos coordenativos, interativos, integrativos e estratégicos antes que se possa realizar a abordagem sustentável". (Hall, 2001:59).*

Trata-se, portanto, de buscar a sustentabilidade não através da substituição de valores ou do foco comunitário da atividade turística, e sim da ampliação desse espectro pela soma das abordagens existentes. O ser humano deve continuar sendo o foco do planejamento turístico, e a ampliação de foco deve passar do individualismo para o comprometimento social amplo e menos restrito a áreas ou interesses específicos, para que a sustentabilidade saia da esfera utópica:

> *"Diz-se que o novo desenvolvimento deve ser sustentável. Ora, não existe desenvolvimento em si mas sim uma sociedade que opta pelo desenvolvimento que quer e que precisa. Deverse-i-a falar de sociedade sustentável ou de um planeta sustentável como precondições indispensáveis para um desenvolvimento verdadeiramente integral." (Boff, 1999:137)*

Urge a tomada de novos rumos em termos de planejamento para o Estado, acompanhando a tendência mundial na busca da sustentabilidade da atividade através da integração dos destinos via regionalização do planejamento. Percebe-se que "o planejamento turístico deve ter importância ao planejamento regional – como muitos problemas surgem nos limites de pequenas áreas, é essencial que se disponha de uma esfera de planejamento mais ampla". (Getz, 1988 *apud* Hall, 2001:30).

No entanto, deve-se compreender que a concepção de regional não se restringe a limites físicos ou geográficos, tampouco ao caráter político-administrativo. Regional corresponde acima de tudo a afinidades e a conseqüente construção de identidades em que as regiões não sejam somente um aglomerado de características particulares a formar um produto turístico, mas uma unidade em que os mais variados produtos turísticos sejam componentes de um destino turístico.

Enquanto se planejou turismo na esfera municipal recaíamos em armadilhas como mudanças governo, pouca diversificação, rede de colaboradores escassa, identidades mascaradas, pouca competitividade no mercado, fragilidade do produto turístico mediante crises e modismos e desenvolvimento preso a limites físico-territoriais.

Porém no planejamento regional, direcionado 'a integração é possível se não sanar, minimizar esses fatores de risco. De acordo com (Butler, 2002:87):

> *"No contexto turístico podemos usar 'planejamento e desenvolvimento integrado' como o processo de introduzir o turismo em uma área de forma que ele se mescle com os elementos já existentes. Fica implícita aqui que tal introdução e mescla se façam de maneira harmoniosa e adequada, para que daí resulte uma comunidade aceitável funcionalmente ideal, em termos tanto ecológicos quanto humanos".*

Tal integração pode ser alcançada através de um método de planejamento regional que priorize a formação de roteiros integrados capazes de identificar ou até de criar uma identidade regional; obter maior competitividade frente ao mercado enquanto destino turístico e não simplesmente um produto turístico único; ter maior resistência em relação às mudanças de governo (uma vez há mais pressão para dar continuidade ao processo). Bambratti (2002:9) dá respaldo a essa afirmação ao dizer que:

> *"Os roteiros são também identidades de Projetos. Constituem o eixo e a diretriz de planos estratégicos de desenvolvimento. Orientam investimentos públicos e privados. Redirecionam as atividades, formam pessoas, estabeleçam prioridades e cronogramas."*

É na formulação da ação constante da identidade que a região busca o elemento unificador das comunidades que constituem os roteiros." Bambratti, (2002: 9).

Regiões do Estado como Jaraguá do Sul e o Vale do Contestado entre outras, já mostram articulação nesse sentido a exemplo de outros Estados como o Rio Grande do Sul – que desponta no cenário turístico do sul do país como pioneiro na criação bem sucedida de roteiros integrados, buscando articulação efetiva através da identificação e definição dos papéis da cadeia produtiva da atividade turística. "O desenvolvimento do turismo [...] é uma expressão que inclui não apenas destinos, origens, motivações e impactos, mas também as ligações complexas existentes entre todas as pessoas e instituições daquela engrenagem, isto é, o sistema global de demanda e disponibilidade" (Dann, 2002: 25). Isto quer dizer o sentido de integração deve ser dissociado da noção de simplista de junção:

> *"Ao mesmo tempo que se afirmam como instrumentos de resistência a padrões unificadores da globalização, estes roteiros são formas de legitimação de uma cultura e identidade existentes. São portando a prova histórica, o testemunho vivo de uma identidade que se manifesta no espaço e no território geográfico, legitimando uma identidade regional, étnica, uma verdadeira afirmação de diferenças, de especificidades, de positividades constitutivas não do velho, que serve de referencia, mas do novo, produto da criatividade reinventora da tradição, como uma vantagem comparativa e competitiva do mundo moderno ". Bambratti". (2002: 8).*

Ou seja, a palavra "integração" não pode e não deve se restringir apenas a uma delimitação espacial ou temática, mas principalmente deve estar voltada ao seu sentido real: o desenvolvimento dessas localidades com um todo, onde haja uma cadeia coesa e coerente de inter-relações e onde os impactos positivos da atividade turística se sobressaiam tanto no âmbito econômico, como social, cultural e ambiental. Os roteiros turísticos integrados surgem como uma perspectiva promissora, desde que sejam planejados e geridos de forma interdisciplinar.

Considerações Finais

Ao contextualizar as diferentes fases do desenvolvimento turístico através do retrospecto histórico do turismo em Santa Catarina constatou-se que já nos idos anos 80 o processo de planejamento turístico permeava a pauta tanto das preocupações como dos anseios de órgãos públicos, privados e da sociedade. Seria incoerente, portanto, afirmar que a atividade no Estado e o planejamento turístico percorreram caminhos paralelos, e, apesar da análise crítica desses processos, o que podemos constatar analisando essas diferentes fases é que todas deixaram uma parcela de contribuição, cada uma dentro do seu enfoque principal. Porém tiveram seu alcance limitado perto do que poderiam ter sido se não tivessem sido trabalhadas isoladamente.

O *fomento* como precursor, contribuiu para que não só o Brasil e alguns países da América Latina tivessem uma visão do potencial do Estado, mas despertou nos próprios catarinenses o orgulho e a vontade de conhecer *sua terra:* a diversidade natural, étnica e cultural, a que as campanhas publicitárias a tanto se referiam.

O *enfoque econômico*, trabalhado exaustivamente pelo SEBRAE, além de despertar uma *aura* empreendedora em muitos locais, disseminou a idéia de que a fuga para a cidade grande não se constitui na única opção viável e que na maioria das vezes pode-se reverter quadros de estagnação econômica buscando alternativas dentro dos próprios municípios. Alem disso deixou como legado, bases de dados completas para futuros trabalhos.

Os planejamentos turísticos com base na questão *físico-espacial* mesmo que enfatizando a questão ambiental proporcionaram aos acadêmicos de turismo a oportunidade do *aprender praticando*, não somente em termos da pesquisa *in loco*, na reflexão das ações, mas também os aproximando do mercado profissional.

Por fim o planejamento turístico com *enfoque comunitário* foi para muitas comunidades o primeiro contato com a atividade turística e para muitas outras a primeira vez que um método de planejamento reconhecia a importância e estimulava a envolvimento dos residentes, fazendo com que estes se sentissem parte essencial do processo.

As ações implementadas nessas quatro abordagens, assim como seus reflexos, construíram e ainda constroem o cenário do turismo no Estado. Porém essas abordagens trabalhadas isoladamente não condizem com a busca da sustentabilidade, pois não abrangem em sua essência as questões que envolvem a responsabilidade social inerente à sobrevivência dos locais turísticos. Como observa Leonardo Boff, "dito em termos simples, o desenvolvimento social visa melhorar a qualidade da vida humana enquanto humana. Isso implica em valores universais como vida saudável e longa, educação, participação política, democracia social e participativa e não apenas representativa..." (Boff 1999: 137). Para que a atividade possa ser alavancada de forma adequada, o turismo deve ser encarado como área prioritária de desenvolvimento tendo o poder de comungar privilégios e agendas dos setores tradicionais da estrutura social catarinense.

> *"Os relacionamentos entre a comunidade e o turismo são um tema central aos argumentos sobre turismo sustentável e, apesar do domínio de uma linguagem biofísica para a descrição dos recursos turísticos num debate sobre a sustentação, todas as concepções originais do tema se alinharam à preocupação com o bem estar das comunidades." (Pearce,1995 apud Pearce e Moscardo 2002: 51).*

A evolução da *cultura turística* atual para a visão *integrada* que se tenciona se apresenta como tarefa complexa, e não meramente uma ação promocional. Santa Catarina, e demais locais que busquem a sustentabilidade através do desenvolvimento de roteiros turísticos integrados, devem atentar para o fato de que não somente posições geográficas, interesses políticos ou particulares, ou até mesmo a origem étnica podem ser motivos suficientes para colorir mapas gerando uma impressão fictícia de integração que, na verdade, não irá passar de maquiagem cartográfica.

A lógica para a adoção do enfoque regionalizado baseia-se na própria natureza dos recursos utilizados pelo turismo. Ao contrário das representações político-administrativas apresentadas em mapas que delimitam fronteiras e divisas, natureza, história e cultura extrapolam esses limites impostos pelas divisões políticas.

Nesse contexto o planejamento regional deve integrar áreas em que os residentes possam identificar – ou até mesmo criar, uma identidade para a região. Esta responsabilidade faz com que a comunidade participe das decisões desde o início do processo, delimitando a área onde se encontram características afins e conseqüentemente sabendo quem serão seus parceiros.

Este tipo de inclusão realmente participativa e não mais quantitativa, em que a comunidade se torna responsável pelo processo de planejamento (identificando quem, como, onde e quando e o que precisar ser feito), uma vez que ela mesma conhece suas potencialidade e necessidades, faz com que consultores sejam os mediadores do processo e não mais responsáveis pelo sucesso ou fracasso do planejamento.

A Responsabilidade Social no turismo sairá da pauta dos discursos e começará a ser praticada quando for dado aos residentes o direito e a responsabilidade de escolher o que é melhor para sua comunidade. Turismo com responsabilidade social é a principal ferramenta para diminuir a distância entre ricos e pobres, possibilitando a formação de núcleos receptores desenvolvidos que melhorem a qualidade de vida da população autóctone.

Dessa maneira sairemos da esfera simplesmente econômica à qual ainda hoje está atrelada a atividade turística. Os efeitos econômicos não serão mais os fins que a tudo justificam, mas exercerão seu papel real como conseqüência de uma atividade humana e como meio de atingir e beneficiar o social, cumprindo assim o seu real objetivo enquanto atividade humana.

Referências Bibliográficas

1. ANSARAH, M. G. R. Teoria geral do turismo. In: ANSARAH, M. G. R. (org.) *Turismo: como aprender, como ensinar*. (vol. II). São Paulo: Senac, 2001.
2. BOFF, L. *Saber Cuidar: ética do humano – compaixão pela terra*. Petrópolis: vozes, 1999.
3. BRAMBATTI, L. E. (org.) *Roteiros de Turismo e Patrimônio Histórico*. Porto Alegre: EST Edições, 2002.
4. DANN, G. M. S. Temas teóricos para o futuro desenvolvimento do turismo: identificando a agenda. In: PEARCE, D.; BUTLER, R. (orgs.). *Desenvolvimento em Turismo: temas contemporâneos*. São Paulo: Contexto, 2002.
5. HALL, C. M. *Planejamento Turístico: políticas, processos e relacionamentos*. São Paulo: Contexto, 2001.
6. JENKINS, C. Acadêmicos e praticantes do turismo: atravessando a grande fronteira. In: PEARCE, D.; BUTLER, R. (orgs.) *Desenvolvimento em Turismo: temas contemporâneos*. São Paulo: Contexto, 2002.
7. PEARCE, P.; MOSCARDO, G. Análise do turismo comunitário: fazendo as perguntas certas. In: PEARCE, D.; BUTLER, R. (orgs.). *Desenvolvimento em Turismo: temas contemporâneos*. São Paulo: Contexto, 2002.
8. RUSCHMANN, D. Planejamento turístico. In: ANSARAH, M. G. R. (org.) *Turismo: como aprender, como ensinar*. (vol. II). São Paulo: Senac, 2001.
9. RUSCHMANN, D. *Turismo e Planejamento Sustentável: a proteção do meio ambiente*. 5. ed. Campinas: Papirus, 1999.
10. RODRIGUES, A. B. *Turismo e Espaço: rumo a um conhecimento transdisciplinar*. São Paulo: Hucitec, 1999.

Capítulo 24

Processo de Mobilização do Plano Estratégico Setorial de Turismo em Juiz de Fora

Ana Maria Siems Forte

Introdução

Na gestão das cidades do século XXI encontra-se nitidamente definido o papel do poder público: as estratégias de desenvolvimento devem ser capazes de promover o progresso social por meio da geração de emprego e renda e da melhoria do meio ambiente urbano, dentro de critérios econômicos e de gestão auto-sustentáveis, com a participação organizada da sociedade, em todos os seus níveis.

A partir de 1997 a Prefeitura Municipal de Juiz de Fora, com ampla participação da sociedade, elaborou e vem colocando em prática o Plano Estratégico do Município – *Plano JF*, cujo objetivo central é "elevar Juiz de Fora a novos padrões de referência em serviços de educação e saúde, cultura, equilíbrio social e qualidade de vida, consolidando seu papel integrador do entorno".

O processo de mobilização para a elaboração do Plano Estratégico Setorial de Turismo, objeto deste trabalho, como conseqüência do Plano JF, envolveu mais de 2.000 pessoas, diversos grupos de trabalho e contou com o apoio de mais de 60 instituições públicas e privadas.

Juiz de Fora é o segundo município em importância no estado de Minas Gerais, tem várias indústrias, excelente estrutura de educação, um setor de serviços bem organizado e mais de 470.000 habitantes.

O Plano Estratégico Setorial de Turismo foi elaborado com o objetivo de mudar o perfil de cidade emissiva para pólo receptivo, e enfrentar os desafios da competitividade que colocam a atividade turística em um patamar de acirrada concorrência, entre os destinos.

O fortalecimento dos princípios de uma gestão democrática, com a participação efetiva dos diversos atores sociais e econômicos, que passam a assumir e incorporar em seu discurso os conceitos de cidadania, mobilização e parceria, resgata o conceito de sustentabilidade proposto por *Ignacy Sachs* e é a base que orienta a ação empreendida pela Prefeitura Municipal de Juiz de Fora na estruturação de seu planejamento estratégico, de acordo com as políticas públicas adotadas nos últimos anos pelos governos federais, estaduais e municipais.

Apenas o conceito de desenvolvimento local de modo eqüitativo e harmônico com o envolvimento da sociedade poderá inserir a cidade de forma expressiva, no cenário turístico nacional.

Juiz de Fora – Algumas Considerações

O crescimento da cidade de Juiz de Fora e, por conseguinte, o reflexo sobre a região da Zona da Mata Mineira, implica em uma leitura da problemática social, urbana e ambiental, e também na análise dos diversos caminhos que se colocam como alternativas para o desenvolvimento econômico.

Neste contexto, o turismo se mostra como uma alternativa de desenvolvimento viável, capaz de agregar ações das diversas áreas, abrir novas frentes de trabalho, e gerar renda a um custo relativamente baixo.

A busca por uma "Cidade Sustentável" é o marco conceitual que orienta a Prefeitura de Juiz de Fora em seu processo de planejamento estratégico, e mostra o pioneirismo do município na região da Zona da Mata e no Brasil, com a decisão comum e pactuada de construir um futuro desejável e viável para todos os seus cidadãos.

Como desdobramento do Plano JF e seguindo a sua metodologia, objetivos e estratégias, foi criado o Programa Juiz de Fora Receptiva, nome escolhido para denominar o Plano Estratégico Setorial de Turismo, visando a incentivar o desenvolvimento do turismo a partir de uma nova forma de gestão, capaz de propiciar a participação efetiva da sociedade, além de sensibilizar, mobilizar e transformar os agentes econômicos em parceiros integrados ao processo, descentralizando a tomada de decisão do poder público para a sociedade organizada, gerando parcerias concretas e duradouras em prol do futuro comum.

As áreas de Educação, Meio Ambiente, Cultura, Patrimônio, Esporte, Lazer, Saúde, Segurança, Infra-estrutura, Negócios, Comunicação e Transporte passaram a se incorporar ao cotidiano turístico da cidade, por sua própria dinâmica e por meio de políticas e ações integradas, inovadoras e descentralizadas, mediante o estabelecimento de novas parcerias.

Para o desenvolvimento do Programa JF Receptiva, além de buscar parcerias na própria cidade e no estado de Minas Gerais, a Prefeitura obteve o apoio institucional e financeiro do Instituto Brasileiro de Turismo – Embratur.

Premissas Básicas do Programa JF Receptiva

O Programa JF Receptiva incorporou, para a elaboração do Plano Estratégico Setorial de Turismo, quatro premissas básicas que são Participação, Parceria, Transparência e Comunicação e, Acompanhamento e Avaliação Constantes:

- *Participação*: visando à construção e legitimação do Plano Estratégico Setorial de Turismo.
- *Parceria*: incentivando o engajamento de pessoas, organizações, empresas e grupos de interesse.
- *Transparência e comunicação*: visando, ao divulgar todas as atividades, obter e ampliar os compromissos de concretização do Plano Estratégico Setorial de Turismo.
- *Acompanhamento e avaliação constantes*: visando manter, corrigir ou alterar os rumos do Plano Estratégico Setorial do Turismo.

Fases do Plano Estratégico Setorial de Turismo de Juiz de Fora

Para o desenvolvimento dos trabalhos de concepção do Plano Estratégico Setorial de Turismo foram definidas quatro etapas integradas e complementares, que são: Mobilização e Sensibilização, Diagnóstico, Proposição e Impulsão.

A etapa de Mobilização e Sensibilização consistiu na realização de atividades com palestras, reuniões, exibições de filmes e experiências correlatas, para as lideranças locais, empresários, professores, técnicos, prestadores de serviço e comunidade em geral, com o objetivo de divulgar as intenções do trabalho e obter as parcerias necessárias para o seu desenvolvimento. Os parceiros mobilizados participaram de diversas atividades e formaram os Grupos de Trabalho de Diagnóstico, Proposição e Impulsão.

A construção do Diagnóstico do Turismo de Juiz de Fora foi baseada em levantamentos de informações, realizados em campo por meio de pesquisas sobre a oferta, demanda turística e opinião da comunidade sobre o turismo, se caracterizando como uma oportunidade de participação, reflexão, discussão e decisão, envolvendo todos os atores sociais mobilizados, reunidos em onze grupos de trabalho, que identificaram oito temas críticos e fizeram a análise de ambiente interno e externo, com a finalidade de definir o objetivo central e as linhas estratégicas do Plano Estratégico Setorial de Turismo (Fig. 24.1).

Na etapa de Proposição toda a comunidade foi chamada a apresentar propostas de projetos, baseadas nas linhas estratégicas amplamente divulgadas. As propostas recebidas foram analisadas, por oito grupos de trabalho especialmente criados.

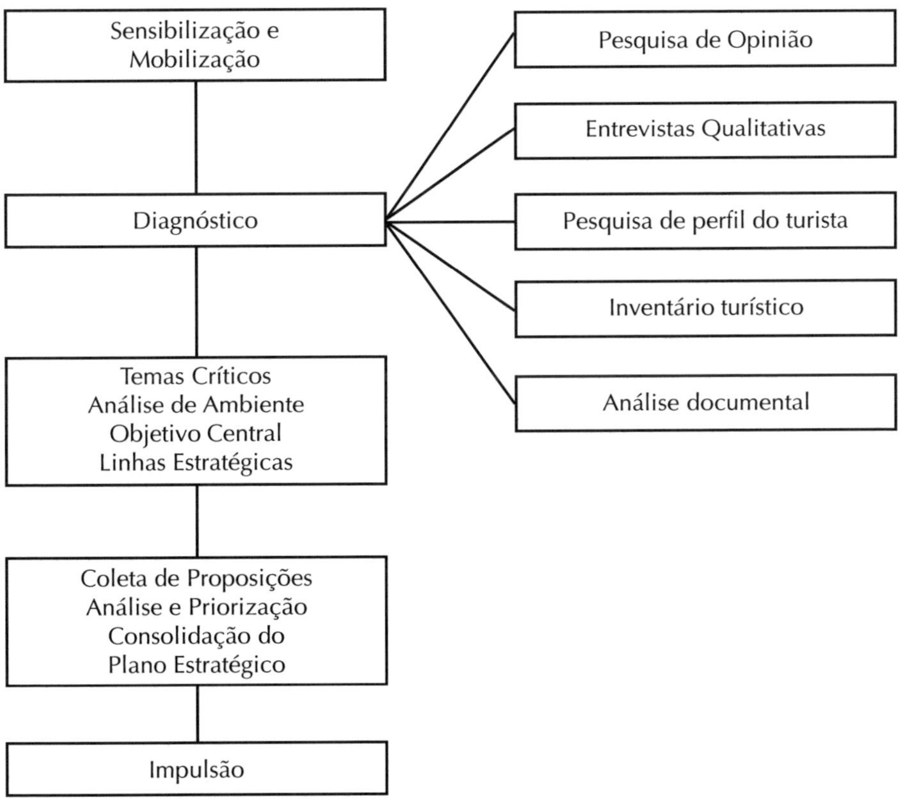

Figura 24.1 – Fases do Plano Estratégico Setorial de Turismo.

Os projetos priorizados fazem parte do relatório que foi apresentado ao Conselho da Cidade, instância que orientou a implementação do Plano Estratégico Setorial de Turismo de Juiz de Fora.

A etapa de Impulsão dos projetos priorizados foi iniciada em janeiro de 2003, com a criação de grupos de trabalho para o detalhamento, estabelecimento de parcerias, captação de recursos, implantação, acompanhamento e controles de cada um dos projetos priorizados.

Etapas do Plano Estratégico Setorial de Turismo

Estrutura Organizacional

A Estrutura Organizacional utilizada, por coerência, segue o mesmo modelo da utilizada no Plano JF, e é composta por um Conselho da Cidade com 175 membros, que é o órgão máximo de decisão e homologação, um Conselho Diretor com 27 membros, que é responsável pelo acompanhamento, orientação e controle dos trabalhos, um Comitê Executivo formado por 13 profissionais capazes de absorver a metodologia e assumir a continuidade técnica dos trabalhos e diversos grupos de trabalho (Fig. 24.2).

O Conselho da Cidade é consultivo e formado por lideranças comunitárias, representantes de organizações públicas ou não governamentais, empresários locais e futuros beneficiários das ações do Plano Estratégico do Turismo. É constantemente informado sobre o andamento dos trabalhos, das decisões tomadas, dificuldades e cronogramas.

O Conselho Diretor é deliberativo, tem a responsabilidade pelo processo de elaboração do Plano Estratégico Setorial de Turismo e de suas ações e pro-

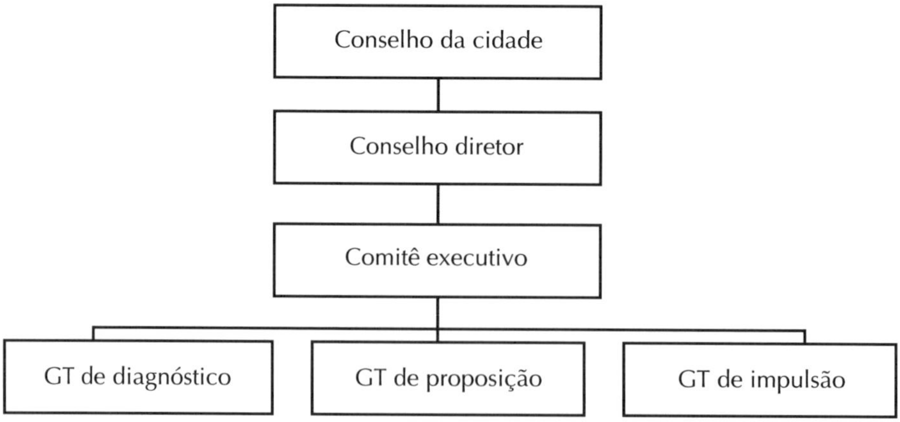

Figura 24.2 – Estrutura organizacional utilizada no Plano Estratégico Setorial de Turismo.

jetos, além de orientar, acompanhar os trabalhos do Comitê Executivo e tomar as decisões necessárias para as correções de rumo ou adaptações necessárias.

O Comitê Executivo, que representa o fazer especializado, reúne um grupo de profissionais e estagiários da Diretoria de Planejamento e Gestão Estratégica da Prefeitura Municipal, apoiados por consultores externos, e é responsável pela execução das atividades necessárias à consecução do Plano Estratégico Setorial de Turismo e pela coordenação do trabalho das diversas pessoas e grupos envolvidos em cada uma das etapas previstas.

Como suporte técnico e para a implementação dos trabalhos, criou-se uma estrutura variável, dinâmica e participativa, composta de diversos Grupos de Trabalho, que têm participação direta na concepção e atuam como agentes multiplicadores dos trabalhos. São variáveis e temporários, alguns são formados por especialidade ou pelo conteúdo e interesse no assunto a ser tratado, sem necessitar de estrutura fixa ou complexa de funcionamento, são ágeis e estão em articulação e comunicação permanente e direta com o Comitê Executivo (Fig. 24.3).

Processo de Mobilização e Sensibilização

O processo de mobilização e sensibilização incluiu o levantamento e a identificação do público a ser incentivado a participar, além da preparação de material técnico e a montagem de palestras e reuniões diversas, com abordagens específicas segundo a clientela.

Nessa etapa promoveu-se a realização de atividades para as lideranças locais, empresários, professores, estudantes, técnicos, prestadores de serviços e comunidade em geral, com o objetivo de divulgar as intenções do trabalho e obter as parcerias necessárias para o seu desenvolvimento.

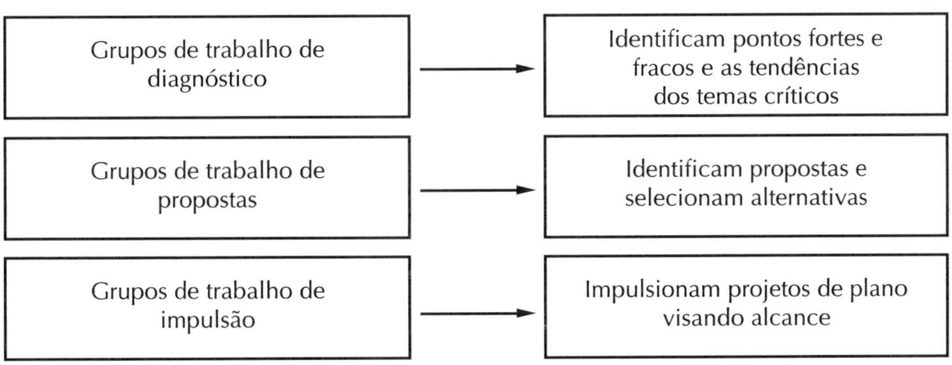

Figura 24.3 – Grupos de trabalho e características.

Foram realizadas 46 palestras, apresentações e reuniões de sensibilização e cursos envolvendo mais de 1.500 participantes. Em todos esses eventos, com a necessária adequação de conteúdo ao público-alvo, foram abordados diversos temas relacionados ao turismo no Brasil, com destaque para os seguintes:

- Tendências do Mercado do Turismo no Brasil.
- Dados estatísticos sobre estados emissores, estados receptores, perfil do turista doméstico e oportunidades.
- Pontos que caracterizam um município como turístico.
- Potencial turístico de Juiz de Fora.
- A importância do Planejamento para o Turismo.
- O Plano Estratégico de Juiz de Fora e o Programa JF Receptiva.
- Etapas do Programa JF Receptiva.
- Como Participar do Programa JF Receptiva.
- Vantagens em participar do Programa JF Receptiva.
- A importância social da participação.

Em cada apresentação, reunião ou palestra foi utilizado material ilustrativo, como filmes, apresentações em multimídia e textos de apoio com dados atualizados do mercado de turismo no Brasil, a situação de Juiz de Fora nos cenários nacional e regional, o Plano Estratégico de Juiz de Fora e sobre o Programa JF Receptiva, em geral.

Foram realizadas apresentações, palestras e reuniões específicas para:

- Dirigentes e Técnicos da Diretoria de Planejamento e Gestão Estratégica.
- Coordenadores dos Cursos de Turismo da Universidade Federal de Juiz de Fora, da Faculdade de Turismo de Santos Dumont e da Universidade Presidente Antônio Carlos.
- Professores e alunos do curso de Turismo da Universidade Federal de Juiz de Fora.
- Professores e alunos do curso de Turismo da Faculdade de Turismo de Santos Dumont.
- Professores e alunos do curso de Turismo da Universidade Presidente Antônio Carlos.
- Professores e alunos do curso de Turismo do CTU da Universidade Federal de Juiz de Fora.
- Profissionais de imprensa e comunicação.

- 1ª Semana de Turismo da Universidade Federal de Juiz de Fora
- Membros e Diretoria do Sindicato de Hotéis, Restaurantes, Bares e Similares de Juiz de Fora.
- Membros e Diretoria da Associação Brasileira de Restaurantes e Empresas de Entretenimento.
- Membros e Diretoria do Juiz de Fora Convenções e Eventos.
- Membros e Diretoria da Empresa Júnior da Factur.
- Membros e Diretoria do Conselho Municipal de Turismo.
- Líderes do Distrito de Escoteiros de Juiz de Fora.
- Escoteiros de 8 Grupos do Distrito de Juiz de Fora.
- Membros e Diretoria da Associação das Empresas de Transporte Turístico.
- Diretoria e Técnicos da Fundação Alfredo Ferreira Lage.
- Membros e Diretoria do Departamento de Esporte e Lazer.
- Técnicos da área de meio ambiente da Diretoria de Planejamento e Gestão Estratégica.
- Técnicos do Espaço Mascarenhas.
- Técnicos do Museu Mariano Procópio.
- Técnicos e Dirigentes da Assessoria de Comunicação e Qualidade.
- Técnicos da Administração da DPGE.
- Representantes do Bairro Borboleta.
- Liga das Escolas de Samba de Juiz de Fora.
- Técnicos do Parque de Exposições.

Em todos os eventos os participantes foram convidados e orientados a participar das outras etapas que culminariam na elaboração do Plano Estratégico Setorial de Turismo.

Durante algumas apresentações e palestras foram aplicados 530 questionários, visando coletar a opinião dos participantes sobre Juiz de Fora, suas características e sua infra-estrutura básica para o turismo. Buscou-se, também, conhecer as preferências e os hábitos de viagem dos participantes, em seus momentos de férias e lazer.

Com esse levantamento foi possível traçar um perfil da própria comunidade com relação a sua visão do turismo e, a partir de então, identificar pontos que pudessem ser trabalhados como ameaças ou oportunidades no processo do planejamento.

O processo inicial de mobilização se consolidou com a definição de uma estratégia de comunicação desde o primeiro mês de atividades, quando foi criada junto ao Comitê Executivo uma área específica de comunicação, atuando em articulação com a Assessoria de Comunicação e Qualidade da Prefeitura de Juiz de Fora.

Em conjunto, foi elaborado um plano de trabalho que permitiu:

- Preparação de *releases* para distribuição nos meios de comunicação, sensibilizando a imprensa local e gerando várias matérias e entrevistas sobre o Plano em rádios e em jornais locais.
- Elaboração de matérias para divulgação no *site* da Prefeitura, com atualização e informações sobre as atividades do dia.
- Cobertura fotográfica de todos os eventos permitindo a criação de um banco de imagens.
- Criação de três boletins informativos com 40.000 exemplares cada, que foram distribuídos em todos os eventos, em empresas, escolas, universidades, prédios públicos, ônibus intermunicipais e urbanos.
- Produção de um cartaz que foi afixado em locais públicos e ônibus urbanos.
- Produção de um adesivo para ser afixado nos estabelecimentos pesquisados durante a etapa do Inventário Turístico.
- Criação de um *botton* que foi distribuído para os escoteiros e equipes de campo.
- Confecção de uma camiseta que foi distribuída como identificação para os componentes das equipes de campo do Inventário Turístico.

Diagnóstico Setorial

O Diagnóstico do Turismo de Juiz de Fora foi iniciado com um Pré-diagnóstico baseado na análise de estudos e informações já levantadas em outros planos, projetos, relatórios e documentos, no que se relacionam com a atividade turística.

Ainda dentro da proposta de envolvimento e participação da comunidade em todas as etapas de elaboração do Plano Estratégico Setorial de Turismo, e visando ao envolvimento de um maior números de pessoas que pudesse auxiliar na coleta dos dados, do Inventário Turístico, foram realizadas várias apresentações da metodologia e treinamentos específicos para os alunos dos cursos superiores de turismo, da Universidade Federal de Juiz de Fora, da Faculdade de Turismo Santos Dumont, da Universidade Presidente Antônio Carlos.

Foram constituídas 38 equipes de inventário, com um total de 260 participantes. Cada uma dessas equipes ficou responsável pela aplicação de um conjunto de questionários, e teve acompanhamento em reuniões semanais de monitoria e avaliação com os supervisores.

Devido à especificidade dos dados relativos aos recursos naturais foi definida a participação do Distrito Escoteiro de Juiz de Fora para a realização do Inventário Turístico nos distritos de Torreões, Sarandira e Rosário de Minas. Foram mobilizados 185 escoteiros que, sob a supervisão dos Lideres e Chefes, percorreram os locais com potencial turístico dessas localidades.

As informações levantadas no Inventário Turístico, somadas com as obtidas nas pesquisas de opinião quantitativas e qualitativas aplicadas, na Pesquisa de Perfil com 955 Turistas, nas reuniões e pela análise de dados gerais e documentos, permitiram a definição de oito Temas Críticos, que foram analisados pelos Grupos de Diagnóstico criados.

Os Temas Críticos definidos pelo Pré-diagnóstico foram: Informação, Comunicação e Sensibilização, Articulação e Parcerias, Valorização dos Atrativos, Captação e Promoção de Eventos, Infra-estrutura Turística, Atendimento, Regionalização e Oportunidades no Comércio.

Foram apresentados em diversas reuniões com representantes do setor, Conselho Diretor e Conselho da Cidade, e por todos aprovados em reunião final realizada em abril de 2002.

Para cada Tema Crítico foi criado um Grupo de Diagnóstico, que analisou as tendências do turismo e da cidade identificando os pontos fracos e fortes, as ameaças e oportunidades, possibilitando a construção do objetivo central e das linhas estratégicas do Plano Estratégico Setorial de Turismo.

Fase de Proposição

A fase de Proposição ou Propostas iniciou-se com a distribuição de um manual de trabalho e de uma ficha para apresentação de projetos, e disponibilizada no *site* da Prefeitura de Juiz de Fora.

No total foram apresentados 67 projetos, previamente analisados pelo Comitê Executivo e classificados dentro das Linhas Estratégicas anteriormente definidas.

Para avaliar, discutir e priorizar os projetos apresentados, além de incluir novas propostas, foram instalados seis grupos de trabalho, um para cada linha estratégica. Cada um dos Grupos de Trabalho de Propostas analisou e discutiu os projetos apresentados na sua Linha Estratégica e, com o apoio de um manual de avaliação, pontuação e priorização, que foi elaborado pelo Comitê Executivo com base nos critérios de exeqüibilidade, relevância e sinergia, impacto temporal e imprescindibilidade, selecionou, classificou e priorizou os projetos considerados estratégicos para alavancar e transformar o turismo da cidade.

CONCLUSÕES

O Turismo vive hoje, em todo mundo, um ritmo crescente de mudanças, onde "fazer a mesma coisa do mesmo modo", sem um planejamento adaptado à nova realidade, é uma receita rápida para o insucesso.

Cada vez mais os destinos turísticos se especializam e disputam o mesmo público com produtos mais elaborados e adaptados às novas exigências de mercado. Além de conquistar novos turistas, as cidades precisam manter os atuais e aumentar o tempo de permanência dos turistas em suas atrações.

O Plano Estratégico Setorial de Turismo de Juiz de Fora contribui para a construção de um futuro desejado, mobilizando, unindo e comprometendo os agentes políticos e os diferentes atores sociais, convergindo suas ações e interesses para adaptar a realidade atual, agregando novos valores à cidade, transformando-a em destino turístico regional e nacional.

Feito de forma participativa, o Plano Estratégico Setorial de Turismo de Juiz de Fora foi capaz de unir em um grande acordo a política, a equipe técnica, os parceiros e os executores, garantindo ações que sejam capazes de promover a comunicação, a participação e o comprometimento constante de todos os atores envolvidos, permitindo que conheçam, participem, incorporem e apóiem seus objetivos, caminhos e resultados.

Referências Bibliográficas

1. SMDE. *Diagnóstico do Plano JF*. Juiz de Fora: SMDE – Comitê Executivo, março de 1999.
2. CONSÓRCIO INTERMUNICIPAL DA ZONA DA MATA E CAMPOS DAS VERTENTES DE MINAS GERAIS. *Plano Estratégico de Desenvolvimento Sustentável*. Juiz de Fora: Consórcio Intermunicipal da Zona da Mata e Campos das Vertentes de Minas Gerais, agosto 2001.
3. SMDE. *Plano Estratégico de Juiz de Fora*. Juiz de Fora: Comitê Executivo, março de 2000.
4. PREFEITURA MUNICIPAL DE JUIZ DE FORA/EMBRATUR. *Plano Estratégico Setorial de Turismo de Juiz de Fora – documento de trabalho*. Juiz de Fora: Prefeitura Municipal de Juiz de Fora/EMBRATUR, outubro de 2002.
5. PMJF/DPGE. *Plano Estratégico Setorial de Turismo: objetivos e linhas estratégicas – documento de trabalho*. Juiz de Fora: PMJF/DPGE, outubro de 2002.

Capítulo 25

Análise Sociológica, Planejamento e Turismo com Responsabilidade Social – Estudo de Caso de Lavras Novas, Ouro Preto/MG

Alessandro Dias de Castro
Cristiano Araujo Borges
Marcelo Henrique Amorim Abreu

Introdução

O município de Ouro Preto, além da sede com cerca de 38 mil habitantes (IBGE, 2000), possui treze distritos e povoados rurais, totalizando cerca de 64 mil residentes. Antigo arraial minerador no topo da Serra do mesmo nome, atrás do grande maciço do Itacolomi, Lavras Novas tem suas raízes na época do apogeu do ouro, em 1716, quando algumas pessoas se fixaram na região, que acolhe seus descendentes até hoje.

Lavras Novas ainda mantém suas ruas e becos tranqüilos, uma população acolhedora e reserva uma história e um visual a cada lugar. O grande número de cachoeiras e o clima de montanha, no qual, de um dia para o outro, o sol substitui a densa neblina, e também a cultura local, têm atraído grande número de turistas desde a década passada.

Ao mesmo tempo em que os turistas trazem divisas para o local, modificam suas características e os costumes de seu povo, antes habituado a uma agricultura de subsistência e a uma vida sem os excessos das grandes cidades. Lavras Novas não se preparou para receber turistas. Não houve qualquer tipo de planejamento, seja por parte de órgãos públicos, seja por parte dos moradores locais, o que resulta numa série de problemas para os moradores daquela localidade.

Nota-se que Lavras Novas possui grande potencial para o desenvolvimento de atividades de ecoturismo, turismo rural e turismo cultural, no entanto um planejamento, com vistas a se atingir a sustentabilidade, do turismo local é primordial.

Este trabalho procura desenvolver uma análise sociológica dos grupos envolvidos na atividade turística em Lavras Novas, enumerando as alterações causadas pelo aumento desordenado da atividade turística e os impactos desta na cultura e no patrimônio locais. Trata-se, entretanto, de um estudo inicial que não tem a pretensão de esgotar assunto tão vasto e complexo.

Objetiva-se, com isto, a construção de novas formas de gestão para o turismo em Lavras Novas, baseadas em práticas de planejamento sustentável, buscando, assim, a preservação de seus costumes, sua natureza, sua arquitetura e de sua organização espacial.

História de Lavras Novas

De acordo com a pesquisa realizada, a história de Lavras Novas apresenta pontos controversos. A idéia de que a localidade teria surgido de quilombos é anteposta por relatos que afirmam que algumas pessoas se fixaram na região para exploração aurífera em 1716 e que esta foi encontrada por Feliciano e Antonio, filhos de Salvador Fernandes Furtado de Mendonça, o descobridor do Ribeirão do Carmo.

Foi somente no século XVIII que o povoado se desenvolveu, época em que foi construída a capela dedicada a Nossa Senhora dos Prazeres e na qual a Irmandade homônima se desenvolveu.

A mineração teria sobrevivido até meados de 1780, quando o acesso difícil e a complicada comunicação com Vila Rica afugentaram os mineradores da região. Ainda assim, um pequeno número de pessoas continuou residindo no local. Se eram negros, mulatos ou brancos, provavelmente eram livres ou libertos. Estudiosos afirmam que a idéia de que Lavras Novas seria remanescente de quilombo não faz muito sentido, já que a região de mineração era extremamente vigiada. Se quilombo houve, foi na proximidade do arraial e não nele próprio. O que, aliás, não seria difícil, em razão da própria estrutura geológica local, com trilhas quase inacessíveis pela serra acima, o que permitiria a vários grupos viverem próximos e, no entanto, distantes entre si.

Assim, seus moradores mais antigos não descenderiam de quilombolas e, sim, em sua maioria expressiva, de mineradores e faiscadores brancos e negros, além de escravos forros ou livres.

Um fato, contudo, é concreto. Com o passar do tempo, o arraial contou com uma crescente população negra, o que ajudou a fortalecer a teoria do quilombo inicial. Porém, até mesmo o tamanho reduzido dos habitantes de Lavras Novas reforça a idéia de mineração, uma vez que escravos de menor estatura eram selecionados para trabalhar em minas.

Com o transcorrer do século XIX, vivendo sozinha e isolada, a comunidade de Lavras Novas adquiriu um jeito todo particular de se organizar, sendo composta hodiernamente por cerca de 1.000 habitantes, dos quais a maioria é parente por consangüinidade.

Uma vez que os casamentos ocorriam entre as famílias do local, a população não tinha qualquer preocupação com a propriedade da terra, sendo de consenso que ela pertencia à "Santa". A comunidade era auto-suficiente na alimentação e a agricultura praticada era a de subsistência. As festas religiosas ou civis eram compartilhadas pelos membros da comunidade. As doenças eram curadas com ervas locais, devido à dificuldade de se conseguir médicos e medicamentos.

Atualmente a terra é administrada pela Irmandade de Nossa Senhora dos Prazeres, havendo uma "mesa administrativa" responsável também pela parte financeira.

No século XX, os moradores começaram a produzir cestas, balaios, enfeites, cadeiras, todos trabalhados em taquara, para serem vendidos em Ouro Preto. Um fato interessante, é que as mulheres saíam para buscar a taquara e a lenha, ao passo que os homens cuidavam do artesanato. Também era vendida lenha para as fábricas recém-chegadas naquela cidade. Os produtos eram levados pelos homens para serem negociados e, com a quantia arrecadada, eram adquiridos panos, sal, açúcar, além de objetos que não eram produzidos em Lavras Novas.

Na falta de autoridade instituída, a comunidade sempre contava com um líder natural, alguém que se destacava por seus conhecimentos, sabedoria e capacidade de conciliação dos problemas.

Análise Sociológica

Lavras Novas possui uma formação social muito particular devido às suas origens, seu isolamento e os hábitos, próprios de seu povo. Toda esta estrutura social vem sofrendo, nos últimos anos, profundas modificações, devido à ação de grupos sociais, anteriormente inexistentes ou de pouca expressividade.

Para que seja analisada a estrutura turística desta localidade, faz-se necessário uma análise sociológica dos grupos envolvidos neste processo de modificação da estrutura social anteriormente existente. Esta pesquisa identificou cinco grupos sociais diferentes, alterando e sofrendo alterações do sistema turístico na comunidade de Lavras Novas.

Desse modo, agrupou-se autóctones, residentes, sitiantes, empresários do setor turístico e turistas, em diferentes categorias para que a análise da sociedade envolvida no turismo em Lavras Novas fosse realizada com sucesso. Sabe-se que estes grupos podem se inter-relacionar e que muitas características contidas em um, podem ser observadas em outros. Logo, não se pretende, com isto, simplificar ou reduzir a importância das pessoas envolvidas na atividade turística de Lavras Novas, mas sim facilitar o estudo do turismo na localidade através de agrupamentos.

Comunidade Autóctone

A comunidade autóctone é o principal grupo a ser considerado em nossa análise sociológica. Com seus tradicionais hábitos e costumes, vivendo em um local característico do passado, que necessita de preservação, ela de modo geral não tem consciência sobre o real valor de seu patrimônio, apesar de perceber a necessidade de cativar o turista.

Trata-se de uma comunidade extremamente fechada, religiosa e conservadora, na qual as mulheres são consideradas mais "bravas" que os homens. Sua base econômica, num passado recente, consistia na agricultura de subsistência, na venda de lenha e de artesanato para a cidade de Ouro Preto, além de empregos gerados pelas indústrias ouropretanas, que exigiam um deslocamento diário por parte dos trabalhadores.

O turismo surge em Lavras Novas de forma informal, através de viajantes e "hippies" que passavam longo períodos no vilarejo na década de 70. Com o aumento da atividade, ocorrido em meados da década de 90, a base econômica principal da comunidade autóctone passa a ser o turismo, fato que acarreta uma série de impactos.

Mathieson e Wall, citados por Ruschmann, 2001, descrevem cinco estágios da crescente desilusão de uma comunidade receptora com a atividade turística: euforia, apatia, irritação, antagonismo e conscientização. Estes podem ser observados em Lavras Novas.

No início, a população, numa fase de euforia, aluga suas casas aos visitantes, ávidos por desfrutarem da pacata localidade, e procura agradar o turista de todas as formas. Nesta fase destacam-se os fatores positivos provocados pela nova atividade, destacando-se a produção do artesanato local, os empregos gerados em meios de hospedagem e no comércio em geral. Porém, em um momento seguinte percebem que, devido ao exercício não planejado desta atividade, tem de conviver com grupos sociais pouco ou nada comprometidos com a manutenção de seus valores, gerando, desta forma, um choque entre as diferentes culturas dos novos grupos sociais envolvidos. É a fase apática, na qual os moradores se acostumam com a atividade turística e passam a considerar a rentabilidade do setor como garantida.

A terceira fase, de irritação, ocorre em seguida, quando o turismo começa a atingir níveis de saturação e o turista passa a demandar equipamentos turísticos com mais exigência. É nesta fase que a população tenta de todas as formas alcançar o "nível de desenvolvimento" do visitante. Pousadas e restaurantes não condizentes com a realidade local passam a ser construídos por investidores e empresários, uma vez que a demanda exige. Estes meios de hospedagem e de alimentação passam a suplantar os existentes, em sua maioria pertencentes a pessoas da comunidade, e os moradores começam a perder espaço para os empresários e investidores. A partir daí, ocorre o antagonismo entre os grupos envolvidos. O morador não esconde seu desgosto com o turismo de massa. O turista passa a ser hostilizado pela população receptora, culminando na quinta e última fase, que ocorre quando a população se conscientiza de que, na ânsia de obter todas as vantagens da atividade turística, ela não considerou as mudanças que estavam ocorrendo e nem pensou em impedi-las.

Pode-se dizer que a comunidade de Lavras Novas já começa a sentir os efeitos da quinta fase, a da conscientização. Entretanto, como a passagem pelos estágios anteriores deu-se de forma muito rápida, devido ao rápido crescimento da atividade turística, encontram-se, também, resquícios claros das outras fases.

A população apesar de estar indiferente quanto à presença dos turistas, sabe que eles trazem fatores positivos e negativos para o lugarejo, e já começa a se conscientizar da importância de preservar sua cultura e de conquistar o turista. Nota-se que algumas pessoas da comunidade já entendem que a atividade turística no local, da forma como se encontra, pode acabar prematuramente.

Residentes

O segundo grupo que submetemos a uma análise sociológica consiste em residentes, pessoas que se deslocaram de vários locais da região para usufruírem do clima de montanha, tranqüilidade e cultura de Lavras Novas. Essas podem ser caracterizadas por um maior grau de instrução e de consciência sobre a preservação do patrimônio local, seja ele, natural, cultural ou arquitetônico, envolvendo-se com a comunidade autóctone, ajudando-a a se conscientizar do valor da localidade, levando para o povoado rural novas idéias e atitudes que ajudam a preservar tal ambiente.

À medida que este grupo avança, a comunidade autóctone passa a desconfiar de suas "bondades", causando, muitas vezes, situações conflituosas. Foram estas pessoas que primeiro chegaram a Lavras Novas, na época em que a atividade turística no local se limitava a visitas aos moradores. Elas, com seus diferentes hábitos, ajudaram a "abrir" a comunidade para o mundo externo, o que, de certa forma, teve grande importância para sua população.

São estas pessoas que vêem o valor que o local possui e que buscam conscientizar seus habitantes deste valor, muitas vezes entrando em choque com outro grupo a ser analisado, o de empresários do setor turístico. Muitas vezes, a conscientização da comunidade autóctone só é possível após a passagem desta pelo estágio de irritação.

Sitiantes

O grupo a que chamamos de sitiantes é constituído por pessoas que encontraram em Lavras Novas seu local de refúgio e que passaram a adquirir casas e/ou terrenos no local para aproveitarem os finais de semana. Este grupo existe, em grande parte, pela pequena distância que separa o povoado da capital do Estado, Belo Horizonte. Ele prefere a tranqüilidade do lugarejo, assim, evita se deslocar para Lavras Novas em épocas concorridas como o Carnaval e o Ano Novo.

O contato entre os sitiantes e os demais grupos é pequeno, já que procuram tranqüilidade, lazer e isolamento, motivados pelo estilo de vida, muitas vezes frenético que possuem em suas cidades. Limita-se a encontros no comércio ou em restaurantes. Injetam dinheiro na economia local, uma vez que fornecem empregos e realizam compras. Encontram-se preocupados com as conseqüências que um turismo não-planejado traz para a localidade, porém, pouco fazem para modificar a situação, uma vez que se deslocam para o lugar apenas em finais de semana.

Empresários do Setor Turístico

Os empresários do setor turístico constituem um grupo muito importante quando se trata de uma análise do desenvolvimento turístico. Essas pessoas migraram para Lavras Novas em função das oportunidades de negócios gerados pela atividade turística.

Em sua maioria, possuem uma visão imediata de, através do trabalho, obterem um bom ganho com um agravante: na maioria das vezes investem os recursos conseguidos com a atividade turística em sua cidade de origem, provocando assim uma evasão de divisas.

Apesar disso, esse grupo tem um aspecto muito positivo para os autóctones, na medida em que incita neles a necessidade da qualificação profissional do setor turístico. A comunidade local compara-se com ele e percebe não ter tamanha qualificação profissional, sentindo imediatamente a necessidade de se qualificar profissionalmente.

Devido à visão mercantilista, grande parte destes empresários não se preocupa com patrimônio da localidade, seja ele natural, histórico ou arquitetônico. Só se preocupa com este, na medida em que isto influencia seus negócios.

A construção de meios de hospedagem não condizentes com a realidade local faz com que sejam criados na comunidade locais inacessíveis para sua população. Ocorre então, uma elitização do ambiente e um certo receio em transitar por áreas anteriormente livres.

Uma vez que estes empresários são movidos pelo capital, muitos conflitos ocorrem em decorrência de suas ações polêmicas. A comunidade autóctone e o grupo de residentes freqüentemente se contrapõem a este grupo. É importante lembrar que é este grupo que fornece a maioria dos empregos para a população local, seja direta ou indiretamente, já que hoje a localidade tem sua economia baseada na atividade turística.

Turistas

Um grupo essencial numa análise sociológica de uma comunidade turística consiste justamente no turista, sem o qual a atividade não existiria. Este geralmente vem motivado por aspectos ambientais (clima, natureza, aventura), culturais e recreacionais. Porém, essa estadia normalmente é rápida e o contato com a comunidade local é superficial. John Swarbrooke trata do assunto dizendo que:

> *"[As férias] constituem a oportunidade de os turistas se libertarem das amarras da vida diária em suas comunidades. [...] Isso pode significar que os turistas podem não desejar agir com responsabilidade, de conformidade com os princípios do turismo sustentável. Eles podem ver suas férias como a única oportunidade que teriam no ano de se comportarem sem responsabilidade. Pode ser difícil convencê-los a reduzir seus desejos naturais de escapismo e a se comportarem de forma sensata em nome do conceito um tanto abstrato da sustentabilidade." (2000, p. 114).*

A característica marcante desse grupo social é a pouca ou nenhuma identidade de interesse com a comunidade autóctone e com a preservação do patrimônio cultural. É o grupo que mais impactos causa em Lavras Novas, sejam eles positivos ou negativos.

São os turistas, os responsáveis por profundas modificações na comunidade, influindo em fatores culturais, sociais, ambientais e econômicos. Fatores sociais e culturais foram modificados com o avanço da atividade turística, já que a população mudou seus hábitos, sua forma de trabalho e sua maneira de pensar. Mudanças em fatores ambientais podem ser verificadas na medida em que o meio ambiente passou a sofrer impactos com a chegada do turismo de massa. Fatores econômicos foram modificados, uma vez que a população local migrou de uma agricultura de subsistência e de um trabalho em indústrias ouropretanas para trabalhar em função do turismo.

Este grupo injeta uma quantidade considerável de recursos financeiros na comunidade e, por isso, é suportado com um certo interesse local.

Com a análise sociológica, pôde-se perceber com clareza que os interesses dos grupos sociais que convivem em Lavras Novas são, a princípio, antagônicos. No entanto, não se trata de uma característica exclusiva desse povoado rural, e sim de um fenômeno observado na maioria das comunidades que desenvolveram o turismo de forma espontânea, como coloca o recém-falecido professor Jost Krippendorf em Sociologia do Turismo:

> *"[...] a relação entre os turistas e os autóctones são de tal porte que as oportunidades de se estabelecer contatos humanos verdadeiros são mais fracas do que nunca. Na maioria dos casos o encontro segue a lógica de um clichê, é artificial e enganador. [...] Temos a tendência de esquecer que os viajantes e os autóctones se encontram em situações completamente diferentes e mesmo opostas. A liberdade e o prazer de um são o fardo e o trabalho de outro. O ambiente de férias se choca com o ambiente de trabalho, e a necessidade de repouso com as necessidades da existência" (2000, p. 83-85 – citado por Borges).*

Não se deve conceber uma proposta séria de desenvolvimento turístico em Lavras Novas, sem uma reflexão sociológica, que leve em conta esse aspecto tão particular relacionado com a participação própria de cada grupo social envolvido no processo de vida e de desenvolvimento dessa comunidade.

TURISMO E PATRIMÔNIO EM LAVRAS NOVAS

Em Lavras Novas, o patrimônio histórico consiste num belo acervo arquitetônico do século XVIII, em bom estado de conservação. Conta ainda com um importante patrimônio natural, além do cultural, que possuem um imenso significado econômico para a comunidade, devido à atividade turística, maior fonte de renda daquela comunidade. Através da pesquisa, pôde-se perceber que a comunidade, em geral, nota a importância do turismo para a localidade, mas não tem consciência de como preservar seu patrimônio.

Verifica-se ainda que um número considerável de autóctones, em decorrência da promissora atividade turística, percebe a importância de se preparar para a chegada de visitantes, e se vê na obrigação de melhorar a aparência de suas moradias. Este processo acaba por descaracterizar suas residências, uma vez que, procurando agradar o olhar dos visitantes, os moradores utilizam-se de técnicas inapropriadas para o embelezamento de suas residências. Nota-se, por exemplo, a existência de várias moradias azulejadas, contrastando com a arquitetura original do local.

Os autóctones buscam, muitas vezes, imitar os turistas. O que vem de fora passa a ser mais valorizado pela comunidade que aquilo encontrado no local. Esta, então, modifica seus hábitos, suas casas, suas formas de vestir e de se comportar.

O que ocorre em Lavras Novas é uma busca pela modernização do passado, destoando da originalidade para atrair turistas. Começa a surgir, assim, um não-lugar e um mundo do faz-de-conta.

IMPACTOS DA ATIVIDADE TURÍSTICA

No Brasil, os estudos sobre a avaliação dos impactos do turismo nas localidades turísticas não ocorrem sistematicamente. Não há uma metodologia específica para avaliação destes, contudo, percebemos que os impactos de um turismo não planejado podem alterar profundamente uma comunidade. Notam-se em Lavras Novas alguns impactos que a atividade turística causou e outros que pode vir a causar, caso não sejam tomadas medidas sérias no sentido de planejar a atividade no local.

Quando os benefícios do turismo pesam mais do que os custos o resultado é positivo. Mas quando a balança se curva para o outro lado e os danos são pesados demais, engolindo os benefícios, o resultado é desastroso. O problema crucial é pesar ambos cuidadosamente, comparando-os. O importante é a relação de todos os custos e benefícios, e não das vantagens e desvantagens individualizadas.

É neste momento que entra o turismo sustentável, visando minimizar os impactos negativos trazidos pela atividade turística e maximizar os positivos. BENI, no prefácio à edição brasileira do livro de John Swarbrooke, aborda o assunto afirmando que

> *"[...]na base de toda e qualquer consideração que se faça, dominando todas as ações, desde as de planejamento até as de execução de programas integrados e estratégicos, deve estar o conceito de turismo sustentável, para, preliminarmente, garantir e assegurar os componentes dos diferenciais turísticos, o processo racional de exploração dos recursos ambientais, histórico-culturais e temático-artificiais." (Swarbrooke, 2000).*

Turismo e Planejamento Sustentável

> *"A finalidade do planejamento turístico consiste em ordenar as ações do homem sobre o território e ocupa-se em direcionar a construção de equipamentos e facilidades de forma adequada evitando, dessa forma, os efeitos negativos nos recursos, que os destroem ou reduzem sua atratividade." (Ruschmann, 2001, p. 09).*

O turismo, considerado uma excelente oportunidade para o encontro entre os povos, não tem sido aproveitado de forma ideal para esse fim. Os impactos são a conseqüência de um processo de interação entre os turistas, as comunidades e os meios receptores. Considerando que o turismo é uma atividade dinâmica e que os impactos e suas conseqüências mudam constantemente, o seu monitoramento periódico torna-se uma necessidade imprescindível.

O ecoturismo propõe o deslocamento de pequenos grupos de pessoas em visita a áreas naturais protegidas, com um impacto mínimo no aspecto físico, social e cultural. A noção de conservação deve sempre vir inclusa na definição de ecoturismo. Tal atividade persegue os princípios da conservação da natureza e da educação ambiental por um lado e, por outro, acaba subjugando-se às leis de mercado de um capitalismo ávido por lucro, do qual o turismo não está imune. Para atrair turistas, comercializa-se a natureza como qualquer outro produto carregado de fetiche. Isto nos faz crer que o ecoturismo talvez não seja, por natureza, mais sustentável que outras formas de turismo.

Barbosa esclarece a origem do ecoturismo, também chamado de turismo da natureza:

> *"O ecoturismo surgiu a partir de um turismo alternativo, possivelmente como insatisfação com as formas do turismo convencional que, de um modo geral, ignorava as categorias sociais e ecológicas em face da predominância de um turismo de massa." (2001, p. 49)*

Em Lavras Novas, a exploração das atividades de ecoturismo, turismo cultural e de turismo rural vem ocorrendo de forma desordenada, sem qualquer tipo de planejamento, o que traz sérios impactos para o meio ambiente e para a comunidade como um todo. Um turismo de massa, na maioria das vezes indesejado, causado por esta falta de planejamento da atividade, não é interessante para aquela localidade, uma vez que os impactos negativos trazidos são maiores que os positivos.

Ruschmann explica o fenômeno do turismo de massa em seu livro "Turismo e Planejamento Sustentável", dizendo que

> *"[...]o homem urbano, agredido em seu próprio meio, passa a agredir os ambientes alheios. Trata-se de um círculo vicioso que é preciso romper por meio de planejamento dos centros urbanos e de medidas enérgicas que visem à conscientização para a preservação dos meios naturais, promovendo a sua conservação e perenização." (2001, p.19)*

Completa seus dizeres proferindo a respeito da falta de "cultura turística" dos visitantes:

> *"[...]A falta de 'cultura turística dos visitantes' faz com que eles se comportem de forma alienada em relação ao meio que visitam – acreditam que não têm nenhuma responsabilidade na preservação da natureza e da originalidade das destinações. Entendem que seu tempo livre é sagrado, que têm direito ao uso daquilo pelo qual pagaram e que, além disso, permanecem pouco tempo – insuficiente para agredir o meio natural." (2001, p.23)*

Definitivamente esta prática massiva e degradante do turismo não agrada a população de Lavras Novas e não é o que ela deseja. Para que a atividade turística traga mais bônus do que ônus para uma localidade, é mister que sejam definidas práticas concretas de planejamento visando a sustentabilidade.

Cabe ressaltar que desde que seja bem administrado e tenha infra-estrutura adequada, o turismo de massa é uma forma de turismo sustentável. Não é o caso de Lavras Novas. Este turismo ligeiro e descomprometido, em que o visitante permanece por pouco tempo no local visitado e pouco se integra com a comunidade local, não é saudável para aquele povoado rural. O encontro de diferentes culturas, em período tão curto, chega a causar repulsa entre os grupos sociais envolvidos, como foi destacado anteriormente.

Krippendorf afirma que, apenas com um período maior de tempo e com um maior interesse do visitante pela comunidade local, conseguir-se-á minimizar esta ação repulsiva entre os grupos sociais, uma vez que "*[...] o fosso cultural é muito grande para ser transposto no curto espaço de tempo das férias.*" (1988, p. 83).

É preciso que o turismo e o meio ambiente encontrem um ponto de equilíbrio, afim de que a atratividade dos recursos naturais não seja a causa da sua degradação. É fundamental que seja encontrado este ponto de equilíbrio em Lavras Novas, para que a atividade turística seja organizada e que os costumes de sua população sejam preservados. A consideração de fatores sociais, culturais e ambientais, além dos fatores econômicos, numa análise do fenômeno turístico é fundamental para o bem-estar da comunidade.

Um estudo com vistas à implantação de um turismo sustentável, que atenda às necessidades do presente sem comprometer a possibilidade das gerações futuras atenderem às suas próprias necessidades, em Lavras Novas é primordial. Já passou da hora de a atividade turística ser empregada com responsabilidade social, com respeito aos interesses da comunidade autóctone e não passando por cima deles.

Turismo sustentável significa turismo de igualdade do ponto de vista social. Ele não pode existir se somente o meio ambiente puder ser protegido negando-se os direitos humanos dos habitantes. Turismo sustentável quer dizer justiça. Para o turismo ser sustentável no sentido social e no cultural, ele deve ser desejado pelos habitantes locais e deve ser percebido como benéfico para a maioria da população local, não apenas para uma elite. Ele deve proporcionar empregos para os qualificados assim como para os sem qualificação e gerar oportunidades para avanços sociais e econômicos.

Citado por Swarbrooke, Pigram afirma:

> *"O turismo sustentável tem potencial para tornar-se uma expressão tangível de desenvolvimento do turismo sustentável. Contudo, corre o risco de permanecer irrelevante e inepto, como política viável para o mundo real do desenvolvimento do turismo, se não houver os meios efetivos para transformar a idéia em ação." (2000, p. 32).*

Dada a dimensão de igualdade social do turismo sustentável é importante assegurar que os turistas paguem um preço justo por sua experiência de férias.

CONCLUSÕES

Através da análise dos teóricos do turismo, pôde-se perceber que a questão sociológica é fundamental quando se está empenhado numa organização harmoniosa do turismo. Caso se deseje um turismo com responsabilidade social, não se pode continuar assistindo os impactos negativos da atividade turística sobre as comunidades e manter a mesma linha de ação baseada em um desenvolvimento que leve em consideração apenas os aspectos econômicos, em detrimento dos sociológicos, culturais e ambientais.

As oportunidades para a realização de um desenvolvimento turístico bem adaptado estão nas mãos, em primeiro lugar, da comunidade e de cada cidadão que vive em Lavras Novas. O que acontecerá irá depender, sobretudo, da sua compreensão e perspicácia, sobre o que fazer e não fazer. É claro que também é muito importante que políticas públicas se movam na mesma direção e contemplem os mesmos esforços da comunidade. O desenvolvimento do turismo terá o sucesso desejado apenas se uns não esperarem pelos outros, mas, em especial, se um início convincente e entusiasmado for efetivado. Cada habitante daquele povoado tem responsabilidade nisso.

Espera-se que este trabalho possa ser um ponto de partida para uma nova proposta de ação e que, através do desenvolvimento de um turismo com vistas à sustentabilidade, os grupos sociais envolvidos na atividade turística em Lavras Novas venham a ter uma maior interação, de forma que possam melhor aproveitar as oportunidades e benefícios que o turismo bem planejado e organizado proporciona.

Referências Bibliográficas

1. ANGELI, M. N. B. *Planejamento e Organização em Turismo*. 6. ed. Campinas: Papirus, 2001. (Coleção Turismo).
2. BARBOSA, Y. M. *O Despertar do Turismo: uma visão crítica dos não-lugares*. São Paulo: Aleph, 2001.
3. BORGES, C. A.; ROSA, V. A.; SILVA, V. J. *Resgate Cultural e Oportunidades do Turismo em Ouro Preto*. Trabalho técnico científico apresentado no XXII Congresso Brasileiro de Turismo. Foz do Iguaçu, maio de 2002.
4. JAIME, P. P. F. *Turismo e Patrimônio Histórico*. São Paulo: Contexto, 2001.
5. GASTAL, S. (org.). *Turismo Investigação e Crítica*. São Paulo: Contexto, 2002. (Coleção Turismo Contexto).
6. RUSCHMANN, D. V. M. *Turismo e Planejamento Sustentável: a proteção do meio ambiente*. 8. ed. Campinas: Papirus, 2001. (Coleção Turismo).
7. RUSCHMANN, D. V. M. *Marketing Turístico: um enfoque promocional*. 7. ed. Campinas: Papirus, 2001. (Coleção Turismo).
8. SWARBROOKE, J. *Turismo Sustentável: conceitos e impacto ambiental*. Vol. 1. São Paulo: Aleph, 2000.
9. TÁRCIA, C. *Folheto Santo de Casa*. 3. ed., 4. ed. Ouro Preto: 2002.
10. Página na Internet: www.lavrasnovas.com.br. Acesso em: 20/fev/2003.

ANEXO

Para a complementação da pesquisa, são apresentados, a seguir, anexos relacionando impactos, patrimônio, não-lugares e turismo, além de serem apresentadas sugestões para um turismo sustentável.

Metodologia Utilizada para o Desenvolvimento da Pesquisa

Para a realização da pesquisa foram realizadas entrevistas com moradores, comerciantes, empresários do setor turístico, residentes e líderes comunitários em Lavras Novas nos dias 8 e 9 de fevereiro de 2003.

Além disso, contou-se também com a aplicação de questionários, em projeto paralelo a este, e com uma pesquisa bibliográfica. Apesar das dificuldades em se encontrar bibliografia a respeito daquela localidade, espera-se ter alcançado os objetivos iniciais propostos.

Localização

Lavras Novas está localizada a 18 quilômetros de Ouro Preto, metade por estrada de terra. O caminho, a partir a de Belo Horizonte, é seguir pela BR-040 em direção ao Rio de Janeiro, entrar no trevo da Rodovia dos Inconfidentes, BR-356, em direção a Ouro Preto, pegar a estrada para Mariana e no trevo de Saramenha, convergir à direita até o trevo de Lavras Novas, onde se deve fazer nova conversão, desta vez à esquerda (Fig. 25.1).

Infra-estrutura Local

Infra-estrutura Básica:

- Energia elétrica em quase todas residências.
- *Telefonia*: fixa e móvel.
- *Água*: encanada; porém, tratada de forma precária.
- Esgoto: canalizado e despejado, sem tratamento, em rios.
- *Policiamento:* aos finais de semana, em decorrência da atividade turística.
- *Posto de saúde*: funcionando duas vezes por semana, sendo o fornecimento de medicamentos responsabilidade da Prefeitura Municipal de Ouro Preto.

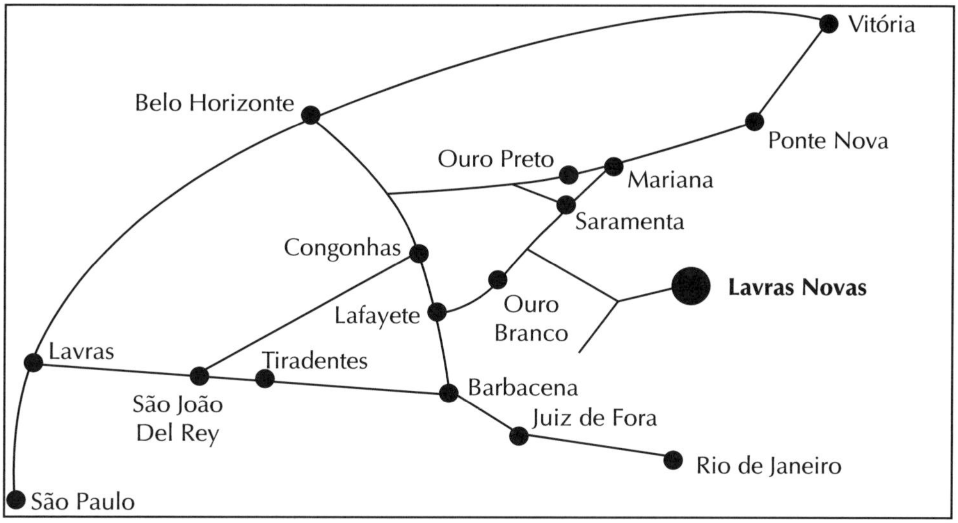

Figura 25.1 – Localização geográfica de Lavras Novas

- *Coleta de lixo*: realizada duas vezes por semana.
- *Escolas:* ensinos básico e fundamental.

Infra-estrutura Turística

Lavras Novas conta com um grande número de meios de hospedagem (hotéis, pousadas e afins), além de *camping* e casas para aluguel. Observa-se claramente, nos últimos anos, uma "explosão" no número de meios de hospedagem no lugar, muitos bem superiores às condições econômicas da população local.

Conta, ainda, com um número razoável de bares, restaurantes e casas noturnas, além de açougues, mercearias, padarias, lojas de artesanato e ateliês.

IMPACTOS DA ATIVIDADE TURÍSTICA

Impactos Econômicos

Sendo o turismo uma atividade que cresceu muito nas últimas décadas, muitos governos passaram a considerá-lo como salvação de suas economias e começaram a estimular o seu desenvolvimento em suas localidades. Para que o turismo proporcione efeitos econômicos favoráveis, faz-se necessário o emprego de alguns requisitos básicos como equipamentos e atrativos para o turista, adaptação à sazonalidade, entre outros.

Impactos Econômicos Positivos

O turismo promove a geração de empregos em instituições diretamente ligadas ao setor, tais como hotéis e restaurantes, além de gerar empregos indiretos para funcionários de fábricas de *souvenires*, motoristas de táxi, funcionários de estabelecimentos comerciais em geral. Empregos induzidos, gerados pelos gastos dos trabalhadores diretos da localidade, também são gerados. A atividade turística incrementa a renda dos habitantes, o setor da construção civil, eleva os níveis cultural e profissional da população.

Impactos Econômicos Negativos

A atividade turística, no entanto, também pode causar alguns efeitos indesejáveis nas comunidades receptoras, tais como: dependência econômica da localidade em relação ao turismo, inflação dos preços de produtos de consumo básico, especulação imobiliária, além do sofrimento com o desemprego em determinadas estações do ano (sazonalidade). Em Lavras Novas, grande parte das divisas geradas pela atividade turística tem permanecido nas mãos de empresários, não beneficiando, assim, a população local.

Impactos Socioculturais

Diversas experiências têm mostrado que o interesse pela cultura da população visitada é muito fraco, podendo-se afirmar que o contato do visitante com as pessoas e com seus costumes e hábitos é superficial, reduzindo-se à compra de produtos típicos e souvenires. Impactos desfavoráveis mostram-se com maior intensidade nos locais onde o fluxo de turista é muito grande (turismo de massa). Há de se alertar para a autenticidade, espontaneidade das manifestações culturais e para a promoção e compreensão dos relacionamentos humanos, a fim de serem minimizados os choques entre turistas e autóctones. Conflitos entre os grupos sociais envolvidos no turismo têm se tornado, a cada dia, mais freqüentes em Lavras Novas.

Impactos Socioculturais Positivos

Valorização do artesanato e da herança cultural (música, teatro, festas, gastronomia), orgulho étnico (valorização das origens), maior valorização e preservação do patrimônio histórico (conservação de monumentos graças a sua atratividade).

Impactos Socioculturais Negativos – Descaracterização do artesanato (feito exclusivamente para o consumo dos turistas), das tradições e costumes dos autóctones, vulgarização das manifestações tradicionais (superficialidade das festas visando agradar o visitante), arrogância cultural (falta de autenticidade da cultura local), destruição do patrimônio histórico (o turismo de massa pode comprometer monumentos históricos, em função da grande circulação de pessoas e veículos), sentimento de inveja e ressentimento diante dos hábitos e comportamentos diferentes dos turistas, migração de pessoas de regiões economicamente debilitadas para novos pólos turísticos em busca de empregos.

Impactos Ambientais

As intervenções do turismo sobre o meio ambiente não se resumem em agressão ou degradação, lembrando-se que, qualquer atividade econômica ou social, independente de sua origem, pode provocar modificações na relação homem espaço. Conflitos devido a recursos limitados, tais como água, direito de passagem e esgotamento de ecossistemas são freqüentes em Lavras Novas.

Impactos Ambientais Positivos – Criação de planos e programas de conservação de áreas naturais, sítios arqueológicos, monumentos históricos, investimentos de empresários em medidas conservacionistas, valorização de regiões desconhecidas através do ecoturismo, conscientização do turista quanto à importância dos ecossistemas.

Impactos Ambientais Negativos

Barreiras sociopsicológicas entre comunidades receptoras e visitantes, impactos estéticos e paisagísticos, além de grande fluxo de veículos e pessoas, o que compromete a qualidade de vida da comunidade (causando poluição da água, do solo, do ar e sonora, destruição da fauna e da flora).

Patrimônio e Não-lugares

Se considerarmos as exigências atuais do turismo de massa, veremos que o conflito entre valor de uso, valor de novidade e valor de ancianidade tornaram-se mais agudos nos últimos anos. Diante das diferentes escolas que discutem a preservação do patrimônio histórico e cultural na atualidade, o turismo acaba, muitas vezes, adotando um critério voltado para a preservação, mas transformando esses locais em verdadeiros cenários cinematográficos ao pintar as fachadas dos imóveis com cores fortes e cria, com isso, não lugares, desvirtuando-os da originalidade.

O turismo cultural tem sido um grande segmento do mercado turístico, oferecendo novas oportunidades para a revitalização de cidades históricas. Porém, ao mesmo tempo, torna-se uma ameaça às fontes culturais pelo ato de padronização para a venda do espaço ao turismo. Tudo ganha vida nova e transforma-se em território turístico, tudo é passado por uma reforma que não se confunde com a restauração. A partir desse momento, tem-se o predomínio do pictórico, o território antigo empresta seu nome e sua fachada, agora de roupa nova, ao lugar turístico.

A imagem torna-se mais importante para os olhos do turista que o objeto em si. O significado do acervo histórico passa a ter menos valor que sua imagem. Os turistas vão em busca do reconhecimento das imagens, sem o conteúdo histórico. Barbosa fala sobre o "*processo de revitalização do patrimônio histórico e cultural. Na tentativa de resgatar sua preservação, são agregadas cores fortes, desfigurando sua arquitetura original. Cria-se, então, um não-lugar para satisfazer o olhar do turista.*"

Marc Augé, citado por Barbosa, define claramente os "não-lugares":

> *"Se um lugar pode se definir como 'identitário', relacional e histórico, um espaço que não se pode definir nem como 'identitário', nem como relacional e nem como histórico, definir-se-á um não-lugar". (2001, p.56).*

Barbosa afirma que "*no Brasil colonial não era comum o uso de cores nas fachadas das casas. A cal era um produto empregado nas paredes, com predomínio da cor branca, às vezes também se usava o cinza.*" (2001, p. 84).

Após esta fase pictórica, o próximo passo é a limpeza do lugar, ou seja, a retirada de "pessoas indesejadas". É a preparação para a construção do novo território, o território turístico: limpo e belo, como se no passado tivesse sido sempre assim.

Os temores de uma comunidade em relação aos impactos trazidos pela atividade turística somente poderão ser afastados se forem criadas condições para um desenvolvimento turístico equilibrado, que proporcione uma distribuição eqüitativa de riquezas.

Uma das formas de obter a boa vontade e a hospitalidade da população, em relação aos turistas, consiste em lhe proporcionar o acesso às infra-estruturas cultural, desportiva e recreativa, criadas em virtude do turismo. Em contrapartida, é preciso evitar a exploração dos turistas pela população local (o que é muito comum), por meio de campanhas que estimulem a prática da honestidade nas relações comerciais e na prestação de serviços aos visitantes.

No livro "*Marketing* Turístico", Ruschmann afirma que:

> *"A naturalidade e a espontaneidade do povo devem ser defendidas, assim como os seus valores culturais, preservando a autenticidade e a originalidade das tradi-*

ções. A herança cultural tem valor inestimável para um povo, e uma forma simplificada em sua apresentação aos turistas, em que o exotismo é comercializado, pode conduzir à descaracterização das manifestações tradicionais." (2001, p. 48)

Sugestões para um Turismo Sustentável

Com base em estudos de reconhecidos autores do turismo, são apresentadas algumas propostas que, se aplicadas integralmente, poderão conduzir a um desenvolvimento turístico ideal. Tais proposições não são definitivas, uma vez que o turismo é um fenômeno dinâmico, e visam diminuir os impactos negativos da atividade turística e aumentar os impactos positivos. Adaptaram-se as sugestões ao caso de Lavras Novas, visando um planejamento conjunto com outras localidades, as quais apresentamos a seguir:

- Determinar os objetivos fundamentais da política turística da região.
- Intensificar as ações do planejamento turístico, para que, com base nas ações propostas, implantem-se os equipamentos necessários e evitem-se as construções temporárias (ou transitórias).
- Ampliar geograficamente o planejamento dos espaços turísticos, visando à concentração de esforços que isoladamente não poderiam ser realizados.
- Concentrar o desenvolvimento turístico em centros gravitacionais em vez de dispersar a implantação de equipamentos e atividades por áreas muito extensas, que agridem os ecossistemas mais frágeis.
- Fixar a capacidade de carga das paisagens, determinando o limite de desenvolvimento ideal para a proteção do meio ambiente e da atratividade dos locais turísticos.
- Estimular a participação dos moradores locais nas decisões propostas para o desenvolvimento das localidades turísticas, evitando, assim, o favorecimento de alguns e o surgimento de ressentimentos e de hostilidades contra os turistas. Qualquer ação deve levar em conta a opinião de autóctones e até mesmo de residentes.
- Avaliar os custos e benefícios econômicos, sociais, culturais e ecológicos do desenvolvimento turístico, fornecendo projetos que atendam aos objetivos gerais propostos para a localidade ou região.
- Estabelecer critérios para a ocupação do solo das localidades turísticas, evitando a ocupação desordenada.
- Manter e desenvolver as atividades originais das localidades tais como agricultura e pesca que, além de preservar a cultura e os ofícios tra-

dicionais, contribuirá para a renda das famílias com a venda de seus produtos aos turistas ou aos donos de equipamentos que os servem, sem transformar os moradores locais em jardineiros ou caseiros das residências secundárias ou dos meios de hospedagem.

- Desenvolver e implantar políticas de preservação de recursos naturais.
- Proteger as águas superficiais e subterrâneas de qualquer tipo de poluição, por meio de uma legislação rigorosa para sua captação e distribuição e para o tratamento de esgotos e outros efluentes. Em casos de rios já poluídos, como alguns de Lavras Novas, deve-se tentar fazer um trabalho de despoluição das águas.
- Favorecer os transportes públicos para as destinações turísticas, a fim de evitar os congestionamentos e as poluições sonora e atmosférica.
- Aplicar taxas de ocupação e uso dos recursos turísticos para investidores e turistas, transformando os custos sociais em custos individuais, estimulando os usuários da água, do ar e das paisagens a consumi-los com moderação.
- Incentivar a ocupação plena das UH existentes, em vez de permitir a construção de novos equipamentos receptivos que não têm garantida a ocupação rentável de seus leitos e ocupam espaços que poderiam permanecer intactos.
- Estimular o turismo não-tecnicista, como caminhadas, passeios de bicicleta, de charretes ou a cavalo, lazer "silencioso", que, além de serem práticas repousantes para os turistas, protegerá o meio ambiente receptor.
- Integrar a arquitetura dos equipamentos de recreação e do turismo às paisagens tanto no estilo como nos materiais e nas cores utilizadas.
- Intensificar os estudos turísticos na região visando a obtenção de novas práticas que garantam um turismo sustentável nas localidades.
- Capacitar os responsáveis pelo desenvolvimento turístico das localidades e criar equipes para realização dos planos e projetos, já que um mau planejamento pode trazer conseqüências irreversíveis para as localidades.
- Sensibilizar e informar a opinião pública, para conseguir que tanto os turistas como as populações das localidades se interessem pelos projetos e participem ativamente dos esforços voltados para a proteção do meio ambiente e da localidade como um todo.

Figura 25.2 – Lavras Novas no início da década de 1990.

Figura 25.3 – Lavras Novas nos dias de hoje. Em finais de semana e feriados a localidade é "invadida" pelo turismo de massa.

Figura 25.4 – (A e B) A descaracterização é um dos impactos do turismo na localidade. Pousadas são construídas para satisfazer o olhar do turista.

Figura 25.5 – (A a C) Cores novas: antigas residências contrastam com os novos pontos comerciais, cheios de cores para agradarem os visitantes.

Capítulo 26

Tecnologia da Informação como Ferramenta para o Desenvolvimento da Responsabilidade Social no Turismo

Silvano Maneck Malfatti
Maria Augusta Silveira Netto Nunes
Helenice Rodrigues Reis

Introdução

A conjuntura econômica contemporânea exige mudanças. A inovação constante e uma nova postura em relação ao ambiente que cerca as organizações conduzem os investimentos na área social. Como compromisso, as empresas e as pessoas passam, cada vez mais, a se envolver em ações comunitárias no âmbito onde estão localizadas, contribuindo para a modificação do cenário de pobreza e exclusão que assola grande parte da sociedade. Tendo em vista estas evidentes mudanças no ambiente, tornou-se conveniente a realização do presente estudo que, como tema principal, abordou a responsabilidade social e o turismo. A pesquisa teve a finalidade de relacionar as principais tecnologias utilizadas atualmente com o turismo e a responsabilidade social.

A Região Missioneira, foco da pesquisa, acompanhando a tendência de investir na área social, vem procurando melhorar a qualidade de vida da população, através da busca de novas alternativas de desenvolvimento. Uma das propostas viáveis é o Turismo pois, a região possui o único Patrimônio Histórico da Humanidade no Estado do Rio Grande do Sul. Essa busca, gradativamente, está provocando uma mudança de atitude para com o Turismo, tanto por parte dos governos, como das próprias pessoas. A estratégia de pesquisa utilizada foi a exploratória. A sistematização de dados e informações do turismo e tecnologia da informação vinculadas a responsabilidade social foram básicas para a proposta que visa à melhoria significativa na organização estratégica do setor turístico aliada da responsabilidade social e da tecnologia da informação.

A fim de desenvolver essa proposta, realizou-se a presente pesquisa, da qual descreve-se na seção 2 a fundamentação teórica, na seção 3, abordam-se a metodologia, na seção 4 os resultados alcançados, na seção 5, apresentam-se algumas conclusões e, na seção 6 as referências bibliográficas.

Contextualização da Responsabilidade Social e do Turismo

Segundo Daft (1999:88), "*responsabilidade social é a obrigação da administração de tomar decisões e ações que irão contribuir para o bem-estar e os interesses da sociedade e da organização*". O mesmo completa dizendo que o conceito de responsabilidade social pode ser de difícil compreensão, porque as pessoas têm diferentes crenças sobre que ações irão resultar no aprimoramento do bem-estar da sociedade, e para dificultar, abrange um conjunto de questões, muitas das quais ambíguas quanto ao que é certo ou errado. O fato é que as expectativas da sociedade em relação ao que é considerado "comportamento responsável" elevou-se mais rapidamente do que a capacidade das corporações em adequar seus padrões.

Neste contexto ainda ressalta-se a diversidade cultural, onde culturas diferentes estão cada vez mais próximas e precisam conviver, sendo, cada vez mais importantes os princípios éticos para que se estabeleçam critérios e parâmetros adequados para as atividades socialmente responsáveis.

Para Carroll Apud Queiroz, Cardoso e Souza (2002; 50),

> *"Responsabilidades éticas correspondem a atividades, práticas, políticas e comportamentos esperados (no sentido positivo) ou proibidos (no sentido negativo) por membros da sociedade, apesar de não codificados em leis. Elas envolvem uma série de normas, padrões ou expectativas de comportamento para atender o que os diversos públicos (stakeholders) com as quais a empresa se relaciona consideram legítimo, correto, justo ou de acordo com seus direitos morais ou expectativas".*

Na verdade essas responsabilidades éticas correspondem a crenças pessoais sobre comportamento eticamente certo ou errado. Pois, a ética abala desde os lucros e a credibilidade das corporações até a sobrevivência da economia como um todo.

O Estado, ciente dessas mudanças, está passando por um processo de redefinição de seu papel de influência, de adaptação à nova realidade econômica. A sociedade vem organizando-se, combinando cidadania e cobrança ao Estado para a resolução de seus problemas mais imediatos. O principal questionamento em voga é a responsabilidade social das organizações públicas.

A maioria dos programas relacionados ao planejamento do turismo baseia-se na conscientização da sociedade para a importância do turismo como instrumento do crescimento econômico, geração de empregos, melhoria da qualidade de vida da população e preservação do seu patrimônio natural e cultural. Neste contexto os municípios, da Região Missioneira do Rio Grande do Sul, estão buscando alternativas para o desenvolvimento, através de projetos junto a órgãos relacionados ao turismo em nível estadual, nacional e internacional e começam a tratar o setor de entretenimento e lazer como uma excelente alternativa contra um dos maiores problemas atuais: o desemprego.

A adoção de padrões éticos mais rigorosos e do planejamento consciente tornou-se um dos efeitos da economia globalizada pela necessidade das organizações de manter sua imagem diante do público, e também pelas exigências do público para que as corporações atuem de acordo com tais padrões. Desta forma a economia e a sociedade exercem pressão fazendo com que, as organizações e os setores que as envolvem, precisem se auto-analisar constantemente.

Na economia globalizada, onde as ligações entre os povos tornam-se fortes e as fronteiras obsoletas, a preocupação com o planejamento, o processo de desenvolvimento e com os problemas sociais originados do sistema de mercado são cada vez mais importantes.

Várias regiões do Rio Grande do Sul estão organizando-se e desenvolvendo-se através dos pólos de desenvolvimento regional que tem como objetivo aproveitar as conquistas históricas e os avanços culturais da região para moldar o seu crescimento econômico, preservando a identidade regional e buscando a melhoria da qualidade de vida da comunidade. A região missioneira, foco da pesquisa, tem dentre os seus objetivos estratégicos:

- A criação de condições sistêmicas que favoreçam o crescimento do volume de riquezas produzidas na região, a melhoria da qualidade de vida da população e a redução das desigualdades sociais.

- A busca da diversificação econômica, através da identificação de novas potencialidades agrícolas e do fortalecimento das atividades industriais e de serviços.
- A conscientização da comunidade para a necessidade de novos padrões tecnológicos que permitam aumentar a competitividade da produção regional, através da elevação dos padrões de qualidade e produtividade.
- A compatibilização de uma maior integração nacional e internacional da região com a preservação de sua identidade cultural.
- A promoção da sustentabilidade do desenvolvimento da região, através do equilíbrio entre as ações voltadas para a promoção do crescimento econômico e a conservação do meio ambiente.

O turismo cultural, ponto forte da região foco da pesquisa, trata de uma área chave de desenvolvimento local em que a comunidade é conduzida a resgatar sua história, cultura, hábitos e costumes a fim de poder transmitir as suas origens para o turista. (Naisbit, 1994) reforça a importância do turismo cultural quando diz que existe uma demanda crescente pelo turismo em que seja permitido aos visitantes observar os eventos locais e os estilos de vida e deles participar de uma forma não-artificial. Em resposta a ela, existem esforços para se mudar de uma mentalidade turística de massa para outra em que experiências turísticas mais especializadas sejam desenvolvidas e oferecidas de uma forma mais pessoal e culturalmente sensível.

Constata-se a necessidade de mudança com a preservação da cultura, do meio ambiente, a busca da melhoria da qualidade de vida e da sustentabilidade, visando ao desenvolvimento sem degradar ou esgotar os recursos que o tornam possível. Para isso, as comunidades necessitam de maior conscientização quanto ao seu patrimônio natural e cultural, pois sem isso o turismo torna-se sem valor.

Abordagem Sistêmica da Responsabilidade Social e do Turismo

A responsabilidade social está diretamente ligada a diversas variáveis que a afetam. Para Montana e Charnov (1999), estas variáveis estão inseridas no ambiente geral.

Assim, torna-se mais visível a importância da interação entre a empresa e a sociedade. Assim como as empresas, o setor turístico deve ser visto como um elemento integrante de uma realidade maior, mantendo um processo permanente de intercâmbio com o ambiente.

Para autores contemporâneos, a responsabilidade social engloba o público interno e externo, além do investimento na preservação ambiental. Complementam que há pelo menos sete vetores, a saber: apoio ao desenvolvimento da comunidade na qual atua, preservação do meio ambiente, investimento no bem-estar dos funcionários e dependentes e em um ambiente de trabalho agradável, comunicações transparentes, retorno aos acionistas, sinergia com os parceiros, satisfação de clientes e consumidores.

A respeito da melhoria da qualidade de vida através da Responsabilidade Social, Ashley (2002) salienta que, através da responsabilidade social, a organização assume obrigações de caráter moral, além das estabelecidas em lei, mesmo que não diretamente vinculadas a suas atividades, mas que possam contribuir para o desenvolvimento sustentável dos povos. Dessa forma, a responsabilidade social passa a ser qualquer ação que possa contribuir para a melhoria da qualidade de vida da sociedade.

O Setor de Turismo, com suas diversas funções estruturadas, deve relacionar suas partes com o todo, ou seja, sintetizar-se como um sistema integrado ao meio que está inserido. É preciso conceituá-lo como um sistema de partes estreitamente relacionados. Para BIO (1996: 18), sistema pode ser definido como:

> *"um conjunto de elementos interdependentes, ou um todo organizado, ou partes que interagem formando um todo unitário e complexo. No entanto, é preciso distinguir sistemas fechados, como as máquinas, o relógio, etc., dos sistemas abertos, como os sistemas biológicos e sociais: o homem, a organização, a sociedade."*

O setor turístico, como um sistema aberto em constante interação com o espaço que o cerca, influenciando e sendo influenciado pelo ambiente externo deve acompanhar as mudanças de espaço e adequar seu sistema a estrutura de atuação vigente no mercado.

A responsabilidade social tornou-se uma das mudanças de maior impacto que o mundo globalizado vivenciou nas últimas décadas, obrigando muitas organizações, e mais recentemente o turismo, a adequarem-se a esta nova tendência do contexto corporativo.

Ambiente de Ação Indireta do Setor Turístico

Segundo Stoner e Freeman (1999), o elemento de ação indireta do ambiente externo determina a forma e a velocidade com que o setor deverá reagir, estes fatores devem ser observados no momento de definir seu planejamento estratégico. Os mesmos autores, agrupam essas interações em quatro grupos: variáveis sociais, variáveis tecnológicas, variáveis políticas e variáveis econômicas.

Para a presente pesquisa passaremos a definir as variáveis sociais e tecnológicas, ligadas diretamente ao tema central do trabalho: responsabilidade social e o turismo aliados a tecnologia da informação.

Variáveis Sociais

Fahey e Narayanan *apud* Stoner e Freeman (1999) classificam as variáveis sociais em três categorias: demografia, estilo de vida e valores sociais. As mudanças na demografia e no estilo de vida influenciam a localização e o comportamento dos turistas e da comunidade em determinado momento. Enquanto os valores predominam em todas as outras mudanças sociais e prescrevem todas as escolhas que as pessoas fazem na vida. As variáveis sociais, na atualidade, estão influenciando imensamente as operações na maioria das empresas prestadoras de serviços turísticos.

Demografia. As mudanças na demografia causam forte impacto nas operações do setor turístico em várias regiões do mundo, obrigando-as a acondicionarem suas produções a tais circunstâncias, pois, tais mudanças determinam o tamanho da oferta de mão-de-obra, também criam questões sociais que abalam o planejamento dos administradores e a demografia molda os mercados para muitos produtos.

Estilos de vida. Para Fahey e Narayanan apud Stoner e Freeman (1999), os estilos de vida são as manifestações externas das atitudes e dos valores das pessoas. Nas últimas décadas, a mudança, mais do que a estabilidade, caracterizou os estilos da vida. Em relação ao trabalho, a tendência que mais se reflete é a participação ascendente das mulheres no mercado, agora, competindo amplamente com os homens. Outras mudanças no estilo de vida inserem a tendência para uma educação melhor, cada vez mais pessoas finalizam o segundo grau e ingressam na universidade.

Valores sociais. Nos últimos tempos, a mudança nos valores sociais enfraqueceu o compromisso com a igualdade de oportunidades e com a regulamentação das atividades industriais, alterou a avaliação dos custos e benefícios de novas tecnologias, aumentou as expectativas sociais e econômicas dos consumidores, das mulheres e das minorias, Stoner e Freeman (1999).

Torna-se cada vez mais relevante o modo como os valores sociais, o estilo de vida e a demografia interferem nas atitudes em relação ao turismo e suas expectativas. A participação e o conhecimento da comunidade envolvida no processo de tomada de decisão adquiriu grande importância, a ponto de ser vista por alguns especialistas como um imperativo ético.

Variáveis Tecnológicas

As variáveis tecnológicas, para Stoner e Freeman (1999) incluem avanços nas ciências, bem como novos aperfeiçoamentos em produtos, processos e materiais, o nível de tecnologia determina em grande parte quais produtos e serviços serão produzidos e como serão administradas as operações.

Em termos de tecnologia da informação, a Internet constitui-se de um dos principais meios de divulgação e busca de informações em massa, e que está cada vez mais popular à medida que cai o preço dos computadores e serviços. É uma rede global que conecta milhões de computadores e milhões de pessoas (Harley e Stout, 1995), e representa hoje a maior rede de computadores do mundo. Com a Internet surgiram organizações com novas configurações. Elas são formadas por um arranjo sistêmico de que contemplam os elementos que influenciam a atuação de uma organização, como a tecnologia, a política, a economia e a cultura de uma sociedade – esses elementos visam, no estudo em questão, interligar e integrar dinamicamente, por meio de Tecnologia da Informação, variáveis para o desenvolvimento do Turismo com Responsabilidade Social.

Muitos dos provedores de acesso juntamente com algumas companhias telefônicas, a fim de viabilizar o acesso à rede, já oferecem seus serviços gratuitamente, fazendo com que o número de pessoas que navegam na *web* seja cada vez maior. Com a popularidade crescente já é possível dizer que a Internet está quase tão acessível quanto o rádio e a televisão.

Tanta popularidade faz com que haja uma procura por meios alternativos e diferenciados no modo como a informação será disponibilizada na internet principalmente no setor turístico.

Conforme Bissoli (1999), antes da Internet ser utilizada para realização de negócios na área de turismo, os Sistemas Globais de Distribuição (GDS) eram o principal meio eletrônico para distribuição e comercialização dos serviços. A Internet está possibilitando ao turista a realização de viagens virtuais antes da viagem real, gerando conhecimento e abrindo caminho para atingir novos clientes, mercados e o resgate da história e cultura para a própria comunidade, que é a pretensão do presente trabalho.

Dentre as tecnologias que podem ser agregadas à Internet é possível citar a videoconferência, troca de informações através de salas de bate-papo (Chat) e também o uso da realidade virtual.

Dentre estas, a realidade virtual é atualmente uma das formas mais avançadas para a divulgação de informações, pois une áreas como computação gráfica e visualização espacial fazendo com seja possível obter informações interagindo com o universo virtual apresentado através do computador.

Metodologia

Para a classificação da pesquisa, tomou-se como base a taxionomia apresentada por Vergara (1998), que a qualifica em relação a dois aspectos: quanto aos fins e quanto aos meios.

Quanto aos fins, a pesquisa é de natureza exploratória. A investigação exploratória é realizada em área na qual há pouco conhecimento acumulado e sistematizado.

Quanto aos meios utilizados, a pesquisa baseou-se em dados e informações bibliográficas, documentais e telematizadas.

Proposta da Melhoria da Organização Estratégica do Setor Turístico Aliada à Responsabilidade Social

Em se tratando de informações turísticas, a Realidade Virtual vem sendo aplicada para criar o chamado Turismo Virtual, no qual o usuário pode através da *web* conhecer o local a ser visitado e ainda receber informações adicionais sobre ele.

O artigo propõe um exemplo prático do uso da realidade virtual no setor turístico, onde desenvolveu-se um sítio arqueológico virtual para os remanescentes da redução de São Miguel, situado em São Miguel das Missões – RS, declarados pela UNESCO, Patrimônio da Humanidade, único no Rio Grande do Sul.

O programa (Fig. 26.1) permite que o usuário visite o sítio arqueológico através da internet onde pode obter informações históricas, arquiteturais, arqueológicas e artísticas sobre o local. (Malfatti, 2002).

No presente estudo têm-se como turista desde a comunidade local até os turistas em nível regional, estadual, nacional e internacional que, através do uso da Internet nas escolas, bibliotecas, centros comunitários, universidades, dentre outros, podem realizar o resgate da história e cultura missioneira.

Neste sistema, o turista além de realizar um passeio pelo local virtual, recebe informações de um guia virtual e, pode também trocar mensagens com os outros participantes que estiverem conectados no momento.

Figura 26.1 – Sítio virtual desenvolvido para as ruínas de São Miguel.

Em termos de interação, cada participante recebe ao entrar no sítio arqueológico virtual uma representação gráfica chamada avatar que é escolhida antes de entrar no sistema, dessa forma qualquer movimento ou ação feitos por determinado participante será visto por todos os outros através do seu avatar. Os participantes escolhem também o idioma que desejam receber informações do guia virtual que pode ser em inglês, português ou espanhol. As mensagens do guia são enviadas aos participantes em um intervalo de tempo definido e possuem uma seqüência lógica. Ao final do texto o sistema oferece ao participante a opção de receber o texto novamente, fazendo com que cada usuário tenha a possibilidade de receber informações do guia tantas vezes quanto desejar.

Além de poder visitar o Sítio e receber informações do guia, o sistema conta ainda com um mecanismo de Chat, que permite aos participantes trocarem informações entre si.

Assim, através da realidade virtual, o turista pode ter uma noção completa do local a ser visitado, bem como receber importantes informações para que tome consciência da importância do mesmo em termos históricos e culturais.

Conclusão

Através do uso da Internet e de recursos como a realidade virtual, é possível dizer que o presente trabalho propicia uma alternativa para o resgate histórico e cultural tanto para o turista de qualquer parte do planeta, quanto para a comunidade local. Desta forma a responsabilidade social e o turismo aliam-se à Internet para consolidar conhecimento à cerca da história e cultura missioneira, assim como proporciona meios de interação entre as pessoas para a construção do conhecimento, resgate da cidadania, resgate histórico e cultural e, desenvolvimento de responsabilidades éticas em todos os ambientes e comunidades.

O estudo realizado trata de uma contribuição para os futuros estudos relacionados à utilização da Internet para a Responsabilidade Social no turismo do Brasil. O seu limite foi a utilização de um sítio arqueológico, o da redução de São Miguel – RS, o que não permite generalizar os resultados até o momento alcançados. Por isso, novas pesquisas devem ser realizadas, como o estudo de outros relacionamentos entre a Tecnologia da Informação, a Responsabilidade Social e o Turismo.

Referências Bibliográficas

1. BIO, S. R. *Sistemas de Informação: um enfoque gerencial*. São Paulo: Atlas, 1996.
2. BISSOLI, M. A. M. *Planejamento Turístico Municipal com Suporte em Sistemas de Informação*. São Paulo: Futura, 1999.
3. DAFT, R. L. *Administração*. Rio de Janeiro: LTC, 1999.
4. HARLEY, H.; STOUT. *Dominando a Internet*. São Paulo: Makron Books, 1995.
5. MALFATTI, S. M.; NUNES, M. A. S. N.; CAMPELLO, L.; LOOBEN, A. C.; PULCINELLI, E.; REIS, H. R. Desenvolvimento de um ambiente virtual multiusuário aplicado às ruínas de São Miguel das Missões. In: I WORKSHOP BRASILEIRO DE JOGOS E ENTRETENIMENTO DIGITAL, 2002, Fortaleza. WJogos, 2002.
6. NAISBIT, J. *Paradoxo Global*. Rio de Janeiro: Campus, 1994.
7. QUEIROZ, A.; CARDOSO, A. J. G.; SOUZA, A. A. *Ética e Responsabilidade Social nos Negócios*. São Paulo: Saraiva, 2002.
8. STONER, J. A. F.; FREEMAN, E. R. *Administração*. Rio de Janeiro: LTC, 1999.
9. VERGARA, S. *Projetos e Relatórios de Pesquisa em Administração*. 2. ed. São Paulo: Atlas, 1998.

Capítulo 27

Contribuição das Estratégias de Desenvolvimento Turístico para o Papel Social das Organizações

Alexandre Abreu Fonseca
Patrícia Abreu Fonseca

Introdução

Notadamente, o crescimento da indústria turística na atualidade, vem comprovar o relacionamento estreito do fenômeno turístico com as ciências sociais e humanas.

Nesta perspectiva, a teoria clássica da administração aponta que a principal preocupação das organizações era a obtenção de maior lucro para seus membros. Com o surgimento de novas teorias, as pessoas que se relacionam com as organizações de forma direta ou indireta, passaram a ter uma importância se não maior, pelo menos diferente. Surge então o objetivo de crescimento e desenvolvimento das organizações, o objetivo social, ou seja, a responsabilidade social da empresa junto aos seus empregados, consumidores, sócios, imprensa e a comunidade como um todo.

Este artigo tem como objetivo, apresentar as contribuições das estratégias de desenvolvimento turístico para a implementação efetiva do papel social das organizações turísticas, tendo como foco a inserção das comunidades do entorno organizacional no processo de melhoria da qualidade de vida através de ações sociais em prol da preservação da Humanidade.

Nos dias de hoje, a inter-relação entre as organizações e seu ambiente nunca foi tão intensa, tornando seus ambientes organizacionais cada vez mais complexos e acometidos a mudanças constantes que demandam uma estratégia de longo prazo, contida dentro de um planejamento empresarial.

As organizações turísticas não estão livres destas mudanças de cenário global, e suas principais preocupações são com respeito ao meio ambiente, no qual, toda a atividade econômica deste setor, envolve a utilização de recursos ambientais que obrigatoriamente afetam seu entorno.

A atividade turística tem impactos consideráveis sobre o entorno, e qualquer mudança ocasionada neste, pode trazer um impacto negativo ou positivo ao bem-estar da comunidade. Stankovic (1991) afirma que "o turismo é um consumidor específico de recursos naturais, pois estes constituem a base para o desenvolvimento da atividade turística".

Assim sendo, os administradores não podem encarar o papel social das organizações com olhos míopes, pois esta visão fosca poderá resultar em crises contestatórias, que poderão vir de dentro da empresa ou da comunidade.

Existem três considerações básicas que o empresário deverá subordinar-se com efeito da importância social da empresa:

- Maior preocupação com a sociedade que está mais bem informada e mais exigente de seus direitos e da preservação de leis que asseguram o seu bem-estar e até a sobrevivência da Humanidade.
- Convencerem-se a se tornarem mais atentos ao fato de estarem participando no desenvolvimento de atitudes e valores na sociedade.
- Desenvolver teorias administrativas modernas, que acompanhem o desenvolvimento natural do entorno em que a empresa está inserida.

Estratégias de Desenvolvimento de Destinos Turísticos em Base Social

Alguns destinos turísticos mostram sinais de crise que exigem mudança de atitude dos agentes envolvidos na indústria turística: as empresas, as autoridades, a população da comunidade do entorno e os visitantes.

Assim sendo, é necessário que se criem novas formas de gerir as organizações desenvolvendo estratégias em relação aos impactos do turismo sobre o entorno meio ambiental, onde o planejamento turístico deverá surgir com a finalidade de definir os objetivos do desenvolvimento da atividade, indicando meios para executá-lo, tentando elevar ao máximo os benefícios econômicos, sociais e culturais, e buscando alcançar um equilíbrio entre os objetivos de lucro da organização e o bem-estar no entorno do qual faz parte.

O processo de planejamento tem várias etapas que partem da definição de objetivos, até o estabelecimento de meios para consegui-los. Segundo Getz (1983) pode-se distinguir três etapas fundamentais:

- Formulação de um modelo de priorização de objetivos – análise do cenário para identificar os problemas e traçar objetivos que vão de encontro com os interesses das autoridades locais, da população, dos turistas e da própria organização.
- *Avaliação das estratégias*: avaliar e formular as alternativas de atuação. Diferentes maneiras de interferir no espaço econômico que podem transformar em diversos programas de atuação. Escolha da melhor alternativa que prime pela maximização dos lucros e bem-estar da comunidade.
- *Escolha de procedimentos*: deve-se proceder à elaboração do conteúdo dos programas de atuação, designando os recursos necessários para concluí-los. Estudar quais os instrumentos são mais adequados para conseguir os objetivos traçados e desenvolver os programas propostos (mudanças de leis, investimentos públicos, incentivos fiscais, subvenções, planos de formação, programas de conscientização, etc.).

Tipos de Estratégias de Desenvolvimento Turísticos

A definição, por parte dos gestores, das estratégias para o desenvolvimento do turismo em suas localidades ocorre pelas características singulares da atividade e pela necessidade de compreender além dos problemas e preocupações atuais, as aspirações futuras dos diversos agentes envolvidos. Para Ansoff, estratégia é o "plano que determina a forma em que a organização pode alcançar seus objetivos, consciente das pressões da concorrência e de próprias limitações de seus recursos." Em suma, "são os meios empregados para que se obtenham os recursos disponíveis para o alcance dos objetivos propostos" (Ansoff, H. In: Acerenza, M. 1987, p. 89).

Com base nesse autor, formularam-se as implicações básicas que devem ser consideradas quando da definição das estratégias para o turismo em localidades:

- *O objetivo*: sabendo claramente onde se quer chegar.
- *O mercado*: o conhecimento em relação à demanda e à oferta de destinos similares.
- *As vantagens competitivas do produto*: quais são os diferenciais que podem atrair ou reprimir a demanda.
- *O potencial de*: quem são e como agirão os parceiros e funcionários envolvidos no processo.

A partir daí, é possível estabelecer estratégias comuns para o desenvolvimento turístico em localidades, que são:

- Estruturação da infra-estrutura geral ou básica de apoio ao turismo (educação, saúde, acessos, outras atividades econômicas, segurança, comunicações etc.).

São algumas melhorias na qualidade de vida local que interferem diretamente no desenvolvimento da atividade turística, como um bom serviço de saúde, ausência de problemas de insegurança, uma agricultura forte para fornecer produtos aos restaurantes e hotéis, entre outros.

- Estruturação da oferta diferencial turística (atrativos naturais e culturais).

A necessidade de preparar o atrativo antes de receber um elevado volume de pessoas, visando à preservação de suas singularidades. Portanto, dentre as ações, deve-se determinar a capacidade de carga dos atrativos turísticos e preparar uma estrutura receptiva adequada à demanda;

- Estruturação da oferta técnica (setor de hospedagem, alimentação, agenciamento e entretenimento).

Pretende-se, assim, adequar a oferta à demanda, incentivando, restringindo e direcionando a ampliação, conforme as necessidades do visitante. Para tanto, sugerem-se a oferta de cursos de capacitação e reciclagem, incentivos para a construção etc;

- *Marketing*.

São medidas que visam inserir a localidade no mercado de destinos turísticos, com ações planejadas e agressivas, devendo ser empreendidas tanto pela iniciativa pública quanto pela privada;

- Normatização e controle (legislação e incentivos).

A necessidade de definir os parâmetros para o desenvolvimento estruturado do turismo na localidade, deixando claras as regras e os incentivos previstos para o setor.

Segundo Porter em seu artigo *O que é estratégia?*, as estratégias das organizações devem apresentar três componentes que as definam de acordo com o posicionamento que tomam diante da comunidade em que estão inseridas:

- *Posicionamento*: criar uma posição única envolvendo um conjunto diferente de atividades: opções excludentes/*trade-off* (opções pra competir, escolha do que não deve ser feito) e sinergia (criar uma sinergia entre as atividades da organização).

Esse posicionamento estratégico consistirá em realizar as atividades diferentes das exercidas pelos concorrentes ou fazer as mesmas de maneira diferente. Neste caso, a estratégia competitiva poderá ser um programa de conscientização para a não degradação do meio ambiente estruturado por uma organização de turismo.

Impactos do Turismo na Estratégia de Desenvolvimento

Apesar de a importância da atividade turística ser cada vez mais reconhecida e estudada nas mais diversas localidades e países, o seu desenvolvimento coeso ainda é considerado como de importância secundária. De acordo com um experiente administrador da atividade, "os planejadores da política social e econômica geralmente não têm o turismo como um setor importante, então o corpo técnico responsável pela atividade turística é habitualmente mal equipado para gerenciar seu desenvolvimento." (Likorish, L. in Laws, E.: 1995, p. 37). Para Laws, tal fato é corriqueiro devido à complexidade do setor, com vários elementos e subsistemas interdependentes, sem que nenhum tenha o controle total do processo. Então, devido à fragmentação na produção, há o enfraquecimento institucional do departamento de turismo, com agentes importantes para seu direcionamento situando-se em outras áreas. Assim, é comum a administração da estação rodoviária municipal estar a cargo do departamento de administração pública, que pouco contato possui com o de turismo. Um dos problemas causados por este tipo de administração fragmentada, é o gerenciamento sem coesão do turismo, portanto, destinando-o a um papel secundário, mesmo em localidades que têm nele a maior atividade econômica. No entanto, para o visitante não há essa quebra e, caso algo esteja errado, quem sai perdendo são todos os agentes envolvidos. É necessário que haja uma ação integrada entre os órgãos públicos e privados do turismo e a participação efetiva da comunidade neste processo.

Importância das Estratégias de Gestão de Recursos Humanos para o Turismo

A necessidade de educar e treinar os recursos humanos do turismo constitui-se numa das estratégias iniciais para qualquer tipo de crescimento da atividade que se vislumbra para uma destinação. Sabe-se que pouco adianta contar com um excelente equipamento turístico (um hotel de primeira categoria com toda a tecnologia possível) ou um atrativo singular (uma linda cachoeira ou praia) se os prestadores de serviços aos visitantes não sabem como receber. Para Doswell (1997: 93), a importância de uma política para o desenvolvimento dos recursos humanos pode ser dividida em duas partes:

- A necessidade de oferecer condições de empregos competitivos e oportunidades de carreira, para assegurar o recrutamento adequado para todos os níveis de pessoal.
- Para prover oportunidades de educação e treinamento para todas as ocupações e especializações, nos níveis de aceitabilidade e especificidade necessários à localidade em que está inserido. Assim, tanto a iniciativa pública quanto a privada são responsáveis pela capacitação ao turismo em sua área de influência. Para a primeira cabe, ainda, a definição da estratégia para o desenvolvimento dos recursos humanos do turismo na localidade e que abrange: (a) a relação entre a política de desenvolvimento do

turismo local e os recursos humanos existentes; (b) o produto turístico existente e a mão-de-obra empregada; (c) a expectativa de crescimento do setor e da força de trabalho exigida para o mesmo; e (d) a situação atual de treinamento dos recursos humanos no município.

A Tabela 27.1 mostra o procedimento da estratégia de desenvolvimento dos recursos humanos para o turismo de forma a integrar os objetivos da organização, o ambiente interno (melhores condições de trabalho) e a participação da comunidade do entorno.

A estratégia de desenvolvimento dos recursos humanos para o turismo deve ser dividida em duas áreas distintas: (1) a força de trabalho futura e necessidades de treinamento e (2) a capacitação atual e necessidades existentes e futuras. A primeira faz uma análise de como está o mercado atual de mão-de-obra no setor (quantos e quais os empregos oferecidos, qual a capacitação existente, qual a remuneração etc.) e como deverá ser o crescimento do turismo nos próximos anos (volume e motivação da demanda, sazonalidade etc.). Com estes dados faz-se um cruzamento de informações visando identificar as necessidades futuras na força de trabalho e conseqüentemente, o tipo de capacitação exigida para satisfazer este mercado. Já a capacitação atual e necessidades existentes e futuras, elabora o inventário dos programas de educação e treinamento existentes, fazendo uma análise de onde estão as falhas na oferta de cursos para o mercado atual e para o futuro. Em seguida, determina os tipos de educação e treinamento que deverão ser oferecidos, que podem ser de diversas formas:

Tabela 27.1 – Estratégia de Desenvolvimento dos Recursos Humanos para o Turismo

Força de trabalho futura e necessidades de treinamento	*Capacitação atual e necessidades existentes e futuras*
Pesquisa na força de trabalho existente	Programas de capacitação existentes
Análise	Falhas nos treinamentos
Desenvolvimento turístico esperado	Padrões de habilidade exigidos
	Treinamento prático
Futuras necessidades de mão-de-obra	
	Reciclagem
Futuras necessidades de treinamento	Capacitação inicial ou Recapacitação

- Práticos,
- De reciclagem,
- Inicial ou
- De recapacitação.

Para que este processo seja eficiente, salienta-se a necessidade de direcionar a qualificação dos recursos humanos do turismo conforme a realidade educacional do local, geralmente é dividida em três níveis distintos: básico, médio e superior. Para Boullón (1990: 100), o nível básico requer uma programação especial com base em cursos curtos, eminentemente práticos, que tratem de um só tema por vez. Ex.: garçom, auxiliar de cozinha, arrumadeira etc. É importante notar que para esse tipo de público faz-se necessária à adequação para uma linguagem simples, direcionada a pessoas que muitas vezes não concluíram o nível básico educacional.

O nível médio requer cursos destinados ao aprendizado de técnicas operacionais nos diversos setores da atividade turística (agências e operadoras de turismo, hotéis, restaurantes etc.), que podem ser de curta ou de média duração, tais como: emissão de bilhetes aéreos nacionais (curta) e técnico de turismo (média).

Por fim, o nível superior, que corresponde à capacitação da classe empresarial e gerencial das várias empresas e instituições que atuam no setor do turismo, abarcando desde cursos de graduação em administração de hotéis e de turismo até de pós-graduação (*lato sensu* ou *stricto sensu*) em *marketing* e gestão e em turismo e lazer. Em geral, estes cursos são oferecidos nos centros urbanos de maior desenvolvimento econômico abrangendo, assim, um número maior de municípios.

Nesse processo, necessário para a capacitação e qualificação dos recursos humanos, os municípios brasileiros apresentam alguns problemas comuns, tais como: (1) falta de uma política municipal para os recursos humanos no turismo, mesmo naquelas destinações que têm este setor como principal atividade econômica; (2) ausência de continuidade na oferta de cursos, devido à ausência de um programa ou meta comum e (3) a falta de consciência, tanto do empregador quanto do funcionário, da importância da qualificação. Este último é o que apresenta maior dificuldade de resolução, pois de nada adianta contar com um excelente programa de cursos de qualificação aos funcionários nos meios de hospedagem, com ótimos docentes e material, se o público alvo não comparece, seja porque não se interessou ou porque o dono do estabelecimento não o apoiou para realizar o curso. Para esse tipo de problema há algumas opções, como um programa lançado pela Embratur para a conscientização da comunidade visando que esta, em longo prazo, valorize o turismo como atividade econômica e de que, para ser bem feito, deve ocorrer de forma profissional. Outra opção seria o lançamento de uma campanha institucional, de caráter informativa, que visasse a conscientização da importância da qualificação profissional para os empregados e empresários, uma vez que o objetivo maior está na satisfação dos visitantes que passariam a contar com melhores produtos e principalmente, melhores serviços.

Segue abaixo um *case* sobre a utilização de recursos humanos qualificados para a implementação de estratégias de desenvolvimento turístico de base social.

Case: Estratégias para a Revitalização do Parque da Cascata

As ações integradas e a utilização das estratégias de desenvolvimento de recursos humanos para o turismo pode ser vista no Projeto de Revitalização do Parque da Cascata, no município de Sete Lagoas em Minas Gerais, assumido pelo curso de Turismo da Faculdade Cenecista de Sete Lagoas. O projeto foi elaborado pelos alunos e professores do curso de turismo onde foi feito o diagnóstico do local, descrevendo a situação de degradação do meio ambiente, uso inadequado da área de preservação ambiental, o abandono da infra-estrutura turística do local, a depredação do patrimônio público, dentre outros problemas levantados. Com os dados coletados no diagnóstico, fez-se um prognóstico e listaram-se as ações de cunho emergencial, estipulando os objetivos e as metas a serem cumpridas. Por ser uma área de preservação ambiental de responsabilidade do município, levou-se ao conhecimento da secretaria de turismo e dos órgãos competentes o interesse em adotar a área, com o intuito de melhorar as condições de visitação e exploração turística do local em prol do uso comum da comunidade setelagoana e dos turistas. A partir daí assinou-se um convênio de parceria para estágios entre a Prefeitura Municipal e a Faculdade Cenecista, que traçaram as estratégias de desenvolvimento do Projeto de revitalização do Parque da Cascata tendo como ações primeiras, o lançamento do concurso para escolha da logomarca do parque visando melhorar a imagem do local, seguindo o modelo de gestão de *marketing* de vários Parques do Brasil, a busca de parcerias com os empresários da comunidade para a recuperação das estruturas depredadas, a parceria com o IEF (Instituto Estadual de Florestas) para oferecer cursos de manejo em áreas de preservação ambiental para os estagiários da Faculdade e doação de mudas para o reflorestamento dos espaços degradados.

Todas estas estratégicas foram pensadas no sentido de integrar os alunos do curso de turismo no processo de interação social que representa a responsabilidade social da instituição de ensino para com a comunidade em que esta inserida.

Estratégias para Estabelecer os Níveis de Responsabilidade Social nas Organizações

Existem certos níveis de responsabilidade social necessários para que uma empresa possa funcionar em nossa sociedade: os empregados devem ser pagos a um determinado nível que não signifique pobreza absoluta, certos tipos de poluição devem ser controlados, mudanças sociais devem ser respeitadas.

A estratégia de se estabelecer um modelo piramidal da hierarquia organizacional acompanhando a pirâmide social, requer que um administrador que ocupa uma posição detentora de maior poder de barganha dentro da organização detém maior responsabilidade social e deve estar preparado para atender às expectativas sociais. Em nível intermediário de poder caberia determinar e prever demandas sociais antes que a comunidade se manifeste. Os demais níveis seriam aqueles responsáveis pela elaboração e execução de programas de trabalho e estabelecer novos padrões de desempenho social da organização. Vale ressaltar que empresas socialmente responsáveis são vistas com "bons olhos" pelos seus públicos estratégicos, opinião pública, e passam a ter a preferência dos clientes. Em países desenvolvidos, como é o caso dos Estados Unidos, onde a concorrência se encontra em um nível mais avançado, acreditasse que a prática da Responsabilidade Social passou de diferencial para uma questão de sobrevivência das empresas.

Na maioria das vezes, bons exemplos de ações de responsabilidade social ocorrem em parceria do poder público e privado. Assim, podemos citar o Programa "Adote o Verde" realizado pela Prefeitura de Belo Horizonte em parceria com a iniciativa privada, onde empresas ficam responsáveis pela reforma, manutenção e preservação de canteiros e jardins localizados nos mais diversos pontos da cidade. Em troca estas empresas ganham o direito de divulgação, através de placas ou lixeiras afixadas nos próprios locais preservados.

Outro bom exemplo é a ação comunitária que a Embraer desenvolve com a comunidade do entorno do Aeroporto da Pampulha. O certo é que nas duas situações três grupos saem ganhando: a comunidade, o poder público e o empresariado que aposta nesta boa idéia.

Considerações Finais

O balanço social deve ser visto como instrumento de medida do comportamento da empresa em torno da satisfação de seus objetivos sociais. Esse instrumento deve ser estabelecido pelas estratégias adotadas pela organização em função dos indicadores representativos da situação social, a sociedade, o meio ambiente, as condições de trabalho dentro da organização.

Neste contexto, as políticas turísticas atuais, concedem grande importância à necessidade de atuar diante dos impactos do turismo, uma vez que a indústria turística usa, em seu funcionamento, numerosos recursos naturais, seja do próprio espaço físico ocupado pelas instalações turísticas até a paisagem natural admirada e desfrutada pelos turistas.

A maioria dos locais turísticos, na atualidade, dependem de ambiente limpo, meio ambiente protegido e cultura específica, atributos garantidos pelas estratégias de planejamento do turismo, levando em conta o meio ambiente, a população local e a maximização dos lucros advindos destas ações integradas.

As estratégias organizacionais para a qualidade ambiental deverão considerar a interligação entre fornecedores, clientes, comunidade, órgão reguladores, aspectos socioambientais do entorno, etc., para que o papel social da empresa se torne uma vantagem competitiva.

Algumas organizações turísticas já se preocupam em implantar programas de prevenção à poluição através da conscientização ambiental em áreas de proteção do meio ambiente, redução de desperdícios de recursos não renováveis através da substituição por outros recursos disponíveis e renováveis, investimento em produto ecologicamente correto através do uso de matéria prima reciclável, adequação das tecnologias aos recursos disponíveis, treinamento e avaliação rigorosa da mão-de-obra recrutada exigindo maior especialização dos funcionários, inserção da organização no mercado verde através das ações de comunicação e *marketing*.

Referências Bibliográficas

1. ACERENZA, M. *Administración del Turismo: planificación y dirección*. 2 ed. México: Trillas, 1987. 233p. 2 v.
2. BISSOLI, M. A. M. A. *Planejamento Turístico Municipal com Suporte em Sistema de Informação*. 2 ed. São Paulo: Futura, 2001. 33p.
3. BOULLÓN, R. C. *Los Municipios Turísticos*. México: Trillas, 1990. 110p
4. DOSWELL, R. *Tourism: how effective management makes the difference*. Oxford: Butterworth-Heinemann, 1997. 319p.
5. GETZ, D. Capacity to Absor Turism – Concepts and Implications for Strategic Planning. Annals of Tourism Reserch, vol. 10.

6. HALL, C.; JENKINS, J. *Tourism and Public Policy*. London: Rotledge, 1995. 116p.
7. HENRIQUES, E. *Lisboa Turística: entre o imaginário e a cidade*. Lisboa: Colibri, 1996. 189p.
8. KOTLER, P.; HAIDER, D.; REIN, I. *Marketing Places*. New York: Free Press, 1993. 388p.
9. KWASNICKA, E. L. *Introdução à Administração*. 5. ed. São Paulo: Atlas, 1995. 260p.
10. LAWS, E. *Tourist Destination Management: issues, analysis and policies*. London: Rotledge, 1995. 208p.
11. LICKORISH, L. et al. *Desarrollo de Destinos Turísticos*. México: Diana, 1994. 212p.
12. MCINTOSH, R.; GOELDNER, C. R.; RITCHIE, J. R. *Tourism: principles, practices and philosophies*. 2. ed. New York: John Wiley & Sons, 1995. 551p.
13. OMT. *Introdução ao Turismo*. São Paulo: Roca, 2001. 227p.

Capítulo 28

O Empreendedor Turístico como Agente de Transformação Social

Marialva Tomio Dreher
Rachel Aparecida de Oliveira

Introdução

Os problemas sociais afetam as instituições e a sociedade, prejudicando o desenvolvimento em toda a sua abrangência. De acordo com o economista Schumpeter (1988)[1] todo o processo concreto de desenvolvimento repousa finalmente sobre o desenvolvimento precedente. Então, deve-se ao "fato" (desenvolvimento, conhecimento, etc.) precedente as chamadas mudanças, que despertam a inovação, ou seja, tornando novo ou renovando o "fato" já existente.

O "fato" pode estar ligado a uma variedade de fenômenos ambientais. Rodrigues (1999, p. 94) *considera o ambiente na sua concepção abrangente, ou seja, nas suas expressões – natural, ocupada e construída -, que se interpenetram num movimento sincrônico de ações e interações*

[1] Schumpeter descreveu os empreendedores como os inovadores que dirigem o processo "criativo-destrutivo" do capitalismo. Define a função do empreendedor sendo a de reformar ou revolucionar o modelo de produção. Os empreendedores de Schumpeter são os agentes de mudança na economia. Servindo novos mercados ou criando novos meios para fazer as coisas, eles impulsionam a economia (Deer, 2003).

recíprocas, assim, o ambiente resulta da integração das esferas natural, social, econômica, política e cultural. Portanto, o termo "social" abrange a relação entre os seres humanos e também com a natureza (*habitat* humano).

As oportunidades mais significativas para se converter um problema social numa oportunidade de negócios não precisam, portanto, estar necessariamente em uma nova tecnologia, um novo produto ou um novo serviço. Poderão estar na resolução de um problema social, isto é, em uma inovação social que irá então beneficiar e fortalecer direta ou indiretamente uma empresa ou indústria (Drucker, 2002).

Drucker não vê os empreendedores como responsáveis por mudanças, mas os vê explorando as oportunidades que as mudanças criam (na tecnologia, na preferência dos consumidores, nas normas sociais etc.). O empreendedor sempre busca a mudança, a reponde e a explora como uma oportunidade, Os empreendedores têm a mente programada para verem mais as possibilidades do que os problemas criados pelas mudanças.

Ainda, ao analisar as teorias acerca do empreendedor encontram-se evidências de transformações sociais decorrentes de ações relacionadas ao processo empreendedor. Nesse contexto, os indivíduos criativos, nunca satisfeitos em simplesmente acompanhar o grupo, após um período de desenvolvimento das habilidades, manifestam claramente sua prontidão para lançar-se a novas direções. Gardner (1996) considera que existe uma característica específica, uma vez que tantas pessoas que atingem um determinado nível comparável de competência se satisfazem simplesmente em permanecer naquele nível ou fazer ajustes mínimos, em vez de tentar seguir audaciosamente seu próprio caminho. Este autor apresenta exemplos, que se pudermos compreender as descobertas criativas realizadas, certamente compreenderemos, algumas facetas da criação humana. Apresenta, entre outros, talentos como:

- O neurologista transformado em psicólogo, Sigmund Freud (1856-1939) atendia pacientes, observando com satisfação a crescente influência de seu movimento psicanalítico, de modo geral, preocupando-se com a sobrevivência de uma sociedade humana inerentemente destrutiva. Poucos investigadores de qualquer época tiveram uma convicção tão forte como a de Freud de serem exploradores solitários de um território virgem.
- Pablo Picasso, o pintor espanhol (18881-1973) estava gradualmente disseminando o estilo cubista de pintura, que ele e Georges Braque criaram juntos. Picasso nos dá a oportunidade de considerar as con-

tribuições da prodigiosidade para as conquistas surpreendentes precoces e sua transformação numa forma que permitiu contribuições duradouras.

- Mahatma Ghandhi (1869-1948) o político e líder espiritual indiano. Desenvolveu métodos inovadores de resistência pacífica, no final da guerra ele iniciou na Índia uma revolução política não-violenta com reverberações mundiais. Aproveitando idéias ocidentais e indianas, ele criou uma filosofia original que era ao mesmo tempo um programa efetivo de ação.
- O físico Albert Einstein (1879-1955) professor de física e também diretor de um novo instituto de física. Pacifista, ele recebeu o Prêmio Nobel por sua pioneira reconceitualização do tempo, do espaço e da luz. A conceitualização concreta de Einstein constitui um formidável desafio intelectual, ele foi capaz de fazer descobertas precisamente porque não aceitou simplesmente como dados os paradigmas e agendas da física de seu tempo.

Os exemplos citados acima envolvem três elementos centrais: um ser humano que cria, um objeto ou projeto no qual o indivíduo está trabalhando, e os outros indivíduos que habitam o mundo do indivíduo criativo. Nesse sentido, compreendendo a sinergia entre criatividade e inovação, nota-se que o espírito empreendedor pode motivar esforços como uma "mola propulsora" na solução ou minimização de muitas deficiências sociais, que prejudicam a qualidade da vida.

Não há dúvida que o contexto problemático é abrangente, mas, é uma questão de direcionamento e de gestão das idéias. Bernhoeft (1997, p. 51) diz que *uma das características do empreendedor não é apenas ser determinado em relação aos negócios, mas também desenvolver uma capacidade de determinação no seu estado de ânimo e seus efeitos sobre os demais.* O empreendedor além de automotivar-se deve ser um exemplo daquilo que vende, oferece ou orienta. É fundamental manter a coerência entre a sua postura e o que ele oferece.

O desafio é relacionar empreendedorismo e transformação social, sem, aderir ao mito que questões sociais e econômicas são dissociadas. O assunto evidentemente precisa ser reconhecido e contextualizado na amplitude do sentido sócio-histórico e econômico. É conveniente propiciar *conceitos transversáteis* capazes de inaugurar atitudes que busquem situar-se além das existentes (Assmann, 1996). Nesse caso, é possível entender, que a humanidade possui necessidades inter-relacionadas. Uma complexidade que envolve aspectos tangíveis (artefatos construídos, materiais, entre outros) e intangíveis (fome, sentimentos, manifestações culturais, entre outros) do produto humano (Pereira, 2001), considerando-o em seu movimento constante de transformação. Ou seja, as ações sociais e econômicas se interpenetram num movimento concomitante.

Ao se tratar à questão do empreendedorismo, pode-se conceber que esse movimento permite resultar numa aproximação entre as áreas e, provocar transformações que visam diminuir a defasagem das minorias procurando amenizar seu processo de exclusão social além de desenvolver oportunidades nas esferas econômica, social e natural da sociedade. Em relação aos novos negócios, as fundações, institutos e empresas estão precisando iniciar programas num momento que a ótica de mercado já não permite este desprendimento, exigindo a previsão do retorno do investimento realizado tanto em relação ao beneficiário como ao investidor, É claro que este retorno não traduz em moeda, mas, sim, em desenvolvimento (Dalmau *et al.*, 2000).

Empreendedor Social e de Negócios

O empreendedor, sujeito histórico de transformação social procura romper com barreiras e correr riscos para realizar seus sonhos. Os empreendedores chamados "sociais" possuem características distintas dos empreendedores de negócios. Eles criam valores sociais através da inovação e da força de recursos financeiros, em prol ao desenvolvimento social, econômico e comunitário (Agostini, 2001). Para os empreendedores sociais, a missão social é central e explícita. E obviamente isso afeta a maneira como os empreendedores sociais percebem e avaliam as oportunidades. Para os empreendedores sociais a riqueza é apenas um meio para um determinado fim (Deer, 2003).

Já para os empreendedores de negócio, a geração de riquezas é uma maneira de mensurar a geração de valor. Isso ocorre porque os empreendedores de negócio estão sujeitos à disciplina do mercado, o qual na maioria das vezes é quem determina se eles estão mesmo gerando valor. Se eles não alternarem seus recursos para serem usados de forma mais economicamente produtiva, eles tenderão a serem postos de fora do mercado.

A habilidade dos empreendedores de atrair recursos (capital, pessoas, equipamentos etc.) num mercado competitivo é racionalmente um bom indicativo de que um empreendimento apresenta um uso mais produtivo destes recursos do que os seus competidores. Nos negócios, o valor é gerado quando os consumidores estão dispostos a pagar mais do que o custo de produção do bem ou serviço sendo vendido.

Empreendedores sociais operam nas leis de mercado, mas estas leis nem sempre dão a disciplina correta. Muita organização de propósito social cobra taxas por alguns de seus serviços. Elas também competem por doações, voluntários e outros tipos de apoio. É inerentemente difícil de mensurar a geração de valor social. Mesmo quando as melhorias podem ser mensuradas, muitas vezes é difícil de se atribuir correta intervenção específica.

Os empreendedores sociais possuem algumas características que o diferenciam dos demais, Brinkerhoff (*apud* Agostini, 2000) apresenta as seguintes características do empreendedor social:

- Sempre disposto a correr riscos razoáveis em favor das pessoas as quais a organização serve.
- Entende a diferença entre necessitar e querer.
- Mensura o retorno social e financeiro de cada um dos investimentos.
- Entende que todos os recursos alocados são realmente investimentos administrados.
- Sempre tem uma missão, mas sabe que sem dinheiro não há missão que se conclua.

Nessa direção, identifica-se o empreendedor social como um transformador que na sua inquietude busca colaborar com a problemática social. A sua colaboração dá-se em face da inovação, com novas oportunidades e aberturas para discussões e principalmente ações sociais. Auxiliar sociedades, empresas interessadas em responsabilidade social, organizações sem fins lucrativos, mas principalmente acrescentar conhecimentos para a melhoria da qualidade de vida, são desafios que revertem em formas empreendedoras de transformações.

Assim, no turismo, os atos empreendedores poderiam provocar movimentos direcionados para a diminuição dos efeitos problemáticos como também, futuras pesquisas para explorar novos caminhos e abordagens turísticas. De acordo com Farrel (1993) os empreendedores não são de ficar esperando. A ação rápida e a descoberta de novos caminhos são as características mais consistentes e mais visíveis do empreendedor.

EMPREENDEDORISMO E TURISMO

O termo empreendedorismo (*entrepreneurship*) compreende o processo que envolve funções, ações e atividades ligadas ao espírito empreendedor. De acordo com Drucker (1987) os empreendedores inovam e, a inovação é o instrumento específico do espírito empreendedor. Eles criam valores novos e diferentes, e satisfações novas e diferentes, convertendo um "material" em um "recurso", ou combinando recursos existentes em uma nova e mais produtiva configuração.

Para Dornellas (2001) por trás das inovações, existem pessoas ou equipes de pessoas com características especiais, que são visionárias, que questionam, que arriscam, que querem algo diferente, que fazem acontecer, que empreendem. Os empreendedores são pessoas diferenciadas, que possuem motivação singular, apaixonadas pelo que fazem, não se contentam em ser mais um na multidão, querem ser reconhecidas e admiradas, referenciadas e imitadas, querem deixar um legado. Entende-se assim, a complexidade do empreendedorismo.

Segundo Fillion *apud* Pereira (2001), um empreendedor é uma pessoa que imagina, desenvolve e realiza visões. Ele identifica alguns elementos que funcionam como suporte à formação da visão, como, conceito de si, energia, liderança, compreensão de um setor e relações. De um modo característico, o empreendedor considera necessário novas mudanças, a partir do fortalecimento das habilidades e competências que podem influenciar suas funções para a realização de um projeto. Pereira (2001, p.27) menciona que: *o empreendedor é, portanto, o resultado de uma ação individual realizada em meio ao movimento constante das necessidades, valores e conhecimentos da sociedade.*

O termo empreendedorismo recebeu ao longo dos tempos, pelos diferentes estudiosos do assunto, uma série de definições. Essa variação de definições e conceitos é normal e salutar. Ademais tendo em vista a complexidade e as características que o envolvem, é aceitável a dose de subjetividade que cada um sinta para defini-lo.

Utilizando-se, assim, de definições já pré-concebidas, entende-se que a característica do empreendedor pode ser enfocada na conexão entre "inovação e movimento". Inovação no sentido da mudança, melhoria de busca do novo ou agregação de novos valores. Movimento no sentido de ação, agilidade, dinâmica e interação com o meio circundante. Associando empreendedorismo e turismo, pode-se fazer uma leitura da necessidade do ato empreendedor na criação de "novidades" e diferencias essenciais para o desenvolvimento e melhoria da atividade.

De acordo com Beni (1991) três são os elementos importantes para o futuro do turismo: inovação, desempenho e qualidade. A inovação motiva à mudança, o desempenho a implantação e, a qualidade motiva à revisão e manutenção da iniciativa empreendedora. Além disso, o turismo é considerado um fenômeno multidisciplinar, que segundo técnicos e especialistas do setor, envolve aproximadamente 52 setores da economia.

Analisando estes aspectos, percebe-se que as oportunidades de empreender na interface turismo, sociedade e ambiente podem resultar no desenvolvimento sustentável da atividade, pois apresenta diversificadas possibilidades de promover reflexos positivos na questão sócio-ambiental.

O turismo além de apresentar-se como uma alternativa econômica lucrativa, demonstra possuir sua própria dinâmica e pode também ser um agente de transformação social. Assim, não pode ser concebido como um fato meramente conjuntural ou simplesmente passageiro. Fernandes e Coelho (2002) comentam que o turismo tem evoluído substancialmente ao longo do tempo, especialmente a partir da segunda metade do século XX. É considerado nos dias de hoje, o segmento que exibe uma das maiores taxas de crescimento no mundo dos negócios. Conforme previsões do Instituto Brasileiro de Turismo – EMBRATUR (*apud* Fernandes e Coelho, p.13, 2002) até o ano de 2025, o turismo estará respondendo por quatro em cada cinco empregos da chamada economia de serviços. E esta, por dois em cada três empregos da economia em geral. Enfatizam-se, portanto, as oportunidades promissoras para empreender no ramo turístico.

A inovação na área turística é uma constante e, um dos fatores que esta estimulando as mudanças atuais são os próprios consumidores. Segundo a Organização Mundial do Turismo (OMT, 2001) estão sendo produzidas mudanças na estrutura populacional, nos valores sociais predominantes, nos estilos de vida, nos níveis educacionais, no tempo livre e nos níveis de renda disponíveis, favorecendo, o surgimento de turistas mais bem informados e com uma grande diversidade de necessidades e desejos. Cabe ao empreendedor atentar-se para essa situação e antecipar-se no atendimento dessa demanda potencial, buscando adaptarem-se às necessidades e às inquietações que lhe apresentam o turista.

Torna-se fundamental ao empreendedor turístico antever-se às perspectivas de crescimento turístico. A OMT (2001) menciona alguns fatores determinantes e influências mais importantes que ocorrerão durante o período de 1995-2020, merece destaque nos setores

- *Econômico*: as novas economias-tigre em ascensão, ou seja: China, Índia, Indonésia e Rússia e o crescimento da diferença entre países ricos e pobres.

- *Tecnológico*: avanço nas tecnologias dos transportes.
- *Político*: eliminação das barreiras para as viagens internacionais.
- *Demográfico*: envelhecimento da população e redução da população ativa.

A *Globalização* demonstrando o poder crescente das forças econômicas e do mercado internacional, O aumento da *conscientização pública* com respeito às questões sócio-culturais e de meio ambiente, o aumento das informações dos meios de comunicação sobre os problemas mais importantes do mundo (por exemplo, a redução dos mananciais) e os crescentes aglomerados urbanos são exemplos de previsões que já se fazem presentes na atualidade.

Uma das características da atividade turística que o empreendedor precisa observar é justamente, a alta sensibilidade às mudanças, podendo ser associada a fatores como: efeitos climáticos negativos, conflitos bélicos, variações político-sociais, ou ainda, variação da renda dos consumidores,

Conforme Barretto (1995) o desenvolvimento do turismo só será possível na medida em que houver uma distribuição de renda que permita que segmentos cada vez mais amplos da população possam viajar e, que os efeitos benéficos só acontecerão na medida em que segmentos maiores da sociedade beneficiem-se do efeito multiplicador, através de melhores salários. Segundo a mesma autora, *há ainda um longo e difícil caminho a percorrer para que o turismo realize os benefícios sociais para os quais tem potencial.*

O turismo é uma prática social que envolve o deslocamento de pessoas pelo território e que tem no espaço geográfico seu principal objeto de consumo (Cruz, 2001). O fato de que se tratando de turismo, o consumidor tem de se deslocar até o produto a ser consumido implica que a prática social do turismo crie ou se aproprie, também, de espaços de deslocamento dos fluxos. Ao longo dos espaços e devido aos fluxos, surgem e se multiplicam as infra-estruturas que atendem o usuário. Esta movimentação entre deslocamento, destinos, atrativos e infra-estrutura compõe a atividade turística. Assim: a *tendência à concentração do equipamento e da oferta de serviços turísticos é fato consumado* (Cruz, 2001).

Neste sentido, o isolamento territorial de turistas tem como uma de suas principais conseqüências à supressão da possibilidade de interação entre turismo e população residente. Essas barreiras manifestam indignação e pouca participação da comunidade anfitriã nas questões relativas ao desenvolvimento sustentável do turismo.

CONSIDERAÇÕES FINAIS

O empreendedorismo permite favorecer não apenas a negócios, mas também às questões relativas a sociedade, Buscando enfatizar nessa discussão, que negócio e sociedade não são dissociados, apenas distanciam-se, muitas vezes, na aplicabilidade dos interesses. Além do mais, juntos constituem o mercado e a sociedade. Assim, oportunamente, à medida que o empreendedorismo envolve as inovações, pode estimular desafios e propostas que revolucionem também o contexto social. A sociedade tem uma necessidade por diferentes tipos e estilos de liderança. Empreendedores sociais não são muito comuns. Torna-se visível à necessidade de empreendedores sociais para auxiliar a encontrar novos caminhos em direção a melhorias sociais neste novo século.

Com uma excepcional visão, criatividade e determinação, os empreendedores, agentes de transformação social, cada vez mais são responsáveis pela criação de indústrias revolucionárias, que alteram padrões de consumo e comportamentos. São indivíduos que se dedicam a implementar soluções inovadoras para problemas sociais. Estes empreendedores sociais podem gerar mudanças sociais de impacto provocando uma grande diferença nos empreendimentos sociais. A expansão da democracia e, com ela, a conscientização e o crescimento da sociedade civil, estão removendo algumas barreiras que impediram o desenvolvimento dos empreendedores sociais.

As ações destes agentes de transformação social são promover uma mudança, reconhecendo quando a sociedade está parada em um paradigma ineficiente e concebendo uma alternativa melhor e mais eficiente. Eles enfrentam todos os obstáculos para tornar sua idéia uma realidade. São inconformados com as injustiças sociais e com velhos padrões e comportamentos comprovadamente ineficazes. Buscam, encontram e implementam soluções inovadoras para problemas sociais.

Para isto, os empreendedores sociais necessitam de um forte suporte da sociedade civil. Necessitam desenvolver as bases para que seus empreendimentos sociais alcancem sustentabilidade.

No turismo as transformações precisam ocorrer na postura dos envolvidos com a formatação e aplicação dos produtos, no comportamento dos próprios turistas e, no consenso das comunidades em relação às ações realizadas. Além disso, pode-se correlacionar as ações empreendedoras nas condutas em relação à cultura e aos impactos negativos que a atividade provoca.

Diante dessa realidade, mostra-se a possibilidade otimista no tocante à mudança de mentalidade dos empreendedores envolvidos ao turismo. Isso se deve muito a movimentos educacionais, mas principalmente do direcionamento das variáveis que envolvem o espírito empreendedor no setor turístico. Motivar discussões sobre esta temática, direcionando também, para as questões sociais, pode ser o começo de uma significativa transformação, pois o futuro inovador manifesta claramente sua prontidão para lançar-se a novas direções.

Referências Bibliográficas

1. AGOSTINI, J. P. *Critérios de Avaliação para Projetos Empreendedores Sociais*. Florianópolis, 2001. Dissertação (Mestrado) - Universidade Federal de Santa Catarina.
2. ASSMANN, H. *Metáforas Novas para Reencantar a Educação; Epistemologia e Didática*. Piracicaba: Unimep, 1996.
3. BARRETTO, M. *Manual de Iniciação ao Estudo do Turismo*. Campinas: Papirus, 1995.
4. BENI, M. Qualidade do produto e dos serviços. *In: Turismo em Análise*. São Paulo: ECA/USP, v. 2, n. 2, nov.1991, p. 7-13.
5. BERNHOEFT, R. *Como Tornar-se Empreendedor em Qualquer Idade*. São Paulo: Nobel, 1997.
6. CRUZ, R. C. *A Introdução à Geografia do Turismo*. São Paulo: Roca, 2001.
7. DALMAU et al. Investimento Social nas Organizações Empreendedoras. Anais do Egepe, p.81-91, out./2000.
8. DEES, J. G. O. O Significado de Empreendedorismo Social. 31/out/1998. Disponível em: http://www.gsb.stanford.edu/service/news/html. Acesso em: 25/mar/2003.
9. DORNELLAS, J. C. A. *Empreendedorismo: transformando idéias em negócios*. Rio de Janeiro: Campus, 2001.
10. DRUCKER, P. F. *Fator Humano e Desempenho*. São Paulo: Pioneira, 2002.
11. DRUCKER, P. F.; PETER, F. *Inovação e Espírito Empreendedor (Entrepreneurship)*. São Paulo: Pioneira, 1986, 1987.
12. FARREL, L. C. *Entrepreneurship - Fundamentos das Organizações Empreendedoras*. São Paulo: Atlas, 1993.
13. FERNANDES, I. P.; COELHO, M. F. *Economia do Turismo: teoria e prática*. Rio de Janeiro: Campus, 2002.
14. FERREIRA, A. B. *Novo Dicionário Aurélio da Língua Portuguesa*. Rio de Janeiro: Nova Fronteira, 1986.
15. GARDNER, H. *Mentes que Criam*. Trad. Maria Adriana Veronese. Porto Alegre: Artes Médicas, 1996.
16. ORGANIZAÇÃO MUNDIAL DO TURISMO. *Introdução ao Turismo*. Trad. Dolores Martin Rodriguez Corner. São Paulo: Roca, 2001.
17. PEREIRA, S. M. *A Formação do Empreendedor*. Florianópolis, 2001. Tese (Doutorado) - Universidade Federal de Santa Catarina.
18. RODRIGUES, A. B. *Turismo e Espaço: rumo a um conhecimento transdisciplinar*. 2. ed. São Paulo: Hucitec, 1999.
19. SCHUMPETER, J. *A Teoria do Desenvolvimento Econômico*. 3. ed. São Paulo: Nova Cultural, 1988.

Capítulo 29

Turismo e Responsabilidade Social

SIMONE ELOÍSA VILLANUEVA DE CASTRO RAMOS

INTRODUÇÃO

O turismo é uma das atividades de maior crescimento no mundo, sendo considerado como uma das melhores alternativas para geração e distribuição de renda. LIPMAN (1999), Presidente do Conselho Mundial de Viagens e Turismo (WTTC), afirmou que o turismo tem sido um condutor de mudanças sociais e econômicas, mesmo sendo, muitas vezes, invasivo, gerador de impactos ambientais, e dos padrões de crescimento do destino. O autor deixou de mencionar que o turismo também impacta na cultura, nas raízes, nos costumes e nos hábitos da sociedade local.

Muitas pessoas consideram o turismo uma excelente forma de ganhar dinheiro e esquecem que – como qualquer atividade exploratória – o turismo realizado de forma inconsciente e irresponsável, acaba por se tornar o causador do próprio perecimento da atividade.

O lucro faz parte da atividade empresarial e deve existir, já que é a remuneração pelo risco, todos os empresários querem ser bem-sucedidos, progredir e alcançar os objetivos desejados, mas quando se leva a ambição ao extremo, gera-se uma lacuna entre o interesse de poucos e o bem-estar de muitos. Atualmente, empresários estão acordando para a necessidade de se diminuir essa lacuna, por constatarem que os negócios não funcionarão se cada um apenas atuar por si próprio. A iniciativa individual é necessária, mas a sobrevivência da empresa baseia-se em um contexto de compromisso e responsabilidade social.

O presente artigo tem por objetivo apresentar a correlação existente entre Desenvolvimento Sustentável e a Responsabilidade Social e alertar para o fato do turismo ainda deixar muito a desejar quanto a responsabilidade social que a atividade deveria ter, por se tratar de atividade finita. A metodologia utilizada na elaboração deste artigo foi bibliográfica, utilizando-se livros, revistas, jornais e Internet para a apresentação dos dados.

Base Teórica

Conceito de Responsabilidade Social

Segundo Ashley *et al.* (2002), para alguns, a expressão "responsabilidade social" representa a idéia de responsabilidade ou obrigação legal e, para outros, é um dever fiduciário que impõe às empresas padrões mais altos de comportamento que os do cidadão médio. Há os que a interpretem, de acordo com as discussões, como prática social, papel social e função social. Outros a consideram associada ao comportamento eticamente responsável ou a uma contribuição caridosa. Conforme a autora, há os que acham que o significado de responsabilidade social seja "*responsável por* ou *socialmente consciente* e os que a associam a um simples sinônimo de legitimidade ou a um antônimo de *socialmente irresponsável* ou *não responsável*".

Bowen *apud* Ashley (2002, p. 6) definiu responsabilidade social, nos primórdios da literatura sobre o assunto, como "a obrigação do homem de negócios de adotar orientação, tomar decisões e seguir linhas de ação que sejam compatíveis com os fins e valores da sociedade".

Em 1998, na Holanda, representantes de diversos países reuniram-se, sob a chancela do Conselho Empresarial Mundial para o Desenvolvimento Sustentável (WBCSD) com o intuito de analisar a atuação das empresas no campo social. De acordo com Melo Neto *et al.* (2001), durante esse debate surgiu um novo conceito de responsabilidade social das empresas:

> *"Responsabilidade social corporativa é o comprometimento permanente dos empresários de adotar um comportamento ético e contribuir para o desenvolvimento econômico, melhorando, simultaneamente, a qualidade de vida de seus empregados e de suas famílias, da comunidade local e da sociedade como um todo". (p. 91)*

Para Ashley *et al.* (2002), responsabilidade social pode ser definida como:

> *"o compromisso que uma organização deve ter para com a sociedade, expresso por meio de atos e atitudes que a afetem positivamente, de modo amplo, ou a alguma comunidade, de modo específico, agindo proativamente e coerentemente no que tange a seu papel específico na sociedade e a sua prestação de contas para com ela. A organização, nesse sentido, assume obrigações de caráter moral, além das estabelecidas em lei, mesmo que não vinculadas a suas atividades, mas que possa contribuir para o desenvolvimento sustentável dos povos" (p. 6, 7).*

Para Votaw *apud* Duarte e Dias (1996), responsabilidade social significa algo:

> *"mas nem sempre a mesma coisa, para todos. Para alguns, ela representa a idéia de responsabilidade ou obrigação legal; para outros, significa um comportamento responsável no sentido ético; para outros, ainda, o significado transmitido é o de responsável por, num modo casual. Muitos, simplesmente, equiparam-na a uma contribuição caridosa; outros tomam-na pelo sentido socialmente consciente" (pág. 55).*

Alguns autores são contrários a essas definições de Responsabilidade Social: é o caso de Friedman (1970), que reforça a idéia de que a empresa é socialmente responsável ao gerar novos empregos, pagar salários justos e melhorar as condições de trabalho, além de também, pagar impostos contribuindo, assim, para o bem estar público. Chamberlain *apud* Oliveira (1984) concorda e reitera a posição de Friedman ao considerar que a única responsabilidade social que a empresa tem é conseguir lucro, utilizando, da melhor maneira possível, dos recursos organizacionais e, conseqüentemente, aumentando o retorno do capital para os acionistas.

De acordo com Melo Neto *et al.* (2001), o conceito de Responsabilidade Social tornou-se parte de um conceito mais amplo, o de desenvolvimento sustentável. Segundo os representantes do Conselho Empresarial Mundial para o Desenvolvimento Sustentável (WBCSD), dentre as dimensões do desenvolvimento social, a responsabilidade social é a mais delicada de todas, por compreender os seguintes aspectos:

- Os direitos humanos.
- Os direitos dos empregados.

- Os direitos dos consumidores.
- O envolvimento comunitário.
- A relação com fornecedores.
- O monitoramento e a avaliação de desempenho.
- Os direitos dos grupos de interesse.

Há alguns anos, a preocupação com a Responsabilidade Social vem desenvolvendo nas empresas uma consciência social corporativa. A preocupação quanto ao aspecto social do setor empresarial teve início na década de 1970, com o "aumento da contestação da expansão econômica quantitativa" conforme afirmação de Melo Neto *et al.* (2001), sendo a expressão máxima o primeiro relatório do Clube de Roma, também conhecido como "Relatório Meadows", sobre os limites do crescimento. Na mesma época, começavam em todo o mundo reivindicações sociais sobre as empresas, alertando assim os empresários, que iniciaram processos de conscientização para a necessidade de uma atuação empresarial na busca de soluções para os problemas sociais.

Segundo Grajew (2000), diretor-presidente do Instituto Ethos, uma das principais instituições difusoras do conceito no país, Responsabilidade Social pode ser definida como: "A atitude ética da empresa em todas as suas atividades. Diz respeito às interações da empresa com funcionários, fornecedores, clientes, acionistas, governo, concorrentes, meio ambiente e comunidade."

Para o autor, o conceito de Responsabilidade Social vem se ampliando, passando da filantropia – relação socialmente descompromissada da empresa com a comunidade – para abranger todas as relações da empresa com seus funcionários, clientes, fornecedores, acionistas, concorrentes, meio ambiente, comunidade e organizações públicas. Melo Neto *et al.* (2001) afirmam que ações de filantropia correspondem à dimensão inicial do exercício da responsabilidade social – as ações sociais com a comunidade. Atuando nessa dimensão, a empresa socialmente responsável coloca a serviço da comunidade recursos financeiros, produtos, serviços e *know-how*, institucional e de seus funcionários (id., p. 79). Segundo Grajew (2000), o objetivo é:

> *"assegurar o desempenho ético correto e o desempenho ambiental adequado da empresa, melhorar a qualidade de vida de seus funcionários e dependentes, usar o poder e a relação da empresa com seus fornecedores e concorrentes para mobilizá-los a serem socialmente responsáveis (por exemplo, não comprar de nenhum fornecedor que usa trabalho infantil), implementar normas de respeito ao consumidor e mobilizá-lo para atos de solidariedade, utilizar todos os espaços de comunicação para transmitir valores e informações de interesse da comunidade, etc."*

Segundo Dowbor (1998), no decorrer dos últimos cinqüenta anos houve uma alteração de visão filantrópica, de generosidade assistencial, caridade, de um "*tipo de bálsamo tranqüilizador*" para as consciências da sociedade para a compreensão de que a área social se tornou essencial para as atividades econômicas. Segundo o autor esta mudança foi positiva, as áreas empresariais passaram a entender que não se trata de simples "cosmética" social, e sim uma das condições necessárias para a própria produtividade empresarial.

As empresas devem compreender que o papel dos negócios vai muito além dos lucros e que a Responsabilidade Social traz resultados de transformação ao indivíduo, alterando o panorama social nacional. Para o autor, a mudança de enfoque – atividades produtivas no centro de tudo, focada no Produto Interno Bruto (PIB) para Indicadores do Desenvolvimento Humano – contribuiu para dar um choque de realismo aos empresários: enquanto na visão do PIB e do Banco Mundial o Brasil era a oitava ou nona economia mundial, sob o prisma de qualidade de vida – de acordo com Indicadores do Desenvolvimento Humano das Nações Unidas (Relatório Brasil 1996) – o lugar do Brasil no *ranking* planetário foi o 79°. Segundo o autor, não é atraindo empresas estrangeiras, buscando aumentar algumas centenas de empregos que o país conseguirá sair deste "trágico impasse". Trata-se de inverter a equação, pensar em organizar o reequilíbrio social, pois este abrirá espaço real para o desenvolvimento.

O apoio de uma empresa ao desenvolvimento da comunidade e à preservação do meio ambiente não são condições suficientes para atribuir-lhe o título de socialmente responsável. De acordo com Grajew (2002), a empresa é ou não é responsável socialmente. Não existe meio termo. Melo Neto *et al.* (2001, p. 79) afirmam que também é necessário investir no bem estar de seus funcionários e dependentes e num ambiente saudável, além de promover comunicações transparentes, dar retorno aos acionistas, assegurar sinergia com seus parceiros e garantir a satisfação dos clientes e/ou consumidores.

Na opinião dos autores (p. 78), os principais vetores da responsabilidade social de uma empresa são:

- V1 – apoio ao desenvolvimento da comunidade onde atua.
- V2 – preservação do meio ambiente.
- V3 – investimento no bem-estar dos funcionários e seus dependentes e num ambiente de trabalho agradável.
- V4 – comunicações transparentes.

- V5 – retorno aos acionistas.
- V6 – sinergia com parceiros.
- V7 – satisfação dos clientes e/ou consumidores.

Segundo Melo Neto *et al.* (2001), tais vetores facilitam o investimento das empresas na Responsabilidade Social, permitindo que alguns padrões e critérios sejam seguidos, além de direcionar o processo de gestão empresarial para o "*fortalecimento da dimensão social da empresa*". A Responsabilidade Social disseminada como uma atitude estratégica, segundo Ashley *et al.* (2002) "permite criar uma nova cultura dentro da empresa, sendo praticada e incorporada na gestão e em atividades regulares como produção, distribuição, recursos humanos e *marketing*".

Os vetores auxiliam a empresa a direcionar a gestão empresarial, mas para avaliar sua atuação na dimensão social e verificar como está contribuindo para o desenvolvimento sustentável da comunidade onde atua, deve utilizar-se de uma escala, proposta por Melo Neto *et al.* (2001), que contempla o respeito aos direitos humanos, os direitos dos empregados, os direitos dos consumidores, o envolvimento comunitário nas ações de interesse da comunidade, a boa relação com seus fornecedores, a realização do monitoramento e a avaliação de desempenho de seus empregados, o incentivo e o reconhecimento dado pela empresa a seus funcionários, o reconhecimento e o respeito dos direitos dos grupos de interesse que exercem influência sobre a empresa. A avaliação é feita através de graduação que vai do muito fraco até o excelente.

Com o intuito de avaliar a atuação empresarial na dimensão social, o Instituto Ethos desenvolveu os "Indicadores Ethos de Responsabilidade Social". Trata-se de uma ferramenta de uso essencialmente interno, conforme indicado pelo Instituto e um instrumento de auto-avaliação. Esses indicadores são levantados através do preenchimento de um questionário, que está dividido em sete grandes temas:

- Valores e Transparência.
- Público Interno.
- Meio Ambiente.
- Fornecedores.
- Consumidores/Clientes.
- Comunidade.
- Governo e Sociedade.

Turismo

Atualmente, o Turismo é considerado um meganegócio que responde por 10% do PIB mundial (aproximadamente US$ 4 trilhões), gerando 200 milhões de empregos e atingindo outras centenas de milhões de pessoas, estendendo seu impacto também à área social, política, cultural e ambiental. Alguns fatores contribuíram para o crescimento dos fluxos turísticos:

- A jornada de trabalho diminuiu, conseqüentemente, o tempo livre aumentou, possibilitando assim uma maior quantidade de tempo para o turismo e o lazer.
- A melhoria tecnológica e a redução dos custos dos transportes, a melhoria do conforto, aumentando assim o grau de movimentação das pessoas.
- O progresso econômico aumentando a renda de amplas camadas da população, o que favoreceu com que parte dos rendimentos fosse direcionada para o lazer e turismo.
- Aumento da urbanização e da concentração em áreas urbanas que incentivam as viagens de final de semana e o contato com a natureza.
- Melhorias na medicina e no saneamento básico, aumentando assim a da expectativa de vida da população.
- Às facilidades de circulação.
- Melhor disseminação da informação (desenvolvimento tecnológico, tais como Internet, TV a cabo, TV a satélite entre outros).
- Melhoria do saneamento básico.
- Diminuição das formalidades aduaneiras, que auxiliaram a estimular as viagens internacionais.

Para Montejano (2001), o turismo é considerado um setor que utiliza intensamente, mesmo que algumas vezes de forma sazonal, o fator trabalho. É um importante gerador de novos postos de trabalho, tendo o componente de serviços pessoais na maioria das prestações turísticas: garçons, recepcionistas, camareiras, etc.

Em muitos países,o turismo está longe de ser um setor apenas periférico, sendo o maior responsável pela geração de renda e empregos. No Brasil, constitui, atualmente, o setor da economia que mais cresce em produção e em geração de empregos (Tabela 29.1).

Numa projeção sobre o turismo global até o ano 2020, a Organização Mundial de Turismo (OMT) estudou dados compilados em 85 países, in-

Tabela 29.1 – Importância Econômica do Turismo no Mundo

	US$ bilhão	*%*
1 – Turismo	532	7,9
Turistas Internacionais Recebidos	441	6,5
Taxas Internacionais Recebidas	91	1,3
2 – Produtos Automotivos	525	7,8
3 – Produtos Químicos	503	7,5
4 – Alimentos	443	6,6
5 – Combustíveis	344	5,1
6 – Computadores e Equipamentos de Escritório	399	5,9
7 – Tecidos e Equipamentos de Escritório	331	4,9
8 – Equipamentos de Telecomunicações	283	4,2
9 – Produtos Minerais não Combustíveis	158	2,3
10 – Ferro e Aço	141	2,1
Total de bens e serviços na exportação mundial	**6,738**	**100**

Fonte: Organização Mundial do Turismo. Organização do Comércio Mundial, Fundo Monetário Internacional.

cluindo o Brasil e revela que o número de viajantes ao exterior deve saltar de 563 milhões, em 1995 para 1,6 bilhão em 2020. A fatia da população mundial viajando ao exterior, subirá para 7% em 2020, aumentando ainda mais a participação do setor como empregador de mão de obra. Segundo a Organização (2001), em 1996, o turismo empregou 225 milhões de pessoas no mundo em 1996 e estima-se que no ano 2006 irá empregar aproximadamente 385 milhões de pessoas (Tabela 29.2).

Tabela 29.2 – Estimativas mundiais em turismo (1996 – 2006)

	1996	*2006*	*Crescimento real*
Trabalho	255 milhões	385 milhões	50,1%
Trabalho (% total)	10,7%	11,1%	–
PIB	10,7%	11,5%	49,6%
Investimentos	US$ 766 trilhões	US$ 1,6 quatrilhões	51,3%
Impostos	US$ 653 trilhões	US$ 1,3 quatrilhões	49,6%

Fonte: OMT - 2001

De acordo com a OMT (2001), "a atividade turística gera fluxos de renda que permitem o aumento de entradas nos demais setores da atividade econômica, redistribuindo a renda num círculo cada vez maior". De acordo com a entidade, os gastos dos turistas não se limitam somente ao pagamento do aluguel de um quarto num hotel. Os turistas destinam parte da renda disponível a uma grande variedade de serviços e bens de consumo, tais como alimentos, transportes, entretenimento, excursões e atividades diversas. Isso constitui uma importante fonte de entradas para aquelas empresas ou pessoas, vinculadas diretamente à atividade turística. Beneficia, igualmente, os demais setores da economia pelo chamado "efeito multiplicador" – produto da interdependência existente entre diversos setores econômicos – de maneira que o aumento na demanda dos bens ou serviços produzidos por um setor gera, por sua vez, o acréscimo na demanda de bens ou serviços procedentes de outros setores, que são necessários para a produção dos anteriores (OMT, 2001, p. 10). A Organização (2001) afirma que o turismo gera renda para o local de destino, favorece a criação de empregos diretos e indiretos. – Designa-se emprego direto aquele que se realiza em empresa turística, como no caso de um hotel, e emprego indireto o posto de trabalho em uma empresa relacionada indiretamente ao turismo como no caso de uma danceteria e de lojas – entrada de divisas que ajudam a equilibrar a balança de pagamentos, aumenta os impostos públicos e aquece a atividade empresarial.

Carvalho (1996) reitera as colocações da OMT e afirma que o turismo está "*qualificado entre aquelas atividades que mais gera empregos em todo o mundo, remunera acima da média dos salários e absorve maior volume de mão-de-obra não-qualificada*".

Uma das características do emprego no setor turístico é o fato de ter um caráter instável e descontínuo, característica que se deve à sazonalidade do produto turístico (Tabela 29.3).

O setor de serviços, com 35% do total de estabelecimentos, é responsável por 55% (14.278.679) do total de empregados, ficando a indústria com 11% do total de estabelecimentos e responsável por 20% do total de empregados; a construção civil com 4% do total de estabelecimentos é responsável 4% do total de empregados; o comércio tem 37% do total de estabelecimentos e responde por com 16% do total do número de empregados; e, a agropecuária, com 11% dos estabelecimentos é responsável por aproximadamente 4% do total de empregados. Mesmo com número de estabelecimentos inferior ao setor do comércio,

Tabela 29.3 – Número de estabelecimentos/empregados

	Indústria	*Construção civil*	*Comércio*	*Serviços*	*Agropecuários*	*Total*
Número de estabelecimentos	250.416	94.736	816.154	781.332	249.465	2.192.290
Número de empregados	5.215.997	1.071.505	4.132.888	14.278.679	1.051.672	25.752.249

Fonte: Rais 2000.

o setor de serviços emprega três vezes mais pessoas que o comércio, sendo que esse emprega em média cinco pessoas por estabelecimento enquanto que o setor de serviços emprega, em média, 18,3 pessoas por estabelecimento.O setor de serviços, conforme levantamento do Ministério do Trabalho e do Emprego, de maneira global, tem na faixa de remuneração de 1 a 3 salários mínimos a sua maior concentração, tendo um número significativo (3.077.357) de empregados com remuneração entre 3 e 5 salários mínimos (Fig. 29.1).

No ano de 1999, o Brasil teve a entrada de pouco mais de cinco milhões de turistas internacionais, conforme demonstrado no gráfico acima, número relativamente baixo se comparado com o número de turistas estrangeiros que entraram no México em 1996 que foi de aproximadamente 22 milhões. O Brasil ainda tem muito para se desenvolver no turismo e depende de políticas específicas para o setor para alcançar um maior volume de entrada de turistas estrangeiros bem como o aumento do turismo interno.

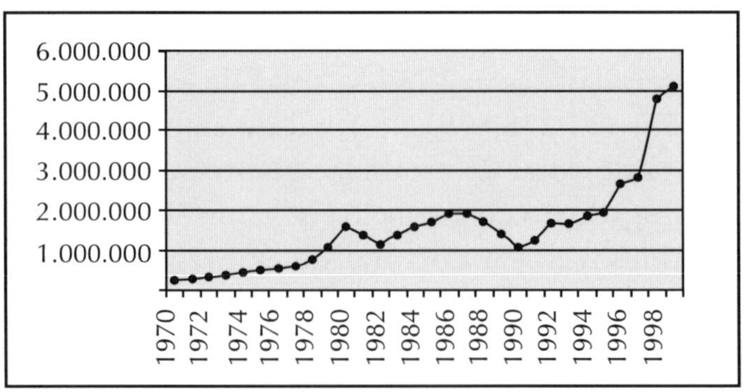

Figura 29.1 – Entrada de turistas no Brasil de 1970 a 1999.

Considerações Finais

Apesar da presença do "ser humano" no planeta ser relativamente recente, os danos causados e que continua causando ao planeta são de difícil reparação e alguns irreparáveis. A titulo de ilustração, podemos mencionar que menos de 20% da Terra continua florestado. Estimativas recentes informam que cerca de 10 mil espécies são extintas anualmente, e neste mesmo período, dez bilhões de toneladas de gás carbônico permanecem no ar, causando o "efeito estufa" (aumento da temperatura global), cujas conseqüências podem ser dramáticas: derretimento das calotas polares, aumento do volume dos oceanos, com possibilidade de inundação de diversos países, iminência de desaparecimento de florestas temperadas, sem falar nas áreas atualmente agricultáveis podem se tornar áridas.

Segundo Morin *et al.* (1995, p. 69), durante o século XX, a economia, a demografia, o desenvolvimento e a ecologia se tornaram problemas que doravante dizem respeito a todas as nações e civilizações. As preocupações são sistêmicas, devido à complexidade dos problemas. Grajew (*op cit.*) considera que "vivemos em um mundo absurdamente desigual, um verdadeiro barril, não mais de pólvora, mas nuclear, químico, ecológico e biológico". Para termos uma visão mais detalhada do fato, em 1913, a diferença entre os 20% mais ricos e os 20% mais pobres do planeta era de 11 vezes; e, em 1960 passou para 30 vezes; em 1990 para 60 vezes; e, em 1997, para 74 vezes. Segundo o autor, 20% da população mundial detêm 86% da renda. Esses mesmos 20% concentram 74% das linhas telefônicas e 93% da utilização da Internet. Os 20% mais pobres possuem 1% da renda mundial, 1,5% das linhas telefônicas e 1% da utilização da Internet.

A Organização das Nações Unidas (ONU) estima que seriam necessários US$ 80 bilhões por ano para que toda a população pobre do planeta tivesse acesso à educação, saúde, alimentação e planejamento familiar. O Banco Mundial estima que 1% por ano da riqueza das 200 pessoas mais ricas do mundo seria suficiente para dar educação básica a toda a população de crianças carentes do mundo. O turismo, sendo uma das atividades que mais cresce no planeta não pode fechar os olhos quanto à gravidade dos problemas mundiais existentes. Empresas turísticas deveriam utilizar a Responsabilidade Social como empresas de outros setores a estão utilizando: como estratégia empresarial; buscando abranger todas as relações da empresa com seus funcionários, clientes, fornecedores, acionistas, concorrentes, meio ambiente, comunidade e organizações públicas que, conforme Grajew (2000), tem o desejo de assegurar o desempenho ético correto e o desempenho ambiental adequado da empresa, melhorar a qualidade de vida de seus funcionários e dependentes. Se há um circulo virtuoso entre turismo, geração de fluxos de renda, desenvolvimento sustentado e responsabilidade social, a efetividade deste processo necessita de uma inclusão social mais eficiente por parte das empresas turísticas. No último encarte especial sobre "cidadania corporativa" da revista Exame foi possível encontrar uma única empresa do *trade* turístico figurando entre as mais de quinhentas empresas responsáveis socialmente, e com um projeto que ainda está em fase de implantação.

Em um estudo realizado pelo Instituto Akatu pelo Consumo Consciente, – uma organização não-governamental que trabalha pelo desenvolvimento do consumidor consciente como forma de fortalecer a responsabilidade social e o desenvolvimento sustentável – um entre cada cinco consumidores brasileiros é avaliado como consciente quando sai às compras. No processo de escolha, ele leva em consideração a preservação do meio ambiente, o bem-estar social e procura empresas que sejam modelos de responsabilidade social. Pode parecer tímido e não preocupante o fato de quatro de cada cinco consumidores não se preocuparem com a qualidade do consumo, mas a pesquisa mostrou que 66% dos brasileiros declararam que gostariam de ser consumidores conscientes. Este artigo pretende ser um alerta para as empresas turísticas. Em um futuro bem próximo, consumidores brasileiros e de outras partes do mundo estarão procurando não só destinos como também fornecedores responsáveis socialmente. E então? Pode-se ficar cego para este fato? Dizer que não percebeu que essa mudança estava ocorrendo? Literalmente, é fechar os olhos para os movimentos do mercado. O Brasil ainda tem muito a crescer em termos de turismo e está na hora das empresas que atuam no setor serem mais responsáveis.

Referências Bibliográficas

1. ANSTEY, C. *A Pobreza Aumentará Depois dos Ataques Terroristas nos Estados Unidos.* Washington. Disponível em: http://www.worldbank.org.
2. ASHLEY, P. A. et al. *Ética e responsabilidade social nos negócios*, São Paulo: Saraiva, 2002.
3. BARELLI, W. Ética nos negócios: uma questão de sobrevivência. *Jornal Valor*: 14/nov/2001.
4. CEPAL. *Logros y Desafios de la Lucha Contra la Pobreza.* Chile, Publicaciones de las Naciones Unidas, 2000.
5. CEPAL. *Declaracion del Milênio – Panorama Social da América Latina.* Chile, Naciones Unidas, 2000.
7. CEPAL, *Panorama Social de América Latina 1999 – 2000.* Chile, Publicacion de las Naciones Unidas, 2000.
8. COOPER, C. et al. *Turismo: princípios e prática.* 2.ed. Porto Alegre: Bookman, 2001.
9. COSTA, C. A. N. Gestão pública versus políticas sociais. *Jornal Valor*, n. 406, Caderno 1, 12/dez/2001.

10. DEMO, P. *Combate à Pobreza: desenvolvimento como oportunidade*, Campinas: Editores Associados, 1996.
11. DUARTE, G. D.; DIAS, J. M. *Responsabilidade Social: a empresa hoje*. São Paulo: Livros Técnicos e Científicos Editora, 1986. Fund. Assistencial Brahama.
12. E.C., *Tourism and Employment – Improving Training in order to Upgrade Skills in Teh Tourism Industry*. Final Report, 2001, European Commission.
13. LIPMAN, G. *Press Conference on Tourism by Sustainable Development Commissions*. Bruxelas, ONU, 22/apr.1999.
14. MELO NETO, F. P. et al. *Responsabilidade social & cidadania empresarial – a administração do terceiro setor*. 2. ed. Rio de Janeiro: Qualitymark, 2001.
15. MORIN, E.; KERN, A. B. *Terra Pátria*. Porto Alegre: Sulina, 2000.
16. MOTA, K. *Marketing Turístico: promovendo uma atividade sazonal*. São Paulo: Atlas, 2001.
17. MURO, L. *Manual Practico de Recepcíon Hotelera.* México:Trillas, 1999.
18. ORGANIZAÇÃO MUNDIAL DO TURISMO. *Introdução ao Turismo*. São Paulo: Roca, 2001.
19. ORGANIZAÇÃO MUNDIAL DO TURISMO. *Compendio de Estatísticas Del Turismo 1988 – 1992*. 14. ed. Madri: OMT, 1994.

Sites e Publicações Consultados

Jornal Gazeta Mercantil
Jornal O Estado de São Paulo
Revista Exame – edição 754 – *Guia de boa cidadania corporativa.*
http://www.embratur.gov.br

Capítulo 30

Multidisciplinaridade/ Interdisciplinaridade do Turismo Trabalhada em Torno da Visão Sistêmica em Prol de Práticas de Responsabilidade Social

Ana Flávia Leite e Aguiar
Andreone Fidalgo Paiva

Introdução

A Responsabilidade Social nos setores produtivos tem tomado cada vez mais espaço no que diz respeito à aderência das empresas em prol do objetivo de ser socialmente responsável, possibilitando ações que possam tornar a vida da humanidade mais digna, já que ser socialmente responsável implica em uma série de ações que visam ao bem-estar não só da sociedade, mas da biosfera – o ecossistema do planeta inteiro – da qual nossa sobrevivência é profundamente dependente.

A prática da Responsabilidade Social não deve ser um fenômeno isolado. Dentro dos setores produtivos, há que se trabalhar em conjunto com todo o meio que cerca uma atividade produtiva, pois só baseada em uma visão sistêmica esta prática conseguirá sair de uma mera vitrine, fazendo com que a sociedade passe a comungar dos resultados sociais e econômicos advindos dos setores produtivos.

A mudança dos paradigmas levou-nos a procurar uma forma de ser uma país produtivo e que alie a isto o desenvolvimento humano, pois sabe-se que para o crescimento como um todo de um país é necessário que os mais diversos fatores que nos circundam caminhem em conjunto, há uma interdependência entre tudo aquilo que nos cerca.

O turismo atividade de característica multidisciplinar/interdisciplinar deve se tornar um setor predominantemente de ações socialmente responsáveis, por estar em contato direto com todos os outros segmentos produtivos e por ser uma das atividades produtivas que mais usufruem daquilo que seria teoricamente da humanidade. Esta dívida social não deve ser deixada de lado até por que se assim o fizer, estará deixando de lado a sua própria maneira de existir.

Desenvolvimento do Assunto

Setores Econômicos

O Brasil um país essencialmente capitalista assistiu seus setores econômicos "falirem" por não saber equilibrar crescimento econômico com desenvolvimento humano, aumentando desta forma as demandas sociais. Percebeu como saída o terceiro setor denominado também como setor solidário, independente ou coletivo. Mas antes que se desse demasiada atenção como é dada hoje ao terceiro setor foram dedicados anos ao primeiro e segundo setores econômicos e que com o passar do tempo, das crises e das exigências sociais, foram deixados de lado pela sociedade, que se voltaram em busca daquilo que lhes trouxessem uma melhor qualidade de vida.

O primeiro setor segundo Rafael (1997, p. 26): "é a Administração Pública, dividida nos mais variados órgãos com a finalidade de gerir, guardar, conservar e aprimorar todos os bens, interesses e serviços da coletividade, para bem servir a todos os cidadãos."

No segundo setor faz parte tudo aquilo que é produzido com finalidade de auferir lucro, é o setor essencial de um país capitalista, este setor é subdividido em primário, secundário e terciário. O turismo assunto aqui abordado; economicamente encontra-se no setor terciário, do segundo setor de nossa economia, não que o mesmo não possa fazer parte do terceiro setor mas sua finalidade até por estar ligado a uma camada da sociedade que possui maior poder aquisitivo é auferir lucro, "usando" das belezas naturais e culturais de que uma localidade de vocação turística possui.

Na visão de Capra (1995, p. 219) foi na tentativa de alcançar um desenvolvimento ótimo sem se pensar em encontrar uma forma de equilibrar as reações advindas deste desenvolvimento que chegamos onde estamos.

Em suas tentativas de maximização de seus lucros, indivíduos, companhias e instituições procuram "externalizar" todos os custos sociais e ambientais; tentam excluí-los de seus próprios balancetes e empurrá-los para diante, passando-os de uns para outros dentro do sistema, para o meio ambiente e para as gerações futuras. Gradualmente, esses custos acumulam-se e manifestam-se como custos de ações judiciais, controle do crime, coordenação burocrática, regulamentação federal, proteção ao consumidor, assistência médica, etc.

O terceiro setor segundo Rafael (1997, p.5) "é um setor solidário, onde alguns velam por muitos, onde o individual dá lugar ao coletivo, e recebe a denominação de Setor Independente por se mostrar eqüidistante do Poder Estatal e do Poder Econômico, gerador de riquezas".

A atual situação brasileira incitou a sociedade a se voltar ao terceiro setor, depositando esperanças no mesmo, o que de certa forma serviu de alerta a sociedade como um todo a quantas anda o problema social vigente no Brasil e que demandou por parte da sociedade uma reação, já que os setores anteriores não foram suficientes para atender as demandas sociais, frente a atual conjuntura.

A atenção do terceiro setor dada aos problemas sociais, se descortinou para o mundo, não só como uma possível saída para a melhoria do problema social caso a sociedade em geral se mobilize, mas também como um filão para as empresas que visam lucro, consigam agregar valor ao seu produto e/ou serviço. Ou como no caso do turismo que dentro do quesito lazer é um dos aspectos da melhoria da qualidade de vida da população, mas que só acontece caso a população já tenha conseguido sanar suas necessidades mínimas de subsistência, como saúde, moradia e educação.

Assim os outros setores econômicos (primeiro e segundo setores) também, espelhados no modelo do terceiro setor, acabaram se voltando para o que chamamos hoje de Responsabilidade Social, que em uma empresa consiste na sua "decisão de participar mais diretamente das ações comunitárias na região em que está presente e minorar possíveis danos ambientais decorrentes do tipo de atividade que exerce".

A importância dada ao desenvolvimento da comunidade e ao meio ambiente – que segundo Tulik (1990, p. 64): "meio ambiente (...) não inclui apenas terra, água, ar, flora e fauna, mas engloba também, o povo, suas criações e as condições sociais, econômicas e culturais que afetam suas vidas" são importantes mas hoje se vê relacionado ainda o que Melo Neto e Froes (2001, p. 78) chamam de "vetores da responsabilidade social de uma empresa":

- V1 – apoio ao desenvolvimento da comunidade onde atua.
- V2 – preservação do meio ambiente.
- V3 – investimento no bem-estar dos funcionários e seus dependentes e num ambiente de trabalho agradável.
- V4 – comunicações transparentes.
- V5 – retorno aos acionistas.
- V6 – sinergia com os parceiros.
- V7 – satisfação dos clientes e/ou consumidores.

Grajew explica isto bem dizendo que "o conceito de Responsabilidade Social está se ampliando, passando da filantropia, que é a relação socialmente compromissada da empresa com a comunidade, para abranger todas as relações da empresa: com seus funcionários, clientes, fornecedores, acionistas, concorrentes, meio ambiente e organizações públicas e estatais".

Percebeu-se que foi necessário a "falência" de setores de nossa economia para que a sociedade pudesse se mobilizar para as causas sociais, incentivando assim uma maior atenção destes setores até mesmo como fator de sobrevivência no mercado.

Responsabilidade Social – Ação Essencial para a Permanência da Prática do Turismo

O setor turístico deveria ser o que mais desse atenção para a prática da Responsabilidade Social, pois pela lógica, só depois de sanadas as necessidades básicas da sociedade é que pode haver a prática do turismo, apesar de hoje o mesmo já ser considerado juntamente com a prática do lazer na qual se insere como fator que atesta a qualidade de vida do cidadão.

De acordo com Fraga (1996, p. G-2), que escreveu sobre o tema há sete anos, e, que pode nos servir de alerta a estagnação da qual somos vítimas e culpados, mencionou que:

> *"o Brasil poderia ser um país diferente – com menos desemprego e menos fome – se soubesse explorar, com competência, o rico filão do turismo (...) No turismo, como em outra áreas, o Brasil teima em continuar sendo o país de um futuro que nunca chega (...) Falta quem assuma realmente a liderança e ponha a coisa para funcionar. Raramente o turismo é levado a sério e tratado com profissionalismo aqui."*

Na maioria das vezes, é cabide de emprego, jogo de influências, consolo para amigos do poder. Quando, num desses milagres do destino, surge alguém competente, com ampla visão e vontade de arregaçar as mangas, os meandros da burocracia e as dificuldades da convivência política acabam torpedeando os esforços bem intencionados.

Se o Brasil não tivesse tantos problemas sociais, já deveria estar tratando o turismo como prioridade. Mas, como imaginar vultuosos investimentos em *marketing* e promoção nos maiores mercados emissores de turismo, se ainda temos tantos analfabetos, famintos e subnutridos? Então o turismo ainda vai seguir esperando, relegado a um segundo plano, quando já poderia estar gerando os recursos para financiar todo o conjunto de carências do País.

Sabemos que o Turismo não tem se encontrado tão de lado assim, mas está muito aquém aquilo que poderia alcançar e que até pelo fato de ser um setor promissor e que acena a possibilidade de "lucro em pouco tempo" – já que basta a exploração de recursos naturais ou culturais já existentes – tem de certa forma sido alvo de atenção por parte do governo e de empresários não somente locais, mas tem recebido vultuosos investimentos como temos a oportunidade de ver atualmente, de numerosas cadeias hoteleiras de bandeiras internacionais vindo se instalar no Brasil, em busca desta demanda cada vez mais crescente/latente. Só que hoje as pessoas estão mais exigentes e conscienciosas, pensam duas vezes ao sair de casa e só o fazem se sabem que irão encontrar um lugar seguro e que obterão descanso das tensões das quais são vítimas no seu dia-a-dia, o que remete à Responsabilidade Social, pois a empresa turística que a coloca em prática, por exemplo, não somente estará proporcionando uma vida longa ao recurso do qual usufrui, ou uma melhora na qualidade de vida de seu cliente interno fazendo com que o mesmo preste assim um serviço com mais qualidade para seu cliente externo, mas estará também propagando a importância de se voltar para o social, pois quando isto é feito da maneira correta só poderá trazer benefícios, não somente para seu negócio, mas para sua própria qualidade de vida.

A exemplo disto temos o que foi muito bem explicitado por Barreto (1999, p.96-97) o turismo poderá continuar a crescer, mas isso não acontecerá apenas por obra de uma inércia natural. Os turistas sentir-se-ão estimulados a circular, somente depois de os países acabarem com as condições alvitantes de miséria que provocam a violência (...) O turismo de boa qualidade poderá desenvolver-se na medida em que tiver bons recursos humanos, e isso só será possível quando todos os cidadãos tiverem educação e saúde garantidas (...) Há ainda um longo e difícil caminho a percorrer para que o turismo realize os benefícios sociais para os quais tem potencial.

Barreto, já previa o potencial de benefícios sociais de que o turismo é capaz, já que este está diretamente ligado ao bem estar das pessoas, percebendo que com a globalização e a tecnologia a qual têm acesso, o que pode fazê-las diferentes são as pessoas, que segundo Grajew (1999, p. 85) "reagimos da forma como somos tratados".

Quando se pensa em Responsabilidade Social relacionada ao Turismo, imagina-se apenas a preservação do meio ambiente, mas sendo o turismo multidisciplinar ele engloba tantas quantas forem possíveis as formas de Responsabilidade Social de que uma empresa nesta área seja capaz.

Hoje a prática da Responsabilidade Social pelas empresas, muitas vezes é vista apenas como forma de investimento, pensa-se no retorno dos investimentos sociais quer estes sejam materiais e imateriais e que de acordo com Melo Neto e Froes (2001, p. 168) podem ser: econômico-financeiros (aumento de vendas), estratégicos (conquista de novos clientes e mercados), éticos (nova imagem ética) e motivacionais (mais fidelização e maior lealdade dos empregados, parceiros, clientes, etc.).

Ao se pensar desta maneira deixa-se de lado o verdadeiro sentido da prática de uma atitude solidária dentro das empresas, que é a contribuição social da empresa para a solução dos problemas sociais, proporcionando o bem-estar da sociedade em seus mais variados aspectos.

A atividade turística por abranger muitas vertentes de nosso setor produtivo, seja oferecendo produtos e/ou serviços, e por ser caracterizada desta forma como multidisciplinar/interdisciplinar, tem k*nowhow* tanto da empresa como de seus funcionários – já que para exercer atividades ligadas ao turismo é necessário possuir perfil dinâmico e flexível – para servir de exemplo do que é ser socialmente responsável, trabalhando isto quer seja sobre *marketing* turístico; promoção e captação de eventos; turismo sustentável não só ligado ao meio ambiente natural mas cultural e social; planejamento turístico; gerenciamento turístico; formatação de produtos turísticos; educação para o turismo; conscientização das comunidades receptoras e tantas outras quantas forem possíveis e imagináveis a forma de ser uma empresa turística socialmente responsável.

E por ter toda esta gama de inter-relações é que uma empresa turística socialmente responsável pode provocar a seu exemplo uma reação em cadeia, já que mantém inúmeras relações com os mais diversos setores produtivos, propiciando desta maneira com que estes setores ajam da mesma maneira, ou até mesmo fazer somente escolha de parceiros que adira esta causa.

Podemos citar como exemplo a rede de *flats* Parthenon, que teve uma nota publicada sobre sua ação socialmente responsável na coluna Empresas do Bem (p. 18) da revista Isto É Dinheiro, sobre o apoio dado a três espetáculos teatrais no país, assinando um acordo com a Fundação Abrinq, que elabora programas que cuida da infância no Brasil, em que parte da bilheteria de cada peça será revertida para a instituição. Este exemplo nos mostra como uma empresa ligada ao turismo pode se mostrar socialmente responsável para com a comunidade externa.

Capra (1995, p. 259) previu a situação em que nos encontramos hoje quando escreveu sobre a concepção sistêmica da vida:

A nova visão da realidade, de que vimos falando, baseia-se na consciência do estado de inter-relação e interdependência essencial de todos os fenômenos – físicos, biológicos, psicológicos, sociais e culturais. Essa visão transcende as atuais fronteiras disciplinares e conceituais e será explorada no âmbito de novas instituições. Não existe, no presente momento, uma estrutura bem estabelecida, conceitual ou institucional, que acomode a formulação do novo paradigma, mas as linhas mestras de tal estrutura já estão sendo formuladas por muitos indivíduos, comunidades e organizações que estão desenvolvendo novas formas de pensamentos e que se estabelecem de acordo com novos princípios. (...) Nenhuma das novas instituições sociais será superior ou mais importante do que qualquer uma das outras, e todas elas terão que estar conscientes umas das outras e se comunicar e cooperar entre si.

É realmente admirável, como parece que o autor estivesse falando de Responsabilidade Social e a exemplo do turismo trabalhando este conceito com as inter-relações dos fatores que nos cercam.

Lembra-se porém, que não basta uma empresa desenvolver programas de ações sociais empresariais que beneficiem somente a comunidade social externa se o seu cliente interno não recebe nada deste discurso que a empresa mantém com os clientes externos. É preciso aliar o discurso a prática e deve-se ser socialmente responsável dentro da própria empresa, possibilitando também ao seu funcionário qualidade de vida e bem-estar.

E no que diz respeito a empresa turística este tipo de ação se torna ainda mais obrigatória pois uma atividade que visa proporcionar realização dos sonhos, entretenimento, e por assim dizer "deve" conhecer as necessidades das pessoas, não pode deixar aquém seu público interno, que é quem proporciona todo este misto de sensações aos clientes.

Através destas teorias que se torna quase impossível pensar em Responsabilidade Social sem se pensar na visão holística, pois somente quando conseguirmos agir pensando o que nossa ação presente poderá estar acarretando futuramente, é que conseguiremos ser socialmente responsáveis, seja em se tratando do governo, de uma multinacional, média empresa, microempresa, do "botequim da esquina", de cada um de nós e de nossas ações isoladas; se não se pensar no global e se insistir em fragmentar a sociedade; por que assim se torna mais fácil a produção, não conseguiremos alçar novos vôos em busca de uma possível melhoria para o nosso país, e este fim não será apenas para os países do terceiro mundo mas para todos os países; todos iremos pagar pelo que fizemos e/ou pelo que deixamos de fazer.

O turismo tem tentado dar seu exemplo trabalhando suas inter-relações baseadas em uma visão holística de desenvolvimento sustentável, no qual se insere a Responsabilidade Social, para restituir a sociedade, pelo uso de seus recursos naturais e culturais abundantes, através de suas ações sociais.

Conclusão

É inquestionável que diante do novo cenário em que se encontra a economia brasileira e dos reflexos advindos disto, não se faça importante a prática da Responsabilidade Social pelas empresas, já, que no momento, só a mesma pode ser uma saída para os problemas sociais que nos assolam.

Torna-se humanamente impossível, desenvolver qualquer atividade econômica que tenha como fim lucro, diante de tantas demandas sociais, e em se tratando de turismo; esta atividade recebe um peso maior, pois esta lida com o oposto deste problema social, e só conseguirá oferecer a satisfação das necessidades tão sonhada a seus clientes se a comunidade ao qual esta inserida estiver relativamente em equilíbrio no que diz respeito ao seu aspecto social.

A questão da multidisciplinaridade/interdisciplinaridade do turismo é seu diferencial, pois deve-se fazer uso desta característica em favor da prática da Responsabilidade Social, envolvendo os variados segmentos de que é composto o mercado turístico. O trabalho pautado na Responsabilidade Social realizado em conjunto pela hotelaria, setor de alimentos e bebidas, agências de viagens e turismo, companhias aéreas, agências promotoras de eventos, *convention bureaus*, dentre outras do *trade*, poderá proporcionar novas perspectivas tanto para a atividade turística quanto servir de exemplo para as demais atividades produtivas de como exercer seu trabalho pautado em uma visão holística para que se efetive realmente a prática da Responsabilidade Social.

A Responsabilidade Social deve acontecer a fim de criar novas estruturas e novos tipos de comportamento e não apenas para conseguir os benefícios que a mesma proporciona, por que se as empresas passarem a agir desta maneira, acabarão perdendo a essência do que é realmente ser socialmente responsável, fazendo com que a prática da mesma perca sua credibilidade junto a sociedade e mais uma vez um novo tipo de caos social surja, e, cada vez mais forte pois sabe-se que as reincidências deixam as doenças mais fortes e mais difíceis de serem combatidas.

Referências Bibliográficas

1. BARRETO, M. Manual de Iniciação ao Estudo do Turismo. Campinas, SP: Papirus, 7 ed. 1999.
2. CAPRA, F. *O Ponto de Mutação: a ciência, a sociedade e a cultura emergente*. Trad. Álvaro Cabral. 14 ed. São Paulo: Cultrix, 1995.
3. FRAGA, H. O Brasil continua perdendo tempo. In: *Jornal O Estado de São Paulo*; Caderno Viagem, 25 de junho de 1996, p. G-2.
4. Vá ao teatro e faça uma doação. *Isto é Dinheiro*, São Paulo, 12/03/2003, p.18.
5. MELO NETO, F. P.; FROES, C. *Responsabilidade Social e Cidadania Empresarial: a administração do terceiro setor.* 2 ed. Rio de Janeiro: Qualitymark, 2001.
6. RAFAEL, E. J. *Fundações e Direito: terceiro setor*. São Paulo: Melhoramentos, 1997.
7. TULIK, O. Turismo e repercussões no espaço geográfico. In: *Turismo em Análise*. São Paulo: ECA/USP, v. 1, n. 2, p. 63-77, 1990.
8. DAMBRÓSIO, D.; MELLO, P. C. A responsabilidade que dá retorno social. Gazeta Mercantil, 10/11/98, p. C-8.
9. GRAJEW, O. Pessoa física em paz com a jurídica. *Valor, Coluna Empresas e Comunidades*, 01/06/00, p. B-2.

Capítulo 31

Responsabilidade Social nas Empresas Turísticas: os Registros da Imprensa

Flávio Paim Falcetta

Introdução

Uma das marcas dos estudos econômicos no período pós-guerra, anos 1950, foi decodificar, e explicar, as marcantes desigualdades evidenciadas entre os países dos hemisférios norte e sul. Enquanto os primeiros apresentavam um desempenho invejável, com crescimento de sua produção, geração de empregos e eqüitativa distribuição da renda, a situação dos restantes era exatamente contrária: economias com comportamento pífio, desemprego e subemprego e excessiva concentração da renda.

O crescimento econômico, então, foi apontado como solução, ou seja, produzir uma maior quantidade de mercadorias e oferecer um maior número de serviços, como válvula de escape. Assim aqueles países alcunhados de terceiro mundo, expressão questionável, teriam pela frente o desafio de diminuir o fosso com as economias líderes. Reorganizar e inovar suas estruturas produtivas, qualificar seus recursos humanos e explorar seus recursos naturais de forma intensiva levando, em um primeiro momento, ao crescimento e alicerçando o posterior rompimento com o subdesenvolvimento.

Tentativas foram colocadas em prática, mas os resultados observados, passados meio século, demonstram resquícios de um empreendimento malsucedido. É bem verdade que mudanças ocorreram no cenário internacional criando uma nova categoria dos chamados países emergentes ou em processo de transição, porém questões elementares ainda não demonstram resultados visíveis, como a redução da pobreza absoluta.

A partir dos anos 1970 tem início movimento mundial em defesa do crescimento econômico, tendo como prioridade a sustentabilidade. O uso racional dos recursos naturais evitando sua deterioração e os custos implícitos de reposição direcionam um novo enfoque, até então relegado a um plano secundário. Não exclusivamente pelo desgaste dos mesmos, mas sim pelos reflexos negativos à população envolvida em atividades de uso intensivo desses recursos. O crescimento da produção continua sendo prioridade, porém respeitando a racionalidade do desenvolvimento sustentável – não transferir às gerações futuras o ônus do desgaste material repassando custos para a reposição do estoque de recursos naturais – a terra, a água o ar e os demais.

É nessa esteira que se fortalece a conscientização em todo o planeta de medidas preventivas envolvendo os agentes econômicos – trabalhadores/consumidores, organizações produtivas e o setor governo. O desenvolvimento sustentável e a responsabilidade social passam a ser prioridades, sintetizando o novo modelo proposto.

O turismo, um setor que vem crescendo de forma consistente, também é partícipe desse movimento tendo pela frente o desafio de preservar os atrativos naturais. As medidas recentes postas em práticas, como a educação ambiental, sinalizam aspectos positivos.

A seguir serão apresentadas as referências conceituais sobre desenvolvimento sustentável, responsabilidade social e ecoturismo que servirão de suporte para a leitura dos conteúdos das matérias pesquisadas.

Um Novo Paradigma

O desenvolvimento sustentável considerado como referência para a implantação de um novo padrão de desenvolvimento pode ser entendido como um amplo conjunto de medidas que envolvem desde os micros agentes até as macroinstituições responsáveis pela sua viabilização. Assim todas as organizações que disponibilizam mercadorias e serviços devem rever seus conceitos e seus desempenhos priorizando atividades que beneficiam seus públicos, comprometidos com a responsabilidade social. Os setores produtivos, como o turismo, também devem se engajar na busca de um desenvolvimento baseado na preservação ambiental, inclusão de segmentos da população excluídos pela restrição orçamentária, as minorias étnicas, as discriminações por gênero, etc.

Para melhor delimitar o tema Elliot (1994) apresenta algumas definições de desenvolvimento sustentável como a de J. Coomer que caracteriza sociedade sustentável como aquela que vive dentro dos limites de autoperpetuação do seu meio ambiente, o que não quer dizer que não ocorra o crescimento, mas sim o discernimento dos limites possíveis à busca alternativa de crescimento.

Portanto a sociedade, entendida como todos os agentes que a constitui, deve estabelecer suas prioridades, através de um consenso, e utilizar os recursos disponíveis, conforme princípios da racionalidade.

Em uma breve observação Michael Redclif (apud Elliot, 1994) comenta que o termo desenvolvimento sustentável sugere que as lições de ecologia podem, e devem, ser aplicada aos processos econômicos.

A proposta busca a aproximação dos conceitos e procedimento, considerando possíveis alternativas que possam conduzir a uma nova formatação do crescimento econômico, relegando a geração de riqueza a um plano secundário.

Com base na identificação das alternativas e necessidades para a implantação do desenvolvimento sustentável Elliot (1994) aponta as sugestões apresentadas pela *World Commission on Environment and Development*[1] para atingir o objetivo, tais como: a participação da população no processo de tomada de decisão; um sistema econômico que supere as tensões decorrentes do desenvolvimento desarmônico; um sistema internacional que fomente padrões de sustentabilidade ao comércio e as finanças; entre outros.

A participação da comunidade em defesa de seus interesses, invertendo a pirâmide de decisões, a atuação dos agentes econômicos dentro de uma racionalidade de consumo e a padronização de procedimentos internacionais envolvem o turismo, implicando na necessidade de seu reposicionamento.

A Declaração do Rio sobre o Meio Ambiente e Desenvolvimento – RIO-92, em seus 27 princípios, conforme apresenta Sachs (1993) destaca a

---

[1] The World Commission on Environment and Development, também conhecido como Comissão Brundtland, reporta-se a Organização das Nações Unidas, sendo responsável pelo relatório "Nosso Futuro Comum", publicado em 1987.

preocupação com o alcance do desenvolvimento sustentável e sua manutenção colocando como um dos seus principais agentes o Estado até pela sua capacidade de estabelecer legislação específica sobre o tema e políticas ambientais, não negligenciando a população de defender seus direitos. O Princípio 4 sintetiza bem o papel da proteção ambiental como parte integral do processo de desenvolvimento.

A responsabilidade social nas empresas é conceituada segundo o trabalho desenvolvido pelo Instituto Ethos, reconhecido pela seriedade. A página disponível na Internet detalha sua visão sobre o tema: a necessidade de participação das empresas no processo de construção de um modelo de desenvolvimento centrado na preservação do meio ambiente, do patrimônio cultural e a promoção dos direitos humanos, o que resultará em uma sociedade economicamente próspera e socialmente justa. O resultado esperado é o engajamento cada vez maior das empresas cidadãs como participantes ativas dessa proposta de responsabilidade nos avanços sociais. Por meio de ações conjuntas, inovadoras e eficazes, com seus diferentes públicos gerem externalidades positivas agregando valor tanto à sua imagem como aos que se beneficiam desses procedimentos. As empresas ligadas ao Turismo estão cada vez mais comprometidas a assumirem a postura de socialmente responsáveis, até como um diferencial competitivo.

Os tópicos anteriores procuram delimitar e destacar o desenvolvimento sustentável centrado na questão ambiental, assim como a responsabilidade social nas organizações, que exercem vital importância ao Turismo, com reflexos no Ecoturismo comentado a seguir.

Western (1999) utiliza o conceito da The Ecotourism Society como sendo uma viagem responsável a áreas naturais ou destinos que tem como principal atrativo à natureza, preocupados e conscientes da preservação do meio ambiente e promover o bem-estar da população local, ou seja, que esse segmento possa gerar benefícios extensivos à comunidade e não restrito a uma pequena parcela da mesma, tipo as empresas turísticas que operam na localidade.

Ceballos-Lascuráin (1999) acrescenta algumas medidas necessárias ao fortalecimento do ecoturismo: a primeira assinala o treinamento voltado aos diferentes públicos como um trabalho de conscientização e envolvimento, se não há uma percepção clara desta modalidade do turismo, todos os esforços de concretização se fragilizam. Uma segunda proposta é a interação necessária também entre esses públicos que vai desde a população local até os órgãos do setor público como uma forma de soma de esforços para atingir os objetivos do ecoturismo.

No Encontro Mundial do Ecoturismo realizado em Quebec, em maio de 2002, o documento final contempla uma série de sugestões para o desenvolvimento do setor. Um especial destaque ao entendimento do turismo sustentável pelas suas características como: a contribuição ativa a conservação dos patrimônios naturais e culturais; a inclusão das comunidades locais e indígenas no seu planejamento, desenvolvimento e exploração contribuindo ao seu bem-estar; interpretação do patrimônio natural e cultural do destino aos visitantes e, por fim, adequação aos viajantes independentes, bem como os circuitos voltados aos pequenos grupos. A tradução correta contempla preservação, inclusão e alternativa ao turismo de massa. (Organización Mundial Del Turismo, 2002)

A sustentabilidade associada ao turismo não se restringe às áreas rurais, mas também deve considerar o turismo urbano. As empresas turísticas e principalmente os hotéis enfrentam o desafio de otimizar o uso da água, do ar, das fontes de energia, a reciclagem do lixo, dialogar com seus públicos sobre programas e práticas ambientais, entre outros procedimentos, mostrando que não só as atividades diretamente envolvidas com o acervo natural devem dar sua contribuição ao desenvolvimento sustentável.

Mídia Impressa e as Empresas Turísticas

A análise seguinte, mesmo sendo superficial e exploratória, busca relatar o comportamento das empresas turísticas frente aos desafios da responsabilidade social relacionada aos diversos públicos com quem convivem, bem como os reflexos de suas atividades em relação ao meio ambiente.

A fonte dos dados utilizada foi o site do Instituto Ethos que possibilita acessar seu banco de notícias com um sem número de informações sobre temas relacionadas à questão em pauta. Apesar de ser uma fonte secundária serve como suporte para analisar o tratamento dado pela mídia, nacional e internacional, ao divulgar o comportamento das empresas.

Do total do arquivo foram selecionadas 38 matérias que mencionam o comportamento das empresas turísticas que operam no Brasil e as que atuam em outros países. Foi estabelecido o critério de categorias, para organizar as informações, que se dividiram em três temas – meio ambiente, público interno e público externo (comunidade).

Meio Ambiente

Na amostra pesquisada a questão ambiental foi a que apresentou o maior número de notícias, cerca de 45%, justificada por ser o tema central tanto do desenvolvimento sustentável como da responsabilidade social das empresas.

No turismo a preocupação com a preservação dos recursos naturais tem sido colocada em primeiro plano, até pela sua importância como produto turístico. O uso predatório da natureza gera conseqüências desfavoráveis aos destinos que dependem dos recursos naturais, a utilização racional evitando cargas excessivas é uma medida preventiva. A cobrança de taxas adicionais para a permanência acima da prevista e uma melhor distribuição dos fluxos de turistas ao longo do ano, são exemplos práticos.

Entre as preocupações observadas nas empresas turísticas são destacadas as campanhas dos hotéis de Hong Kong em defesa do meio ambiente. As prioridades são: conservação de água e energia, qualidade do ar, legislação ambiental e administração do lixo.

Um segundo tópico trata do lançamento do "*Green Globe 21*", programa de certificação ambiental baseado na Agenda 21 e nos procedimentos tipo ISO. Os hotéis, companhias aéreas, operadoras, agências, aeroportos, atrações turísticas, navios de cruzeiros turísticos e locadoras de automóveis podem se certificar se atenderem aos padrões internacionais exigidos. O *World Travel & Tourism Council* – WTTC[2] já tinha lançado em 1994 o programa de conscientização e gestão ambiental.

A Associação Brasileira da Indústria de Hotéis – ABIH lançou, recentemente, o Programa Hóspede da Natureza fortalecendo a conscientização sobre a necessidade de preservar os atrativos naturais, considerados como principais componentes do turismo no Brasil. A concessão de selo aos hotéis que aderirem, de fato, ao programa é uma forma de envolvimento compatível com as políticas voltadas ao desenvolvimento sustentável.

Os Parques Nacionais são mencionados pelo seu potencial em responder pelo turismo junto à natureza, devendo ser conservados e visitados de forma ordenada. O problema em pauta é a manutenção dos mesmos, abrindo espaço para iniciativas do setor empresarial que podem aportar recursos minimizando as possibilidades de deterioração desses atrativos.

O Ecoturismo é destacado apesar de ainda se encontrar desordenado no Brasil. A Associação Brasileira de Ecoturismo começa a trabalhar em prol da divulgação da atividade disponibilizando em seu *site* informações

---

[2] O WTTC tem uma aliança estratégica com o Green Globe para um programa de certificação ambiental voltado especificamente para a indústria de turismo e viagens. Outros programas desenvolvidos pelo WTTC são o DODO Progamme, educação ambiental para jovens, BEST - Business Enterprises for Sustainable Travel, para empresas, Sustainability Police Centre, pesquisa junto com universidades, e a Agenda 21 com o Earth Council. Ver http://www.wttc.org.

que possam contribuir para seu desenvolvimento. Por outro lado a TAM está oferecendo pacotes que proporcionam viagens por roteiros onde a modalidade se faz presente. É uma iniciativa promissora à educação ambiental e também para o desenvolvimento do turismo nacional através da parceria entre os setores público e privado. Cabe, também, acrescentar a criação do Conselho Brasileiro de Turismo Sustentável, em 2002, que certificará estabelecimentos com padrões de qualidades sociais e ambientais, adequados à realidade brasileira.

No cenário internacional destaque para: a preocupação de executivos que preferem companhias aéreas que levam em consideração as práticas ambientais e os hotéis que têm programas ambientais; as agências de viagens ecológicas que vêm aumentando sua participação percentual no mercado reflexo do comportamento dos turistas ecologicamente responsáveis e agências de turismo premiadas pelo *Conservation International e National Geographic Traveler*[3] pelo respeito à herança cultural e à prática da responsabilidade ambiental.

Os pontos críticos apontados pela imprensa tratam do turismo e preservação da natureza. O caso da Costa Rica é citado pelos danos que os turistas causam contra o patrimônio, praias e florestas. A crítica é direcionada ao turismo de massa, não considerado como sustentável, a exploração de pólos turísticos de forma não planejada e a poluição da água são as principais heranças que um milhão de turistas anuais deixam ao país.

Os destinos paradisíacos das ilhas do Sul do Pacífico também vêm enfrentando problemas relacionados à contaminação causada pelos dejetos – toneladas de óleo usado, produtos químicos perigosos, especialmente pesticidas, dejetos médicos e fertilizantes mal armazenados – se não controlados podem "manchar" a imagem desses destinos.

As empresas de transporte marítimo, responsáveis por um segmento em expansão, os cruzeiros, assumiram o lançamento de lixo no mar e a descarga de óleo nos oceanos, estando em vias de serem penalizadas pelas autoridades ambientais já que desrespeitam as regras internacionais de proteção (manutenção) dos recursos naturais.

E, por fim, as companhias aéreas têm recebido críticas pelos problemas ambientais causados como os ruídos, emissão de poluentes e o congestionamento terrestre. O dilema que se coloca ao turismo é que atualmente 3,1

---

[3] Environmental News Service, 23 de janeiro de 2003, www.ens-news.com

bilhões de passageiros se movimentam em todos os terminais aéreos do mundo, com projeções de 6,2 bilhões entre 2010 e 2015 e de 12,4 bilhões em 2030, o que certamente agravará as questões ambientais assinaladas[4].

Relações com a Comunidade Local

O relacionamento das empresas turísticas com a comunidade local, a segunda categoria pela ordem de importância, é bastante difundido pela imprensa nacional e internacional, conforme constatação no levantamento de informações.

A responsabilidade social das empresas aos poucos vem se manifestando no setor turismo, exemplos de hotéis e parques temáticos que proporcionam lazer a crianças carentes, portadoras de deficiências física e mental e mulheres carentes têm sido observado, tanto no Brasil como em outros países, como iniciativa em prestar serviços à comunidade negligenciada pelas autoridades responsáveis.

A disponibilidade de recursos que permitem às pessoas portadoras de deficiência física viajarem é assinalada como prioridade, pois incorpora às atividades turísticas um segmento considerável da demanda potencial.

Outras notas informam que a Fundação Rubem Berta, ligada a VARIG, atua há mais de 30 anos na prestação de trabalho voluntário, originado na preocupação com o bem-estar de seus funcionários, a adoção de escola por hotel e a geração de benefícios para a comunidade através do recrutamento de mão-de-obra para trabalhar em *resort*, são exemplos de responsabilidade social no Brasil.

Uma das características do turismo é a capacidade de geração de postos de trabalho contribuindo para o crescimento da economia e dois registros são relevantes. O primeiro, nos Estados Unidos, estabelece nova categoria de trabalho os "idosos sazonais", contratados por parques temáticos, parques públicos, hotéis-fazenda, feiras, etc. justificando seu aproveitamento pela experiência, habilidades e princípios éticos, atendendo um público da mesma faixa etária. O segundo registro destaca, no Brasil, a iniciativa de aproveitamento dos jovens carentes entre 15 e 17 anos na restauração de imóveis tombados pelo patrimônio histórico. Além do trabalho recebem aulas de história da arte, treinamento contra incêndio, entre as principais atividades, habilitando-os para o desempenho de atividades como, por exemplo, guia de turismo. A parceria entre os setores privado e público possibilitou a execução do projeto.

---

[4] Financial Times, 24.07.2000, pg. 09.

Como contraponto à geração de empregos nos Estados Unidos é observada na rede hoteleira baixa absorção de negros em postos de trabalho. O negro encontra dificuldades para ser aceito e quando aproveitado realiza atividades com baixa remuneração, normalmente com pouco contato com os hóspedes, reflexo da discriminação racial.

Um exemplo que pode servir de referência para os setores envolvidos com eventos foi as Olimpíadas de Sidney em 2000. A preocupação com o meio ambiente foi mostrada através de algumas iniciativas como: conservação da água, utilização da energia solar, ventilação natural, utilização de matéria-prima reciclada para o mobiliário, pratos e copos descartáveis e biodegradáveis e a utilização dos restos de comida como adubo.

Um dos pontos fracos que pode afetar a imagem de empresas que operam no setor turístico foi encontrado no registro da resistência das companhias aéreas internacionais em prestar informações que auxiliem as pesquisas sobre *Deep Vein Thrombosis (DVT)*[5] ou a síndrome da classe econômica. O problema, se não tratado adequadamente, pode se ampliar no médio e longo prazo, gerando queda na demanda por vôos, com reflexos negativos na atividade turística.

Público Interno

Os registros observados sobre o público interno, quadro funcional, apresentam indícios da preocupação em estabelecer um ambiente de trabalho favorável que permita um melhor desempenho individual e coletivo. A busca de informações apresenta apenas notícias da imprensa internacional, sem registro de empresas nacionais.

Quanto aos aspectos positivos cabe mencionar programa desenvolvido por hotel em Hong Kong, buscando ganhar lealdade e entusiasmo de seus funcionários, aumentando o período de experiência e a remuneração.Uma segunda nota destaca que empresa aérea, a Lufthansa revê sua semana de trabalho encurtando para evitar demissões, é uma alternativa adotada para evitar o enxugamento de pessoal que tem sido utilizado por muitas empresas como forma de enfrentar as retrações do mercado. A Delta Airlines resolveu facilitar a disponibilidade de computadores pessoais aos seus funcionários através de financiamento e acesso gratuito a Internet, o que não deixa de criar uma relação mais estreita e motivacional.

---

[5] Doença identificada em passageiros da classe econômica em vôos de longa distância.

Os pontos negativos mostram as condições precárias de trabalho dos empregados em navios de cruzeiro – trabalho excessivo, fadiga, baixos salários, quartos superlotados, comida escassa, entre outros, e os problemas do turismo de negócios principalmente aos profissionais que viajam com freqüência. O Banco Mundial[6] sugere, com base em pesquisa, sugere que para aliviar o stress os empregados viajantes devem fazer seus próprios planos de viagem, receber remuneração pelos fins de semana em que estão longe de suas residências e os telefonemas para suas famílias devem ser pagos pelas empresas.

Outras Categorias

A seguir as categorias que apareceram com apenas uma inserção na mídia, mas consideradas importantes por destacarem pontos que nem sempre são vistos como componentes da responsabilidade social, pela ordem – discriminação racial, turismo ético e turismo de eventos para o terceiro setor.

A abertura do primeiro *resort* de luxo nos Estados Unidos de propriedade de um negro responde ao movimento de ativistas que defendem a necessidade de por um ponto final no boicote ao turismo de negros em Miami iniciado em 1990, quando da visita de Nelson Mandela.

O comportamento dos turistas britânicos vem sendo cada vez mais exigente ao planejarem suas viagens. A tradição de conhecer um destino apenas pelos atrativos naturais e culturais, sem considerar a comunidade receptora, está mudando. O viajante quer saber mais sobre os hábitos locais, preocupações políticas e ambientais e possibilidades de ajuda aos habitantes dos destinos escolhidos. Para preencher essas exigências cobra das agências a adoção de uma política de turismo responsável e não mais a pura e simples venda de pacotes sem a visão do que vem sendo chamado turismo ético[7] .

O terceiro setor vem crescendo de forma consistente em nível internacional. Pela sua expansão começa a aumentar a demanda de viagens para participação em eventos relacionadas à diversidade de áreas em que atua[8].

---

[6] New York Times, 10.05.2000, pg. C8

[7] Global Ethics, 19 de janeiro de 2002, www.globalethics.org.

[8] O Fórum Mundial Social, contraponto ao Fórum de Davos, na sua última edição em janeiro de 2003, em Porto Alegre teve 200 mil participantes, (estimativa dos organizadores) assegurando a maior taxa de ocupação da rede hoteleira que normalmente no período é muito baixa, é um exemplo significativo da alavancagem que o terceiro setor pode dar ao turismo de eventos.

Considerações Finais

A questão ambiental associada ao desenvolvimento sustentável, que contempla aspectos econômicos, sociais e ambientais, é prioritária se o objetivo é pensar em horizontes de médio e longo prazo revertendo à visão imediatista que permeia uma série de atividades relacionadas ao turismo. O uso racional dos recursos disponíveis, sobretudo os diretamente ligados à natureza, é o caminho apontado.

A operacionalização pode ser feita, conforme observado, por meio de campanhas de educação como prática de conscientização das empresas turísticas obrigando a rever seus conceitos. A certificação das empresas é uma iniciativa de diferenciação entre as que aderem ou não, levando, também, a resultados diferenciados – a credibilidade dos consumidores nas que têm práticas e programas ambientais.

O desenvolvimento de atividades das empresas turísticas junto à comunidade gerando emprego aos jovens carentes na restauração de prédios públicos, disponibilizando espaço para mulheres carentes realizarem oficinas, a adoção de escolas, a utilização da mão de obra local, instalação de equipamentos que possibilitam a prática do turismo por pessoas com deficiência física e unidades de hospedagem que recebam portadores de deficiência mental, são alguns exemplos da prática da responsabilidade social.

As relações com seus públicos internos permitindo um ambiente de trabalho adequado, a constante qualificação de seus quadros, entre outras iniciativas caracterizam as organizações preocupadas com a geração de benefícios sociais.

O fortalecimento do ecoturismo vem apresentando visibilidade internacional através das instituições envolvidas na sua divulgação que disponibilizam em suas páginas na Internet um conjunto de informações que podem ser acessadas por todos aqueles que se interessam pelo tema. Uma forma prática de divulgar o que é o ecoturismo e sua importância para o desenvolvimento do turismo responsável.

O crescimento do terceiro setor em todo mundo tem gerado um grande número de eventos relacionado às suas atividades, abrindo importante nicho para o turismo de eventos.

A modalidade turismo ético compreendendo os turistas, as operadoras e as agências de viagem demonstram a conscientização nas práticas do desenvolvimento sustentável e da responsabilidade social.

Entre os pontos fracos relacionados ao não respeito à preservação do meio ambiente foram apontados as deteriorações provocadas pelo turismo de massa, o caso da Costa Rica, e o lançamento de dejetos, nas ilhas do sul do Pacífico, sem nenhum controle provocando sérios danos não só ambientais como também na imagem de alguns destinos.

As companhias de transporte aéreo, que devido ao aumento da demanda por vôos internacionais responsáveis pela emissão de poluentes e excessivo ruído, afetam principalmente as áreas residenciais próximas aos aeroportos das grandes metrópoles.

As empresas de transporte marítimo, por sua vez, reconhecem sua responsabilidade nos danos ambientais provocados pelo lançamento de dejetos, óleo e lixo, estando próximas de serem penalizadas pelas autoridades responsáveis.

Quanto à responsabilidade social a precariedade do ambiente de trabalho, baixa remuneração, jornadas de trabalho excessivas, discriminação racial, são apontadas como negativas em relação aos públicos interno e externo.

Como consideração final é pertinente o registro da preocupação das empresas que atuam no Turismo em serem reconhecidas, dentro de um processo de porte mundial, como socialmente responsáveis e voltadas ao desenvolvimento sustentável, o que abre um campo de trabalho aos profissionais do turismo e aos pesquisadores.

Referências Bibliográficas

1. ELLIOT, J. A. *An Introduction to Sustainable Development: the developing. world*. New York: Routledge, 1994.
2. LASCURÁIN, H. C. O Ecoturismo como um fenômeno mundial. In: LINDBERG, K.; AWKINS, D. E. (edit.) *Ecoturismo: um guia para planejamento e gestão*. 2. ed. São Paulo: Senac, 1999.
3. ORGANIZACIÓN MUNDIAL DEL TURISMO. Cumbre Mundial del Ecoturismo: Informe Final. Madrid: OMT-PNUMA, 2002.
4. SACHS, I. *Estratégias de Transição para o Século XXI: desenvolvimento e meio ambiente*.São Paulo: Studio Nobel, 1993.
5. WESTERN, D. Prefácio - definindo ecoturismo. In LINDBERG, K; HAWKINS, D. E. (edit.) *Ecoturismo: um guia para planejamento e gestão*. 2. ed. São Paulo: Senac, 1999.

Sites Consultados

http://www.ecobrasil.org.br
http://www.ethos.org.br.
http://www.wttc.org

Capítulo 32

Integração do Transporte Aéreo com o Turismo: Também uma Questão Social

Flávio José Valente
Maria José Barbosa de Souza

Introdução

Considerações Iniciais

A necessidade de se locomover de um lugar a outro sempre esteve presente na história do homem e, nos últimos tempos, ganhou importância crescente e contornos específicos. Vivemos numa sociedade globalizada, de alta tecnologia, repleta de motivações para viajar, onde o acesso aos variados meios de transporte se tornou muito mais que uma possibilidade, e sim, uma exigência. Assim, a sociedade do século XXI incorpora na solução de deslocamento requisitos contemporâneos de acesso, tempo, conforto e alcance (Valente, 2000).

No âmbito mundial a indústria do transporte aéreo conta com mais de mil empresas aéreas, que movimentam mais de três trilhões de passageiros/km (DAC – IAC, 2002). No entanto, apesar dessa realidade, o que se tem observado é a grande dificuldade que as empresas aéreas nacionais e internacionais têm apresentado nos seus resultados financeiros recentes, notadamente, após os atentados terroristas de 11 de setembro, com reduções significativas de vôos e do quadro de funcionários. Isso tem representado prejuízos não só para o mercado de aviação, que transporta milhares de passageiros anualmente e emprega grande contingente de pessoas, mas também em outras atividades próximas, como é o caso do turismo. Motivos esses que precisam nortear ações de integração entre a atividade turística e os transportes aéreos para que se minimizem os atuais prejuízos, garantir sustentabilidade econômica para ambas atividades além da manutenção dos serviços aos usuários.

Essa preocupação, relação dos transportes aéreos *versus* turismo, vem sendo contemplada de forma especial nos últimos anos em diversos eventos mundiais. Entretanto, às vezes, as discussões do relacionamento das empresas aéreas com o turismo acontecem sem se passar por questões conceituais que primeiro unem essas atividades. O presente estudo procura analisar dentro de uma visão sistêmica outros aspectos que derivam dessa estreita relação, tais como a integração das atividades turísticas com o transporte aéreo – que afeta o planejamento estratégico das empresas aéreas de aviação – e as implicações da responsabilidade social da prestação do serviço aéreo regular.

Evolução dos Transportes

Conforme a Organização Mundial do Turismo – OMT (2001), nos primeiros momentos da civilização humana, o desenvolvimento dos transportes se viu impulsionado basicamente por interesses militares, administrativos e de negócios. Até o período pré-Revolução Industrial, a força motriz dos modos de transporte era apenas considerada como "natural", tais como animais e velas (utilizando o vento).

O grande salto na evolução dos transportes acontece, segundo a OMT (2001), de 1840 em diante, a partir da Revolução Industrial na Europa e nos Estados Unidos, quando se implantou a máquina a vapor nesse setor, que renovou esses meios e causou um aumento crescente nas viagens de lazer. No século XX a importância dos deslocamentos passa a recair sobre os transportes rodoviário e aéreo. Quanto ao primeiro, seu impacto completo não foi sentido antes da Segunda Guerra Mundial, somente a partir dos anos 50, quando o automóvel começou a ser acessível para boa parte da população e se transformou em um meio de transporte necessário a qualquer pessoa, vindo a favorecer muito o turismo, devido à facilidade que passaram a ter as viagens (OMT, 2001).

O desenvolvimento da aviação, depois do seu começo com os dirigíveis, recebeu um grande impulso com as guerras mundiais e pouco a pouco, devido às contínuas melhorias tecnológicas em diversos campos, foi ocupando o espaço dos barcos e outros meios de transporte nas viagens, principalmente, de longa distância. Tolley e Turton (1995) *apud* Page (2001) chamam a atenção para o encolhimento das distâncias em função das modernas formas de transporte. Na década de 1950 os aviões com hélices atingiam 480/640km p/ hora, já na década de 1960 surgem os aviões a jato com velocidades em torno 800 a 1.120km/h. Hoje em dia já é possível contar com aviões que superam a barreira do som, como o "Concorde".

Evolução das Empresas Aéreas

As primeiras décadas do século XX são marcadas pelo aparecimento das primeiras empresas comerciais de aviação. Segundo Di Roná (2002, p.54), a primeira linha aérea comercial doméstica foi implantada em 5 de fevereiro de 1919, na Alemanha, ligando Berlim a Leipzig e Weimar (pela empresa Deutsvhe Luft Reederei). Em 25 de agosto de 1919, foi inaugurada a primeira linha internacional entre Paris e Londres (pela empresa inglesa Air Transport & Tracel Ltd.). Em 1930, um hidroavião, Latécoère 28, realizou a primeira ligação aérea entre a Europa e a América do Sul. Já a primeira linha transatlântica regular foi inaugurada em 17 de junho de 1939 por um Boeing 314.

No Brasil, em 7 de maio de 1927, registra-se oficialmente no Estado do Rio Grande do Sul a Varig, uma empresa privada de capital aberto. Já em 4 de novembro de 1933 surge a Viação aérea São Paulo – VASP, ligando São Paulo a Ribeirão Preto e a Uberaba e também São Paulo a São Carlos e a São José do Rio Preto (Palhares, 2002, p. 134).

Em 5 de janeiro de 1955 nascia a empresa S.A. Indústria e Comércio Concórdia – Sadia, na cidade de Concórdia, no Estado de Santa Catarina, empresa essa que deu origem posteriormente (1972) à Transbrasil S.A. Linhas Aéreas (suas atividades estão suspensas desde final de 2001). Alguns anos mais tarde surge a Táxi Aéreo Marília – TAM, em 7 de fevereiro de 1961 na cidade de Marília – SP com a união de alguns pilotos independentes (Palhares, 2002, p.140).

Juntamente com essas, outras foram surgindo recentemente (como o caso da empresa Gol, em início de 2001) e outras foram sendo incorporadas pelas já existentes, como o caso da Nordeste e da Rio-Sul pelo grupo

Varig. Em Fevereiro de 2003, a Varig e TAM anunciaram o início de acordos operacionais que redundaram em uma possível fusão.

DESENVOLVIMENTO

Ampliando o Conceito de Empresas Aéreas

As empresas aéreas são aquelas que oferecem um serviço de transporte aéreo em regime de vôo regular, *charter* (fretados) ou outros tipos de serviços – táxi aéreo, carga, dentre outros (Montejano, 2001, p. 181). Costumam ter uma estrutura empresarial complexa face à variedade de serviços inerentes e necessários ao bom desempenho de seus objetivos, ou seja, satisfazer as necessidades de locomoção dos passageiros. Suas atividades se estendem a serviços de terra, vôo, manutenção, *catering* (alimentação), segurança, bem como gestões administrativa, comercial, financeira, de produção, *marketing*, delegações territoriais, de pessoal, etc.

Apesar das empresas aéreas não serem consideradas por algumas correntes, na sua essência, "empresas turísticas", constituem, no final do século XX, início do século XXI, organizações atreladas, sim, ao turismo, como examinaremos mais adiante. Alguns autores chegam a classificá-las, de fato, como empresas turísticas. Montejano (2001, p. 123) esclarece:

> *"As empresas turísticas são aquelas que se dedicam a prestar por mediação ou diretamente uma série de produtos ou serviços turísticos... As empresas turísticas podem ser classificadas do seguinte modo: (1) Empresas de mediação e comercialização de produtos e serviços turísticos: agências de viagens e operadoras; (2) Empresas de transporte: companhias aéreas, companhias marítimas e fluviais; (3) Empresas de hospedagens (...)".*

Por essa abordagem, pode-se perceber uma tendência de considerar as empresas de transporte aéreo não só participantes do sistema do turismo, mas como também de considerá-las, verdadeiramente, empresas turísticas dentro de uma visão mais ampla do próprio conceito de turismo. Existe uma afirmação feita por Beni (1998, p. 181), que reforça essa idéia:

> *"(...) Assim, empresa de turismo é aquela que produz qualquer espécie de prestação material e de serviços que servem diretamente à satisfação das necessidades dos turistas e que, durante a distribuição desses bens e serviços, entra em contato direto com eles."*

A empresa aérea assume um papel de empresa turística ao prestar um serviço de deslocamento do turista, satisfazendo-o em sua necessidade básica, nesse momento. Entende-se turista não só aqueles que viajam motivados única e exclusivamente pelo lazer, mas também aqueles que se deslocam motivados a realizar negócios, no chamado turismo de negócios, que amplia o conceito de turismo, como veremos a seguir.

Conceito de Turismo Ampliado

Historicamente, o desenvolvimento do conceito de turismo está muito relacionado à questão do deslocamento, uma vez que, por definição, implica em um "movimento" para fora do lugar de residência habitual e, conseqüentemente muito próximo à própria realidade dos transportes. Pode-se notar isso numa das primeiras definições oficiais de turismo apresentada por Burkart e Medlik (1981), *apud* OMT (2001), quando afirmaram representar o turismo (...)"deslocamentos curtos e temporais das pessoas para destinos fora do lugar de residência e de trabalho e atividades empreendidas durante a estada nesses destinos". Essa definição contempla a necessidade de movimento no tempo e no espaço, contudo, deixa ainda alguns termos vagos, como por exemplo, à expressão "deslocamento curto".

Avançando um pouco mais, surgiu a definição oficial que passou a ser adotada pela OMT (1994) e continua enfatizando a questão da necessidade do deslocamento, porém amplia o conceito de turismo, como segue:

> *"O turismo compreende as atividades que realizam as pessoas durante suas viagens e estadas em lugares diferentes ao seu entorno habitual, por um período consecutivo inferior a um ano, com finalidade de lazer, negócios ou outras." (OMT, 2001)*

Essa definição traz consigo importantes aspectos. O primeiro deles, diz respeito ao reconhecimento da necessidade da viagem da pessoa do seu entorno habitual para outro lugar, caracterizando necessariamente o movimento de deslocamento. Isso vem reforçar a importância e o inter-relacionamento do turismo com os transportes. O segundo, diz respeito à contemplação dos possíveis elementos motivadores da viagem: o lazer, os negócios ou outros. Esse fato é muito importante, pois colabora para minimizar a polêmica de não se considerar como turistas aqueles que viajam a negócios, discussão ainda muito presente, mesmo no meio acadêmico. Pelo fato de ser a motivação primordial da viagem, a realização de negócios, não significa excluir, necessariamente, o viajante em questão, da condição de turista, pois essa "classe" de viajantes também pode, e, geralmente faz a utilização de hotéis, empresas aéreas, locadoras de veículos, restaurantes, atrações turísticas e muitos outros produtos e equipamentos a serviço dos turistas.

O que se observa, normalmente, é exatamente o movimento contrário. Portanto, a definição da OMT, reconhecida mundialmente, vem esclarecer essa questão, ao identificar o deslocamento dos que se hospedam com finalidade de negócio, como turismo. Esse fato se torna importante para as empresas aéreas, na medida que o perfil do usuário do transporte aéreo no Brasil aponta para os "viajantes a negócios", que, pelo menos, teoricamente como vimos, podem ser incluídos na categoria de "turistas de negócios". Esses conceitos são importantes para melhor conhecimento da demanda dos serviços prestados pelas empresas aéreas. Delinear com a maior precisão possível os tipos de viajantes reais e potenciais do serviço de transporte aéreo constitui instrumento estratégico no planejamento das companhias de aviação, notadamente quando esse conhecimento se apresenta como fator chave do sucesso desse tipo de empreendimento.

Uma Visão Sistêmica

Na busca de minimizar incertezas operacionais, as empresas aéreas se abrem para observar no ambiente externo quais outros sistemas podem interagir de maneira favorável a colaborar para o sucesso de seu próprio sistema. Segundo Stoner e Freeman (1999, p. 46), as organizações precisam se valer da teoria de sistemas para compreender o ambiente externo e seus efeitos. De acordo com esses autores, as organizações não são auto-suficientes nem independentes, pois trocam recursos com o ambiente externo e dependem dele. Define-se, de acordo com os mesmos autores, ambiente externo como "todos os elementos fora de uma organização que são relevantes para sua operação". Dentre os vários sistemas possíveis relacionados ao do transporte aéreo, encontra-se o "sistema de turismo".

Segundo Leiper (1990) *apud* Page (2001, p. 22), pode-se definir um sistema como um conjunto de elementos ou partes, que sejam conectados um ao outro por pelo menos um princípio característico. Nesse caso, o deslocamento pode ser o princípio característico que conecta os diferentes componentes do sistema de transporte aéreo e turístico em torno de um tema comum.

As atividades de turismo e transportes surgem em razão da existência de recursos naturais do meio ambiente, culturais, sociais e econômicos, tendo campo de estudo abrangente, complexo e pluricausal. Segundo Beni (2000, p. 15),

> *"A Teoria Geral de Sistemas, um moderno conceito estabelecido, afirma que cada variável, em um sistema, interage com as outras variáveis de forma tão completa que causa e efeito não podem ser separados. Uma única variável pode, ao mesmo tempo, ser causa e efeito. A realidade não permanecerá imóvel. Mas não pode ser desmembrada(...)".*

Portanto, a preocupação das empresas aéreas, num ambiente altamente dinâmico, precisa reconhecer a influência dos seus *stakeholders* (grupos ou indivíduos afetados direta ou indiretamente pela busca dos objetivos por parte de uma organização, como por exemplo, os fornecedores, clientes, acionistas, entre outros – Stoner e Freeman, 1999, p. 46). No mundo globalizado e de acessos facilitados, os objetivos organizacionais das companhias de aviação passam muitas vezes pelos mesmos objetivos da indústria do turismo e dos próprios turistas, afetando-os também de forma direta. Este fato os coloca como *stakeholders* a serem mais de perto observados pelas empresas aéreas.

Responsabilidade Social para com os *Stakeholders*

De acordo com a teoria dos *stakeholders*, o desempenho social corporativo é determinado pelo sucesso obtido pela organização em atender às demandas de múltiplos públicos. A teoria dos *stakeholders* incorporou, além dos investidores e acionistas, outros grupos de pessoas, dentro ou fora da empresa, que têm interesse no desempenho da organização como os fornecedores, funcionários, clientes, governo e comunidade, que os dirigentes das empresas precisam considerar nas suas tomadas de decisões (Clarkson, 1995; Donaldson e Preston, 1995; Jones, 1995).

Carroll (1979, p. 499; 1991, p.41) propõe que a responsabilidade social nas relações com estes *stakeholders* pode ser subdividida em quatro critérios: econômico, legal, ético e discricionário. A responsabilidade econômica significa ser lucrativa. Consiste em produzir bens e serviços que a sociedade deseja da forma economicamente eficiente. Para tanto, é preciso remunerar fornecedores e empregados de maneira justa e tratá-los corretamente; manter relações honestas com consumidores; utilizar os recursos naturais racionalmente; lidar com o meio ambiente de forma sustentável e respeitar a qualidade de vida da comunidade onde a organização encontra-se inserida.

A responsabilidade legal determina que as empresas atinjam suas metas econômicas respeitando o cumprimento de todas as leis. A responsabilidade ética significa fazer o que é certo e evitar qualquer tipo de danos voluntários e está relacionada a comportamentos que não são necessariamente codificados em leis e podem não servir aos interesses econômicos diretos da empresa, mas livram a organização de danos à sua imagem institucional. A responsabilidade discricionária consiste em contribuir para a comunidade e para a melhoria da qualidade de vida. Relaciona-se aos programas sociais desenvolvidos ou apoiados pela empresa para reduzir as desigualdades sociais.

Segundo Stoner e Freeman (1999) existe um nível de preocupação ética da organização, onde os grupos externos são afetados por decisões da empresa. É nessa linha de raciocínio que se encontra, por exemplo, a importância da manutenção do serviço aéreo em uma determinada localidade ao longo do tempo. No caso específico de empresas aéreas que implantam linhas e as desativam com muita freqüência, é importante conhecer os possíveis impactos causados nos outros segmentos e na sociedade diretamente envolvidos por tais decisões. Além de não ser saudável economicamente para as empresas aéreas abrirem e fecharem linhas, também não o é para as comunidades e outros agentes envolvidos. Para as empresas é importante decidirem com cuidado suas linhas porque a aviação comercial é muito dispendiosa em várias áreas como, infra-estrutura aeroportuária, compra de aeronaves, manutenção das mesmas, contratação de pessoal qualificado, combustíveis e muitos outros itens que demandam uma racionalidade maior nos seus investimentos.

Para as comunidades e segmentos relacionados ao transporte aéreo também não é conveniente em dado momento contar com a existência de uma linha regular e depois em outro instante já não poder contar mais com o referido serviço. Muitas atividades como vimos anteriormente, surgem e se desenvolvem em função da presença regular do transporte aéreo e passam a contar com a permanência do mesmo para programar suas atividades ao longo do tempo. Da mesma maneira as comunidades atendidas por vôos regulares, hoje estratégicos, quando deixam de contar com essa ligação, ficam prejudicadas.

Integração Entre Turismo e o Transporte Aéreo

Vários outros autores têm estabelecido a interface existente entre transporte aéreo e suas empresas e o turismo. Beni (2000, p. 17), considera que:

> *"(...) as atividades básicas do turismo podem ser definidas sob os aspectos de deslocamento e estada onde as empresas aéreas e de superfície são as que se encarregam do deslocamento dos passageiros, e a empresa hoteleira ou extra-hoteleira é a que dá suporte básico para a estada (...)."*

Afirma ainda que,

> *"Este é um elemento implícito na noção de Turismo. O movimento está intimamente conectado ao próprio sentido etimológico do termo "tour": viagem em circuito; deslocamento de ida e volta. (Tour em francês significa apenas "movimento circular", em linguagem figurada) (...)".*

Essas afirmações demonstram estarem as empresas aéreas intimamente ligadas às atividades básicas do turismo pela necessidade fundamental de movimento ou deslocamento de passageiros. Da mesma forma nas afirmações de Lamb e Davidson *apud* Page (2001, p. 16) "transporte é um dos três componentes fundamentais do turismo. Os outros dois são o produto turístico (oferta) e o mercado turístico (demanda ou turistas em si)".

E na verdade, em alguns casos, a própria atividade de transporte é uma experiência de turismo, como no caso dos cruzeiros, dos trens panorâmicos e dos passeios de carro e bicicleta. Em algumas circunstâncias o transporte prevalece sobre o próprio destino turístico, e muitas vezes influi na escolha do local a ser visitado. (Palhares, 2002, p. 28).

Registram-se também as considerações feitas por Wahab (1991, p. 49) ao afirmar que o progresso registrado pelo transporte aéreo no decorrer das décadas de setenta e oitenta foi tanto causa como efeito da expansão do turismo, pois, segundo o autor, tanto um como o outro é dependente do ato de viajar.

Segundo as evidências históricas, o surgimento de novos meios de transporte, como a aviação comercial, mais rápidos, cômodos e seguros, foi determinante no crescimento do turismo, de forma que novos destinos foram acompanhados de novas rotas (OMT, 2001, p. 105). Por isso pode-se afirmar que os desenvolvimentos do sistema turístico e de transporte encontram-se intimamente ligados e seguem um processo paralelo e de mútua influência.

O avião e seus avanços tecnológicos permitiram aproximar fronteiras e provocaram a expansão do turismo, trazendo opções interessantes como, por exemplo, os vôos fretados que impulsionaram o turismo de massa. Assim como o incremento do turismo tem sido propiciado, em grande parte, pelo desenvolvimento das empresas aéreas, o inverso também vale, pois a crescente demanda turística tem levado ao desenvolvimento dos serviços de transporte aéreo que precisaram se adaptar a uma demanda cada vez mais exigente e sofisticada, a qual busca bons preços e qualidade em seus deslocamentos.

No ano de 1998, 18 milhões de vôos foram realizados no mundo inteiro, com mais de 1,3 bilhão de pessoas transportadas, porém no Brasil, no mesmo ano, houve 38,2 milhões de turistas domésticos que se deslocaram pelo País, sendo que apenas 6,8% dos turistas deslocaram-se de avião (Palhares, 2002, p.44). Muito provavelmente esse baixo percentual se deve ao fato de não se considerar como turistas os viajantes a negócios, os quais, como visto anteriormente, poderiam de alguma forma se enquadrar no chamado "turismo de negócios".

A OMT calcula que os gastos alcançados pelas viagens de avião representam um quarto do gasto total com turismo. Desde 1959 até nossos dias a demanda deste meio de transporte aumentou uma média anual de 5% (Coltman 1989, p. 150 *apud* OMT 2001, p. 111). A maior parte desse aumento se deve ao desenvolvimento dos vôos fretados, que também é responsável pelas novas formas de turismo: os pacotes turísticos.

Graças a estes pacotes turísticos, muitos centros turísticos têm-se desenvolvido em diferentes regiões do mundo, graças ao estabelecimento de serviços aéreos adequados – muitas ilhas do Caribe, por exemplo, dependem exclusivamente das linhas aéreas (fretadas e regulares) que trazem os turistas procedentes da Europa e dos Estados Unidos (OMT, 1994).

Integrando a Cadeia Produtiva do Turismo

Nesse ponto, já se pode delinear que uma das estratégias de competitividade para as empresas aéreas é integrar-se com os operadores e agentes de viagens, no que diz respeito aos fretamentos que podem otimizar a utilização de suas aeronaves, principalmente, em períodos de baixa utilização, recurso esse muito utilizado na Europa e ainda pouco praticado no Brasil.

Portanto, é importante que toda cadeia produtiva do turismo (incluindo obviamente as empresas aéreas) possam estar trabalhando em uma "rede", e isso passa a ser um desafio. Existe uma afirmação sob esse aspecto, ligada à manufatura que traduz isso, conforme Christopher (1999),

> *"A valiosa troca de informações entre parceiros é que sustenta a organização em uma rede bem sucedida. Criar "visibilidade" ao longo dos canais de informação assegura que a manufatura e o fornecimento de produtos sejam orientados pela demanda real, e não por previsões, e, conseqüentemente, permite que todos os membros da cadeia operem melhor."*

Trazendo essa afirmação para o turismo e transporte aéreo, poder-se-ia dizer que quanto mais as informações entre os atores envolvidos no processo estiverem integradas, maior a chance de operação sustentada ao longo do tempo.

Conhecer essa estreita relação é fundamental para as empresas aéreas se posicionarem no mercado sabendo do papel que podem desempenhar no espectro do turismo. Sob a ótica do planejamento de suas operações não é salutar desconsiderar as possibilidades que a atividade turística pode representar nas estratégias organizacionais das empresas de aviação. Não se trata aqui de perda do foco dessas companhias, que deve continuar sendo o de "transportar passageiros", mas sim de uma aproximação maior de toda cadeia de suprimentos do turismo (e de toda sua cadeia produtiva) para ampliar o leque de possibilidades dos serviços dessas organizações. Portanto, sem o conhecimento prévio da importância do turismo para o setor de transporte, o planejador de transportes e os tomadores de decisão muitas vezes limitam seus objetivos a atender exclusivamente as necessidades de seu próprio setor, desconsiderando todo o impacto que a regulamentação ou o investimento em infra-estrutura podem acarretar para outras atividades, notadamente o comércio e o turismo. (Forsth, 2001; Pender, 2001; Wheatcroft 1994, *apud* Palhares, 2002, p. 24).

Observa-se que o chamado "*trade*" turístico, composto de outras organizações tais como as agências de viagens, operadoras, hotéis, locadoras de veículos, é, de maneira geral, muito fragmentado e composto de pequenas e médias empresas não articuladas entre si. Por outro lado, os destinos turísticos se preocupam, muitas vezes, em conceber e oferecer seus atrativos turísticos sem integração com outros destinos próximos e com o restante do *trade* turístico. O que se percebe cada vez mais é a necessidade de integração entre toda a "cadeia" da atividade turística. Essa integração pode ocorrer de forma salutar desde a concepção e formatação de atrativos nas destinações, passando pelas transportadoras turísticas, onde, obviamente se incluem as empresas aéreas, até atingir os pólos emissores de turistas e os próprios turistas, que precisam estar envolvidos para que se otimizem os resultados de todos os envolvidos. Além da fragmentação característica do turismo, essa atividade tem demonstrado ser altamente retrátil aos diversos problemas políticos, econômicos, sociais que surgem, constantemente, afetando todo o mundo globalizado.

Considerações Finais

Os dias atuais têm demonstrado que não se pode mais criar produtos turísticos indiscriminadamente na confiança de que todo o fluxo de turistas virá automaticamente atrás. Mais do que nunca, se faz necessário uma racionalização de toda a cadeia produtiva da atividade turística, onde destinos turísticos, transportadores turísticos e os pólos emissores de turistas estejam integrados como numa "rede", onde ocorra uma soma de valores e de objetivos comuns.

As organizações trabalhando em rede é um acontecimento ainda recente. Nas atividades turísticas, a necessidade de vários componentes agregadores de valor fica mais evidente, pois satisfazer lucrativamente as necessidades dos turistas e viajantes é um desafio crescente que depende do bom desempenho de cada elo dessa rede composta de destinos turísticos, operadores turísticos, agentes de viagens receptivos e emissivos, transportadores, meios de hospedagem, dentre outros. O Turista para perceber sua viagem com êxito, precisa que em cada elo da rede da prestação de serviço acima tenha um ótimo desempenho, podendo, caso contrário, macular todo o esforço dos demais.

Um exemplo dessa interdependência é o alto custo que todos da cadeia pagam pela não confirmação da demanda esperada, constituindo um fator crucial e mais uma razão para que haja integração entre todos os envolvidos. A integração que se espera aqui é aquela norteada pelo compartilhamento de informações e pelo estabelecimento de metas estratégicas comuns.

Enfim, as ações devem estar articuladas nos diversos níveis da cadeia produtiva do turismo, e isso será um grande diferencial competitivo, revelando a habilidade com que essa "rede" foi gerenciada e coordenada.

A atividade turística apresenta, neste início de milênio, desafios de sustentabilidade mediante um cenário de instabilidades e crises seqüenciais. Aliado a isso, encontramos os turistas com necessidades cada vez mais complexas de serem atendidas, seja apenas por uma empresa, ou por várias atividades da cadeia produtiva do turismo. Esses fatores têm justificado uma necessidade crescente de integração em rede que possibilite uma minimização de custos e maximização de resultados para todos.

Observamos que as atividades do turismo e do transporte aéreo têm tido uma evolução muito próxima uma da outra. A história do turismo se funde à dos transportes sendo que uma exerce relação de causa e efeito sobre a outra. Essa aproximação das atividades permite ampliar o conceito de empresa aérea como uma empresa turística, até pelo fato de transportar também os chamados turistas de negócios. Isso, do ponto de vista do planejamento das empresas aéreas, representa dizer que na concepção de seus objetivos organizacionais pode encontrar na atividade mais próxima – o turismo – fonte de estratégias importantes no início desse milênio. Seja desde a simples consideração de que seus principais clientes são turistas e todas as implicações disso no planejamento de seus serviços, até questões complexas como a de estudos que incluam aspectos de atratividade turística no planejamento de novas ligações entre pares de cidades.

As empresas aéreas, pelos altos investimentos que fazem para poder operar e pelo alto nível de desenvolvimento tecnológico que atingiram, talvez sejam as que tenham melhores condições de buscar essa integração com as demais atividades e empresas do turismo.

Finalmente, constitui-se uma preocupação social por parte das empresas aéreas decidirem com mais precisão se devem ou não implantar linhas entre pares de cidades e mantê-las, pois os impactos de vôos regulares nas outras atividades turísticas e na própria comunidade são relevantes, sem contar o grande número de pessoas empregadas no setor de aviação que, pela interrupção de ligações aéreas, são diretamente atingidas.

Longe de tentar esgotar um tema complexo e abrangente o presente artigo se apresenta como possível ponto de partida para necessários aprofundamentos.

Referências Bibliográficas

1. BENI, M. C. *Análise Estrutural do Turismo*. São Paulo: Senac, 2000.
2. CARROL, A. B. *A Three Dimensional Conceptual Model of Corporate Performance*. Academy of Management Review, 4, p. 499, 1979.
3. CARROL, A. B. *The Pyramid of Corporate Social Responsibility: toward the moral management of corporate stakeholders*. Business Horizons, n. 34, p.42, julho-agosto 1991.
4. CHRISTOPHER, M. *O Marketing da Logística*. São Paulo: Futura, 1999.
5. CLARKSON, M. *A Stakeholder Framework for Analyzing and Evaluating Corporate Social Performance*. Academy of Management Review, v. 20, n. 1, p. 92-117, 1995.
6. DAC-IAC. *Fluxo de Passageiros nas Ligações Aéreas Nacionais*. Comando da Aeronáutica / Departamento de Aviação Civil / Instituto de Aviação Civil, 2002.
7. DI RONÁ, R. *Transportes no Turismo*. São Paulo: Manole, 2002.
8. DONALDSON, T.; PRESTON, L. E. *The Stakeholder Theory of the Corporation: concepts, evidence and implications*. Academy of Management Review, v. 20, n. 1, p. 65-91, 1995.
9. JONES, T. M. *Instrumental Stakeholder Theory: a synthesis of ethics and economics*. Academy of Management Review, p. 404-437, apr. 1995.
10. KOTLER, P.; ARMSTRONG, G. *Princípios de Marketing*. 7 ed. Rio de Janeiro: Prentice Hall, 1998.
11. ORGANIZAÇÃO MUNDIAL DO TURISMO (OMT). Introdução ao Turismo. (dir.). São Paulo: Roca, 2001.
12. PELIZZER, H. A. *Uma Introdução à Técnica do Turismo*. São Paulo: Pioneira, 1978.
13. MONTEJANO, J. *Estrutura do Mercado Turístico*. São Paulo: Roca, 2001.
14. PAGE, S. J. *Transporte e Turismo*. Porto Alegre: Bookman, 2001.
15. PALHARES, G. L. *Transporte Aéreo e Turismo: gerando desenvolvimento socioeconômico*. São Paulo: Aleph, 2001.
16. STONER, J. A. F.; FREEMAN, R. E. *Administração*. 5. ed. Rio de Janeiro: Prentice Hall, 1999.
17. VALENTE, F. J. *O Mercado de Vôos Regulares em Poços de Caldas: opinião de usuários potenciais*. Poços de Caldas, 2000. Monografia (Especialização) - Pontifícia Universidade Católica de Minas Gerais.
18. WAHAB, S. E. A. *Introdução à Administração do Turismo*. São Paulo: Pioneira, 1991.

Capítulo 33

Programa *Welcome to Brazil* – Responsabilidade Social no Âmbito da Recepção ao Turista Internacional

Alice Fátima Fonseca do Vale
Simone Aparecida de Lacerda Chaves

Introdução

Welcome to Brazil, bem-vindos ao Brasil. Bem-vindos ao país da diversidade, da multiplicidade cultural, da riqueza histórica, natural e humana.

"*Meu canto esconde-se como um bando de Ianomâmis na floresta.*

Na minha testa caem, vêm colar-se plumas de um velho cocar

Estou de pé em cima do monte de imundo lixo baiano

Cuspo chicletes do ódio no esgoto exposto do Leblon

Mas retribuo a piscadela do garoto de frete do Trianon

Eu sei o que é bom

Eu não espero pelo dia em que todos os homens concordam

---

[1] Fares, 2001: 196.

Apenas sei de diversas harmonias bonitas possíveis sem juízo final"[1].

Esse é o diferencial brasileiro, justamente o fator que torna um país de dimensões continentais relativamente longe do "Velho Mundo" um destino atrativo para turistas estrangeiros. Sendo assim, cabe considerar a importância de um projeto de recepção a esses turistas cuja chegada se dá em grande maioria – mais de mil turistas estrangeiros por dia – no Aeroporto Internacional de São Paulo – Guarulhos.

Isso, de modo que o dito diferencial venha a ser revertido em benefícios para a sociedade em uma espécie de reação em cadeia: o turista mais bem recebido tratará melhor as outras pessoas com as quais irá lidar no seu processo de chegada. Desde o policial federal, passando pelos funcionários das companhias aéreas, os taxistas, os carregadores de bagagem e até os possíveis agentes de viagem e guias de turismo receberão um turista previamente bem impressionado que certamente deixará rastros positivos em termos culturais e econômicos. Dessa forma, percebe-se a importância do Programa *Welcome to Brazil* no sentido de promover ações pertinentes ao desenvolvimento do turismo sobre as bases da Responsabilidade Social como um ciclo saudável que desemboca em benefícios para a sociedade como um todo.

Cabe, pois, nesse trabalho, discutir as questões referentes ao projeto *Welcome to Brazil*, desenvolvido de dezembro de 2002 a março de 2003 com o intuito de aprimorar o processo de desembarque dos passageiros através da parceria entre Ministério do Esporte e Turismo – MET (2002 – governo FHC), Instituto Brasileiro de Turismo – Embratur, Ministério da Justiça – Depto. Polícia Federal, Ministério da Fazenda – Departamento da Receita Federal, Infraero – Infra-estrutura Aeroportuária e Associação Brasileira dos Bacharéis em Turismo – ABBTUR.

Tal programa objetiva a amenização dos problemas enfrentados pelos turistas no seu primeiro contato com o Brasil no qual se vê envolvido com os processos de desembarque, imigração, passagem pela alfândega e em alguns casos checagem pela Saúde dos Portos. A intenção inicial era que houvesse pessoas aptas a recepcionar o turista estrangeiro na área junto à polícia federal de forma a fazer com que os viajantes aproveitassem de alguma forma o tempo de espera para a imigração. Foi desenvolvido como material de apoio, o "Passaporte Brasil": *pocket guide: essential information for foreign visitors* com informações gerais sobre o país – geografia, fusos horários, clima, medidas, população e avisos de segurança – a ser entregue na área de imigração.

Nesse contexto, o presente projeto visa discutir o enriquecimento das atividades propostas ao longo de sua execução à medida que foram sendo percebidos inúmeros fatores complicantes no decorrer de todo o trâmite de chegada ao Brasil. Isso posto, é fundamental perceber que esse "programa de boas vindas" acabou por se justificar segundo um contexto amplo de apoio às áreas envolvidas.

É fundamental ressaltar, ainda, a importância da Associação Brasileira dos Bacharéis em Turismo – ABBTUR pelo papel desempenhado na contratação de estudantes e bacharéis em turismo para a concretização de tal projeto. Isso à medida que são profissionais especificamente preparados para o desempenho das atividades propostas por um programa de turismo desta relevância. Muitos dos problemas verificados nesse setor são decorrentes exatamente da falta de preparo de colaboradores que, especializados em outra área de atuação são incapazes de reverter o diferencial qualitativo proposto por determinados programas de turismo.

Assim, confirma-se a importância de programas como o *Welcome to Brazil* de modo a demonstrar o verdadeiro Brasil. Não aquele do turismo sexual, da violência, de profissionais despreparados, da dificuldade de obtenção de informações, mas sim o Brasil da diferença, da simpatia, da riqueza ambiental, do profissionalismo, da informação prestativa.

É justamente nesse âmbito que este trabalho visa destacar a forma pela qual a responsabilidade social vem à tona como fator fundamental no desenvolvimento do Brasil com bases sustentáveis através da atividade turística. "*Governos, empresas e sociedade organizam-se para trazer novas respostas visando a um desenvolvimento sustentável que englobe tanto os aspectos econômicos, como os sociais e ambientais. Deve haver, pois, o desenvolvimento de estratégias empresariais competitivas por meio de soluções socialmente corretas, ambientalmente sustentáveis e economicamente viáveis*"[2].

O *Welcome to Brazil* constitui-se, pois, em uma alternativa viável para solucionar problemas relevantes existentes na atividade turística de modo a converter seus frutos positivos para as demais vertentes da sociedade brasileira. A reação em cadeia promovida pelo turista satisfeito desde a sua chegada pode, sim, promover mudanças efetivas na atividade em geral e na concretização do turismo enquanto prática responsável socialmente.

---

[2] Ashley, 2002:3.

Welcome to Brazil – Principais Implicações e Órgãos Envolvidos

O Programa *Welcome to Brazil* iniciou-se no início de Dezembro e teve a duração de 3 meses, contando com a participação dos já citados Ministério do Esporte e Turismo, Embratur, Ministério da Justiça – Polícia Federal, Infraero e ABBTUR Nacional, que juntos desenvolveram um projeto com o intuito de recepcionar os turistas estrangeiros que chegam ao Brasil, e amenizar o tempo de espera na fila de imigração, que gera estresse e nervosismo por parte dos turistas. Dessa forma a inauguração do trabalho só foi possível com a prévia autorização do Ministério da Agricultura – Receita Federal, um dos setores de grande relevância no Aeroporto Internacional de Guarulhos, que a *priori* não havia sido incluída no desenvolvimento do trabalho, mas que acabou por ser inserida no mesmo.

Todos esses órgãos citados possuem tarefas essenciais para que o estrangeiro possa desfrutar de sua visita sem gerar problemas à sociedade, e também enxergar o Brasil com outros olhos, uma país diversificado culturalmente. A imagem impressiona e é de responsabilidade da comunidade, dos órgãos públicos e dos turismólogos, ou seja, os principais beneficiários, o papel de conquistar cada vez mais turistas estrangeiros por meio de imagens positivas, reais. "*Uma imagem forte tende a perdurar por muito tempo na mente das pessoas. Se alguém ficou com uma imagem bucólica e serena impressão de uma cidade, a impressão pode continuar por vários anos, ainda que a localidade já tenha perdido aquelas características. A mudança de imagem só virá a acontecer quando a pessoa se deparar com informações ou vivências muito contraditórias em relação àquela imagem, de modo a produzir um choque na percepção*"[3] .

A ABBTUR teve papel fundamental desde o princípio, sob a coordenação da Embratur, responsabilizou-se pela colocação de profissionais qualificados em áreas de sua competência, auxiliando dessa forma na melhoria da prestação de serviços turísticos, que muitas vezes são realizados por pessoas sem a preparação devida para os mesmos, o que gera inúmeros problemas para o setor. E o autor Vaz[4] define o conceito da prestação de serviços de forma clara e objetiva, fazendo-nos pensar a importância de se desenvolver atividades com qualidade e responsabilidade, "*a prestatividade*

---

[3] Vaz, 2001: 121.

[4] Vaz, 2001: 53.

é o conjunto de esforços de serviços, satisfazendo o cliente e fazendo com que o produto supere as suas expectativas iniciais, de modo a cativá-lo para uma nova visita, no futuro".

A equipe de trabalho contou com a participação de oito recepcionistas, estagiários do curso de Turismo, e duas coordenadoras bacharéis nesse ramo, todos bilíngües, e alguns poliglotas, sendo que foram contemplados os idiomas – inglês, espanhol, francês, alemão e japonês. Os colaboradores, após serem contratados, passaram pelo processo de capacitação com duração de três dias consecutivos, que foi dirigido pela ABBTUR, Infraero e Polícia Federal, no próprio Aeroporto.

As atribuições dos profissionais contratados não se restringiram somente à recepção aos turistas. Além disso, ficou a cargo destes uma gama de atividades, como a verificação e preenchimento das fichas de imigração e alfândega, uma vez que grande parte dos turistas realiza seu preenchimento incompleto ou de maneira equivocada, havendo ainda em certos vôos situações em que inúmeros turistas chegam sem possuir este documento.

Os colaboradores auxiliaram ainda na organização da fila, já que se criou tumulto em virtude de turistas atrasados que querem passar adiante para não perder conexões ou passageiros que param no meio da fila para o preenchimento de suas fichas. Além de evitar esses fatores implicantes os profissionais buscam beneficiar pessoas que necessitam de um atendimento especial como mulheres grávidas e com crianças de colo, pessoas idosas ou

Figura 33.1 – Auxílio no preenchimento das fichas de imigração e alfândega e entrega do Passaporte Brasil – Terminal II. Foto: Simone Chaves (março/2003).

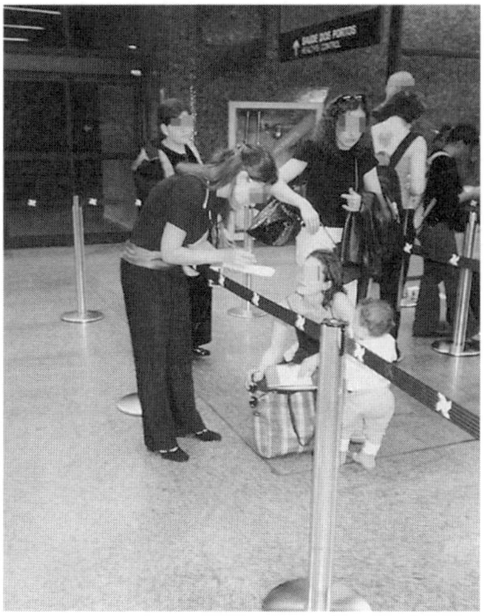

Figura 33.2 – Verificação das fichas e atenção ao turista com criança de colo. Foto: Simone Chaves (março/2003).

portadores de algum tipo de deficiência. É importante ressaltar que cabe sempre ao policial federal a decisão de atender prioritariamente ou não determinados passageiros.

Em virtude dos idiomas falados pelos colaboradores do programa a comunicação com o turista era facilitada sendo possível o auxílio para com os demais funcionários do aeroporto que por vezes desconheciam a língua falada pelo passageiro. Além disso, era feita a entrega do "Passaporte do Brasil", ou *Pocket Guide*, que será analisado no capítulo IV.

Quanto ao serviço desempenhado pelos recepcionistas, algumas considerações são necessárias. Dois fatores em especial fizerem com que a presença dos colaboradores do Programa *Welcome to Brazil* fosse mais efetiva na área de imigração junto à Polícia Federal: o primeiro relaciona-se ao fato de que ambas as fichas são verificadas nessa área; e o outro se refere à concentração dos vôos em determinados horários[5], o que impossibilita disponibilizar pessoas constantemente para a área da Receita Federal.

É importante considerar também a solicitação feita pela vigilância sanitária – órgão responsável pela Saúde dos Portos – com relação à necessidade do auxílio por parte de atendentes bilíngües no processo de verificação do certificado de vacinação. Percebe-se, pois, que diversos órgãos relacionados ao processo de recepção de turistas internacionais estão carentes de profissionais atuantes na área de Turismo, fluentes na língua inglesa e com um segundo idioma de importância.

---

[5] A maioria dos vôos tem seu desembarque concentrado no período das 5:30 às 8:30 e posteriormente das 9:00 às 10:30.

Figura 33.3 – Entrega do Passaporte Brasil aos turistas estrangeiros enquanto esperam o momento da imigração. Foto: Simone Chaves (março/2003).

Dessa forma, o projeto acabou por abranger um âmbito significativamente maior do que o imaginado em princípio, de modo que mais do que supervalorizar a importância do *Welcome to Brazil* é preciso atentar para a sua contribuição relevante no que diz respeito ao primeiro contato dos turistas internacionais com nosso país.

As Implicações do Programa *Welcome to Brazil* no Âmbito da Responsabilidade Social

Tendo em vista as atividades descritas no capítulo anterior, visa-se agora destacar os benefícios gerados pelo programa *Welcome to Brazil* à atividade turística de modo a reverter à sociedade uma série de valores pautados em seu desenvolvimento sustentável.

Um dos pontos principais a serem discutidos diz respeito à mão-de-obra que desempenha as funções propostas pelo projeto: "*A primeira responsabilidade social deve existir com relação aos empregados da empresa. Será uma incoerência desenvolver grandes projetos de filantropia e assistência social à comunidade em que se insere a organização, se antes não forem muito bem tratados os próprios funcionários em termos de saúde, educação, moradia, salário que permita elevação sócio-cultural. Um emprego satisfeito em suas necessidades mais importantes é um multiplicador de serviços à comunidade. Agradecido pelo o que foi proporcionado cuida de sua produtividade e colabora nos programas de responsabilidade social*"[6]. Esse aspecto pode ser discutido à medida que o profissional de turismo passa a ocupar funções para as quais foi devidamente preparado. Os estudantes e bacharéis em turismo passam a demonstrar a partir de projetos como o *Welcome to Brazil*, que o fator que determina a requisição de seus serviços é, mais do que uma reserva de mercado ou a regulamentação da profissão, a demonstração de suas capacidades peculiares de trabalho com as atividades relacionadas ao ramo turístico.

O projeto em questão foi realizado por oito estagiários que cursam a faculdade de turismo e duas coordenadoras adjuntas bacharéis nesse ramo. Todos bilíngües, e alguns poliglotas, de modo a contemplar os idiomas: inglês, espanhol, francês, alemão e japonês. Nesse âmbito a ABBTUR Nacional – Associação Brasileira dos Bacharéis em Turismo – desenvolve um papel essencial na colocação destes profissionais em áreas de sua competência, e auxilia dessa forma na melhoria da prestação dos serviços turísticos, que muitas vezes são realizados por pessoas sem a preparação devida para os mesmos, o que gera inúmeros problemas para o setor.

Além disso, é importante considerar a relevância do pioneirismo de projetos de recepção ao turista estrangeiro que na maioria das vezes não tem experiências muito positivas na chegada em países de certa forma desconhecidos. "*O incremento da produtividade em função do avanço das novas tecnologias e da difusão de novos conhecimento levou a um aumento significativo da competitividade entre as empresas. Dessa forma, elas buscam cada vez mais investir em novos processos de gestão, visando obter diferenciais competitivos*"[7].

No caso de se considerar o Brasil como uma grande empresa turística, é possível citar como exemplo de tais diferenciais competitivos e novos processos de gestão programas do gênero do "*Welcome to Brazil*", que inovam na recepção de turistas estrangeiros durante o processo de imigração, tão traumático na maioria dos países. Transforma-se, pois, o primeiro contato em uma forma de conhecimento e obtenção de informações através de profissionais especificamente preparados para tal fim.

Tendo em vista a definição de responsabilidade social como a "*possibilidade de prever os efeitos do próprio comportamento e de corrigir o mesmo comportamento com base em tal previsão. O primeiro significado do termo foi o político, em expressões como 'governo responsável' ou 'responsabilidade do governo', engloba: consciência maior sobre as questões culturais, ambientais e*

---

[6] Ashley, 2002: XVII.

[7] Ashley, 2002: 3.

de gênero; antecipação, evitando regulações restritivas à ação empresarial pelo governo; diferenciação de seus produtos diante de seus competidores menos responsáveis socialmente"[8], percebe-se que os competidores do Brasil seriam outros países que pudessem exercer atração aos turistas.

Cabe, dessa forma, aos órgãos responsáveis pelo turismo brasileiro estabelecerem diferenciais para captação dos potenciais viajantes, como bem coloca o presidente da Embratur, Eduardo Sanovicz: "*Um dos meios para que o produto brasileiro passe a ser mais competitivo no mercado é chamar a atenção do estrangeiro para o melhor desse produto capaz de inserir o país no mercado internacional: a produção cultural, com toda sua qualidade e diversidade*". Esses aspectos podem, pois, ser destacados desde a chegada do turista de modo que já inicie sua viagem pelo "poço de diversidades brasileiras" de forma positiva. Dessa forma, os "louros" da atividade turística podem ser aproveitados desde o início, proporcionando um retorno maior para a sociedade que lhe deu origem.

O Papel do Programa no Resgate da Valorização da Identidade Brasileira e sua Utilização no Turismo

É de extrema relevância destacar que esse diferencial brasileiro citado no capítulo anterior foi ressaltado pelo desenvolvimento de um programa de recepção ao turista estrangeiro como o *Welcome to Brazil*. Os colaboradores realizavam uma "troca cultural" desde o primeiro contato do estrangeiro no país, levantando aspectos da música e da gastronomia, passando pelo vestuário, o artesanato, a arquitetura e a história, entre outras manifestações culturais que, segundo o presidente da Embratur, Eduardo Sanovicz, representam o grande diferencial entre o Brasil e outros países que também possuem belezas naturais.

> *"Qualquer brasileiro pode então dizer, que nos planos da alegria, do ritmo e da opressão política e social, o Brasil é negro; mas que é índio quando se trata de acentuar a tenacidade e uma sintonia profunda com a natureza. Por outro lado, esses elementos se articulam por meio de um idioma nacional e de instituições sociais que são contribuição do 'branco-português', que, nessa concepção ideológica atua como elemento catalisador desses elementos, numa mistura coerente e ideologicamente harmoniosa"*[9].

É interessante perceber que, mesmo de forma não intencional, os colaboradores do *Welcome to Brazil* foram o retrato dessa mistura. Estamparam em suas características as influências de negros, asiáticos, índios e

[8] Ashley, 2002: 6.
[9] Fares, 2001: p. 190.

europeus. Vivem igualmente em um país cheio de contrastes. Isso já que o Brasil não é só floresta mas não deixa de ser Amazônia. Não se reduz ao sol e à praia, mas tem o Nordeste. Possui mais ritmos que o samba, mas se orgulha do carnaval. Apesar do caldeirão religioso, respeita e admira o Cristo carioca. *Yes*, nós temos megalópoles, visite São Paulo.

"*Somos um país de dimensões continentais, falando português, basicamente mestiço, na América. Isso é evidentemente uma obrigação de originalidade histórica*" (Caetano Veloso). Obrigação essa a ser valorizada pela atividade turística e revertida em forma de benefícios para essa sociedade tão desigual.

"Passaporte Brasil" – O Papel da Publicação sobre o País Entregue no Decorrer do Projeto

Uma das formas encontradas para apresentar "esse Brasil" ao turista estrangeiro foi através do material distribuído durante a execução do *Welcome to Brazil*, o "passaporte Brasil" – *Pocket Guide – Essential information for foreigns visitors.* Essa publicação descreve em cinco idiomas – português, inglês, francês, espanhol e alemão – características gerais do país como território, população, clima e outros aspectos geográficos com a presença de mapas, além de fornecer informações sobre fusos horários, aluguel de automóveis, acomodação em hotéis, sistema de gorjetas, moeda e idioma.

Figura 33.4 – Leitura do Passaporte Brasil na fila de imigração. Foto: Simone Chaves (março/2003).

Há, ainda, dicas de segurança da Polícia Federal de modo a tornar a estada do turista o mais segura possível, sem, no entanto, assustá-lo com tais alertas. Nesse sentido são encontradas as formas de contato das delegacias de atendimento ao turista, bem como das Embaixadas de oito países.

Foi possível perceber o interesse do turista em ler o passaporte enquanto espera na fila bem como em realizar observações a respeito da mesma[10]. A minoria não aceita ou devolve depois de folheá-lo. Por uma observação empírica percebe-se que turistas de negócios e provenientes de países do Mercosul apresentam mais restrições em receber o "Passaporte Brasil".

Algumas dessas observações dizem respeito à ausência de línguas asiáticas no passaporte. É preciso salientar que chegam vôos diários provenientes do Japão e com passagem pela China, Taiwan, Coréia e outros países do oriente. No caso dos dois primeiros – Japão e China – o número de passageiros é maior do que os outros e apesar de grande parte deles ser residente no país há um número significativo de turistas, os quais não vêem suas línguas nem embaixadas presentes no guia.

Foram detectados, ainda, comentários feitos com relação à ausência de números de auxílio telefônico e da generalidade das informações, o que fez com que alguns turistas devolvessem o passaporte minutos depois de pegá-lo. Essas deficiências constatadas foram supridas na medida do possível pelos pró-

Figura 33.5 – Leitura do Passaporte Brasil pelos turistas estrangeiros. Foto: Simone Chaves (março/2003).

[10] Tais observações não foram até agora registradas em forma de questionário pela insuficiência de tempo por parte dos colaboradores do programa, em função das outras funções a serem desempenhadas para agilizar o processo de imigração.

prios colaboradores do Programa por meio da consulta aos terminais de informação turística do aeroporto, guias turísticas e conhecimentos individuais.

Tem-se, pois, que na maioria dos casos a aceitação com relação ao material foi latente e útil no sentido de familiarizar o passageiro com o país no qual está entrando e esclarecer dúvidas muitas vezes contempladas em seu idioma de origem.

Repercussão do Projeto nos Diversos Setores do Aeroporto

O Programa *Welcome to Brazil* trouxe benefícios e melhorias aos turistas estrangeiros que chegam ao país, e principalmente um aperfeiçoamento no que tange às atividades relacionadas ao trabalho da Polícia Federal, Companhias Aéreas e Receita Federal. Após a implantação do Programa já foram constatadas pelos funcionários do aeroporto umas séries de melhorias como, a diminuição do tempo de espera nas filas, maior agilidade e organização das mesmas, otimização dos serviços da Polícia Federal e Receita Federal.

Com relação ao trabalho desenvolvido na área da Polícia Federal – Imigração – percebeu-se uma melhora constante nos serviços prestados, que pode ser observado na análise dos questionários aplicados, que demonstraram satisfação e desejo de continuidade do Programa. Essa satisfação refletiu-se na atitude de diversos policiais federais – inclusive chefes de equipe – em conversas com o responsável geral do setor no aeroporto com relação à manutenção dos colaboradores do projeto, mesmo após a data prevista para o seu término.

Antes do *Welcome to Brazil* o turista não tinha uma assistência efetiva na passagem pelos processos de imigração e alfândega e nem mesmo uma prestatividade dos funcionários, o que lhe causava uma série de atrasos e transtornos, prejudicando assim seu primeiro contato com o país.

Vale ressaltar, que mesmo com o desenvolvimento do Programa, ainda persistem diversos problemas estruturais que independem do trabalho desenvolvido pelos colaboradores do *Welcome to Brazil*, como: a insuficiência no número de policiais federais e fiscais da alfândega; ausência de funcionários das companhias aéreas para resolver conflitos pertinentes à atuação das mesmas; a concentração de vôos em um curto espaço de tempo. Esses fatores fazem com que muitas vezes haja perda de conexões e outros possíveis compromissos que acabam por prejudicar o processo de imigração.

Mediante esse quadro, foram recebidos inúmeros comentários positivos por parte dos turistas, funcionários das companhias aéreas e dos próprios policiais com relação à implantação do Projeto. Segue abaixo análise dos questionários aplicados à Polícia Federal. Com relação aos turistas não foi possível a aplicação destes, pois se verificou que isso poderia prejudicar os processos de imigração e passagem pela alfândega.

1 - Principais Problemas Verificados

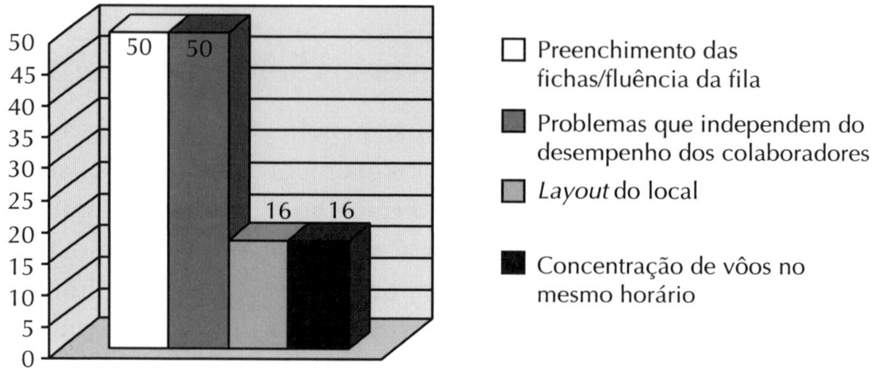

Figura 33.6 – De acordo com esse gráfico, percebe-se que 50% dos policiais federais identificam como principais problemas no processo de desembarque internacional o preenchimento incorreto ou incompleto das fichas de imigração, bem como a fluência na fila. A metade dos entrevistados ressaltou ainda a existência de outras deficiências que independem da atuação dos colaboradores do programa *Welcome to Brazil.* Nesse quadro, apontaram-se problemas como *layout* do local e concentração de vôos nos mesmos horários, ambos por 16,67% dos policiais federais.

2 - Serviços Melhorados após o Início do Programa

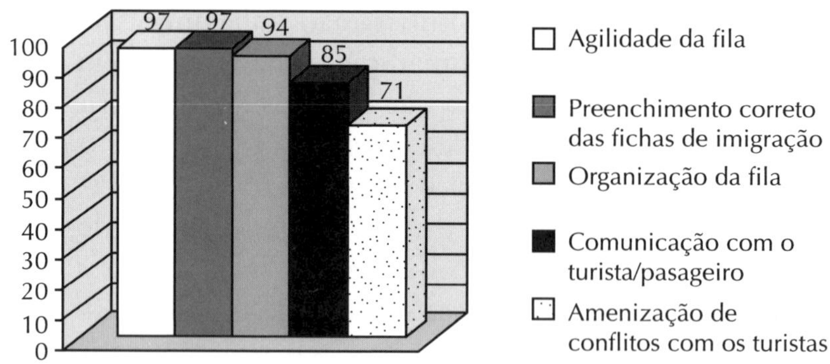

Figura 33.7 – Como pode ser observado neste gráfico, a maioria dos policiais federais – 97,14% – detectou melhora na agilidade da fila e no preenchimento das fichas de imigração após o início do Programa. A organização da fila e a comunicação com o turista também foram lembrados por grande parte dos policiais como fatores aprimorados – 94,29% e 85,71%, respectivamente. No que diz respeito à amenização de conflitos entre policiais federais e passageiros, 71,43% dos entrevistados julgaram a melhora neste fator relevante, sendo que o restante não verificou a existência de conflitos.

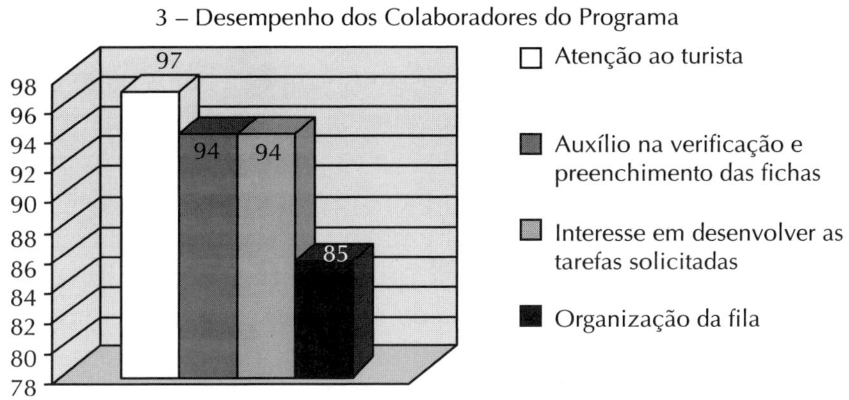

Figura 33.8 – É possível perceber no gráfico acima que a atenção ao turista é o fator de maior relevância com relação ao desempenho dos colaboradores do *Welcome to Brazil*, citado por 97,14% dos policiais federais. A seguir, 94,29% deles constatam a pertinência do auxílio na verificação e preenchimento das fichas de imigração, bem como no interesse em desenvolver as tarefas solicitadas. A organização da fila também aparece como um ponto de melhora, segundo 85,71% dos policiais.

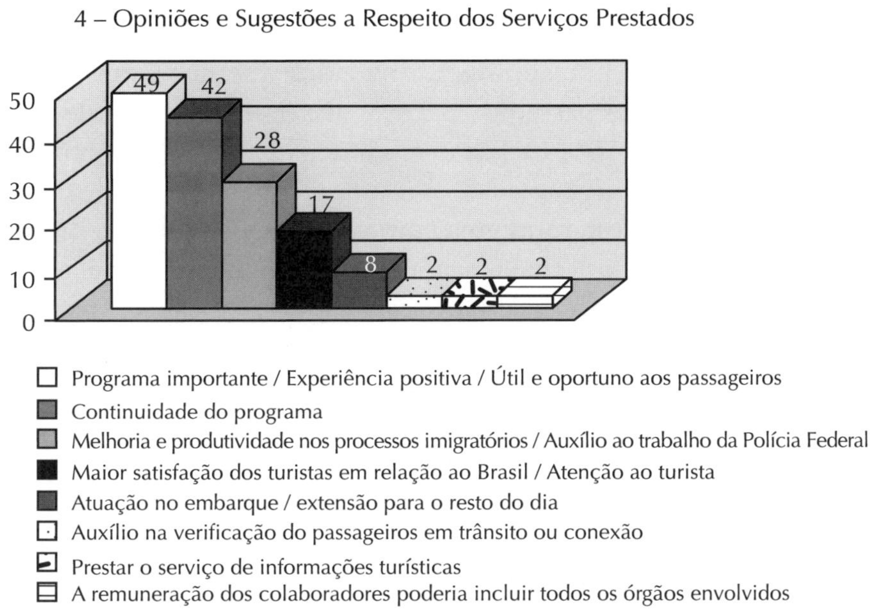

Figura 33.9 – No que concerne à avaliação geral do *Welcome to Brazil*, 48,57% dos policiais federais consideram esse programa uma experiência importante, positiva e oportuna aos passageiros. Em virtude desse quadro, 42,86% dos entrevistados requisitaram a continuidade de tal iniciativa, por ter sido observada uma melhora nos serviços de imigração e auxílio no trabalho da Polícia Federal, bem como uma mudança positiva na recepção do turista estrangeiro. Cerca de 8% dos policiais sugeriram que o projeto se estenda para as áreas de embarque e seja ampliado para o decorrer de todo o dia. Houve ainda a sugestão de que o Programa seja financiado por um acordo entre Infraero, companhias aéreas, Polícia Federal e Receita Federal.

Conclusão

Mediante o discutido até então, é possível perceber o quão importante se faz a reflexão no que concerne aos rumos da atividade turística brasileira com relação à Responsabilidade Social e todos os seus fatores implicantes. O "potencial" não faz de nenhum país uma "potência", não basta que se tenha um belo patrimônio natural e uma vastíssima riqueza cultural para que o Brasil transforme-se em uma "potência turística". É preciso que se desenvolvam iniciativas no sentido de minimizar os problemas existentes no turismo a começar pela chegada do turista estrangeiro ao país.

Nesse contexto tem-se o *Welcome to Brazil*, programa de recepção aos passageiros estrangeiros, que veio atender a uma necessidade latente de amenização dos problemas no processo de desembarque internacional do aeroporto internacional de São Paulo. Apesar de persistirem os problemas estruturais nas áreas envolvidas nesse processo como: insuficiência no número de policiais federais e fiscais da Receita Federal, ausência de funcionários das companhias aéreas, *layout* deficiente das áreas de imigração e passagem pela receita federal, é possível melhorar os serviços prestados ao turista através de um programa efetivo de recepção e auxílio ao mesmo.

Tal recepção acabou por abranger atividades que necessitavam igualmente de apoio e fizeram parte do "pacote" *Welcome to Brazil* de facilitação do processo imigratório. Fichas de alfândega e imigração preenchidas corretamente, filas mais organizadas, comunicação facilitada pelos idiomas falados, recebimento de um mini guia com informações sobre o Brasil. Esses foram os principais objetivos alcançados pelo programa pela atuação efetiva de profissionais especificamente capacitados para a área de turismo.

Dessa forma, o turista inicia seu contato com o Brasil já de forma satisfatória, revertendo essa "boa recepção" em benefícios econômicos e culturais para a sociedade brasileira com a qual seguirá seu contato. Forma-se, pois, o saudável ciclo da responsabilidade social: o bom atendimento promove a boa relação com os demais profissionais com os quais o turista tomará contato, estes por sua vez também trabalharão mais satisfeitos e com certeza receberão a recompensa econômica imediata e posteriormente, com a provável volta do turista para o aproveitamento da atraente diversidade brasileira.

O fato de que a primeira impressão é a que fica pode ser discutível, mas com certeza é um fator condicionante para as atitudes que o turista venha a tomar após sair do aeroporto. O turista satisfeito gera mais divisas, menos reclamações, fala bem do país e volta na certeza de ser bem recebido. Que sejam todos "muito bem-vindos" – *Welcome*, *Bienvenue*, *Bienvenidos*, *Willkommenswünsche*...

Referências Bibliográficas

1. ASHLEY, P. A. *Ética e Responsabilidade Social nos Negócios*. São Paulo: Editora Saraiva, 2002.
2. FARE, C. *Alguma Coisa Está Fora da Nova Ordem Mundial: a Construção de uma Identidade.* IN: MENDES, C. (coordenador); SOARES, L. E. (editor). Pluralismo Cultural, Identidade e Globalização. Rio de Janeiro: Record, 2001.
3. MENDES, C. (coordenador); SOARES, L. E. (editor). *Pluralismo Cultural, Identidade e Globalização*. Rio de Janeiro: Record, 2001.
4. VAZ, G. N. *Marketing Turístico Receptivo e Emissivo: um Roteiro Estratégico para Projetos Mercadológicos, Públicos e Privados.* São Paulo: Pioneira, 2001.

Sites Consultados

www.embratur.gov.br
www.infraero.gov.br

Capítulo 34

Incorporação Progressiva de Valores Éticos às Relações de Consumo no Turismo Brasileiro: Desenvolvimentos Recentes

CÍNTIA REJANE MÖLLER ARAÚJO

INTRODUÇÃO

Originalmente, neste trabalho, tínhamos a intenção de investigar o estágio em que se encontravam as relações de consumo no setor turístico brasileiro, principalmente depois de 1991, com a entrada em vigor do Código de Proteção e Defesa do Consumidor.

De fato, em face, por um lado, das perspectivas promissoras do turismo, no Brasil, – relacionadas com sua capacidade de contribuir para o aumento de renda, de emprego e seus efeitos multiplicadores -, da proliferação de controvérsias inerentes a essa prosperidade, e por outro lado, da redução da tolerância da sociedade brasileira à práticas antiéticas, tornava-se evidente para nós, a possibilidade de crescimento de conflitos entre turistas e fornecedores de serviços turísticos.

Todavia, para procedermos a uma análise das eventuais dificuldades e obstáculos para o estabelecimento de relações de consumo mais harmoniosas no segmento turístico, concluímos ser importante (e necessário) fazermos, *a priori*, algumas considerações a respeito da trajetória da ética[1] e da cidadania no Brasil.

Assim, antes de avaliar o processo de incorporação de valores éticos às práticas turísticas, no Brasil, decidimos refletir sobre outros temas tais como, as grandes desigualdades sociais, as garantias dos direitos civis, a consolidação dos princípios da justiça, com o objetivo de contextualizar a questão da ética no turismo em nosso país.

Neste sentido, e visando conhecer com mais detalhes as engrenagens que movimentaram nossa sociedade, resgatamos os ensinamentos de Roberto da Matta, que se refere ao Brasil como uma *sociedade relacional*, onde convivem múltiplas éticas sociais e códigos de conduta variados, que se aplicam de acordo com determinadas circunstâncias e com os diversos grupos de indivíduos envolvidos.

Para daMatta, a vida social brasileira pode ser compreendida a partir da análise de dois espaços distintos – o mundo da casa e o mundo da rua -, nos quais se observam atitudes, gestos, posturas e comportamentos éticos diversos. Assim, a casa representa a hospitalidade, o calor humano, a calma, a tranqüilidade. Simboliza também o sentimento de "pertencimento" a um grupo – a família –, que pode também incorporar vários outros membros (amigos, compadres, servidores, etc.), que agem de forma unitária e corporativa.

No que diz respeito à rua, segundo este estudioso, esta é um espaço definido precisamente ao inverso. É lugar de movimento, de individualização, de luta, de "batalha". É onde se vive "a dura realidade da vida", e onde predominam a desconfiança e a insegurança. Neste espaço, o comando emana da autoridade que governa com a lei, que torna todos iguais. É o mundo do *impessoal*.

Claro, está de acordo com daMatta, que o reflexo imediato deste cenário de manifesta dualidade que permeia a vida social brasileira, é a adoção de condutas diferentes em cada um destes espaços – casa e rua. Em outras

---

[1] Neste trabalho abordamos o conceito de ética no nível da percepção das "pessoas comuns", ou seja, no chamado "senso comum" ou sentido corrente. Assim, para efeitos desse estudo, adotaremos a definição contida no Novo Dicionário Aurélio da Língua Portuguesa, segundo o qual a Ética [Fem, substantivado do adj. Ético] S.f. consiste no conjunto "dos juízos de apreciação referentes à conduta humana suscetível de qualificação do ponto de vista do bem e do mal, seja relativamente a determinada sociedade, seja de modo absoluto". Conseqüentemente, consideraremos ético, os juízos de valor que estão de acordo com o conjunto das prescrições admitidas numa determinada época e sociedade, relativos ao bem e ao mal. Ver: Novo Dicionário Aurélio da Língua Portuguesa. 2ª edição revisada e ampliada. Rio de Janeiro: Editora Nova Fronteira. 1986, p. 733.

palavras, o referido estudioso nos revela uma sociedade dotada de várias fontes de cidadania, que se refletem em uma variedade de códigos de comportamento, que não estão em competição, muito pelo contrário, operam simultaneamente, isto é, são complementares entre si, e aplicáveis ora ao mundo público, ora à esfera privada.

Em decorrência do exposto, o referido autor aponta as dificuldades do conceito de cidadania (que abraça a ideologia do individualismo e incorpora regras universais válidas para todos), prosperar em uma sociedade, onde *a relação* desempenha um papel de tamanha importância na dinâmica da ordem social.

A esse respeito, Roberto Schwarz comenta que, freqüentemente, estas redes de relações legitimaram uma espécie de "indústria do favor", baseada no comprometimento de retribuir a solidariedade recebida, solidariedade esta, que em geral, se materializa na concessão de privilégios e benefícios para determinados grupos." De fato, o "favor" requer cumplicidade entre as partes, implica na aceitação da *exceção à regra*, além de pressupor o estabelecimento de uma relação de dependência entre os envolvidos, com o ônus recaindo mormente, sobre a parte mais fraca.

Adicionalmente, com vistas a destacar a ambivalência que permeou a sociedade brasileira desde os seus primórdios, Schwarz observa que a própria Constituição Brasileira de 1824, apesar de ter buscado inspiração na Declaração dos Direitos do Homem e do Cidadão – 1789, consagrou um sistema de desigualdade e exclusão, quando admitiu o voto censitário[2]. Desta forma, nossa primeira Carta Magna, ao mesmo tempo em que veiculava princípios liberais[3], não se embaraçou diante da questão do escravo negro, que era considerado *instrumento vocalis*, ou seja, uma "coisa", segundo nos relata Fernando Henrique Cardoso.

Com relação às incongruências entre as idéias liberais "importadas" por nossas lideranças e a realidade vigente, vale dizer que essa visão já apareceu em Sérgio Buarque de Holanda quando este teceu considerações a respeito

---

[2] Quanto à Constituição Política do Império do Brasil - 1824, consultar os seguintes artigos que mencionam os pré-requisitos - relativos à exigência de um patamar mínimo de renda - para o exercício do voto. Ler : art. 45, 4º; art.92, 3º, 5º; art. 94, 1º, art. 95, 1º.

[3] O liberalismo se desenvolveu inicialmente na Inglaterra, nos séculos XVII-XVIII, tendo LOCKE como um de seus maiores filósofos. Resumidamente, pode-se dizer que o liberalismo é uma teoria política e social, que defende o governo representativo, a liberdade de imprensa, de expressão, de religião, a abolição dos privilégios de classe, o uso de recursos do Estado para preservar a qualidade de vida dos indivíduos, além do livre mercado internacional. A esse respeito ler: LOCKE, John. *Segundo tratado sobre o governo.* São Paulo: Ibrasa, 1963. P.62 e 90.

da maneira como "acomodamos" alguns destes lemas e idéias, ditos modernos, destacando os descompassos entre estes ideários e as práticas sociais prevalecentes.

"Na verdade, *a ideologia impessoal do liberalismo democrático jamais se naturalizou entre nós.[...]* A democracia no Brasil foi sempre um lamentável mal-entendido. Uma aristocracia rural e semifeudal importou-a e tratou de acomodá-la, onde fosse possível, aos direitos ou privilégios, os mesmos privilégios que tinham sido, no Velho Mundo,alvo da luta da burguesia contra os aristocratas" (grifo nosso)

Só para se ter uma idéia das feições particulares que o clamor da cidadania assumiu em solo brasileiro, vale atentar para o fato de que até 1930, o direito ao voto continuava restrito a uma parcela ínfima da sociedade. Em verdade, até os anos 30, de acordo com Fernando Henrique Cardoso, não mais que 3% da população tinha acesso ao voto.

Percebe-se pois, que a noção de cidadão, entre nós, surge com algumas deformações, que vão deixar marcas profundas na nossa história e se perpetuar até os dias atuais, De fato, em um país que foi, na maior parte do tempo, terra de senhores e escravos, e no qual o aparelho estatal e o quadro normativo freqüentemente sancionaram os interesses das classes dominantes, não é tarefa fácil empreender qualquer tentativa de transformação vertical que vise revogar ou impor restrições a elementos oriundos da velha ordem patriarcal.

Apesar dos relatos e estudos aqui mencionados, verificamos todavia, que algumas modificações relevantes começaram a se processar no macro ambiente, no Brasil, sobretudo a partir de 1985, com o fechamento do último ciclo de autoritarismo. Estas alterações, indicavam uma mudança no patamar ético da sociedade brasileira e nos deram uma medida do momento de transição vivido pelo país.

De fato, os indicadores de educação básica no Brasil, nas últimas décadas, evidenciaram progressos significativos, tais como o aumento da escolaridade do brasileiro médio e a ampliação do acesso à educação primária que passou a ser quase universal[4].

---

[4] No início dos anos de 1980, um brasileiro médio tinha menos de 4 anos de escolaridade.A partir do final dos anos 90, a população já registrava uma escolaridade média de 6,5 anos. Dados obtidos a partir do trabalho "Educação Secundária no Brasil: Chegou a Hora", realizado sob a coordenação de Alberto Rodriguez e Carlos A. Herrán, com apoio do Banco Mundial e do Banco Interamericano de Desenvolvimento.

Há que se ressaltar ainda alguns avanços recentes, observados na esfera das práticas políticas que refletem a busca de maior transparência, como o *impeachment* do Presidente Collor, a renúncia de políticos do porte de Jader Barbalho e Antonio Carlos Magalhães.

Paralelamente, identificamos também uma série de novas legislações, a começar pela Constituição Federal de 1988, além de outras normas moralizadoras (Ex: Lei da Responsabilidade Fiscal, Código do Consumidor, Código de ética profissional do servidor público civil do poder executivo federal), editadas recentemente, bem como o fortalecimento de algumas instituições,dentre elas o Ministério Público.

Na verdade, estes acontecimentos demonstram a emergência de uma orientação diferente daquela que prevaleceu no passado. Com efeito, o exame do conjunto dos textos e dados referidos neste trabalho, bem como a identificação de evidências acima mencionadas, (as quais sinalizavam que algumas alterações estavam começando a se processar no seio da sociedade brasileira) foram fundamentais para que pudéssemos ter uma idéia mais precisa do contexto no qual estavam inseridas as relações de consumo do setor turístico.

Assim, com base no exposto, não é difícil antever as dificuldades existentes também no setor Turístico brasileiro, especialmente no que se refere a estimular comportamentos éticos e responsáveis. Esta reflexão se reveste de relevância significativa, sobretudo em face do contexto econômico atual, no qual o Turismo ocupa o terceiro lugar na balança comercial externa do Brasil[5], além de ter passado do 43º lugar (posição que ocupava em 1995) para o 29º lugar entre os destinos mais procurados no ano de 2000, de acordo com as estatísticas da OMT – Organização Mundial do Turismo. Adicionalmente, vale lembrar que até 2003, as expectativas do Brasil, com relação a este setor, são bastantes otimistas e indicam possibilidades de se faturar 5,5 bilhões de dólares.

Após estas reflexões, que tinham o objetivo de resgatar determinadas peculiaridades da evolução social e política do Brasil, desde os seus primórdios até o momento atual, faremos a seguir algumas considerações relacionadas à evolução das relações de consumo no setor turístico brasileiro. Para tanto, utilizamos como fontes dados do Procon/SP[6], pesquisas do Instituto Ethos de Responsabilidade Social, artigos de jornais e revistas,

---

[5] A esse respeito, ler artigo de: PASTOR, Luiza.Turismo já é o terceiro item na balança comercial externa. *O Estado de São Paulo,* São Paulo, 15 mai. 2000, Caderno Economia, p.B4.

[6] Procon/São Paulo - Fundação de Proteção e Defesa do Consumidor do Estado de São Paulo, criada em 1976. O Procon/S.Paulo foi o primeiro a ser criado no Brasil e se tornou modelo para órgãos equivalentes que passaram a existir em outros estados a partir dos anos oitenta.

além de livros que abordam esta temática[7]. Concomitantemente, realizamos entrevistas com diversos integrantes da Câmara Técnica de serviços Turísticos/Procon/SP, composta por lideranças empresariais do turismo de São Paulo, diretores e técnicos do Procon/SP.

BRASIL: EM BUSCA DA CONSTRUÇÃO DE UM TURISMO ÉTICO

Conforme veremos, a inserção da análise dos dados do Procon/SP, além de outras informações que mencionaremos a seguir, no contexto da evolução social brasileira, foi fundamental para que nossas investigações não resultassem em visões parciais e fragmentadas da realidade das relações de consumo, na seara turística, em nosso país.

Nossa pesquisa identificou que o total de queixas de consumidores (relativas ao setor turístico) registradas no Procon /São Paulo, no período de 1/12/94 a 16/11/99, somou apenas 987 registros. Só para termos uma idéia, no que se refere ao primeiro semestre de 2000, a referida instituição recebeu 144 reclamações de consumidores de serviços turísticos, cifra que julgamos parecer menor do que os conflitos realmente existentes. Da mesma forma, de acordo com números mais atuais, relativos ao período de Janeiro a Setembro de 2001, o total de reclamações registradas atingiu 455, o que aparentemente, também não constitui um número muito elevado[8]. Contudo, ao promovermos o cruzamento destas infor-

---

[7] Mencionamos a seguir os relatórios consultados: a) Fundação de Proteção e Defesa do Consumidor do Estado de São Paulo - Procon. *Relatório de Dados Estatísticos de Atendimento*. 1/12/94 a 16/11/99. São Paulo, 1999. 5p. ; b) Fundação de Proteção e Defesa do Consumidor do Estado de São Paulo - Procon. *Relatório de Dados Estatísticos de Atendimento*. Jan/Set - 2001. São Paulo, 2001. 5p. Ver também *Pesquisa de Percepção e Tendências do Consumidor Brasileiro* - edição 2000 e 2001, realizadas pelo Instituto ETHOS de Empresas e Responsabilidade Social.

[8] Dados obtidos a partir de: Fundação de Proteção e Defesa do Consumidor do Estado de São Paulo - Procon. *Relatório de Dados Estatísticos de Atendimento*. Jan/Set - 2001. São Paulo, 2001. 5p. Conforme esse mesmo relatório, o total de 455 foi obtido a partir da somatória das reclamações relacionadas com o setor turístico, em São Paulo, a saber: a) Transporte de passageiros - aéreo, rodoviário- (116 queixas); b)Hospedagem (43); c) Clubes/Time *sharing* (216); d) Agências de Viagens (80). Vale mencionar ainda, que o setor de Serviços, no qual o Turismo está inserido, registrou no período Janeiro-Setembro de 2001, um total de 19172 queixas. Este setor inclui: Telefonia, Tv's por assinatura, Escolas Particulares, Fornecimento de energia elétrica, Cursos Livres, Academias (ginástica, esportes, natação), Lavanderias/Tinturarias, Mudanças, Eventos (festas, bufê, formaturas), Pager, Estacionamentos, Serviço de Água e Esgotos, Recolocação Profissional, Informática, (provedores de acesso à Internet), Oficina (mecânica, retifica, funilaria, pintura), etc.

mações com aquelas coletadas na mídia escrita (jornais e revistas), com os estudos de alguns especialistas em consumo, além dos resultados divulgados pelas pesquisas realizadas pelo Instituto Ethos de Responsabilidade Social em 2000 e 2001, foi possível "lançar algumas luzes" sobre os números registrados no Procon/SP, o que nos permitiu, ao final, proceder a avaliações mais realistas.

Assim, com base nas enquetes promovidas pelo Instituto Ethos de Responsabilidade Social (2000/2001), observamos que a punição a empresas que são percebidas como pouco responsáveis socialmente não faz parte das atitudes que grande parte dos consumidores entrevistados pensam em ter com relação a essas organizações. De fato, do total de consumidores entrevistados, apenas 13% puniram realmente alguma empresa que avaliaram como socialmente irresponsável. Dito de outra forma, somente este pequeno contingente reagiu efetivamente, no sentido de buscar aplicar uma sanção a organizações que consideraram negligentes nesta seara, sendo que a metade destes 13%, manifestou sua rejeição criticando essa(s) empresa(s) para amigos, parentes e conhecidos[9]. Em outro dizer, *somente parcela reduzida de consumidores transformou sua insatisfação em ações práticas*, o que sugere um alto índice de passividade do consumidor brasileiro[10]. Se fizermos um exercício de analo-

[9] Como visto, é provável que a maioria dos consumidores insatisfeitos, não reclame diretamente para a empresa ou para o Poder Público sobre o dano que lhes foi causado. Contudo, eles manifestam sua insatisfação para outros indivíduos e podem influenciar estes potenciais consumidores a rejeitarem ou a boicotarem determinados produtos ou serviços produzidos por organizações consideradas negligentes. ZEITHAML, PARASURAMAN e BERRY abordam esta questão, isto é, o *efeito boca-a-boca* e mencionam os estudos realizados pela TARP - Technical Assistance Research Programs, um renomado instituto de pesquisas, localizado em Arlington, U.S.A. , que revelou, dentre outras conclusões, que geralmente as pessoas declaram que escutam duas vezes mais relatos de consumidores descontentes com produtos ou serviços do que recomendações elogiosas sobre os mesmos. Desta forma, é possível imaginar os danos que estes consumidores lesados causam aos negócios das empresas que lhes desagradam, pois ao comentarem suas (das empresas) atitudes e comportamentos inadequados e abusivos, alertam outros indivíduos a não consumirem os serviços destas organizações.Para maiores detalhes, ler obra dos referidos autores, citada na bibliografia,p. 54.
Além disso, considerar as discussões que Gisela TASCHNER e Mica NAVA desenvolvem em seus trabalhos, a respeito da ampliação da consciência política dos consumidores, que já começam a ter noção do impacto transformador de seus atos de consumo. As obras de ambas as autoras encontram-se mencionadas na bibliografia deste trabalho

[10] Para maiores detalhes consultar as duas edições (2000 e 2001) da pesquisa "Percepção e Tendências do Consumidor Brasileiro", realizadas pelo Instituto ETHOS de Empresas e Responsabilidade Social, às quais já nos referimos previamente.
Adicionalmente, cabe considerar também, a tendência de evitar o confrontamento direto, característica esta inerente a sociedades inclinadas a repelir incertezas, perfil este do qual o Brasil se aproxima, segundo estudo de Hofstede. Ver HOFSTEDE, Geert *Culture and Organizations*. New York: MacGraw-Hill, 1991, p. 379.

gia, e aplicarmos este percentual para o setor turístico, verificamos que há possibilidades de que o número reduzido de queixas registradas no Procon/SP não signifique ausência de insatisfação do consumidor com eventual negligência de empresa fornecedora, mas antes, seja reflexo de um provável comportamento passivo de consumidor–turista brasileiro. Além disso, há que se considerar também um outro obstáculo a ser transposto pelo referido consumidor, que é o fato de que, muitas vezes, ao descobrir que foi lesado, ele se encontra distante do seu local de residência, isto é, está fora do seu *habitat*. Conseqüentemente, é possível que ele, turista, só venha a ter oportunidade de registrar oficialmente sua reclamação quando retornar a sua cidade, ou seja, algum tempo depois de ocorrida a prática abusiva, tempo este que pode concorrer para mitigar sua vontade de buscar ressarcimento[11].

Cabe ressaltar, que apesar de os números aqui apresentados demonstrarem que o registro de queixas de consumidores turistas no Procon/SP era reduzido – o que poderia indicar um cenário de grande harmonia entre consumidores turistas e fornecedores -, observamos, ao mesmo tempo, a ocorrência de algumas alterações significativas no universo das relações de consumo no setor turístico, que sinalizavam vestígios de mudança de comportamento de seus agentes.

De fato, ainda que o número de reclamações registradas no Procon/SP não fosse significativamente alto (o que na nossa visão não correspondia à realidade), percebeu-se que o valor pecuniário das sanções administrativas que estavam sendo impostas aos fornecedores de serviços turísticos em São Paulo (especialmente pelo Poder Judiciário) começou a aumentar, o que significava um incremento do risco imposto àqueles empreendedores que cometessem abusos contra turistas[12].

Por conta deste novo contexto, no final dos anos 90, representantes da iniciativa privada ligados ao setor turístico em São Paulo decidiram procurar a Secretaria de Justiça e de Defesa da Cidadania do Estado de São Paulo, buscando orientações. Posteriormente, estes representantes

---

[11] Um exemplo típico que nos permite inferir sobre as dificuldades com que o consumidor brasileiro pode deparar para ter seus prejuízos ressarcidos, é o relato de um passageiro, registrado pelo Jornal *Folha de São Paulo,* referente ao extravio de sua bagagem, quando retornava de uma viagem internacional. Segundo este cidadão, para conseguir uma indenização (considerada por ele irrisória), teve que esperar 67 dias e fazer 37 ligações para a companhia aérea. De fato, acreditamos que muito poucos consumidores brasileiros seriam tão obstinados e persistentes para conseguir ressarcimento de seus direitos. A esse respeito, ler: PASSAGEIRO que teve bagagem extraviada se queixa de companhia aérea. *Folha de São Paulo,* São Paulo, 4 set, 2000. Folha Cotidiano. Seção: A cidade é sua. P.C8

[12] Cf. entrevista realizada com Dr. Ricardo Morishita Wada, Diretor de Programas Especiais do Procon-S.P, em 8.8.2000.

foram encaminhados ao Procon/SP, para discussões e debates com a referida instituição, que culminaram com a instalação em 30 de junho de 1999 da *Câmara Técnica de Consumo – Prestação de Serviços Turísticos*[13]. Este fórum surgiu com o objetivo de encontrar solução de conflitos de consumo relativos ao setor de Serviços Turísticos – casos coletivos de reparação – pretendendo também, refletir em conjunto sobre eventuais possibilidades ou necessidade de adoção de posturas preventivas e educativas, desenvolver trabalhos, projetos e/ou atividades técnicas que pudessem envolver o Procon/SP e os representantes do segmento empresarial turístico de São Paulo. Assim, criou-se uma espécie de espaço público para a solução de conflitos de consumo, constituído por diretores e técnicos do Procon/São Paulo e membros de associações privadas representativas do turismo paulista[14].

Alguns dos resultados decorrentes da formação deste grupo se fizeram sentir apenas um ano depois da sua constituição, quando do lançamento em agosto de 2000, da *Ficha de Roteiro de Viagem*, uma tentativa de padronizar e organizar os formulários utilizados em pacotes turísticos.Esta ficha tinha a finalidade de funcionar como uma espécie de contrato "enxuto", limitando as responsabilidades e descrevendo com maior precisão o produto oferecido ao consumidor.

Além disto, o Procon/SP também resolveu publicar, em agosto de 2000, uma *Cartilha para orientar os turistas*, contendo recomendações quanto a procedimentos que devem ser adotados em viagens, bem como outras informações que visam a protegê-los dos abusos, quando da aquisição de serviços turísticos. Esta Cartilha foi elaborada após dois anos

---

[13] Cabe mencionar que atualmente existem três Câmaras Técnicas de Consumo, sendo que uma delas é a Câmara Técnica de Consumo - Prestação de Serviços Turísticos, que foi a segunda câmara a ser constituída pelo Procon/SP.Adicionalmente vale destacar que o Procon/S.Paulo se declara sempre aberto para discutir com os grupos e representantes de setores, quaisquer medidas e alternativas para melhorar as relações de consumo, desde que resguardado o pressuposto da hipossuficiência do consumidor, (ou seja, vulnerabilidade do consumidor no mercado de consumo), norteador das relações de consumo, bem como os dois preceitos basilares das relações de consumo: Princípio da Transparência e Princípio da Informação. Da mesma forma, a entidade tem como filosofia estar disponível para analisar a possibilidade de constituição de Câmaras Técnicas de Consumo, sobretudo quando identifique seriedade, compromisso e interesse real dos grupos que solicitem este espaço, com a finalidade de equacionar os conflitos existentes, de forma compartilhada. (Cf. relata Dr. Ricardo Morishita, Diretor de Programas Especiais do Procon/SP, em entrevista concedida à autora, em 8.8.2000).

[14] Fazem parte deste grupo os presidentes do SINDETUR - Sindicato das Empresas de Turismo no Estado de São Paulo, da ABAV - Associação Brasileira de Agências de Viagens/ Seção de São Paulo, da BRAZTOA - Associação Brasileira das Operadoras de Turismo.

de discussão entre o Procon paulista, Sindicato das Empresas de Turismo de São Paulo (Sindetur – SP), Associação Brasileira de Agências de Viagens (ABAV/ SP) e Associação Brasileira das Operadoras de Turismo (Braztoa)[15].

Quanto aos resultados de 2001, vale atentar para a avaliação da Diretoria de Programas Especiais do Procon/SP, responsável pela coordenação dos trabalhos da Câmara Técnica de Consumo de Serviços Turísticos, que apresentou conclusões bastante positivas referentes aos avanços da referida câmara[16] .Em verdade, de acordo com o que nos foi relatado pelo diretor deste Departamento, dois fatos inusitados – o atentado terrorista sofrido pelos Estados Unidos em 11/09/2001 e a falência da Soletur[17] – colocaram o Turismo Paulista diante de uma prova, na qual o setor se saiu muito bem.

Na primeira situação – isto é, no caso do evento terrorista de 11/09/2001, nos Estados Unidos -, logo após o ocorrido, a Câmara Técnica de Consumo – Serviços Turísticos/Procon/SP convocou uma reunião extraordinária, para a qual foram chamados todos os presidentes e assessores das entidades privadas associadas, com o objetivo de avaliar os impactos do mencionado acontecimento, bem como anunciar uma orientação, visando evitar ou diminuir os eventuais conflitos entre turistas e fornecedores que poderiam vir a se instaurar[18].

Nessa ocasião, observou-se, por parte dos empresários do setor de turismo de São Paulo, representados na câmara pelos presidentes das suas já referi-

---

[15] As informações relativas à Câmara Técnica de Consumo de Serviços Turísticos - Procon/SP, foram obtidas a partir da análise de atas e deliberações do referido fórum, além de várias entrevistas concedidas à autora no decorrer do ano de 2000 e 2001, pelo Dr. Ricardo Morishita Wada, da Diretoria Adjunta de Programas Especiais e pelo Dr. Robson Campos, Advogado e Técnico do Procon. (Entrevistas concedidas em: 8.8.2000; 7.12.2000; 23.5.2001; 20.9.2001; 14.11.2001.) Adicionalmente, coletamos informações em artigo de jornal mencionado a seguir: MEDEIROS Fernanda, LOPES, Marcos R. Falta de informações destrói viagens dos sonhos. *Folha de São Paulo*, São Paulo, 28 ag. 2000, Caderno Economia, p.B 6.

[16] Entrevista realizada com o Dr. Ricardo Morishita Wada, Diretor Adjunto de Programas Especiais do Procon - S.Paulo, que nos relatou sua avaliação da atuação da Câmara Técnica de Consumo - Serviços Turísticos, 14.11. 2001.

[17] A Soletur é um misto de operadora e agência de viagens e disputava a liderança do mercado com a CVC. Operava no mercado Brasileiro há mais de 37 anos. Para maiores detalhes ler: SECCO,Alexandre. "Não vou fugir". *Revista Veja.* São Paulo, 7 nov.2001. p.119-120. Adicionalmente, ler a petição inicial através da qual a Soletur solicita ao Poder Judiciário que seja decretada a sua falência.

[18] Contudo, é importante destacar que as outras duas entidades (Sindetur - Sindicato das Empresas de Turismo de São Paulo e ABAV - Associação Brasileira de Agências de Viagens), apesar de ausentes à reunião, consentiram com as orientações da Câmara Técnica de Consumo - Serviços Turísticos do Procon/S.P., aceitando assim, as deliberações deste fórum, relativas a atuação do setor diante dos atentados terroristas ocorridos nos Estados Unidos em 11 de setembro de 2001.

das entidades, uma atitude louvável e diversa daquela que historicamente emergia em ocasiões similares. De fato, em situações em que ocorria um desastre como o mencionado, o que geralmente se percebia, no passado, era o total estado de desamparo a que ficavam relegados os consumidores. Freqüentemente, nestas situações, as empresas alegavam que estavam diante de um evento imprevisível, um caso fortuito, isentando-se assim, de responsabilidade.

Todavia, nesta reunião emergencial identificou-se uma alteração manifesta de posturas por parte dos agentes privados. Com efeito, tendo em vista esta catástrofe, a primeira orientação do Procon era que turistas brasileiros – que viajaram vinculados a pacotes turísticos e estavam nos Estados Unidos, com passagem de retorno marcada dentro do período em que os vôos comerciais estivessem suspensos – deveriam aguardar a liberação do espaço aéreo norte-americano e procurar seu agente de viagem ou guia de viagens autorizado pela empresa, para que os mesmos tomassem as providências necessárias, quanto a acomodações, alimentação básica e traslado, sem ônus para o consumidor. Desta forma, o órgão entendia que os consumidores-turistas, em viagem, que tivessem um vínculo contratual – que caracterizasse relação de consumo – com agência ou operadora, não poderiam ficar desprotegidos. Os representantes das agências e operadoras na Câmara Técnica de Consumo – Serviços Turísticos/ Procon/SP se prontificaram a seguir esta orientação, e realmente o fizeram, por meio de declarações dos presidentes das entidades associadas.

Igualmente, quanto a pessoas que se encontravam no Brasil, com viagem marcada para os Estados Unidos no período em que ocorreu a tragédia, o Procon/SP se manifestou recomendando-lhes que aguardassem a liberação do espaço aéreo norte americano, ao mesmo tempo em que também as orientou a entrar em contato com a companhia aérea ou a agência de viagem emissora da passagem contratada, para remarcar suas passagens, sem qualquer ônus, e com preferência em lista de espera. Na seqüência, declarou que os consumidores que quisessem, poderiam cancelar suas viagens, se elas fossem para os Estados Unidos e o espaço aéreo americano estivesse inoperante, tendo nestes casos, direito à devolução total de quantias antecipadas, sem pagamento de multas. Diante deste posicionamento, as entidades associadas também atenderam, sem resistências[19].

---

[19] Informações obtidas a partir de entrevista concedidas à autora pelo Dr. Ricardo Morishita Wada, Diretor Adjunto de Programas Especiais do Procon/ S. Paulo, em 14.11.2001. Adicionalmente, consultamos o release liberado para a imprensa, em 13/9/2001, elaborado em conjunto pela BRAZTOA - Associação Brasileira das Operadoras de Turismo - e pelo Procon/ S.Paulo, que buscava orientar o turista brasileiro, no período do atentado terrorista ocorrido nos Estados Unidos em 11/setembro/2001.

Quanto à falência da Soletur, novamente foi realizada uma sessão extraordinária, com a presença de todos os presidentes das entidades privadas associadas à Câmara Técnica de Consumo – Serviços Turísticos/Procon/SP. Neste contexto, já foi possível observar, com satisfação, que não havia mais questionamento, nem mesmo discussão, sobre qual o tipo de suporte deveria ser oferecido a quem estava em viagem, prevalecendo a orientação anterior da Câmara (relativa ao atentado de 11/9/2001), que previa a obrigatoriedade de assistência à turista que estivesse viajando, e vinculado à agência ou operador de viagem, através de uma relação contratual.

Esta postura por si só, refletiu um avanço, ou seja, evidenciou que começava a se firmar uma prática que traduzia um reconhecimento dos direitos dos consumidores-turistas. Com efeito, tendo em vista este evento imprevisível, a Câmara Técnica de Consumo – Serviços Turísticos/Procon/SP, consolidou uma orientação que entende não ser admissível negar suporte ao turista desamparado, sobretudo se ele possui um contrato com operador ou agência de turismo.

Considerações Finais

Iniciamos as ponderações finais deste trabalho reafirmando nossa convicção de que a tendência é que, progressivamente, a responsabilidade social das empresas deverá ser considerada pelos consumidores como um dos itens relevantes no processo de avaliação da qualidade dos produtos que elas disponibilizam. Por conta disso, vislumbramos um futuro em que as organizações que atuarem em desacordo com determinados preceitos éticos consagrados, poderão vir a ser alvo de sanção dos consumidores, que, cada vez mais conscientes do impacto transformador do seu ato de consumo, estarão inclinados a se negar a adquirir seus produtos ou serviços[20].

A esse respeito, recordamo-nos também dos comentários de Faith Popcorn ao relatar as dificuldades, de convencer as empresas a adotarem o "Posicionamento da Decência". Na visão da referida autora, o compromisso com a Decência é tão forte e poderoso que "... é necessário apenas uma empresa com Alma, fazendo a coisa certa, para liderar em cada categoria".

---

[20] Gisela TASCHNER faz comentários, em seus estudos, a respeito desta tendência de o consumidor utilizar sua força política, através do boicote a determinados produtos, que se inicia nos anos noventa, ao menos nos países de Primeiro Mundo. TASCHNER, Gisela. Dimensões Políticas da cultura do consumo. *Lua Nova* - Revista de Cultura e Política, São Paulo, CEDEC, n.42, 1997, pp. 183-199.

Adicionalmente, segundo Popcorn, o que as empresas precisam fazer é construir laços de confiança com seus clientes, laços estes que se edificam com base em comportamentos decentes. Assim, se o consumidor doravante tende a ser mais vigilante, é obvio que procurará saber mais sobre a empresa, antes de comprar o que ela vende.

Portanto, do lado das empresas será necessário repensar as prioridades, com vistas a se manter competitivo e conservar clientes fiéis. As próprias organizações começam a perceber que não ser ético pode sair muito caro e que sua permanência no mercado vai depender cada vez mais da sua capacidade de inspirar confiança nos seus consumidores. Para isso, será importante que essas organizações reconheçam que o bom desempenho econômico não é a sua única missão, e assumam também, responsabilidades sociais."

Do que se depreende desse estudo, retomando apenas o que é fundamental, percebe-se que as alterações de patamar ético que estão ocorrendo no macro-ambiente, no Brasil, já estão se refletindo no plano do turismo brasileiro. Em outro dizer, julgamos que a reflexão em torno da ética começa, gradativamente, a mobilizar variados grupos envolvidos com o segmento turístico no Brasil. Todavia, como toda mudança de cultura, a evolução não se faz de forma linear, apresentando recuos e avanços naturais neste tipo de transição.

Referências Bibliográficas

1. CARDOSO, F. H. Inesperado processo de formação política. In: *Brasileiro: cidadão?* 1991. Curitiba/São Paulo: Cultural Editores Associados, 1992. p. 153-157.
2. DAMATTA, R. *O que faz o brasil, Brasil?* Rio de Janeiro: Rocco, 1981. 126p.
3. DAMATTA, R. *A Casa e a Rua: espaço, cidadania, mulher e morte no Brasil.* São Paulo: Brasiliense, 1985. 140p.
4. DRUCKER, P. *Administrando em Tempos de Grandes Mudanças*. 2. ed. São Paulo: Pioneira, 1995. 230p.
5. FENNELL, D. A.; MALLOY, D. C. Measuring the Ethical Nature of Tourism Operators. *Annals of Tourism Research.* Great Britain, vol. 6, n. 4, p. 929-941, 1999.
6. GIACOMINI FILHO, G. Atendimento e responsabilidade social como atributos da qualidade no turismo. In: LAGE, B. H. G; MILONE, P. C. (org.). *Turismo: teoria e prática.* São Paulo: Atlas, 2000. cap.4, p.63-67.
7. HOFSTEDE, G. *Culture and Organizations*. New York: MacGraw-Hill, 1991. p.375-393.
8. HOLANDA, S. B. *Raízes do Brasil.* São Paulo: Cia. das Letras,1995. 220p.
9. LOCKE, J. *Segundo Tratado sobre o Governo.* São Paulo: Ibrasa, 1963. 157p.
10. NAVA, M. *Changing Cultures: feminism, youth and consumerism.* London: Sage Publications, 1992. p.185-199.
11. POPCORN, F. *O Relatório Popcorn: centenas de idéias de novos produtos, empreendimentos e novos mercados*. Rio de Janeiro: Campus, 1994. 208p.
12. SCHWARZ, R. As idéias fora do lugar. In: *Ao Vencedor as Batatas: forma literária e processo social nos inícios do romance brasileiro.* New York: Verso, 1977. p.13-28.

13. TASCHNER, G. *A Revolução do Consumidor.* São Paulo: NPP – Núcleo de Pesquisas e Publicações. Série Relatórios de Pesquisa. Relatório n.º 34/1997. 41p.
14. TASCHNER, G. Dimensões políticas da cultura do consumo. *Lua Nova* - Revista *de Cultura e Política*. São Paulo: CEDEC, 1997, n. 42, p.183-199. 2. ed. São Paulo: Studio Nobel, 1999. 231p.
15. VALLEN, G.; CASADO, M. Ethical principles for the hospitality currículo. *Cornell Hotel and Restaurant Administration Quarterly*, v. 41, n. 2, p. 44-51, april 2000.
16. ZEITHAML, V. A.; PARASURAMAN, A.; BERRY, L. L. *Delivering Quality Service: balancing customer perceptions and expectations*. New York: Free Press,1990. 226p.

Capítulo 35

Turismo com Responsabilidade Social: Fator Motivador no Processo Decisório de Compra do Turista?

Cláudia Regina Santana de Albuquerque
Marília Ferreira Paes Cesário

Introdução

O presente capítulo tem por finalidade analisar o comportamento dos consumidores na atividade turística e mostrar como a atual situação do mercado turístico vem sofrendo uma sensível mudança no que diz respeito às motivações dos turistas. A partir de uma observação deste cenário, percebe-se que os consumidores têm se apresentado mais exigentes com relação aos seus direitos enquanto consumidores, bem como têm sido mais críticos quanto aos meios utilizados para a produção dos produtos ou serviços que ele irá adquirir ou usufruir.

Neste contexto, o consumidor tem inserido a sua reflexão com relação à atuação social das empresas, contrapondo seu papel "tradicional" (gerar lucro, pagar impostos e cumprir as leis) a um papel que acrescenta valores sociais, ajudando a construir uma sociedade melhor.

Um comportamento ético, assim como, o conhecimento das práticas em responsabilidade social adotadas pelas empresas, torna-se uma expectativa dos consumidores brasileiros que rejeitam a propaganda enganosa e a poluição que eventualmente elas provocam no meio ambiente.

Percebe-se que é cada dia mais elevado o número de empresas com a intenção de gerenciar processos de implementação de sua responsabilidade social. Também é notavelmente crescente, o número daquelas que divulgam e documentam os resultados da gestão socialmente responsável em seus balanços, buscando assim dar maior visibilidade às suas boas práticas.

Portanto, quando pretendem estabelecer a gestão da responsabilidade social como estratégia nos negócios, as empresas estarão atendendo às expectativas de uma parcela significativa de seus consumidores, além de estarem se antecipando ao que tende a ser uma preocupação cada vez mais significativa no contexto social.

Entendendo o Comportamento Humano

Para se compreender o processo do comportamento humano e, conseqüentemente, do turista, alguns aspectos devem ser considerados, tais como: sua percepção, motivação, emoção, aprendizagem e inteligência. Uma vez que suas percepções do ambiente, suas motivações e emoções, interferem no modo do indivíduo interagir com o meio.

Barber e Legge citados por Pisani (1988) definem a percepção como "o processo de recepção, seleção, aquisição, transformação e organização das informações fornecidas através dos sentidos". Quando um turista percebe um ambiente, sua impressão vai além de um simples olhar, ela sofre influência do estado psicológico do percebedor e das características do próprio meio, sendo, portanto, diferente o olhar de um biólogo, de um arquiteto, de um poeta ou empresário diante de um mesmo local, os aspectos que foram percebidos por um podem passar completamente despercebidos pelos outros.

Uma outra questão a ser considerada é por que as pessoas se comportam dessa ou daquela maneira, por que reagem diferentemente diante dos mesmos estímulos? A motivação humana, como fenômeno psicológico, caracteriza-se por um conjunto de fatores dinâmicos existentes na personalidade, que determinam a conduta de cada um, uma tensão persistente que leva o indivíduo a alguma forma de comportamento visando à satisfação de uma ou mais necessidades.

Entre as diversas teorias motivacionais, a hierarquia das necessidades de Maslow é uma das mais conhecidas, sendo citada, entre outras áreas, nos textos de *marketing* e turismo. Ele sugeriu que as necessidades humanas, como elementos motivadores, formam uma hierarquia em cinco níveis, compreendendo as necessidades fisiológicas, de segurança, sociais, de estima e auto-realização. Conforme Fennell (2002), "as implicações do modelo de Maslow no comportamento humano sugerem que os seres humanos muitas vezes vêem-se presos na dualidade entre o que é universalmente correto e a satisfação ou recompensa pessoal".

Crompton citado por Ross (2001) relacionou nove itens para explicar a motivação do turista, dos quais, sete são classificados como impulsos subjetivos ou razões sociopsicológicas e os outros como motivos culturais ou influência externa: saída de um ambiente mundano conhecido, exploração e avaliação do eu, relaxamento, prestígio, regressão, estreitamento das relações de parentesco, facilitação de interações sociais, novidade e educação.

E, Gnoth também citado por Ross (*op. cit.*) afirma que "as bases da motivação são necessidades conscientes que, quando combinadas com características situacionais e estruturas de valor, influenciam a percepção que o turista tem de um objeto".

O homem contemporâneo perdeu muito de sua sensibilidade, especialmente em algumas culturas e sociedades. A emoção pode servir de motivador do comportamento, assim como a motivação pode levar a comportamentos que despertem novas emoções e há grandes diferenças individuais e culturais na expressão de emoções. A maneira de expressá-las, a quantidade e qualidade de emoções expressas, dependem de normas culturais, experiência anterior e aprendizagem (Pisani *et al.*, 1988).

Certamente, há diversas razões de ordem cultural, de estágio de desenvolvimento das relações de consumo, do nível de desenvolvimento econômico de cada país, que justificam uma variação de comportamento.

Praticamente todo comportamento humano é aprendido, pois precisamos aprender quase tudo: comer falar, vestir, andar, etc. E é a capacidade de aprender que torna possível às gerações tirar proveito das experiências e descobertas das gerações anteriores, acrescentar sua própria contribuição e, assim, promover o progresso e isso está também relacionado à sua inteligência, ou seja, a facilidade em aprender, atuar eficientemente sobre o meio e pensar abstratamente (Pisani *et al.*, 1988). Dessa forma, as expectativas e impressões que se tem de um lugar, também vão sofrer interferência das experiências anteriores e individuais de cada um.

Entendendo o Turista como um Consumidor

Engel, Blackwel e Miniard (1999) definem comportamento do consumidor como "as atividades diretamente envolvidas em obter, consumir e dispor de produtos e serviços, incluindo os processos decisórios que antecedem estas ações". Desta forma, considerando o turista também como um consumidor (de paisagens, de serviços, de produtos, etc.), podemos entender o seu comportamento como o processo de seleção, obtenção, disposição e consumo de produtos e serviços turísticos.

A compra de um produto de turismo resulta de diversos fatores, internos e externos ao turista, que geram um processo complexo de tomada de decisão.

Alguns pesquisadores têm considerado relevante estudar as atitudes e valores para a compreensão do comportamento do turista e sua decisão de viajar e comprar. Entende-se por atitude a maneira de pensar, sentir e reagir de um indivíduo em relação a uma pessoa, grupo, evento, objeto, etc. A atitude compreende, portanto, três componentes: cognitivo, afetivo e comportamental e sua importância se dá pelo fato de ao conhecermos a atitude de alguém, poderemos prever e influenciar o seu comportamento.

Engel, Bblackwel e Miniard (1999) apresentam três aspectos que devem ser considerados no estudo do processo decisório do consumidor e que adotaremos para o desenvolvimento do presente trabalho, na tentativa de compreender o comportamento do turista e os fatores que o influenciam na tomada de decisão pela escolha de certos produtos e serviços: as diferenças individuais, influências ambientais e processos psicológicos.

De acordo com os autores, cinco categorias de diferenças individuais afetam o comportamento: recursos, conhecimento, atitudes, motivação e personalidade, estilo de vida e valores. As influências ambientais se fazem presentes interferindo no comportamento através da cultura, classe social, influência pessoal, família e situação e, por fim, os três processos psicológicos que são aprendizagem, processamento de informação e mudança de atitude e comportamento.

Ter compreensão do conhecimento do consumidor em relação ao produto é outro ponto a ser considerado, tanto para o profissional de *marketing* como para os que fazem a política pública, pois diversas pessoas podem ter uma percepção imprecisa ou equivocada de um produto, podendo afetar sua atratividade e comprometer o sucesso de um empreendimento. Considera-se, também, de igual importância conhecer as atitudes do consumidor, pois desempenham importante papel no direcionamento de seu comportamento.

Uma visão mais contemporânea é apresentada pelos autores, na qual afirmam que as atitudes dependem de dois fatores básicos: crenças e sentimentos. E, para uma compreensão das atitudes dos consumidores deve-se "examinar as crenças e os sentimentos subjacentes que os consumidores têm em relação ao objeto de atitude". Assim a decisão de ir visitar determinado local como, por exemplo, águas termais, pode ser impulsionada pela crença sobre os benefícios funcionais que o local proporcionará. Da mesma forma, que em uma outra pessoa, o fator determinante de sua decisão seja o sentimento e o que ele evoca durante o consumo como, por exemplo, conhecer o Pantanal ou as ruínas gregas.

A personalidade, os valores pessoais e estilos de vida também podem ajudar a explicar como os consumidores comportam-se no seu processo decisório. Os valores descrevem as metas que motivam as pessoas e maneiras de realizá-las e representam suas crenças sobre o comportamento aceitável e a vida. Os estilos de vida refletem atividades, interesses e opiniões de uma pessoa, resultando na forma como vivem e gastam tempo e dinheiro.

A cultura, juntamente com outros elementos do ambiente, também interfere na decisão de compra das pessoas. Quando avaliam alternativas, alguns consumidores colocam mais peso em alguns atributos do produto do que em outros, isso é decorrente da influência da cultura a qual pertencem, pois seus valores interferem nas suas escolhas; no entanto, tais valores sofrem influência da família, religião e educação e, à medida, que estas instituições vão mudando, os valores da sociedade também vão sofrendo alterações. Portanto, tais mudanças afetam o tamanho dos segmentos do mercado, alterando as repostas à propaganda.

PERCEPÇÃO DO CONSUMIDOR *VERSUS* RESPONSABILIDADE SOCIAL

A sociedade tem ficado mais atenta ao comportamento ético das empresas, sua preocupação vai além do âmbito econômico, e envolve questões ambientais, controle de poluição, de segurança, de qualidade dos produtos, proteção e defesa do consumidor. Dessa forma, a capacidade de antecipar e reagir frente às mudanças sociais e políticas que ocorrem em seu ambiente de negócios, influenciarão fortemente a lucratividade e a rentabilidade das empresas, pois uma "empresa que é vista como socialmente responsável possui uma vantagem estratégica em relação àquela que não tem essa imagem perante o público" (Donaire, 1999).

Longenecker (1981) citado por Donaire (1999) afirma que a "empresa deve reconhecer que sua responsabilidade para com a sociedade e para com o público em geral vai muito além de suas responsabilidade com seus clientes", implica um sentido de obrigação para com a sociedade quanto às suas expectativas econômicas, legais, éticas e sociais, num determinado período de tempo.

Em 2002, o Instituto Ethos publicou o resultado de uma pesquisa: Responsabilidade Social das Empresas – Percepção do Consumidor Brasileiro, cujo objetivo principal foi detectar como os consumidores percebem a responsabilidade social das empresas, que expectativas têm em relação a esse aspecto e como ela repercute em suas atitudes e comportamentos. Buscou também, aferir até que ponto as decisões de compra dos consumidores são influenciadas por sua percepção da prática de responsabilidade social por parte das empresas.

Entre os pontos avaliados, no que se refere às expectativas dos entrevistados para considerar uma empresa socialmente responsável, 78% considera ser necessário que suas atividades devam ir além do que as leis exigem.

Quantos aos aspectos motivadores ou restritivos para a compra ou rejeição de produtos, assim como sua recomendação aos amigos, o apoio a atividades comunitárias, a contratação de deficientes físicos, ações ligadas à educação e adoção de medidas de proteção ao meio ambiente destacam-se como fatores positivos para o consumo de produtos ou serviços de empresas que agirem adotando tais princípios. Já no tocante a ações punitivas, no sentido de não consumir produtos ou serviços, os fatores mais relevantes foram propaganda enganosa, efeitos nocivos aos trabalhadores e aos consumidores, poluição, uso de mão de obra infantil e colaboração com políticos corruptos.

No âmbito mundial, há uma grande variação de comportamentos motivados por valores, entre os motivos que justificam tal diversidade encontram-se o nível econômico de cada país, estágio de desenvolvimento das relações de consumo e razões de ordem cultural.

Nas últimas décadas, tornou-se evidente a crescente preocupação do consumidor com o produto a ser comprado, relacionado-o às conseqüências socioambientais. Suas preocupações com as questões sociais têm ocupado um lugar de destaque em diversos países. Em somatório a estes fatos percebe-se que estas questões influenciam até no processo de tomada de decisão do consumidor. Isto ainda ocorre de uma maneira muito sutil, contudo já é visível a mudança no perfil dos consumidores.

Na atividade turística não ocorre de forma diferente, surgiram os "turistas verdes", ou seja, indivíduos que ao buscar a atividade turística estavam seriamente preocupados com as questões ambientais e suas ações deveriam refletir estes ideais.

Porém, no que se refere a estas questões, é muito difícil passar da teoria para a prática, pois se o conceito de turista verde for ser seguido com todas as suas nuances, vai ser praticamente impossível encontrar o chamado turista verde, pois se sabe que a ocorrência de uma pequena atividade turística em uma localidade já gera impactos, por menores que sejam.

Preferimos falar então na existência de um turista responsável, como sendo aqueles indivíduos que ao ter interesse de realizar uma atividade turística têm, sempre que lhe é permitido, atitudes que não apenas levam à realização de um turismo sustentável, como também de certa forma, criam algumas restrições a produtos e serviços turísticos cuja procedência não esteja de acordo com os critérios de sustentabilidade.

E. Molina (2001) afirma que a decisão de visitar ou não um local para alguns turistas, considerados ambientalistas, dos principais países emissores, está condicionada à qualidade ambiental da localidade a ser visitada. Além disso, são pessoas que estão em busca de experiências responsáveis e significativas, capazes de enriquecer sua existência e necessitam de empresas com pessoal altamente especializado, conhecedores da dinâmica dos ecossistemas e das funções que desempenharam na evolução das comunidades com as quais se relacionam.

Podemos fazer um paralelo entre as motivações que foram sugeridas como sendo dos turistas verdes e as motivações que surgem para a prática do turista responsável. Segundo Swarbrooke e Horner (2002), as motivações para os turistas verdes são: crença altruísta na necessidade de proteger o meio ambiente; desejo de "sentir-se bem" sobre seu comportamento como turista; desejo de melhorar sua imagem entre amigos e parentes mediante uma preocupação externada com as questões ambientais.

Fazendo então um paralelo com os turistas responsáveis, poderíamos falar não apenas na necessidade de tentar proteger o meio ambiente, sentir-se bem como turistas ou melhorar a própria imagem junto a algumas pessoas da sociedade, mas sim tentar garantir padrões de comportamento adequados com práticas sociais responsáveis, o que contribuiria para toda a sociedade. Além disso, a prática de adequar o seu consumo àquelas empresas que estejam em acordo com tais normas sociais.

Como conseqüência de uma maior preocupação com os deveres de todos para a existência de uma real responsabilidade social, as empresas do mercado turístico vêm adotando medidas que não apenas satisfazem os turistas responsáveis como também, despertam os demais turistas para a importância destas questões.

Fennell (2002), afirma que a sustentabilidade de códigos de ética no turismo foram discutidos em algumas publicações. Os quais são destinados a estimular mudança de comportamento de grupos de investidores específicos, uma forma de consenso sobre o comportamento aceitável em um local de turismo.

Percebe-se claramente que já existe um certo olhar atravessado de alguns turistas para aqueles estabelecimentos que não se apresentam coerentes com os ideais de responsabilidade social. O fato de um grupo hoteleiro não medir as conseqüências ao decidir aterrar uma área de mangue para fixar seu empreendimento pode lhe custar algumas diárias a menos daqueles turistas que deixam de se hospedar por saber e ser contra a ação do hotel.

A contratação de mão-de-obra local, o que beneficiaria a comunidade, se não acontece pode criar sérios problemas para um estabelecimento turístico. É preciso incentivar os turistas para que ao procurar um produto turístico, eles decidam qual produto comprar baseado em motivações que reforcem a manutenção de ideais de responsabilidade e sustentabilidade.

Mesmo sem possuir a exata noção, muitos turistas criam suas motivações em torno de destinos que possuem seus deveres muito bem definidos e realizados. Isto ocorre, pois, localidade aonde existe baixa criminalidade, conservação dos logradouros públicos, segurança, investimentos em capacitação de mão-de-obra, dentre outras ações, geralmente oferece melhores serviços e ambientes mais agradáveis, fazendo com que a demanda de turistas seja elevada.

Existe uma crescente preocupação dos administradores de alguns destinos turísticos em proporcionar aos seus visitantes melhor qualidade na permanência, além de criar para a sua população melhor qualidade de vida, através de ações fundamentadas no fato de que todos nós somos responsáveis por analisar as ações do passado, corrigir os erros no presente para tentar construir um futuro melhor.

Considerações Finais

Aquele que deseja trabalhar com turismo e não tem o conhecimento adequado de seu cliente, corre o risco de obter pouco êxito no seu empreendimento. Devendo, portanto, considerar que as pessoas reagem de maneiras diversas, segundo as diferenças individuais, influenciadas pelo meio, educação, personalidade. Além disso, os consumidores, entre os quais os turistas, esperam um comportamento ético das empresas, as quais devem adotar medidas preventivas que envolvam ações junto às comunidades, ao meio ambiente, aos empregados e à divulgação de seu produto.

Referências Bibliográficas

1. DONAIRE, D. *Gestão Ambiental na Empresa*. 2. ed. São Paulo: Atlas, 1999.
2. ENGEL, J. F.; BLACKWELL, R. D.; MINIARD, P. W. *Comportamento do Consumidor*. 8. ed. Rio de Janeiro: LTC, 1999.
3. FENNELL, D. A. *Ecoturismo, uma Introdução*. São Paulo: Contexto, 2002.
4. MOLINA, E. S. *Turismo e Ecologia*. Bauru: EDUSC, 2001.
5. OLIVEIRA, A. P. *Turismo e Desenvolvimento: planejamento e organização*. 3. ed. rev. e ampl. São Paulo: Atlas, 2001.
6. PISANI, E. M. et al. *Psicologia Geral*. 7. ed. Caxias do Sul, Porto Alegre: Vozes, 1988.
7. Responsabilidade Social das Empresas – Percepção do Consumidor Brasileiro. ETHOS, 2002. Disponível em: http://www.ethos.org.br. Acesso em: 01/abr/03.
8. ROSS, G. F. *Psicologia do Turismo*. São Paulo: Contexto, 2001.
9. SWARBROOKE, J. *Turismo Sustentável: gestão e marketing*. vol. 4, São Paulo: Aleph, 2000.
10. SWARBROOKE, J.; HORNER, S. *Comportamento do Consumidor no Turismo*. São Paulo: Aleph, 2002.

Capítulo 36

Alimentos e Bebidas e Responsabilidade Social: Experiências e Possibilidades

Maria Henriqueta Sperandio Garcia Gimenes

Introdução

O segmento de Alimentos e Bebidas, também denominado setor de *Food Service*, abrange inúmeros estabelecimentos que se dedicam ao fornecimento de comida pronta para consumo humano, como restaurantes, bares, lanchonetes, casas noturnas, *snack bar*, entre outros. A representatividade econômica deste segmento também é proporcional à sua multiplicidade, tendo em vista que o hábito de realizar refeições fora de casa vem se consolidando devido às facilidades inerentes, impulsionando este mercado que, segundo dados da ABIA[1] , faturou em 2001, 30,4 bilhões de reais.

Inseridos na paisagem urbana, estes espaços, no entanto, transcendem à mera oferta de serviços alimentícios, assumindo diversos papéis contemporâneos. Responsáveis pela saciação de necessidades fisiológicas, bares, restaurantes e similares atualmente também se caracterizam

[1] ABIA: Associação Brasileira da Indústria Alimentícia.

como pontos de encontro e espaços de lazer, oferecendo a seus clientes, através de atividades como a conversa desinteressada, o flerte e a dança, experiências de diversão, de descanso e de desligamento do ritmo cotidiano, ações necessárias para a boa manutenção da saúde mental de qualquer indivíduo.

Analisar o segmento de alimentos e bebidas à luz do fenômeno turístico permite enriquecer ainda mais este panorama que vislumbra as múltiplas funções desses estabelecimentos dentro das sociedades contemporâneas. Seja dando suporte ao recebimento e atendimento de turistas em cidades, paradas, estâncias, meios de hospedagem, meios de transporte, terminais de passageiros, centros de eventos e até mesmo parques temáticos, seja constituindo-se como um atrativo turístico propriamente dito através de uma culinária típica ou de um evento gastronômico, o serviço de alimentação é de vital importância para o desenvolvimento da atividade turística.

Justamente por sua abrangência e ingerência em outros segmentos turísticos e também por caracterizar-se como um serviço disponibilizado não apenas aos turistas mas também para a própria comunidade autóctone, o devido entendimento e planejamento da área deve ser buscado, inclusive no sentido de empreender novas iniciativas que melhor conjuguem a parceria turismo/alimentos e bebidas e tornem este segmento não apenas um atrativo ou diferencial atrelado a um produto turístico, mas também uma ferramenta com o intuito de desenvolver o turismo em seu escopo socioeconômica e cultural.

Neste sentido, o objetivo deste trabalho é discutir a questão do exercício da responsabilidade social no turismo através do segmento de alimentos e bebidas, considerando o exemplo de duas grandes redes de *fast food* em funcionamento no Brasil e comentando as possibilidades de desenvolvimento de outras iniciativas de caráter social vinculadas a este segmento.

RESPONSABILIDADE SOCIAL, *MARKETING* SOCIAL E TURISMO SUSTENTÁVEL

A necessidade da discussão do exercício da responsabilidade social por empresas ligadas direta e indiretamente à atividade turística ganha relevo não apenas por tratar-se de uma tendência mundial que abrange diversas empresas e orienta consumidores, mas também devido à carência de estudos e análises dos resultados das experiências já existentes no setor, muitas vezes dispersas e realizadas através de iniciativas isoladas de alguns empreendimentos. Como observa Giacomini Filho (2000, p.63):

O turismo, seguindo os passos de tantos outros setores, vem experimentando novos referenciais para posicionar-se como atividade rentável e sustentada. As exigências advindas da Sociedade da Informação e de competitividade institucional impõem novos procedimentos mercadológicos, sendo um deles a orientação para a qualidade, direcionada ao cliente (atendimento) e para a sociedade (e seus aspectos de cidadania).

A idéia de responsabilidade social, embora esta não receba uma definição fechada, pauta-se no conceito de que a responsabilidade sobre o contexto humano e ambiental em que se está inserido deve ser compartilhada por todos, através da criação de uma rede de cooperação que se estabelece através de decisões cotidianas e da incorporação de valores socioambientais na filosofia de empresas e empreendimentos.

Agindo de forma ética e legal, buscando a preservação de valores morais e societais, as empresas engajadas nos princípios da responsabilidade social alcançam seu desenvolvimento e lucro através de ações que se aproximam dos desejos da sociedade, gerando benefícios que transcendem o antigo padrão de geração de empregos, produção, distribuição e lucro que vigorou isolado nas metas de muitas empresas durante anos.

Ao tentar definir responsabilidade social, Giacomini Filho (2000, p.64) dá a sua contribuição: (responsabilidade social é o) conjunto de atribuições que a sociedade estipula para as instituições. A sociedade espera que a organização, por exemplo, cumpra as leis, respeite o meio ambiente, preserve os direitos de minorias, atenda princípios éticos. Portanto, tal prática identifica-se bastante com o *Marketing* Societal: "...a tarefa da organização é determinar as necessidades, desejos e interesses de mercados-alvos e atender às satisfações desejadas mais eficaz e eficientemente do que os concorrentes, de maneira a preservar ou ampliar o bem-estar dos consumidores e da sociedade".

Deve-se observar que Giacomini Filho também aborda a questão do *marketing* societal, ou ainda *marketing* social. Abandonando as antigas percepções de que o *marketing* apenas se refere a divulgação e venda de um produto, Kotler (1993, p.2) define *marketing* como um *processo social e gerencial através do qual indivíduos e grupos obtém aquilo de que necessitam e desejam por meio da criação e troca de produtos e valores.* Orientado basicamente para as necessidades e anseios do consumidor como forma de estimulá-lo à compra, o *marketing* contemporâneo busca uma melhor compreensão do consumidor, investigando seus valores, desejos, preferências e restrições culturais.

Dentro deste contexto de maior aproximação com o consumidor, criou-se uma nova modalidade de *marketing*, voltada à diferenciação de determinados produtos e empresas através da associação destes a valores positivos como preservação ambiental, valorização do trabalhador, incentivo às mães trabalhadoras e ainda ações beneficentes por parte dos empreendedores. Segundo Kotler (1993, p.421) "o *marketing* social é o *design*, implementação e controle de programas que buscam aumentar a aceitabilidade de uma idéia, causa, ou prática social entre um grupo alvo." De forma específica, através do *marketing* social espera-se "colar" à imagem da empresa as boas ações de caráter social e ambiental que ela executa, buscando-se assim criar uma empatia entre consumidor e empresa.

A Idéia de Canclini

O Instituto Ethos de Cidadania, entidade não governamental voltada para assuntos pertinentes à cidadania e responsabilidade social, realiza desde o ano 2000 pesquisas que buscam identificar junto aos consumidores de todo o Brasil os níveis de percepção da responsabilidade social exercida por empresas que atuam no país.

Segundo publicação eletrônica disponível no *site* do citado Instituto, a pesquisa realizada em 2002 demonstra que "os consumidores brasileiros esperam um comportamento ético das empresas, querem conhecer suas práticas em responsabilidade social, rejeitam a propaganda enganosa e estão atentos à poluição que eventualmente elas provoquem no meio ambiente."

Traçando um comparativo com os resultados obtidos nos anos anteriores, o Instituto Ethos divulga que os índices apresentados no relatório de 2002 mostram-se estáveis em relação aos dos anos 2000 e 2001, apontando para o enraizamento de conceitos relacionados à gestão da responsabilidade social das empresas. Segundo o relatório de 2002:

Apesar de grandes variações na conjuntura nacional e internacional e a insegurança que demonstram em relação aos rumos do país, do mundo e da globalização, os consumidores têm preocupações semelhantes em relação ao comportamento das empresas. Mais de um terço dos participantes dessa pesquisa, independentemente do grau de escolaridade, espera que as empresas estabeleçam padrões éticos mais elevados e ajudem a construir uma sociedade melhor. Tanto entre os líderes de opinião quanto entre os entrevistados com maior escolaridade, o percentual é ainda mais significativo, superando 40%.

Deve-se observar que, paralelamente ao crescimento do interesse pelas ações de responsabilidade social das empresas, cresce também a preferência e o respeito pelos empreendimentos que agem de maneira pró-ativa em seu entorno social. O relatório final da mesma pesquisa coloca em evidência tal tendência, indicando que "embora seja tênue a atitude efetiva de punir empresas não consumindo seus produto de 14% dos consumidores, mais da metade dos consultados comentaram o comportamento das empresas com seus familiares e conhecidos (Instituto Ethos, 2002)."

Os motivos principais de rejeição de empresas apontados pelos entrevistados foram a propaganda enganosa, efeitos nocivos aos trabalhadores e aos consumidores, poluição, uso de mão-de-obra infantil e colaboração com políticos corruptos. Por outro lado, foram apontados na mesma pesquisa como fatores positivos e incentivadores do consumo de produtos e serviços atitudes como colaboração com a comunidade local, a contratação de pessoas com deficiência, a adoção de medidas de proteção ao meio ambiente, zelo para com seus funcionários e campanhas publicitárias não agressivas e verídicas.

Desta forma, consumidores tornam-se também fiscalizadores de boas práticas, supervisionando a atuação das empresas de uma forma mais direta. Este novo papel desempenhado pelos consumidores parece já ter sido assimilado por várias empresas, que vêm incorporando a responsabilidade social em suas ações. O relatório do Instituto Ethos (2002) ressalta:

> *"Tem crescido a quantidade de boas práticas empresariais. É cada dia maior o número de empresas que se propõe a gerenciar os processos de implementação de sua responsabilidade social. Igualmente crescente é o número daquelas que divulgam e documentam os resultados da gestão socialmente responsável em seus balanços, buscando dar maior visibilidade a suas boas práticas. Assim, ao estabelecer a gestão da responsabilidade social como estratégia nos negócios, as empresas estão atendendo as expectativas de uma parcela significativa de seus consumidores, adiantando-se ao que tende a ser uma preocupação cada vez mais ampla no conjunto da sociedade."*

Sobre estas ações responsáveis que se convertem em diferenciação aos olhos do consumidor, Giacomini Filho (2000, p.64) observa:

É inimaginável uma instituição buscar sustentabilidade comercial sem conciliar-se com as instituições, culturas e estruturas sociais. Quer seja um serviço de hotelaria, quer seja um pacote aéreo, há um direto envolvimento com a privacidade e expectativa pessoal de quem o adquira ou consuma. A empresa turística, como tantas outras, ao abrir-se para o mercado, assume funções sociais diretas, à medida que seus produtos, serviços e ações repercutem diretamente na sociedade e nas pessoas.

Cabe aqui introduzir um outro conceito intimamente ligado à questão da responsabilidade social em turismo: a tônica do turismo sustentável. Por turismo sustentável compreende-se o desenvolvimento do turismo que, com base em ações de planejamento previamente estudadas, envolve a comunidade autóctone também como sujeito da atividade turística, buscando garantir, além de uma experiência turística de qualidade para os visitantes, o desenvolvimento socioeconômico e cultural da localidade, preservando o patrimônio artístico-cultural e ambiental que serve de base para a atração dos turistas.

Nas palavras de Ruschmann, (1997, p.111) o "planejamento do turismo sustentável surge, assim, como forma de evitar a ocorrência de danos irreversíveis nos meios turísticos, para minimizar os custos sociais que afetam os moradores das localidades e para otimizar os benefícios do desenvolvimento turístico. A autora cita ainda uma publicação do Globe 90 que afirma que o desenvolvimento sustentável do turismo deve considerar a questão de todos os ambientes, os recursos e as comunidades receptoras, de modo a atender às necessidades econômicas, sociais, vivenciais e estéticas, enquanto a integridade cultural, os processos ecológicos essenciais e a diversidade biológica dos meios humano e ambiental são mantidos através dos tempos." (1997, p.111).

A questão da minimização dos custos sociais que afetam a comunidade autóctone através de um desenvolvimento turístico equilibrado e a preocupação com os processos ecológicos e a diversidade biológica expressa na opinião da autora se aproximam com os princípios que regem a responsabilidade social, permitindo concluir que desenvolver o turismo de forma sustentável é também desenvolvê-lo com responsabilidade social.

Entretanto, se as iniciativas relacionadas ao planejamento turístico estão sob responsabilidade das diferentes esferas públicas de administração e gestão, de que forma entidades privadas, empresas que trabalhem direta e indiretamente com o turismo, podem contribuir e somar esforços para promover a sustentabilidade da atividade turística? Para Giacomini Filho (2000, p.65), responsabilidade social é uma prerrogativa para as empresas que atuam no mercado e pode ser exercida dentro do cotidiano da própria empresa, através da incorporação de alguns princípios éticos e legais:

> *"A postura de responsabilidade social da empresa turística não somente se faz necessária no sentido de ser aceita no mercado, como também se torna condição para não sofrer processos indenizatórios, condicionando sua própria sobrevivência. Nesses termos, a qualidade seria proporcional ao êxito de conciliar suas atividades comerciais aos valores sociais vigentes, como legislação, defesa do consumidor, meio ambiente, direitos trabalhistas, cultura, etc., ensejando esforços direcionados, como seguros, práticas éticas de marketing e zelo na qualidade do serviço prestado."*

A incorporação de pequenos procedimentos e o enquadramento em padrões legais de comportamento, juntamente com iniciativas em benefício de grupos sociais menos favorecidos são algumas das formas de exercitar a responsabilidade social em empreendimentos turísticos. De forma específica, serão discutidas na seqüência deste artigo algumas iniciativas, bem como propostas de iniciativas, próprias para o segmento de Alimentos e Bebidas.

Responsabilidade Social no Segmento de Alimentos e Bebidas

Como foi dito anteriormente, o segmento de Alimentos e Bebidas destaca-se dentre toda a infra-estrutura turística justamente por configurar-se como uma rede de produtos e serviços que atende não somente ao turista, mas está disponível para toda comunidade autóctone. Desta forma, bares, casas noturnas, restaurantes, lanchonetes e estabelecimentos afins integram a paisagem e o cotidiano das localidades turísticas, abrangendo um grande contingente de consumidores.

Pode-se analisar as possibilidades de exercício da responsabilidade social neste segmento, além das questões pertinentes à oferta justa e correta de produtos e serviços de qualidade, a partir de três grandes frentes, sendo elas: enquadramento legal em matérias como legislação ambiental, fiscal e trabalhista; distribuição e doação de equipamentos, utensílios, enxoval e louçaria de boa qualidade e ainda promoções e ações de caráter diretamente beneficente.

No que tange ao aspecto de enquadramento legal, observa-se o ajustamento da empresa aos padrões de funcionamento indicados legalmente. Sobre a questão da legislação ambiental, além de toda a normatização que visa a diminuição da poluição e dos impactos ambientais, algumas medidas bastante simples podem ser adotadas, tais como: a separação do lixo em produtos orgânicos e inorgânicos e o posterior envio de lixo compatível para usinas de reciclagem; preferência por produtos reciclados; utilização de produtos de limpeza biodegradáveis e que não agridam a camada de ozônio; preferência por eletrodomésticos que consumam pouca energia elétrica; adoção de políticas de economia de água e luz; utilização de produtos vegetais cultivados sem agrotóxicos; utilização de produtos de origem animal vistoriados pelo Ministério da saúde; adoção de práticas para melhor aproveitamento dos alimentos visando a diminuição de desperdícios, e ainda a preferência por produtos produzidos localmente como forma de diminuir custos e prestigiar agricultores e produtores locais.

Em termos de legislação fiscal buscar o pagamento de todos os tributos previstos em lei, evitando atitudes simples de sonegação como a não emissão de notas fiscais, tendo em vista que, por princípio, as taxas e tributos cobrados pelo governo referem-se à prestação de serviços de utilidade pública além de representarem a grande fonte de recursos para investimentos em áreas estratégicas para o desenvolvimento nacional como educação e saúde. Ainda na esfera legal deve-se enfatizar a necessidade de cumprimento e respeito aos direitos trabalhistas, através da contratação e remuneração adequada dos funcionários e manutenção de todos os direitos previstos, tais como férias remuneradas, descanso semanal, licença saúde com e sem remuneração conforme os casos previstos em lei, licença maternidade, décimo terceiro salário, entre outros. Deve-se enfatizar ainda que, respeitando esses direitos previstos em lei, caminha-se também para o fortalecimento da auto-estima e da qualidade de vida do indivíduo trabalhador.

Outra forma de reforçar os princípios da responsabilidade social é promover, sempre que possível, a distribuição e doação de equipamentos, utensílios, enxoval e louçaria de boa qualidade. A doação de alimentos também é uma alternativa, porém sugere-se que a mesma aconteça apenas em duas situações: que os alimentos tenham sido preparados com a finalidade de doação, estando adequadamente acondicionados para seu transporte e distribuição sem que haja riscos de contaminação ou ainda desde que sejam doados sem terem sido preparados, preferencialmente alimentos não-perecíveis, ou seja, com prazos de validade consideráveis e pouco suscetíveis a contaminações.

Por sua vez, a doação de equipamentos, utensílios, enxoval e louçaria em bom estado pode ser realizada sem problemas sempre que se deseja, principalmente por motivos estéticos, renovar os materiais e objetos utilizados nestes estabelecimentos. Toalhas de mesa e copos que não são mais correspondem aos padrões de determinado restaurante podem muito bem encontrar lugar e serventia na residência de uma família carente.

Sobre promoções e ações de caráter diretamente beneficente, verifica-se a possibilidade de realização de diversos eventos de caráter gastronômico ou ainda promoções em datas específicas que tenham como objetivo arrecadar fundos, revertendo o que é vendido parcialmente ou na sua totalidade para entidades de caráter social, atividades que vem sendo desenvolvidas por duas das maiores redes de *fast food* presentes no Brasil.

Experiência das Redes Gastronômicas McDonald's e Habib's no Brasil

Segundo Bonin e Rolim (1991) a introdução ou modificação de um hábito alimentar dá-se muitas vezes em virtude de diversos aspectos concretos, tais como disponibilidade de produtos e tecnologia, bem como pela questão da acessibilidade econômica. Entretanto, a hierarquização dos alimentos e a decisão sobre consumi-los ou não, bem como sobre quando consumi-los, depende do sentido cultural que cada alimento carrega, ou seja, o valor simbólico que lhe é atribuído socialmente, quando o alimento passa a representar outras funções de grande valor, funções estas que se sobrepõe aos valores nutricionais dos mesmos e torna o consumo alimentar um consumo simbólico.

É importante observar, como salientam Bonin e Rolim (1991, p.79) que "ainda convivem numa mesma sociedade, padrões ditos 'tradicionais' e 'modernos', com predominância de um ou de outro conforme a época. Isso se dá em virtude de a sociedade ter também sua dinâmica, e os hábitos alimentares estarem incluídos nela." Justamente esta dependência dos hábitos alimentares em relação ao contexto sócio-cultural é que promove o aparecimento de novas modalidades de serviço de refeições mais compatíveis às necessidades da vida moderna, como o *fast food* (refeições rápidas principalmente sob a forma de lanches), o *self service* (sistema de serviço em que o cliente serve seu próprio prato com iguarias já preparadas) e os sistemas de *delivery* (entrega de refeições prontas mediante encomenda em residências e locais de trabalho).

Buscando conceituar restaurantes *fast food*, Fonseca (2000, p. 22) comenta:

> *"(...) os restaurantes fast food – comida rápida – podem apresentar diversas caracterizações, porém, todas têm um aspecto principal, que está representado em seu nome: a rapidez no serviço. Além dessa existe toda uma dinâmica para facilitar e agilizar o processo. Assim, os produtos são vendidos de forma simples, os métodos são fáceis e descomplicados, a ponto de uma criança poder entendê-los."*

Para o autor, dentre os estabelecimentos relacionados ao conceito de *fast food* se sobressaem os *coffee shops* e os *casual dining* sendo as chamadas "lanchonetes" os estabelecimentos mais comuns. Fonseca (2000, p.23) descreve esses estabelecimentos como:

> *"As lanchonetes possuem uma ambientação um pouco mais simples que os coffee shops[2] e não são encontradas em hotéis. Seu cardápio possui, geralmente, mais ênfase em sanduíches e petiscos do que os coffee shops e elas também têm um serviço bem mais informal. Pode-se sentar à mesa ou nos balcões. Possuem alta rotatividade de assentos e um gasto médio relativamente baixo."*

Em todo Brasil, os estabelecimentos do tipo lanchonete foram os que mais absorveram e melhor conseguiram desenvolver o conceito de *fast food*, fornecendo através de sanduíches e similares iguarias para consumo rápido e prático. Vale ressaltar que, embora pese muitas vezes sobre estes estabelecimentos a acusação de serem uma afronta às tradições culinárias ou ainda de constituírem como uma ameaça de "internacionalização" da cultura nacional, a expansão desse segmento de mercado também reflete um movimento cultural da nossa sociedade, permeado pelo ritmo intenso de trabalho, com excesso de informação e produção de signos, bem como a separação cada vez maior entre o local de residência e o local de trabalho. Retomando a idéia de Bonin e Rolim (1991), a coexistência de novos e antigos hábitos alimentares, bem como o aparecimento de novos hábitos de consumo alimentar denota o surgimento de novas necessidades e padrões de comportamento, que tendem a ser captados e explorados em âmbito comercial.

Retomando a questão do exercício da responsabilidade social em estabelecimentos de Alimentos e Bebidas, cabe ressaltar a experiência de duas redes de *fast food* nesta área no Brasil, a rede Habib's e a rede McDonald's.

Habib's é uma rede de *fast food* brasileira pautada em especialidades árabes cuja primeira loja foi inaugurada na cidade de São Paulo no ano de 1988. Atualmente, a rede Habib's é a segunda maior rede de *fast food* do país, com duzentas e cinco lojas distribuídas por todo o Brasil, envolvendo quinze centrais de produção, gerando cerca de dez mil empregos diretos e com uma estimativa de atendimento de duzentos milhões de consumidores por ano.

Além de preocupações com o enquadramento legal em termos fiscais e trabalhistas, a rede Habib's também realiza ações objetivando a redução de desperdícios e outras de caráter beneficente. No dia 16 de outubro de 2002, o Dia Mundial da Alimentação[3], a rede Habib's, em parceria com a Fundação Ação Criança[4], promoveu o primeiro "Bib's Dia Genial", data em que

---

[2] Segundo o mesmo autor os *coffee shops* são restaurantes com cardápios de fácil preparação e apresentações simples. Costumam estar localizados em hotéis e aeroportos, ficando abertos durante 24h, pois são pontos de venda onde se pode comer a qualquer hora uma comida leve e rápida.

[3] O Dia Mundial da Alimentação foi instituído em 16 de outubro de 1981 pela Fundação da Organização das Nações Unidas para a Agricultura e a Alimentação - FAO - com o intuito de sensibilizar a opinião pública sobre a necessidade de encontrar uma solução duradoura para o problema mundial da fome e da má nutrição.

[4] A Fundação Ação Criança é uma entidade sem fins lucrativos que tem como objetivo combater a desnutrição infantil na faixa de 0 a 6 anos de idade e através do Programa Ação Criança garante a alimentação diária de quase 3.500 crianças.

todo o valor arrecadado na venda de bib's sfihas[5] de carne, frango e queijo (uma das iguarias carro-chefe do estabelecimento) é revertido para programas de assistência a crianças carentes. Além da venda realizada diretamente aos consumidores nas unidades da rede, no "Bib's Dia Genial" também foram comercializados junto às empresas em geral vales bib's sfihas, uma cartela com dez vales vendida a R$ 4,50.

Impulsionado por uma campanha publicitária veiculada nacionalmente, o evento do ano de 2002, 51% do total arrecadado, excluindo impostos, destinado a creches e abrigos conveniados com a Ação Criança, sendo que os 49% restantes atenderam projetos sociais em diferentes regiões do país onde a rede possui lojas, em especial a reforma da pediatria do Hospital São Luís Gonzaga da Santa Casa. Nesta primeira edição foram vendidas 1 milhão de bib´sfihas, o que resultou na doação de um valor líquido total de R$ 218.959,53, segundo dados da assessoria de imprensa da rede.

A rede Habib's também participa, na cidade de São Paulo, do Programa Mesa São Paulo[6] . Através da Cozinha Central do Habib's, a rede disponibiliza diariamente 100 quilos de ponta e miolo de abobrinha *in natura* para o programa, tendo em vista que estas partes do legume não têm utilidade na produção da abobrinha recheada e se tornam, através da doação, um complemento essencial para as refeições de pessoas carentes. A Cozinha Central do Habib's participa do Mesa São Paulo há quatro anos e é atualmente sua maior doadora.

Deve-se ressaltar que o Programa Mesa São Paulo pauta-se em rígidas regras de segurança alimentar e nutricional, também contribuindo para a redução do desperdício de alimentos[7] através do redirecionamento de alimentos *in natura* classificados como excedentes ou sobras de produção, mas em perfeitas condições de consumo.

---

[5] Segundo informações da própria rede, a bib's sfiha é o produto mais consumido no país dentro do segmento *fast food*, numa venda anual de 450 milhões de unidades e cerca de 500 bib's sfihas por minuto, números que justificam a escolha dessa iguaria para ancorar o Bib's Dia Genial.

[6] Programa mantido por diversas empresas com sede na cidade de São Paulo.Tem como objetivo entregar gêneros alimentícios doados pelas empresas participantes para diversas entidades assistenciais (mediante aviso de doação, furgões identificados com o logotipo do programa percorrem a cidade retirando e entregando gêneros alimentícios). Segundo reportagem do Jornal Hoje (Rede Globo) veiculada no dia 24/02/2003, está sendo cogitada a possibilidade de estender o programa para todo o Brasil , como forma de auxiliar o Programa Fome Zero, programa do governo federal de combate à fome.

[7] Segundo dados da Secretaria de Agricultura e Abastecimento do Estado de São Paulo, o país perde 1,4% do seu PIB (Produto Interno Bruto) com os alimentos que deixaram de ser aproveitados na cadeia produtiva.

O McDonald's é uma rede de *fast food* criada em 1955 nos Estados Unidos pelo vendedor Raymond Albert Kroc e que possui atualmente mais de 30.000 restaurantes espalhados em 118 países, estando presente em 181 cidades no Brasil. Seu cardápio padronizado é baseado em sanduíches e sobremesas rápidas, com algumas variações conforme o país onde a unidade está situada.

Além de preocupações de ordem trabalhista, fiscal e ambiental, a rede McDonald's concentra seus esforços filantrópicos na luta contra o câncer infantil desenvolvendo diversas atividades relacionadas a esta causa, em especial o McDia Feliz que, desde a sua primeira edição no Brasil em 1988 já arrecadou, em catorze edições, um total de R$ 39,3 milhões em benefício de dezenas de instituições dedicadas à luta contra o câncer infanto-juvenil.

A campanha de 2002, realizada no dia 17 de agosto – foi a mais bem-sucedida da história: a receita totalizou R$ 7,445 milhões, 10,82% acima da arrecadação de 2001. O dinheiro obtido com a campanha de 2002 foi repassado para 70 instituições nacionais dedicadas à luta contra o câncer infanto-juvenil, o que certifica o McDia Feliz como o segundo evento que mais arrecada fundos para a infância no Brasil. O McDia Feliz brasileiro também é um recordista internacional. De 1996 a 1999, o país obteve a maior arrecadação entre os 13 países em que o evento foi realizado. A campanha mobiliza funcionários, fornecedores, franqueados e parceiros do McDonald's Brasil. O valor correspondente à venda de sanduíches Big Mac nesta data, subtraídos os impostos, é destinado a instituições que cuidam de crianças e adolescentes portadores de câncer de cada município onde a campanha é realizada.

O McDia Feliz, realizado pela primeira vez no Canadá em 1977 e atualmente presente em 15 países, é coordenado nacionalmente pelo Instituto Ronald McDonald e constitui-se atualmente como a principal fonte de arrecadação de recursos para o combate ao câncer infanto-juvenil no Brasil. O Instituto Ronald McDonald[8], representação brasileira da *Ronald McDonald House Charities* (RMHC). Este instituto dedica-se a captar recursos diversos (financeiros, equipamentos, materiais, conhecimento e humanos) que posteriormente destinados às instituições brasileiras que assistem crianças e adolescentes portadores de câncer.

---

[8] Segundo informações da assessoria de imprensa da rede, o Instituto Ronald McDonald concentra suas atividades em quatro áreas principais: promover e divulgar conhecimentos relativos ao câncer infanto-juvenil, incentivar atividades de voluntariado, assistencial e de suporte psicossocial, nas instituições que atendem crianças e adolescentes com câncer, apoiar a melhoria das condições hospitalares de instituições assistenciais do câncer da criança e do adolescente e incentivar a pesquisa e o intercâmbio técnico-científico entre os especialistas em câncer infanto-juvenil.

O Instituto Ronald McDonald mantém funcionando, desde 1994, a Casa Ronald McDonald, a primeira instalada na América Latina. Situada no Rio de Janeiro, esta casa acolhe crianças de baixa renda, provenientes de outras cidades brasileiras e acompanhadas por um responsável oferecendo hospedagem e alimentação gratuitas, além de assistência vinte e quatro horas por dia, para crianças em tratamento contra o câncer.

Além das ações voltadas diretamente a questão do câncer infanto-juvenil, o McDonald's também apóia iniciativas sociais e ecológicas, por meio de parcerias com organizações não-governamentais (ONG) e órgãos públicos.

Considerações Finais

O segmento de Alimentos e Bebidas, dada sua multiplicidade e tamanha ingerência em outros âmbitos da atividade turística é sem dúvida alguma uma área estratégica de desenvolvimento, que merece atenção, planejamento e reflexão. Tratar do exercício da responsabilidade social no turismo sem vislumbrar a participação dos estabelecimentos que integram este segmento significa enfraquecer todo o contexto, diminuindo o potencial de realização das políticas sociais.

A participação de empresas e estabelecimentos da área de alimentação pode se dar em diversas frentes, todas elas complementares e não excludentes. Passando por reestruturações internas concernentes ao enquadramento legal, novas estratégias de produção e de relacionamento com os próprios recursos humanos, as empresas e empreendimentos agirão com responsabilidade social para com o meio ambiente e a sociedade, bem como estarão maximizando seu potencial de produção e empatia com o mercado consumidor.

Propondo iniciativas que se estendam diretamente à comunidade, aliando-se a causas de relevância nacional, tais empresas e empreendimentos não estarão apenas se engajando no apoio a determinados grupos ou em defesa de algumas causas sociais, mas também assumindo publicamente a responsabilidade social como fundamento de sua filosofia de gestão e funcionamento.

Logicamente que o desenvolvimento econômico, o aumento de vendas e conseqüentemente o aumento de lucro é objetivo de toda e qualquer empresa. A própria atividade turística, quando tomada como opção de desenvolvimento por uma localidade, busca o desenvolvimento econômico. Trata-se aqui de incorporar valores éticos, morais e legais a uma atividade que, tem sim, fins lucrativos. Entretanto, trata-se aqui de buscar não apenas o benefício financeiro, mas de construir uma realidade que conjugue respeito ao meio ambiente, respeito às comunidades locais e respeito ao consumidor.

Referências Bibliográficas

1. BONIN, A.; ROLIM, M. C. Hábitos alimentares: tradição e inovação. *Boletim de Antropologia*, Curitiba, v. 4, n. 1, p. 75-90, jun. 1991.
2. FONSECA, M. *Tecnologias Gerenciais de Restaurantes*. São Paulo: Senac, 1999.
3. GLOBE '90. *Tourism Stream and Action Committee*. An action strategy for sustainable tourism development. Vancouver, 1990.
4. GIACOMINI FILHO, G. Atendimento e responsabilidade social como atributos da qualidade do turismo. In: LAGE, B.; MILONE, P. *Turismo: teoria e prática*. São Paulo: Atlas, 2000.
5. KOTLER, P. *Princípios de Marketing*. São Paulo: Prentice/Hall, 1993.
6. KOTLER, P. *Administração de Marketing: análise, planejamento, implementação e controle*. 4. ed. São Paulo: Atlas, 1996.
7. RUSCHMANN, D. *Turismo e Planejamento Sustentável – a proteção do meio ambiente*. Campinas: Papirus, 1997.

Sites Consultados

1. INSTITUTO ETHOS DE CIDADANIA. Responsabilidade social das empresas – percepção do consumidor. Pesquisa 2002. Disponível em: www.ethos.org.br. Acesso em: 3/fev/2003.
2. MCDONALDS. Disponível em: www.mcdonalds.com. Acesso em: 4/fev/2003.
3. HABIBS. Disponível em: www.habibs.com.br. Acesso em: 22 e 23/fev/2003.

Capítulo 37

Procedimentos Técnicos na Gestão de Alimentos e Bebidas e a Responsabilidade Social

LUCIANNE CARDOSO
LUCILENE BENTES
WILMA M. C. ARAÚJO

INTRODUÇÃO

No cenário mundial contemporâneo observam-se transformações de natureza econômica, política, social e cultural que, por sua vez, ambientam o aparecimento de novos modelos de relações entre instituições e mercados, organizações e sociedade, que se preocupam com a elevação do padrão de qualidade de vida de suas comunidades. A este processo dá-se o nome de Responsabilidade Social que surge no mercado como fator relevante para o crescimento das organizações.

Segundo a Organização Mundial de Turismo (WTO) e a *United Nations Statistical Comission* (UNSTAT), 1994, citado por Cooper *et al.* (2002), o Turismo se refere às atividades de pessoas que viajam ou permanecem em lugares que não são o seu ambiente normal por não mais que um ano consecutivo, por lazer, trabalho ou outras razões. Por sua dinâmica, o Turismo é uma força central na economia globalizada, considerada pelo *World Travel and Tourism Council* (WTTC, 1996) a maior indústria do mundo.

A indústria de hospitalidade iniciou-se com César Ritz que construiu em Paris o primeiro estabelecimento hoteleiro planejado para suprir carências dos que se deslocavam e demandavam acomodações. Até o fim do século o segmento cresceu, mas havia escassez de bons hotéis (Gouveia, 2002).

A partir de 1945, desenvolveu-se o modelo estadunidense de gerenciamento e operação de hospedagem, fundamentado nos conceitos de padronização, eliminação de riscos e aplicação dos princípios de qualidade na produção e que referencia as modernas corporações hoteleiras, internacionalmente (Cooper *et al.*, 2002).

Para Davies (2001), o conceito de "gerenciamento dos serviços de restaurantes" é novo quanto às operações de alimentos e bebidas (A&B). Ainda mais novo quando se agregam critérios de gestão, fundamentados no planejamento de atividades que se superpõem à obrigação legal.

Em A&B, a responsabilidade social transcende a obrigação legal quando as empresas selecionam fornecedores de produtos/serviços, considerando princípios éticos, trabalhistas, técnicos, que propiciam a credibilidade da organização com respeito à segurança alimentar e ao desperdício de produtos alimentícios. No segmento alimentação as perdas atingem valores próximos a 14 milhões de toneladas para produtos prontos e 30% do que se produz para produtos *in natura*, como as hortaliças (Instituto Ethos, 2002).

A comercialização de A&B em estabelecimentos da hospitalidade significou, na década de 1980, 39% da renda total gerada mundialmente. Em 1935, os EUA consumiram mais de 1,7 bilhões de dólares. Em 1958 e no princípio dos anos 1980, as vendas foram respectivamente de 8 bilhões e 90,5 bilhões. No Brasil, em 1995, existiam em torno de 10 mil estabelecimentos relacionados à indústria hoteleira responsáveis pela movimentação de US$ 2,6 bilhões, com expectativas de crescimento anual entre 8 a 12% (Gouveia, 2002).

A gastronomia representa hoje 30 a 40% da receita bruta deste setor. Em 1995 havia 58.886 restaurantes que dispunham de 3,54 milhões de lugares e geravam em torno de 600 mil empregos. Em 1998, segundo a *National Restaurant Association*, as vendas para o setor atingiram cifras próximas a US$ 336 bilhões. Atualmente, o segmento emprega mais de 9 milhões de pessoas. A projeção para 2005 é de 11 milhões de empregos, gerando o maior número de novos empregos na indústria (Kinton *et al.*, 1999).

Este trabalho analisa os procedimentos operacionais de A&B nos setores hoteleiros norte e sul da cidade de Brasília, compara-os aos procedimentos legais e avalia se perpassam o conceito da Responsabilidade Social.

REVISÃO BIBLIOGRÁFICA

Gastronomia como Equipamento Turístico

A ascendência do mercado de A&B na indústria da hospitalidade é indiscutível. O êxito na consolidação deste espaço pressupõe que o indivíduo ávido pelo prazer de alimentar-se deseja inovação em produtos e serviços e satisfação em suas aspirações. A empresa deve superar as expectativas dos usuários e estimular seu retorno.

A gastronomia teve seu início na Itália, mas foram os franceses seus cultores-mores. Integrando a cultura francesa, teve o apogeu com Luiz XIV, que reinou a França (1638-1715) e promoveu extravagantes e ostentatórios banquetes, em que se instituíram novos rituais.

Comercialmente, despontou no mercado em 1765, quando Boulanger abriu uma espécie de botequim próximo ao Louvre para vender *les restaurants* (caldos restauradores). Após a revolução francesa (1789), *les grands chefs* da realeza ficaram desempregados e passaram a trabalhar em restaurantes, socializando-se a *haute cousine*[1] . Em 1827, os irmãos Delmoncio abriram nos EUA a primeira "casa de doces e salgados acompanhados (ou não) de café". Seqüencialmente, inauguraram o pioneiro restaurante da América do Norte, revolucionando o mercado e fazendo-o compreender que "a arte de degustar alimentos e bebidas" principia na experimentação do prazer que a alimentação faculta (Davies, 2001).

O crescimento da atividade turística demanda a participação de elementos facilitadores para o atendimento das necessidades de hospedagem e alimentação das pessoas em suas viagens. O serviço de alimentação abrange restaurantes, *coffee shops, catering*, salões de refeições, serviços de quarto, bares, serviços de banquetes, lanchonetes, lojas de *souvenirs*/especialidades.

Dados do último informe realizado por *Horwath International* (1996) para a *International Hotel & Restaurant Association* (IHRA) indicam as tendências observadas no setor hoteleiro, internacionalmente revelam que:

- O grau de ocupação aumentou 67,2% sobre os 66,5% registrados em 1995.
- A margem bruta de exploração alcançou 29,4% da fatura sobre os 25,7% do ano anterior.

---

[1] *Haute cuisine* (fr.) = caracteriza a cozinha requintada, muito bem elaborada (por *chef*) e elegantemente servida (Gomensoro, 1999).

- Os hotéis estadunidenses obtêm mais de 65% de suas entradas diretamente da fatura por aluguel das unidades hoteleiras; enquanto hotéis europeus obtiveram acima de 42% de suas entradas na área de restaurantes sendo esta média a mais alta de todas.
- Na área de alimentos/alimentação evoluíram os conhecimentos sobre métodos de conservação, tecnologias de transformação e composição de alimentos.
- Os países adotaram sistemas para garantir a integridade e a higidez dos alimentos e estabeleceu-se definitivamente a relação alimentos e qualidade de vida.

Segurança Alimentar na Indústria da Hospitalidade e Turismo

Contemporaneamente, produzir refeições denota antagonismos: ora a culinária extasiante da *haute cuisine* que se compara a obras de arte; ora a evolução de restaurantes populares voltados ao estereótipo, ao insípido, a condições higiênico-sanitárias precárias.

Por segurança alimentar entende-se também a aquisição de alimentos de boa qualidade, livre de contaminantes de natureza química, biológica, física ou quaisquer substâncias que causem danos à saúde. Garantir a segurança alimentar exige aplicar sistemas que monitorem a qualidade dos produtos nas etapas operacionais: recepção, armazenamento, pré-preparo, preparação, cocção, refrigeração, congelamento, descongelamento, reaquecimento, porcionamento, distribuição e transporte.

Os serviços de A&B requerem estruturas fixas e móveis adequadas. O padrão legal de qualidade é a portaria n.º 326 de 1997. Cabe ao gerente do setor controlar as operações, pautando-se nos padrões legais do país.

Incontestavelmente, a qualidade higiênico-sanitária é prioritária, por abranger aspectos relacionados à saúde pública e ao desperdício de alimentos. Segundo a Organização Mundial da Saúde – OMS e informações recentes sobre doenças de origem alimentar no Brasil, verifica-se que mais de 60% são toxinfecções alimentares, cujos agentes etiológicos estão entre bactérias, vírus, fungos e parasitos (Silva Jr., 2002). Silva Jr. (1999) referencia que a conservação deficiente de alimentos (70%), manipuladores (25%), matéria-prima imprópria (14%), tratamento térmico impróprio (12%), acondicionamento inadequado (11%), higiene deficiente de instalações, equipamentos e utensílios e contaminação cruzada (5%) causaram surtos de doenças no município de São Paulo em 1991.

OBJETIVO

O objetivo deste trabalho foi avaliar se cozinhas de estabelecimentos hoteleiros dos setores norte e sul de Brasília adotam as Boas Práticas de Fabricação, considerando os aspectos referentes à responsabilidade legal e social.

MATERIAIS E MÉTODOS

Materiais

A pesquisa foi de natureza exploratório-descritiva. Foram visitadas cozinhas de dez hotéis com categorização variando de três a cinco estrelas, escolhidos de acordo com o cronograma de visita dos fiscais da Vigilância Sanitária do DF.

Métodos

O instrumento utilizado na coleta dos dados e na avaliação dos estabelecimentos foi a Lista de Verificação das Boas Práticas de Fabricação em Estabelecimentos da Área de Alimentos da Agência Nacional de Vigilância sanitária (ANVISA, 2002). Os itens foram julgados como necessários ou imprescindíveis. Assinalava-se sim (S) para os itens atendidos, não (N) para os itens não atendidos e não aplicável (NA) para itens não aplicáveis. Foram avaliados:

- *Bloco 1*: edificação e Instalações.
- *Bloco 2*: equipamentos, móveis e utensílios.
- *Bloco 3*: manipuladores.
- *Bloco 4*: fluxo de produção.
- *Bloco 5*: programa de controle de qualidade.

RESULTADOS E DISCUSSÃO

Situação e Condições da Edificação e Instalação

A Figura 37.1 apresenta o perfil de adequação dos estabelecimentos quanto aos itens necessários e imprescindíveis, segundo a legislação. Observa-se que dos 31 itens necessários e dos 14 imprescindíveis apenas 13 e 7 destes itens foram respectivamente atendidos. Apesar de todas as cozinhas

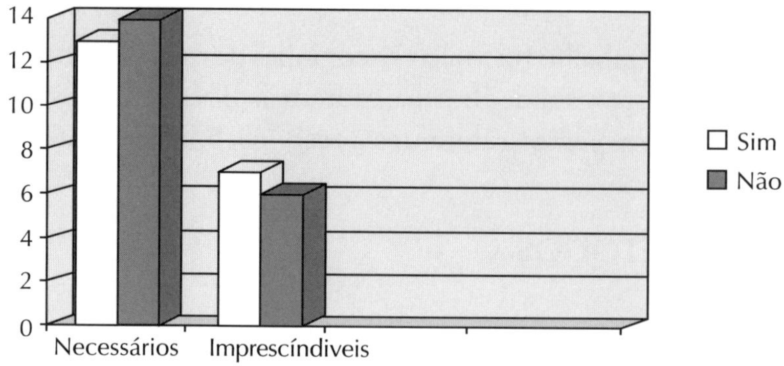

Figura 37.1 – Situação e condições da edificação e instalação.

possuírem localização adequada (área externa e vizinhança livre de focos de insalubridade), estes fatores não permitiram que o atendimento dos itens imprescindíveis superasse os necessários. Condições inadequadas de manutenção e limpeza de pisos, paredes e tetos; ausência produtos de higienização para mãos nos lavatórios e na área de manipulação determinaram esta avaliação.

Portas e janelas apresentam superfícies lisas, de fácil limpeza, em bom estado de conservação, em material inoxidável e vidros com esquadria de alumínio. Seis unidades de produção não apresentam portas ajustadas aos batentes e inexiste a proteção contra insetos e roedores – telas milimétricas ou outro sistema.

Os produtos de higienização da área da cozinha e demais setores não são identificados e guardados em local apropriado. Não há controle de diluição para estes produtos. O abastecimento de água está ligado à rede pública. Oito estabelecimentos não apresentam certificado de limpeza e garantia da qualidade da água, expedido por firma autorizada pela Vigilância Sanitária do Distrito Federal (Brasília, 1978). Os encanamentos encontram-se em bom estado dentro das áreas de processo e de apoio. Caixas de água/cisternas não foram avaliadas. O destino dos resíduos sólidos é o aterro sanitário; na cozinha são acondicionados em recipientes plásticos providos de saco plástico, com tampas. As caixas de gorduras dispõem de tampas e não apresentam vazamentos ou entupimentos.

De acordo com Quitério (s.d.) e Silva Jr. (1995), a água sem qualidade adequada é veículo de várias doenças e a higienização incorreta das mãos é um dos fatores mais determinantes de contaminação cruzada em alimentos.

Situação e Condições dos Equipamentos, Móveis e Utensílios

A Figura 37.2 mostra a relação entre o atendimento à legislação referente aos itens necessários e imprescindíveis relacionados à situação e às condições de equipamentos, móveis e utensílios. Com relação aos itens avaliados, observa-se o atendimento a 7 dos 10 itens necessários, enquanto para os imprescindíveis a relação é de 4 para 9.

Os equipamentos da linha de produção de oito empresas são compatíveis com o número de refeições servidas. Encontram-se em bom estado de conservação e funcionamento, mas não há proteção de correias e outras partes móveis. São dotados de superfícies de contato lisa, íntegras, laváveis e impermeáveis, de material inoxidável, resistente à corrosão, de fácil desinfecção e de material não contaminante. As mesas de apoio, bancadas, armários, estantes são de aço inoxidável, de fácil limpeza, sem rugosidades, frestas, em bom estado de conservação. Equipamentos e utensílios de cozinhas quando inadequadamente higienizados transferem microrganismos de sua superfície aos alimentos por contaminação direta e/ou cruzada durante a manipulação e contrariam as recomendações legais.

Em oito unidades, os termômetros dos refrigeradores, congeladores, câmaras frigoríficas não funcionam; em duas unidades, os equipamentos apresentam as borrachas de vedação danificadas, não permitindo a manutenção da temperatura apropriada à conservação dos produtos, descumprindo os requisitos legais e técnicos uma vez que o controle da temperatura é fator decisivo para a conservação dos alimentos.

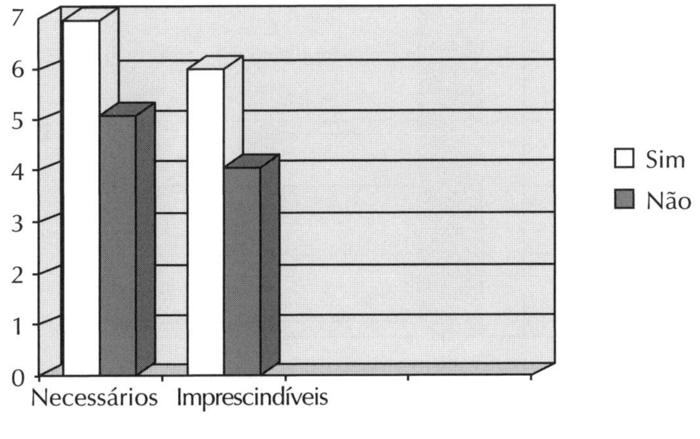

Figura 37.2 – Situação e condições dos equipamentos, móveis e utensílios.

Além disso, observa-se que alimentos *in natura*, produtos prontos e caixas de papelão são armazenados conjuntamente, não atendendo mais uma vez os critérios recomendados pela literatura e estabelecidos na legislação.

Sobre a natureza dos utensílios usados nestas unidades, verifica-se que em sete delas, os de plástico encontram-se danificados e queimados, condições que favorecem o acúmulo de resíduos alimentares que dificultam sua higienização. Nas outras unidades, os utensílios são em aço inoxidável. O armazenamento destes utensílios ocorre em condições apropriadas em oito das cozinhas e em duas encontram-se pendurados na lateral das coifas, sobre pias e paredes.

Tais resultados divergem das recomendações legais que estabelecem que equipamentos, utensílios, recipientes usados na produção não podem constituir risco à saúde (Brasil, 1997).

Manipuladores

A Figura 37.3 mostra a relação entre o atendimento à legislação referente aos itens necessários e imprescindíveis relacionados à apresentação, treinamento e conhecimento dos manipuladores quanto às Boas Práticas de Fabricação. Com relação aos itens avaliados, observa-se o atendimento a 2 dos 4 itens necessários, enquanto para os imprescindíveis a relação é de 2 para 3.

Sobre a apresentação pessoal dos funcionários, verifica-se que em oito cozinhas os manipuladores têm boa apresentação, asseio corporal, unhas corta-

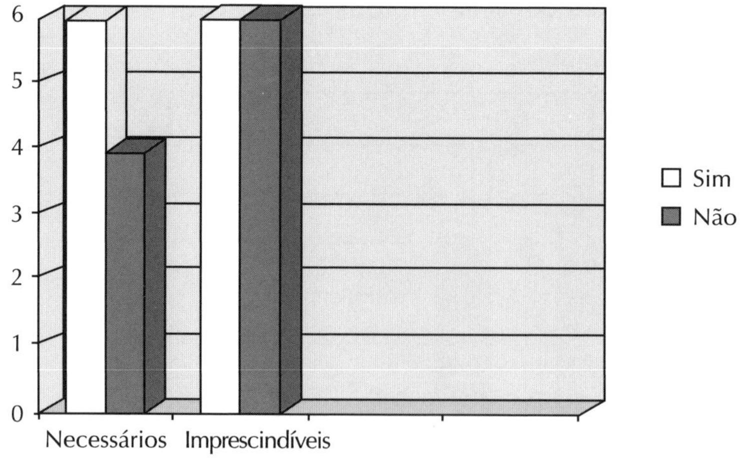

Figura 37.3 – Apresentação, treinamento e conhecimento dos manipuladores quanto ás Boas Práticas de Fabricação.

das, sem esmalte. Em três cozinhas, as mulheres usam adornos; os do sexo masculino, com barba e bigode aparados. Usam toucas e máscaras, mas não são orientados sobre a freqüência de troca das máscaras. Em uma das cozinhas visitadas os funcionários usam bata ou jaleco fornecido pela empresa. Sobre os demais itens – calça e sapatos, verifica-se que são de uso pessoal. Em três hotéis o fornecimento de uniformes aos funcionários é de duas unidades por ano e não há registro de recebimento e devolução do uniforme antigo, em caso de desuso.

Os manipuladores são os principais responsáveis pela contaminação dos alimentos. Devem ser treinados e conscientizados periodicamente sobre como praticar as medidas de higiene que protegem os alimentos de contaminações químicas, físicas e microbiológicas. Brincos, relógios, pulseiras, anéis são fontes de contaminação. Acumulam resíduos, poeiras e abrigam microrganismos. São necessários cuidados específicos com luvas, toucas, máscaras (Silva Jr., 1995). Evidencia-se que parte da inobservância quanto aos hábitos higiênicos é conseqüência de fatores evidenciados na avaliação dos itens referentes às condições de edificação.

Fluxo de Produção dos Alimentos nas Cozinhas

A Figura 37.4 mostra a relação entre o atendimento à legislação referente aos itens necessários e imprescindíveis relacionados ao fluxo de pro-

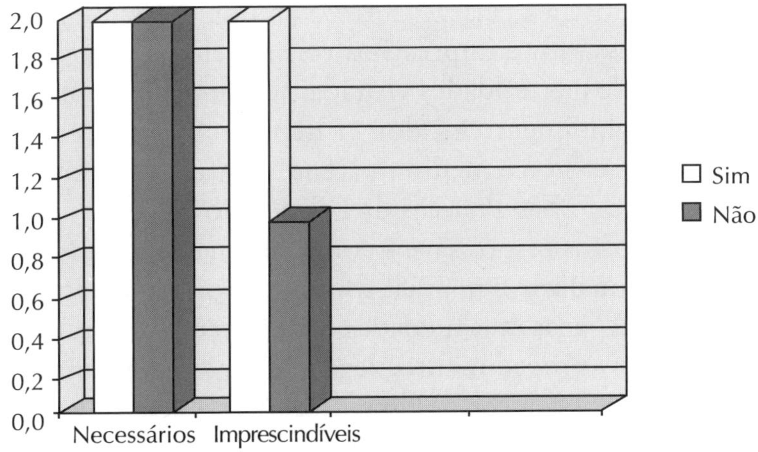

Figura 37.4 – Fluxo de produção dos alimentos nas cozinhas.

dução dos alimentos nas cozinhas visitadas. Observa-se que dos 13 itens necessários e dos 14 imprescindíveis apenas 6 destes itens foram respectivamente atendidos.

As operações de carga e descarga são realizadas em local protegido, isola do da área de produção. Não há planilhas de controle (temperatura, condições de transporte, número de amostras a serem avaliadas para controle dos produtos). No estoque, os produtos são armazenados sobre estrados de madeira ou altileno. A colocação de estantes e prateleiras não cumpre os requisitos de distanciamento do piso e das paredes como preconizam a literatura e a legislação.

Em quatro unidades, os produtos – carnes; laticínios e hortifrutigranjeiros – armazenados em câmaras frigoríficas não apresentam informações, data de validade, fornecedor, peso. De maneira geral, os equipamentos apresentam-se em bom estado de conservação. O fluxo de produção nas áreas de pré-preparo está separado por paredes em seis hotéis; o controle da circulação de pessoal é restrito aos funcionários da cozinha. A coleta de resíduos deste setor é feita de acordo com a necessidade. Baldes de lixo não são dotados de pedais.

O *layout* de seis unidades é adequado ao processo produtivo enquanto quatro apresentam fluxo cruzado. As áreas de produção em quatro cozinhas são distintas para: recepção, depósito de matéria-prima, insumos, produção, armazenamento de produto acabado e expedição. As demais não apresentam áreas próprias identificadas para cada processo Não foi avaliado se o estabelecimento possuía licença ambiental.

Programas de Controle de Qualidade

A Figura 37.5 mostra a relação entre o atendimento à legislação referente aos itens necessários e imprescindíveis relacionados a programas de controle de qualidade nas unidades visitadas. Com relação aos itens avaliados, observa-se o atendimento a 2 dos 11 itens necessários, enquanto para os imprescindíveis não houve nenhum atendimento em 5 itens.

Não há Manual de Boas Práticas de Fabricação em nenhuma das cozinhas, apesar de todos os responsáveis conhecerem a legislação, que obriga a elaborar e operacionalizar o manual como melhoria constante dos serviços e dos produtos. Apenas uma unidade conta com um profissional técnico, mas que não segue os procedimentos legais relativos às rotinas das operações de manipulação e produção de alimentos. Nenhuma das cozinhas apresenta programa de controle de qualidade, controle de pragas e de treinamento para seus funcionários.

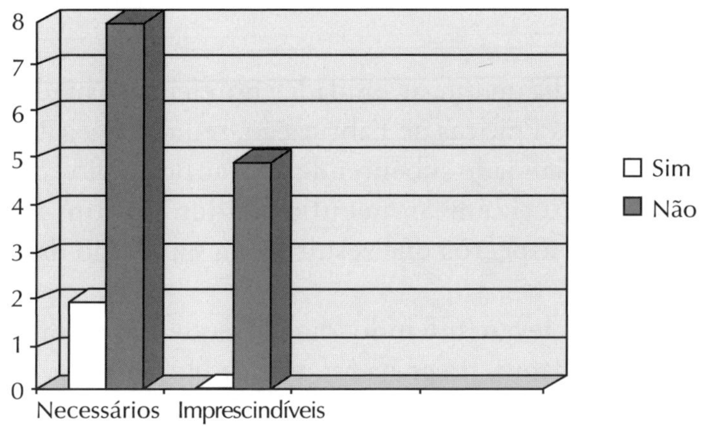

Figura 37.5 – Existência de programas de controle de qualidade nas unidades de produção.

A supervisão das operações é de responsabilidade do supervisor de produção, funcionário sem qualificação técnica na área. O perfil dos responsáveis de A&B é o de funcionários do setor hoteleiro, com experiência em cozinha. Não há registros sobre avaliação do produto final quanto à temperatura de conservação e características sensoriais.

Avaliação dos Resultados

Os resultados indicam que a gestão de A&B nas cozinhas dos hotéis visitados não atende aos requisitos legais. Com respeito à edificação e às instalações o intervalo de atendimento à legislação é de 28,57% a 64,42%. Para equipamentos, móveis e utensílios, o intervalo é de 40% a 70%, enquanto para manipuladores, fluxo de produção e programas de controle de qualidade as variações atingem valores entre 33,33% a 66,66%; 26,66% a 46,66% e 20% a 40%, respectivamente.

Tais condições propiciam aos clientes riscos quanto à segurança alimentar. Aos empresários, perdas econômicas geradas pelo desperdício dos alimentos. À sociedade, riscos decorrentes do mau uso das instalações físicas de cada unidade que favorecem a infestação de insetos e roedores, poluição ambiental na eliminação do lixo.

Entendendo que a Responsabilidade Social compreende aspectos de natureza econômica e social, observa-se que os empreendimentos hoteleiros avaliados neste trabalho não agregam à rotina uma postura socialmente responsável.

Conclusão

Os resultados indicam que as unidades hoteleiras visitadas e analisadas não cumprem as Boas Práticas de Fabricação, requisito legal, para a produção de alimentos. Qualidade subentende adotar princípios que fundamentem, avaliem e sintetizem as peculiaridades de um sistema e que compreendam desde aspectos que resultem na satisfação da clientela até a garantia do produto.

Variados motivos levam um indivíduo a freqüentar restaurantes: *status*, ambiente, clima, cardápio, preços, *chef*, estilo. No entanto, buscar satisfação, preservando a saúde, é o mais comum. As indústrias do turismo e da hospitalidade devem preparar-se para atender clientes bem mais informados e mais exigentes quanto a direitos e conhecimento sobre alimentos.

O segmento da hospitalidade deve investir e profissionalizar os serviços de A&B, que compreendem uma operação complexa e dinâmica relacionada ao controle de qualidade porque a alimentação é o cartão de visita do empreendimento. Em São Paulo, a rede hoteleira mais moderna busca além de cardápios criativos e convencionais (café da manhã, *buffet*, *à la carte*, eventos, *brunch*), o profissionalismo para áreas específicas da cozinha: fornecedores, equipamentos, treinamento, atualizando e estabelecendo códigos de higiene no setor.

Referências Bibliográficas

1. BRASIL. Agência Nacional de Vigilância Sanitária. Lista de verificação das boas práticas de fabricação em estabelecimentos da área de alimentos. 21 a 22 fev., 2002.
2. BRASIL. Portaria n.º 326, 30 jul. 1997. Aprova o regulamento técnico: "Condições higiênico-sanitárias e Boas Práticas de Fabricação para estabelecimentos produtores/ industrializadores de alimentos", conforme anexo 1. *Diário Oficial da União*, Brasília, 01 de agosto de 1997. Seção 1.
3. BRASÍLIA. Portaria n.º 443, 03 out. 1978. Estabelece os requisitos sanitários mínimos a serem obedecidos no projeto, construção, operação e manutenção de serviços públicos de abastecimento de água para consumo humano, com a finalidade de obter e manter a potabilidade da água. *Leis e normas sobre água de interesse para a vigilância sanitária*, v. 4, p: 26-36, s.d.
4. BRASÍLIA. Ministério da Saúde. Portaria n.º 1428, 1993. Determina condutas e critérios na elaboração do Manual de Boas Práticas de Fabricação e determina a obriga a implantação das Boas Práticas de Fabricação em todos os estabelecimentos produtores e prestadores de serviços na área de alimentação.
5. COOPER, C.; FLETCHER, J.; GILBERT, D.; SHEPHERD, R. Trad. COSTA, R.C. *Turismo – Princípios e Prática*. 2. ed. Porto Alegre: Artmed, 2002. p. 559.
6. DAVIES, C. A. *Alimentos e Bebidas*. Caxias do Sul: Editora da Universidade de Caxias do Sul, 1999. p. 240.
7. KINTON, R.; CESARINI, V.; FOSKETT, D. Trad. Anna Terzi Gioval. Enciclopédia de Serviços de Alimentação. São Paulo: Livraria Varela, 1999. 699p.

8. INSTITUTO ETHOS – EMPRESAS E RESPONSABILIDADE SOCIAL. Publicações Ethos. Disponível em: http://www.ethos.org.br. Acesso em: 14/mar/2003.
9. SILVA JE, E. A. *Manual de Controle Higiênico-sanitário em Alimentos*. São Paulo: Livraria Varela, 1995. p. 347.
10. SILVA JR, E. A. *Manual de Controle Higiênico-sanitário em Alimentos*. São Paulo: Livraria Varela, 1999.
11. SILVA JR, E. A. *Manual de Controle Higiênico-sanitário em Alimentos*. São Paulo: Livraria Varela, 2002.
12. WTO e UNSTAT. Recommendations on Tourism Statatistics, WTO, Madrid and United Nations, New York.

Capítulo 38

Restaurante como Empresa Socialmente Responsável

Daniela Narciso Pacheco
Daniele Volcov Martins

Introdução

A responsabilidade social tem se tornado uma constante no meio empresarial, como uma forma de conduzir os negócios em parceria com o desenvolvimento social, atuando de forma ética, promovendo a redução das desigualdades sociais e contribuindo para a cidadania. Porém, pouco se fala em restaurantes socialmente responsáveis.

No Brasil, a idéia de responsabilidade social em restaurantes não é muito difundida, uma vez que os empresários desse meio desconhecem formas diferenciadas de atuação para se tornarem socialmente responsáveis.

Existem inúmeras formas de um restaurante contribuir com o desenvolvimento social. Desde a preocupação com suas instalações e infra-estrutura que estão diretamente relacionadas com o meio ambiente, até a gestão de recursos humanos visando aspectos de inclusão social e, ainda, a elaboração de cardápios com a preocupação nos ingredientes utilizados e sua manipulação.

Assim, propõe-se apresentar a responsabilidade social como um estratégia para o sucesso global do negócio e também de autopreservação dos restaurantes, tornando-se empresas mais competitivas e com maior reconhecimento de funcionários, comunidade e mercado.

Turismo e Responsabilidade Social

No Brasil, um grande impulso às iniciativas empresariais no campo da responsabilidade social começou a ser percebido de forma mais acentuada, a partir da década de 1990. Empresários e agentes ligados à vida econômica nacional se mobilizaram para promover a redução das desigualdades sociais e melhorar as condições de vida da população brasileira, delineando um novo modelo de participação no campo da cidadania corporativa.

A empresa socialmente responsável visa agregar valor aos seus produtos e serviços, gerando um diferencial positivo frente aos seus consumidores e à concorrência. Esta é a oportunidade que a empresa tem de ser reconhecida não só pelos seus clientes, como também pelos seus funcionários, fornecedores e a sociedade como um todo. Afinal, pesquisas revelam que os consumidores preferem produtos e serviços oferecidos por empresas socialmente responsáveis, além de que grande parte dos jovens manifesta desejo de trabalhar em empresas engajadas em algum projeto social.

Segundo pesquisas realizadas pelo IPEA – Instituto de Pesquisa Econômica Aplicada, as atividades sociais mais comumente executadas pela maioria das empresas são:

- Apoio à organização, instalação e manutenção de cooperativas de produção.
- Campanhas diversas com a participação de funcionários e de impacto na comunidade.
- Capacitação e apoio a colaboradores que fazem trabalhos voluntários.
- Concursos e prêmios na área de educação, projetos comunitários e ONG.
- Criação e manutenção de programas diversos.
- Instalação e manutenção de escolas e centros de apoio para funcionários e/ou comunidade.
- Recrutamento, treinamento e recolocação profissional de idosos e jovens carentes.

No Turismo, o autor Gino Giacomini Filho aponta o atendimento e a responsabilidade social como atributos da qualidade do Turismo, enfocando a importância do *marketing* social para empresas do setor como estratégia competitiva no mercado atual:

> *"O produto ou serviço turístico é parte da vida das pessoas, de seus sonhos, de suas realizações. Portanto, tudo que é oferecido ao mercado envolve também uma leitura de cidadania, o que tem também desdobramentos sociais. (...) a qua-*

lidade seria proporcional ao êxito de conciliar suas atividades comerciais aos valores sociais vigentes, como legislação, defesa do consumidor, meio ambiente, direitos trabalhistas, cultura, etc. ensejando esforços direcionados, como seguros, práticas éticas de marketing e zelo na qualidade do serviço prestado". (Giacomini Filho, 2000).

Restaurante como Empresa Socialmente Responsável

Nos restaurantes, a idéia de responsabilidade social não é muito difundida, uma vez que os empresários desse meio desconhecem formas diferenciadas de atuação para se tornarem socialmente responsáveis.

Um bom exemplo de todas as ações mencionadas no segmento de restauração é a empresa McDonald's que desenvolve programas de responsabilidade social em todo o mundo. No Brasil, o McDonald's contribui para o bem-estar da comunidade em todos os locais onde está presente. Seu compromisso iniciou-se desde sua instalação e continua crescendo. Atualmente, a empresa toma atitudes como: a compra de suprimentos de fornecedores locais, empregar funcionários da região, atender às necessidades dos clientes locais, contribuir com impostos municipais e estaduais e reinvestir parte da receita nas comunidades em que estão inseridos, além de sustentar campanhas como: McDia Feliz, Casa Ronald McDonald, Instituto Ronald McDonald, Praia Limpa, do Agasalho, e de Vacinação Infantil. E, como se não bastasse, a rede McDonald's é constantemente considerada uma das melhores empresas para se trabalhar segundo o "Guia Exame – As 100 Melhores Empresas para Você Trabalhar", e por três anos consecutivos ganhou o diploma do "Guia Exame da Boa Cidadania Corporativa".

Outro exemplo é o da empresa de alimentação Real Food, de Santo André – SP, que foi uma das convidadas a participar, no dia 25 de setembro de 2001, do II Simpósio sobre Responsabilidade Social, onde apresentou o tema "Desenvolvimento Empresarial e Responsabilidade Social", mostrando porque deve ser considerada um exemplo positivo para o setor ao desenvolver práticas socialmente saudáveis.

Responsabilidade Ambiental

Existem alguns programas que apóiam e incentivam a responsabilidade ambiental para empresas da indústria do turismo como, por exemplo, o Programa das Nações Unidas para o Meio Ambiente (UNEP) que tem parceria com a UNESCO e a OMT, desenvolvendo programas para operadoras de turismo como a italiana Orizzonti e a alemã ITS-Reisen. Na hotelaria a SLG – Scandinavian Leisure Group e o programa Hóspedes da natureza da ABIH (Associação Brasileira da Indústria de Hotéis).

A IHEI (International Hotels Enviroment Iniciative) é uma organização que incentiva e apóia o desenvolvimento de políticas ambientais nos empreendimentos hoteleiros em todo o mundo, dando suporte legal e indicando estratégias de ação, facilitando o acesso às vantagens e resultados.

O Programa Hóspedes da Natureza é um programa de responsabilidade ambiental, inspirado na Agenda 21 Global (Art. 30.14) que tem como objetivo implementar ações ambientais em empreendimentos hoteleiros no Brasil. Muitas dessas ações podem ser adaptadas para o segmento de restauração, entre as quais:

- Desenvolvimento da política ambiental do empreendimento; tratamento de resíduos sólidos; eficiência no consumo de água e energia: racionalização e gerenciamento; gerenciamento das reservas e fontes naturais de água; política de relacionamento com fornecedores; motivação do *staff* para participação em programas de relacionamento com a comunidade; política de armazenamento para substâncias perigosas; uso do solo; uso de transporte; arquitetura e *design*; controle da produção de ruídos; parcerias em programas de desenvolvimento sustentável; monitoramento dos programas e práticas ambientais do empreendimento, que inclui também a revisão dos documentos e procedimentos, entrevistas com os funcionários e participantes do programa.

Todas essas iniciativas dos programas ambientais direcionados à indústria do turismo e mais especificamente à hotelaria, podem ser adaptados à restauração, uma vez que dentro das instalações hoteleiras, a maior preocupação com as questões ambientais envolve diretamente o departamento de Alimentos & Bebidas.

Para aplicar a gestão ambiental em restaurantes, sugerimos pôr em prática algumas das medidas propostas pela Agenda 21 para a Indústria de Viagens e Turismo[1] :

---

[1] A Agenda 21 é um programa de ação adotado por 182 governos da Conferência das Nações Unidas sobre o ambiente e o desenvolvimento sustentável, em 14 de junho de 1992 no Rio de Janeiro.

- Reduzir as quantidades de resíduos, selecionando produtos que geram menos desperdício, reutilizar produtos sempre que possível, reciclar quando a redução e a reutilização de resíduos não for possível, e dispor de forma responsável os resíduos inevitáveis.
- Implementar programas de redução do consumo de energia; procurar alternativas energéticas de menor impacto ao meio-ambiente como, por exemplo: energia solar, eólica e de biomassa; desenvolver, utilizar e disseminar tecnologias de redução de consumo de energia; e assegurar a eficiência energética em todos os novos desenvolvimentos.
- Adotar todas as medidas possíveis para proteger a qualidade das reservas de água; minimizar o desperdício de água através da manutenção periódica; sensibilizar os clientes para a redução do consumo de água, informando sobre a importância da conservação da água; utilizar reguladores de água para reduzir o consumo e ao mesmo tempo manter a qualidade do serviço; reutilizar e reciclar a água sempre que possível.
- Verificar a necessidade de utilização de produtos que contenham substâncias potencialmente perigosas e sempre que possível utilizar produtos menos agressivos ao ambiente; reduzir ao máximo a utilização de produtos que contenham substâncias perigosas e reciclar ou reutilizar todos os resíduos possíveis; dispor de forma responsável todos os resíduos inevitáveis.
- Encorajar os funcionários a aplicarem os princípios da redução de resíduos em casa; instruí-los sobre os benefícios ambientais da economia de energia; incentivá-los a adotar procedimentos de gestão da água em suas casas; assegurar a formação de todos os funcionários que tenham que lidar com substâncias perigosas e como procederem de forma adequada em caso de emergência.
- Lidar as possibilidades múltiplas de implantação da empresa, assegurando que a infra-estrutura não seja visualmente agressiva, contribuindo para a conservação do ambiente e da cultura, assegurando a geração de receitas.
- Fomentar o envolvimento dos recursos humanos da empresa, clientes e comunidades locais nas questões ambientais.

Além desses itens, os restaurantes também podem agregar diferenciais na responsabilidade ambiental, preocupando-se com a origem e qualidade de suas matérias-primas oferecendo, por exemplo, alimentos orgânicos e evitando a utilização de alimentos transgênicos, garantindo assim a preocupação com a saúde de seus clientes. No Brasil, o IBD (Instituto de Biodinâmica) certifica a produção orgânica de alimentos, totalizando 3.000 produtores numa área de aproximadamente 300.000ha. Sabe-se que a procura pelos alimentos orgânicos aumenta consideravelmente, mas são poucos os restaurantes que trabalham com esses produtos.

Inclusão Social

A geração de empregos no setor de restaurantes é extremamente importante para o país. Como cita Carvalho *in* Jeolás (2000), o setor de Alimentos & Bebidas ocupa hoje o papel mais importante para a geração de emprego e renda no mundo e especialmente no Brasil.

Aqui, podemos citar novamente como exemplo o McDonald's, que é um dos maiores empregadores privados do país, responsável por 36 mil empregos diretos. Importante ressaltar também que está entre uma das maiores empresas arrecadadoras de impostos, contribuindo para que o Poder Público possa investir na política de geração de empregos.

Durante muito tempo, as pessoas pertencentes ao grupo que hoje chamamos de minorias eram excluídas da sociedade e obrigadas a conviver apenas no seu meio. Atualmente, esse panorama mudou, pois já existem programas envolvendo a inclusão social, escolar e pelo trabalho, que promovem a integração de pessoas portadoras de deficiências, minorias sociais e étnicas, à sociedade.

Algumas entidades promovem a inclusão social criando oportunidades de capacitação profissional e a inserção e recolocação de minorias no mercado de trabalho. Um exemplo é a Carpe Diem, uma entidade que oferece orientação e acompanhamento, além de desenvolver habilidades, por meio de vivências, preparando pessoas portadoras de deficiência mental para o mercado através de estágios supervisionados inclusive em restaurante como a rede americana de restaurantes TGI Friday's (Thank's God is Friday) que tem uma filial em São Paulo. Antonio Neves, gerente geral da Friday's em matéria publicada no site da AVAPE (Associação para a Valorização e Promoção de Excepcionais) diz: "Eles atuam com muito profissionalismo, dão lições de responsabilidade. E não tem proteção, é tudo de igual para igual".

Outra forma de inclusão social é facilitar o acesso de pessoas portadoras de deficiência física aos restaurantes, e já existem leis que exigem essa adequação. Inovando, a Assembléia do Estado do Rio de Janeiro aprovou recentemente uma lei que obriga os restaurantes a oferecerem cardápios em braile.

Otimização de Desperdícios

A fome é uma realidade mundial. Atualmente, no Brasil, muito se fala sobre o combate à fome em virtude do Programa Fome Zero do governo Lula. Outra realidade é o desperdício de alimentos, visto que apenas 39% da produção agrícola mundial é consumida (são desperdiçados: 20% no plantio e colheita, 8% no transporte e estique, 15% na indústria, 1% no varejo e 17% com o consumidor), sendo que 14% é a fatia que poderia ser reaproveitada para consumo (isso representa cerca de 39.000 toneladas de alimentos por dia).

Nesse contexto, as empresas de restauração têm um importante papel, que pode ser aplicado através de programas que evitem desperdícios, ou do repasse de verbas para instituições sociais, ou ainda, através da doação das sobras de alimentos.

Uma filial da rede de restaurantes Habib's em São Paulo lançou um programa antidesperdício onde oferece um preço especial para o cliente que limpar o prato e cobra o dobro do preço da alimentação para aqueles que deixam restos.

Outro exemplo é o Restaurante Spadaccino em São Paulo que promove o consumo da sugestão do Chef repassando uma porcentagem do valor do prato para a Viva ONG.

Mas para mudar a realidade do excesso de desperdícios, é preciso que indústrias, mercados e restaurantes tenham a certeza de que é possível doar seu excedente aproveitável e os produtos prestes a estragarem. Para muitos, a doação de sobras representa um risco, pois antigamente a lei responsabilizava o estabelecimento doador por quaisquer problemas causados pelo alimento fornecido.

O senador cearense Lúcio Alcântara (PPS-SP), inspirado numa lei americana de 1996, criou o projeto lei nº 4.747, de 1998, que busca livrar de responsabilidade civil e criminal por dano ou morte aquele que doa alimentos, desde que se constate sua boa fé. Este projeto, que faz parte do pacote de leis apelidado como "Estatuto do Bom Samaritano" e prevê, entre outras vantagens, desconto no Imposto de Renda sobre os alimentos doados.

No Brasil, existem programas de entidades sociais que intermediam as doações de sobras de alimentos em restaurantes fazendo com que a comida chegue a quem precisa antes de estragar. Como exemplo, podemos citar: a Associação Prato Cheio de São Paulo, Mesa São Paulo do Sesc, o Instituto de Solidariedade para Programas de Alimentação do Ceasa de Campinas, o Banco de Alimentos da Craisa de Santo André, o Prato Amigo da Prefeitura de Salvador, Banco de Alimentos do Sesc-RJ, Programa Vitasopa do Ceasa-MG, e o Banco de Alimentos de São Paulo que criou uma rede fixa de doadores e mantém uma equipe de nutricionistas que dão suporte técnico ao programa.

Segurança Alimentar

A responsabilidade social também está relacionada à ética e, sobretudo, com a preocupação com o cliente. Por isso, é importante ressaltar a preocupação na produção de alimentos, aplicando normas e procedimentos para a manipulação visando oferecer alimentos seguros. No Brasil existe o Programa Alimentos Seguros (PAS) que é desenvolvido em parceria com o Sistema S (SEBRAE, SENAC, SESC, SESI e SENAI) mais a ANVISA (Agência Nacional de Vigilância Sanitária). Esse programa implanta nas empresas de restauração o projeto APPCC – Mesa (Análise de Perigos e Pontos Críticos de Controle para restaurantes e similares) que inclui normas de boas práticas na produção de alimentos, desde o controle dos fornecedores, conservação, preparo, até o serviço, incluindo também requisitos para o aproveitamento de sobras, bem como critérios de uso dos mesmos.

A implantação do projeto é voluntária, porém, a maioria das empresas que recorrem ao programa são aquelas autuadas pelo Sistema de Vigilância Sanitária. Por isso, o programa já estuda uma forma de modificar essa realidade de procura pelo projeto, fazendo com que os empresários tenham interesse em implantá-lo através da criação de um selo de qualidade para certificar os restaurantes que aplicam o PAS, como uma forma de divulgar a qualidade dos produtos e serviços prestados.

Outras Formas de Responsabilidade Social

Impossível falar de responsabilidade social sem mencionar a ética. Nas empresas, a ética está relacionada com os seus princípios e valores, e na coerência entre discurso e prática, tanto interna como externamente. A ética exige da empresa qualidades como: respeito à sociedade e ao meio ambiente, filantropia, flexibilidade, interesse, ambiente saudável, integridade e educação.

Uma das ações internas relacionadas a esse tema, é o investimento nos colaboradores como, por exemplo, assistência médica, creche, previdência, alimentação, transporte e capacitação profissional. E também a política de relacionamento com fornecedores, incluindo atitudes como a preferência por empresas locais e, principalmente, que atuem com princípios éticos e de responsabilidade social.

Vantagens em Investir em Responsabilidade Social

Alguns dos resultados quantitativos obtidos por empresas que investem na gestão ambiental, podem ser observados na economia de até 30% no consumo de Energia Elétrica; na redução de até 20% no consumo de Água, redução de até 25% na geração de Resíduos Sólidos, na redução de até 15% no consumo de Gás, na diminuição dos custos operacionais dos restaurantes.

Já, as vantagens qualitativas estão aliadas, principalmente, à imagem do restaurante na sociedade, pois pesquisas realizadas no Estados Unidos comprovam que 76% das pessoas preferem consumir produtos de empresas socialmente responsáveis. No Brasil, o prestígio às empresas socialmente responsáveis atinge 24% dos consumidores.

Para os empresários, o mais significativo retorno pode ser sentido nos resultados financeiros positivos que podem ser alcançados. Além do aumento da receita ocasionado pelo incremento das vendas, os resultados aparecem devido à economia atingida através da gestão ambiental. Segundo pesquisa publicada pela Universidade de Harvard, as ações das empresas socialmente responsáveis são as que mais valorizam.

Matérias do *site* da GIFE mostram que a imprensa deu 52% a mais de espaço a assuntos relacionados à responsabilidade social no ano 2000, o que pode significar um aumento na divulgação de restaurantes que promovem ações sociais.

Além do mais, os empresários devem se preocupar com a responsabilidade social porque as pesquisas revelam que 31% dos consumidores brasileiros afirmam punir empresas que tenham má conduta social.

Reconhecimento

A forma mais comum para o reconhecimento da qualidade de uma empresa apresenta-se através de selos e certificações, obtidos através de avaliação da conformidade de um produto, processo ou serviço de acordo com requisitos especificados em documentos de referência.

Uma dessas iniciativas é a norma de Responsabilidade Social – SA 8000, criada em 1997 e revisada em 2001 pela Social Accountability International – SAI. Essa norma de qualidade tem por objetivo certificar empresas que contam com seu sistema gerencial voltado a projetos de responsabilidade social. A normatização não exige grandes investimentos, conforme relato da De Nadai – primeira empresa brasileira e única do mundo no setor alimentício a ser certificada pelo SA 8000.

O sistema de certificação SA 8000 foi estruturado em moldes similares ao esquema internacional de Avaliação da Conformidade por Organismos Certificadores de Sistemas de Gestão da Qualidade (ISO 9000) e de Sistemas de Gestão Ambiental (ISO 14000).

A SA 8000 é uma norma voluntária que se baseia em Convenções da OIT – Organização Internacional do Trabalho, na Convenção das Nações Unidas sobre os Direitos da Criança, e na Declaração Universal dos Direitos Humanos. Abrange temas relacionados ao trabalho infantil, trabalho forçado, segurança e saúde no trabalho, liberdade de associação e direito à negociação coletiva, discriminação, práticas disciplinares, horário de trabalho, remuneração e sistemas de gestão.

CONCLUSÃO

A preocupação com a responsabilidade social em restaurantes ainda atinge uma fatia insignificante do mercado, uma vez que é as vantagens qualitativas e quantitativas são reais. Essas vantagens vão além da qualidade dos produtos e do incremento de renda, gerando também benefícios à imagem do restaurante na forma de "*marketing* social".

As empresas do setor de restauração agregam valor aos seus produtos e serviços, criando um diferencial positivo frente aos seus consumidores e à concorrência, sendo reconhecida não só por seus clientes, como também pelos seus funcionários, fornecedores e pela sociedade como um todo.

Por isso, é necessário divulgar as diversas formas possíveis das empresas de restauração contribuírem com o desenvolvimento social.

Imprescindível também é a criação de leis que apóiem e incentivem as ações sociais por parte dos empresários como, por exemplo, isenções fiscais para empresas na contratação de minorias e atitudes que promovam a cidadania e a educação ambiental.

Portanto, a responsabilidade social para restaurantes é, não só possível, mas necessária. Porém, seu sucesso depende de apoio dos órgãos governamentais.

Os empresários da restauração têm sua responsabilidade como cidadãos e, por isso, devem respeitar a sociedade e contribuir para seu desenvolvimento.

Referências Bibliográficas

1. ABRANCHES, C. (org.) et al. *Inclusão dá Trabalho*. Belo Horizonte: Armazém de Idéias, 2000.
2. BRDE. Banco Regional de Desenvolvimento do Extremo Sul, Balanço Social 2002. Centro da Qualidade, Segurança e Produtividade para o Brasil e a América Latina. Disponível em: http://www.qsp.org.br.

3. Manual de elementos de apoio para sistema APPCC. Rio de Janeiro: Senac/DN, 2001.
4. VELLOSO, R. Comida é o que não falta. *Revista Superinteressante*, São Paulo, março, 2002.

Sites Consultados

1. Grupo de Institutos, Fundações e Empresas (GIFE). Disponível em: http://www.gife.org.br
2. Instituto ETHOS. Disponível em: http://www.ethos.org.br.
3. Instituto Biodinâmico. Disponível em: http://www.ibd.com.br.
4. Universidade Livre do meio Ambiente. Disponível em: http://www.unilivre.org.br.

Capítulo 39

A Certificação de Empreendimentos Gastronômicos como Instrumento de Responsabilidade Social

Ana Paula de R. Peretti
Domingos Sávio Spezia
Wilma M. Coelho Araújo

Introdução

Os serviços de Alimentos e Bebidas (A&B) vitalizam a Hospitalidade e o Turismo, sendo um negócio muito antigo e promissor que faz parte do passatempo favorito dos viajantes, enfrentando problemas sem o mercado turístico.

Não há revolução técnico-científica ou sociedade pós-industrial que afaste o homem do prazer de alimentar-se. A gastronomia transcende o próprio tempo e mantém intacta a capacidade de encantar os homens por gerações e gerações.

Singularmente, associa-se à satisfação dos sentidos. Numa abordagem mais ampla, o alimento deve ser visto como um código simbólico que organiza a produção econômica e as relações sociais. Seu valor econômico depende do social, pois a prática alimentar revela a classe de quem a consome e mapeia o imaginário dos homens e a história de sua comunidade.

Alimentos seguros destacam-se por relacionarem-se diretamente à saúde pública e ao desperdício de alimentos. A segurança alimentar, qualitativamente, é garantida a todos os consumidores pelo Código de Defesa do Consumidor e por instrumentos legais específicos relacionados à produção de alimentos.

Apesar das ações adotadas pelo Estado, a existência de um quadro regulatório não tem se mostrado eficiente para garantir a prática de princípios técnicos por grande parte dos empreendimentos gastronômicos.

Diante do contexto da responsabilidade social faz-se mister a conscientização dos empresários sobre seu papel perante a cadeia produtiva e a sociedade, atuando como agente promotor de melhorias qualitativas e contribuindo para a preservação da saúde pública e para a redução do desperdício de alimentos.

Este trabalho propõe a certificação como um instrumento para incorporação destas melhorias no setor como parte de uma postura socialmente responsável, e apresenta quatro tipos de processos de certificação que podem auxiliar este processo.

Desenvolvimento

Gastronomia no Turismo

O turismo agrega diferentes tipos de atividade, tais como a hospedagem, o transporte, o agenciamento, a organização de eventos e a gastronomia. Esta última assume especial destaque no setor. Segundo dados da ABIA[1] (1999), incluindo restaurantes comerciais e de hotéis, bares e restaurantes coletivos, o faturamento referente à gastronomia já representa cerca de 39% do faturamento total da indústria do turismo, superada apenas pelos transportadores aéreos, marítimos e rodoviários.

A importância da gastronomia como equipamento turístico se deve ao fato de que a alimentação é um dos passatempos preferidos dos viajantes que precisam suprir suas necessidades fisiológicas, que buscam novas experiências sensoriais e que desejam conhecer a cultura local, expressa também na alimentação.

Os empreendimentos gastronômicos inseridos no turismo compreendem os serviços de A&B e pertencem ao chamado segmento de *Food Service*

[1] Associação Brasileira das Indústrias da Alimentação.

ou Serviços de Alimentação, cujas atividades se referem ao fornecimento de alimentação fora do lar. Fazem parte desse segmento: restaurantes, bares e lanchonetes e os serviços institucionais contratuais de vendas. Assim, o segmento agrega unidades de produção de alimentos de porte e tipos de organização diferentes: restaurantes comerciais *à la carte*, restaurantes comerciais *self service*, restaurantes de hotéis, serviço de motéis, *coffee shops*, *buffets*, lanchonetes, cozinhas industriais, *fast foods*, *catering* aéreo e cozinhas de hospitais (Payne-Palacio et al., 1994).

No Brasil, estima-se que o segmento de *Food Service* forneça cerca de 15 bilhões de refeições anuais, perfazendo cerca de 730 mil estabelecimentos, movimentando US$ 30 bilhões por ano e gerando cerca de 760.000 postos de trabalho[2]. No setor de alimentos, esta é a área que mais cresce, 12% ao ano (Fig. 39.1).

Paralelamente ao crescimento do setor, observa-se o aumento do risco de ocorrência de doenças de origem alimentar, uma vez que os alimentos produzidos nestes estabelecimentos atingem grande número de pessoas ao mesmo tempo. Isto porque, em geral, nesses estabelecimentos o período entre preparo e consumo é longo, e está associado a condições de armazena-

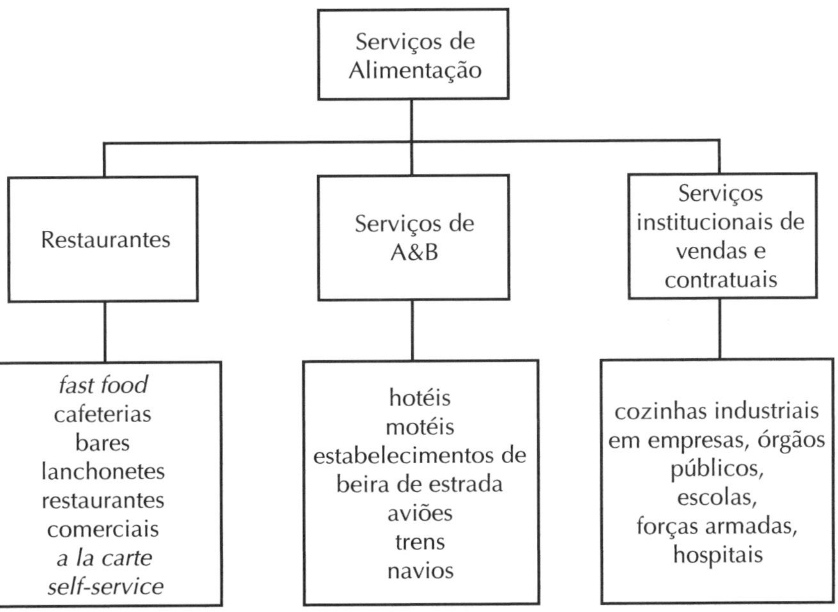

Figura 39.1 – Estrutura do segmento de *Food Service.*

[2] Dados oficiais do Ministério do Trabalho (2001).

mento inadequadas e a processamento térmico insuficiente (Hobbs, Roberts, 1998; Nervino, Hirooka, 1997).

Gastronomia e Responsabilidade Social

O termo responsabilidade social pode ser definido de muitas formas diferentes. Sob a ótica clássica, puramente econômica, o termo está associado à responsabilidade perante os acionistas visando prioritariamente, a maximização de lucros. Sob a ótica socioeconômica, responsabilidade social, além de gerar lucro inclui a proteção e a melhoria do bem estar da sociedade. Sob esse ponto de vista, a prioridade de uma organização é a sobrevivência, garantida pela adoção de uma postura socialmente responsável.

Muitas vezes, este conceito é erroneamente resumido a ações de filantropia. No entanto, mais do que o desenvolvimento de projetos sociais junto à comunidade local, o conceito de responsabilidade social envolve práticas éticas e transparentes em relação à comunidade, aos trabalhadores e suas famílias, aos seus fornecedores, aos seus clientes, ao poder público e ao meio ambiente.

Pesquisa[3] realizada em 2002 pelo Instituto ETHOS de Empresas e Responsabilidade Social identificou dentre as três atitudes mais citadas que levam um consumidor a não consumir mais produtos e serviços de dada empresa a mais relevante se refere àquelas situações que causaram danos à saúde dos consumidores. Cada dia mais consciente dos seus direitos e do seu poder, os consumidores vêm aos poucos assimilando este conceito na hora de optar por um produto ou serviço.

Segurança alimentar, no seu aspecto qualitativo, significa a garantia do consumidor em adquirir um alimento com atributos de qualidade, livres de contaminantes de natureza química (pesticidas), biológica (organismos patogênicos), física (vidros e pedras), ou de qualquer outra substância que possa acarretar problemas à sua saúde (Spers e Kassouf, 1996).

Diante destes cenários, os empreendimentos gastronômicos, como unidades de produção de alimentos, devem garantir a produção de alimentos seguros conscientizando-se que, além de responsabilidade civil, esta é uma a responsabilidade social.

---

[3] Percepção do consumidor brasileiro - 2002.

Avaliação de Empreendimentos Gastronômicos

No turismo, as principais referências de estabelecimentos gastronômicos para os turistas são os guias e roteiros apresentados como encartes de jornais e revistas e até mesmo como publicação formal: no Brasil, o Guia Quatro Rodas e, internacionalmente, o Guia Michelin.

No caso do Guia Quatro Rodas, o processo de avaliação dos empreendimentos gastronômicos é realizado por equipe de repórteres que visita os estabelecimentos e os avalia segundo critérios desenvolvidos pela editora. São avaliados os atributos cozinha (entenda-se culinária), conforto e preço.

Quanto à cozinha, foca-se o aspecto sensorial da qualidade dos alimentos. O resultado da avaliação é convertido em estrelas, que variam em quantidade de zero a três. Zero significa cozinha regular, uma estrela significa boa cozinha, duas, muito boa cozinha e três, excelente cozinha.

Apesar do senso comum de que a gastronomia restringe-se ao aspecto sensorial, a literatura define gastronomia como conhecimento fundado em tudo que se refere ao homem e à sua alimentação, sendo seu objetivo principal manter saudável a espécie humana, com alimentação qualitativamente e quantitativamente adequada.

Esta definição revela que o conceito de qualidade num empreendimento gastronômico, além de estar associado ao serviço oferecido e ao aspecto sensorial – textura, combinação de aromas, cores e sabores; também está associada à questão sanitária, ou segurança alimentar.

A segurança alimentar é um direito garantido aos consumidores, estabelecido no artigo 6º do Capítulo III do Código de Defesa do Consumidor – CDC: "... a proteção à vida, saúde e segurança contra os riscos provocados por práticas no fornecimento de produtos e serviços considerados perigosos ou nocivos". A mesma lei define a responsabilidade legal perante a segurança dos produtos disponibilizados ao consumidor no seu artigo 12º, seção II, do Capítulo IV: "... o fabricante, o produtor, o construtor, nacional ou estrangeiro, e o importador respondem, independentemente da existência de culpa, pela reparação dos danos causados aos consumidores por defeitos decorrentes de projeto, fabricação, construção, montagem, fórmulas, manipulação, apresentação ou acondicionamento de seus produtos, bem como por informações insuficientes ou inadequadas sobre sua utilização e riscos".

Após o advento do CDC, os consumidores passaram a conhecer e a exigir seus direitos. Sob o ponto de vista das organizações, estas devem ter ciência dos prejuízos diretos da "insegurança alimentar" e agir de maneira proativa a fim de evitar que desgastes com a vigilância sanitária e, principalmente, com a opinião pública venham a impulsionar a adoção de programas de segurança alimentar.

A certificação é um instrumento que pode auxiliar na ação responsável dos empreendimentos gastronômicos. Atualmente existem vários tipos de certificação que podem ser adotados. No entanto, neste trabalho foram selecionados quatro tipos de certificação aplicáveis a empreendimentos gastronômicos, que envolvem princípios de segurança alimentar.

Certificação como Instrumento de Responsabilidade Social

Nos diversos setores produtivos, a certificação tornou-se uma prática comum para conferir credibilidade à qualidade de um produto ou serviço. Na produção de alimentos também se observa esta tendência. O objetivo, nesse caso, é garantir a segurança alimentar e agregar valor ao produto ou ao serviço, proporcionando diferenciação e maior competitividade às empresas.

A certificação é um tipo de avaliação de conformidade definida como "um conjunto de atividades desenvolvidas por um organismo, independente da relação comercial, com o objetivo de atestar publicamente, por escrito, que determinado produto, processo ou serviço está em conformidade com os requisitos especificados. Estes requisitos podem ser: nacionais, estrangeiros ou internacionais" (ABNT, 2002).

A certificação é um poderoso instrumento para o desenvolvimento tecnológico e proteção ao consumidor por meio da avaliação objetiva do desempenho, perante padrões de referência estabelecidos. O certificado de conformidade, selo ou marca traz aos consumidores uma referência de que o produto, pessoal ou serviço atende a padrões mínimos de qualidade, tornando-se um importante fator orientativo para decisão de consumo.

Critérios Técnicos

Considerando que empreendimentos gastronômicos são legalmente unidades de produção de alimentos, é justo entender que devem se ajustar a padrões técnicos legais. Esses critérios têm relação direta com a garantia da qualidade sanitária.

Internacionalmente, o órgão que regulamenta a segurança alimentar é o *Codex Alimentarius*[4]. No Brasil, o Ministério da Saúde, por meio da Agên-

---

[4] Programa Conjunto da Organização das Nações Unidas para a Agricultura e a Alimentação - FAO, e da Organização Mundial da Saúde - OMS.

cia Nacional de Vigilância Sanitária – ANVISA, e o Ministério da Agricultura, Pecuária e do Abastecimento – MAPA, baseados nas definições do *Codex*, estabelecem os princípios de segurança alimentar a serem seguidos pelas unidades de produção e/ou fabricação de alimentos.

A legislação brasileira, espelhando-se nos moldes internacionais, exige que todos os estabelecimentos produtores de alimentos adotem as Boas Práticas de Fabricação – BPF e posteriormente, implantem a Análise de Perigos e Pontos Críticos de Controle – APPCC ou HACCP[5]. Tratam-se de modernos conceitos de gestão e controle de qualidade.

As Boas Práticas de Fabricação são normas e procedimentos que visam atingir um determinado padrão de identidade e qualidade de um produto e/ou serviço na área de alimentos incluindo-se bebidas, utensílios e materiais em contato com alimentos (Brasil, 1993). Estes procedimentos introduzem cuidados no projeto e no uso de equipamentos, área física e instalações bem como mudanças nos métodos de produção e no comportamento das pessoas envolvidas na produção e distribuição dos alimentos. Implica em alterações no sistema de gestão, pois passa a utilizar rotinas de inspeção e registros de controle documentados.

Fazem parte das BPF ainda os Procedimentos Padrão de Higiene Operacional – PPHO ou Procedimentos Operacionais Padronizados – POP ou ainda em inglês, SSOP (*Sanitation Standard Operating Procedures*). Os POP são procedimentos escritos que estabelecem instruções seqüenciais para a realização de operações na produção, armazenamento e transporte de alimentos. Segundo a legislação, devem ser implantados POP para controle da potabilidade da água, higiene e saúde dos manipuladores, manejo dos resíduos, manutenção preventiva e calibração de equipamentos, controle integrado de vetores e pragas urbanas, seleção das matérias-primas, ingredientes e embalagens, programa de recolhimento de alimentos.

A implantação das BPF é seqüenciada pela implantação do APPCC. O Sistema APPCC, em inglês HACCP – *Hazards Analysis of Critical Control Point*, é uma ferramenta de gerenciamento que tem como objetivo identificar perigos – químicos, físicos e biológicos, relacionados à inocuidade dos alimentos, estabelecendo processos de controle a fim de garantir um alimento seguro.

As BPF e o APPCC alteraram o foco do controle de qualidade que passou da inspeção final para o controle do processo. Essa evolução tem

---

[5] HACCP: nomenclatura oficial segundo o *Codex Alimentarius*.

efeito extremamente positivo para os empreendimentos gastronômicos, uma vez que nesse tipo de produção o consumo dos alimentos ocorre imediatamente após a produção, inviabilizando a execução de análises.

A adoção destes procedimentos e rotinas promove uma resposta de elevação da qualidade em cadeia, uma vez que capacita os manipuladores de alimentos e propaga a exigência de qualidade em toda cadeia produtiva.

Apesar das ações adotadas pelo Estado, e também pela iniciativa privada, a implantação das BPF e do APPCC ainda não atingiu níveis satisfatórios. No segmento, é marcante a falta de conhecimento da importância do assunto pela grande maioria dos empresários e dirigentes de empreendimentos gastronômicos.

Tipos de Certificação

Os processos de certificação podem ser divididos em duas grandes categorias: os que fazem e os que não fazem parte do Sistema Brasileiro de Certificação – SBC. Os que fazem parte do SBC, têm seus processos de certificação e organismos certificadores submetidos à supervisão do Sistema Nacional de Metrologia, Normalização e Qualidade Industrial – SINMETRO, do Instituto Nacional de Metrologia – INMETRO e do Conselho Nacional de Metrologia, Normalização e Qualidade Industrial – CONMETRO. Os que não fazem parte do SBC são aqueles realizados por entidades de classe ou instituições que determinam seus próprios critérios e conduzem o processo.

A seguir serão apresentados quatro tipos de processos de certificação.

Certificação ISO 9000

Este é um tipo de certificação inserido no SBC cuja diretriz é a norma NBR ISO 9001:2000 que trata da eficácia do sistema de gestão da qualidade no atendimento aos requisitos do cliente.

Obter a certificação significa que a organização utiliza métodos e/ ou ferramentas de gestão que possibilitam ganhos de eficiência e maior satisfação de seus clientes. Assim, a ISO 9000 é também uma forma de melhorar os processos internos da organização, além de ser uma maneira de demonstrar ao mercado sua preocupação com a melhoria contínua de seus produtos e serviços.

A NBR ISO 9001:2000 é bastante genérica e aplicável a todo e qualquer tipo de organização, sem levar em consideração tipo, tamanho e produto fornecido. Por ser genérica, é necessário que se disponha de orientação técnica adequada para implementação do sistema de gestão da qualidade garantindo que, no caso específico da produção de alimentos, todos os preceitos da segurança alimentar sejam contemplados. Segundo a norma, estes preceitos podem ser inseridos nos itens 6 – Gestão de Recursos, mais especificamente subitens 6.2.2 – Competência conscientização e treinamento e 6.3 – Infra-estrutura, e, item 7 – Realização do produto, subitem 7.2.1 – determinação de requisitos relacionados ao produto.

Além disso, esse tipo de certificação proporciona a criação de uma cultura de auto-avaliação extremamente importante para o desenvolvimento organizacional, pois a análise crítica dos processos e resultados está presente em todos os requisitos da norma.

No entanto, observa-se baixa adesão do segmento de gastronomia à certificação ISO 9000. Segundo dados estatísticos do INMETRO, do total de organizações certificadas, apenas 0,75% corresponde a Serviços de Alimentação (restaurantes de hotéis e motéis, restaurantes comerciais, bares, cafés, cantinas e *catering*).

Certificação APPCC

A certificação em APPCC é exigida pelos maiores importadores de alimentos e é considerada pelo *Codex Alimentarius* como a melhor ferramenta de gestão da segurança dos alimentos.

Em novembro de 2002, foi publicada pela Associação Brasileira de Normas Técnicas – ABNT, a norma nacional para certificação de sistema de gestão da análise de perigos e pontos críticos de controle – Segurança de Alimentos (NBR 14900:2002).

Por ser bastante recente, nenhum estabelecimento foi certificado por não existirem ainda auditores credenciados para este processo de certificação. A norma de auditoria desse sistema está em desenvolvimento. Uma vez finalizada, o INMETRO pode definir as bases necessárias para inserir a certificação em APPCC no SBC.

Certificação Profissional em Segurança Alimentar

Este tipo de certificação foi desenvolvido pelo Instituto de Hospitalidade – IH. O IH é uma entidade de direito privado, sem fins lucrativos, formada pela parceria entre 32 instituições, que atuam nas áreas de educação, trabalho, cultura e turismo.

Um dos programas desenvolvidos pelo IH é a Certificação da Qualidade Profissional para o Setor de Turismo e dentre elas a Certificação Profissional em Segurança Alimentar – Programa *Servsafe*. Este programa utiliza metodologia da *National Restaurant Association – Educational Foundation* – NRA – EF, reconhecida pelo *International Food Safe Council* – IFSC, adaptada às exigências da legislação brasileira.

A metodologia apóia-se nos princípios básicos que permeiam o fluxo de preparação dos alimentos, abordando os fatores que interferem no processo, tais como: tempo e temperatura, contaminação cruzada, higiene pessoal e limpeza e sanitização.

O processo de certificação consiste em treinar e avaliar por meio de exame final, manipuladores de alimentos e supervisores ou gerentes.

Além da certificação profissional, existe ainda a certificação do estabelecimento. O *Selo de Compromisso com a Segurança Alimentar* é concedido ao estabelecimento que tiver pelo menos 80% dos profissionais que manipulem alimentos certificados e que tenha pelo menos um supervisor ou gerente certificado para cada quinze manipuladores.

Até o início de 2003, cinco estabelecimentos receberam o Selo de Compromisso. O IH estima que mais de 1.500 profissionais no Brasil já receberam a certificação em segurança alimentar.

Desde o início de 2003, o IH atua na adaptação das normas de certificação para os padrões da ABNT a fim de inserir a certificação de profissionais do turismo no circuito do SBC.

O objetivo desta certificação é promover a adequação do processo pela capacitação do pessoal, que uma vez treinado passa a atuar de forma mais ativa na implantação de melhorias no processo e até mesmo na infra-estrutura.

Selo ABERC de Qualidade Empresarial

Este tipo de certificação foi concebido e é supervisionado pela Associação Brasileira de Refeições Coletivas – ABERC e não está inserido no SBC.

A ABERC agrega estabelecimentos que produzem alimentação para coletividades, usualmente cozinhas industriais.

Em 1998, a associação desenvolveu o Selo ABERC de Qualidade Empresarial – SAQ envolvendo profissionais do setor, bem como seus associados, a fim de elaborar um processo de certificação eminentemente técnico e de análise global.

O SAQ tem como objetivos: incentivar, contribuir e orientar a melhoria contínua da qualidade das empresas associadas; obter reconhecimento, junto ao mercado, das empresas associadas que apresentam desempenho adequado ao regulamento; fomentar a perenidade do negócio das empresas associadas (ABERC, 2000).

Para receber o selo, a empresa deve atingir pontuação mínima de 70% no Relatório de Gestão usado para auditoria. Esse relatório considera os requisitos operacional (relacionados as BPF e APPCC), de suprimentos e de gestão e recursos humanos.

Para manutenção do selo, dentro da visão de melhoria contínua, há comprometimento de aumentar a pontuação mínima para 80% no segundo ano, 85% no terceiro e a partir do quarto ano, 85%.

Desde 1999, apenas três empresas associadas foram certificadas pela ABERC.

Considerações Finais

Apesar da existência de quadro regulatório obrigando a adoção de práticas e procedimentos técnicos na produção de alimentos, essa não é uma realidade no setor, que ainda valoriza a qualidade sensorial em detrimento da qualidade sanitária.

Um instrumento que pode contribuir para a melhoria desse quadro é a certificação. Desde que o processo de certificação seja idôneo e confiável, que seja conduzido por um organismo independente da relação comercial, que abranja os quesitos legais de Segurança Alimentar – Boas Práticas de Fabricação e Análise de Perigos e Pontos Críticos de Controle, e que proponha a busca pela melhoria contínua no sentido de atualizar, sempre que haja inovação tecnológica ou no próprio sistema de gestão, certamente ele contribuirá para o relacionamento responsável entre cliente e fornecedor.

Os quatro tipos de certificação apresentados contribuem para melhorias qualitativas no processo produtivo e para o desempenho do processo. Entretanto, os dados disponíveis apontam uma baixa adesão dos mesmos pelos empreendimentos gastronômicos. Dos estimados 730.000 (setecentos e trinta mil) pontos de comércio de alimentos, segundo dados do INMETRO, somente uma fração reduzida apresentou certificação pelas normas ISO 9000 – 46 empreendimentos. Quanto à certificação do Instituto de Hospitalidade, o Selo de Compromisso com a Segurança Alimentar foi concedido a apenas 5 estabelecimentos, e o Selo ABERC, a 3.

Conclui-se assim, ser necessário reforçar o significado e o valor dos certificados perante o empresariado e os consumidores. Acima de tudo, é preciso conscientizar o empresariado de que a adoção de uma postura proativa na capacitação de seus funcionários e na modernização do processo produtivo é sua responsabilidade social. A mídia, incluindo os guias e roteiros gastronômicos podem ser importantes veículos para propagação desses conceitos. Assim, a certificação técnica passará a ser um novo elemento de referência para os empreendimentos gastronômicos.

Referências Bibliográficas

1. ASSOCIAÇÃO BRASILEIRA DAS INDÚSTRIAS DA ALIMENTAÇÃO. *O Mercado de Food Service no Brasil – Panorama Estatístico*. São Paulo, 1999.
2. ASSOCIAÇÃO BRASILEIRA DE REFEIÇÕES COLETIVAS. História e Mercado. Disponível em: http://www.aberc.com.br. Acesso em: 14/mar/2003.
3. BRASIL. Lei n. 8080, 11 set. 1990. Estabelece normas da proteção e defesa do consumidor. *Diário Oficial*, Brasília, 12 set. 1990, suplemento ao n. 176, seção 1, p. 1-8.
4. GOELDNER, C. R. et al. *Turismo – Princípios, Práticas e Filosofias*. Trad. COSTA, R. C. 8. ed. Porto Alegre: Artmed, 2002. p. 478.
5. GUIA QUATRO RODAS BRASIL 2000. Como Usar o Guia – Restaurantes. São Paulo: Abril, 2000.
6. INSTITUTO DE HOSPITALIDADE. Programa de Certificação da Qualidade Profissional para o Turismo. Disponível em: http://www.hospitalidade.org.br. Acesso em: 14/ mar/2003.
7. INSTITUTO ETHOS – EMPRESAS E RESPONSABILIDADE SOCIAL. Publicações Ethos. Disponível em: http://www.ethos.org.br. Acesso em: 14/mar/ 2003.
8. INSTITUTO NACIONAL DE METROLOGIA, NORMALIZAÇÃO E QUALIDADE INDUSTRIAL. Histórico. Disponível em: http://www.inmetro.gov.br. Acesso em: 20/ mar/2003.
9. PAYNE-PALACIO, J. *West´s and Wood's Introduction to Foodservice*. 7. ed. New York: MacMillan, 1994.
10. SPERS, E. E.; KASSOUF, A. L. A segurança dos alimentos: uma preocupação crescente. *Higiene Alimentar*, v. 10, n. 44, p. 18-21, jul/ago. 1996.
11. UNILEVER. Informativo Encontro Unilever Brasil, junho 2001.

Capítulo 40

Atividade de Hospitalidade e a Responsabilidade Social

Marcelo Schenk de Azambuja

Introdução

O Turismo pode ser enfocado e estudado de diversas maneiras, como manifestação cultural, social, antropológica, de lazer, entre outras. A partir de uma perspectiva econômica, o Turismo é uma complexa teia de venda de serviços e produtos, transportes, atrações, acomodações e tecnologia. Mais do que uma rede de consumo, ou uma série de oportunidades de interações, um meio para que os indivíduos possam 'fugir' de suas vidas cotidianas. Esse desejo de "escapar", a vontade de ver coisas, lugares e pessoas e participar de 'momentos' e 'comportamentos' que serão lembrados ao retornar à vida diária, gera no turista um comportamento nem sempre ético.

O centro dessa complexa estrutura que é o Turismo moderno reside na experiência individual relacionada ao lugar e as interações que o turista tem com o lugar e as outras pessoas, os habitantes, os prestadores de serviços, os outros turistas, a própria estrutura turística do lugar e a natureza. É correto afirmar que o turismo é uma experiência sensorial, entretanto, o resultado dessas experiências e comportamentos que o turista apresenta para criar, desenvolver e enriquecer suas experiências, são, de alguma forma, impactantes aos outros e ao ambiente. O turista impacta outros turistas, os prestadores de serviços e intermediários, os que não estão diretamente envolvidos na atividade de hospitalidade, mas vivem na zona de destino do turista e aqueles que vivem fora da área de destino, mas tem responsabilidades para com ela, tais como órgãos governamentais federais, estaduais, municipais, organizações não-governamentais, agências de turismo, operadoras, entre outros. Em conseqüência, estabelece-se um jogo de responsabilidades não só relativas ao turista ou à atividade de hospitalidade, mas a todos aqueles afetados pelo comportamento do turista e as estruturas criadas para que o Turismo possa acontecer.

Nesse sentido, os alunos da disciplina de Projeto Experimental em *Marketing* – Hotel e Restaurante 2001/2, do oitavo semestre do Curso Superior de Turismo da Pontifícia Universidade Católica do Rio Grande do Sul, a qual leciono, elaboraram um projeto de um meio de hospedagem considerando as questões ambientais e sociais, criando um meio de hospedagem em consonância com as normas internacionais de proteção ambiental. O projeto foi embasado em uma pesquisa bibliográfica, pesquisa na Internet e entrevistas com sete representantes de meios de hospedagem do estado do Rio Grande do Sul, bem como representantes da Associação Brasileira da Indústria de Hotéis e do Sindicato de Bares – RS, Hotéis, Restaurante e Similares de Porto Alegre.

Os objetivos do projeto foram verificar o "estado da arte" dos meios de hospedagem da capital e região metropolitana em relação à gestão ambiental, bem como sugerir um modelo de gestão ambiental para meios de hospedagem a exemplo do que acontece em países como Costa Rica, Nova Zelândia e Austrália. O projeto baseou-se ainda no programa Hóspedes da Natureza da Associação Brasileira da Indústria de Hotéis. Numa tentativa de ampliar as responsabilidades sociais das organizações de hospitalidade, o grupo sugeriu também a criação e utilização de cooperativas de prestação de serviços para meios de hospedagem.

Gestão Ambiental e Responsabilidade Social

Nos últimos anos, no Brasil e no mundo, a gestão ambiental passou a ser uma das preocupações das organizações, que pouco a pouco, vem contribuindo para que se abandonem as estratégias e práticas reativas (poluir para depois despoluir).

Um dos fatores relevantes nessa mudança no modo de pensar e agir da sociedade foram o crescimento da consciência ecológica, tanto na sociedade em geral, como no Governo e nas próprias empresas e prestadoras de serviços, que passaram a incorporar essa orientação em suas estratégias (Maimon,1996). Impulsionado pela crise energética dos anos 70, o princípio do que seria no futuro a gestão ambiental, começou, então, a se integrar às práticas e processos de produção e de desenvolvimento, tendo como princípio básico a prevenção de acidentes e a produtividade, envolvendo a economia de matérias-primas, energia e o desenvolvimento de novos processos produtivos.

Segundo Donaire (1995) e Almeida (2000), com o passar dos anos as organizações vem procurando responder ao desafio de incorporar a variável ecológica em seu planejamento estratégico e em sua estrutura organizacional. No final da década de 80, com a consolidação da bioética global, emerge uma nova realidade socioambiental. As empresas difundem o conceito de Desenvolvimento Ambiental, isto é, a busca simultânea de eficiência econômica, justiça social e harmonia ecológica. Um espírito de responsabilidade comum é proposto e este conduzirá o processo de mudança onde a exploração dos recursos naturais, os investimentos e o desenvolvimento tecnológico adquirirão um sentido harmonioso na construção de um futuro justo, seguro e próspero. Esta responsabilidade ambiental é encarada pelas empresas como uma necessidade de sobrevivência, começando aí um mercado promissor.

Ainda segundo Almeida (2000), o meio ambiente é encarado como uma nova oportunidade de negócio tanto do ponto de vista tecnológico quanto organizacional, e na consolidação do mercado de "consumidor verde", ou aquele preocupado com as questões ambientais.

A dinamicidade dos meios de comunicação e a sociedade de informação em que vivemos, bem como a ação de organizações não-governamentais como o Greenpeace, acelera a sensibilização para uma consciência ambiental. Imagens de desastres ecológicos envolvendo gases tóxicos, vazamentos radiativos, de petróleo ou grandes incêndios criminosos, são difundidas no mesmo segundo em todo o mundo.

A expansão do movimento ambientalista vem adquirindo considerável experiência técnica e organização política, profissionalizando o setor, formando recursos humanos e implantando projetos demonstrativos que privilegiam o *desenvolvimento sustentado*. Esta conscientização ecológica, não provém somente de questões econômicas, mas sim de preocupações de caráter político-social, tais como controle da poluição, segurança e qualidade de produtos, assistência médica e social, proteção ao consumidor, entre outros.

O resultado desta conscientização é uma pressão por parte da sociedade, através de movimentos sociais reivindicatórios, pela atuação de grupos organizados ou de indivíduos, que resultam em novas leis e regras do jogo. Essas mudanças afetam de forma intensa o ambiente social e político em que as organizações atuam, criando novas diretrizes e limitações para além da maximização do retorno financeiro sobre o capital investido, fazendo com que estas repensem sua concepção, considerando a responsabilidade social. Conforme Almeida, Mello e Cavalcanti (2000), as empresas tem grande envolvimento no acompanhamento e na participação de muitas tarefas sociais, desde a limpeza das águas até o aprimoramento cultural e espera-se que ocorra um alargamento de seu envolvimento com esses conceitos "não econômicos" no futuro, entre eles proteção dos consumidores e dos recursos naturais, saúde, segurança e qualidade de vida nas comunidades em que estão localizadas e onde fazem seus negócios.

Segundo Ryan (2000), fundamentalmente, a responsabilidade social é um conceito ético que envolve mudanças nas condições de bem-estar e está ligada às dimensões sociais das atividades produtivas e suas ligações com a qualidade de vida na sociedade. Portanto, a relação baseia-se na organização e seu ambiente de negócios, entendendo o ambiente de forma ampliada.

A maximização do lucro deve ser vista em um contexto de longo prazo, pois, se é verdade que em curto prazo o comprometimento com problemas sociais pode resultar num lucro menor, também pode se transformar em condições mais favoráveis, no futuro, para a continuidade da lucratividade e da sobrevivência da empresa. Parece difícil poder haver esperança de existir uma organização viável economicamente em uma sociedade socialmente e ambientalmente deteriorada (Ryan, 2000).

Outro argumento que favorece a adoção uma postura de responsabilidade social, incluindo o "ambiente ecológico" é a melhoria da imagem institucional, podendo levar a atração de mais consumidores, mais vendas, melhores fornecedores e empregados, maior facilidade de acesso ao mercado de capitais, entre outras vantagens (Moura, 2000).

Ao longo do tempo a sociedade civil e as organizações, em todo o mundo, foram criando mecanismos e normas que viabilizassem essa consciência, donde surgiram, entre outras ações e estratégias, os Sistemas de Gestão Ambiental (SGA). A norma internacional ISO 14001 (International Standardization Organization, ou Organização Internacional para a Padronização) é a norma internacional que estabelece as especificações de um Sistema de Gestão Ambiental para qualquer tipo de organização. Esta norma está relacionada com a ISO 14004 que oferece diretriz geral para a implantação do Sistema de Gerenciamento Ambiental.

O SGA especificado pela norma 14001 baseia-se no ciclo planejamento, desenvolvimento, controle e ações de aprimoramento contínuo (PDCA), o que leva a organização, que deseja implementá-lo, a um processo consistente de aperfeiçoamento das suas relações com o meio ambiente e as partes interessadas. Dentre as etapas iniciais de implementação, merece especial destaque a identificação dos aspectos e impactos ambientais, reais e potenciais, dos processos, produtos e serviços que a organização apresenta, tanto em condições rotineiras de operação, como também em situações anormais. Aos aspectos e impactos é que se relacionarão as leis, normas e regulamentos aplicáveis, bem como as expectativas das partes interessadas.

Sistemas de Gestão Ambiental

Para uma organização adotar um SGA, em primeiro lugar, é necessária uma avaliação e comparação do seu desempenho ambiental com as normas já estabelecidas. De acordo com Almeida, Mello, Cavalcanti (2000) a Gestão Ambiental é a forma pela qual as organizações se mobilizam interna e externamente, na conquista da qualidade ambiental desejada. O objetivo do Sistema de Gestão Ambiental é assegurar a melhoria contínua do desempenho ambiental da empresa

Em segundo lugar, a organização deve planejar uma política de meio ambiente que será um termo de comprometimento ambiental. Os objetivos e as metas ambientais precisam atender os regulamentos da política de meio ambiente, sendo criados a partir da identificação das atividades, produtos e serviços da empresa que influenciam o meio ambiente podendo causar significativos impactos ambientais.

Em terceiro lugar desenvolve-se um plano de ação e de programas de gestão, em conjunto ao treinamento e a conscientização dos funcionários, possibilitando à organização a conquista de objetivos e metas ambientais. Quando uma organização decide adotar norma ou Certificação Internacional é possível perceber sua preocupação com as condições ambientais do planeta e, em alguns casos, seu interesse ou participação no mercado global.

Até 1992, a sigla ISO era quase desconhecida no meio empresarial brasileiro. Hoje, algumas centenas de empresas estão "certificadas", termo utilizado para as organizações que receberam o Certificado, tendo passado por um longo processo de produção de documentos e evidências para a certificação e atendido uma série de requisitos, ou em processo de certificação em diversas áreas da atividade econômica. No início do movimento de certificação, apenas as organizações preocupadas com sua inserção em mercados internacionais é que buscavam certificar-se.

Os movimentos de Certificação criaram diversos selos de certificação: selo de qualidade do café, de qualidade dos brinquedos, de produtos com origem controlada e também de não agressão à natureza: o chamado Selo Verde, que informa e incentiva o consumidor a consumir produtos que não prejudicam a natureza. Existem diversos tipos de selos verdes de certificação com diferentes critérios de classificação. Segundo Almeida, Melo e Cavalcanti (2000, p. 55): "Em geral, a adesão do selo verde é voluntária, podendo ser autodeclarada ou rotulada por terceira parte (organismo certificador)."

Os escopos dos itens considerados para a rotulagem variam desde a extração de matéria-prima e seu processamento, forma de produção, tempo de vida do produto, destino/degradação da embalagem até o controle de efluentes e gestão de recursos naturais. O selo verde é concedido a organizações de manufatura (produção) e de serviços.

Sistemas de Gestão Ambiental e Hospitalidade

A exemplo de outros países, a hotelaria brasileira ingressou também na gestão ambiental. Um sistema de gestão ambiental de um meio de hospedagem visa à correta utilização dos recursos naturais, podendo ser entendida como produtividade ou qualidade no emprego tais recursos, gerando, com o aprimoramento dos processos, a redução de seus custos. A maior preocupação gira em torno da energia, da água e do lixo. Atos simples podem minimizar a agressão causada ao meio ambiente pela má administração destes recursos.

A Associação Brasileira da Indústria de Hotéis – ABIH, como principal representante de um segmento que é um dos maiores geradores de empregos do país, busca se integrar de forma planejada a este movimento, contribuindo para uma nova etapa na atividade de hoteleira e o desenvolvimento do turismo sustentável nacional.

A hotelaria interage de forma contínua e permanente com a comunidade, parceiros, fornecedores, funcionários e hóspedes, tornando-se assim um perfeito agente de fomento da consciência ambiental e das próprias ações de gestão ambiental na área privada do Turismo.

O programa de gestão responsável de meio ambiente da ABIH (junho/2002), adota três princípios básicos que orientam a composição do programa: a) reduzir o custo operacional do projeto viabilizando sua execução e incluir o Brasil na rede de informação internacional que promove o tema ambiente e Turismo; b) desenvolver o programa como irradiador e difusor dos conceitos práticos da responsabilidade ambiental, estimular e viabilizar projetos de produção limpa, e c) aplicar técnicas de qualidade ao desenvolvimento contínuo, progressivo e tecnicamente coordenado do programa propiciando que as ações simples e pontuais de adequação ambiental se integrem ao sistema de gestão do meio de hospedagem.

O programa preocupa-se ainda com a seleção e capacitação de multiplicadores e consultores em gerenciamento ambiental para o atendimento personalizado aos hotéis que aderirem ao programa. Disponibiliza, também, um Manual Prático de Adequação Ambiental, que indica as diversas práticas de proteção ambiental.

O Programa Hóspedes da Natureza, ainda segundo a ABIH, deverá manter um cadastro de fornecedores que ofereçam produtos, equipamentos e serviços, para auxiliar os hotéis na identificação de suas necessidades na adesão ao Programa.

Com a adesão ao Programa, o hotel receberá um Selo de Compromisso Ambiental, que é um reconhecimento pelos esforços em prol do meio ambiente, este terá a validade de um ano. Passado este período, o hotel receberá o Selo de Responsabilidade Ambiental Hóspedes da Natureza.

O programa realizará um trabalho institucional e promocional para agregar valor aos selos de compromisso e responsabilidade ambiental. Esta valoração se dará pela consolidação da marca como um diferencial de mercado para os hotéis. Assim, os meios de hospedagem estarão adotando um '*marketing* verde', seguindo uma tendência mundial, que é a de divulgar as ações ambientais das organizações.

Os passos a serem seguidos pelas organizações para aderirem ao programa são: termo de interesse de adesão, estabelecimento de compromisso, base de dados, agendamento personalizado, diagnóstico, soluções, treinamento, implantação das adequações, solicitação do selo e ajuda/suporte ao programa. Tais passos são semelhantes aos de outros programas de certificação.

Ao contrário de outros certificados de qualidade, um selo de qualidade ambiental torna-se bastante subjetivo, visto que a forma de mensuração desta qualidade é muito difícil. Desde 1996, já existe um prêmio ambiental chamado *Os Hotéis Verdes do Ano*, criado pela International Hotel Association. Entretanto, esta associação não especifica muito claramente seus procedimentos de avaliação.

Segundo Lamprecht e Ricci (1997), se os hotéis quiserem considerar seriamente as questões ambientais, devem tentar conhecer o processo de

Certificação ISO 14000. O alcance da certificação demonstra que um hotel implementou um programa de gestão ambiental rigoroso.

Um exemplo de gestão ambiental em meios de hospedagem pode ser visto na rede americana Hilton. No hotel da rede em Huntington, Califórnia, oferece 'quartos ambientais', com purificadores de ar e de água, além de produtos de limpeza antialérgicos e biodegradáveis. O Hilton Hawaiian Village, localizado em Waikiki, são reciclados os restos de comida e lixo, usando-os em fertilizantes, irrigação e eletricidade. Já no Flamingo Hilton, em Las Vegas, economizaram oitocentos mil dólares somente com a troca das lâmpadas comuns por fluorescentes e controlando a temperatura dos condicionadores de ar por computador (Swarbrooke, 2000).

A rede grega de hotéis Grecotel, em associação com uma operadora de viagens alemã, a TUI, também é exemplo de sistema de gestão ambiental na hotelaria. Segundo Swarbrooke (2000), entre as inovações, aparecem a compra de materiais recicláveis ao invés de descartáveis, substituição de lâmpadas tradicionais por lâmpadas de baixo consumo de energia e instalação de geladeiras sem CFC (gás que agride a camada de ozônio). Os alemães são famosos por suas iniciativas pelas causas ambientais, o que agrega valor ao sucesso dessa parceria.

Outra rede internacional de hotéis que apresenta iniciativas em relação a gestão ambiental é a francesa Accor, com sua Carta Ambiental, instrumento que pode ser encontrado exposto em todos os hotéis da rede, que caracteriza e conscientiza sobre o comprometimento da organização com o meio ambiente.

Projeto "Ambiental Service"

Os alunos da disciplina de Projetos Experimentais em *Marketing* – Hotel e Restaurante realizaram uma pesquisa com sete hotéis de Porto Alegre e região metropolitana. Tais hotéis foram escolhidos considerando a sua relevância no mercado hoteleiro da região, seu tamanho e sua inclusão no cálculo das taxas de ocupação da hotelaria da cidade.

A pesquisa foi reveladora, pois indicou que muito pouco era feito em relação às normas ambientais propostas pela ISO 14001 e pelo Programa Hóspedes da Natureza.

Os hotéis apresentaram as seguintes preocupações: com a energia elétrica e seus custos, empregando campanhas de redução de gastos, reaparelhando os apartamentos com controladores de energia automáticos, que cortam a energia quando o hóspede deixa a unidade habitacional (exceto da geladeira de apartamento), substituindo lâmpadas incandescentes por fluorescentes, programando os elevadores, dando a correta manutenção em geladeiras e câmaras frias, entre outras ações. A energia para aquecimento também é uma preocupação: sistemas de caldeiras bienergéticos, aquecedores solares, extinção de caldeiras e o reaproveitamento de energia e água para aquecimento de ambientes.

Em relação ao lixo, nem todos os hotéis são atendidos por coleta seletiva, o que demanda uma ação pontual própria da empresa. A maioria dos hotéis pesquisados afirma fazer a separação do lixo.

Em relação à água e processos de lavanderia, cinco hotéis têm campanha contra o desperdício de água e reutilização de toalhas. Entretanto, nenhum dos hotéis pesquisados tem sistemas de reaproveitamento ou tratamento de água, situação comum em meio de hospedagem e lavanderias de países que já aderiram às normas ambientais.

As unidades habitacionais da maioria dos hotéis seguem a mesma padronização de ações de redução de custos de energia elétrica. O uso de controladores de consumo é comum, já tendo sido incorporado à cultura hoteleira, principalmente em empreendimentos novos.

De posse dos dados coletados na pesquisa e atendendo aos requisitos da norma ISO Série 14001, os alunos fizeram uma série de propostas. Convém salientar que se apresentam aqui apenas alguns pontos, dos quais se destacam:

Área Operacional

- *Apartamentos*: colocar duas cestas de lixo (orgânico e seco) com indicação; sistema "economizador" de energia (chave cartão); conscientização dos hóspedes em relação à troca de toalhas e lençóis; utilizar termostato no ar condicionado; utilizar lâmpadas fluorescentes; utilizar redutores de vazão de água nas torneiras e chuveiros; utilizar piso cerâmico.
- *Recepção*: centro de sensibilização ao hóspede para colaborar com a gestão ambiental e a participação no programa.
- *Lavanderia*: restringir a limpeza dos uniformes (sistema de rodízio, um dia para cada setor); estudar a utilização de tecidos que não amassem para uniformes; aquisição de máquinas de lavar e secar com gasto reduzido de energia; consciência em relação ao uso das torneiras; estipular horário para máquina de secar; utilizar termostato para máquina de secar.

- *Cozinha e Restaurante*: vender óleo já utilizado para empresas de sabão; separar lixo seco e orgânico; utilizar redutor de vazão de água nas torneiras; utilizar gás natural (se possível); controlar o desperdício de alimentos; utilizar jogo americano de papel reciclado; privilegiar a luz natural (desde o projeto arquitetônico).
- *Refeitório*: utilizar mesas de fórmica sem utilização de toalhas; separar o lixo.
- *Vestiários*: disponibilizar dois chuveiros e conjuntos de pias em cada vestiários com controle de vazão de água.

Área Administrativa

Reaproveitamento de papéis nos escritórios; utilizar apenas as luzes necessárias; revisar/desligar equipamentos ao término do expediente; estimular a redução de formulários priorizando a consulta aos sistemas operacionais (computadores); reaproveitamento de cartuchos de impressoras.

Outra sugestão interessante foi a criação de comissões de educação e treinamento quanto aos princípios da gestão ambiental e a implantação de um sistema de gerenciamento ambiental. As comissões atuariam na manutenção e desenvolvimento do SGA, pretendendo envolver todos os colaboradores nas ações relativas ao SGA, bem como na busca por alternativas e solução de problemas.

Como forma de ampliar a responsabilidade social da hotelaria para além da responsabilidade ambiental, o grupo propôs a utilização de trabalhadores organizados em cooperativas de prestação de serviços. Tal prática já é encontrada em alguns estados como Santa Catarina e São Paulo, seguindo a tendência mundial de novas relações de trabalho. O uso de trabalhadores cooperados na hotelaria de Porto Alegre e região seria uma novidade interessante, garantindo maior inclusão social e gerando emprego e renda para mais pessoas.

Considerações Finais

Seguindo uma tendência que surgiu nas indústrias, o mercado hoteleiro brasileiro, embora tardiamente, passou a preocupar-se não só com a qualidade dos seus serviços, mas também com a qualidade ambiental já que esta é vista também como uma forma de economia sustentável.

Acredita-se que as organizações do setor da hospitalidade não estejam apenas praticando o '*marketing* verde', mas que realmente estejam engajadas na preservação ambiental, pois muitos dos hóspedes têm essa preocupação. Aqueles que não pensam sobre o assunto poderão começar a fazê-lo após hospedarem-se num hotel que esteja atento a estas questões.

Espera-se que os professores e alunos dos Cursos de Turismo, bem como de todos os outros envolvidos na educação, estejam cientes da necessidade de conscientização para as questões ambientais que são responsabilidade de todos nós.

Referências Bibliográficas

1. ALMEIDA, J. R. *Gestão Ambiental.* Rio de Janeiro: Editora RJ, 2000.
2. ALMEIDA, J. R.; MELLO, C. S.; CAVALCANTI, Y. *Gestão ambiental – Planejamento, avaliação, implantação, operação e verificação.* Rio de Janeiro: Editora RJ, 2000.
3. LAMPRECHT, J.; RICCI, R. *Padronizando o Sistema da Qualidade na Hotelaria Mundial.* Rio de Janeiro: Qualitymark, 1997.
4. MOURA, L. A. B. *Economia Ambiental: gestão de custos e investimentos.* São Paulo: Juarez de Oliveira, 2000.
5. SWARBROOKE, J. *Turismo Sustentável.* São Paulo: Aleph, 2000.

Sites Consultados

http://www.abih-rs.com.br
http://www.grpoaccor.com
http://www.accorhotels.com

Capítulo 41

Gestão de Turismo e Responsabilidade Social: Algumas Indagações

Elizabeth Kyoko Wada

Gestão, estratégia, sustentabilidade, responsabilidade social serão apenas termos da moda ou estão procurando traduzir questionamentos que conduzam a ações mais contundentes em benefício da sociedade como um todo, não se concentrando apenas no enriquecimento de poucos?

Há tempos, alguns estudiosos têm questionado o papel do Turismo na sociedade, afinal, além dos propalados benefícios, há impactos irreversíveis na comunidade anfitriã que são desprezados em vários casos de implantação de núcleos turísticos.

Na Union College, em Nova Iorque, há um seminário com vinte sessões, refletindo questões como o Turismo Sexual, autenticidade de Patrimônio Cultural, impactos nas comunidades indígenas, dentre outros. Gmelch escreve:

> *"O Turismo afeta a maioria dos países e pessoas do mundo, sejam elas 'anfitriãs' ou 'visitantes'. Espera-se que o número das pessoas que viajam anualmente como turistas dobre antes do ano 2020. O desejo de viajar e experimentar algo diferente de sua vida cotidiana parece inextinguível, pelo menos no mundo ocidental. Do ponto de vista do turista tal viagem é boa. Porém, o impacto de turismo em sociedades receptoras é debatido calorosamente. Muitas nações mais pobres consideram que turismo é a via para o desenvolvimento econômico e melhor qualidade de vida. Outros vêem isto como uma forma nova de imperialismo Ocidental que é destrutivo,*

tanto para o ambiente quanto para a identidade cultural de pessoas. Talvez seja tudo isto e muito mais."

Dennison Nash questiona conseqüências e evolução do Turismo, face à intervenção que provoca nas comunidades que se dispõem a se transformar em pólos de atração turística.

O turista, como o comerciante, o empregador, o conquistador, o governante, o educador ou o missionário, é visto como um agente de contato entre culturas e, direta ou indiretamente, causador de mudanças, particularmente em regiões menos desenvolvidas do mundo.

Apesar de não ser um fato recente, a Hospitalidade, estudada em seu sentido lato, também contempla a dicotomia anfitrião-visitante e as conseqüentes relações de inclusão-exclusão, espontaneidade-interesse que possam surgir com o Turismo.

Há reflexões que inserem o Turismo em Hospitalidade ou vice-versa. Talvez a teoria de conjuntos não seja a forma mais adequada para se analisar a área de interseção que surge e se sugere o que segue (Fig. 41.1).

A respeito da Hospitalidade, compreendida por muitos apenas como Hotelaria, vêm sendo objeto de estudos específicos e Lashley sintetiza as atividades nela envolvidas na Figura 41.2.

Lashley delimita a área de interseção de atividades privadas, sociais e comerciais como aquela onde ocorre a gestão de experiências em Hospitalidade.

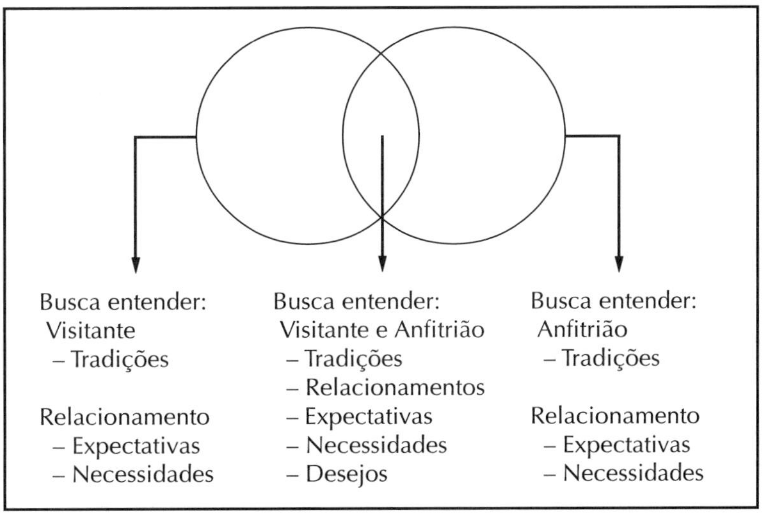

Figura 41.1 – Interseção entre Turismo e Hospitalidade e estabelecimento de TRENDS (do inglês, tendências. Neste caso, abreviatura para estabelecimento de itens de análise, conforme listado na figura).

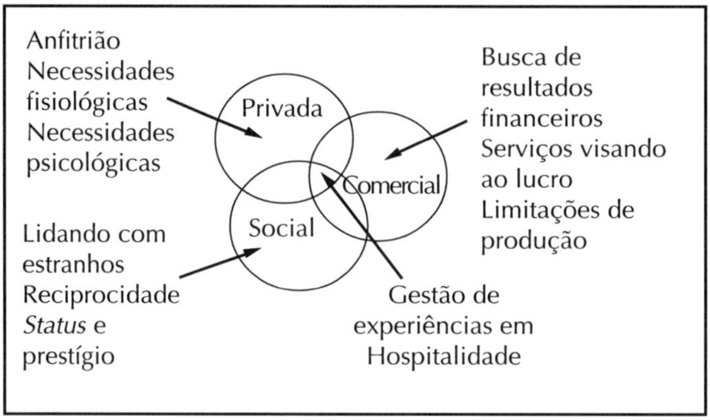

Figura 41.2 – Atividades de Hospitalidade.

Apesar de parecerem figuras bastante singelas, trazem reflexões a respeito de tentativas e erros no ensino e na aplicação das chamadas técnicas de Turismo ou de Hospitalidade. Estão excessivamente pautadas na atividade comercial, menosprezando o impacto das demais?

Como coloca Moesch:

> *"Os currículos universitários, na sua maioria, tratam o conhecimento numa abordagem analítico cartesiana. Os alunos dos cursos de Turismo, por exemplo, têm disciplinas de língua estrangeira, de Geografia, de Sociologia, de Fundamentos do Turismo e, em média, trezentas horas de estágio "para ver como é a dinâmica do real", o chamado mercado de trabalho. Quando muito, há o esforço de reunir esses conhecimentos, respeitando a fronteira de cada disciplina, num Projeto Experimental, que buscaria relacionar teoria e prática."*

Nesse cenário, como se dá o questionamento a respeito da Gestão em Turismo?

> *"Nossa sociedade é envergonhada com o lado prático das coisas, desde o professor que jamais aprende como manejar uma sala de aula até o operário da construção que não tem com quem aprender certo.*
>
> *(...) Quando observamos a baixa produtividade da mão-de-obra, a tentação é culpar os trabalhadores. São improdutivos, sim, mas por duas razões. Uma é mais convencional, simplesmente não tiveram com quem aprender. Outra é que o trabalho foi desenhado de forma improdutiva. Por exemplo, as rotinas burocráticas são burras, desnecessárias e opacas. Muito da improdutividade tem a ver com quem desenhou a tarefa. Ou melhor, com quem deveria tê-la desenhado, mas deixou por conta de quem não possui o perfil para criar métodos e seqüências eficientes.*
>
> *Gastam-se energia e criatividade para reinventar o que se deveria aprender no primeiro dia de trabalho. A culpa pela incompetência não é dos executores, que são apenas vítimas, ou dos seus clientes, mas sim de quem poderia e deveria*

ensinar, mas não o fez. E nem sempre é preciso aprender na escola ou no centro de formação. Aprende-se também pela prática. Mas tudo requer a codificação e a subseqüente automatização dos gestos profissionais.

Como criar uma indústria de turismo competitiva? Quando nossas lajes vão parar de infiltrar e nossos encanamentos de vazar? A resposta é monotonamente a mesma: alguém tem de descobrir a melhor maneira de fazer e ensinar a quem vai executar o trabalho, seja em cursos, seja na prática. Depois disso, o resto é como escovar os dentes."

Entendendo-se gestão como o conjunto de práticas adotadas por um grupo de pessoas, em organizações públicas ou privadas, com ou sem fins lucrativos, para a definição e o alcance de resultados, em que ponto está o Turismo?

"A alta gerência é sempre lenta em apontar o dedo da responsabilidade na direção da matriz ou dela mesmo. Quando as culpas globais têm sintonias locais, eles serão mais lentos ainda. Quando assumir ações corretivas significar uma análise crítica total, com base em zero, de todos os sistemas, habilidades e estruturas, sua velocidade cairá mais ainda. E quando seu comprometimento em agir globalmente estiver longe de ser completo, será espantoso se houver sequer um movimento. A mentalidade da matriz é a expressão básica da miopia gerencial, o inimigo jurado de uma perspectiva genuinamente eqüidistante nos mercados globais.

(...) Gerenciar eficazmente nessa conjuntura nova e sem fronteiras não significa formar pirâmides de fluxo de caixa concentrando-se na descoberta de novos lugares para investir. Também não significa seguir vigiando seus concorrentes até a toca e atacar preemptivamente suas bases em seu próprio território. Também não significa tentar reproduzir cegamente os sistemas do país de origem em novos territórios coloniais. Em vez disso, significa prestar atenção central em entregar valor aos clientes – e em desenvolver uma visão eqüidistante com relação ao que eles são e ao que eles querem. Acima de tudo, está a necessidade de se ver seus clientes claramente. Eles – e somente eles – podem prover razões legítimas para se pensar globalmente".

Nos diversos empreendimentos turísticos, seja qual for a origem do capital financeiro ou intelectual, há posturas semelhantes quanto à importação de modelos, sem o devido cuidado na verificação de adequação à comunidade local.

É muito comum que se decida pela implantação de formulários que precisariam ser preenchidos por colaboradores analfabetos ou a implantação de sistemas de informática para pessoas que nunca tivessem visto um computador.

"O poder corporativo não se restringe ao poder sobre os empregados. As corporações globais passaram a ter soberania implícita sobre os povos do mundo inteiro, pois estão fora do alcance de qualquer nação-estado. Elas mantêm o go-

verno e seus recursos como reféns, exigindo o uso da terra, ar e água como depósito de lixo; tudo isso pelo simples expediente de por um governo contra o outro ao barganhar o alardeado benefício econômico de sua presença. As corporações globais estão criando um mercado em que são as únicas compradoras. Movimentam à vontade, pelo mundo inteiro, seu dinheiro, suas operações, seus produtos e sua administração. Nenhum governo consegue fazer isso. Nenhuma comunidade consegue fazer isso. Poucas pessoas conseguem."

O gestor em Turismo, muitas vezes no entusiasmo do exercício de tal papel, não questiona instruções recebidas da matriz ou manuais que chegam prontos; o máximo em que consegue pensar é na tradução do material para o idioma local, permitindo uma rápida implantação, como se estivesse participando de uma competição onde poderá ganhar pontos ao ser o mais rápido. O que não percebe é que deixou de exercer o papel de gestor, submetendo-se a mero executor!

Em sendo assim, como poderá contemplar o papel essencial que deveria exercer como representante da organização, assumindo a responsabilidade social que lhe é atribuída?

Sabemos *o quanto as corporações foram monetizadas*. Sabemos *o quanto são monetizadas*. Sabemos *no que elas estão se transformando*, uma perspectiva nada feliz para a maioria das pessoas. Já é mais do que tempo de examinar como as corporações *devem ser*. Não há dúvidas de que as pessoas que controlam as corporações devem conduzir essa odisséia de maneira mais profunda. Se professam que são líderes, devem "seguir na frente e mostrar o caminho".

Uma postura muito comum do gestor em Turismo é acreditar que as atividades inerentes à exploração turística sejam a saída para toda e qualquer comunidade, utilizando-se do discurso de geração de empregos e distribuição de renda. Em nenhum setor, há solução para todas as situações sociais encontradas na implantação e manutenção de um projeto. Muito menos em Turismo. A falácia do aproveitamento de mão-de-obra local, cujas características de hospitalidade familiar e social possam ter totalmente distintas daquelas imaginadas pelo gestor; a falta de educação formal e de acesso à informação da comunidade local; a ausência de vontade política ou cultural do gestor em conhecer melhor os locais encabeçam uma extensa lista de equívocos na relação entre anfitrião e visitante.

Ao seguir rigidamente manuais de procedimento e de operações, continuam acarpetando hotéis na praia; construindo banheiros sem luz natural em países tropicais; prometendo jornais diários dos locais de origem dos visitantes em comunidades onde tais publicações levariam dias para chegar.

Na contrapartida, o gestor não hesita em, orgulhosamente, participar de convenções internacionais e cursos em centros de excelência, sem se preocupar com a educação básica de seus colaboradores.

Considerando-se que a base das estruturas organizacionais em Turismo é aquela que tem contato direto com o visitante, seria prudente e oportuno que o gestor, nas ocasiões de estabelecimento de prioridade, principalmente em formação, trabalhasse com uma simples inversão de organograma, o que já ajudaria a compreender quais seriam as áreas meritórias de maior atenção e investimento (Figs. 41.3 e 41.4).

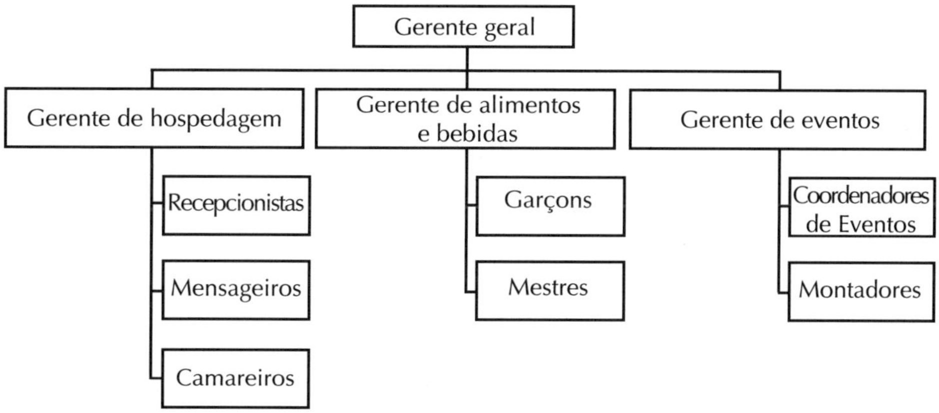

Figura 41.3 – Exemplo de organograma convencional simplificado, em hotel, com posições de contato com cliente.

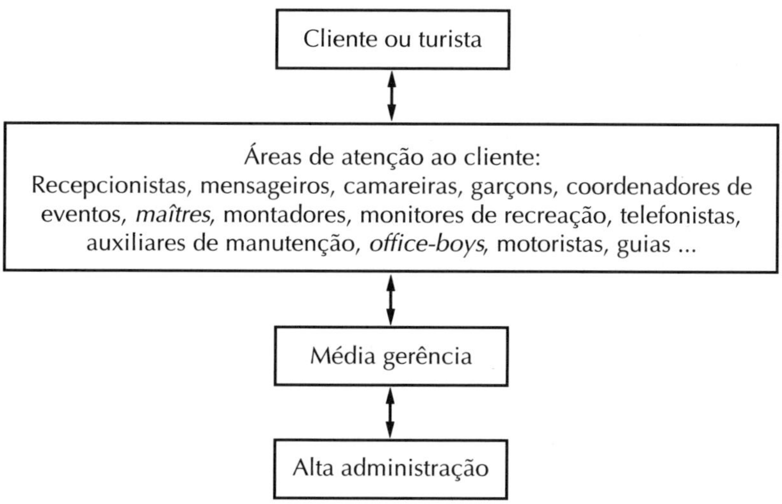

Figura 41.4 – Exemplo de organograma encabeçado pelo cliente.

Tal inversão não diz respeito às já ultrapassadas afirmações de que o "cliente tenha razão". Trata-se de um encaminhamento de visão mais clara para a tomada de decisão por parte do gestor.

Em quantas situações, para definir redução de despesas, não são realizadas reuniões a portas fechadas com todos os gestores discutindo quantas demissões serão necessárias? Interessante notar que, em geral, não se trata da saída de nenhum dos participantes do referido encontro. Os cortes recaem sobre colaboradores operacionais, sendo que a racionalização de uma das posições de chefia ou gerência poderia ser suficiente para a manutenção de todo um departamento. Tampouco se vê, nessas ocasiões, qualquer menção voluntária da redução de algum benefício já conquistado pelo grupo.

Numa simples inversão de organograma, há possibilidade de outro tipo de análise: quem são as pessoas que realmente fazem diferença para o turista? Será mais importante completar a educação básica de mensageiros e camareiras, dando-lhes noções de outros idiomas para que se sintam mais à vontade frente ao cliente ou a prioridade está na manutenção do dispendioso curso de inglês do diretor que agora se reporta a um estrangeiro e não consegue se comunicar com ele?

Será o *leasing* do automóvel do vice-presidente mais importante que a renovação dos uniformes da manutenção? Aquela aquisição de livros para consulta dos guias será menos importante que a verba de representação de algum gerente?

O programa de reciclagem, ora utilizado para *Marketing* junto à comunidade, não poderia, num primeiro momento, beneficiar os próprios colaboradores, contratando um instrutor permanente em idiomas em vez de fazer uma doação de recursos para alguma instituição de caridade, escolhida sem critérios objetivos? Não seria esta a causa do "boicote" existente ao programa?

Se a organização não cuida devidamente da alimentação de seus colaboradores ou não tem a cesta básica como benefício de praxe, como aparece na mídia fazendo doações a terceiros?

De que adianta que os gestores façam *benchmark* e conheçam a concorrência se a equipe de cozinha não tem noção de como trabalham outros estabelecimentos?

Como os garçons e *maitres* explicarão os pratos novos do cardápio se a sessão de degustação é para os gestores e, por redução de custos, não se faz o mesmo com a linha de frente?

Enquanto gestores não façam questionamentos contundentes a respeito da condução de seus negócios e seus critérios de tomada de decisão, tratar de responsabilidade social será apenas mais uma falácia.

Espera-se que tal responsabilidade nasça no universo mais imediato do gestor – sua organização – para, então, inseri-la no contexto da sociedade. Como tal participação agrega, atualmente, valor às empresas, muitas têm propalado ações voltadas à sociedade que, numa primeira análise, dão sinais de serem meros atos voltados a sensibilizar a opinião pública, sem lastro nem continuidade.

Pelas características sazonais das diversas atividades no Turismo, ainda se encontram muitos exemplos de desrespeito ao trabalhador. É fato que as regras de empregabilidade necessitem de revisão, mas será correto contratar a mão-de-obra para atender à pesca no Pantanal do Mato Grosso somente para a temporada (março a novembro) e deixá-la sem trabalho de dezembro a fevereiro, fazendo com que não recebam férias remuneradas e outros benefícios previstos na lei, além de submeter o anfitrião a atender um turista estando em "aviso prévio"?

O cooperativismo, enquanto conceito, não está sendo utilizado de forma errônea, apenas visando a redução de custos por parte das organizações? Estará o cooperado compreendendo corretamente seu papel e sua força? Não será, para ele, apenas uma alternativa para colocação profissional?

As terceirizações, tão comuns nas diversas atividades do Turismo, estão trazendo benefícios aos clientes, aos trabalhadores, aos gestores?

Os canais de distribuição que têm o contato direto com o cliente se fazem responsáveis perante imprevistos? Se o cliente compra um pacote turístico confiando na recomendação do agente de viagens e algo de errado ocorre, a quem deve recorrer?

É correto que os pacotes turísticos sejam "enxutos", por um lado para diminuir o preço final de vendas e, por outro, para dar maior liberdade de escolha ao turista? Por quê há uma venda tão ostensiva de opcionais? Os guias estão realmente preparados para orientar o visitante em suas escolhas ou visam meramente a comissão por venda realizada?

Nas sessões de treinamento, cuja carga horária é, por vezes, orgulhosamente apresentada em reuniões anuais ou os cursos subvencionados pela organização, há uma preocupação em ampliar a visão dos gestores ou se escolhem conteúdos cartesianos e ferramentais?

Enfim, não há nada de errado na busca por resultados, sejam eles sociais ou financeiros, sobretudo quando puderem estar combinados. A questão central é, em muitos casos, a total ausência de reflexão do papel do gestor, em todos os níveis das organizações: é incentivar as pessoas a pensar e que percebam que não dói; é aproveitar, de fato, as idéias dos demais, atribuindo-lhes a correta autoria, é estar convencido e passar ao grupo que coordene, de que Turismo e Hospitalidade podem ser plenos exercícios de cidadania!!!

Referências Bibliográficas

1. CASTRO, C. M. É como escovar os dentes. *Revista Veja*, São Paulo, ed. 1975, ano 36, n. 12, p. 20, 26 mar. 2003.
2. GMELCH, S. Tourists and tourism. In: *Anthropology Sillabus*, 2001. Disponível em: http://www.union.edu/PUBLIC/ANTDEPT/an76syl.htm. Acesso em: 22/mar/2003.
3. HOCK, D. *Nascimento da Era Caórdica*. São Paulo: Cultrix, 2000.
4. LASHLEY, C. Towards a theoretical understanding. In: LASHLEY, C.; MORRISON, A. (orgs.). In: *Search of Hospitality – Theoretical Perspectives and Debates*. London: Butterworth-Heinemann, 2002. p. 1-17.
5. MOESCH, M. M. Para além das disciplinas. In: GASTAL, S. (org.). *Turismo: investigação científica*. São Paulo: Contexto, 2002. p. 25-44.
6. NASH, D. Tourism as a form of imperialism. In: SMITH, V. (org.). *Hosts and Guests – the Anthropology of Tourism.* Pennsylvania: University of Pennsylvania Press, 1989. p. 37-52.
7. OHMAE, K. Gerenciando em um mundo sem fronteiras. In: MONTGOMERY, C. A.; PORTER, M. E. (orgs.). *Estratégia – a Busca da Vantagem Competitiva*. Rio de Janeiro: Campus, 1998. p. 217-233.

Capítulo 42

Responsabilidade Social como Princípio de Gestão nas Empresas Hoteleiras

Raquel Barbosa Pazos

Introdução

Diminuir a disparidade das diferenças sociais, eliminar a miséria em nosso país, bem como minimizar os impactos ambientais, são grandes desafios sociais que temos pela frente.

É importante destacar que há modificações no perfil dos consumidores, hoje mais conscientes da necessidade de mudar sua postura com relação aos seus hábitos de consumo, procurando maior qualidade de vida junto às empresas que forneçam produtos e serviços eticamente corretos.

Por isso, é essencial que as organizações estejam sempre atentas a essas transformações e exigências a fim de buscarem, incessantemente, um diferencial e vantagem competitiva para liderar o mercado, já que a concorrência apresenta-se cada vez mais forte e numerosa.

Percebendo esta realidade alarmante de precariedade que assola o nosso país e o mercado altamente competitivo é que se evidencia uma crescente adoção do conceito de responsabilidade social empresarial e valores éticos como ferramenta para se orientar um conjunto de ações nas empresas, com o objetivo de minimizar os impactos negativos e de multiplicar os efeitos positivos que seus negócios podem proporcionar. Afinal, as empresas são poderosos agentes econômicos capazes de alterar o quadro social.

Isto vem evidenciando-se como um diferencial em um mundo empresarial globalizado, onde a qualidade dos produtos deixou de ser uma vantagem competitiva, tornando uma exigência básica. As empresas precisam oferecer algo além de um produto de qualidade. É necessário agregar valores também intangíveis a este.

Neste contexto, é que muitas organizações apostam na "responsabilidade social" como uma alternativa para o desenvolvimento socioeconômico e ambiental, principalmente da comunidade onde está inserida e, conseqüentemente, fortalecimento de sua imagem.

Este artigo objetiva realizar uma discussão teórica sobre responsabilidade social, apresentando suas vantagens e as dimensões que devem ser consideradas pelas organizações para a sua prática efetiva, focando o setor hoteleiro, e, ainda, confrontar as práticas socialmente responsáveis com a filantropia.

Ética de Dentro para Fora

Como o mercado, nos últimos anos, vem cobrando de maneira incisiva uma transformação no modo como as empresas fazem negócios e se relacionam com o mundo que as rodeia, as instituições estão vendo-se na obrigação de atender a estes anseios, mudando seu posicionamento no mercado para criar uma identificação com seus clientes. Para tanto, é necessário evidenciar na imagem a preocupação das empresas com princípios que muito se aproximem do conceito de responsabilidade social.

Este cenário de mudanças políticas e expectativas muito elevadas dos brasileiros, esperançosos e dispostos a assumirem mudanças por melhorias, favorece a adoção da responsabilidade social como estratégia que contribua para o desenvolvimento do país.

Mas ainda há uma grande distorção quanto à utilização da responsabilidade social que, na maioria das vezes, é confundida com a filantropia. Por isso, é importante deixar bem claro a diferença entre seus conceitos.

Apesar dos diversos conceitos de responsabilidade social, a maioria segue uma mesma linha de raciocínio, variando, tão somente, no grau de abrangência. Assim, adotaremos o conceito que acredito passar, de maneira mais ampla e clara, a visão proposta pelo assunto.

Responsabilidade social corporativa é o comprometimento permanente dos empresários de adotar um comportamento ético e contribuir para o desenvolvimento econômico, melhorando, simultaneamente, a qualidade de vida de seus funcionários e de suas famílias, da comunidade local e da sociedade como um todo. (Almeida, 1999, p. A –2).

Uma questão essencial abordada neste conceito é que as ações devem ter uma periodicidade constante, fazendo parte de um projeto mais amplo, de longo prazo, referenciado em princípios e valores éticos e que contribua para a constituição de um cenário econômico sustentável.

Esta é uma perspectiva que não pode ser sustentada pela filantropia que é temporária, de curto prazo. As ações filantrópicas podem gerar um elevado grau de dependência àquelas pessoas que estão sendo beneficiadas. Um exemplo da diferença entre a responsabilidade social e a filantropia é o caso do pescador: aquele que ensina alguém a pescar, para sua sobrevivência, está praticando responsabilidade social; mas aquele que pesca e lhe dá o peixe pronto, está realizando filantropia, por causar uma dependência do beneficiado com o pescador, não tendo problemas enquanto a ajuda lhe for proporcionada, mas caso contrário, passará fome, pois não aprendeu a pescar e, portanto, a suprir suas necessidades com o próprio esforço.

Segundo observações de Oded Grajew, diretor-presidente do Instituto Ethos, as ações filantrópicas correspondem à dimensão inicial do exercício da responsabilidade social, como ilustrado a seguir (Fig. 42.1).

No entanto, as organizações que têm uma administração baseada em responsabilidade social não necessitam fazer filantropia, nos moldes como vem sendo interpretada e aplicada, pois denota um sinônimo de esmolar – pedir, implorar, mendigar. Estas organizações não possuem sobras, seus produtos são reciclados e seus funcionários estão inseridos numa política de gestão sustentável de pessoas que proporcione condições para o indivíduo gerir sua vida com maior qualidade.

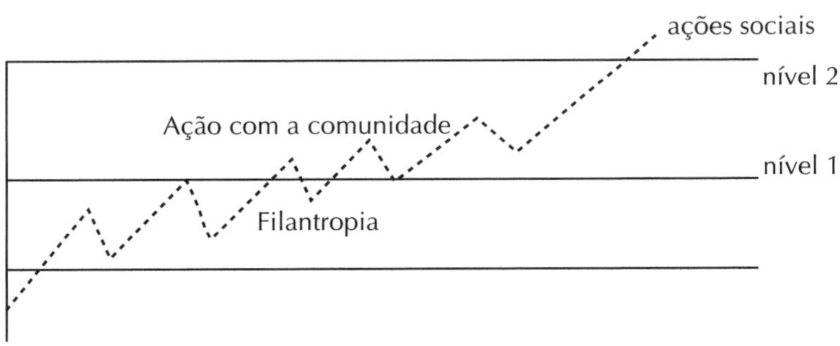

Figura 42.1 – Evolução do conceito de responsabilidade social.

A filantropia passa, então, para uma segunda dimensão das ações sociais, pois só ocorrerá em caso de excedente de recursos.

Atualmente, nos moldes em que a maior parte das ações sociais empresariais são realizadas, acabam se tornando um paliativo para o grave quadro social porque, em muitos casos, não busca a continuidade das ações e se concentra, geralmente, em promoções episódicas, como campanhas de agasalho no inverno e arrecadações de brinquedos no período natalino, o que é um equívoco. A filantropia reforça o capitalismo, enquanto a responsabilidade social fomenta a justiça social.

Com esta nova visão, as empresas socialmente responsáveis devem fornecer meios para que os indivíduos, ao seu alcance, possam sobreviver por seus próprios méritos. Desta forma, é necessário que as empresas implementem uma política que promova uma distribuição de renda que proporcione à comunidade que a circunda e ao país ao qual pertence uma condição de justiça social e de garantia dos direitos básicos de cidadania.

No que se refere ao conceito etimológico de filantropia, "amor à humanidade, humanitarismo", este, sim, deverá ser considerado como a primeira dimensão da responsabilidade social.

Uma empresa-cidadã tem no seu compromisso com a promoção da cidadania e no desenvolvimento da comunidade os seus diferenciais competitivos. Através do exercício da cidadania, a empresa se diferencia de seus concorrentes porque reforça sua imagem institucional e ainda promove a fidelização aos seus produtos, isto porque ganha a confiança, o respeito e a admiração dos consumidores.

No que tange às vantagens proporcionadas às empresas-cidadãs em razão de uma gestão baseada em responsabilidade social, ainda podemos citar como principais:

- Imagem empresarial forte e consistente.
- Maior apoio, motivação, lealdade, confiança e melhor desempenho dos seus funcionários.
- Melhor relacionamento com o governo.
- Maior fidelidade dos clientes atuais e possibilidade de conquista de novos clientes.
- Maiores vantagens competitivas (marcas e produtos mais forte e mais conhecidas).
- Maior disposição dos fornecedores em realizar parcerias com a empresa.
- Ganha respeito, confiança e admiração dos consumidores bem como de toda a sociedade.

Diante das vantagens supracitadas de uma gestão socialmente responsável, verificando o mercado altamente competitivo que vem configurando-se na hotelaria, principalmente, devido ao elevado número de redes hoteleiras estrangeiras que estão instalando-se no país e ao comportamento mais exigente do consumidor, acredito que o setor hoteleiro deva atentar-se para a adoção da responsabilidade social em suas estratégias corporativas para poder ter um melhor posicionamento de mercado que, segundo Kotler (1999), é o ato de desenvolver a oferta e a imagem da empresa para ocupar um lugar destacado na mente dos clientes-alvo.

Segundo uma pesquisa realizada nos EUA pelos Institutos *Cone Communications* e *Roper Group*, "76% dos consumidores preferem marcas e produtos envolvidos com algum tipo de ação social, desde que eles tenham preço e qualidade competitiva". (Vassalo, 1998, p. 26).

Mas não se deve pensar em responsabilidade social como algo restrito a ações ou investimentos em projetos sociais. Uma empresa que pretende perenizar seu negócio deverá adotar uma estratégia que contemple as seguintes dimensões: *estratégia e transparência; público interno; meio ambiente; fornecedores e consumidores; comunidade, governo e sociedade.* Cabe ressaltar que cada qual deverá apresentar os seguintes critérios.

Dimensão Estratégia e Transparência

Nesta dimensão, procura-se observar até que ponto a empresa mostra com clareza e dissemina, a partir de suas estratégias organizacionais, a prática de uma gestão com responsabilidade social.

Considera-se também, a abertura que a organização proporciona para que sejam discutidas suas estratégias de negócios e questões a elas relacionadas, e, finalmente, procura-se avaliar se a mesma: pratica uma gestão de transparência de estratégias e resultados a partir do diálogo estruturado com as partes interessadas; se compartilha suas experiências com outras organizações e, por fim, se divulga os resultados obtidos através da emissão e publicação do Balanço Social e relatório de gestão.

Em um hotel, esta dimensão pode ser evidenciada na sua missão, nos seus valores, nos seus objetivos, na forma como estes são elaborados e na comunicação destes entre as partes interessadas (diretoria, gerentes, governança, camareiras, recepção, hóspedes, comunidade, entre outros).

Dimensão Público Interno

Com relação a esta dimensão, espera-se que a empresa procure desprender esforços e atitudes em busca de identificar e suprir as necessidades humanas de seus colaboradores de uma maneira ampla, abrangendo o bem estar dos mesmos, reconhecendo-lhes o valor e, principalmente, assumindo a obrigação ética de combater todas as formas de discriminação, aproveitando dessa forma, as oportunidades oferecidas pela diversidade da riqueza étnica e cultural de nossa sociedade.

Paralelamente tenta-se buscar elementos que permitam mensurar: a manutenção e ampliação dos atuais níveis de empregabilidade praticados; discernimento e postura ética frente à necessidade de executar processos que envolvam a demissão de pessoas; o estabelecimento de políticas de participação nos resultados, que estejam associadas a programas de capacitação e qualificação profissional realizados continuamente.

Partindo que as empresas hoteleiras são prestadoras de serviços e, assim, dependem de como seus elementos humanos estão interagindo com os clientes para obtenção da excelência do serviço é que devem apostar fundamentalmente na qualidade do seu público interno, a partir da prática efetiva desta dimensão.

Com esta visão é que o Hotel *Royal Garden*, em Londres, frisa em sua missão:

> *"Temos uma equipe de pessoas dedicadas com a reputação necessária para oferecer um serviço acolhedor e eficiente, as quais também estão sintonizadas com a filosofia da nossa missão. Tudo isso, combinado com uma equipe profissional, dedicada e entusiasmada, garante que o nosso hotel seja uma força a ser reconhecida no mercado internacional de hotéis."*

Dimensão Meio Ambiente

Essa dimensão objetiva, conforme Mendonça (2002):

> *"(...) a investigação e controle dos possíveis impactos ambientais causados pela atividade produtiva da organização, buscando identificar se ela: conhece os principais impactos ambientais causados por sua atividade e foca a sua ação preventiva nos processos que oferecem dano potencial à saúde e segurança de seus trabalhadores; estabelece e implementa programas de educação ambiental, destinados à comunidade na qual está inserida; produz análises de impacto de todos seus processos, independentemente do cumprimento de obrigatoriedades legais e utiliza de forma coerente e racional os recursos naturais e materiais, envolvidos diretamente com execução de suas atividades produtivas."*

Na hotelaria há um reconhecimento crescente da importância desta dimensão. Os hotéis estão cada vez mais preocupados com a conservação ambiental dos recursos naturais – água, terra, ar. Verificam, por exemplo, a necessidade de se usar a energia, entre outros recursos, de forma responsável, e de controlar os seus consumos, procurando, até mesmo, maneiras alternativas de fontes de energia que tenham um impacto menor no meio ambiente, uma vez que o consumo de energia nos hotéis é muito elevado.

> *"A verdadeira vantagem competitiva será daqueles que estão fazendo da responsabilidade ambiental parte integral de sua estratégia, tanto na administração de operações existentes como no planejamento de novos desenvolvimentos."*
>
> *HRH the Prince of Wales apud Medlik e Ingram, 2002.*

Dimensão Fornecedores e Consumidores

Segundo Ricardo Mendonça, sobre o prisma desta dimensão, uma atuação socialmente responsável por parte da organização, obrigaria a empresa a oferecer a seus clientes a mesma gama de benefícios e vantagens obtidas quando da execução de suas negociações com fornecedores. Obviamente, a inversão desse raciocínio também é assumida nesse contexto como legítima, verdadeira e factível.

Considerando-se, ainda, a influência do *marketing* na formação de hábitos de consumo das pessoas e na criação de uma imagem que inspire credibilidade e confiança, investiga-se, também, se a empresa desenvolve parceria com fornecedores, distribuidores e assistência técnica, visando, dessa forma, à constante melhoria da gestão do *marketing* integrado, criando uma cultura de respeito e valorização perante aos consumidores.

Dimensão Comunidade

Esta dimensão aponta para uma atuação realmente comprometida com os interesses, anseios e necessidades comunitárias.

No entanto, muitas organizações ainda adotam a filantropia como artifício para auxiliar a comunidade na qual está inserida. Mas, como já foi colocado, a responsabilidade social envolve muito mais do que ações filantrópicas.

Para um hotel, uma ação importante com relação a esta dimensão é procurar contratar e capacitar pessoas da comunidade local, bem como desprender esforços para a identificação, caracterização e consideração das crenças e dos padrões de conduta da comunidade na qual está inserida, na elaboração de suas políticas e seus planos de ações que interajam de maneira pacífica com a cultura local.

E a estrutura física deve estar em consonância com o estilo arquitetônico da localidade onde está instalado o hotel para que não haja a descaracterização do local.

Dimensão Governo e Sociedade

Esta dimensão permite

> *"(...) uma avaliação sobre como a organização se comporta em relação aos seus relacionamentos e ações direcionadas aos aspectos governamentais e sociais. Atitudes de comprometimento e atendimento a requisitos legais regulatórios, conjugados com uma atuação de mesmo calibre, evidenciada no campo social, devem proporcionar-lhe uma atmosfera de conformidade, tranqüilidade e senso de civilidade. Em síntese, procura-se mensurar se na sua participação em associações e fóruns empresariais, a organização: trabalha ativa e pró-ativamente, contribuindo com recursos diversos, na elaboração de programas, processos e propostas concretas de interesse público e caráter social comprovado."* (Mendonça, 2002).

Onde Mora o Perigo?

Alguns cuidados devem ser tomados por uma empresa quando se decide por adotar estratégias de responsabilidade social, pois não basta a organização possuir um discurso de empresa eticamente correta, que se preocupa com o social, se as suas ações não condizem com esta postura. Isto pode ter uma repercussão extremamente desfavorável para a mesma, podendo causar um sentimento de descontentamento, traição à sociedade e, conseqüentemente, provocar descrédito da organização e ferir a sua imagem. Já as instituições que transparecem o que de fato são, garantem credibilidade e confiabilidade da sociedade como um todo, pois a imagem da empresa, segundo Kotler (1999), é formada a partir da maneira como o público percebe a organização ou seus produtos. Este público pode ser: seus funcionários, seus fornecedores, seus clientes e/ou toda a comunidade.

Outro equívoco que pode ser fatal para a empresa que está atuando como executora de ações sociais é aplicar em projetos sociais a prática de *merchandising*, isto porque suas atuações sociais podem soar para a sociedade apenas como uma estratégia de *marketing* social, sem a real preocupação da empresa com o desenvolvimento socioeconômico e ambiental do país, enfraquecendo, assim, a credibilidade da empresa. Por exemplo, o

Grupo Votorantim é um dos parceiros do projeto Vista uma Criança, invista na Educação, uma iniciativa da Associação Brasileira do Vestuário – ABRAVEST. O objetivo é patrocinar a confecção e a distribuição de uniformes para alunos da rede estadual de ensino de São Paulo. O critério de escolha das escolas a serem beneficiadas é a sua proximidade em relação às unidades industriais e/ou comerciais de cada empresa parceira do projeto. Ao apoiar a escola da comunidade, a empresa reforça os seus elos de relacionamento com os moradores e assume diante da sociedade local o seu papel de agente social. Cada empresa parceira pode afixar sua logomarca em todas as peças do *kit* do projeto que compreende nove peças com valor total do *kit* de R$ 35,00. Porém tal decisão vem acarretando severas críticas das associações docentes e discentes, e de pais de alunos, sob a alegação de que os alunos iriam transformar-se em *outdoors* mirins. Nestes tipo de projetos o objetivo não é garantir maior visibilidade de marca, a exemplo do que ocorre com os projetos esportivos e culturais, mas, principalmente, estreitar laços com a comunidade e exercer a responsabilidade social.

A responsabilidade social é vista, ainda, por alguns autores como um compromisso da empresa com relação à sociedade e à humanidade em geral, e uma forma de prestação de contas do seu desempenho, baseada na apropriação e no uso de recursos que originalmente não lhe pertence. Assim, a empresa sente se na obrigação de contribuir para a solução dos problemas sociais, em contrapartida de uma usurpação empresarial dos recursos pertencentes à humanidade como um todo. É como se a organização contraísse uma dívida com a sociedade. Com esta visão, perde-se o caráter caridoso das ações sociais.

Conclusão

Uma coisa é certa, no futuro, não haverá somente um tipo de empresa, mas várias.

Uma importante tarefa da alta administração na próxima sociedade será equilibrar as três dimensões da empresa: como organização econômica, como organização humana e, cada vez mais, como organização social.

O que se deseja é a participação efetiva e a determinação de todos na construção do país bem administrado que a sociedade almeja.

Cabe a nós, futuros profissionais de turismo, colocarmos as regras do jogo, orientar os turistas de modo a respeitar o local visitado, não explorar os turistas bem como ensinar os demais empresários também não fazê-lo e mostrar aos governos que devem melhorar a distribuição da renda. A nossa função de interface entre turismo e sociedade exige que nos comportemos não como técnicos ou cientistas mas sim como cidadãos em luta contra a injustiça e as desigualdades sociais. Os problemas do turismo não se resolvem com cursos para servir melhor as mesas ou com computadores mais velozes para emitir passagens. Se resolvem quando todos contribuímos, de alguma forma, para distribuir o que está sendo usufruído por muitos poucos. O setor hoteleiro será efetivamente benéfico para a sociedade quando os recursos advindos das suas atividades forem destinados à melhoraria das necessidades básicas para o exercício da cidadania social das pessoas.

E, para atingir esse objetivo, é necessário efetivamente uma interface chamada planejamento de turismo, idealizada e executada por profissionais conscientes com formação humanística e ampla visão social.

Referências Bibliográficas

1. KOTLER, P. *Administração de Marketing*. 10. ed. São Paulo: Prentice Hall, 1999.
2. POPCORN, F. *O Relatório Popcorn*. Rio de Janeiro: Campus, 1993.
3. OTTMAN, J. A. *Marketing Verde: desafios e oportunidades para a nova era do marketing*. São Paulo: Makron Books, 1994.
4. MELO NETO, F. P.; FROES, C. *Responsabilidade Social e Cidadania Empresarial: a administração do terceiro setor*. Rio de Janeiro: Qualitymark, 1999.
5. PRINGLE, H.; THOMPSON, M. *Marketing Social*. São Paulo Makron Books, 2000.
6. ARAÚJO, J. L. Responsabilidade social: uma agenda para o *marketing*. *Gazeta Mercantil*, Belo Horizonte, 8 out. 2002. p. 2.
6. CASTELLI, G. *Administração Hoteleira*. 9. ed. Caxias do Sul: EDUCS, 2001.
7. MEDLIK, S.; INGRAM. H. *Introdução à Hotelaria: gerenciamento e serviços*. Trad. [da 4. ed. original] Fabíola de Carvalho S. Vasconcellos. Rio de Janeiro: Campus, 2002.
8. BUENO, F. S. Minidicionário da Língua Portuguesa. In: PEREIRA, H. B. C.; SIGNER, R. (orgs.). São Paulo: FTD, 1996.
9. FERREIRA, A. B. H. *Novo Dicionário da Língua Portuguesa*. 1. ed. Rio de Janeiro: Nova Fronteira, 2000.
10. MENDONÇA, R. R. S. *As Dimensões da Responsabilidade Social: uma proposta de instrumento de avaliação*. Disponível em: http://www.listec.uff.br.htm. Acesso em: 20/fev./2003.
11. TREVISAN, A. M. *A Empresa e o seu Papel Social*. Disponível em: http://www.filantropia.org.br. Acesso em: 18/fev/2003.
12. GRAJEW, O. *Filantropia e Responsabilidade Social*. Disponível em: http://www.filantropia.org.br. Acesso em: 18/fev/2003.

Publicações Consultadas

Revista Brasileira de Administração. Brasília, n. 38, set. 2002.
Hotelnews: A Revista da Hospedagem e Alimentação. São Paulo, n. 312, jan/fev. 2003.

Capítulo 43

Coleta Seletiva de Lixo nos Meios de Hospedagem de Turismo como Colaboradora para o Desenvolvimento Social e Conservação do Meio Ambiente: Estudo de caso Plaza Itapema Resort & Spa

LÉIA BARROS
RAFAEL FACHINI MORATELLI

INTRODUÇÃO

Atualmente, o desenvolvimento sustentável vem sendo mundialmente discutido, para que seja capaz de suprir as necessidades da geração atual, sem esgotar os recursos para as futuras gerações e essa realidade reflete uma tendência irreversível para o próximo milênio. No turismo não é diferente. O desenvolvimento sustentável da atividade turística deve beneficiar os empreendedores, o meio ambiente em que o empreendimento está inserido, bem como a comunidade receptora e o turista. Segundo a revista Green Hotelier (1999, p. 22), as três bases fundamentais da sustentabilidade para empresas, são:

- *Social*: fornecendo empregos, serviços e benefícios aos clientes e comunidade e acrescentando valor para a sociedade.
- *Econômica*: financeiramente sustentável para a empresa.
- *Ecológica*: reduzindo a poluição, sem tirar da natureza o que não pode ser reintegrado por seu ciclo natural.

A "espinha dorsal" do turismo, a hotelaria, segmento que é um dos maiores geradores de empregos do país, possui potencial evidente para investir no desenvolvimento social e ecológico da região receptora, considerando que avançamos em direção a um mundo mais populoso, mais consumista e ameaçado pela poluição e degradação ambiental.

Segundo a organização mundial, Internacional Hotels Enviroment Iniciative – IHEI (2003), a hotelaria é um dos segmentos mais competitivos do meio comercial e a diferença entre perder e ganhar essa competitividade está na habilidade gerencial de obter lucros, sem provocar impactos negativos ao meio ambiente. Em relação a este assunto Vilhena (2003) coloca que

> *"Uma política empresarial de gestão ambiental deve buscar benefícios internos e externos. Do ponto de vista interno, já é possível computar os benefícios econômicos diretos em diversas empresas que adotam sistemas de gestão ambiental, incluída a reciclagem. As vantagens se relacionam com economia de energia e matéria prima, melhorias na saúde e comportamento do trabalhador. Externamente, os benefícios associam-se à imagem que cada empresa constrói perante um importante parceiro: o consumidor."*

O lixo é um problema social relativamente recente, já que, há algumas décadas, era constituído basicamente por materiais orgânicos – facilmente decompostos pela natureza. Hoje em dia, porém, nossos espaços de reserva estão diminuindo e a Terra parece estar se tornando pequena demais para a crescente população mundial, que aumentou neste último século em quase 5 bilhões de habitantes. Esta explosão populacional implica aumento do uso das reservas naturais do planeta, da produção de bens de consumo e, inevitavelmente, da geração de lixo. A cada ano as reservas de alimento têm que ser garantidas, fazendo com que a pressão do homem sobre a Terra aumente cada vez mais. Mais gente consumindo, mais lixo sendo gerado e assim por diante.

O problema é intensificado pelo fato da sociedade contemporânea ser dominada pela cultura do desperdício. No Brasil, parece ser ainda mais complicado, o território extenso e os vastos recursos naturais presentes aqui, tornar-se-iam grandes triunfos, se não agravassem ainda mais o problema. Isto ocorre porque somos levados a pensar que tudo é inesgotável e que, quando aumenta a demanda de energia, basta cortar mais árvores ou barrar mais rios. O homem não sabe preservar, ele mesmo desequilibra sem pensar no amanhã e nas gerações futuras que ainda utilizarão estes recursos naturais.

É preciso difundir a consciência de que a qualidade de vida dos seres humanos depende da qualidade e estabilidade do ambiente em que vivem, trabalham e retém o seu sustento. Pois ar e água poluídos, alimentos contaminados e outros tipos de poluição urbana afetam drasticamente a qualidade de vida do homem.

A racionalização no uso dos recursos naturais é de vital importância para o processo de desenvolvimento sustentável, principalmente daqueles não renováveis. Grippi (2001, p. 50) conclui que, aliado a isso,

> *"A reutilização de materiais pelo processo da reciclagem, para que estes voltem a ser úteis novamente, retornando à linha de produção, reduzindo gradativamente a necessidade de mais e mais matéria-prima virgem e, principalmente, desviando materiais para aterros, o que causa grande pressão e impacto sobre o planeta."*

Em alguns países a reciclagem de lixo está sendo amplamente desenvolvida, reduzindo os problemas de poluição e de aglomeração de resíduos, beneficiando com isso toda a população. Sola (2003) cita que

> *"A Suíça produz cerca de 400 quilos de lixo por ano por habitante. A quantidade é considerada baixa e ainda coloca o país entre os mais avançados no que se refere à coleta, reciclagem e incineração de lixo. Não é para menos. Estima-se que o país recicle 41% do total produzido, com boas taxas de reaproveitamento: 91% para vidros; 80% para plásticos e 60% para papel e baterias."*

No Brasil, segundo estudo realizado pelo IBGE (apud Estado de São Paulo, 2003), a coleta seletiva alcança apenas 4,3 mil das 228,4 mil toneladas recolhidas ao dia no país. Só 8,2% das cidades têm coleta seletiva para 6% dos domicílios. Em 2000, 59,5% dos resíduos eram tratados de forma inadequada. De 1993 a 2000, foi de 50% para 78,2% a reciclagem de latas de alumínio; de 25% para 41%, vidro e de 18,8% para 26,3% de embalagens PET, ou seja, o país possui potencial para obter crescimento significativo nessa área.

O processo de reciclagem é composto de várias fases, porém sua realização depende de uma ação fundamental: a separação prévia dos materiais. A maior parte das coisas que jogamos fora não é suja, torna-se suja depois de misturada. Depois que tudo está misturado, é muito difícil de se separar com bom aproveitamento. Os resíduos, quando dispostos e recolhidos de modo convencional são pouco aproveitados. Um material contamina o outro – material úmido (restos de alimentos, líquidos em geral), impregna-se no material seco (embalagens, madeira) e vice-versa, prejudicando qualquer tentativa de separação, comprometendo deste modo à qualidade.

> *"Se os materiais inservíveis forem colocados no seu devido lugar, desde o momento em que são descartados, possibilita-se um maior aproveitamento dos mesmos e a quantidade de lixo que não pode ser reciclado será muito menor." (Recicloteca, 2003)*

Num programa de coleta seletiva de lixo, ocorrem benefícios significativos para o meio ambiente e para a sociedade como redução de poluição, consumo de energia e geração de novos empregos direta e indiretamente através das etapas que englobam o processo de reciclagem. O processo inicia-se com a separação do lixo, passando pela triagem e embalagem (2ª etapa), trituração, lavagem e derretimento (3ª etapa), para com isso ser transformado em outro material, como vassouras, garrafas, tubos e conexões entre outros, concretizando assim a reciclagem (4ª etapa).

Com base na premissa do desenvolvimento sustentável onde o turismo deve se desenvolver preservando o meio ambiente e contribuindo para o desenvolvimento social, destaca-se a importância das empresas do *trade* em separem os resíduos que podem ser reciclados gerando renda para os próprios colaboradores e despertando uma nova consciência de preservação dos nossos recursos naturais.

O estudo aqui apresentado descreve uma metodologia para a implantação de um programa de coleta seletiva de lixo em meios de hospedagem de turismo, gerando com isso benefícios aos colaboradores da empresa oriundo das divisas arrecadadas com a separação e conseqüente melhoria da imagem da empresa que passa a ser vista como um empreendimento ativamente responsável na conservação da natureza e com responsabilidade social.

Como estudo de caso de implantação dessa metodologia tem-se como objeto de investigação o empreendimento Plaza Itapema Resort & SPA, localizado no município de Itapema – SC. O Plaza Itapema Resort & SPA é um hotel de lazer, categoria superior, administrado pela família Schmidt e com de 30 anos de história. Por todo este período sempre se demonstrou interessado e preocupado com o desenvolvimento social de seus colaboradores e população local, sendo evidenciado este fato no tratamento de esgoto privativo presente na sua infra-estrutura, a participação de seus colaboradores nos lucros e a assistência social e médica estabelecidas por meio de convênios pela Associação dos Funcionários do Hotel Plaza Itapema.

Programa Piloto de Coleta Seletiva de Lixo para um Meio de Hospedagem e Turismo, caso Plaza Itapema Resort & SPA

Um Programa de Coleta Seletiva para um meio de hospedagem de turismo não é tarefa difícil de realizar, porém é trabalhoso, exige dedicação e empenho, pois engloba pelo menos três etapas:

- Planejamento.
- Operacionalização.
- Manutenção.

O primeiro movimento é verificar a existência de pessoas interessadas em fazer esse trabalho. Uma pessoa só não consegue arcar com tudo por muito tempo, pois uma das principais razões para o sucesso de programas desse tipo é a participação e o envolvimento do maior número de pessoas.

No caso do Plaza Itapema Resort, primeiramente foram contatadas todas as chefias de setores para apresentação do material explicativo sobre todas as etapas, anteriormente citadas, que englobariam o processo. Na portaria, local de passagem de todos os funcionários, foi anexado um convite a todos os colaboradores que quisessem participar do primeiro encontro.

Nesta primeira reunião decidiu-se intitular o projeto de Programa Onda Verde sendo montada uma comissão chamada COPOV (Comissão Organizadora do Programa Onda Verde) com a responsabilidade de elaboração e criação do planejamento, implantação e acompanhamento do programa.

É de suma importância desde o início ir discutindo sobre os pontos de vista e realidade de cada setor, para decisões conjuntas sobre os passos que deverão ser dados pela comissão, utilizando-se para isso formas costumeiras de organização, como reuniões.

Primeira Etapa: Planejamento

O primeiro passo para o início do planejamento é conhecer um pouco o lixo produzido pelo estabelecimento. No objeto de estudo analisado foi elaborada uma relação de todos os setores existentes. Munido de uma planilha relacionando os setores com quantidade produzida de lixos como papéis, plásticos, vidros, metais, resíduos orgânicos e rejeitos foi possível por meio de uma investigação *in loco* verificar a quantidade diária de resíduos gerados e de que materiais o lixo de cada setor é composto.

Ainda nesta fase inicial é importante verificar o percurso que o lixo faz, desde onde é gerado até onde é disposto para a coleta geral, inteirando-se sobre a estrutura física utilizada e disponível.

No Hotel Plaza Itapema todo o lixo gerado era coletado duas vezes ao dia pelo setor de jardinagem e armazenado em um depósito externo refrigerado.

Outro aspecto dentro do planejamento de um programa de coleta seletiva de lixo é como funciona na região a compra dos recicláveis e quanto é pago por quilo. Para isso é necessário conhecer bem este mercado.

Foi averiguado junto a prefeitura de Itapema, cidade sede do hotel, se já havia coleta seletiva e os possíveis compradores do lixo já separado. Optou-se por um comprador que em determinados dias da semana coletaria o material do hotel, efetuando o pagamento imediato.

Conhecendo um pouco sobre o lixo produzido no estabelecimento, as características do local e o mercado dos recicláveis pode-se decidir que a separação seria de todos os materiais recicláveis e que o setor de jardinagem continuaria a coleta nos setores, estocando separadamente os lixos orgânicos dos recicláveis e lugares diferentes.

Com a listagem dos recursos materiais necessários para operacionalização do programa, pode-se providenciar a quantidade de lixeiras específicas de reciclagem para as áreas externas e internas. Para os setores internos que geram abundante quantidade de lixo foram reaproveitadas bombonas de plástico de 50 litros devidamente pintadas para facilitar a identificação. Já para as lixeiras menores foram utilizados adesivos especiais. Para as áreas externas foram adquiridas lixeiras padronizadas.

Segunda Etapa: Operacionalização

Em função de todos os dados levantados já se pode passar para uma previsão de quando lançar o programa. Deve-se levar em conta todos os materiais educativos/informativos, que precisam ser elaborados, tudo o que precisa ser comprado e/ou adaptado.

Nessa fase, como aparecem várias tarefas a divisão de responsabilidades é imprescindível. Assim, o acerto com os sucateiros, a elaboração dos materiais educativos, a compra dos materiais, a sensibilização e a conscientização de todos os funcionários, a organização da inauguração do programa são tarefas executadas mais facilmente com a divisão de trabalho.

A inauguração do programa apresentou-se de forma alegre e contagiante, onde todos os setores se mobilizaram em "limpar" tudo o que pudesse ser jogado no lixo reciclável, levando o seu lixo no final do dia até o local onde é armazenado o material para ser vendido.

Nunca é demais ressaltar que educação é à base de tudo, e que os resultados dos investimentos em educação ambiental demoram a ser percebidos. Para tal é de suma importância à elaboração de um programa de conscientização.

Entretanto, antes da elaboração do mesmo, optou-se pela aplicação de uma pesquisa direcionada aos colaboradores, a fim de investigar aspectos específicos como grau de conhecimento sobre o processo de reciclagem, os benefícios gerados para a qualidade de vida, o destino dado ao lixo atualmente, o interesse em participar desse processo, as formas de como receber as divisas oriundas da venda do material, bem como a melhor forma de aprender mais sobre o assunto.

Foram entrevistados 80 dos 208 colaboradores presentes no hotel, utilizando perguntas fechadas que se mostraram mais adequadas para tabulação. Com base nos dados obtidos foi montada uma palestra de aproximadamente 15 minutos, utilizando cartazes que de forma clara e didática esclarecia os tipos de materiais para cada tipo de lixo e cartilhas informativas. Este método de conscientização foi aplicado em todos os setores, atingindo 100% dos colaboradores.

Com todos os dados levantados e a conscientização feita foi planejada para inauguração oficial do programa, uma gincana recreativa com todos os funcionários, oferecendo premiação aos primeiros colocados.

Terceira Etapa: Manutenção

Nesta etapa é relevante o acompanhamento e gerenciamento da coleta, do armazenamento e a venda dos materiais, visando que desvios não ocorram. Devem ser criadas atividades contínuas de informação, sensibilização e incentivos, sendo importantíssimo repassar os resultados a fim de retomar os objetivos.

No Hotel Plaza Itapema foram criados cartazes evidenciando o reconhecimento pela realização da separação de forma correta, estimulando assim a continuidade do programa e a integração de todos em prol do objetivo comum.

E por fim, a transparência dos resultados obtidos com a venda dos resíduos é de suma importância, por isto o balanço do andamento e resultado do programa deve estar ao alcance de todos constantemente. Um demonstrativo de resultado das respectivas quantidades coletadas no período e o valor arrecadado também foi colocado na portaria principal.

Resultados e Considerações Finais

Um programa de coleta seletiva para meios de hospedagem de turismo apresenta uma grande gama de aspectos positivos tanto para a parte laboral como para a parte patronal, não desconsiderando alguns aspectos limitantes posteriormente citados.

Em relação aos aspectos positivos na área social cita-se a possibilidade de que a iniciativa do Hotel Plaza Itapema, um empreendimento referencia no município, se torne um incentivo para que os demais hotéis da região, bem como para que a prefeitura municipal implante a coleta seletiva na cidade, reduzindo consideravelmente o volume de materiais depositados nos lixões e gerando novos empregos neste processo que envolve a reciclagem. Somente neste trabalho de triagem realizado pela empresa compradora dos recicláveis do hotel, mais de 200 pessoas obtêm renda para sustento de suas famílias.

Outro aspecto relevante é a conscientização dos funcionários sobre o destino final do lixo, sendo a iniciativa da empresa um princípio a ser seguido em suas próprias residências, gerando um efeito cascata.

Ainda como um aspecto positivo social cita-se o considerável aumento da satisfação e motivação dos colaboradores do Hotel Plaza Itapema Resort que foi agregado pelos benefícios da coleta seletiva, pois a comissão decidiu que toda a divisa arrecadada será revertida em auxílio alimentação para os mesmos. Destaca-se ainda o exercício da cidadania praticado pelos colaboradores durante todo o processo, desde o planejamento e até a manutenção.

Em relação aos aspectos positivos na economia considera-se as divisas que foram arrecadadas, em torno de R$ 600,00 em apenas duas semanas após a implantação do programa de coleta seletiva e R$ 860,00 após um mês, mantendo-se uma ocupação média mensal de 40%, dinheiro que foi revertido em benefício dos próprios colaboradores.

Já considerando os aspectos positivos para a ecologia, pode-se relevar que a conscientização ecológica gerada pelo hotel nos colaboradores desenvolveu novos conceitos e valores. Sem desconsiderar que o reaproveitamento deste material estará reduzindo o consumo de energia e matérias, primas como árvores, areia, petróleo e minérios.

É de grande valia citar que para que tal programa vigore é de suma importância que os benefícios com a separação e venda dos resíduos recicláveis seja em prol dos colaboradores, pois é uma motivação a mais para participarem do programa, conseqüentemente se reeducarem em relação à separação e destino do lixo.

Finalizando, considere-se ainda como aspecto limitante da resistência a mudança na rotina de trabalho por parte de alguns colaboradores, já que esse processo é trabalhoso e merece atenção especial. Como solução, a sensibilização quanto ao problema social que envolve o lixo e os benefícios gerados poderá colaborar com essa mudança de comportamento.

Todos esses fatores positivos de um programa de coleta seletiva, social, econômico e ecológico agregam novos valores a empresa que se preocupa com a sua responsabilidade social perante a sua região, município, estado, país e mundo.

Referências Bibliográficas

1. RUSCHMANN, D. V. M. *Turismo e Planejamento Sustentável: a proteção do meio ambiente*. 7. ed. Campinas: Papirus, 2001. (Coleção Turismo).
2. GRIPPI, S. *Lixo, Reciclagem e sua História: guia para as prefeituras brasileiras*. Rio de Janeiro: Interciência, 2001.
3. FIGUEIREDO, P. *A Sociedade do Lixo: os resíduos, a questão energética e a crise ambiental*. 2. ed. Piracicaba: Unimep, 1995.
4. SOLA, L. Suíços produzem pouco lixo e ainda reciclam 41% do total. *O Estado de São Paulo*, São Paulo, 2/fev/2003. Disponível em: http://www.estadao.com.br.htm. Acesso em: 5/fev/2003.
5. VILHENA, A. *Reciclagem: compromissos e benefícios.* CEMPRE. Disponível em: http://www.cempre.org.br.htm. Acesso em: 20/mar/2003.
6. IHEI – International Hotels Environment Iniciative. *Social Dimensions*. Disponível em: http://www.ihei.org.htm. Acesso em: 9/mar/2003.
7. ABIH – Associação Brasileira da Indústria de Hotéis. *Hóspedes da Natureza.* Disponível em: http://www.abih.com.br.htm. Acesso em: 20/jan/2003.
8. COLETA ECOLÓGICA. *Como Implantar a Coleta Seletiva na Empresa*. Disponível em: http://www.coletaecologica.com.br.htm. Acesso em: 18/fev/2003.
9. WWF. *Desenvolvimento Sustentável*. Disponível em: http://www.wwf.org.br.htm. Acesso em: 9/mar/2003.
10. RECICLOTECA. *Dicas para a Implementação de um Sistema de Coleta Seletiva de Materiais Recicláveis*. Disponível em: http://www.recicloteca.org.br.htm. Acesso em: 10/mar/2003.
11. JORNAL O ESTADO DE SÃO PAULO. *País engatinha na reciclagem do lixo*. São Paulo, 20/jun/2003. Disponível em: http://www.estadao.com.br.
12. GREEN HOTELIER MAGAZINE. *A Natural Step Forward*. London, n. 13, p.22, jan. 1999.

Capítulo 44

Criação de Parcerias entre Poder Público e Setor Hoteleiro para Dinamizar o Legado Cultural Regional

Francisca Montenegro do Nascimento
Leilianne Michelle Trindade da Silva
Wayne Thomas Enders

Introdução

O presente capítulo tem por objeto de estudo a parceria entre o poder público e o setor hoteleiro na valorização, preservação e promoção do legado cultural regional e seu desenvolvimento como atração turística. Entende-se por legado cultural o patrimônio material, como igrejas, monumentos, museus, casarios etc., e imaterial, compreendido por cultura, tradição e folclore (Barreto, 2000).

Nos últimos anos, vários autores afirmaram que o turismo cultural, que tem como atração alguma forma de cultura "tradicional", está em crescimento (Tucker, 2001; Richards, 1996; Boissevain, 1996; Weiler e Hall *apud* Tucker, 2001). A *World Tourism Organization* – WTO (1999, p. 4) afirmou recentemente que: "a sede para conhecimentos e experiências de primeira mão com as maravilhas do mundo impulsionarão, sem dúvida, o dinâmico setor de turismo cultural".

Dentro desse contexto, esta pesquisa busca identificar as formas de inserção do legado cultural no produto hoteleiro regional como elemento de estratégia competitiva. O objetivo geral é identificar como se dão as parcerias entre os setores público e hoteleiro, a fim de valorizar, preservar e desenvolver o legado cultural regional como produto turístico capaz de proporcionar vantagens competitivas para o hotel regional e benefícios culturais e econômicos para a população local. O estudo tem como base a análise de literatura relevante a legado cultural, gestão hoteleira e parcerias entre os setores público e privado. Os conceitos identificados na literatura serão confrontados com dados empíricos coletados junto ao setor hoteleiro do Pólo Costa dos Arrecifes, no estado de Pernambuco.

Os principais motivos que estimulam o turista a visitar uma determinada região são os atrativos naturais e culturais que ela possui. O que Pires (2001, p. vii) afirma com respeito aos atrativos turísticos no Brasil, em geral, é válido para suas diversas regiões geográficas, no sentido de que:

> *"Ao mesmo tempo em que [Brasil] detém imensos recursos naturais e culturais, apenas uma pequena parte deles, por sua vez, transformou-se em atrativos turísticos.*
>
> *É bem verdade que, no que concerne aos recursos naturais, alguma coisa já se mostra de maneira mais trabalhada: recursos houve que foram lapidados pelo labor e tornaram-se atrativos. A situação do patrimônio cultural, passível de utilização turística, por sua vez, ainda é crítica."*

Pires (2001, p. ix) também chama a atenção para o atraso no Brasil quanto ao aproveitamento do legado cultural como atrativo turístico, citando o caso comparativo da:

> *"(...) Áustria, por exemplo, [onde] a visitação aos lagos [atrativo natural] permanece estável desde 1975, ao passo que o turismo cultural cresceu 135%, tendo o turista cultural um perfil almejado pelo setor, pois é sabido que ele ganha mais dinheiro e gasta mais nas férias, permanece mais tempo nas localidades e, normalmente, hospeda-se em hotéis."*

Tendo em vista a tendência de crescimento no turismo cultural, o legado cultural de uma determinada região constitui um recurso com potencial para beneficiar direta ou indiretamente não só o setor hoteleiro, mas também a população local.

No Brasil, como na maioria dos países, o domínio do patrimônio cultural pertence, em parte, à sociedade privada e, em parte, ao poder público. Cada dia mais, o poder público vem assumindo responsabilidade e controle sobre esse patrimônio, inclusive o que pertence à sociedade privada.

Para que os elementos passivos (patrimônio material) e até os ativos (patrimônio imaterial) do legado cultural de uma determinada região sejam aproveitados como atrativos turísticos, é necessário o reconhecimento dos mesmos como recursos regionais e que esses recursos sejam transformados em produtos turísticos. Porém, "no Brasil, infelizmente, ainda não são muitos os artistas, promotores culturais e administradores da cultura que enxergam os diversos componentes indispensáveis para fazer um produto cultural acontecer" (Pires, 2001, p. 31).

Tanto Pires (2001, p. 45-47) como Barretto (2000, p. 15-17) reconhecem alguns fatores que impedem que o poder público, por si só, mantenha protegidos os bens culturais, muito menos transformá-los em atrativos turísticos regionais em termos das exigências dos turistas de hoje. Além da situação paradoxal de o poder público ter declarado um bem patrimônio do Estado sem ter condições de preservar e protegê-lo, ambos também citam as resistências, por parte de algumas pessoas-chave, tanto dentro do setor público como do setor privado, de entrar em parceria pública/privada para a preservação e aproveitamento do legado cultural.

Mesmo nos países onde a parceria pública/privada, na manutenção do patrimônio público, hoje, mostra resultados positivos, houve resistência e desconfiança na época de ser contemplada pela primeira vez. Cecil (*apud* Barretto, 2000, p. 16-18) e Santana (*apud* Barretto, 2000, p. 17) afirmam que, tanto nos Estados Unidos da América como na Espanha, respectivamente, parcerias pública/privadas, que enfrentaram resistência na sua introdução, mostraram, mais tarde, resultados positivos.

No Brasil, Phillips (*apud* Pires, 2001, p. 47) defende a parceria pública/privada, afirmando que o princípio fundamental a ser obedecido é de que tanto os agentes culturais como as empresas saem ganhando. Como resultado positivo dessa parceria, pode-se observar o investimento na imagem institucional da empresa e o incremento das atividades culturais (Pires, 2001, p. 47). Para o turista, bem como para o cidadão local, o benefício aparece na forma de mais uma atração diferenciada da região a ser desfrutada. Para a empresa parceira, o retorno é o lucro e a valorização de sua imagem. Para a sociedade local, em geral, o bem cultural e a tradição local estão mantidas vivas e preservadas.

Pereira (1999, p. 10) mostra uma visão mais complexa do turismo. O autor chama a atenção para a variedade de segmentos, atividades e interesses envolvidos no turismo; as necessidades de investimentos, infra-estruturas e serviços e os efeitos multiplicadores sobre os diversos setores econômicos, sociais e culturais, fazendo com que a participação do Estado na produção de políticas públicas de turismo se revele fundamental.

O estado de Pernambuco possui um rico legado cultural, baseado, principalmente, no período colonial do Brasil e, em seguida, pela forma singular como a cultura evoluiu ao longo do tempo até o presente. Mais do que as belezas naturais de que o estado também é dotado, o legado cultural é que faz com que ele seja único entre as regiões do mundo.

Para que o legado cultural do estado de Pernambuco seja conservado, mantido vivo e aproveitado pela população local e o crescente mercado mundial de turistas, é necessário adotar um novo modelo de gestão cultural no sentido de efetivar uma viável prática sustentável desse recurso. Nesse novo modelo, o poder público deve exercer um importante papel, indo além de sua postura tradicional de guardião sem força para agente propulsor da conservação, aproveitamento e auto-sustentação financeira do legado cultural.

Central a essa visão mais dinâmica é a parceria com elementos do setor privado. Quando se considera o mercado turístico como fonte alimentadora da sustentação financeira do legado cultural local, o setor hoteleiro, principal componente do parque turístico, se mostra como elemento mais adequado para representar o setor privado. Esse pensamento é coerente com o do World Bank (apud World Tourism Organization Business Council, 2001, p. 9), que diz

> *"Temos mudado de um mundo onde o Estado tem responsabilidade única sobre o bem público e a classe empresarial maximizou lucros independentes dos interesses da sociedade em geral a um mundo onde o sucesso depende da sinergia nítida entre os interesses da classe empresarial, a sociedade (civil) e o governo."*

The World Tourism Organization Business Council (2001, p. 13), no seu estudo de âmbito mundial sobre a cooperação pública/privada e seu impacto na competitividade turística, diz que

> *"(...) há evidência crescente da importância de cooperação no tratamento de áreas chaves de preocupação, tais como segurança e seguridade, saúde, o meio ambiente, cultura e legado histórico. E governos estão cada vez mais chamando o setor privado para gerenciar operações do Estado, tais como aeroportos e prédios de legado histórico nacional, ou de serviços públicos. Isto faz sentido por causa do tino comercial mais desenvolvido pelo setor privado e sua experiência com práticas empresariais."*

Objetivos

O objetivo geral deste trabalho é de identificar formas de parceria entre o setor público e o setor hoteleiro em relação ao uso do legado cultural como produto turístico, de forma a definir variáveis-chaves que precisam de intervenção para poder dinamizar essas parcerias para valorizar, preservar e desenvolver o legado cultural regional como produto turístico, a fim de proporcionar vantagens competitivas para a hotelaria regional e benefícios culturais e econômicos para a população local.

Os objetivos específicos do estudo consistem em:

- Identificar os componentes do legado cultural local atualmente integrados no produto hoteleiro.
- Identificar as formas como o poder público e o setor hoteleiro estão trabalhando juntos para dinamizar o legado cultural como produto turístico que possa contribuir para a competitividade do setor hoteleiro.
- Identificar os componentes de legado cultural nos quais o poder público e o setor hoteleiro podem compartilhar responsabilidades de preservação e desenvolvimento como produtos turísticos que possam contribuir para a competitividade dos hotéis da região local.
- Identificar os elementos de uma parceria entre o poder público e o setor hoteleiro dentro do qual possa ser tratado o desenvolvimento do legado cultural como atrativo complementar ao produto hoteleiro regional.

População e Amostra

A população que constitui o foco que interessa à pesquisa é composta, no que se refere ao setor hoteleiro, de 241 hotéis e pousadas que compõem o parque hoteleiro da região de planejamento turístico conhecida como Pólo Costa dos Arrecifes, no estado de Pernambuco. O Pólo está composto de treze municípios geograficamente contíguos, ocupando a região litoral do estado de Pernambuco, limitado ao norte pelo estado da Paraíba e ao sul pelo estado de Alagoas. Os municípios que constituem o Pólo são: Goiana, Itamaracá, Igarassu, Paulista, Olinda, Recife, Joaboatão dos Guararapes, Cabo de Santo Agostinho, Ipojuca, Sirinhaém, Tamandaré, Barreiros e São José da Coroa Grande. A população referente ao setor público é composta por quinze gestores (quatorze secretários e um presidente) das Secretarias de Turismo e Cultura dos municípios pesquisados, do Governo do Estado e da entidade de administração indireta que cuida de turismo em Pernambuco.

A amostra é do tipo estratificado, proporcional e probabilístico (Mendenhall *et al.*, 1993, p. 789-795) composta de 161 hotéis/pousadas, distribuídos proporcionalmente e aleatoriamente entre quatro categorias definidas com base no tamanho. Este foi medido pelo número de unidades de hospedagem (apartamentos/UH) existentes no hotel ou pousada. A amostra possui um nível de confiança de noventa por cento, com margem de erro de cinco por cento. Atende às exigências teóricas necessárias para a aplicação de todas as técnicas previstas na análise dos dados.

Em relação ao setor público, a amostra consistiu em oito representantes de setores relacionados com as atividades turística e cultural nas secretarias estadual e municipais.

Coleta e Tratamento dos Dados

As principais fontes de dados primários foram os donos ou gerentes de hotéis selecionados e representantes do setor público. Foram aplicados questionários compostos de questões abertas, fechadas e escala "tipo Likert", os quais foram preenchidos pelo entrevistado na presença de um entrevistador treinado para esse fim.

Os dados secundários foram coletados por meio de dados disponíveis em publicações a respeito do setor hoteleiro e do turismo como um todo.

Os dados foram tratados de forma quantitativa e qualitativa, conforme as necessidades da questão de pesquisa e a natureza dos dados coletados.

Análise e Interpretação dos Dados

Integração Atual do Legado Cultural no Produto Hoteleiro

Considerando a amostra de 161 meios de hospedagem da área em foco, analisar-se-á, neste tópico, a integração que existe atualmente entre o legado cultural e o produto hoteleiro na região determinada.

A Tabela 44.1 apresenta o grau em que os estabelecimentos utilizam o legado cultural local, representado por dezoito elementos da cultura da região, nos produtos e serviços que ofertam aos seus clientes. Os gestores desses estabelecimentos utilizaram uma escala variando de (1) Não usamos a (5) Prática Contínua para mostrar a intensidade do uso do legado cultural.

Conforme pode ser observado na Tabela 44.1, nenhum dos componentes do legado cultural analisados na pesquisa aproxima-se de um nível de prática contínua de uso no setor hoteleiro em estudo. Os mais citados atingem apenas a média entre às vezes (AV) e freqüentemente (FR), que são os itens representados pelos números 1 e 2 (médias de 3,74 e 3,44, respectivamente).

Pode-se verificar, ainda, que oito dos componentes do legado cultural apresentados na Tabela 44.1 estão sendo utilizados com freqüência média entre raramente (RA) e às vezes (AV) (itens de número 3 até o número 10) e oito com freqüência média entre não usamos (NU) e raramente (RA), que são os itens de número 11 até o número 18.

Tabela 44.1 – Intensidade em que os meios de hospedagem do Pólo Costa dos Arrecifes utilizam os elementos da cultura regional nos seus produtos e serviços

Componentes do legado cultural local	*Média**	*Desvio padrão*
1 - Divulga eventos culturais locais aos seus clientes	3,74	1,46
2 - Oferece comida regional no restaurante	3,44	1,61
3 - Inclui algum elemento cultural/tradicional da região na sua matéria de divulgação	2,71	1,59
4 - Utiliza artes plásticas com temas culturais/tradicionais	2,68	1,62
5 - Usa artefatos culturais (carro de boi, bonecas de barro)	2,62	1,58
6 - Utiliza música ambiental de temas culturais/tradicionais	2,56	1,44
7 - Usa temas do legado cultural/tradicional da região na sua matéria de divulgação	2,53	1,55
8 - Oferece como brinde de lembrança algum artefato do legado cultural local	2,28	1,37
9 - Estabelece parcerias com empresas que oferecem produtos e serviços culturais	2,25	1,58
10 - Oferece excursões culturais	2,22	1,48
11 - Usa elementos arquitetônicos cultural/tradicional para atrair e reter clientes	1,97	1,46
12 - Usa elementos do legado cultural para enfeitar os cardápios, toalhas, guardanapos	1,96	1,49
13 - Patrocina espontaneamente eventos culturais/tradicionais	1,86	1,30
14 - Colabora com o poder público no patrocínio de projetos e programas culturais	1,85	1,33
15 - Patrocina treinamento aos empregados que inclui matéria sobre aspectos culturais/tradicionais	1,55	1,05
16 - Apresentação de exibições culturais	1,45	0,96
17 - Apresenta *shows* folclóricos no hotel	1,43	0,96
18 - Atividades recreacionais/educacionais sobre legado cultural	1,39	0,91
Uso total do legado cultural (Média global)	*2,19*	*0,85*

Fonte: Pesquisa de campo realizada no período de maio a julho de 2002.
* Os componentes foram avaliados pelos gestores dos meios de hospedagem na seguinte escala: não usamos = 1, raramente = 2, às vezes = 3, freqüentemente = 4; e prática contínua = 5.

O grau de utilização dos componentes do legado cultural nos produtos e serviços dos meios de hospedagem da amostra, de um modo geral, está adequadamente resumido pela média global (2,19). A mesma indica que os elementos do legado cultural local raramente estão sendo usados pelos estabelecimentos do Pólo.

O desvio padrão é um indicador da variação no grau de utilização do legado cultural local pelos meios de hospedagem da amostra. Quanto maior o desvio padrão, maior a variação, entre os hotéis, no grau de utilização dos componentes selecionados. Por exemplo, podem ser observados os itens de número 1 até o de número 12.

Por outro lado, quanto menor o desvio padrão, mais consistente é o nível de utilização pelos meios de hospedagem dos componentes do legado cultural (itens de número 16 ao número 18).

Colaboração Poder Público/Setor Hoteleiro no Uso do Legado Cultural no Produto Hoteleiro

Analisa-se aqui a colaboração que o poder público oferece ao setor hoteleiro no Pólo Costa dos Arrecifes com vistas a favorecer a utilização do legado cultural nos produtos e serviços ofertados.

Como pode ser verificado na Tabela 44.2, a maior parte do apoio oferecido pelo poder público é realizada na forma de treinamento, divulgação e apoio ao patrimônio público que compõe o legado cultural da região.

O apoio por meio de programas voltados ao turismo, de incentivos fiscais que favorecem aos meios de hospedagem do litoral pernambucano e

Tabela 44.2 – Tipos de apoio que o poder público disponibiliza para incentivar o uso do legado cultural pelos meios de hospedagem do Pólo Costa dos Arrecifes

Tipo de apoio dado pelo poder público	*Quantidade de órgãos/empresas públicas que fornecem incentivos*	*% dos casos*	*Quantidade de órgãos/empresas públicas que não fornecem incentivos*	*% dos casos*
Treinamento	7	100,0	0	0,0
Divulgação	6	85,7	1	14,3
Patrimônio	6	85,7	1	14,3
Participação em programas	5	71,4	2	28,6
Incentivo fiscal	5	71,4	2	28,6
Infra-estrutura	5	71,4	2	28,6
Serviços de consultoria gratuitos	2	28,6	5	71,4
Empréstimo	2	28,6	5	71,4
Financeiro direto	2	28,6	5	71,4

Fonte: Pesquisa de campo realizada no período de maio a julho de 2002.

de infra-estrutura para o pólo turístico, também é alvo de atenção pelo poder público. Entretanto, uma peça-chave na colaboração com o setor hoteleiro, visando à utilização do legado cultural, deveria ser a prestação gratuita de serviços de consultoria, a qual praticamente não é realizada, assim como a concessão de empréstimo e financiamento direto, que poderia abranger especialmente as pequenas empresas do setor hoteleiro.

A Tabela 44.3 mostra o apoio do poder público, na forma de incentivos ao legado cultural local, recebido pelos meios de hospedagem do Pólo nos últimos cinco anos.

Observa-se que é muito baixo o nível de aproveitamento pelos estabelecimentos das formas de apoio disponibilizadas pelo poder público ao setor. Esse fato sugere a falta efetiva de entrosamento e interação entre o poder público e os meios de hospedagem do litoral pernambucano.

Componentes do Legado Cultural Passíveis de Serem Trabalhados em Parceria entre Poder Público e Setor Hoteleiro

Ao submeter os componentes do legado cultural selecionados à apreciação dos representantes do poder público e do setor hoteleiro, perguntan-

Tabela 44.3 – Apoio do poder público na forma de incentivos ao legado cultural, recebidos nos últimos cinco anos pelos meios de hospedagem do Pólo Costa dos Arrecifes

Tipo de apoio dado pelo poder público	*Quantidade de estabelecimentos que recebem incentivos*	*% dos casos*	*Quantidade de estabelecimentos que não recebem incentivos*	*% dos casos*
Divulgação	25	16,0	131	84,0
Participação em programas	10	6,4	147	93,6
Serviços de consultoria gratuitos	8	5,0	149	95,0
Patrimônio	7	4,5	149	95,5
Incentivo fiscal	6	3,8	152	96,2
Infra-estrutura	6	3,8	152	96,2
Treinamento	5	3,2	152	96,8
Empréstimo	5	3,2	153	96,8
Financeiro direto	4	2,5	155	97,5

Fonte: Pesquisa de campo realizada no período de maio a julho de 2002.

do-se quais poderiam ser tratados numa parceria entre os dois lados envolvidos, indicando-se numa escala de 1 a 5 o que deveria ser executado por cada setor (1 = totalmente público; 2 = principalmente público; 3 = ambos os setores igualmente; 4 = principalmente setor hoteleiro; e 5 = totalmente setor hoteleiro), tornou-se evidente, pelas médias apresentadas e especialmente pelo comportamento da média global, que a principal opinião é a de que a responsabilidade pelas atividades culturais é primeiramente do poder público (Tabela 44.4).

Apesar da aparente concordância na maior responsabilidade do poder público, considerando-se uma parceria que vise ao desenvolvimento do legado cultural local como mais forte atração turística da região, existem diferenças individuais entre os membros dos dois setores.

Com vistas a melhor esclarecer essas diferenças, os dados foram submetidos à análise de conglomerados, onde foi descoberta a existência de três grupos de pensamentos diferentes sobre a responsabilidade de executar atividades relativas ao legado cultural.

A Tabela 44.5 apresenta os gestores do setor hoteleiro e os representantes do poder público no estado de Pernambuco, de acordo com os seus respectivos pensamentos sobre o grau em que ambos os lados podem trabalhar em parceria para desenvolver o legado cultural local como mais forte atração turística.

O maior grupo, composto de 81 gestores de estabelecimentos hoteleiros, acredita que a maior responsabilidade cabe ao poder público. O menor grupo, composto por nove dos gestores de meio de hospedagem que compõem o total válido da amostra, apresenta uma posição altamente proativa com respeito ao legado cultural, pois conferem a responsabilidade principalmente ao setor hoteleiro.

O terceiro grupo é composto por 77 pessoas, entre as quais sete pertencem ao poder público. Esse grupo apresenta uma visão mais equilibrada sobre a distribuição da responsabilidade numa parceria para fomentar atividades culturais, pois a responsabilidade atribuída aos itens foi dividida entre o poder público e o setor privado (hotelaria).

Elementos Operacionais de Parceria Poder Público/Setor Hoteleiro no Desenvolvimento do Legado Cultural como Atrativo Complementar ao Produto Hoteleiro

Uma vez que já foi analisada a questão da colaboração entre o poder público e o setor hoteleiro e já foram enfocados quais os componentes do legado

Tabela 44.4 – Opinião dos gestores dos meios de hospedagem do Pólo Costa dos Arrecifes e dos representantes do poder público no estado de Pernambuco, sobre as respectivas responsabilidades para estabelecimento de parcerias para desenvolver o legado cultural

Componentes do legado cultural local	*Média**	*Setor hoteleiro*	*Poder público*	*Sig.*
1 - Responsabilidade de manter diálogo entre poder público e hotéis	2,75	2,76	2,60	
2 - Educação/qualificação de mão-de-obra para trabalhar com o legado cultural local	2,59	2,60	2,40	
3 - Manter vivo hoje os elementos do legado cultural local	2,57	2,57	2,67	
4 - Desenvolvimento do legado cultural como atração turística mais do que satisfaz as expectativas do turista	2,41	2,40	2,50	
5 - Promoção de eventos culturais/tradicionais	2,37	2,38	2,17	
6 - Divulgação do legado cultural local	2,34	2,35	2,17	
7 - Conscientização da sociedade do valor do legado cultural local	2,33	2,32	2,75	
8 - Preservação do legado cultural local	2,11	2,12	2,00	
9 - Concessão de prêmios para os hotéis com melhores práticas de uso do legado cultural	2,09	2,09	1,80	
10 - Fiscalização do uso do legado cultural local	1,99	2,02	1,00	**
11 - Controle do acesso ao uso do legado cultural local	1,97	1,96	2,17	
12 - Patrocínio de pesquisa sobre o legado cultural local	1,96	1,94	2,50	**
13 - Formulação de legislação sobre o legado cultural local	1,75	1,75	1,80	
14 - Elaboração de programas de incentivos fiscais para o uso correto do legado cultural	1,68	1,68	1,67	
15 - Criação de linhas de financiamento para fomentar o uso do legado cultural como elemento do produto hoteleiro	1,57	1,54	2,33	**
Média grupal	*2,16*	*2,15*	*2,17*	

Fonte: Pesquisa de campo realizada no período de maio a julho de 2002.

* Os componentes foram avaliados pelos donos/gerentes dos meios de hospedagem e por representantes do poder público na seguinte escala: totalmente público = 1; principalmente público = 2; ambos os setores igualmente = 3; principalmente setor hoteleiro = 4; e totalmente hotel = 5.

** Diferenças significantes a menos de 0.10 (teste t).

Tabela 44.5 – Opiniões sobre as responsabilidades do poder público e do setor hoteleiro para trabalhar em parceria, a fim de desenvolver o legado cultural local como mais forte atração turística, conforme grupos de gestores dos meios de hospedagem do Pólo Costa dos Arrecifes e representantes do poder público no estado de Pernambuco

*Componentes do legado cultural local**	*Setor público principalmente responsável*	*Setor privado principalmente responsável*	*Responsabilidade pública e privada*
1 - Preservação do legado cultural local	1,67	4,33	2,32
2 - Controle de acesso ao uso do legado cultural local	1,62	4,11	2,09
3 - Divulgação do legado cultural local	1,80	4,22	2,69
4 - Fiscalização do uso do legado cultural local	1,51	4,00	2,27
5 - Conscientização da sociedade do valor do legado cultural local	1,99	3,44	2,57
6 - Manter vivo hoje os elementos do legado cultural local	2,34	3,22	2,75
7 - Formulação de legislação sobre o legado cultural local	1,30	3,78	1,99
8 - Promoção de eventos culturais/tradicionais	1,99	3,78	2,61
9 - Patrocínio de pesquisa sobre o legado cultural local	1,21	4,33	2,48
10 - Responsabilidade de manter diálogo entre poder público e hotéis	2,53	3,56	2,89
11 - Educação/qualificação de mão-de-obra para trabalhar com o legado cultural local	2,31	3,89	2,74
12 - Elaboração de programas de incentivos fiscais para o uso correto do legado cultural	1,17	5,00	1,87
13 - Concessão de prêmios para os hotéis com melhores práticas de uso do legado cultural	1,63	3,63	2,41
14 - Criação de linhas de financiamento para fomentar o uso do legado cultural como elemento do produto hoteleiro	1,07	4,88	1,75
15 - Desenvolvimento do legado cultural como atração turística que mais satisfaz as expectativas do turista	1,99	3,78	2,69
Média grupal	*1,74*	*4,00*	*2,40*
Número de gestores dos meios de hospedagem ou representantes do poder público	*81*	*9*	*77***

Fonte: Pesquisa de campo realizada no período de maio a julho de 2002.

* Os componentes foram avaliados pelos gestores dos meios de hospedagem e por representantes do poder público na seguinte escala: totalmente público = 1; principalmente público = 2; ambos os setores igualmente = 3; principalmente hotel = 4; e totalmente hotel = 5.

**Os sete participantes do poder público se enquadram nesse grupo.

cultural candidatos a serem trabalhados nessa parceria, convém observar quais são os elementos operacionais que efetivamente caberiam numa parceria entre o poder público e o setor hoteleiro, com a finalidade de desenvolver o legado cultural como atrativo complementar ao produto hoteleiro. Portanto, foram solicitadas opiniões sobre um elenco de onze elementos que poderiam constituir esse processo, gerando concordância ou não entre os dois grupos.

A Tabela 44.6 mostra o nível de aceitação pelos gestores dos meios de hospedagem e representantes do poder público no Estado acerca de uma estrutura de parceria entre esses grupos, visando desenvolver o legado cultural local como mais forte atração turística.

Verificou-se, então, que os itens enumerados de 1 a 7 apresentam alto grau de aceitação e existência de dois principais pontos de divergência nesses elementos.

O primeiro refere-se à questão de qual setor deve assumir a presidência de uma comissão ou alguma espécie de estrutura formalizada. O poder público acredita a ele pertencer a maior posição de comando, enquanto o setor hoteleiro discorda, afirmando que tal posto deve pertencer a um representante de sua categoria.

O segundo ponto diz respeito à formalização efetiva da estrutura ou comissão. O poder público prefere uma estrutura informal para esse fim, enquanto o setor hoteleiro afirma ser melhor a constituição de uma estrutura formal.

Conclusão

Tomando por base o estudo realizado nesta pesquisa, quanto às possibilidades de dinamizar o legado cultural por meio de parcerias entre o poder público e o setor hoteleiro, chegou-se às conclusões descritas nos tópicos seguintes:

- Em geral, o uso do legado cultural como atuação dentro do produto hoteleiro no Pólo Costa dos Arrecifes, no estado de Pernambuco, é reduzido, sendo apenas utilizados os componentes mais simples e fáceis de implementar.
- De modo geral, tanto o setor hoteleiro como os representantes do poder público consideram as atividades do legado cultural como responsabilidade, principalmente, do poder público.
- Há concordância entre o setor hoteleiro e o poder público de que os elementos do legado cultural – educação/qualificação de mão-de-obra, manter vivo os elementos de legado cultural, desenvolver o legado cultural como atração turística, promoção de eventos culturais/tra-

Tabela 44.6 – Nível de aceitação, pelos gestores dos meios de hospedagem do Pólo Costa dos Arrecifes e representantes do poder público do estado de Pernambuco, de selecionados elementos de uma estrutura de parceria entre o poder público e o setor hoteleiro para desenvolver o legado cultural local como mais forte atração turística

Elementos de uma estrutura de parceria pública/hoteleira	*Média**	*Setor Hoteleiro*	*Poder Público*	*Sig.*
1 - Reuniões ordinárias pré-agendadas	4,47	4,49	4,00	
2 - Setor hoteleiro representado por entidade de classe (associação)	4,42	4,42	4,43	
3 - Representantes do setor hoteleiro eleitos por membros da classe	4,40	4,42	4,00	
4 - Comissão composta de representantes do setor hoteleiro e do poder público	4,36	4,43	4,43	
5 - Comissão setor hoteleiro/poder público com poderes legalmente reconhecidos	4,00	4,03	3,50	
6 - Hoteleiros mantêm contatos individuais com o poder público	3,81	3,82	3,57	
7 - Estrutura formalizada	3,72	3,73	3,83	
8 - Comissão setor hoteleiro/poder público com presidente do poder público	3,33	3,28	4,43	**
9 - Comissão setor hoteleiro/poder público com poderes apenas consultivos	3,25	3,23	3,71	
10 - Comissão setor hoteleiro/poder público com presidente do setor hoteleiro	3,21	3,25	2,29	**
11 - Estrutura informal	2,72	2,69	3,67	**

Fonte: Pesquisa de campo realizada no período de maio a julho de 2002.

* Os componentes foram avaliados pelos gestores dos meios de hospedagem e por representantes do poder público na seguinte escala: discordo totalmente = 1; discordo parcialmente = 2; nem concordo, nem discordo = 3; concordo parcialmente hotel = 4; e concordo totalmente = 5.

**Diferenças significantes a menos de 0,10 (teste t).

dicionais, divulgação do legado cultural local e conscientização da sociedade do valor do legado cultural local – possuem potencial para seu desenvolvimento por ambos os setores, representando, assim, candidatos para se iniciar uma atividade em parceria.

- Existe uma pequena porcentagem de hoteleiros que demonstram interesse em assumir a maior parte da responsabilidade das atividades do legado cultural.
- Detectou-se que a comissão composta de membros do poder público e representantes da classe hoteleira, eleitos por seus componentes, é uma forma que oferece potencial para operacionalizar uma parceria entre o poder público e o setor hoteleiro. Porém, questões relevantes à presidência da comissão, grau de formalidade e poder da comissão constituem elementos de discordância entre o setor hoteleiro e os representantes do poder público.

Referências Bibliográficas

1. BARRETO, M. *Turismo e Legado Cultural: as possibilidades do planejamento*. Campinas: Papirus, 2000.
2. MENDENHALL, W.; REINMUTH, J. E.; BEAVER, R. J. *Statistics for Management and Economics*. 7th ed. Belmont: Duxbury Press, 1993.
3. PEREIRA, C. A. S. Políticas públicas no setor de turismo. *Turismo em Análise*, São Paulo, v. 10, n. 2, p. 7-21, nov. 1999.
4. PIRES, M. J. *Lazer e Turismo Cultural*. São Paulo: Manole, 2001.
5. RICHARDS, G. Production and consumption of European cultural tourism. *Annals of Tourism Research*, vol. 23, p. 261-283, 1996.
6. TUCKER, H. Tourists and troglodytes negotiating for sustainability. *Annals of Tourism Research*, v. 28, n. 4, p. 868-891, 2001.
7. WORLD TOURISM ORGANIZATION. *Public-private Sector Cooperation*. 2001.
8. WORLD TOURISM ORGANIZATION. World Tourism Organization to focus on preserving cultural heritage. *WTO News*, n. 3, p. 12-17, jul/set. 1999.

Parte III

Meio Ambiente, Desenvolvimento do Turismo e Responsabilidade Social

Capítulo 45

Turismo e Responsabilidade Social: Valorização Cultural

Patrícia Litwinski
Paula Beatriz Carneiro

Introdução

Em sua passagem pelos lugares, ao longo do tempo, o homem deixou sinais diversos. Marcas que testemunham percursos, ações e sonhos, enfim, patrimônio cultural. O turismo cultural é o acesso a esse patrimônio, ou seja, à história, à cultura e ao modo de viver de uma comunidade. Sendo assim, o turismo cultural não busca somente lazer e repouso. Caracteriza-se, também, pela motivação do turista em conhecer regiões onde o seu alicerce está fundamentado na história de um determinado povo, nas suas tradições culturais, históricas e religiosas.

A motivação do turismo cultural depende muito mais do turista que do próprio destino escolhido, pois a simples oportunidade de conviver com o povo da localidade já é um atrativo para aqueles que sabem apreciar a cultura e que possuem uma responsabilidade em valorizar os aspectos sociais também. Por outro lado, se a comunidade receptora não estiver preparada, a vinda do turista pode se tornar uma ameaça ao destino visitado, colocando em risco monumentos, igrejas, obras de arte e, até mesmo, a tradição do povo.

Baseando-se em pesquisas bibliográficas e em experiências das autoras, o objetivo do presente trabalho é discutir o desenvolvimento do turismo sustentável, salientando sua responsabilidade social, principalmente no que tange à valorização cultural de pequenas comunidades. Para isso, faz-se necessária a análise de alguns fatores que interferem no bom andamento de alguns processos de conscientização de comunidades autóctones e do próprio desenvolvimento da atividade turística, como as leis ambientais, estudos e pesquisas sobre o modo de vida local. Focamos ainda as formas de incentivo às manifestações folclóricas regionais, a fim de estimular o desenvolvimento social e conservar alguns aspectos da cultura tradicional.

Sustentabilidade do Turismo e Responsabilidade Social

De uma maneira geral, o turismo vem sendo estudado de forma mais acadêmica há pouco tempo, mais precisamente, a partir da década de 1970, quando surgiram alguns trabalhos teóricos da área, como os de McKean (1977) e de Jafar Jafari (1977). Porém são diversos os ramos de estudo dessa área, que, tendo em vista sua complexidade, apresenta várias interfaces com outras ciências, como a administração, a sociologia, história, geografia, economia, arquitetura, etc. No entanto é fato que há uma grande carência de estudos e pesquisas específicas envolvendo o turismo, atividade esta que tradicionalmente se desenvolvia sem planejamento, de forma desorganizada e com poucas reflexões teóricas que gerassem soluções práticas para os diversos obstáculos que são encontrados ao tentar desenvolvê-lo em alguma região. Exemplo claro disso são os destinos que atingiram uma estrondosa demanda e que agora se encontram saturados, como Porto Seguro, na Bahia.

A falta de planejamento e organização e a carência de estudos na área têm sido geradores de várias dificuldades quando se trata do assunto ou quando se tenta fazer algo de concreto visando a sustentabilidade turística, que deve ser desenvolvida enfocando o conceito de responsabilidade social. Segundo o Instituto Ethos[1],

> *"Responsabilidade Social é uma forma de conduzir os negócios da empresa de tal maneira que a torna parceira e co-responsável pelo desenvolvimento social. A empresa socialmente responsável é aquela que possui a capacidade de ouvir os*

---

[1] Instituto Ethos de Empresas e Responsabilidade Social, criado com o intuito de ajudar os empresários a compreender e incorporar o conceito de responsabilidade social no cotidiano de sua gestão.

> *interesses das diferentes partes (acionistas, funcionários, prestadores de serviço, fornecedores, consumidores, comunidade, governo e meio-ambiente) e conseguir incorporá-los no planejamento de suas atividades, buscando atender às demandas de todos e não apenas dos acionistas ou proprietários."*

Porém, para tratar da valorização cultural através do turismo, faz-se necessário abordar um sentido mais amplo de responsabilidade social, não se limitando apenas a aplicação empresarial. Antes de mais nada, a responsabilidade social deve ser exercida por todas as pessoas, através da cidadania.

Seguindo este princípio, a responsabilidade social abrange o respeito à sociedade, trabalhadores e meio ambiente. Logo, o conceito de sustentabilidade social, econômica e ambiental está estritamente relacionado com a responsabilidade social. Assim, dentro dos princípios da sustentabilidade turística, o turismo pode exercer um importante papel no desenvolvimento social e na conservação ambiental e da identidade cultural.

Segundo a União Mundial para a Conservação, citada por Bezerra,

> *"o desenvolvimento sustentável é um processo que permite o desenvolvimento sem degradar ou esgotar os recursos que o tornam possível. Para tal, gerem-se os recursos de modo a que estes possam se regenerar ao mesmo ritmo em que são utilizados, ou passando a utilizar; em vez de um recurso que se regenere mais rapidamente. Desta forma, os recursos podem servir as gerações presentes e futuras."*

A sustentabilidade é um processo de mudança social e elevação das oportunidades da sociedade, compatibilizando, no tempo e no espaço, o crescimento e a eficiência econômica, a conservação ambiental, a qualidade de vida e a eqüidade social, partindo de um claro compromisso com o futuro e a solidariedade entre gerações.

Já o turismo sustentável é um modelo de desenvolvimento econômico que foi concebido para propiciar satisfação ao turista, manter a qualidade do ambiente – do qual dependem tanto a comunidade quanto o turista –, assegurar a qualidade de vida da comunidade e possibilitar aos destinos turísticos recursos humanos e físicos que garantam a sustentabilidade econômica, social, ambiental, cultural e política. Ou seja, é um processo de mudança de comportamento a médio e longo prazo, dos turistas e das comunidades receptoras que, no Brasil, vem acontecendo através de iniciativas de descentralização – como a municipalização do turismo –, das parcerias de entidades públicas e privadas e da conscientização e envolvimento das comunidades.

No entanto o que há de mais concreto a respeito do conceito de sustentabilidade turística é de que esta se baseia em três pilares: o econômico, o social e o ambiental, que devem ser trabalhados de forma sincronizada, pois essa separação didática, na prática, se mistura. Ou seja, esses aspectos se inter-relacionam e dependem uns dos outros.

Folclore e seus Elementos

Neste trabalho optou-se pelo enfoque à cultura de pequenas comunidades sob o prisma do folclore, enfatizando as manifestações consideradas mais genuínas e tradicionais de uma localidade. Segundo a definição do folclorista Luís da Câmara Cascudo (1954, p. 400) folclore é "a cultura do popular tornada normativa pela tradição", ou seja, o folclore é fruto do povo. Os elementos, ou fatos folclóricos, de forma geral, possuem autor, embora este não seja geralmente conhecido, e sua obra, para se tornar folclórica, deve ser aceita e incorporada pelo povo para ser transformada em tradição. Esse processo da transformação de um elemento em folclórico é dinâmico e flexível.

Sendo o folclore um saber de transmissão predominantemente oral, estrofes de versos, ingredientes de receitas culinárias, passos de danças, entre outros, são interpretados de maneiras diferentes e adaptados à realidade de quem os executa. Assim, pode ser explicado porque existem versões variadas para um mesmo elemento. Eis então a riqueza e a diversidade do folclore: os cantos, a culinária e os terços de reisado de uma determinada comunidade não serão iguais aos de outra. Sempre haverá algo de novo a ser percebido nas diferentes manifestações de um mesmo fato folclórico.

A abrangência dos elementos folclóricos vai desde o sotaque às artes, propriamente ditas, produzidas pelo povo. Assim, o pesquisador norte-americano Utley, citado por Brandão (1972, p. 22) tem a sua definição do que é fato folclórico:

> *"Sempre que se cante a uma criança uma cantiga de ninar; sempre que se use uma canção, uma adivinha, uma parlenda, uma rima de contar, no quarto das crianças ou na escola; sempre que ditos, provérbios, fábulas, estórias bobas e contos populares sejam reapresentados; sempre que, por hábito ou inclinação, a gente se entregue a cantos e danças, a jogos antigos, a folguedos, para marcar a passagem do ano e as festividades usuais; sempre que uma mãe ensina a filha a costurar, tricotar, fiar, tecer, bordar, fazer uma coberta, trançar um cinto, assar uma torta à moda antiga; sempre que um profissional da aldeia (...) adestre seu aprendiz no uso de instrumentos e lhe mostre como fazer um encaixe e um tarugo para uma junta, como levantar uma casa ou celeiro de madeira, como encordoar um sapato-raqueta de andar na neve (...) aí veremos o folclore em seu próprio domínio, sempre em ação, vivo e mutável, sempre pronto a agarrar e assimilar novos elementos em seu caminho. Ele é antiquado, depressa recua de primeiras cidadelas ao impacto do progresso e da indústria modernos; é o adversário do número em série, do produto estampado e do padrão patenteado. (Uma definição de Folclore, artigo de Francis Lee Utley incluído em O Folclore dos Estados Unidos)".*

A partir dessa definição, pode-se concluir que os fatos folclóricos são contemporâneos, atuais, porém têm seus princípios nos costumes tradicionais, antiquados, e foram se adequando ao modo de vida atual. O folclore é a antítese da cultura de massa, do consumismo e da padronização dos costumes e modos de vida. Ao contrário disso, é a identidade local, suas peculiaridades, costumes e modo de vida singulares, regionais.

Turismo e Responsabilidade Social: Valorização Cultural

Apesar de todas essas definições, a proposta desta discussão não é simplesmente classificar o que é folclórico ou não, o que é atrativo cultural ou histórico. O importante é a valorização de um povo enquanto comunidade, enaltecendo o que ele tem de valor, costumes e saberes que são seus. Em outras palavras, dando lustre à jóia que cada um carrega dentro de si e que forma, em conjunto, o grande tesouro comum: seu folclore, sua identidade. Dessa forma, a atividade turística deve ser encarada como uma ferramenta socioeconômica utilizada para a manutenção dos costumes do popular, para que o povo tenha a opção de permanecer em sua terra natal e não ser simplesmente obrigado a migrar para os grandes centros urbanos.

Em muitos lugares a atividade econômica primitiva de pequenas comunidades se tornou inviável, tanto por aspectos de preservação ambiental (como na Ilha do Superagüi, no litoral do Paraná, onde as pessoas viviam da extração de madeira para construir suas casas e instrumentos musicais e que agora, por ter sido decretado Parque Nacional, essas atividades foram proibidas) quanto pela dificuldade causada pela concorrência entre o produto artesanal e o industrial, acarretando na perda de mercado, ou seja, o "Seu Zé" que vendia laranja na feira da cidade perdeu o posto para os grandes produtores de fruta, que vendem a um preço de atacado com o qual ele não consegue competir.

A preservação natural não pode ignorar muito menos prejudicar a população que vive em contato com o meio ambiente. A relação de interdependência das pessoas e da natureza é muito forte e, se quebrada através de proibições impostas, poderá pôr em xeque a harmonia que comunidades, principalmente as que têm ascendência indígena, mantém com o seu meio. A simples proibição, ou seja, a imposição de regras cujos motivos não são participados à comunidade, cria uma certa antipatia em relação às pessoas que pretendem desenvolver trabalhos científicos na região, aos turistas e aos órgãos preservacionistas por parte dos autóctones, de modo que qualquer tentativa de aproximação e diálogo acaba sendo muito prejudicada.

A crítica aqui não é sobre as regras em si, mas o modo de como elas são feitas – e impostas – e a falta de planejamento no sentido de esclarecer a comunidade e criar alternativas – sustentáveis – às restrições previstas. Para ilustrar melhor essa situação, é interessante observar o depoimento de Anísio Pereira no livro *Tocadores* – homem, terra e cordas (2002, p. 301) a respeito do fim do tradicional mutirão, trabalho feito em conjunto por moradores do litoral norte paranaense, que podia ser desde a construção de uma casa ao roçado de uma terra. Esse trabalho era pago pela pessoa a quem se ajudava com uma festa onde se dançava o Fandango, dança típica dessa região.

> *"Esse mutirão agora é difícil, depois que a gente saiu do sítio e entrou esse negócio de preservação, acabo com tudo. A gente num pode mais fazê isso, porque num pode mais derrubá mata, num pode mais roçá. Isso acontecia quando num tinha essa preservação. Agora num existe mais isso, porque mesmo que a gente queira tirar uma licença, se eles derem, porque isso é difícil. A gente pede uma licença pra fazê, desmatá madeira, leva tempo pra eles dá essa licença. Eu mesmo nunca tirei licença, agora só dá licença pra quem tem um documento da terra, pelo menos o INCRA, se num tivé isso eles num dão. [O mutirão] foi acabando, e quando nós saímo de lá, nas outra parte já tinha se acabado como lá o Varador, Araçaúba, que também era central que nem lá nós morava, também acontecia do mesmo tipo. Lá tinha mais gente ainda, mas povo que trabalhava na mesma maneira, mutirão assim, plantação, também sairo tudo, e nós também saímo de lá, num dava pra fazê mais nada, é muito difícil mesmo. Leonildo ficô mais um pouco, eles saíram depois de nós, eles levaram mais ou menos um ano ainda. O último foi Adriano, foi o último a sair."*

Esse depoimento ilustra como famílias inteiras deixaram seus costumes, se viram proibidas de trabalhar como de uso e tiveram sua sobrevivência no lugar de origem impossibilitada pelas regras da preservação ambiental. Soluções como: incentivo à manutenção de uma horta e de uma roça comunitária, o uso de adubo natural, o plantio de madeiras que são úteis na construção de casas, instrumentos e barcos ou uma flexibilidade maior de entidades, como o Instituto Nacional de Colonização e Reforma Agrária (INCRA), na licenciatura dessas atividades, educação ambiental e esclarecimentos sobre a importância da preservação podem proporcionar uma maior sustentabilidade em todos os seus aspectos. Isso não é feito porque faltam estudos junto à comunidade, porque muitos funcionários que avaliam as licenças não conhecem as necessidades daquele povo e porque não há quem pesquise o seu modo de vida e interfira a fim de garantir sua sobrevivência.

Em meio a tantos obstáculos, muitos se vêem sem saída a não ser a de procurar um subemprego na cidade. Aí está o papel social do turismo, que pode possibilitar a permanência na comunidade e a perpetuação de seus costumes. Porém é muito importante salientar que o turismo aqui não pode ser encarado como um produto mercadológico que deve ser vendido de forma massiva, o objetivo não é este, o importante é dar condições de vida e possibilitar o cotidiano local. Para que a atividade seja realmente sustentável, é aconselhável investir em pesquisas e estudos sobre o local e os possíveis efeitos que o turismo poderá causar na região. Isso possibilitará uma otimização da atividade de forma a trazer benefícios reais à natureza e à sociedade.

A demanda por comunidades pequenas é bastante específica e se retrai com muita propaganda e grandes empreendimentos, pois procuram justamente um lugar simples onde se sintam confortáveis e sem grandes apelos publicitários e consumistas. Sendo assim, o público alvo para o turismo cultural é geralmente o turista tipo intelectual que, segundo a definição de Goidanich e Moletta (2000, p. 22), é a

> *"pessoa com elevado grau de instrução e conhecimento da cultura, seja ela no campo de idéias, crenças, costumes de um determinado povo como nas atividades das artes, da literatura, da música e do teatro, entre outros. Esse turista, ao chegar na localidade visitada, interage imediatamente com o ambiente, captando o maior número de informações sobre o atrativo visitado, bem como fazendo um confronto com o conhecimento adquirido anteriormente. Muitas vezes, a curiosidade faz com que este visitante acabe ficando mais tempo no núcleo receptor do que o inicialmente planejado, pois gosta de fazer pesquisa in loco sobre o assunto. Esse tipo de turista prioriza a informação, porém também a valoriza a infraestrutura e os serviços ofertados."*

Desse modo, pode-se traçar perfis específicos do público alvo que melhor se enquadraria para o destino. Ou seja, o turista educado, consciente, que não vai levar a poluição urbana consigo. Essa definição de demanda é muito importante para a sustentabilidade local. É importante salientar que essas comunidades devem receber turistas a um preço justo, sem no entanto, definir a demanda somente pelo preço.

Com a valorização da cultura local, a população também é valorizada. Logo, sente-se mais capaz, tem autoconfiança e auto-estima para desenvolver suas atividades e receber o turista em sua terra. Quantas vezes nos deparamos com pessoas mais simples que se colocam em uma posição inferior às "pessoas da cidade"? O conceito do "saber" para várias comunidades, que se depararam com a globalização, informática e outras formas de avanços tecnológicos, ficou restrito ao conhecimento acadêmico. Por outro lado, o conhecimento prático que as mesmas têm da natureza e de seu folclore também possui valor, sendo mais útil para seu modo de vida que os conhecimentos técnicos e teóricos. Portanto, os populares não são inferiores aos turistas e têm belezas e ensinamentos muito particulares para mostrar aos visitantes. Com esse valor, as pessoas se sentem motivadas a manter sua tradição e mostrá-la com orgulho.

CONCLUSÃO

O dever do planejador turístico e de todas as pessoas envolvidas com a preservação de uma região é dar uma atenção especial à relação entre o homem local e a terra, dar alternativas mais ecológicas à exploração dos recursos e ser mais flexível em relação às necessidades da população.

Com a autoconfiança dos autóctones, surge o empreendedorismo. Depois de perceber o valor de sua culinária, artesanato e costumes, podem empregar isso no modo de receber o turista, montar sua pousada, restaurante ou loja de artesanato, criando assim o diferencial local. O turista que se interessa por cultura de pequenas comunidades certamente não deseja receber o mesmo atendimento de hotel que receberia em uma cidade grande, mas sim observar o sotaque, as expressões e o jeito do povo. Isso o faz se sentir parte daquilo, não sendo excluído por grandes formalidades, podendo até mesmo criar um vínculo de simpatia e amizade com o local e as pessoas.

Para tudo isso dar certo, a atividade turística deve se consolidar não como principal, mas como atividade secundária complementar, já que muitos aspectos da economia principal de um povo caracterizam seu folclore. Porém deve haver um consenso entre as leis de proteção ambiental e as atividades extrativistas, justamente para que iniciativas tidas, inicialmente, como benéficas – como algumas leis protecionistas – se tornem um transtorno para a comunidade devido à falta de discussões com os autóctones.

Depois de estudado os costumes e as necessidades locais, deve ser traçado um plano para desenvolver o turismo, envolvendo aspectos da conscientização ecológica, o melhor aproveitamento dos recursos disponíveis e o incentivo à manutenção do folclore.

Concretizada a relação entre pesquisadores e estudiosos e os autóctones, é muito importante que haja a consolidação da infra-estrutura básica – como escolas, postos médicos, transporte, coleta de lixo, etc. –, ao mesmo tempo em que se encoraja o desenvolvimento do turismo, com o suporte técnico necessário – de atendimento, arquitetura, administração, entre outros –, sem deixar de valorizar a cultura local e lembrar da importância da inserção dos elementos folclóricos nos empreendimentos turísticos.

Assim a abrangência do turismo poderá atingir mais plenamente o valor de intercâmbio cultural. O turista poderá levar para casa experiências mais verdadeiras e ricas. Já que cada vez mais as pessoas da cidade se sentem massacradas pela globalização e pelo capitalismo, sistemas que costumam afastar as relações pessoais e substituir as experiências culturais, artísticas e folclóricas pela cultura de massa divulgada na mídia. Portanto há um movimento nos centros urbanos de procura por modos de vida mais simples, atividades alternativas, alimentação mais saudável e um maior contato com a natureza e com pessoas mais humildes. É justamente isso o que as pequenas comunidades têm a oferecer.

Contudo, o desenvolvimento da atividade turística de forma sustentável é, por si, socialmente responsável, já que os princípios de sustentabilidade econômica, social e ambiental visam à boa relação do turismo com todos esses aspectos. Além disso, é enfatizado o respeito à comunidade, trabalhadores e meio ambiente, de forma a valorizá-los e contribuir para a qualidade de vida e do meio ambiente, enfim, para o desenvolvimento geral da comunidade, seus valores e entorno.

Referências Bibliográficas

1. BEZERRA, D. M. F. *Planejamento e Organização do Turismo*. Apostila de apoio para o curso de Turismo da UFPR, 2001.
2. BRANDÃO, C. R. *O que é Folclore*. 7. ed. São Paulo: Brasiliense, 1982.
3. CÂMARA CASCUDO, L. *Dicionário do Folclore Brasileiro*. 3. ed. Rio de Janeiro: Ediouro, 1972.
4. CORREA, R.; MARCHI, L.; SAENGER, J. *Tocadores: homem, terra, música e cordas*. Curitiba: Studio Alba/Olaria, 2002.
5. GOIDANICH, K. J.; MOLETTA, V. F. *Turismo Cultural*. 2. ed. Porto Alegre: SEBRAE/RS, 2000. p. 17

Capítulo 46

Educação Patrimonial, Turismo Sustentável e Responsabilidade Social

PAULO MOREIRA PINTO
RAUL IVAN RAIOL DE CAMPOS

INTRODUÇÃO

Ao analisar-se o tema em questão, faz-se necessário introduzir algumas considerações acerca de determinadas categorias que se mostram importantes para a compreensão do assunto que, por ser inovador do ponto de vista das teorias acadêmicas, é, portanto, ainda carente de análises profundas.

É importante frisar que a palavra patrimônio vem recebendo, ao longo dos séculos, em conotações diversas, que muito dependem do significado que as sociedades lhe impõem como culturalmente apropriado. Inicialmente (séc. XVIII), toma impulso como norma estabelecida quando a elite francesa constitui medidas para proteção de monumentos, identificados por essa elite como importantes para a memória das nações.

Desde então se torna comum a inclusão de bens culturais, por força de lei, como patrimônios cujo principal objetivo é a criação de uma integração (identidade) cultural que tem em seu bojo a exclusão, já que o patrimônio reflete o que é determinado pela elite social, como bem salienta Rodrigues (2002, p. 16) ao dizer que a "palavra patrimônio indica uma escolha oficial, o que envolve exclusões; também significa algo construído para ser uma representação do passado histórico e cultural de uma sociedade".

Essa forma de representação do patrimônio é adotada, a partir do século XVIII, por todos os países que estimulam medidas de proteção. Tal modelo vem estabelecendo, ao longo dos séculos, identidades entre territórios; porém, no século XIX, é iniciada de forma mercadológica a atividade do turismo, e a partir de então esse novo componente traz um significado diferenciador à utilização do patrimônio, haja vista que nessa atividade o componente cultural tem a marca de elementos que necessitam de distinções e que representem, de forma evidente, as diferenças culturais da sociedade visitada.

Nesse sentido, vale ressaltar o que McIntosh e Gupta (1987, p. 44) já preconizavam diante do problema da pasteurização que a evolução tecnológica impunha às sociedades e a diferenciação que era exigida para o exercício da atividade turística, quando dizem que "en esta época técnica de uniformidad, los productos de um país casi no se distinguen de los de outro. Hay una apremiante necesidad de estimular la diversidad cultural".

Posteriormente, os autores expressam a importância que essa diferenciação toma para o exercício da atividade turística:

> *"Tomados en un sentido más estricto, los factores culturales en el turismo representan un papel dominante, en especial en aquellas actividades cuya intención específica es fomentar la transmisión o la participación de conocimientos e ideas." (Mcintosh e Gupta, 1987, p. 44).*

Portanto, é com o mote da necessidade de melhor se apresentar e representar a cultura de determinada sociedade, que a educação patrimonial vem sendo debatida, haja vista que, como bem ressaltou Pellegrini Filho (1997, p. 91), "a rigor, todo o objeto que, à primeira vista e a olhos desavisados, pode parecer não possuir nenhuma importância, é passível de ser interpretado museologicamente mercê de sua carga informativa a respeito de determinada cultura".

Esse interpretar é a busca de resgatar uma relação de afeto da comunidade com o patrimônio, como se refere Laczynski (2003, p. 1) ao funcionamento da educação patrimonial como um "processo de aproximação da população ao patrimônio, à memória, ao bem cultural, de forma agradável, prazerosa, lúdica". Da mesma forma a responsabilidade social não se limita a ações e investimentos em projetos sociais, como salienta Albuquerque e Mello (2003):

> *"(...) Mas sim que o valor gerado por uma empresa se reflita em benefícios não somente para seus acionistas, mas que tenha também um impacto positivo para o*

> *conjunto dos afetados por suas operações, em particular o meio ambiente e a comunidade (seus próprios funcionários e o restante da sociedade), respeitando sua cultura e agindo de forma ética e transparente."*

Educação Patrimonial como Canal de Inclusão Social

Embora a educação patrimonial tenha surgido no Brasil na década de 80 do termo inglês "*heritage education*", é importante traçar o que se considera sua origem, associada à prática da "interpretação". O significado da interpretação que foi utilizado por Freeman Tilden no seu livro intitulado *Interpreting Our Heritage* publicado em 1957, surgiu da tradição oral dos programas educativos no *National Park Service*, sendo mais interativo do que o modelo de educação formal (Serrel, 1996, p. 11). A interpretação pressupõe a interação entre um monitor, guia ou interprete (sentido diferente de tradutor) e um ouvinte, entretanto, não se restringe somente a isso, ela é de fundamental importância na construção de significados e entendimentos essenciais no processo de transformação cultural.

Tilden descreveu seis princípios para interpretação, dentre os quais destaca-se o seguinte:

> *"(1) Informação, como tal, não é interpretação. Interpretação é revelação baseada na informação. Mas elas são coisas completamente diferentes. Contudo, toda interpretação inclui informação. (2) O principal alvo da interpretação não é a instrução, mas a provocação." (Serrel apud Tilden, 1996, p. 10).*

A partir destas colocações, se percebe que naquela época Tilden não estava preocupado em apenas informar as pessoas nos seus programas educativos como "*ranger*" do *National Park Service*, o visitante não estava ali somente para receber informação. Ao contrário, pensa-se que sua intenção era fazer com que os visitantes construíssem seu próprio entendimento. Talvez por isso, o termo provocação ao invés do termo instrução. Afinal, não se instrui o indivíduo, mas se criam meios para que ele possa atingi-la.

Neste sentido, a interpretação está relacionada com o conceito de educação proposto por Horta (1991, p. 3) como sendo "(...) um processo permanente ao longo da vida do individuo que lhe permite crescer e desenvolver-se até atingir suas capacidades plenas de maturidade, autoconsciência e autodeterminação, como base necessária para sua liberdade e bem estar". Isto significa que a educação não é algo estático, um fim previsível. Ao contrário, é um processo dinâmico, construído não somente da educação formal (muitas vezes burocrática e autoritária) dos meios escolares e acadêmicos, mas também através da educação não-formal, ou seja, das experiências adquiridas ao longo da vida do indivíduo.

Segundo esta visão, Horta (1991) adota os conceitos de Knowles de androgogia, ou seja, "aprender a aprender, para se chegar ao conhecimento" (p. 8) e o de inteligência cristalizada, isto é, "capacidade de usar aquilo que já sabemos e de construir sobre isso" (p. 3) para a educação patrimonial. Isto implica dizer que embora a educação patrimonial não se dê somente no processo de educação formal de métodos pedagógicos rígidos, em que o individuo é visto como um recebedor de informação. Pelo contrário, ela parte do princípio de que o individuo (jovem ou adulto) tem conhecimento e experiência de vida, e através delas busca adquirir novos conhecimentos para entender sua cultura, sua história, sua identidade cultural (código cultural), em suma, seu Patrimônio Cultural, que é resultante do processo cultural.

O processo cultural é mutante, assim com quem o constrói, por isso deve ser entendido como um sistema, ou seja, "complexo de elementos em interação", Vasconcellos apud Bertalanffy (2000, p. 198). Isto significa que a cultura deve ser concebida como um sistema aberto, no qual os seus elementos (suas várias formas de manifestação) não são estáveis.

Portanto, o que existe no sistema cultural é um equilíbrio dinâmico. Por exemplo, o Círio de Nazaré[1] usava carro de boi para conduzir a santa, não existia a corda e o Círio em alguns anos foi realizado a tarde. Hoje, a santa é levada numa berlinda, o Círio somente é realizado pela manhã, e corda se tornou um dos maiores símbolos desta manifestação de fé e cultura. Isto revela a dinâmica em constante elaboração no processo de manifestação cultural.

Um outro exemplo deste equilíbrio dinâmico pode ser facilmente visualizado na natureza. Se um indivíduo delimitar um metro quadrado numa floresta ou parque, ao observá-la, a primeira impressão que ele tem é de estabilidade das coisas daquele pequeno sistema. Entretanto, ao olhar mais detalhadamente, verá a dinâmica de animais, insetos e vegetais acontecendo, ou seja, a aparente estabilidade é na verdade muito dinâmica.

Nesta perspectiva, o processo cultural é um sistema resultante da interação do homem com o meio (sentido amplo), no qual o homem transforma a natureza com base na sua concepção cultural (seu padrão cultural). O produto dessa transformação é o Patrimônio Cultural que constitui a herança

---

[1] Festa religiosa realizada no segundo domingo de outubro em Belém (PA).

cultural, manifestada através do patrimônio tangível e intangível: são os monumentos, cantigas de rodas, as técnicas de fazer (cestaria, etc.), sítios históricos, manifestações religiosas etc. Essa transformação culturalmente concebida é enfatizada por Horta *apud* Deetz (1991, p. 11) ao afirmar que "os objetos da cultura material são aquela parte do meio ambiente que modelamos de acordo com planos ditados culturalmente". Fazer o indivíduo reconhecer-se como parte do processo de transformação do qual constitui seu Patrimônio Cultural é o papel da educação patrimonial. A educação patrimonial "é um processo permanente e sistemático centrado no Patrimônio Cultural, como instrumento de afirmação da cidadania" (Iphan, 2002, p. 2).

A educação patrimonial, por isso, está relacionada com a endoculturação, ou seja, aprender sobre a cultura tendo como base o processo da relação cultural de uma comunidade ou sociedade, conduzindo ao caminho da socialização, onde o individuo passa a ser reconhecido como um membro da comunidade ou sociedade. Tal processo se configura como uma das muitas faces da inclusão social, tornando o individuo parte do patrimônio enquanto ator e sujeito, contribuindo para transformação social.

A educação patrimonial tem como um de seus objetivos aproximar o indivíduo de seu Patrimônio Cultural. Por que aproximar? Esta pergunta está relacionada com a assertiva de Chagas:

> *"(...) Que a maioria dos bens culturais, até então preservados, são elementos representativos de uma elite dominante; são vestígios, marcos, sinais, signos e símbolos que afirmam e confirmam a ótica da dominação. Este é um fato praticamente impossível de ser ocultado." (Chagas, 2003, p. 1).*

Embora muitos bens culturais tenham sido construídos pelas elites, excluindo-se as contribuições das classes menos favorecidas, haja vista que o Brasil é um país, conforme afirma Rodrigues "de herança escravagista, no qual trabalho não era visto como forma de criação de valores culturais..." (2002, p. 17), contudo, é importante ressaltar que a história nos mostra e evidencia a riqueza cultural dos escravos e de outros grupos formadores da riqueza cultural brasileira. Talvez por isso, até hoje exista um distanciamento muito grande entre o Patrimônio Cultural, das classes menos favorecidas da sociedade. Tal quadro evidencia que o Patrimônio Cultural é visto como uma coisa distante, que não faz parte da realidade, como se fosse algo estranho a essas classes. É comum vermos em reportagens de televisão grupos de jovens e adolescentes pobres serem levados a museus, parques e teatros pela primeira vez, e talvez a única para muitos deles. Isto reforça a ainda mais o distanciamento.

Todo fenômeno na natureza tem sua aparência e sua essência. Portanto, para entender um fenômeno não basta somente conhecer sua aparência, mas também sua essência. Isto se aplica ao Patrimônio Cultural, ou seja, não basta conhecer somente a aparência do objeto cultural, é preciso conhecer a essência deste objeto, o que ele nos revela.

Embora a história material seja importante, é necessário termos a interpretação do objeto cultural. A premissa que os museus tinham no passado de que "os objetos falam por si mesmos", está totalmente ultrapassada. Esta assertiva é reforçada por Hein apud Crews e Sims (2000, p. 61) quando afirmam que a "autenticidade não está localizada nos objetos mas nos conceitos históricos que eles representam". Isto não significa que dizer que a estrutura física do objeto cultural não seja importante.

Sobre isso, Schiffer (1996, p. 74-75) afirma que há duas principais famílias de processos de formação: cultural e não-cultural. O cultural inclui a presença humana e suas relações; o não-cultural inclui a presença de agentes químicos, físicos e biológicos. Entretanto, estes dois processos interagem e estabelecem as relações do passado que sobrevive no presente.

Embora não desconsiderando a importância do processo de formação não-cultural do objeto, a abordagem da educação patrimonial tem por finalidade o processo de formação cultural, ou seja, transcender o objeto. Isto significa explorar as relações sociais construídas, as experiências, as vivências, os conteúdos e os significados para a comunidade ou sociedade a qual pertencem os objetos culturais. Este tipo também é enfatizado por Horta (1991, p. 11), para quem a abordagem da educação patrimonial tem que ser mais humanística, ou seja, menos científica e mais na função e significado resultante da inteligência histórica cristalizada na herança cultural.

Frente a isto, a educação patrimonial deve ser vista como um instrumento de aproximação, de afirmação da cidadania, e porque não dizer de socialização do Patrimônio Cultural. Isto implica em fazer com que os indivíduos, independente de classe social, conheçam, compreendam, preservem seu patrimônio, e passem a ser atores ativos no processo cultural, contribuindo para reverter à idéia de patrimônio excludente das elites passadas. Tal assertiva é evidente nos objetivos da educação patrimonial estabelecido pelo Iphan (2002, p. 3-4), dentre os quais destaca-se:

> *"Tornar acessível, aos indivíduos e aos diferentes grupos sociais, os instrumentos e a leitura crítica dos bens culturais em suas múltiplas manifestações, sentidos e significados; Estimular a apropriação e o uso, pela comunidade, do Patrimônio Cultural que ela detém e pelo geral é também responsável."*

Cabe então à sociedade reivindicar a efetivação deste discurso, ou seja, retirá-lo do papel e colocá-lo em prática, estabelecendo abordagens e metodologias para a consecução da educação patrimonial específicas às diversas realidades brasileiras, garantindo assim o estabelecimento de canais alternativos de educação, qualidade de vida e cidadania.

Educação Patrimonial e o Turismo Sustentável: Instrumentos de Transformação

O turismo pode ser definido como um sistema que se inter-relaciona com os sistemas natural, social, econômico e cultural. A ação conjunta desses sistemas gera um elemento fundamental no turismo que é a atração pelo produto turístico, que por sua vez desencadeia uma série de processos que dão origem à infra-estrutura básica, à intra-estrutura turística, ao *marketing* turístico e à demanda pelo produto turístico.

O efeito multiplicador do turismo abrange vários atores diretos e indiretos. Em virtude esta amplitude, o aspecto que mais se destaca é o econômico, haja vista que quando se fala em turismo, pensa-se logicamente nos lucros e divisas que ele pode gerar, principalmente porque o turismo é uma das atividades econômicas que mais cresce no mundo. Entretanto, o desenvolvimento do turismo voltado exclusivamente para o seu viés econômico desencadeou o processo de massificação do turismo, convencionalmente chamado de turismo de massa. Este tipo de turismo tem transformado regiões, descaracterizado culturas, impondo-se sem nenhum compromisso local, inclusive, causando mais impactos negativos do que positivos para o meio ambiente e para os residentes locais.

A partir da década de 80, esta modalidade de turismo começou a ser questionada, influenciada pela mudança de paradigma da ciência clássica, que fragmenta a natureza e coloca estreita visão da realidade, pelo paradigma fundamentado nas teorias sistêmicas, notadamente a Teoria Geral dos Sistemas de Ludwig von Bertalanffy (1973). Esta teoria teve influencia direta no desenvolvimento sustentável, que tem exigido da sociedade uma mudança do foco meramente econômico do desenvolvimento, por um foco comprometido com a sustentabilidade e ética no uso dos recursos disponíveis.

No caso específico do turismo, iniciou-se uma busca por novas alternativas que considerassem não somente os aspectos econômicos, mas também os aspectos sociais, culturais e ambientais. Isto é reforçado por Fennel *apud* Krippendorf (2002, p. 21) que afirma que filosofia do Turismo Alternativo:

> *"Era garantir que as políticas de turismo não se concentrassem apenas nas necessidades econômicas e técnicas, mas também a demanda por um ambiente não degradado e as considerações das necessidades da população local. Esse enfo-*

> *que mais "ameno" coloca os recursos culturais e naturais no primeiro plano do desenvolvimento e do planejamento, em vez de considerá-los só num momento posterior." (Fennel apud Krippendorf, 2002, p. 21).*

Então o viés da sustentabilidade passa a ser o elemento norteador do turismo contemporâneo. Isto fica mais evidente com a Conferência Globo 90 realizada no Canadá em 1990, onde surgiram as metas para o turismo sustentável (Fennel, 2002, p. 26), e com os princípios do turismo sustentável elaborado pelo *Tourism Concern* em 1992. O turismo sustentável pode ser definido como:

> *"(...) Aquele que é desenvolvido e mantido em uma área (comunidade, ambiente) de maneira que, e em uma escala que, se mantenha viável pelo maior tempo possível, não degradando ou alterando o meio ambiente que usufrui (natural e cultural), não interferindo no desenvolvimento de outras atividades e processos, não degradando a qualidade de vida da população envolvida, mas pelo contrário servindo de base para uma diversificação da economia local". (Kinker apud Wall, 2002, p. 17).*

Assim, o turismo sustentável ganhou força no meio acadêmico, e parece ser o tipo de turismo mais viável por ser ecocêntrico e inclusivo, não só porque engloba todos os tipos de turismo, mas também porque considera todos os sistemas envolvidos no seu desenvolvimento. Contudo, alguns autores que escrevem sobre o turismo parecem não ter concebido a visão sistêmica que o turismo sustentável encerra. Por exemplo, Swarbrooke (2000, p. 73) considera apenas três dimensões no turismo sustentável: dimensão ambiental, dimensão econômica e dimensão social. Ele não incluiu a principal dimensão do turismo sustentável que é a dimensão cultural, que está na base de qualquer comunidade ou sociedade.

O turismo deve desempenhar um papel importante na sustentabilidade cultural. Isto é enfatizado por Azevedo quando coloca que "ao representar um dos veículos mais importantes de divulgação cultural, o turismo emerge, ele próprio como instrumento de reafirmação de cultura(s) e de patrimônios singulares" (2002, p. 134). Entretanto, para ser um instrumento de reafirmação de culturas, as políticas voltadas para o turismo cultural devem enfatizar não apenas o patrimônio como um produto a ser "consumido" pelos turistas, mas também como herança e memória cultural. Isto implica em incluir no turismo cultural a participação da população, haja vista que, a maioria das vezes, o patrimônio revitalizado é apenas um meio de aumentar a oferta turística. Com isso não estamos negando o papel do turismo no reconhecimento e na valorização cultural pelos turistas, pois é extremamente importante o intercâmbio entre culturas, no sentido de respeitar o "outro", haja vista que não existe "supercultura" ou "subcultural", existem simplesmente culturas diferenciadas.

Contudo, é importante que o turismo cultural resgate este "*gap*" social. Para que o turismo possa ser considerando como um possível componente do desenvolvimento sustentável, conforme enfatiza Azevedo (2002, p. 154), é necessário, além do valor econômico do patrimônio cultural, maior aproximação da população como o patrimônio (objetivo da educação patrimonial). Tal processo pode se efetivar através da educação patrimonial, que permitirá a comunidade conhecer, entender, apreender, respeitar e valorizar seu patrimônio. Este processo de envolvimento da comunidade não acontecerá sem a participação efetiva da sociedade civil organizada e poder público gestor do patrimônio cultural, com um objetivo comum: o resgate e a valorização do patrimônio cultural.

Neste sentido, o turismo sustentável tem papel importante como instrumento de transformação, contribuindo para essa aproximação entre o Patrimônio Cultural e a população, utilizando-se da educação patrimonial. Isto porque o Patrimônio Cultural nas suas múltiplas manifestações é matéria-prima do turismo. A busca pelo turismo sustentável neste sentido, vem evidenciar o real comprometimento da atividade com a prática da responsabilidade social, enquanto elemento formador de uma nova mentalidade social de prática da cidadania e de um turismo comprometido com o bem coletivo.

Responsabilidade Social

Para Kunsh (1997, p. 143), responsabilidade social pode ser definida como "as obrigações da empresa para com a sociedade". Entretanto, para Nociolini *apud* Votaw:

> *"O termo (responsabilidade social) é um termo brilhante. Ele significa algo, mas nem sempre a mesma coisa, para todos. Para alguns, ele significa um comportamento responsável no sentido ético, para outros, ainda, o significado transmitido é o de responsável por um modo causa. Muitos simplesmente equiparam-no a uma contribuição caridosa: outros tomam-no pelo sentido de socialmente consciente; muitos daqueles que o defendem fervorosamente vêem-no como simples sinônimo de legitimidade (...); uns poucos vêem-no como uma espécie de dever fiduciário, impondo aos administradores de empresas padrões mais alto de comportamento que aqueles impostos aos cidadãos em geral". (Nociolini apud Votaw, 1999, p. 64).*

É um conceito que emerge e se fortalece nos Estados Unidos da América do Norte nos anos 1960 pelas pressões sociais de vários movimentos da sociedade civil organizada. A partir dos anos 1970 é que o conceito vem merecer a atenção das empresas brasileiras, principalmente por posturas adotadas pelas empresas multinacionais que já estavam operando no país.

Embora existam vários conceitos sobre o tema, a responsabilidade social vem sendo alvo de grandes debates e assumida por várias empresas como um fato que demarca suas ações diferenciais no mercado globalizado. Pode-se inferir que as várias pressões sofridas pelas empresas provocaram mudanças em suas atitudes, principalmente tendo em vista o novo perfil do mercado consumidor. Como ressalta Oliveira (2002, p. 3) ao referir-se a esse perfil de um consumidor mais consciente e exigente como mais reconhecido em países de primeiro mundo, porém "(...) se falamos em mercado globalizado, não se pode também conceber que as empresas no Brasil fiquem aquém das novas tendências contemporâneas que alertam cada vez mais para a necessidade de construção e defesa da cidadania".

As empresas, de um modo geral, sempre utilizaram os recursos existentes na natureza com o único objetivo de obter lucro. Contudo, com a mudança de paradigma causado pelo desenvolvimento sustentável, fez com que estas revissem suas ações, dando início a um processo de percepção crítica de que suas responsabilidades vão além do aspecto econômico. Elas notaram que investir no social também é uma das suas responsabilidades.

Com isso, a responsabilidade social passou a ter um papel importante no sentido que garantir o mercado das empresas, porque uma empresa que investe no social tem sua credibilidade elevada perante seus consumidores e clientes. Isto é extremamente importante no turismo, que se utilizada dos recursos naturais e culturais. Portanto, nada mais justo que as empresas de turismo invistam em projetos de responsabilidade social, e umas das áreas que as empresas/instituições podem investir é na educação patrimonial, principalmente em regiões como a Amazônia, onde as grandes distâncias e as dificuldades de acesso à formação e à informação se constituem presenças constantes no cenário regional.

Educação Patrimonial: Exemplo Prático

Ainda são pontuais as iniciativas de educação patrimonial na Amazônia, em função da recente atenção dada à questão. Uma das iniciativas de educação patrimonial vem ocorrendo na cidade de Belém, capital do Pará, através do projeto "Experimentação Científico-Pedagógica: Construção do Saber sob a Óptica da Alfabetização Científica", mais conhecido como AlfaCiência. O Projeto é coordenado pelo Museu Paraense Emílio Goeldi

(MPEG) sendo financiado pelo Conselho Nacional de Desenvolvimento Científico e Tecnológico (CNPq). O projeto é efetivado através de parcerias com Secretaria Municipal de Educação de Belém, Secretaria Estadual de Educação do Estado do Pará, Universidade Federal do Pará (UFPa), Universidade do Estado do Pará (UEPa) e Instituto Evandro Chagas (IEC), sendo destinado à capacitação de 1.500 professores (não-graduados, graduandos e graduados) da rede pública de ensino, e desenvolvido em quatro pólos, envolvendo a capital Belém, área piloto do projeto, e o interior do Estado do Pará, a partir das experiências de pesquisa e docência das instituições parceiras.

O AlfaCiência é divido em três etapas: (1) cursos de capacitação através de módulos que compreendem quatro eixos temáticos: a natureza da ciência; pluralidade cultural e diversidade socioambiental; origens estruturas e biodiversidade; e educação em ciência e ambiental; (2) Ciência na Prática e a Prática na Ciência; (3) Avaliação (Di-Yéka: 2002, p. 2-3).

A questão da educação patrimonial é abordada no eixo pluralidade cultural e diversidade socioambiental. As aulas sobre educação patrimonial visam dar uma visão dinâmica do Patrimônio Cultural, focalizando seu papel na construção da cidadania e na identidade individual e cultural. Durante as aulas são abordados questões relacionadas ao histórico do Patrimônio Cultural, tombamento, conceitos de educação, cultura, Patrimônio Cultural, educação patrimonial e a metodologia utilizada na educação patrimonial. Com relação à metodologia, são realizadas atividades práticas como os professores para que eles possam ter melhor compreensão da aplicabilidade da metodologia. O objetivo maior é que os professores apliquem o método com os alunos quando realizarem visitas ou quando utilizarem objetos culturais em sala de aula, no cotidiano escolar.

Esta experiência ainda se constitui em uma primeira tentativa de diminuir o distanciamento do aluno/cidadão enquanto ser social ativo do processo de construção de seu patrimônio cultural. É de vital importância para a memória e para a continuidade de gerações futuras que iniciativas como essa se apliquem, na medida em que se constitui um importante canal de cidadania e inclusão social.

Entretanto, outras iniciativas devem ser feitas através de parcerias entre o poder público e a iniciativa privada, bem como entre os órgãos oficiais de turismo e empresas do setor de turismo ou não, para programas que incentivem educação patrimonial com as comunidades carentes dos municípios. Esses programas seriam um instrumento de "alfabetização cultural". Desta forma o turismo pode reduzir o distanciamento entre as comunidades e o patrimônio, efetivando seu conceito, ou seja, ser um instrumento de afirmação da cidadania, bem como fazendo com que a busca da municipalização do turismo se efetive de fato enquanto elemento desencadeador do desenvolvimento.

Considerações Finais

O turismo ao longo de seu processo histórico tem sido visto apenas como sinônimo de viagem, diversão, lazer, e, como uma atividade definida pelo seu viés puramente econômico, sem um comprometimento de fato com os recursos que utiliza para seu desenvolvimento, muito menos com as comunidades envolvidas no processo. A partir da década de 90, houve uma mudança de paradigma no turismo, reflexo das discussões emergentes na esfera global acerca da finitude dos recursos naturais. Neste sentido o turismo passa a direcionar suas discussões e planejamentos, mesmo que de forma incipiente, aos aspectos sociais, ambientais e culturais envolvidos na atividade passando a ter a mesma importância do aspecto econômico.

Como conseqüência dessa mudança de paradigma, surgiu o turismo sustentável comprometido não somente com o turismo em si, mas também com as comunidades envolvidas pela atividade onde ele se desenvolve. Neste sentido, o turismo sustentável tem tido um papel importante na questão da inclusão social. Por isso, o turismo sustentável se constitui em um dos fatores contribuintes para a sustentabilidade cultural, que entre outras coisas, envolve a aproximação e o engajamento da comunidade local com o seu Patrimônio Cultural, como forma de manter o processo cultural dinâmico e fonte de resgate da história e da cidadania local.

Nesta perspectiva, a educação patrimonial é essencial, pois permitirá que o indivíduo conheça seu patrimônio e se reconheça como parte desse patrimônio (identidade cultural). Desse modo, a educação patrimonial passa a ser um instrumento de reafirmação da cidadania e inclusão social, entretanto, para que o turismo sustentável assuma realmente seu compromisso social com o Patrimônio Cultural, é necessário que não se restrinja apenas a idéias e propostas, mas sim que todos os segmentos envolvidos pelo turismo, bem como as esferas do poder público se envolvam de fato em projetos de educação patrimonial, fazendo com que o turismo se reverta de fato em uma atividade de inclusão social, onde a comunidade tenha um papel ativo no resgate de sua herança cultural.

No que tange a responsabilidade social observa-se que é uma conquista da própria cidadania, haja vista que é fruto da pressão da sociedade civil organizada que se manifesta das mais variadas maneiras. Em se tratando de empresas de turismo, a partir do III Workshop de Certificação do Turismo Sustentável ocorrido em 2002, foi criado o Conselho Brasileiro de Turismo Sustentável (CBTS) cujo principal objetivo é fazer com que as empresas que trabalham direta e indiretamente com a atividade turística, busquem conduzir suas ações para que seus produtos sejam ambientalmente adequados, economicamente viáveis e socialmente justos.

Referências Bibliográficas

1. ALBUQUERQUE E MELLO, S. *Responsabilidade Social Corporativa e Sustentabilidade: longevidade à empresa cidadã*. Disponível em: http://www.ecoviagem.com.br/ecoartigos. Acesso em: 19/mar/2003.
2. AZEVEDO, J. Cultura, patrimônio e turismo. In: IRVING, M. A.; AZEVEDO, J. *Turismo: o desafio da sustentabilidade*. São Paulo: Futura, 2002.
3. CHAGAS, M. *Preservação do Patrimônio Cultural: educação e museu*. Disponível em: http://www.museunet.com.br/Leitura/leitura39.htm. Acesso em: 28/fev/2003.
4. DI-YÉKA. *Jornal do Projeto AlfaCiência*. Belém, n. 1, edição especial de lançamento, nov. 2002.
5. FENNELL, D. A. *Ecoturismo: uma introdução*. São Paulo: Contexto, 2002. (Coleção Turismo Contexto).
6. HEIN, H. S. *The Museum in Transition: a philosophical perspective*. Washington, London: Smithsonian Institution Press, 2000.
7. HORTA, M. L. P. *Educação Patrimonial*. Rio de Janeiro: MUSAE – Consultoria e Produção Cultural, 1991.
8. IPHAN. *Educação Patrimonial*. Disponível em: http://www.iphan.gov.br/prog/educa.htm. Acesso em: 21/jun/2002.
9. KINKER, S. *Ecoturismo e Conservação da Natureza em Parques Nacionais*. Campinas: Papirus, 2002. (Coleção Turismo).
10. KUNSH, M. M. K. *Relações Públicas e Modernidade: novos paradigmas na comunicação organizacional*. São Paulo: Summus, 1997.
11. LACZYNSKI, P. *Educação Patrimonial*. Disponível em: http://www.polis.org.br/publicacoes/dicas. Acesso em: 19/mar/2003.
12. MCINTOSH, R.; GUPTA, S. *Turismo: planeación, administración y perspectivas*. Ciudad de México: Limusa, 1987.
13. NOCIOLINI, C. *As Relações Públicas na Empresa-Cidadã: responsabilidade social e sucesso nos negócios?* Bauru: 1999. Monografia (Graduação) – Universidade Estadual de São Paulo.
14. OLIVEIRA, M. J. C. *Empresas e Responsabilidade Social*. In: XXV CONGRESSO BRASILEIRO DE CIÊNCIAS DA COMUNICAÇÃO, 2002. Salvador. *Intercom*, 2002.
15. PELLEGRINI FILHO, A. *Ecologia, Cultura e Turismo*. Campinas: Papirus, 1997. (Coleção Turismo).
16. RODRIGUES, M. *Preservar e Consumir: o patrimônio histórico e o turismo*. In: FUNARI, P. P.; PINSKY, J. (orgs.). *Turismo e Patrimônio Cultural*. 2. ed. São Paulo: Contexto, 2002. (Coleção Turismo Contexto).
17. SCHIFFER, M. B. Formation processes of the historical and archaeological records. In: KINGERY, W. D. (org.). *Learning from Things*: method and theory of Material Culture Studies. Washington: Smithsonian Institution Press, 1996.
18. SERRELL, B. *Exhibit Lables: an interpretive approach*. Walnut Creek: Altamira Press, 1996.

19. SWARBROOKE, J. *Turismo Sustentável: conceitos e impacto ambiental*. São Paulo: Aleph, 2000. v. 1.
20. TOURISM CONCERN. *Beyond the Green Horizon: principles for sustainable tourism*. United Kingdom: WWF, 1992.
21. VASCONCELLOS, M. J. E. *Pensamento Sistêmico: o novo paradigma das ciências*. Campinas: Papirus, 2002.

Capítulo 47

A Lei Federal de Incentivo à Cultura como Ferramenta para o Desenvolvimento do Turismo Cultural: o Caso do Projeto "Olinda: Arte em Toda Parte"

Bruna Galindo Moury Fernandes

Introdução

O turismo aparece no cenário mundial como importante setor capaz de gerar emprego, divisas e crescimento econômico nas localidades onde se desenvolve. Envolvendo não apenas o setor econômico, a atividade turística aparece e causa impactos e efeitos em setores como o social, o ambiental, o político e o cultural.

É inegável a relação existente entre o turismo e a cultura, trata-se de setores que causam entre si influências das mais diversas ordens, seja na produção, no consumo, na prática, na gestão ou na política. Para tanto, verificar e analisar uma ferramenta de incentivo à cultura que causa efeitos na prática do turismo, nos parece necessário na medida em que se percebe que em ambos os "setores" é preciso reduzir o grau de intuicionismo e improvisação, ou seja, é preciso investir, investigar e propor mecanismos para sua gestão.

A questão cultural, abordagem fundamental deste trabalho, será considerada na perspectiva de que a mesma envolve a todos e, neste sentido, cabe a preocupação com as entidades e os agentes de promoção da cultura bem como com sua relação com o turismo e os que dela se utilizam para seu desenvolvimento, e entre estes, com certeza se insere o poder público na medida em que a cultura, assim como o turismo jamais se desassociará do social, já que é feita, produzida, pensada e executada pela sociedade e para a sociedade.

Transformar a cultura em atrativo turístico, isto é, torná-la motivo para o deslocamento de pessoas, faz-se necessário e até fundamental para destinos turísticos como o Brasil. Identificaremos o conceito de atrativo turístico a partir dos referenciais teóricos abordados por Mário Carlos Beni, que afirma: "no turismo o conceito de atrativo é bastante complexo. (...) Determinados elementos locais podem ter grande importância para os habitantes de uma cidade e nenhuma importância para os seus visitantes. No entanto, sabe-se que os atrativos estão relacionados às motivações dos turistas e à avaliação que os mesmos fazem destes elementos. O atrativo turístico possui, via de regra, maior valor quanto mais acentuado for seu caráter diferencial. Assim, aquele atrativo que é único, sem outros semelhantes, possui maior valor para o turista." (Beni, 2000).

A oferta cultural constitui-se das coisas feitas pelo homem e a atratividade presente na cultura se constitui dos bens materiais e imateriais produzidos pelo homem e relacionados com o seu meio. É preciso, portanto, afirmar-se a cultura como produto do homem e constituída dos seus modos, do seu conjunto, de sua maneira de falar, pensar, sentir, ver, cantar, dançar, rezar, vestir-se, comer, comportar-se.

A vinculação da cultura ao turismo é algo inevitável, sobretudo nas práticas do mercado, necessita-se, porém, que se realize uma abordagem e utilização bastante cuidadosa no sentido de não forçar que determinada manifestação cultural seja realizada para fins unicamente turísticos, isto é, é preciso que sejam respeitadas as características de um "produto cultural" original, sem moldá-lo a interesses ou objetivos que possam descaracterizar sua originalidade, espontaneidade e naturalidade.

Neste sentido, introduzimo-nos assim, na perspectiva do nosso trabalho que é a de vincular a administração cultural à turística. Em ambos os setores faz-se necessário que as disposições constitucionais que contemplam as leis de incentivo não sejam furtadas de exigir dos gestores e planejadores o atendimento aos princípios que norteiam a legislação no que se refere à promoção dos mesmos.

A cultura é parte essencial do desenvolvimento de um país, e, através dela, os grupos que formam a sociedade participam e contribuem para o bem comum. De acordo com a teoria do Professor Joaquim Falcão[1], a cultura é uma ferramenta absolutamente fundamental para o desenvolvimento de um país por diversos fatores que agrupados, podem ser divididos em fatores quantitativos e qualitativos.

Os fatores quantitativos são, basicamente, os fatores sociais e econômicos que se caracterizam pela capacidade de demonstrar claramente a potencialidade da cultura para a geração de emprego e renda. Habitualmente, dados sobre os impactos sociais e econômicos que a cultura é capaz de gerar não aparecem nas avaliações sobre produção cultural, porém, tais dados são fundamentais e revelam a importância da cultura para o desenvolvimento econômico de uma sociedade. "A Festa do Boi de Parintins (AM) é um bom exemplo disto. A população da cidade quadruplica durante os dias da festa. A economia local é ampliada com os recursos do turismo. (...) Acontece: vôos extras das companhias aéreas regionais, cruzeiros fluviais pelo rio Amazonas, venda de artesanato, ingressos para o bumbódromo, entre outros. Beneficiam-se com trabalho e renda milhares de pessoas, além de proporcionar-lhes o prazer e a alegria de verem reconhecidos seus valores culturais locais" (Moisés, 1998).

Em 1997 havia 510 mil pessoas empregadas na produção cultural brasileira, considerando-se todos os seus setores e áreas, tais pessoas distribuíam-se da seguinte forma: 391 mil empregadas no setor privado do mercado cultural (76,7% do total), 69 mil como trabalhadores autônomos (13,6%) 349 mil ocupados nas administrações públicas, ou seja, União, Estado e Municípios (9,7%) (Moisés, 2002).

Lei Federal de Incentivo à Cultura: Mecanismos, Relação com o *Marketing* Cultural e com o Turismo

A Lei Federal de Incentivo à Cultura – Lei nº 8.313 de 23/12/1991 – Lei Rouanet, criou o Programa Nacional de Apoio à Cultura (PRONAC) com o objetivo de incentivar a produção de projetos culturais através da captação

[1] Joaquim de Arruda Falcão é Vice-presidente dos Institutos Ricardo Brennand e Cultural Itaú, e é membro do Conselho Diretor do Instituto do Patrimônio Histórico e Artístico Nacional.

de recursos com base em incentivos fiscais. Neste contexto passam a atuar de maneira integrada a iniciativa privada, o Governo, os investidores, os artistas e os produtores culturais. A lei é composta por três instrumentos de financiamento: (1) Fundo Nacional de Cultura (FNC); (2) Fundo de Investimentos Culturais e Artísticos (FICART); (3) mecenato incentivado.

A lei permite que os projetos aprovados pela Comissão Nacional de Incentivo à Cultura (CNIC) recebam patrocínios e doações de empresas e pessoas, que poderão abater, ainda que parcialmente, os benefícios concedidos do Imposto de Renda devido.

Podem candidatar-se aos benefícios da Lei pessoas físicas, empresas e instituições com ou sem fins lucrativos, de natureza cultural, e entidades públicas da Administração indireta, tais como Fundações, Autarquias e Institutos, desde que dotados de personalidade jurídica própria e, também, de natureza cultural.

Os projetos devem destinar-se a desenvolver as formas de expressão, os modos de criar e fazer, os processos de preservação e proteção do patrimônio cultural brasileiro, e os estudos e métodos de interpretação da realidade cultural, bem como contribuir para propiciar meios que permitam o conhecimento dos bens e valores artísticos e culturais, compreendendo os segmentos de: (1) teatro, dança, circo, ópera, mímica e congêneres; (2) produção cinematográfica, videográfica, fotográfica, discográfica e congêneres; (3) literatura, inclusive obras de referência; (4) música; (5) artes plásticas, artes gráficas, gravuras, cartazes, filatelia e outras congêneres; (6) folclore e artesanato; (7) patrimônio cultural, inclusive histórico, arquitetônico, arqueológico, bibliotecas, museus, arquivos e demais acervos; (8) humanidades e (9) rádio e televisão, educativas e culturais, de caráter não-comercial.

O projeto deve ter temática centrada nas áreas e segmentos definidos na Lei. Do mesmo modo, deve trazer benefícios para a população. Além de incrementar a produção, a Lei se destina a democratizar o acesso da população a bens culturais. Mecanismos que facilitem este acesso (ingressos a preços populares ou entradas gratuitas em espetáculos, distribuição de livros para bibliotecas, exposições de artes abertas, etc.) são fundamentais para o cumprimento desta finalidade. Faz parte, ainda, da filosofia da Lei a destinação do máximo de recursos possíveis para a atividade-fim, ou seja, o produto cultural[2].

---

[2] Por se tratar de tema cujo conteúdo é estritamente jurídico optamos por transcrever as informações contidas no Guia prático para apresentação de projetos culturais de Renato Kamp no que se refere ao seu mecanismo.

O Incentivo Fiscal para a cultura no Brasil, surge a partir de 1986 (a chamada "Lei Sarney") quando se criaram mecanismos de renúncia fiscal para a cultura. Sinteticamente, pode-se dizer que, o Governo Federal abre mão de parcela de determinados impostos, para Pessoas Físicas e Jurídicas que queiram investir em Cultura e deste processo é que surgirá o *Marketing* Cultural e o Mercado Cultural, quando produtores culturais, artistas e a iniciativa privada promoverão a ampliação do conceito de Indústria Cultural.

Nas sociedades modernas, democráticas, baseadas na existência de uma economia de mercado, não se pode depender apenas do setor público. Diante disso, o Estado, em busca de novas alternativas de financiamento da cultura, começou a pensar em uma política de investimentos culturais que refletisse uma atuação conjunta entre o setor público e o setor privado: neste momento, surgem as leis de incentivo à cultura.

As Leis de Incentivo à Cultura surgem como uma alternativa à escassez de recursos públicos orçamentários para o cumprimento do preceito constitucional de que o Estado deve promover a cultura. O Estado utiliza, portanto, de dois mecanismos para injetar recursos na cultura: o investimento direto e o incentivo fiscal. Sendo este último o mais recente, o mais elaborado e também o mais sofisticado.

Finalmente, e consubstanciando a questão do Mercado, Cultura e *Marketing* Cultural, em Beni (p. 85) encontramos que "em um sistema cultural modelado principalmente pelos meios de comunicação de massa, o Turismo representa um tipo de ação pessoal que enriquece os conhecimentos, uma reação contra a cultura massificada e uma oportunidade de atingir um meio verbal de comunicação, observado entre os turistas que dialogam. Constata-se que o turismo pode contribuir para a preservação de valores culturais que apresentam também um valor específico para o turista".

No Brasil, as políticas de incentivo fiscal foram introduzidas nos anos 70, pelos governos militares, com a idéia de que o incentivo fiscal deveria ser transitório e circunstancial, ou seja, o incentivo fiscal deveria existir somente enquanto durasse a insuficiência dos recursos diretos do Estado para investir em áreas fundamentais ao seu desenvolvimento (José Álvaro Moisés apud Falcão e Müssnich, 2001, p. 21). Somente ao longo da década de oitenta o patrocínio cultural no Brasil ganha corpo. A publicidade já não detém o monopólio das verbas. As empresas passam a diversificar suas ferramentas de comunicação, adotando novos conceitos, novas estratégias.

O Brasil representa um enorme e desafiador mercado para o *marketing* cultural. Grande parte do empresariado brasileiro, no entanto, desconhece esse tipo de atividade. Portanto, entende-se que as Leis de incentivo à cultura devem ser um instrumento de estímulo ao investimento privado e não a transferência de recursos públicos para o atendimento de interesses privados. "Ao bancar integralmente a conta com recursos públicos, o Ministério da Cultura *faz de conta que há investimento privado.* (...) Assim, desperdiça recursos do Estado, não forma patrocinadores nem investidores culturais, perverte a relação cultura-empresa e não atende a qualquer política cultural pública" (Yacoff Sarcovas, 1995).

Neste sentido, onde estaria preservado o papel do poder público – que não é o de intervir na produção cultural – mas de promover a cultura, criando oportunidades para a sua difusão e distribuição e a formação e diversificação do público, refinando sua sensibilidade e apurando o seu senso crítico? Em nossa percepção este é exatamente o elo que identificamos entre a administração cultural e turística relativas ao papel da lei de incentivo como ferramenta para o turismo cultural.

Expandindo ainda a perspectiva crítica quanto ao alcance político e cultural da lei de incentivo à cultura no que diz respeito às fronteiras do privado e do público que a Lei contempla, percebe-se que existe bastante semelhança – quanto à questão ambiental e cultural – do ponto de vista turístico. Percebe-se que quando da prática do ecoturismo, os ambientalistas querem salvaguardar os recursos naturais e deixá-los "invisitáveis" dessa forma só se vê a preocupação com o meio natural, e a necessidade do homem relacionar-se com esse Meio? É preciso ter cuidados, haver um manejo equilibrado e consciente, mas não simplesmente proibir a prática da exploração turística por excesso de zelo, afinal, a comunidade que vive à margem de áreas naturais, pode ter no turismo, sua fonte de renda.

Neste sentido, e procurando introduzir nossa análise, ainda incipiente da vertente cultural no ambiente do turismo e de seu planejamento relacionado aos mecanismos da lei Rouanet, objeto deste trabalho, reportamo-nos as considerações de Olimpio Bonald quando considera que: "A facilidade de comunicação, a ampliação dos conhecimentos do homem, a popularização das informações induz fortemente as viagens do homem contemporâneo em busca da complementação de sua formação cultural. O conhecimento da história, das Artes, da Música, da Cultura Popular peculiar de cada comunidade; o artesanato, o folclore, o exotismo dos cultos diferentes, do mundo mágico das comunidades isoladas ou primitivas plenas ainda dos mitos e costumes antigos, das comidas e dos temperos diferentes, têm lugar de destaque nas motivações das viagens. Turismo é uma forma de cultura" (Bonald, 1995).

Projeto "Olinda: Arte em Toda Parte"

Aprovado pela Lei Rouanet o projeto cultural "Olinda: Arte em Toda Parte" realizou até a presente data duas edições nos meses de dezembro de 2001 e 2002 e obteve patrocínio e apoio de empresas estatais e privadas multinacionais e do Estado de Pernambuco, incluindo a própria prefeitura de Olinda.

O Projeto tem duração média de 15 dias, trata-se da realização de uma grande exposição de arte erudita e popular no sítio histórico de Olinda, isto é, em seus espaços públicos, igrejas, casas e ateliês dos artistas plásticos além das praças, ruas e ladeiras. Buscando a revitalização de Olinda como pólo artístico e cultural de Pernambuco através do contato direto do público com a arte, o artista e o processo de criação da arte em suas diversas formas e em diferentes locais.

O principal enfoque do Projeto – a visitação ao sítio histórico de Olinda – faz o público interagir com a cidade – não apenas no seu aspecto físico e arquitetônico, mas, sobretudo humano, isto é, com seus artistas, artesãos, bonequeiros, fotógrafos e poetas, configurando um novo fazer turístico à cidade berço do turismo cultural Pernambucano, inovando o vaivém nas ladeiras, característica principal de quem visita aquela cidade. Afinal, trata-se de Olinda que além de patrimônio Natural e Cultural da Humanidade é um celeiro das artes, onde moram e produzem inúmeros artistas e artesãos, de renome nacional e internacional.

Destaca-se o caráter acentuadamente cultural que o projeto incentiva, sem absolutamente provocar choque ou animosidade com o seu aspecto de utilidade pública que preconiza a lei que o financia e os objetivos a que se propõe a legislação pertinente.

Todos os envolvidos e beneficiados pelo projeto: artistas, monitores, donos de hotéis e pousadas, de bares e restaurantes, e sobretudo a população olindense e o público em geral – formado por turistas, intelectuais e apreciadores das artes plásticas – definiram o projeto como um grande *renascimento* de Olinda. As ladeiras e ruas estreitas de Olinda estiveram repletas de pessoas dispostas a (re)conhecer a riqueza histórica e artístico-cultural que forma a atmosfera do Sítio Histórico de Olinda assim como portar o catálogo que funcionou como um verdadeiro índice da produção atual dos artistas olindenses.

Para a visitação aos ateliês foram mapeados mais de 45 ateliês que estiveram durante os finais de semana abertos à visitação pública. Um folder (em anexo) distribuído gratuitamente por todo o sítio histórico e em diversos estabelecimentos culturais do Estado sinalizava os ateliês marcados com *banners* em suas fachadas. Cerca de 65 monitores – estudantes de turismo de faculdades particulares e públicas do Estado – foram treinados e colocados à disposição do público visitante para dar informações sobre todo o roteiro cultural assim como, para recepcioná-los nos museus, ateliês, Igrejas e demais espaços públicos envolvidos. Os monitores conduziram ainda o circuito de vans, que circularam gratuitamente na segunda edição por todo o roteiro cultural, a fim de facilitar o acesso a idosos, crianças, portadores de deficiência e do público em geral.

Os bares e restaurantes registraram um aumento considerável em seu número de clientes – efeito positivo, portanto, no setor de serviços – mostrando que a gastronomia também não fica de fora quando o assunto é cultura. Os donos de hotéis e restaurantes demonstraram satisfação por perceber que se tratava de um acontecimento programado diretamente ligado às expectativas e motivações dos visitantes que se hospedam no Sítio Histórico e mais ainda, que o mesmo concretizou uma excelente opção de lazer e entretenimento, mesmo que por apenas duas semanas. Por se tratar de um evento recente não pôde – ainda – se concretizar como um fator de incremento da ocupação hoteleira.

O projeto conseguiu realizar algo de grande importância para Olinda: levantou a auto-estima, valorizou as individualidades e – apostando na coletividade ali existente – proporcionou uma valorização há muito escondida/esquecida diante da atual conjuntura do país e da própria situação municipal. As insatisfações pessoais foram substituídas por uma necessidade e intenção de se investir em algo concreto e satisfatório que representasse o espírito dos que ali vivem e sobrevivem.

A intenção maior do Projeto desde a sua elaboração foi a realização de um evento de *reciprocidades* e realmente assim se deu todo o processo. O projeto concretizou, uma ação cultural e aliou esforços privados, públicos e comunitários incorporando-se a uma ação de gestão de desenvolvimento do potencial artístico e cultural de uma cidade.

O "Olinda: Arte em Toda Parte" não se diferencia, portanto, dos demais projetos aprovados pelo Ministério da Cultura que são analisados sob diferentes aspectos, mas que prezam indubitavelmente pela relevância cultural do mesmo, seja ele um evento, uma publicação ou uma restauração.

Podemos afirmar, ainda, que o projeto em questão não se restringiu ou causou efeitos e impactos apenas no meio cultural, afinal envolveu diversos setores como o comércio, a administração pública, a iniciativa privada, estudantes de turismo e a população.

Os resultados mais concretos e palpáveis foram: o aumento do número de turistas e visitantes; a divulgação e valorização da cultura local e a geração de mais uma opção de lazer e entretenimento para o destino turístico Olinda, que poderão ser identificados a partir das novas edições.

Como não poderia deixar de ser, no sentido de uma análise crítica e construtiva, vale ressaltar que apesar de ser considerada um dos principais destinos turísticos do Estado e quiçá do Nordeste, Olinda encontra-se em um processo de decadência em termos de oferta e demanda turística. Com seu acervo patrimonial em estado de má conservação, a ausência de uma permanência institucional atuante da Secretaria de Turismo do município – por diversos fatores que não cabe neste espaço discutir – aliada à falta de segurança e de infra-estrutura turística, o Sítio Histórico encontra-se estagnado em termos de movimentação turística, exceto no período carnavalesco e as novas perspectivas da atual administração com a retomada de grandes Programas Federais como o "Projeto Monumenta" que contempla Olinda em sua condição de Patrimônio Cultural e Natural da Humanidade, título sob a chancela da Organização Educacional Científica e Cultural das Nações Unidas (UNESCO).

Assim é que, salvo a ampliação da rede de restaurantes – Olinda vem se tornando há tempos um dos principais centros gastronômicos do nordeste – nada, ou muito pouco se investiu concretamente em Olinda para que ocorresse uma mudança nesse quadro, agravado recentemente pela ameaça de perda do título pela UNESCO.

Através de projetos democráticos e altamente participativos como esse, consideramos que se dará o resgate da cultura, e daqueles que a produzem e que tanta vida, cor e forma dão a esse país e a seu povo. Certamente não será apenas em função do projeto em análise que a arte estará "por toda parte" em Olinda. Porém, logrou-se um "chamado" ao povo para viver Olinda, berço da folia e do carnaval mas que é sobretudo – e é o que nos compete concluir de nosso trabalho –, da cultura e da arte pernambucana, nordestina e brasileira e que tem por direito e merecimento receber os incentivos mas primordialmente, o espírito da Lei Federal de Incentivo à Cultura.

Conclusão

No turismo ainda não existe um mecanismo tão eficiente e de fácil acesso e conhecimento por profissionais da área e do qual o Estado seja co-partícipe, como no caso da Lei Rouanet, porém ao analisar a legislação e seus efeitos e impactos socioeconômicos percebe-se que o que serve ao fomento cultural, pode servir também e diretamente ao turismo.

A área do Turismo Cultural, traz outras considerações que ainda não nos permitem encontrar – cientificamente – o respaldo necessário a uma conclusão mais definitiva sobre a relação entre esses dois fenômenos – Turismo e Cultura.

No entanto tivemos a intenção de – na perspectiva da Gestão e do Planejamento em Turismo – introduzir a visão do fenômeno jurídico de incentivo à cultura relacionada ao papel que representa a cultura para o desenvolvimento da sociedade e do nosso país, em particular, principalmente pela relação dialógica entre identidade e turismo, de que nos fala Adiles Savioli (Banducci Jr. e Barreto, 2001).

A título de conclusão de nosso trabalho, gostaríamos tão somente de acrescentar algumas abordagens já referidas no corpo do trabalho, principalmente a nossa defesa aos princípios da Lei de Incentivo à Cultura através dos seus gestores e planejadores. Nesse sentido se explica nossa preocupação em destacar o importante papel do poder público, que não é o de intervir na produção cultural, mas o de servi-la, criando oportunidades para a sua difusão e distribuição, e mais ainda a da formação e diversificação do público, refinando sua sensibilidade e apurando seu senso crítico.

Nesses tempos de globalização, acreditamos que a cultura tem demonstrado ser um grande baluarte do desenvolvimento. Se tivermos o apoio e o respaldo do poder público e de uma sociedade consciente do valor de nosso patrimônio a globalização não consistirá em uma substituição de identidades, mas, em uma articulação entre elas.

Como afirmou Margarita Barreto (2001) "no pensamento pós-moderno, a identidade é vista como algo móvel, sempre em construção, que vai sendo moldado com o outro". Dessa forma, acreditamos, que o aperfeiçoamento da legislação de incentivo à cultura se dará na medida em que o próprio fenômeno do turismo, um fenômeno antes de tudo sociocultural, seja realizado por profissionais que conheçam e trabalhem ambos os lados do problema: seus mecanismos de instrumento e de desenvolvimento da sociedade e o respeito e a salvaguarda dos princípios que esta mesma sociedade precisa manter para não se perder como nação e principalmente como povo que constrói o seu próprio futuro. É o turismo desenvolvendo seu papel com responsabilidade social.

Referências Bibliográficas

1. BANDUCCI JR., A.; BARRETO, M. (orgs.). *Turismo e Identidade Local: uma visão antropológica*. Campinas: Papirus, 2001.
2. BENI, M. C. *Análise Estrutural do Turismo*. São Paulo: SENAC, 1998.

3. BONALD, O. N. *Planejamento e Organização do Turismo*. Recife: FASA, 1994.
4. FALCÃO, J. P. A. *Lei Rouanet: como viabilizar a participação da pessoa física no incentivo aos projetos culturais aprovados pelo Ministério da Cultura dentro do mecanismo de Mecenato?* Rio de Janeiro, 2001. Monografia (Graduação) – Pontifícia Universidade Católica do Rio de Janeiro.
5. FALCÃO, J. P. A.; CUENCA, C. Diretrizes para nova legislação do terceiro setor. In: *Mudança Social e Reforma Legal: estudos para uma nova legislação do terceiro setor*. Brasília: Conselho da Comunidade Solidária / UNESCO / BID / FF, 1999.
6. KAMP, R. *Guia Prático para Apresentação de Projetos Culturais*. Rio de Janeiro: Fundação João Daudt d'Oliveira, 2001.
7. MOISÉS, J. A. Os efeitos das leis de incentivo. In: WEFFORT, F.; SOUZA, M. (org.). *Um Olhar sobre a Cultura Brasileira*. Associação dos amigos da FUNARTE, 1998.
8. MOISÉS, J. A. *Economia da Cultura*. Disponível em: http://minc.gov.br abril. Acesso: 2002.

Capítulo 48

Potencialidade do Turismo e do Folclore para o Desenvolvimento Social: Esclarecimentos e Inter-relações de Aspectos Fundamentais

David Leonardo Bouças da Silva

Apresentação

Sabe-se que, desde tempos que se confundem com sua própria origem, o homem manifestou uma tendência para viajar, conhecer outras terras e outros povos semelhantes e desvendar os seus hábitos, culturas e maneiras de pensar. Seguindo essa característica, as sociedades modernas fizeram desta natural curiosidade uma atividade extremamente rentável, capaz de fomentar grandiosos retornos. E assim surgiu o Turismo.

Contudo, ainda que se tenha consciência da enorme importância econômica que o Turismo possui para os países que o exploram, esta atividade deve ser trabalhada de maneira relevante e eficaz, buscando a preservação do patrimônio cultural, histórico e paisagístico. Dentre as variadas facções que foram usadas para forjar a atividade do Turismo, o folclore é uma das que mais se sobressai, por se converter em um produto que se autodivulga.

Além disso, num momento em que a oferta turística se amplia mais e mais, o folclore exerce um papel consolidador, ajudando de forma fundamental na sua promoção. Ele surge indistintamente vinculado à publicidade, quaisquer que sejam as destinações turísticas ou áreas temáticas, já que constitui uma das principais razões que influenciam a escolha do visitante. É raro encontrar alguém que não considere pelo menos o artesanato, a gastronomia ou a arquitetura como critério de escolha de um determinado destino de viagem.

Desta forma, convém tecer comentários a respeito desta parceria e é justamente a isso que este trabalho se propõe. De forma sucinta e articulada, serão esclarecidas questões que abranjam os dois temas, correlacionando-os de maneira a fornecer subsídios para um melhor entendimento e sobretudo revelar um posicionamento referente ao binômio: turismo e folclore.

Considerações sobre Turismo

A palavra *turismo* é derivada do termo latino *tornus* que significa "volta" ou "movimento" e foi adotada pelos ingleses, franceses e espanhóis com esse sentido, aplicando-a, posteriormente, como definição da atividade. O Turismo tem como protagonista o homem e ao se desenvolver no campo pessoal, cada um busca sua interpretação, que depende de suas vivências, desejos, gostos, motivos, cultura, idioma etc e, portanto, sua definição, a partir de um ponto de vista geral, torna-se difícil e às vezes contraditória.

Segundo o *Institute Nationale de la Statistique et des Études Economiques de France* (INSEE), turismo é um conjunto de funções econômicas exercidas para satisfazer as necessidades dos turistas. Através da definição do estudioso Wahab (1977, p. 28) é possível dizer que turismo "é uma atividade humana intencional que serve como meio de comunicação e integração entre os povos. É um período curto de deslocamento de pessoas – que têm dinheiro disponível para tal exercício – para outra região, seja cidade ou continente a fim de obterem alguma satisfação".

É possível afirmar que o turismo é sobremaneira importante para a vida social, econômica, política e cultural da comunidade regional, o qual deve ser realizado tendo como prioridade à proteção dos recursos e ecossistemas naturais, bem como o respeito e a melhoria da qualidade de vida de ambos os lados, além da valorização dos bens patrimoniais históricos e culturais inerentes ao local.

Embora as razões que levam os homens a viajar sejam extremamente variadas, é possível distinguir certos tipos de turismo. Esta tipologia é determinada a partir das motivações e das intenções dos viajantes, podendo-se selecionar um leque enorme de possibilidades, dada a grande diversidade dos motivos que levam as pessoas a viajar. A grande quantidade de motivações turísticas traduz-se por uma diversidade dos tipos de turismo. Como as regiões ou os países de destino apresentam também uma grande variedade de atrativos, a identificação dos tipos de turismo permite avaliar a adequação da oferta existente ou a desenvolver as motivações da procura.

Nesse caso, especificamente, abre-se um parêntese para tratar do turismo cultural, que compreende a modalidade onde o folclore se encaixa. Segundo a Organização Mundial do Turismo (1994), a expressão "turismo cultural", aponta no sentido de englobar os movimentos de pessoas que obedecem a motivações essencialmente culturais, onde se pode incluir modalidades diversas como viagens de estudo, missões artísticas, viagens culturais, visitas a sítios e monumentos históricos que têm por objeto a descoberta da natureza, o estudo do folclore ou da arte, entre outras.

A preservação do patrimônio e a qualidade da oferta cultural contribuem para o poder de atração das localidades, assumindo, assim, um valor econômico, enquanto fator determinante de investimento local e fonte de turismo. As muitas facetas da cultura exercem efeitos importantes na prosperidade social e econômica de uma região. A cultura e as atividades que lhe estão associadas são uma fonte direta e indireta de emprego. Influem consideravelmente na canalização dos investimentos na medida em que transmitem uma imagem positiva e se somam ao poder de atração de uma área. São também um instrumento crucial para a revitalização social e econômica das zonas desfavorecidas e neste contexto podem desempenhar um papel positivo na promoção da integração social.

O interesse do turismo, aquele que se projeta além das vantagens econômicas inerentes a atividade, está no fato de que este cria condições favoráveis a mudanças de atitude face à cultura em si e ao patrimônio cultural, notadamente entre os responsáveis políticos. Logo, o turismo cultural contribui para fornecer uma dimensão mais "concreta" aos projetos e representa a manifestação explícita das vantagens econômicas que a cultura pode proporcionar.

O desenvolvimento da cultura e do turismo cultural deve ser colocado numa perspectiva de integração entre os vários setores que os compõem. Como parte essencial desse processo, está a formulação de uma estratégia de urbanização e desenvolvimento turístico que exige, além de recursos financeiros adequados, uma correta e determinada capacidade competitiva e organizacional por parte da administração local.

Para que haja o desenvolvimento do turismo cultural, surge como aspecto fundamental a colaboração estratégica entre os setores público e privado, estabelecendo associações entre eles. As diversas localidades também devem promover a cooperação entre si para a transferência de experiências e o intercâmbio de conhecimentos referentes a ações que visem a utilização do patrimônio cultural de forma sustentável.

Uma vez enfatizada a importância da contribuição das atividades de lazer e turismo para a revitalização das zonas urbanas, faz-se, pois, indispensável que as cidades invistam na sua infra-estrutura cultural, fomentem o setor produtivo da cultura e conduzam ao aperfeiçoamento dos recursos humanos para que se adeqüem às necessidades de desenvolvimento, construindo, a partir do potencial local, todo o setor cultural e pretendendo sobretudo inserir os cidadãos no processo.

Considerações sobre Folclore

O folclore constitui a sabedoria do povo transmitida ao longo de gerações por tradição oral e inclui nomeadamente a sua literatura, os seus provérbios, o seu falar característico, a sua religiosidade, a medicina, o artesanato, os trajes, os usos e costumes, as danças e cantares. É o mecanismo utilizado pelo povo para compreender o mundo, utilizando a sua imaginação, procurando resolver os mistérios da natureza e entender as dificuldades da vida e seus próprios temores. Logo, o folclore representa, conjuntamente com a História e a Língua, um dos principais fatores de formação da identidade própria de uma nação.

Segundo Roberto Benjamin (2001) a palavra "folclore" foi introduzida nas ciências sociais através de uma carta publicada em Londres em 1846. A proposta do seu criador – William John Thoms – era a de substituir a denominação "antigüidades populares" atribuída à literatura popular, cuja pesquisa tinha o caráter de resgate do saber tradicional. Era "tarefa de recolher as poucas espigas que ainda restam espalhadas no campo, no qual os nossos antepassados poderiam ter obtido uma boa colheita", dizia John Thoms. O foco da sua preocupação era o que existia de curioso e interessante nas antigüidades populares, que ainda se poderia salvar com "esforços oportunos". Prevalecia, então, a idéia de que o Folclore era constituído por sobrevivências exóticas de uma cultura em extinção.

Assim, foram atribuídas algumas características a esse fenômeno. Entre elas:

- *Anonimato*: ou seja, o fato folclórico não possuiria autor conhecido. Essa característica colocada em termos absolutos tem sido progressivamente relativizada. Deixava de fora, por exemplo, o artesanato e a poesia dos repentistas, cujos autores são identificados no ato da sua criação. Ou melhor, todos os fatos culturais têm um autor na sua origem, embora no processo de aceitação pública possa haver despersonalização, perdendo-se a referência autoral. Benjamin (2001) diz que: "se recuarmos no tempo e conseguirmos chegar às origens, vamos encontrar sempre o indivíduo – o autor". Assim, quando não se perdeu a referência autoral e houve aceitação coletiva, há que se considerar tal fato como folclórico.
- *Transmissão oral*: no folclore, o aprendizado ocorreria, de maneira exclusiva, por esta forma. Tomada em termos absolutos, esse tipo de transmissão também exclui o artesanato e as técnicas populares. Exclui ainda a literatura de cordel e outras manifestações escritas. Caso se refira somente à fala, deixa de lado outros aspectos da cultura, onde o aprendizado se dá diferentemente, como através da observação e da iniciação ao trabalho. Em contrapartida, estudos no âmbito da literatura popular vêm redimensionando o conceito de oralidade, a partir da constatação da existência de matrizes escritas na transmissão oral, isto é, o que se presumia que houvesse sido passado oralmente teve uma fase de transmissão através da escrita (como em alguns contos populares) e até mesmo através do cinema (de que é exemplo a história de Cinderela).
- *Antigüidade*: para alguns folcloristas, ser antigo era condição do fato folclórico. A sua significação era entendida ao pé da letra: velho, vetusto, entrado em anos. Como lembra Paulo de Carvalho-Neto (1989), "antigüidade" chegou a ser "sinônimo de ciência folclórica", negando-se o reconhecimento da criação de novos fatos folclóricos – o chamado "folclore nascente", como as lendas e mitos urbanos, de que é exemplo, no Maranhão, "a Lenda de Ana Jansen". Aceitar a condição da antigüidade é negar a capacidade criativa que vem do povo. De fato, ninguém duvidará que um escritor erudito crie um conto ou um poema novo.

Estas concepções não foram substancialmente alteradas e ainda podem ser verificadas em obras recentes de folcloristas brasileiros. Na verdade, são concepções de pessoas que se consideram paradigmas universais e observam as idéias e as práticas alheias a partir de suas próprias idéias e práticas, tomadas como absolutamente corretas e acabadas. Entretanto, vale destacar que entre os folcloristas brasileiros, quais sejam Câmara Cascudo e Renato Almeida, ocorreram sempre posições opostas a essas propostas etnocêntricas.

Foram os trabalhos destes e de outros folcloristas que fizeram evoluir, no Brasil, as concepções sobre o que é o Folclore. Reunidos, na cidade do Rio de Janeiro, no I Congresso Brasileiro de Folclore, em 1951, declaravam na Carta do Folclore Brasileiro (Congresso Brasileiro de Folclore, 1999) que "constituem o fato folclórico as maneiras de pensar, sentir e agir de um povo, preservadas pela tradição popular e pela imitação e que não sejam diretamente influenciadas pelos círculos eruditos e instituições que se dedicam ou à renovação e conservação do patrimônio científico e artístico humano ou à fixação de uma orientação religiosa e filosófica".

Considerava, da mesma forma, que deveriam ser reconhecidos como realidade folclórica os fatos sem o fundamento tradicional, bastando que apresentassem a característica de aceitação coletiva e que fossem essencialmente populares, anônimos ou não, isto é: caíam os atributos de antigüidade, oralidade e anonimato, ficando relativizada a condição de tradicionalidade, consagrando a aceitação coletiva como a característica marcante do fato folclórico;

- *Aceitação coletiva*: ou seja, do gosto do povo, do agrado coletivo, de prática generalizada. Essa característica tem sido utilizada na reinterpretação do anonimato. Para alguns folcloristas, a criação de um autor conhecido passa a ser folclórica quando há aceitação coletiva, quando se atribui a ela valoração patrimonial comum do grupo e ocorrem adições, variações e reinterpretações. É também a aceitação coletiva que possibilita considerar folclóricos os fatos originários da cultura de elite, e da cultura de massa, que tenham sido aceitos e novamente interpretados pelo povo.
- *Tradicionalidade*: é talvez a característica básica dos fatos folclóricos, é a linha divisória que se coloca entre o popular urbano – como as canções populares que tocam no rádio – e o folclórico. A tradição é a matriz do fato folclórico, para a qual as recriações e renovação devem ser fiéis. É necessário se considerar, por outro lado, que há fatos tradicionais que não são folclóricos – como certas tradições cívicas, maçônicas, religiosas etc. A tradicionalidade é entendida hoje como uma continuidade, onde os fatos novos se inserem sem uma ruptura com o passado, mas que se constroem

sobre esse passado – são, por exemplo, materiais novos com que se refazem peças de vestuário cuja matéria prima tornou-se escassa ou inacessível, como as penas de ema que compunham os adereços dos caboclinhos, substituídas por plumas sintéticas; são gírias que se agregam a velhos contos; são lendas reinterpretadas; é o automóvel e o avião substituindo o cavalo e a carruagem em narrativas tradicionais; é a fotografia substituindo a escultura do ex-voto, etc.

- *Dinamicidade*: a dinâmica cultural, a evolução constante a que todos os fatos culturais estão sujeitos, não permite a admissão do entendimento do folclore meramente como uma sobrevivência do passado. Há fatos novos, pela criação contemporânea do povo e folclorização de fatos, manifestações eruditas ou da cultura de massas, que estão sendo contemplados com a aceitação coletiva. Algumas das matrizes da dinâmica cultural têm sido, entre nós, as migrações internas, a escolarização, a exposição à comunicação de massas e o acesso às novas tecnologias.
- *Funcionalidade*: os fatos folclóricos integram sistemas culturais, exercendo funções e, portanto, não se constituindo em traços isolados. O fato folclórico é vivenciado no contexto do social, do econômico, do político etc. As técnicas de cestaria e de cerâmica utilitária – que tiveram o seu mercado tradicional reduzido pelo uso de objetos de alumínio e plástico – encontram a possibilidade da sua sobrevivência na mutação da função de utilitário para decorativo.

A essas características poderia ser acrescentada a espontaneidade – os fatos e manifestações folclóricos nascem da comunidade, não surgem de decretos e portarias; não se aprende nas escolas através de um exercício sistemático, mas com a convivência, de forma quase inconsciente e progressiva. Os fatos folclóricos surgem da criação do povo, a partir da sua cultura tradicional ou da mesclagem com elementos de outras culturas através da aceitação coletiva.

O folclore é universal e tradicional em seus temas e motivos que devem ser considerados invariantes. É regional e atualizado na ocorrência das variantes, que são o resultado da criatividade do portador do folclore e de sua comunidade. Daí deva ser considerada outra característica, que é a regionalidade. A manifestação folclórica é localizada, é própria de uma comunidade, de uma localidade, de uma vila, de um povoado; às vezes, o mesmo tipo de manifestação pode ser encontrado em localidades diferentes e distanciadas, mas a documentação e análise do fato vai mostrar que se trata de uma variante, isto é, manifestações que tiveram origens comuns, mas que foram sendo recriadas e/ou reinterpretadas em cada lugar e se diferenciaram. Por exemplo: na culinária brasileira, a canjica é um mingau, todavia no Estado do Maranhão é um creme amarelado, conhecido nos outros estados como curau. A moqueca no Espírito Santo é preparada com azeite doce, na Bahia com azeite de dendê e, em Pernambuco, com leite de coco, entre muitas outras coisas.

Ainda que o popular esteja sendo definido contemporaneamente pelo consumo e por sua relação com as classes dominantes (os portadores da cultura folclórica não vivem marginalizados em guetos, isolados do conjunto da sociedade brasileira, ainda que o seu acesso a bens materiais e imateriais seja restrito), para o estudo do folclore é indispensável prosseguir no recolhimento e documentação tanto da produção espontânea do povo, como da sua recriação de elementos da cultura erudita e de massas, uma vez que a globalização está sofrendo e sofrerá a intervenção dos valores e práticas do Folclore, em caráter local e regional.

Relação Entre Turismo e Folclore

Ao se realizar um estudo concernente ao Folclore e a sua significação, sucintamente, passa-se a entender este termo como um conjunto de manifestações que representam a maneira de pensar, agir e reagir das comunidades. No Brasil, especificamente, o desenvolvimento e as modificações destas manifestações populares atingiram seu ápice quando as etnias passaram a ser distinguidas mais nitidamente.

A preocupação pela interdisciplinaridade levou os eminentes folcloristas do passado a relacionarem Folclore com a Psicologia, a Astronomia, a Meteorologia, a Sociologia, a Física, a Geografia, a Medicina e hoje, com evidência, o Turismo. Fato oportuno, tendo em vista que o folclore reflete a o comportamento do homem frente a sua concepção de mundo, expressando uma forma dialética com a cultura universal.

Considerando o Folclore como um dos instrumentos de maior impacto no processo de desenvolvimento turístico, não seria possível tratar deste assunto sem destacar a importância de se preservar este majestoso "bem" histórico artístico e cultural, cabendo, portanto, em grande parte, aos *turismólogos*, estudiosos da área e empresários contribuir positivamente para a efetivação do binômio Turismo-Folclore.

Folclore Como Agente Turístico e Social

Objetivando o atendimento aos diversos fluxos turísticos, o Folclore pode ser destacado como elemento de grande potencialidade. Os grupos folclóricos constituem uma alternativa para a prática de ensino e para a divulgação das tradições folclóricas, tanto para fins educativos, como para atendimento a eventos turísticos e culturais.

O Turismo é uma atividade economicamente importante para as cidades receptoras, pois os reflexos sociais e econômicos são visíveis aos seus habitantes, no que tange a geração de trabalho e renda, bem como a melhoria da qualidade de vida.

A atividade turística, uma vez bem planejada, pode garantir a permanência de determinados fenômenos folclóricos e, através deles, garantir a geração de recursos econômicos para a população residente. Conseqüentemente, os benefícios sociais para a localidade serão imensos, principalmente se a participação da comunidade neste processo ocorre de forma direta. Turismo e Folclore devem estar, portanto, de mãos dadas, aliados, inseparáveis, pois este estimula aquele, dá-lhe calor e vida. Além disso, a admiração do turista entusiasma o povo, dá-lhe prestígio e alimenta o Folclore.

De fato, o turismo, quando cauteloso, pode ajudar na conservação e valorização das manifestações populares. Estimular e oferecer aos turistas a oportunidade de conhecer os habitantes da região, seus modos de vida, suas atividades profissionais, promove uma atividade rica e prazerosa a eles. A localidade é visitada por religiosos, estudantes, curiosos, pessoas interessadas em uma "nova" cultura, em um patrimônio cultural perdido na maior parte das cidades. Nesse ponto, vale ressaltar que o turista é atraído por uma manifestação popular especialmente pela naturalidade e fidelidade desta. Ao mesmo tempo, é importante que o visitante se informe sobre o significado do "ritual" que está presenciando, o porquê do vestuário utilizado pelos participantes da festa, entre outros aspectos, para que assim compreenda e valorize a manifestação.

Entretanto, a falta de planos de desenvolvimento turístico que preguem a sustentabilidade pode resultar em uma predatória condução da atividade turística, criando problemas que muitas vezes levam a descaracterização da própria manifestação. Com isso, promover-se-á uma prática de turismo desenfreado, agressor e banalizante, onde as ações mercadológicas denigrem, estereotipam e simplificam o Folclore local.

Nesse caso, Folclore e Turismo aparentemente se chocam, uma vez que a espontaneidade e a autenticidade das manifestações podem ficar comprometidas em função do último. Logo, interessante seria a interligação definitiva dos dois aspectos numa parceria de objetivos mútuos, favorecendo ambos setores e contribuindo para o desenvolvimento sociocultural da localidade turística.

As entidades representativas como as Comissões de Folclore de todos os Estados brasileiros, as Secretarias de Cultura e de Turismo, as Agências de Viagens, o *TRADE*[1] e outros órgãos ou entidades interessadas apresentariam propostas para dar melhor atenção a esses fenômenos que, em muitos casos, de mal interpretados e utilizados, passariam a apresentar efetivamente o caráter de destaque e relevância que concretamente possuem.

Conclusão

Reconhece-se que a relação que existe entre Folclore e Turismo é uma realidade. O turismo é hoje uma atividade de caráter altamente relevante no mundo, atraindo para si uma grande quantidade de investimentos. Considerando-se o conjunto de elementos que a cultura popular tem a oferecer, onde se lê a motivação que essas características pode trazer para a atividade turística, o Turismo atuará como divulgador do folclore e como fonte de recursos para o crescimento da economia local, o que pode significar melhoria da qualidade de vida das camadas populares.

Esta relação, porém, precisa ser avaliada no sentido de resguardar os agentes da cultura popular das pressões econômicas e políticas. O turismo e a cultura, como foi visto, caminham lado a lado e essa conjunção pode ser bem aproveitada ao servir de pilar para políticas integradas entre as duas áreas, que possam suscitar o envolvimento e comprometimento do poder público, privado e da comunidade.

Contudo, essas políticas devem ser norteadas por um caráter único e rigoroso de preservação e dinamização, fomentando a tradição e a modernidade, pois se faz necessário acompanhar a dinâmica da sociedade. Há que se considerar as mudanças proporcionadas pela globalização e difundidas fortemente pelos meios de comunicação, mas sem deixar que elas afetem as atividades folclóricas, uma vez que cada localidade deve apresentar o efeito diferenciador, que maximizará o potencial de oferta turística que tem a oferecer, favorecendo o acontecimento do intercâmbio cultural.

---

[1] Conjunto de organismos e entidades de segmentos variados dentro da área de turismo.

Portanto, é preciso estar atento para que o surgimento de modificações no âmbito do folclore e da cultura popular não seja colocado de maneira radical e definitiva, prejudicando significados e deturpando o aspecto particular e único das expressões culturais. É ainda imprescindível, encarar o binômio turismo-folclore como fator fundamental na promoção da comunidade e de seu crescimento, qual seja econômico, social e este último deve ser o mote prioritário da atividade turística – o de proporcionar enriquecimento sociocultural aos habitantes da localidade.

É necessário realmente evitar que o Turismo motive o problema da banalização da arte folclórica. Faz-se então imprescindível fomentar a participação daqueles que efetivamente produzem o folclore, no caso pessoas, grupos e comunidades, para a correta ação no sentido de identificar, compreender e reconfigurar os conteúdos que sofreram modificação.

Referências Bibliográficas

1. ALMEIDA, R. *Folclore. Inteligência do Folclore*. Rio de Janeiro: Livros de Portugal, 1957. 310p.
2. ARAUJO, M. S. Turismo e suas repercussões socioculturais. *Boletim da Comissão Maranhense de Folclore*, São Luís, n. 12, 1998.
3. BARRETO, L. A. *Um Novo Entendimento do Folclore e Outras Abordagens Culturais*. Aracaju: Sociedade Editora de Sergipe, 1994. 259p.
4. BENJAMIN, R. Palestra proferida no IV Seminário de Ações Integradas em Folclore, 2001.
5. CARVALHO-NETO, P. *Diccionário de teoria folklórica*. 2 ed. Quito: Abya-Yala, 1989. 247p.
6. 8º CONGRESSO BRASILEIRO DE FOLCLORE, 1995. Salvador. *Anais*, Rio de Janeiro, UNESCO / Comissão Nacional de Folclore, 1999, p. 223 e ss.
7. DALLA MONICA, Laura. *Turismo e Folclore: um binômio a ser cultuado*. São Paulo: Campus, 2001. 125p.
8. KRIPPEENDORF, J. *Sociologia do Turismo: para uma nova compreensão do lazer e das viagens*. Rio de Janeiro: Civilização Brasileira, 1989.
9. RUSCHMMAN, D. *Turismo e Planejamento Sustentável: a proteção do meio ambiente*. Campinas: Papirus.
10. WAHAB, S. E. *A Introdução à Administração do Turismo*. São Paulo: Pioneira, 1977.

Capítulo 49

Impactos da Apropriação do Festival Folclórico de Parintins pelo Turismo

Maria Veralúcia Costa Moraes

Introdução

No Brasil, em função de sua formação étnica, há uma grande diversidade de manifestações culturais, com características próprias e, muitas delas, são tradições, costumes, ritos e lendas advindas de outros países, os quais contribuíram para a formação da cultura brasileira.

Desde a chegada dos colonizadores portugueses ao Brasil, houve a introdução de novos valores culturais, os quais reprovavam a cultura indígena e tentavam impor a qualquer custo seus valores e tradições. Um exemplo deste fato é que a partir do momento em que os jesuítas começaram a catequizar os índios, os festejos destes povos passaram a assumir um cunho religioso. Já no século XVI e XVII, as manifestações lúdicas que eram impostas pelos portugueses aos índios e mamelucos eram os folguedos populares portugueses de origem rural, uma diversão popular sem extravagâncias, controladas e vigiadas pelos soldados da fé a serviço da Companhia de Jesus (Tinhorão, 2000). Essas folias promovidas pelos portugueses tornavam-se as primeiras manifestações voltadas para festas em coletividade no Brasil, buscando o lado lúdico e a diversão.

Anos mais tarde, com a introdução do negro, houve um aumento na diversidade de manifestações que exaltavam deuses profanos, como o candomblé e outras manifestações que geralmente aconteciam nos finais de noites nas senzalas, com ritmos, danças e instrumentos diferentes daqueles utilizados pelos portugueses.

O folclore é resultado da memória da coletividade, indistinta e contínua, que parte das manifestações populares e que sobrevive de geração a geração, valorizando as crenças, os mitos, as lendas e as tradições; enfim, é uma junção do todo imaginário, o qual não está preocupado com os aspectos científicos e técnicos, mas como cotidiano popular (Cascudo, 1978). Partindo desse princípio, o folclore brasileiro ou cultura imaterial brasileira, apesar de ser uma contribuição européia, africana e indígena, é uma evolução de séculos que adquiriu características próprias e singulares, onde se confrontam o sagrado e o profano, com ritmos e cores diferentes e alegres, transformando o Brasil em um dos mais diversificados destinos diferenciais que atraem encantam povos de várias nacionalidades.

Em algumas regiões brasileiras, as manifestações culturais, como festivais folclóricos e eventos religiosos, atraem um grande número de turistas, com interesse em conhecer e participar da festa, juntamente com a população local. Muitos desses turistas vão em busca de originalidade e autenticidade, enquanto outros simplesmente buscam diversão e satisfação pessoal. No entanto, há que se levar em consideração alguns aspectos no momento em que a atividade turística se apropria dessas manifestações folclóricas, podendo haver algumas transformações ou, até mesmo, a descaracterização destas, relegando-as a meros espetáculos voltados para os turistas, deixando de lado aspectos culturais tradicionais que vinham de outras gerações, podendo perder suas raízes no decorrer dos anos.

Do Bumba-meu-boi ao Boi-bumbá da Amazônia

A festa do boi-bumbá é uma manifestação popular introduzida na ilha de Parintins por migrantes nordestinos, especialmente maranhenses, no início do século XX, quando estes vieram em busca de riqueza no período áureo da borracha. O boi, que no Maranhão denomina-se bumba-meu-boi, ao migrar para a Amazônia adquiriu influências indígenas e se transformou em boi-bumbá.

Dentre as expressões mais usuais da expressividade entre o homem e o boi, sobressaem-se a música, o canto e a dança. Assim o boi aparece em várias regiões brasileiras como motivo de danças dramáticas. No entanto, alguns autores afirmam que a originalidade do boi no Brasil surgiu em berço nordestino, sendo esta área por excelência de formação e de desenvolvimento dessa manifestação cultural (Carvalho, 1993). No entanto, de acordo com cada região há uma variação nos diversos nomes e modos de manifestações, dentre elas destacamos o boi-surubim no Ceará, boi-bumbá no Amazonas, boi-de-mamão no Paraná, boi-de-reis no Espírito Santo. De norte a sul, podemos encontrar uma variação de bois, porém, sempre como manifestações voltadas para a satisfação da coletividade. Há no entanto, a farra do boi em Santa Catarina, que é totalmente diferente dessas manifestações que foram citadas, acredita-se que não surgiu a partir do boi nordestino, mas dos costumes e tradições espanholas e seu objetivo é o de massacrar o animal e levá-lo até a morte.

O ponto de maior destaque do bumba-meu-boi do Maranhão acontece quando é realizado o auto do boi, que é simbolizado através da busca de afirmação de identidade de grupos que sobreviviam na sociedade de então, na condição de dominados índios e negros (Pellegrini, 1997).

Com relação aos bois de Parintins, no início de seu surgimento o auto tinha um significado simbólico, tornando-se também algo que devia ser exaltado com muita intensidade. No entanto, nos dias atuais as apresentações dos bois do Amazonas tornaram-se tão expressivas, não pela apresentação do auto do boi, mas pelos rituais indígenas que são apresentados durante o espetáculo. Portanto, a estória do pai Francisco e a mãe Catirina que estava grávida e desejava comer a língua do boi, foi ficando de lado, tornando-se até, em alguns momentos, representação pouco significativa e os personagens servem apenas como figuras cômicas complementares da festa.

Surgimento dos Bumbás de Parintins

Boi-bumbá Garantido

Muitas estórias são contadas pelo povo parintinense sobre o surgimento do boi garantido na ilha de Parintins em 1913. Dizem que seu fundador foi o senhor Lindolfo Monteverde, descendente de negros, que ouvia muitas estórias de seu avô, um ex-escravo de origem maranhense, que brincava com uma carcaça de boi pelas senzalas para divertir adultos e crianças (Valentin e Cunha, 1998).

O boi Garantido começou como brincadeira de criança surgindo nos quintais, depois indo para as ruas e se apresentando na frente das casas das pessoas ilustres, onde eram tirados versos e encenados o auto da ressurreição; após a encenação era vendida a língua do boi e em troca eram doados algo de valor para os brincantes, como dinheiro e comidas. Na época, o Garantido era feito com uma ossada de boi coberta de pano.

Certo dia o senhor Lindolfo ficou muito doente e fez uma promessa para São João Batista que se ele se recuperasse da doença, o boi Garantido deveria sair pelas ruas cantando ladainhas todos os anos no dia 13 de junho, dia de Santo Antônio; até os dias atuais os participantes continuam realizando o desejo do mestre Lindolfo (Valentin e Cunha, 1998). O senhor Lindolfo criou seu boi com simplicidade e com a força da tradição do povo da baixa do São José, bairro pobre da cidade de Parintins, tanto que até os dias atuais o boi garantido é conhecido como o boi do povão, porque o boi surgiu do povo, do carinho e respeito a uma pessoa simples da comunidade.

Com a mesma força que se apresentava nos quintais e nas portas das casas, o boi-bumbá Garantido leva para arena do bumbódromo[1] toda a expressão da cultura popular da Amazônia, seus mitos, ritos e lendas, suas crenças e religiosidade, que compõem o grande imaginário do caboclo amazônico.

O Garantido, boi-bumbá branco, representado pelas cores vermelha e branca, traz um coração na testa, que representa seu amor, carinho e respeito pelo povo parintinense.

Com o passar dos anos, o boi garantido foi mudando o ritmo de suas toadas[2] e o boi, que era a figura central do festival, foi perdendo o brilho em função do espetáculo do ritual. No entanto, a partir de 1997, a diretoria do boi vem buscando resgatar suas raízes, retomando sua identidade e evidenciando cada vez mais o boi, já que ele é a maior estrela da festa.

A atual estrutura da direção do boi Garantido assemelha-se ao de uma empresa, com diretoria composta por presidente, setor financeiro, jurídi-

[1] Espécie de arena em formato de cabeça de boi onde acontece o festival folclórico.

[2] Composição musical específica para a apresentação do Boi-bumbá.

co, social, além da assessoria de imprensa, comissão de artes e coreógrafos, entre outros profissionais que trabalham para desenvolver o espetáculo e administrar o boi Garantido, o qual atualmente constituiu-se em uma marca comercial.

Além do aspecto festivo e econômico, o bumbá Garantido desenvolve atividades sociais, tendo sido, no ano de 2000, inaugurada uma escola de artes para crianças da comunidade parintinense.

Os ensaios do boi-bumbá Garantido acontecem todas as sextas-feiras na cidade de Manaus, nas dezesseis semanas que antecedem o festival, tendo como finalidade a arrecadação de recursos para investir no boi durante o festival de Parintins.

Boi-bumbá Caprichoso

Até os dias atuais, não se sabe quem surgiu primeiro, se foi o boi garantido ou se foi o boi caprichoso. No entanto, a estória do surgimento do boi Caprichoso, partiu de um boi que foi visto se apresentando na capital amazonense pelo Senhor José Furtado Belém, pertencente a elite parintinense, que levou a idéia para Parintins, onde foi criado um boi nos moldes do boi da capital, denominado boi Galante, posteriormente boi Caprichoso, o qual ficou conhecido como o boi da elite, pois quem o criou foi um senhor de família abastada.

Uma outra versão do surgimento do boi Caprichoso, foi a partir de uma promessa feita em 1913 pelos irmãos Antônio Cid e Roque Cid, quando saíram do Ceará para tentar a sorte no Amazonas, movidos pelo fascínio das riquezas do seringais amazônicos: se eles tivessem uma melhoria de vida, iriam criar uma brincadeira de boi e colocariam o nome de Galante (*Caprichoso, Amor e Paixão*, 2001). São várias as estórias de seu surgimento, porém, nos dias atuais isso não tem grande importância, o que importa é que o boi Caprichoso cresceu e transformou-se em uma grande marca.

Atualmente o boi-bumbá Caprichoso tem um estilo bem diferente da época de seu surgimento. O boi tem a cor preta, com uma estrela na testa, tem movimentos e, come capim, dando a impressão de que qualquer dia o boi irá ganhar vida.

A equipe organizadora do boi caprichoso é bastante diversificada, com vários profissionais de diversas áreas atuando, funcionando como uma empresa, contando com diretoria geral, financeira, comissão de artistas, coreógrafos, pesquisadores e profissionais da área de propaganda e *marketing*, entre outras atividades ligadas ao boi.

Na cidade de Manaus funciona o *curral do Caprichoso* ou bar do boi, onde acontecem os ensaios todos os sábados, sendo uma fonte extra de receita para custear o festival do boi em Parintins. Os ensaios acontecem no Centro de Convenções do Amazonas, com público médio semanal de 15 mil pessoas, em 16 eventos, iniciando após o carnaval e encerram uma semana antes do festival.

Em Parintins o boi-bumbá Caprichoso desenvolve um projeto social através de uma escola de artes, com capacidade para receber 800 crianças, tendo como objetivo tirar as crianças das rua e descobrir seus verdadeiros potenciais. Foi uma maneira que a diretoria do boi encontrou para valorizar a cultura parintinense.

PARINTINS: A ILHA DO FOLCLORE

A ilha Tupinambarana, antigo território dos índios Parintintin e Saterê-Mawé, hoje município de Parintins, localiza-se a 420km da capital do estado do Amazonas, Manaus, ocupando uma área aproximadamente 7.069km^2, com população estimada em 100 mil habitantes (Governo do Estado do Amazonas, 2000).

Para se chegar a Parintins, saindo de Manaus e descendo o rio Amazonas, o tempo varia de 15 a 18h, dependendo da velocidade do barco; na volta subindo o rio, a viagem dura em torno de 27 a 30h. A forma mais rápida de chegar até a ilha é de avião, o qual tem duração de uma hora vôo.

Na época do festival, agentes de viagem da cidade de Manaus fazem fretamento de aeronaves da Varig, para facilitar o acesso à ilha e oferecer a seus passageiros maior comodidade, já que as aeronaves das empresas regionais são menores e com um número de lugares mais reduzido.

Durante os dias de festival, no porto da cidade, percebe-se uma grande quantidade de barcos, navios e iates que vão atracando, vindos da capital e cidades vizinhas. Parintins ganha cores surpreendentes e imagens inusitadas em cada esquina: são visitantes com cocares coloridos, colares e fantasias de índios que invadem as ruas da cidade dançando e cantando aos sons das toadas.

A cidade cativa o visitante pela alegria de seu povo, a beleza da paisagem e de suas praças, figuras típicas regionais e casas coloridas e decoradas com as cores do boi preferido.

Manifestação Popular Transformada em Produto Turístico

Todos os anos, nos dias 28, 29 e 30 de junho, acontece o maior festival folclórico da Região Norte, expressão da cultura de um povo que se dedica o ano inteiro para a realização do evento.

A festa do boi-bumbá de Parintins retrata a rivalidade existente entre os dois bois: o Garantido, nas cores vermelha e branca, representando o boi do povão e Caprichoso, nas cores azul e branca, que representa o boi da elite.

Em 1965, após 52 anos do aparecimento da brincadeira de boi-bumbá, alguns membros da comunidade Parintinense, percebendo que já estava se tornando impossível reunir toda a comunidade na rua para assistir a apresentação, construíram um local adequado para que os bois pudessem se apresentar. Neste mesmo local e neste ano, aconteceu o primeiro festival, porém não havendo, o que aconteceu somente no ano seguinte. Durante anos, as toadas e versos que eram tirados na hora das apresentações, tinham o intuito de xingar o boi contrário[3] e este, por sua vez, tirava outro verso bem mais *revoltado*.

Durante nove anos o festival era realizado em local construído para esta finalidade; no entanto, o espaço foi se tornando pequeno em função do número de pessoas que a cada ano chegava na cidade para assistir o festival. De acordo com o aumento da demanda, a cada ano era necessária a mudança de local.

Em 1989, o governo do Estado, construiu o bumbódromo, com capacidade para 40.000 pessoas, onde acontece até os dias atuais o Festival de Parintins. No bumbódromo, as arquibancadas são divididas para as galeras[4], de um lado na cor azul do Caprichoso e do outro, na cor vermelha do

[3] Os brincantes, em razão da rivalidade, recusam-se a chamar o adversário pelo nome, tratando-o apenas por "contrário".

[4] Nome dado às torcidas do boi-bumbá.

Garantido; na arquibancada da "galera" o turista não paga para entrar. No entanto, nas outras arquibancadas, denominadas especiais e cadeiras, é cobrado um valor bastante elevado para o visitante assistir o festival durante as três noites[5]. O bumbódromo também dispõe de camarotes, devendo sempre o visitante escolher de qual lado irá torcer.

O festival de Parintins tomou tamanha proporção que passou a ser explorado como produto turístico. De brincadeira de rua, iluminada por lamparinas, com a alegria de cantar e dançar do caboclo, do auto do boi ao redor das fogueiras, o festival folclórico de Parintins evoluiu para uma festa que se transforma em um megaespetáculo, um ritual amazônico com efeitos especiais de tecnologia.

Durante os dias que antecedem o festival, os turistas vão chegando à cidade e no dia 27 acontece a festa do visitante. Nos dias seguintes o visitante fica passeando pelas ruas, comprando artesanatos, camisetas, adornos indígenas e dançando ao som das toadas nos bares ou nos palcos montados em praças.

À noite o espetáculo no bumbódromo inicia-se por volta das 21h, com a apresentação do boi campeão do ano anterior, o qual tem 3h para fazer sua apresentação; em seguida o boi contrário se apresenta por mais 3h, fechando a primeira noite do festival. Nas duas noites seguintes, a festa continua invertendo-se a ordem de apresentação dos bumbás.

A disputa oficializada deu um novo sentido à fascinante rivalidade que não está mais no confronto direto entre os dois bois como no passado, mas na criatividade presente em cada trabalho, em cada toada, nos bailados dos brincantes, na evolução das galeras e na emoção contagiante do seu povo.

Os bois apresentam uma ópera na floresta, seguindo um roteiro durante as três noites, sem repetições de fantasias e alegorias. A cada ano é criado um tema que enfatiza lendas amazônicas, geralmente lendas regionais e com base no tema escolhido é que são feitas as toadas, alegorias e fantasias.

A ópera do boi-bumbá tem um *apresentador oficial* que comanda todo o espetáculo, chamando as tribos indígenas que vão entrando na arena, os destaques, a marujada de guerra e anima a galera[6] que também

---

[5] Geralmente as cadeiras e camarotes começam a ser vendidos no início do ano e no mês de março já estão esgotados, podendo ser comprados na mão de cambistas nos momentos que antecedem o início do festival.

[6] A galera torna-se imprescindível na hora da apresentação do boi-bumbá, é um quesito que conta pontuação para o boi e a galera que tiver melhor desempenho e animação levará vantagem. Outro detalhe importante, quando um boi está fazendo sua apresentação a galera do boi contrário, tem que ficar em silêncio.

faz parte do espetáculo; o *levantador de toadas* faz a trilha sonora; o *amo do boi*, exalta a originalidade e a tradição do folclore, tirando versos em grande estilo para a entrada do boi na arena; para saudar o boi vem a *sinhazinha da fazenda*, filha do fazendeiro; *Pai Francisco* e *Mãe Catirina*, figuras tradicionais do auto do boi, são atualmente personagens cômicos que fazem parte da festa; a *porta-estandarte* e a *rainha do folclore* são personagens de destaque; a *cunhã poranga*, a moça mais bela da tribo, dá um show de beleza; *Tuxauas luxo* e *Tuxauas originalidade*, participam do espetáculo com suas enormes fantasias. No apogeu da apresentação, acontece o *ritual*, dramatização teatral que torna-se o maior *show* da noite, com a apresentação do *Pajé* da tribo. Nesse momento acontece a apoteose do espetáculo.

Mais de 20 itens são avaliados, sendo atribuídas notas; os jurados são sorteados na véspera do festival, oriundos de outros estados brasileiros; por força do regulamento, os estados do Norte são vetados. O requisito para ser jurado é que este seja estudioso da arte, da cultura e do folclore brasileiro.

No raiar do sol do dia primeiro após a última noite do festival, centenas de barcos saem em direção a cidade de Manaus levando os visitantes; também há um congestionamento de passageiros no aeroporto de Parintins.

Por volta do meio dia, são abertos os envelopes, divulgando o resultado do festival e o boi que tiver a maior pontuação nas três noites, torna-se o campeão e sai em passeata com seus brincantes e moradores que torcem pelo boi vencedor pelas ruas da cidade, indo até a catedral, onde se localiza a divisa entre os dois territórios[7]. Em seguida o boi vai para o curral realizar a festa da vitória junto com seus brincantes, diretores, artistas, costureiras e todos aqueles que direta ou indiretamente contribuíram com a festa, além do seu público cativo.

Apropriação do Festival pelo Turismo e Transformações na Cidade de Parintins

O Festival Folclórico de Parintins, conhecido mundialmente como a festa dos bumbás Garantido e Caprichoso, de brincadeira popular adquiriu

---

7 A cidade é dividida ao meio, de um lado é a área do Garantido e do outro a do Caprichoso. O brincante do boi contrário não pode ultrapassar a área vestindo as cores do outro boi.

tamanha proporção que nos dias atuais, Garantido e Caprichoso viraram uma marca nacionalmente conhecida, à qual bois adversários devem necessariamente vir associados.

Nos anos de 2000 e 2001, a cidade recebeu cerca de 90 mil turistas, tanto dos estados da região norte, como do restante do país, contando também com um público estrangeiro, já que o *marketing* é realizado também no exterior.

Devido a grande quantidade de visitantes que chega a Parintins para o festival, os hotéis e pousadas da cidade não são suficientes. Os moradores locais, para facilitar a vida do visitante e ainda ganhar um dinheiro na época do festival, saem de suas casas e hospedam-se em casas de parentes ou conhecidos, alugando suas casas para os visitantes; outros, dependendo do tamanho e condições do imóvel, alugam suas casas para agentes de viagens, e estes, negociam o imóvel por um valor bastante elevado, repassando para o proprietário parte do dinheiro adquirido. Em algumas casas aluga-se somente um ou mais quartos da casa, no sistema cama-e-café.

Durante o evento distribuem-se várias barracas pela cidade, podendo ser encontrados os mais variados pratos de comidas, bebidas, artesanatos, vestuário, além de números outros produtos comercializados. A forma como a prefeitura local comercializa as barracas, torna-se um problema sério para a população parintinense; de modo que os que podem pagar um valor mais alto, ficam com os melhores lugares, que geralmente são comerciantes de fora da cidade, enquanto que a população local, que não dispõe de muitos recursos, nem sempre consegue uma barraca para trabalhar e quando consegue não tem recursos para movimentá-la.

Vale ressaltar que muitas tribos indígenas localizadas próximas a Parintins, migram para a cidade para trabalhar no período do festival, ficando alojadas em uma casa nas proximidades do rio, onde todos compartilham do mesmo espaço, como um acampamento, não dispondo de condições mínimas de higiene e comodidade. Em espaço cedido pela FUNAI no centro da cidade, os índios produzem e comercializam artesanatos com penas de aves da região, sementes e outros recursos extraídos da natureza.

O festival folclórico surgiu como uma manifestação popular e nos dias atuais, transformou-se em uma empresa que gera milhões de reais; os dois bois bumbás, movimentam em média 10 milhões. O festival em 2001 gerou uma receita para o município de 800 mil reais, algo que nunca tinha acontecido. Se levarmos em consideração os milhões que os bumbás movimentam e o tanto que a cidade arrecada com a festa, torna-se imprescindível avaliar: Quanto a população recebe desses valores direta e indiretamente? Quem ganha com o festival? Os barraqueiros que vem de fora? Os agentes de viagens da capital? Os operadores de turismo? As companhias aéreas?

Além dos investimentos por parte do governo estadual, a Coca-Cola® patrocinadora do festival, investiu no ano de 2001, 5 milhões para a melhoria da infra-estrutura da cidade. Portanto, para o visitante que ali chega, tem a impressão de estar em uma cidade bastante desenvolvida. No entanto, trata-se de um espaço criado, preparado e maquiado para receber o turista; caso ele ultrapasse os limites dos espaços designados turísticos, irá se deparar com uma cidade que tem inúmeros problemas sociais, econômicos e culturais.

O turismo sexual é um outro problema que vem crescendo e exigindo a atenção por parte das autoridades locais, pois além de ser em fator negativo para um festival popular, sadio, implica em problemas sociais, como a desagregação familiar, introdução ou aumento de doenças sexualmente transmissíveis e um significativo número de crianças que crescem sem uma estrutura familiar adequada, os "filhos do boi". Durante os dias do festival garotas de programa de diversas localidade, como Manaus, Santarém e Belém vão a Parintins atraídas pelo grande número de turistas nacionais e estrangeiros. As secretarias de Turismo e de Saúde estadual e do município vêm procurando atuar nos dias que antecedem e durante o festival com campanhas de esclarecimento e orientação sobre as doenças sexualmente transmissíveis e sua prevenção, distribuindo material impresso e preservativos.

A indústria do turismo transforma tudo o que toca em artificial, criando um mundo fictício e mistificado de lazer ilusório, onde o espaço se transforma em cenário para o "espetáculo" (Carlos, 1996). O turismo se apropria de pequenas porções do espaço, tornando-os "espaços turísticos", os quais são as porções de territórios mais agradáveis possíveis, com paisagens exuberantes, de preferência isolados da população local (Cruz, 2001). Em Parintins, podemos encontrar diversos espaços turísticos segregados, na forma de confinamentos, isolando o turista em espaços considerados turísticos, como é o caso do Kuat Club, localizado as margens do lago Macurani, parada exclusiva dos convidados da Coca-Cola®, que se hospedam em iates amazônicos. Este espaço conta com uma infra-estrutura moderna com campo de futebol, quadra de tênis, *minishopping* de artesanato, artes plásticas, salas de reunião e espaços para show privados.

O turismo é capaz de reorganizar sociedades inteiras para que ele possa acontecer, impondo sua lógica de organização dos espaços (a lógica do lazer) às lógicas preexistentes, daí as transformações que se colocam nos territórios em função do turismo.

Com relação a essa colocação, fica claro o quanto à atividade turística transformou a vida do povo parintinense. Antes da apropriação do turismo, ele tinha condições de assistir o festival e torcer por seu boi preferido na hora de suas apresentações no bumbódromo. Nos dias atuais, os portões do bumbódromo abrem às 17h, porém a partir das 5h da manhã já se encontram filas para conseguir um lugar para assistir o festival e, em alguns casos, moradores da cidade ficam na fila durante o dia para venderem seus lugares aos turistas que chegam no local momentos antes do início do espetáculo. Assim, resta aos moradores assistir o festival em telões localizados em alguns pontos da cidade.

Este fato, não acontece somente na cidade de Parintins. São conhecidos outros exemplos de manifestações populares que se destacaram e nas quais aconteceram os mesmos problemas, principalmente pela perda da inocência e da pureza inicial da manifestação, havendo uma substituição pela mentalidade e atividade apenas comercial, risco que Parintins e seu festival estão correndo, vivendo atualmente este período de transição, talvez sem se dar conta do fato.

Conclusão

O festival folclórico de Parintins que surgiu no início do séc. XX, como uma manifestação popular, atualmente transformou em produto turístico, atraindo um número expressivo de visitantes.

Porém, no decorrer desses anos, ocorreram diversas mudanças, tanto ao nível social e cultural quanto econômico. No entanto, as transformações ocorridas em Parintins não foram somente negativas. Percebeu-se que as mudanças ocorridas, beneficiam de alguma forma os moradores locais, dentre elas, a geração de empregos temporários, aumento da arrecadação do município, o qual é revertido em melhoria na infra-estrutura básica urbana da cidade.

Os bois-bumbás Garantido e Caprichoso transformaram-se em produtos mercadológicos, atraindo investidores e patrocinadores com o intuito de associar seus produtos a marca do boi-bumbá.

No entanto, o que se observa é que para o povo parintinense, a inserção dos turistas no festival, não foi algo tão interessante, pelo fato de perderem seus lugares como atores e expectadores na festa. A impressão que se tem é que a partir da apropriação da atividade turística, a festa não pertence mais ao povo parintinense, mas ao turista que vai a busca de diversão e satisfação.

Referências Bibliográficas

1. A ILHA Encantada (filme-vídeo). Produção de E. Meneghinni. Manaus: Cultura Vídeo, 1995.
2. *Caprichoso, Amor e Paixão*. Manaus: Lorena, 2001. 74p.
3. CARLOS, A. F. A. O turismo e a produção do não-lugar. In: YÁZIGY et al. (orgs.). *Turismo: espaço, paisagem e cultura*. São Paulo: HUCITEC, 1996. p. 25-37.
4. CARVALHO, M. M. P. O ciclo do Boi no Maranhão sob a ótica da tradição e da modernidade. In: BASTOS, R. J. M. (org.). *Dionísio em Santa Catarina: ensaios sobre a farra do Boi*. Florianópolis; Editora da UFSC, 1993. 156p.
5. CASCUDO, L. C. *Literatura Oral no Brasil*. 2 ed. Rio de Janeiro: José Olímpio, 1978. 452p.
6. CRUZ, R. C. A. *Introdução à Geografia do Turismo*. São Paulo: Roca, 2001. 107p.
7. GOVERNO DO ESTADO DO AMAZONAS. A Festa Mágica de um Povo Guerreiro. In: *Guia de Parintins*. Manaus: Governo do Estado do Amazonas, 2000. p. 31.
8. PELLEGRINI, L. Boi-bumbá de Parintins: o auto amazônico da ressurreição. *Revista Planeta*, p. 34-40, 1997.
9. TINHORÃO, J. R. *As Festas no Brasil Colonial*. São Paulo: Editora 34, 2000. 176p.
10. VALENTIN, A.; CUNHA, P. J. *Vermelho: um pessoal garantido*. Manaus: A. Valentin, 1998. 186p.

Publicações Consultadas

Revista do XXXVII Festival Folclórico de Parintins, n. 3, Rio de Janeiro, 2003.
Revista Amazônia Vinte e Um: especial Parintins. Manaus, Editora Vinte e Um, 2001.

Capítulo 50

Percepção dos Residentes do Município de São Domingos do Capim/PA sobre Turismo

Jorge Alex de Almeida Sousa
Silvia Helena Ribeiro Cruz

Introdução

Considerações Teóricas

Vários estudos sobre percepção têm demonstrado como as pessoas se relacionam com ambiente natural ou construído, identificando aspectos positivos e negativos que elas constroem no seu imaginário.

Essa tendência de estudos vem crescendo no mundo, a exemplo dos Estados Unidos, onde o Governo exige informações e pesquisas sobre impacto ambiental, advindo da percepção e das expectativas da população, para poder aprovar projetos urbanísticos (Zube *apud* Del Rio, 1996; Oliveira, 1996).

Através desses estudos, pesquisadores constataram que fatores psicológicos contribuem para o distanciamento de pessoas a certos lugares construídos, como projetos arquitetônicos, espaços de lazer e ambientais. E, ainda, investigou-se que na administração pública ou privada quando da implantação de obras, não há inclusão da comunidade no processo de definição do planejamento.

Diante disso, o que se tem verificado, é a falta de identificação da maioria das comunidades em relação ao ambiente físico-espacial; pois, o estudo dos processos mentais relativos à percepção ambiental é fundamental para melhor compreender as inter-relações entre o homem e o meio ambiente, suas expectativas, julgamentos e condutas (Del Rio, 1996; Oliveira, 1996).

Ações diretas no meio ambiente podem alterar profundamente a qualidade de vida de populações, pois intervenções urbanísticas e arquitetônicas podem não obter sucesso, quando residentes se mostram não satisfeitos com relação a muitos empreendimentos, e seus idealizadores esperam outros resultados. Quantos ambientes excluem e segregam pessoas e tipificam aquelas que os freqüentam.

Pois, quando ao se admitir a importância desse tema, será mais fácil entender por que ambientes construídos apresentam pouca qualidade física-espacial e são comumente vandalizados em todas as partes do mundo "(...) os cidadãos expressam o seu descontentamento ou descuido para com o meio ambiente construído das cidades, particularmente em se tratando das comunidades menos influentes da sociedade" (Del Rio, 1996).

Porém, não significa desconsiderar que problemas de ordem socioeconômicos acarretam descaso, falta de compromisso ao patrimônio ou segregação nos centros urbanos; contudo, não são as únicas causas, pois, fatores psicológicos afetam a interação do homem com o ambiente.

Del Rio (1991) conceitua percepção como processo mental de interação do indivíduo com o meio ambiente que se dá por meio de mecanismos perceptivos propriamente ditos e, principalmente cognitivo. Segundo Gibson (apud Del Rio, 1991), os primeiros são dirigidos pelos estímulos externos, captados por meio dos cinco sentidos, onde a visão é o que mais se destaca. O segundo são aqueles que compreendem a contribuição da inteligência, uma vez admitindo-se que a mente não funciona apenas a partir dos sentidos e nem recebe essas sensações passivamente; existem contribuições ativas do sujeito ao processo perceptivo desde a motivação à decisão de conduta, de acordo com Moore e Gooled e Fiske e Taylor *apud* Del Rio (1991). Este mesmo autor estudou a percepção de moradores da área portuária do Rio de Janeiro (Brasil), para obter o mapa mental do porto e as expectativas da comunidade, segundo métodos de Lynch para adequar o projeto de revitalização da área.

Figueiredo (1997), observa a importância da população no planejamento turístico e que em alguns casos, o turismo tem propiciado conflitos e entraves a um modelo de desenvolvimento sustentável.

Cruz (1997), realiza estudos da percepção dos residentes da Ilha de Cotijuba (Pará/Brasil) sobre os impactos da atividade do turismo. Identificando os efeitos positivos e negativos da atividade turística na vida cotidiana da comunidade local, sob três aspectos: econômico, social e ambiental.

Fonteles (1998) analisa os impactos do turismo em Jericoacoara (Ceará/Brasil), na relação conflituosa entre antigos e novos moradores, bem como da criação da Área de Proteção Ambiental que não trouxe resultados esperados pelos habitantes da região.

Este estudo foi realizado no Município de São Domingos do Capim/PA (Brasil), com objetivo de analisar a percepção dos residentes sob o enfoque do turismo através dos aspectos de ordem econômica, social e ambiental.

A metodologia de campo seguiu a escala de atitudes de Linkert, para identificar a percepção dos moradores do município sobre o turismo. A aplicação dos questionários deu-se através de entrevistas diretas. Do universo de 27.411 habitantes (IBGE, 2000), foi retirada uma amostra de 150 residentes. O erro admissível para o cálculo amostral é de 5%, admitindo-se uma probabilidade de confiança de 95%.

A aplicação foi realizada em duas etapas, a primeira no período de março 2002, época do Festival da Pororoca, evento turístico bastante conhecido, e a segunda etapa deu-se no período de 05 a 12 de maio de 2002.

A forma de distribuição e preenchimento do questionário deu-se de forma aleatório entre os seguintes grupos pré-selecionados: aos moradores da orla do município, onde se concentra maior fluxo de turistas e observa-se mudança dos hábitos durante o Festival da Pororoca, como festa, danças e outros; e aos professores e alunos maiores de 18 anos de idade, das escolas de ensino médio; à Associação dos Agricultores de São Domingos do Capim, a Prefeitura e Secretaria de Cultura da cidade.

Caracterização do Município

O município está localizado na parte Leste do Estado do Pará, na Mesorregião do Nordeste Paraense, na Microrregião do Guamá e com as seguintes coordenadas geográficas: 01° 40' 45" de Latitude Sul e 47° 46' 17" de Longitude Oeste de Greenwich. Limita-se ao Norte com os municípios de São Miguel do Guamá; à Leste com Irituia e Mãe do Rio; ao Sul com Aurora do Pará e a Oeste com Concórdia do Pará e Bujaru. Possui 1.691,9km.

Em 1758, Francisco Xavier de Mendonça Furtado, irmão do Marquês de Pombal, em seis de junho de 1755 erigiu o pequeno povoado, em freguesia, e em homenagem ao santo São Domingos da Boa Vista deu-lhe o nome ao povoado, devido às primeiras incursões portuguesas nos rios Guajará, Guamá e Capim.

A divisão da Província em Termos e Comarcas em maio de 1833, a freguesia de São Domingos da Boa Vista, ficou fazendo parte do município da capital, indo seu limite até o Igarapé Jurujaia, afluente esquerdo do Rio Guamá.

Em face do Decreto Estadual Nº 720, de agosto de 1932, o município passou a se chamar São Domingos do Capim; e pelo Decreto-lei Nº 4.505, de 30 de dezembro de 1943, que estabeleceu a divisão territorial do Estado, o município recebeu o topônimo de "Capim".

O município apresenta relevo variado, do plano ao ondulado. Sendo que a parte plana está situada às proximidades dos Rios Guamá e Capim, e a ondulada, é mais distanciada dos cursos d'água. Estima-se que a altitude média da cidade fica em torno da cota de 100m, embora a sede municipal seja apenas de 22m.

O clima é predominantemente tropical, quente e úmido, apresentando índice elevado de radiação e insolação. A temperatura mínima é de 26°C e a máxima de 38°C, com freqüência anual de chuva durante quatro meses, de janeiro a abril. Dista apenas 130km da capital do estado do Pará e 180km, em linha reta, do Oceano Atlântico.

A economia do município é baseada na agricultura, principalmente do cultivo da mandioca, sendo considerado o segundo maior produtor de farinha de mandioca do estado do Pará. Vale ressaltar a importância econômica do comércio do açaí, da pecuária, da manufatura de mobiliários e cerâmicas (tijolos e telhas); outrossim há o pequeno comércio na área urbana, porém restrito à demanda interna; o serviço público também é um meio de emprego para a população.

Turismo em São Domingos do Capim

A cidade apresenta vários atrativos naturais para a atividade do turismo, igarapés, corredeiras, trilhas, rios, ilhas e fazendas. Mas, o principal fenômeno natural que colocou o município de São Domingos do Capim no cenário do turismo nacional foi à atração da Pororoca, encontro das águas do rio Amazonas com as do Oceano Atlântico. Esse atrativo e tido como alternativa econômica, produto de desenvolvimento sociocultural e turístico do município.

O festival realizado, em torno do fenômeno da Pororoca, teve início em 1999, mas nos anos seguintes ganhou notoriedade e espaço em veículos de comunicações de massa, programas de televisão, rádio, telejornais, bem como se inseriu no roteiro de esporte, na modalidade de surf na Pororoca que em 2003 teve sua quinta edição.

Atualmente, São Domingos do Capim dispõe de simples estrutura hoteleira e de serviço de alimentação que não atende o grande fluxo da demanda, ocasionando a saída de turistas para localidades próximas que comportam melhores serviços. Em conseqüência disso traz como problema à evasão de divisas e a falta emprego temporário aos moradores.

O município apresenta infra-estrutura básica como: posto de saúde e hospital municipal, delegacia de polícia civil, polícia militar, correios, transporte e locação de motos, posto de gasolina, supermercados, lanchonetes, lojas de materiais de construção, panificadoras, sapataria, lojas de gêneros alimentícios, distribuidores de bebidas, fornecimento de energia elétrica, agência bancária, distribuição de água – em caráter não regular, delegacia de polícia, além de lojas diversas concentradas no pequeno comércio da cidade.

A Prefeitura do município, ainda, oferece oportunidade de opções de hospedagem e serviços para os turistas através da parceria com moradores locais, em que estes alugam suas casas no período do festival.

A organização do evento estimou, no último dia do festival da pororoca, mais de 5.000 turistas que visitaram São Domingos do Capim em março 2002. Porém, um dos problemas verificados foi à deficiência de infra-estrutura turística e a não permanência da demanda na comunidade.

Principais Resultados

A atividade do turismo em São Domingos do Capim iniciou em 1999, portanto recente, seus atrativos e possibilidades de negócios apresentam potencialidades únicas de investimento, principalmente com a promoção do município através de seu principal atrativo, o Festival da Pororoca.

Dos entrevistados 66% nasceram no município, o que demonstra pouca mobilidade dos moradores para outros locais de moradia, em busca de emprego e melhoria de vida, como também o não aproveitamento de suas residências, pela venda ou aluguel, para a transformação em segunda residência, como se observa em lugares turísticos. Entretanto, dos entrevistados 34% não nasceram no município, mas consideram-se "filhos da terra".

A cidade possui boa infra-estrutura educacional com cinco escolas, dois pré-escolares e três de Ensino Fundamental e Médio. A Prefeitura Municipal tem convênio com a Universidade Estadual do Pará, no qual professores leigos participam do programa de Formação de Professores, melhorando o quadro educacional do município.

Sendo assim, 38% dos entrevistados possuem o segundo grau completo, 18,7% estão em fase de conclusão do terceiro grau e 8% já concluíram o terceiro grau, possuindo, portanto nível de escolaridade médio. Além disso, 55,3% estão na faixa entre 20 e 29 anos de idade, demonstrando que a população jovem é maior do que outras faixas etárias. A ocupação no setor turístico é baixa, pois 2% dos respondentes trabalham como guia de turismo; 0,6% tanto no transporte como na hotelaria e 1,3% na alimentação e entretenimento. Isto está relacionado à deficiência da infra-estrutura turística da cidade, e a falta de uma Política Municipal que possibilite a articulação de mercado, visando o envolvimento da comunidade no desenvolvimento do turismo.

Impactos Econômicos do Turismo

De acordo com a Tabela 50.1, pode-se observar que o impacto do turismo no município, sob a percepção de seus residentes, gera incerteza e desconfiança quanto aos benefícios da atividade turística. Nos itens "O turismo gera emprego", "Turismo atrai investimentos e gastos" e "Turismo induz ao crescimento do nível de vida", com resultados de 39,3%, 40,7% e 31,3% respectivamente, concordam em parte, havendo divergência quanto aos benefícios do turismo.

Pelos dados da Tabela 50.1, identificou-se a percepção da realidade econômica que os residentes do município têm sobre os impactos na atividade comercial, pois 69,3% dos respondentes acreditam que o turismo está beneficiando um pequeno número de moradores. Verificou-se que o tipo de turismo empreendido não envolve a população no que se refere aos benefícios econômicos gerados no município, bem como o incentivo à educação ambiental. Além disso, 76, 7% e 74% concordaram plenamente com o aumento dos preços das mercadorias e das propriedades respectivamente.

Segundo moradores os acréscimos dos preços ocorrem somente no período do Festival da Pororoca, comprovando que o turismo desenvolvido de forma planejada evitará oscilações de valores das mercadorias, pois as políticas poderão propor a regulação de preços para o período de alta estação.

Impactos Sociais do Turismo

A elaboração dos itens baseou-se em fatores que interferem na estrutura social, tendo em vista obter a percepção dos moradores e identificar como reagem os segmentos sociais à face do turismo em São Domingos do Capim.

Tabela 50.1 – Opinião dos moradores do município sobre os benefícios econômicos que o turismo traz para São Domingos do Capim

Opinião	*Concordo plenamente*		*Concordo em parte*		*Não sei*		*Discordo em parte*		*Discordo plenamente*	
Itens	Fi	%	Fi	%	Fi	%	Fi	%	Fi	%
Turismo gera emprego.	55	36,7	59	39,3	2	1,3	9	6	25	16,7
Turismo atrai investimentos e gastos.	55	36,7	61	40,7	2	1,3	20	13,3	12	8
O turismo induz ao crescimento do nível de vida.	30	20	47	31,3	7	4,7	23	15,3	43	28,7
Os preços aumentam com o turismo.	115	76,7	22	14,7	–	–	6	4	7	4,6
O turismo beneficia um pequeno número de moradores.	104	69,3	31	20,6	1	1,3	4	2,6	10	6,6
Com o desenvolvimento do turismo os preços das propriedades aumentaram.	111	74	14	9,3	7	4,7	6	4	12	8

Fonte: Pesquisa de Campo São Domingos do Capim/ Maio 2002.

Desse modo, pelos dados da Tabela 50.2, para 72,7% dos entrevistados entendem que com o turismo as alternativas de lazer aumentaram, a exemplo das opções culturais, festas e torneios. Além disso, Segundo moradores com a introdução do turismo, verificou-se alteração em costumes tradicionais, porque o Festival da Pororoca coincidiu com a Semana Santa, modificando a vida religiosa para os católicos na comunidade. Entretanto, 50% dos moradores concordam em parte que a atividade turística alterou costumes culturais. Sobre o item observa-se que há divergências sobre a questão, pois o resultado demonstrou diferenças significativas entre concordo plenamente e concordo em parte.

São Domingos do Capim possui distribuição de energia elétrica, mas com a chegada do turismo foi necessário fornecer energia à ilha do Tóio[1] . No que se refere ao saneamento básico, o sistema de esgoto sanitário é inexistente e o abastecimento d'água tem horário determinado a cumprir, com horas determinadas para o fornecimento. Sendo assim 51,4% discorda que o turismo melhora as condições de saneamento básico.

Para 40,7% dos entrevistados, o turismo contribuiu em parte a melhoria dos serviços de transporte e acesso, e 63,3% também concordam em parte nas influências do turismo para melhorar os serviços de saúde. Entretanto, há divergências de opiniões quanto aos incentivos culturais, pois 29,3% dos respondentes concordam plenamente com os efeitos positivos, porém 28,7% concordam em parte e 26,7% discordam plenamente que com o turismo as atividades culturais são valorizadas.

A cidade já apresentava problemas em relação a pequenos delitos antes da atividade turística, que foram agravados e por isso 31,3% dos moradores concordam em parte que o turismo contribui para a criminalidade. Concordaram em parte que o turista tem pouco contato com a comunidade local 41,3% da população, mostrando que não há interação entre residentes e turistas.

A comunidade percebe a importância do turismo na vida econômica e social do município, de acordo com 73,5% dos moradores, São Domingos do Capim não seria melhor sem os turistas, e observam que a infra-estrutura hoteleira e de alimentação é deficiente, como mostra a Tabela 50.2. Registrou-se entre os respondentes, o incômodo em relação ao fluxo de pessoas na orla da cidade, pois muitos moradores residem nesta área turística. Contudo, 36,7% discordam plenamente de tal incômodo.

---

[1] Lugar onde se observa o fenômeno da Pororoca.

Tabela 50.2 – Opinião dos moradores do município sobre os efeitos sociais do turismo em São Domingos do Capim

Opinião	*Concordo plenamente*		*Concordo em parte*		*Não sei*		*Discordo em parte*		*Discordo plenamente*	
Itens	Fi	%	Fi	%	Fi	%	Fi	%	Fi	%
O turismo proporciona alternativas de recreação.	109	72,7	32	21,3	2	1,3	4	2,7	3	2
O turismo modifica os costumes culturais.	33	22	75	50	3	2	20	13,3	19	12,7
O turismo melhora o serviço de saneamento básico.	14	9,3	35	23,3	3	2	21	14	77	51,4
O turismo melhora as condições de transporte e acesso.	26	17,3	61	40,7	3	2	28	18,7	32	21,3
O turismo melhora o serviço de saúde.	32	21,5	95	63,3	1	0,6	11	7,3	11	7,3
O turismo incentiva as atividades culturais locais.	44	29,3	43	28,7	2	1,3	21	14	40	26,7
O turismo contribui para o aumento da criminalidade.	38	25,4	47	31,3	9	6	21	14	35	23,3
São Domingos do Capim seria melhor sem os turistas.	11	7,3	12	8	6	4	11	1,3	110	73,5
Os turistas que vêm ao município têm pouco contato com a população local.	23	15,3	62	41,3	3	2	25	16,7	37	24,7
Em função do turismo, os municípios têm bons restaurantes e hotéis.	11	7,3	32	21,3	1	0,6	14	9,3	92	61,5
Os moradores sofrem por morarem em áreas turísticas.	38	25,3	19	12,7	18	12	20	13,3	55	36,7
As autoridades não consideram a opinião dos residentes quando decidem o futuro de São Domingos do Capim.	113	75,3	30	13,3	4	2,7	6	4	7	4,7

Fonte: Pesquisa de Campo São Domingos do Capim/ Maio 2002.

Para a comunidade, a Prefeitura Municipal não consulta a população sobre o futuro do município, pois 75,3% concordam plenamente da não-participação popular no destino da cidade.

Impactos Ambientais do Turismo

Há vários estudos e pesquisas sobre os impactos ambientais advindos da atividade do turismo, em lugares de veraneio e de lazer. São muitos os casos de poluição, degradação e extinção da fauna e flora de alguns atrativos no mundo.

Desse modo, para 29,3% dos entrevistados o turismo vem causando poluição no ambiente, haja vista que na área urbana acumulam-se volumes de lixo além do normal, bem como detritos são jogados nos rios Guamá e Capim, que margeiam São Domingos do Capim.

No que tange ao desaparecimento de animais silvestres a comunidade entende que o turismo não interferiu no *habitat* desses animais, porém com a abertura da estrada, via ilha do Tóio, 28% dos entrevistados concordam plenamente quanto à transformação do meio natural através do turismo, possibilitando identificar assim, a sensibilidade dos residentes quanto ao impacto da atividade, contudo para 41,3% dos entrevistados o turismo não provocou mudanças no ambiente, existindo neste caso idéias divergentes em relação ao impacto ambiental do turismo em São Domingos do Capim na percepção dos munícipes.

Entretanto, observando os dados da Tabela 50.3, para os respondentes a atividade não tem possibilitado alterações na fauna e flora. Sendo assim 35,2% concordam em parte que com o turismo houve intensificação da poluição em áreas naturais, percebendo que o turismo é uma forma de estratégia no desenvolvimento das atividades geradoras de riquezas, possibilitando uma alternativa no discurso contemporâneo do desenvolvimento sustentável.

Conclusão

Apesar da atividade do turismo ser realidade recente na estrutura social de São Domingos do Capim, as relações socioeconômicas da população sofreu mudanças. O estudo aplicado para captar a percepção dos moradores mostrou alguns resultados no que se refere às expectativas de um turismo que garanta melhoria econômica e social.

Tabela 50.3 – Opinião dos moradores do município sobre os efeitos do turismo no ambiente natural de São Domingos do Capim

Opinião	*Concordo plenamente*		*Concordo em parte*		*Não sei*		*Discordo em parte*		*Discordo plenamente*	
Itens	Fi	%	Fi	%	Fi	%	Fi	%	Fi	%
O turismo incentiva a conservação dos recursos naturais.	74	49,3	39	26	8	5,3	10	6,7	19	12,7
O turismo contribui para a poluição de praias, rios, igarapés, mangues e do centro urbano.	44	29,3	53	35,3	3	2	24	16	26	17,3
O turismo provoca o desmatamento de áreas verdes naturais.	7	4,7	23	15,3	10	6,7	18	12	92	61,3
Os animais existentes no município desapareceram com o turismo.	–	–	8	5,3	26	17,3	7	4,7	109	72,7
A abertura de estradas provocou transformações ao meio ambiente natural.	42	28	34	22,7	7	4,7	5	3,3	62	41,3

Fonte: Pesquisa de Campo Domingos do Capim/Maio 2002.

Observou-se, também, a visão crítica acerca dos problemas gerados, após a chegada de uma nova modalidade capitalista, o turismo. Poucos moradores são absorvidos neste mercado, e vêem como espectadores uma nova realidade a tomar forma no município, embora o cultivo da mandioca seja a atividade econômica principal, fato este que São Domingos do Capim é o segundo maior produtor de farinha de mandioca do Estado do Pará.

Na economia local identificaram-se divergências entre segmentos sociais, pois para muitos residentes somente uma parcela da comunidade obtém benefícios pela atividade do lazer, como também a relação entre comunidade local e a Administração Pública, mostrou-se conflituosa. Quando esta não considera a opinião dos populares sobre o destino da cidade.

Atualmente faz-se necessário à sistematização e planejamento do turismo, onde a participação popular é essencial para o fortalecimento da democracia e ao desenvolvimento local. Muitos estudos de percepção auxiliaram programas urbanísticos e de revitalização em regiões do Brasil e do Mundo, os quais resultaram em sucesso de qualidade de vida.

Dessa forma, a expectativa e opinião dos residentes em São Domingos do Capim são parte importante no desenvolvimento do turismo local.

Referências Bibliográficas

1. CARDOSO, M. P. A. *Ilha do Mosqueiro: cenário de lutas amazônicas na trilha de sua sobrevivência*. Belém, 2000. 135p. Curso de Serviço Social da Universidade Federal do Pará.
2. CRUZ, S. H. R. Turismo na Ilha de Cotijuba sob a percepção de seus residentes. *Revista Turismo em Análise*, São Paulo, v. 7, n. 2, p. 79-92, 1996.
3. DEL RIO, V.; OLIVEIRA, L. (orgs.). *Percepção Ambiental: a experiência brasileira.* São Paulo: UFSCar, 1996.
4. DEL RIO, V. *Desenho Urbano e Revitalização na Área Portuária do Rio de Janeiro: a Contribuição do estudo da percepção.* In: DEL RIO, V.; OLIVEIRA, L. (org.). *Percepção Ambiental: a experiência brasileira.* São Paulo: UFSCar, 1996.
5. FIGUEIREDO, L. A. V. Ecoturismo e participação popular no manejo de áreas protegidas: aspectos conceituais, educativos e reflexões. In: RODRIGUES, A. B. (org.). *Turismo e Ambientes Reflexões e Propostas*. São Paulo: Hucitec, 1997.
6. FONTELES, O. J. Comunidade de pescadores de Jericoacoara/CE entra na rota turística. In: VASCONCELOS, F. P. (org.). *Turismo e Meio Ambiente*. Fortaleza: UECE, 1998.
7. LAGE, B. H. G.; MILONE, P. C. *Turismo: teoria e prática.* São Paulo: Atlas, 2000. cap. 26, p. 228-331.

Sites e Publicações Consultados

Revista Rota Sport Adventure, Edição Especial, Belém, ano 1, n. 5, 2001.
www.ibeg.gov.br
www.pororocanet.com.br

Capítulo 51

Ubatuba: Estudo de Caso sobre a Visão das Comunidades de Camburi, Almada e Bonete, em Relação ao Projeto Tamar, sua Influência na Economia Local e seu Papel como Interlocutor entre o Turismo e Estas Populações

DEYSE FABIANA BRUMATTI
JÉSSICA FABBRINI
LUIS ZAPATTA

INTRODUÇÃO

A reunião dos três setores da sociedade: poder público, iniciativa privada e terceiro setor, em torno de um projeto de preservação da fauna marinha, possui características diversas. A demonstração do envolvimento de cada uma destas partes, além de seus objetivos, constituem a primeira parte deste trabalho.

Em seguida, antes de se discutir as influências e ações do Projeto Tamar, faz-se uma apresentação sobre as atividades que este desenvolve, e coloca-se também uma explicação sobre o seu objeto de preservação: as tartarugas marinhas.

A terceira parte desta pesquisa consistia em analisar, junto às comunidades caiçaras escolhidas, as atividades desenvolvidas pelos técnicos e estagiários do Tamar, além da influência que estas exercem em seu cotidiano. Também se propôs um estudo sobre a visão dos turistas que visitam Ubatuba sobre todas essas atividades, da educação ambiental à preservação da fauna marinha, passando pelas ações junto às vilas pesqueiras.

O plano inicial não pôde ser seguido, pois faltaram neste ponto maior apoio e comprometimento do Tamar em Ubatuba. Além de algumas informações estatísticas sobre o projeto, nenhuma outra colaboração aconteceu, fato até agora pouco esclarecido pelos administradores do centro localizado no centro da cidade.

A partir daí fez-se uma análise mais profunda dos demais objetivos propostos no trabalho, procurando verificar a atuação do Tamar nas comunidades da Almada, do Camburi e do Bonete, e as relações destas ações com o fenômeno turístico.

Os Três Setores da Sociedade

O Projeto Tamar consegue reunir, como poucos, os esforços dos três setores que compõem a sociedade atual: o Estado, a iniciativa privada e o terceiro setor. Esse trabalho é constituído tanto pelas ações desenvolvidas pelo Tamar, quanto pelo financiamento de suas atividades e o suporte legal que ele recebe. Tudo é importante para que se atinja o objetivo final desse projeto de preservação ambiental. Entender esse objetivo implica em conhecer e entender os elementos que constituem o Projeto Tamar, ou seja, o Ibama, a Petrobrás e a ONG Pró-Tamar, principalmente em suas influências sobre as comunidades de Ubatuba.

Papel do Estado na Preservação Ambiental

O problema da preservação ambiental constitui algo que apenas o Estado pode coordenar de maneira mais coerente. Isso acontece pois se trata de algo que afeta toda a sociedade (são dependentes uns dos outros e sistematizados, motivo pelo qual setores isolados não poderiam abordá-los), e somente o governo, por ser a representação do povo, pode defender o interesse comum (Prestre, 2000, p. 61).

A gestão do meio ambiente, principalmente no caso do governo, é algo recente. Até há pouco tempo, tratava-se desse assunto de forma isolada, sem considerar as diversas características que envolvem toda a sociedade. A nova Constituição brasileira, de 1988, foi decisiva para formulação da política ambiental brasileira. Incluía a dedicação de um capítulo integral ao tema meio ambiente.

O ano seguinte foi marcado pela criação do Instituto Brasileiro do Meio Ambiente e dos Recursos Naturais Renováveis – IBAMA, pela Lei nº 7.735, de 22 de fevereiro de 1989. O IBAMA foi formado pela fusão de quatro entidades brasileiras que trabalhavam na área ambiental: Secretaria do Meio Ambiente – SEMA; Superintendência da Borracha – SUDHEVEA; Superintendência da Pesca – SUDEPE, e o Instituto Brasileiro de Desenvolvimento Florestal – IBDF.

A importância desse órgão governamental cresceu bastante a partir da Conferência da ONU realizada no Rio de Janeiro: a ECO 92. A partir daí foi criado o Ministério do Meio Ambiente que, através de seus diversos departamentos e setores, como o IBAMA, se tornou responsável por formular, coordenar, executar a Política Nacional do Meio Ambiente e da preservação, conservação e uso racional, fiscalização, controle e incentivo ao uso dos recursos naturais renováveis.

O IBAMA, no caso do Tamar, fornece o suporte legal que o projeto necessita e, ao mesmo tempo, coordena os esforços dos outros agentes envolvidos: a ONG Pró-Tamar, responsável pelas atividades desenvolvidas em Ubatuba e outras bases, e a Petrobrás, uma das responsáveis pelo financiamento dos projetos de pesquisa, das bases e das ações comunitárias.

Financiamento da Iniciativa Privada

Ao longo de quase meio século, a Petrobrás desenvolve um leque de projetos sociais, que vai da assistência a comunidades nas grandes metrópoles ao combate à malária na Amazônia – sem mencionar projetos como os de preservação da Mata Atlântica, das tartarugas marinhas (Tamar), das baleias jubarte e tantos outros. Com o Programa de Excelência em Gestão Ambiental e Segurança Operacional, mais do que nunca, convergiram as questões sociais e do meio ambiente.

Por esse motivo, a empresa vem fazendo acordos com instituições acadêmicas, organizações não-governamentais e órgãos federais, estaduais e municipais. Além disso, foi iniciado um amplo trabalho de conscientização, envolvendo contatos com municípios, para que a população, voluntariamente, evite ocupar a faixa de segurança sobre os milhares de quilômetros de dutos da Companhia. Somente na Bahia, a empresa está recolocando 400 famílias em área adequada e segura.

Por trás de todos esses projetos, porém, a Petrobrás apresenta um objetivo: "cooperar com a sociedade e a maior transparência possível na sua política de gestão ambiental e segurança" (Petrobrás). É, entretanto, esse mesmo objetivo que será analisado ao longo deste trabalho, evidenciando-se, até que ponto, as comunidades de Camburi, Bonete e Almada – em Ubatuba – são beneficiadas pelas ações da Petrobrás, no que se refere à atuação do Projeto Tamar.

Atuação do Terceiro Setor

O termo ONG – Organização Não-Governamental – refere-se a toda organização não pertencente ou sem vínculo a alguma instância de governo. O surgimento de tal entidade, bem como de sua terminologia, relaciona-se, prioritariamente, às dimensões da globalização.

De acordo com o Fundo Monetário Internacional – FMI, a globalização pode ser entendida como a interdependência econômica crescente dos países do mundo, provocada pelo aumento de transações internacionais envolvendo bens e serviços, e também pelos fluxos internacionais de capitais e pelo desenvolvimento acelerado e generalizado da tecnologia[1].

A terminologia ong foi utilizada pela primeira vez pelo Conselho Econômico e Social (ECOSOC) das Nações Unidas em 1950. No Brasil, foi utilizada na metade da década de 80, referindo-se, exclusivamente, às organizações que realizavam projetos junto aos movimentos populares, por exemplo, na área de promoção social.

As ONG são, portanto, grupos sociais organizados que: possuem uma função social e política em sua comunidade ou sociedade; possuem uma estrutura formal e legal; estão relacionadas e ligadas à sociedade ou comunidade através de atos de solidariedade; não perseguem lucros financeiros (sem fins lucrativos) e, finalmente, possuem considerável autonomia.

Uma ONG pode atuar em vários campos, de várias formas, com objetivos diferenciados, com missões institucionais muito variadas. Não existe um tipo de ONG que seja mais abrangente no campo social ou político do que outras. Todas, das pequenas e locais até as grandes e internacionais, desempenham um papel sócio-político importante.

No caso da Organização não-governamental em análise, pode-se dizer que há uma preocupação prioritária em salvaguardar as tartarugas mari-

---

[1] Relatório do Fundo Monetário Internacional, maio de 1997.

nhas, o que não significa que outras funções sociais, muitas vezes relacionadas ao turismo, não são desempenhadas.

Município de Ubatuba

Localizada no litoral norte paulista, a 250km de São Paulo, Ubatuba se estende ao longo da rodovia Rio-Santos, estando na divisa com o estado do Rio de Janeiro. Sua posição foi estratégica em alguns momentos de sua história e hoje ela é importante para a preservação de espécies que habitam o litoral brasileiro. Além da atuação do Projeto Tamar junto a algumas comunidades, boa parte do território do município é ocupado pelo Parque Estadual da Serra do Mar.

Por ter altitude média de 4m acima do nível do mar, a região apresenta clima do tipo tropical úmido, destacado pela mata atlântica. Essas condições propiciam o desenvolvimento de atividades econômicas ligadas não somente ao turismo, mas também à pesca e outras espécies de trabalho.

O crescimento e o desenvolvimento do município a partir do advento do turismo se reflete nas estatísticas do IBGE (Instituto Brasileiro de Geografia e Estatística) sobre Ubatuba. A população local cresceu mais de 40% em 9 anos, passando de 47.398 habitantes em 1991 para 66.681 em 2000.

Os impactos da atividade turística também se fazem presentes também na infra-estrutura que a cidade oferece às pessoas que por ali passam, incluindo a quantidade de agências bancárias, postos de saúde, restaurantes, comércio e diversos ramos da economia ligados ao turismo.

Projeto Tamar

O Projeto Tamar foi criado pelo atual Ibama em 1980, sendo co-administrado pela ONG Pró-Tamar. Passados mais de 20 anos, o Tamar é reconhecido internacionalmente como uma das mais bem sucedidas experiências de conservação da fauna marinha, em um país que no início do século XXI enfrenta graves problemas ambientais.

A ONG que co-administra o projeto é uma entidade criada em 1988 e considerada utilidade pública federal desde março de 1996. Durante dez anos, o Tamar foi apenas um projeto administrado pelo Ibama. Em 22 de Fevereiro de 1990 foi criado, através de portaria assinada pelo presidente

---

[2] Portaria 043/90 assinada por Fernando Mesquita.

do Ibama[2], o Centro Nacional de Conservação e Manejo de Tartarugas Marinhas – Tamar.

Com sede nacional na Praia do Forte, o Centro Tamar manteve o termo Projeto Tamar como uma espécie de nome fantasia, aproveitando o valor agregado que a marca já possuía. Atualmente conta com 20 bases, espalhadas pelo litoral brasileiro, divididas em cinco núcleos: Ubatuba (SP), Regência (ES), Praia do Forte (BA), Pirambu (SE), Fernando de Noronha (PE). Cada uma das bases possui características e funções diferentes, em relação às tartarugas marinhas:

- *Áreas de alimentação*: Almofaia (CE) e Ubatuba (SP).
- *Áreas de desova*: Ponta dos Mangues (SE), Mangue Seco, Sítio do Conde, Costa do Sauípe, Arembepe e Mucuri (BA), Trindade, Itaúnas, Guriri, Pontal do Ipiranga e Povoação (ES) e Bacia de Campos (RJ).
- *Áreas mistas*: Regência (ES), Praia do Forte (BA), Pirambu (SE), Atol das Rocas (RN) e Fernando de Noronha (PE).

Projeto Tamar em Ubatuba

Em 1990, a equipe de pesquisadores do Tamar decidiu iniciar o trabalho em áreas de alimentação das tartarugas, onde havia grande número de capturas acidentais feitas pelos pescadores locais. Ubatuba foi a primeira base desse tipo.

Atualmente a tartaruga verde (*Chelonia mydas*) é responsável por 90% das ocorrências registradas em Ubatuba. Encontram-se também, em menor número, as tartarugas cabeçuda (*Careta careta*), de pente (*Eretmochelys imbricata*) e de couro (*Dermochelys coriacea*). A incidência dessas espécies na região acontece por causa do litoral recortado (grande número de baías) e da proximidade da Serra do Mar (formação de ilhas e rochedos).

Para a preservação e recuperação desses animais, o Centro Tamar em Ubatuba possui estrutura específica, que é importante para atividades ligadas à educação ambiental: tanques para tratamento de exemplares de tartarugas marinhas e de água doce; réplicas e maquetes das espécies marinhas, painéis explicativos, fotos, ossos e cascos de tartaruga; sala áudio-visual para palestras e apresentação de vídeos, além de biblioteca para consulta; museu caiçara, que resgata a cultura e conta a história do povo da região.

Os projetos de conscientização ambiental são desenvolvidos por técnicos e estagiários do projeto, demonstrando a preocupação do Tamar com as comunidades locais, já que a maioria dessas pessoas é de Ubatuba. Para os visitantes da sede, no centro da cidade, palestras e acompanhamento técnico das visitas são desenvolvidos.

Todos estas ações objetivam desenvolver as diretrizes da Agenda 21, elaboradas durante a Conferência das Nações Unidas sobre o Meio Ambiente e Desenvolvimento – Rio 92, que afirmam ser necessário sensibilizar a opinião pública sobre os problemas do meio ambiente. Dessa forma, é fundamental fazer com que as comunidades, as ONG e a população em geral participem das soluções e fomente o senso de responsabilidade pessoal em relação ao meio ambiente.

Educação Ambiental

Como já visto anteriormente, uma das maiores preocupações do Tamar no município de Ubatuba está relacionada à integração da comunidade local e o envolvimento do turista com a sua causa: a preservação das tartarugas marinhas. Entretanto, faz-se necessário distinguir de que maneira essa integração ou envolvimento é abordado. Não são poucas as definições/interpretações desdobradas de duas expressões tão recorrentes hoje em dia: educação ambiental e ecoturismo.

De acordo com Mauro Guimarães, a palavra ambiental, da expressão Educação Ambiental, "apenas adjetiva, qualifica um processo mais amplo que é o processo educacional. Desta forma, a Educação Ambiental é uma das dimensões presentes na educação" (Guimarães, 2000, p. 19).

Na contextualização referente ao ecoturismo, tem-se, de acordo com a Embratur, o conceito de que esse é o segmento da atividade turística que visa promover uma experiência ambiental ao turista. Só se tem ecoturismo quando há preocupação com a educação ambiental, ou seja, o turista tem que levar algo a mais de sua experiência na natureza.

Pode-se dizer que a definição de ecoturismo que se tem hoje está contaminada pelas noções de mercado, que incorporou o conceito e o vende como produto (atrativo). O que se propõe neste estudo é que a Educação Ambiental seja uma forma de aprender e educar, tendo como objetivo não só a natureza, mas o próprio meio ambiente em que se vive, além da qualidade de vida das pessoas.

Esta proposta, mesmo baseada no planejamento ambiental não é suficiente, se não houver a integração eficaz do meio ambiente e do desenvolvimento mediante a implementação e aplicação de leis e de regulamentações integradas e eficazes. Portanto, tem-se uma nova perspectiva do planejamento ambiental que, não só considera os interesses de um desenvolvimento econômico-social, mas também as questões ambientais, levando também em conta as potencialidades dos recursos naturais, as fragilidades dos ambientes e as diferentes inserções humanas nos ecossistemas do planeta.

Base de Ubatuba e Comunidades de Pescadores

Em busca deste planejamento ambiental, o Tamar – Ubatuba desenvolve diversos projetos que tem como objetivo o envolvimento comunitário. Entre eles tem-se a campanha contra lixo no mar, cujo objetivo é a produção e divulgação ininterrupta de cartazes, procurando atingir o maior número de pessoas possível. Entre outras atividades desenvolvidas, estão palestras e exposições sobre alguns temas específicos: aspectos biológicos das tartarugas marinhas e sua preservação, a atividade pesqueira e seus impactos, além da apresentação do Projeto Tamar.

O início destas atividades aconteceu em janeiro de 1991, quando foi realizado um levantamento junto às comunidades caiçaras, com o objetivo de obter informações básicas, quanto à ocorrência e captura de tartarugas marinhas.

A partir daí o Tamar estabeleceu uma parceria com os pescadores, que concordaram em comunicar ao Projeto (por telefone, rádio ou como fosse possível) a captura de tartarugas nos cercos flutuantes ou outros métodos de pesca.

Além disso, a participação efetiva de alguns habitantes nas atividades do Tamar é importante: cerca de 40 estagiários participam do programa de estágio em conservação das tartarugas marinhas em Ubatuba, a cada ano. Esta equipe, e principalmente os técnicos que trabalham permanentemente na cidade, monitoram a costa de Ubatuba e uma sub-base na Ilha Anchieta. Com isso já foram registrados na cidade mais de 3000 ocorrências de tartarugas marinhas, sendo mais de 90% dessas comunicadas pela população local (Fundação Pró-Tamar, 2001, p. 153).

Outras ações procuram reforçar ainda mais esta parceria com os moradores das comunidades, como atividades educacionais ligadas à preservação, e principalmente a criação de alternativas para a geração de renda.

Na comunidade de Camburi, um grupo de costureiras formado em 1998, produz tartarugas de pano, preenchidas com areia. Os produtos, que servem como aparador de portas ou objeto decorativo, são vendidos nas lojas do Tamar em Ubatuba e em Santo André, onde o projeto possui uma franquia. No entanto, a presença dos técnicos do projeto não é tão efetiva. O relacionamento não passa dos limites estabelecidos para o grupo de costura, além dos avisos de captura das tartarugas, feitos através do rádio. Isto acontece por causa do isolamento da praia, que possui difícil acesso, mas principalmente pela tradicional cultura caiçara, que procura barrar influências externas.

A atuação do Tamar na praia da Almada, ao contrário, parece ser bastante eficiente já que a população é mais jovem e mais interessada nas questões ambientais. Apesar de possuir pescadores tradicionais, estes estão abertos a novas técnicas e processos menos agressivos ao meio ambiente marítimo, e conseqüentemente às tartarugas. O auxílio a esta vila de pescadores acontece através do apoio às atividades realizadas pela própria comunidade, como festas temáticas e festivais gastronômicos.

A praia do Bonete é considerada uma praia praticamente selvagem. A comunidade que vive no local tem como atividades principais a pesca, e o artesanato. O Tamar, neste caso, proporcionou a melhoria das condições de trabalho dos moradores (equipamentos de pesca) em troca do auxílio na preservação das tartarugas (através da comunicação das capturas acidentais).

Conclusão

O papel de protetor do bem natural e, portanto do comum, sempre coube ao Estado. Nas últimas décadas, porém, a organização da sociedade volta-se para o problema da preservação de espécies. É neste momento que se inserem as organizações não-governamentais. Assim como a iniciativa privada, em algumas áreas, as ong's também surgiram para suprir deficiências no papel a ser desempenhado pelo governo.

O Projeto Tamar, escolhido como objeto de estudo para esse trabalho, mostrou ao longo de sua história ser uma iniciativa de preservas a fauna marinha, no caso das tartarugas. Desde a sua fundação, o projeto já auxiliou no crescimento da população de animais, já que lançou até agora milhões de filhotes ao mar.

A preservação dessas espécies, no caso de Ubatuba, interfere diretamente nas atividades econômicas das comunidades analisadas. Partindo deste ponto, tornou-se necessário verificar as características dessas comunidades onde este projeto se insere. Verificou-se que estas não sofrem tanta interferência, já que o papel do Tamar se restringe a auxílios pontuais, sem nada concreto ou formal. Além de alguns projetos de educação ambiental, somente melhorias como rádio de comunicação foram conseguidas.

Estas ações não são, porém, o único impacto que um projeto desta magnitude pode trazer a qualquer uma das vilas caiçaras. Além de iniciativas de educação ambiental com crianças caiçaras, um trabalho de conscientização dos moradores locais, no início do projeto em Ubatuba, foi de extrema importância para que hoje os mesmos contribuam para o salvamento e estudo das tartarugas.

A pesquisa feita junto ao Tamar em Ubatuba foi de grande importância, pois pode ser verificada a atenção que grandes empresas e ong's dão à preservação da natureza, neste caso em relação às tartarugas marinhas. Isto decorre de uma maior consciência ecológica em âmbito mundial, surgida nas últimas décadas.

Entretanto era necessário saber se esta preocupação poderia servir como atrativo para os turistas que buscam o "consumo" consciente, ou seja, a sustentabilidade dentro do fenômeno turístico. Seria importante verificar se existia o chamado turismo com responsabilidade, não só ambiental mas também social. Para isso seria decisivo o auxílio efetivo dos administradores da base Ubatuba do Tamar, na obtenção de informações concretas e também na aplicação de questionários.

Além de algumas informações estatísticas, nenhuma outra contribuição foi feita pelos responsáveis pelo Centro Tamar no litoral norte paulista. Não por falta de contatos, e inúmeras visitas feitas à região. Mas provavelmente pela falta de consciência de algumas pessoas sobre a importância do incentivo à pesquisa científica. Neste caso, a falta de auxílio se torna ainda mais questionável já que se trata de um trabalho que busca fornecer informações sobre a opinião que os turistas (responsáveis por parte do sustento do projeto) possuem sobre o Tamar. Na sociedade da informação, o conhecimento é importante para se chegar ao desenvolvimento do turismo, e da sociedade como um todo, com responsabilidade. Para o Projeto Tamar também significa um aumento nos recursos financeiros e intelectuais, importantes para a preservação das tartarugas marinhas.

Referências Bibliográficas

1. AGRAS FILHO, S. S. *Planejamento e Gestão da Zona Costeira: alguns elementos de balizamento*. 1994.
2. FUNDAÇÃO PRÓ-TAMAR. *Assim Nasceu o Projeto Tamar/Fundação Pró-Tamar*. Salvador: A Fundação, 2000. 93p.
3. FUNDAÇÃO PRÓ-TAMAR. *Relatório de Atividades de Educação Ambiental Desenvolvidas pelo Projeto Tamar*. São Paulo: A Fundação, 2001.
4. GALLO, B. M.; MACEDO, S.; GIFFONI, B. B.; BECKER, J. H.; BARATA, P. C. R. A Base do Projeto TAMAR – IBAMA em Ubatuba (estado de São Paulo, Brasil): conservação das tartarugas marinhas em uma área de alimentação. In: 13ª SEMANA NACIONAL DE OCEANOGRAFIA, 2000. Itajaí.
5. GUIMARAES, M. *Educação Ambiental: no consenso um embate?* São Paulo: Papirus, 2000.
6. IBAMA. *Gerenciamento da Bacia Hidrográfica: aspectos conceituais e metodológicos*. Brasília: Ministério do Meio Ambiente, dos Recursos Hídricos e da Amazônia Legal, 1995.

7. IOSCHEP, E. B. *Terceiro Setor: desenvolvimento social sustentado*. Rio de Janeiro: Paz e Terra, 1997.
8. MACHADO, P. A. L. *Direito Ambiental Brasileiro*. São Paulo: Malheiros, 1998.
9. OLIVEIRA, M. O. (coord.). *Relações Internacionais e Globalização: grandes desafios*. 2. ed. Ijuí: Ijuí, 1999. 320p.
10. PRESTRE, P. O desenvolvimento das políticas públicas. In: *Ecopolítica Internacional*. Trad. Jacob Gorender. São Paulo: SENAC, 2000.
11. ROSS, J. L. S. Análise Empírica da Fragilidade dos Ambientes Naturais e Antropizados. *Revista do Departamento de Geografia, FFLCH-USP*, São Paulo, n. 8, 1994.
12. SERRANO, C. (org.). *A Educação Pelas Pedras: ecoturismo e educação ambiental*. São Paulo: Chronos, 2000.

Sites e Publicações Consultados

1. ESTRADAS. www.estradas.com.br.
2. IBAMA (Instituto Brasileiro do Meio Ambiente e dos Recursos Naturais Renováveis). www.ibama.gov.br.
3. FUNDAÇÃO PRÓ-TAMAR. *Revista Tamar*, Brasil, n. 3, 1999.
4. PETROBRÁS (Empresa Brasileira de Petróleo). www.petrobras.gov.br.
5. POLÍCIA MILITAR DO ESTADO DE SÃO PAULO. www.polmil.sp.gov.br.
6. PORTAL DO VALE DO PARAÍBA. www.valedoparaiba.com.
7. PROJETO TAMAR. www.projetotamar.com.br.
8. UNIVERSIDADE DE LÍDERES. www.universidadedelíderes.com.br.

Capítulo 52

Projeto Turístico de Base Comunitária: Reflexão Inicial sobre Participação na Prainha do Canto Verde

TERESA CRISTINA DE MIRANDA MENDONÇA
MARTA DE AZEVEDO IRVING

INTRODUÇÃO

Analisar o fenômeno turístico no mundo contemporâneo, com os olhos das ciências sociais, leva a algumas reflexões não muito confortáveis sobre o papel e a atuação desta atividade econômica nas questões emergenciais do país. O turismo, referido por muitos autores como uma "indústria", é um fenômeno que tem seu crescimento coordenado e orientado pelo mercado e pelos interesses dos grandes capitais nacionais e internacionais, sem considerar, de maneira apropriada, os demais atores envolvidos no processo (Barreto, 2000). Embora seja constatado o crescimento da atividade turística em nível mundial, é importante investigar se as tendências globais, ao viabilizarem a expansão do turismo, não acabam também provocando algumas conseqüências indesejáveis para as comunidades receptoras dos países menos favorecidos (Praxedes, 2001).

A limitada participação dos atores sociais em projetos de turismo é uma realidade incontestável. Por esse motivo, essa pesquisa parte do olhar da comunidade receptora, inserida na designação de "nativo mudo" por Kripendorf (1989). Assim, o estudo busca avaliar as razões que viabilizaram e/ou viabilizam a participação dos atores sociais no desenvolvimento e execução de projetos de turísticos de base comunitária, considerados bem-sucedidos, em implementação no país.

O trabalho relata a experiência, inicial, vivida na pesquisa de campo na comunidade da Prainha do Canto Verde – Beberibe (CE), embasada em referenciais bibliográficos e documentais. O estudo de caso foi selecionado em função do diferencial desse projeto, com forte componente de participação comunitária no Brasil, foco de um crescente interesse para o desenvolvimento do turismo com responsabilidade social no Brasil e no Mundo. A existência de alguns projetos, considerados de sucesso pela presença de forte componente participativo, como o da Prainha do Canto Verde, levanta uma questão principal: *Por que estes projetos apresentam forte componente de participação, em seu desenvolvimento, implementação e execução, comparativamente aos modelos tradicionais de administração centralizada?*

Essa questão está alinhada com as constantes discussões sobre a participação comunitária em projetos turísticos que sugerem uma nova ordem mundial para o turismo, conforme afirmativa de Clark e Banford citados por Wearing e Neil (2002, p. 132): "Não há razão pela qual os países ou comunidades não devam decidir que tipo de turismo estão dispostos aceitar e pela qual não imponha limites o grau de mudança que estão dispostos a tolerar."

Fenômeno Turístico no Mundo Contemporâneo

O turismo é considerado uma atividade que apresenta índices elevados de crescimento no contexto econômico mundial (Luchiari, 2000). Segundo Lickorish e Jenkins (2000), conforme dados do *World Travel Tourism Council* – WTTC, o turismo movimenta direta e indiretamente mais de três trilhões de dólares, o que representou aproximadamente 11% do PIB mundial em 1999. Os benefícios econômicos do turismo são também enfatizados no Manual, Pólos de Ecoturismo – Planejamento e Gestão (Embratur/IEB, 2001). O documento relata que nos últimos anos, a atividade superou a indústria bélica em volume de capital transacionado e está muito próxima de atingir valores iguais ou superiores aos gerados pela indústria petrolífera, a primeira do *ranking* mundial.

Em contraponto ao desenvolvimento da atividade turística no mundo, de acordo com o Relatório de Desenvolvimento Humano (PNUD, 2002), em 1999, 2,8 milhões de pessoas viviam com menos de dois dólares por dia, 1,2 milhão das quais mal sobreviviam às margens de subsistência, com menos de um dólar por dia. Assim, o crescimento do turismo no mundo contemporâneo se deu paralelamente ao crescimento da pobreza e enorme concentração da renda mundial. Este cenário leva Guattari (2001, p. 12) a apontar um paradoxo do mundo contemporâneo:

> *"(...) de um lado, o desenvolvimento contínuo de novos meios tecnocientíficos potencialmente capazes de resolver as problemáticas ecológicas dominantes e determinar o reequilíbrio das atividades socialmente úteis sobre a superfície do planeta, de outro lado, a incapacidade das forças sociais organizadas e das formações subjetivas constituídas de se apropriar desses meios para torná-los operativos."*

Irving (2002, p. 19) remete-se a mesma reflexão e aponta que a indústria turística tem se implantado com velocidade, principalmente em regiões menos favorecidas sob a ótica socioeconômica, mas com grande potencial, privilegiadas com relação ao seu patrimônio cultural e ambiental e, destaca que "(...) o avanço turístico, no entanto, nem sempre ocorre a favor das populações locais e, freqüentemente, é responsável por fenômenos significativos de exclusão social, descaracterização cultural e degradação ambiental."

A realidade contemporânea mostra que o modelo de desenvolvimento econômico vigente não pode mais ser mantido. As diversas atividades econômicas atuais estão associadas a um sistema político-operacional que rapidamente destrói dois processos importantes para a vida humana: o processo de manutenção de recursos ambientais e de desenvolvimento das comunidades locais. Em todo o mundo há inúmeras evidências de que a atividade econômica tem ação destrutiva em áreas cada vez maiores, afetando a qualidade de vida das comunidades locais e a possibilidade de sobrevivência de muitos agrupamentos humanos (Embratur/IEB, 2001).

Na atividade turística, este contexto não é diferente. O turismo, como qualquer outra atividade econômica, deve servir ao homem, e não ao contrário conforme explicita Kripendorf (1989, p. 175):

> *"Qualquer evolução, inclusive a do turismo deve inclinar-se para o desenvolvimento do ser humano e não dos bens materiais. A expansão humana deve ser prioridade absoluta. É preciso voltar ao ser humano, às virtudes humanas, às atitudes sociais e à ética frente à vida."*

Nem a conservação, nem os lucros empresarias devem desrespeitar as populações locais ou impedir o acesso aos benefícios gerados pela atividade econômica. Segundo Embratur/IEB (2001), estratégias de planejamento turístico e/ou de conservação ambiental que neguem direitos e possibilidades às comunidades são destrutivas e ilegais. As comunidades locais deveriam usufruir de vários benefícios do turismo capazes de proporcionar melhor qualidade de vida. No entanto, alguns impactos negativos são freqüentemente provocados pela atividade turística. Kripendorf (1989, p. 90) afirma que:

> *"A promoção do turismo é vital para a aldeia e para a região e chega a ser de interesse nacional. Mas ninguém fala das eventuais repercussões negativas, apenas de rendimentos, de trabalho e de melhor qualidade de vida. E quando o turismo tiver invadido a região e os viajados[1] tiverem tomado conhecimento da verdade, às suas próprias custas, a euforia inicial dará lugar à desilusão e à visão realistas das coisas. Mas, então, talvez seja tarde demais, porque os nativos terão perdido o controle do próprio destino."*

Em diversos empreendimentos turísticos, a cultura local tem sido elemento muitas vezes negligenciado; a apropriação de terras para a criação de parques e outras unidades de conservação, assim como a escolha de locais para a instalação de grandes complexos hoteleiros freqüentemente é repleta de riscos e injustiças sociais (Embratur/IEB, 2001). Essa análise leva à conclusão de que, em geral, as comunidades receptoras não se beneficiam do crescimento do turismo mundial, pois poucos benefícios são efetivamente comprometidos com o desenvolvimento local (Irving, 2000). É, também possível inferir que, freqüentemente, essas comunidades estão inseridas no percentual da população mundial condenada à pobreza.

Burns (2002, p. 139) levanta a questão: *Turismo e relações globais-locais: o turismo gera desenvolvimento?* A análise do autor conclui que, apesar da Organização Mundial do Turismo prever que o turismo duplicará em 2020, a instituição não consegue explicar como os impactos sobre os relacionamentos globais-locais serão conduzidos: "É necessário tanto uma solução, para o bem estar da indústria do turismo, quanto para o bem estar das comunidades anfitriãs que suportarão fardo do aumento do número de turistas." (Burns, 2002, p. 142). O autor enfatiza ainda que o paradoxo que surge entre as relações globais-locais estabelecidas pela atividade turística, que motivam o lucro e dão importância secundária ao desenvolvimento de um conjunto de instituições sociais, causará a implosão da sociedade civil.

---

[1] Segundo Kripendorf, os viajados são as populações dos países ou regiões que acolhem os turistas, ou seja, que vivem no destino turístico.

A promessa do turismo como desenvolvimento social e econômico é constante, mas os fatos comprovam que a realidade é muitas vezes diferente. A grande questão continua sendo: *Desenvolvimento, mas para quem?* (Burns, 2002, p. 161). Esta questão fomenta a importância de se distinguir e analisar a diferença entre crescimento econômico e desenvolvimento econômico. Conforme Adams (1990) citado por Burns (2002, p. 163):

> *"O desenvolvimento deveria ser o que as comunidades fazem a si mesmas. Na prática, entretanto, ele é o que os estados e seus banqueiros e agentes especializados fazem a essas comunidades, em nome da modernidade, integração nacional, crescimento econômico ou mil outros chavões."*

Conforme Kripendorf (2002), no texto *Cartão Vermelho para o Turismo?*, no mercado turístico globalizado, as maiores vítimas são as populações em desvantagem das áreas impactadas pelo turismo: mulheres, crianças, minorias étnicas e povos indígenas. O crescimento econômico não é sinônimo de desenvolvimento. A análise do papel e atuação do turismo no mundo contemporâneo leva a refletir se esta é uma atividade meramente econômica ou é também instrumento que contribui para o desenvolvimento local, para a superação da pobreza e da injustiça social.

Qual seria a forma ideal de atuação do turismo para que a atividade conduza à melhoria da qualidade de vida e do bem estar da população receptora? O ideal de atuação parece começar no planejamento onde se deveria iniciar o processo de participação dos atores sociais. O que se buscaria então seria a promoção do turismo de base comunitária, que segundo WWF-Internacional (2001, p. 2) pode ser apresentado da seguinte maneira:

> *"Turismo comunitário ou de base comunitária pode ser definido como aquele em que as sociedades locais possuem controle efetivo sobre seu desenvolvimento e gestão. E por meio do envolvimento participativo desde o início, projetos de turismo devem proporcionar a maior parte de seus benefícios para as comunidades locais."*

O turismo passa, nesse caso, a exigir a incorporação de uma nova forma de pensar a democratização de oportunidades e benefícios e a configuração de um novo modelo de implementação de projetos, centrados em parceria, co-responsabilidade e participação (Irving, 2002).

Inserindo-se nos estudos e práticas da sustentabilidade, a OMT – Organização Mundial do Turismo, em 1994, publica a *Agenda 21 para a Indústria de Viagens e Turismo* e aponta como uma das áreas de ação estratégica, o fomento ao envolvimento da participação de todos os setores da sociedade, inclusive das minorias (Irving, 2001; WWF, 2001). Posteriormente, cria o Código Mundial de Ética do Turismo, um marco de referência para o desenvolvimento responsável e sustentável do Turismo Mundial. Entre os vários compromissos apresentados no documento, é dever da atividade turística prover às comunidades de destino com a participação eqüitativa nos benefícios econômicos, sociais e culturais que contribuam para a melhoria da qualidade de vida da população receptora (OMT, 1999).

Nativo Mudo: Refletindo sobre a Limitada Participação Comunitária nos Projetos Turísticos

Alguns atores-chave são identificados como essenciais no desenvolvimento do turismo ético, sustentável: o setor público, a indústria do turismo, organizações do setor voluntário, a comunidade local, a mídia e o turista (Swarbrooke, 2000). Mas, tendo como referência o cenário e os fatos apresentados, a concentração de renda nas mãos de uma minoria e a crescente pobreza mundial, a pesquisa se aprofunda tendo como ponto de análise um único ator, a comunidade local receptora, designada como o "*nativo mudo*" por Kripendorf (1989): aquele que é pouco ouvido, não considerado, negligenciado, com baixa participação nos projetos turísticos.

Continuando a análise dos acontecimentos do mundo contemporâneo, tendo como referência a "mudez do nativo", Guattari (2001, p. 27) fala do silêncio das minorias:

> *"Não somente as espécies desaparecem, mas também as palavras, as frases, os gestos de solidariedade humana. Tudo feito no sentido de esmagar sob uma camada de silêncio as lutas de emancipação das mulheres e dos novos proletários que constituem os desempregados, os "marginalizados", os imigrados."*

A "mudez do nativo" também é identificada por Swarbrooke (2000), que comenta sobre a "maioria silenciosa", resultante do processo de desenvolvimento onde raramente as comunidades falam em uma só voz, se alguma vez falam, pois os mecanismos usados para esclarecer pontos de vista da comunidade oferecem chance para uma minoria de porta-vozes. Mais uma vez, a "mudez do nativo" é identificada nas palavras de Johnson citado por Wearing e Neil (2001, p. 133) que revela que "os projetos de desenvolvimento são muitas vezes idealizados e implantados em um contexto político em que a população local possui mínima voz ativa na política e administração."

Do ponto de vista da atividade turística, é incontestável a inter-relação entre turismo e os recursos naturais e culturais. Da mesma forma, do ponto de vista da comunidade – núcleo receptor – as relações turismo e meio ambiente e turismo e comunidade são de extrema importância. *Então, como estabelecer um processo de "ouvir a voz" da comunidade receptora, do nativo, como forma de estabelecer um mecanismo de integração e buscar atingir os objetivos deste ator, contribuindo para padrões mais bem distribuídos de qualidade de vida?* Kripendorf (1999, p. 89), considerando o processo de "ouvir a voz" dos nativos, apresenta algumas perguntas fundamentais: *Como vive ele a experiência do turismo? Quais são suas motivações, interesses e necessidades? O que lhe traz de fato o turismo?*

A limitada participação comunitária no desenvolvimento, implementação e execução de projetos turísticos, tende a ser uma das principais causas detectadas pelo grande número de impactos negativos e o inexpressivo benefício das comunidades receptoras. A gestão não-participativa nos projetos turísticos, não parece compatível com as afirmativas contidas em várias fontes, oficiais, inclusive no Manual do PNMT – Programa Nacional de Municipalização do Turismo (Embratur, 1998, p. 18), sobre a importância da efetiva participação comunitária no desenvolvimento de projetos turísticos conforme ilustração a seguir:

> *"O desenvolvimento da atividade turística deve ser realizado através da cooperação e interação produtiva entre a indústria turística, os defensores do ambiente e a comunidade, todos podem obter benefícios e alcançar uma melhor qualidade de vida."*

Apesar de diversos pensadores afirmarem que os efeitos da participação são evidentes na qualidade dos resultados alcançados em projetos, no Brasil ainda é freqüente a ausência dos beneficiários nas discussões e no processo de tomada de decisões nas diversas etapas de um projeto (Irving, 1999). No cenário de práticas de gestão não-participativa, as comunidades geralmente sentem que não têm poder de influenciar os padrões de desenvolvimento que tendem a modificar suas vidas (Brandon, 1999).

A análise sobre a "mudez do nativo" leva ao questionamento*: O nativo é realmente mudo? Ou ele não é escutado, considerado?*

A Embratur (1998), na busca de "ouvir a voz" das comunidades presentes no destino turístico levanta a questão: *O que a comunidade deseja com o desenvolvimento de atividades sustentáveis?* A resposta aparece de forma clara. A comunidade parece buscar principalmente alimentação, água limpa, educação, lazer, trabalho compensador com salário compatível, respeito pelas tradições culturais, oportunidades para tomar decisões relativas ao futuro.

Participação Comunitária em Projetos Turísticos

O que é participação? Esta é uma pergunta que deve ser analisada com cautela. Participação, segundo Bordenave (1994, p. 22) é "fazer parte, tomar parte e ter parte". O autor ainda destaca que a definição e a prática de participação apresenta uma diferença entre participação passiva e participação ativa. Esta representaria a distância entre o cidadão inerte e o cidadão engajado.

A participação continua sendo objeto de reflexão e discussão permanente e tema atual, devido ao grande descontentamento com a marginalização de segmentos da população dos assuntos que interessam a todos e que são decididos por poucos. O entusiasmo pela participação parece originar dos benefícios positivos que pode oferecer. A participação tende a facilitar o crescimento da consciência crítica da população, fortalecer o seu poder de reivindicação e prepará-la para adquirir mais poder na sociedade. Além disto, por meio da participação, é possível a resolução problemas que, ao indivíduo, parecem insolúveis se este contar apenas com suas próprias forças (Bordenave, 1994).

A prova de fogo da participação, segundo Bordenave (1994, p. 23) "não é o quanto se toma parte mas como se toma parte". Uma sociedade participativa seria, então, "aquela em que todos os cidadãos têm parte na produção, gerência e usufruto dos bens da sociedade de maneira eqüitativa. Toda a estrutura social e todas as instituições estariam organizadas para tornar possível" (1994, p. 25). O mesmo autor ainda destaca que a participação não é somente um instrumento para a solução de problemas mas, sobretudo, uma necessidade fundamental do ser humano. Por esta razão, o autor lança uma das questões que norteia o desenvolvimento dessa pesquisa: "Como se explica que sendo, a participação uma necessidade básica do homem, tão poucas pessoas participem real e plenamente das decisões importantes de nossa sociedade? Que fatores condicionam a participação, isto é, facilitam ou obstaculizam?" (1994, p. 37).

Bordenave (1994) ainda revela que existem circunstâncias de diversos tipos que condicionam o grau, o nível e a qualidade da participação, entre eles, cita a noção de conflito relacionada com a participação: "É que em toda a sociedade existe uma oposição entre sistemas de solidariedade e sistemas de interesse" (1994, p. 41). O primeiro funciona em nível comunitário, dentro de uma ambiente de relativa igualdade. Já os sistemas de interesse se encontram nos setores de atuação econômica e mesmo política, onde o interesse individual é priorizado.

Numa sociedade regida mais pelos sistemas de interesse do que pelos de solidariedade, com uma grande estratificação socioeconômica, na qual uma classe explora outra, a participação será sempre uma guerra a ser travada para vencer a resistência dos detentores de privilégios. Sociedade em que o Estado freqüentemente se alia ao sistema de interesses em detrimento ao sistema de solidariedade e prefere limitar drasticamente a participação destes no momento em que considera que sua mobilização coloca em risco os sucesso dos sistemas de interesse (Bordenave, 1994).

Vários fatores são apontados como as principais causas da baixa participação comunitária em projetos de desenvolvimento. Segundo Sansolo (2002) a presença de comunidades despolitizadas, desarticuladas e com baixo nível educacional são algumas das causas discutidas.

Questões sobre as metodologias utilizadas para assegurar a participação comunitária na tomada de decisão também podem ser levantadas. Irving (2002) menciona que a construção de um modelo de planejamento turístico de base comunitária é um desafio e indica a necessidade de desenho de uma metodologia capaz promover o diálogo e o gerenciamento de conflitos e fomentar a discussão crítica, além da aplicação de instrumentos metodológicos de maior alcance. No campo político aponta-se a ausência de empenho e de comprometimento dos governos para mobilizar os recursos – humanos, financeiros, culturais e morais – que garantem a integração dos princípios ecológicos com o desenvolvimento econômico (Brandon, 1999).

É importante destacar que, diversas vezes, a demanda por geração de emprego é entendida como sinônimo de participação na atividade turística, pois o aumento da oferta de emprego e geração de renda para a comunidade receptora é um dos benefícios mais imediatos proporcionado pelo turismo. Mas na verdade, o que se verifica é que, muitas vezes, a atividade não traz solução para o desemprego, pois os empregos são geralmente preenchidos por pessoal especializado da região de origem do investimento turístico.

Assim, a participação da comunidade local no turismo não deve se limitar às oportunidades de emprego. As comunidades locais devem se envolver em todo o processo de desenvolvimento do turismo, desde a fase de planejamento até a sua implementação e administração, por meio de consultas e parcerias efetivas (Wearing e Neil, 2001).

De maneira adversa às demais iniciativas em curso no Brasil, a Prainha do Canto Verde, localizada no Município de Beberibe no litoral leste do Ceará, a 120km de Fortaleza, apresenta características e componentes que levaram os atores sociais a enfrentar desafios do processo participativo e transformá-los em realidade.

Na contramão da história, desafiando as regras de uma sociedade regida, prioritariamente, pelo sistema de interesse, essa comunidade pesqueira apresenta tradição de participação e de organização. Além da Associação dos Moradores com 300 membros, existem os conselhos comunitários, na área de educação, saúde, terra, pesca, turismo e artesanato. Reuniões fazem parte da vida cotidiana dos moradores e já foram realizados vários seminários com participação externa.

As primeiras discussões na comunidade sobre o modelo de desenvolvimento do turismo aconteceram em 1993/1994. Com base numa pesquisa de campo preliminar na própria comunidade e em três praias do litoral, parece claro de que o turismo de Canoa Quebrada e outras praias vizinhas não representa o turismo que a comunidade da Prainha deseja. Os moradores da Prainha do Canto Verde se identificam com a construção de um sistema diferente: "Um turismo onde nós somos os articuladores, construtores, donos de empreendimento, organizadores e onde a renda e o lucro ficam dentro da comunidade; para melhorar a nossa qualidade de vida e não a dos outros."

Hoje, a comunidade vem desenvolvendo um modelo de turismo em busca de seu próprio beneficio, que gera renda complementar para muitos habitantes locais. O Conselho de Turismo da Prainha do Canto Verde com mais de 70 membros está se preparando para virar Cooperativa de Turismo e Artesanato. Com o apoio do Instituto Terramar[2], dos Amigos da Prainha do Canto Verde, universidade e outras instituições, mas sobretudo pelo esforço dos membros da comunidade, surgiu um modelo de desenvolvimento turístico que chamou a atenção de ONG européias, preocupadas com o desenvolvimento socialmente responsável do turismo. Assim em 1999, a comunidade Prainha do Canto Verde recebeu o Prêmio Internacional TODO!99 para Turismo Socialmente Responsável (Saraiva e Lima, 2001). Por essa razão, a pesquisa proposta visa interpretar a dinâmica da participação social, que tem diferenciado a Prainha do Canto Verde da maioria de modelos de desenvolvimento turístico em implantação no país.

Conclusão

Não é difícil encontrar evidências de que a realização de projetos de turismo com base comunitária ainda se constitui em um desafio para muitos e uma realidade para poucos. Conforme Irving (2002, p. 94), tendo como referência sua experiência profissional:

---

[2] O Instituto Terramar é uma sociedade sem fins lucrativos filiada a Associação Brasileira de ONG (ABONG), fundada em 14 de julho de 1993, a partir do Projeto SOS Sobrevivência. O Instituto Terramar atua de forma extensiva no litoral do estado do Ceará.

> *"(...) a construção de estratégias de turismo com base comunitária tem sido um desafio de universidades, instituições governamentais, organizações não governamentais e demais setores da sociedade, uma vez que os modelos tradicionais de desenvolvimento turístico têm sido freqüentemente associados à descaracterização da cultura local, exclusão social e econômica das populações residentes e geração de impactos negativos com relação à base de recursos naturais."*

Este cenário valida a necessidade de enfrentar os desafios encontrados, pois a perspectiva da participação das comunidades locais no processo de planejamento turístico representa um elemento essencial para a sustentabilidade das iniciativas propostas.

Conforme Irving (2002), é um desafio considerar a participação dos atores sociais locais em projetos, diante de uma cultura paternalista e assistencialista historicamente dominante no país, responsável por uma inércia crônica dos grupos minoritários e por uma estratégica político-administrativa centralizada. Este desafio parece estar sendo enfrentado pela comunidade da Prainha do Canto Verde, cansada de esperar do Estado, soluções para a melhoria da qualidade de vida.

As questões sobre o processo participativo são "desafio-problema" para o desenvolvimento local de diversas comunidades receptoras. A investigação das práticas bem sucedidas de projetos turismo de base comunitária, através da análise da dinâmica da participação, pode contribuir para delinear um conjunto de lições aprendidas que possibilitem: a concepção de um novo modelo de planejamento turístico, a percepção do turismo como ferramenta de inclusão social e melhoria da qualidade de vida, o desenvolvimento e aprimoramento de políticas públicas que levarão a ações que busquem a sustentabilidade ambiental, sociocultural e econômica das comunidades receptoras. A busca e análise das motivações e limitações da participação comunitária no desenvolvimento, implementação e execução de projetos turísticos, no Brasil, poderá contribuir, também, para o delineamento de mecanismos que levem à maior participação da comunidade local na tomada de decisões em projetos turísticos.

A análise preliminar do projeto de turismo socialmente responsável da Prainha do Canto Verde constata que, apesar de ainda não apresentarem um padrão de qualidade satisfatório dos equipamentos e da prestação dos serviços turísticos, a história de participação e organização dessa comunidade, já tem servido de modelo para outras comunidades do litoral cearense como a de Ponta Grossa (Icapuí). Prainha do Canto Verde tem sido referência para a construção de um modelo de desenvolvimento que viabiliza a inclusão das comunidades do litoral no desenvolvimento do turismo e que contribui para o aumento da rentabilidade econômica da comunidade respeitando as tradições e a cultura dos Povos do Mar.

Referências Bibliográficas

1. BARRETO, M. As ciências sociais aplicadas ao turismo. In: SERRANO, C. M. T.; BRUHNS, H. T.; LUCHIARI, M. T. D. P. (orgs.). *Olhares Contemporâneos sobre o Turismo.* Campinas: Papirus, 2000.
2. BORDENAVE JR., D. *O que é Participação.* 8. ed. São Paulo: Brasiliense, 1994. (Primeiros Passos).
3. BRANDON, K. Etapas básicas para incentivar a participação local em projetos de turismo de natureza. Trad. Leila Cristina M. Darin. In: LINBERG, K.; BURNS, P. M. *Turismo e Antropologia: uma introdução.* São Paulo: Chronos, 2002.
4. EMBRATUR. *Manual de Municipalização do Turismo.* Brasília: Embratur, 1998.
5. EMBRATUR-IEB; MAGALHÃES, G. W. (coord.). *Pólos de Ecoturismo: planejamento e gestão.* São Paulo: Terragraph, 2001.
6. GUATTARI, F. *As Três Ecologias.* Campinas: Papirus, 1990.
7. IRVING, M. A. Participação e envolvimento comunitário: garantia ética de sustentabilidade em projetos de desenvolvimento. *Espaço e Geografia,* Brasília, v. 2, n. 1, p. 135-141, 1999.
8. IRVING, M. Ecoturismo em áreas protegidas: um desafio no contexto brasileiro. *Boletim de Turismo e Administração Hoteleira,* São Paulo, v. 09, n. 2, out. 2000.
9. IRVING, M. Ecoturismo no Brasil: retrospectiva e tendências. *Boletim de Turismo e Administração Hoteleira,* São Paulo, v. 0, n. 2, out. 2001.
10. IRVING, M. Participação: questão central na sustentabilidade de projetos de desenvolvimento. In: IRVING, M. A.; AZEVEDO, J. *Turismo: o desafio da sustentabilidade.* São Paulo: Futura, 2002.
11. IRVING, M. Refletindo sobre o ecoturismo em áreas protegidas: tendências do contexto brasileiro. In: IRVING, M. A.; AZEVEDO, J. *Turismo: o desafio da sustentabilidade.* São Paulo: Futura, 2002.
12. IRVING, M. Turismo: ética e educação ambiental. In: IRVING, M. A.; AZEVEDO, J. *Turismo: o desafio da sustentabilidade.* São Paulo: Futura, 2002.
13. IRVING, M. A.; RODRIGUES, C. G. O.; NEVES FILHO, N. C. Construindo um modelo de planejamento turístico de base comunitária: um estudo de caso. In: IRVING, M. A.; AZEVEDO, J. *Turismo: o desafio da sustentabilidade.* São Paulo: Futura, 2002.
14. KRIPPENDORF, J. Cartão vermelho ao turismo? Dez princípios e desafios para um desenvolvimento sustentável do turismo no séc. XXI. In: FÓRUM SOCIAL MUNDIAL, 2002. Porto Alegre. Disponível em: http://www.ivt-rj.net/destaques/forum/cartao_vermelho.pdf. Acesso em: 01/ago/2002.
15. KRIPPENDORF, J. *Sociologia do Turismo.* Rio de Janeiro: Civilização Brasileira, 1989.
16. LICKORISH, L. J.; JENKINS, C. L. *Introdução ao Turismo.* Rio de Janeiro, Campus: 2000.
17. LUCHIARI, M. T. D. P. Urbanização turística: um novo nexo entre lugar e o mundo. In: SERRANO, C. M. T.; BRUHNS, H. T.; LUCHIARI, M. T. D. P. (orgs.). *Olhares Contemporâneos sobre o Turismo.* Campinas: Papirus, 2000.
18. OMT. *Código de Ética do Turismo.* Madrid, 1999. Disponível em: http://www.world-tourism.org/espanol/frameset/frame_project_ethics.html. Acesso em: 28/ago/2002.
19. PNUD. *Relatório do Desenvolvimento Humano – 2002.* Lisboa, 2002.
20. PRAXEDES, W. L. A. Turismo e consumo na sociedade global. *Revista Turismo: Dimensões e Perspectivas/Faculdades Nobel,* Maringá, v. 1, n. 1, nov. 2001.
21. SANSOLO, D. G. Turismo: aproveitando da Biodiversidade para a Sustentabilidade. In: IRVING, M. A. *Turismo: o desafio da Sustentabillidade.* São Paulo: Futura, 2002, p. 69-92.

22. SARAIVA, M. L. S. A.; LIMA, L. C. Turismo, ecologia e ONG em Canto Verde – Beribe (CE). *Turismo em Análise/ECA-USP*, São Paulo, v. 12, n. 1, nov. 2001.
23. SWARBROOKE, J. *Turismo Sustentável: conceitos e impacto ambiental*. São Paulo: Aleph, 2000. v. 1.
24. SWARBROOKE, J. *Turismo Sustentável: meio ambiente e economia*. São Paulo: Aleph, 2000. v. 2.
25. WEARING, S.; NEIL, J. *Ecoturismo: impactos, potencialidades e possibilidades*. Barueri: Manole, 2001.
26. WWF-INTERNATIONAL. *Directrices para el Desarollo Del Turismo Comunitário*. Julho 2001. Disponível em: http://www.panda.org/resources/publications/sustainability/indigenous/Guidelines_sp.pdf. Acesso em: 15/dez/2002.

Capítulo 53

Desenvolvimento de Estratégias para Inclusão da Comunidade do Distrito de Piraputanga na Atividade Turística

Clarissa Banducci Rahe
Mônica Maria Amorim Leite
Milton Augusto Pasquotto Mariani

Introdução

O presente capítulo é um desdobramento de uma pesquisa de Iniciação Científica realizada pelos alunos do curso de turismo da Universidade Católica Dom Bosco em parceria com o Programa de Mestrado em Desenvolvimento Local desta mesma instituição no Distrito de Piraputanga.

A localidade objeto de estudo foi o distrito de Piraputanga, situado no município de Aquidauana, região centro-oeste do estado de Mato Grosso do Sul, formado, principalmente, pela planície pantaneira e planalto, e circundado pela Serra de Maracaju, dentro de uma área de aproximadamente 3.000ha e detentor de um vasto potencial de recursos naturais. Tem no Rio Aquidauana um dos seus principais atrativos turísticos, onde já se praticou intensamente o turismo de pesca e atualmente, com a diminuição exacerbada do pescado, houve um desinteresse por esta categoria e empenho por outros segmentos como o ecoturismo e turismo de aventura.

O turismo, hoje, é um importante instrumento de geração de emprego e renda, envolvendo mais de 260 milhões de trabalhadores e proporcionando um faturamento na ordem de US$ 3,4 trilhões em todo mundo, segundo dados da OMT.

Notamos que, ao assumir tão importante papel dentro da economia mundial surge a necessidade de nos aprofundarmos em sua apreciação, não só como um ativador da economia, mas também como um fenômeno social que envolve, antes de mais nada, deslocamento de pessoas. Podemos notar que seu elemento primordial está implícito na própria designação, uma vez que, o termo *tour* significa movimento ao redor de um ponto central, ida e volta. Assim, no início do século XVIII, os ingleses formaram as denominações de *Tourism* e *Tourist*, até hoje utilizadas.

Ao analisarmos a atividade turística estudamos o homem, fora de seu local de residência, a indústria responsável por satisfazer as suas necessidades e os impactos que ambos, primeiro e segundo, geram nos ambientes físicos, econômicos e socioculturais do núcleo receptor (Jafari *apud* Theobald, 2001).

Objetivando minimizar esses impactos negativos e maximizar os positivos produzidos pelo setor turístico, contamos com um aliado, um novo modelo de desenvolvimento que vem substituir o antigo regime ligado apenas ao progresso material, crescimento de taxas e indicadores econômicos. Este modelo conhecido como desenvolvimento local, é realizado em escala humana, e atribuímos a ele a capacidade de reafirmar as potencialidades e identidades locais frente à globalização. Devemos pensá-lo como um processo de superação de problemas sociais, onde a sociedade se torna, para seus membros, mais justa e legítima, tendo o homem como sujeito e beneficiário das ações. Os indivíduos devem participar ativamente e não apenas serem favorecidas pelo desenvolvimento. Isto implica pensar na questão de responsabilidade social, onde a busca por qualidade de vida e bem-estar parte do "protagonismo real e verdadeiro de cada pessoa" (Martín, 1999, p. 172).

Para uma melhor compreensão a respeito do assunto, explicaremos o significado de local. Neste caso, optamos por uma citação de López *apud* Ávila (2000, p. 25,26), que o enuncia com bastante clareza:

> *"Quando falamos de local, estamos nos referindo a um espaço, a uma superfície territorial de dimensões razoáveis para o desenvolvimento da vida, com uma identidade que o distingue de outros espaços e de outros territórios e no qual as pessoas conduzem sua vida cotidiana: habitam, se relacionam, trabalham, compartilham normas, valores, costumes e representações simbólicas."*

A geógrafa Luzia Coriolano (1998) explica a sua importância para a atividade turística, afinal, não há turismo sem lugar, que além de servir como suporte é a base para o entendimento da atividade. È fato que, o que existem são os lugares e as viagens, e somente dentro de uma circunstância formam o chamado turismo.

O incentivo ao turismo, aliado ao desenvolvimento local, é visto como uma possibilidade de diversificação da economia, capaz de permitir a inclusão de Piraputanga no mercado doméstico e garantir a manifestação de suas especificidades. Assim, o distrito poderá receber uma nova injeção de capital, gerar empregos, tanto direto como indireto, incorporar noções de planejamento turístico, assegurar o limite de suporte ao ecossistema, capacitar profissionais e promover melhorias em infra-estrutura básica e serviços que atendam desde a comunidade local até os turistas.

O objetivo principal do trabalho foi o de analisar o envolvimento do distrito na automobilização, auto-organização e endogeneização de capacidades, competências e habilidades, visando sua concreta participação e responsabilidade no diagnóstico, programação, execução, avaliação e reimplementação de soluções aos problemas da comunidade.

Metodologia

O método orientador teve como base a escala local, adotada como ponto de partida e de chegada das análises e ações da pesquisa. Como em toda pesquisa produzida, fez-se necessário um levantamento bibliográfico a respeito de conceitos e métodos do desenvolvimento local, turismo e seus diferentes segmentos. Foi conectada também a prefeitura de Aquidauana, a Associação de Moradores de Piraputanga e empreendimentos comerciais. Estes contatos foram firmados com o intuito de estabelecer os meios formais de participação na implantação de uma política voltada ao desenvolvimento local, visando a articulação de ações e otimização dos recursos disponíveis, constituição de acervos científicos, tecnológicos e culturais e, posterior divulgação dos resultados das experiências e conhecimentos obtidos, sob diversas modalidades.

Em um projeto dessa natureza foram utilizadas técnicas qualitativas, através de depoimentos orais, observação participante e sistemática, e técnicas quantitativas, envolvendo fotografias, coleta de materiais na Prefeitura de Aquidauana e Secretaria de Turismo, levantamento e coleta de dados estatísticos socioeconômicos locais, enfatizando a atividade turística.

Turismo e Desenvolvimento Local: Aspectos Conceituais e Históricos

Neste momento, serão apresentados alguns aspectos históricos e conceituais sobre turismo e desenvolvimento local, com a finalidade de buscar alternativas que unam as estratégias deste novo modelo de desenvolvimento às áreas destinadas à atividade turística.

Sob uma perspectiva histórica, verificamos que, no Brasil, os estudos enfocando o local começam a ganhar destaque durante a formulação da Constituição Federal de 1988, período em que se iniciam reflexões sobre descentralização de políticas públicas, poder da localidade, necessidade de integração de projetos sociais e econômicos que beneficiem a maioria da população, e também, a construção de um projeto político que promova o verdadeiro desenvolvimento humano. Para tal, fez-se necessária uma revisão das relações entre o Estado, a sociedade civil e o setor privado.

Para Ávila (2000), isto implica no desabrochamento das capacidades, competências e habilidades de uma comunidade[1] , no sentido de ela mesma, com colaboração de agentes externos e internos, se tornar apta a agenciar e gerenciar os seus potenciais visando solucionar seus problemas, necessidades e aspirações.

A identidade social e histórica pode se tornar um atrativo turístico. Desta forma, caberá aos planejadores e agentes locais a construção e promoção de imagens que valorizem e respeitem a autenticidade local, além de estarem incentivando um maior intercâmbio entre a população hospedeira e seus visitantes.

Quando se trata desse tema no Brasil, é interessante ressaltar um projeto denominado Banco Nacional de Desenvolvimento Econômico e Social (BNDES) – Desenvolvimento Local com Cooperação técnica do Programa das Nações Unidas para o Desenvolvimento (PNUD). Seu objetivo é formular e executar ações que levem em conta as vocações locais e permitam a construção de processos de desenvolvimento cujos resultados beneficiem a maioria da população, promovendo a inclusão social através de mobilização, organização, capacitação técnica e execução de projetos de natureza social e econômica. A metodologia proposta é conhecida como Gespar (gestão participativa) Sua visão, holística e sistêmica, se centra na qualificação do capital humano e formação de agentes locais. Assim, busca-se estimular a

---

[1] Neste caso, o autor sugere que para ser uma comunidade deverá ter interesses comuns, território delimitado e identidade social e histórica (Ávila, 2000).

participação, responsabilidade social, descentralização de poderes, solidariedade e cooperação provocando mudanças no comportamento humano. Além disso, tem-se também um cuidado com o acompanhamento do processo, para avaliar permanentemente os resultados obtidos no decorrer das ações.

Para Arlete Moysés Rodrigues, a própria comunidade é capaz de promover o desenvolvimento através de seu maior atributo: a capacidade de pensar. "Podendo 'pensar' tem condições de imaginar, criar outras formas de vida quotidiana e utilizar e operacionalizar noções e conceitos sobre a vida e sua sustentabilidade" (2001, p. 37). Ao pensar, a população local define e encontra melhores soluções para os problemas, afinal, as soluções macroeconômicas nacionais e internacionais são limitadas, pois as respostas globais não levam em conta as condições locais extremamente diversificadas que só são identificadas pelas pessoas que nele vivem.

Notamos, então, que nesta nova proposta a participação popular ganha papel de destaque, não devendo se restringir a envolvimentos esporádicos ou ser vista como uma metodologia para a sensibilização popular. Talvez seja este o maior desafio a ser enfrentado. Portanto, participativo não é o processo que garante a participação, mas aquele que o promove e a ele atribui seu funcionamento.

Dentro do turismo, esse 'poder' que a comunidade tem de pensar será um fator primordial. Pois, esta, deverá se preparar para ser impactada pela atividade e dessa preparação dependerá a sobrevivência do local como pólo turístico.

Conforme Benevides (1999) são cinco os objetivos que permeiam as propostas de desenvolvimento local por intermédio do turismo. Dentre eles estão: a preservação e conservação ambiental, identidade cultural, geração de ocupações produtivas e de renda, desenvolvimento participativo e qualidade de vida.

Assim sendo, vê-se no turismo um mecanismo efetivo para a prática de desenvolvimento local aliado à preservação, tanto de patrimônios naturais e culturais quanto de valorização da identidade. Contudo, esta não deve ser a única fonte de renda de uma determinada comunidade. Deve sim, ser vinculada a outras atividades econômicas já existentes para que, juntas, possam promover melhorias ao local.

Nesse contexto, é importante que conheçamos a história do turismo para melhor entendimento das correlações existentes entre atividade turística e desenvolvimento local. Sabemos que o homem, desde os tempos mais remotos, já era obrigado a percorrer enormes distâncias em busca de alimentos e agasalho para que pudesse sobreviver. Durante a Idade Média, os deslocamentos foram provocados pelas guerras e peregrinações. Já no início do século XVIII, viajar começou a ser aceito como parte da educação. Cavalheiros de boas famílias partiam para o exterior e retornavam ao seu país para enriquecê-lo com os benefícios da viagem. Eram os chamados *grand tour.*

As viagens como lazer só tiveram início no século XIX, devido as grandes mudanças sociais provocadas pela Revolução Industrial, tais como, distribuição de renda e melhorias na educação, que acabaram influenciando as preferências dos consumidores (lazer, tempo, dinheiro e interesse). O Turismo, então, se tornava um movimento e um negócio rentável.

Nessa época nasceu o verdadeiro produto turístico, hoje conhecido como "pacote". Criado pelo inglês Thomas Cook, que passou a se preocupar com a completa organização da viagem incluindo transporte, acomodação e atividades nos destinos. Sua empresa se expandiu rapidamente. Mudou-se, assim, a imagem das viagens, antes voltadas para educação, e agora destinadas ao prazer e entretenimento no período das férias.

Outro importante veículo de incrementação do turismo foram as ferrovias, com o objetivo principal de transportar cargas, abrem espaço para os viajantes, embora, a preços elevados, originaram o primeiro grande fluxo na demanda por viagens, provocando um aumento de quase 1000% no número de passageiros em apenas sete anos. Com isso, grandes hotéis foram se estabelecendo ao redor delas a fim de atender a esse público.

No entanto, as Grandes Guerras Mundiais trouxeram a estagnação do Turismo no período em que ocorrem. Mas, ao final delas houve um grande desenvolvimento da atividade turística devido às transformações tecnológicas que estes conflitos originaram, exemplo disso foi o desenvolvimento da aviação e dos meios de comunicação.

O *marketing* começou a ser utilizado como uma importante estratégia para atrair turistas, além deste, eventos fora de temporada passaram a ser organizados a fim de solucionar o problema da sazonalidade, os chamados períodos de alta e baixa temporada. Os *resorts* começaram a ser projetados de acordo com o público-alvo. Entretenimentos, teatros, shows surgiram como um novo negócio. Percebeu-se que o turismo deveria se basear no teatro para "maquiar" a realidade vivida pelos habitantes dos núcleos receptores e, assim, seduzir cada vez mais viajantes.

Mesmo com todo o desenvolvimento que ocorreu na atividade turística desde o surgimento até os dias de hoje, os estudos sobre o assunto são bastante recentes e se intensificaram nos anos 90 com um aumento no número de cursos técnicos e superiores de turismo e hotelaria. Além de profissionais de áreas como geografia, sociologia, história, economia, entre outras, que demonstraram interesse pela temática. Com o andamento das pesquisas, sentimos a necessidade de definir com precisão o conceito de turismo como forma de facilitar os estudos e dados estatísticos relacionados à atividade.

Segundo a Organização Mundial do Turismo (OMT), define-se turismo com sendo "atividade de visitantes, pessoas que viajam e permanecem em lugares fora de seu ambiente costumeiro por até 12 meses para lazer, negócios, peregrinações". Este conceito simplista apresentado pela OMT pode ser complementado por Theobald na visão de Leiper, onde é defendida a idéia de que existem três enfoques para o turismo: econômico, técnico e holístico. As definições econômicas consideram este uma atividade econômica, relacionada ao deslocamento de pessoas e os serviços que serão utilizados. As definições técnicas resumem-se a acepção de turista como forma de padronizar os conceitos e fornecer uma base comum para a coleta de dados. Já as significações holísticas tentam incluir o todo que envolve o turismo.

Em contraposição ao enfoque econômico idealizado por Leiper, Moesch *apud* Beni (2001, p. 41) destaca a magnitude do turismo, quando são realizadas, através dele, as maiores fantasias e devaneios dos viajantes.

> *"O Turismo constitui-se um fenômeno sociocultural de profundo valor simbólico para os sujeitos que o praticam. O sujeito turístico consome o Turismo por intermédio de um processo tribal, de comunhão, de realização, de testemunho, em um espaço e tempo tanto real como virtual, desde que possível de convivência, de presenteísmo. O valor simbólico perpassado pela comunicação táctil desse fenômeno reproduz-se, ideologicamente, quando os turistas comungam de sentimentos, reproduzidos pela diversão, e quando há a possibilidade de materialização do imaginário, por vezes individual em societal."*

O professor Beni (2001) define turismo como sendo um elaborado e complexo processo de decisão sobre o que visitar, onde, como e a que preço. Faz também esclarecimentos a respeito do excesso de definições da atividade: "A conceituação de Turismo não pode ficar limitada a uma simples definição, pois este fenômeno ocorre em distintos campos de estudo, em que é explicado conforme diferentes correntes de pensamento, e verificado em contextos vários da realidade social" (Beni, 2001, p. 38,39). Como vemos, há tantas definições do turismo quanto autores que tratam do assunto.

Após definir conceitos, podemos entender que localidades que apresentem potenciais naturais e culturais, e tenham interesse em promovê-los, vêem na atividade turística um importante instrumento para a implementação das estratégias de desenvolvimento local capazes de fomentar uma distribuição mais justa dos benefícios gerados, garantindo qualidade de vida e bem-estar para toda a comunidade.

Distrito de Piraputanga: Paisagem, História e Economia

O distrito de Piraputanga localiza-se a leste do município de Aquidauana, ao qual pertence, faz divisa ao norte com o distrito de Palmeiras, a oeste com o distrito de Camisão e ao sul com o município de Dois Irmãos do Buriti. Distante 95km de Campo Grande, capital do estado de Mato Grosso do Sul, com acesso pela BR 262.

Piraputanga caracteriza-se como uma região de planícies e planaltos, sendo que a maior porção da área é composta pela planície pantaneira e a menor corresponde a planaltos, além de possuir vegetação típica de cerrado, e ser cortada pela Serra de Maracaju.

Seu nome é de origem Tupi, onde *pira* quer dizer peixe e *putanga* é uma modificação de pitanga significando vermelho, daí Piraputanga ou peixe vermelho, muito comum no rio Aquidauana.

A região tinha por moradores índios Terena, que viviam às margens do rio Aquidauana, com economia de subsistência, caça, pesca e coleta. Por volta do ano de 1936, às margens do rio Aquidauana, na antiga fazenda Palmar chegou uma leva de garimpeiros comandados por Antônio Santos Ribeiro, Félix Barreto e José Duailibi, que vieram em busca de carbono, mas logo ao chegarem na região acharam diamantes em abundância. A fazenda Palmar encontrava-se abandonada, o que propiciou aos garimpeiros que se instalassem nela, plantando pequenas roças e dando início a um pequeno povoado próximo ao garimpo.

No dia três de outubro de 1938, Antônio Santos Ribeiro convocou uma reunião dos moradores com a finalidade de ser construída uma comissão para gerir os destinos da comunidade e buscar meios legais para desapropriação das terras da fazenda, a fim de serem entregues aos colonos. Hoje, este dia é comemorado como data de fundação. Apenas em 1959, foi elevada a categoria de distrito.

Com a queda na extração de diamantes, muitos garimpeiros abandonaram a região, outros ficaram tentando a sorte no garimpo, ou por já terem constituído família ou por terem algum comércio instalado. Passaram, inicialmente, a dedicar-se à agricultura de subsistência, e depois a vender alguns produtos para mercados próximos, como Aquidauana.

O distrito é servido pela Estrada de Ferro Noroeste do Brasil, que por um longo período transportou pessoas, cargas variadas e malas dos correios, transmitindo e recebendo também notícias pelo telégrafo da linha férrea. O trem passava por Piraputanga três vezes por semana e foi neste período que o local alcançou seu maior desenvolvimento dentro do setor turístico. A comunidade se mobilizava para servir bens os visitantes que por ali passavam.

Economicamente, o rio Aquidauana era parte da economia com a venda de pescado e utilizava o trem para o escoamento da produção. Atualmente, sua economia básica é a agricultura, com produção de arroz, feijão, milho, mandioca (com produção de farinha), sendo ainda praticada a pesca como forma de lazer, já que o peixe está escasso, bem como a exploração de diamantes em pequena escala. A economia se divide também entre a atividade turística e algumas casas comerciais que vendem gêneros alimentícios diversos. Com a possibilidade de ser a principal atividade no futuro, o turismo está ganhando cada vez mais espaço, tendo em vista a pequena distância de Campo Grande, capital do Estado, que por sua vez, conta com poucas alternativas de turismo e lazer.

Turismo e Comunidade local

Neste trabalho procuramos analisar o envolvimento da população do distrito de Piraputanga, verificando se ela, por si só, tem condições de colaborar com o processo de desenvolvimento voltado para atividade turística. Vale lembrar que qualidades importantes como a cidadania, solidariedade, identidade sociocultural e sentido de vizinhança devem ser valorizados. Além disso, a formação de um senso crítico e sensibilidade poderão ajudar na participação mais responsável e ativa por parte de toda a comunidade. Como instrumento de pesquisa, aplicamos questionários e realizamos entrevistas com os moradores.

Em um primeiro momento, procuramos observar as características e necessidades da comunidade sem envolver a atividade turística.

Detectamos que a maioria dos habitantes migrou para o distrito após a construção da estrada de ferro. Atualmente, a economia estagnada e a falta de emprego obrigaram um grande contingente de pessoas em idade produtiva a se deslocarem, principalmente, para Aquidauana e Campo Grande em busca de novas oportunidades de trabalho. Por esta razão, a população é composta, predominantemente, por crianças e idosos. Já, muitos dos jovens que permanecem no local, são viciados em drogas e/ou álcool e encontram-se sem qualquer expectativa de vida. Porém, quando eles têm a oportunidade de trabalhar, percebemos que estão extremamente despreparados para funções relacionadas ao turismo. Os moradores que residem a menos de dez anos, mudaram-se para o local em busca de melhor qualidade de vida ou interessados em investir no distrito.

Piraputanga tem uma escola municipal de ensino fundamental que abriga 211 alunos. Já, os estudantes que freqüentam o ensino médio são deslocados para Aquidauana. Como alternativa às pessoas que não tiveram oportunidade de estudar, a escola oferece um curso noturno de alfabetização. Verificamos algumas iniciativas realizadas por educadores voluntários que levam alunos até suas residências para oferecer uma espécie de reforço escolar. Mesmo com tantos esforços, constatamos que um grande número de pessoas não concluiu o ensino fundamental.

Em relação à renda familiar, percebemos que a maior parte dos moradores trabalha na agricultura, pecuária e pesca recebendo menos de um salário mínimo. Com tão pouco rendimento mensal, a comunidade procura maneiras alternativas de lazer, como a pesca, tradicionais rodas de tereré[2] e futebol, que tem no seu campo o melhor ponto de encontro da cidade. Não existem áreas de lazer, quadras poliesportivas ou qualquer tipo de espaço preparado para atender crianças, adolescentes e idosos.

Vale ressaltar um interessante trabalho voluntário realizado por um morador local que se propôs a formar times de futebol e treiná-los. Muitas crianças, jovens e adultos se engajaram no projeto. Os treinamentos acontecem três vezes por semana e é exigido bastante disciplina e assiduidade por parte do técnico. É comum, a população se unir com o intuito de arrecadar fundos para promover campeonatos dentro do próprio distrito, ou financiar viagens para competições nas redondezas.

Ao questionar sobre as infra-estruturas existentes, percebemos muitas queixas quanto à iluminação pública, onde se cobram taxas e oferecem um serviço de péssima qualidade. É necessária uma via de acesso asfaltada ligando Piraputanga a Aquidauana e a BR 262. A saúde foi outro ponto muito questionado, pois o distrito recebe a visita de um médico uma vez por semana, insuficiente para suprir as carências da comunidade. No mais, a distribuição de remédios realizada pelo Posto de Saúde é precária, e funcionaria melhor se o distrito tivesse uma farmácia. Piraputanga ainda tem dificuldade de promover uma coleta de lixo eficiente, agravada quando o distrito recebe um grande número de turistas, por isso, a maioria dos moradores queima o lixo

---

2 Refresco de mate, servido com bombilha e que se distingue do chimarrão por ter água fria em vez de quente.

de maneira inadequada em suas próprias residências. Além de todos estes problemas, foi comentada a ausência de uma agência bancária, para que não fosse necessário o deslocamento até Aquidauana quando houvesse necessidade de realizar alguma transação. Alguns moradores também explanaram a falta de postos de gasolina, restaurantes, bares, lanchonetes e placas de sinalização, tanto para as ruas como para os atrativos. Estes equipamentos indispensáveis serão facilmente absorvidos pela prática da atividade turística.

Já na segunda etapa, procuramos averiguar as reais intenções da comunidade com o turismo e se ela mesma se tornaria apta a agenciar e gerenciar seus atrativos e solucionar problemas, necessidades e aspirações.

Nesta fase percebemos que grande parte da população tem interesse em incentivar o turismo, e consideram que o local já tem condições de receber visitantes. É inegável que o distrito dispõe de um extraordinário potencial turístico, tanto natural quanto cultural e histórico, entretanto, verificamos que essas condições pré-existentes alegadas pela comunidade não são verdadeiras. Notamos uma falta de atuação por parte dos órgãos públicos, escassez de infra-estrutura (melhores vias de acesso, saneamento, energia elétrica, abastecimento de água, coleta de lixo, entre outros), formação de recursos humanos envolvendo educação e capacitação profissional, empresas prestadoras de serviços (equipamentos de hospedagem, restaurantes e similares, entretenimento, agências de viagens), redes de transportes rodoviários e ferroviários.

A carência de infra-estrutura voltada ao turismo causa em parte da população uma certa desestimulação com a atividade e os poucos equipamentos turísticos existentes não podem ser usufruídos pela própria comunidade devido ao seu baixo poder aquisitivo. É normal encontrar visitantes se deslocando para Aquidauana em busca de restaurantes, lanchonetes, postos de gasolina, pousadas, entre outros. Normalmente, estes turistas já trazem consigo grande parte dos mantimentos necessários para a viagem.

Apesar disso, a comunidade vê no turismo uma possibilidade de aumento no número de empregos, e maior movimentação da economia local. Grande parte dos entrevistados gostaria de participar de cursos relacionados à atividade turística como uma forma de estar se preparando para inserção no mercado de trabalho. Dentre os cursos mais citados estão: qualidade no atendimento, história e geografia regional, guia turístico, administração de pequenos hotéis e pousadas, culinária e artesanatos.

A confecção de artesanatos já vem sendo realizada, tendo diferentes estilos que vão desde *souvenirs*, feitos com matéria-prima local, aos doces, queijos e pães caseiros. O aumento desta produção servirá como ocupação para as mulheres que enfrentam maiores dificuldades que os homens para encontrar emprego e fazendo com que elas não precisem se distanciar de seus afazeres domésticos, além de ajudar na renda familiar. Tem-se como público-alvo os turistas.

Após a realização destas enquetes, verificamos que é de interesse da população que o turismo de desenvolva. Contudo, notamos uma constante preocupação em manter a tranqüilidade e especificidades do local, que poderão ser preservados caso haja mobilização por parte da comunidade e dos órgãos públicos responsáveis em promover o desenvolvimento local.

Considerações Finais

Na execução deste trabalho, vimos que Piraputanga está localizada em um local privilegiado, possuidora de um potencial natural e histórico-cultural impressionante, além de estar próxima a um centro urbano, Campo Grande, capaz de emitir um grande contingente de pessoas. A principal via de acesso é pela BR 262 e um percurso de 8 quilômetros não pavimentado. A infra-estrutura básica e turística oferecida ainda é precária, o que dificilmente corresponderá às expectativas dos visitantes. Os proprietários de empreendimentos turísticos tomam decisões sem a existência de um planejamento e definição de uma modalidade turística a ser implantada.

O distrito teve durante muito tempo como principal atrativo a pesca. Porém, com a diminuição exacerbada do pescado no rio Aquidauana, sentiu-se necessidade de incentivar novas categorias de turismo como o turismo rural, de aventura e ecoturismo.

A estação ferroviária é considerada uma grande atração, porém encontra-se em total abandono em função do não funcionamento da ferrovia. Caso a estrada de ferro Noroeste do Brasil seja reativada, os moradores acreditam que poderão receber muitos visitantes e assim reanimar a economia local.

Segundo Mariani (2002), através da pesquisa qualitativa podemos obter significativas contribuições no estudo das comunidades residentes em áreas com potencial turístico. Por meio de aplicação de questionários, é possível que os moradores consigam estabelecer comparativos, relações, fazendo releituras de experiências e possibilita ver como percebem a auto-imagem sobre a qual poderão refletir suas ações.

Deste modo, com as pesquisas realizadas *in loco* podemos concluir que o distrito de Piraputanga tem interesse e potencial para estimular o turismo consciente embasado no desenvolvimento local, como forma de resgatar a cidadania, solidariedade e integração da comunidade, valorizar a cultura local respeitando suas particularidades e utilizar seus atrativos de maneira sustentável. A população deve estar engajada neste processo, participar ativamente como sujeito e beneficiário do próprio desenvolvimento buscando promover qualidade de vida e bem-estar a todos os envolvidos.

Referências Bibliográficas

1. ANDRADE, J. V. *Fundamentos e Dimensões do Turismo*. São Paulo: Ática, 1995.
2. ÁVILA, V. F. (coord.). *Formação Educacional em Desenvolvimento Local: relato de estudo em grupo e análise de conceitos*.Campo Grande: UCDB, 2000.
3. BANDUCCI JR., A.; BARRETO, M. (orgs.). *Turismo e Identidade Local: uma visão antropológica*. Campinas: Papirus, 2001.
4. BANDUCCI JR., A.; MORETTI, E. C. (orgs.). *Qual Paraíso? Turismo e Ambiente em Bonito e no Pantanal*. São Paulo: Chronos. Campo Grande: Universidade Federal de Mato Grosso do Sul, 2001.
5. BARRETO, M. *Planejamento e Organização em Turismo*. 2. ed. São Paulo: Papirus, 1996.
6. BENI, M. C. *Análise Estrutural do Turismo*. 5 ed. São Paulo: Senac, 2001.
7. CORIOLANO, L. N. M. T. *Do local ao Global*. Campinas: Papirus, 1998.
8. LICKORISH, L. J. *Introdução ao Turismo*. Rio de Janeiro: Campus, 2000.
9. MARQUES, H. R. et al. (orgs.). *Desenvolvimento Local no Mato Grosso do Sul: reflexões e perspectivas*. Campo Grande: UCDB, 2001.
10. MARIANI, M. A. P. Percepção dos turistas e moradores do município de Bonito: o lugar, os sujeitos e o turismo. In: *Turismo: visão e ação*. Itajaí, 2002. Dissertação (Mestrado) – Universidade do Vale do Itajaí. p. 33-46.
11. RODRIGUES, A. B. (org.). *Turismo e Desenvolvimento Local*. São Paulo: Hucitec, 2000.
12. RODRIGUES, A. B. (org.). *Turismo e Geografia*. São Paulo: Hucitec, 1996.
13. RUSCHMANN, D. *Turismo e Planejamento Sustentável: a proteção do meio ambiente*. Campinas: Papirus, 1997.
14. SOUZA, M. J. et. al. (orgs.). *V Encontro Nacional de Turismo com Base Local: Políticas Públicas e o Lugar do Turismo*. Brasília: Universidade de Brasília, 2001.
15. THEOBALD, W. F. (org.). *Turismo Global*. São Paulo: Senac, 2001.
16. URRY, J. *O Olhar do Turista: lazer e viagens nas sociedades contemporâneas*. 3. ed. São Paulo: SESC / Studio Nobel, 2001.

Capítulo 54

Turismo e Responsabilidade Social: Estudo de Caso em Icapuí

Melissa Gonçalves Viana
Myrtis Arrais de Souza
Roberta Freire Maia

Introdução

O trabalho de pesquisa tenta mostrar o que é Responsabilidade Social e como ela se insere no turismo, abordando variáveis importantes e relevantes como segurança, limpeza pública e sinalização.

O termo Responsabilidade Social está em evidência no momento. Procura-se empresas socialmente responsáveis para a prática de atividades que envolvam o trabalho com pessoas, comunidades e a população em geral. Assim pensando, resolveu-se por essa pesquisa em prática.

Tomou-se para estudo o município de Icapuí, por ser um município que se preocupa com a responsabilidade social: atualmente tem todas as suas crianças na escola, e preocupa-se com o nível de qualidade da educação, inclusive promovendo convênios com outros órgãos, que podem oferecer um melhor *know how*, como a Universidade Federal do Ceará UFC e a Universidade Estadual do Ceará UECE. O respeito à vontade pública e a representatividade do cidadão na sociedade formam o alicerce da gestão municipal, que, com o seu caráter inovador vêm ganhando reconhecimento popular e político nas esferas estadual, nacional e até mesmo internacional. O estudo se completa com uma pesquisa *in loco* no município de Icapuí, levando em consideração uma amostra de cinqüenta pesquisados, representados pela população local, órgãos governamentais, associações representativas de empresários locais e turistas.

Espera-se que o estudo seja de grande valia para toda a comunidade interessada no tema ora apresentado e para o estudo do turismo em geral.

Objetivos

Objetivo Geral

O objetivo geral desse trabalho é o de obter informações relacionadas à responsabilidade social, com estudo de caso no município de Icapuí. A pesquisa pretende mostrar o conhecimento da população, do empresariado, da administração municipal e do turista do município sobre a Responsabilidade Social e turismo Social, por ser um município que já pratica um Turismo com responsabilidade.

Por ser um estudo de caso deve-se observar a realidade daquele município e quem sabe tentar adaptá-la a outro município do Brasil que tenha potencial para trabalhar um turismo sustentável, trazendo novas saídas e oportunidades para o turismo de qualidade no Brasil.

Objetivo Específico

Depois de estudar o significado de turismo social, responsabilidade social e ética e avaliar os resultados da pesquisa empírica vimos que o real sentido da pesquisa era o de ajudar o estudo do turismo com casos que estão dando certo como o município de Icapuí.

Procura-se conhecer como o turismo em Icapuí precisa ser melhorado, qual a opinião da população em relação ao turismo e saber por onde começar a trabalhar o Turismo Socialmente responsável em outras regiões.

Metodologia

Para o alcance dos objetivos propostos este estudo aplicou técnicas quantitativas e qualitativas na coleta e análise de dados.

Foram usadas pesquisas bibliográficas para conhecer a teoria existente e levantar os dados secundários, e pesquisas de campo, com observação através de entrevistas semi-estruturadas e uso de questionário para coleta de dados primários aplicados junto a empresas selecionadas de serviços líderes do segmento turístico local, sociedade civil, órgão governamental local e turistas.

Revisão Bibliográfica

Histórico sobre Responsabilidade Social e Ética

Desde o início da preocupação com o bem-estar da pessoa humana, da preocupação com os direitos do ser humano, a responsabilidade social é locada.

Na época da revolução industrial séc XVIII e XIX o bem-estar dos empregados era esquecida, pois as horas de trabalho eram intermináveis.

Com o passar dos tempos o trabalhador foi sentindo necessidade de gozar de seus direitos e nos dias atuais a preocupação com o social e imprescindível.

A responsabilidade social e exatamente essa preocupação em forma de ação, de prática para com a sociedade. As empresas hoje pensam, ou pelo menos deveriam pensar, no funcionário como um membro da empresa e não um simples empregado.

A responsabilidade social inclui a empresa, a sociedade, o governo, o meio ambiente todos esses segmentos precisam estar sintonizados, precisam trabalhar juntos para que se pratique a responsabilidade social.

Pensando dessa forma as empresas começam a perceber que os investimentos devem ser melhor distribuídos, pois assim irão se tornar uma empresa socialmente responsável, com funcionários satisfeitos, respeitados, com a sociedade cooperando e ajudando e o meio ambiente em harmonia.

A empresa que cumpre seu papel social atrai mais consumidores e esta investindo na sociedade e no próprio futuro.

Faz-se necessário também que o poder publico através das políticas publicas respeitem certos valores como a responsabilidade mútua, a solidariedade, o respeito à cultura e a preservação da família como base de tudo.

Responsabilidade Social e Ética

O avanço tecnológico está provocando uma transformação rápida no nosso planeta: uma grande aldeia global.

Nesse caso é fundamental que exista uma consciência global que engaje todos num processo de desenvolvimento, que coloque como meta e preservação do meio ambiente, do patrimônio cultural, a promoção dos direitos humanos, e a construção de uma sociedade economicamente prospera e socialmente justa.

Os diversos setores da sociedade estão redefinindo seus papéis. As empresas adotando um comportamento socialmente responsável, os quais, são poderosos agentes de mudança para, juntamente com os estados e sociedade civil, construir um mundo melhor.

Ao adicionar as suas competências básicas um comportamento ético e socialmente responsável, as empresas adquirem o respeito das pessoas e comunidades que são gratificados com o reconhecimento e engajamento dos seus colaboradores e a preferência dos consumidores.

A responsabilidade social esta se tornando cada vez mais fator de sucesso empresarial e isso abre novas perspectivas para a construção de um mundo economicamente mais próspero e socialmente mais justo.

Responsabilidade social, segundo o instituto Ethos, é a forma de conduzir os negócios da empresa de tal maneira que a torna parceira e co-responsável pelo desenvolvimento social.

A empresa socialmente responsável é aquela que possui a capacidade de ouvir os interesses das diferentes partes (acionistas, funcionários, prestadores de serviços, fornecedores, consumidores, comunidade, governo e meio ambiente), e conseguir incorporá-los no planejamento de suas atividades buscando atender a demanda de todos e não apenas dos acionistas ou proprietários.

Ética e a base da responsabilidade social e se expressa através dos princípios e valores adotados pela organização. Não há responsabilidade social sem ética nos negócios. Não adianta uma empresa por um lado pagar mal seus funcionários, corromper a área de compras de seus clientes, pagar propinas a fiscais do governo, e por outro lado desenvolver programas junto a entidades sociais da comunidade. Essa postura não condiz com uma empresa que quer trilhar um caminho na responsabilidade social.

Para cada empresa deve existir um cronograma de ações que essa empresa deve realizar quanto à responsabilidade social, pois sempre tem algo a se fazer, nunca se esgota.

A empresa precisa ter a responsabilidade social dentro do seu pensamento, de sua política, de sua filosofia, que assim as vantagens aparecem como a valorização da imagem institucional, maior lealdade do consumidor, maior capacidade de recrutar e manter talentos, flexibilidade e capacidade de adaptação e longevidade.

Turismo e Responsabilidade Social

A questão da responsabilidade social no turismo esta diretamente ligada ao turismo sustentável, cuidando de suas vertentes principais: a econômica, a meio ambiental e a cultural e social.

As atividades e educação desenvolvidas para prática do fim do turismo sexual ou do sexual-infantil, por exemplo, valorizando o lugar e o seu povo, constitui-se de responsabilidade social e poderá estar sendo praticada por todos que se encontram inseridos no meio da atividade turística.

O exemplo da ilha e arquipélago de Fernando de Noronha, no estado do Pernambuco, que pratica o turismo sustentável em termos ambientais e econômicos, e que respeita o seu povo e sua identidade cultural poderia servir de efeito demonstração para outros destinos turísticos.

Pode-se perceber que a responsabilidade social esta surgindo nas empresas em geral, porém o turismo, no Brasil, ainda está pouco inserido nesse contexto. São pouquíssimos os lugares no país que praticam o turismo sustentável. Deve-se começar a incentivar a população residente e os turistas a uma maior valorização do seu *habitat* natural e local visitado, para que dessa forma se possa iniciar a prática do turismo socialmente responsável e sustentável.

Segundo Silvio M. Barros, os três fatores que fazem com que o fluxo turístico tenha um decréscimo são: limpeza publica, segurança e sinalização. Todos eles são problemas que realmente estão acontecendo na maioria dos pólos de atração turística e é exatamente em cima desses pontos que os interessados no desenvolvimento do turismo devem trabalhar. Assim estarão contribuindo para que haja uma pratica do turismo sustentável e amenizadas as desigualdades sociais.

As empresas de turismo poderiam formar parcerias com associações, cooperativas, governo e também com a sociedade em geral, para que a melhoria da qualidade de vida da população atraísse cada vez mais turista, pois um destino só pode ser bom para o turista se antes for bom para o seu habitante/morador.

Índice de Desenvolvimento Humano IDH

As fontes internacionais sobre desenvolvimento econômico e social indicam, no documento Human Development Report, 1994, publicado pelas Nações Unidas e World Development Report, 1994, do Banco Mundial, um indicador chamado Índice de Desenvolvimento Humano IDH, que analisa o estágio de desenvolvimento de 174 países, em termos qualitativos.

O IDH, Índice de desenvolvimento Humano, é um índice calculado de acordo com três dimensões básicas: educação (taxas de alfabetização e de matrícula escolar), renda (PIB per capita) e de longevidade (esperança de vida ao nascer). O índice é subdividido nas categorias de alto desenvolvimento humano (53 países), médio desenvolvimento humano (83 países) e baixo desenvolvimento (38 países).

O Ceará foi o estado que mais elevou o IDH desde 1991, fazendo assim com que saísse da 23ª posição, pulando para a 19ª colocação nacional, sendo o segundo melhor IDH do Nordeste. O índice do IDH do Ceará é de 0,699 considerado médio. Para que se possa entender melhor, os índices abaixo de 0,5 são considerados baixos, entre 0,5 e 0,79 considerado médio e de 0,8 acima considerado alto.

O primeiro Relatório de Desenvolvimento Humano (HDR), comissionado pelo programa de desenvolvimento das Nações Unidas (UNDP) em 1990, foi criado sob liderança de paquistaneses, um ministro de finanças e um forte intelectual, ganhador de premio Nobel de economia, Amartya Sem.

O propósito básico de desenvolvimento é aumentar as escolhas das pessoas. Em princípio, essas escolhas podem ser infinitas e podem mudar de acordo com o passar do tempo. Pessoas avaliam freqüentemente realizações que não mostram em tudo ou não imediatamente, em renda ou figuras de crescimento: maior acesso para conhecimento, melhor nutrição e saúde, sustentos mais seguros, segurança contra crime e violência física, que satisfazem horas desocupadas, liberdades políticas e culturais e senso de participação em atividades de comunidade. O Objetivo de desenvolvimento é criar um ambiente habilitado para pessoas desfrutarem muito tempo, "vidas saudáveis e criativas".

Estudo de Caso: Município de Icapuí

O Município de Icapuí com 429,3km^2 e 64km de praia, está situado no litoral leste do estado do Ceará, na micro-região baixo Jaguaribe a 195km de Fortaleza, via rodoviária, fazendo parte da Bacia do Rio Jaguaribe.

Limita-se ao norte com o Oceano Atlântico, ao sul e a oeste com o município de Aracati, ao leste com o estado do Rio Grande do Norte, cuja distância para a capital, Natal é de 350km.

Está dividido em três distritos: Icapuí (sede), Ibicuitaba e Manibú. A sede da cidade possui apenas dois bairros: Mutamba e Cajuais sendo as demais localidades vilarejos comunitários, que se distribuem pelo litoral ou interior do município.

O solo é composto de areias quartzosas distróficas, o que significa dizer que têm alto teor de salinidade, areias marinhas, próprias para a cultura de subsistência, fruticultura (coco e caju) e a pecuária extensiva. A geomorfologia é de grande valor paisagístico, de planície litorânea, dunas, rios e lagos. O clima é de 30°C na média das máximas e de 20°C na média das mínimas.

A história de Icapuí é muito especial. Começa quando era apenas uma pequena vila, chamada Caiçara, que significa cerca de galhos, que protegia as tribos dos índios. Em 30 de dezembro de 1943, passou a se chamar Icapuí, corruptela da palavra "Igarapuí" que significa coisa ligeira. A palavra Icapuí, como é chamada hoje, tem o significado de Canoa Veloz. No começo Icapuí tinha poucos habitantes. Depois, com o passar dos tempos, a população aumentou e aconteceu a primeira tentativa de torná-la município, através de Orlando Rebouças e Marcondes de Oliveira, em 1957, o que não foi possível, devido às forças políticas que eram contrárias ao movimento. Vinte e sete anos após a primeira tentativa, um grupo de icapuienses sob a liderança de José Aírton Félix Cirilo da Silva e com o apoio da comunidade, conseguiu tomar Icapuí, município desmembrando-o em termos políticos e administrativos de Aracati, a partir de 22 de janeiro de 1984. A sua independência política aconteceu através de plebiscito, quando a população decidiu ser essa a melhor alternativa a ser tomada. Logo após a resposta afirmativa, foi escolhido o representante do povo para administrar o município, sendo o baluarte José Aírton Félix Cirilo da Silva.

As famílias de Icapuí são em média formadas por seis pessoas, e em sua grande maioria, tem o pai pescador e a mãe artesã. São em geral religiosas, predominando o catolicismo e o protestantismo enquanto religiões. Nota-se que estas famílias possuem uma forte inclinação para a organização popular participando quase sempre de associações e grupos comunitários.

As moradias do município detêm uma arquitetura própria, onde as casas mais antigas apresentam em sua grande maioria alpendres e são construídas de taipa. Eram assim construídas no passado (com alpendres dos quatro lados) para abrigar os viajantes e retirantes que faziam o trajeto por dentro do município. Porém, em tempos mais recentes, Icapuí tem ganhado reconhecimento até mesmo fora das fronteiras nacionais devido à atenção e importância que se tem dado a educação e a saúde. Estas áreas têm sido discutidas junto com a população, em todas as comunidades, como direito à cidadania.

Na área da saúde Icapuí possui dez postos que prestam atendimento à população e um hospital municipal com plantão de 24h. A mortalidade infantil tem os menores índices: 12 ‰ nascidos vivos.

Atividades tão naturalmente potenciais como o *turismo*, em Icapuí precisam estar sempre dentro dos padrões de preservação e cuidados ambientais. Para isso existe um Conselho Municipal de Turismo para controlar, normatizar e fiscalizar as obras de impacto turístico. Com a participação popular e dentro da filosofia de respeito ecológico.

Com um trabalho sério de compromisso com o futuro, Icapuí parte em direção a um desenvolvimento pautado no respeito ao cidadão e ao seu meio ambiente. Desenvolve uma administração de cunho profundamente democrático embasada na participação popular.

O respeito à vontade pública e a representatividade do cidadão na sociedade formam o alicerce das gestões públicas, com um caráter inovador e ganho de reconhecimento popular e político nas esferas estadual, nacional e até mesmo internacional.

Icapuí, nesta ultima década de 90, entretanto, mostrou que o seu Índice de Desenvolvimento Humano IDH esta aumentando, pois no cálculo de 1991 o município ocupava a 54ª posição entre as 178 cidades pesquisadas no estado do Ceará. Já no ano de 2002 passou para a 93ª posição, perdendo algumas posições. Para se poder perceber melhor tem-se que avaliar o índice anterior (1991) que foi de 0,412 e passou em 2002, para 0,631. Isso ocorreu porque aumentou o desempenho de muitas outras cidades, que estavam em posições inferiores.

Análise dos Resultados

No quesito perguntando: Você sabe o que é responsabilidade social? Os entrevistados, em sua grande maioria, 87%, responderam que sim, conforme pode ser visto na Tabela 54.1 e na Figura 54.1, o que pode indicar que a temática relativamente atual, no jargão comum, já está incorporada para a comunidade, empresários, turistas e administração municipal.

As respostas variaram do geral, ou seja, "é um cuidado com a sociedade" até as afirmações relativas a contribuição para diminuir as desigualdades sociais e controles no que diz respeito à administração pública, suas receitas e despesas, aplicação correta dos recursos para beneficiar a população, dando-lhes qualidade de vida, investindo em educação; dever cívico e sensibilização civil para os problemas sociais.

Quanto ao item limpeza pública vê-se na Figura 54.2 e na Tabela 54.2 que 100% dos entrevistados consideram a cidade limpa, o que pode contribuir significativamente para o desenvolvimento e manutenção do fluxo turístico responsável.

Tabela 54.1 – Responsabilidade social

Critério	*Q*	%
Sim	35	87
Não	5	13
Sem resposta	0	0
Total	40	100

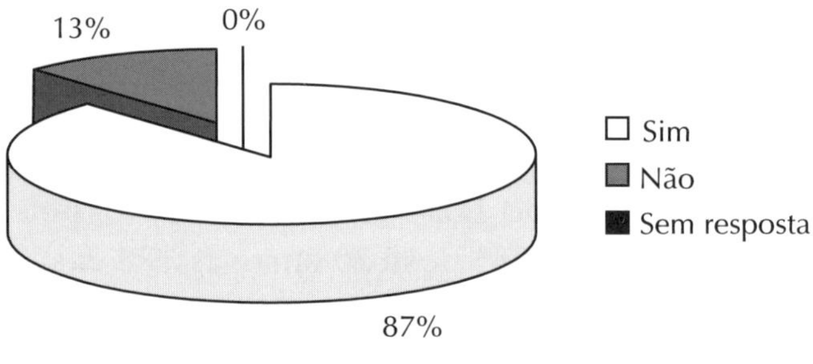

Figura 54.1 – Você sabe o que é responsabilidade social?

A grande maioria da população Icapuiense pesquisada (80%) considera a sinalização da cidade eficiente para os turistas e cidadãos, segundo a Figura 54.3. Assim a atividade turística pode desenvolver-se mais facilmente, pois os visitantes identificam os pontos e atrativos que devem ser visitados e apreciados na cidade. Para a população significa saber mais de sua cidade e conseqüentemente poder auxiliar na recepção dos turistas.

Observou-se, também, que a população de Icapuí é bastante preocupada com o desenvolvimento do turismo social, ela se preocupa com a questão da qualidade dos serviços, hospedagem, preservação do meio ambiente, preservação da cultura e da identidade cultural da comunidade.

Mostra-se interessada e atenta aos problemas e as maneiras para solucioná-los, demonstrando que o turismo social é praticado em Icapuí, mas precisa ser melhorado em vários aspectos. Em primeiro lugar, para a própria comunidade, e depois, para os turistas.

As melhoras devem começar pelo maior investimento em pequenos empreendimentos, valorização da cultura local, maior cooperação, melhor infra-estrutura e maior integração governo e comunidade.

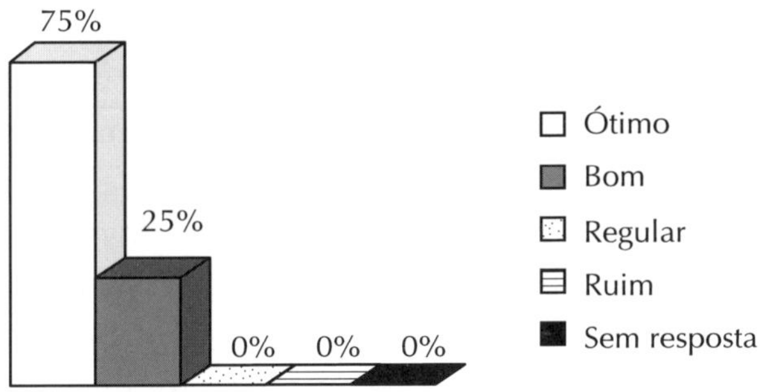

Figura 54.2 – Limpeza pública.

Tabela 54.2 – Limpeza pública

Critério	*Q*	*%*
Ótimo	30	75
Bom	10	25
Regular	0	0
Ruim	0	0
Sem resposta	0	0
Total	40	100

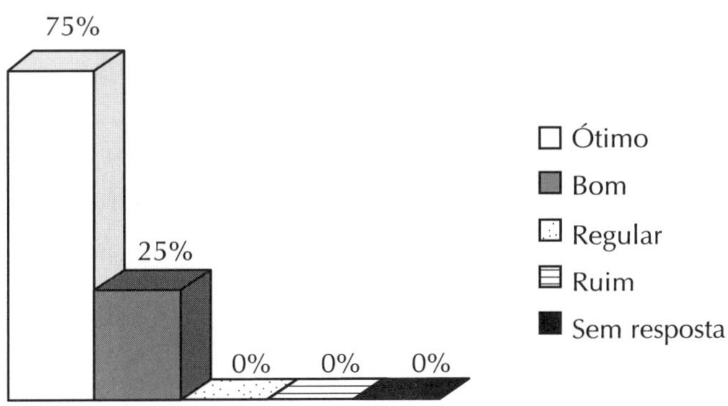

Figura 54.3 – Sinalização.

Como as respostas foram muito interessantes, no sentido do conhecimento sobre as necessidades de melhoria do município se reproduz a seguir alguma mais interessante em sentido técnico: uma maior participação das empresas; inserir a comunidade no processo; maior integração; conservar e preservar o meio ambiente e o patrimônio cultural; uma relação das obras assistenciais que o município desenvolve; um grande número de pequenos investimentos turísticos locais; com relação às hospedarias domiciliares, é preciso um maior engajamento da população para que seja mais qualificado; uma maior divulgação da cidade e suas obras sociais; integração maior nos investimentos turísticos por parte da comunidade; mais qualidade nos serviços; capacitação e incentivo; mais empreendimentos pequenos na cidade; integração da comunidade nos programas de turismo; uma melhor infra-estrutura de acesso; incluir nos roteiros as associações comunitárias para debater os problemas sociais; aumento do número de eventos culturais; melhorar a infra-estrutura das praias (mais barracas); a identidade local; melhorar os serviços turísticos oferecidos; um cardápio local onde o turista pudesse conhecer a gastronomia local.

No item turismo (Fig. 54.4), especificamente, 79% da população pesquisada falou que o turismo de Icapuí é muito bom, que é um turismo que se preocupa com a comunidade no qual está inserida.

Apenas 21% demonstraram que o turismo em Icapuí precisa ser melhorado, que está no caminho certo, porém precisa de algumas modificações para a sua plena satisfação. A comunidade de Icapuí demonstrou-se consciente do seu papel dentro do turismo social e com responsabilidade.

Conclusão

Observamos que o município de Icapuí se preocupa com a Responsabilidade Social, visando aos principais pontos estruturais para o turismo (e os cidadãos) pesquisados, como sinalização, limpeza

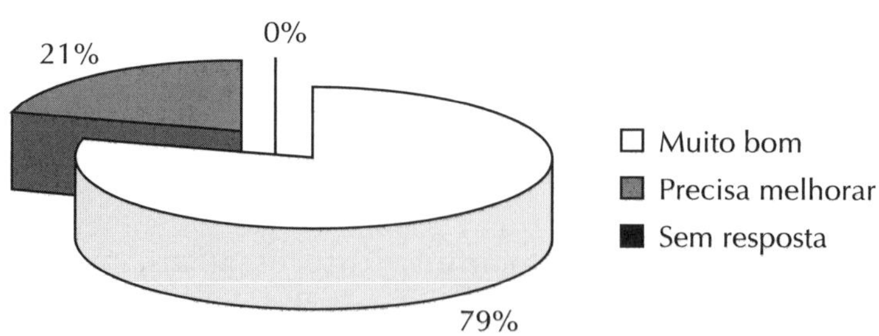

Figura 54.4 – Qualidade do turismo em Icapuí.

pública e segurança. Também visa melhorar, em primeiro lugar, a vida do morador/habitante do próprio município, para que esse mesmo auxilie aos turistas quando chegarem, fazendo assim com que o visitante seja bem atendido, que conheça todos os pontos turísticos e se sinta especial.

A idéia é muito interessante e a conscientização da população com o assunto é considerável e viável. Só é necessário adicionar vontade política e interesse dos que trabalham o turismo.

Vimos que, por meio desse trabalho de pesquisa, poderíamos divulgar essa idéia e talvez multiplicá-la em vários outros municípios turísticos, ou potencialmente turísticos, em todo o país, para contribuir com o crescimento do turismo brasileiro e depois divulgá-lo, pois os acertos devem ser estudados e bem trabalhados.

ANEXO

Questionário de Responsabilidade Social

Você sabe o que é Responsabilidade Social?

Sim ( ) Não ( )

Se souber, explique o que é Responsabilidade Social:

O que você acha da limpeza pública do Icapuí?

Ótimo ( ) Bom ( ) Regular ( ) Ruim ( )

Você se sente seguro em Icapuí?

Sim ( ) Não ( )

Você acha a sinalização de Icapuí eficiente para os turistas e cidadãos?

Sim ( ) Não ( )

Com relação ao turismo social, o que você acha que poderia ser melhorado?

Referências Bibliográficas

1. GARCIA, B. G. *Responsabilidade Social nas Empresas: a contribuição das universidades.* São Paulo: Fundação Piropotes, 2002.
2. KLIKSBERG, B. (comp.). *Ética y Desarrollo: la relación marginada.* Argentina: El Ateneo, 2002.
3. RIGGS, R. E. *The United Nations: internacional organization and world politics.*
4. SUNG, J. M. *Conversando sobre Ética e Sociedade*. 2. ed. Petrópolis: Vozes, 1997.
5. WOOD JR, T. *Gestão Empresarial: oito propostas para o terceiro milênio: o novo ambiente de negócios, cidadania e responsabilidade social.* São Paulo: Atlas, 2001.

Sites e Publicações Consultados

http://www.undp.com.
http://www.ethos.org.br.
http://www.icapui.com.br
Jornal O Povo – 07/mar/2003
Jornal O Povo – Internet

Capítulo 55

Turismo em Fortalezinha: Trilhando Caminhos para a Responsabilidade Social

Graça Santana
Helena Doris de A. Barbosa Quaresma

Introdução

A Amazônia, nas últimas décadas, tornou-se foco de atenção em um contexto no qual as questões ambientais vêm sendo abordadas em função da finitude dos recursos naturais e do acelerado esgotamento da capacidade de suporte destes recursos. Diversos atores sociais se inserem neste cenário, poder público, ambientalistas, sociedade civil e organizações governamentais, que traçam a partir de um "embate" permanente de tensões das mais diversas ordens. Por um lado o Estado busca mecanismos para se fortalecer através de políticas de estruturação e controle do espaço nacional por outro a sociedade civil organiza-se na busca de uma participação e visibilidades efetivas no conduzir de sua história. A criação de Unidades de Conservação da Natureza – UC – neste sentido se constitui em um dos muitos mecanismos através do qual o poder público vem respondendo as necessidades de controle do espaço nacional, bem como as exigências de proteção ambiental imputadas pelos grandes agentes financiadores externos em troca de financiamentos. Na maioria das vezes, este processo aliena a participação de populações que tradicionalmente habitam estes espaços, sendo cerceados de suas atividades que garantem sua reprodução social. Em muitos casos, as mudanças são tão profundas (Diegues, 1994; Simonian, 1998; Quaresma, 2000) que inviabilizam a continuidade de um modo de vida. Tais populações vêm buscando alternativas e forças em sua própria história, cultura e identidade, e respondem as imposições sofridas.

Diante deste quadro, pretende-se analisar de que forma se deu a criação da Área de Proteção Ambiental de Algodoal/Maiandeua, mais especificamente, de que forma uma comunidade de pescadores artesanais* do nordeste paraense participou deste processo e quais as transformações que vêm ocorrendo no contexto da APA. Neste contexto o turismo emerge como um fator determinante, uma vez que a Ilha de Algodoal/Maiandeua constitui um dos principais pólos de atração turística do litoral paraense. Defrontam-se duas vertentes neste contexto, por um lado o Estado através de políticas alienadoras cria formas oficialmente estabelecidas para o uso dos recursos naturais por outro, a sociedade civil com códigos culturalmente elaborados para uso dos espaços, mostra o seu poder de organização quando estrutura no campo da dialética homem e meio ambiente, espaços de discussão sobre o problema, bem como, cria alternativas de superar a fragilidade organizacional local.

A Construção de um Cenário

Nos últimos duzentos anos, a visão da relação dos seres humanos com os recursos naturais vem sendo construída, levando-se em conta o mercado, ou seja, a questão econômica. Nesta perspectiva, qualquer atividade e os recursos naturais, são colocados no mercado e passam a ser comprados, conseqüentemente, passam a ter valor a partir da quantidade de trabalho nele desprendido. Os recursos naturais são tratados como capital que devem ser transformados em lucro, não se preocupando com a questão da finitude destes recursos.

---

* Furtado (1997: 152) caracteriza a pesca artesanal, "...Por um manejo sazonal e com intervenções intinerantes e por uma tecnologia simples, cuja a capacidade dos barcos varia de 1 a 5 toneladas; produção em pequena escala, assentada principalmente na artesania cabocla e no sistema de parceria. Nela o saber empírico dos pescadores funciona como uma bússola e instrumento de detectação de cardumes e de sinalização náutica..."

O final do século XX passa a ser o momento do despertar para as conseqüências destas visões e posturas que levaram os seres humanos a questionar sua posição frente ao uso dos recursos naturais, em função da busca desmedida do progresso e do crescimento material. "*A tomada de consciência dos problemas ambientais aparece simultaneamente como uma das causas e como um sintoma deste estado de espírito*" (SACHS, 1996:9). Complementando esta visão, passam a ser questionados a finitude dos recursos naturais, a agressão ao meio ambiente bem como o conceito de desenvolvimento que se almeja perante estes processo.

A complexidade das interações dos seres humanos com os recursos naturais vem se modificando de forma acelerada nas últimas décadas. As questões ambientais, neste contexto, tornam-se o principal foco de debate, em função do esgotamento crescente da capacidade de suporte destes recursos naturais (McGrath, 1993; Erikcson, 1994). Os impactos sociais desse esgotamento ou das políticas públicas e ações que degradam o ambiente, também tem sido analisadas. Dentre as mudanças mais significativas nas últimas décadas, tem-se aberturas de estradas, introdução de novas tecnológicas pesqueiras, especulação e valorização imobiliária, aumento das atividades extrativas que passam a comprometer a qualidade de vida do homem (Hebete, 1985; Furtado, 1987 e 1994; Maneschy, 1993; D' Incao, 1994; Simonian, 1996 e 1998). Isto vem afetando sobremaneira a existência das populações que tem nos recursos naturais, sua principal fonte de reprodução social.

A criação de UC em áreas de ocupação de populações tradicionais se coloca apenas como uma particularidade a mais nesta perspectiva, os processo em torno de suas criações tem sido permeado pelo discurso de conservação dos recursos naturais (Diegues; 1994). McNeely (1984) e Simonian (2000) na prática as ações voltadas para sua implementação e ou continuidade são antes problemáticas quando não, destrutivas.

A Amazônia desde que foi ocupada pelos colonizadores europeus, tem sido foco de disputa de seu espaço pelos mais diversos segmentos sociais, tendo o estado o papel de intermediador e facilitador deste processo. Tal fato se deu através da criação de inúmeros programas para o desenvolvimento da região, e que, na maioria, não obtiveram êxito esperado e geraram frutos insatisfatórios (Becker, 1991; Almeida, 1991). Esta insatisfação se deve em grande parte ao fato de se ignorar a existência de um contingente populacional bastante significativo, e que têm no uso dos recursos naturais a base de sua reprodução social e simbólica.

Tal população desenvolveu um vasto conhecimento empírico dos recursos naturais (Wagley, 1957; Posey, 1994) sendo de fundamental importância a participação destas populações nas políticas ambientais. Entre tais políticas uma vem se destacando nas últimas décadas, qual seja a da criação de Unidades de Conservação* como um dos principais instrumentos que o Estado se utiliza na tentativa de equacionar a relação degradação/conservação dos recursos naturais, a partir do modelo exógeno dos parques nacionais norte-americanos.

Esta nova postura do Estado de criação de UC vem se dando de forma intensiva no estado do Pará a partir das últimas duas décadas. Porém, muitas vezes sem uma participação/articulação prévia com as comunidades que estão nestas áreas há alguns anos, ficando totalmente a margem deste processo, sem participar da tomada de decisões (Simonian, 1998; Quaresma, 2000). Estes problemas, assim como os demais relativos aos recursos naturais, podem ser analisados como fruto da priorização de objetivos e metas externas ao contexto local.

Hoje as comunidades que estão em áreas que foram transformadas em UC, ressentem-se da não participação no processo de criação e instalação das mesmas, muitas delas nem sequer sabem o que seja tal unidade. Em razão da postura muitas vezes intransigente e autoritária dos órgãos de conservação em relação às comunidades tradicionais, engendram-se conflitos de diversas ordens, seja no plano material, seja no imaginário e simbólico. Assim questiona-se a ação do setor público que cria estas áreas, mas que, na maioria das vezes, permanecem no papel, em função de um planejamento inadequado, que desconecta a criação de áreas preservadas e a integração da comunidade neste processo.

A APA de Algodoal/Maiandeua

A APA de Algodoal/Maiandeua foi criada pela lei estadual nº 462 de novembro de 1990, e encontra-se até hoje em processo de implantação, haja vista ainda não ter sido concluído seu plano de manejo. A mesma situa-se na porção norte do município de Maracanã, nordeste do Pará, conhecida também como Zona do Salgado. Tem como limites a baía de Marapanim, a baía de Maracanã, o Oceano Atlântico e o Canal de Mocooca que separa a ilha do continente, conforme a Figura 55.1.

---

* Segundo a Fundação Pró-Natureza – FUNATURA – as UCs são "porções territoriais com características naturais de relevante valor, de domínio público ou propriedade privada, legalmente instituída pelo poder público, com objetivos e limites definidos, as quais aplicam-se regimes especiais de administração e garantias de proteção"

Distante do continente, o deslocamento é feito via terrestre e fluvial, tanto pelo distrito de Marudá, município de Marapanim, quanto pelo município de Maracanã, a qual está subordinada administrativamente.

A população desta comunidade é composta, basicamente, por pescadores que dependem do fluxo e refluxo das marés para a prática de sua principal fonte de subsistência a pesca. Os recursos naturais (áreas de vegetação secundária – capoeira) favorecem o desenvolvimento de pequenas roças no interior da ilha onde é cultivada principalmente a mandioca, para o fabrico da farinha. Pesca e agricultura favoreceram a constituição, permanência e crescimento de uma população que desenvolveu um modo de vida integrado as disponibilidades dos recursos naturais.

A pesca, nesta área é tradicionalmente artesanal, de acordo com as necessidades de seus moradores e as especificidades ambientais. Como complemento alimentar, utilizam-se de caranguejos, siris, sernambis, mexilhão e turu. Parte da produção pesqueira é colocada no mercado, através de marreteiros do próprio local ou de áreas próximas, sendo os produtos vendidos gelados e/ou salgados (secos).

A ilha de Algodoal/Maiandeua é composta por quatro comunidades, a Vila de Algodoal, a Vila de Fortalezinha, a Vila de Camboinha e a Vila de

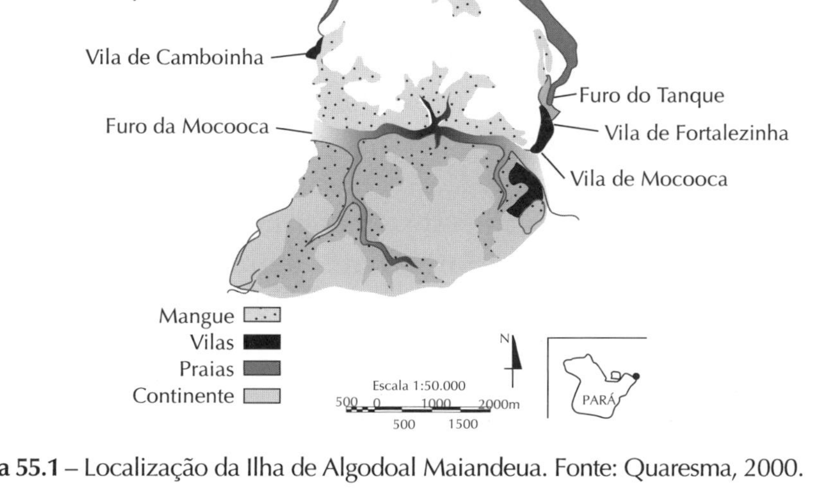

Figura 55.1 – Localização da Ilha de Algodoal Maiandeua. Fonte: Quaresma, 2000.

Mocooca. A primeira delas vem sofrendo, desde a década de 70, um intenso processo de "turistificação" (Corbin, 1989).Fortalezinha, a segunda maior vila da ilha, com aproximadamente 459 moradores (Funasa, 1998) nos últimos dez anos, vem sendo alvo incessante da busca de áreas litorâneas paradisíacas pela população das grandes cidades, a fim de se recomporem dos desgastes do cotidiano urbano. Este processo vem acontecendo de forma acelerada na ilha, que periodicamente se vê assolada por empreendimentos turísticos, e turistas, que desprezam e/ou desconhecem toda uma legislação existente para o uso dos recursos destas áreas, e as relações da comunidade local no seu meio.

Transformações são operadas neste contexto, já que passam a ser localmente inseridos e difundidos novos padrões de consumo e estilos de vida. O cotidiano dos pescadores locais é alterado para receber na alta temporada o fluxo de visitantes que "invadem" a ilha ficando o pescador dividido entre a possibilidade de aferir uma renda extra. Ao mesmo tempo em que se dedicam a atividades paralelas como prestação de serviços, estes pescadores desencantam-se com os transtornos que esse contingente de visitantes causam à ilha, principalmente no período posterior às férias.

A forma como vem se desenvolvendo o turismo na APA de Algodoal/ Maiandeua vem de encontro aos objetivos de uma UC *stricto senso.* Os próprios moradores locais já se preocupam com esta tendência e tentam se organizar em busca de soluções imediatas para os problemas que estão a enfrentar.

Trilhando Caminhos: a Experiência do GAF

A partir da inserção espontânea de um turismo litorâneo não planejado para a APA de Algodoal/Maiandeua, principalmente para a Vila de Algodoal, os moradores de Fortalezinha, passaram a sentir a necessidade de refletir a forma como se dava a relação turistas *versus* comunidades *versus* recursos naturais. Os questionamentos emergiam com maior incidência por ocasião dos períodos posteriores a alta temporada, quando eram visualizadas as "marcas" da presença de um turismo desordenado, excludente e predatório. Tal cenário se constituía uma ameaça já presente em Algodoal, mas indesejada em Fortalezinha.

Neste contexto, surge o Grupo Ambiental de Fortalezinha – GAF, fundado em 18 de fevereiro de 1997, por um grupo de jovens, pescadores, e filhos de pescadores artesanais da vila de Fortalezinha, com a participação voluntária de Graça Santana, que desde 1985, realiza trabalhos voluntários nesta comunidade e hoje é orientadora das atividades educativas do Grupo, que vem tentando buscar alternativas para sanar os problemas oriundos dos impactos antrópicos do turismo já presentes na comunidade.

O GAF tem como área piloto de atuação a Vila de Fortalezinha, apesar de ter seu trabalho reconhecido nas demais vilas e povoados adjacentes. Hoje tem como coordenadores Manoel de Oliveira Teixeira e Ivan Teixeira (pescadores), responsáveis pela organização e execução dos trabalhos no âmbito da comunidade. O grupo conta com dez membros efetivos na atual diretoria, sendo quatro deles residentes em Belém (capital do estado), que se reúnem mensalmente para definição de cronograma de atividades. Integram o grupo, os "amigos do GAF", geralmente pessoas que visitam a ilha e passam a conhecer o trabalho do grupo, além dos moradores locais que participam diretamente das atividades.

Em função da falta de recursos, o GAF até o momento não é legalizado juridicamente, nem tem uma sede própria para suas atividades que acontecem em alguns espaços alternativos como: escola, barracão comunitário e nos espaços dos pequenos comércios existentes ou ainda, em alguns quintais da comunidade. Em 2000, o grupo recebeu por doação em termo de comodato um terreno por parte de um morador local, para edificar a sua sede. A mesma está sendo construída a partir de donativos e recursos disponíveis na comunidade. Isto evidencia a credibilidade no trabalho que vem sendo realizado ao longo de seis anos.

A filosofia, os objetivos e a execução de atividades estão definidos e delineados a partir de um Projeto voltado para a vertente da educação ambiental, que serve de base para a realização de eventos que visam principalmente, a melhoria da qualidade de vida das famílias de pescadores, a interação destas, com os veranistas ou turistas que freqüentam a vila, a criação de alternativas de renda a partir do turismo bem como a prática de um turismo sustentável (Swarbrooke, 1999) que garanta a construção de uma nova prática de uso e valorização dos recursos naturais.

A prática do grupo está sedimentada em uma perspectiva participativa, na medida em que são criados fóruns de discussão para a programação das atividades a serem desenvolvidas. Suas atividades são organizadas e realizadas a partir da escolha de temas gerais voltados para as questões socioambientais, que são discutidos em grupo, com a participação de membros da comunidade. Este voluntariado tem sido um dos canais alternativos encontrado pelo grupo para execução das atividades. Os *gafianos** formaram assim uma rede de parceiros institucionais e particulares tanto na comunidade como fora desta – Museu Paraense Emílio Goeldi (Projeto RENAS**) Logos Vestibulares, artesões, artistas plásticos, e profissionais liberais que vêm acreditando e apoiando as atividades do grupo. Uma das metodologias de ação do grupo é solicitar aos pesquisadores, pessoas simpatizantes da causa ou os próprios nativos que ministrem cursos, oficinas e palestras à comunidade por ocasião de suas passagens pela vila, estabelecendo assim um canal de reciprocidade entre esferas distintas, mas complementares do saber.

Nesta perspectiva, o Grupo vem perseguindo um objetivo maior, que é o de formar uma base de competência local, visando à organização interna da comunidade no sentido de garantirem e conduzirem de forma efetiva e permanente a participação local no elaboração de políticas públicas, entre elas o turismo, voltadas para a comunidade. Essa iniciativa de educação alternativa e interativa tenta mesclar o saber local com a prática acadêmica, em busca de um objetivo coletivo, qual seja, a ação efetiva e comprometida do uso dos recursos naturais na busca de uma inclusão social, que permita uma dialética constante entre o nativo e o outro.

O Turismo, neste sentido constitui-se no principal veículo desencadeador da filosofia de ação do GAF, que tem como principais atividades já realizadas na comunidade e pela comunidade em outros locais. A Semana do Meio Ambiente (realizada anualmente com palestras, exposições e oficinas paralelas), Oficina de Lixeiras (realizadas anualmente a partir de materiais disponíveis na comunidade) que são colocadas em pontos estratégicos da vila; Cursos, Palestras; Exposições; Minicursos, Regatas, Campanhas de Lixo, Oficinas de reciclagens, confecção e vendas de artesanatos e outras atividades relacionadas à prática do turismo, tais como Rally Ecológico, trilhas, excursões, passeios de barcos e outros, conforme as Figuras 55.2 a 55.5.

Outra forma de atuação do GAF está relacionada com a capacitação dos próprios integrantes do grupo. Através das parcerias, ou de buscas individuais os integrantes do grupo participam de fóruns, reuniões, feiras de ciências, e cursos, realizados na capital e/ou em outros municípios, tais

---

* Termo como os integrantes do grupo se autodenominam.

** Projeto Recursos Naturais e Antropologia das Populações Marítimas, Ribeirinhas e Estuarinas – organização social, desenvolvimento e sustentabilidade em comunidades pesqueiras na Amazônia-RENAS, financiado pelo MCT/MPEG e IRDC/CRDI-Canada.

Figura 55.2 – Distribuição das lixeiras confeccionadas pela equipe do GAF. Fonte: Santana, 2001.

Figura 55.3 – Campanha do lixo. Fonte: Santana, 2001.

Figura 55.4 – Reunião do GAF. Fonte: Santana, 2001.

Figura 55.5 – Oficina de reciclagem de papel e fabricação de artesanato. Fonte: Santana, 2001.

curso de alimentação alternativa, apicultura, organização social e outros. Estes espaços se constituem em um importante canal de visibilidade do grupo que paulatinamente vem se consolidando e repassando suas experiências para outras áreas.

Entre as dificuldades com as quais o grupo se defronta, esta a questão da falta de recursos. Atualmente está sendo discutida a questão do estatuto do grupo a fim de, em um futuro próximo, transformar-se em uma organização juridicamente reconhecida. Associada a falta de recursos financeiros, está a problemática de fixação dos membros (pescadores e filhos) no grupo, haja vista a busca de alternativas mais imediatas de educação e melhoria da qualidade de vida, uma vez que na Ilha somente o ensino fundamental formal (até a 4ª série) está presente. Esse êxodo dos jovens constitui-se também uma preocupação do grupo, por serem os principais disseminadores das atividades do grupo.

Os caminhos do GAF ainda estão sendo trilhados em busca de um futuro comum, ou seja, da prática de um turismo sustentável e que se reverta de fato em um canal de melhoria da qualidade de vida local. Não apenas ser mais um instrumento de uso e manipulação do interesse de segmentos da sociedade civil, utilizados pelo Mercado e pelo governo pra promover seus próprios interesses (Falconer, 1999). O GAF, neste sentido emerge como uma das novas formas de participação cidadã, permeado pela vertente da ajuda mútua e da solidariedade, caminhando em direção da tentativa de suprir funções e/ou papeis que o poder público local não dá conta ou não quer assumir.

Consiste em um processo dinâmico e multidirecional, na medida em que a construção do espaço público (cotidiano local), a partir do turismo, se dá de forma participativa, onde pescador, além de cidadão é ator diretamente envolvido no processo. Fazer com que turistas e nativos atuem de forma socialmente responsável é a meta do GAF, na realidade tal intento seria muito mais exeqüível, se houvesse uma participação efetiva do Estado no apoio de suas atividades, entretanto infelizmente iniciativas como estas são relegadas a uma segunda instância, e muitas vezes consideradas ingênuas e superficiais.

É um começo, é um caminho que se traça a cada dia na busca de um terreno mais firme, de uma consolidação mais consistente a partir de uma vivência empírica forte e milenar que permite identificar as fragilidades e especificidades locais. O GAF vem assim atuando com um compromisso explícito com a participação, sem o poder coercitivo, e com a vivência de valores diferenciados. Torna-se necessário que exemplos como este de organização social espontânea, encontre canais de expressão, de visibilidade de sua existência e ação em busca da sustentabilidade integradora.

Notas Conclusivas

As políticas ambientais no Brasil vêm coexistindo em diferentes períodos, com concepções distintas. Nas últimas décadas de 80 e 90 caracterizaram-se por uma visão preservacionista e voltadas para a proteção dos ecossistemas naturais, se efetivando através da alienação da participação da população no processo de tomada de decisões. A política de UC alterou consideravelmente um grande número de tradições apropriação comunal dos recursos naturais, nas comunidades de pescadores tal processo se efetiva, associado à atividade do turismo quem vem de forma intensa impactando tais áreas.

Este quadro vem se construindo das mais diversas formas, e hoje já apresenta frutos de tentativas de inserção da participação local por parte do Estado neste processo, uma vez que as populações tradicionais buscam cada vez mais ter acesso na tomada de decisões que envolvam a promoção de seus interesses. Frente ao constante dinamismo natural e antrópicos do nordeste paraense (Santana, 2001), as populações humanas a exemplo do GAF, passaram a desenvolver várias estratégias de vida e de trabalho, que demonstra o grau de maturidade política, impulsionado por um desejo de querer participar de um projeto político que lhes garantam melhores condições de trabalho e qualidade de vida.

O turismo, neste caso, tornou-se a premissa básica de impulso dessa organização, vindo a se constituir de fato em um canal de acesso a melhoria da qualidade de vida local, a partir de um turismo de base local, que leva em consideração, o modo de vida dos moradores de Fortalezinha, sua cultura e o meio onde ela se desenvolve. Desta forma a prática do turismo local, possibilitará a participação da comunidade local em qualquer processo decisório, priorizando principalmente a voz e a intervenção da sociedade organizada e articulada que aspira e busca seu lugar efetivo na gestão de um turismo democrático e sustentável. O GAF, já lançou a semente através da "cultura da participação", desta forma lança-se na busca de mecanismos que proporcionem as condições mínimas básicas de conquista de seu espaço na participação comum em instâncias diversas relacionadas à condução de sua história, pois é na mobilização do potencial endógeno, que se tornará possível uma inserção mais favorável nos processos globais.

Referências Bibliográficas

1. ALMEIDA, A.W.B. O intransitivo da transição. O Estado, os conflitos agrários e a violência na Amazônia. In: LENÁ, P.; OLIVEIRA, A.E. (orgs). *Amazônia, a fronteira agrícola 20 anos depois.* Belém: MPEG,1991. P. 259-290.
2. BECKER, B. Gestão do território e territorialidade na Amazônia. In: LENÁ, P.; OLIVEIRA, A.E. (orgs). *Amazônia, a fronteira agrícola 20 anos depois*. Belém: MPEG,1991.
3. CORBIN, A. *O Território do vazio: a praia e o imaginário ocidental.* São Paulo: Companhia das letras, 1989.
4. D'INCAO, M.A. Limites culturais na responsabilidade da biodiversidade. In: SILVEIRA, I.M.; D'INCAO, M.A. (orgs.) *A Amazônia e a crise da modernização.* Belém: MPEG, 1994.
5. DIEGUES, A.C. *O mito moderno da natureza intocada*. São Paulo: NUPAUB/USP,1994.
6. ERICKSON, P. *A environmental impacts assessment*. California: Academic Press, 1994.
7. FALCONER, A.P. *A promessa do terceiro setor – um estudo sobre a construção do papel das organizações sem fins lucrativos e do seu campo de gestão.* São Paulo: USP, 1999. Mimeo. 22p.
8. FURTADO, L.G. *Curralistas e redeiros de Marudá: pescadores do litoral do Pará*. Belém: MPEG, 1987. 365p.
9. Comunidades tradicionais: sobrevivência e preservação ambiental. In: SILVEIRA, I. M.; D'INCAO, M.A. (orgs.) *A Amazônia e a crise da modernização.* Belém: MPEG, 1994. P. 67-74.
10. Problemas ambientais e pesca tradicional na qualidade de vida na Amazônia. In: FURTADO, L.G. (org.) *Amazônia, desenvolvimento e sócio-diversidade e qualidade de vida.* Belém: UFPa/NUMA, 1997. P. 146-165.
11. HEBETE, J. Grandes projetos e transformações na fronteira. *Espaço e Debates*. V. 5, n° 15, 1995. P. 75-85.
12. McGRATH, D. et al. Manejo comunitário da pesca nos lagos de várzea do baixo Amazonas. In: FURTADO, L.G.; LEITÃO, W.; MELLO, A.F. (orgs). *Povos da águas: realidade e perspectivas na Amazônia*. Belém: MPEG (Coleção Eduardo Galvão). P. 213-229
13. McNEELY, J. A. Introduction: Protected areas are adapting to new realities. In: McNelly, J. A. & MILLER, K.R. (orgs). *National Parks, Conservation and Developmente.* Washington D. C., Smithsonian Institution. Press, 1984. P. 1-7.

14. POSEY. D.A. Será que a comunidade verde vai salvar a Amazônia e seus habitantes? In: SILVEIRA, I.M.; D'INCAO, M.A. (orgs.). *A Amazônia e a crise da modernização.* Belém: MPEG, 1994. P. 345-360.
15. QUARESMA, H.D.A.B. O desencanto da princesa: pescadores tradicionais e turismo na Área de Proteção Ambiental de Algodoal/Maiandeua. Núcleo de Altos Estudos Amazônicos/UFPa. 2000. *Dissertação de Mestrado.* 231p.
16. SACHS, I. *Ecodesenvolvimento: crescer sem destruir.* São Paulo: Vértice, 1986.
17. SANTANA, G. Formas organizativas e estratégias de vida no litoral paraense. In: PROST, M.T.; MENDES, A. C. (orgs). *Ecossistemas costeiros: impactos e gestão ambiental.* MPEG: Belém: 2001. P. 169-176.
18. SIMONIAN, L.T.L. Hidrelétrica de Samuel (RO) e populações tradicionais: deslocamentos compulsórios e outras questões. In: MAGALHÃES et al. (orgs). *Energia na Amazônia.* V. 1. Belém: MPEG/UFPa/UNAMAZ, 1996. P. 571-589.
19. Políticas públicas, desenvolvimento sustentável e recursos naturais em áreas de reserva na Amazônia. In: COELHO, M.C.N.; SIMONIAN, L.; FENZL, N. (orgs). *Estado e Políticas Públicas na Amazônia.* Belém: CEJUP, 2000. P. 9-53.
20. Parques nacionais e indígenas na Amazônia ocidental: imposições, destruição e resistência. Belém: Working Paper. 1998.
21. SWARBROKE, J. *Turismo sustentável: conceitos e impacto ambiental.* Vol 1. São Paulo: Alephi, 2000.
22. WAGLEY, C. *Uma comunidade amazônica: estudo do homem nos trópicos.* São Paulo: Nacional, 1957. (Biblioteca Pedagógica Brasileira).

Capítulo 56

Ecoturismo em Unidades de Conservação: da Exclusão à Inclusão Social

Luiz Carlos de Menezes

Introdução

O ecoturismo vem sendo apontado como indutor de uma nova percepção na relação homem-natureza, ao possibilitar a internalização da dimensão ambiental e valorização da pluralidade de culturas. Agindo na contramão do paradigma econômico racional, o ecoturismo passou a ser reconhecido como uma atividade "ideal" para essas unidades e seu entorno, por ter, dentre seus pressupostos, o fomento a visitação ordenada e controlada, à conservação e a valorização dos recursos naturais e culturais, a (re) educação ambiental dos visitantes e da população local, a possibilidade de aproveitamento das receitas advindas dessa atividade para a gestão das UC, a geração de renda e a melhoria da qualidade de vida para as comunidades locais. Assim, o presente trabalho objetivou analisar o ecoturismo como um instrumento de inclusão social das populações locais e do entorno das UC, utilizando como recurso metodológico a pesquisa exploratória em fontes bibliográficas e documentais pertinentes.

Unidades de Conservação *versus* (Ir) Responsabilidade Social

As áreas naturais protegidas refletem a relação homem-natureza ocidental, que reviveu, de um lado, o mito dos paraísos intocados, à semelhança do éden e, do outro, o conservacionismo reativo do século XIX, que atribuía ao mundo natural todas as virtudes e, à sociedade, todos os vícios, em oposição ao racionalismo econômico que buscava o domínio da natureza e combatia o retorno do homem ao mundo selvagem (Diegues, 1996).

A revolução industrial provocou mudanças econômicas, sociais e culturais, através da apropriação dos meios de produção pelo capital, da divisão do trabalho, do deslocamento em massa do homem do campo, promovendo um crescimento rápido e desordenado das cidades, desenvolvendo uma paisagem urbana industrial monótona, agressiva, poluída, motivos pelos quais se tornou um imperativo a fuga do cotidiano das cidades.

Durante os séculos XVIII e XIX, no contexto do racionalismo dominante, ocorreram movimentos culturais que questionavam e se opunham às novas relações sociais e ambientais, dentre eles o romantismo, que sinalizou, sobretudo, a insatisfação com relação à nova ordem econômica transformadora/destruidora da natureza e exploradora da mão-de-obra recém-transformada de campesino em proletária.

Esses e outros movimentos resgataram para o imaginário do cidadão recém-urbanizado o ideal de liberdade porventura existente no passado, segundo o qual as atividades do dia a dia se realizavam no campo e/ou em casa, seguindo o ritmo da natureza e do cosmos (do sol, da lua, das estrelas, das estações do ano) e dos ciclos biológicos naturais. Inexistia a separação entre o tempo de trabalho e o tempo livre, sendo, este, realizado de forma espontânea, geralmente em contato direto com as paisagens naturais (Gonçalves, 1996).

Nesse sentido, o movimento romântico valorizou a paisagem natural através dos artistas, dos naturalistas, dos viajantes pitorescos que retrataram o cenário natural, originando uma atitude de contemplação da natureza selvagem como lugar de reflexão, de isolamento espiritual, de descoberta da alma humana, da beleza, do sublime, do imaginário do paraíso perdido.

O saudosismo de tempos passados mais harmoniosos, que a nova sociedade rejeitara, foi incorporando uma consciência profunda da possibilidade de uma vida mais simples, menos materialista e com a necessária valorização da natureza, segundo Short (1991) citado por Fennel (2002, p.

81), com as seguintes premissas: "(1) os espaços intocados tinham um enorme significado; (2) esses espaços tinham uma pureza que o contato humano degradava; (3) as áreas selvagens eram lugares de profundo significado espiritual; e (4) a conquista da natureza era uma perda de graça".

No contexto dessa matriz, os Estados Unidos iniciaram um programa de implantação de áreas protegidas, com a criação do primeiro parque nacional do mundo (Yellostone, 1872), cujos pressupostos repousaram na idéia de conciliar a preservação do mundo selvagem com o lazer e a contemplação necessários a amenização do *stress* da sociedade urbana industrial.

O modelo de conservação americano se disseminou pelo mundo, levando consigo seus reflexos negativos, como os problemas gerados para as populações nativas que, com o seu acervo de símbolos, mitos e experiências alternativas de convivência secular com a natureza, eram expulsas do seu lugar, gerando conflitos socioculturais, existentes até os dias de hoje.

Nesse sentido, os territórios protegidos e preservados caracterizam-se como áreas de exclusão social, e fazem aflorar a contradição do processo de apropriação e expropriação do patrimônio cultural das populações desalojadas.

Inicialmente, o foco de criação das áreas protegidas era o valor estético da paisagem natural. Somente com a percepção do agravamento da degradação ambiental e da destruição de vários ecossistemas em todo o mundo a partir da segunda metade do século XX, passou-se a considerar a preservação da biodiversidade e, a partir das três últimas décadas, intensificaram-se os questionamentos sobre a exclusão das populações.

No Brasil, a política e as práticas sobre a proteção/preservação da natureza sempre caminharam em lados opostos. Desde o "descobrimento" do país, que representou para os europeus o reencontro do paraíso perdido, institucionalizou-se uma louvação exacerbada às riquezas e as belezas naturais e culturais em contraditoriamente à degradação ambiental e cultural.

Logo ao desembarcar, a derrubada da primeira árvore pelos portugueses para a confecção da cruz para celebração da primeira missa (de "misericórdia") do Brasil, tornou-se o marco inicial da *via crusi*" da natureza, instalando-se, a partir de então, o "holocausto" para com a natureza e para com os nativos.

Para os chamados povos "primitivos" ou "selvagens", tudo lhes fora subtraído pelos colonizadores: a cultura, os costumes, a identidade, a linguagem, a história, a terra, até a própria vida, iniciando, dessa forma, um cenário de exclusão social que perdura até hoje.

A herança portuguesa de exploração/degradação/destruição dos recursos naturais e culturais cristalizou-se na sociedade brasileira, fundamentada, dentre outros aspectos, nas motivações e objetivos dos colonizadores que para cá vieram, grande parte deles excluída da sociedade européia, trazendo consigo os vícios rejeitados nas suas origens.

Ao buscarem o enriquecimento rápido para retornarem a Portugal com novo *status* social, esses colonizadores, em sua maioria, não criavam raízes locais, ou seja, não desenvolviam um sentimento de identidade, de pertencimento ao lugar, o que, se observado, poderia resultar em um maior cuidado com a natureza, com o lugar. Ao contrário, disseminou-se a destruição de vários ecossistemas, levando o país, no século XX, a importar o já referido modelo de conservação americano.

É Importante ressaltar que, em 1876, o engenheiro André Rebouças já sinalizava para a emergência da criação de áreas protegidas no Brasil, publicando um artigo chamado “Parque Nacional”. Inspirado no modelo americano, ele distinguia dois pontos do território nacional que deveriam ser merecedores de proteção com os seguintes argumentos:

> *"O que é bem certo; o que fica acima de toda a discussão é que a geração atual não pode fazer melhor doação às gerações vindouras do que reservar intactas, livres de ferro e fogo, as duas mais bellas ilhas do Araguaya e do Paraná.*
>
> *Daqui há centenas de anos poderão, nossos descendentes ir ver dous espécimens do Brazil, tal qual Deus os criou; encontrar reunidos, no Norte e no Sul, os mais bellos espécimens de uma fauna variadíssima, e, principalmente, de uma flora que não tem rival no mundo!*
>
> *Tal é a nossa inspiração, escrevendo essas linhas."*
>
> *Rio de Janeiro, em dois de abril de 1876 (apud Urban, 1998, p. 82).*

Somente na década de 1930 e, como assinalado nos moldes do modelo americano, foram criados os primeiros parques nacionais do País: Itatiaia (1937), Serra dos Órgãos e Iguaçu (1939), logicamente com os impactos socioculturais negativos ampliados pela maior quantidade de populações de culturas tradicionais no Brasil, além da maior complexidade e maior biodiversidade dos ecossistemas de florestas tropicais.

Todavia, é a partir dos anos de 1970 que a criação de UC no país teve grande impulso, em conseqüência da institucionalização na esfera federal da Secretaria do Meio Ambiente (1973), um ano após a Reunião das Nações Unidas para os Direitos Humanos e Meio Ambiente, realizada em Estocolmo.

Entretanto, Diegues (1993) assinala que no processo de criação dessas áreas, a ignorância em relação às populações tradicionais (indígenas, ribeirinhos, extrativistas, pescadores dentre outros) perpetuou-se, ao não se considerar o modo de vida, de relação e de conhecimento dos ciclos ecológicos naturais dessas populações, desqualificando o significado de pertencimento, de identidade, de simbologia, dos mitos, da linguagem própria para referenciar a natureza.

As críticas impostas a esse modelo de conservação intensificaram-se com o surgimento de movimentos de caráter socioambientais originados e/ou ligados às populações e minorias excluídas, com a percepção pelos mesmos de que a permanência das populações tradicionais em seus *habitats* naturais poderia favorecer a conservação, pois, o fato da exclusão destas populações vem causando estragos socioculturais e ambientais, devido aos conflitos gerados e à falta de alternativas para a sobrevivência das mesmas.

Esses movimentos trouxeram uma nova visibilidade à relação conflituosa sociedade e natureza, por entenderem que o respeito à diversidade cultural é a base para a manutenção da diversidade biológica, e que se torna fundamental a participação democrática na gestão dos espaços territoriais.

Para Lima (1989), essa concepção é uma questão de ética e de direitos humanos nos seguintes termos:

> *"Há que se inventar formas de conferir direitos e cidadania a essas diferentes concepções de organização social, por tanto tempo oculta aos olhos do poder. Mas há também, ao fazer isso, de respeitar-lhes as regras internas, não as submetendo, necessariamente, a um olhar controlador. Instituí-las como sujeitos explícitos do processo político sem reduzi-lo ao mesmo, eis o desafio que a ordem jurídica deverá superar para tornar-se reflexo de uma sociedade solidária e fundada na tolerância do outro, pronta a aprender com ele e a olhar-se nele" (apud Diegues, 1996, p. 69).*

Dessa forma, representando importantes avanços na gestão dos espaços territoriais protegidos no que diz respeito à inclusão social das populações penalizadas com o processo de implantação das UC, a nova Lei que instituiu o Sistema Nacional de Unidades de Conservação – SNUC (Lei nº 9.985, de 18/07/2000), prevê o imprescindível envolvimento e participação das populações tradicionais no processo de criação, implantação e gestão das UC, como também a possibilidade da prática do ecoturismo.

Ecoturismo, Unidades de Conservação e Inclusão Social

A herança filosófica do ecoturismo remonta, dentre outros aspectos, às concepções das viagens trazidas pelo movimento romântico nos séculos

XVIII e XIX, e a criação das primeiras áreas protegidas na segunda metade do século XIX, com o surgimento do movimento conservacionista.

Para o romântico, a viagem assumia a metáfora da liberdade, ou seja, a conquista fora do espaço de domínio familiar do indivíduo, adquirindo assim a legítima extensão da liberdade, através da busca do exótico, do inusitado, do desconhecido, do inesperado, do se deixar ver, tocar, do experimentar e vivenciar a descoberta do 'outro', da exaltação estética, poética, ética e espiritual da natureza, como uma experiência existencial e de autoconhecimento (Ferrara, 1999).

Para Ceballos-Lascurain (1999), os pioneiros do ecoturismo foram os viajantes naturalistas (Humboldt, Darwin, Bates, Lineu dentre outros), enquanto no entender de Western (1999), os visitantes dos primeiros parques criados no final século XIX podem ser considerados os precursores do ecoturismo. Assim, nesses entendimentos, encontram-se as raízes do ecoturismo, ou seja, as viagens à natureza conservada.

Entretanto, a origem do ecoturismo como uma atividade socioeconômica é bastante recente, em que começava a emergir o movimento ambientalista e, pós Rio-92 é cunhado como tipologia do turismo e incorpora à atividade desenvolvimento local com conservação da natureza.

No contexto desses movimentos de protesto (ativistas, pacifistas, *hippies*, anti-racismo, agitações estudantis na Europa e Estados Unidos), cujas críticas convergiam à vida quotidiana opulenta, consumista, homogeneizadora e destruidora de culturas e da natureza, enfim, questionavam e defendiam o fim da modernidade, surgiu um novo grupo de turistas, inicialmente chamados de turistas alternativos, que dentre outras coisas, buscaram conhecimento e experiência junto à natureza e junto a outras culturas.

Sobre essa nova modalidade de turistas, Krippendorf (1989, p. 77) assinala que:

> *"(...) o imperativo essencial dos turistas alternativos é o de se dissociar do turismo de massa. Agir diferente de outras pessoas, ficar fora das veredas batidas pelo turismo. Se possível, ir a lugares inexplorados até então. Ou fazer algo fora do comum, onde se viva uma aventura fora da civilização. Querem ter mais contatos com os nativos, renunciar à maioria das infra-estruturas, alojar-se de acordo com os hábitos locais e utilizar os meios de transporte públicos do país. Procuram se informar antes e durante a viagem, que empreendem sozinhos ou em pequenos grupos."*

Esse novo 'conceito' de viagem recebeu várias designações: turismo de natureza, turismo de aventura, turismo suave, turismo responsável, turismo participativo, turismo rural, turismo ecológico e a designação atualmente mais disseminada, ecoturismo, que passou a receber várias definições.

De acordo com Western (1999, p. 17), "ecoturismo é provocar e satisfazer o desejo que temos de estar em contato com a natureza, é explorar o potencial turístico visando à conservação e ao desenvolvimento, é evitar o impacto negativo sobre a ecologia, a cultura e a estética".

Já para o *The Ecoturism Society*, "ecoturismo é uma viagem responsável a áreas naturais, visando preservar o meio ambiente e promover o bem-estar da população local" (Western, 1999).

Wallace Pierce (1996), reafirma a preocupação do ecoturismo com o "social". Para o referido autor, ecoturismo é:

> *"A viagem a áreas naturais relativamente intocadas, para o estudo, o divertimento, ou a assistência voluntária. É a viagem em que há preocupação com a flora, a fauna, a geologia e os ecossistemas de uma área, assim como com as pessoas (guardiãs) que vivem com nas vizinhanças, suas necessidades, sua cultura, seu relacionamento com a terra. O ecoturismo encara as áreas naturais como a "casa de todos nós" num sentido global ("eco" significa "casa"), mas também especificamente a "casa dos habitantes das vizinhanças". Ele é visto como uma ferramenta para a conservação e o desenvolvimento sustentável – especificamente nas áreas onde a população local é solicitada a abrir mão do uso predatório dos recursos naturais em favor de outros tipos de uso" (apud Fennel, 2002, p. 49).*

O conceito de ecoturismo da Embratur/Ibama (1994), contempla também a experiência educacional interpretativa, a educação ambiental, sendo considerado, portanto, um dos conceitos mais completos, a seguir: "Um segmento da atividade turística que utiliza, de forma sustentável, o patrimônio natural e cultural, incentiva sua conservação e busca a formação de uma consciência ambientalista através da interpretação do ambiente, promovendo o bem-estar das populações envolvidas".

O ecoturismo foi bem aceito pelo ambientalismo, por trazer no seu escopo o ideário da ética conservacionista, associando noções de ecologia ao turismo, passando, dessa forma, a haver muitos pontos de convergência entre os objetivos conservacionistas e o ecoturismo, dentre eles, o uso sustentável de áreas protegidas e do seu entorno, a educação ambiental dos turistas e da comunidade local, auxílio na administração dessas áreas dentre outros (Wearing e Neil, 2000).

Nesse sentido, o ecoturismo passou a ser indicado como uma atividade modelo para o desenvolvimento sustentável de determinadas regiões de países subdesenvolvidos, a princípio, por parte de organizações conservacionistas com atuação mundial, que começaram a desenvolver projetos de ecoturismo visando conciliar desenvolvimento com preservação em áreas naturais, considerando as questões socioambientais relativas às populações do interior e do entorno dessas áreas, buscando inseri-las no processo de desenvolvimento local.

Diante da emergência em se conciliar desenvolvimento com preservação especialmente nos países subdesenvolvidos, localizados em sua maioria em zonas de florestas tropicais, ainda com uma grande diversidade de ecossistemas, o ecoturismo passou a fazer parte dos programas de governo de muitos desses países, como uma alternativa ao desenvolvimento econômico tradicional, cuja exploração e extração predatória dos recursos naturais tem deixado um rastro de degradação e de destruição de vários ecossistemas.

Com relação ao Brasil, no que concerne aos aspectos legais, institucionais e éticos, respectivamente a nova Lei SNUC que incentiva a prática do ecoturismo como uma ponte para a inclusão social das comunidades afetadas pelas UC, as Diretrizes para uma Política Nacional de Ecoturismo no Brasil (Embratur/Ibama, 1994) que busca integrar e sistematizar essa atividade às UC e os princípios éticos do ecoturismo propostos por Kinker (2002) que será analisado mais adiante, qualificam o país como possuidor de um instrumental teórico excelente.

Porém, à aplicação prática desse instrumental conduz a uma trilha enorme e com muitos obstáculos a se percorrer, para que se possa atingir resultados efetivos satisfatórios.

Durante as últimas décadas, vários países adquiriram experiência significativa na utilização do ecoturismo em áreas protegidas, apresentando resultados positivos para as comunidades locais, dentre eles o México, Belize, Costa Rica, República Dominicana e Equador. Como exemplo, na comunidade do entorno do Parque Nacional de Tortugo na Costa Rica, 70% das pessoas envolvidas com a atividade turística pertencem à comunidade local.

Nesse sentido, embora o turismo em muitos parques de países da América Latina não tenha uma representatividade para a economia nacional, "em nível local sua importância é amplamente reconhecida como gerador de benefícios sociais para as comunidades do entorno" (FAO/PNUMA *apud* Kinker, 2002, p. 87).

Discorrendo sobre experiências desenvolvidas em parques nacionais de alguns países da América Latina, África e Ásia, Kinker (2002) conclui que "(...) não é possível conservar e proteger os recursos naturais, especialmente nos países em desenvolvimento", excluindo do planejamento as necessidades de subsistência humana, ou melhor,

> *"(...) com uma perspectiva de longo prazo, deve-se encorajar a população local a participar, fazendo com que ela seja dirigente do seu próprio destino, mas esclarecendo-a e fornecendo ferramentas para que possa expressar seus sentimentos e problemas em fóruns abertos, suprindo suas deficiências técnicas com programas de capacitação, apresentando novas tecnologias para o manejo sustentável dos recursos. O principal motivo da ênfase da população local do desenvolvimento do ecoturismo em áreas protegidas é estruturá-lo para que atinja as necessidades da comunidade, aliviando (...) a pressão antrópica que ameaça essas áreas" (Kinker, 2002, p. 105).*

Assim, os impactos ambientais advindos da pressão antrópica em áreas naturais, em sua maioria pela necessidade de sobrevivência das populações locais, podem ser reduzidos pela atividade ecoturística, desde que haja um planejamento e gestão da atividade com o envolvimento e a participação dessas populações, de forma horizontalizada, levando em consideração as suas necessidades e os seus interesses endógenos.

Como já mostrado, o ecoturismo vem assumindo vários significados, dentre eles o reencontro com a natureza, vivências estéticas e espirituais, contato com um mundo simples, o experienciar de novas relações através do contato turista/nativo, sendo assim considerado indutor de uma nova ética ambiental e cultural, necessária à proteção da natureza e ao desenvolvimento com responsabilidade social.

Diante da diversidade de interpretações sobre a prática do ecoturismo, que varia de acordo com os interesses dos envolvidos nessa atividade (ambientalistas, governos, operadores de turismo, comunidade local e ecoturistas), Kinker (2002, p. 22) aponta para a necessidade de um componente normativo, ou seja, um conjunto de princípios ou código de ética para o ecoturismo, entendendo-se por ética as reflexões sobre os valores morais e os princípios universais da conduta humana inerentes a determinados grupos ou organismos sociais. Sua proposta é apresentada no Quadro 56.1.

Os princípios ou código de ética anteriormente descritos consistem nas bases para o compromisso de todos os envolvidos com o ecoturismo, visando minimizar ou evitar os impactos socioculturais e ambientais negativos e maximizar os positivos, como também no compromisso com a conservação do patrimônio natural e cultural e com o envolvimento da comunidade, ou seja, a inclusão social.

É importante salientar que a base ética e filosófica do ecoturismo, na contramão do modelo racional econômico, possibilita despertar no indivíduo uma nova percepção e uma mudança de atitude na relação homem-natureza, mas antes de tudo na relação homem-homem.

CONCLUSÕES

A criação de UC tem privilegiado, por um lado, a sociedade urbana através da conservação de áreas naturais para o lazer, a contemplação e a preservação da biodiversidade sob a ótica racional científica, o que seria a 'responsabilidade social' para com estas sociedades e, por outro lado, a exclusão social das populações locais, ao serem excluídas dessas áreas, desqualificando as relações de pertinência e de identidade, enfim, as relações de sobrevivência mais harmoniosa dessas populações com a natureza.

Com relação à inclusão social ser uma questão de ética e de direitos humanos, em especial para as populações das UC, é importante ressaltar que vem ocorrendo nos últimos anos a disseminação de vários conceitos e ações através de uma reformulação política, econômica, institucional, legal e social.

Dentre essas ações destacam-se: o resgate da capacidade política de decisão das comunidades; maior participação dos cidadãos nas decisões; ter voz ativa na defesa de uma causa e/ou de um grupo social; a cobrança da prestação de contas dos representantes da sociedade; maior capacidade de articulação dos atores sociais junto aos setores públicos e privados dentre outras.

Em síntese, a emergência dos novos conceitos de responsabilidade social, gestão social, planejamento, orçamento e gestão participativos, desenvolvimento com base local dentre outros viabilizam a reconstrução de um novo tecido social com mais justiça e equidade.

Os referidos conceitos, como também o ecoturismo, possuem um entendimento abrangente, podendo servir de justificativa para atender à diversidade de interesses sociais e econômicos nas relações, nos usos e nas práticas com a natureza.

Nesse sentido, o ecoturismo vem sendo utilizado como fachada para a exploração turística de diversas áreas, cuja forma de uso/exploração tem priorizado muitas vezes interesses econômicos exógenos em detrimento dos aspectos socioculturais e ambientais endógenos.

Daí a urgência em se implementar o uso de instrumentos institucionais, legais e éticos, no planejamento e na gestão da atividade ecoturística, para que se garanta a preservação de identidades e culturas, evitando-se assim, o uso de mecanismos e ações que 'podem', restrinjam, excluam, expropriem e apropriem as culturas locais e o patrimônio natural, ações essas que se tornam visíveis quando os olhares econômicos passam e enxergar o lucro rápido na exploração do ecoturismo.

Quadro 56.1 – Princípios do ecoturismo

- O atrativo principal é a natureza:
  - Quanto mais qualidade tiver a área natural visitada, ou seja, quanto mais conservada, maior será seu diferencial no mercado.
  - O aspecto cultural complementa a visita.
- Produz mínimo impacto no meio ambiente natural e cultural:
  - Não degrada o recurso. Concentra-se em valores intrínsecos (facilidades e serviços servem para facilitar o acesso ao recurso, mas não são atrativos por si só e não podem degradar ou descaracterizar o ambiente).
  - Depois de implantado, não pode ameaçar os programas de conservação das áreas protegidas, gerando uma pressão interna ainda maior do que a pressão externa em geral exercida sobre essas unidades.
- Em relação à infra-estrutura:
  - Utiliza arquitetura ambiental e culturalmente adequada.
  - Dá preferência ao uso de materiais reciclado/recicláveis e regionais da região.
  - Utiliza fontes de energia renováveis. Preocupa-se com a destinação do lixo e esgoto.
- Em relação à operação:
  - Utiliza análise de capacidade de carga e metodologia de planejamento e monitoramento da visitação, como o Limite Aceitável de Mudança (LAC), ou o monitoramento do Impacto da Visitação (VIM), no gerenciamento da atividade.
  - Controla/ajusta o número de turistas e/ou seu comportamento no ambiente visado, mesmo que intuitivamente (no caso de não ser possível utilizar o monitoramento para o controle do impacto do visitante em ambientes naturais).
  - Monitora constante/periodicamente o ambiente para adequação das variáveis.
  - Ordena o comportamento e/ou educa os turistas.
- Desperta e sensibiliza o turista e a comunidade local, a fim de formar uma consciência ambientalista:
  - Promove e incentiva uma nova ética e um novo comportamento do turista em relação ao ambiente visado.
  - Possibilita ao turista a vivencia em áreas naturais conservadas/preservadas e conduz a visita, com o objetivo de criar gradativamente uma consciência ambientalista, por meio da interpretação do ambiente.
  - Leva a comunidade receptora a valorizar seu local de moradia, a natureza que a cerca e sua própria cultura.
- Promove benefícios diretos e indiretos para a conservação das áreas visitadas:
  - Contribui financeiramente para a proteção/conservação do meio ambiente e manutenção e melhoria da infra-estrutura disponível, por meio de arrecadação de fundos, taxas de ingresso, taxas ambientais, etc.
- Promove benefícios econômicos e o fortalecimento das comunidades locais:
  - Deve ser a base para o turismo desenvolvido pela comunidade local.
  - Gera uma fonte alternativa de renda e outros benefícios materiais para as comunidades locais – dá suporte para o desenvolvimento econômico.

Quadro 56.1 – Princípios do ecoturismo *(Cont.)*

- Promove o consumo de bens de serviço de guia/empresários/proprietários locais.
- Incentiva a criação de cooperativas e novos empreendimentos locais.

• Promove/estimula o respeito pelas comunidades locais:

- Orienta o turista com informações que valorizam o local visitado (ecoturistas aceitam o ambiente como ele é e não esperam que seja modificado para sua conveniência).
- Promove o respeito à cultura local, orientando o turista sobre costumes crenças e normas sociais locais.
- Não se impõe em uma comunidade sem que seja convidado ou aceito por ela.

Fonte: Honey (1999) *apud* Kinker (2002, p. 23)

A procura por roteiros de turismo em áreas naturais tem crescido significativamente nos últimos anos, delegando-se ao ecoturismo a responsabilidade de minimizar os impactos socioculturais e ambientais negativos. No entanto, o ecoturismo é uma atividade socioeconômica recente, não havendo ainda a dimensão exata da efetividade da sua sustentabilidade relativa ao desenvolvimento com conservação da natureza e envolvimento das populações locais.

Para se pensar em sustentabilidade da atividade ecoturística, são necessários, do planejamento à gestão dessa atividade, o relacionamento, a integração, a parceria dos instrumentos legais, institucionais e éticos (propostos por Kinker) com a ética local (a história, a cultura, os saberes tradicionais), que é o referencial das populações locais nas suas relações sociais e com o meio ambiente. Enfim, o equilíbrio de interesses exógenos e endógenos.

Finalizando, o ecoturismo, ao estimular o contato com a natureza e com a pluralidade de culturas, pode se tornar uma trilha, um caminho, uma ponte de (re) ligação do homem com o cosmos e despertar as sensibilidades ética, estética e poética reprimidas durante os últimos quatro séculos, possibilitando a (re) descoberta do homem interior, ou seja, sua subjetividade, criatividade, intuição, sentimentos e emoções sublimes, as potencialidades e possibilidades de auto-realização infinitas, que transcendem os limites impostos pela racionalidade econômica e científica ocidental ao desenvolvimento integral humano.

Referências Bibliográficas

1. BRASIL. Lei nº 9.985 de 18 de julho de 2000. Institui o Sistema Nacional de Unidades de Conservação da Natureza – SNUC. Brasília, 2000.
2. CEBALLOS-LASCURÁIN, H. O ecoturismo como um fenômeno mundial. In: LINDBERG, K.; HAWKINS, D. E. (org.). *Ecoturismo: uma guia para planejamento e gestão*. 2. ed. São Paulo: SENAC, 1999.

3. DIEGUES, A. C. *O Mito Moderno da Natureza Intocada*. São Paulo: Hucitec, 1996.
4. EMBRATUR/IBAMA. *Diretrizes para uma Política Nacional de Ecoturismo*. Brasília, 1994.
5. FENNEL, A. D. *Ecoturismo*. São Paulo: Contexto, 2002.
6. FERRARA, L. Espaço, lugar e percepção: o turismo dos deslocamentos virtuais. In: YÁZIGI et al. (orgs.). *Turismo: espaço, paisagem e cultura*. São Paulo: Hucitec, 1999.
7. GONÇALVES, C. W. P. *Os (Des) Caminhos do Meio Ambiente*. 5. ed. São Paulo: Contexto, 1996.
8. KINKER, S. *Ecoturismo e Conservação da Natureza em Parques Nacionais*. Campinas: Papirus, 2002.
9. KRIPPENDORF, J. *Sociologia do Turismo: para uma nova compreensão do lazer e das viagens*. Rio de Janeiro: Civilização Brasileira, 1989.
10. SEABRA, G. F. *Ecos do Turismo: o turismo ecológico em áreas protegidas*. Campinas, SP: Papirus, 2001.
11. WEARING, S.; NEIL, J. *Ecoturismo: impactos, potencialidades e possibilidades*. Barueri: Manole, 2001.
12. WESTERN, D. Definindo o ecoturismo. In: LINDBERG, K.; HAWKINS, D. E. (orgs.). *Ecoturismo: uma guia para planejamento e gestão*. 2. ed. São Paulo: SENAC, 1999.

Capítulo 57

Um Olhar sobre a Espacialização do Ecoturismo no Semi-árido Nordestino e sua Contribuição para o Desenvolvimento Local

Solange Fernandes Soares Coutinho
Vanice Santiago Fragoso Selva

Sertão Nordestino no Contexto Semi-árido

O Nordeste brasileiro, área periférica da economia nacional, contém a quase totalidade dos ambientes semi-áridos brasileiros e, sob o ponto de vista natural, é a semi-aridez que o singulariza em relação às demais regiões do país. Segundo dados oficiais, a área dimensionada como Trópico Semi-árido – "Polígono das Secas" – é de 788.066km^2, equivalendo a 48% da área total da região. Nessa hinterlândia semi-árida, registra-se uma larga primazia de meses com deficiência hídrica – a insuficiência e a irregularidade temporal e espacial das precipitações, associadas à estrutura geológica e às fortes taxas de evaporação impedem o armazenamento de água no solo, ficando esta indisponível para as plantas – que junto à reduzida profundidade dos solos representam as principais restrições de uso das terras. Neste cenário verifica-se uma esporádica exploração do solo, bastante anárquica e sem nenhuma preocupação aparente com a repartição espacial das atividades em função da topografia, dos requisitos conservacionistas e da especialização. As queimadas indiscriminadas e os plantios de "morro abaixo" são práticas generalizadas que traduzem o pouco caso pela proteção dos recursos naturais, notadamente nos "brejos", que representam espaços úmidos no domínio semi-árido.

A forma de apropriação que aí se observa é, na verdade, uma transcrição do padrão regional e brasileiro da dicotomia invariante entre "posseiros", "sesmeiros", povoadores de fato e de direito, ocupantes e grileiros, produtores residentes e proprietários absenteístas, resultando numa estrutura fundiária em que apenas 24% da área total do semi-árido são apropriados pelos microagricultores (que se caracterizam precisamente por possuírem áreas e possibilidades inferiores às da propriedade familiar aceitável, ou módulo rural, de acordo com o Estatuto da Terra) e pequenos proprietários, os quais representam cerca de 49% da população segundo o acesso à terra e a condição de ocupação.

O alijamento da população sem terra, representando o "reverso da medalha" da concentração da propriedade da terra, leva a duas modalidades de acesso à exploração: os responsáveis pelos estabelecimentos agropecuários e os membros não-remunerados de suas famílias – proprietários, arrendatários, parceiros e ocupantes – e o pessoal subordinado compreendendo os empregados permanentes ou temporários, os parceiros submetidos à administração das suas atividades pelos proprietários das terras e remunerados com parte da produção obtida com seu trabalho (distintos dos parceiros autônomos computados na primeira modalidade) e o pessoal de outras condições, com regimes diferentes dos grupos anteriores, como agregados, moradores, etc.

Esse quadro, que caracteriza em linhas gerais o semi-árido, aponta para uma situação de acumulação de "patologias" ambientais, incluindo-se nelas as sociais e econômicas, as quais merecem ser consideradas nas políticas e programas econômicos em geral destinadas aos habitantes dessa região, pois só considerando estas especificidades é que se pode chegar ao atendimento das necessidades do pequeno produtor e do povo sertanejo como um todo.

Potencialidades para Ecoturismo no Sertão Nordestino

Antes de tratar-se diretamente das potencialidades do Ecoturismo, julga-se necessário algumas considerações sobre o seu conceito e dimensões.

Sendo assim, considera-se o Ecoturismo como um segmento do turismo que contribui para o desenvolvimento local, utilizando o patrimônio natural e histórico-cultural, incentivando sua conservação e promovendo o bem-estar das populações envolvidas. Possui uma dimensão ambiental no seu mais amplo sentido, envolvendo relações espaciais econômicas, naturais, culturais, sociais e históricas, conferindo-lhe uma significativa responsabilidade social que é também ambiental. Na sua essência conduz ao envolvimento das comunidades receptoras e apresenta requisitos básicos à sua realização, tais como: planejamento, local adequado à sua prática, conhecimento da capacidade de carga do ambiente e das interações entre os elementos do meio, guias especializados, infra-estrutura própria, segurança, monitoramento, interação com a população local, etc.

Necessário se faz a compreensão da dimensão ambiental do Ecoturismo por aqueles que planejam, promovem, participam e executam atividades turísticas, para que a responsabilidade socioambiental se faça presente. Assim sendo, os propósitos do Ecoturismo em relação ao seu comprometimento com as realidades locais (ecológica, social e econômica) não serão distorcidos e não propiciarão dúvidas quanto à confiabilidade da atividade, em alcançar objetivos à melhoria das condições de vida das populações receptoras e não se confundirão com objetivos que atendam apenas interesses particularizados.

Sob a ótica do paradigma do desenvolvimento, o Ecoturismo é o segmento do turismo que busca atender as reais necessidades dessa atividade em ambientes conservados, o qual vem ganhando espaço no âmbito do setor de serviços dos países centrais e periféricos.

Do ponto de vista acadêmico, o Ecoturismo aparece como uma atividade que oferece ao turista a possibilidade de

> *"(...) viajar para áreas naturais relativamente não perturbadas ou não contaminadas, com o objetivo de estudar, admirar e apreciar o cenário e suas plantas e animais silvestres, bem como qualquer manifestação cultural (tanto passada como presente) encontradas nestas áreas." (Cebalos-Lasciurain apud Maranhão, 1996, p.14).*

O órgão oficial brasileiro responsável pelo planejamento e coordenação do turismo, o Instituto Brasileiro de Turismo – Embratur –, nas suas estratégias de ação elaborou, em 1994, o documento "Diretrizes para uma Política Nacional do Ecoturismo" onde considera o Ecoturismo como

> *"... um segmento da atividade turística que utiliza, de forma sustentável, o patrimônio natural e cultural, incentiva sua conservação e busca a formação de uma consciência ambientalista através da interpretação do ambiente, promovendo o bem-estar das populações envolvidas" (p.19).*

Maranhão (1996), citando Norris (1992) argumenta que "*o turismo só pode ser entendido como Ecoturismo a partir do momento em que haja uma interação clara da proteção dos recursos naturais com a destinação de benefícios locais*" (p. 22). É assim procedente considerar o Ecoturismo como um tipo de turismo que objetiva um contato direto do turista com o ambiente em todas as sua dimensões – natural, econômica, social, histórica, cultural –, de modo que seja possibilitado a ele o conhecimento científico do ambiente e à área receptora o desenvolvimento local. Para tanto é necessário que no planejamento e na execução da atividade ocorra o estabelecimento de uma dinâmica entre os atores sociais e econômicos que produzem o lugar turístico.

Diante da crescente degradação ambiental, onde o turismo desordenado e predatório inclui-se como uma das causas, surgiu a proposta de uma nova forma de operacionalizar o turismo: o turismo sustentável.

É importante lembrar que no caso do turismo, a degradação ambiental derivada da atividade reflete-se na mesma, com graves efeitos negativos gerando diminuição da arrecadação e podendo chegar até a extinguir localmente a atividade. Desta forma, a proposta de um turismo com sustentabilidade representa uma tentativa de superação do modelo de desenvolvimento turístico dominante. Seus objetivos podem ser resumidos em dois principais pontos: buscar a integração do uso turístico com eficiência econômica à proteção do ambiente e à melhoria das condições de vida das comunidades locais; discutir e propor formas concretas de um turismo ecologicamente viável e socialmente justo, com base na realidade local e no planejamento participativo.

O planejamento do Ecoturismo com base na sustentabilidade deve considerar os setores envolvidos com a atividade: *trade*, organismos oficiais ligados ao turismo, o meio acadêmico, organizações não-governamentais, público turista; os interesses da população local, sua cultura e os recursos do lugar; e mais: articular diferentes instâncias e políticas do poder público local; garantir a participação da população do lugar nos benefícios socioeconômicos a partir das necessidades da mesma; promover a capacitação profissional; criar mecanismos locais para orientar e monitorar empresas e pessoas que exploram a atividade; oferecer infra-estrutura adequada; realizar pesquisa científica de confiabilidade sensibilizando e capacitando as pessoas direta ou indiretamente envolvidas na atividade; despertar a responsabilidade com o lugar nos mais diferentes atores envolvidos; estimular outras atividades relacionadas; desenvolver a visão a curto, médio e longo prazos sobre as conseqüências da atividade; formular e aplicar uma legislação adequada; elaborar e utilizar um código de ética com regulamentos e diretrizes operacionais voltado à realidade local; transmitir confiabilidade. São também necessidades básicas para o desenvolvimento da atividade estimular a criação e respeitar áreas de preservação obrigatória e criar e/ou fortalecer associações que visem o desenvolvimento e manutenção da atividade.

Desta forma, presumi-se que o Ecoturismo tem uma responsabilidade social e pode contribuir para a conservação do meio, cumprindo, inclusive, um dos seus principais objetivos e assim promover a ampliação de serviços básicos; revalorização de antigas tradições culturais; construção de uma consciência ecológica; delimitação de áreas de preservação; ampliação do conhecimento e da capacitação profissional; incentivo ao aproveitamento racional dos recursos naturais; valorização do patrimônio – desenvolvendo o sentimento de orgulho pelo lugar, o que conduz à autofiscalização em relação à atitudes que possam degradar o ambiente –; canalização de recursos financeiros e técnicos para manutenção e aprimoramento da atividade.

Considerando a proposta sugerida pela Embratur/MMA/IEB (2000) para a criação de Pólos de Desenvolvimento do Ecoturismo, que aponta como pólos as áreas definidas no território nacional com características naturais e culturais de relevante interesse para o Ecoturismo, cuja finalidade é o estabelecimento de espaços prioritários centrais e as relações com sua hinterlândia para o desenvolvimento da atividade, atenta-se para a necessidade de que planejadores, consultores, gestores públicos, empresários e pesquisadores envolvidos estejam sensíveis à função social do ecoturismo e à real compreensão do ambiente sertanejo com suas especificidades de semi-aridez, nelas identificando benefícios aos seus habitantes – convivência com o semi-árido – o que em muito contribuirá para neutralizar a secular visão de que as suas condições ambientais são somente obstáculos ao desenvolvimento, conferindo à região apenas políticas emergenciais a partir da instalação de períodos críticos.

Dos 47 Pólos de Desenvolvimento do Ecoturismo identificados na Região Nordeste (Quadro 57.1), 15 estão distribuídos no Semi-árido nordestino e poderão contribuir para ampliar a geração de renda de vários municípios e para a melhoria da qualidade de vida dos sertanejos.

As áreas que compreendem os Pólos e seus entornos apresentam hoje potencialidades múltiplas para a realização do turismo no meio rural, as quais servem de aportes para a revitalização e reorganização da economia local com a retomada de antigas atividades agrícolas associadas à promoção de cavalgadas, caminhadas, serviços de guias, comercialização de artesana-

Quadro 57.1 – Pólos de desenvolvimento do ecoturismo da região nordeste

- Maranhão:
  - *MA 1*: Pólo das Reaentrâncias Maranhenses.
  - *MA 2*: Pólo do Patrimônio Histórico-cultural.
  - *MA 3*: Pólo dos Lençóis Maranhenses.
  - *MA 4*: Pólo Delta do Parnaíba Maranhense.
  - *MA 5*: Pólo das Chapadas.
- Piauí:
  - *PI 1*: Pólo Parque Nacional da Serra da Capivara.
  - *PI 2*: Pólo Parque Nacional Sete Cidades.
  - *PI 3*: Pólo Delta do Parnaíba.
- Ceará:
  - *CE 1*: Pólo Vale Monumental do Ceará.
  - *CE 2*: Pólo Serra do Baturité.
  - *CE 3*: Pólo Camiri.
  - *CE 4*: Pólo Ibiapaba.
  - *CE 5*: Pólo Litoral Oeste Cearense.
  - *CE 6*: Pólo Litoral Leste Cearense.
- Rio Grande do Norte:
  - *RN 1*: Pólo Litoral Leste Potiguar.
  - *RN 2*: Pólo Litoral Norte Potiguar.
  - *RN 3*: Pólo Serras do Sul.
  - *RN 4*: Pólo Cabugi.
  - *RN 5*: Pólo Seridó.
  - *RN 6*: Pólo Serras de Sudeste.
- Paraíba:
  - *PB 1*: Pólo João Pessoa.
  - *PB 2*: Pólo Litoral Norte Paraibano.
  - *PB 3*: Pólo Serra da Borborema.
  - *PB 4*: Pólo Sertão Paraibano.
- Pernambuco:
  - *PE 1*: Pólo Fernando de Noronha.
  - *PE 2*: Pólo Litoral Norte Pernambucano.
  - *PE 3*: Pólo Litoral Sul Pernambucano.
  - *PE 4*: Pólo Buíque/Pesqueira/Venturosa.
  - *PE 5*: Pólo Bonito/São Benedito do Sul.
  - *PE 6*: Pólo Afogados da Ingazeira/Serra Talhada.
  - *PE 7*: Pólo Bacia do São Francisco.

Quadro 57.1 – Pólos de desenvolvimento do ecoturismo da região nordeste

- Alagoas:
  - *AL 1*: Pólo do Litoral Norte Alagoano.
  - *AL 2*: Pólo da Zona da Mata Alagoana.
  - *AL 3*: Pólo do Sertão Alagoano.
  - *AL 4*: Pólo do Baixo São Francisco.
- Sergipe:
  - *SE 1*: Pólo do Sertão Sergipano do São Francisco.
  - *SE 2*: Pólo de Propiá.
  - *SE 3*: Pólo de Cotinguiba.
  - *SE 4*: Pólo do Agreste de Itabaina.
  - *SE 5*: Pólo do Litoral Sul Sergipano.
- Bahia:
  - *BA 1*: Pólo Chapada Diamantina.
  - *BA 2*: Pólo Costa dos Coqueiros.
  - *BA 3*: Pólo Baía de Todos os Santos.
  - *BA 4*: Pólo Costa do Dendê.
  - *BA 5*: Pólo Costa do Cacau.
  - *BA 6*: Pólo Costa do Descobrimento.
  - *BA 7*: Pólo Costa das Baleias.

Fonte: BRASIL,Governo Federal/MMA/MET/IEB/Embratur, 2000.

tos, venda de comidas típicas, etc., e do uso da paisagem natural. Como aponta Cavaco (1996), as experiências européias de desenvolvimento local sugerem que se combinem

> *"propostas de valorização dos produtos agrícolas com planos de desenvolvimento do artesanato e de atividades ligadas ao turismo e à cultura tais como feiras e festas centradas em temas regionais e locais: produtos, trabalhos artesanais, tradições, jogos e cantares, comeres, sabores e cheiros" (p. 98).*

O desenvolvimento do turismo no meio rural pressupõe a reativação de antigas atividades, as quais podem ser incorporados ao comércio local, o que sugere um acréscimo de fontes alternativas de renda e a melhoria da qualidade de vida das famílias. Visto sob outro ângulo, a chegada do turista às áreas dos pólos turísticos vai fazer com que traços culturais locais sejam explorados, como: hábitos, costumes, culinárias típicas, danças, artesanato, antigas lendas, etc., requerendo o envolvimento das populações locais, assim como uma exploração do meio natural de forma conservacionista. Afirma Zimmerman (1998) que, para que se possa oferecer um produto que atenda ao perfil do consumidor do turismo rural, é necessário que se obedeça aos seguintes princípios: atendimento familiar e preservação das raízes, harmonia e sustentabilidade ambiental, autenticidade de identidade e qualidade do produto, além do envolvimento da comunidade local. Reforça o mesmo autor que "o associativismo regional para a atividade, serve como agente alavancador do desenvolvimento e crescimento do turismo rural" (p. 101), visto que unidades individuais pulverizadas dificultam o *marketing*.

Embora o potencial para o turismo no meio rural represente algo que tem sido percebido por proprietários, setores públicos e privados, ele demanda urgente um planejamento eficaz para que venha a se tornar, muito em breve, um atrativo com funções econômicas e sociais explícitas, promovendo a melhoria da qualidade de vida da população e assim o resgate da cidadania – direito ainda pouco respeitado e minimamente exigido pelas populações excluídas. Nesse sentido registram-se recentes tentativas de setores públicos e privados em conhecer detalhadamente esse potencial e assim fornecer subsídios à retomada do desenvolvimento de áreas economicamente degradadas e de conflitos sociais gerados principalmente pela concentração da terra.

Estratégias para Tornar o Ecoturismo Real Instrumento para o Desenvolvimento Local

Observa-se uma expectativa e uma euforia em relação aos rumos que o Ecoturismo vem apontando, com possibilidades de vários *links* num amplo conjunto de atividades no meio rural – em comunidades, em unidades de conservação, em cidades históricas, etc. Assim, o conjunto de atividades englobadas pelo turismo se amplia para atender as motivações geradas pelo turista com objetivo de negócios, de conhecimento cultural, de contato com a natureza, de busca pelo retorno às origens, etc., ou seja, na procura constante de diferenciais que atendem as satisfações de lazer ou de negócios dos indivíduos.

É nesse contexto de atividade promissora e preferida que se inserem as preocupações com o planejamento ecoturístico para o desenvolvimento econômico e social, de modo que todos os setores da sociedade sejam envolvidos e a atividade possa desempenhar o papel social que lhe cabe, condição fundamental para o desenvolvimento econômico local, regional e nacional. Ceballos-Lascurian (*apud* Pires, 1998, p. 79), reforça o aspecto de contribuição econômica ao local, afirmando que o Ecoturismo é uma forma de se praticar a sustentabilidade, pois "representa um meio prático e efetivo de atrair melhorias sociais e econômicas para todos os países e é um poderoso instrumento para a conservação das heranças naturais e culturais pelo mundo". Observa-se, portanto, duas vertentes de interesse pelo ecoturismo: uma ligada à geração de renda e divisas e outra de cunho social – conseqüência da primeira, relacionada à melhoria das condições de vida de comunidades tradicionais ou populações de pequenas vilas e cidades. Específico a este aspecto, destaca-se a afirmação do Secretário Geral da OMT (Organização Mundial do Turismo), ressaltando a importância do ecoturismo no combate as desigualdades sociais, na 65ª Reunião do Conselho Executivo daquela Organização, cuja pauta principal da lista de debates foi o uso do turismo no combate a pobreza. Disse ele:

> *"O turismo representa uma grande fonte de mão-de-obra. Ele cria empregos para velhos, pessoas sem qualificação e pequenas comunidades com engajamento, qualquer balneário, ou até mesmo, zonas rurais mais afastadas, podem se desenvolver através das atividades turísticas".* (Dantas, 2001, p. 5).

Considerando a função que o ecoturismo pode desempenhar no desenvolvimento de uma comunidade ou área de destino ecoturístico, a exemplo dos Pólos Ecoturísticos no Sertão Nordestino, torna-se imprescindível um planejamento que contemple os diferentes segmentos dos setores da sociedade; admite-se que deve partir primeiramente da análise das atividades de um determinado espaço geográfico, considerando o envolvimento do poder local assegurando as condições de infra-estrutura e as relações com o *trade* turístico, as características naturais e socioculturais, as possibilidades de oferta de emprego, o interesse e as formas de participação da população, a atenuação de conflitos (turista/comunidade), o produto turístico, etc.

Em um segundo momento devem ser observadas as redes de relações que se estabelecem com a área de destino turístico como: transporte; acesso; trabalho de esclarecimento sobre as regras da atividade junto à comunidade, ao turista e às agências de viagens.

Por fim, o planejamento deve, inevitavelmente, propiciar condições para a viabilidade e sustentabilidade do ecoturismo, envolvendo a capacitação de guias de turismo locais e das agências externas, da população local em suas diversas atividades; o estabelecimento de programas que sirvam de suporte à implementação, manutenção e promoção da atividade e do lugar.

Parafraseando Beni (1998), para reforçar a importância e significado do planejamento do ecoturismo, este deve ser entendido como um processo que intervém e programa os fundamentos definidos pelo turismo, que abrange aspectos como o estabelecimento de objetivos, definição de ações e determinação de sedimentações das atividades, já que há uma grande interdependência entre todos os componentes que estabelecem a dinâmica das atividades turísticas.

Em síntese, essas estratégias devem contemplar a conservação do ambiente semi-árido; a articulação intra e intermunicipal, estadual e nacional; o planejamento adequado valorizando o social; a qualificação profissional; o envolvimento da comunidade local; uma infra-estrutura que permita a sustentabilidade da atividade; a criação de alternativas de renda; o desenvolvimento da rede de hospedagem; a oferta dos produtos turísticos e complementares a eles; o desenvolvimento de serviços de animação turística; a promoção dos municípios componentes dos pólos; a ampliação dos fluxos entre as áreas centrais e sua hinterlândia.

Considerações Finais

O turismo hoje representa a atividade econômica que tem despertado o interesse de empresários e da população em geral, pois apresenta os mais elevados índices de crescimento no contexto econômico mundial e nacional. No Brasil já se observa o destaque do turismo na participação dos setores produtivos com a geração de renda e divisas.

O turismo no meio rural, com suas múltiplas formas de realização, surge como uma alternativa para áreas estagnadas economicamente, principalmente para aquelas distantes do litoral onde tem se concentrado o turismo de sol e praia.

Considerando-se o potencial natural e histórico-cultural que as áreas semi-áridas dispõem, o desenvolvimento do ecoturismo apresenta-se como um caminho que direciona às populações das mesmas melhores condições de vida, uma vez que promove a revitalização e dinamização local e as pessoas passam a dispor de fontes alternativas de renda com a introdução de atividades não agrícolas e dos serviços delas derivados.

Atividades turísticas no meio rural realizadas no Sertão Nordestino, tendo como centro dispersor os propostos Pólos de Desenvolvimento do Ecoturismo, acenam para o desenvolvimento com base local, vez que antigas atividades produtivas podem ser retomadas, novas atividades de serviços vão ser geradas, a cultura será resgatada oferecendo, portanto, possibilidades de geração de emprego e renda às populações instaladas na região.

É emergente a busca de um novo estilo de desenvolvimento do turismo nos moldes da sustentabilidade, cuja meta primordial é a melhoria de vida dos habitantes das áreas receptoras, com a geração de renda centralizada na satisfação das necessidades humanas e orientada na organização das comunidades, na mobilização social, no direcionamento localizado das políticas públicas, na participação democrática, no reconhecimento do direito à diferença cultural, na manutenção das condições ambientais necessárias à existência e reprodução das culturas.

Tudo leva a crer que as transformações ocorridas na agricultura brasileira e na economia nacional e internacional como um todo, resultantes de crises mundiais, não mais podem ser conduzidas pelos modelos que lhe deram sustentação, visto que essas transformações resultaram no reforço e/ou ampliação de antigos problemas existentes no semi-árido relacionados à disponibilidade e concentração de terras e ao alijamento da sua população.

No Nordeste do Brasil, notadamente no Trópico Semi-árido, não há dúvidas sobre o caráter insustentável dos modelos convencionais de desenvolvimento, não apenas pela sua impotência para maximizar e distribuir o bem-estar econômico, como pela sua incapacidade para modificar a natureza estrutural da pobreza, criar oportunidades sociais, enfim, garantir os direitos humanos e proteger os ecossistemas das caatingas, que compõem um bioma único na biosfera.

A história das políticas públicas no Nordeste tem privilegiado a questão da seca, e quando se "destinam" ao pequeno produtor esbarra no grande problema da falta do acesso à terra, que é sem sombra de dúvida, a via necessária para a geração de renda. Sendo assim, pensar em desenvolvimento no semi-árido é pensar no combate à pobreza a partir de formas de convivência com o mesmo, e perseguir a eqüidade nas estratégias de desenvolvimento. É necessário formular um novo estilo de desenvolvimento por outros preceitos éticos, por uma racionalidade humanista social e não economicista, que seja capaz de promover o bem-estar social e econômico do(a) pequeno(a) produtor(a) e do(a) trabalhador(a) em geral.

Diante das questões que se coloca, o Ecoturismo no Sertão Nordestino representa uma estratégia econômica de atuação do Governo em cooperação com o poder local, o setor produtivo e a sociedade organizada e poderá, desde que planejada nos moldes de um turismo sustentável, representar um instrumento de relevante importância para reverter o quadro econômico e social instalado no ambiente semi-árido. Se o planejamento da atividade turística perseguir os objetivos do Ecoturismo, muitos municípios e um considerável número de famílias poderão ser beneficiados fazendo parte das relações que vão se estabelecer na área de abrangência dos Pólos.

Referências Bibliográficas

1. BAPTISTA, M. *Turismo: competitividade sustentável*. Lisboa, São Paulo: Verbo, 1997.
2. BENI, M. *Análise Estrutural do Turismo*. São Paulo: SENAC, 1998.
3. BOO, E. *A Explosão do Ecoturismo: planejamento para o desenvolvimento e administração*. WWF, 1992.

5. BRASIL; BARROS, S. M.; PENHA, D. H. M. (coords.). *Diretrizes para uma Política Nacional de Ecoturismo.* Brasília: Embratur, 1994.
6. CAVACO, C. Turismo rural e desenvolvimento local. In. RODRIGUES, A. B. (org.). *Turismo e Geografia: reflexões teóricas e enfoques regionais.* São Paulo: Hucitec, 1996.
7. CEBALLOS-LASCURÁIN, H. O ecoturismo como um fenômeno mundial. In: LINDBERG, K.; HAWKINS, D. E. *Ecoturismo: um guia para planejamento e gestão.* 2. ed. São Paulo: SENAC, 1999.
8. COMISSÃO MUNDIAL SOBRE MEIO AMBIENTE E DESENVOLVIMENTO. *Nosso Futuro Comum.* 2. ed. Rio de Janeiro: Fundação Getúlio Vargas, 1991.
9. COUTINHO, S. F. S. Influência do turismo de segunda residência na vida da população local. O caso do município de Gravatá-PE. In: LIMA. L. C. (org.). *Da Cidade ao Campo: a diversidade do saber-fazer turístico.* Fortaleza: UECE, 1998. p. 266-275.
10. COUTUNHO, S. F. S.; SELVA, V. S. F. Ecotourism x ecological tourism in Brazil. A necessary distinction? 2º WORLD ECOTUR, 2000. Salvador. *Anais do 2º World Ecotur*, WWF/Biosfera, 2000.
11. DANTAS, P. O turismo contra a pobreza. *Jornal do Commercio (Caderno Turismo)*, Recife, p. 5, 14/jun/2001.
12. EMBRATUR. *Turismo Rural: manual operacional.* Brasília: Ministério da Indústria, Comércio e Turismo, 1994.
13. MARANHÃO, V. A. *Pantanais Mato-grossenses: da caça e pesca ao ecoturismo – análise do desenvolvimento turístico.* Rio de Janeiro, 1996. Dissertação (Mestrado) – Universidade Federal do Rio de Janeiro.
14. ORGANIZAÇÃO MUNDIAL DE TURISMO. *Desenvolvimento do Turismo Sustentável: manual para organizadores locais.* Programa Nacional de Municipalização do Turismo, 1994.
15. PERNAMBUCO. *Inventário do Potencial Turístico de Pernambuco.* Recife: Empetur, 1998.
16. PERNAMBUCO. *Plano de Preservação dos Sítios Históricos do Interior.* Recife: FIAM, 1982.
17. PERNAMBUCO. *Plano de Preservação dos Sítios Históricos: região metropolitana do Recife.* Recife: FIDEM, 1987.
18. PIRES, P. S. A dimensão conceitual do ecoturismo. *Turismo: Visão e Ação*, v. 1, n. 1, p.75-91, jan-jun. 1998.
19. RODRIGUES, A. B. (org.). *Turismo e Desenvolvimento Local.* São Paulo: HUCITEC, 1997.
20. RUSCHMANN, D. *Turismo e Planejamento Sustentável.* Campinas: Papirus, 1999.
21. SELVA, V. S. F. Experiências de turismo rural no agreste meridional de Pernambuco. In: LIMA, L. C. (org.). *Da Cidade ao Campo: a diversidade do saber-fazer turístico.* Fortaleza: UECE, 1998.
22. SELVA, V. S. F.; COUTUNHO, S. F. S. A propósito da importância do planejamento ecoturístico para o desenvolvimento econômico e social. *Anais do ECOTUR Amazônia.* Manaus: WWF/Biosfera, 2001.
23. SELVA, V. S. F.; COUTUNHO, S. F. S. Ecoturismo: um caminho para a sustentabilidade do turismo no Brasil? *Revista de Geografia/UFPE/DCG/-NAPA*, v. 16, n. 1, p. 129-140, 2002.
24. TULIK, O. Do conceito às estratégias para o desenvolvimento do turismo rural. In. RODRIGUES, A. B. (org.). *Turismo e Desenvolvimento Local.* São Paulo: Hucitec, 1997.
25. WANDERLEY, L. L. Turismo e ecoturismo em unidades de conservação ambientais no Brasil: estratégias de desenvolvimento econômico e incorporação do território. In: 6º ENCUENTRO DE GEÓGRAFOS DE AMÉRICA LATINA, 1997. Buenos Aires. *Anais do 6º Encuentro de Geógrafos de América Latina.* (CD-ROM).
26. ZIMMERMAN, A. Planejamento e organização do turismo rural no Brasil. In: ALMEIDA, J. A.; FROEHLICH, J. M.; RIEDL, M. (orgs.) *Turismo Rural e Desenvolvimento Sustentável.* Santa Maria: Universidade Federal de Santa Maria, 1998.

Capítulo 58

Turismo e Empregabilidade no Meio Rural

Ana Paula Zago Udenal
Chiara Ferracini Campos
Fabiana Faxina

Introdução

O presente capítulo, realizado por meio de pesquisas bibliográficas, tem como objetivo analisar o turismo no espaço rural como meio para viabilizar a geração de empregos, principalmente jovem, e a expansão do mercado local de trabalho não-agrícola. Visa também propor idéias alternativas para implementar o desenvolvimento de novas atividades no campo, não necessariamente agrícolas. E estas, por sua vez, atuar como novas oportunidades para que a população que aí vive, possa aí também permanecer. Em outras palavras, apresentar meios para reduzir o êxodo rural, que se tem acentuado nos últimos anos.

De acordo com Balduino (2001):

> *"A população rural brasileira caiu 25%, de 1990 a 2001, passando de 36 milhões para 27 milhões de pessoas (...). Mais grave ainda, de acordo com os dados do IBGE/Pnad – Pesquisa Nacional por Amostra de Domicílios – vem ocorrendo a aceleração da redução absoluta da população rural no período mais recente, de 1999 para 2001. Enquanto a população brasileira aumentou de 160.336.471 habitantes para 169.369.557 habitantes, a população rural encolheu 5,3 milhões de habitantes, passando de 32.585.066 para 27.269.877 pessoas. Ou seja, uma redução de 16,3% em apenas três anos."*

Hoje a população rural do Brasil é de 14 milhões de pessoas e aproximadamente 4,5 milhões (30%) não sobrevive mais da produção no campo. Isso pode ser constatado devido a crescente mecanização e modernização da agricultura no Brasil, entre o período de 1952/1998, resultando num crescimento considerável na produção agrícola, onde o PIB agrícola cresceu a uma taxa de 3,6%, sendo o crescimento da população brasileira de 2,4%. Portanto a agricultura cresceu 1% a mais que a população (Alves, 2001).

Portanto, com a maciça mecanização agrícola, que favoreceu a prática de monoculturas, a pequena propriedade cedeu lugar aos latifúndios com elevadas produtividades gerando assim mão-de-obra rural ociosa. Como os preços não podem cair indefinidamente, o equilíbrio é obtido pela eliminação de produtores. Quem não teve condições de adotar a nova tecnologia, porque chegou tarde ou porque foi discriminado pelo mercado de produtos e de capital, teve que deixar o negócio ou suportar um padrão de vida inferior ao que estava acostumado. Assim as imperfeições de mercado criaram fortes barreiras à adoção de nova tecnologia e discriminaram os mais desfavorecidos (Alves, 2001).

"O principal elemento desestimulador das atividades rurais é a queda da renda agrícola que está levando famílias a procurarem outras formas de sobrevivência", afirma Graziano apud Sugimoto (2000). Ainda para os mesmos, o abandono crescente das atividades agrícolas é a eterna falta de políticas públicas voltadas essencialmente para o setor: "... não temos sequer um programa de habitação rural, embora metade do déficit de moradias do Brasil (cinco milhões) esteja ali."

De um modo geral as atividades agrícolas vêm reduzindo sistematicamente o nível de empregos e gerando um volume de renda cada vez menor, enquanto as atividades não agrícolas no meio rural, proporcionam cada vez maior número de pessoas ocupadas e com remuneração bem melhor que as oferecidas pela agropecuária tradicional. Esta é uma tendência unânime em todos os estados do país. A transformação do cenário agrícola, o comércio e a indústria respondem cada vez mais pela nova dinâmica populacional do meio rural, que deixou de se caracterizar como estritamente agrícola (Graziano *et al. apud* Schneider, 2000).

Com isso, novas alternativas de diversificação estão surgindo a cada dia mostrando que as atividades agrícolas tradicionais já não respondem unicamente pela manutenção do nível de emprego no meio rural, de acordo com diversos pesquisadores, que trabalham no 'Projeto Rurbano'[1] . Esses estudiosos

---

[1] Projeto Rurbano iniciou-se em 1997 com o objetivo de reconstruir séries históricas a partir de microdados das Pesquisas Nacionais por Amostra de Domicílios (PNAD), do Instituto Brasileiro de Geografia e Estatística (IBGE), (Izique, 2000).

destacam o aumento de atividades que até pouco tempo atrás eram consideradas marginais, devido à pequena importância na geração de renda e que passaram a integrar verdadeiras cadeias produtivas, envolvendo agroindústrias, serviços, comunicações etc. Dentre essas atividades pode-se destacar o turismo rural como um importante indutor do crescimento de atividades não agrícolas no meio rural (Graziano Da Silva, Balsadi, Del Grossi, 1997).

O turismo no meio rural é uma atividade que pode permite um melhor aproveitamento do ambiente, tornando-se uma alternativa para a manutenção da agricultura familiar e conseqüentemente, gerar empregos diretos e indiretos devido à diversidade de atividades ligadas ao turismo.

Além disso, a implantação do Turismo Rural em uma propriedade permite agregar valor à atividade agropecuária e com isso manter ativas as diversas atividades rurais. Podemos destacar como vantagens do Turismo no Meio Rural: a complementação da renda, a geração de empregos, a preservação do patrimônio natural e cultural, as melhorarias na qualidade de vida local bem como, a maior qualificação do homem do campo e o desenvolvimento de práticas participativas, cooperativas e associativas (Brasil e Oliveira, 2000).

Cabe destacar também que, a exploração do turismo no meio rural não exige que a região, onde será implantado, tenha atrativos naturais extraordinários, mas sim, que ofereça ao visitante uma arquitetura apreciável, uma gastronomia característica e que a população conserve seus hábitos e costumes, tornando a região rica como um todo.

Turismo no Meio Rural: Análise Conceitual

Segundo o Instituto Brasileiro de Turismo/EMBRATUR (1998), turismo rural se denomina como sendo "o conjunto de atividades turísticas desenvolvidas no meio rural, comprometido com a produção agropecuária, agregando valor a produtos e serviços, resgatando e promovendo o patrimônio cultural e natural da comunidade".

Como o próprio conceito da Embratur ressalta, o turismo rural compreende a prática de um conjunto de atividades turísticas no meio rural, inclusive a hospedagem. Ou seja, para caracterizar-se como turismo deve existir o pernoite, caso contrário, trata-se do fenômeno excursionismo, onde o visitante expende o dia participando de atividades rurais, porém não se hospeda na localidade.

Com base nestas diferenças conceituais surgem diversas tipologias, que acabam resultando na imprecisão de conceitos da atividade a nível nacional. Quanto a estes, podemos citar:

- *Hotéis-fazenda*: estabelecimentos de hospedagem inseridos no espaço rural, sem a necessidade de ter relação com atividades agropecuárias, cujas instalações estão voltadas ao turismo rural (devido ao pernoite). Exige-se pessoal qualificado, uma vez que se refere à prestação de serviços.
- *Fazendas-hotel*: propriedades rurais que mantém atividades relacionadas com o campo, adaptando-se parcialmente sua estrutura oferecendo acomodações para receber o turista, sem perder as características de ambiente da roça. Tanto a gastronomia quanto as atividades desenvolvidas são voltadas para os hábitos e cultura regional.
- *Agroturismo*: atividade de lazer no espaço rural, já que o visitante não pernoita. Passa algumas horas, ou o dia todo na propriedade, onde desenvolve atividades típicas do campo, como ordenha, cavalgadas, entre outras, assim como visa conhecer produtos específicos da região visitada, havendo assim a valorização do então denominado "Produto de Proveniência Rural".
- *Turismo rural de eventos*: atividade temporária no Espaço Rural, como rodeios e festas folclóricas. Neste caso a propriedade rural não só sede seu espaço para o evento, como hospeda os turistas que vão para lá a fim de participar das atividades.

Havendo assim tantas denominações para caracterizar diferentes atividades no turismo rural, surge uma nomenclatura mais ampla que pode absorver as demais, que é denominada Turismo no Espaço ou Meio Rural.

TURISMO NO MEIO RURAL NO BRASIL

Receber turistas nos meios rurais, ganhando pela prestação de serviços é uma idéia que começou há mais de meio século na Europa. No Brasil, o turismo rural é um segmento que vem sendo desenvolvido recentemente, o que justifica ainda ser pouco explorado. No entanto, vem se expandindo nas propriedades rurais de todo o país, pois além de aumentar a renda do agricultor, há quem cada vez mais prefira um local de lazer próximo de casa.

Não há marcos precisos de seu início, porém os primeiros registros oficiais referem-se à Fazenda Pedras Brancas localizada no município de Lages, no interior do Estado de Santa Catarina, no Sul do país, e data do ano de 1986 (Rodrigues, 2000).

As dimensões territoriais do Brasil e sua riqueza natural apresentam-no como um dos países com maior potencial turístico no mundo. Mesmo não sendo totalmente explorado, tem condições para desenvolver os diversos segmentos desta atividade, como turismo de negócios, de família, de saúde, de lazer, cultural, religioso, ecoturismo, bem como, o turismo rural em todas as suas modalidades.

Não só a grande extensão geográfica do país, apresentando um número superior a 5.000km^2 de área, como também os diversos ciclos econômicos pelos quais passou caracterizaram a paisagem rural brasileira, no que se refere ao seu patrimônio histórico-cultural, revelando o grande potencial do nosso país para a exploração do turismo no meio rural. Quanto a estes ciclos econômicos podemos citar as seguintes rotas que ficaram marcadas: o ciclo do gado, de Norte a Sul do país, responsável pela atual origem de roteiros turísticos integrados; a região Sul apresenta um rico folclore e gastronomia; o ciclo da cana-de-açúcar na Zona da Mata Atlântica Nordestina deixou um grande patrimônio arquitetônico; em Minas Gerais, o ciclo do ouro e do diamante deixou um patrimônio urbano e rural de alto valor; na região Sudeste, o ciclo do café caracterizou as propriedades senhoriais de também alto valor arquitetônico (Rodrigues, 2000). São essas riquezas regionais, tanto naturais quanto culturais e históricos que compõem um conjunto motivacional que estimula o visitante a conhecer determinada localidade e potencializam o Brasil para a prática do turismo rural.

Temos no meio rural grande parte da história do Brasil, e também dos costumes e técnicas dos imigrantes que aqui vieram para viver. Tendo em vista que o Turismo Rural possibilita integrar os acontecimentos do dia-a-dia da vida rural com as atividades desenvolvidas dentro dela, considera-se importante analisá-lo enquanto vetor do desenvolvimento socioeconômico local e regional.

Turismo no Meio Rural e Desenvolvimento Socioeconômico

Com a implantação e o desenvolvimento do Turismo Rural como uma alternativa econômica rural não-agrícola aumenta a oferta de empregos na localidade assim como o leque de opções de turismo e lazer aos turistas e moradores de uma região. Com isso, essa atividade turística compete melhor com as atividades agrícolas por possuir uma oferta mais rica e diversificada de emprego. Além disso, segundo Unicamp/Embrapa *apud* Rydle *et al.* (2000), a renda média de uma família de lavradores é de R$ 264,00, enquanto a de quem vive de atividades rurais não-agrícola (onde o turismo rural se insere) é de R$ 543,00, o que demonstra uma vantagem econômica em relação à atividade agrícola.

Segundo MEYER (2003), a demanda pelo turismo rural tem sido realizada, geralmente, por pessoas de classe média, que vem de grandes centros emissores e que podem ser divididos em dois grandes grupos, o Estudantil e o Familiar.

Ainda, afirma a mesma autora, geralmente o motivo que leva as pessoas a procurar este tipo de turismo é a necessidade de estar mais próximo da natureza, conviver com pessoas de estilos de vida diferentes, experiência de participar das tarefas diárias do campo, vínculos familiares, mudança de ambiente, lugares com belezas naturais e culturas diferentes, produtos de artesanato e comida saudável.

É importante que o proprietário rural saiba relacionar elementos como fauna, flora, recursos hídricos e paisagísticos, assim como as atividades ali desenvolvidas – agricultura, pecuária, fabricação artesanal de doces, pães, queijos e embutidos, entre outros. Não só os recursos naturais e as atividades realizadas no campo, como também os elementos culturais e históricos da localidade devem ser destacados para complementar o processo de caracterização regional do empreendimento, envolvendo o artesanato, gastronomia, folclore e religião.

Sabemos que o turismo, tratado como fenômeno social, também tem seu lado calcado na economia. Destaca-se como gerador de rendas e empregos e tem crescido aceleradamente nos últimos anos principalmente devido ao processo de globalização pelo qual passam os países. Ele pode atuar como agente de desenvolvimento de uma localidade desde que haja o planejamento do mesmo e a infra-estrutura para a recepção e acomodação dos turistas. Isso faz com que a existência de uma estrutura capaz de proporcionar um mínimo de conforto ao turista ou visitante possibilite sua permanência por mais tempo na propriedade.

De acordo com Meyer (2003), os princípios básicos para estimular a permanência do turista na propriedade vêm do atendimento familiar e da preservação das raízes, da harmonia e sustentabilidade ambiental e social, da identidade e autenticidade, da qualidade dos produtos e do envolvimento da comunidade local.

O Turismo Rural não deve ser considerado como uma salvação para as propriedades agrícolas que enfrentam problemas financeiros, e sim como uma atividade complementar que possibilite aumentar o rendimento da mesma, seja com a venda de hospedagem, de lazer, de alimentação, de artesanato e/ou produtos ali fabricados como pães, queijos, embutidos e outros mais.

Além disso, todo movimento social e econômico gera efeitos positivos (como acesso a novos valores, concepções, tecnologias...) e negativos (perdas no período de adaptação aos novos padrões, etc.), e esse fato nos chama à reflexão sobre questões como a responsabilidade social e o desenvolvimento sustentável.

Atualmente fala-se em sustentabilidade, no entanto, esta preocupação deve existir desde o planejamento das ações até a sua execução, para que possa efetivamente ser alcançada. Deve ficar claro que o desenvolvimento sustentável refere-se principalmente aos aspectos econômico, social e ambiental. Em outras palavras, implica em proporcionar um desenvolvimento garantindo a preservação e conservação do meio ambiente, criando alternativas inovadoras para a atividade econômica, além de propiciar o desenvolvimento social a partir da preservação da cultura local, do intercâmbio de informações e da melhoria da qualidade de vida da população autóctone, a partir da geração de novos empregos e renda e da maior profissionalização da mão-de-obra.

Responsabilidade Social é uma forma de conduzir os negócios de uma empresa urbana ou rural, de tal maneira que a torne parceira e co-responsável pelo desenvolvimento social. A empresa socialmente responsável é aquela que possui a capacidade de ouvir os interesses das diferentes partes (acionistas, funcionários, prestadores de serviço, fornecedores, consumidores, comunidade, governo e meio-ambiente) e conseguir incorporá-los no planejamento de suas atividades, buscando atender às demandas de todos e não apenas dos acionistas ou proprietários. Desta forma, segundo o Instituto Ethos[2], a Responsabilidade Social visa a cadeia de negócios da empresa e ainda engloba preocupações com um público maior, cujas demandas e necessidades a empresa deve buscar entender e incorporar em seus negócios.

A prática demonstra individualmente, ou em grupo que um programa de Responsabilidade Social só traz resultados positivos para a sociedade, e para a empresa, se for realizada de forma autêntica. A empresa precisa ter a cultura da responsabilidade social incorporada a sua filosofia. Desenvolver programas sociais apenas para divulgar a empresa, ou como forma compensatória, não traz resultados positivos sustentáveis ao longo do tempo. Porém, aquelas empresas que incorporam os princípios e os aplicam corretamente, podem obter como conseqüência de suas ações a valorização da imagem institucional e da marca, maior lealdade do consumidor, maior capacidade de recrutar e manter talentos, flexibilidade e capacidade de adaptação e longevidade (Ethos, 2003).

As empresas podem desenvolver projetos de Responsabilidade Social em diversas áreas, com diversos públicos e de diferentes maneiras. Com cada um dos parceiros (sejam eles acionistas, funcionários, prestadores de serviço, fornecedores, consumidores, comunidade, governo e até mesmo o meio ambiente) a empresa pode desenvolver atividades criativas. Entre as opções estão as incorporações dos conceitos de Responsabilidade Social na missão da empresa, divulgações deste conceito entre os funcionários e prestadores de serviço, aplicação de princípios ambientalistas como o uso de materiais reciclados e a promoção da diversidade no local de trabalho.

No caso do turismo no espaço rural, a responsabilidade social estará sendo desenvolvida a partir do momento em que as partes, que se referem tanto à comunidade quanto ao proprietário, estiverem usufruindo dos benefícios advindos desta atividade. A comunidade passará a ter opções de empregos a fim de que permaneça no meio rural e não migre para os centros urbanos. Já o proprietário poderá passar a contar com uma alternativa para desenvolver a economia em sua área rural, podendo assim utilizar a própria família na prestação dos serviços que concernem o empreendimento.

É importante reafirmar a postura que o Turismo Rural assume dentro de um extenso campo da propriedade. O desenvolvimento de um local não pode ser implantado como uma atividade independente das transformações econômicas em geral. Desta forma, é necessária a redefinição de novas funções no espaço rural que exijam sustentabilidade, oferecendo oportunidades de emprego e renda ao proprietário rural. E o mais importante é que todo o tipo de empresa, independente do porte, do setor da economia e da quantidade de funcionários, pode desenvolver, individualmente ou coletivamente, ações que visem à responsabilidade social.

Isto poderá ser observado a partir do momento em que a propriedade rural passar a demandar maior quantidade de mão-de-obra. Esta por sua vez pode ser otimizada na própria comunidade, englobando moradores das propriedades vizinhas também. É uma maneira de criar empregos valorizando a mão-de-obra existente que, em geral, quando não encontra alternativas e oportunidades acabam migrando para outras localidades ou para os grandes centros urbanos em busca de trabalho.

A contratação da mão-de-obra rural acaba estimulando a capacitação do homem do campo e a formação de agentes capacitadores locais que irão trabalhar como verdadeiros extensionistas ao repassarem as informações para as comunidades do entorno.

---

[2] Instituto Ethos é uma associação sem fins lucrativos, que visa mobilizar e sensibilizar as empresas a gerirem seus negócios de forma socialmente responsável.

Por se tratar de uma organização prestadora de serviços, entende-se que uma empresa turística que opera no meio rural, deve se preocupar com a qualidade para conquistar e agradar o turista ou visitante que, em geral, vem dos grandes centros urbanos em busca do turismo rural com o objetivo de resgatar suas raízes e a fugir do cotidiano.

Uma das preocupações que a localidade rural precisa ter para que esta atividade turística se tornasse realmente sustentável, e pudesse atingir os seus objetivos para com a responsabilidade social, seria de tentar manter um fluxo constante de utilizadores da mesma. Assim, poderia proporcionar o desenvolvimento local e regional bem como, propiciaria uma maior utilização de mão-de-obra, contribuindo para a redução do êxodo rural. E quando esta mão-de-obra fosse utilizada, no tratamento ao visitante, naturalmente seria necessária a sua capacitação para que fossem prestados serviços de qualidade, a fim de que se pudesse não apenas conquistar novos clientes como também mantê-los. Além disso, a mão-de-obra mais qualificada poderia favorecer aumentos na produtividade do trabalho possibilitando a diversificação criativa das atividades, como por exemplo, a produção de insumos agroindustriais e caseiros que, no curto e médio prazo agregaria maior valor à produção e à renda da propriedade rural.

Não se pode negar o papel da agricultura no desenvolvimento rural, entretanto, as famílias rurais estão encontrando novas ocupações em atividades não agrícolas como uma alternativa de agregar valor à propriedade, para Graziano *apud* Flores (1999):

> *"(...) o mundo rural vem sendo valorizado cada vez mais como produtor de "bens não tangíveis" tais como a paisagem e o lazer, ao lado dos tradicionais produtos agropecuários e de novos produtos agrícolas, como a criação de animais exóticos, cultivo de flores raras, etc. Ou seja, além de um espaço de preservação ambiental, o rural começa a ser visto pelos formuladores de políticas públicas também como uma oportunidade de gerar novas formas de ocupação e renda para segmentos da população que ai vivem e que, em geral, não tem a qualificação necessária para se inserirem nos setores urbanos de expansão."*

Cabe ainda discutir, a necessidade de se implementar programas e políticas públicas que viabilizem as potencialidades locais, investindo na utilização de recursos existentes como também produzir novos bens de consumo e serviços.

Como estratégia de ação acredita-se também em políticas públicas que visem estimular a participação da comunidade através da criação de incubadoras para treinamento e capacitação do jovem rural, pois, através da maior qualificação técnica das novas gerações garantir-se-ia a sustentabilidade social, econômica e ambiental do meio rural.

Seria interessante criar oficinas para avaliar a situação do jovem na área rural e, a partir de uma discussão sobre sua posição frente às inovações tecnológicas, fomentar sua participação ativa, promovendo o acesso aos órgãos governamentais e privados como facilitadores para realização de suas idéias e empreendimentos.

Uma nova maneira de ressaltar as potencialidades do local seria a identificação e investimento na formação de agentes locais. Isso os levaria a participar da elaboração do planejamento estratégico e da execução e acompanhamento dos projetos prioritários.

É momento de redefinir os papéis e as prioridades da localidade, do estado e da iniciativa privada, para que haja um processo efetivo no crescimento e melhoria da infra-estrutura básica e turística e da capacitação profissional, sempre identificando pontos de parcerias e cooperação priorizando as ações e participação da família rural.

Um ponto forte a ser observado é que o turismo rural é um turismo alternativo, integrado nos locais de destino, de estrutura familiar e artesanal e culturalmente rico. Além disso, assegura o regresso ao passado, garantindo o retorno às raízes. Essa modalidade de turismo valoriza os produtos específicos do local, agregando valor à propriedade em si como atrativo turístico, aos produtos artesanais e à gastronomia local. Por isso, faz-se necessário promover os investimentos em turismo rural a fim de garantir a qualidade do produto, a satisfação dos clientes, o bem-estar da comunidade autóctone e de viabilizar a maximização dos lucros.

Considerações Finais

A prática do turismo no espaço rural, levando-se em consideração um planejamento sustentável, poderá proporcionar um desenvolvimento à mesma altura. Pode ser utilizado como ferramenta econômica alternativa para propriedades rurais que visam desenvolver atividades não-agrícolas.

Outro papel importante que esse tipo de turismo pode desempenhar, que se refere à questão social da sustentabilidade do empreendimento enquanto organização, é a minimização do êxodo rural. Podendo acontecer a partir do momento em que a propriedade rural passa a demandar maior mão-de-obra, favorecendo a comunidade local.

Para suprir esta demanda, sugere-se a otimização da mão-de-obra existente na própria comunidade assim como a das propriedades vizinhas a fim de maximizar as potencialidades e riquezas regionais agregando valor ao turismo desenvolvido no espaço rural.

Referências Bibliográficas

1. BRASIL, H. S.; OLIVEIRA, C. G. S. Avaliação econômica do empreendimento de turismo rural. In: CONGRESSO BRASILEIRO DE TURISMO RURAL – II, 2000. Piracicaba. *Anais*, FEALQ, 2000, p. 41-59.
2. EMBRATUR. *Sistematização da Oficina de Planejamento de Turismo Rural: fase marco conceitual*. Brasília: s. ed., 1998. 5p.
3. MEYER, M. Turismo rural. Disponível em: www.maringá.pr.gov.br/forumambiental/anais. Acesso em: 08/mar/2003.
4. IZIQUE, C. O novo rural brasileiro: reduziu-se o abismo tradicional entre meios urbanos e rurais. *Pesquisa Fapesp*, São Paulo, n. 52, abr. 2000.
5. RODRIGUES, A. B. Turismo rural no Brasil: ensaio de uma tipologia. In: ALMEIDA, J. A.; RIELD, M. (org.). *Turismo rural: ecologia, lazer e desenvolvimento*. Bauru: EDUSC, 2000. cap. 2, p. 51-68.
6. ALVES, E. R. A. Quem ganhou e quem perdeu com a modernização da agricultura brasileira. In: XXXIX CONGRESSO BRASILEIRO DE ECONOMIA E SOCIOLOGIA RURAL, 2001. Recife. *Anais*, Sober, 2001.
7. SUGIMOTO, L. O novo mundo rural. *Jornal da Unicamp*, Campinas, p.10, jul-ago. 2000.
8. BALDUINO, D. T. Relatório anual: direitos humanos no Brasil, 2001. Disponível em: http://www.social.org.br/Relatorios/artigos%202002/domtomas.htm. Acesso em: 30/mar/2003.
9. SCHNEIDER, S.; FIALHO, M. A. V. Atividades não-agrícolas e turismo rural no Rio Grande do Sul. In: ALMEIDA, J.A.; RIELD, M. (org.). *Turismo Rural: ecologia, lazer e desenvolvimento*. Bauru: EDUSC, 2000. cap. 1, p. 15-50.
10. INSTITUTO ETHOS DE RESPONSABILIDADE SOCIAL. Responsabilidade social empresarial. Disponível em: http://www.ethos.org.br/docs/institucional/perguntas.shtml. Acesso em: 08/mar/2003.
11. RYDLE, C. et al. Êxodo rural: bomba desarmada. *Revista Veja*. Disponível em: http://www.ivt-rj.net/clipping/clipping.cfm?clip_id = 203. Acesso em: 30/mar/2003.
12. FLORES, M. X.; MACEDO, M. M. C. Novos rumos do desenvolvimento rural. In: XXXVII CONGRESSO BRASILEIRO DE ECONOMIA E SOCIOLOGIA RURAL, 1999. Foz do Iguaçu. *Anais*, Sober, 1999.
13. GRAZIANO DA SILVA, J.; BALSADI, O. V.; DEL GROSSI, M. E. O Emprego Rural e a Mercantilização do Espaço Agrário. *Revista São Paulo em Perspectiva*, São Paulo, v. 11, n. 2 p. 50-64, abr/jun. 1997.
14. ROQUE, A. M.; VIVAN, A. M. O turismo no espaço rural: uma estratégia para a nova gestão rural brasileira. In: III CONGRESSO BRASILEIRO DE ADMINISTRAÇÃO RURAL, 1999. Belo Horizonte. *Abar*, 1999.

Capítulo 59

Empresas Agroturísticas, Mercadologia e Responsabilidade Social: caso Fazenda Sambaiba/PE

Sandro Virgílio Prado Ribeiro

Introdução

As primeiras atividades de turismo no espaço rural brasileiro aconteceram no município de Lages, localizado no planalto catarinense, no ano de 1984, sendo as primeiras propriedades a desenvolvê-lo a Fazenda Pedras Brancas, Fazenda do Barreiro e Fazenda Boqueirão. Desde então é crescente a utilização de áreas rurais para as práticas de turismo em todo o Brasil.

No estado de Pernambuco a gênese das atividades turísticas no meio rural se deu na Fazenda Sambaiba, objeto do nosso estudo, no ano de 1993 e atualmente é desenvolvido em mais de 35 propriedades (Uchoa, 2003).

Em algumas empresas rurais pernambucanas que exploram estas atividades podemos perceber a preocupação dos empresários com a comunidade do entorno e em ser socialmente responsáveis não apenas preocupando-se em maximizar seus resultados, como também, em fazer uma contribuição real para a sociedade.

MODALIDADES DE TURISMO NO ESPAÇO RURAL: CONCEITUAÇÕES

Existem diversas modalidades de turismo no espaço rural, a que o visitante tem uma maior integração e contato com a natureza, seja pela observação da paisagem ou pela interação com o meio ambiente é denominada ecoturismo e pode ser assim conceituada:

> *"O turismo desenvolvido em localidades com potencial ecológico, de forma conservacionista, procurando conciliar a exploração do potencial turístico com o meio ambiente, harmonizando as ações com a natureza, bem como oferecer aos turistas um contato íntimo com os recursos naturais e culturais da região, buscando a formação de uma consciência ecológica" (Embratur, 1994, p. 5).*

A definição que melhor parece descrever a modalidade turística 'Turismo Rural' no nosso entendimento é a de Campanhola e Graziano da Silva (2002).

> *"O 'turismo rural' consiste em um subconjunto específico de atividades que têm estreita relação com o ambiente natural e cultural do meio rural, relacionando-se diretamente com a comunidade e contando com a sua participação. Portanto, são atividades integradas com o ambiente onde se realizam. Elas se diferenciam de outras atividades realizadas no meio rural, como as que estão relacionadas aos seguintes equipamentos: spas, centros de convenção, estabelecimentos noturnos, colônias de férias, hotéis-fazenda, condomínios fechados, hipódromos, entres outros, que se instalam em áreas rurais apropriando-se apenas do meio físico, e atuam de modo totalmente vinculado às pessoas e à cultura urbana, desprezando qualquer interação com a comunidade rural adjacente" (Campanhola e Graziano da Silva, 2002, p. 2,3).*

Assim, a denominação turismo rural não deve ser entendida como turismo no meio rural ou em áreas rurais, pois este tem significado bem amplo "envolve qualquer atividade de lazer e turismo que seja realizada em áreas rurais, envolvendo, além do 'agroturismo' outras atividades não relacionadas com propriedades agropecuárias produtivas, ou com produção agropecuária" (Campanhola e Graziano da Silva, 2002, p. 3).

O agroturismo tem diferenças marcantes que o distingue das demais modalidades de turismo no espaço rural. Para Beni (2001, p. 429), seriam:

> *"(...) o primeiro, a produção agropastoril em escala econômica que representa a maior fonte de rendimento da propriedade e, o turismo, receita complementar e o segundo é que as próprias atividades agropastoris constituem, em si mesmas, o principal diferencial turístico" (Beni, 2001, p. 429).*

A definição de Graziano da Silva, Vilarinho e Dale (2000) nos parece a mais abrangente e diz que esta modalidade de turismo tem as seguintes características:

> *"Atividades internas à propriedade, que geram ocupações complementares às atividades agrícolas, as quais continuam a fazer parte do cotidiano da propriedade, em menor ou maior intensidade. Devem ser entendidas como parte de um processo de agregação de serviços aos produtos agrícolas e bens não-materiais existentes nas propriedades rurais (paisagem, ar puro, etc.). A partir do 'tempo livre' das famílias agrícolas, com eventuais contratações de mão-de-obra externa. São exemplos de atividades associadas ao agroturismo: a fazenda-hotel, o pesque pague, a fazenda de caça, a pousada, o restaurante típico, as vendas diretas ao produtor, a industrialização caseira e outras atividades de lazer associadas à recuperação de um estilo de vida dos moradores do campo" (Graziano da Silva, Vilarinho e Dale 2000, p. 21).*

Esta grande diversidade de conceituações sobre turismo rural consegue de algum modo traduzir as diferenças das possibilidades de turismo no espaço rural. Porém, os termos mais abrangentes como turismo rural, turismo em áreas rurais e turismo no espaço rural não devem ser tratados como sinônimos de agroturismo (Campanhola e Graziano da Silva, 2002).

É importante salientarmos ao fazermos esta distinção entre as modalidades de turismo em áreas rurais que nas fazendas-hotel, empreendimentos agroturísticos, a atividade turística não é concorrente das atividades agrícolas e criatórias e sim complementares, o que não é o caso dos hotéis-fazenda que concorrem com o mesmo espaço que dantes eram destinados às atividades agropecuárias.

Marketing e Responsabilidade Social

O conceito de *marketing* está sempre em evolução e alguns grandes teóricos que escrevem sobre esta temática atualmente o têm conceituado levando em consideração a orientação para o mercado e a criação de valor para o cliente.

Por esta ótica podemos entender *marketing* como sendo:

> *"A função empresarial que cria continuamente valor para o cliente e gera vantagem competitiva duradoura para a empresa, por meio da gestão estratégica das variáveis controláveis de marketing: produto, preço, comunicação e distribuição" (Lambin apud em Limeira, 2003, p. 2).*

No entanto, a orientação de *marketing* societal tem feito com que empresas coloquem questões éticas e considerações sociais em suas práticas mercadológicas (Kotler, 2000).

Podemos entender estas considerações sociais como sendo questões relativas a responsabilidade social.

> *"A responsabilidade social se refere às obrigações de uma organização de maximizar seu impacto positivo e de minimizar seu impacto negativo na sociedade" (Pride e Ferrell, 2001, p. 62).*

No nível mais básico das responsabilidades sociais corporativas de uma empresa esta a de auferirem lucros para que assim possam gerar postos de trabalho para a comunidade e bens e serviços para a sociedade e no mais alto patamar estão as responsabilidades filantrópicas que promovem o bem-estar humano (Pride e Ferrell, 2001).

De acordo com Nickels e Wood (1999) a responsabilidade social não é apenas evitar o que é antiético ou ilegal, mas também contribuir para a melhoria das condições de vida da comunidade.

Para Tachizawa (2002) as empresas existem em funções de necessidades sociais e dependem da manutenção de um bom relacionamento com a sociedade para desenvolver-se e em face das mudanças nas expectativas dos clientes a empresa do futuro deve agir de maneira responsável em seus relacionamentos internos e externos.

Dentro desta orientação social Philip Kotler nos coloca a definição de *marketing* societal.

> *"A orientação de marketing societal sustenta que a tarefa da organização é determinar as necessidades, os desejos e os interesses dos mercados-alvo e entregar as satisfações desejadas mais efetivamente que a concorrência, de uma maneira que preserve ou aumente o bem-estar do consumidor e da sociedade" (Kotler, 2000, p. 51).*

Esta responsabilidade das empresas pelos problemas da sociedade tem sido assunto de discussão e de controvérsias no meio empresarial e acadêmico, mas uma coisa é certa muitas empresas estão aderindo a este pensamento e passaram a ser socialmente responsáveis por questões de mercado.

Para Pride e Ferrell (2001, p. 62), "embora a responsabilidade social seja certamente um conceito positivo por si só, a maioria das organizações se engaja nela com a expectativa de benefícios indiretos a longo prazo."

A responsabilidade social passa a ser interessante mercadologicamente para uma empresa a partir do momento que clientes potenciais poderão no seu processo decisório de compra definir sua escolha pela percepção que estes têm acerca do respeito que ela está tendo com a sociedade (Churchill e Peter, 2000).

> *"A grande razão empresarial para que uma empresa seja socialmente responsável não é filantropia ou consciência elevada como sempre queremos fazer crer. A*

> *grande razão é que as empresas socialmente responsáveis terão maiores resultados financeiros, de mercado, de caixa" (Marins Filho, 2003, p. 12).*

Segundo Pride e Ferrell (2001) as decisões de *marketing* da empresa afeta e são afetadas pela imagem de ser socialmente responsável que ela deseja passar para seus clientes.

Estas ações sociais positivas desenvolvidas pelas empresas além de beneficiar a comunidade, melhora a relação da empresa com esta, de modo que a imagem da empresa seja realçada positivamente (Churchill e Peter, 2000).

Ainda de acordo com estes autores para que essa orientação seja efetivamente alcançada os empresários devem equilibrar-se em três questões: o lucro para a empresa, satisfação dos desejos dos consumidores e interesse da sociedade.

Assim, um grande número de empresas dentro de seu planejamento estratégico está incorporando questões relativas à responsabilidade social o que tem trazido benefícios para a sociedade como um todo.

Conforme Pride e Ferrell (2001) uma das maneiras comumente utilizadas pelas empresas para demonstrarem sua preocupação com o social são as intervenções realizadas no ambiente natural com programas que visam preservar e proteger o meio ambiente.

Nas atividades agroturísticas os atrativos naturais de uma região constituem elementos relevantes no processo decisório do consumidor ao fazer a opção pela empresa rural.

> *"O ambiente natural e o patrimônio cultural constituem factores importantes como componentes da oferta primária ou original, de crescente relevância nas motivações da procura e na resposta da oferta" (Baptista, 1997, p. 495).*

Assim, por esta ótica as ações de responsabilidade social de empresas turísticas focando a preservação e proteção do meio ambiente aproxima-se do conceito de turismo sustentável, principalmente das definições que tem como base fundamentalmente a economia e o meio ambiente.

> *"Turismo sustentável é a maximização e otimização da distribuição de benefícios do desenvolvimento econômico baseado no estabelecimento e na consolidação das condições de segurança sob as quais serão oferecidos os serviços turísticos, para que os recursos naturais sejam mantidos, restaurados e melhorados" (Pearce apud Beni, 2001, p. 61).*

Isto se deve, sobretudo a necessidade do consumo dos recursos naturais, das atrações culturais, das atividades econômicas e dos estilos de vida dos povos, nos locais onde eles são produzidos. Sendo está uma das características típica dos serviços turísticos, a intransportabilidade (Kotler, Bowen e Markens, 1997).

A consciência ambiental preservacionista nas empresas agroturísticas, além de aumentar seus atrativos naturais, utilizando as áreas preservadas para a prática do ecoturismo, atende os desejos dos clientes que querem que as empresas sejam mais conscientes e sensíveis.

A construção de relacionamento através de serviços a comunidade é outra prática de responsabilidade social muito importante. Programas de envolvimento da população do entorno ajudam a criar e manter relacionamentos entre empresa e sociedade (Nickels e Wood, 1999).

Assim, está atenção para com as necessidades da comunidade residente em áreas próximas as propriedades rurais pode incentivar os visitantes a manter relacionamento de longo prazo com as empresas que agem desta forma.

Caso Fazenda Sambaiba

A Fazenda Sambaiba localiza-se no município de Brejão, região Agreste do estado de Pernambuco, dista 7km da cidade de Garanhuns, principal cidade da região e aproximadamente 240km da capital do estado, Recife.

A localidade esta situada à cerca de 730m do nível do mar tendo clima e temperatura amenos em grande parte do ano o que a torna atípica em relação às demais propriedades rurais do interior do estado.

A fazenda foi adquirida no ano de 1979, pela atual proprietária Maria América Regehs e por seu falecido esposo Jurgen Regehs, possuindo 91ha de área.

No que tange as atividades agrícolas desenvolvidas na propriedade, o principal produto é o café, chegando no início da década passada a ter 30ha plantados com cerca de 44 mil pés. Hoje cerca de 20ha são utilizados para o plantio.

Possui uma área destinada à plantação orgânica, de 'alimentos de qualidade', que são utilizados para consumo da proprietária, da sua família, de seus colaboradores e dos visitantes. Em relação à criação de animais a propriedade possui 25 a 30ha de pastagem arrendadas para um agropecuarista da região e criação de frangos caipiras.

Uma área de aproximadamente 20ha foi destinada para fazer uma reserva florestal de Mata Atlântica, embora a vegetação não seja nativa conseguiu-se neste período desenvolver uma mata secundária. Esta área é utilizada para a prática de turismo ecológico pelos visitantes. "Existe uma trilha na mata que é feita com guia, todas as vezes que é feito o passeio ele leva uma muda de árvore para plantar com os visitantes despertando assim a consciência ecológica" (Regehs, 2001).

Desde a compra da propriedade, antes mesmo de iniciar as atividades agroturísticas, a Sra. Maria América já se preocupou em deixar esta área para ser uma reserva florestal o que demonstra que sua consciência ambiental já existia antes da exploração do turismo.

O restante da propriedade, cerca de 1ha, é destinado às instalações e equipamentos turísticos.

A Idéia de transformar a propriedade em uma fazenda-hotel segundo a Sra. Maria Am da área plantada além do interesse pessoal pelo desenvolvimento do agroturismo.

O fato de ter sido a pioneira é evidenciado pela fala do Sr. Ricardo Uchôa, Presidente da Associação Pernambucana de Turismo Rural e Ecológico – APETURR: "A primeira propriedade a desenvolver o turismo rural no estado foi a Fazenda Sambaiba em uma propriedade próxima a cidade de Garanhuns no agreste pernambucano" (Uchôa, 2002).

Podemos caracterizar a fazenda dentro das modalidades de turismo que discutimos no início deste artigo como uma propriedade tipicamente agroturística.

Nela percebemos que o turismo e as atividades agropecuárias não são conflitantes e sim complementares, há uma grande interação entre os visitantes e a comunidade local e poucos são os atrativos artificiais, sendo que seu principal atrativo são as atividades rurícolas, a paisagem e o contato com o modo de vida típico do campo.

No ano de 2001 a fazenda empregava dois funcionários fixos, sendo que nos feriados e finais de semana contratava colaboradores avulsos, chegando a dez no Festival de Inverno de Garanhuns[2], época de maior demanda turística na região.

A fazenda começou a atividade utilizando três chalés para acomodar os hóspedes, em 1996, foram construídos mais cinco apartamentos e em 1998, mais dois chalés.

No entanto ela optou por ceder o espaço que era ocupado pelos cinco apartamentos para membros da comunidade local que os utilizam para desenvolver atividades culturais, educacionais e produtivas, com destaque para o artesanato.

A proprietária é a principal incentivadora para que os membros da comunidade, principalmente do gênero feminino, se associem para produzir

---

[1] Na Alemanha esta modalidade de turismo é desenvolvida a mais de 150 anos e sua população dá muito valor a este segmento de turismo sendo o campo o local onde cerca de 40% das pessoas preferem se deslocar para desfrutar o período de férias (Embratur, 1999).

[2] O festival de Inverno de Garanhuns é realizado durante o mês de julho, no evento há a realização de vários shows, apresentações de artistas, oficinas, manifestações da cultura popular, etc.

e comercializar os produtos em sua fazenda. Segundo ela a matéria-prima necessária para produzir os artesanatos que precisam ser compradas na cidade é custeada com recursos que ela retira da receita que advém das atividades turísticas da fazenda.

Ela acredita que é muito importante incentivar as mulheres da comunidade a terem ocupação, melhorando assim a auto-estima das associadas e contribuindo para a renda familiar, podendo assim melhorar a qualidade de vida da sua família.

Nos finais de semana elas podem vender os objetos produzidos localmente para os turistas e a renda desta atividade fica integralmente para as pessoas que participaram da produção e da venda.

A compra de produtos básicos que não são produzidos na fazenda é feita no entorno, excetuando quando estes são de 'baixa qualidade', quando então ela os compra na cidade de Garanhuns.

De acordo com a proprietária é importante dar preferência aos produtos que são produzidos nas pequenas propriedades do entorno, pois é uma forma da comunidade se envolver e ser favorável ao desenvolvimento do turismo na região.

Conclusão

Concluímos com este estudo de caso que a empresa rural Fazenda Sambaiba está sendo socialmente responsável e que este fato contribui não somente para um relacionamento de longo prazo com a comunidade que vive no entorno, como também, para o desenvolvimento de uma imagem favorável pelos excursionistas e turistas que freqüentam o empreendimento.

Embora a proprietária não tenha objetivos mercadológicos ao agir com responsabilidade social ela influencia sobremaneira com este comportamento para que todos tenham uma imagem positiva da sua fazenda.

Os visitantes percebem através do contato com a comunidade, com a proprietária que recebe e conversa com todos pessoalmente, e através da observação realizada durante sua estada na fazenda que ela tem projetos de proteção, restauração e sustento do meio ambiente, que contribui para o para o equilíbrio do ambiente natural trazendo assim benefícios para toda a sociedade.

Esta que é uma das questões críticas enfrentadas por todos os habitantes da terra, tem sensibilizado muitas pessoas a preferirem produtos e serviços de empresas ecologicamente responsáveis.

Assim, além de contribuir para que o turismo no espaço rural seja bem visto por todos os visitantes e tenha conseqüentemente sua demanda aumentada, por estas ações ela incrementa o número de clientes habituais e consegue divulgação positiva da fazenda-hotel através do '*marketing* boca a boca' que é considerado umas das formas de comunicação mais eficientes por profissionais da área de mercadologia.

Ao se comprometer com projetos sociais que visam o bem-estar da comunidade do entorno a Sra. América Regehs, estabelece uma harmonia entre a empresa e a comunidade que beneficia ambas as partes.

Os visitantes também ficam muito simpáticos à fazenda-hotel ao constatarem o auxílio que é dado pela empresa rural para que as mulheres da comunidade local aprendam um ofício e possam através dele resgatar a cidadania e auferirem renda para ajudarem suas famílias em uma região relativamente pobre do nordeste do Brasil.

Referências Bibliográficas

1. BAPTISTA, M. *Turismo: competitividade sustentável*. Lisboa: Verbo, 1997.
2. BENI, M. C. *Análise Estrutural do Turismo*. São Paulo: Senac, 2001.
3. CAMPANHOLA, C.; GRAZIANO DA SILVA, J. O lazer e o novo rural. In: CONGRESSO BRASILEIRO DE ECONOMIA E SOCIOLOGIA RURAL - 40, 2002. Passo Fundo. *Anais*. Brasília: SOBER, 2002. (CD-ROM).
4. CHURCHILL, G. A.; PETER, P. J. *Marketing: criando valor para os clientes*. São Paulo: Saraiva, 2000.
5. EMBRATUR (INSTITUTO BRASILEIRO DE TURISMO). *Manual operacional do turismo rural*. Brasília: Embratur, 1994.
6. GRAZIANO DA SILVA, J.; VILARINHO, C.; DALE, P. Turismo em áreas rurais: suas possibilidades e limitações no Brasil. In: ALMEIDA, J. A.; FROEHLICH, J. M.; RIEDL, M. (orgs.). *Turismo Rural e Desenvolvimento Sustentável*. Campinas: Papirus, 2000.
7. KOTLER, P. *Administração de Marketing: a edição do novo milênio*. São Paulo: Prentice Hall, 2000.
8. KOTLER, P.; BOWEN, J.; MARKENS, J. *Mercadotecnia para Hoteleria y Turismo*. Naucalpan de Juáres: Prentice Hall Hispanoamericana, 1997.
9. LIMEIRA, T. M. V. Fundamentos de *marketing*. In: DIAS, S. R. (coord.). *Gestão de Marketing*. São Paulo: Saraiva, 2003.
10. MARINS FILHO, L. A. A empresa não é ONG. In: *Revista Propaganda*, São Paulo, n. 621, fev. 2003.
11. NICKELS, W. G.; WOOD, M. B. *Marketing*: relacionamentos, qualidade, valor. Rio de Janeiro: LTC, 1999.
12. PRIDE, W. M.; FERRELL, O. C. *Marketing*: conceitos e estratégias. Rio de Janeiro: LTC, 2001.
13. REGEHS, M. A. (depoimento). Entrevistador Sandro V. P. Ribeiro. Brejão, 21/nov/2001. 1 fita cassete, estéreo.
14. TACHIZAWA, T. *Gestão Ambiental e Responsabilidade Social Corporativa: estratégias de negócios focadas na realidade brasileira*. São Paulo: Atlas, 2002.
15. UCHÔA, R. (depoimento). Entrevistador Sandro V. P. Ribeiro. Carpina, 15/mar/2003. 2 fitas cassete, estéreo.
16. UCHÔA, R. (depoimento). Entrevistador Sandro V. P. Ribeiro. Olinda, 07/nov/2002. 1 fita cassete, estéreo.

Capítulo 60

Turismo Cultural e Ecológico nas Várzeas e Engenhos do Brejo Paraibano: Possibilidades e Estratégias

Luíra Freire Monteiro
Giovanni Neiva
Thiago Guerra

Introdução

A Paraíba, historicamente, teve suas terras ocupadas pela cultura canavieira voltada para a exportação. No sentido de oficializar a posse das terras, vários engenhos foram montados, e nas terras em volta foram semeadas as primeiras mudas da cultura, cujo caule de líquido adocicado se tornaria açúcar sob o braço dos negros. O "ouro branco", pois, durante séculos dominou a economia local, marcando em definitivo a própria história brasileira.

A cultura canavieira sempre exigiu solos úmidos e ricos em minerais; tal exigência impediu sua penetração pela totalidade do território paraibano, cujos interiores estavam repletos de índios hostis à presença dos colonizadores. Somente no litoral, e posteriormente no agreste, mais especificamente na microrregião do brejo paraibano, abundaram os grandes engenhos, rodeados de plantações que pleiteavam com o horizonte o olhar do viajante, entorpecido ante a extensão de vales verdes, cuja terra era sugada, tal qual a força de homens, mulheres e animais que ali labutassem de sol a sol.

A derrocada do açúcar brasileiro no mercado internacional, aliada às tecnologias de produção, configurara-se como enclaves necessários à destruição do modelo econômico vigente desde o Brasil colonial.

A partir de então os engenhos brasileiros, e mais especificamente, os paraibanos, entraram em decadência. Os campos continuaram a produzir – como o fazem até hoje -, mas passaram a abrir espaços para culturas de subsistências como a mandioca, o feijão e o milho. Tais culturas, conhecidas como "culturas pobres"[1] , passaram a refletir o estado econômico desses confins. As moendas, por sua vez, diminuíram o ritmo, até que algumas silenciaram em definitivo.

A representação, de origem colonial e até medieval, de terra como sinônimo de riqueza (mesmo que improdutiva) evitou a descaracterização da região dos engenhos, que poderiam ter sido vendidos, ou ocupados de forma a gerar lucros aos seus proprietários. A especulação imobiliária e o crescimento dos centros urbanos permitiram com que isso de fato ocorresse, mesmo que em pequena escala.

Por outro lado, alguns proprietários optaram pela diversificação da produção, e nesse mister conseguiram reorganizar o espaço produtivo do brejo paraibano, passando a produzir aguardente e rapadura. Algumas políticas públicas de incentivo à produção canavieira conseguiram, por sua vez, articular um circuito desses produtos, cuja existência abre um poderoso espaço ao turismo rural e cultural no interior paraibano.

Como a nova produção destina-se, em boa parte, ao mercado regional, a capacidade ociosa desses engenhos ainda é gritante, tendo como pressuposto não apenas as finalidades econômicas de seus proprietários, conforme anteriormente alegado. Égide da riqueza e do poder político local, os engenhos são mantidos quase como um altar, a lembrar o passado de opulência dos senhores da região.

A base para esta investigação partiu da constatação de que os engenhos paraibanos podem vir a se tornar excelentes atrativos para a atividade turística, tanto de cunho ecológico quanto cultural.

---

[1] Ter um engenho e viver do que ali se produzia condicionava seu proprietário ao *status* de grande proprietário, conseqüentemente rico e politicamente poderoso. Desde os tempos coloniais, as culturas de subsistência ocorriam à margem do engenho, nas terras menos férteis e desprezadas para o cultivo da cana-de-açúcar, ficando seus cuidados aos homens pobres e livres da região, submetidos ao proprietário de terras.

Para tanto, escolhemos os engenhos denominados "Novo" e "Beatriz", localizados no município de Alagoa Nova, região do Brejo paraibano, no sentido de investigarmos as possibilidades de implantação da atividade turística na região.

Possibilidades de Exploração Turística

Os engenhos configuram-se como aulas vivas de história e cultura, atrelados que estão, desde sua origem, à formação e consolidação de nosso país, em todos os seus aspectos, sejam econômicos, políticos e socioculturais. Não por acaso, a grande obra para entendimento do Brasil – *Casa Grande e Senzala*, de Gilberto Freyre – retrata a vivência em todos os seus aspectos no interior dos engenhos brasileiros.

Os engenhos "Beatriz" e "Novo" refletem essa configuração tradicional de tantos outros encontrados pelo litoral brasileiro. Ambos pertencem ao mesmo proprietário, possuindo uma área comum de 570ha. Suas instalações físicas são caracterizadas pela existência de sedes, ou casas-grandes, casas para moradores, moendas, além de vários galpões com funções especiais para a atividade principal dos mesmos, a produção de aguardente de cana – fermentação, destilação, lavagem, engarrafamento e estoque.

Tais engenhos dispõem de 25 moradores que lá trabalham, principalmente no período de corte e moagem da cana-de-açúcar, que ocorre de setembro a fevereiro. O acesso ao mesmo é difícil, logo após a cidade de Alagoa Nova. Trata-se de estradas carroçáveis, que no período de chuvas tornam-se charcos de barros que impossibilitam o trânsito de veículos comuns.

A distribuição espacial desses engenhos e os modos de morar, de vestir, de comer, de mandar e ser mandado refletem com propriedade todo o processo de colonização trazido pelos portugueses e adaptado conforme as circunstâncias aqui encontradas.

As técnicas produtivas, os saberes, as lendas dos que viveram séculos no meio dos canaviais perfazem um cabedal riquíssimo de bens culturais brasileiros, adormecidos sob a fumaça das chaminés de tijolos vermelhos, a denunciar a manutenção do fogo de suas caldeiras, e conseqüentemente, do poder do seu dono.

Ao redor, vales, rios, cachoeiras. Mais longe, escarpas e despenhadeiros, talvez um resquício de mata, mantida não pelos cuidados com o meio ambiente, mas talvez pela teimosia da própria natureza local. Como adornos, toda a fauna silvestre da região.

Os centros urbanos mais próximos, por sua vez, guardam relíquias arquitetônicas em grandes quantidades. Igrejas barrocas aliadas a extensões de casarios coloniais refletem um estilo de vida que parece não mais existir, de costumes estranhos à vivência da metrópole.

Contraditoriamente, entretanto, os engenhos localizam-se perto de centros urbanos como Campina Grande e João Pessoa, que dispõem de boas instalações e razoável vida noturna, além de outras atrações capazes de comportar a atividade turística em grande escala.

Somente aos poucos esses locais vêm sendo descobertos por turistas, notadamente por escandinavos, que sempre surgem em pequenos grupos, hospedam-se nos melhores hotéis da região e divulgam as belezas do lugar nos países de origem.

Estratégias para Implantação e Dinamização do Turismo na Região

Apesar da insistência do governo estadual, nos últimos anos, em dinamizar na Paraíba o turismo litorâneo, com investimentos de vulto na chamada "Costa do Sol", o interior do estado tem se organizado cada vez mais para a atividade turística, notadamente em duas áreas de peso: o turismo cultural e o de aventuras/ecológico.

Em alguns casos, como o Pacto do Cariri, a atividade turística regional tem sido debatida e implementada por grupos locais de prefeitos e empresários que, com custeio próprio, organizam o espaço e divulgam os atrativos locais – geralmente sítios arqueológicos de pequeno porte –, na tentativa de rearticular a economia local, ainda atrelada ao modelo econômico pautado na agropecuária; modelo este tão antigo quanto o Brasil, e brecado pelas condições climáticas da região.

O Brejo, por sua vez, conta como atrativo fomentado pelas políticas públicas o "Bregareia", festival anual da cachaça, onde se reúnem, além dos apreciadores da bebida, uma coletânea de artistas da chamada música "brega" nacional.

Por sua vez, esconde tesouros apreciáveis de bens culturais e de patrimônio histórico, além de uma natureza propícia aos esportes de aventura, como pouco se vê no restante do estado.

No sentido de dinamizar a atividade turística nessa área do estado da Paraíba, é mister adotar, além de estratégias de captação de viajantes, algumas feições que sejam realmente atraentes aos mesmos, sejam estes turistas ou estudantes.

Para tanto, optou-se pelas seguintes estratégias:

- Revitalização dos engenhos locais, a partir de suas atividades produtoras básicas, sejam: a produção de rapadura (base do açúcar) e da aguardente. A feitura da rapadura é idêntica a do açúcar, e exige o restauro das técnicas centenárias de produção, o que caracterizaria os chamados bens intangíveis.
- A utilização, a partir de réplicas, de utensílios comuns num engenho, como formas de açúcar mascavo, formas de rapadura, colheres de pau de tamanhos adequados à atividade, além da reconstrução da dinâmica original do engenho, como caldeiras, fornos e tachas de cozimento do melado.
- O uso, mesmo que decorativo, de alambiques antigos, de forma a demonstrar o processo original de recolhimento e concentração do restolho a partir de calhas rústicas na feitura da aguardente.
- A recriação dos espaços físicos nas suas formas originais, com construções comuns à região, desprovidas de modismo e o mais aproximadas possíveis do ambiente autêntico.
- A manutenção dos canaviais, de forma a permitir a visita ao mesmo na época da colheita, da limpeza do terreno e do replantio.
- A utilização de animais de carga para remover a matéria-prima até o centro da produção.
- A queima do restolho da cana nas caldeiras, mantendo-se uma técnica colonial.
- A produção diária e comum, durante o período de moagem, para apreciação dos visitantes.
- A criação de um espaço de referência às antigas senzalas, com objetos capazes de remeter o visitante às agruras do período escravocrata.
- Aformoseamento das casas-grandes, em sua infra-estrutura e mobiliário o mais originais possíveis.
- Preparação, *in loco*, da culinária regional, com degustação e venda de produtos no local. De preferência, na cozinha da casa-grande, com mão-de-obra feminina da região.
- Melhoramento das vias de acesso ao local, mesmo que, mantendo-se a estrada original, oferecendo transporte capaz de vencer o percurso em qualquer condição.
- Divulgação junto às escolas da região, de pacotes passíveis de cobertura pelos estudantes locais, e de instrutor capaz de repassar a importância do conjunto de ensinamentos, técnicas e vivências ali mantidas.

- Divulgação junto às grandes operadoras do Brasil e do exterior, de forma a atrair visitantes de todas as partes, interessados no produto turístico local.
- Identificação das plantas e animais silvestres existentes na região, e, se possível, sua caracterização local.
- Identificação de locais passíveis de desenvolver o turismo de aventuras, com trilhas de fácil identificação, além de guia disponível.
- Aluguel ou cessão de material utilizado nas atividades a serem desenvolvidas no local.

Conclusões

O conhecimento dos engenhos escolhidos como ponto de partida para identificação das possibilidades de implantação da atividade turística no interior do brejo paraibano nos remete ao fato de que a região oferece condições para o *trade* turístico.

A infra-estrutura local, se não é das melhores, pelo menos não se ergue como contradição ao arranjo cultural da região, o que se revela em mais um atrativo entre os muitos ali existentes.

A localização dos engenhos permite o rápido deslocamento às cidades de porte médio da região, que oferecem comodidades desejadas pelos viajantes, além de complementos da vida moderna, como shoppings, cinemas e restaurantes, além de serviços médicos e de telecomunicações, além de traslados terrestres e aéreos.

As estratégias traçadas para aqueles locais compreendem a rearticulação da estrutura já existente, seguida da revitalização das atividades originais da região, tal qual já ocorreu com as antigas fazendas de café da região do Vale do Paraíba.

Para tanto, fica evidente a adoção de políticas passíveis de lançar a região do estado de letargia em que se encontra num epicentro gerador, mantenedor e divulgador da cultura regional e mesmo nacional, já que toda a infra-estrutura local se lastreia na época da colonização brasileira.

Referências Bibliográficas

1. BARRETO, M. *Turismo e Legado Cultural.* Campinas: Papirus, 1998.
2. FIGUEIREDO DE CARVALHO, P. Patrimônio histórico e artístico nas cidades médias paulistas: a construção do lugar. In: YAZIGI, E. *Turismo: espaço, paisagem e cultura.* São Paulo: HUCITEC, 1999.

3. GASTAL, S. *O Produto Cidade: caminhos da cultura, caminhos do turismo*. 2000.
4. OLIVEIRA, A. P. Turismo e desenvolvimento. In: CASTROGIOVANNI, A. C. (org.). *Turismo Urbano*. São Paulo: Contexto, 2000.
5. YAZIGI, E. Vandalismo, paisagem e turismo no Brasil. In: *Turismo: espaço, paisagem e cultura*. São Paulo: HUCITEC, 1999.

Capítulo 61

Turismo em Unidades de Conservação: o Exemplo da Reserva Particular do Patrimônio Natural Salto Morato, Guaraqueçaba/PR

Adilson Nalin Luiz
André Louis Montanha de Oliveira

Introdução

A relação do homem com a natureza são tão antigas quanto a própria existência da humanidade. No princípio, a interferência do homem nos ecossistemas era mínima ou não existia, uma vez que suas ações de coleta ou caça se equivaliam àquelas de qualquer animal predador. O processo civilizatório implicou alterações significativas no relacionamento homem/recursos naturais alterando profundamente o equilíbrio da biosfera.

Essas ações fizeram com que atitudes fossem tomadas para proteger amostras significativas dos mais diversos ecossistemas contra a ocupação irracional do homem, essas áreas são denominadas como "Áreas Silvestres". Mas, para o Brasil, seguindo tendências internacionais, temos como Áreas Protegidas ou Unidades de Conservação[1] .

A noção de áreas silvestre, bastante diferente do conceito atual, surgiu com a criação do primeiro parque nacional do mundo, nos Estados Unidos, por iniciativa de exploradores da região do rio Yellowstone que, motivados pela beleza do local e considerando que inúmeras áreas com características semelhantes haviam sucumbido ao processo de colonização corrente, julgaram justo preservar aquela área para que as gerações futuras também pudessem desfrutar daquelas maravilhas cênicas. A idéia foi adiante e, em 1° de março de 1872, o Congresso americano aprovou a ata de criação do "Yelowstone National Park", proibindo qualquer exploração que alterasse as características naturais da área e destinando-a para a preservação, recreação e benefícios das gerações atuais e futuras.

No Brasil, embora o engenheiro e político André Rebouças, inspirado na criação do primeiro Parque Nacional nos Estados Unidos, tenha lutado a partir de 1876, pela criação de parques nacionais na Ilha do Bananal e Sete Quedas, o Parque Nacional do Itatiaia foi o primeiro parque brasileiro, criado em 1937.

De qualquer forma, a idéia de criação de parques se estendeu de forma relativamente rápida a vários países, entre eles Canadá (1885), Nova Zelândia (1894), Austrália, África do Sul e México (1898), Argentina (1903), Chile (1926), Equador (1934), entre outros (FBPN. 2001. p. 8).

O conceito legal das Unidades de Conservação privadas surgiu no Brasil com a Portaria do extinto Instituto Brasileiro de Desenvolvimento Florestal – IBDF n° 327-77P que, com base no artigo 6° da Lei 4771/65 Código Florestal, instituiu os Refúgios Particulares de Fauna. Esses refúgios eram criados em áreas naturais remanescentes com razoável grau de conservação, onde estavam presentes exemplares da fauna silvestre brasileira.

Com o Decreto n° 98.914/90, que instituiu as Reservas Particulares do Patrimônio Natural – RPPN[2], a concepção restrita das áreas naturais protegidas privadas sofreu significativa mudança de diretrizes, reconhecidamente para melhor. Por esse decreto, as áreas que apresentavam condições de primitividade ou semiprimitividade, aspectos paisagísticos ímpar, ou contribuíssem para a manutenção do ciclo biológico das espécies de fauna e flora nativas do Brasil, poderiam ser reconhecidas legalmente, por iniciativas dos

---

[1] Unidades de Conservação: espaço territorial e seus recursos ambientais, incluindo as águas jurisdicionais, com características naturais relevantes, legalmente instituído pelo Poder Público, com objetivos de conservação e limites definidos sob regime especial de administração, ao qual se aplicam garantias adequadas de proteção.(SNUC.2002.pp.4)

[2] Art. 21 – A Reserva Particular do Patrimônio Natural é uma área privada gravada com perpetuidade com o objetivo de conservar a biodiversidade biológica.

proprietários, como RPPN. Nessa condição insere-se a Reserva Natural Salto Morato da Fundação O Boticário de Proteção à Natureza – FBPN.

Fundação O Boticário de Proteção à Natureza – Reserva Natural Salto Morato

A RNSM está localizada na região leste do estado do Paraná no município de Guaraqueçaba[3] numa área total de 2.340 ha originários das antigas fazendas Figueira com 816 ha, fazenda Salto Dourado com 855 ha e fazenda Esperança com 624 ha. Por princípios filosóficos, a FBPN sempre entendeu que a finalidade das RPPN é a garantia da perpetuidade dos atributos ecológicos que levaram uma área a ser reconhecida como tal e em função das importantes características naturais locais, entre as quais expressivos remanescentes de Floresta Atlântica[4] , sítios abióticos como Salto Morato e bióticos como a Figueira do rio do Engenho, de rara beleza ambiental, além de garantia de recuperação de ecossistemas alterados, a FBPN estabeleceu como princípios que a RNSM a manejada com os mesmos fundamentos e diretrizes técnicas que regem a categoria Parque[5] .

A FBPN é uma fundação corporativa sem fins lucrativos, criada pelo grupo empresarial O Boticário e tem como missão promover e realizar ações de conservação da natureza para garantir a vida na terra. Atuando em todo o Brasil desde 1990, suas ações são realizadas por meio de três programas:

- PICN (Programa de Incentivo à Conservação): patrocina projetos de criação, implantação e manutenção de unidade de conservação, de pesquisa e proteção de espécies e populações importantes ou sob risco, assim como de seus hábitats, estimula a criação, implantação e manutenção de áreas verdes e arborização e de recuperação de ecossistemas alterados e degradados.

---

[3] Guaraqueçaba é uma palavra de origem tupi, cujo significado, oriundo de *guará* (Eudocimus *ruber*, ave de coloração vermelha da família dos Threskiornithidae) e *queçaba* ("lugar de" ou "ninho de") pode ser traduzido como ninho de guarás.

[4] A Floresta Atlântica ocupava mais de 1 milhão de Km^2, ou 12% da superfície do país e atualmente, está reduzida a 7% da cobertura original ou Floresta Ombrófila Densa, formação esta que ocupava uma faixa costeira, contínua, que se estendia do Rio Grande do Norte ao Rio Grande do Sul.

[5] Art. 11 – O Parque Nacional tem como objetivo básico a preservação de ecossistemas naturais de grande relevância ecológica e beleza cênica, possibilitando a realização de pesquisas cientifica e o desenvolvimento de atividades de educação ambiental, de recreação em contato com a natureza e de turismo ecológico.

- PANP (Programa de Áreas Naturais Protegidas): prevê a implantação de uma rede de Reservas Particulares do Patrimônio Natural (RPPN) no Brasil.
- PEM (Programa de Educação e Mobilização): dissemina conhecimentos, valores e atitudes. A FBPN promove e incentiva ações que mobilizem, o maior número possível de pessoas para a conservação da natureza e de ambientes atuando em capacitação em conservação da natureza, publicações, reciclagem, exposições e eventos técnicos científicos.

Por intermédio do Programa de Áreas Naturais Protegidas a FBPN, com o apoio da *The Nature Conservancy* (TNC) e da *Sociedade de Pesquisa em Vida Selvagem e Educação Ambiental* (SPVS), indicou os estudos para a seleção de áreas prioritárias para a conservação, com vistas à aquisição e transformação em RPPN, entre eles, a Floresta Atlântica, que abrange alguns ecossistemas mais ameaçados do planeta, a região de Guaraqueçaba, por representar um dos maiores remanescentes desse tipo florestal, com alto grau de biodiversidade associado à baixa densidade demográfica.

Antes da implementação da RNSM os moradores do entorno da Vila do Morato sobreviviam de algumas atividades, entre elas a da caça e extração de palmito que é considerada ilegal. Através disso a FBPN interveio com a proposta de alternativa de renda baseada em projetos, o primeiro foi à criação de marionetes de bichos da fauna da Floresta Atlântica, o segundo foi o projeto Bambu, artesanato feitos de bambu para a decoração e o último foi o projeto Cestaria que é a construção de cestas feitas de junco, taboa, bambu e cipó.

Por sua beleza e qualidade, existe a opção de venda das cestas para os visitantes que vêm para RNSM e também as cestas foram adquiridas pelas lojas O Boticário de todo o Brasil, decorando vitrines e balcões. A Fundação tem como um de seus objetivos, agora, criar também condições para a escolarização de todos os membros da comunidade, pois, mais do que encontrar alternativas para a geração de renda busca o desenvolvimento sustentável da comunidade, o que só pode ser alcançado ao se considerar o conceito de cidadania.

De acordo com o levantamento da vegetação feito para o plano de manejo da RNSM, foram indicadas espécies típicas como o *Schizolobium parahyba* (guapuruvu), *Euplassa Cantareira* (carvalho), *Cabralea canjerana* (canjerana), *Nectandra leucantha* (canela-branca), *Fícus sp* (figueiras-diversas), *Manilkara subsericea* (maçaranduba), *Cedrela fissilis* (cedro-rosa), *Aspidosperma olivaceum* (peroba), *Ocotea teleiandra* (canela-pimenta), *Euterpes edulis* (palmito), *Syagrups* sp. (jerivá) e o *Dycksonia sellowiana* (xaxim).

De um modo geral a Floresta Atlântica sob o ponto de vista da biodiversidade é uma das mais importantes do planeta. Para o Brasil a importância pode ser fortalecida pelo fator de relacionar-se 171 das 202 espécies de animais brasileiros ameaçados de extinção o que se deve ao alto grau de endemismo das espécies da floresta. Os dados fornecidos pela RNSM indicam 91 espécies que representa a totalidade de mamíferos do Estado do Paraná em 53% das espécies. Das espécies encontradas ou citadas para a área, sete fazem parte da lista oficial brasileira das espécies ameaçadas de extinção. Das constantes nas Portarias do IBAMA nº 1522/89 e 106/93N: *Alouatta fusca* (bugio-ruivo); *Lutra longicaudis* (lontra); *Leopardus pardalis* (jaguatirica); *L. tigrina* (gato-do-mato-pequeno); *L. wiedii* (gato-do-mato); *Puma concolor* (puma) e *Panthera onça* (onça-pintada). Vale ainda ressaltar *Speothos venaticus* (cachorro-do-mato-vinagre ou cachorro-aô), espécie considerada extinta para o estado do Paraná.

O levantamento avefaunístico da RNSM indica a presença de 357 espécies, o que representa um total de 56% das espécies de aves do Estado do Paraná. Na lista oficial brasileira das espécies ameaçadas de extinção estão: *Pipile jacutinga* (jacutinga), *Sporophila frontalis* (pichochó), *Oryzoborus angolensis* (curió), contando ainda com a provavelmente extinta *Lipaugus lanioides* (sabiá-da-serra). Na lista oficial brasileira das espécies ameaçadas de extinção é citada a ocorrência na RNSM de: *Titamus solitarius* (macuco), *Crypturellus noctivagus* (jaó-do-litoral), *Leucopternis polionota* (gavião-pombo), *L. lacernulata* (gavião-pombo-pequeno), *Spizastur melanoleucus* (gavião-pato), *Penélope obscura* (jacu-açu) *Pipile jacutinga* (jacutinga), *Amazona brasiliensis* (papagaio-de-cara-roxa), *Macropsalis forcipata* (rabo-de-palha), *Dryocopus galeatus* (pica-pau-de-cara-acanelada), *Campephilus robustus* (pica-pau-rei), *Platyrinchus leucoryphus* (patinho-grande), *Capornis melanocephalus* (peão-batata), *Lipaugus lanioides* (sabiá-da-serra), *Pyroderus scutatus* (pavó), *Dacnis nigripes* (saí-azul-de-perna-preta), *Sporophila frontalis* (pichochó) e *Amaurospiza moesta* (negrinho-do-mato).

A reptofauna da RNSM indica 53 espécies, apenas uma está ameaçada de extinção o *Caiman latirostri* (jacaré-do-papo-amarelo), os anfíbios estão distribuídos em 34 espécies, os peixes estão distribuídos em 70 espécies.

O Turismo na Reserva

Inaugurada oficialmente em fevereiro de 1996, mais de 45.000 pessoas visitaram essa área, além de família e grupos de amigos constata-se uma procura muito grande de grupos de terceira idade, de escoteiros e de instituições de ensino.

Dentro da oferta turística de Salto Morato, os principais atrativos são:

- Aquário Natural: denominação atribuída a um acidente geográfico de origem antrópica e natural que existe em uma das curvas do rio onde, anteriormente, houve retirada de sedimentos. A natureza formou, ali, uma espécie de poço, ou "aquário", cuja profundidade aproximada é de 3,5 metros. Nesse trecho, as águas do rio diminuem sua velocidade, proporcionando uma grande concentração de peixes. A observação deste pode ser feita de muito perto, através da água translúcida.
- Salto Morato: queda d'água que dá o nome à Reserva, com águas cristalinas que despencam de 130 metros de altura. É o principal atrativo da RPPN, de caráter apenas contemplativo, tendo como entorno a densa vegetação da Floresta Atlântica.
- Figueira: apesar da ocorrência comum em matas fechadas, esta árvore tornou-se um dos símbolos da Reserva. A ponte que suas raízes criara, por sobre os seis metros de largura do rio do Engenho, transformaram-na em um dos dois maiores atrativos da Reserva. Esta árvore centenária – cuja idade é estimada em cerca de 300 anos – é um hábitat perfeito para a sobrevivência das diversas espécies da flora, principalmente de orquídeas e bromélias, e da avifauna.

Esses atrativos podem ser visitados através de trilhas que possibilitam maior compreensão e apreciação da área. A trilha do Salto é uma trilha autoguiada com painéis interativos onde os visitantes recebem informações de fatos que passam desapercebidos ou que seus olhos e demais sentidos não estão treinados para notar, e a trilha da Figueira é uma trilha guiada onde um interprete treinado acompanha os visitantes na caminhada, levando-os a observar, sentir, experimentar, questionar e descobrir fatos relacionados aos ecossistemas que a reserva está presente.

A Reserva Natural Salto Morato oferece ainda:

- Portal de Entrada: um dos cartões-postais da Reserva. É todo construído de madeira e tem formato estilizado, fazendo lembrar uma queda d'água.

- *Camping*: possuindo aproximadamente um hectare, o *camping* está localizado na área mais impactada da RPPN, onde havia, no passado, criação de búfalos. Foi idealizado para 12 barracas dispostas em círculo; no centro, foi construída a casa de apoio, que conta com sanitários, tanque, chuveiro e churrasqueira.
- Lanchonete: este equipamento constitui um importante ponto de atendimento ao visitante, sendo uma das fontes de recursos financeiros para a Reserva, que ocorre por meio de arrendamento do ponto de comércio.
- Área de Piqueniques/Churrasqueira: idealizada para proporcionar a integração dos visitantes com a natureza, essa área é dotada de quiosques, bancos e mesas de madeira, pias e churrasqueiras, além de sanitários. Neste local, propositalmente não foi instalada energia elétrica; a utilização dessa área fica limitada ao período de ocorrência de luz natural, estabelecendo assim um cerceamento a atividades após o cair do sol e impedindo, naturalmente, a prorrogação da estada de estranhos após o horário de fechamento da Reserva, em horários que causem incômodo à fauna.
- Centro de Visitantes: é a estrutura para apoio e recebimento de visitantes, possuindo auditório para exibição de vídeos e realização de palestras e cursos, sanitários, ponto de venda com produtos que possuem a logomarca da RNSM e FBPN, além de uma exposição permanente sobre a Floresta Atlântica com maquetes em escala da APA[6] de Guaraqueçaba, da Reserva, animais que podem ser encontrados tanto na Floresta Atlântica e Reserva, imagens dos diversos tipos de florestas e onde eles ocorrem no mundo, Floresta Atlântica com sua cobertura inicial e atual e alguns animais ameaçados de extinção, tudo com informações técnicas em linguagem simples para a compreensão dos visitantes.
- Anfiteatro ao ar livre: para a realização de palestras e cursos com capacidade para 300 pessoas. Localiza-se atrás do Centro de Visitantes.
- Centro de Pesquisas: este prédio abriga um alojamento com capaci-

[6] Art. 15 – A Área de Proteção Ambiental é uma área em geral extensa, com um certo grau de ocupação humana, dotada de atributos abióticos, bióticos, estéticos ou culturais especialmente importantes para a qualidade de viva e o bem-estar das populações humanas, e tem como objetivo básico proteger a diversidade biológica, disciplinar o processo de ocupação e assegurar a sustentabilidade do uso dos recursos naturais.(SNUC.2002.pp.12)

dade para 12 pessoas, que é destinado a pesquisadores; nele existem também um laboratório e uma cozinha.

- Centro de Capacitação: com uma completa estrutura para cursos e atividades correlatas e alojamentos para pessoal em treinamento, está apto a receber profissionais de diversas áreas para cursos, principalmente nas áreas de manejo de unidades de conservação e preservação da natureza.
- Casa de Hóspedes: dentre os prédios de apoio, este é um dos mais bem estruturados, possui alojamento para convidados, cientistas, instrutores de oficinas e cursos ministrados na RPPN e no seu entorno, dividido em quatro apartamentos e conta, ainda com um acesso direto ao rio Morato.
- Portaria: fornece as informações básicas sobre a Reserva e as atividades permitidas para tornar a estadas dos visitantes segura e agradável.

As atividades realizadas por turistas dentro de Unidades de Conservação levam em conta a valorização do ambiente natural, e dentre as atividades existentes, pode-se relacionar: a caminhada (*trekking*), a observação de aves (*bird watching*), a fotografia e a filmagem amadora.

Regulamentação e Uso da RNSM

Com a criação da Reserva, ficou assegurada a proteção permanente do patrimônio natural da área sendo esta destinada, exclusivamente, a preservação ambiental.

Foram definidas áreas de zoneamento para assegurar a mínima interferência humana no ambiente natural, possibilitando assim a visitação e proteger a Floresta Atlântica. Seu zoneamento pode ser assim dividido:

- Zona Primitiva: é aquela onde ocorreu pequena ou mínima intervenção humana. Como o objetivo geral do manejo é a preservação ambiental natural, compreende a maior parte da Reserva, com aproximadamente 70% da área.
- Zona de Uso Extensivo: é constituída em sua maior parte por áreas naturais, podendo apresentar alguma alteração humana. É uma zona de transição entre a Zona Primitiva e a Zona de Uso Intensivo e tem como objetivo a manutenção do ambiente natural com o mínimo de impacto humano conta aproximadamente 2% da Reserva.
- Zona de Uso Intensivo: compreende áreas naturais ou já alteradas pelo uso antrópico, mas mantendo algumas características naturais,

possui o objetivo de facilitar a recreação intensiva e a educação ambiental em harmonia com o ambiente natura, compreende aproximadamente 3% da Reserva.

- Zona de Uso Especial: contém as áreas necessárias às instalações de administração, manutenção e serviços da Reserva, incluindo habitações, laboratório, oficina e outros, tem como objetivo minimizar o impacto das estruturas ou os efeitos das obras no ambiente natural da Reserva, possui aproximadamente 3% da superfície da unidade.
- Zona de Recuperação: zona de caráter provisório contendo áreas consideravelmente alteradas pelo homem que, uma vez restaurada, serão incorporadas novamente a uma das zonas permanentes, tem como objetivo deter a degradação dos recursos e/ou restaurar as áreas. Representa aproximadamente 22% da superfície da unidade.

A recuperação da vegetação nativa é outro ponto positivo da Reserva Natural Salto Morato, pois a estagnação das atividades degradantes na área contribuiu para que a flora se recompusesse, naturalmente.

O monitoramento da RPPN é fundamental para o entendimento da relação turismo e meio ambiente, e para os impactos que dessa relação possa surgir, por isso a RNSM trabalha coerentemente ao principio do "Limite Aceitável de Câmbio" (LAC). Este procedimento busca identificar o nível de impacto que a visitação está causando e até que ponto este impacto está sendo absorvido pelo ambiente, ou vem alterando-o além do aceitável, necessitando assim de atitudes específicas no manejo e controle.

A RNSM trabalha com Programas de Manejo que definem as diretrizes e condutas administrativas, com objetivos de garantir que as atividades de pesquisa, capacitação técnica, recreação e educação ambiental sejam compatíveis com a preservação dos atributos naturais das áreas por meio de três programas:

- Programa de Uso Público: proporcionar recreação, educação ambiental e informação.
- Programa de Manejo e Recursos: Este programa agrupa todas as atividades necessárias à manutenção da qualidade ambiental da Reserva, gerenciando as atividades relacionadas à conservação da natureza, recuperação, pesquisa e monitoramento dos recursos naturais da Reserva.
- Programa de Operações: Associar relações públicas, comunidade do entorno, proteção, manutenção administrativa e controle ambiental.

Dentro do Programa de Uso Público existe um Subprograma de Turismo que tem como objetivo divulgar a RNSM para incluí-la em programas de turismo ecológico público ou privado, através de atividades gerais e projetos específicos como contatar organismos oficiais de turismo, agências e operadoras de turismo, em especial de ecoturismo, inserir a Reserva em programas e eventos turísticos oficiais e divulgar a Reserva com placas de sinalização ao longo das rodovias.

CONSIDERAÇÕES

Com a criação das Unidades de Conservação houve um avanço na legislação ambiental brasileira, trazendo uma excelente oportunidade de engrandecimento para a nação, não apenas no que diz respeito à preservação da natureza, mas até mesmo no desenvolvimento econômico dando oportunidade na utilização dessas áreas para o Turismo ou Ecoturismo.

A Reserva Particular do Patrimônio Natural da Fundação O Boticário de Proteção à Natureza representa um caso de preservação ambiental dos mais bem sucedidos ocorrentes no Brasil, interligando preservação ambiental e Turismo, tornando-se um exemplo a ser seguido. A Reserva Natural Salto Morato é prova de que pode existir uma relação harmônica entre homem e natureza.

Referências Bibliográficas

1. BRASIL. *SNUC – Sistema Nacional de Unidades de Conservação.* Lei nº 9.985, de 18 de junho de 2.000. Decreto nº 4.340 de 22 de agosto de 2.002. Diário Oficial da União. Brasília 22 de ago. 2.002 Art. 11, 15, 21.
2. CAIUT, J.A. Ecoturismo em Reserva Particular do Patrimônio Natural. Uma Saída Viável. In: *III Congresso Brasileiro de Unidade de Conservação.* Anais. Fortaleza: Rede Nacional Pró Unidade de Conservação: Fundação O Boticário de Proteção à Natureza: Associação Caatinga, 2002 vol.1 pp. 869-870.
3. COSTA, C.M.R., HERRMANN, G. Reserva Particular do Patrimônio Natural: centro de pesquisa e conservação da biodiversidade: In: *III Congresso Brasileiro de Unidade de Conservação.* Anais. Fortaleza: Rede Nacional Pró Unidade de Conservação: Fundação O Boticário de Proteção à Natureza: Associação Caatinga, 2002 vol.1 pp.867-869
4. COSTA, P.C. *Unidades de Conservação: Matéria Prima do Ecoturismo.* São Paulo. Aleph 2002 (série turismo)
5. DOUROJEANNI, M.J. *Biodiversidade: a hora decisiva.* Curitiba. Editora da UFPR. 2001
6. FBPN – FUNDAÇÃO O BOTICÁRIO DE PROTEÇÃO À NATUREZA. *Plano de Manejo da RPPN Salto Morato.* Curitiba:FBPN.1996.
7. FBPN – FUNDAÇÃO O BOTICÁRIO DE PROTEÇÃO À NATUREZA. Plano de Atividades 2001. Curitiba.FBPN.2001.

8. MILANO, M. S. et al.. Curso de Administração e Manejo de Unidade de Conservação. Reserva Natural Salto Morato. FBPN – Fundação O Boticário de Proteção à Natureza.2001.
9. NUNES, M.L. As organizações não Governamentais e a Iniciativa Privada na Implementação e no Manejo de Unidade de Conservação Posturas e Experiências da Fundação O Boticário de Proteção à Natureza. In: *Unidades de Conservação: Atualidades e Tendências*. Miguel Sereduik Milano (Org.). Curitiba: Fundação O Boticário de Proteção à Natureza, 2002
10. PIRES, P.S. *Ecoturismo no Brasil: uma abordagem histórica e conceitual na perspectiva ambiental*. São Paulo. 1998. Tese (Doutorado) Universidades de São Paulo. Faculdade de Filosofia, Letras e Ciências Humanas.
11. TAKAHASHI, L.Y. Limite Aceitável de Cambio (LAC): manejo e monitorando visitantes. In: *Congresso Brasileiro de Unidade de Conservação*. Anais. Curitiba:IAP:Unilivre: Rede Nacional Pró Unidade de Conservação, 1997 vol.I pp.445-464
12. TAKAHASHI, L.Y. *Caracterização dos Visitantes, suas Preferências e Percepções e Avaliação dos Impactos da Visitação Pública em duas Unidades de Conservação do Estado do Paraná*. Curitiba.1998. Tese (Doutorado em Ciências Florestais) Setor de Ciências Agrárias. Universidade Federal do Paraná.
13. VASCONCELLOS, J.M.O. Trilhas interpretativas: aliando educação e recreação. In: *Congresso Brasileiro de Unidade de Conservação*. Anais. Curitiba: IAP:Unilivre: Rede Nacional Pró Unidade de Conservação, 1997 vol.1 pp.465-477
14. VASCONCELLOS, J.M.O. *Avaliação da visitação pública e das eficiências de diferentes tipos de trilhas Interpretativas no Parque Estadual Pico do Marumbi e Reserva Natural Salto Morato – PR*. Curitiba. 1998. Tese (Doutorado em Ciências Florestais) Setor de Ciências Agrárias. Universidade Federal do Paraná.
15. VASCONCELLOS, J.M.O. Educação Ambiental e Interpretação, o Fortalecimento dos Pilares das Unidades de Conservação: In: *III Congresso Brasileiro de Unidade de Conservação*. Anais. Fortaleza: Rede Nacional Pró Unidade de Conservação: Fundação O Boticário de Proteção à Natureza: Associação Caatinga, 2002 vol.1 pp.846-847.
16. WANDEMBRUCK, A. Fortalecendo a Imagem Institucional: a Fundação O Boticário de Proteção à Natureza e a Reserva Natural Salto Morato. In: *II Congresso Brasileiro de Unidade de Conservação*. Anais. Campo Grande: Rede Nacional Pró Unidade de Conservação: Fundação O Boticário de Proteção à Natureza, 2000 vol.3 pp.42-47.

Capítulo 62

Responsabilidade Social do Turismo na Inclusão da Pessoa Portadora de Deficiência ou com Mobilidade Reduzida

Humberto de Lima Henriques
Iane Sampaio Moreira Lima

Introdução

O lazer é uma prerrogativa básica como fator revitalizador das tensões do cotidiano do ser humano. Nos grandes conglomerados urbanos, as atividades laborais, os compromissos sociais e ainda, os entraves proporcionados pela urbe, como congestionamentos no trânsito e poluição, são motivos de necessidade de fuga do homem para locais diferentes do seu habitual.

Diante disso, percebemos alguns desejos naturais como viajar, conhecer pessoas, lugares e outras culturas. Na verdade reagimos em oposição a tudo aquilo que consideramos habitual em nosso viver diário.

O turismo tem se convertido em um evidente fenômeno de transformação das sociedades modernas, sobretudo nos aspectos econômicos, políticos, culturais e sociais.

Ao que se refere à responsabilidade social do turismo, há que se despertar para o envolvimento de nichos específicos de mercado, o que tem sido muito debatido com relação às tendências e perspectivas pelos empreendedores no âmbito mundial. Cada dia novos segmentos destas camadas são inclusas ou estão na luta pela inclusão, entre elas as pessoas portadoras de deficiência ou com mobilidade reduzida, as quais já tiveram reconhecido seus direitos e com mais oportunidades no que diz respeito à vida social.

Entretanto, alguns entraves ainda são uma realidade no cotidiano desse segmento de mercado, onde existência de empecilhos arquitetônicos, atitudinais, comunicacionais, metodológicos, instrumentais e programáticos bloqueiam ou prejudicam o consumo e uso de bens e serviços turísticos.

O acesso à informação tem oportunizado muitas pessoas a uma maior consciência no que diz respeito à participação igualitária no campo do conhecimento, ou seja, o compartilhamento do saber reflete na redução das desigualdades sociais.

O fomento de políticas de inclusão social só será realmente alcançado quando o conhecimento estiver aliado ao acesso às tecnologias, à informação de normas jurídicas em vigor e à visão holística das necessidades de cada um como cidadão.

Turismo como Efígie do Lazer e suas Transformações

Após a Revolução Industrial, vários aspectos contribuíram para "um novo olhar para o lazer". A sociedade foi orientada para a produtividade, intervindo diretamente na atividade turística.

O aumento do tempo livre, o desenvolvimento tecnológico, a evolução dos transportes, o aumento da renda de diversas camadas da população e a variedade de opções de prestação de serviços turísticos foram privilégios que abrangeram uma parcela maior da população caracterizando o turismo de massa.

Não obstante, nos países subdesenvolvidos, onde maior parte da população economicamente ativa percebe baixos salários, o turismo não compreende sua totalidade.

Até meados da década de 80 o turismo caracterizava-se pela padronização, com base na economia de escala onde, o modelo de gestão era voltado para a produtividade e a aquisição de benefícios sem importar-se com a qualidade, pois até mesmo o que importava para a demanda turística eram os preços.

Na sociedade moderna, novos modelos de organização e gestão estão embasados nos princípios de qualidade, desenvolvimento participativo, inovação e ainda na atenção aos valores representativos como os recursos naturais e culturais. Desta forma o turismo como uma das representações do lazer, é repensado dentro de um contexto que objetiva a auto-realização e o desenvolvimento pessoal.

Tais transformações repercutem diretamente na conjuntura social que envolve a atividade turística, se pautando em um aspecto que verdadeiramente é considerado desígnio fundamental do turismo: o benefício social.

Pessoas Portadoras de Deficiência ou Mobilidade Reduzida: Enfoque para Turismo Inclusivo

Um novo tema é tratado de maneira diferenciada e específica, a responsabilidade social faz com que o turismo seja repensado, no propósito de seu objeto: o homem e seu entorno.

A possibilidade de interação entre pessoas, o respeito às diferenças e a equiparação de oportunidades para todos são considerações que estão relacionadas diretamente com os direitos do cidadão. Para pessoas portadoras de deficiência ou com mobilidade reduzida nada disso é diferente, principalmente no se refere ao turismo.

A Política Nacional para Integração da Pessoa Portadora de Deficiência, no Decreto 914, de seis de setembro de 1993, em seu Art. 3º, conceitua:

> *"Considera-se pessoa portadora de deficiência aquela que apresenta, em caráter permanente, perdas ou anomalias de sua estrutura ou função psicológica, fisiológica ou anatômica, que gerem incapacidade para o desempenho de atividade, dentro do padrão considerado normal para o ser humano".*

O turismo inclusivo tem se pautado na oportunidade dessas pessoas estarem participando de atividades comuns e não em grupos segmentados. Desta forma a sociedade deve adotar em seu caráter a não exclusão de ninguém sob nenhuma razão, modificando radicalmente seus sistemas e preceitos classicamente excludentes, esforçando-se em encontrar soluções e acostumando-se a conviver com pessoas que tenha deficiência.

O crescimento do turismo no Brasil é uma realidade. Dentro desta concepção de turismo inclusivo precisamos rever posições estratégicas que ainda não contemplam um turismo para todos. O turismo de inclusão é um assunto que precisa ser muito discutido. Não há um entendimento real de sua importância para a sociedade e nem quanto à oportunidade de incremento para o setor, porquanto o segmento de pessoas deficientes e com mobilidade reduzida é um mercado a ser conquistado.

Os números sobre este segmento potencial são surpreendentes, mas a falta de informação a respeito do tamanho desse mercado, e quão lucrativo ele pode ser, fazem com que o fomento da atividade seja irrelevante para os empresários da cadeia produtiva do turismo.

Segundo os dados da SATH – *Society for Acessible Travel and Hospitality*, em relação ao turismo para portadores de deficiências no mundo mostram o grande potencial a ser transformado em real se for trabalhado de forma adequada:

- Nos Estados Unidos são 39 milhões de PPD, no Canadá 4,2 milhões, na União Européia entre 40 e 50 milhões e no Brasil são 24 milhões.
- Aproximadamente 25% dos americanos desse segmento viajam pelo menos uma vez ao ano dentro de seu país; 9% viajam a destinos estrangeiros e 5% freqüentam navios transatlânticos.
- Com relação aos navios para o Caribe, a procura por cabines acessíveis aumentou cerca de 60% de 1999 a 2002.

Estes dados mostram claramente que o segmento já pode ser considerado um dos mais importantes no turismo mundial e permanecerá em crescimento por muito tempo.

Deve-se observar que a tendência com relação a estes números pode ser multiplicada, visto que as pessoas portadoras de deficiências geralmente viajam acompanhadas.

O Brasil, neste caso pode ser um grande receptor desse mercado internacional, como também pode trabalhar para o fomento do mercado interno.

Conquistas e Barreiras do Turista Portador de Deficiência

Felizmente, um fato inegável é que as ofertas de produtos e serviços turísticos para pessoas portadoras de deficiência e mobilidade reduzida estão aumentando, inclusive no Brasil. Uma evidência positiva, neste sentido, é observada em algumas companhias aéreas brasileiras que proporcionam atendimento personalizado com equipes treinadas e orientadas para PPD: utilizam cadeiras de rodas especiais, cartilhas de emergência em braile e até veículo especial para o transporte até a aeronave, caso o aeroporto não possua túnel de acesso direto.

Deve-se considerar este fato, ainda que animador, se constitui em exceção, pois a existência de barreiras impede ou atrapalha para certas pessoas o consumo desses serviços e bens turísticos.

As barreiras são entraves para os turistas portadores de deficiência, que se tornam um obstáculo para o desenvolvimento da atividade neste segmento de mercado. Estas se classificam de várias formas. Dentre elas destacam-se: as barreiras metodológicas, programáticas, atitudinais, comunicacionais, instrumentais e arquitetônicas.

As barreiras metodológicas são aquelas em que não é percebido o diferencial das necessidades específicas de cada pessoa, não levando em consideração suas limitações. É neste sentido que o significado real de inclusão não está presente, quando produtos e serviços turísticos são propostos aos turistas de maneira uniforme.

O que caracterizam as barreiras programáticas é o que se refere à legislação e sua não aplicabilidade. O Brasil dispõe de uma variedade de leis, decretos, normas e regulamentos específicos que visam promover e ampliar as oportunidades na atividade turística para as pessoas portadoras de deficiências, mas se percebe que quando no seu uso e aproveitamento não há conformidade com os que de alguma forma se denominam adaptados, e ainda mesmo com toda essa legislação a própria superestrutura não se adéqua ao legítimo.

O preconceito e a discriminação são uma deficiência da condição humana, é o medo do desconhecido. O turismo inclusivo não admite o convencionalismo. Desta forma as barreiras atitudinais se apresentam quando pessoas com poder de decisão se acomodam e não tomam medidas com vistas para uma demanda turística com direitos igualitários.

A falta de intérpretes em linguagem Libras, ausência de sinalização em braile e falta de informação adequada nos atrativos e infra-estruturara de apoio turístico abalizam as barreiras comunicacionais. Tais recursos são maneiras que as pessoas portadoras de deficiência auditiva e visual compartilham a informação para suprirem suas necessidades enquanto cidadãos e turistas.

Já as barreiras instrumentais são aquelas que estão instaladas nos equipamentos turísticos e não contemplam as limitações físicas e psíquicas de pessoas portadoras de deficiência proporcionando uma total dependência de outros.

Não da para apontar qual é a pior dessas barreiras, pois todas trazem prejuízos enormes a estas pessoas. As barreiras arquitetônicas em particular impedem o direito de ir e vir a qualquer local, seja um equipamento turístico ou não tais como a educação, a saúde, ao lazer, ao trabalho trazendo graves conseqüências financeiras e principalmente psicológicas a pessoa, baixando sua auto-estima.

A erudição do turismo é apresentada de forma primitiva e alienada, desconhecendo o homem em sua totalidade, se atendo especificamente a dimensão econômica, desconsiderando os sistemas que fazem seu conjunto, especialmente o social.

O turismo inclusivo concretizar-se-á quando as diferentes estruturas e a própria sociedade promoverem a queda dessas barreiras proporcionando a real participação social das pessoas portadoras de deficiência ou com mobilidade reduzida.

Sistemática da Informação e Legislação em Direitos Humanos

Considerando o conhecimento a melhor maneira de superar as desigualdades, o compartilhamento da informação torna-se um dos mecanismos mais importantes para a disseminação do saber e conseqüentemente oportunidade para exercício pleno da cidadania.

A variedade de dados disponível, principalmente com relação à legislação vigente, não está compilada e nem propagada, impedindo a interdisciplinaridade do assunto e dificultando o acesso e a visão do todo. A sistematização das informações se faz necessária para que todos tenham acesso e colaborem para seu aprimoramento.

A carta magna em seu prólogo afirma que o Estado democrático nacional destina-se à "assegurar o exercício dos direitos sociais e individuais, a liberdade, a segurança, o bem-estar, o desenvolvimento, a igualdade e a justiça como valores supremos de uma sociedade fraterna, pluralista e sem preconceitos".

A literatura jurídica que dissemina as bases do direito refere-se que fica previsto o pleno conhecimento, por todas as pessoas, do conteúdo das leis a partir do momento que as mesmas entram em vigor. Deste modo, a informação sobre essas leis que integra o conjunto jurídico deve fazer parte do processo de sua efetivação. Sendo assim, essa informação é também tarefa do Estado.

A Constituição Federal de 1988 foi magnânima no reconhecimento dos direitos aos portadores de deficiência contemplando-os como cidadãos.

Dentro desse contexto podemos inserir o turismo como um direito social assegurado às pessoas portadoras de deficiência e mobilidade reduzida. Entretanto há insuficiência de uma legislação mais específica e abordagem mais abrangente sobre o assunto.

Todavia a Lei nº 7.853, de 24 de outubro de 1989, dispõe sobre Política Nacional para Integração da Pessoa Portadora de Deficiência.

> *"A Política Nacional para Integração da Pessoa Portadora de Deficiência compreende o conjunto de orientações normativas que objetivam assegurar o pleno exercício dos direitos individuais e sociais das pessoas portadoras de deficiência" (Decreto nº 3.298, de 20 de dezembro de 1999, Art. 1º).*

A equiparação de oportunidades, na abordagem do turismo, está citada pela legislação referindo-se ao "apoio e a promoção à publicação e o uso de guias de turismo com informação adequada à pessoa portadora de deficiência; e estimulo a ampliação do turismo à pessoa portadora de deficiência ou com mobilidade reduzida, mediante a oferta de instalações hoteleiras acessíveis e de serviços adaptados de transporte" (Decreto nº 3.298, de 20 de dezembro de 1999, Art. 46º VII e VIII).

A propagação dos múltiplos segmentos de mercado, especialmente os portadores de deficiência, a procura de produtos do turismo, é uma realidade que se soma à diversidade de exigências que estes buscam.

A falta de acessibilidade é uma das principais barreiras arquitetônicas, onde o turista portador de deficiência se abstém das opções de lazer em suas viagens por esse motivo.

Para tanto a Embratur – Instituto Brasileiro de Turismo, elaborou o Manual de Recepção e Acessibilidade de Pessoas Portadoras de Deficiência a Empreendimentos e Equipamentos Turísticos tendo como referências às normativas: NBR 9050/94, 9077/93, 14020/97, 14021/97, 14022/97, 13994/97 e 14273/99.

O referido Manual tem por objetivo "definir e fixar os padrões e critérios que visem propiciar, às pessoas portadoras de deficiência, condições adequadas e seguras de recepção e acessibilidade autônoma a edificações e equipamentos de interesse turístico" (Embratur, 2001, p. 11).

"Os parâmetros antropométricos são as medidas referenciais de adoção necessária e indispensáveis nas edificações e equipamentos de interesse turístico, para que possam torná-los possíveis aos portadores de deficiência", visa atender o maior número de situações possíveis (Embratur, 2001, p. 13).

As disposições específicas do citado Manual discorrem sobre os empreendimentos turísticos contemplando os meios de hospedagens, restaurantes, lanchonetes, bares, boates, cinemas, transportes e ainda a promoção de eventos, devendo estes:

> *"(...) disponibilizar de equipamentos e pessoal capacitado a assegurar a recepção e a acessibilidade a pessoas portadoras de deficiência. Para esse fim, é recomendável a disposição de cadeiras de rodas e de aparelhos de TV com closed*

caption, bem como sugerida a existência de funcionário na portaria/recepção e postos de informação capaz de interpretar sinais; de aparelho do tipo TDD; de relógios em Braille e de jogos para deficientes visuais, de assentos portáteis elevados para uso do sanitário e para tomar banho e a permissão para a entrada de cães-guia de deficientes visuais" (Embratur, 2001, p. 23).

As pessoas portadoras de deficiência física precisam de atendimento diferenciado e simples. Diferenciado, porque não se pode negar o seu estado físico, e simples por serem pessoas comuns como qualquer outra. "Em algumas recepções dos estabelecimentos, percebe-se alguma boa vontade no atendimento ao hóspede portador de deficiência. É uma minoria que cumpre ou tem preocupação em receber bem este hóspede. (...) Embora, encontramos estabelecimentos hoteleiros que na busca pela qualidade no atendimento, possuem a ISO 9002, onde o atendimento é realmente diferenciado" (Henriques, 2002, p. 50).

O turismo, como defensor da equiparação de oportunidades, precisa ser adequado às necessidades dessa nova demanda, acolhendo a diversidade humana e as diferenças individuais para cumprir realmente seu papel no que diz respeito à responsabilidade social, caracterizando-se assim de turismo inclusivo.

Conclusão

Tanto o lazer como as viagens sempre estiveram presentes ao longo da história do homem, podendo ser encontrados juntos ou separados e em todas as culturas. Não sendo um privilégio da sociedade industrial, nos dias atuais, convertem-se em fenômenos massificados e de transformação de uma sociedade.

As mudanças não são somente técnicas e econômicas em escala mundial; a própria mentalidade, aparentemente intocável concepção que o homem ocidental tinha de si mesmo, está sendo afetada.

A prática do turismo para um melhor o aproveitamento do tempo dedicado ao lazer, tem proporcionado múltiplas contribuições para a sociedade através do aprendizado que pode enriquecer o convívio igualitário, a difusão de culturas, a quebra de barreiras com a promoção de grupos humanos e a minimização dos problemas sociais que geram a marginalização e a exclusão.

Entretanto para que o turismo se converta em inclusivo realmente, no caso especificamente das pessoas portadoras de deficiência ou com mobilidade reduzida esta contribuição deve vir de varias formas seja pela diminuição das barreiras como as atitudinais, arquitetônicas, metodológicas e outras, como também pela conscientização do verdadeiro sentido da responsabilidade social.

Na pratica do turismo, este segmento o qual tem passado despercebidamente tem contribuído muito para o crescimento dos números da atividade turística. Não podemos dizer que os 170 milhões de brasileiros pratiquem a atividade turística como também não podemos afirmar que os 24 milhões de deficientes existentes hoje em nosso país pratiquem esta atividade, mas podemos observar que a pessoa portadora de deficiência tem um alto potencial de multiplicar a demanda, pois sempre estão acompanhados.

Quando se fala em turismo para o portador de deficiência, a falta de adaptação ou as pseudo-adaptações, a falta de tato ou de psicologia no tocante ao tratamento dispensado a essas pessoas, o não respeito às leis ou o desconhecimento delas e a falta de identificação dos empreendedores para com estes turistas são práticas que na atividade turística não podem ocorrer em nenhuma hipótese. A atividade deve ser praticada de forma que o portador de deficiência usufrua com o mínimo de dependência.

A revisão dos conceitos atual pode ser iniciada no turismo transformando o mesmo no fomentador de igualdades sociais. Contribuição que pode não ser sentida de imediato, mas que deve ser iniciada já, com uma política voltada para o direito e a igualdade com uma visão de um futuro próximo onde todos possam ter as mesmas oportunidades na prática da atividade turística, utilizando o turismo como ferramenta de inclusão devendo o mesmo ser um exemplo a ser exportada para outras atividades da sociedade.

Quando todos conclamam a responsabilidade social o turismo tem uma oportunidade real de fazer parte de mais uma transformação histórica fazendo com que através da pratica da atividade todos possam interagir de forma contingente, oportunizando um turismo para todos.

Leis e normas foram criadas para fazer valer o direito de ir e vir dessas pessoas, mas que nem sempre são observadas ou por falta de fiscalização ou mesmo por falta de conhecimento.

Ideal seria que o turismo pusesse abaixo estas distinções, não dando chances a desigualdades e a prejuízos, onde o turista PPD não precisasse escolher seu destino de acordo com as barreiras existentes, mas que esta escolha ficasse a cargo de seus gostos e curiosidades.

Hoje o portador de deficiência já não é mais tão dependente, pois as necessidades pessoais em um país onde as chances são raras, fizeram com que uma grande parte dessas pessoas fosse em busca de seus ideais, aliando isto às facilidades tecnológicas na área da saúde em beneficio dessas pessoas, falta muito a ser feito na busca dessa cidadania, a sociedade tem que colaborar para que as barreiras ainda existentes possam ser derrubadas. A inclusão social das pessoas portadoras de deficiências significa possibilitá-las ao direito a igualdade, respeitando as necessidades próprias da sua condição.

E o turismo tem toda condição para dar a sua parcela de contribuição neste processo de inclusão, pois dessa forma ganha o turismo, o segmento das pessoas portadoras de deficiência ou mobilidade reduzida e a sociedade como um todo.

Referências Bibliográficas

1. CASTELLI, G. *Turismo: atividade marcante do século XX*. Caxias do Sul: EDUCS, 1996.
2. DUMAZEDIER, J. *Sociologia Empírica do Lazer*. São Paulo: Perspectiva, 1979.
3. EMBRATUR. *Manual de Recepção e Acessibilidade de Pessoas Portadoras de Deficiência a Empreendimentos e Equipamentos Turísticos*. Brasília, 2001.
4. FIGUEIREDO, I. N. Deficientes físicos: a tutela dos direitos fundamentais. *Revista Jurídica*, São Paulo, n. 145, p. 63-65, jan. 2003.
5. HENRIQUES, H. L. *Turismo para Portadores de Deficiências Físicas: uma análise da mão-de-obra dos hotéis adaptados na cidade de Fortaleza*. Fortaleza, 202, 52p. Monografia – Faculdade Integrada do Ceará.
6. KRIPPENDORF, J. *Sociologia do Turismo: para uma nova compreensão do lazer e das viagens*. São Paulo: Aleph, 2000.
7. LIMA, N. M. *Pessoa Portadora de Deficiência*. Brasília: Ministério da Justiça, Secretaria de Estado dos Direitos Humanos, 2001.
8. LOPES FILHO, J. A. Turismo para todos: possibilitar a interação entre as pessoas e o respeito às diferenças. *Revista Reabilitação (C & G 12)*, São Paulo, n. 28, p. 16-19, set-out. 2002.
9. SASSAKI, R. K. Turismo inclusivo. *Revista Reabilitação (C & G 12)*, São Paulo, n. 28, p. 4-5, set-out. 2002.

Sites Consultados

http//:www.sath.org

Capítulo 63

Integração Social: Surdos, Profissionais de Turismo e Aprendizado da Língua de Sinais

GRAZIELA ROMANI
JASMINE CARDOZO MOREIRA

O Turismo, ao longo dos últimos anos, tem se destacado como um fenômeno social de extraordinária importância, movimentando milhões de pessoas em todo o mundo, constituindo um fator de riqueza e progresso econômico sem precedentes.

Não podemos esquecer que o turismo é também elemento decisivo na interação, comunicação, e relações de respeito entre as mais diferentes culturas. Por se tratar de um fenômeno social, deve estar ao alcance de todos os cidadãos, sem que nenhum grupo seja excluído, independentemente de questões pessoais, sociais, econômicas e raciais.

Desta forma, as pessoas portadoras de deficiências devem ser estimuladas a participar cada vez mais de atividades turísticas, apesar dos ainda freqüentes obstáculos. A supressão ou atenuação dessas dificuldades que limitam a participação de deficientes na prática do turismo representa a busca pela igualdade de direitos e oportunidades, sendo uma medida eficaz que contribui para o crescimento econômico do setor.

Pela primeira vez, no Brasil, o censo coletou informações sobre deficientes físicos. De toda a população brasileira, 24 milhões de pessoas, ou seja, 14,5% de nossa população total, declararam que possuem algum tipo de incapacidade ou deficiência. São as pessoas com ao menos alguma dificuldade de enxergar, de ouvir, locomover-se ou com alguma deficiência física ou mental. Esse conceito utilizado no Censo 2000, que inclui diversos graus de incapacidade de enxergar, ouvir e locomover-se, é compatível com a Classificação Internacional de Funcionalidade, Incapacidade e Saúde (CIF) divulgada, em 2001, pela Organização Mundial de Saúde.

Uma pessoa portadora de deficiência (PPD), é segundo o Decreto Federal nº 914/93, *"aquela pessoa que apresenta, em caráter permanente, perdas ou anomalias de sua estrutura ou função psicológica, fisiológica ou anatômica, que gerem incapacidade para o desempenho de atividades, dentro do padrão considerado normal para o ser humano"*. Em cima dessas definições o IBGE buscou radiografar a realidade socioeconômica dessas pessoas. Segundo a OMS, os deficientes se dividem em: deficiência física (tetraplegia, paraplegia e outros), deficiência mental (leve, moderada, severa e profunda), deficiência auditiva (total ou parcial), deficiência visual (cegueira total e visão reduzida) e deficiência múltipla (duas ou mais deficiências associadas).

Segundo dados do IBGE, o maior índice é de deficientes visuais, 48,1%. Entre 16,5 milhões de pessoas com deficiência visual, 159.824 são incapazes de enxergar. Já 22,9% declararam ter dificuldades para caminhar ou subir escadas. No total de casos declarados de portadores das deficiências investigadas, 8,3% possuíam deficiência mental, 4,1% deficiência física, 22,9% deficiência motora, 48,1% deficiência visual e 16,7% deficiência auditiva. Entre os 5,7 milhões de brasileiros com deficiência auditiva, 176.067 são incapazes de ouvir.

Desta forma, essas pessoas necessitam atendimento especial, em alguns aspectos, para que as barreiras e diferenças possam ser minimizadas, mas podem e devem ter acesso igualitário à educação, cultura, saúde, moradia, alimentação, lazer e turismo. É o que garante a Constituição Brasileira, por meio do decreto nº 3.298, de 20 de dezembro de 1999, que regulamenta a Política Nacional para Integração das Pessoas Portadora de Deficiência (Folmann, 2003).

Não devemos esquecer também da Declaração dos Direitos Humanos, onde através do artigo XXIV é afirmado que *"toda pessoa tem direito a repouso e lazer, inclusive a limitação razoável das horas de trabalho e a férias periódicas remuneradas"*. Já o artigo sete do Código de Ética Mundial em Turismo da Organização Mundial do Turismo (OMT) faz referência específica aos deficientes, em que "*se fomentará y se facilitará el turismo de las familias, de los jóvenes y de los estudiantes, de las personas mayores y de las que padecen discapacidades.*"

Entretanto, a acessibilidade ao turismo não é uma questão exclusiva das autoridades públicas e sim responsabilidade também da iniciativa privada (hoteleiros, operadores, agências, guias, etc).

Com uma efetiva participação do *trade* turístico no que diz respeito á aprendizagem da língua de sinais, voltada para o turismo, estaremos possibilitando a um grupo da população, mais oportunidades de lazer. Se seguirmos linhas de ações voltadas para essa capacitação, poderemos avançar no que diz respeito à discriminação, satisfazendo uma parcela da demanda que nem sempre foi atendida em relação aos seus anseios, mas que também são clientes potenciais, contribuindo para a geração de emprego e renda.

Línguas de Sinais

As línguas de sinais foram criadas pelas comunidades surdas que desenvolveram inicialmente um código lingüístico, posteriormente originando a língua. Esta língua é própria da comunidade surda e proporciona o desenvolvimento pleno da linguagem. Não é uma língua universal, pois resulta da cultura do grupo social que a utiliza, portanto, difere de um país para outro. Assim como existem várias línguas orais, também existem diferentes línguas de sinais – francesa, portuguesa, argentina, japonesa, russa, italiana, etc. (Paraná, 1998).

As línguas de sinais são produzidas e percebidas pela via gestual-visual, enquanto as línguas orais são produzidas e percebidas pela via oral-auditiva.

O termo gestual-visual significa o conjunto de elementos lingüísticos manuais, corporais e faciais necessários para a articulação do sinal. Os surdos substituem a via auditiva pela via visual para entender o que está sendo comunicado, sendo que os sinais refletem as possibilidades perceptivas do sistema visual humano.

Karnopp (1994), observou que a maioria das pessoas apresenta concepções errôneas e inadequadas em relação à língua de sinais, considerando-a uma mistura de pantomima[1] e gesticulação concreta, incapaz de expressar conceitos abstratos, sem estrutura própria, subordinada e inferior às línguas orais e com um sistema de comunicação superficial e conteúdo restrito.

---

[1] Representação teatral em que os atores se exprimem por gestos e expressões fisionômicas, sem fazer uso da palavra.

No entanto, os estudos sobre a língua de sinais intensificaram-se a partir da década de 60, com os trabalhos de Stokoe, que observou em suas pesquisas que ela é uma língua genuína atendendo a critérios lingüísticos lexicais, sintáticos, semânticos, fonológicos e pragmáticos, com capacidade de gerar uma quantidade infinita de sentenças e com uma complexa estrutura interior.

Várias outras pesquisas, a partir de então, comprovaram que as línguas de sinais possuem uma estrutura lingüística com organização e regras próprias prestando-se às mesmas funções das línguas orais.

De acordo com Soares (1994, p. 39), o estudo de línguas de diferentes culturas deixa claro que não há línguas mais complexas ou mais simples, mais lógicas ou menos lógicas, todas elas são adequadas às necessidades e características da cultura a que servem, e igualmente válidas como instrumentos de comunicação social.

Mesmo com as diferenças peculiares a cada língua de sinais, todas possuem algumas semelhanças que as identificam como língua. Uma delas é que todas são estruturadas a partir de unidades mínimas que formam unidades mais complexas, ou seja, todas possuem os seguintes níveis lingüísticos: fonológico, morfológico, sintático e o semântico.

No nível fonológico estão os fonemas que não têm significado, mas que combinados podem formar os morfemas e estes as palavras. Já no nível morfológico estão as palavras com seus morfemas, menor unidade com significado. E, no nível sintático está a palavra combinada com outras, formando a frase. Esta precisa ter coerência com o contexto, o que corresponde ao nível semântico (sentido) e pragmático (sentido no contexto) respectivamente. Assim, o nível semântico permeia o morfossintático (curso de Libras).

No Brasil, a língua utilizada pela comunidade surda é a Libras – Língua Brasileira de Sinais, cujos estudos comprovam ser uma língua natural refletindo os costumes e a cultura surda do nosso país. Além da Libras, há registros de uma outra língua de sinais que é utilizada pelos índios Urubus-Kaapor na floresta amazônica. Na Figura 63.1 apresentamos o alfabeto manual da Libras.

Importância da Língua de Sinais no Meio Turístico

O surdo, como qualquer outra pessoa é um cidadão que possui necessidades e anseios, como a comunicação, estudo, trabalho e lazer.

Sendo assim, é fundamental que ocorram transformações nos ambientes físicos e na mentalidade das pessoas para que passem a ver o surdo não

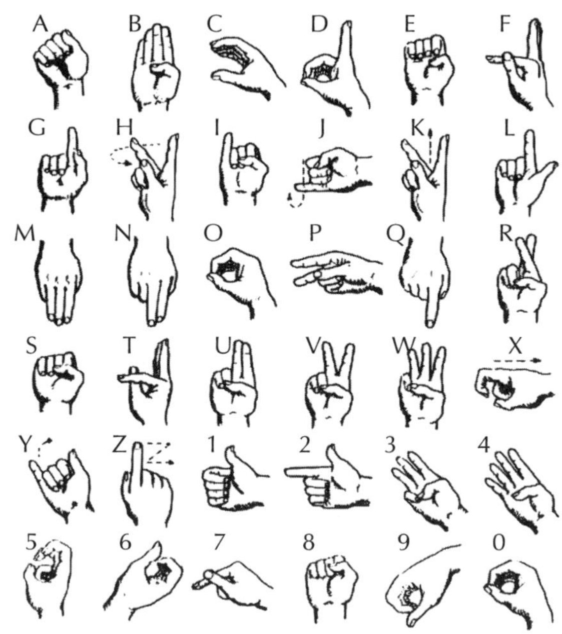

Figura 63.1 – Alfabeto manual – Libras.

mais sobre a ótica do preconceito, mas sim, como um indivíduo que apesar de suas limitações poderá participar ativamente da sociedade.

No que diz respeito à surdez, a mesma não é percebida fisicamente e, portanto, não deveria ser tão prejudicial ao desenvolvimento emocional, intelectual e social da pessoa surda. Mas, na maioria das vezes, o que acontece é a falta da linguagem oral, comum à maioria das pessoas de nossa comunidade, sendo que a surdez não deveria ser considerada uma deficiência que incapacita a pessoa, mas algo que apenas a diferencia das ditas normais (Goldfeld, 1997).

Para o adequado embasamento deste trabalho, foi realizada uma pesquisa, no município de Ponta Grossa – PR, na Escola Municipal para surdos Geny de Jesus Souza Ribas e na Associação dos Surdos de Ponta Grossa. A estimativa no município é a de que há por volta de quatro mil surdos. Entrevistas foram realizadas com a pedagoga e diretora responsável pela escola, onde se constatou que a maioria dos surdos deixa de viajar, principalmente pela falta de comunicação que os impede, por exemplo, de comprar um pacote de viagem ou mesmo de efetuar uma reserva num hotel. Foi verificado também que não há intérpretes da Língua Brasileira de Sinais (Libras) nos hotéis, aeroporto, rodoviária, restaurantes, e atrativos naturais e culturais pontagrossenses.

Já para Verônica Magalhães, presidente da Associação dos Pais e Amigos dos Deficientes Auditivos de Fortaleza – Apada, que conta com cerca de 150 associados, o principal problema dos surdos-mudos é a barreira da linguagem. "As barreiras arquitetônicas são mais fáceis de serem resolvidas, basta um pouco de boa vontade. A barreira lingüística é a mais difícil de ser superada, sendo que a sociedade precisa despertar para a condição dos surdos-mudos", ressalta. (*O Povo*, 1999).

A falta de sinalização turística adequada à linguagem de sinais também é um empecilho, pois nem todos os surdos sabem a língua portuguesa, por ser uma língua completamente diferente da Libras. A mesma dificuldade que um estrangeiro tem em se comunicar no Brasil o surdo também tem, com a diferença de que os hotéis, agências, restaurantes e pontos turísticos possuem pessoas treinadas para facilitar apenas a comunicação nas línguas orais.

Desta forma, o surdo se sente um estrangeiro em seu próprio país. Apesar de suas limitações, o processo de integração social é de suma importância para a construção da sociedade inclusiva. Por isso percebemos a importância dos envolvidos no meio turístico em aprenderem a Libras, pois o surdo também quer fazer turismo, e está sendo de certa forma impedido pelo desconhecimento e desinteresse por parte do setor turístico em atender esta demanda.

Segundo Skilar (1998, p. 36) ao "não entendermos o surdo a limitação é nossa". Para revertermos essa situação, um curso específico de língua de sinais poderia ser oferecido aos bacharéis em turismo, estudantes e profissionais do *trade* turístico. Parcerias devem ser incentivadas entre as associações voltadas aos deficientes auditivos e as instituições superiores de ensino, para que ofereçam o curso à comunidade interessada.

Visando o melhor aproveitamento, procurou-se definir um modelo de curso voltado para o ensino da língua de sinais adequado à orientação para os prestadores de serviços da área turística. Desta forma, enfocando diversos aspectos importantes, a seguir são feitas sugestões a respeito de grupos de sinais básicos para que a comunicação entre os envolvidos com o turismo e os surdos seja eficaz:

- *Alfabeto manual*: constituído de letras e números.
- *Identificação pessoal*: nome, idade, sinal, eu, você, nós, eles, etc.
- *Tipos de bebidas*: café, leite, água, cerveja, suco, etc.
- *Animais*: exemplos como quati, aranha, cobra, cachorro.
- Cores e vestuário.

- *Calendário*: dias da semana e meses, datas comemorativas, estações do ano.
- *Lateralidade / posições / tamanhos*: direita, esquerda, norte, sul, grande, em cima, em baixo, atrás, dentro, fora, pequeno, etc.
- Tempo (hoje, amanhã, ontem, à tarde, à noite, etc.) e estados do tempo (chuva, sol, nublado, trovão, etc).
- *Meios de transporte*: carro, táxi, metrô, jet-ski, ônibus, avião, trem, barco, bicicleta, helicóptero, moto, van, entre outros.
- *Meios de comunicação*: internet, rádio, telefone, jornal, revista.
- *Entretenimento*: cinema, teatro, boate, show, parque de diversões.
- *Profissões*: garçom, recepcionista, taxista, camareira, cozinheira, guia, motorista, policial, etc.
- *Família*: mãe, pai, tio, tia, filho, etc.
- *Lugares*: hotel, prefeitura, aeroporto, restaurante, agência de viagens, rodoviária, lanchonete, museu, hospital, delegacia, praça, igreja, feira, shopping, etc.
- *Lar*: quarto, banheiro, sala, sala de tv, sala de visita, cozinha, elevador, apartamento, sobrado.
- *Móveis*: guarda-roupa, cama, mesa, cadeira, sofá, berço, etc.
- *Eletroeletrônicos e eletrodomésticos*: ar condicionado, aparelho de televisão, ventilador, frigobar, secador de cabelo, abajur, etc.
- *Natureza*: árvore, cachoeira, água, rio, mar, montanha, flor, estrela, lua, fazenda, etc.
- *Objetos*: quadro, espelho, copo, prato, faca, garfo, colher, cofre, etc.
- *Corpo humano / sexo / saúde*: rosto, coração, dor de cabeça, dor de barriga, camisinha, gripe, febre, etc.
- *Higiene*: sabonete, xampu, creme dental, chuveiro, toalha de banho.
- Alimentos doces e salgados, frutas, verduras, legumes e cereais.
- Países, cidades e estados.
- *Atitude / sentimentos*: alegria, medo, tensão, vergonha, dor, confiança, etc.
- *Economia*: cheque, dinheiro, real, dólar, recibo, aluguel, pagamento, cartão de crédito, banco, etc.
- Verbos e perguntas.
- *Etiqueta / boas maneiras*: obrigado, fique à vontade, bom apetite, bom dia, boa noite, desculpa, por favor, com licença, etc.

Cabe aqui ressaltar que todas as palavras acima propostas já possuem sinais oficias e que uma carga horária mínima de aproximadamente 50h seria suficiente.

CONCLUSÕES

A realidade atual no campo profissional, altamente competitivo, requer cada vez mais qualidade no que diz respeito à prestação de serviços no turismo. Hoje em dia, o aprendizado de mais de uma língua é fundamental, inglês, espanhol, italiano, francês, entre outras. Mas, por que não aprender também a língua de sinais?

O Brasil, por ser um país onde em cada 100 brasileiros, no mínimo 14 apresentam alguma limitação física ou sensorial, precisa incorporar ao turismo e a prestação de serviços, a plena integração das pessoas deficientes. Só assim começaremos a eliminar uma das principais barreiras, a do desconhecimento, e a iniciar a construção de um processo, a do turismo para todos.

Percebemos que a comunidade surda continua lutando pelo exercício da cidadania e do respeito à sua cultura e identidade frente ao oralismo (Skilar, 1998). Cabe a nós, estudantes e profissionais do turismo, contribuirmos para que o surdo tenha as mesmas facilidades que os outros turistas.

Desta forma, este trabalho propõe o conhecimento da cultura surda para que saibamos de suas limitações e anseios, e então, consigamos compreendê-los melhor.

Portanto, apesar de ser uma tarefa árdua, devemos conscientizar principalmente os órgãos públicos municipais, *trade* turístico, turismólogos e estudantes de turismo sobre a importância da comunicação e aprendizado da língua de sinais. Assim, estaremos facilitando o turismo para todos, melhorando substancialmente nossas oportunidades no setor turístico e ajudando a construir uma sociedade mais justa e harmoniosa.

Referências Bibliográficas

1. BRASIL. Decreto – Lei n. 914, de 6 de set. de 1993. Institui a Política Nacional para Integração da Pessoa Portadora de Deficiência, e dá outras providências. *Diário Oficial da Republica Federativa do Brasil,* Brasília, 1993.
2. Ceará: falta estrutura para acolher visitante. *Jornal O Povo*, Fortaleza, 20/maio/1999. Disponível em http://www.sac.org.br/PO990520.htm. Acesso em: 24/mar/2003.
3. Declaração Universal dos Direitos Humanos. Disponível em: http://www.direitoshumanos.usp.br/documentos/tratados/internacionais/declaracao_universal_dos_direitos_humanos.html. Acesso em: 25/mar/2003.
4. FOLMANN, A. C. *Implantação e adequação de trilhas para deficientes visuais em áreas naturais*. Ponta Grossa, 2003. Monografia (Graduação) – Universidade Estadual de Ponta Grossa.
5. GOLDFELD, M. *A Criança Surda: linguagem e cognição numa perspectiva sociointeracionista*. São Paulo: Plexus, 1997.
6. Instituto Brasileiro de Geografia e Estatística (IBGE). Disponível em: http://www.ibge.gov.br. Acesso em: 20/mar/2003.

7. KARNOPP, L. B. *Aquisição do Parâmetro Configuração de Mão Libras: estudo sobre quatro crianças filhas de pais surdos*. Porto Alegre, 1994. Dissertação (Mestrado).
8. Notícias do Censo do IBGE. Disponível em: http://www.ibge.gov.br/censo/noticias_old.shtm. Acesso em: 20/mar/2003.
9. Organização Mundial do Turismo. *Código Ético Mundial*. Disponível em: http://www.world-tourism.org/espanol/frameset/frame_project_ethics.html. Acesso em: 25/mar/2003.
10. PARANÁ. SEED. *Falando com as Mãos: Libras (Língua brasileira de sinais)*. 1998.
11. SKILAR, C. (org.). *A Surdez: um olhar sobre as diferenças*. Porto Alegre: Mediações, 1998.
12. SOARES, M. *Linguagem e Escola: uma perspectiva social*. São Paulo: Ática, 1994.

Turismo e Portadores de Necessidades Especiais: Relatos de Experiência "Colônia de Férias Especiais Tempo Feliz" – Balneário Camboriú/SC

Bruno Belli Zermiani
Marcos Barbosa da Cruz
Marina Wöhlke[1]

Introdução

Este trabalho tem o intuito de apresentar as reflexões dos acadêmicos e professores do curso de Turismo e Hotelaria e Gestão do Lazer e Eventos da Universidade do Vale do Itajaí – UNIVALI, sobre alguns aspectos sociais e profissionais, após sua participação no Projeto Colônia de Férias Especiais "Tempo Feliz" que tem como propósito oferecer uma colônia de férias como alternativa de lazer, turismo e inclusão social para as pessoas por-

[1] Colaboradores: do trabalho: Denise Aparecida dos Santos, Maria Cecília Camargo, Matheus de Souza Melo, Pámela de Lima Nilsen e Raquel Xavier Gomes Franzini.

tadoras de necessidades especiais (deficiência mental) – turistas e/ou residentes, em Balneário Camboriú/SC, no mês de janeiro.

O projeto já está caminhando para sua terceira versão em 2004, e a proposta desenvolvida fundamentou-se na idéia de que brincar, jogar, passear, divertir-se são necessidades básicas primordiais para o desenvolvimento pessoal e social do ser humano e que, por essa razão, devem ser asseguradas para todos.

Trata-se de uma iniciativa da APAE / Escola Especial Tempo Feliz de Balneário Camboriú, em parceria com o Instituto Guga Kuerten, Prefeitura Municipal de Balneário Camboriú, Universidade do Vale do Itajaí e outras instituições interessadas em oferecer a esse segmento oportunidades de repouso, divertimento e recreação na companhia de amigos.

A equipe de profissionais que atuou na colônia contou com professores especializados e experientes no atendimento às pessoas portadoras de necessidades especiais e com docentes e discentes da Universidade do Vale do Itajaí, dos cursos de graduação em Ciências da Computação, Design, Gestão do Lazer e Eventos, Nutrição e Turismo e Hotelaria que, de acordo com suas áreas de atuação, contribuíram para a organização, realização e sucesso do evento.

A Colônia de Férias ocorreu nas três semanas do mês de Janeiro (06-10, 13-17, 20-24), em locais com a estrutura adequada para o desenvolvimento de atividades internas, contato com piscina, ginásio de esportes e amplo espaço para recreação, alimentação e convivência, oportunizados pela escola "Tempo Feliz" da APAE de Balneário Camboriú/SC. Além desses, a programação também privilegiou espaços abertos e públicos como: parques, praias, centros de lazer, danceterias, shoppings e outros.

Desenvolveram-se atividades de recreação, oficinas de máscaras, bijuterias, balões, argila, entre outras. As atividades foram programadas para contemplar a utilização dos espaços de lazer internos e externos. Os participantes conheceram pessoas diferentes e conviveram com elas neste espaço de tempo, criando amizades, aumentando a auto-estima e autonomia pessoais; com isso todos tiveram experiências agradáveis, diferentes da vida diária, ampliando o conhecimento do mundo e contribuindo para modificar a visão das pessoas sobre a deficiência.

Inclusão Social

Todo ser humano tem o direito de ir e vir, mas infelizmente, nem sempre este direito é respeitado. Muito se comenta do direito ao lazer, bem-estar de todos, mas esse "todo" exclui uma parte muito importante deste contexto, o portador de necessidades especiais.

A integração constitui em formas de inserção social das pessoas com deficiência, e a prática da inclusão vem seguindo o modelo social, no qual nossa tarefa é modificar a sociedade para torná-la capaz de acolher a todas pessoas portadoras ou não de deficiência.

O tema "Inclusão Social" tem gerado inúmeras discussões, mas muito pouco foi feito. A verdadeira integração, a inclusão do deficiente só ocorrerá quando conquistada a aceitação recíproca, o convívio espontâneo e a receptividade natural entre as pessoas.

O paradigma da integração social pode ser ressaltado com a maneira que a mídia expõe as temáticas sobre deficiências, podendo formar opiniões tanto a favor quanto contra a exclusão social. A mídia de uma forma geral contribui também para esses preconceitos estabelecendo um estereótipo de beleza e habilidades.

O perfil da pessoa portadora de deficiência foge dos padrões estabelecidos pela cultura atual, que valoriza, sobretudo os padrões estéticos e a produtividade, porém, cada vez mais a sociedade está se conscientizando da importância de valorizar a diversidade humana e a oferta de igualdade de oportunidades para que todos exerçam seu direito de convívio no meio social, além de ser um direito garantido por lei.

A interação dos deficientes na sociedade é fundamental para cessar qualquer tipo de conceitos errôneos pré-estabelecidos, no entanto, é necessário que seja realizada de forma que as pessoas especiais não sofram maiores danos psicológicos, ou seja, a simples inserção dessas pessoas em locais comuns, não garante que refletirá em resultados positivos e benéficos.

> *"Hoje, os estudos mostram que a integração é algo bem maior do que simplesmente a ocupação do mesmo espaço físico, sendo necessário que este processo seja cuidadosamente observado e orientado, uma vez que a não-interação da criança deficiente mental com a criança 'normal' pode gerar ansiedades e frustrações à primeira" (Cooke, Apolloni e Cooke apud Blascovi-Assis, 1997, p. 17).*

Atualmente não se pode precisar que grau de autonomia a pessoa com deficiência pode atingir, no entanto sabe-se que seu potencial é muito maior do considerado há alguns anos.

A necessidade de sentir-se parte da sociedade é inerente a qualquer pessoa, porém em alguns casos as próprias pessoas se consideram excluídos socialmente e por comodidade acabam vivendo nestas condições. Infelizmente a grande maioria dos portadores de deficiências faz parte desta camada discriminada, e por falta de oportunidades acabam se excluindo cada vez mais, já que a maioria das relações e atividades geralmente é especial, levando assim a uma exclusão cada vez maior.

A prática da inclusão social repousa em princípios até então considerados por alguns, incomuns, tais como: aceitação das diferenças individuais, a valorização de cada pessoa, a convivência dentro da diversidade humana e a aprendizagem através da cooperação; princípios estes, indispensáveis para os profissionais do turismo e do lazer.

A Colônia de Férias Especiais Tempo Feliz, realizada na APAE de Balneário Camboriú, proporcionou atividades recreativas, inserindo portadores de deficiência no convívio de sua comunidade com o objetivo de diminuir barreiras estabelecidas pela sociedade, proporcionando momentos de lazer, fugindo dos tradicionais programas de ensinos praticados durante o ano, buscando a diversificação de atividades.

Durante a realização da colônia foi percebido que esta inclusão social, não se demonstra em prática tão simples quanto deveria, pois muitos dos que encontravam os participantes nos lugares visitados, tiveram as reações mais diferentes possíveis, desde pessoas que aprovaram a idéia desta colônia, e elogiaram pela iniciativa da execução do projeto; até pessoas, que preferiam virar a face ou procuravam esconder tal realidade dos próprios filhos. Muitas vezes a total falta de conhecimento a respeito de pessoas com deficiência acaba dando margem à formação de muitos preconceitos infundados. Algumas pessoas nem ao menos procuram tentar compreender os deficientes. Entretanto, não podemos julgar essas pessoas sem antes avaliar quais os motivos que as levam a pensar dessa maneira.

Procuramos evitar tudo o que para nós é diferente. Na realidade, temos medo do desconhecido. Os brasileiros não conhecem os portadores de necessidades especiais, ao ritmo que a informação é o primeiro passo para evitar a formação dos preconceitos e promover a inclusão social destas pessoas. No Brasil, deveria existir alguma campanha de conscientização suficientemente grande a respeito dos portadores, assim como as que alertam sobre o uso de camisinha ou do cinto de segurança. Poderia-se fazer alguma outra campanha informando as pessoas sobre quais os tipos de deficiências existentes, ou outra mostrando que os portadores de necessidades especiais são pessoas dignas de amor e carinho e o convívio com eles só tem a beneficiar a população como um todo. É importante reafirmar que a única maneira de combater o preconceito e a discriminação a respeito de pessoas com deficiência é através da informação.

Observando os "turistas especiais", eles mostraram que gozam de plenas condições para estarem inseridos por completo no meio social em que vivem. O fato de eles possuírem uma deficiência não os impede de desenvolver atividades como ir ao shopping, andar de ônibus, freqüentar restaurantes, lanchonetes, ir à praia, ou desfrutar dos equipamentos e atrativos turísticos de seu município.

O primeiro artigo da Declaração Universal dos Direitos Humanos estabelece que todos os seres humanos são livres e iguais em dignidade e direitos. Fazer com que o portador participe de forma mais ativa da sociedade não é, ou pelo menos não deveria ser, sinônimo de piedade ou caridade. A pessoa com deficiência é igual a todas as outras no que diz respeito aos seus direitos, como diz a declaração acima citada. Ela deve dispor de iguais oportunidades tanto de educação e trabalho quanto de lazer e recreação. Não há nenhuma razão plausível para explicar o porquê de existirem tantos casos de deficientes que simplesmente são "escondidos" da sociedade e cuja única rotina é o caminho de casa para a escola e da escola para casa, ou, em alguns casos, o total confinamento. Eles também podem e devem se divertir.

Toda a sociedade tem a ganhar com essa compreensão. Segundo a Declaração de Madri, "uma sociedade que exclui uma parte de seus membros é uma sociedade empobrecida. As ações que melhoram as condições para pessoas com deficiência resultarão em se projetar num mundo flexível para todos."

É importante considerar, então, que a inclusão social vai muito além do que a inserção dos deficientes em lugares públicos, e necessário a conscientização da sociedade para que os portadores de necessidades especiais não sintam o preconceito no meio em que vivem.

Incremento do Produto Turístico

A "Colônia de Férias Especiais Tempo Feliz" não é apenas um projeto social. Ela também é um componente da oferta de serviços turísticos de Balneário Camboriú.

A oferta turística depende da organização de todos os produtos envolvidos ativamente na prática do turismo, ou seja, para que haja a oferta turística é necessário que os elementos envolvidos na atividade estejam agrupados, compondo assim o que se denomina produto turístico. A Colônia de Férias procurou se engajar nos preceitos da oferta turística.

Para as famílias da região, ou mesmo de fora do estado que visitam a cidade e podem usufruir deste serviço especial de lazer e recreação para seu "turista especial", este produto (a Colônia) vem facilitar e complementar seu planejamento de viagem, auxiliando-o na tarefa de ajustar sua programação de lazer à do portador de necessidades especiais, quando, na maioria das vezes os meios de hospedagem não dispõem de serviços e equipamentos adequados.

Atualmente o mercado turístico carece de um projeto elaborado e específico para turistas especiais, uma vez que apresenta escassez na diversidade de atrativos turísticos adaptados para portadores de deficiências físicas/mentais.

Novas Habilidades do Bacharel em Turismo

O profissional do século XXI tem como princípio o compromisso com a sociedade, tentando melhorar o meio em que vive. As universidades estão direcionando seus programas de ensino para que sejam executadas da melhor forma possível e atualmente a sociedade começa a colher os frutos de tais ensinamentos.

Estas novas tendências estão conseguindo pouco a pouco ajudar as carências da sociedade, com engajamento individual ou grupal sem dependência exclusiva do governo, especialmente em países subdesenvolvidos em que o processo político não consegue atender a todas necessidades.

A maioria dos acadêmicos do Curso de Turismo e Hotelaria da Universidade do Vale do Itajaí – UNIVALI que participaram da Colônia de Férias, fizeram o primeiro contato com portadores de deficiências durante o treinamento antes da operacionalização do projeto. Com a vivência junto aos turistas especiais, pode-se aprender a respeitar e conviver com o diferente não somente no âmbito profissional como também o pessoal.

> *"Trabalhar com pessoas deficientes, em especial crianças, pode parecer deprimente para alguns e despertar sentimentos de pena em outros. No entanto, quando se sonha com um mundo melhor para elas, o que permeia o trabalho não são os sentimentos de depressão ou pena, mas sim a certeza de que é possível construir algo maior e mais digno para essas pessoas" (Blascovi-Assis, 1997).*

O bacharel seja ele das áreas da saúde ou ciências humanas que trabalha com portadores de deficiências deve garantir os direitos inerentes a todos os seres humanos e cidadãos, entre eles, o direito de viver na sua comunidade, o direito a dignidade, a saúde, a educação, ao emprego e ao lazer, tentando tornar a sociedade capaz de acolher todas as pessoas que possuem deficiências, de forma a atendê-las em suas necessidades comuns e/ou especiais.

O sucesso obtido na colônia tem grande vinculação à qualificação profissional dos que se empenharam para desenvolver da melhor forma possível a função específica, tentando colocar em prática os ensinamentos aprendidos na universidade.

A formação do profissional que atua em sua área deve ser constantemente reavaliada e rediscutida, necessitando de uma visão mais ampla e global sobre desenvolvimento, sem deixar de lado sua especificidade.

As profissões atuais estão requerendo cada vez mais conhecimento e atualização; o turismo hoje exige grandes estudos e qualificação, já que trabalha diretamente com o ser humano, que é considerado, o assunto mais estudado ao longo de toda a história, e sempre está em constante evolução e transformação.

Fortalecer a solidariedade e a cidadania são papéis importantes para o bacharel em turismo e hotelaria neste novo contexto da pós-modernidade.

Responsabilidade Social

Hoje a responsabilidade social é um dos quesitos mais importantes para o posicionamento social das empresas, instituições e profissionais no mercado. Ao participar de ações sociais, a organização, além de adotar um comportamento ético e contribuir para o desenvolvimento econômico, atua na dimensão social do desenvolvimento sustentável, melhorando a qualidade de vida do seu país, estado ou município.

Atualmente as empresas/instituições investem a favor da sociedade apoiando projetos sociais com maior freqüência. Junto aos projetos aumenta expressivamente trabalhos voluntários, e a relação de ajuda mútua entre sociedade e empresas, o que se pode considerar a participação do terceiro setor.

O investimento em novos programas de integração social relacionado à dança, esportes, música, cultura e arte procura ocupar o tempo mal empregado pelas pessoas que muitas vezes sem outras opções permanecem nas ruas, prejudicando sua formação social.

As empresas têm colaborado, em parte, incentivando e proporcionando através de patrocínios uma melhoria na qualidade dos projetos sociais e assim, surgem benefícios em creches, escolas, favelas e centros comunitários.

A comunidade se mobiliza cada vez mais e passa a se dedicar às ações sociais, colaborando diretamente para o sucesso. Com esses incentivos, novos talentos são descobertos, aparecendo novas oportunidades de empregos e proporcionando um maior ensejo para as pessoas mostrarem o seu potencial.

As parcerias entre empresa e sociedade, fazem crescer ambas as partes, uma usufruindo de maior estabilidade financeira por meio de patrocínios, e outra, através da "boa fama" aumenta a relação compra/lucros das empresas adquirindo consumidores fiéis. No entanto, os reais objetivos das empresas não devem limitar-se, nem muito menos se apoiar nestes sentimentos de "bondade", uma vez que a responsabilidade social ultrapassa a simples e "mecânica" ajuda a carências da sociedade devendo ser vivenciada realmente, todos os dias e em todas as ações. Responsabilidade social não é estratégia de *marketing*.

Estamos no caminho de novas propostas, baseadas em termos fundamentalmente éticos. Felizmente muitas empresas, instituições públicas e as organizações do terceiro setor que contribuem para a busca constante do desenvolvimento sustentável da atividade turística estão modificando seus objetivos no sentido procurando valorizar ainda mais a vida, ressaltando também a disponibilidade de bens e serviços ofertados pelas mesmas, especificamente na qualidade do meio físico e cultural das comunidades onde estão inseridas.

Considerações Finais

Analisando os temas refletidos após a experiência vivenciada na Colônia de Férias Especiais, percebe-se a necessidade de empreender esforços no sentido de possibilitar maiores discussões sobre o tema abordado, proporcionando assim, momentos de reflexão aos profissionais do *trade* com relação à importância da integração entre a atividade turística e os portadores de necessidades especiais.

Durante esta experiência prática vivenciada, percebeu-se que a inclusão do turista deficiente é pouco ou quase nada refletida pelos profissionais deste setor, sendo necessário a atualização das práticas e propósitos para que se adéqüem melhor a esse público alvo, eliminando barreiras e conceitos preestabelecidos de toda ordem.

O profissional que atua atualmente no mercado de trabalho deve ter como princípio o compromisso com o social objetivando melhorar a qualidade do meio em que vive, tentando minimizar as carências da sociedade. O constante processo de atualização deste profissional juntamente com esse espírito de engajamento social são essenciais para o desenvolvimento sustentável da sociedade para o turismo.

Referências Bibliográficas

1. BLASCOVI-ASSIS, S. M. *Lazer e Deficiência Mental: o papel da família e da escola em uma proposta de educação pelo e para o lazer*. Campinas: Papirus, 1997.
2. APAE. *Relatório da Primeira Colônia de Férias Especiais*. Balneário Camboriú: 2001.

Sites Consultados

http://www.fenacerci.pt/canal2/declar_Madri.doc
http://www.direitoshumanos.usp.br/documentos/tratados/internacional/declaraçãodosdireitoshumanos

Capítulo 65

Expectativas de Indivíduos da Terceira Idade em Viagens de Curta Duração

Heloisa Maria Rodrigues de Souza
Romeu Rodrigues de Souza

Introdução

"Terceira idade", mais do que referência a uma idade cronológica é uma forma de tratamento das pessoas de mais idade. Segundo Stucchi (1994) a expressão originou-se na França – país onde os primeiros gerontólogos brasileiros estudaram – com a implantação, nos anos 70, das "Universités du Troisième Age".

Da mesma forma, a expressão "third age", de acordo com Laslett (1987) foi incorporada ao vocabulário anglo-saxão, com a criação das "Universities of the Third Age" em Cambridge, na Inglaterra, no verão de 1981, e é hoje de uso corrente entre os pesquisadores gerontólogos de língua inglesa. Atualmente, considera-se como indivíduo da terceira idade, aquele com 60 anos ou mais, nos paises em desenvolvimento e com 65 anos ou mais, nos paises desenvolvidos.

Estudos demográficos têm demonstrado que há uma nítida tendência de aumento de indivíduos da terceira idade no mundo. Na realidade, os países desenvolvidos apresentam este panorama já há muitos anos. Porém, nos países em desenvolvimento, dentre os quais se inclui o Brasil, esse fenômeno está acontecendo com uma velocidade acentuada.

Em 1999, estimava-se que a população idosa mundial era constituída por cerca de 600 milhões de indivíduos. Para 2050, técnicos da ONU projetam a existência de 2 bilhões de pessoas nessa faixa etária, o que mostra um nítido crescimento desse segmento da população (ONU, 1999). Desses, 335 milhões (60%) vivem nos países em desenvolvimento, países esses que terão a mais alta porcentagem do crescimento do número de idosos até 2050.

De acordo com a Divisão de População da ONU, é estimado que a população com sessenta anos ou mais atinja, na América Latina e Caribe, cento e oitenta milhões em 2050, representando uma elevação do percentual sobre a população total de 8% para 22%; a quantidade de pessoas com 80 anos ou mais também terá significativo crescimento, passando a representar 18% do total com 60 anos ou mais.

Em termos de Brasil, Paschoal (1999), afirma que a concepção ainda vigente para muitos de que esse é um *país de jovens*, sendo o envelhecimento populacional associado a países mais desenvolvidos da Europa e América do Norte, não corresponde por completo à realidade. Confirmam esta opinião os dados de Kalache (1999), Diretor do Programa de Envelhecimento e Saúde da OMS: no Brasil, o aumento da proporção de idosos deve dobrar até 2020, ao atingir 14% da população – equivalente ao número de idosos na França em 1995. A diferença é que, no caso francês, foram necessários cento e vinte anos para que isso acontecesse. No Brasil, deve ocorrer em vinte e cinco anos.

Estes dados são importantes quando se recorda que o crescimento do número de idosos na população passa a exigir um aumento na demanda de atendimento em instituições prestadoras de serviços públicos e privados, com destaque para as áreas da saúde e social, aqui incluídas as empresas de turismo. Segundo Ansarah (2000), para promover o turismo de forma efetiva e com qualidade é absolutamente necessária a constante realização de pesquisas que nos permitam conhecer, além do número de turistas que entraram ou saíram em determinada época de um país, também o perfil do consumidor e suas necessidades e desejos. Em relação aos indivíduos da terceira idade, eles apresentam tanto características biológicas quanto psicossociais específicas (Jacob Filho e De Souza, 1994).

Portanto, quanto mais as características do mercado-alvo, neste caso, os idosos, forem conhecidas, maior será e eficácia das técnicas mercadológicas de publicidade e de promoção. Para que isso aconteça, é necessário o desenvolvimento de estudos de mercado, segmentando-o o quanto for necessário para permitir uma análise completa e segura dos elementos que conduzirão os planos de desenvolvimento turístico.

Objetivos do Trabalho

Em face das considerações apresentadas, resolvemos desenvolver este trabalho com os seguintes objetivos:

Objetivo Geral

Identificar as expectativas das pessoas de terceira idade, de classe média e média alta, da cidade de São Paulo, ao efetuar uma viagem turística.

Objetivos Específicos

O trabalho visa responder às seguintes questões:

Quanto ao domínio das relações sociais, identificar as expectativas de turistas da terceira idade, quanto a fazer novas amizades, ou encontrar um novo relacionamento na viagem efetuada.

Quanto ao domínio da saúde, identificar o que as pessoas dessa faixa etária esperam encontrar em termos de alimentação, de atividades físicas, como caminhadas acompanhadas por um guia.

Quanto ao domínio cultural, saber quantos preferem visitas a museus e locais congêneres.

Finalmente, no domínio satisfação pessoal, procurar saber se paradas em lojas, para compras, é uma das expectativas deste grupo.

Os resultados do trabalho permitirão, como conseqüência, relacionar o que pode ser melhorado para tornar mais agradáveis as viagens para essa faixa etária.

Procedimentos Metodológicos

Para a realização deste trabalho, foram utilizados questionários. Além de aplicar os questionários, as pessoas de 60 anos ou mais, foram observadas durante as viagens. No total, foram realizadas 5 viagens.

Na viagem efetuada com o primeiro grupo, não foi aplicado questionário; foi uma viagem de observação e participação. Com um segundo grupo, numa segunda viagem, foi aplicado um questionário antes e um questionário pós-viagem, sem a nossa efetiva participação. Na terceira viagem, com o terceiro grupo, aplicamos o questionário antes e após a viagem, da qual participamos efetivamente. Com o quarto grupo, numa quarta viagem, participamos e aplicamos o questionário somente ao retornar. Finalmente, em uma quinta viagem, não participamos e os questionários foram aplicados por outra pesquisadora.

A seguir, são apresentadas as questões constantes do questionário aplicado.

Dados Gerais

Características socioeconômicas dos participantes
Nome ____________________
Sexo ____________________
Idade
De 60 a 65 anos ( )
De 65 a 67 anos ( )
De 67 a 70 anos ( )
De 70 a 75 anos ( )
De 75 a 80 anos ( )
Acima de 80 anos ( )
Estado Civil
Solteiro ( ) Casado ( )
Viúvo ( ) Outros ( )
Expectativas Quanto à Viagem a ser Realizada

- O Sr (a) espera fazer novas amizades?
  ( ) sim ( ) não
- O Sr (a) espera encontrar um novo amor?
  ( ) sim ( ) não
- O Sr (a) prefere encontrar na viagem?
  ( ) dieta balanceada com alimentos de baixo teor de gordura e açúcar
  ( ) dieta livre pelo fato de estar em férias
- O Sr (a) espera encontrar doces dietéticos, sem açúcar, como opção de sobremesa, nas refeições servidas na viagem?
  ( ) sim ( ) não
- O Sr (a) prefere que no jantar, durante a viagem, seja servido:
  ( ) lanche ( ) refeição normal
- O Sr (a) gostaria que fosse servido um chá, como por ex. de erva-cidreira, à noite, antes de se recolher?
  ( ) sim ( ) não
- O Sr (a) pretende fazer mais durante a viagem:
  ( ) descansar ( ) exercer atividades físicas

- O Sr (a) gostaria que a viagem proporcionasse também passeios a locais de interesse cultural, como, por exemplo, museus, acompanhado de guia local, que daria as explicações necessárias?
  ( ) sim ( ) não
- O Sr (a) considera que as paradas em lojas, para efetuar compras durante a viagem, são interessantes para conhecer coisas diferentes, típicas da localidade, ou as considera dispensáveis?
  ( ) importantes ( ) dispensáveis
- O Sr (a) considera que os ônibus a serem utilizados na viagem deveriam ser confortáveis, de fácil acesso ao subir e descer?
  ( ) sim ( ) não
- O Sr (a) gostaria que fossem promovidas na viagem, atividades como festas ou bailes, para a integração dos participantes?
  ( ) sim ( ) não
  Os dados obtidos serão tabulados, analisados e tratados estatisticamente (Costa, 1998).

Resultados

Dados Gerais

A análise dos dados obtidos na aplicação dos questionários aplicados nas cinco viagens realizadas mostra predominância de turistas do sexo feminino, casadas ou viúvas.

A maior concentração de pessoas da terceira idade que viajam encontra-se na faixa dos 60 aos 75 anos.

Expectativas nas Viagens

Quanto ao domínio das relações sociais, praticamente a totalidade dos turistas de terceira idade espera fazer novas amizades nas viagens, porém somente uma minoria espera encontrar um novo relacionamento, em alguns casos com aprofundamento afetivo.

Quanto ao domínio da saúde, em relação à alimentação, mais da metade dos viajantes espera encontrar uma dieta balanceada, com pouca gordura e açúcar e também esperam encontrar doces dietéticos, sem açúcar, nas refeições servidas e consideram que um chá à noite, antes de se recolherem, seria muito apreciado.

Em relação às atividades esportivas, aproximadamente a metade dos turistas prefere descansar mais durante a viagem, enquanto a outra metade prefere exercer atividades físicas, de preferência acompanhados por um guia ou instrutor.

Quanto ao domínio cultural, a grande maioria dos turistas gostaria que a viagem proporcionasse passeios a locais de interesse cultural, como visitas a museus e locais congêneres.

No domínio da satisfação pessoal, a maioria considera importantes as paradas em lojas para compras.

A maioria das pessoas de terceira idade que investigamos gostaria que fossem promovidos festas ou bailes nas viagens, para tornar possível uma maior integração entre os participantes. A maioria considera que os ônibus normalmente utilizados nas viagens devem ser de fácil acesso e oferecer conforto suficiente.

Discussão

Importância da Terceira Idade para o Turismo

O levantamento realizado sobre o tema, mostrou que a bibliografia sobre *Turismo na terceira idade* é ainda bastante restrita. Ansarah (2000) afirma que é importante conhecer as necessidades e desejos, dos turistas. Quanto mais as características do mercado alvo forem conhecidas, maior será a eficácia das técnicas mercadológicas de publicidade e de promoção. O presente trabalho foi elaborado para atender em parte esta necessidade, na medida em que procuramos conhecer quais as preferências dos idosos em viagens de curta duração.

A Assembléia Mundial sobre o Envelhecimento, convocada pela ONU e realizada na cidade de Viena em 1982, definiu como indivíduo da terceira idade, a pessoa com sessenta anos ou mais. Desde então, este critério tem sido adotado tanto pela ONU, como pela Organização Mundial de Saúde – OMS e Organização Pan-americana de Saúde – OPS. Na Conferência Internacional de Envelhecimento, Demografia e Bem Estar na América Latina também foi utilizado o critério de sessenta anos (Santos, 1996). Este foi também o critério adotado neste trabalho.

Estreitamente relacionadas com a maior demanda de turistas da terceira idade são as considerações de Bacal (1984) quando observa que os motivos que levam um indivíduo a realizar uma viagem turística, podem ser: de deficiência (por exemplo, fuga de problemas, da rotina, da poluição, da situação estressante das grandes metrópoles); de excesso (por exemplo, ir para um local onde possa se divertir, fazer cursos, conhecer novas culturas e lugares, fazer novas amizades, busca de aventuras). Os motivos que levam os idosos a fazer viagens, ao que parece, se enquadram neste segundo grupo, como mostram os resultados do presente trabalho.

Palma – Neto (1999) comenta que, nos Estados Unidos e na Europa, o segmento de terceira idade é para o setor turístico, um dos mais importantes mercados. Segundo o mesmo autor, a maioria dos grupos de terceira idade que efetuam viagens turísticas, é formada por aqueles homens e mulheres que desistiram de ter crises de culpa, de aborrecer-se com as preocupações dos outros e resolveram recuperar o tempo perdido de uma forma muito divertida e saudável: viajando, conhecendo novos lugares, pessoas e culturas. De fato, nossos resultados mostraram que estas são expectativas dos idosos ao efetuarem viagens.

Souza e Silva (1998) observa que devemos buscar meios para atender a demanda reprimida, representada pela população com mais de 60 anos, que deseja viajar seguindo roteiros adequados e previamente selecionados para sua disponibilidade de tempo, normalmente em baixa temporada. No futuro, os roteiros de viagens para a terceira idade, deveriam atender as expectativas mostradas neste trabalho.

Garcia (2001) constata que as operadoras e agências de viagens possuem poucas ofertas específicas para o público de terceira idade, citando também que as pessoas dessa faixa etária usualmente costumam realizar viagens rodoviárias com percurso de até 800 km do local de residência, preferencialmente viagens curtas, com até cinco dias de duração e que as mulheres da terceira idade manifestam predileção por viajar em grupos. Esta última observação foi também por nós contatada.

Beni (2000), a respeito do turismo da terceira idade, comenta que Inquestionavelmente, o turismo da terceira idade constituirá, tanto ao nível interno como internacional, um expressivo fator de desenvolvimento do tráfego turístico e das destinações de viagens.

Acompanha o crescimento desse mercado, a criação de uma nova linguagem em oposição às antigas formas de tratamento dos velhos e aposentados: a terceira idade substitui a velhice; a aposentadoria ativa se opõe à aposentadoria; o asilo passa a ser chamado de centro residencial, o assistente social de animador social e a ajuda social ganham o nome de gerontologia. Os signos do envelhecimento são invertidos e assumem novas designações: *nova juventude*, *idade do lazer*. Da mesma forma, invertem-se os signos da aposentadoria, que deixa de ser um momento de descanso e recolhimento, para tornar-se um período de atividade e lazer. Não se trata mais apenas de resolver os problemas econômicos dos idosos, mas também lhes proporcionar cuidados culturais e psicológicos, de forma a integrar socialmente uma população tida como marginalizada. É nesse contexto que surgem os grupos de convivência e as universidades para a terceira idade como formas de criação de uma sociabilidade mais gratificante entre os mais velhos.

Na terceira idade, os relacionamentos afetivos são datados, muitas vezes começando no meio de uma viagem e terminando ao final da mesma; são relacionamentos que não precisam se manter para sempre.

Expectativas dos Idosos nas Viagens

Os resultados do presente trabalho mostram que, em viagens curtas, a maioria dos turistas da terceira idade é constituída por mulheres. Por outro lado, verificamos que os idosos têm diferentes tipos de expectativas. Desejam fazer novas amizades, descansar ou participar de atividades físicas.

Segundo Souza e Silva (1998), a necessidade de encontrar novos interesses, fazer novas amizades e ocupar o tempo deverá aumentar sempre mais a participação de idosos em atividades como o turismo. Beni (1996) é da mesma opinião, quando afirma que atividades turísticas podem ser benéficas tanto social quanto psicologicamente para os idosos, ao lhes proporcionar meios para desenvolver novas amizades.

As pessoas da terceira idade esperam também, parar em lojas e tomar refeições normais no jantar. Muitas desejam encontrar nas viagens, refeições com dietas balanceadas ou sobremesas com doces dietéticos, fazer visitas culturais ou participar de bailes e festas.

Conclusão

Com base nos resultados obtidos neste trabalho, podemos oferecer às agências que organizam viagens para a terceira idade, as seguintes sugestões:

a) Que ofereçam uma opção de dieta balanceada, e com pouca gordura, nas viagens que incluam alimentação.
b) Que nessas refeições, sejam oferecidas sobremesas dietéticas, sem adição de açúcar e com baixo índice de gorduras.
c) Que as viagens ofereçam passeios a locais de interesse histórico-cultural, e que os guias forneçam explicações sobre a história do local visitado.

d) Que as agências que comercializam roteiros rodoviários, que atendam turistas de terceira idade, pensem em organizar com maior freqüência, festas ou bailes, que irão possibilitar uma maior integração entre os participantes das viagens.
e) Realização de palestras sobre os locais a serem visitados no roteiro, na primeira noite da viagem. Essa palestra abordaria aspectos culturais e paisagísticos dos locais a serem visitados.
f) Distribuir um pequeno livrete com informações sobre a população do local; como se compõe etnicamente esta população, quais são os recursos que permitem que esse local sobreviva, e também informar em que medida essas localidades são pólos turísticos.
g) Finalmente, observando a enorme necessidade de apoio, que as pessoas da terceira idade manifestam, podemos mesmo sugerir uma nova denominação para o turismo destinado a esta faixa etária: *Turismo Protetor.*

Referências Bibliográficas

1. **ANSARAH, M. G.** *Turismo – Segmentação de Mercado.* 2ª ed. São Paulo: Futura, 2000.
2. **BACAL, S. S.** *Pressupostos do Comportamento Turístico.* Tese de Doutorado, Escola de Comunicações e Artes de São Paulo, 1984.
3. **BENI, M. C.** *Análise Estrutural do Turismo.* 2ª ed. São Paulo: Senac, 2000
4. **COSTA, S. F.** *Introdução Ilustrada à Estatística.* 3ª ed. São Paulo: Harbra, 1998.
5. **GARCIA, M.T.G.** *Turismo na terceira idade – Um mercado em potencial.* Tese de Doutorado. Escola de Comunicações e Artes da Universidade de São Paulo, 2002.
6. **KALACHE, A.** *Brasil muda sua cara e envelhece rapidamente.* São Paulo, 1998.
(online). Disponível em www.maturidade.com.br
7. **LASLETT, P.** *The emergence of the third Age.* Aging and Society, 7, 1987.
8. **PALMA-NETO, D.** "O Estado de São Paulo", Suplemento Viagem, 24 / 08 / 99.
9. **PASCHOAL, S.M.P.** *Epidemiologia do Envelhecimento.* In: PAPALÉO NETTO, M. (Coord.). Gerontologia: a velhice e o envelhecimento em visão globalizada. São Paulo: Atheneu,1999.
10. **SANTOS, G.A.** *Planejamento de vida, ansiedade e tensões psíquicas nas pessoas da terceira idade.* Dissertação de Mestrado. Instituto de Psicologia da Pontifícia Universidade Católica do Rio Grande do Sul, 1996.
11. **SOUZA E SILVA, F. S.** *O comportamento psicossocial do turista na terceira idade.* Dissertação de Mestrado, Escola de Comunicações e Artes da Universidade de São Paulo, 1998.
12. **STUCCHI, D.** *Os programas de preparação à aposentadoria e o remapeamento do curso da vida do trabalhador.* Dissertação de mestrado, IFCH / Unicamp, 1994.

Capítulo 66

Patrimônio Cultural e Turismo com Responsabilidade Social

José Clerton de Oliveira Martins

Introdução

Este trabalho nasce como fruto de uma experiência no Programa Turismo da Gente, que teve como objetivo em sua primeira etapa, formar agentes municipais para o turismo, uma promoção da Embratur, Unifor e Sistema Verdes Mares.

O projeto dentro de sua missão levou a alguns municípios do Ceará a idéia e o pensar do turismo dentro do conceito da sustentabilidade e participação. A metodologia partiu da sensibilização dos agentes, através de tele-aulas previamente apresentadas e seminários com a participação e facilitação dos professores da universidade de Fortaleza e dos agentes em formação. Dos seminários partiram as diretrizes apontadas pelos agentes assim como a vertente para ações no lugar.

Da observação da relação entre o Patrimônio Cultural e fazer turismo, demonstrada pelos participantes dos seminários, nasceu esta reflexão. Tratou-se de abordagem metodológica de enfoque qualitativo, cuja ferramenta foi a observação sistemática dos seminários, dos questionários respondidos e das falas dos agentes, onde se obteve elementos que nos orientam a afirmar que se vive o

Patrimônio Cultural, porém não se sabe defini-lo e utilizá-lo na atividade turística. Aqui apontamos algumas reflexões para o cuidado que se deve tomar em relação ao Patrimônio Cultural, para as ações do turismo com responsabilidade social.

O que é Atrativo é o que é Singular

Apenas o que o espaço físico proporciona não é o suficiente para a condição de lugar especial. A própria percepção de especial é dada por quem percebe o lugar. Quem vê, avalia, partindo de seus sentidos e experiências. Mas o que de verdade dá sentido a um lugar é um conjunto de significados, os símbolos que a cultura local imprimiu, e é isso que leva o outro, a sentir, a perceber distinto e especial, o lugar ao qual se visita.

Esse conjunto de valores representado pelos significados e símbolos projeta-se no espaço geográfico e, ao mesmo tempo em que dele vai apropriando-se, imprime marcas do homem local como que dizendo "isso sou eu" e em comunhão com o grupo social, "isso somos nós". Desse processo interativo do homem com o meio nascem as expressões culturais, que nada mais são que a parte do ambiente transformada pelo homem.

Esse processo não é breve e nem tem um final. Ele reúne história, conhecimento e demonstra em várias linguagens a relação que o povo local tem com o espaço geográfico, com o lugar que é identificado como extensão de si mesmo. Assim, todo espaço é casa, é lar e lugar.

Independente da vocação do lugar, o local projeta-se no regional pela maneira como esse sujeito nativo interfere na natureza para sobreviver e desse processo brota toda uma significação de existência dando um toque de peculiaridade, identidade, referência e essência do lugar: a técnica de preparação dos alimentos, a combinação de sabores fruto do que a terra oferece, a maneira como o homem se relaciona com o místico, os templos, igrejas, sinagogas, terreiros, centros, as festas, a celebração por conta da chuva, ou do sol, ou a realização de um ritual ancestral, a adaptação da cultura alienígena que construiu história local, as lenda, os mitos, as guerras do povo em defesa de seu espaço, a arte nativa, a arquitetura, as relações sociais, os laços afetivos, etc.

Na realidade, o que torna o lugar atraente é sua gente, o jeito que esse povo encontrou de estar e ser em sua existência, em seu espaço, vivendo sua realidade.

(...) "Para mim a terra natal não é exatamente o lugar onde nossos mortos estão enterrados; é o lugar onde temos as nossas raízes, onde possuímos nossa

casa, falamos nossa linguagem, pulsamos os nossos sentimentos mesmo quando ficamos em silêncio. É o lugar onde sempre somos reconhecidos. É o que todos desejamos, no fundo do coração: sermos reconhecidos e bem recebidos sem nenhuma pergunta" (...) Siegfried Lenz 1985 (em Santos, 1998:63).

Referendado por e em seu espaço, o homem é participativo e cada vez mais produz para si e para a sobrevivência de seu grupo, significando-se e dando significado ao local, seja esse o litoral, ou o sertão semi-árido. Que importa as condições climáticas adversas, a escassez de chuva, ou a terra seca? Afinal o lugar do nativo é *aquele* lugar, portanto, para ele especialíssimo e sendo ele fruto e ao mesmo tempo elemento que interage com a natureza, como um animal, ele encontra a maneira de sobreviver. Basta observar a beleza, o exotismo e a singularidade que envolve os grupos humanos que habitam os desertos, o topo das montanhas, as regiões semi-áridas, as regiões polares, etc.

PATRIMÔNIO CULTURAL: EVOLUÇÃO E CONCEITOS

O conceito de patrimônio histórico e artístico, usado desde o século XIX, foi paulatinamente substituído pelo conceito mais amplo de Patrimônio Cultural, respondendo a atualizações de estudos que deram visão a uma abrangência da área e ainda, consoante com a concepção antropológica de cultura. Partindo dessas atualizações, a Constituição Brasileira de 1988, no artigo 216, seção II – DA CULTURA, estabelece um conceito de Patrimônio Cultural:

"Constituem Patrimônio cultural brasileiro os bens de natureza material e imaterial, tomado individualmente ou em conjunto, portadores de referência à identidade, à ação, à memória dos diferentes grupos formadores da sociedade brasileira, nos quais se incluem: I – formas de expressão; II - Os modos de criar, fazer e viver; III – As criações científicas, artísticas e tecnológicas; IV – As obras, objetos documentos, edificações e demais espaços destinados às manifestações artístico-culturais; V - Os conjuntos urbanos e sítios de valor histórico, paisagístico, artístico, arqueológico, paleontológico, ecológico e científico".

Sobre a evolução do conceito de Patrimônio, Aguirre (1997:204) afirma que é difícil definir um conceito de Patrimônio, pois este termo envolve amplos e diferentes campos. Na perspectiva antropológica, Patrimônio equivale à Cultura (Clemente, 1993:16 em Aguirre 1997:204). Assim Patrimônio assume uma função globalizante assinalando tratar do principal testemunho da contribuição histórica para as civilizações universais, da capacidade criativa contemporânea, não podendo ser resumido apenas a um conjunto de bens dignos de conservação por uma nação por razões de arte e de cultura.

Aguirre (idem) mostra que inicialmente a palavra Patrimônio se referia quase exclusivamente ao artístico, aplicando-se aos produtos humanos caracterizados pelo sublime (Herskovits 1964, em Aguirre 1997:204) como uma manifestação da capacidade de criação estética de uma cultura. Aí podemos observar o que se nota em nossa sociedade ainda hoje, essa representação é sempre de uma classe hegemônica, pois as consideradas classes populares, para o conceito, não estavam aptas a tais feitos.

Posteriormente o conceito se ampliou e passou a denominar-se histórico artístico, porém ainda com as mesmas características elitistas, com heranças renascentistas, mais tarde e isso apenas se deu não faz muito tempo, passou a denominar-se Patrimônio Cultural. Nesta última denominação, o conceito possibilitou toda uma concepção holística, englobando muitas categorias, implicando em toda uma revisão no conceito de patrimônio. Desta forma, patrimônio passou a envolver o todo cultural em seus aspectos materiais e imateriais.

A divisão tradicional entre Patrimônio Histórico e Artístico, com a nova abordagem, passou a agregar o arqueológico, documental, bibliográfico e o etnográfico, cada uma dessas possibilidades chamando para si a metodologia própria de suas respectivas ciências.

"(...) a idéia de Patrimônio Cultural, quando envolve todos os aspectos da atividade humana, conduz a uma revalorização do natural, do meio-ambiente como algo relacionado ao homem e manipulado por ele. O homem em interação com natureza domina suas espécies, o meio geográfico e o ambiente. Controla, consciente ou inconscientemente, o habitat onde desenvolve sua vida potencializando umas espécies em detrimento de outras. Neste sentido, o meio-ambiente está intimamente relacionado com o cultural e portanto com as produções do homem)" Aguirre (1997:205).

O Patrimônio assim, não é algo sem importância, fruto de convenções sociais, é dinâmico, proporciona um aprofundamento nos contextos sociais, históricos, econômicos etc. O observador partindo destas produções toma contato com as necessidades da sociedade que o produz e que o vive, tendo a possibilidade de entender seus problemas, o que os gera e colaborar na busca de soluções.

Desta forma o Patrimônio é reflexo da sociedade que o produz, sendo necessário esclarecer que o patrimônio nem sempre é fruto da coletividade, pois existem processos nos quais o Patrimônio é produto de processos econômicos, políticos, ou culturais que por sua vez possuem origem em decisões de grupos concretos, ou classes, mas apenas representam Patrimônio quando tais construções são assumidas pela coletividade de forma autônoma.

Assim se pode inferir que qualquer definição que nos surja de Patrimônio Cultural, nos remete a um fator comum, o de Patrimônio Humano, ou seja, tudo o que o homem, não importando as definições de estratificação social, possa produzir.

Patrimônio Cultural, Cidadania e Participação

(...) Um homem a quem se paga, sabidamente, muito menos do que necessita para viver com um mínimo de decência não é tratado pela sociedade como um verdadeiro cidadão. Será um instrumento de trabalho, um parafuso em uma máquina, jamais uma criatura que pelo simples fato de viver é portadora de direitos (...) Santos (1998:98).

No processo de preservação do patrimônio cultural, observamos uma ausência da participação popular. Desse processo de excluir a população do que é seu, advém uma série de outros desconhecimentos. Por exemplo, a falta de conhecimento do Patrimônio cultural e consequentemente seu desvalor. O ideal seria a participação total da população local nas decisões relativas à sua própria cidade. Mas é possível uma população com problemas de primeira necessidade, como alimentação, trabalho, de saúde e sem informações, se interessar pelo destino de uma igreja barroca, de casas coloniais ou de uma floresta?

(...) Quando se fala do homem-cidadão, do homem enquanto ser político vem automaticamente à tona a questão do homem produtor e do homem consumidor, uma vez que o papel do Estado é também determinado pelo funcionamento da economia. (...) Santos (1998:87).

Cidadania pode ter várias formas de interpretação, porém, tradicionalmente, tem-se considerado Cidadania como mera relação legal estabelecida entre o indivíduo e o país de sua nacionalidade (Fernandes,1993: 265), identificando aquele que está na posse de seus direitos políticos, cumprindo seus deveres de cidadão.

No entanto, o termo possui mais significantes e podemos ampliar a visão de cidadão como:

(...) aquele ser responsável pela História que o envolve. Sujeito ativo na cena política, reivindicante ou provocador da mutação, da transformação social. Homem envolto nas relações de força que comandam a historicidade e a natureza política. Enfim o cidadão como ser, homem e sujeito a um só tempo (...) (Fernandes 1992:265).

Ao considerar os conceitos de Cidadania, de Participação e de Patrimônio, pode-se inferir que a valorização do Patrimônio na realidade, é uma conseqüência da percepção do homem de seu valor, no contexto no qual está inserido, ou seja é uma ação cidadã.

Segundo Fernandes (1992:273), numa sociedade onde os mais elementares direitos de cidadania são negados à grande parcela da população, a cultura às vezes é tratada como algo supérfluo e, até mesmo desnecessário, em face de outras demandas mais básicas.

Sabe-se que a História imprime a trajetória do povo e representa memória, reflexão, identidade do sujeito local, assim, a falta de esclarecimento popular sobre a valorização cidadã de seu patrimônio leva a um descaso de sua construção e memória.

Compreender o direito à memória como dimensão da cidadania, implica reformular as relações entre povo e suas produções enquanto tal. Cabe às instituições, desde a mais básica, à família e à escola em seus mais diversos níveis incorporar o valor do patrimônio, possibilitando o resgatar da importância dos museus, dos sítios, das festas, do artesanato, da regionalidade, para que se possa alcançar a dimensão da importância desse tema.

Turismo Sustentável, Patrimônio Cultural e Responsabilidade Social

O turismo constitui um fenômeno surgido com o advento da Revolução Industrial, que a partir de então, proporcionou ao homem um tempo heterocondicionado (Munnè, 1980). Significa dizer, que quando o homem passou a ter seu tempo controlado pelo tempo do trabalho, esse tempo passou a significar, sobretudo no meio urbano, o tempo principal da vida humana.

Nesse modelo, o turismo adquiriu um significado de reencontro do homem consigo mesmo. Nesse processo, o homem busca o que perdeu no modo de viver artificializado. Desta forma, em dados períodos e de acordo com o poder econômico, as populações das cidades vão em busca dos chamados paraísos utópicos, sonhando com o exotismo das paisagens selvagens, estilo de vida espontâneo e sobretudo, de seu tempo de ser sujeito.

Isso decorre da perda do homem da possibilidade de construir seu próprio tempo, e ainda de estar, na maior parte de sua existência, em ambientes fechados, artificializados em todos os aspectos, exercendo pouco de suas potencialidades humanas e sobretudo de seu potencial criativo.

O Turismo surge como essa possibilidade de reencontro, de fantasia, descanso, felicidade. Desta forma o homem sai em busca de ser, longe de tudo que pode significar um tempo que não seja o tempo autocondicionado, ou seja, um tempo construído por ele mesmo (Munnè, 1980).

Partindo desse referencial, podemos avaliar que o que interessa ao fenômeno do turismo são os aspectos mais peculiares de cada lugar, é o caráter mais autêntico de sua gente, e seu cotidiano mais original, representado por toda um conjunto simbólico.

No entanto é preciso acompanhar a ação do turismo para que os lugares e suas culturas mantenham-se íntegros e isso nos remete ao conceito de turismo sustentável.

A partir da concepção de desenvolvimento sustentável passou-se a considerar que dentro desta perspectiva o turismo sustentável é "aquele que atende às necessidades dos turistas atuais, sem comprometer a possibilidade do usufruto dos recursos pelas gerações futuras" (Ruschmann, 1997 em Ferreira, 1999). Este conceito de turismo sustentável está intimamente ligado à sustentabilidade do meio natural e cultural, considerados como atrativos básicos do turismo. No entanto, dentro da perspectiva do desenvolvimento sustentável não podemos dissociá-lo da dimensão econômica e social (Ferreira, 1999).

É inquestionável a importância para o turismo de cenários naturais como florestas, rios e lagos de águas límpidas, montanhas e serras com seu ar limpo e puro e a diversidade de animais, e as culturas bem peculiares preservadas. Porém, o crescimento vertiginoso da atividade turística nos últimos anos, que tem mostrado benefícios mensurados por meio da geração de empregos diretos e indiretos e pelo crescimento econômico dos núcleos turísticos receptores, não consegue esconder os danos socioambientais decorrentes dessa atividade (Ferreira, 1999).

A segunda guerra mundial trouxe a preocupação com os problemas ambientais decorrentes das ações do homem e do que na realidade, o próprio homem seria capaz de fazer com o planeta, aliado ao crescimento desordenado e os efeitos nas sociedades e no planeta. Por conta disso, estudiosos passaram a escrever sobre as possibilidades de esgotamento dos recursos naturais e incapacidade da ciência de solucionar tais problemas (Ferreira, 1999).

Na década de 1960, diante dos questionamentos formulados pela sociedade acadêmica e civil das implicações do modelo de desenvolvimento vigente, um grupo de 30 pesquisadores (cientistas, educadores, economistas, humanistas, industriais e funcionários públicos) reuniram-se na Academia de Lincei – Roma, com o objetivo de "promover o entendimento dos componentes variados, mas interdependentes – econômicos, políticos, naturais e sociais – que formam o sistema global em que vivemos". Tal encontro resultou na formação do Clube de Roma, que se caracteriza por uma organização informal que tem como foco de estudo os problemas da Humanidade.

A sustentabilidade, segundo o modelo sugerido pela Comissão Mundial sobre o Meio Ambiente e Desenvolvimento, criada pelas Nações Unidas em 1983 não só consolidou os princípios do novo modelo de desenvolvimento, como agregou o sentido da sustentabilidade, conforme proposto no relatório "Nosso Futuro Comum", produzido pela referida comissão, o desenvolvimento para ser sustentável deve "atender as necessidades do presente sem comprometer a possibilidade de as gerações futuras atenderem as suas próprias necessidades". Trazendo para a nossa reflexão a idéia de que devemos planejar e agir sempre considerando um prazo mais longo do que estamos acostumados, incorporando um compromisso ético para com as outras gerações. Esta meta, no entanto, só poderá ser alcançada com a obediência dos seguintes princípios:

- Eqüidade social: que significa a disposição para reconhecer igualmente o direito de cada um.
- Eficiência econômica: significa que a distribuição e gestão dos recursos econômicos e financeiros é feita de forma planejada para garantir o funcionamento eficiente do sistema.
- Prudência ecológica: significa a adoção de ações que visam os seguintes pontos: reduzir o consumo de recursos naturais e a produção de lixo.

Pode-se perceber que a interseção dos mesmos resultará em um modelo de desenvolvimento (Fig. 66.1) que contempla a sustentabilidade nas três dimensões (Ferreira, 2002).

No entanto, o turismo tem proporcionado a algumas localidades problemas como:

- A destruição de espécies animais e vegetais.
- A poluição atmosférica, sonora, dos rios, praias, lagos, etc.

Figura 66.1 – A interseção entre eqüidade social, eficiência econômica e prudência ecológica resulta em um modelo de desenvolvimento que contempla a sustentabilidade nas três dimensões.

- A aculturação da população nativa, que se deixa influenciar por novos costumes e valores e substitui as atividades tradicionais (pesca, artesanato e agricultura) para trabalhar no setor turístico, geralmente em funções mal remuneradas dada a sua baixa escolaridade; descaracterização do artesanato, que passa a incorporar gostos dos visitantes; e alterações nos valores morais, através do estímulo à prostituição, ao uso de drogas etc.
- Interferência nos valores sociais e até mesmo mudanças culturais, ocasionando uma interferência negativa no maior bem para o turismo e para sua comunidade: o valor local, o jeito de ser nativo no cotidiano, portanto seu patrimônio. (Ferreira, 1999).

Considerações Finais

Quando o homem se defronta com um espaço que não ajudou a criar, cuja história desconhece, cuja memória lhe é estranha, esse lugar é a sede de uma vigorosa alienação (Santos, 1998:61).

A identidade perdida no global proporciona a perda das referências. Os sujeitos em seus espaços, seja no nordeste, no sul do Brasil ou em qualquer lugar do mundo, sabem o que são e valorizam-se através de suas construções simbólicas que, por sua vez, refletem sua história, bem como toda a real construção desses lugares, resgatando em suas linguagens, leituras e expressões, o que sempre serão em essência. No entanto é preciso que isso seja priorizado como valor do local pois, no modelo no qual seguimos a tendência é o desaparecimento desses valores inerentes ao local e a assimilação de valores globalizantes. Investindo no Patrimônio Cultural, valoriza-se o homem e em conseqüência toda sua produção.

Retirada do sujeito, sua essência, que é o que o identifica e o valoriza no lugar e no próprio ser, o lugar e o ser desqualificam-se, restando o desinteressante, o sem sabor, o lugar comum.

Da mesma forma que cidadania e cultura formam um par integrado de significações, cultura e territorialidade são, de certo modo, sinônimos. A cultura, enquanto forma de comunicação do indivíduo e do grupo com o universo, é uma herança, mas também é um reaprendizado das relações profundas entre o homem e o seu meio, um resultado obtido através do próprio processo de viver. Incluindo o processo produtivo e as práticas sociais, a cultura é o que dá a consciência de pertencer a um grupo, do qual é o cimento (Santos, idem).

Com relação à territorialidade, representa um cenário e espaço/ambiente onde o povo se edifica. Cada lugar é definido por sua própria história, ou seja, pela soma das influências acumuladas, provenientes do passado, e dos resultados daquelas que conservam maior relação com as forças do presente e dão suporte ao desenvolvimento do grupo, sociedade do lugar enfim (Santos, 1998:86).

A sociedade é, pois, representada pelo Patrimônio, através do qual ela mesma se mostra. Está representada nele pela ideologia, cultura, religião, instituições e organizações formais e informais, todas estas expressões sendo forças ativas de seus membros, devendo para o desenvolvimento de qualquer atividade e principalmente do turismo, serem preservadas e valorizadas.

Referências Bibliográficas

1. AGUIRRE, A.et al.. (1997). Cultura e Identidad Cultural – Barcelona. Ed. Bardenas
2. FERNANDES, J.R.O (1992) Revista Brasileira de História – v.13 nº 25/26, pg. 265-276 – São Paulo – SP.
3. FERREIRA.A.M.R (1999) Os Dilemas do Desenvolvimento Econômico – Trabalho não publicado – Banco do Nordeste do Brasil – Fortaleza/CE
4. IGNARRA, L.R. (1999), Fundamentos do Turismo – São Paulo –Ed.Pioneira
5. JORNAL DIÁRIO DO NORDESTE (2002) – TURISMO DA GENTE – 1º fascículo: Turismo Sustentável e 2º fascículo: Identidade Cultural. Fortaleza – Ce
6. MINISTÉRIO DA EDUCAÇÃO E CULTURA (1979). Patrimônio histórico e artístico nacional. Legislação brasileira de proteção aos bens culturais.
7. MUNNÉ, F. (1980) Psicosociologia del Tiempo Libre: un enfoque crítico. Ed. Trillas, México
8. SANTOS, M (1999) O Espaço e o Cidadão – Ed.Nobel S.Paulo

Capítulo 67

Turismo com Responsabilidade Social: Cidadania, Patrimônio e Rio de Janeiro

MÁRCIA CRISTINA PINTO BANDEIRA DE MELLO

INTRODUÇÃO

Sem grandes pretensões, realizo este trabalho não com o objetivo de apresentar soluções, mas com a idéia de realizar um ensaio que pudesse colaborar com discussões pertinentes ao tema, e ainda que pudesse enunciar algumas questões que são por mim abordadas na tese de doutoramento que ora realizo na Escola de Comunicação da Universidade Federal do Rio de Janeiro, sob a orientação da professora Heloisa Buarque de Hollanda. Assim, venho apresentar uma série de dúvidas e de questões que buscam acolhimento na vida acadêmica ligada ao tema Turismo, como também algumas questões práticas que buscam soluções também práticas, que envolvem tanto política pública no setor turístico, sobretudo, na cidade do Rio de Janeiro, como também dentro do setor privado que estão adotando e assumindo o que hoje se denomina responsabilidade social.

Portanto, busco trazer à tona algumas discussões realizadas na atualidade, envolvendo o turismo, tema hoje que alcança grande popularidade, e que começa a despertar no Brasil uma visão mais séria e mais preocupada dos governos tanto a nível federal, estadual, como municipal. Constatei essa questão quando atentei para o fato de que esse tema esteve presente em quatro dos cinco eixos propostos nas oficinas do Fórum Social Mundial realizado em Janeiro desse ano, no Rio Grande do Sul.

O tema responsabilidade social se apresenta em processo de crescimento em vários países do mundo e principalmente no Brasil. Sem dúvida está norteando todas as decisões e sugestões das organizações mundiais na área da administração, e em específico na industria turística. Como exemplo de tal crescimento, posso relacionar as diretrizes para empresas multinacionais, aprovadas pelos Ministros da Organização para Cooperação Econômica e desenvolvimento (OCED) em junho de 2000, outro exemplo foi o *Livro Verde*, apresentado pela Comissão das Comunidades Européias em julgo de 2001, que discutia o mesmo tema "responsabilidade social", e as discussões envolvidas no 2º Fórum Social Mundial (FSM) em Porto Alegre, Rio Grande do Sul.

O trabalho se propõe a debater o significado do termo, *Responsabilidade Social*, inicialmente para poder entrar de forma mais clara conceitualmente no tema: *Turismo como responsabilidade social*. O tema proposto será abordado em dois momentos pelo trabalho: em um primeiro momento, buscarei analisar o turismo como elemento de inserção social, ou seja, como uma atividade que possibilita uma maior expansão do direito de cidadania. Para isso utilizaremos características do mercado de trabalho, no setor. Com características próprias esse mercado oferece uma ampliação de postos de trabalho resultando em uma maior inclusão de mão de obra no mercado, ampliando assim o direito à cidadania, visto que o direito ao trabalho é um dos pontos mais importantes quando se discuti tal tema. Ética, educação, dignidade são elementos constitutivos da cidadania e estão diretamente relacionados à questão do trabalho; e em um segundo momento, discutirei a responsabilidade social do setor com relação à conservação, manutenção e preservação do patrimônio cultural, histórico e natural, incluindo também a questão da própria delimitação de novas áreas a serem inseridas nesse conceito de patrimônio. Dessa forma, o turismo passa a ser uma atividade que estabelece a possibilidade de um desenvolvimento sustentável, compromissado com o ecossistema, com as comunidades locais e ainda, com a memória do que Benedict Anderson denomina "comunidade imaginada". Enfim discutir o turismo também como um elemento de inserção do Brasil, no meu caso em específico do Rio de Janeiro, em um universo multicultural e globalizado, assumindo de vez a sua tendência de ser uma "Cidade Global" seguindo uma tendência mundial.

Responsabilidade Social: Mapeando uma Definição

Como todo tema que ganha importância e passa a ser amplamente usado em todos os quatro cantos do mundo, o tema responsabilidade social, vêm ganhando significados, objetivos, estratégias, desde muito tempo. Ao contrário do que possamos imaginar, a idéia de que as atividades empresariais só teriam como função de existência o lucro, vem sempre recebendo críticas e apontando para soluções que passaram das mais ingênuas como a do "anarquismo utópico", as mais revolucionárias como o socialismo e o próprio "anarcossindicalismo". Assim, como tantas outras correntes que de uma certa forma buscavam soluções para os problemas do operariado, pós-revolução industrial. Problemas como: as suas péssimas condições de trabalho, os seus baixos salários, a sua falta de condições básicas de sobrevivência, entre outros. Esse pensamento serviu para fundamentar a abordagem clássica, ainda com uma visão paternalista, respaldada no princípio da caridade e dentro de uma visão religiosa, defendia que os ricos e guardiões das propriedades deveriam zelar pelo bem de toda a sociedade.

Porém, como tudo no campo das idéias, o tema foi passando por transformações no decorrer dos tempos até chegar as décadas de 70 e 80 que já discutiam quando e como as empresas deveriam responder por suas obrigações sociais, mas ao final da década de 90, seguindo um movimento maior aumentam ainda mais as discussões, e as questões éticas e morais ganham espaço e passam a melhor definir o papel das organizações nessa área. A partir daí se ganha cada vez mais espaço nas discussões e determinações nas organizações mundiais, como a ONU (organização das Nações Unidas), a OCED (Organização para cooperação econômica e desenvolvimento), as Comunidades Européias e por fim os Fóruns Sociais Mundiais realizados no Brasil em 2002 e 2003, onde questões e princípios sobre direitos humanos, trabalhistas e ambientais foram incluídos no tema *responsabilidade social*.

No Brasil, em específico, a questão apesar de chegar na década de 60, somente vem ganhar espaço e força a partir da década de 90, onde se destaca o trabalho do IBASE (instituto Brasileiro de Análise Sociais e Econômicas) e da promoção do *balanço social*[1]. Em 1997, o sociólogo Herbert de Souza, o Betinho, um dos fundadores do IBASE, lança uma campanha nacional a favor da divulgação do balanço social, que recebeu

[1] Entende-se por balanço social, publicação anual que informa sobre as atividades desenvolvidas pela empresa, através dele a empresa demonstra o que faz pelos seus empregados, dependentes e pela população que recebe sua influência direta.

apoio de empresas, comissões e da mídia, ganhando espaço dentro das discussões nacionais.

Em 1998, outro impulso, a fundação do Instituto Ethos de Empresas e Responsabilidade Social. De 1999 a 2001, realizou-se a Pesquisa Ação Social das Empresas, pelo Instituto de Pesquisa Econômica Aplicada (IPEA).

Mas o que se defini como responsabilidade social? Na verdade, as discussões giram em torno da participação das empresas na solução de necessidades públicas, a adoção de compromissos sociais, de posturas éticas, de contribuir para sociedade e apoiar a comunidade. Assim, podemos resumidamente tratar a responsabilidade social como a forma de agir eticamente e responsável socialmente, envolvido com problemas sociais, com ações voltadas para comunidades.

No caso do meu trabalho, busco a partir de então verificar como a indústria turística pode ser responsável socialmente, como alcançar tais prerrogativas exigidas atualmente pelas comunidades internacionais. A inclusão ou o acesso à cidadania, a preocupação com um desenvolvimento sustentável, como o ecossistema, como a questão da preservação do meio ambiente natural, histórico e cultural.

Turismo e Ação pela Cidadania

Segundo a pesquisa realizada pelo IBGE (Instituto Brasileiro Geográfico e estatístico) em parceria com a Cooperativa estatística União Européia, Mercosul e Chile, em 2001 o estado do Rio de Janeiro tinha 2.132 estabelecimentos de hospedagem que empregavam 33.465 mil pessoas. Embora o número pareça vultuoso, não é a hotelaria e outros serviços de hospedagem que ocupam a maior parte da mão-de-obra do setor, mas sim o setor de divertimento.

É importante ressaltar que a indústria turística conta com setores diversos dentro de si: Os setores de hospedagem e de diversão, acima mencionados, são apenas parte desse setor, que ainda conta com as agências e empresas de turismo, com o comércio de lembranças, de locação de veículos, entre outros. Possibilitando assim a percepção de que se trata de uma atividade empregadora, geradora de empregos, portanto criando a possibilidade de desenvolvimento social satisfatório. E é no mercado do trabalho do setor turístico que buscaremos parte da sua responsabilidade social, pois essa geração de empregos possibilita a inclusão de milhares de pessoas no mercado de trabalho dando acesso à cidadania.

Em 2001, Jorge Seba Arbache (2001), nos indicou algumas características desse mercado de trabalho: Uma primeira característica é a do setor possuir um nível de qualificação, de renda, e de formalização acima da média da economia brasileira. É interessante verificar que essa característica contraria genericamente uma regra da economia mundial, segundo o autor. Contudo, é um mercado que possui uma grande rotatividade, o que é típico em mercados de mão-de-obra de baixa qualidade e não em mercados que exigem algum tipo de qualificação. Como a mão-de-obra do setor exige uma certa qualificação, podemos compreender os salários acima da média. Porém, esse mercado sofre da rotatividade que se justificaria pela sazonalidade existente no setor, essa, sazonalidade, seria uma outra característica desse mercado.

Em paralelo a essa informação necessitamos contrapor alguns dados que modelam essa mão-de-obra, pois se a exigência de qualificação é uma característica do mercado, essa mão-de-obra ocupada pode ser possivelmente dispensada e re-contratada em outra temporada pelo mesmo empregador: Este fato resultaria em uma outra característica, a idéia de contratos de trabalhos cíclicos, deixando a dúvida se realmente são criados novos postos, ou simplesmente se reocuparia os mesmos postos de trabalhos por vezes com os mesmos trabalhadores.

Dessa forma, colocaria em discussão a idéia de inclusão social através da geração de emprego, caso esses postos não aumentassem em número, gerando de fato novas oportunidades, novos postos resultando em um aumento numérico de contratados. Verifica-se, portanto, a necessidade de políticas públicas que buscassem um aumento de fato desses postos com a inclusão de novas áreas e novas comunidades nesse mercado, gerando novos postos de trabalho.

Porém a idéia de sazonalidade deve ser analisada quando verificamos a relação direta entre produtividade e tempo no emprego. Dentro dos princípios teóricos econômicos, esse fato se dá ao fato de que conforme o tempo de emprego aumenta, o trabalhador conseguiria trabalhar melhor em equipe, conheceria mais suas tarefas, o que o tornaria mais produtivo não só individualmente mais também coletivamente. Porém, devido a sazonalidade e a vulnerabilidade da indústria do turismo, que se apresenta sensível a qualquer instabilidade econômica e mesmo político-social, a produtividade de sua mão-de-obra também estaria sensível a variações, o que resultaria em uma oferta de serviços receptivos de baixa produtividade e sem alta qualidade. O que chama atenção é que apesar do tempo no emprego ser regido pela sazonalidade, e vulnerabilidade característica do setor, a experiência e a escolaridade dos empregados são uma das mais elevadas da economia brasileira, o que resulta em uma renda acima da média. Essa contradição pode ser avaliada pela gama diferenciada de atividades e postos de trabalho que compõe o mercado como já mencionado.

O mercado de trabalho, no setor, é sensível às alterações econômicas resultando dessa forma em um mercado de trabalho que cria e destrói postos de trabalho, necessitando, portanto de políticas públicas competentes e dirigidas ao setor em específico. O turismo é uma indústria que pode contribuir significativamente não só para geração de empregos, como também para o aumento da renda média da economia, o que torna o setor cada vez mais atraente para futuros empreendimentos e investimentos. O turismo pode ser uma opção de desenvolvimento sustentável para o Brasil, o que novamente cria um espaço de inclusão social, de acesso à cidadania e aos direitos humanos, trabalhistas, e sem dúvida a questão educacional, que desembocaria numa ação consciente com o meio ambiente.

Ressaltamos que em pesquisas realizadas também ficou comprovado que o setor possui uma grande quantidade de pequenos negócios e de trabalhadores autônomos, o que dá ao setor outras características próprias evidenciando a necessidade de se contar com políticas públicas específicas para o setor. As políticas públicas para o mercado de trabalho em geral não se tornam eficazes nesse setor em específico.

Dessa forma, o Turismo seria uma opção para o projeto de geração de empregos tão necessários para o desenvolvimento e o crescimento brasileiro, um país que luta para garantir o direito de cidadania à sua população.

Como vimos, o setor já provou que é capaz de gerar empregos e divisas para o país. O PNMT (Plano Nacional de Municipalização do Turismo), apesar de ser um projeto bem elaborado, não conseguiu resultados significativos, existem distorções que limitaram seus resultados. Alguns colegas alegam que os discursos são vazios, fora da realidade, a metodologia alemã, trazida para o Brasil, não oferece uma relação com a realidade da comunidade assistida, o que não resulta em uma mudança comportamental, dificultado o envolvimento de fato da comunidade ao projeto, o que condenaria todo trabalho de qualificação de mão-de-obra. Essa qualificação de mão-de-obra para o setor e o envolvimento das comunidades locais na atividade turística é um dos temas mais debatido e exigido na área de responsabilidade social, verificamos tal fato quando lemos as resoluções do encontro sobre Ecoturismo, realizado no Canadá em 2002, resultando na *Québec Declaration on Ecotourism* que chama a atenção de países em desenvolvimento que desejam se envolver nessa atividade, sugerindo que esses devam respeitar a integridade do ecossistema e criar oportunidade econômica para as comunidades locais, entre outras.

No momento político em que vivemos, aonde o programa *Fome Zero* vem sendo defendido e difundido pelo governo federal, a geração de emprego vinda dessa atividade econômica deveria ser mais bem administrada e orientada.

De acordo com as características do mercado, devemos verificar a necessidade de uma mão-de-obra qualificada, que como já comprovada através de pesquisas, necessitam de uma escolaridade e de uma experiência maior que a média das atividades da economia brasileira. Enfim, para que a inclusão de mão-de-obra nesse setor possibilite a inclusão desses trabalhadores na cidadania, devemos pleitear junto ao Estado, um preocupação paralela com a Educação, e a defesa de uma estabilidade nas políticas públicas nesse setor.

Contando com uma qualificação maior da mão-de-obra, originando uma produtividade maior, uma melhor qualidade nos serviços receptivos e por fim, um crescimento de novos postos de trabalhos em comunidades locais e carentes, assim poderíamos vislumbrar um aumento de mercado para o turismo brasileiro e uma melhoria da sua imagem no exterior: estaríamos atendendo expectativas de organizações internacionais do setor, e sem dúvida dentro do mercado do Ecoturismo estaríamos melhorando nossas chances de ganharmos frente à nossa concorrente, a Ásia. Como já tivemos oportunidade de assistir o resultado da mesa sobre o Ecoturismo na América Latina realizada em 1999 (OMT, 1999), na Espanha, deixa clara a necessidade da América Latina de consolidar e afiançar sua imagem junto ao mercado europeu, sempre passando pela necessidade de políticas públicas que de fato demonstre a sua preocupação com o meio ambiente, com as comunidades locais, e mão de obra qualificada.

Sem dúvida todas essa discussões e questões não estão nem de longe resolvidas ou claras, mas merecem atenção e estão diretamente relacionadas às questões do Turismo como responsabilidade social.

Responsabilidade Social na Questão do Patrimônio

Sabemos que o Turismo tem uma relação direta com a questão do patrimônio da nossa cultura, da nossa histórica e agora da nossa natureza, este fato não podemos discutir. O que pretendemos é discutir o que ou até aonde o Turismo pode ser e ter uma participação na conservação, preservação e manutenção desses patrimônios, e qual a sua participação na delimitação e na construção de novos patrimônios culturais, históricos e naturais. O que nos deixa a vontade para trabalhar dentro do tema os tipos de responsabilidade social apontado por diversos autores: a responsabilidade econômica, a legal, a ética e a filantrópica.

Se observarmos todas as discussões sobre o setor turístico, esses quatro tipos de responsabilidade estariam, presentes. No item anterior, quando discutimos o mercado de trabalho em específico, enfatizarmos a responsabilidade econômica, mas não podemos deixar de lado a legal, a ética e a filantrópica, pois estamos trabalhando com mão-de-obra, inclusão social e por fim cidadania. E logicamente, dentro da discussão ora iniciada, esses tipos de responsabilidades ficam mais evidenciados, como a questão ética, no respeito ao patrimônio cultural, histórico e natural de áreas e comunidades delimitadas como áreas turísticas; a legal, onde mesmo atendendo as metas econômicas às atividades obedecem a uma estrutura legal, e trabalha junto com as exigências legais, a exemplo da manutenção e preservação do meio ambiente, obedecer aos limites das áreas demarcadas como áreas de preservação ambiental, reconhecer os limites de terras indígenas e reconhecer e respeitar os direitos dessas comunidades sobre tais terras; além da responsabilidade filantrópica, que estaria muitas vezes ligada à preocupação de empresas turísticas com obras beneficentes e projetos comunitários.

Enfim, a partir da década de 70, o mundo passou a vivenciar uma série de experiências de preservação, não só da natureza, mas campanhas sobre animais em extinção, ameaças nucleares, destruição de florestas e mares, ou seja, todo o tipo de preocupação com a preservação do ecossistema passou a ser uma constante nos discursos da mídia e de governos. A ECO 92, realizada no Rio de Janeiro, veio reafirmar essa preocupação do Homem com o seu habitat, mas de fato, muito pouco se teve como efetivo resultado das decisões tomadas no encontro.

Porém, alguma mudança de mentalidade se iniciou, e sem dúvida no Brasil, a preocupação oficial de pelo menos homologar legislações que norteiem desmatamentos, exploração de riquezas naturais, áreas de preservação ambiental, política de financiamento para preservação e conservação de patrimônios histórico-culturais, passaram a ter visibilidade.

Não estou afirmando que através dessas legislações o sucesso foi garantido, pois a falta de financiamento, de verba para desenvolver um policiamento ou até mesmo uma campanha de conscientização que envolvesse comunidades locais e que operacionalizassem tais legislações são constatáveis, a ausência de políticas públicas permanentes não surtiram efeitos duradouros. Na visão da comunidade internacional ainda somos um país que não desenvolvemos uma consciência ambiental satisfatória o que nos atinge diretamente e negativamente na imagem de país consciente e responsável dentro dos novos parâmetros de desenvolvimento sustentável. Porém, não estou negando que houve avanços significativos, mas devo admitir que ainda é muito pouco.

O desenvolvimento do setor turístico está diretamente relacionado com essa necessidade de preservação do patrimônio. Considero ser o turismo uma atividade que traz como responsabilidade social, a idéia e a difusão do desenvolvimento de uma consciência de equilíbrio entre o meio ambiente e o homem. Conscientizar o homem do seu patrimônio cultural, histórico e natural, fazer com que esse entenda que o seu desenvolvimento e o seu "progresso" devem andar em paralelo com a questão do equilíbrio do ecossistema, pode ser uma das mais importantes funções do turismo no mundo contemporâneo, e principalmente nos países em desenvolvimento.

Conseguir a inclusão de novas áreas geográficas, de novas comunidades nesse mundo que através da globalização econômica também globalizou problemas sociais, e criou um espaço multicultural, é uma perspectiva de vermos o turismo como um elemento de inserção importante, nesse universo.

No panorama mundializado, onde os meios de comunicação de massa cada vez produzem trocas culturais mais intensas e rápidas, a questão de equilíbrio do ecossistema passou a ser uma questão mundial. Hoje, o patrimônio cultural, histórico e natural do Brasil, não "pertence" mais só ao Brasil. A sua política pública em relação a tal tema influência diretamente na sua imagem no exterior e junto às organizações internacional do setor turístico, o que pode condená-lo ao fracasso ou ao seu sucesso nas campanhas internacionais.

Como já foi citado anteriormente, na Espanha em 1999, ou no Canadá em 2002, a relação entre a preocupação ambiental e patrimonial do país está diretamente relacionada a sua imagem e ao seu potencial turístico internacional.

Responsabilidade Social no Turismo do Rio de Janeiro

Durante muitos anos o Rio de Janeiro, ou melhor, a cidade do Rio de Janeiro, trabalhou com a idéia de que: a cidade maravilhosa era "naturalmente" turística. Assim, o seu diferencial geográfico e histórico seria mais do que necessário para manter a sua imagem e a sua "natural" vocação para o turismo.

Desde a vinda da família real portuguesa, o Rio de janeiro se tornou a porta de entrada dos estrangeiros no Brasil. Atraídos pela sua fauna e sua flora, o estrangeiro aportava na cidade do Rio de janeiro, a fim de conhecer o exótico e, de seguir a sua viagem ao redor do mundo dentro do seu confortável vapor.

Para uma cidade do outro lado do Atlântico, o Rio de Janeiro recebia navios com estrangeiros que na sua maioria não vinham para viagens turísticas, mas para viagens de negócios. O tempo passou, a cidade cresceu e na figura de seus administradores, não se deu conta de que era necessário mudar, e que a natureza sozinha não sustentava a sua vocação "natural" para o Turismo.

Somente no século XX o Rio de janeiro volta a ter preocupação com seus visitantes, com a cordialidade e a hospitalidade característica do brasileiro, defendida por historiadores como Sergio Buarque de Hollanda já não impressionava mais aos estrangeiros, que não cogitavam se quer a idéia de desembarcar no porto do Rio de Janeiro.

Porém, com o Prefeito Pereira Passos, o Rio de Janeiro passa por uma revolução urbana onde cortiços e casebres foram demolidos, onde as vielas, e ruas estreitas foram alargadas e os antigos prédios foram demolidos para dar lugar à modernidade. Já era uma cidade boêmia, uma cidade alegre, porém ainda tinha problemas do século passado.

Contudo com as reformas e as novas construções em 1910, ganha a moderna Avenida Central, futura, Rio Branco, o Teatro Municipal, a Biblioteca Nacional, o Supremo Tribunal e por fim o Palácio Monroe. Na década de 20, ganha o seu quarteirão chique: hotéis, cinemas, museus, teatros, restaurantes e boates, começaram a habitar, o espaço que passou a se chamar Cinelândia, idealizada pelo empresário Francisco Serrador, e passou a ser o espaço de mediação da cidade maravilhosa.

Enfim, temos de fato uma cidade que possui um diferencial geográfico e histórico impar e, portanto, se revestiu da imagem de ser "naturalmente turística". Criava a partir da década de 10 a idéia de ser uma "cidade moderna", chique, tão digna como qualquer outra metrópole mundial, sobretudo como o seu modelo, Paris.

Embora Moderna no sentido arquitetônico, nunca foi, cheia de historicidade de misturas étnicas e culturais com espaços confusos, liso e estriados (Deleuze e Guattari), criando espaços de mediações e de negociações para sua população. Assim, definimo-la de "*Cidade Mestiça*". Mestiça não racialmente, mas culturalmente, palco de mediações, foi capital, foi porto, foi entreposto comercial, sempre a porta de entrada graças a sua baia que oferecia segurança. Mestiça pelos contrastes, pelas possibilidades e pelas identidades espalhadas pelo seu território. Enfim, essa sua "mestiçagem", é o que mais faz dela ainda a cidade maravilhosa para quem a conhece e nela vive: boêmia e matinal, rica e pobre, feia e esplendorosa, praia e montanha, natural e cultural, futuro e passado. Essa "mestiçagem" já foi condenada, já foi objeto político, já foi exaltada, mas nunca obteve apoio de políticas públicas responsáveis para transformá-la em um espaço profissional, qualificado e receptivo à indústria turística.

Chegamos assim a uma outra fase da construção desse potencial turístico: a idéia de ser a síntese da identidade brasileira. Como capital política, social e cultural, o Rio de janeiro trouxe para si a responsabilidade de ser o retrato do Brasil, seu cartão postal, e até pouco tempo atrás era de fato a cidade mais adorada e invejada pelos brasileiros. Ser carioca era um privilégio, vivenciar cotidianamente a natureza do Rio de Janeiro era um privilégio de poucos lugares do mundo.

Porém, a sua autoconfiança e a sua característica de ser naturalmente bela e turística, fizeram com que a cidade maravilhosa esquecesse que vivia em um mundo ocidental capitalista, e que o turismo, sobretudo após as duas grandes guerras passou a ser uma atividade econômica que propiciava grandes lucros, uma taxa de crescimento econômico anual invejável. Taxa que possibilitou a alguns países europeus de viverem um desenvolvimento satisfatório.

Dentro de um sistema capitalista o mercado está aberto e deve ser conquistado. Na briga pelo mercado, na briga pelos lucros vindo do setor turístico, o Rio de Janeiro perdeu, perdeu terreno, beleza, perdeu simpatia e sofreu com a crise e todas as desventuras de uma cidade que sempre se achou maravilhosa. Passou por uma crise de auto-estima, deixou de ser a síntese da identidade brasileira, e ser carioca não era mais um privilégio, mas muitas vezes um castigo por viver em uma cidade tão bela, mas, cheia de tristezas e de mazelas. Não levou a atividade turística a sério e viu seu turismo entrar em estado de coma, morrer e definhar aos poucos. Sem estimulo, sem política pública e sem a atenção merecida das suas autoridades, o Turismo carioca ficou para trás.

Depois do Rio Centro e do Sambódromo, o Rio de Janeiro entrou em sono profundo de pelo menos 15 anos, e agora busca despertar para um mundo globalizado, onde ser maravilhosa já não é o bastante, mas deve ser global.

Durante décadas amargou a ausência de obras de embelezamento e de obras de natureza turística.

Sem a preocupação com uma qualificação de mão de obra, sempre recebemos mal, não pela simpatia, mas pelas condições de segurança e de higiene.

Chegamos na virada do século tentando aos poucos recuperar o tempo perdido, com dificuldade estamos caminhando.

Somente agora (2003), a cidade consegue ter em uma Universidade Federal, um curso de bacharelado em Turismo, a UNIRIO (Universidade Nacional do Rio de janeiro) que realizou seu primeiro vestibular nesse Janeiro de 2003 e teve uma boa procura.

Tentamos voltar a ser uma parte da identidade brasileira, estamos tentando resgatar a nossa auto-estima, e a nossa confiança. Porém os esforço ainda são pequenos. Falta uma participação efetiva do Rio de Janeiro, de forma competente e séria em projetos federais.

A Cidade ainda vive a sombra do que pode ser uma cidade global, e somente agora estamos dando alguns passos como a construção do teleporto, e o empenho de trazer para o Rio de Janeiro, o Museu Guggenheim.

A cidade deve se tornar cada vez mais global, cada vez mais aberta para o novo Turismo, responsável, profissional, consciente, e sem dúvida um gerador de divisas. Assim o Rio de Janeiro, que sofre com as suas diferenças sociais pode vê-lo realmente como um setor econômico do século XXI, a perda no parque industrial, a ausência de uma tradição agrícola, fazendo da cidade uma prestadora de serviço, que conta com a natureza, à cultura e a história ao seu lado.

Para o Rio de Janeiro a saída é ver o turismo como um negócio sério, para isso é necessária uma qualificação da mão-de-obra, que passa por um sistema educacional competente voltado para formação de mão-de-obra para o setor. Passa também, por um processo de conscientização da necessidade de uma preservação patrimonial.

Mesmo o setor já tendo demonstrado que pode ser uma boa alternativa de desenvolvimento, que pode ser uma saída para problemas como aumento da renda média da população, geração de novos postos de trabalho, preservação do patrimônio cultural, histórico e natural, ainda não recebe uma atenção efetiva.

A cidade do Rio de Janeiro, que sofre com graves problemas sociais como qualquer outra metrópole brasileira, deve atentar para o Turismo com responsabilidade social pode se mostrar como uma indústria que trará um desenvolvimento sustentável, para a cidade do Rio de janeiro e para o Brasil.

A responsabilidade social do turismo poderá ser de grande valia para resolução de problemas da cidade. A inclusão de comunidades carentes na indústria turísticas através de projetos realizados não só pela área pública, mas como pela privada buscaria dentro do tipo de responsabilidade filantrópica, auxiliar obras beneficentes e projetos comunitários que perpassassem a área da educação, da qualificação de mão de obra, resultando em uma inclusão no mercado de trabalho e por fim uma melhoria nos serviços receptivos. Enfim, tentar dar ao Rio de Janeiro um "desenvolvimento sustentável baseado na preservação do meio ambiente e na promoção dos direitos humanos".

Referências Bibliográficas

1. ARBACHE, J. S. *O Mercado de Trabalho na Atividade Econômica do Turismo no Brasil.* Brasília/: Editora da UnB, 2001.
2. CHIAVENATO, I. *Introdução à Teoria Geral da Administração.* São Paulo: Makron Books do Brasil, 1993.
3. DELEUZE, G.; GUATTARI, R. *Mil Platôs*. v. 5, p.179.
4. LESSA, C. *O Rio de Todos os Brasis.* Rio de Janeiro: Record, 2001.
5. TOURAINE, A. *Crítica à Modernidade.* Petrópolis: Vozes, 1994.
6. OMT. *Como mejorar la comercializacion de products ecoturisticos de América Latina en Europa*. Madri, 1999.

Documento Consultado

Quebec Declaration on Ecoturism. Canadá, 2002.

Capítulo 68

Intervenções Arquitetônicas, Paisagem, Turismo e Contribuições Sociais: Caso Projeto Feliz Lusitânia – Belém/PA

PEDRO TARCIO PEREIRA MERGULHÃO

O presente capítulo pretende fazer uma breve reflexão sobre as relações e contribuições que foram desencadeadas pela ação do turismo, fonte geradora de transformações sociais, após intervenção arquitetônica de restauração e reutilização de monumentos históricos tombados.

O objeto analisado é o Projeto Feliz Lusitânia, compreendendo o Forte do Presépio, a Igreja de Santo Alexandre, o Museu de Arte Sacra, a casa das Onze Janelas e o Casario Neocolonial situado na praça Frei Caetano Brandão e rua Padre Champagnat, bairro da Cidade Velha, em Belém do Pará.

O Projeto contempla a restauração arquitetônica, a reurbanização e a reutilização dos monumentos para fins turísticos e de lazer. O período que será objeto de análise vai da data da inauguração, 12 de janeiro a 31 de março de 2003.

O trabalho limitar-se-á à análise de situações de relações sociais que se estabeleceram com o projeto, consideradas de relevância para o desenvolvimento social.

Histórico

A cidade de Belém foi fundada pelo português Francisco Caldeira Castelo Branco em 12 de janeiro de 1616, com o intuito de proteger a região das invasões dos franceses e holandeses que cobiçavam as riquezas da nova terra descoberta.

Desde sua implantação, a nova província beneficiou-se de monumentos edificados, ora pela coroa portuguesa, ora por missões religiosas, ou ainda em decorrência das riquezas extraídas da região, como a borracha nos séculos XIX e XX. Hoje os monumentos que foram preservados são considerados de grande valor histórico, artístico e cultural, como os que fazem parte do projeto Feliz Lusitânia.

O conjunto desses monumentos faz parte da paisagem da cidade de Belém desde a sua fundação, está inserido na vida do belenense e é referência da identidade cultural do povo. Ocorre que, ao longo dos séculos, esses monumentos sofreram com o descaso das autoridades locais e nacionais e até da própria população que não dispensou a esse rico patrimônio o cuidado e a atenção merecidos. Como é corrente no Brasil, a população em si já é desatendida e sofre com o descaso das autoridades públicas que não exercem seu papel constitucional que é o de zelar pelo bem-estar do povo. Como resultado dessa exclusão, volta-se contra o bem material que, em geral, é visto como um bem pertencente ao poder institucional, não como um bem público.

Entretanto, como bem disse o arquiteto e urbanista Jaime Lerner, "é fundamental o povo se sentir respeitado, só assim, ele respeitará a cidade".

Nesse processo de abandono humano e material do passado, que ainda é um mal muito presente, a população de Belém sofria com sua auto-estima em baixa. Era comum escutar comentários negativos a respeito da cidade, do tipo: "a cidade é feia, não há nada para se fazer aqui"; estabeleciam-se comparações com outras cidades, sempre valorizando o externo em detrimento do local. Ora, é triste constatar que uma cidade que ambiciona tornar-se um destino turístico é rejeitada por sua juventude que, no futuro, deverá ser agente das transformações de que a cidade tanto precisa. É necessário que haja uma conscientização coletiva de que uma cidade não se faz por si, e de que são os seus habitantes os verdadeiros responsáveis por tudo o que de bom ou ruim ela pode vir a oferecer aos eventuais visitantes.

Nos últimos oito anos de governo estadual, de 1995 a 2002, sob a administração do Governador Almir Gabriel, foi estabelecida como uma das diretrizes para o desenvolvimento do estado, do "novo Pará" como apregoava a publicidade governamental, a criação de infra-estrutura para a viabilização do desenvolvimento do turismo. Para a concretização de tal objetivo, o governo passou a executar obras de grande porte, consideradas como de importância para o desenvolvimento do Pará. Entre essas obras está o Projeto Feliz Lusitânia, com seus museus, lojas, bar, café, restaurante, casa de recepções, sorveteria, salões de exposições, jardins, "belvederes", palcos para shows ao ar livre, embarcadouro, sob a tutela caprichosa e experiente em intervenções no patrimônio arquitetônico público do arquiteto e Secretário Estadual de Cultura, Paulo Chaves. O Projeto foi finalizado sob críticas de seus opositores que o consideraram elitista por não atender às reais necessidades da população carente do Estado. Uma outra crítica que se costuma fazer é a de que o projeto superestima a atual demanda turística do Estado. No entanto, graças a um primoroso trabalho de restauração, paisagismo e reutilização do patrimônio histórico e arquitetônico tombado, acredita-se que o Feliz Lusitânia pode ser aceito pela população como uma real contribuição para o desenvolvimento da cidade e do turismo do Estado porque atendeu ao que determina o planejamento turístico: o patrimônio histórico e arquitetônico foi recuperado e valorizaram-se as peculiaridades culturais da cidade, o que é, talvez, a contribuição mais importante do projeto. No caso de Belém, podemos considerar como prioridade o resgate da visão da paisagem ribeirinha amazônica.

Projeto Feliz Lusitânia e Compromisso Social com a População da Cidade de Belém e com o Turista

O Projeto Feliz Lusitânia, após quase três meses de inaugurado, pode ser considerado um sucesso turístico. Tornou-se um referencial dos novos ares de desenvolvimento que a cidade respira. Hoje, o que se observa, é uma redescoberta da cidade de Belém pelo nativo e uma agradável surpresa para o turista. O belenense despertou para a sua cidade e fez do Feliz Lusitânia seu modelo de modernidade, respeito pelo cidadão e desenvolvimento turístico.

Nota-se um forte crescimento do número de visitantes do conjunto, constituído não só de turistas, mas, principalmente, dos próprios moradores da cidade. E é esse o ponto de grande relevância e responsabilidade social do projeto, o comprometimento com o desenvolvimento turístico preocupado, em sua essência, com o bem-estar da população a que o projeto deve servir.

Observa-se que, com o projeto, foi criado um espaço de convivência, onde turistas em visitação convivem com a população em momentos de lazer, e com passantes que observam a beleza do local. Houve o resgate da vida social em um lugar que antes estava praticamente condenado ao abandono.

Entretanto, há que se fazer considerações acerca de um elemento do projeto, hoje considerado essencial para qualquer investimento arquitetônico e turístico que pretenda respeitar o direito de todos os cidadãos: o acesso para os portadores de necessidades especiais. O projeto Feliz Lusitânia peca no atendimento a essa parcela da sociedade em quase todos os seus monumentos, a rara exceção encontra-se na Casa das Onze Janelas onde foi instalado um elevador. No forte não há rampas de acesso ao "belvedere" para a baía do Guajará, o próprio piso é de paralelepípedos o que certamente dificulta a circulação em cadeira de rodas. A situação é igual nos jardins, no Museu de Arte Sacra, na Igreja de Santo Alexandre, no Casario, na sorveteria, no Museu do Círio e na casa de recepções. Essa é a realidade de diversos segmentos de nossa sociedade, incluindo o turístico, que contribui com sua parcela para a exclusão social, contradizendo o próprio papel do turismo de contribuir para a realização do ser humano pelo convívio social. "A realização da existência humana é um fato essencialmente social. Quanto mais houver interações sociais, mais se propiciará a diversidade que, dialeticamente, levará à realização de existências humanas mais ricas" (Figueiredo de Carvalho, 1999).

Projeto Feliz Lusitânia e Relações de Trabalho Formais e Informais e sua Contribuição para o Desenvolvimento Social

A implantação do projeto Feliz Lusitânia trouxe benefícios para a população ativa de Belém. Com suas instalações, criou cerca de 400 novos empregos diretos e indiretos. Contudo houve críticas à Secretaria de Estado de Cultura pela maneira como ela teria conduzido o processo de ocupação das instalações do projeto. O Sindicato dos Bares, Restaurantes e Similares entrou com uma ação na justiça pública para impedir a exploração dos espaços sob a acusação de que a Secretaria teria escolhido os locadores dos espaços sem licitação, o que gerou uma polêmica entre o órgão oficial e os que se sentiram lesados com a condução do processo. Entre as empresas que teriam se beneficiado com a concessão de exploração estaria a rede de bares e restaurantes pernambucana "Boteco" que montou bem equipados bar e restaurante nas dependências da casa das Onze Janelas, ocupando uma parte do térreo e de seus jardins. Pelo que se pode ver, consideramos que a implantação do empreendimento foi bem preparada, atitude bastante louvável e aplaudida pelos que labutam pela necessidade de um planejamento sério do turismo como condição essencial para se atingir bons resultados. Ocorre que, além da crise estabelecida com o sindicato, outro fato nos chama a atenção: a presença quase que majoritária de funcionários (garçons, cozinheiros, *maître*) oriundos dos Botecos de Recife e Fortaleza. Ora, não se deve impor naturalidade a trabalhadores, nem discriminá-los por exercer seu ganha-pão em terras distantes das suas, nem desprezar a importante contribuição que podem dar para o turismo, um segmento geralmente muito carente de mão-de-obra qualificada. São Paulo é o que é hoje em termos de desenvolvimento, e, em particular no turismo de eventos, graças à imensa contribuição dada no passado e no presente por nordestinos que saíram de seus estados em busca de trabalho no sudeste do Brasil. Pompeu Figueiredo de Carvalho nos fala da "importância da construção e do intercâmbio de lugares para a construção do homem" (Figueiredo de Carvalho, 1999). Todavia, é preciso entender que a realidade de desenvolvimento vivida por São Paulo no passado e ainda no presente, com maior oferta de empregos não corresponde à realidade de outros estados.

O que se pretende é refletir sobre qual tipo de empreendimento turístico deve ser implantado em uma região: o empreendimento que, estabelecido em uma realidade física, contribua para promover o desenvolvimento dessa localidade e de seus habitantes ou o empreendimento que atenda somente a ambições privadas de uma minoria?

Estimamos que a cadeia de bares e restaurantes Boteco trará grandes benefícios à cidade de Belém e a sua população. Porém, quando se pensa em um turismo com responsabilidade social, questiona-se o porquê da presença de profissionais de outras regiões, importados a um custo superior ao que teria o Boteco se contratasse profissionais da própria região onde foi implantado o empreendimento. Podemos apontar como resposta a essa reflexão, a hipótese da má qualificação dos profissionais locais, fator hoje verdadeiramente determinante para o sucesso de um empreendimento. Então, por que não se viabilizar a possibilidade de treinamento aos possíveis profissionais locais mal qualificados? Podemos imaginar o quanto de benefícios sociais tal iniciativa poderia trazer para uma região tão carente de oportunidades em decorrência de fatores diversos, históricos, políticos, geográficos etc. Cada garçom, *maître*, formado por profissionais abalizados de um grupo com experiência já comprovada e aceita em outras praças desenvolveria uma consciência crítica, quando confrontado com outras realidades, acerca da importância da qualidade dos serviços em turismo e atuaria como elemento multiplicador no treinamento de outros profissionais de sua região que tanto necessitam de formação.

Há um outro fator importante a considerar: os conflitos sociais que essa opção de empreendimento pode desencadear entre profissionais de um mesmo ramo de atividades, em uma cidade carente em opções de trabalho no campo do turismo e lazer.

Na implantação de um empreendimento turístico há um conjunto de variáveis políticas, econômicas e técnicas que devem ser analisadas, além do impacto social que o empreendimento provocará em uma localidade e sua população. No projeto Feliz Lusitânia adotaram-se posições e caminhos condicionados por diversos agentes interessados no empreendimento como, patrimônio, Estado, prefeitura, interesses privados etc, que proporcionaram resultados positivos, os que atendem prioritariamente às necessidades da população, e outros que precisariam ser revistos, objetivando os reajustes que se fazem necessários a qualquer empreendimento na fase posterior a sua implantação.

O correto planejamento de um empreendimento turístico que pretenda estabelecer um compromisso social com a comunidade local e com a comunidade flutuante sugere a participação de uma equipe técnica interdisciplinar que conduza o trabalho nas primeiras reflexões, no planejamento, nas discussões técnicas, nos projetos arquitetônicos e complementares, na implantação e na sua reavaliação, objetivando atender prioritariamente às necessidades da população da localidade onde o projeto será implantado, sem naturalmente desmerecer o fluxo turístico externo que exercerá papel fundamental para a consolidação do empreendimento. Há que se pensar, equacionar e buscar soluções contemporizadoras para as dicotomias da sociedade moderna, como as que foram tratadas por Margarita Barreto, em seu artigo "Espaço Público: Usos e Abusos" (Barreto, 1999) para que se pense de modo global objetivando aplicações locais coerentes.

O projeto Feliz Lusitânia também estabeleceu relações informais já conhecidas, do tipo: vendedores ambulantes (camelôs) e guardadores de carros, além de oferecer à cidade de Belém a oportunidade de uma manifestação artístico-comercial bastante comum em grandes cidades turísticas como Barcelona e Paris, os artistas de rua. Em Belém, estes, são representados pelas "estátuas vivas" que fazem suas performances nos jardins dos prédios em troca de contribuições espontâneas do público. Surgiu também um outro tipo curioso de "profissional", o transportador de pessoas em momentos de chuva. Belém é uma cidade que possui um período de chuvas rigoroso, de dezembro a maio. Curiosamente, o belenense evita carregar consigo guarda-chuva ou sombrinha, e vê-se em dificuldades para deslocar-se na hora da chuva, o que justifica o surgimento desse "profissional" que oferece seus serviços para levar as pessoas do carro para um determinado local ou de um local para outro, sob seu guarda–chuva ou sombrinha, em troca de um pagamento pelo serviço, em geral R$ 1,00.

Um outro elemento importante na análise do projeto turístico e das relações de trabalho informais que se processaram após a sua implantação são as reações manifestadas por diversos setores como Estado, Prefeitura, associações diversas, iniciativa privada, comerciantes informais, turistas e pela própria população de Belém. Quanto à ocupação informal de atividades comerciais nas proximidades do Feliz Lusitânia. Houve manifestações variadas, positivas e negativas, quanto a esse fato. Contudo as discussões nem sempre tratavam o problema de forma técnica no que tange ao espaço urbano, turístico ou social, no que se refere aos problemas relacionados a uma população carente de trabalho e à própria comunidade como um todo que se beneficia desses serviços informais.

No que diz respeito à categoria dos guardadores de carro e transportadores de pessoas, por se tratarem de "serviços", pelo menos no primeiro caso, já praticamente incorporados ao quotidiano das grandes cidades, não houve grandes manifestações de aceitação ou rejeição da atividade, pois esse "profissional" passou a ser visto como um mal necessário para a possível "segurança" do bem privado.

Estabeleceu-se uma polêmica quanto à presença dos vendedores ambulantes, de água-de-coco, de comidas típicas, cachorro-quente, pipoca etc., que não foram aceitos, Estado, mentor e gestor do projeto. Criticado por ser elitista na concepção e gestão do empreendimento, o governo estadual não viu com bons olhos a chegada de levas de ambulantes que pudessem comprometer, visualmente, com a falta de higiene e segurança, uma de suas obras símbolo do desenvolvimento de um período e de um grupo político-administrativo, o PSDB.

Em defesa da posição do Estado encontrava-se igualmente a imprensa de maior circulação no Estado que, em suas notas, mostrou-se contrária à ocupação dos ambulantes, em geral pelos mesmos motivos, além da camada da população mais elitista que, de fato, usufrui dos espaços do Feliz Lusitânia. Pudemos comprovar essa posição em conversas informais que se estabeleceram nas diversas relações sociais, que, repetimos, não incluem a camada mais carente da população de Belém.

No outro lado da polêmica encontrava-se a Prefeitura de Belém, do PT, que, oficialmente, é defensora do desenvolvimento do trabalho informal como uma forma de resolução da crise de desemprego que assola o país e o mundo. Os opositores da Prefeitura acusam-na de promover o crescimento não controlado da atividade informal em Belém como forma de oposição política ao PSDB e a sua política, considerada pelo PT como elitista.

Em uma tentativa de resolver pelo menos temporariamente esse impasse, a Prefeitura e o Sindicato dos Vendedores Ambulantes de Belém chegaram a um acordo e fixaram 15 vendedores no local.

Essa crise estabelecida remete-nos novamente à reflexão sobre o real papel do turismo para o desenvolvimento econômico e social de um país, região, estado ou cidade.

Pelas posições tomadas questiona-se o papel exercido pelo poder público com seus órgãos competentes, representações de classe, técnicos e a população de um modo geral, na concepção, elaboração e condução de um projeto turístico que deveria contribuir para o desenvolvimento do Estado e da população como um todo, não como um veículo de exclusão social de uma parcela da população em benefício de outra.

É preciso considerar no planejamento turístico as várias camadas de nossa sociedade: a que vive em melhores condições econômicas e que pode pagar o ingresso para a visitação dos espaços em dias normais e freqüentar as opções de bar e restaurantes a preços mais elevados, e a que depende de dia específico para a visitação gratuita aos espaços do Feliz Lusitânia e que só pode pagar o preço mais acessível do tacacá ou do cachorro-quente na barraca da praça. Essa é a idéia que se tem de uma sociedade democrática, sociedade que, seja nos comícios políticos, nos órgãos de planejamento, nos projetos de desenvolvimento político, econômico ou social, nas iniciativas das empresas privadas, nas discussões objetivando o desenvolvimento turístico ou de qualquer outro setor, se preocupe em contribuir para o desenvolvimento abrangente de um país, região, estado, cidade e da população.

Considerações Finais

O Feliz Lusitânia resgatou um bem que é muito caro ao belenense e que lhe fora negado pela colonização: o acesso ao rio. O projeto contribuiu para que o belenense resgatasse seu amor-próprio e assumisse seu amor pela cidade.

No futuro, o Feliz Lusitânia deverá ser visto como um espaço de reunião, onde haverá lugar para todos, pobres e ricos, trabalhadores formais e informais, estes estabelecidos a partir de uma política disciplinadora, que respeite os espaços públicos da cidade; um espaço para nativos e estrangeiros, onde cadeias de restaurantes desenvolvam seu negócio com qualidade e profissionalismo, e que também cumpram seu papel social e gerem empregos para a população que habita a região em que o empreendimento está implantado, já que este é um dos objetivos principais da indústria do turismo.

O Feliz Lusitânia, por sua importância para a história do Pará, pela beleza de seu conjunto arquitetônico e pela qualidade dos serviços executados no projeto, e pela operacionalização dos serviços lá oferecidos, tornou-se um atrativo turisticamente competitivo e pode contribuir para que Belém entre na lista dos roteiros mais procurados por turistas brasileiros e estrangeiros.

Contudo, o Feliz Lusitânia poderia ser conhecido também pelo diferencial de ser um atrativo turístico que respeita socialmente as minorias do planeta, como os portadores de necessidades especiais. Se opções de acesso houvessem sido implantadas em todo o conjunto, poder-se-ia ter construído um modelo exemplar de cidadania no decorrer do processo de idealização, planejamento, concepção, operacionalização e gestão do projeto, modelo que indicaria que administradores estaduais e municipais, unidos, respeitam seus eleitores e trabalham em prol do bem da cidade, do estado e de sua população.

Nesses quase três meses de implantação do projeto, podemos afirmar que o projeto trouxe resultados positivos para o Estado do Pará, valorizou turisticamente a cidade de Belém, criou uma nova opção de lazer para a população de Belém, e gerou, em média, 300 novos empregos diretos e indiretos, resgatou um pouco da natureza negada no passado com a visão para o rio, restaurou o patrimônio histórico e arquitetônico público, formou profissionais com a experiência no canteiro de obras, em gabinetes públicos ou privados, no intercâmbio entre profissionais. O Feliz Lusitânia contribuiu até mesmo para que se estabelecesse a polêmica, que é inerente ao ser humano e um exercício salutar na busca do crescimento.

Como já foi dito, o conflito que se estabelece entre seres humanos na busca de soluções para os problemas que afligem o homem é permanente. O que as sociedades precisam é buscar soluções com responsabilidade social, sejam políticas, econômicas, técnicas, culturais, sociais. Partindo desse princípio, será possível, em uma sociedade que pretende ser desenvolvida, encontrar soluções de convivência de idéias e respeito mútuo entre seres humanos em benefício do homem e do bem comum. Essa crença pode ser demonstrada em Belém mesmo, em uma festa religiosa, que também é profana, e reúne gente de todas as raças, cores, credos, opções sexuais. Ricos e pobres, parceiros e opositores políticos, mais de um milhão de pessoas juntas, fazem o círio, em prol de uma causa comum, a homenagem à padroeira do paraense, Nossa Senhora de Nazaré.

Referências Bibliográficas

1. ANDRADE, M. M. *Introdução à Metodologia do Trabalho Científico*. São Paulo: Atlas, 1993. 140p.
2. BARRETO, M. Espaço público: usos e abusos. In: YAZIGI, E. (org.). *Turismo: espaço, paisagem e cultura*. São Paulo: Hucitec, 1999.
3. BENEVOLO, L. *A Cidade e o Arquiteto*. 2. ed. São Paulo: Perspectiva, 1991.
4. BENI, M. C. *Análise Estrutural do Turismo*. 3. ed. ampl. rev. São Paulo: SENAC, 2000.
5. CASTELLI, G. *Marketing Hoteleiro*. Rio Grande do Sul: Educs, 1991.
6. CASTELLI, G. *Administração Hoteleira*. 7. ed. Rio Grande do Sul: Educs, 2000.
7. FIGUEIREDO DE CARVALHO, P. Patrimônio histórico e artístico nas cidades médias Paulistas: a construção do lugar. In: YÁZIGI, E. (org.). *Turismo: espaço, paisagem e cultura*. São Paulo: Hucitec, 1999.
8. MAZZA DOURADO, G. *Visões da Paisagem*. São Paulo: ABAP, 1997.
9. WHISTON SPIRN, A. *O Jardim de Granito*. São Paulo: Edusp, 1995.

Capítulo 69

Princesinha do Oeste, suas Praças e Turismo

Alberto Jorge Paiva Ledo
Antonio Carlos Covolan
Luiz Carlos Spiller Pena

Introdução

Os produtos turísticos passam por um processo específico na sua produção a fim de se obter um resultado final que somente se consolida se houver uma efetiva complementaridade entre os seus componentes.

Essa é uma das características apontadas por Beni (1998) sobre o produto turístico. Semelhantemente a uma linha de montagem convencional, podemos considerar que entre a oferta primordial (bens naturais e culturais) e complementar (bens e serviços produzidos pelo homem) haverá uma matéria-prima sendo processada, passando por estágios intermediários dos quais resultará um produto ou, os produtos turísticos desejados.

Entre os elementos naturais (montanhas, planícies, lagos, fauna, flora) e culturais (lugares históricos, museus, sítios arqueológicos, estilos de vida, folclore, eventos), existe uma série de elementos complementares (vias de comunicação; sistemas de transportes e de telecomunicação; serviços gerais como hospitais, centros de treinamento e convenções, serviços de apoio; infra-estrutura – rede de combustíveis, energia elétrica, tratamento de água e esgoto, coleta de lixo – acrescidas de facilidades como rede gastronômica, serviços de entretenimento, serviços de hospedagem etc.) e sua correta articulação, não esquecendo o papel dos seus produtores e consumidores, resultará em produtos a serem oferecidos.

A presença desses elementos em alguns municípios do estado de São Paulo é um primeiro sinal de que possuem potencial para a prática do turismo.

No entanto, seu desenvolvimento e transformação enquanto produto turístico, envolvendo diversos segmentos públicos e privados, fomentando o crescimento local, atraindo investimentos, ampliando a capacidade de trabalho, qualificando mão-de-obra, aumentando o poder aquisitivo dos receptivos, instalando novos empreendimentos etc., implicará uma fase de lenta transição. Não se pode falar sobre um turismo que não promova a sustentabilidade, que seja suportável socioambientalmente.

Esse é o caso de Lins, situada na região do noroeste paulista e designada historicamente como a Princesinha do Oeste. O município pertence à micro região de Bauru, tem uma área de 5.729,9km^2, e é limitado ao norte pelos municípios de Guaiçara e Sabino, ao sul pelos de Guaiambé e Cafelândia e a oeste pelo de Getulina. Com relação a grandes centros urbanos da região limita-se ao norte pelos municípios de São José do Rio Preto e Catanduva, a leste com Bauru, a oeste com Araçatuba, ao sul com Marília e a sudoeste com a região de Tupã. Entre esses limites Lins reúne alguns dos elementos naturais e culturais que se encontram em processo de transformação e desenvolvimento a partir da ação dos interessados em seu desenvolvimento também pelo turismo.

Aspectos históricos destacam Lins como uma das pioneiras na expansão do noroeste paulista. Nos primeiros anos do século XX, os trilhos da estrada de ferro Noroeste do Brasil fizeram instalar-se às margens do Riacho Douradinho um aglomerado de casas e um oratório a Santo Antônio. O aglomerado passou a ser chamado de Santo Antônio do Campestre (santo católico padroeiro da cidade). Em 1908, a estação do campestre teve seu nome mudado para Estação Albuquerque Lins e em 1913 foi promulgada a lei criando o distrito de Paz de Albuquerque. Em dezembro de 1914, o distrito de Paz foi transferido para o município de Piraju que era pertencente à Bauru. Em 1919, foi criado o município de Albuquerque Lins (Lei 2182-A) que em 1916 passou a denominar-se Lins (Ribeiro, 1995).

Outro aspecto destacado por Ribeiro, historiador nascido no local, é que no ano de 1915, antes mesmo do Município ser denominado Lins, chegou à nossa região a primeira leva de imigrantes japoneses. Isto aconteceu sete anos após o primeiro navio (Kasatomaru) ter aportado em Santos trazendo os pioneiros da Terra do Sol Nascente para o Brasil. A região de Lins foi uma das primeiras a acolher seus descendentes que até hoje possuem uma das maiores colônias nipônicas do estado de São Paulo, como podemos verificar na gastronomia e em festas tradicionais o resultado da sua influência na região. Existem na cidade vários monumentos que foram erguidos a fim de homenageá-los pela contribuição dada no desenvolvimento do município.

Esse grupo contribuiu igualmente para o desenvolvimento da cultura do café, que segundo Ribeiro (*op. cit.*) colocou Lins como uma das maiores produtoras de café do mundo, ficando conhecida por algum tempo como a Capital Mundial do Café. Tradição que vem sendo recuperada por um trabalho acadêmico sobre a gastronomia do café a partir da iniciativa e envolvimento de uma associação comunitária local contando com parceria de empresas privadas e públicas.

Tal iniciativa de pesquisa e extensão auxilia a recuperar também um papel que pertenceu a Lins de outrora, ou seja, por um determinado período da sua história, quando da intensa atuação dos estabelecimentos de ensino no município, ela foi reconhecida como a Cidade das Escolas do noroeste paulista.

Além disso, a cidade oferece outros aspectos culturais como a FERARTI (Exposição de Artesãos e Artistas Plásticos) e a Expolins (grande feira de Exposição Agropecuária do interior do Estado de São Paulo). O setor pecuário também realiza no município os Leilões de Gado Milklins, JB e Nata de Lins, atraindo e fomentando o turismo receptivo.

Do ponto de vista do seu potencial natural, segundo dados coletados junto à prefeitura da cidade de Lins – SP, o município possui uma Fonte de Água Mineral Isotermal Alcalina Bicarbonatada com temperatura de 39,5 graus centígrados (ao brotar do solo), que possui efeitos medicinais e jorra em abundância (600m^3/h) do subsolo de uma profundidade de 3.459m. Potencial que se pretende ver transformado em balneário público a partir do trabalho da iniciativa privada em parceria com a Prefeitura Municipal de Lins. O Município conta ainda com o Rio Dourado, tributário do Rio Tietê, onde estão sendo desenvolvidas áreas com infra-estrutura para prática da pesca e esportes náuticos, além dos "ranchos" utilizados por quem gosta de reunir parentes e amigos para um "churrasquinho" de final de semana. Tipo de lazer caracterizado em áreas de segunda residência.

Por fim, Lins guarda segredos nas suas praças que, segundo dados da Prefeitura Municipal, possui cadastradas 31 praças e três largos distribuídos em diversos bairros da cidade, além de um Horto Municipal. São elas:

- *Praças*: (1) Coronel Piza; (2) Manuel Francisco Ribeiro; (3) Antonio Ângelo; (4) Ana Angélica Beozzo Junqueira de Andrade; (5) Armando Pacola; (6) Azis Lopes; (7) da Bandeira; (8) da Bíblia; (9) Carlos Lima Alves; (10) César Lopes; (11) Do Expedicionário; (12) Dom Henrique Mourão; (13) Geraldo Santos; (14) João Bráulio Junqueira de Andrade; (15) José do Rego; (16) Lions Club; (17) Lurdes Abdo Siqueira Lopes; (18) Marcos Dephino de Andrade; (19) Dr Milton Chiaparelli Galvão; (20) Monsenhor Batista Tófolli; (21) Monsenhor Paseto; (22) Napoleão Laureano; (23) Nilo Paulozzi; (24) Nossa senhora Aparecida; (25) Oswaldo Pascoalotto; (26) Pio XII; (28) Ubaldo salgado Pereira; (29) Washington Luiz; (30) Rosendo Fernandes; (31) Vereador Benedito de Noronha Ribeiro; Querino Tozzi e Ruan de Dios Arienza Velasco.
- *Largos*: (1) Largo da Igreja "Nossa Senhora Axiliadora"; (2) Largo da Rodoviária de Lins; (3) Largo da Igreja de "São Benedito".

Considerando os aspectos destacados e visando um futuro muito próximo, o Município poderá receber um aporte de turistas maior do que o atual. Os poderes públicos e a iniciativa privada vêm adotando para isso uma política de parcerias com a comunidade no sentido de prepará-la para essa nova fase trazida pelo turismo. O estabelecimento do Conselho Municipal de Turismo, em parceria com outros conselhos municipais como o de Meio Ambiente e o de Cultura, pretende auxiliar nessa preparação que pode e deve envolver uma iniciativa articulada.

Todas essas características, e outras que se constituem ainda em potencial a ser desenvolvido, fazem Lins ser merecedora, pela Embratur (Empresa Brasileira de Turismo), do selo de Município Prioritário Para o Desenvolvimento do Turismo. Acreditamos que esse reconhecimento do Município na área turística é reflexo de ações que, ainda de maneira tímida, provocam a iniciativa e a união de diferentes segmentos da sociedade local.

Conceitos e Definições de Espaços Livres Públicos e de Uso Coletivo

Os espaços públicos das cidades podem ser caracterizados de diferentes maneiras. Existe uma dificuldade a respeito dos diferentes termos utilizados sobre áreas de uso coletivo. Nos interessam nesse trabalho perceber as similaridades e diferenciações entre termos como áreas livres, espaços abertos, áreas verdes, sistemas de lazer, praças, parques urbanos, unidades de conservação em área urbana, arborização e tantos outros que confundem aqueles que pretendem refletir sobre eles. A partir dessas definições podemos identificar esses espaços na cidade de Lins de forma a classificá-los e demonstrar que sua existência é forte na sua teia urbana.

Alguns termos e definições, segundo Cavalheiro (1992) merecem destaque como é o caso do *Espaço Livre*. Trata-se de um conceito mais abrangente, integrando os demais, e que se contrapõe ao espaço construído em áreas urbanas. Assim, a Floresta Amazônica não se inclui nessa categoria, porém, a Floresta da Tijuca, localizada dentro do perímetro urbano da cidade do Rio de Janeiro, é um espaço livre.

Em cada um desses conceitos, podemos diferenciar:

- *Área verde*: onde há o predomínio de vegetação arbórea, engloba as praças, os jardins públicos e os parques urbanos. Os canteiros centrais de avenidas e os trevos e rotatórias de vias públicas, que exercem apenas funções estéticas e ecológicas, devem ser conceituadas como área verde. Entretanto, as áreas que acompanham as vias públicas não devem ser consideradas como tal, pois as calçadas são impermeabilizadas.
- *Parque urbano*: é uma área verde com função ecológica, estética e de lazer, porém com uma extensão maior que as praças e jardins públicos.
- *Praça*: área verde cuja função principal é o lazer. Uma praça, inclusive, pode não ser uma área verde quando não tem vegetação e encontra-se impermeabilizada (exemplo, a Praça da Sé em São Paulo). No caso de ter vegetação é também considerada jardim.
- *Arborização urbana*: diz respeito aos elementos vegetais de porte arbóreo dentro da cidade. Nesse enfoque, as árvores plantadas em calçadas fazem parte da arborização urbana, porém não integram o sistema de áreas verdes.
- *Área livre ou área aberta*: são termos que não devem ser utilizados, pois tem imprecisão em sua aplicação.
- *Espaço aberto*: traduzido erroneamente ao pé da letra do termo em inglês *open space*. Deve ser evitada sua utilização, preferindo-se o uso do termo espaço livre.

Esses termos e definições podem ser utilizados como referenciais quando desejamos conhecer os ambientes de uso coletivo das cidades e servem para uma análise do espaço urbano como um todo. São elementos urbanos do mosaico espacial que compõe as cidades e que trazem como característica intrínseca estarem intimamente relacionadas às questões sociais, formais e estéticas de um dado assentamento.

No caso de Lins, a cidade, além da *arborização urbana*, possui *praças*, *áreas verdes* e um *parque urbano* que por sua quantidade, como assinalamos acima, e valores histórico-culturais são passíveis de revitalização como diferenciais de turismo, lazer e recreação a serem oferecidos à população local bem como aos seus visitantes.

Valor das Praças Públicas para a Coletividade e para o Turismo em Lins

> *"Ora, a praça não deve ser conservada porque é uma paisagem notável. Mas simplesmente – e basta – porque é uma praça."*
>
> *Paulo Afonso Leme Machado*

A cidade é um ambiente artificial inventado, criado e construído pelo homem (Boullón, 2002) cujo objetivo prático é possibilitar a vida em sociedade. Começou a existir quando o homem assim começou a produzi-la e, no princípio, foi um dos testemunhos mais reveladores dos níveis alcançados pela cultura a que pertenceram aqueles que iniciaram e continuaram suas construções.

Os mais diversos tipos de cidade foram construídos, porém, todos tiveram como base o ambiente natural e terminaram por ser transformados em ambientes urbanos que necessitaram adaptar-se ao clima e a topografia do lugar.

O seu valor histórico, no caso do Brasil, destaca-se desde a época da ocupação colonial quando, segundo Murilo Marx (1980):

> *"A praça como tal, para reunião de gente e para exercício de um sem-número de atividades diferentes, surgiu entre nós, de maneira marcante e típica, diante de capelas ou igrejas, de conventos ou irmandades religiosas. Destacava, aqui e ali, na paisagem urbana estes estabelecimentos de prestígio social. Realçava-lhes os edifícios; acolhia os seus freqüentadores".*

Importa-nos nessa análise destacar os usos que se fazem atualmente das praças públicas, porém, o excelente trabalho de Robba e Macedo (2002) é imprescindível se queremos entender a gênese das praças desde a cidade colonial brasileira passando por sua evolução e formação nas praças do Brasil que hoje conhecemos.

Note-se que nem mesmo o crescimento da população nos centros urbanos, a inexistência de planejamento e a ocupação desordenada do solo, a ausência de saneamento básico, a falta de engenharia de trânsito, construções irregulares, elevados índices de poluição do ar e sonora, crescimento da criminalidade, dentre outros, anulou a função essencial da praça bem como a sua existência. Pelo contrário, a cada dia a qualidade de vida da população das cidades brasileiras depende de espaços públicos que contrabalancem suas dificuldades.

Por outro lado, em razão desses motivos e da falta de união dos setores que estruturam a sociedade, vêm observando-se um crescimento cada vez maior de pessoas que deixam as cidades para morar no litoral ou em áreas serranas, em cidades de pequeno a médio porte, ou, ainda, em chácaras, fazendas e sítios, ficando para trás os grandes centros com todas as mazelas adquiridas ao longo de sua existência. Esse é o momento em que as cidades receptivas desse fluxo de pessoas devem cuidar para garantir sua qualidade de vida também nos seus espaços públicos.

A sociedade, o poder público e a iniciativa privada agindo em parceria tem como atenuar essa situação negativa nos grandes centros e evitá-las nos de menor escala. Uma dessas medidas de atuação pode caminhar no sentido da conservação das praças e logradouros públicos, além da sua potencialização, a partir do turismo, como próprios para uso coletivo.

Para tanto é preciso destacar, primeiramente, o importante papel das praças públicas no contexto ambiental e social nacional.

A Constituição Federal promulgada em 1988, ao tratar do Meio Ambiente, proclama em seu artigo 225 que "todos têm direito ao meio ambiente ecologicamente equilibrado, bem de uso comum do povo e essencial à sadia qualidade de vida, impondo-se ao poder público e a coletividade o dever de defendê-lo e preservá-lo para as presentes e futuras gerações."

No chamado meio ambiente urbano as praças públicas, de acordo com o estabelecido no artigo 99, inciso I, do Código Civil Brasileiro (2002), são: "bens de uso comum do povo, a par de contribuírem para o embelezamento das cidades, auxiliam, sobremaneira, na melhoria das condições sanitárias e higiênicas das cidades e promovem o intercâmbio social e cultural dos cidadãos" (Arruda, 2001).

Segundo Perez (1989), as praças públicas interconectam padrões de ruas e cortes pequenos na malha viária e, também, têm um atributo de espaço cívico. Quando bem tratadas, agem como espelho da cidade, contribuindo para a construção da identidade do espaço urbano, além do que rompem com as características de lazer especializado, da mesma forma com que rompem com o conceito de mercantilização dessas atividades. Indo mais além, essas práticas de conservação e utilização representam uma ruptura com o conceito de mercadoria da cidade, pois, para usufruí-las não é pré-requisito o poder aquisitivo dos munícipes.

Destarte, as praças públicas rompem também com aquele cinzento arquitetônico da paisagem urbana, cheia de concreto, vidro, asfalto etc., revelando-se com seus jardins, coretos, bancos e vias de circulação que contribuem para a melhora da qualidade de vida frente aos prejuízos ambientais e sociais provocados pelo "inchamento" dos centros urbanos.

Segundo Sávio de Barros Arruda, Promotor de Justiça do Estado do Mato Grosso, não seria absurdo afirmar a importância do "incentivo de criar espaços públicos de preferência abertos, proporcionando as pessoas, especialmente aos jovens (a grande maioria freqüentadora de casas penais e centros de detenções), lazer, recreação e intercâmbio cultural. Além desses espaços terem as funções ambientais já citadas e de caráter estético, tem também a função social, pois poderá vir a contribuir com a diminuição da criminalidade."

Sendo assim, as praças devem ser vistas como espaços públicos de relevantíssimo valor ambiental, social e cultural, cabendo a todos o dever de protegê-las e preservá-las.

As praças são bens de uso comum do povo como partes integrantes do patrimônio público e que a todos compete o dever de preservá-las e o direito de usufruir o lazer e recreação que possibilitam.

O professor Paulo Afonso Leme Machado enfatiza em sua obra Direito Ambiental Brasileiro (1992), que "a integração das praças ao domínio municipal se faz no intuito de ter quem as administre, mas o município não age como proprietário das praças, mas como gestor desses bens". Assim também, o professor Hely Lopes Meireles, quando trata dos chamados bens de uso da coletividade, afirma: "Os usuários são anônimos, indeterminados, e os bens utilizados o são por todos os membros da coletividade, razão pela qual, ninguém tem direito ao uso exclusivo ou a privilégios na utilização do bem: o direito de cada indivíduo limita-se à igualdade com os demais na fruição do bem ou no suportar o ônus dele resultante."

As praças são tidas como um bem de uso comum da população, integradas ao patrimônio do município, a quem confere a guarda e gestão.

Nesse aspecto, a conservação e correta utilização das praças e outros logradouros de uso público poderá, juntamente com uma revitalização promovida pelo resgate da sua história e cultura, contribuir com outros valores a serem reforçados ou agregados para uma melhoria da qualidade de vida.

A memória e a história são valores igualmente relevantes para destacar os espaços públicos. Muitas das praças e monumentos nelas existentes, por exemplo, são edificadas para homenagear importantes fatos ou expoentes de uma comunidade e essas informações são pouco respeitadas/aproveitadas pela própria comunidade em função de uma desinformação.

O desenvolvimento da atividade turística, entendendo o turismo como um setor que age como um fenômeno que tem capacidade de movimentar inúmeros outros setores e difundir informações sobre o lazer e a recreação, pode contribuir para que as praças sejam reconhecidas e efetivamente utilizadas para o bem estar da população. O turismo pode servir como instrumento e veículo de revitalização e transformação da cultura local contribuindo para sua divulgação e difusão regional, estadual ou nacional.

O uso do espaço público das praças para exposições, feiras de arte e artesanato, pequenas incursões musicais, serviços de alimentação e gastronomia, e demais atividades de lazer e recreação sem ônus para os seus usuários pode contribuir para a qualidade de vida dos centros urbanos.

Segundo Barreto (2000), o estímulo a um tipo de turismo cultural em espaços públicos como o das praças pode proporcionar o reforço da identidade de uma comunidade. A valorização de um local, seus costumes e hábitos dão segurança e informam a população quem são e de onde vêm, "para que não se percam no turbilhão de informações, mudanças repentinas e quantidade de estímulos que o mundo atual oferece". Além disso, a recuperação da memória que motivou a construção de um determinado espaço público leva a sua valorização por parte dos próprios habitantes do local. Sendo assim, um "monumento ou prédio dificilmente será alvo de vandalismo, por exemplo, por parte de alguém que conhece seu significado, que conhece o que ele representa para sua história como cidadão, simplesmente porque se identificará com aquele monumento ou prédio."

Dessa forma, ela mesma acaba pode beneficiar-se do aumento de emprego, renda e outros fatores positivos provocados pela atividade turística, de lazer e recreação nas praças públicas.

Pode-se afirmar que as praças são consideradas como atrativos turísticos, desde que possuam equipamentos e infra-estrutura com capacidade para receber pessoas, não só da comunidade, mas também dos que estão ali a fim de conhecer a cultura local ou apenas contemplando a natureza, sua arquitetura, ou qualquer outro aspecto da diversidade ambiental, natural ou cultural, de determinada localidade.

Parceria entre Prefeitura Municipal de Lins, Iniciativa Privada e Comunidade Local

A Prefeitura de Lins criou em 1997 a Diretoria de Áreas Verdes do Município que tem como principal objetivo a manutenção e o planejamento da sua *arborização urbana*, *praças*, *áreas verdes* e *parque urbano*. O órgão tem como foco melhorar a qualidade de vida das pessoas residentes no município, pois estas áreas têm a capacidade de promover melhoras substanciais na vida dos munícipes, afetando, positivamente, alguns aspectos, tais como: clima, qualidade do ar, estética do município, dentre outros.

Embora o setor público venha mostrando esse empenho, depara-se com outros problemas de ordem administrativa, tais como a falta de equipamentos e mão-de-obra especializada para a correta manutenção desses espaços. Observa-se ainda no município de Lins muitos desses próprios em estado de abandono, sem contar a falta de segurança, principalmente nos horários noturnos, impossibilitando a coletividade deles usufruírem.

Outro problema encontrado é a falta de conscientização dos moradores, pois ainda existem pessoas que, além de não se importarem com o ambiente do seu entorno, transformam locais públicos em depósitos de entulho e lixo, prejudicando a si próprio e a comunidade que vive na cidade.

A Diretoria de Áreas Verdes visando soluções para esses problemas citados resolveu criar um programa denominado "Adote uma Praça", o qual tem como objetivo fundamental criar parcerias entre o poder público, a iniciativa privada e a comunidade. Todos esses parceiros reunidos passam a assumir a responsabilidade em relação à manutenção das áreas que estão em torno de suas empresas ou residências.

O município e seus moradores já vêm colhendo frutos dessa parceria, pois já existem projetos prontos, como a reurbanização da Avenida José Ariano Rodrigues, que tem como responsável à associação dos moradores da mesma, a praça Dr. Antonio Gellis, responsabilidade do Hospital da UNIMED, a praça do Chopão Cristal, responsabilidade de um dos maiores estabelecimentos hoteleiros da região (Hotel Cristal Palace), o largo Nossa Senhora Auxiliadora, que tem como responsável o CENSA (Centro Educacional Nossa Senhora Auxiliadora) e os moradores do entorno do largo, dentre outros. Em andamento, podemos citar o reflorestamento do canteiro central e implantação de placas indicativas da Avenida Nicolau Zarvos, parceria firmada com associação dos comerciantes da avenida, o Hospital São Lucas, Faculdade Auxiliun de Lins e a Faculdade de Engenharia de Lins. Não podemos deixar de ressaltar a importância dessa avenida para o Município, pois além de ligar o centro a bairros periféricos da cidade, é a principal via de acesso ao aeroporto.

Outra parceria benéfica que a administração municipal vem desenvolvendo é a padronização dos estabelecimentos que utilizam as praças públicas para vender alimentos rápidos como sanduíche e outros tipos de comidas. Esse programa não visa só o aspecto estético, mas também o de saúde pública, pois os comerciantes estão construindo seus estabelecimentos de acordo com normas da Secretaria Municipal de Saúde Pública, que vem fiscalizando com rigor todos os ambulantes que comercializam alimentos. Sendo assim, os pequenos comerciantes têm que atender todas as exigências na construção dos quiosques padronizados, principalmente de suas cozinhas. A Prefeitura Municipal exige também a construção de banheiros públicos para o uso não só das pessoas que estejam usufruindo os estabelecimentos, mas também aos transeuntes que, porventura, possam vir a precisar de uma estrutura sanitária.

Esse trabalho conjunto, ainda que tímido, vem trazendo benefícios ambientais e sociais para os habitantes do município, e também incentivando o turismo e o lazer na cidade.

Conclusão

Podemos observar que ainda falta ao município de Lins potencializar o aproveitamento dos recursos públicos patrimoniais pelas atividades de turismo e lazer.

Em assim agindo, seu Governo demonstrará respeito pela história e cultura local e regional, responsabilidade em sua administração e compromisso com o seu povo ao assumir a necessidade de acompanhamento profissional em seu propósito de desenvolver e transformar Lins a partir do turismo.

Para tanto, uma busca diuturna na parceria com o setor privado objetivando redução dos gastos públicos, com a sociedade, usuária e fiscalizadora das legalidades e denunciante das irregularidades, e com o setor especializado que se projeta, principalmente através da comunidade universitária e seus profissionais, é de fundamental importância.

Referências Bibliográficas

1. ARRUDA, D. S. B. Praças públicas. *Revista Jurídica de Mato Grosso*, Cuiabá, maio-ago. 2001.
2. BARRETO, M. *Turismo e Legado Cultural:* as possibilidades do planejamento. Campinas: Papirus, 2000.

3. BENI, M. C. *Análise Estrutural do Turismo*. São Paulo: Senac, 2001.
4. BOULLÓN, R. *Planejamento do Espaço Turístico*. Bauru: EDUSC, 2002.
5. CAVALHEIRO, F.; DEL PICHIA, P. C. D. Áreas verdes: conceitos, objetivos e diretrizes para o planejamento. In: CONGRESSO BRASILEIRO SOBRE ARBORIZAÇÃO URBANA - I, 1992. Vitória. *Anais I e II*, 1992.
6. MACHADO, P. A. L. *Direito Ambiental Brasileiro*. São Paulo: Malheiros, 2000.
7. MARINZ, P. C. G. Patrimônio edificado, turismo e lazer: potencialidade de recursos, apropriação e gestão, representações. In: I JORNADA DE TURISMO, MEIO AMBIENTE E PATRIMÔNIO CULTURAL, 2001. São Paulo. *I Jornada de Turismo, Meio Ambiente e Patrimônio Cultural*, Aleph/MJ, 2001.
8. MARX, M. *Cidades Brasileiras*. São Paulo: Melhoramentos / EDUSP, 1980.
9. MEIRELLES, H. L. *Direito Administrativo Brasileiro*. São Paulo: Malheiros, 2000.
10. PEREZ, J. E. Características morfológicas incidentes na utilização dos espaços públicos em locais de baixa renda. In: CONGRESSO BRASILEIRO DE URBANISMO, 1989. Brasília, Faculdade de Arquitetura e Urbanismo.
11. RIBEIRO, A. G. *Lins e seus Pioneiros*. Lins: Cultural Signos, 1995.
12. RIBEIRO, A. G. *Lins e seus Pioneiros (complemento)*. Lins: Arcádia, 2001.
13. ROBBA, F. *Praças Brasileiras*. São Paulo: EDUSP / Imprensa Oficial do Estado, 2002.

Impressão e Acabamento
Oesp Gráfica S.A. (Com Arquivos Fornecidos Pelo Editor)
Depto. Comercial: Alameda Araguaia, 1.901 - Tamboré - Barueri - SP
Tel. 4195 - 1805 Fax: 4195 - 1384